Droemer
Knaur®

David Payne

Bekenntnisse eines Taoisten an der Wall Street

Roman

Aus dem Amerikanischen übersetzt
von Gisela Stege

Droemer Knaur

Der Abdruck des Gedichtes »Ein irischer Flieger erwartet seinen Tod« aus: W. B. Yeats, Werke, Band I/Ausgewählte Gedichte, Darmstadt und Neuwied 1970, erfolgt mit freundlicher Genehmigung des Hermann Luchterhand Verlags Darmstadt. Die Zeilen aus »Psychoanalytische Bemerkungen über einen autobiographisch beschriebenen Fall von Paranoia (Dementia paranoides)« aus: S. Freud, Gesammelte Werke, Band VII, Studienausgabe, Frankfurt a. M. 1982, werden mit freundlicher Genehmigung des S. Fischer Verlags, Frankfurt a. M. zitiert.

CIP Kurztitelaufnahme der Deutschen Bibliothek

Payne, David: Bekenntnisse eines Taoisten
an der Wall Street: Roman/David Payne
Aus d. Amerikan. übersetzt von Gisela Stege. –
München: Droemer Knaur, 1986
Einheitssacht.: Confessions of a Taoist on Wall Street [dt.]
ISBN 3-426-19137-7

Titel der amerikanischen Originalausgabe
»Confessions of a Taoist on Wall Street«

Satz: Compusatz GmbH, München
Druck und Einband: May + Co., Darmstadt
Printed in Germany.
ISBN 3-426-19137-7

2 4 5 3

Für meine Mutter
Margaret Leah Rose Payne Long
als erste Rate einer Schuld, die ich niemals ganz abzahlen kann

Vorwort

...imaginäre Gärten mit wirklichen Fröschen
Marianne Moore

Ich möchte dieses Buch in dem Sinn als *romance* bezeichnen, den Hawthorne in seinem Vorwort zu »Das Haus mit den sieben Giebeln« meint, wenn er versucht, diese Form von der *novel*, dem Roman, abzugrenzen. Während der Roman sich um Wahrscheinlichkeit bemüht, ist die *romance* reines, unverfälschtes geistiges Theater. Man erwartet, ja verlangt allmählich ein gewisses Maß an Stilisierung: traditionelle Bühnentricks, wechselnde Beleuchtungseffekte... Taschenspielereien. Dies alles gibt es im Roman natürlich auch, nur weniger augenfällig, da der Romancier darauf bedacht ist, die Nähte, die Narben zu kaschieren. Trotz seiner ritterlichen Treue zur materiellen Realität jedoch (die er liebt wie das Walroß die Auster, denn er vernichtet sie ja) ist auch der Romancier ein Illusionist, ein Zauberkünstler. Im Grunde machen sich er und der Verfasser einer *romance* gleichermaßen jener großen Täuschung schuldig, die Kunst genannt wird. Wie alle leidenschaftlichen und verrufenen Bettgenossen im großen Bordell der Künste sind sie Lügner im Dienste der Wahrheit. Der Autor einer *romance* ist nur weniger sentimental hinsichtlich der Fakten. Als Pirat, als Freibeuter ist er jederzeit bereit, die Anker zu lichten und den sicheren Hafen der materiellen und historischen Sicherheit hinter sich zu lassen. Wenn er mit seiner konskribierten Mannschaft der Fakten aufs weite Meer der Phantasie hinaussegelt, schreckt er auch vor der Tyrannei nicht zurück. Er zwingt seine Mannen, das Deck zu schrubben, stundenlang im Mastkorb zu hocken und Wale zu melden, zu seinem Vergnügen die Matrosen-Hornpipe zu tanzen oder – im äußersten Fall – über die Planke zu laufen: zu sterben. Womit ich sagen will, daß er jederzeit bereit ist, die Realität der hehren Wahrheit der Kunst zu opfern, dem, was Hawthorne so schön und prägnant »die Wahrheit des Menschenherzens« nennt. Nach ihrer Treue zu dieser Idee muß die *romance* beurteilt werden, nicht nach ihrer Treue zu den »Fakten«.

Ob derartige machiavellistische Taktiken in der Kunst ebenso gefährlich sind wie in der Politik, das zu beurteilen überlasse ich jenen, die besser dazu befähigt sind als ich, den Philosophen und den Kritikern. Ich gehe fröhlich meiner Wege, verlasse mich jedoch vorsichtshalber zur Verteidigung meiner Nachhut (das heißt meines Buches) auf Hawthorne, meinen Kämpen, meinen Ritter. Ich sehe ihn vor mir, diesen wachsamen Geist, wie er, nachdem er sich dort endgültig niedergelassen hat, ruhelos durch die düsteren Gemächer seines großen Hauses mit den sieben Giebeln streift, errichtet aus »Materialien, wie man sie lange schon benutzt, um Luftschlösser zu bauen«. Das Haus mit den sieben Giebeln steht in einer kleinen Küstenstadt namens Salem – nicht Salem in Massachusetts, wo Romanciers und andere mit hartnäckig wortgetreuer Denkungsart es immer gesucht haben, sondern in einem anderen Salem, jenseits der Grenze, im Land der *romance*, in der Imagi-Nation, die ebenfalls an der Küste liegt: an der Meeresküste der Bohème (per Tornado einen Katzensprung von Kansas).

All dies soll nur eine phantasievolle Umschreibung des Hinweises darauf sein, daß die im folgenden Buch präsentierten »Fakten« die Realität zwar tangieren (oder wenigstens von ihr angeregt wurden), daß sie jedoch alle nicht vollständig innerhalb ihrer Peripherie liegen. Obwohl nichts absichtlich im Widerspruch zur Wirklichkeit oder zum Möglichen steht, sollte die Wahrheit meiner Fakten nicht wie im Leben an ihrer Übereinstimmung mit der Geschichte oder der Natur gemessen werden, sondern nur danach, in welchem Ausmaß sie helfen, die Illusion zu lokalisieren und glaubhaft zu machen, und wie harmonisch sie sich in den Kosmos des Buches einfügen. Der Taoismus, der hier der Öffentlichkeit zum Konsum dargeboten wird, ist zwar nicht unbedingt ein Patentrezept, aber selbstverständlich für diese Gelegenheit zurechtgezimmert worden. Mit großer Sorgfalt freilich... und der lebendige Taoismus war noch nie ein starres System, im Gegenteil: In seinem innersten Kern bekämpft er den Formalismus der Scholastik, jene Leichenstarre, die sich an den westlichen Universitäten breitmacht. Dasselbe gilt für die Art, wie ich die Rituale der Hochfinanz behandelt habe, und in geringerem Grade für meine Darstellung der Flying Tigers. Es lag nicht in meiner Absicht, ihre Aktivitäten wirklichkeitsgetreu darzustellen, ich wollte mir lediglich ein wenig von ihrem mythischen Glanz ausleihen, ein paar Tröpfchen jenes funkelnden Taus, den die Zeit aus ihrem Schweiß und ihrem Blut destilliert hat, einsammeln, um damit meinen Garten zu düngen. China und die Wall Street, wie sie hier gezeigt werden, sind Regionen, die letztlich nur in der Phantasie des Autors existieren (und in der Ihren, verehrter Leser, wenn Sie es gestatten). Es gibt Gärten der Phantasie, in die ich mich vorgewagt habe (und in die Sie sich jetzt ebenfalls vorwagen müssen), um diesen wirklichen Frosch zu finden – oder den Prinzen, man wird ja sehen. Möglicherweise sogar Frosch *und* Prinz.

D. P.

So, ob der Kunst,
Die, wie du sagst, Natur bestreitet, gibt es
Noch eine Kunst, von der Natur erschaffen.

Shakespeare: »Das Wintermärchen«

Erster Teil
TAO
(China)

ERSTES KAPITEL

Zum erstenmal begegnete er mir in Gestalt einer Fotografie, jener Aufnahme, die die Mönche in der Füllung des Kissens fanden, auf dem ich lag, als ich zu ihnen kam. Er scheint darauf genauso alt zu sein, wie ich es jetzt bin, möglicherweise sogar jünger. In einem chinesischen Seidenmantel, den er wie einen Hausrock über seiner Zivilkleidung trägt, ein Highball-Glas in der einen Hand, die andere lässig in der Tasche einer weiten Khakihose, steht er neben seiner Maschine, auf deren Nase das berühmte Emblem der AVG gemalt ist: der rote, weit aufgerissene Tigerrachen mit den zwei Reihen spitzer, blutiger Zähne. Außerdem fällt mir auf, daß er zweifarbige Schuhe trägt. Sie ist bei ihm. Ungeschickt bei ihm eingehängt, steht meine Mutter unter dem Propeller, von dessen Blättern eines über ihrem Kopf schwebt wie das eingefrorene Bild eines herabsausenden Schwertes. Sie ist ganz nach westlichem Stil gekleidet, in Faltenrock, College-Schuhen, weißen, oberhalb der Knöchel umgeschlagenen Söckchen, und sie trägt weit auf dem Hinterkopf in keckem Winkel seine Offiziersmütze. Die ist ihr aber viel zu groß und rutscht ihr über die Ohren, so daß ihr Gesicht kaum kenntlich ist, zumal sie nicht direkt in die Kamera blickt, sondern ein wenig zur Seite, als werde sie von etwas abgelenkt, das sich außerhalb des Fotos befindet, etwas, das die Kamera nicht mehr einfangen konnte.

Seine Züge dagegen sind klar und scharf. Das dunkle Haar steht ihm in senkrechten Stoppeln auf dem Kopf, den er ein wenig schief gelegt hat, während er in die Kamera blickt und ein rätselhaftes Lächeln aufsetzt – für die Lieben zu Hause oder für den Fotografen oder für mich –, ein Lächeln, aus dem ich nie so ganz klug werde, das mich aber trotzdem (und vielleicht gerade deshalb) unwiderstehlich fesselt. Vielleicht kommt diese Rätselhaftigkeit weniger von seinem Lächeln als von der Sonnenbrille, die seine Augen verbirgt. Es ist eine Sonnenbrille, wie sie Flieger und Polizisten tragen, mit grünschwarzen, tropfenförmigen Gläsern.

Die kühle, anonyme Melancholie dieser Brille und dahinter das mutwillige Lächeln – das eine als moderne Maske, die uraltes, stets gleiches menschliches Leid zu verbergen scheint, das andere, das Lächeln, sehr naiv, vielleicht des Leidens, das die Maske andeutet, unfähig –, dieses Nebeneinander kam mir von Anfang an unpassend, beinahe ungeheuerlich vor... und zugleich wundervoll.

Wie soll ich das erklären? Das jahrelange Studium dieses Gesichts mit den liebevollen Augen eines Waisenkindes steigerte meine Sehnsucht bis zu einem unnatürlich hohen Grad der Empfindsamkeit. Wenn ich die Fotografie zu lange und zu intensiv betrachtete, uferte meine Phantasie, während ich von ihm träumte, vor Übersättigung aus. Doch diese Träume waren meine einzige Zuflucht. Denn gesehen habe ich meinen Vater nie. Bis auf einmal – vielleicht –, ganz am Schluß, nachdem es zu spät war, auf der Galerie der New Yorker Börse. Doch das ist das Ende meiner Geschichte, nicht der Anfang.

Hier und da, in den Randbezirken des nachrevolutionären China, findet man, notdürftig an die graubraune Außenwand der Großen Mauer des Fortschritts geklammert, noch immer Reste der alten Bräuche. Wie die Akelei zwischen den Ziegelsteinen, blüht das ewige China in den Ritzen entlang der Bruchlinie unseres modernen Zeitalters. Ich weiß, daß das stimmt, denn ich verbrachte meine Kindheit in der düsteren Pracht jener verbotenen Vergangenheit.

Seit uralter Zeit als »Land des Himmels« bekannt, ist die Provinz Sichuan ein Ort voll Nebeldunst und Blumen hoch oben in der Nähe des Himmels. Sagen und Legenden gedeihen auf diesem grandiosen Boden, wo Felsklippen über Abgründe hinausragen, so tief, daß ein Mensch, wie es heißt, neun Tage lang fallen kann, ohne auf dem Grund aufzuschlagen. Die Felsen winden sich wie fremdartige Bestien, die Gott »festgenagelt« hat und in Paroxysmen primitiver Kraft erstarren ließ zur Strafe für eine Sünde der Vermessenheit – eine Rebellion, die, als Wu Ding, der Erhabene Ahnherr, das Land des Teufels unterwarf und den Menschen die Herrschaft übertrug, längst schon niedergeschlagen war. Im Wolkenwald von Sichuan wuchsen Bambus und Rhododendron zu vierzig Fuß hohen feuchten, tropfenden Riesen heran, die von wilden Gebirgsbächen auf dem rasenden Weg zu den Fällen bewässert wurden. Wenn sie tausend Fuß tief hinabstürzen, fächern diese Sturzbäche sich zu irisierendem Sprühregen auf, der die Teiche unten benetzt, Teiche, in denen noch immer die uralten Herren und Gebieter, die Drachen, wohnen, die springen und sich überschlagen und in diluvialer Freude das Wasser zu Gischt aufpeitschen. Als Beherrscher ihrer einsamen Welt sitzen sie bei Nacht feierlich da und nehmen die Huldigungen der anderen Tiere entgegen, die hierher zur Tränke kommen, ehrfurchtsvoll die Köpfe neigen, um das kalte, reine Wasser zu trinken, und mit phosphoreszierenden Augen blinken.

Sichuan hat China immer, wenn nicht mit den besten Dichtern, so doch gewiß mit den besten Träumern versorgt, hat sie hinausgeschickt und ist ihnen wieder Zuflucht gewesen, wenn China ihnen ein Zornesgesicht zuwandte. Hier kann man an entlegenen Orten, wenn man sehr still ist und in der rechten inneren Einstellung lauscht, das überirdische Singen einer Taoistenflöte hören, gespielt von einem Eremiten oder Magier, einem derer, von denen gesagt wird: »Furchtlos wandelt er unter den Tieren, spricht ihre Sprache und ernährt sich vom Tau der Luft.«

Einer populären Legende zufolge zogen sich während jenes traurigen, beschämenden, als Kulturrevolution bekannten Zwischenspiels unserer Geschichte alle Götter – die dunkelgesichtigen Gottheiten des Donners wie auch die lächelnden, freundlichen Bodhisattwas und Unsterblichen – vor dem selbstgerechten Wüten des Vorsitzenden Mao und seiner Roten Garden hierher nach Sichuan zurück. Eintausend Meilen und eintausend Jahre von Beijing* entfernt, ist Sichuan bis heute von der Geschichte und vom Fortschritt weitgehend unberührt geblieben.

Zur Erklärung dieses Phänomens den Aberglauben heranzuziehen wäre zwar recht verlockend, doch ist das überflüssig; simple Geographie genügt: Berge und Flüsse. Im Westen erhebt sich der Himalaja mit seinen Gipfeln, der höchste Gebirgszug der Welt, blauschwarz glänzend vom ewigen Eis, das nicht einmal die toxische Sonne extremster Höhen jemals geschmolzen hat und nie schmelzen wird. Dieses Massiv schneidet uns ab. Und das tut auch der Fluß. Denn obwohl der Chang Jiang** eine wichtige, einigende Wasserstraße ist, die das ferne Landesinnere mit den Städten der Küste verbindet, wird er an der Schwelle dieser Region unschiffbar. Als ein rascher, schlammiger, von Stromschnellen durchsetzter Fluß rast er ohne Unterbrechung von dort, wo er von der tibetanischen Hochebene herabstürzt, bis dahin, wo er auf dem Weg nach Shanghai und dem Chinesischen Meer östlich von Chongqing die San-Xia-Schluchten passiert. In Sichuan ist der Fluß ein Silberfaden, der nur hindert, der durchtrennt, was er binden sollte.

Dort also, an einem entlegenen Quellfluß des Chang Jiang, im südwestlichen Sichuan, nur einen Steinwurf entfernt von den Mohnfeldern der Provinz Yunnan, wuchs ich auf. Aber wer bin ich?

Sun I ist mein Name, und er wird so ausgesprochen, wie er sich schreibt. Wenigstens werde ich so genannt. Es ist mein Beiname. Was meinen eigentlichen Namen betrifft – nun ja, um Laozis berühmten Aphorismus aus dem »*Dao De Jing*« zu zitieren: »Der Name, der genannt werden kann, ist nicht der wahre Name.« In meinem Fall trifft das doppelt zu.

Denn sehen Sie, Sun I ist ein Wortspiel. Es ist das, was mir die Mönche, meine »älteren Brüder«, erbarmungslos als Namen angehängt haben, als ich, ein schreiender, hilfloser Säugling, im Kloster aufgenommen wurde. Unglücklicherweise blieb der Scherz – der mich weniger zum Lachen als zum Weinen bringt – an mir hängen.

Ich muß Ihnen das näher erklären. *Sun* und *I* sind die transkribierten Formen zweier chinesischer Schriftzeichen, die wörtlich »Minderung« (*sun*) und »Mehrung« (*i*), anders ausgedrückt »Verlust und Gewinn« bedeuten. Da sich die Mönche zum entsprechenden Zeitpunkt nur eine höchst rudimentäre Meinung über meinen Charakter hatten bilden können, kann dies auf gar keinen Fall als Anspielung auf eine gewisse Ambiguität meiner Persönlichkeit oder meiner Zukunftsaussichten ausgelegt werden – jedenfalls nicht als beabsichtigte Anspielung. Denn sehen Sie, die Mönche wählten meinen Namen nicht selbst,

---

* Peking
**Yangtse

weder absichtlich oder mit arglistigem Vorsatz noch auf Grund eines (für sie) glücklichen blinden Zufalls. Sie wurden vielmehr von okkulter Inspiration geleitet. *Sun* und *I* sind nämlich auch die Namen des einundvierzigsten und zweiundvierzigsten Hexagramms im »*I Ging*«, dem »Buch der Wandlungen«. Die Antwort, die das Orakel gab, als die Mönche es zum erstenmal für mich befragten, lautete: *sun* oder »Verlust«, der sich in sein Gegenteil oder Spiegelbild *i*, »Gewinn«, verwandelt. (*Sun* ist außerdem der Name eines der acht Urzeichen: »das Sanfte«.)

Bevor ich fortfahre, lassen Sie mich innehalten, um ein kurzes Wort über das »*I Ging*« zu sagen, denn mehr als einmal hat es mir einen klugen Rat gegeben, der sich als prophetisch erwies oder sogar den Lauf meines Schicksals beeinflußte.

Man könnte das »Buch der Wandlungen« als ein Werk beschreiben, das die Eigenschaften der christlichen Bibel mit denen des »Hundertjährigen Kalenders« verbindet: zutiefst religiös, ja sogar mystisch, und gleichzeitig durch und durch pragmatisch – genau wie die chinesische Seele, die es spiegelt. Mit den zahllosen Schichten der Weisheit, die sich im Laufe der Zeit auf seinen Seiten gesammelt haben wie geologische Formationen, kann es als Leitfaden für die geistige Entwicklung dienen, wie im Westen die »Geistlichen Übungen« des Ignatius von Loyola für die Jesuiten; genauso kann aber auch ein Bauer das Orakel nach dem günstigsten Zeitpunkt für das Pflanzen von Reis oder Gerste befragen. Noch deutlicher gesagt: Auch Glücksspieler können das »*I Ging*« benutzen, um das Rollen der Würfel vorauszusagen, obwohl in diesem Fall die Chancen schlecht stehen, da eine der Voraussetzungen, die das Orakel dem Fragenden abverlangt, *ling* ist, das frei übersetzt »Reinheit des Herzens« bedeutet. Es heißt: »Jenen, die nicht mit dem Tao in Verbindung stehen, gibt das Orakel keine verständliche Antwort, da diese nicht von Nutzen wäre.« Eine solche Reinheit jedoch ist nicht leicht zu erlangen; ein Priester mag sie besitzen, ein Glücksspieler nicht.

Die vielleicht beste Beschreibung des »*I Ging*«, die ich jemals gehört habe, stammt von meinem Meister Chung Fu, der sagte, das Buch gleiche einem Brunnen, dessen Steine von Menschenhand gelegt worden seien, der aber mit dem kalten, durchsichtig klaren Wasser des *dao*, des Tao, gefüllt sei, heraufgeholt aus dem reinen Reservoir des Seins, dessen Grund der Mensch nicht erforschen könne. Chung Fus Definition erfaßt die Idee einer Urkraft (*der* Urkraft *dao*), die in ethischer Hinsicht neutral und dem Menschen gegenüber indifferent ist, die keinem Gesetz außer dem eigenen gehorcht, stets dem Weg des geringsten Widerstandes folgt und sich ihr eigenes Niveau sucht, die aber dennoch einem menschlichen Zweck zugeführt und genutzt werden kann. Dieser Zweck, dieser Nutzen ist die Einsicht, die der Weise, der das »*I Ging*« studiert, zu erlangen hofft, indem er in langen, kühlen und erquickenden Zügen aus dem schweren, überlaufenden Eimer trinkt, den er aus der Dunkelheit des menschlichen Herzens heraufzieht.

Das »*I Ging*« beruht auf dem taoistischen Konzept der »Großen grundlegenden Gegensätze«, das dem Westen vom *taiji* her vertraut ist, dem Symbol des

Lebensrades (zuweilen »Ei des Chaos« genannt), in dem Licht und Dunkel, Yang und Yin, einander umklammern wie zwei große Bestien, die sich in tödlichem Kampf umschlingen oder beim Geschlechtsverkehr umarmen. Alle Dinge entstehen aus diesem fortdauernden Kampf, dieser Liebe zwischen jenen Gegensätzen, die sich zyklisch ablösen; einer entsteht aus der Auflösung des anderen, trägt ihn in seinem Leib wie einen tödlichen Embryo, den er auf Kosten des eigenen Lebens nährt. Alle Lehren des Tao, die »Einhundert Pfade« der Meditation, von denen das Studium des »*I Ging*« nur einer ist, sind dazu gedacht, diese Gegensätze im eigenen Ich zu vereinen, jene Ganzheit wiederzufinden, die existierte, bevor Tao, das All-Eine, zu Vielfältigkeit zersplitterte. Ist die Urwunde der Selbstteilung geheilt, greift der Praktizierende zurück auf die stille Quelle des Seins und erreicht die Ver-*ein*-igung mit der Welt. Indem er so die hinfälligen Ambitionen und Begierden des Ego fahrenläßt, wird er unwiderstehlich wie eine Naturgewalt, fähig sogar, den Tod zu bezwingen.

Doch kehren wir zum »*I Ging*« zurück. Um das Prinzip zu verstehen, auf dem es beruht, sollte man sich ein Kontinuum vorstellen, sagen wir das Spektrum des sichtbaren Lichts. Anstelle von Blau und Rot stünden an seinen Rändern Yin und Yang: Das ist das Spektrum des Tao, physisch sowohl als auch metaphysisch. Genau wie aus dem variierenden Verhältnis von Rot und Blau unterschiedliche Farben entstehen, so wird das Leben selbst – oder vielmehr seine Disposition zu einem bestimmten Augenblick – durch das genaue Verhältnis von Yin zu Yang (des dunklen, weichen, weiblichen Prinzips zum hellen, kreativen, männlichen Prinzip) in der Chemie jenes Augenblicks bestimmt. Das Lichtspektrum bricht sich, teilt sich in identifizierbare Farbbereiche; das Leben teilt sich in bestimmte Ursituationen, die den »Farben« des Tao entsprechen und in der ewigen Oszillation zwischen den Extremen von Yin und Yang immer wieder auftauchen. Das »*I Ging*« identifiziert davon vierundsechzig als verschiedene Kombinationen der acht Urzeichen. Mit Hilfe von Schafgarbenstengeln oder Münzen kann der Taoist die Zusammensetzung seines Schicksals genauso präzise erkennen, wie ein Chemiker die Menge der Grundelemente in einer Lösung messen kann. Denn der Taoist ist der allumfassende Chemiker, das Tao die allumfassende Lösung, die er analysiert, die »Elementarsuppe«, das Plasma, aus dem die »Zehntausend Dinge« der erschaffenen Natur geformt wurden und zu dem sie sich letztlich wieder auflösen müssen.

Doch widmen wir uns wieder dem Scherz, der in meinem Namen enthalten ist, denn bis jetzt habe ich erst seine oberste Schicht erklärt.

Hätte es nicht ein bestimmtes Detail meines Äußeren gegeben, hätte ich in China vermutlich ein relativ normales Leben führen können. Als männliches Kind stellte ich einen gewissen Wert dar und hätte an ein kinderloses Ehepaar verkauft werden können, um dessen Stammbaum fortzusetzen. Kleine Mädchen in meiner Lage hatten es schwerer. Einmal, als ich im Wald vor dem Kloster Kräuter sammelte, fand ich am Ufer des Bachs ein weibliches Baby, das dalag, als schlafe es, nur war es stumm, und seine Haut wies eine bläuliche

Schattierung auf. Wären die Mönche nicht gewesen, hätte meine erste Konfrontation mit der Welt trotz des Vorteils, den mir mein Geschlecht verschaffte, ebenso unglücklich verlaufen können. Deswegen verzeihe ich ihnen den kleinen Scherz auf meine Kosten.

Lassen Sie mich also berichten, daß ich von Geburt an gezeichnet war mit dem, was in China beschönigend als »leichte Mißbildung des Sehorgans« bezeichnet wird: Meine Augen hatten »zuviel Weiß«. So beschreiben die Chinesen jemanden, dem die Mongolenfalte am inneren Augenwinkel fehlt. Ich zitiere einen Passus über das Zeichen *sun* im Buch der Wandlungen:

> Das Sanfte... ist Vorstoß und Rückzug, die Unentschlossenheit, der Geruch. Bei Männern bezeichnet es die Grauhaarigen; es bezeichnet die mit breiter Stirn; es bezeichnet *die mit viel Weiß in den Augen*; es bezeichnet jene, die nah am Gewinn sind, so daß sie auf dem Markt dreifachen Wert erzielen. Schließlich ist es auch das Zeichen der Leidenschaft.

Da haben wir sie, die Pointe, die mir grüne und blaue Flecke eingetragen hat. Aber da ist noch mehr. In China werden Abendländer zuweilen mit der geringschätzigen Bezeichnung »Weißauge« provoziert. Da die weiße, europäische Rasse im allgemeinen keine Mongolenfalte besitzt, haben ihre Angehörigen verhältnismäßig mehr »Weiß« im Auge als ihre fernöstlichen Gegenstücke, eine Tatsache, die niemals aufhört, den Chinesen – jedenfalls den primitiveren, provinzielleren – höchstes Vergnügen zu bereiten. Sollten Sie kein Verständnis dafür aufbringen, denken Sie an den Sambo in den alten Hollywood-Filmen mit seinen weiß schimmernden, rollenden Augen. Es *ist* etwas Komisches daran. Ich jedenfalls habe deshalb wahrhaftig genug Spott einstecken müssen. Wenn ich mit Wu loszog, um bei den Bauern Reis zu kaufen, geriet ich immer wieder in Raufereien mit den rotznasigen, kleinen Wilden, die uns überall nachliefen und mich anstarrten, weil sie mein Anderssein witterten wie die Tiere.

Sehr viel später, als ich schon in Amerika war, tauchte das *Sun*-Wortspiel auf völlig unerwartete Art und Weise plötzlich wieder auf und schlug eine Brücke zu meiner frühesten Kindheit. In China gibt es ein Ritual, das »Zeichen geben« heißt. Ein Kleinkind darf dabei unter verschiedenen Gegenständen wählen, die die Eltern – in meinem Fall die Mönche – rings um es herum aufgebaut haben. Die Entscheidung des Kindes gibt, wie man glaubt, einen zuverlässigen Hinweis auf das Schicksal des Erwachsenen. Bei mir war dieser bedeutungsschwere Gegenstand ein kleines Steinei, in das die Umrisse eines Affen eingeritzt waren: kindlich zusammengerollt wie ein Fetus, jedoch mit hoch erhobenem Kopf und glühenden Augen. Das war der berüchtigte »Affe«, dessen chinesischen Namen (der »Großer Weiser, dem Himmel gleich« bedeutete) ich später auf englisch als Sun Wu Kung wiedergegeben fand. Als ich zufällig auf Arthur Waleys Übersetzung von Wu Ch'eng'ens berühmter Erzählung »Die Pilgerfahrt nach dem Westen« stieß, entdeckte ich, daß mich das Wortspiel über die sprachlichen Grenzen hinweg bis ins Englische verfolgt hatte, wo es sich übrigens zu zahlreichen neuen und wunderbaren Formen vervielfältigte.

Um zu verstehen, wie gut über die »glühenden Augen« hinaus die Verbindung mit »Affe« für mich zutraf, müssen Sie wissen, daß dieser, nachdem er aus seinem Steinei geschlüpft war, seine Jugend fast genauso wie ich damit verbrachte, auf dem Berg der Früchte und Blumen herumzutoben und nach Affenart alle möglichen dummen Streiche zu vollführen. Zuletzt jedoch, als »Affe« beim Gedanken an seine Sterblichkeit melancholisch wurde, machte er sich über den westlichen Ozean auf, um einen Weisen zu suchen, der ihn lehrte, die »Zweiundsiebzig Wandlungen« zu beherrschen. Nachdem ihm das gelungen war, wurde er in die niederen Ränge der himmlischen Bürokratie befördert, um dem Jadekaiser als Stallbursche zu dienen. Doch »Affe« fand, seine Talente seien in den Ställen vergeudet. Also rebellierte er am Vorabend des »Großen Pfirsichbanketts« und trank auf die eigene Gesundheit, bis er den größten Teil der himmlischen Vorräte versoffen hatte. Anschließend ging er auf eine dreitägige Zechtour von heroischen Ausmaßen, stahl riesige Mengen von Laozis Gold-Zinnober-Elixier, stibitzte die Pfirsiche der Unsterblichkeit und beging weitere Freveltaten, für die, wie die Götter beschlossen, die einzig angemessene Strafe der Tod war, ein langsames Schmoren in Laozis alchimistischem Destillierkolben. Das Problem dabei war allerdings, daß »Affe«, da er den Wein und das Elixier getrunken und sich mit den Pfirsichen der Unsterblichkeit vollgestopft hatte (ganz zu schweigen von der Tatsache, daß er ja überhaupt aus Stein bestand), unverwundbar geworden war. Der Stallbursche hatte sich in den Genuß nicht einer, sondern mehrerer Unsterblichkeiten gezecht und konnte durch nichts umgebracht werden. Als man Laozis Apparat öffnete, kam er so keck wie eh und je daraus hervor. Nicht die geringste Verletzung war zu entdecken, nur daß die Augen vom Rauch auf immer rot geworden waren. Und sofort begab er sich wieder auf den Kriegspfad. Als nichts anderes mehr half, mußte Buddha persönlich zu Hilfe gerufen werden: »Affe« wurde für fünfhundert Jahre unter einem Steinberg gefangengesetzt.

Dies war, wie gesagt, nur seine Jugend. Seine eigentliche Geschichte beginnt erst später, nach seiner Freilassung. Der Bodhisattwa der Barmherzigkeit ließ ihn unter der Bedingung frei, daß er sich anständig betragen, daß er Schüler und Beschützer eines Mönchs namens Tripitaka werde, eines recht unglückseligen Burschen, der auf dem Weg nach Indien war, um die Mahayana-Schriften zurückzuholen. Das ist die im Titel von Wu Ch'eng'ens Buch erwähnte Pilgerfahrt in den Westen. Nach siebzehn Jahren und zahlreichen gefährlichen Abenteuern erreichte »Affe« zusammen mit Pigsy, Sandy, dem weißen Drachenpferd und seinem traurigen Meister Tripitaka endlich den Himmel. Sie erlangten die Schriften und brachten sie heim nach China. Zum Lohn für diese Großtat der Barmherzigkeit wurde ihnen, jedem nach seinem Grad, Erleuchtung gewährt.

Die Geschichte des Affen, die ich mir in meiner Kindheit immer wieder von Wu erzählen ließ, erfüllte mich mit Freude, aber auch mit Kummer. Obwohl ich dem Affen zugetan war, gefiel mir der Gedanke einer so nahen Verwandtschaft überhaupt nicht. Denn er war zwar liebenswert, aber auch skurril. Verbunden war und blieb ich ihm jedoch aufgrund des Zeichens, das man mir gegeben hatte. Waleys Transkription – Sun Wu Kung – stellte dann die letzte, ausgefallenste Blüte des Wortspiels dar.

Es war wohl unvermeidlich, daß die Brüder mein flatterhaftes Wesen und meine Streitsucht als »Affennatur« bezeichneten, ein Ausdruck, der in ihrem überkommenen Jargon auf Eigensinn, ungezügelte Phantasie, Bosheit und ein rastloses, ungestümes Herz hinwies. Wenn Wu mich für meine Missetaten prügelte, betonte er oft diese letzte Eigenschaft besonders: Ungestüm. Hatte das Orakel, als es meine Augen beschrieb, dies nicht mit beunruhigender Hellsicht zugleich als Eigenschaft meines Charakters bezeichnet?

Mich der höheren Gewalt beugend, ertrug ich die eindeutige Beleidigung zusammen mit den Schlägen, um mich sodann wegzustehlen und meinen Kummer mit lautlosem Weinen zu beschwichtigen. Wu mit seiner Sentimentalität und seinem guten Herzen litt hinterher unweigerlich unter Gewissensbissen. Er kam, tröstete mich und bot mir mit seinen rauhen Händen Süßigkeiten an. Dann behauptete er stets, ich sei zu weichherzig, zu sanft. War denn *Sun* nicht das Zeichen des Sanften?

Jawohl, selbst Wu, mein bester Freund, erging sich gelegentlich in Sticheleien (obwohl, das muß ich zugeben, auf freundlichere und humorvollere Art und Weise als die anderen). Er war es auch, der mir erzählte, ich hätte, als ich meinen Namen zum erstenmal ausgesprochen hörte, die Augen so weit aufgerissen, daß der Hahn im Hof glaubte, es werde Tag, und zu krähen begann, obwohl es kurz nach Mitternacht und stockdunkel war.

Letztlich jedoch – Sie mögen es längst erraten haben – bestand meine sogenannte Mißbildung aus nichts anderem als daraus, daß ich einen amerikanischen Vater hatte. Ehrlich gesagt bin ich – um noch eine dieser enervierend höflichen Umschreibungen zu benutzen, die so typisch für mein Volk sind (das vom verderblichen Einfluß des Konfuzianismus mit seinen dreitausenddreihundert Regeln der Etikette geprägt wurde) – ein »Kind des Krieges«, auf gut deutsch: ein Bankert.

Mein Vater hieß Eddie Love und war Pilot. Nach China kam er 1941 mit der AVG, der American Volunteer Group, besser bekannt als Flying Tigers. So viel wußte ich vom frühen Kindesalter an, denn Chung Fu, der Abt, hatte einmal Gelegenheit, Love die Gastfreundschaft des Klosters anzubieten – unter Umständen, auf die ich später zurückkommen werde. Das wenige, was Chung Fu von der Geschichte meines Vaters aufschnappte, gab er an mich weiter. Viel war es nicht. Erst später erfuhr ich, daß Love das einzige Kind eines Mannes war, der eines der größten Kapitalvermögen von Amerika besaß. Arthur Love, mein Großvater, gab die aktive Verwaltung seiner ererbten Vermögenswerte aufgrund gewisser Indispositionen« auf, um sich als Liebhaber und Mäzen der Künste zurückzuziehen. Diese Entdeckung ließ mich überlegen, ob Eddie Love in China vielleicht eine Art Flüchtling gewesen war, geflüchtet aus der Welt verweichlichender Privilegien, in der seine Eltern lebten, und ob er die Gefahr vielleicht als Stärkungsmittel gegen die lähmende Präsenz des Vaters gesucht hatte. Ganz sicher wurde ich mir da nie – weder im Hinblick auf diese Frage noch auf irgend etwas, das mit seinem Charakter zu tun hatte. Denn mein Vater war ein unheimlich schwer faßbarer Mensch, ein Phantom. Und wenn ich versuchte, ihm näherzukommen, ihn in meine Arme zu ziehen, inszenierte er stets die Nummer des »wunderbaren Verschwindens«, und ich blieb, die leere Luft umarmend, allein zurück.

Einiges wußte ich natürlich. Die groben Umrisse seines Porträts waren nicht so schwer nachzuziehen. Wie die anderen Piloten der AVG stand er in dem Ruf, unbekümmert zu sein, mutig, undiszipliniert und nervös. Wie sie war er General Claire Chennault nach China gefolgt. Ob aus Prinzip, aus Abenteuerlust, wegen des Geldes (obwohl das unwahrscheinlich ist) oder ganz einfach, um dem Trott des regulären Militärdienstes zu entgehen, erfuhr ich nie. Eine erlesene Bruderschaft war es auf alle Fälle nicht, zu der er sich da gemeldet hatte. Und dennoch verteidigten die Flying Tigers, bevor Amerika offiziell in den Krieg eintrat und Truppen auf den Kriegsschauplatz China-Burma-Indien schickte, sieben Monate lang mit einhundert weitgehend veralteten Curtiss P-40Tomahawks China ganz allein gegen die gesamte Luftstreitmacht Japans.

Ihr Einsatz hielt die »Hintertür« der Burma-Straße offen, den letzten großen Versorgungszugang aus dem Westen. Von dieser Lebensader waren Kunming und schließlich Chongqing selbst – die provisorische Hauptstadt, in die sich Jiang Jieshi* mit seiner Guomindang-Regierung als letzte Bastion zurückgezogen hatte – abhängig. Wäre sie abgeschnitten worden, hätte Japan vermutlich gesiegt. Daß die Flying Tigers sich gegen eine technologisch und zahlenmäßig weit überlegene Luftmacht halten konnten, war an sich schon bemerkenswert. Ans Wunderbare grenzte jedoch, daß sie in fünfzig großen Luftschlachten keine einzige Niederlage einstecken mußten. Das ist der Grund, weshalb sie neben der bei der Schlacht um England hervorgetretenen Royal Air Force weithin als beste Luftkampftruppe gelten, die jemals aufgestiegen ist, und weshalb sie, nachdem sie ins Reich der militärischen Legenden eingegangen sind, nahezu vergöttert werden.

Die Apotheose meines Vaters war für mich mehr als nur »nahezu«. Als Kind hielt ich ihn buchstäblich für einen Gott. In Augenblicken der Melancholie träumte ich oft, daß er mich eines Tages retten, daß er mit seiner P-40 aus der Sonne herabstoßen und mich in den Westen entführen werde. Dann würde ich glücklich sein. Es war eine verzweifelte Illusion, das weiß ich, doch meine Träume waren eben auch voll Ungestüm. Rückblickend erscheint es mir heute, als wäre ich als Kind dort über die Maßen glücklich gewesen, und als hätte ich erst, als mein Vater in mein Leben trat, richtig gelernt, was Kummer ist.

---

*Tschiang Kai-scheck

ZWEITES KAPITEL

Das Kloster, in dem ich aufwuchs, hieß Ken Kuan, wörtlich übersetzt »Berg« (*ken*) »Blick« (*kuan*). Für Taoisten jedoch, die derartige Dinge lieben, gibt es noch einen tieferen Sinn. Durch Extrapolation gelangt *ken* zu der Bedeutung »Stillhalten« und *kuan* zu der Bedeutung »Kontemplation«. Dies ist eine Anspielung auf die Art der Meditation, die als *zuowang*, als »Sitzen mit leerem Geist« bekannt ist.

Für beides ist Ken Kuan ein treffender Name. Das Kloster lag wie ein Felsennest in luftiger Höhe auf Klippen, die die Quellflüsse des Chang Jiang aus den tieferen Regionen des Himalaja herausgeschnitten hatten. Dieser Berg war seit Urzeiten eine Zuflucht für taoistische Mönche, die sich dort einfanden, nachdem sie all ihre Bindungen an den »Marktplatz« der schmutzigen Welt hinter sich gelassen hatten, um sich auf die anstrengende Reise zum Tao zu begeben – eine Reise, die »Rückkehr zur Quelle« genannt wird.

Es gibt nur ein Ziel, der Wege aber sind viele. Wie eine Menge Speichen in die Radnabe münden, so münden viele Wege der Meditation – die »Einhundert Pfade« – in den einen Weg, den das Tao darstellt. In Ken Kuan wurden vier von diesen Pfaden beschritten.

Der erste war das Studium der heiligen Schriften, vor allem des »*I Ging*«, aber auch des »*Dao De Jing*« von Laozi und anderer, weniger wichtiger Werke. Dies waren Gedächtnis- und Auslegungsübungen.

Der zweite Pfad war das erwähnte *zuowang*. Zu meinen frühesten Erinnerungen gehört das Spielen inmitten der Mönche, die aufgereiht im Tempel saßen und sich im »Sitzen« übten. Auf Chung Fus Anweisung durfte ich nach Belieben kommen und gehen – unter der einen Bedingung, daß ich mich absolut still verhielt. Beim kleinsten Mucks rief man Wu, und ich wurde mit von seinen Züchtigungen schmerzenden, im Wind flatternden Ohren hinausgeschickt. So merkwürdig es jedoch anmuten mag: Diese Maßregelung war nur selten notwendig. Obwohl meine Konzentrationsspanne kurz und ich so mutwillig war wie jedes Kind (mehr noch, sogar), war mein Benehmen in der Gegenwart der Mönche fast niemals schlecht. Dabei spielte vermutlich die Angst eine Rolle, aber da war noch etwas... Oft betrachtete ich die Gesichter der Brüder – die einen tief gefurcht vor angestrengter Konzentration und in Schweiß gebadet, die anderen lächelnd und gelassen, übergossen vom sanften Schein inneren

Glücks –, und ich versuchte, dem Geheimnis ihrer Ruhe auf die Spur zu kommen. Manchmal ahmte ich sogar ihre Atmung und ihre Haltung nach und gab mir die größte Mühe, meine Aufmerksamkeit auf jenen »geheimnisvollen Paß des kostbaren Quadratzolls« zu konzentrieren, jene Stelle mitten auf der Stirn, dem Sitz der Zirbeldrüse, des rudimentären Auges, mit dem man in der Seele dem Nordlicht gleich den ersten Schimmer des Unnennbaren wahrnimmt.

Natürlich war meine »Meditation« zum Teil nicht mehr als spielerisches, kindliches Nachahmen, aber auch hier steckte mehr dahinter. Oft, wenn ich zwischen den meditierenden Mönchen saß, vor allem, wenn Chung Fu anwesend war, überkamen mich seltsame Empfindungen. Mein Körper prickelte in einem Gefühl bevorstehenden Unheils, als habe sich irgendwo tief innen die Tür zu einer anderen Welt geöffnet und ein Stoß eisiger Luft lasse mir die Haare auf den Armen emporstehen. Oder ich wurde plötzlich auf einer Woge unerklärlicher Freude emporgetragen, die sich auftürmte, brach und zusammenfiel und mein Gehirn mit einem geheimnisvollen Naß überflutete; es war kalt und eklig wie winterliches Meerwasser und wich (wie ein mystisches Herz, das sich entspannt) mit einer diastolischen Bewegung zurück, nur um sogleich wieder zu steigen. Diese Erlebnisse hinterließen ein mehrere Stunden währendes Nachglühen, und ich weiß meine Empfindungen nicht anders zu erklären als damit, daß der elektrische Überschuß des tiefen, suchenden Glücks der Mönche in mich eindrang und ich ihn aufgrund der uneingeschränkten Unschuld meines Kinderherzens in mich aufnehmen konnte. Dies war meine erste Kostprobe jenes profunden Wohlgefühls, das die Stille bringt – jenes Hinabsinken in den klaren Teich des Selbst, um gestärkt und erfrischt wieder aufzutauchen –, und sie bewirkte, daß mich nach mehr dürstete.

Ich habe oft gedacht, daß das Tao mir diesen Trost anstelle der Sicherheit bot, die andere Kinder an der Mutterbrust finden, ein Gefühl, das ich nie kennengelernt habe. Der Gedanke an das, was ich verpaßt hatte, was mir nicht vergönnt gewesen war, löste mehr als alles andere jene Anfälle von Melancholie aus, von denen ich als Kind gequält wurde, und die Temperamentsausbrüche, die so unweigerlich darauf folgten wie der Donner dem Blitz aus finsteren Wolken. Doch als ich älter wurde, sagte ich mir, daß ich doch weit außergewöhnlichere Trostspender hätte. War mir nicht die »Einfalt« gegeben worden, »den unbehauenen Klotz zu betrachten, um Selbstlosigkeit und geringe Wünsche zu hegen«? Nannte Laozi dies nicht »die Kraft, die aus der Mutterbrust kommt«? Denn das Tao ist eine größere Mutter als alle anderen, die »Große Mutter aller Dinge«. Obwohl ich ein Bankert war, hatte sie mich nicht verschmäht. An ihrer Brust wurde ich gestillt mit der süßen Milch des ewigen Lebens, der Speise der Götter und der unsterblichen Weisen. Wer konnte sich einer erhabeneren Abstammung brüsten?

Warum also war ich dennoch zuweilen tieftraurig, zuweilen verbittert? Und warum studierte ich immer wieder das Foto meines Vaters, der mit seinem rätselhaften Lächeln und der dunklen Brille wie der Botschafter einer anderen Welt wirkte?

Der dritte Pfad bestand im Rezitieren der »Zehn Ochsenhirtenlieder«, ungezwungen die »Zehn Bullen« genannt. Dazu gehörten ein wenig Schriftenauslegung, etwa das Studium der heiligen Bücher, aber auch ein gewisses Maß an yogaähnlichen Techniken wie *zuowang*, vor allem die für die richtige Vokalisierung der Silben notwendige Atemführung. Mit ihren anstrengenden, schwierigen Übungen ist diese Methode der Gesangsausbildung im Westen in manchem ähnlich.

Die »Zehn Bullen« sind so alt, daß ihr Autor unbekannt ist, und anders kann es auch gar nicht sein. Im Laufe ihrer mündlichen Weitergabe über so viele Jahrhunderte hinweg wurden sie wie alle durch die Zeiten bewahrten Artefakte von all den Händen, durch die sie gingen, abgeschliffen und poliert, bis sie mit der Persönlichkeit eines einzelnen Autors nicht mehr in Einklang zu bringen waren. Bis zum höchsten Grad der Reinheit und Schlichtheit geläutert, wurden sie zum anschaulichen Ausdruck des allumfassenden Herzens Chinas.

In den Liedern des Ochsenhirten wird dessen einfache Arbeit beschrieben: die Suche nach einem verirrten Bullen, das Finden, das Nachhausebringen des Tieres, die Ruhe am Ende des Tages. So etwa das erste:

Ich streife durch die Weiden der Welt und teile das hohe Gras
auf der Suche nach meinem Bullen.
Namenlosen Flüssen folgend, verloren im dreiwandigen
Labyrinth eines Bergpfades,
Trüben sich meine Augen vor Erschöpfung, und mein Herz
beginnt zu stocken; ich kann ihn nicht finden.
Niedergeschlagen lausche ich dem seelenlosen Zirpen
der Zikaden im mondlosen Wald.

Hinter der wörtlichen Bedeutung der Begriffe verbergen sich esoterische Unterströmungen. Die Zikade zum Beispiel symbolisiert die Ablenkung durch die Welt der Sinne, den Lärm des »Marktplatzes«, von dem der Novize seinen Geist nicht lösen kann. Und beim *zuowang* erleben Anfänger oft buchstäblich ein Summen in den Ohren, ganz ähnlich dem »seelenlosen Zirpen« der Insekten. Dies ist die erste Schwelle, die überschritten werden muß.

Die Suche nach dem Bullen selbst ist eine Metapher für etwas Übergeordnetes. Der Bulle ist das Tao, »dunkler als alle Geheimnisse, die Tür, durch die alle geheimen Essenzen kamen«. Und die Stadien des Aufspürens – die Suche, das Finden, das Zähmen, das Benutzen und schließlich das Befreien des Tieres – sind die Stufen, die man beim Aufstieg zum Ziel oder zur Erkenntnis erklimmt; denn im Grunde gibt es kein Ziel, sondern nur die Erkenntnis dessen, was immer war, von Anbeginn, wofür wir aber aufgrund unseres Verhaftetseins mit der Welt des falschen Scheins (von den Buddhisten »Samsara« genannt) blind sind. Die Taoisten drücken diese Idee konkreter in dem berühmten Paradoxon aus, das besagt, daß »die Suche nach der Erleuchtung der Suche nach einem Bullen gleicht, auf dessen Rücken man reitet«. Die *xian*, die taoistischen Unsterblichen, werden oft auf einem Bullen reitend dargestellt.

Der »Zehn Bullen«-Meditation sind eine Eindringlichkeit und ein Schmerz eigen wie kaum einer anderen, zumal sich diese Lieder perfekt für die hohe, süße und klare Stimme eines kleinen Jungen (und deren unbeschreibliche Melancholie) eignen. Die Pubertät stiehlt ihm dann dieses unvergeßliche Timbre, schenkt ihm aber zugleich die emotionale Reife, die für jeden Sänger, der die Lieder in ihrer ganzen Reichweite darbieten will, unerläßlich ist. Ein klassisches Dilemma: Die Jugend besitzt ein Instrument, das nur das Alter richtig zu nutzen und zu schätzen weiß. Sehr selten findet sich jemand, der beide Dinge vereint, wenigstens von Natur aus. Dies war ein wesentlicher Faktor bei der Schaffung der Hofkastraten, die es in China von der Zhou-Zeit bis ins gegenwärtige Jahrhundert gab. Ihr Verschwinden stellt zweifellos einen »großen Sprung vorwärts« aus der finsteren Feudalzeit dar; doch die Lieder und das kontemplative Leben im allgemeinen siechen seither betrüblicherweise dahin. Enthusiasten sind daher ständig auf der Suche nach dem »frühreifen Knaben«, der den Anforderungen gerecht werden kann.

Wenn ich mich so lange bei diesem Thema aufgehalten habe, so ist vielleicht die Eitelkeit daran schuld. Denn sehen Sie, eine Zeitlang erfreute ich mich einer gewissen Berühmtheit (Berüchtigtheit wäre wohl zutreffender) für meine Darbietung der »Zehn Bullen«. Allerdings nur bis zum Stimmbruch – ein Übergangsritus, der mich zutiefst berührte (obwohl ich vermute, daß dies, was das Leben eines Jungen betrifft, eine Art Gemeinplatz ist). Oft saß ich ganz allein in der harzduftenden Tiefe des Waldes und sang. Das Sonnenlicht sickerte durch die dichten Tannen und tanzte auf meinem Gesicht und meinen Händen, während ich in meine einsame Meditation versank, begleitet nur vom Wispern des Windes in den Zweigen. Die Freude schenkte Leichtigkeit; die Leichtigkeit führte zu Stolz, der Stolz zu Prahlerei. Ich prunkte mit meinem Talent auf den öffentlichen Plätzen des Klosters. Eifersucht machte sich bei den Mönchen breit. Und sie ergänzten das Arsenal ihrer abgedroschenen Spottnamen durch einen weiteren: »der junge Gockel«.

Ich erinnere mich an einen Zwischenfall, einen von vielen. Vor mich hin summend, hörte ich, als Wu und ich eines Tages Wasser holten, jemanden hinter meinem Rücken auf boshafte Art diesen Spottnamen flüstern. Ich weiß nicht, warum mich das ausgerechnet diesmal so aufregte, doch ich bekam einen solchen Wutanfall, daß Wu einen Wassereimer über mich gießen mußte, um mich abzukühlen. Ich konnte damals nicht älter als zehn Jahre gewesen sein und weiß noch, wie ich zitternd auf den kalten Steinen des Küchenbodens stand, während er mich gründlich abtrocknete.

»Warum mußt du dich immer in so ein Dilemma bringen?« schalt er, während er mich unsanft abrubbelte, und kopfschüttelnd beantwortete er seine Frage dann selbst. »Sag nichts, ich weiß schon. Du bist widerborstig, hast ein ›wildes Haar‹. Hat das Orakel es nicht gesagt? Es ist das *Sun* in dir, deine Affennatur. Wenn du nicht aufpaßt, wird dir das noch einmal Kummer bereiten.«

»Woher hast du deine Weisheit?« provozierte ich ihn, obwohl ich duldete, daß er mir die laufende Nase wischte.

Wu hielt inne und sah mich ernst an: »Ich kenne die Zeichen«, antwortete er seufzend, »leider nur allzu gut... Ich sehe sie in deinen Augen.«

Aber es gab noch einen vierten Pfad der Meditation, die geheimste und schwierigste der Taoisten-Künste: die Alchimie. Wie bei ihrem westlichen Gegenstück im Mittelalter ist das Ziel der taoistischen Alchimie die Umwandlung unedler Stoffe – besonders Quecksilber und Zinnober – in Gold. Die meisten Anhänger legen dies als einen echten chemischen Prozeß aus, an dessen Ende Reichtum steht. Die wirklich Eingeweihten jedoch verstehen ihn als Metapher für eine Umwandlung anderer Art, eine, die sich ausschließlich innerlich vollzieht.

Quecksilber und Zinnober repräsentieren die Begriffe des Urgegensatzes: Vielfältigkeit in ihrer einfachsten, elegantesten Form. Dieser Gegensatz existiert nicht nur in der Welt, sondern in jedem einzelnen Menschen und muß ausgeglichen werden, um die Ganzheit herzustellen und die tödliche Wunde zu heilen, die jeder Mensch von seiner Geburt bis zu dem Tag, da sie ihn schließlich umbringt, im Herzen trägt. Das Quecksilber ist Yang, das männliche Prinzip, und entspricht dem Samen; der Zinnober ist Yin, das weibliche Prinzip, und weist mit seiner Farbe auf das Menstruationsblut hin. Diese Stoffe werden durch Abkochen zur Gold-Zinnober-Perle verschmolzen, die für Taoisten ist, was der Stein der Weisen für die Magier des Westens war. Ihre erfolgreiche Destillation garantiert das ewige Leben.

Die von Sun Ssumo Zu gegründete sogenannte Doppelveredelungsschule stellt eine interessante Variante dieses Prozesses dar. Denn die Methode, die von den Anhängern der Alchimie zur Verschmelzung von Quecksilber und Zinnober angewandt wird, dient auch für einen rigorosen und andauernden, jedoch äußerst disziplinierten Geschlechtsverkehr. Der Mann zögert die Ejakulation immer wieder hinaus, um den Verlust lebenswichtiger Yang-Flüssigkeit zu verhindern, die anders als beim Yin in ihrer Menge begrenzt und unersetzlich ist. Durch diese Praxis – den unvollendeten Sex – wächst das innere Reservoir der kostbaren, lebensverlängernden Essenz Tropfen um Tropfen. Diese »Weißer-Tiger-Grüner-Drachen-Yoga« genannte Methode war sogar zahlreichen Taoisten zuwider und ist aufgrund eines Verbots durch die Behörden ausgestorben. Und doch – wer weiß? Ist der Gedanke so abwegig, daß sich in einer Tempelruine irgendwo in einem entlegenen Winkel der Republik zwei hochbetagte Adepten dieser Schule mit zahnlosen, verwelkten Gesichtern, doch strahlenden, jungen Augen in religiösem Eifer und in der Hoffnung, ihre unsterblichen Seelen zu retten, auf diese Weise abstrampeln?

Wie dem auch sei, in Ken Kuan gehörte dies nicht zum Stundenplan. Im Gegenteil, Enthaltsamkeit war das Gebot des Ordens, ein ungeschriebenes, jedoch stets streng befolgtes Gebot. Zumindest soweit ich weiß, denn meine Kenntnis der Riten kam aus zweiter und dritter Hand. Die Alchimie wurde ausschließlich von erfahrenen Mönchen praktiziert, und auch dann stets unter den aufmerksamen Augen des Meisters Chung Fu (von dem es hieß, daß er den Liquor des ewigen Lebens bereits destilliert haben soll). Denn bei der Ausübung drohten Gefahren, vor allem Vergiftungen. Bei dem Versuch, die vergänglichen Teile ihres Wesens umzuwandeln, griffen Mönche mit einer eher buchstabengetreuen Denkungsart manchmal zur direkten Einnahme von Quecksilber und

Zinnober, anfangs in geringen Mengen, dann aber, mit zunehmender Resistenz des Körpers – ein alchimistischer Mithridatismus –, in allmählich sich steigernden Dosen. Wie man sich vorstellen kann, wirkte sich das katastrophal auf die Leber aus und führte im allgemeinen sogar zum Tod. Dennoch wiesen die Anhänger (die überlebenden) dieser Methode mit einer gewissen Genugtuung auf deren unbestreitbaren Erfolg hinsichtlich der Konservierung des Leichnams im Grabe hin. Als Technik der Einbalsamierung übertrifft eine Metallvergiftung sogar die Kunst der alten Ägypter und wetteifert mit den Teerlöchern des Mesozoikums.

Aber es gab auch Gefahren anderer Art. Ich erinnere mich an die Geschichte eines Mönchs, der wegen einer Nachlässigkeit oder falschen Anwendung der Technik seine Seele verlor, die durch die Rippen seines Brustkastens entwich wie ein Singvogel aus dem offenen Käfig. Zwei Tage noch hörte er sie in einem Baumwipfel vor seinem Fenster singen, dann verschwand sie in den schwarzen Tiefen des Waldes, und er siechte dahin, bis er vor Kummer starb. Andere, von denen ich hörte, wurden ihrer Verbrechen wegen in die Körper von Tieren verbannt. Einige stürzten kopfüber in die Hölle.

Ich muß gestehen, daß ich solche Geschichten genoß. Und sie sprudelten aus Wu hervor wie aus einem unerschöpflichen Brunnen. Einmal, als wir »Wolkenohr«, schwarzen Baumschwamm, sammelten, entdeckte ich versteckt im Laub am Hang eines Hügels einen verfallenen Fuchsschrein. Dort erzählte mir Wu die Geschichte der schönen Einsiedlerin Hu Li, die auf der Schwelle der Erleuchtung stand, auf der letzten Schwelle, wo äußerste Konzentration erforderlich ist, als sie gewaltsam von kaiserlichen Truppen entführt wurde und den Befehl erhielt, ein Gold-Zinnober-Elixier für den »Sohn des Himmels« zu brauen. Aus Rache für die Vereitelung ihrer Pläne gebot Hu Li dem Kaiser an dem Tag, den er für seine Apotheose festgesetzt hatte, alle Wachen und Dienstboten fortzuschicken, und sie servierte ihm dann ihr eigenhändig zubereitetes »Himmlisches Festmahl«: ein Mahl, dessen Hauptgericht der in einer zugedeckten Schüssel aufgetragene, noch dampfende Kopf des kaiserlichen Söhnchens mit den gekochten, starrenden Augen war. Für diese Ungeheuerlichkeit sperrten die Götter Hu Li in den Körper eines Fuchses, wo sie bis in alle Ewigkeit bleiben muß; nur zu bestimmten Zeiten des Jahres darf sie wieder menschliche Gestalt annehmen und wird zu einer lieblichen Jungfrau, die bei Nacht in der Umgebung umherstreicht und arglosen Reisenden auflauert, um sie zu verführen und anschließend zu verschlingen. Die Fuchsschreine, vor denen oft rohes Fleisch oder lebendige Hühner als Opfergaben niedergelegt werden, sollen Hu Li und die anderen Fuchsfeen, deren Königin sie ist, besänftigen.

Schon früh freute ich mich mit demselben dunklen, unerlaubten Sehnen, mit dem ein abendländischer Junge sich Phantasien über den Sex hingibt, auf den Tag, an dem Chung Fu mich in diese verbotenen Riten einweihen würde. Und die Tatsache, daß ich beim Verlassen Chinas noch immer nicht mit den Übungen begonnen hatte, sollte Anlaß zu tiefem Bedauern geben. Immer wieder vertröstete mich der Abt mit der Behauptung, ich sei noch nicht bereit. Wu sagte, Chung Fu werde mich erst einweihen, wenn ich gelernt habe, meinen

Mutwillen zu zügeln, meine Widerborstigkeit, mein »wildes Haar« sei es, was den Meister zögern lasse. Vielleicht hatte er recht, obwohl ich damals, weiß Gott, nicht dieser Meinung war. Ich neigte vielmehr dazu, Wus gute Ratschläge überheblich zurückzuweisen, ganz besonders jedoch in dieser Hinsicht, da er selbst auch nie in die Mysterien eingeweiht wurde.

Da ich ihn so oft erwähnt habe, möchte ich Ihnen ein wenig mehr über Wu erzählen, meinen Meister, Arbeitgeber, Sklaven, Kinderpfleger, Muttterersatz, Unterdrücker, Beschützer und großen Kindheitsfreund. Wu war ein Bauer, den die Liebe zum Essen und Trinken am Scheitelpunkt seines Lebens (als ich ihn kennenlernte) etwa so breit wie hoch gemacht hatte. Aber fett war er nicht. Sein Bauch, obzwar gewaltig, war so fest wie der eines Steinbuddhas; er wabbelte nicht auf schwierigem Terrain, sondern hüpfte elastisch über den unzulänglichen Stoßdämpfern seiner spindeldürren Beine. Seine angeborene Begabung für die kulinarischen Künste hatte ihm die Stellung als Koch in der Küche von Ken Kuan eingetragen. Sobald ich zum Arbeiten alt genug war, wurde ich ihm als Helfer zugeteilt, eine Position, die mich neben ihn auf die niedrigste Sprosse der sozialen Leiter stellte.

Ich bereute es nie. Wus gutmütige Gesellschaft war mir Entschädigung genug. Während er, wild mit den Armen fuchtelnd, in der Küche umhersprang und Ordnung in das Chaos von Messern, Gemüsen und Töpfen brachte, erzählte er mir seine wundersamen Geschichten, wobei er mit unerschöpflicher Phantasie einfache Themen kunstvoll ausschmückte. Rückblickend gehörte dies zu den größten Freuden meiner Kindheit.

Aber es gab nicht nur Spaß und Spiel. Denn Wu war auch das Los zugefallen, sämtliche mir zudiktierten Straf- und Erziehungsmaßnahmen zu vollziehen. Der Erfüllung dieser Pflicht unterzog er sich unendlich gewissenhaft, ja manchmal sogar begeistert. Nur ein Beispiel: Wu hatte einen für einen Chinesen relativ kräftigen Bart, den er (bis auf ein Büschel in der Grube zwischen Unterlippe und Kinn, das er aus Eitelkeit behielt) höchstens alle paar Tage rasierte. Infolgedessen wies sein Unterkiefer, dem Boden eines grünen Waldes gleich, ewig einen bläulichen Schatten auf. Und jedesmal, wenn es mir gelungen war, ihn bis zu einem gewissen Punkt zu reizen, beugte er sich zu mir herab, als wolle er mir ein Geheimnis mitteilen, und rieb seine Stoppeln wie ein bösartiges Stachelschwein an meiner zarten Kopfhaut. Das war wahrlich eine rauhe Strafe, jedoch zweifellos wohlverdient. Denn Wu war immer fair. Er hatte ein gutes Herz. Und seine Erdhaftigkeit war ein perfektes Gegenmittel gegen die vergeistigte Weltfremdheit der anderen Mönche, die im Gegensatz zu ihm weitgehend aus den oberen Gesellschaftsschichten stammten.

Wu war nicht von Natur aus religiös und besaß, falls überhaupt etwas, wenig von der ängstlichen Sensibilität der Frommen. Er hielt nichts von Meditationen über den Trug der Sinne oder die Eitelkeit von Reichtum und Stellung. Ja, meines Wissens meditierte er überhaupt nicht. Ich jedenfalls ertappte ihn nie dabei, es sei denn, man will das Kochen als eine Form der Meditation betrachten, in welchem Fall er wahrhaftig kurz vor der Glückseligkeit stehen mußte. Denn, wie schon gesagt, er widmete sich der gastronomischen Kunst mit mustergültiger Hingabe. Seine Mühe wurde jedoch, Gott sei's geklagt, nicht überall entsprechend gewürdigt. Die meisten anderen Mönche hielten Wu für einen Vielfraß und Wüstling. Und das war er vermutlich auch, wenigstens nach den Maßstäben der Mönche, welche in seinem Fall die einzig gültigen waren.

Zu Neujahr nahm Wu alljährlich Urlaub. Während seiner Abwesenheit schmähten ihn die hungrigen Mönche erbarmungslos, und sie befeuerten einander zu schwindelnden Höhen der Virtuosität beim Erfinden genialer und boshafter neuer Formen des Rufmordes. Er begebe sich auf eine einwöchige Vergnügungstour, behaupteten sie, spiele nächtelang an den Mah-Jongg-Tischen in Chongqing, bezahle Prostituierte (ob Mann, Frau oder Kind, erklärten sie, sei Wu egal), damit sie unaussprechliche Dinge mit ihm trieben, und sei während der ganzen Zeit nicht mal eine halbe Stunde lang nüchtern. Für all dies gab es jedoch nicht die geringsten Beweise, es sei denn natürlich die, welche ihnen die Bosheit lieferte. (Ich sah allerdings einmal, wie Wu besinnungslos auf einem Dungkarren heimgebracht wurde.)

Aber angenommen, diesen Gerüchten hätten gewisse Fakten zugrunde gelegen, und wären sie noch so fadenscheinig gewesen, so hätte ich mich fragen müssen, woher Wu das Geld für seine Ausflüge nahm. Bargeld war knapp in Ken Kuan. Einige besonders zynische Mönche deuteten an, Chung Fu persönlich finanziere Wus alljährliche Ausschweifungen, ja, das Geld werde sogar von den mageren Rücklagen abgezweigt, die wir beiseite legten, um das zu kaufen, was wir nicht selbst anbauen oder herstellen konnten. Als Kind glaubte ich diese Behauptungen nicht. Unser Abt! Und freiwillig die Vergehen eines Untergebenen fördern? Unvorstellbar! Heute bin ich nicht mehr ganz so sicher. Der subtile, scharfe Verstand des Meisters durchschnitt die konventionelle Klugheit wie der Bug eines Schiffes die amorphe, glatte Masse des Ozeans. Das einzige, was ich mit Sicherheit sagen kann, ist, daß Chung Fu, aus welchem Grund auch immer er Wu unterstützte (falls er ihn wirklich unterstützte), reiche Zinsen für seine Investitionen erntete (selbstverständlich im übertragenen Sinne). Vielleicht gewann er durch diese Konzession Wus Vertrauen. Denn gewonnen hatte er es, ob nun durch faire Mittel oder nicht. Wu glich einem gutmütigen Straßenköter, der seinen Herrn bis in den Tod verteidigt.

Manchmal jedoch wurde er in seiner Treue wankend. Es gab da eine recht jähzornige Seite an Wu. Wenn außergewöhnliche Anstrengungen von ihm verlangt wurden, murrte er häufig. Einmal geschah das beim »Großen Frühlingsfest«, als wir wie eine Gruppe besorgter Hebammen die ganze Nacht lang wachten und beharrlich beteten, um der Natur zu helfen, ihre flammende Last, die Sonne, in die nördliche Hemisphäre zu entbinden. Die Sänger arbeiteten in Schichten, während Wu und ich rund um die Uhr in der Küche beschäftigt waren und nur ein Nickerchen machten, wann immer es sich einrichten ließ. Ich eilte hin und her, brachte Kräuter – Ingwerwurzeln, Knoblauch, grüne Chilis – und holte Wasser aus dem Bach, der am Fuß der Klippen von Stufe zu Stufe in Teiche aus Schaum und Felsen sprang. Wenn es besonders eilte, begleitete mich

Wu. Unsere Aufgabe war sehr anstrengend, weil wir die gefüllten Eimer über eine Reihe schmaler, aus dem Fels gehauener Stufen einen steilen Hang hinaufschleppen mußten. Wu kam keuchend und pustend, das Gesicht trotz der bläulichen Stoppeln auf Wangen und Hals rosig überhaucht, oben an. Oft schalt er mich, da meine Eimer, bis wir die Höhe erreicht hatten, unweigerlich den größten Teil ihres Inhalts verloren hatten.

»Aiya!« rief er dann. »Sind die Steine durstig, daß du ihnen soviel von unserem kostbaren Wasser zu trinken gibst? Sieh dir meine Eimer an! Wieviel habe ich verschüttet?«

Es stimmte. Infolge außergewöhnlich großen Glücks oder Geschicks schien Wu niemals einen einzigen Tropfen zu verlieren, obwohl er die unsicheren Stufen doppelt so schnell wie ich hinaufeilte. (Ich versuchte, meine Verluste zu verringern, indem ich mich langsam bewegte, meinen Kurs vorher genau berechnete und jeden Schritt sorgfältig plante.)

»Ich begreife das nicht«, gestand ich ihm. »Du scheinst da einen Trick zu kennen. Erkläre mir deine Technik!«

Wu schnalzte mißbilligend mit der Zunge und schüttelte den Kopf. »Wildes Haar«, antwortete er, »du hast es noch immer nicht kapiert. Genau dies, dieses Übermaß an Technik ist es, was dich verwirrt, was die Eimer nahezu leert und womöglich sogar noch meinen Fuß zwingt, deinen ehrenwerten Hintern zu züchtigen.« Er brüllte vor Lachen über seinen Witz. »Warum mußt du für jeden Weg, den ich mache, zwei Wege machen? Wirst du's denn nie lernen? Du bist zu gewissenhaft. Du darfst nicht jeden Schritt planen wollen, als wäre dein winziges Gehirn schlau genug, es mit diesem riesigen Berg aufzunehmen!«

»Na schön«, gab ich mürrisch zurück. »Wenn du so schlau bist, wie machst du's dann?«

»Wie ich es mache?« Er blickte über den Rand in den Abgrund hinab. »Ich schließe die Augen und denke an nichts. Meine Gedanken sind woanders. Meine Beine finden den Weg ohne mich, selbst auf unebenem Grund.«

An so ausführliche Versuche philosophischer Auslassung nicht gewöhnt, wurde er unter meinem mißtrauischen Blick unruhig.

»Wie soll ich dir schildern, wie ich es mache?« rief er trotzig und blickte umher, als erwarte er, irgendwo in der Luft die Antwort zu finden.

Dann schien ihm etwas einzufallen, und er stieß ein seltsam übermütiges, dröhnendes Lachen aus. »Ich kann mich ja nicht mal selbst erinnern!« Damit watschelte er davon, und sein Tonnenbauch hüpfte zwischen den beiden unbeweglich hängenden Eimern hin und her.

Obwohl ich bezweifle, daß es ihm jemals bewußt wurde, hatte Wu auf seine eigene Art eine gewisse Vollkommenheit erreicht. Damals war ich zu jung, um das richtig zu würdigen. Aber vielleicht war das Kochen für ihn tatsächlich eine Form der Meditation. Im Ernst! Denn ist nicht alles, dem sich ein Mensch mit der ganzen Kraft seines Geistes widmet – indem er sich zum Satelliten seiner selbst macht, sich auf seine Schwerkraft als eine Art Disziplin verläßt, die ihn auf diese letzte leidenschaftliche Umlaufbahn der Perfektion zwingt –, eine Form der Meditation? So steht es in meinem Buch. Es ist die Meditation, die zum Tao führt, und das Tao wird in einem seiner zahllosen Avataras auch »das Perfekte« genannt.

Ich meine, die Episode mit dem Wasserholen zeigt, daß Wus Handlungen im Einklang mit dem Tao standen. Er hatte die Kunst des *wuwei* gelernt, des »Nichthandelns« (Bewegung, deren Kern Ruhe ist), und übte sie mit einer Geschicklichkeit aus, die, falls überhaupt, nur wenige seiner weltfremderen Mitbrüder erreicht hatten. Natürlich verachteten sie ihn als groben Bauern, betraut mit der unrühmlichen Aufgabe, für ihr leibliches Wohl zu sorgen, während sie nach höherer Nahrung strebten. Wu selbst teilte ihre Meinung weitgehend und ohne Bitterkeit. Ich aber bin überzeugt, daß Chung Fu die Situation insgeheim verstand und billigte. Mit seinen ganz persönlichen, subtilen Methoden versorgte der Meister seinen Schüler mit einer angemessenen geistigen Führung, und er lehrte Wu mit den unsichtbaren Gezeiten des Yin und Yang zu sinken und zu steigen.

Diese Theorie bestätigte mir Wu ausdrücklich, als er mir in der entspannten, intimen Atmosphäre, die sich nach dem erfolgreichen Abschluß eines großen Festessens einstellt, ein wenig aus seiner Vergangenheit erzählte.

»Bist du hier geboren, Wu, so wie ich?« hatte ich mit kindlicher Naivität gefragt (noch viel zu jung, um die Wahrheit zu wissen).

Mein dicker Freund lachte. »Wie oft schlüpft ein Affe aus einem Steinei? Gewiß nicht öfter als einmal in tausend Jahren.« Er schüttelte den Kopf. »Nein, Sun I, Wu wurde auf die übliche Art und Weise gezeugt. Ich wuchs draußen heran und stieß erst später auf den ›Weg‹.«

»Warum hast du dieses Leben gewählt?«

»Gewählt?« Er kicherte. »Ich habe es nicht gewählt, es hat *mich* gewählt.« Vor seinem Hauklotz stehend, hielt Wu inne und trocknete sich die Hände an der schmutzigen Schürze, die er sich um die Taille gebunden hatte. Alle anderen waren zu Bett gegangen, während er als besondere Belohnung für uns beide Rüben für die süßen Pfannkuchen schnitt, die ich so liebte.

»Was hast du vorher gemacht?« erkundigte ich mich.

Er warf mir einen forschenden Blick zu und starrte dann ins Leere, als suche er sich zu erinnern.

»Ich komme aus einem Bauerndorf bei Chongqing.« Damit begann er wieder zu schneiden. »Meine ganze Familie – Großeltern, Tanten und Onkel, Cousins und Cousinen – lebte in der Nähe. Wir zogen Gemüse und züchteten Hühner für die Märkte in der Stadt.«

»Warum bist du fortgegangen? Warst du nicht glücklich dort?«

Wu starrte weiterhin auf den Hauklotz. »Nicht immer«, antwortete er nach kurzem Zögern mit gedämpfter Stimme. »Die Arbeit war schwer, aber es war kein schlechtes Leben. Meine Eltern verwöhnten mich sogar ein bißchen, vor allem meine Mutter, denn ich war ihr jüngster Sohn, ihr Nesthäkchen, und es war unwahrscheinlich, daß sie jemals noch einen weiteren bekommen würde. Doch als ich mich verliebte und heiraten wollte, veränderte sich irgend etwas in ihrem Verhalten. Sie sah mich mit fremden Augen an. Unsere Vertrautheit hörte auf. Sie zog sich zurück und sprach kaum noch, erlaubte sich höchstens mal eine giftige Bemerkung über meine Braut. Ich konnte das nicht begreifen, denn Chai war ein einfaches, bescheidenes Mädchen, ja, sogar scheu. Und hübsch, Sun I. Ich liebte sie. Der Tag unserer Hochzeit war der glücklichste meines Lebens. Doch als ich sie heimbrachte, ins Haus meines Vaters, stellte meine Mutter sich gegen Chai. Sie war unbarmherzig, behandelte Chai wie eine Dienerin und ließ sie die Fußböden im ganzen Haus scheuern, auch in jenen Zimmern, um die sich andere Schwiegertöchter kümmern mußten. Und wenn sie das kleinste Staubkörnchen fand, mußte Chai noch einmal von vorn anfangen. Das ist nur ein Beispiel von vielen. Es war ungerecht, lag jedoch im Rahmen der Rechte, die meine Mutter besaß, und Chai ertrug es geduldig. Ihre angeborene Bescheidenheit verwandelte sich dabei freilich in stumme Schüchternheit, und ihr Gesicht wurde spitz, als sei sie innerlich vernichtet worden. Mir brach es das Herz, das mit anzusehen, aber ich konnte wenig tun. Ich glaubte fest, daß meine Mutter sich schließlich doch erbarmen würde. Eines Tages, als ich vom Feld heimkam, traf ich Chai schluchzend an. Zunächst wollte sie mich nicht einmal ansehen, doch als ich sie drängte, brach sie zusammen und erzählte mir, was geschehen war. Dann entdeckte ich die häßliche Schwellung neben ihrem Mund und die blauen Flecken auf ihrem Rücken und ihren Rippen. Sie hatte eine Frage gestellt, die meine Mutter für impertinent hielt, und war mit einem Bambusstock geschlagen worden. Ich war außer mir und stürmte davon. Ich wollte meinen Vater um die Erlaubnis zum Verlassen des Hauses bitten. ›Kommt nicht in Frage‹, antwortete er. Die Ernte stehe vor der Tür; sie würden alt und könnten nicht ohne uns auskommen. ›Hab nur Geduld‹, sagte er. ›Wenn du einen Sohn hast, wird sie nachgeben.‹ Also setzten wir unsere ganze Hoffnung auf einen Sohn. Und tatsächlich, in jenem ersten Winter wurde sie schwanger. Ich war selig, und Chai wirkte lebhafter als seit Monaten. Eifrig schmiedeten wir Zukunftspläne. Auch mein Vater freute sich. Als ich ihm die Neuigkeit mitteilte, ließ er vorübergehend seine barsche Förmlichkeit fallen, lachte laut auf und schlug mir auf die Schulter wie ein fröhlicher Kamerad. Dann schickte er mich davon, damit ich es meiner Mutter sagte. Vor Freude errötend, trat ich vor sie hin. Mit einem merkwürdigen, abschätzenden Blick fragte sie mich, was ich von ihr wolle. Als ich die Nachricht heraussprudelte, blieb sie zu meiner Verwunderung gleichgültig. Ihre Augen waren kalt, jeder Glanz erloschen. Mit einem Nicken entließ sie mich. Ich habe es nie richtig begreifen können, Sun I. Vielleicht kam es daher, daß sie alt und ausgelaugt war. Ihre Brüste waren vom Stillen so vieler Kinder schlaff und unwiderruflich vertrocknet. Vielleicht erinnerte sie die Gegenwart einer jungen, gesunden Frau, in der ein neues Leben heranwuchs, an ihre eigene Unfruchtbarkeit und Sterblichkeit, und dieser Gedanke reizte sie bis zum Wahnsinn. Wie dem auch sei, statt unsere Freude zu teilen, wurde meine Mutter von da an noch gehässiger. Sie ließ Chai so schwer arbeiten wie zuvor, obwohl meine Frau schon bald unter dem Gewicht des Kindes sehr schnell zu ermüden begann. Vor Verzweiflung versuchte ich schließlich mit meiner Mutter zu sprechen, sie um Verständnis für unsere Lage zu bitten. Niemals im Leben hatte ich sie so zornig gesehen. Sie zitterte und wurde blaß. Dann schrie sie mich an, schlug sich an die Brust und sagte, wenn mir die Art, wie sie den Haushalt führe, nicht passe, solle ich mir eine andere Wohnung suchen. Wie gern hätte ich sie beim Wort genommen! Aber mein Vater verweigerte uns immer noch seine Zustimmung. Er forderte mich auf, bis zur Geburt des Kindes zu bleiben und abzuwarten, ob meine Mutter nicht doch noch ihren Sinn änderte. Mir blieb keine Wahl: Ich mußte gehorchen. Eines Tages im Herbst, als Chai gegen Ende ihrer Zeit mit einer Ladung Reisig über den Gartenzaun steigen wollte, stolperte sie und fiel. Sie begann zu bluten, und die Wehen setzten ein. Eine meiner Tanten hörte sie schreien und stürzte aus dem Haus. Dort draußen, inmitten der abgeernteten Sonnenblumen, brachte Chai das Kind zur Welt – tot. Die Blutung war durch nichts zu stillen. Als ich eintraf, war auch Chai tot.«

Wu hielt inne, das Gesicht dunkelrot vor Demütigung. Er schien an diesem unverdaulichen, aus den Tiefen der Erinnerung erbrochenen Bissen buchstäblich zu ersticken.

»Es war ein Junge«, sagte er schließlich voller Zorn, den die Zeit nicht hatte mildern können.

Ich dachte schon, er habe alles gesagt, was er sagen wollte, als er nach langem Schweigen unvermittelt fortfuhr.

»Von da an haßte ich meine Mutter leidenschaftlich und aus tiefstem Herzen. Ich wußte, daß ich dafür verdammt war, konnte aber einfach nicht anders. Jedesmal, wenn ich sie sah, hätte ich ihren dürren Hals am liebsten mit beiden Händen gepackt und umgedreht wie bei einem Huhn. Eines Morgens lief ich nach einem Streit mit ihr aufs Feld und einfach weiter. Nicht ein einziges Mal blickte ich zurück. Seit jenem Tag habe ich weder sie noch meinen Vater wiedergesehen. Inzwischen sind sie wohl längst tot.«

»Bist du deswegen hierhergekommen?« fragte ich nach einer respektvollen Pause.

Wu schüttelte den Kopf. »Nein. Danach ging ich in die Stadt. Eine Zeitlang arbeitete ich auf dem Markt, lud für die Händler Kisten auf und ab. Einmal stieß ich dabei auf meinen Bruder, aber er wandte hastig den Blick ab und tat, als sehe er mich nicht. Ungefähr zur selben Zeit geriet ich in schlechte Gesellschaft, zu der auch einige Süchtige gehörten. Die machten mich mit dem Opium bekannt. Ich war krank am Herzen, Wildes Haar. Das Rauschgift kostete Geld. Eins führte zum anderen. Mein Gläubiger, der Besitzer der Opiumhöhle, war gleichzeitig ein Kredithai mit Verbindungen zum örtlichen Tong. In diesem Viertel wurde kein einziges Geschäft abgeschlossen, ohne daß die einen kräftigen Anteil bekamen. Sie ließen uns den Dreck auf Kredit kaufen, bis wir in der Klemme saßen, und begannen uns dann auszuquetschen. Nicht lange, und mit meiner Gesundheit ging es bergab. Zu krank, um arbeiten zu können, verlegte ich mich aufs Glücksspiel, um die Banditen bezahlen zu können. Aber die Spielhöllen gehörten ihnen auch, und sie manipulierten die Tische. Es ist fast komisch, aber selbst damals ahnte ich, was vorging. Doch zu jener Zeit spielte das keine Rolle mehr. Es lag eine Art schicksalsergebener Freude darin, Sun I, verstehst du? Wie eine Schlingpflanze umwand das Glücksspiel mein Herz mit seinen Ranken und ergriff Besitz von mir. Mehr noch als das Opium wurde es meine schlimmste Sucht. Und nicht nur meine – es gab Hunderte, ja vielleicht Tausende wie mich. In diesen langen, fiebrigen Nächten, als ich zusah, wie die Würfel alles fraßen, was ich besaß, und mehr...«

Noch heute sehe ich in Wus Augen, wie sie mich damals anblickten.

»Als Volk mögen wir skeptisch sein und schwerblütig, doch irgend etwas Leichtsinniges steckt in uns, das die Würfel herauskitzeln. Wir sind ein Geschlecht von Glücksspielern, Sun I. Vergiß das nie! Ich vergaß es, und das war mein Untergang.«

Er schüttelte den Kopf.

»Denn siehst du, nach einer Weile wurde es klar, daß ich nie mit dem Geld überkommen würde. Also schickten sie einen ihrer ›Kassierer‹ zu mir. Der schlug mein Gesicht auf den Küchentisch, bis ich vor lauter Blut nichts mehr sehen konnte, und bat mich dabei ununterbrochen, doch endlich ›vernünftig‹ zu sein. Ich hätte sie absichtlich betrogen, behauptete er. Sie wollten nichts als Gerechtigkeit, irgendeine gleichwertige Entschädigung. Aber das einzige, was ich noch hatte, womit ich sie hätte bezahlen können, war mein Leben, und ich wußte, daß sie keine Bedenken hatten, es mir zu nehmen. Also floh ich abermals. Inzwischen war ich halb verrückt. Meine Nerven waren kaputt. Ich litt unter Entzugserscheinungen. Ich weiß nicht, warum, aber mir fiel eine Geschichte ein, die ich als Junge gehört hatte: von einem Weisen, der in den Bergen lebte, einem großen Magier, der sich auf die Kunst verstand, Blei in Gold zu verwandeln. Ohne weitere Anhaltspunkte machte ich mich auf die Suche nach ihm und erkundigte mich in allen Klöstern, die am Weg lagen. Mein zerrütteter Geist hatte den Vorsatz ausgebrütet, diesen Burschen auf Biegen und Brechen zu überreden, mir die Alchimie beizubringen. Sobald ich diese Technik beherrschte, würde ich schwerreich in die Stadt zurückkehren und den Tag meiner Rache genießen. Das Blättchen hätte sich gewendet, sie würden nun vor mir kriechen müssen. Wie du siehst, gierte ich immer noch danach. Ha! Wie töricht ich war! Es dauerte viele Tage, bis ich hierherfand. Als ich schließlich eintraf, war ich am Ende meiner Kräfte: abgemagert (ist das zu glauben?), krank, die Kleider hingen mir in Fetzen vom Körper, die Haare auf meinem Kopf waren verfilzt. Ich sah aus wie ein Bettler, schlimmer als ein Bettler, schlimmer noch als ein Aussätziger. Zwei Tage lang stand ich vor dem Tor und bat um Einlaß. Die Mönche lachten mir ins Gesicht. ›Was will eine Vogelscheuche wie du bei einem großen Mann wie Chung Fu?‹ Schließlich hörte der Meister mein Geschrei und befahl ihnen, mich einzulassen. Diese erste Begegnung werde ich nie vergessen. Er sah mich so durchdringend an, daß ich fast spürte, wie sich die Fasern meines Herzens öffneten. Ich brachte es nicht fertig, diesem Blick zu begegnen. Ja, ich hätte beinahe geweint.

›Was willst du von mir, Schielauge?‹ fragte er voll Spott über meine Feigheit.

Wie man es mir eingeschärft hatte, warf ich mich dreimal zu Boden und stürzte mich in eine blumige Ansprache, die ich seit Tagen schon in Gedanken eingeübt hatte, wobei ich immer wieder über die langen Wörter stolperte.

›Du willst also ein großer Alchimist werden und Blei in Gold verwandeln, ist das so?‹ faßte er zusammen, als ich endete.

›Ja, bitte, Herr.‹

Er lachte laut auf. ›Wer hat dir denn diese Idee in den Kopf gesetzt?‹

Ich zögerte; dann stammelte ich: ›Wissen Sie, Herr, ich bin schwer verschuldet.‹ Dabei grinste ich einfältig.

Chung Fu aber fand das durchaus nicht lächerlich. Er hörte unvermittelt auf zu lachen und musterte mich von Kopf bis Fuß. ›Verschwinde!‹ befahl er schließlich. ›Du bist eine Schande.‹

Einige Mönche begannen zu kichern. Ich heulte laut meinen Protest hinaus und warf mich dem Meister zu Füßen. ›Geben Sie mir eine Chance, mich zu bewähren! Ich tue alles! Sie brauchen mir nur zu sagen, was verlangt wird.‹

Chung Fu war bereits im Begriff, den Raum zu verlassen. Jetzt machte er halt und wandte sich um. Ich nahm all meinen Mut zusammen und sah ihm offen in die Augen. Wie ein Ringer den Griff seines Gegners testet, maß er mich mit den Blicken. Dann spielte ein winziges Lächeln um seine Lippen. ›Alles?‹

›Ja! Ja!‹ rief ich überschwenglich. ›Nur versprechen Sie mir bitte, daß Sie mir helfen werden!‹

Mit zusammengekniffenen Augen strich er sich das Kinn und ließ mich warten.

›Bitte!‹ flehte ich. ›Lehren Sie's mich!‹

›Lehren – was?‹ fragte er begriffsstutzig.

›Den Weg natürlich!‹

Er schüttelte den Kopf. ›Den Weg kann man nicht lehren.‹

›Dann weisen Sie mir einfach die Richtung! Geben Sie mir einen Stoß, alles andere schaffe ich schon allein!‹

›Du bist hartnäckig‹, räumte er ein, ›obwohl das nicht unbedingt zu deinen Gunsten spricht.‹ Er blinzelte mich abschätzend an.

›Nun?‹

Ob aus Verzweiflung oder als Zustimmung, weiß ich nicht, aber der Meister seufzte. Ich legte das zu meinen Gunsten aus und jubelte vor Freude.

›Nun gut‹, lenkte er ein. ›In diesem Fall würde ich als ersten Schritt auf dem Weg zu diesem hehren Ziel ein gutes Abendessen vorschlagen.‹ In diesem Augenblick fiel mir zum erstenmal der humorvolle Unterton auf, der stets in der Stimme des Meisters mitschwingt, die Fröhlichkeit in seinen Augen.

Er führte mich in die Küche. An der Tür blieb er stehen und sah mißbilligend in die Runde. Berge von ungespülten Holzbrettchen und Eßschalen lagen überall herum, und Bataillone von Ameisen schleppten ihre Beute davon.

›Vor ein paar Monaten hatten wir das große Unglück, unseren Koch zu verlieren‹, erklärte er seufzend. ›Seitdem sind die Dinge nicht mehr so, wie sie mal waren.‹

›Das tut mir leid‹, entgegnete ich pflichtschuldig. ›Was ist ihm zugestoßen?‹

›Ein Hühnerknochen.‹ Als Zeichen eines gewaltsamen Endes blies Chung Fu die Backen auf und verdrehte die Augen.

Ich hätte respektvoll den Mund halten sollen, aber ich konnte nicht an mich halten. ›Ich dachte, Sie sind hier alle Vegetarier.‹

Chung Fu nickte ernst. ›Stimmt genau. Es hieß, es könne sich um eine Art Strafe handeln.‹

Obwohl er durchaus ernsten Tones sprach, fand ich diese Erklärung recht komisch. Wider Willen platzte ich laut heraus. Ich war überzeugt, daß er schockiert sein, mich vielleicht sogar wieder hinauswerfen würde. Zu meinem Erstaunen fiel er in mein Lachen ein.

›Jawohl, das Ganze ist nicht ohne Komik‹, gab er zu und wischte sich die Tränen aus den Augen. ›Aber komm jetzt! Obwohl es mir peinlich ist, dir unsere Gastfreundschaft unter diesen Umständen anzubieten, bist du zu allem, was du hier findest, herzlich eingeladen.‹

Ich dankte ihm wortreich, machte Feuer und stellte Wasser zum Reiskochen auf. Zufällig hatte ich einige Morcheln und Pinienkerne bei mir, die ich am Abend zuvor, als ich nach etwas zu essen suchte, im Wald gefunden hatte. Diese schnitt ich in Scheiben und briet sie mit ein paar Peperoni aus dem Garten in etwas Öl.

Chung Fu blieb derweil an der offenen Tür stehen und starrte ins Leere. Obwohl er mir anfangs keinerlei Aufmerksamkeit schenkte, bereitete mir seine Anwesenheit Unbehagen. Nach einer Weile jedoch merkte ich, daß er mich wie ein Falke beobachtete. ›Wie ich sehe, hast du eine gewisse Begabung für diese Dinge‹, stellte er betont beiläufig fest. Befangen schüttete ich den Reis ins Gemüse und rührte alles kräftig im Öl. Als ich gerade anrichten wollte, schlug er sich plötzlich vor die Stirn und stieß unvermittelt einen so lauten Ruf aus, daß ich mein Abendessen fast ins Feuer gekippt hätte. ›Ich hab's!‹ Verdutzt starrte ich ihn an. ›Ich hab' die perfekte Ausbildung für dich gefunden!‹

›Wirklich?‹

Er deutete auf meine Hand. Ich hielt immer noch den Topf. Verwirrt blickte ich wieder zu ihm empor. Er nickte begeistert.

›Ich verstehe Sie nicht ganz‹, mußte ich, beschämt über meine Dummheit, zugeben.

›Du wirst hierbleiben und unser Koch werden.‹ Mit einem kleinen, eindeutig unmönchischen Entzückensschrei stürzte er aus dem Raum.

Ich muß gestehen, daß ich anfangs Bedenken hatte. Aber ich wollte die Alchimie lernen, und wenn dies ein notwendiges Opfer war, na schön, dann würde ich es bringen. Wenigstens, bis sich etwas Besseres abzeichnete. In der Küche war es angenehmer als auf dem Feld, und die Arbeit gefiel mir eindeutig besser als das Vagabundieren.

So verging die Zeit, und ich blieb. In gewissen Abständen wandte ich mich an den Meister, um zu fragen, wann er mit meiner Einweisung in die geheimen Künste beginnen werde.

›Koch du nur weiter!‹ antwortete er dann. ›Du machst Fortschritte auf dem Weg zu deinem Ziel.‹

Ich ließ jedesmal mehrere Monate verstreichen und ging dann abermals zu ihm. ›Verehrungswürdiger Meister‹, sagte ich wohl, ›ich bin bereit, Ihre Lehren über die Prinzipien der Alchimie in mich aufzunehmen.‹

›Laß nur!‹ wehrte er immer wieder ab. ›Du machst große Fortschritte. Koche nur weiter! Du hast zu deiner wahren Berufung gefunden.‹

Schließlich gab ich es auf und stellte mein Bitten ein. Und so bin ich bis heute der Kunst, Blei in Gold zu verwandeln, nicht nähergekommen als vor zwanzig Jahren.«

Mit dieser enttäuschenden Auskunft beendete Wu seine Erzählung, das heißt, ich sollte wohl lieber sagen, damit verlief sie im Sande und starb einen unwürdigen Tod. Ich empfand Mitleid mit meinem Freund. Zu meinem abgrundtiefen Erstaunen jedoch brach er in lautes Lachen aus – nicht aus Kummer oder Bitterkeit, sondern eindeutig vor Freude. Er wirkte wie ein Mann, der gerade den besten Witz seines Lebens gehört hat und dem darüber hinaus die Genugtuung zuteil wird, diesen Witz selbst, aufgrund eigener Erfahrungen und auf seine eigenen Kosten erzählt zu haben.

Damals konnte ich seine Einstellung, die mir irgendwie schwachsinnig oder noch schlimmer vorkam, nicht begreifen. Erst später gewann Wus Geschichte Resonanz, bis sie in meinen Gedanken nachhallte wie eine Prophezeiung – jawohl, wie eine Prophezeiung meines eigenen Schicksals. Ich habe mich oft gefragt, ob das reiner Zufall war oder ob Wu, und sei es im frühen Anfangsstadium, über die tiefe Einsicht eines Weisen verfügte.

Wie die Antwort auch lauten mochte, sie kann all das, was ich ihm verdanke, nicht mindern. Inmitten der Trümmer meiner Kindheit steht er allein, als einzige Säule, Chung Fu natürlich ausgenommen. Aber der Einfluß des Meisters war subtiler, weniger greifbar. Wie eine göttliche Erscheinung schien er sich stets an den wesentlichen Kreuzungspunkten meines Lebens zu materialisieren. Eine Stunde mit Chung Fu war ein Fest, Wu dagegen war tagaus, tagein an meiner Seite, meine Geißel und mein Trost. Andere Mönche lehrten mich lesen und schreiben, die Schafgarbenstengel zählen, singen und ähnlich Wichtiges, Wu dagegen lehrte mich, was ich vom Leben weiß.

Und so scheint es nur angebracht, daß Wu es war, der an jenem Morgen zu mir kam und mir mit gedämpfter Stimme befahl, mich auf eine Audienz bei Chung Fu vorzubereiten. Ein Fremder sei gekommen, berichtete er, und es heiße, er sei gekommen, um mit mir zu sprechen.

DRITTES KAPITEL

Das war eine alarmierende Eröffnung. Besucher waren in Ken Kuan besonders exotische Exemplare, Wesen, die man fast so selten antraf wie die Drachen, die angeblich den Fluß hinter den Mauern bevölkerten. Und wie die Drachen galten auch die Besucher als Vorboten einer Schicksalswende, zuweilen zum Besseren, häufiger jedoch zum Schlechteren. Die Menschen mieden uns aus Angst vor irgendwelchen Schikanen der Behörden. Dies untergrub die soziale Funktion des Klosters und machte es uns unmöglich, dem Auftrag »Erbarmen mit allen Wesen der Schöpfung zu haben« nachzukommen, dem ersten und wichtigsten der »Drei Schätze des Taoismus«. Sie zu schützen und zu erhalten müssen alle Eingeweihten schwören. (Der zweite ist die damit verbundene Genügsamkeit. Freiwillig gewählt, ist die Armut eine Form des Erbarmens mit der unbelebten Welt, eine Geste des Respekts und der Ehrerbietung den leblosen Dingen gegenüber. Der dritte »Schatz« ist die Demut oder Bescheidenheit, worin das Versprechen, sich der aktiven Macht über Menschen zu enthalten, eingeschlossen ist.)

Doch um auf unsere Isolation zurückzukommen: Eigentlich hatte diese auch eine positive Seite, so wie man in Amerika sagt: »Jede Wolke hat einen Silberstreif.« (Die chinesische Version lautet: »Scheiße läßt das Korn wachsen.«) Häufiger Verkehr mit der Außenwelt kann den Besonnensten von seinem wahren Ziel ablenken. Wenn es auch nur selten begriffen wird, so ist doch wohlbekannt, daß der »Marktplatz der schmutzigen Welt« es versteht, im menschlichen Herzen Aufruhr und Rebellion zu wecken, und daß wir vor dieser Versuchung bewahrt waren, machte uns unsere Einschränkungen ein wenig leichter.

Daher konnte ich die Gäste, die uns in den einundzwanzig Jahren meines Mönchslebens in Ken Kuan besucht hatten, beinahe an den Fingern abzählen, und in der ganzen Zeit hatte es nicht einen einzigen gegeben, der mich persönlich sprechen wollte. Das mag ziemlich bedrückend erscheinen, für mich aber war es selbstverständlich. Wer hätte sich denn auch um mich kümmern sollen? Ich hatte keinen Namen und keine Familie – jedenfalls keine, der daran gelegen war, mich anzuerkennen. Die einzige Ausnahme war meine Mutter. Aus irgendeinem Grund jedoch – warum, kann ich nicht genau sagen – hatte ich stets angenommen, sie sei tot. Ich glaube, es lag wohl an der Fotografie. Denn die Kamera hatte sie unbemerkt erwischt und dadurch gezeigt, wie verletzlich sie war, wie schutzlos in dieser Welt. Aber es war noch mehr als das, es war, möchte ich sagen, Intuition. Die Welt, sogar der winzige, wenig bedrohliche Winkel, den ich hatte erforschen können, schien zu rauh für die Frau, die ich mir erträumt hatte. Sie mochte hier zwar einst gelebt haben, aber nur für sehr kurze Zeit, auf gar keinen Fall für lange. Nirgendwo fand ich den strahlenden Glanz, der ihr eigen gewesen sein mußte und den, auch wenn er unfaßbar war, meine Seele mit ihrem Urinstinkt erkannt hätte. Nein, nein, für mich war sie tot – wenn nicht tatsächlich, so doch in der Vorstellung.

Und was meinen Vater betraf, wenn er noch lebte (und dieser selbe Instinkt sagte mir, daß er noch lebte), so war er weit fort, jenseits des Ozeans auf einem anderen Kontinent. Nach so vielen Jahren – *konnte* er es überhaupt sein? Dieser Gedanke erfüllte mich mit so großer Furcht (und Sehnsucht), daß mir übel wurde und mir der Schweiß ausbrach.

Doch außer dem Umstand, daß Besucher höchst selten waren, und außer diesem primitiven, emotionalen Vakuum in mir, das niemals berührt worden war und das ich mir, sosehr ich es auch versuchte, nicht gefüllt vorstellen konnte, steigerte noch ein Faktor meine Bangigkeit angesichts Wus Nachricht. Daß ich einen Besucher empfangen sollte, meinen ersten überhaupt, und ausgerechnet an diesem einen Tag im Jahr (in meinem Leben), erschien mir zu viel, um es dem reinen Zufall zuzuschreiben. Denn es war mein Geburtstag: Ich wurde einundzwanzig Jahre alt. Irgendwie ließ dieser Umstand das Ganze unheimlich erscheinen, als sei dieser Besuch ein Geschenk, ein wertvolles Stück Treibgut (Trümmerrest eines versunkenen Kummers), das das Tao zur Feier dieses Tages aus seinen unvorstellbaren Tiefen heraufgeholt und zu meinen Füßen niedergelegt hatte. Doch was?

Meine Füße hinterließen feuchte Abdrücke auf den Schieferplatten, als ich auf dem Weg zur Südeite des Klosters, wo der Meister seine Zelle hatte, den inneren Hof überquerte. In der Mitte dieses Innenhofs stand ein Pfirsichbaum. Er war knorrig und alt, schlug aber alljährlich voll Kraft aus und trug, wie wir zu sagen pflegten, »für jeden Mönch einen Pfirsich«. Mit einem Gefühl, das Trauer sein konnte, entdeckte ich, daß den Blüten bereits die Früchte gefolgt waren. Saftig und prall hingen die Pfirsiche an den knotigen, rauhen Ästen wie Wassertropfen an einer geschwärzten Abflußrinne, nachdem der Regen aufgehört hat.

Früh am Morgen hatte ich das Orakel befragt und ein Ergebnis erhalten, das bei mir, meiner Erinnerung nach, noch niemals aufgetaucht war: *jiaren*, Familienmitglied, Sippe. Dieses Hexagramm setzt sich aus den beiden Urbildern *sun*, »Wind«, über *li*, »Feuer«, zusammen und deutete in meinem Fall auf eine wahnsinnige, womöglich zerstörerische Handlung hin, wie etwa bei einem Brand das Anfachen der Flammen durch den Wind.

Der Kommentar lautete:

Die Sippe ist die Keimzelle der Gesellschaft, der Naturboden, auf dem die

> Erfüllung der moralischen Pflichten durch natürliche Zuneigung erleichtert wird, so daß im engen Kreis die Grundlagen geschaffen werden, die sich dann auf die menschlichen Beziehungen im allgemeinen übertragen lassen.

War das kein Hinweis auf mich? Aufgewachsen ohne den Einfluß familiärer Bande – fehlte mir vielleicht das Fundament moralischer Instinkte? Obwohl sehr indirekt, war die Schlußfolgerung kaum zu vermeiden. Bekräftigt wurde diese Auslegung durch die Tatsache, daß der erste Strich des Hexagramms eine bewegte Linie war, daß sich das alte Yang auflöste zu Yin, Licht zu Dunkelheit wurde. Hier lautete der Kommentar:

> Wenn man zu spät mit der Durchsetzung der Ordnung beginnt, wenn also dem Willen der Kinder schon zu sehr nachgegeben wurde, so leisten die inzwischen entwickelten Launen und Leidenschaften Widerstand und geben Anlaß zu Reue.

So klopfte ich schließlich mit einer gewissen Vorahnung an Chung Fus Tür.

Laut und angenehm ertönte seine Stimme: »Herein!«

Ich verneigte mich beim Eintreten tief, grüßte den Meister zuerst, dann den Gast, wobei ich mich abermals, noch etwas formeller, verneigte.

Es war ein älterer Chinese, in gewisser Hinsicht Chung Fu bemerkenswert ähnlich (die beiden hätten zu einer Studie über die Unterschiedlichkeit in der Gleichheit anregen können), nur trug er das elegante, wenn auch längst aus der Mode gekommene Gewand eines konfuzianischen *junzi*, eines Herrn aus der traditionellen Klasse der Bürokraten und Gelehrten. Zu jener Zeit waren die *junzi* fast ebenso vollständig aus den Reihen der Gesellschaft verschwunden wie die taoistischen Meister, zu denen Chung Fu gehörte. Im früheren China waren die Tao-Meister das Pendant der *junzi*, doch verachteten sie die Konfuzianer samt ihrer strengen Einhaltung der äußerlichen Form und des Rituals, da sie statt dessen den inneren, intuitiven Eingebungen des »Weges« folgten. Der alte Konfuzianer trug die Kappe und das lange Seidengewand der Gelehrten. Er hielt einen mit einem Elfenbeinknauf geschmückten Stock von großer Schönheit und bedeutendem Alter in der Hand, dessen schwarz lackierter Schaft von oben bis unten glänzte. Chung Fu dagegen war in die schlichte Sackleinenkutte der Mönche gekleidet, obwohl er sich als Abt feiner hätte herausputzen können. Unter seiner Kappe war der Besucher auf äußerst gepflegte Weise kahlköpfig: Die Seiten seines glattrasierten Schädels schimmerten wie wachspolierte antike Möbel, während Chung Fus Silberhaar zu dem traditionellen taoistischen Haarknoten aufgesteckt war. Ihre Hände jedoch glichen einander: knorrig wie die Wurzeln ehrwürdiger Waldbäume, die so manchem Sturm getrotzt haben, und mit Melaninflecken übersät, dem Zeichen des Alters. Beide trugen sie den weißen Schnurr- und Spitzbart der Mandarins. Beide hatten die glänzenden Augen der Weisen, doch während dieser Glanz in Chung Fus Augen eine Andeutung von Wärme verriet, erinnerte er in den Augen des Besuchers an das Glitzern der Wintersonne auf Eis.

(Besser also: ein überaus lohnender Gegenstand für eine Studie über die Gleichheit in der Unterschiedlichkeit.)

»Leiste uns Gesellschaft, kleiner Bruder«, forderte Chung Fu mich auf. »Ein alter Bekannter ist gekommen, dir seine Aufwartung zu machen.«

Ich musterte den Besucher. Zwar lag etwas entfernt Vertrautes in den Zügen des Alten, doch ich konnte es nicht unterbringen. Die Bemerkung des Meisters verwirrte mich. »Ein alter Bekannter?«

Chung Fus Augen funkelten. »Hast du's vergessen? Es war doch erst gestern!«

Abermals richtete ich den Blick auf den Fremden, der mich aufmerksam beobachtete. »Es tut mir leid, Meister«, sagte ich, »aber Sie müssen sich irren. Wir sind uns noch niemals begegnet.«

Chung Fu brüllte vor Lachen. »Noch niemals, Sun I? Sag, bist du ganz sicher?«

Allmählich wurde ich nervös. Was war nur an diesem Gesicht, daß es so seltsam schmerzlich an meine Erinnerung rührte?

Der Meister erkannte meine Verwirrung, und seine lärmende Fröhlichkeit mäßigte sich zu sanfter, nahezu trauriger Belustigung. »Sun I«, sagte er, »dies ist der Mann, der dich vor vielen Jahren hierhergebracht hat.«

Der Besucher nickte. »Obwohl dies nicht unsere erste Begegnung ist, sollte man sie als ›alte Bekanntschaft auf den ersten Blick‹ bezeichnen. Mein Name ist Xiao. Ich bin dein Onkel.« Auf einmal sah ich seine Züge mit größerer Klarheit. Was vertraut auf mich gewirkt hatte, entpuppte sich als Ähnlichkeit. »Deine Mutter war meine Schwester.«

Mein Kopf begann zu schwimmen, als habe man mich geschlagen. Wild irrte mein Blick im Raum umher, ob es nicht irgendwo einen Hilfstext gab, der mir half, den unentzifferbaren Code zu brechen, in dem er sprach: Onkel, Schwester, Mutter – alle diese einfachen Begriffe stürzten zugleich in sich zusammen, und ich glich einem mit angeborener Blindheit Geschlagenen, dem sich mit einem Schlag der angsteinflößende, strahlende Glanz der Welt offenbart.

»Sun I«, fuhr der Fremde (mein Onkel) fort, »es muß sehr schwer für dich sein, daß hier nach all den Jahren plötzlich ein Verwandter auftaucht. Möglicherweise empfindest du sogar Ärger. Aber gestatte, daß ich dir erkläre, weshalb ich hier bin. Auch wenn du etwas anderes erwartest, es hat nur wenig mit deiner Mutter zu tun.«

Er zögerte, wägte seine Worte noch einmal ab. »Nun gut, das trifft nicht ganz genau zu. Im Grunde hat alles mit ihr zu tun – wie könnte es anders sein! Aber nur indirekt. Es war der Wunsch eines Mannes namens Eddie Love, daß ich heute hierherkomme. Love war dein Vater.« Anscheinend erwartete er eine heftige Reaktion auf diese Offenbarung, und da keine kam, zog Xiao die Schlußfolgerung. »Du weißt es also ...« Sein Ton drückte eine Mischung von Erstaunen und Fatalismus aus. »Vor vielen Jahren habe ich ihm ein Versprechen gegeben, ein Versprechen, das ich erst heute einlösen kann. Es war sein Wunsch, daß dir beim Eintritt ins Mannesalter ein Geschenk überreicht wird.«

»Was für ein Geschenk?« wollte ich wissen. In meine freudige Erregung mischte sich eine Spur Angst.

»Das wichtigste Geschenk, das es gibt. Das Geschenk deiner persönlichen Geschichte.«

Hingerissen betrachtete ich ihn mit angehaltenem Atem. Es war, als sei plötzlich das Schicksal aus dem Schatten hervorgetreten und lege die Hand auf mich. In diesem Augenblick wurde mir klar, daß ich mein Leben lang auf diesen Besuch gewartet hatte.

»Sie sind gekommen, um mir zu sagen, wer ich bin«, stellte ich fest, ohne so recht zu wissen, was ich damit meinte. Die Worte tauchten von irgendwo ganz tief in mir selbst auf.

Chung Fu schüttelte den Kopf. »Wer kann dir das sagen, Sun I? Dieses Wissen einem anderen zu vermitteln liegt nicht in der Macht des Menschen, obwohl es allein darauf ankommt. Zu entdecken, wer du bist, dein authentisches Selbst, was ist daneben schon eine persönliche Geschichte? Ein überflüssiges Detail.«

Kalt verengte Xiao die Augen. »Ein überflüssiges Detail? Aber, aber! Was ist denn das Selbst ohne eine Geschichte, ohne eine Vergangenheit?«

Chung Fu lächelte. »Es gibt ein Zen-*koan*, in dem der Meister seinen Schüler auffordert, ihm sein ›Ursprüngliches Gesicht‹ aus jener Zeit zu zeigen, bevor seine Eltern geboren waren. Wenn dieses ›Ursprüngliche Gesicht‹, welches dasselbe ist wie das authentische Selbst, von dem wir gerade sprechen, schon vor der Geburt der Welten existiert hat – das heißt ewig, außerhalb der Zeit –, wozu dann noch eine Geschichte?«

»Und doch«, gab Xiao zurück, »hat Konfuzius selbst gesagt: ›Wer nicht in den Spuren geht, darf nicht erwarten, den Weg in den inneren Raum zu finden.‹ Sie wissen natürlich, wessen Spuren das sind.«

»Selbstverständlich!« rief Chung Fu aus und täuschte aufrichtigen Eifer vor. »Die des taoistischen Bullen.« Glücklich schnaufend, wandte er sich an mich und blinzelte mir zu. »Ich habe schon immer gesagt, der alte Meister Kung ist unter all den Schichten konfuzianischer Verlogenheit ein echter Taoist gewesen.«

»Lächerlich!« brauste Xiao auf und wandte sich verächtlich ab. »Konfuzius meint die Spuren der Ahnen, Sun I.« Er hielt inne und versuchte es auf einem anderen Weg. »Ich bin ein schlichter Gelehrter. Mein Leben ist den ›Vier Tätigkeiten‹ geweiht.«

»Lassen Sie mich sehen«, sinnierte der Meister. »Sind das nicht literarischer Diebstahl, ein unsteter Geist, eine übermäßige Sucht nach würzigen Speisen und eine widernatürliche Zuneigung zu kleinen Jungen?«

»O nein, Chung Fu! Ich meine Laute, Schach, Literatur und Malerei. Doch beenden wir diesen Disput und fahren wir mit unserer momentanen Aufgabe fort.« Mein Onkel wandte sich wieder an mich. »Im Grunde liegt eine gewisse Berechtigung in den Worten deines Meisters. Letzten Endes kann ich nichts weiter tun, als dir gewisse Auskünfte geben: Wer deine Eltern waren, wie sie sich kennenlernten, was mit ihnen geschah, warum du hierhergebracht wurdest. Welchen Wert derartige Auskünfte haben – ob sie wesentlich sind zur Erkenntnis deiner selbst, wie ich behaupte, oder, wie er meint, überflüssig –, können weder er noch ich dir sagen. Das mußt du ganz allein entscheiden.«

Mit nicht zu übersehendem Schmerz musterte er meine Züge. »Vor dieser Entscheidung jedoch kommt eine andere. Dein Vater wies mich an, dir die Möglichkeit offenzulassen, es nicht wissen zu wollen. In der Voraussicht, daß du es vielleicht vorziehen würdest, nichts zu wissen, beauftragte er mich, dir all diese Dinge nur dann zu erzählen, wenn du sie wirklich erfahren willst. Es ist keine schöne Geschichte, Sun I. Letzten Endes – wer weiß? Vielleicht wärst du besser daran, wenn du sie nicht kennst.«

Er wandte sich an Chung Fu, und beide verneigten sich voll Ernst voreinander wie Gegner, die in einer Frage der Ehre Übereinstimmung erzielt haben.

Auch ich, der ich hektisch nach Unterstützung suchte, wandte mich in jene Richtung. Aber obwohl ich eine Andeutung von Mitleid im Blick des Meisters entdeckte, gab seine Miene mir keinerlei Aufschluß. Wie ein eiskalter Wind, der mich durchfuhr, überfiel mich eine Woge von Haß auf diesen Xiao, der so unvermittelt in mein Leben getreten war und mir seine gigantischen, unwiderruflichen Geschenke aufdrängte.

»Wie könnte ich noch nein sagen?« fragte ich bitter. »Sie haben meinen Frieden doch schon gestört.«

»Aber nicht so, wie er gestört werden könnte, Sun I«, warf der Meister ein und verteidigte den Mann, mit dem er doch eben erst die Klingen gekreuzt hatte. »Gib acht! Du darfst die Warnungen nicht in den Wind schlagen! Was dein Onkel gesagt hat, hat er aus Pflichtgefühl gesagt. Es wäre falsch, dir eine solche Wahl zu verweigern. Du darfst ihn nicht schelten. Von diesem Augenblick an jedoch liegt die Verantwortung einzig bei dir. Wähle sorgfältig, mit jener Behutsamkeit und Einsicht, die dein Name andeutet, meide jedoch jene impulsive Vehemenz, die seine dunklere Komponente sind und der du in der Vergangenheit nur allzuoft die Zügel gelassen hast. Heute bist du ein Mann geworden, und wie ein Mann mußt du jetzt handeln.«

Verzweifelt horchte ich in mich hinein, auf der Suche nach irgend etwas, woran ich mich halten konnte – fast wie ein in Panik geratener Schwimmer nach einem tiefhängenden Ast am Ufer sucht, während die schäumende Strömung ihn weiterreißt. Aber ich fand nichts.

Rasch entschlossen sagte ich: »Erzählen Sie!«

»Ah!« seufzte mein Onkel und faltete impulsiv die Hände.

Unvermittelt erhob sich der Meister. Er verneigte sich vor Xiao, dann vor mir – beide Verneigungen von gleichem Gewicht. Trotz meiner Erregung erkannte ich, was diese Geste besagte. Sie überwältigte mich. Aber sie hinterließ auch ein Gefühl der Angst in mir, ein Gefühl, freigelassen, ja vertrieben zu sein. Es war eine unerwartete, grausame Trennung von der Vergangenheit, und ich glich einem Grünschnabel, einem Vogel, der eben flügge geworden ist und über den Nestrand gestoßen wird, um zu fliegen oder zu fallen. Und da war nichts, das mir geholfen hätte, die Flügel zu gebrauchen, außer einer mutmaßlichen, doch unerprobten instinktiven Kraft.

VIERTES KAPITEL

Lange saßen mein Onkel und ich einfach da und sahen einander an. Sein Ausdruck war streng, aber neugierig und vielleicht ein bißchen traurig. Hier und da blitzte durch seine Gelassenheit ein Schimmer von Mitgefühl und Verletzlichkeit, als würden menschliche Augen durch die Schlitze einer hölzernen Maske starren. Was er in meinem Gesicht, meinen Augen las, kann ich mir nicht vorstellen, höchstens eine Art Hunger und eine grimmige Entschlossenheit zu leiden, ohne aufzuschreien.

»Ich bin mir nicht sicher, wieviel du von allem bereits weißt«, begann er. »Es ist eine lange Geschichte, doch laß mich ganz von vorn anfangen, damit ich nichts auslasse. Das Natürlichste ist es wohl, mit meinem Vater zu beginnen... meinem hochverehrten Vater...« Bei dieser Formulierung zögerte Xiao ein wenig und neigte respektvoll den Kopf. Gleichzeitig ging mit seiner Miene eine Veränderung vor. Ich mochte mich täuschen (es geschah schnell wie der Blitz), aber ich sah ihn zusammenzucken wie ein Mann, der eine Dosis Medizin schluckt, die heilsam ist, aber ein wenig bitter. »Denn in gewissem Sinne war er der Bereiter des Bodens, dem dieses üppige Gewächs entsprang.«

Während er den Ausdruck »üppig« betonte, kräuselte mein Onkel wieder mit jener leichten Andeutung von Abscheu, die so beunruhigend war wie sein Lächeln, die Lippen. Seine Maske wahrte jedoch den Ausdruck ernster Gelassenheit. War das Ironie? Ich konnte es nicht sagen.

»Er, dein Großvater, Sun I, war ein nach vorn blickender Mensch, ein ›Progressiver‹. Im Gegensatz zu mir war er, wie er es ausdrückte, ›unbelastet von den Vorurteilen der Vergangenheit‹, und zwar nicht, weil er ungebildet war, obwohl das tatsächlich zutraf, sondern weil er Ehrgeiz besaß. Die zwei Eigenschaften sind von mir nicht respektlos gemeint, denn auf beide war Vater stolz. Er war ein unternehmerischer ›Hansdampf in allen Gassen‹, hauptsächlich Warenspekulant, und er gehörte einem ganz neuen Menschenschlag an, der in China während der Jahre des ausländischen, also westlichen Einflusses nach der Machtergreifung durch Sun Yat-sen emporkam, internationale, also westliche Verbindungen besaß und die modernen, jawohl, westlichen Geschäftsmethoden begriff. Er hatte, wie er zu sagen pflegte, den Abakus gegen die doppelte Buchführung eingetauscht. (Obwohl es weitgehend unbekannt war, besaß Vater einen gewissen Humor.) Während ich aufwuchs, hatten wir noch zu kämpfen, doch als deine Mutter geboren wurde, hatte er schon ein Vermögen angehäuft, denn in jenen Tagen konnten intelligente und tüchtige Männer Geld machen, sehr viel Geld sogar. Und Vater war beides. Obwohl er überall seine Finger drin hatte, war die Ware, mit der er sich emporarbeitete, das Opium. Außer einem permanenten Wohnsitz in Chongqing verfügte er über einen Besitz bei Kunming in der Provinz Yunnan, von wo aus er Aussaat und Ernte überwachte. Nicht lange, nachdem neununddreißig die Beschießung von Chongqing begonnen hatte, zogen meine Mutter und meine Schwester für die Dauer des Krieges dorthin um. Ich folgte ihnen bald. Unsere Mutter stammte aus einer aristokratischen Familie, die zwar ihres Vermögens, nicht aber ihres Prestiges verlustig gegangen war. Sie paßte gut zu ihm: Obwohl verarmt, brachte sie ihm als Mitgift etwas ein, das er dringender brauchte als bloßes Geld: Legitimität in den Augen der Welt. Deine Großmutter, Sun I, war in jeder Hinsicht eine große Dame. Falls ihr etwas fehlte, dann eine gewisse Härte des Charakters – eine Eigenschaft, die sie unter anderen Umständen vielleicht nicht gebraucht hätte und deren Ansätze mein Vater bei ihr im Keim erstickte. Nach alter Tradition zum Gehorsam, nicht aber zur Servilität erzogen, besaß sie Charme, Anmut und Geist – Eigenschaften, die er, der die grobe Vitalität bäuerlicher Frauen und ihre schnelle Hingabe vorzog, nicht zu schätzen wußte. Auf einen Mann mit seinem Geschmack wirkte die Vornehmheit unserer Mutter zweifellos ein bißchen prätentiös. Aber sie war das Produkt einer tausendjährigen Zucht, das Produkt von tausend Jahren der Muße, unendlich zart, unendlich zerbrechlich, wenn sie mit ihren eingebundenen Füßen, ihren ›Goldlilien‹, mit winzigen Trippelschritten im Haus umherging und immer wieder innehielt, um sich auszuruhen und frische Luft zuzufächeln. Frauen ihrer Art sind vom Antlitz der Erde verschwunden. Sie begriff die modernen Zeiten nicht, Sun I. Auf sie wirkten sie unfreundlich, vulgär, hastig. Da sie in allem, was die geschäftlichen Unternehmungen meines Vaters betraf, ganz und gar unerfahren war, mißtraute sie diesen instinktiv. Dennoch wagte sie nicht, sich einzumischen, denn sie hatte gelernt, sich in allem dem Willen ihres Ehemannes zu beugen, eine Lektion, die Vaters Naturell noch vertieft hatte. Wie ich schon sagte, war er sehr ehrgeizig, und diese Eigenschaft verlieh ihm eine gewisse Grausamkeit. Widerspruch duldete er kaum: von seiner Familie überhaupt nicht. Und so setzte er sich ihr gegenüber durch: ein stolzer Eroberer. Ich war der Älteste. Deine Mutter war nahezu zwanzig Jahre jünger als ich, ein Kind, das die Eltern nicht mehr erwartet hatten. Sie kam aus den müden Lenden meiner Mutter, ›wie ein herbstliches Blatt von einem alten Baum fällt‹, so drückte es mein Vater aus, und so lautete ihr Name: Qiuje, ›Herbstliches Blatt‹. Er war in vieler Hinsicht zutreffend, denn sie war ein temperamentvolles, ›farbenfrohes‹ Kind, und doch schien es – ich weiß nicht recht, wie ich mich ausdrücken soll – die Lebhaftigkeit dahinschwindenden Lebens zu sein, ein nur äußerliches Aufblühen, das Fieber im Körper anzeigt, nicht etwa übersprudelnde Gesundheit. Ihre Phasen atemloser Begeisterung waren kurzlebige Blüten. Hinterher welkte sie und brach zusammen, verzehrt von ihrem eigenen Glühen. Ein Kränkeln folgte, irgendeine undefinierbare Krankheit, deren Wurzeln vielleicht ebenso im Psychischen wie im Physischen zu suchen waren, eine Art Melancholie, gespenstisch bei einem so jungen Menschen. Wegen unseres großen Altersunterschiedes und weil mein Vater mit seinem aufblühenden Wohlstand Verachtung für die ›provinzielle Einstellung‹ unserer Nachbarn empfand, verbrachte deine Mutter ihre Kindheit in relativer Abgeschlossenheit. Nicht etwa, daß man sie vernachlässigt hätte, eher das Gegenteil: Alle waren in sie vernarrt. Wenn sie krank war, steckte ihr meine Mutter heimlich Süßigkeiten zu und verabfolgte ihr kostspielige Heilmittel – Ginseng und Vogelnester –, verschrieben von weißhaarigen Greisen, Experten der alten Heilmethoden, die sich schon um meine Mutter gekümmert hatten, als sie noch klein war. Auch mein Vater verwöhnte Qiuje. Sie war sein Liebling, sein ›Schatz‹. Ich glaube, er verstand, wie einsam sie war. Denn trotz seiner gesellschaftlichen Allgegenwart, seiner Vielzahl von Kontakten war auch er einsam, von seinen Geschäftsfreunden, die der Macht dienten, nicht dem Mann, beargwöhnt und im Grunde unbeliebt. Und Qiuje war weitgehend das Geschöpf seiner Torheit... oder seiner Genialität, sein kleiner, menschlicher Trostpreis. Er scheute keine Kosten, um ihr das feinste Spielzeug zu kaufen, Dinge, die aus Europa importiert waren: deutsche Spieldosen, Bonbons aus Frankreich, weiße Porzellanpuppen aus Österreich. In einem mit solchen Waffen geführten Kampf um Einfluß konnte meine Mutter nicht mithalten. Vater engagierte eine englische Gouvernante für Qiuje, und so lernte sie von klein auf diese Sprache fließend beherrschen, sprach sie sogar besser als ihren heimatlichen Dialekt von Sichuan.

Obwohl sie so verwöhnt wurde, verbrachte Qiuje den größten Teil ihrer Zeit allein – zumeist wohl in den Tag hineinträumend, nehme ich an. Die einzige traditionelle Fertigkeit, die meine Mutter an sie weitervermitteln konnte, war das Sticken. Qiuje wurde eine recht kunstfertige Stickerin, und ich glaube, ein guter Teil ihres Phantasielebens fand Ausdruck in dieser Kunst. Noch mehr jedoch blieb unausgedrückt und amorph. Fast jede Stunde griff sie neue Passionen auf und legte sie gedankenlos wieder ab wie Gewänder, einmal getragen und fortgeworfen. Die englischen Romane und Liebesgeschichten, die sie las, hielt sie für wahr. Ihr Kopf war voller Bilder von fernen Ländern: England, noch mehr aber Amerika, das ihr die Gouvernante, die selbst Kinder dort hatte, in den glühendsten Farben schilderte. Diese exotischen Träume wären für ein abendländisches junges Mädchen ungefährlich gewesen, für eine Chinesin jedoch waren sie unpassend. Die Zeit war noch nicht reif, die Füße der Frauen waren noch eingebunden. Ich glaube, das quälte ihr ohnehin empfindsames Herz. Manchmal legte sie ein Buch hin und weinte ohne jeden Grund. Ich riet zu größerer Strenge bei der Erziehung, aber mein Vater war zu vernarrt in sie, zu stolz auf ihre Fertigkeiten, um die notwendigen Maßnahmen zu ergreifen. Als Jiang Jieshi* Chongqing im Jahre neunzehnhundertsiebenunddreißig zu Chinas Kriegshauptstadt machte, war deine Mutter kaum achtzehn Jahre alt und zu jung, um den Ernst der Lage zu begreifen. An Markttagen, wenn die Gouver-

*Tschiang Kai-scheck

nante mit ihr in die Stadt ging, schlenderten die beiden stundenlang durch die Straßen, tauchten im endlosen Strom des bunten Treibens unter und bestaunten das aufbrandende Leben, wenn Flüchtlinge aus den kosmopolitischeren Küstenregionen hereinströmten. Wohlstand ergoß sich in die Stadt, da die Reichen aus Angst vor Beschlagnahme vor der herandrängenden japanischen Armee zurückwichen. Innerhalb weniger Monate verdoppelten und verdreifachten sich nach dem Eintreffen des Generalissimus die Grundstückspreise. Bald verloren alle die Übersicht. (Meines Vaters Reichtum wuchs von Minute zu Minute.) Und zugleich schossen Slums aus dem Boden. Bambus, Blech, Bananenblätter, Pappdeckel, was immer man ergattern konnte, lediglich von Lehm und Stricken zusammengehalten. Wie Kartenhäuser wurden die Hütten vom Wind umgeblasen, vom Regen davongespült, und wie Schimmel waren sie über Nacht wieder da. Das schlimmste Elendsquartier lag am Rande der Stadt auf einem aufgeschütteten Gelände, wo man wenige, magere Zoll Erde mit Bulldozern über hundert Jahre alten, verseuchten Dreck geschoben hatte. Die Moskitos vermehrten sich in Scharen; Krankheiten griffen um sich: Cholera, Ruhr, Trachom und natürlich Syphilis. Die einzige Wasserquelle war ein verdreckter Graben, der allen Zwecken dienen mußte. Frauen kippten die Nachtkübel ihrer Familie hinein, und wenn die Exkremente davongeschwommen waren und das Wasser sauber aussah, wuschen sie dieselben Eimer aus und füllten sie mit Trinkwasser. Eine durchaus empfehlenswerte Maßnahme, aber absolut überflüssig, denn zwanzig Meter weiter stromaufwärts tat eine andere Frau genau dasselbe. Die ganze Stadt stank, und hinzu kam der Geruch fettiger Schweineklöße aus den Fritierläden, die in Kesseln voll altem Öl brutzelten. In den Straßen der Stadt gärte es vor Unruhe und Aufruhr. Menschen diskutierten in allen Dialekten, Frauen stritten auf den Märkten, Babies weinten, Hühner gackerten, Kulis stimmten faszinierende Gesänge an, während sie die Dschunken an den Piers des Chiang Jiang*entluden, Kupferschmiede klapperten mit ihrer Ware – Zahnstochern, Teelöffeln, Katzenglocken-Buddhas, Rückenkratzern, Ohrringen und Amuletts –, Kattunhändler schlugen Holzklötze aneinander, um ihre Stoffe anzupreisen, Wahrsager trommelten auf Schildkröten wie auf Tom-toms und rasselten mit Schafgarbenstengeln – ein herrliches Durcheinander und eine große Versuchung für die Jugend. Vermischt mit diesen Beschwörungen des ewigen China gab es noch etwas viel Seltsameres zu hören: die Stimmen von Weißen, die europäische Idiome sprachen: ›blauäugige Teufel vom westlichen Ozean‹ wurden sie zuweilen genannt. Dieses fruchtbare, brausende Leben schäumte durch die Stadt, bis neunzehnhundertneununddreißig die Beschießung begann. Binnen zwei Jahren war das wollüstige Fleisch der Romantik verrottet, und die nackten, grausigen Knochen des Krieges kamen zum Vorschein. Nach den langen Sommern erbarmungsloser Beschießung schlichen die Menschen hohläugig durch die Straßen, abgezehrt von chronischer Angst und Schlafmangel. Eine grimmige Solidarität war entstanden, die aber jener von Verdammten glich, ohne jede Vorspiegelung von Hoffnung.

---

*Yangtse

Nach der Beschießung des Roten-Kreuz-Krankenhauses erreichte die Stimmung einen Tiefpunkt. Der Wind trieb den Gestank brennenden Fleisches über die ganze Stadt (es gibt keinen gräßlicheren). Viele, die auf dem Weg zu den Unterständen in den Höhlen durch die Straßen rannten, hörten die Schreie der sterbenden Eingeschlossenen, hörten sie, während ihnen die Hitze der Flammen in Wogen entgegenschlug, ihnen aus Hunderten von Fuß Entfernung Haare und Brauen versengte und den Atem nahm. Meine Mutter und meine Schwester waren zum Glück schon lange, bevor all dies geschah, aufs Land in die Nähe von Kunming geschickt und damit vor jedem Schaden bewahrt worden – zumindest jedem sichtbaren.«

Mein Onkel schaute an mir vorbei und lächelte abermals dieses verräterische, beunruhigende Lächeln.

»Dort tauchten dann die Amerikaner auf. Ah, welch gloriose Offenbarung! Dieser Trupp prächtiger, junger Flieger unter General Chennault. Erschöpft, hungrig nach Hoffnung in irgendeiner Form, empfingen wir sie als Götter, als Retter... sogar ich, der es hätte besser wissen müssen.«

Er lachte.

»Die Amerikaner hatten gegen unsere eifrige Verehrung nichts einzuwenden. Sie hielten sich für Gottes eigene Offiziere, die ihre Befehle direkt vom Stabschef bekamen. Ihr Verhalten den Chinesen gegenüber war im günstigsten Fall herablassend wie das Verhalten eines Missionars gegenüber den unwissenden Heiden. Im schlimmsten Fall gaben sie sich tyrannisch und dachten sich, wenn sie die Boys, die sie in den Camps bedienten, ohrfeigten, so wenig dabei wie manche Menschen, wenn sie einen Hund verprügeln. Das amerikanische Glaubensbekenntnis ließe sich auf dreierlei reduzieren: sauber leben, sauber denken und ›Pep‹. Als könne man mit dieser Hygiene – Wasser und Seife – die furchtbaren Sünden des menschlichen Herzens abwaschen, das nach jahrhundertelangem Schwären endlich aufgebrochen ist und fauligen Eiter über die Welt speit. O gewiß, sie hatten keine Ahnung, was sie hier erwartete: die aufgestauten Übel der Menschheit, in die sie doch auch verwickelt waren. Diese Amerikaner hielten sich für eine neue Rasse, frei von der Kollektivschuld der Menschheit. Mit dem, was vergangen war, konnten sie nichts anfangen. Sie waren ganz Zukunft. Und dennoch hätten sie als Bittsteller nach China kommen, hätten unsere Hilfe suchen sollen, um etwas über die menschlichen Grundwahrheiten zu erfahren, über die wahre Moral, wie sie von all unseren Weisen – konfuzianischen *und* taoistischen – gelehrt wird, eine Moral, die mit dem Verstehen beginnt und mit der Zähmung der dunklen Triebe des Herzens endet. Doch die Amerikaner hatten keine Lust, sich zähmen zu lassen, nicht einmal von ihresgleichen. Für sie bedeutete das Wort Moral einen nationalen Charakterzug, hinter dem sich das nicht weiter untersuchte Postulat ihres eigenen, privilegierten Verhältnisses zu Gott verbirgt. Sie waren so naiv! Aber es war eine schreckliche Naivität, ähnlich der von wilden Tieren: gefährlich für sie selbst und andere. Technologische Raubtiere, das waren sie! So geschickt in der Kunst des Tötens und darin, anderen gewaltsam ihren Willen aufzuzwingen, daß sie fest überzeugt waren, die andere, strengere Moral sei überholt. Zu den geistigen Tragödien des Krieges gehörte nicht zuletzt, daß er diese Überzeugung erhärten half. Nein, Sun I, sie, nicht die Japaner und ganz bestimmt nicht wir, waren die Ungläubigen, die Barbaren: jeder Amerikaner ein Pionier, der mit Messer und Gewehr westwärts zog, in die unberührte Wildnis der eigenen Seele. Wenn das verbittert klingt, so nur, weil ich so viele Jahre Zeit hatte, darüber nachzudenken. Einst war ich selbst von den Gewohnheiten des Westens fasziniert. Die unmittelbare Begegnung wandelte meinen Sinn. Als ich noch relativ jung war, schickte mein Vater mich nach Amerika auf eine Wirtschaftshochschule, damit ich mich ›verbesserte‹, wie er es nannte. Dieses Programm der Selbstverbesserung lief meiner natürlichen Neigung völlig zuwider. Aber mein Vater war zu sehr mit sich selbst beschäftigt, um das zu bemerken oder, falls er es doch bemerkte, sich darum zu kümmern. So geblendet war er von der Aussicht, seine Unternehmungen mit meiner Hilfe zu modernisieren. Es war stets eine Quelle des Stolzes für mich, im Einklang mit meinen Verpflichtungen als Sohn in der Lage zu sein, meine aufrührerischen Instinkte zu zügeln und ihm zu gehorchen. Ich sage dies, obwohl es für mich die Hölle war. Nach zwei Jahren in den Staaten kam ich zu der Überzeugung, daß derartige Studien nur auf Kosten aller wahren Werte des menschlichen Lebens betrieben werden können. Ich sah, wie die jungen Männer in meiner Umgebung den Ballast ihrer Prinzipien in alle Winde streuten und sich für das große Treiben, die Verfolgung der Flotte, die schwierige Jagd nach monströsen Gewinnen bis auf die tierhaft nackte Haut entblößten. Bis auf ihre simpelste Form destilliert, wurde die ganze Existenz auf dieses eine reduziert: den Gewinn. Geld, oder vielmehr Profit war Gott in Amerika. Als mir das klar wurde, machte es mich krank. Das Wort ›Modernisierung‹ klang in meinen Ohren wie ein Leiden, nicht wie ein Heilmittel. Nach einem heftigen inneren Kampf sah ich meinen Weg klar vor mir. Ich erkannte, daß ich nach China zurückkehren, mich bei meinem Vater dafür, daß ich ihn enttäuschte, entschuldigen, ihm meine Lage erklären und mein Leben den konfuzianischen Werten weihen mußte. Nur sie fördern die gesunde und kultivierte Existenz, deren wir uns als Volk so lange erfreut haben. Ich glaubte, er werde das verstehen.«

Mein Onkel hielt inne. Das Blut war ihm in den Kopf gestiegen, die Adern an seinem Hals schwollen und pulsten. In diesem Moment wirkte er nicht alt. In seinen Augen glühte die strenge, fanatische Überzeugung eines jungen Mannes, was bewirkte, daß sein Schmerz alterslos zu sein und sich nicht von dem meinen zu unterscheiden schien. Doch wie seine nächsten Worte zeigten, spürte Xiao meine Sympathie nicht.

»Du hältst mich vermutlich für einen altmodischen Reaktionär, der nicht Schritt hält mit der Zeit, einen muffigen, alten Griesgram.«

Er lächelte sichtlich angestrengt, als er seinen Schwung zu bremsen versuchte.

»Und bis zu einem gewissen Grad bin ich das wohl auch. Dennoch möchte ich betonen, daß es nicht die Unkultiviertheit der Amerikaner im Hinblick auf ihre Manieren und Gewohnheiten war, die mich störte. In diesen Dingen, die bei den Völkern weithin variieren, muß man dem anderen viel Spielraum lassen, obwohl ich gestehen muß, daß es schwierig ist, einem Volk gegenüber, das ganze Monate vergehen läßt, ohne auch nur einen Mundvoll Reis zu essen, Toleranz zu bewahren. Statt dessen verzehren sie das Fleisch von Schweinen und Rindern in unmäßigen Mengen und bringen es in einem abstoßenden Zustand auf den Tisch: riesige Scheiben, von der Flamme kaum angesengt und noch blutend. Dann zerteilen sie den traurigen Kadaver, indem sie sich stechend und schlitzend mit Küchengeräten – riesigen Messern und dreizinkigen Spießen, Gabeln genannt – darüber hermachen. Aber ich habe noch keinen getroffen, der geschickt genug war, um mit zwei Stäbchen umzugehen. Ich jedenfalls empfand eine gewisse Nervosität bei solchen Mahlzeiten – wie ein gestrandeter Seemann bei einem Festmahl der Kannibalen, voll Furcht, selbst jeden Moment ›gegrillt‹ zu werden! Mehr als dies war es jedoch eine gewisse Leere in ihren Augen, was mich beunruhigte. Es machte ihnen keine Freude, die Dinge in ihrer Umgebung zu betrachten, ihre Gedanken waren fixiert auf ein zurückweichendes Ziel, das sich immer schneller von ihnen in die Zukunft hinein entfernte, je mehr sie sich ihm näherten, ein Ziel, das sie (und das Pathos, das darin lag, ist nicht zu beschreiben) ›das Glück‹ nannten. Die Natur vermochte sie nicht froh zu stimmen.«

Bei diesen Worten deutete er zum offenen Fenster hinaus. In der Ferne ragten erhaben die Bergketten des Massivs, Reihe um Reihe hintereinander bis in den lapislazuliblauen Himmel empor. Ein frischer Wind blies durch den Fichtenwald und trug den Duft ungekochten Terpentins zu uns. Und aus der Tiefe der Schlucht drang kaum hörbar das klare Rauschen und Plätschern des Baches herauf, der sich durch sein steiniges Bett wand. Mein Onkel seufzte.

»Sie musterten all diese Gaben mit unempfänglichem Blick, sahen in ihnen nur Objekte, die sie für ihren eigenen Zweck zähmen und adaptieren mußten in ihrer steten Bereitschaft, auch noch den letzten Rest stiller Schönheit aus der natürlichen Erde herauszuquälen, um sich einen guten Gewinn aus ihren Investitionen zu sichern. Aber ich habe nun genug gesagt und mehr, als ich eigentlich wollte. Kehren wir zum Hauptthema meiner Geschichte zurück: Wie ich schon sagte, vergötterten die Chinesen die Amerikaner wegen ihres heldenhaften Kampfes gegen die Japaner. Und tapfer *waren* sie, ganz ohne Zweifel. Auch ich war begeistert von ihrem Mut und ihrer Energie, stand aber allein mit meiner Einschätzung ihrer Unzulänglichkeiten als Volk, ihres Egoismus, ihrer Arroganz, ihrer gefährlich vereinfachenden Ansichten über Geschichte und Moral. Schon bei der kleinsten Andeutung eines Vorwurfs wurde mein Vater wütend. Er liebe die Amerikaner, erklärte er, ›fast bis zur Vergötterung‹. Fast? Darüber hinaus, wie mir schien, weit, sehr weit darüber hinaus. Unser Haus wurde zum beliebtesten Freizeitheim für die Offiziere der AVG. Sie fühlten sich geschmeichelt von der Fürsorglichkeit meines Vaters, der mit den anderen prominenten Familien um ihr Wohlwollen wetteiferte. Für mich war das der unwürdige Versuch, den anderen immer um eine Nasenlänge vorauszusein, und das sagte ich meinem Vater klipp und klar; Schweigen, fand ich, wäre die größere Illoyalität gewesen. Hatte Konfuzius nicht selbst gesagt, daß der Mensch seinen Eltern gegenüber behutsam Einwände vorbringen darf, falls es die Lage verlangt? Vielleicht war ich nicht behutsam, oder nicht behutsam genug. Ich weiß nur, daß mein Vater wieder wütend wurde. Ich sei eine Schande und eine Last für ihn, sagte er, während ich doch sein Halt und seine Stütze sein sollte. Indem er mir ›Verrat an der Sache‹ (womit er vermutlich seine Geschäfte meinte) vorwarf, nannte er mich eine Drohne, einen Schandfleck und Schlimmeres. Ich war zutiefst gekränkt, Sun I. Als er dann sagte, er habe keine Verwendung mehr für mich, nahm ich ihn stolz beim Wort und verließ das Haus. Ich zog nach Kunming, nahm mir ein Gelehrtenstübchen, pflegte meinen Groll, vertiefte mich in die Klassiker und träumte einsam vom Goldenen Zeitalter des Yao und des Shun. Immerhin wurde ich von meiner Mutter und den Dienstboten auf dem laufenden gehalten, die mich bemitleideten und dem befremdlichen Verhalten, das sie ringsum mit ansehen mußten, instinktiv Widerstand leisteten. Die amerikanischen Flieger waren entzückt vom ›malerischen Charakter‹ unseres Hauses und fanden seine Einrichtung ›bezaubernd‹ – was sie tatsächlich war, allerdings ohne die ironische Betonung, die sich in der Bestätigung dieser Eigenschaften bemerkbar machte. Im zentralen Garten gab es einen Weiher mit Goldfischen und Lotosblumen, über den eine reich geschnitzte und bemalte, hochgewölbte Brücke führte. Um diesen Teich herum lagen die Gebäude in konzentrischen Kreisen wie Ringe im Wasser, die von einem Stein ausgehen, eines mit dem anderen durch je ein wunderschönes Mondtor verbunden. Trotz der Schönheit dieser Anlage lachten die Amerikaner insgeheim, wenn sie sahen, daß wir Wasser aus einem Brunnen holten, nur über die simpelste Elektrizität verfügten und – was am schlimmsten war – ein Toilettenhäuschen benutzten. Weder die Regale voll Klassiker noch die gestickten Seiden, ja nicht einmal die unbezahlbaren Lackarbeiten, die meine Mutter als einzige Mitgift in die Familie gebracht hatte – und wovon man in Amerika nicht mal träumen konnte –, waren in der Lage, sie davon zu überzeugen, daß sie sich auf hochkultiviertem Boden befanden. Deine Mutter durfte nach Herzenslust an der Unterhaltung dieser Gäste teilnehmen. Um seine fortschrittliche Einstellung zu beweisen, setzte mein Vater sich hochfahrend über die uralten Konventionen hinsichtlich des Verhaltens unverheirateter Frauen hinweg. ›Mittelalterliche Vorurteile‹ nannte er sie. Deine Mutter durfte sich frei unter den jungen Offizieren bewegen und ihnen die Gastfreundschaft des Hauses bieten. Bei den Gesprächen erkundigte sie sich nach den Lebensumständen der Frauen im Westen (häufig behauptete sie sogar, sie betrachte sich selbst als eine solche, die nur im Exil geboren sei – eine Bemerkung, die unsere Gäste immer wieder entzückte). Wenn die Amerikaner bedrückt an die Gefahren dachten, die ihnen bevorstanden, und an ihre Einsamkeit in unserem Land, machte sie es sich zur Aufgabe, sie aufzumuntern. Dies wurde zu einer Art Mission für deine Mutter. Seit dem Eintreffen der Amerikaner blühte sie auf, und die hartnäckige Melancholie, von der sie so lange gequält worden war, verschwand fast ganz.«

Vorübergehend schien sich mein Onkel ganz in der Erinnerung zu verlieren und lächelte unbestimmt und sehnsüchtig. Dann strafften sich seine Züge wieder in unheilverkündender Strenge.

»Einer von ihnen war ein junger Mann namens Eddie Love. Er war mir von Anfang an ein Rätsel, obwohl ich mich zu ihm hingezogen fühlte. Ich begegnete ihm kurz vor dem Bruch mit meinem Vater in unserem Haus auf einer Cocktailparty zu Ehren der Amerikaner. ›Begegnete‹, sage ich aber nur, weil ich's nicht besser ausdrücken kann. Zu einer Begegnung gehört eine Art sinnvollen Gedankenaustauschs zwischen zwei Lebewesen derselben Art, ein gegenseitiges Abwägen und Einschätzen. Das fand zwischen uns aber nicht statt. Ich begegnete Love nur so, wie man vielleicht sagt, daß man einem jener prachtvollen dressierten Tiere begegnet ist, die zuweilen aus dem Hinterland oder Ausland hergebracht und durch die Straßen geführt werden. Du hast sie vielleicht schon mal gesehen. Am bekanntesten sind die Tanzbären und die Leierkastenäffchen, die man in jeder Großstadt der Welt findet. Ich aber denke eher an einen Tanztiger, den ich einmal gesehen habe. Dieses Tier – es war in Burma gefangen und auf dem Landweg hertransportiert worden – lief ständig mit katzenweichen Schritten in seinem starken Bambuskäfig hin und her, auf und ab oder vielmehr rundherum und rundherum und verlor niemals das Gleichgewicht, sosehr der Käfig auch über das Kopfsteinpflaster rumpelte. Der Tiger glich einem Wirbel schwarz-gelber Gase, eingesperrt in einer Flasche, primitive Energien, die danach gierten, in die Natur zurückzukehren, aus der man sie unrechtmäßig herausgerissen hatte. Während er auf und ab lief, wandte der Tiger den furchterregenden, riesigen Kopf von einer Seite zur anderen und funkelte die Passanten mit seinen grünen, schrägstehenden Augen an, in denen ein seltsam unpersönlicher Zorn glühte, ganz anders als menschlicher Haß und irgendwie schön. Der Trick des Dompteurs war erbarmungswürdig banal: Er zielte auf die verdrängte, doch unausrottbare menschliche Freude an Grausamkeit und Gewalt. Er kletterte vorsichtig aufs Dach des Käfigs, der ziemlich hoch war, und ließ, während er ein widerlich kriecherisches Lächeln zeigte und sich mit falscher Demut vor der neugierigen Menge verbeugte, rote, bluttriefende Fleischfetzen über dem Kopf des Tigers baumeln. Das Tier, das offensichtlich auf unerträgliche Weise ausgehungert und gereizt worden war, hockte sich auf die Keulen und wedelte wie eine Hauskatze bittend mit den Pranken, ja, sprang zuweilen sogar in äußerster Verzweiflung nach dem Fleisch, nur um sich am Dach des Käfigs den Kopf zu stoßen, während der Dompteur den Köder geschickt zurückzog und seine Schadenfreude kaum verbergen konnte. Daraufhin fiel der Tiger auf den Boden des Käfigs, wo er keuchend auf dem Bauch liegen blieb. Doch bald schon rappelte er sich wieder hoch, um sein Glück abermals zu versuchen. Möglicherweise wußte er, daß es umsonst sein würde, doch war er unfähig, seinem Hunger zu widerstehen. Und so ging der seltsame Tanz weiter. Warum dieses Bild mit seiner Atmosphäre verdrängter Gewalttätigkeit im Zusammenhang mit Eddie Love vor mir aufsteigt, weiß ich nicht genau, obwohl der Gedanke an ihn stets diese Erinnerung in mir weckt. In vieler Hinsicht war er die Inkarnation des entgegengesetzten Prinzips: strahlend, frei und lebendig, liberal. Aber es war da noch etwas anderes in ihm, irgendein Element der Bedrohung. Auf eine sonderbare Weise erinnerte er mich immer an ein Mitglied des griechischen Pantheon: Hermes im Frack, mit Fliegerbrille und jenem ganz leicht raubtierhaften Lächeln. Ein fröhlicher Dieb mit einer Rose zwischen den Zähnen, charmant selbst zu dem, den er bestiehlt. Aber es gibt eine einfachere Erklärung: Auch Love war ein ›Tiger‹, allerdings mehr von der fliegenden als von der tanzenden Art. Bei genauerem Nachdenken jedoch bin ich nicht so sicher, ob er nicht eher dem Dompteur glich als dem Tiger. Vielleicht steckte ein bißchen von beiden in Love. Als ich ihn zum erstenmal sah, führte er gerade Zaubertricks vor. Ich war erst spät nach Hause gekommen und fand im Garten am Teich zahlreiche Gäste versammelt. Love stand im Frack auf dem Scheitelpunkt der Bogenbrücke und führte seine Kunststücke vor, die er zugleich als Conférencier mit echter Anreißerstimme begleitete: ›Heute abend extra für Sie, meine Damen und Herren – natürlich vor allem für die Damen –, einige neue, unvergleichliche Fin-ger-fer-tig-kei-ten, wie man sie nie zuvor in China erlebt hat! Ich garantiere Ihnen, Ihr Herz wird springen, und zwar mitten durch...‹ er malte einen leuchtenden Kreis in die Luft: seine Finger glitzerten wie Wunderkerzen und versprühten farbige Feuer ›... den flammenden Reifen. Tricks, auf direktem Weg vom Great Midway of America importiert!‹ Er knöpfte seine weißen Handschuhe am Handgelenk auf und warf sie nachlässig in einen schwarzen Zylinder, den er sodann kurz auf sein Knie schlug. Zwei völlig verwirrte Tauben flatterten hervor und ließen sich kurz auf der Gartenmauer nieder, bevor sie in der Dämmerung verschwanden. Allgemeiner Applaus, sogar ein paar vereinzelte Ohs und Ahs – unter anderem aus dem Mund meiner Schwester. Ich entdeckte Qiuje am Fuß der Treppe, wo sie neben unserer Mutter saß. Weit vorgebeugt in ihrem Sessel, die Hände im Schoß verkrampft (als könnten sie jeden Moment ebenfalls davonfliegen), verfolgte deine Mutter jede Bewegung, die Love machte, mit einer Intensität, die mir nicht entgehen konnte. Ihre Wangen waren gerötet, und diese Röte verlieh ihr ein besonderes Strahlen, machte sie selbst für das abgestumpfte, an sie gewöhnte Auge des Bruders schön. Inzwischen hatte Love den Chapeau claque aufgeklappt und die Krempe wie der amerikanische Schauspieler Fred Astaire verwegen schräg über ein Auge heruntergezogen. Plötzlich strahlte sein Gesicht vor übertriebenem Staunen mit weit aufgerissenen Augen und einem Mund, der zu einem winzigen O gespitzt war. Love hob den Hut hoch, tastete behutsam auf seinem Kopf herum und entdeckte mit einem kindlichen, unschuldig entzückten Clownslächeln ein winziges, geflecktes Ei. Er balancierte es zwischen den Fingerspitzen und forderte mit einer Drehung aus den Hüften die Zuschauer auf, es zu begutachten. Ob nun rein zufällig oder mit Absicht, kann ich nicht sagen, doch als er sich anschließend verbeugte, ließ er das Ei fallen, dessen kräftig gelb gefärbtes Dotter über die Planken der Brücke rann und durch die Ritzen ins dunkle Wasser des Weihers tropfte. Sekundenlang schien dein Vater unsicher zu werden und seine Selbstsicherheit zu verlieren. Nachdem das Publikum jedoch vor Vergnügen johlte, stürzte sich Love sofort in eine neue Possenreißerei. Höchst zufrieden mit der Art, wie der Abend ablief, stand mein Vater in einer Ecke und rauchte eine dicke Zigarre. Er hatte sich einen der jungen Amerikaner beim Wickel genommen und plauderte mit ihm in dem volkstümlichen Englisch, auf das er so stolz war – zweifellos über seine Pläne, den Geschäftsverkehr zwischen Ost und West zu fördern. Auf mich wirkte auch er wie ein kleiner Magier, als er mit seiner Zigarre wie mit einem Zauberstab in der Luft herumfuchtelte und die versammelte Gesellschaft mit einem so gütigen Lächeln beglückte, daß Gott selbst sich, wäre er dabei ertappt worden, ein wenig töricht vorgekommen wäre. Der arme Soldat, der unmittelbarer Empfänger dieser Güte war, kehrte offensichtlich seine besten Manieren hervor, hätte es jedoch zweifellos vorgezogen, ein bißchen mehr zu trinken und ein bißchen weniger geistige Erbauung geboten zu bekommen.«

Ich glaubte, eine Spur widerwilliger Sympathie in Xiaos Ton zu entdecken, als er sich in Erinnerungen an seinen Vater erging, sozusagen als Kontrapunkt zu der weit offensichtlicheren Abneigung.

»Die meisten von Loves Tricks gehörten zum üblichen Repertoire, doch hätte ich ihn auch nur flüchtig gekannt, ich hätte ahnen müssen, daß er etwas Besonderes in petto hatte. Er verfügte über eine unerhörte Phantasie, unendlich faszinierend und gleichzeitig zutiefst aufreizend. Irgend etwas trieb ihn zu Darbietungen, die, wenn sie ins Schwarze trafen, superb waren, einzigartig – einige auch irritierend, gewiß, wie das Sandkorn, um das herum die Auster ihre Perle bildet. Zuweilen jedoch versagte seine Phantasie und produzierte Mißglücktes wie die grauen, deformierten Fehlgeburten, die man weit öfter in der Muschelschale findet. Damals wußte ich das noch nicht, aber ich sollte gleich darauf die erste Kostprobe seiner Phantasie bekommen. Ob geglückt oder nicht – das zu beurteilen überlasse ich dir. Das Publikum jubelte deinem Vater zu, der sich nunmehr dem großen Finale näherte. Aus dem Seidenzylinder, einer schier unerschöpflichen, von den Dingen irdischen Begehrens überschäumenden Quelle, kam eine endlose, verwirrende Reihe von Gegenständen, manche kostbar, andere trivial. Teure, bestickte Seidentaschentücher wurden lässig in die Menge geworfen, gefolgt von schmutzigen Socken und gebrauchter Unterwäsche. Ein winziges P-40-Modell, detailgetreu bis auf die aufgemalten Tigerfänge auf der Nase, kam herausgebrummt und vollführte mehrere schwindelerregende Loopings und Rollen, bevor es kopfüber in den Teich stürzte. Mit Papierblumen und amerikanischen Flaggen aus dem Hut bereitete Love ihm mit militärischen Ehren ein Seemannsbegräbnis. Dann begann er kleine Trompeten und Festgebinde zu verteilen, Zuckermais und Hershey-Küsse. Eine Leuchtkugel stieg in den dunkelnden Himmel empor. Als ihm schließlich der Dampf ausging, schob er seinen Ärmel hoch, steckte den Arm in den Zylinder, suchte herum und zuckte mit den Achseln. Er schien aufgeben zu wollen. Er ging davon, obwohl aller Augen noch auf ihn gerichtet waren, dann zögerte er und kehrte um. Ein letztes Mal noch, sozusagen, nur um ganz sicherzugehen, griff er hinein, zog eine kleine Fellpfote heraus und gleich darauf ein fettes, sarkastisch dreinblickendes Karnickel, das mißtrauisch in die Gegend schnupperte und die Ohren rotieren ließ. Das unausrottbarste Klischee der Salonmagie kam als Abschluß dieses Wahnsinnsfeuerwerks so absolut unerwartet, daß es eine urkomische Antiklimax bildete. Das Publikum explodierte vor Lachen. Ein Mann wälzte sich tatsächlich auf dem Boden, anderen standen die Tränen in den Augen. Inmitten dieses entspannten Durcheinanders griff dein Vater wieder in seinen Hut und holte eine Handgranate hervor. Hörbar wurde die Luft angehalten, dann Totenstille. Lächelnd, das Gesicht von triumphierendem Stolz gerötet, zog Love den Stift heraus und ließ den Sprengkörper zwischen die Zuschauer rollen. Der Mann, der sich Sekunden zuvor noch brüllend vor Lachen am Boden gewälzt hatte, kauerte sich zitternd zusammen und bedeckte seinen Kopf. Irgendwo weiter hinten hörte ich eine Frau kurz und hysterisch aufschluchzen. Die meisten saßen stocksteif da und starrten die Granate an. Vor unseren Augen stand plötzlich überdeutlich die ständige, uns in diesen Tagen niemals verlassende Gefahr eines gewaltsamen Todes. Dann explodierte die Handgranate... mit einem albernen Geräusch, das eindeutig an einen Furz erinnern sollte. Eine endlose Minute lang lachte niemand. Niemand außer Love. Auf der Brücke, mehrere Fuß hoch über uns anderen warf er mit einem hohen, wilden Wiehern, einem sich aufbäumenden Mustang gleich, der mit den Hufen temperamentvoll in die Luft trommelt, den Kopf in den Nacken. Doch es lag mehr als Stolz und Übermut in diesem Lachen: ein gewisser Ton, den ich noch nie zuvor gehört hatte, höchstens im Traum. In Gedanken verbinde ich ihn mit der Trauer, die, wie die alten Frauen sagen, auch in der Fröhlichkeit von Elfen und Feen, Göttern und Dämonen steckt, all jenen unirdischen Kreaturen also, die zwar über die ausgefallensten Vorstellungen des Menschen hinaus Macht haben, aber dennoch unfähig sind, sich ihren sehnlichsten Wunsch zu erfüllen: zu sterben. Während ich diesem Lachen lauschte, kroch mir ein kalter Schauer über den Rücken, und der Gedanke schoß mir durch den Kopf, daß Love wahnsinnig sein müsse. Die anderen schienen diese unheilvollen Zeichen nicht zu bemerken. Dem Beispiel der Amerikaner folgend, die völlig in Loves Bann standen, war die Menge in brüllendes Gelächter ausgebrochen. Erstaunt entdeckte ich zum erstenmal seit Monaten glückliche Gesichter um mich herum. Wie eine Woge war die Erleichterung über die versammelten Gäste hereingebrochen und schwemmte alle in einer Stimmung manischer, von Love ausgelöster Fröhlichkeit davon. Wie es schien, war weniger dein Vater als die Welt selbst wahnsinnig geworden. So ging es vorüber. Der Mann, der am Boden gekauert hatte, stand auf und klopfte sich lächelnd die Jacke ab. Er schien aufrichtig erfreut zu sein.

›Dieser Love!‹ hörte ich einen Amerikaner sagen.

›Was für eine Type!‹

›Er ist verrückt!‹ (Im Ton höchster Bewunderung.)

›Was für ein Humor!‹

Am tiefsten beeindruckt von seiner Vorführung war wohl deine Mutter. Ich sah sie allein am Fuß der Brücke stehen und darauf warten, daß Love herunterkam. Sie schien ihn unbedingt kennenlernen zu wollen.«

Mein Onkel zog sich vorübergehend in die unergründliche Tiefe der Versenkung zurück, und als er wieder aus ihr auftauchte, war sein Lächeln verbindlich und zynisch.

»Als Love von der Brücke kam, balancierte er das Kaninchen wie einen Falken auf einem Arm und streichelte ihm mit der freien Hand die Ohren. Als er gewahr wurde, wie Qiuje ihn anstrahlte, blieb er stehen und starrte sie mit weit geöffneten Augen fragend an. Es war eine recht überhebliche Pose, doch Qiuje ließ sich nicht beirren. Ich musterte aufmerksam ihr Gesicht, denn ich sah etwas darin, das ich noch nie zuvor gesehen hatte. Hinter dem Stolz und der Röte einer leichten Ekstase war wie ein dichteres Element, das beide stützte, eine Verletzlichkeit zu erkennen, so unbeirrbar, daß sie schon an Macht grenzte – nein, nicht grenzte, sondern Macht *war*. Aus Loves Miene sprach Neugier und Bereitschaft und vielleicht auch eine Spur Belustigung, die man an der Art erkennen konnte, wie seine Lippen sich wiederholt bis an die Grenze eines Lächelns heranarbeiteten, bevor sie es aufgaben.

›Wie fanden Sie es?‹ erkundigte er sich schließlich.

›Ich finde, Sie sind ein richtiger Magier, Mr. Love‹, antwortete Qiuje ein bißchen schüchtern, jedoch mit einem elektrisierenden Unterton in ihrer Stimme, der mich an das nervöse Klingeln von Kronleuchterprismen erinnerte, wenn sich irgendwo eine Tür öffnet und ein Luftzug durchs Haus weht.

Unerhört gutaussehend, unerhört gefährlich, verneigte sich Love zum Dank für ihr Kompliment, ohne auch nur einen Sekundenbruchteil den Blick von ihrem Gesicht zu wenden.

Qiuje lächelte fröhlich. ›Aber sagen Sie, ist Ihre Magie echt oder nur Fingerfertigkeit?‹

Er lächelte ebenfalls. ›Besteht da ein Unterschied?‹

›Aber sicher!‹

Mit leicht verdrossener Gelassenheit hob Love die Schultern. ›Ich habe nichts versprochen.‹

Überrascht von seiner plötzlichen Kälte, errötete Qiuje. ›Mir gefiel Ihr Auftritt trotzdem.‹ In ihrer Stimme lag ein leichtes Zittern.

›Nett, daß Sie das sagen‹, gab er zurück. ›Ich tu' das gern. Es macht mir viel Spaß, solange es dauert.‹

Sie machte große, fragende Augen. ›Solange es dauert?‹

›Hinterher kommen stets gewisse Komplikationen – Sie wissen schon, man ist dann für alles mögliche *verantwortlich*.‹ Sein Ton drückte gespieltes Entsetzen aus. ›Ich meine natürlich ...‹ Er hielt inne, und sein Verhalten änderte sich abermals, ›... was soll man mit all den verflixten Hasen anfangen?‹ Nun gab er seine zuvorkommende Zurückhaltung auf und wurde anmaßend, anzüglich. ›Im Laufe von ein paar Abenden werden das wirklich echte Berge, sage ich Ihnen. Diese verdammten Biester vermehren sich wie ... na ja ...‹ Ein Kamerad neben ihm platzte laut heraus. Zur Demonstration seiner Behauptungen hob Love das Kaninchen beim Nackenfell hoch. ›Beweisstück A, die Mordwaffe‹, sagte er ironisch.

Das Tierchen begann rhythmisch zu strampeln und mit den Beinen die Luft zu treten. Das wirkte zwar komisch, aber eher erschütternd, weil das Kaninchen plötzlich einen durchdringenden Schrei ausstieß. Die meisten Menschen haben diesen Schrei noch nie gehört, Sun I, denn diese scheuen Tiere brechen ihr Schweigen gewöhnlich nur unmittelbar vor dem Tod. Ich erinnere mich noch, daß mich dieser Schrei in meiner Knabenzeit bei Nacht manchmal geweckt hat, und ich wußte dann genau, daß eine Eule auf das Kaninchengehege herabgestoßen und einen der Insassen beim Genick gepackt hatte. Dieser Schrei ist um so schauerlicher, als er dem Schrei eines Menschenkindes ähnelt.

Ohne seinen Griff zu verändern, hob Love das Kaninchen vor sein Gesicht und starrte ihm in die dummen Augen, die vor Entsetzen geweitet waren. ›Was ist mit dir?‹ fragte er fröhlich lachend. Die Angst des Tiers schien ihm gleichgültig zu sein, wenn auch, wie ich glaube, keine bewußte Grausamkeit im Spiel war.

›Sie halten es nicht richtig‹, tadelte Qiuje, die den Hasen von hinten ergriff. ›*So* geht das!‹ Sie zeigte es ihm und wiegte das Tier wie ein Baby. ›Sein kleines Herzchen rast vor Angst.‹ Vorwurfsvoll sah sie ihn an. ›Es hat sich fast zu Tode erschreckt.‹ Auf ihrem Arm wurde das Kaninchen ruhiger. ›Sie müssen behutsamer damit umgehen‹, riet sie ihm und wollte es ihm zurückgeben.

›Sie können das wirklich sehr gut‹, bemerkte Love mit verschmitztem Lächeln. ›Das muß der Mutterinstinkt sein. Würden Sie's mir vielleicht abnehmen?‹

Qiuje zögerte. ›Meinen Sie, behalten?‹

Er nickte.

Sie blickte von ihm zu dem Kaninchen und wieder zurück. ›O ja! Darf ich wirklich?‹

›Bitte sehr.‹

›Welchen Namen soll ich ...‹ Sie musterte das Tier unsicher.

Love zögerte: dann griff er geschickt zu und hob das Hinterbein des Kaninchens an. Er tat, als halte er verwundert die Luft an. ›*Ihm*‹, sagte er und zog vielsagend die Brauen hoch. ›Und was den Namen betrifft‹, fuhr er fort, ohne ihre Verwirrung wahrnehmen zu wollen, ›ich nenne sie gewöhnlich Bugs oder Junior oder so ähnlich. Im Fall eines, hmm‹, er räusperte sich, ›so herrlichen Exemplars jedoch – und er ist wirklich ein Bock. Ist das richtig, Bock? Oder heißt es Bulle? Oder Rammler? Bei Kaninchen weiß ich das wirklich nicht. Wie dem auch sei, die Wahl liegt auf der Hand.‹

Verwirrt von seinen Anspielungen, sah Qiuje ihn schüchtern an. Ihre Unterlippe zitterte ein wenig. ›Ja?‹

›*Peter* natürlich!‹ rief er vergnügt.

Bis heute weiß ich nicht, ob es sich bei ihr um echte Naivität oder brillante Schlagfertigkeit handelte. Ihre Miene verriet nichts. Aber nachdem sie ihn eine Weile offensichtlich verdutzt angestarrt hatte, hellte sich ihr Gesicht auf. ›Peter Rabbit?‹ erkundigte sie sich freundlich. ›Dieses Märchen kenne ich auch.‹

Love wirkte wie ein Mann, der soeben einen Schlag in den Bauch (oder tiefer) bekommen hat. Mit einem Gesicht, bleich wie der Mond, musterte er Qiuje so neugierig, als sähe er sie zum erstenmal. Ein Hauch von Scham lag über seinen Zügen, hinter dem sich eine leicht verwunderte Zärtlichkeit verbarg. Dann brach er in ein herzlich anerkennendes Lachen aus. Fast hätte auch ich mich in ihn verliebt, Sun I.

An diesem Punkt stellte ich mich vor. Love war glänzender Laune, und wir plauderten vergnügt, während Qiuje dabeistand und angestrengt das Kaninchen streichelte. Aus dem Augenwinkel beobachtete ich sie voll Mitgefühl, weil sie mich an eine junge Amerikanerin erinnerte, die ich einmal in einem Vergnügungspark gesehen hatte: Die klammerte sich an ein Stofftier, das ihr Freund bei irgendeinem Glücksspiel für sie gewonnen hatte. Nur war das Tier in Qiujes Fall lebendig. Love drückte sein Erstaunen über das gute Englisch aus, das ich sprach, und über Qiujes Sprachkenntnisse, die sogar noch besser waren als meine. Er selbst sprach ein bruchstückhaftes, volkstümliches Kantonesisch, das er sich bei einer Reihe von chinesischen Köchen und Hausboys, wie sie früher bei der Oberschicht von New York sehr gefragt waren, angeeignet hatte. Er erkundigte sich, wo wir unser Englisch gelernt hätten, und ich erzählte ihm kurz von der Begeisterung meines Vaters für die westliche Kultur – i. e. das Geschäftsleben –, die in dem Entschluß gipfelte, mich ins Ausland zu schicken. Bei dem Wort ›Geschäftsleben‹ bemerkte ich eine Veränderung im Ausdruck deines Vaters, als sei eine Wolke vor die Sonne gezogen. Damals hatte ich natürlich noch keine Ahnung davon, wie tief ihn dieses Thema persönlich berührte. Ich fragte ihn, was er davon halte, aber er wich mir aus.

›Geschäftsleben?‹ antwortete er. ›Da fällt mir ein Witz ein. Wieso gleicht das Geschäftsleben einer chinesischen Wäscherei?‹ Er ließ mir keine Gelegenheit zur Antwort. ›Überall gestärkte Hemden. Den hat mir mein Vater erzählt.‹

Ich hörte die falsche Nonchalance heraus und musterte ihn aufmerksam. ›Und wer ist Ihr Vater?‹

Love wandte sich ab, als sei ich auf einmal unsichtbar geworden, und nahm sein Gespräch mit Qiuje wieder auf. Sozusagen von ihm entlassen, entfernte ich mich ein Stück von ihnen und unterhielt mich mit einem anderen Gast. Aber meine Neugier war geweckt, vor allem, da sich dein Vater für Qiuje zu interessieren schien. Also ertappte ich mich dabei, daß ich mich allmählich wieder in ihre Richtung bewegte. Zwar nahm ich nicht an ihrem Gespräch teil, befand mich aber nahe genug, um einige Fetzen davon aufzufangen.

›Ist das eine Chrysantheme in Ihrem Knopfloch, Mr. Love?‹ fragte sie ihn. ›In dieser Farbe hab' ich noch nie eine gesehen.‹ Sie errötete beschämt über die Einfalt ihrer Bemerkung und ihre offensichtliche Verlegenheit.

›Nennen Sie mich Eddie‹, entgegnete Love. Mit versunkenem, beinahe trunkenem Blick sah er ihr in die Augen, als hätte er ihre Frage vollkommen vergessen. Dann riß er sich zusammen und schaute auf sein Revers hinab.

›Dieses Ding da?‹ Er zuckte mit den Achseln. ›Keine Ahnung. Muß es wohl sein. Sieht aus wie die, die man den Mädchen beim Footballspiel schenkt.‹ Jungenhaft lächelte er sie an, schüchtern und erobernd zugleich. ›Gefällt sie Ihnen? Sie duftet so gut.‹ Er drückte die Blume mit dem Daumen nach vorn und trat einen Schritt auf sie zu. Sie wich zurück.

›Chrysanthemen sind bitter‹, entgegnete sie. ›Das weiß doch jeder.‹

›Diese nicht.‹

Unsicher sah sie ihn an; dann gab sie seinem Lächeln nach und lächelte zurück. Vertrauensvoll schob sie ihre Finger unter sein Revers, schloß die

Augen, neigte sich zu seiner Brust, als wolle sie ihren Kopf beim Tanz dort anlehnen, und zog die Blume an ihr Gesicht.

Love, der nach dem Taschentuch in der Brusttasche seines Smokings griff, begegnete zufällig meinem Blick und zwinkerte mir vertraulich zu. Es war mir peinlich, dabei ertappt worden zu sein, wie ich so schamlos lauschte, doch das war es nicht, weshalb er mir zuzwinkerte.

Qiuje stieß plötzlich einen kleinen Schrei aus, kniff die Augen zusammen, prustete laut und fuhr zurück. Verwirrt blickte sie zu Love empor. In diesem Moment entdeckte ich, daß ihr ein Wassertropfen über die Wange rann, und mir wurde klar, daß es sich bei der Chrysantheme um eine künstliche Blume handelte, die zu den Zaubertricks gehörte, und daß er sie damit naßgespritzt hatte. Nach ihrer Miene zu urteilen, hätte ich jedoch ohne weiteres annehmen können, es sei eine Träne. Sekundenlang blieb der Tropfen an ihrem Kinn hängen, doch Love tupfte ihn mit seinem Taschentuch fort, ehe er fallen konnte.

›Sie haben mich reingelegt!‹ rief sie schmollend. Eine Weile schien sie zwischen Ärger und dem kindlichen Verlangen, sich von dem Scherz hinreißen zu lassen, zu schwanken.

Love, der ihr das Gesicht trockentupfte, lächelte mitfühlend. ›Ich habe nichts versprochen‹, sagte er zum zweitenmal. ›Außerdem war ich Ihnen das schuldig – wegen des Kaninchens.‹

Die Waagschale neigte sich. Deine Mutter errötete und lächelte. Love lächelte zurück. Und während ich die beiden beobachtete, sah ich, wie ihre Augen sich in einer tiefen Erkenntnis weiteten und so strahlend wurden, daß sie die Dämmerung zu erhellen schienen. Es war wie Feuerstein und Stahl, Sun I, und in diesem Augenblick sah ich den unschuldigen Funken zwischen ihnen überspringen, der zur Feuersbrunst anwachsen sollte, und ahnte damals nicht, wie heiß die Hölle brennen würde.«

Der vertraute Gong dröhnte befremdend, als er die Mönche von der Arbeit im Garten zur nachmittäglichen Meditation in die dämmrigen Räume des Tempels rief. Sein Appell wirkte träge und überflüssig in der drückenden, glühenden Sommerluft. Ungeduldig wanderte mein Blick seitlich durchs Fenster zu den erhitzten, schwitzenden Gestalten der Brüder, die in stummer Reihe über den Hof schritten, und dann wieder zu meinem Onkel.

FÜNFTES KAPITEL

»Von jenem Zeitpunkt an verging kein Tag, an dem Love Qiuje nicht frisch geschnittene Blumen schickte: manchmal Rosen, Iris und Orchideen, am häufigsten aber Chrysanthemen. Jeden Morgen standen sie in einem flachen Weidenkorb vor ihrer Tür, ein Dutzend oder auch dreizehn, sorgfältig in Zeitungspapier gewickelt. Sie gelangten dorthin ›wie durch Zauberhand‹. Der Ausspruch wurde ein heimlicher Scherz bei den Dienstboten – und für meine Mutter ein gewisses Problem. Mein Vater, der fast immer in Chongqing war, erfuhr nichts davon.

Dennoch war alles wahrhaft unschuldig. Love lieferte die Blumen niemals persönlich ab; er hatte sich einen treuen Verbündeten in unseren Reihen gesichert, einen Diener in unserem Haus, zu dem dein Vater eine eigenartige Beziehung knüpfte. Vielleicht sollte ich ein paar Worte darüber sagen, denn es beleuchtet einen Aspekt seines Charakters, den ich bis jetzt noch nicht berührt habe.

Außer jener manischen Fröhlichkeit, die er am Abend seiner Bekanntschaft mit Qiuje hervorkehrte – seinem problematischen, doch hinreißenden Charme –, besaß dein Vater noch eine ganz andere Seite – andere Seiten, sollte ich sagen. Denn obwohl er in dem Ruf stand, extravertiert zu sein (›die Seele der Party‹ lautete die Formel, die damals bei den Amerikanern gebräuchlich war) – ein Ruf, den er, wie ich glaube, bewußt, aber nicht ohne Abscheu, ja sogar Schmerz kultivierte –, bin ich überzeugt, daß Love höchstens die Brosamen seines Innenlebens mit anderen teilte, den Rest jedoch ängstlich geheimhielt. Dem entsprach auch die Verheimlichung seiner Neigung zu Depressionen. Hier liegt der Kern seiner Beziehung zu dem Diener, den ich soeben erwähnt habe, einem jungen Mann namens Jiang Bo, dem Gehilfen unseres Gärtners.

Nun hatte Jiang Bo, soweit mir bekannt ist, nichts als Bauernblut in seinen Adern, so schlammig wie das Wasser des Gelben Flusses. Und doch gehörte er zu jenen seltenen Menschen der niederen Klassen, denen die Instinkte eines Fürsten angeboren sind. Er war ein schöner Mann, hochgewachsen, dunkel und schlank, mit dem ernsten, hübschen Gesicht, das man nur bei den Nachkommen der Khans findet. Bo war mongolischer Abstammung, ohne jedoch die robuste Gesundheit und Widerstandskraft dieses Volkes zu besitzen. Er war zierlich, zart, ja fast zerbrechlich. Ich habe das Gefühl, daß seine Gesundheit durch einen schweren Fieberanfall in seiner Kindheit ruiniert worden war, Pocken vermutlich, denn er trug als schreckliche Zeichnung sichtbare Narben im Gesicht, eine Entstellung, die seine Schönheit jedoch nur noch steigerte wie die zufälligen Narben, mit denen die Zeit altes Elfenbein adelt. Einige Dienstboten interpretierten seine gesundheitliche und sonstige Schwäche anders. Bo sei, so wurde gemunkelt, opiumsüchtig, sei es mindestens gewesen. Ob das zutraf oder nicht, versuchte ich nie festzustellen, in jedem Fall ist es für seine Beziehung zu deinem Vater irrelevant.

Jiang Bo hatte den hitzigen Stolz der Mongolen, einen Stolz, den seine Abhängigkeit in nahezu pathologische Ausmaße zu steigern schien. Er war zurückhaltend und schwierig und redete nur, wenn er angesprochen wurde, und dann auch nur in der knappsten Form. Jeden Versuch der Vertraulichkeit, ja sogar Höflichkeit schien er als Herablassung übelzunehmen. Mein Vater war mehrmals schon drauf und dran gewesen, ihn wegen Unverschämtheit zu entlassen, doch jedesmal verteidigte meine Schwester ihn, schüchtern unterstützt von meiner Mutter, so heftig, daß dein Großvater nachgab. Viel später freilich, als Qiuje nicht mehr da war, machte er seine Drohung wahr. Qiuje empfand, wie ich annehme, einfach Mitleid mit Bo wegen der Beschwernisse seines Lebens. Meine Mutter dagegen war weitgehend von ihm abhängig geworden, weil er mit unfehlbarem Geschmack bezaubernde Blumenarrangements für ihre Tafel lieferte, Gestecke, die Ausdruck seiner straffen, flinken Eleganz waren.

Ich hatte wenig Kontakt mit Bo, hatte aber Notiz von ihm genommen. Immer, wenn ich seinem Blick begegnete, flogen mir Funken des Zorns entgegen wie Blitze aus einer Gewitterwolke. Ich respektierte das. Der Bursche lebte wie unter einer Belagerung und gestattete sich nur zwei Freuden; seine Blumen, die er mit nahezu religiöser Ehrfurcht pflegte, und die Musik. Bo spielte die *erhu,* jene seltsame, zweisaitige mongolische Fidel, deren Timbre auf so unheimliche Art der menschlichen Stimme ähnelt, vor allem wenn sie Melancholie ausdrückt.

Über die Barrieren von Klasse, Kultur, ja sogar Sprache hinweg (obwohl dein Vater bei der Überwindung der letzteren rasche Fortschritte machte) fühlten sich Jiang Bo und Love zueinander hingezogen. Die Seele des Gehilfen war ein perfekt geformter Schlüssel, dessen Bart genau in die Zacken der Persönlichkeit deines Vaters paßte und sie mühelos erschloß. Andere Diener erzählten mir, daß Love manchmal, wenn er in einer gewissen Stimmung war, vor allem nach seiner Verletzung, Stunde um Stunde im Garten unseres Hauses auf der Brücke saß, die Beine über den Rand baumeln ließ und in den dunklen Spiegel des Weihers starrte, während Jiang Bo hinter ihm mit dem Roßhaarbogen auf seiner Fidel spielte und dazu sang. Das tat Bo für keinen anderen. Manchmal sang er fröhliche, virtuose Weisen, wobei die *erhu* das Wiehern von Pferden und den Rhythmus ihres Galopps imitierte (die Mongolen sind die großartigsten Reiter der Welt), zumeist aber waren die Lieder traurig, Lieder von Bäuerinnen, deren Männer in den Krieg gezogen sind, mit einer Melodie, die sich zu schrillen Höhen des Zorns aufschwang, um anschließend in ein wehmütiges

Klagen abzusinken – flache, lange Partien wie Tage untröstlichen, endlosen Kummers. Diese Musik berührte deinen Vater, sie linderte den Schmerz, dessen Quelle tief in ihm verborgen lag, gehegt, wie ich schon sagte, von seiner Verschwiegenheit.

Wäre der Klatsch der Dienstboten nicht gewesen, ich hätte wohl nie etwas von diesen Episoden erfahren, jedenfalls nicht, bis ich viel später rein zufällig Zeuge einer solchen wurde. Davon jedoch an anderer Stelle mehr. Vorläufig will ich nur sagen, daß diese Gerüchte mein ohnedies schon beträchtliches Interesse für deinen Vater verstärkten.

Ich freundete mich immer mehr mit ihm an, und auch er suchte meine Freundschaft oder meinen Rat bei der Beschaffung einheimischer Volkskunst, hauptsächlich Textilien. Einmal besuchten wir gemeinsam die Seidenzuchtfarmen von Sichuan. Dieser Ausflug hat sich mir tief ins Gedächtnis gegraben, denn unser Verhältnis war nie der Vertrautheit näher als damals. Ich hatte ihn gefragt, warum er sich freiwillig zum Militärdienst in China gemeldet habe. Er schwieg sehr lange und antwortete dann mit einem merkwürdigen Lächeln auf den Lippen: ›Ein einsamer entzückter Drang.‹ Als ich ihn weiter ausfragte, zitierte er ein Gedicht des irischen Dichters Yeats. Es heißt ›Ein irischer Flieger erwartet seinen Tod‹:

Ich weiß, ich ende irgendwo
Da oben in der Wolkenschicht.
Die ich bekämpfe, haß ich nicht,
Die ich beschütze, lieb ich nicht.
Kiltartan ist mein Heimatort,
Meine Leute sind die Armen dort.
Geht's schlecht, geht's gut, es wird doch nie
Verlust sein oder Glück für sie.
Zum Kampf bestimmte mich nicht Zwang,
Nicht Politik, nicht Massenkult –
Ein einsamer entzückter Drang
Riß mich in diesen Lufttumult.
Erwogen habe ich alles sehr:
Vergeudung schien die Zeit bisher,
Vergeudung, was die Zukunft bot,
Gegen dieses Leben, diesen Tod.

›Ein einsamer entzückter Drang‹ – das habe ich niemals vergessen.

Etwas anderes, das ich merkwürdig fand, war das Schweigen, das Love im Hinblick auf seine Familie wahrte. In Anbetracht der großen Begeisterung, mit der sich die anderen Flieger diesem Thema widmeten, war das bemerkenswert. Zusammen mit seiner ›Hundemarke‹ schien ein persönlicher Vorrat an Fotografien zur Standardausrüstung des US-Soldaten zu gehören. Die Amerikaner trugen sie nicht auf dem Herzen wie die Chinesen, sondern zusammen mit ihrem Geld an einem ebenso intimen (wenn auch vielleicht weniger geheiligten) Platz. Dort, bequem verstaut und jederzeit griffbereit, lagen all ihre ›Lieben und

Trauten‹. Eine Menge Zeit wurde darauf verwandt, einander und jedem, der sie sich ansehen wollte, diese Fotos zu zeigen und mit patriotischem Eifer, manchmal aber auch rührseliger Sentimentalität zu erklären: ›Ich wollte, ich wäre wieder zu Hause.‹

Das Seltsame an Love war, daß er sich in dieses allumfassende Eintauchen in das ganz große Gefühl nicht einbeziehen ließ. Seine Kameraden wußten niemals so recht, was sie von diesem Schweigen über sein Zuhause und seine Familie halten sollten. Ich glaube, sie empfanden ein bißchen Scheu vor seiner Reserviertheit und hätten sie ihm wohl übelgenommen, hätte er sie nicht auf anderen Gebieten wettgemacht: mit seinem Einfallsreichtum, seinem Charme, seiner ›Magie‹, alles Produkte einer Erziehung, von der sie nichts ahnten und deren Wert sie, hätten sie von ihr gewußt, vermutlich prinzipiell verneint hätten, vor allem beim Fliegen, wo sie vor dem kalten, wachsamen Auge des Todes alle miteinander eng vertraut waren. Dort, wo Lügen nicht möglich waren, zeigte dein Vater sein wahres Herz.

Love war einer der zwei bis drei besten Piloten seines Geschwaders, der Panda Bears. Sein Kampfstil war kühn, sogar ein wenig leichtsinnig, doch er reagierte so rasch und feinnervig wie ein Athlet und blieb jedesmal siegreich. (Bis auf einmal... Aber es ist reine Vermutung von mir und vielleicht auch vermessen, anzunehmen, daß er in irgendeiner Hinsicht für den Absturz verantwortlich war. Jedenfalls wurde er meines Wissens dafür nicht zur Kasse gebeten, ja nicht einmal gerügt, im Gegenteil, er wurde ausgezeichnet.) Wertvoll für seine Einheit war dein Vater jedoch nicht nur wegen seines Muts und seiner körperlichen Geschicklichkeit. Er hatte zudem eine strategische Begabung, die sich immer wieder in kleinen, technischen Dingen zeigte und schließlich in einem größeren taktischen Beitrag gipfeln sollte. Aufgrund dieser Begabung suchte Chennault ihn möglichst von Gefahren fernzuhalten, ihn nur als Aufklärer einzusetzen. Love weigerte sich. Wie dem auch sei, zusammen mit all diesen Faktoren erhöhte das Schweigen deines Vaters über seine Familie noch sein Ansehen bei den Kameraden, für die dieses Schweigen zu respektieren Ehrensache war.«

Xiao stand auf und ging zum Fenster hinüber, wo er stehenblieb, um hinauszusehen. Dann sprach er, die Hände auf seinem Rücken faltend und wieder lösend, mit abgewandtem Gesicht weiter.

»Aus diesem Grund hatten weder ich noch irgendein anderer eine Ahnung davon, daß Love zu einer der ungefähr zwölf reichsten Familien Amerikas gehörte, zu einer Familie, gegründet von einem der Großindustriellen des neunzehnten Jahrhunderts vom Stamm jener, die sich wie furchterregende Raubwesen aus dem Schlamm und Schleim der Urlandschaft erhoben und alle ihre Konkurrenten verschlangen, bis sie zu einer solchen Größe angewachsen waren, daß sie die Baumwipfel überragten und einen durch nichts gestörten Blick auf den Horizont der Welt genossen: mit einer Handvoll anderer, die ihnen glichen, Herren all dessen, was sie sahen. Falls die Loves weniger gut bekannt waren als die Morgans, Mellons, Carnegies, Rockefellers, Vanderbilts und Du Ponts, so vielleicht nur, weil sie noch die unmittelbare Kontrolle über ihr Imperium ausübten, nachdem die anderen schon längst wie heilige Kühe auf die Weide geschickt worden waren, um die grünen Felder der Wohltätigkeit zu düngen. Bis vor kurzem hatten die Loves keine Zeit gehabt, um so große Stiftungen zu gründen oder Bibliotheken, Museen und Universitäten zu bauen wie die, durch die die anderen berühmt geworden waren. Denn das sind Aktivitäten, denen sich große Familien erst beim Niedergang zuwenden. Kultur oder das Kultivieren des Guten und Schönen ist Nachglanz vormaliger Kraft. Und Schönheit, auch wenn allein sie letztlich versöhnt und das Leben erträglich macht, ist in der krassesten Formulierung nichts weiter als ein herrlicher Parasit am Leib des Lebens. Diese furchtbare Wahrheit darf niemals vergessen werden.

Die Loves jedenfalls liefen keineswegs Gefahr, dies zu vergessen, nachdem sie lange Zeit dieser Gefahr entronnen waren. Die Macht war in ihrer Familie seit mehreren Generationen in ununterbrochener Folge vom Vater auf den Sohn übergegangen. Arthur Love aber, Eddies Vater, war das erste schwache Glied in der Kette, das nicht aus Eisen oder Stahl geschmiedet war, sondern aus einer zarteren, empfindlicheren Substanz. Mit ihm verloren die Loves die Kontrolle über die großen Konzerne, die sie geschaffen hatten (und dank derer sie groß geworden waren).

Da ich mich im Handelswesen auskannte, wußte ich von dem Skandal, den Arthur Love an der Wall Street (die – zu deiner Information, Sun I – das pulsierende Hirn des finanziellen Nervensystems der westlichen Welt ist) ausgelöst hatte. Sein Zusammenbruch oder seine Apostasie, oder wie immer man das nennen will, war berühmt. Und doch hatte ich eigentlich nie die Verbindung zwischen dem Vater und diesem Sohn gezogen. Rückblickend scheint sie auf der Hand zu liegen; vielleicht war es jedoch gerade diese Augenfälligkeit, die mich blind machte. Warum sollte dein Vater sich so große Mühe geben, eine Herkunft zu verschleiern, die andere laut hinausposaunt hätten? Was immer der Grund dafür sein mochte, ich brauchte gar nicht zu suchen: Die Zusammenhänge fanden *mich*. Wie man in Amerika sagt: Wären sie eine Schlange gewesen, so hätten sie mich gebissen.

Das Ganze kam rein zufällig ans Licht. Eines Morgens blätterte ich in der ziemlich zerfledderten Ausgabe eines bekannten amerikanischen Magazins namens ›Time‹ (sechs Wochen alt, mit einer amerikanischen Frachtmaschine aus Burma eingeflogen), als ein Kästchen auf der Titelseite meine Aufmerksamkeit erregte. Darin stand in dicker, schwarzer Schrift:

Love is dead

Die Liebe ist tot? Lächerlich! dachte ich. So verzweifelt die Lage der Menschheit auch sein mochte, ein derart metaphysischer Ausspruch schien mir dennoch ziemlich weit hergeholt. Als ich jedoch die entsprechende Story aufschlug, entdeckte ich bald, daß der Satz keineswegs eine solch dramatische Bedeutung hatte, sondern lediglich einen Nachruf signalisierte. ›Lediglich‹, sage ich, obwohl mir sofort klar war, daß der Verstorbene eine Persönlichkeit von größtem Gewicht gewesen sein mußte – ein Präsident, ein Richter am Obersten Gerichtshof, ein großer Feldherr, vielleicht sogar ein berühmter Hollywoodstar –, weitaus wahrscheinlicher jedoch ein reicher Mann, irgendein Großmogul aus der Geschäftswelt.«

Als er das sagte, lag ein schriller Unterton in der Stimme meines Onkels, und wieder ließ das ironische, freudlose Lächeln seine Mundwinkel hochwandern.

»Höre mir jetzt gut zu, Sun I, denn die Geschichte, die nun folgt, ist lehrreich. Sie ist einer der wenigen hoffnungsvollen Präzedenzfälle für persönliches Verhalten, die jemals aus der barbarischen Arena des amerikanischen Marktplatzes hervorgegangen sind. Eddies Vater Art Love – Arthur Edward Love der Vierte, um genau zu sein – war in seiner Jugend einer der mächtigsten Männer der Welt gewesen: Aufsichtsratsvorsitzender, Hauptaktionär und Generaldirektor der American Power and Light Corporation, der APL. Er war vielleicht von allen Menschen, die Amerika jemals hervorgebracht hat, der Erbmonarchie am nächsten gekommen. Aber er konnte sein Konzernreich nicht halten, und ich weiß nicht genau, ob er es überhaupt wollte. Und das ist der springende Punkt.

Man wußte, daß er ein sanfter, gutmütiger Junge gewesen war, von Natur aus eher schwächlich, aber frühreif, aufgeschlossen für die Raffinements der Kunst, Eigenschaften also, die einem zukünftigen Cäsar der Finanzwelt, zu dem ihn sein Vater, A. E. Love der Dritte, Big Ed genannt, getreu der Familientradition machen wollte, nicht gut anstanden. Eine strenge Erziehung, die in dem Kind ›Killerinstinkte‹ wecken sollte, zeigte wenig Wirkung bei Arthur Love, nur daß er schließlich begann, unter nervösen Störungen zu leiden, während die Liebenswürdigkeit und Gefühlsbetontheit seines jugendlichen Charakters einem morbiden, finsteren Brüten wich.

Erst durch den Tod seines Vaters Big Ed jedoch kam die Epilepsie, die Art Love sein ganzes Leben lang plagen sollte, zum vollen Ausbruch. Der erste Anfall ereignete sich bei der Beerdigung. Und was alles noch schlimmer machte: Arthur fühlte sich verpflichtet, in die Fußstapfen des Vaters zu treten. Wenn seine Leistungen in den ersten paar Monaten ihm auch keine Belobigungen eintrugen, so erhielt er doch von den Beobachtern mit einschlägigen Kenntnissen wenigstens ein Ausreichend. Viele wunderten sich, daß er so lange durchhielt. Vielleicht half ihm das von seinen Ärzten verschriebene Opiumpräparat, das innere Gleichgewicht zu wahren. Der Preis dafür war jedoch hoch, denn Arthur Love wurde abhängig davon und sollte es sein Leben lang bleiben.

Im Rückblick wirkt seine Regierungszeit – oder auch seine Administration – befremdlich, irgendwie gedämpft und ominös. Es war, als sei die Wall Street von einem gewissen Todesgeruch beherrscht. Männer, die den Geschmack an allem verloren hatten außer an der großen Jagd nach Blut, zeigten völlig ungewohnte Mitleidsregungen. Und das Blut war schon immer das Element der Loves gewesen, schon seit der ursprüngliche A. E. Love, der schreckliche Patriarch des Clans, die Gesellschaft (zu jener Zeit noch American Gas genannt) von Jubilee Jim Fisk, Jay Goulds berüchtigter *âme damnée*, übernommen hatte. Fisks Ermordung durch einen empörten Ehemann, dessen Frau Fisk angeblich verführt hatte, trug sich genau zu dem Zeitpunkt zu, als er und der erste Love in hitzigem Kampf um die Macht über die American Gas lagen, und zudem ausgerechnet in dem Moment, da Love seine Munition verschossen zu haben schien. Obwohl die Spekulationen wucherten, erklärte das Gericht den Mord zum ›Verbrechen aus Leidenschaft‹ und untersuchte die Sache nicht näher. Die Wahrheit wußte wohl niemand außer A. E. Love, und der war keiner, der sich lange mit seinem Gewissen herumschlug, vor allem, nachdem Fisks Tod ihm genau die Tür aufgestoßen hatte, durch die er – worauf er sein Leben lang gewartet hatte – endlich das Allerheiligste der irdischen Macht betreten konnte. Sein Urenkel dagegen war von völlig anderer Art. Wie ich schon sagte, herrschte in der Finanzwelt von Anfang an das unbestimmte Gefühl, daß Art Loves Herrschaft nicht lange währen würde. Und doch, so wie sie endete, so etwas hatte niemand erwartet.

Du mußt dir das einmal vorstellen, Sun I. Unter der Leitung seines Vaters und Großvaters war die APL aufgeblüht und hatte sich einem Dutzend verschiedener Wirtschaftszweige zugewandt, unter anderem der Munitionsherstellung im Ersten Weltkrieg. Zur Zeit von Arthur Loves Amtsantritt war die American Power and Light dem Bruttovermögen nach zum größten Unternehmen Amerikas und damit natürlich der Welt aufgestiegen.«

Xiao lächelte ein wenig schief.

»Natürlich! Ihre Leistungen hatten ihr einen Platz an der Sonne im Dow Jones Industrial Average, dem unbestrittenen Herzstück des Börsenindex, gesichert. Das war die Zeit, da Investoren die Firma zum erstenmal ›*the APL of America's eye*‹ nannten.«

Xiao lächelte abermals.

»Und das alles hat Art Love auf jener berüchtigten Aktionärsversammlung am Ende seines ersten Jahres unwiderruflich verloren – oder sollte ich lieber sagen: weggeworfen? Er erklärte dem Aufsichtsrat, er ›wasche seine Hände vom rituellen Blut‹, eine Phrase, die seitdem an der Wall Street zur Redewendung geworden ist.

Stell dir das vor, Sun I: Vor einem bis zum Bersten mit Großen und Kleinen vollgepackten Saal – jenen, die ihre bescheidenen Ersparnisse in einige wenige Aktien gesteckt hatten und sie mit blinder Gläubigkeit hüteten wie Reliquien des Kreuzes, Seite an Seite mit den ›gekrönten‹ Häuptern Amerikas und der internationalen Finanzwelt – gab Arthur Love der gesamten Gemeinde praktisch einen Tritt. Er verfluchte sie, nannte sie Hohepriester, die zu einer schwarzen Messe versammelt seien, zur Feier der Opfermysterien des Privatunternehmens, und er behauptete, diese neue Religion sei so alt wie die Sünde und heiße Eigennutz. Dann begann er seine Familie zu kritisieren, und er deutete an, es sei etwas wahr an der Wall-Street-Anekdote, daß die Loves nicht mit Weihwasser, sondern mit Blut getauft seien. ›Die Hände meines Urgroßvaters waren gerötet von Mord‹, sagte er, ›und jeder, der später sein Erbe antrat, hat diese Sünde fortgesetzt: Die Sünden der Väter werden heimgesucht an den Kindern und Kindeskindern bis ins dritte und vierte Glied.‹ Er sei der vierte seiner Linie, sagte er, und mit ihm würde sie enden. Er weigere sich, die Schuld an seine Kinder weiterzugeben, und bete darum, daß sie es ihm eines Tages danken würden. Sein Urgroßvater, fuhr er fort, sei des Mordes an einem

Menschen schuldig, das sei Blut genug. Er wolle sich nicht zum Helfershelfer an der Ermordung einer ganzen Kultur machen.«

»Jawohl«, Xiao nickte, »Arthur Love war ein ganz anderer Mensch als der gewöhnliche Wall-Street-Typ – anders und meiner Ansicht nach besser, wenn auch weniger stark.« Xiao begegnete meinem Blick. »Am Ende dieser Rede erlitt Love einen epileptischen Anfall. Er brach auf dem Podium zusammen. Man sagt, daß, als sie ihn zuckend und um sich schlagend durch den Mittelgang des Saales hinausbrachten, mehrere ältere Wall-Street-Strategen offen geweint haben.« Xiao lächelte zynisch und fügte, als wäre es ihm nachträglich eingefallen, hinzu: »Obwohl ich nicht sagen kann, ob aus Mitleid mit ihrem gestürzten Fürsten oder mit sich selbst.

Die erste Reaktion innerhalb der Finanzwelt war eine allgemeine Trauer. Denn am Tag nach Loves Zusammenbruch wurden keine APL-Aktien gehandelt, und die Makler trugen aufgrund einer Übereinkunft alle Schwarz. Als Arthur Love sich jedoch erholte und trotzdem nicht auf seinen Posten zurückkehrte, wandelte sich die allgemeine Trauer in Bestürzung und dann allmählich in offene Feindseligkeit. Denn es wurde zunehmend klarer, daß es eine Zäsur gegeben hatte in Art Loves Leben. Er hatte gemeint, was er sagte. Nachdem sein Zustand durch Opium stabilisiert worden war, begannen sich die alten Neigungen aus der Kinderzeit wieder bemerkbar zu machen. Nach seinem schwindelerregenden Sturz aus den Höhen der Macht und des Einflusses zog er sich in sich selbst zurück und wurde zum menschenscheuen Einsiedler. Er setzte sich auf dem Familienbesitz in Sands Point auf Long Island zur Ruhe und wurde zum Wohltäter und Philanthropen, geschützt vor den Wechselfällen und Kümmernissen der Welt in einem Paradies der Kunst wie ein Jugendstil-Adam oder ein verrückter König Ludwig von Bayern. Obwohl er seine Absicht, sich völlig vom Konzern zu trennen, nicht wahr machte, nahm er tatsächlich nie mehr an einer Aktionärsversammlung teil und überließ die Verwaltung seiner Interessen anderen.

An der Wall Street wurde maliziös gemunkelt, bei seinem Anfall sei die Sauerstoffzufuhr zu seinem Gehirn unterbrochen worden, und er sei nicht mehr ›ganz da‹. Manche meinten, er sei der Sucht verfallen. Ärzte und Psychiater jedoch behaupteten, das Trauma habe sich auf seine Gehirnzellen wie eine Elektroschockbehandlung ausgewirkt und eine Art Wunderheilung bewirkt. Andere, die weniger zu phantasievollem Theoretisieren neigten, erklärten schlicht, er sei jetzt glücklich.« Xiao nickte. »Jawohl, Sun I, ein äußerst vielversprechender Fall.« Er seufzte. »Und nun war Arthur Love tot. Jawohl, ich kannte die Geschichte gut – bis auf den wichtigsten Teil davon. Als ich den Artikel im ›Time‹-Magazin bis zum letzten Absatz überflog, stieß ich auf folgenden Satz, jedenfalls dem Sinn nach: ›Mr. Love hinterläßt eine Frau und einen einzigen Sohn: A. E. Love den Fünften (nach seinem Großvater Big Ed Love Eddie genannt). Eddie Love dient nach letzten Berichten unter General Claire Chennault bei der AVG in Kunming, China.‹

Und nun versuch dir mal vorzustellen, Sun I, was ich bei dieser Entdeckung empfand.«

SECHSTES KAPITEL

»Wie vor den Kopf gestoßen war ich, als ich erfuhr, wer Loves Vater war. Daß dieser junge Mann, dem sich meine Schwester auf eine ernst zu nehmende, tiefgehende Art mehr und mehr verbunden fühlte, rechtmäßiger Erbe eines der größten Vermögen der ganzen Welt sein sollte, war für mich ein Blitz aus heiterem Himmel und erfüllte mich mit Angst. Bisher hatte ich ihn recht gern gemocht, obwohl da irgend etwas an ihm war, das mich mißtrauisch machte. Er verkörperte den Westen, er verkörperte Amerika – ewig jung und unbeschwert, strahlend, charmant, verwegen, selbstbewußt – ein fröhlicher, göttergleicher Dieb, der die Äpfel der Hesperiden vom Baum des Lebens, von der American Power and Light oder was immer man will, stibitzte, und zwar ungestraft, sich damit vollstopfte und alles, was er nicht essen konnte, in seinen Zylinder packte. Man konnte nicht anders, man mußte ihn einfach bewundern, auch wenn man ihn letzten Endes ablehnte.

Jeder Gedanke an seine persönlichen Eigenschaften verblaßte jedoch im Licht meiner Entdeckung. Jetzt funkelte er vor meinem inneren Auge wie ein Irrlicht, wie ein verfluchtes Juwel (ein radioaktives Isotop etwa, das den Tod bringt, wenn man es berührt, das aber dennoch vielleicht die Macht besitzt, eines Tages die Welt zu retten). Love glich einer Stimmgabel, deren Schwingungen der Tonlage meiner Zwangsvorstellung folgten. Von da an war er – was immer er zuvor gewesen sein mochte – für mich Symbol der Loves, die wiederum Symbol für jene Klasse Mensch waren, die ich am meisten fürchtete, weil ich ihre Macht kannte.«

Xiao ging unruhig auf und ab. Von Zeit zu Zeit klopfte er – unbewußt, glaube ich – mit der Metallspitze seines Stocks scharf auf die Steinplatten. Wie ich ihn so beobachtete, erwachte unter all den anderen Gefühlen in mir auch Sorge um ihn und Mitleid.

»Trotz meiner Vorahnungen jedoch war meine erste Reaktion auf die Geschichte von Loves Abstammung positiv. Ich empfand eine Verwandtschaft zwischen uns, die ich irgendwie schon immer geahnt hatte, obwohl ich nicht einmal jetzt mit Sicherheit sagen kann, worin sie bestand, es sei denn ganz einfach darin, daß wir beide die Söhne von Vätern und in diesem Sinne von vornherein benachteiligt waren.« Xiao, der meinem Blick begegnete, lächelte flüchtig über seinen Versuch, oberflächlich zu sein. Unmittelbar darauf verfinsterte sich seine Miene erneut, und er fing wieder an, hin und her zu gehen.

»Nach den nicht nur konfuzianischen, sondern allgemeingültigen Regeln der Etikette war mir klar, daß meine erste Pflicht darin bestand, deinem Vater mein Beileid auszudrücken. Und mir fiel ein, daß es aufgrund des beklagenswerten Zustands der Verkehrsverbindungen sogar möglich sein konnte, daß ich ihm die Nachricht als erster überbrachte. Das war beunruhigend, aber ich durfte nicht davor zurückschrecken. Denn es gab noch einen anderen Grund, aus dem ich meiner Ansicht nach mit ihm sprechen mußte: Qiuje. Die Kenntnis seiner Herkunft hatte meinen Beschützerinstinkt verstärkt. Nach dieser Entdeckung war jede Chance, daß aus der Romanze vielleicht mehr werden würde, endgültig dahin.

Zuerst ging ich in die Kaserne, um nach ihm zu suchen. Aber er war nicht unter den Piloten, die nervös im Rauchzimmer herumsaßen und auf den Einsatz warteten, und niemand schien mir sagen zu können, wo er steckte. Ich klapperte die Bars am ›Strip‹ von Kunming ab, wo sich die Amerikaner zuweilen trafen. Ich fand ihn nicht. Schließlich gab ich es auf.

Gedankenverloren trieb es mich unwillkürlich wieder nach Hause. Als ich eintraf, saß meine Mutter, in ihre Stickerei vertieft, allein im Nähzimmer. Das war durchaus nichts Ungewohntes, und dennoch kam es mir jetzt außergewöhnlich vor. ›Vertieft‹ war eigentlich nicht der richtige Ausdruck: vielmehr stocherte sie lustlos in dem Stoff herum. Die Handarbeit lag mehr oder weniger unbeachtet auf ihrem Schoß, während sie, lautlos die Lippen bewegend, an etwas ganz anderes dachte, an irgendeinem vertrackten Paradoxon oder Rebus herumrätselte. Ihr Anblick ließ eine Flut von Zärtlichkeit in mir aufsteigen: diese alte Frau, so völlig hilflos, und dennoch fest entschlossen, den Kampf mit dem Leben aufzunehmen.

Als sie merkte, daß ich ins Zimmer getreten war, warf sie mir einen flehenden Blick zu und schob rasch ihre Arbeit beiseite. Ich öffnete den Mund, um etwas zu sagen, sie aber unterbrach mich sofort und führte mich zu der Schiebetür aus Reispapier, die in den Garten hinausführte.

›Hör!‹ verlangte sie und legte den Finger auf meine Lippen.

Wie aus weiter Ferne drängte sich Musik in mein Bewußtsein. Ich hielt den Atem an und lauschte aufmerksam. Vom Garten kamen die Klänge einer klagenden Fidelmelodie herüber. Irgend jemand sang – eine Männerstimme, unausgebildet, aber so bewegend, wie ich es nie zuvor gehört hatte.

Das Lied kam mir irgendwie vertraut vor. Es handelte sich um die zeitgenössische Ballade ›Der Strom fließt‹, die zu jener Zeit sehr populär war. Nach dem Thema und dem schlichten Stil zu urteilen, hätte man sie aber auch für eines der Lieder aus dem ›*Shijing*‹ halten können, die schon zur Zeit des Konfuzius alt waren. Es erzählt die Geschichte einer Bauersfrau, deren Ehemann zum Militärdienst gezwungen worden und fortgegangen ist.

... zu kämpfen und zu sterben
Für ein Stück wertlosen, unfruchtbaren Boden
An einer fernen Grenze,
Während dein Platz doch hier war.

Denn obwohl du es nicht wußtest,
Trage ich wieder ein Kind...

Die Frau beklagt sich dann bitterlich, daß das Leben ohne ihren Mann so hart sei. In einer Anwandlung von Wut provoziert sie ihn, indem sie ihm von den Hilfsangeboten anderer Männer, ›reicher Männer und starker, junger Burschen‹, erzählt. Dann bricht sie in lautes Wehklagen aus, das so endet:

Doch ich kann nie einen anderen lieben,
Nicht einmal, wenn ich heirate. Denn du ließest
Diese Trauer in meinem Fleisch zurück, diese Erinnerung –
Dein strahlender, junger Körper –
Und mein Herz weigert sich, klug zu sein.

Die Musik verstummte. In meinen Augen standen Tränen, und doch war ich nicht unglücklich, ich fühlte mich vielmehr wie ein Mensch, der erfrischt aus einem langen Schlaf erwacht. Meine Neugier, woher dieses Lied kam, hatte sich seltsamerweise gelegt.

Doch das Gefühl währte nur einen Moment. Ich kam wieder zu mir und schüttelte sanft die Hand meiner Mutter ab, die wie gebannt dastand. Ich schob die Reispapiertür zurück.

Dort im Garten stand Jiang Bo am Fuß der Brücke. Seine *erhu* stützte er ganz leicht an einen Pfosten. Der Roßhaarbogen hing schlaff wie der Schweif eines traurigen Tiers in seiner Hand. Obwohl ich noch immer im Bann der Musik stand, konnte ich mir überhaupt nicht vorstellen, was er mitten am Nachmittag hier tat und warum er für die Fische und Vögel traurige Lieder spielte, als könne er nach Lust und Laune über seine Zeit verfügen. Dann hörte ich leises Flüstern und erkannte, daß er nicht allein war.

›Bitte nicht aufhören‹, flehte eine bedrückte Stimme.

Als ich meinen Standplatz leicht veränderte, sah ich, daß jemand bei Bo im Garten war: Love. Er saß auf der Brücke, ließ die Beine über den Rand baumeln und starrte geistesabwesend in den dunklen Spiegel des Weihers. Neben ihm saß Qiuje, und sie war es, die gesprochen hatte.

›Seit zwölf Uhr mittags ist er schon hier‹, flüsterte meine Mutter. ›Sitzt da und starrt ins Wasser, genau wie jetzt, und füttert die Fische mit Brotkrumen. Qiuje versuchte, ihn zu trösten und zum Sprechen zu bringen, aber er schüttelte nur den Kopf und bat Bo, ihm etwas vorzuspielen. Die Musik scheint ihn zu erleichtern. Was hat er wohl, was meinst du? Geh doch mal hin, und sprich mit ihm!‹

Unfähig, mich von der Stelle zu rühren, beobachtete ich Love stumm und staunend, wie er sein Spiegelbild im Weiher betrachtete. Die Ruhe des Wassers wurde nur gestört, wenn neugierige Karpfen und Goldfische aus ihrer schummrigen Welt auftauchten, um ihn, scheinbar genauso staunend wie ich, still anzustarren. Ihre Luftblasen durchbrachen die Wasserfläche, als würden sie das gleiche stumme O-o-o formen wie professionelle Klageweiber, nur daß er sie mit Bissen bezahlte, die er von dem alten Brotlaib abbrach, der in Stücke gerissen auf seinem Schoß lag.

Als mir klar wurde, daß er an diesem Tag vom Tod seines Vaters erfahren hatte, durchfuhr mich ein Stich so tiefen Mitleids, daß mir die Tränen in die Augen traten.

›Nimm dich zusammen!‹ befahl meine Mutter streng. ›Du bist sein Freund, geh zu ihm!‹

Ihr Tadel beschämte mich und riß mich aus meinem Traumzustand. Mit einem Blick zu ihr zurück trat ich durch die Tür und zog sie behutsam zu. Bei dem Geräusch wandte Jiang Bo sich mit einem unmißverständlich feindseligen Ausdruck zu mir um. Dann schritt er steifbeinig davon. Auch Love blickte kurz auf, doch meine Anwesenheit schien wenig Eindruck auf ihn zu machen, falls er mich überhaupt wahrnahm. Sein Blick war starr und schien durch mich hindurch auf etwas hinter mir oder in noch weiterer Ferne gerichtet zu sein – wie der Blick eines Süchtigen, hätte ich wohl gedacht, wenn ich es nicht besser gewußt hätte. Qiuje ließ ihre Augen nicht von meinem Gesicht, als ich mich näherte.

Auf dem Weg zur Brücke legte ich mir in Gedanken alles zurecht, was ich ihm sagen wollte, um ihm mein Beileid auszudrücken. Spatigen Kavalleriepferden in rostiger Rüstung gleich, mehr tot als lebendig, klapperten mir sämtliche Standardphrasen durch den Kopf. Im letzten Moment verließ mich der Mut.

›Was ist los, Eddie?‹ fragte ich unaufrichtig, während ich ihm die Hand auf die Schulter legte.

Qiuje, die seine Hand hielt, blickte flehend zu mir auf und bedeutete mir, mich zu entfernen. Als ich den Kopf schüttelte, wurde ihre Miene wütend.

Eine Weile sagte Love kein Wort. Er fuhr fort, ausdruckslos in den Weiher zu starren, als wolle er mit den Blicken dessen trübe Tiefen durchdringen. Ich war schon fast überzeugt, daß er mich nicht gehört hatte, da drehte er sich zu mir um. Die Sonne muß direkt in meinem Rücken gestanden haben, denn dein Vater beschattete seine Augen und blinzelte. Dann, als wäre ihm gerade etwas eingefallen, entspannte sich die finstere Furche auf seiner Stirn, die nun transparent, beinahe strahlend wirkte. Er griff in die Tasche seiner Uniform, holte seine Sonnenbrille hervor und setzte sie auf.

›Jetzt kann ich wieder etwas sehen‹, flüsterte er, vor sich hin lachend, als liege ein verborgener Sinn in seinen Worten.

›Eddie‹, sagte ich mit zunehmender Sorge, ›sag mir doch bitte, was ist los?‹

Fragend legte Love den Kopf schief, wie ein intelligentes Tier, das unfähig ist, den Wunsch seines Herrn zu erraten. ›Los?‹ Plötzlich verzerrten sich seine Züge zu einem unnatürlichen Lächeln, das er offenbar nicht zu unterdrücken vermochte. Es war, als verforme eine Kraft außerhalb seiner selbst sein Gesicht. Die Lippen zogen sich über die Zähne zurück wie Ton, den die Hand eines unsichtbaren Bildhauers in der Hitze erster Inspiration bearbeitet. Dann brach er in Lachen aus genau wie damals bei seiner Zaubervorführung, und der gleiche unheimliche Schauer durchfuhr mich. Nur begriff ich jetzt die Ursache; der Unterton von Verzweiflung in diesem Lachen, seine Zwanghaftigkeit, seine absolute Freudlosigkeit – all das trat mir mit schrecklicher Klarheit blitzartig vor Augen. In dieser Sekunde wußte ich, daß meine ursprüngliche Intuition richtig gewesen war: Dein Vater war wahnsinnig. Doch bevor ich mich wieder zusammenreißen konnte, begann er zu sprechen.

›Was ist los?‹ äffte er mich bissig nach. ›Was ist los?‹ Er sah in die Luft, als sei etwas Wunderbares an seinem inneren Auge vorübergehuscht. ›Hast du's denn noch nicht gehört?‹ rief er mit hoher, überschnappender Stimme. ›Ich bin befördert worden!‹ Dem folgte erneut ein schallendes, rasendes Gelächter, das aber diesmal von einzelnen Schluchzern unterbrochen wurde.

›Eddie‹, sagte ich so ruhig, wie ich nur konnte. ›Eddie...‹

Doch er ignorierte mich und brach unvermittelt in einen Redestrom aus, dem ich nur mit größter Mühe folgen konnte. ›Xiao‹, sagte er,›hast du jemals etwas geträumt, und dann ist der Traum wahr geworden? Ich hatte so einen Traum, vor ungefähr vier, sechs Wochen. Ich flog – im Traum... aber es war so verdammt real. Ich schmeckte das fade Gummi meiner Sauerstoffmaske, hörte den Wind in den offenen Geschützrohren. Ich glaubte, allein zu sein, bis ich die zweite Maschine hörte. Anfangs dachte ich, es sei David, mein Flügelmann, aber dann hörte ich, daß Kugeln an meinem Kopf vorbeipfiffen und von der Cockpit-Panzerung abprallten. Ich setzte zum Sturzflug an, sechstausend Fuß senkrecht hinunter wie ein Stein, dann ein Looping und eine Rolle. Doch als ich mich umdrehte, war die Maschine immer noch hinter mir. Ich versuchte alles, was möglich war, konnte sie aber nicht abschütteln. Als ich schließlich nicht aus noch ein wußte, zog ich vor Verzweiflung am Steuerknüppel, richtete die Nase empor und begann zu steigen. Eine ganze Minute lang gab ich rein, was rein wollte. Das Herz trommelte mir in den Ohren. Jeden Augenblick erwartete ich, abzuschmieren, die Tragflächen zu verlieren oder einen Treffer in den Tank zu kriegen und mich in der Hölle wiederzufinden. Als ich merkte, daß ich die andere Maschine nicht mehr hörte, drehte ich mich um. Unter mir nichts als blauer Himmel. *Tinghao* – großer Jubel. Und wie! Dann tauchte die Maschine unendlich tief unter meiner Tragfläche auf. Zum erstenmal sah ich sie deutlich. Rote Sonnen auf den Tragflächen. Eine Zero. Nur konnte ich mir nicht erklären, warum sie so weit zurückgeblieben war, denn die Zeros sind leichter und manövrierfähiger als unsere Maschinen und ihnen an Steiggeschwindigkeit überlegen. Dann sah ich durch die Glasscheibe der Kanzel das Gesicht des Piloten. Er beschattete seine Augen mit der Hand, als er mich suchte, und da merkte ich, daß er mich im Gegenlicht verloren hatte, denn ich stieg geradenwegs auf die Sonne zu. Sie wirkte jetzt nah, unmöglich nah. Der Glanz blendete mich. Mir wurde klar, daß nur die Sonnenbrille mich gerettet hatte. Vor der Sonnenscheibe war ich unsichtbar, total ausgelöscht. Als ich wieder hinabblickte, sah ich, daß die beiden Sonnen auf den Tragflächen seltsamerweise in Flammen aufgingen. Die Maschine brannte. Der Pilot stieg aus, stürzte in freiem Fall ins Meer hinab. Aber es war nicht mehr ein japanischer Pilot – es war mein Vater. Ich sah sein Gesicht, als er durch die blaue Tiefe des Raums auf die gekrümmte Erdoberfläche hinabfiel. Er zog an der Reißleine seines Fallschirms. Doch als dieser sich öffnete, entfaltete sich nichts als eine Schnur seidener Zaubertücher, die wie der Schwanz eines Flugdrachens graziös hinter ihm herflatterte. Ich wollte ihn retten. Doch als ich es versuchte, mußte ich feststellen, daß ich meinen eigenen Steigflug nicht mehr im Griff hatte. Ein Brandgeruch lag in der Luft wie von Wachs und Federn, und als ich zum letztenmal aufblickte, war es gar nicht mehr die Sonne, sondern Gottes Antlitz, in das ich hineinflog, und ganz zuletzt sah ich *meinen* Körper auf die Erde zufallen.‹ Die Stimme deines Vaters wurde ganz leise und versonnen, als er mir das erzählte.

›Was hat das zu bedeuten?‹ erkundigte ich mich. ›Ich verstehe dich nicht, Eddie. Du redest wirr.‹ Sanft ergriff ich seinen Arm und versuchte, ihn hochzuziehen.

›Nein, nein‹, wehrte er ab. ›Ich hatte diesen Traum, und er ist wahr geworden. Hör zu, Xiao...‹ Als er meinen Namen aussprach, sah er mir direkt in die Augen und war wieder normal.

›Tagelang hab' ich mich damit herumgeschlagen. Ich hatte das Gefühl, daß etwas dahintersteckte, was ich nicht verstand. Dann ging mir ein Licht auf...‹

Er hielt inne, und ich machte mich gefaßt auf irgendeine hellsichtige Vorausahnung des Tods seines Vaters im Traum, etwas, das auf ein telepathisches Band der Sympathie zwischen ihnen schließen ließ. Aber ich hatte danebengeraten.

›Es war eine Kampfstrategie, verstehst du?‹ erklärte Love eifrig und suchte in meiner Miene nach einer Bestätigung. ›Was sonst? Es war eine taktische Inspiration, ein Geschenk des Himmels. Sie ist natürlich nicht neu. Schon als Junge hatte ich in den Büchern über den Ersten Weltkrieg – Richthofen und die deutschen Fliegerasse – von ihr gelesen. *Hun in the sun* nannte man sie. Auch Chennault hatte sie schon flüchtig erwähnt, aber behauptet, sie gelte als altmodisch. Das neue Frühwarnsystem jedoch gab ihr neues Leben. Am Morgen nach diesem Traum erzählte ich niemandem etwas davon, außer David, weil ich diese Strategie zuerst ausprobieren und sehen wollte, ob sie auch klappte. Als wir *jingbao* hörten, unsere wilde Kriegssymphonie – Töpfe, Pfannen, Kuhglocken, Signalhörner, Sirenen, Gongs –, beeilten wir uns und stiegen auf. Statt jedoch in achttausend Fuß Höhe haltzumachen und die Gegner wie gewohnt auf ihrer Anflughöhe zu erwarten, stiegen wir weiter auf vierundzwanzigtausend, fünfundzwanzig und begannen mit der Sonne im Rücken zu kreisen. Zwischen ihnen und ihr verschwanden wir wie durch Zauberhand. Sie sahen uns nicht. Als sie kamen, nahmen wir die Nase herunter und stießen kreischend auf sie herab – mein Gott, eine P-40 im Sturzflug ist etwas Furchteinflößendes –, zweihundert, dreihundert Meilen pro Stunde. Wir brachen ihnen die Knochen, schlachteten sie ab, Xiao. Wir verschlangen sie roh, blutig, samt Gehirn und allem. Sie wußten gar nicht, wie ihnen geschah, bis es zu spät war. Jesus, es war so wunderschön! So wunderschön...‹

Ich weiß noch, ich dachte, seine Augen glichen denen eines Tigers, Sun I, der an mir vorbei in ein tropisches Dschungelparadies hineinblickte. Dann sah er mir wieder ins Gesicht.

›Begreifst du nicht? Eine perfekte Strategie! Erstens ist da der gegebene Vorteil, wenn man als Verteidiger kämpft. Der Angreifer muß dir den Kampf zutragen. Ihm bleibt keine Wahl, er muß sich festlegen. Die Japse können uns in vieler Hinsicht an der Nase herumführen, doch wenn sie den Flugplatz von Kunming lahmlegen wollen, müssen sie mit ihren Bombern rüberkommen, stimmt's? Also wissen wir erst einmal, wo sie sein werden. Zweitens kennen wir durch unser Frühwarnsystem ihre vermutliche Anflugrichtung. Das gibt uns einen entscheidenden Zeitvorsprung. Wir können bereit sein und auf sie warten, bis sie eintreffen. Nun brauchen wir bloß noch die Überlegenheit, die uns diese Vorteile verleihen, zu maximieren. Das war es, was mir der Traum gezeigt hat: ein blinder Fleck (buchstäblich!), den ich gegen den Feind einsetzen kann, eine Tarnung, die er nicht durchschaut, ein Taschenspielertrick, so clever, daß kein Auge ihn entdeckt... Und nun will Chennault mich befördern. Komisch, findest du nicht? Eine Beförderung!‹

Die groteske Ironie, die für ihn in dieser Vorstellung lag, entging mir, bis ich sie im Zusammenhang mit dem Tod seines Vaters betrachtete. Eine *Beförderung!*

Ich muß einfügen, Sun I, daß Love diese Beförderung (vom einfachen Staffelführer zum stellvertretenden Geschwadercommodore der Panda Bears) – aus welchen Gründen auch immer – nicht akzeptierte. Niemand konnte mir jemals erklären, warum er sie ausschlug. Vielleicht zog er es einfach vor, unauffällig zu bleiben und der mit der Beförderung verbundenen Exponiertheit zu entgehen. Wie überall beim Militär gab es auch bei den Flying Tigers eine doppelte Befehlshierarchie: eine auf Dienstalter und Dienstrang basierende legitime und eine andere, versteckte, die auf angeborenen Persönlichkeitsmerkmalen beruhte wie Charisma, Intelligenz, Tapferkeit und Einfallsreichtum. Das Ansehen deines Vaters beruhte natürlich auf letzterer. Vielleicht fand Love, er habe von einer offiziellen Beförderung nichts zu erwarten als höchstens Kopfschmerzen und Pflichten, kaum aber einen spürbaren tatsächlichen Machtzuwachs.

Aber zurück zum Thema! Ich hatte in dieser Situation das Gefühl, meine Karten auf den Tisch legen, mich zu dem bekennen zu müssen, was möglicherweise ich allein von all seinen Bekannten in China wußte.

›Eddie‹, sagte ich und holte tief Luft, ›ich habe vom Tod deines Vaters gelesen. Es tut mir leid, sehr, sehr leid.‹

Was nun geschah, hätte ich mir nie träumen lassen. Kaum waren diese Worte ausgesprochen, ging eine erschreckende Veränderung mit Love vor. Er erstarrte, und seine Miene wurde eiskalt, nüchtern. Seine Lippen zuckten heftig, dann errötete er so tief wie eine Frau. Man sah, daß eine fürchterliche Erregung von ihm Besitz ergriffen hatte, daß er bemüht war, sie zu bezwingen. Offensichtlich funkelte er mich durchdringend an, und ich hätte mich vor Angst gern geduckt. Aber ich sah nur die blanken, meergrünen Gläser seiner Sonnenbrille, in denen sich mein Bild spiegelte, nichts von den Augen dahinter, die mich beobachteten. Als seine Röte dann verflog, wurde sein Gesicht unnatürlich bleich, ja aschgrau. Dann wurde seine Miene boshaft. Niemals werde ich das vergessen. Er blickte gehässig wie ein Dämon.

Schneidende Ironie begleitete seine nächste Frage: ›Bist du sicher, daß du mich nicht mit einem anderen verwechselst?‹

Bedrückt schüttelte ich den Kopf. ›Mit wem sollte ich dich verwechseln?‹

›Vielleicht mit dir, Xiao.‹ Diese Antwort war weniger eine Vermutung als ein

Urteil. Dann brach er in höhnisches Gelächter aus. Er stand auf, ging mit langen Schritten drohend an mir vorbei und stürmte durchs Tor auf die Straße hinaus.

Qiuje folgte ihm, und ich folgte ihr, weil ich ihn fragen wollte, was er damit meinte. Doch als wir hinauskamen, war er verschwunden, ohne etwas hinterlassen zu haben als eine Spur von Brotkrumen, wie sie die Kinder in den europäischen Märchen streuen, um den Rückweg aus dem Zauberwald zur Hütte ihrer armen Eltern wiederzufinden.«

Der feierliche Ernst, den die Gesichtszüge meines Onkels ausdrückten, ließ mich fast die Ironie übersehen, die hierin lag. Durch die schiere Kraft der Konzentration schien er mir eine Ebene der Geschichte nahebringen zu wollen, die sich nicht in Worte fassen ließ.

»Was dieser Zwischenfall zu bedeuten hatte, gab mir lange Zeit Rätsel auf, Sun I. Daß der Schmerz über den Tod des Vaters seinen Zustand an jenem Tag beeinflußte, daran zweifelte ich nicht. Im Gegenteil, nach allem, was ich von Arthur Love wußte, schien die Anfälligkeit deines Vaters für Depressionen der Beweis für eine gefühlsmäßige Bindung zwischen ihnen zu sein. Doch warum bekam Eddie bei meinem schlichten, aufrichtigen Versuch, ihm mein Beileid auszusprechen, einen so heftigen Wutanfall?

Anfangs neigte ich dazu, diesen Ausbruch auf Wahnsinn zurückzuführen. Ganz zweifellos war ein gewisser Teil dessen, was er gesagt hatte – insbesondere der letzte Schuß, den er auf mich abfeuerte –, auf den ersten Blick nicht ganz normal. Bei näherer Betrachtung jedoch drängte sich eine andere Erklärung auf. Konnte es sein, daß sein Zorn daher rührte, daß ich zufällig das Geheimnis gelüftet hatte, das er so hartnäckig vor seinen Freunden gehütet, das zu vergessen er vielleicht sogar Amerika verlassen hatte – das Geheimnis seiner Herkunft, den Quell seiner tiefsten Scham? Erst als mir dieser Gedanke kam, begriff ich sein entsetzliches Schweigen, wenn die anderen von zu Hause erzählten.«

Xiao atmete tief durch, seufzte und lehnte sich im Sessel zurück. »Und wie gut ich Loves Problem verstand! Als Sohn liebte er seinen Vater; als Mann schämte er sich seiner. Darin lag sogar eine gewisse, wenn auch nur vage Übereinstimmung mit meiner eigenen Situation. Konnte es sein, daß er mit seiner letzten, rätselhaften Bemerkung darauf anspielen wollte? Mit Sicherheit war er nicht so naiv und hielt auch mich nicht für so unbedarft, zu glauben, er könne mich im Zusammenhang mit seiner wahren Identität noch länger hinters Licht führen. *Ich wußte, wer er war.* Indem ich den Vater entdeckte, hatte ich den Sohn entdeckt.

Aber es gab einen entscheidenden Unterschied zwischen uns. Da es ihm an einer Richtschnur mangelte, hatte Love einen blinden Rundumschlag gegen seinen Vater und, durch ihn, gegen sein eigenes Erbe, seine eigene Geschichte geführt, ja, gegen die gesamte Vergangenheit, indem er vor dem, was er war, davonlief, um in China zu kämpfen. Ihm war nicht klar, daß er sich mit dieser Rebellion selbst bekämpfte, daß er, indem er seine Geschichte entstellte, sich selbst entstellte, indem er sie verlor, sich selbst verlor. Art Loves Tod machte es ihm unmöglich, diesen Verlust rückgängig zu machen. Irgendein inneres Organ – vielleicht sogar seine Seele – war deinem Vater noch warm und blutig aus der Seite gerissen worden und hatte eine offene Wunde hinterlassen, die er auf ewig in seinem Fleisch tragen mußte. Dies, glaube ich, war es, was ihn schließlich über die Grenze zum Wahnsinn in den Hexenwald trieb. Und nachdem er ihn betreten hatte, fand er nie wieder heraus. Denn er hatte den einzigen Weg zerstört, der wieder herausführt: die Landkarte des Wissens um die Vergangenheit.

Ich bin kein Psychologe, Sun I, aber nach meiner Meinung wurde die seelische Selbstverstümmelung deines Vaters auf dem physischen Sektor durch den Absturz vertieft. Der ereignete sich weniger als eine Woche, nachdem er von Art Loves Tod erfahren hatte, und ich kann mir nicht helfen, ich habe einfach das Gefühl, daß da etwas mehr am Werk war als nur das ›Risiko des Krieges‹. Obwohl ich nicht glaube, daß es bewußt oder geplant geschah, zögere ich dennoch nicht, folgende Hypothese zu akzeptieren: Ein innerer Konflikt, der zu lang ungelöst in ihm geschlummert hatte, brach endlich aus und manifestierte sich in der Außenwelt als Verhängnis.

Er befand sich auf einem routinemäßigen Angriffsflug mit seiner Rotte aus vier Maschinen. Sie waren nördlich von Kunming über dem Fluß, irgendwo an der Grenze zwischen Yunnan und Sichuan. Gerade hatten sie einen Angriff auf mehrere Fracht-Sampans geflogen, als sie eine Anzahl japanischer Maschinen sichteten: Langstreckenbomber, begleitet von achtzehn Zero-Abfangjägern, die offenbar von einem Flug nach Chongqing zurückkehrten. Überrumpelt und zahlenmäßig weit unterlegen, waren die Amerikaner zudem durch ihre Flughöhe gefährdet: Die Japaner hielten die ›höhere Stellung‹. Zum Glück wurde Loves Rotte nicht gleich entdeckt. Alle vier Maschinen stiegen direkt in die Bomberformation hinein, bevor die Zeros, die keinen Angriff von unten erwarteten, sich zum Gegenangriff sammeln konnten. Zwei Bomber wurden beim ersten Angriff abgeschossen, einer von ihnen durch deinen Vater. Und damit begann das ganze Unglück. David Bateson, Eddies Flügelmann, berichtete, die Zeros hätten sie in etwa zweiundzwanzigtausend Fuß Höhe abgefangen – sechs an der Zahl, direkt aus der Sonne. Bateson drehte nach rechts ab, dein Vater nach links, und er ging in den Sturzflug, um Tempo zu gewinnen. Was dann geschah, davon hat Bateson, wie er sagt, keine Ahnung. Als er Love wiedersah, trudelte seine Maschine hilflos, pechschwarzen Rauch hinter sich herziehend, abwärts in Richtung Fluß. Während er zusah, begannen Flammen am Leitwerk entlangzutanzen, dann lösten sich die Tragflächen vom Rumpf. Bateson hielt Ausschau nach einem Fallschirm, aber der Rauch war inzwischen zu dicht. Daher wußte er nicht, ob dein Vater rechtzeitig abspringen konnte.

Als Bateson nach Kunming zurückkehrte, wurden die chinesischen Bodenstreitkräfte in jener Gegend, hauptsächlich kommunistische Partisanen, per Funk gebeten, Ausschau nach einem abgestürzten amerikanischen Flieger zu halten. Als nach einer Woche immer noch keine Nachricht kam, wurde Love auf die Vermißtenliste gesetzt, und man vermutete, daß er tot war.

Aber das war er nicht, nicht ganz. Anscheinend hatte er seine neun Leben noch nicht verspielt. (Zähl bitte mit, Sun I! Denn bei der Reihe von Fasttreffern, die dann folgte, muß er ein halbes Dutzend verbraucht haben.) Obwohl er benommen war und schwere Brandwunden hatte, gelang es ihm, rechtzeitig auszusteigen und sich im letzten Moment über Bord fallen zu lassen. Als er aus der Sprungstellung hochkam, sah er, wie er Bateson später erzählte, die senkrechten Stabilisierungsflossen seiner Maschine wie eine dunkle Haifischflosse durch die Luft auf sich zuschießen. ›Ich machte die Augen zu und pißte mich naß.‹ Als Bateson Loves Bemerkung wiederholte, lachte er sich halbtot. Eine Sekunde später öffnete sich der Fallschirm, und es gab in Loves Geschirr einen schmerzhaften Ruck. Sicher dahinschwebend, blickte dein Vater auf und sah die Zero auf sich zukommen. Offenbar hatten die Japaner die unangenehme Angewohnheit, unter einem feindlichen Fallschirmspringer durchzufliegen und ihm die Beine wegzurasieren – nicht um ihn zu töten, sondern um ihn zu verstümmeln. ›Fabelhafter Präzisionsflug‹, lautete das ironische Schmuckstück aus dem Mund deines Vaters. Eine Maschinengewehrsalve durchlöcherte seinen Fallschirm. Ein Geschoß drang ihm in den Rücken und durchschlug schräg seinen Bauch. Verblüffenderweise verfehlte es alle größeren Arterien und Organe und zertrümmerte nur ein Stück von einem Brustwirbel, den Dornfortsatz, diesen feinen, kleinen Teil des Wirbels. Bewußtlos fiel dein Vater zweihundert Fuß tief in den Chang Jiang*. Männer eines Lolo-Stammes, die den Luftkampf vom Ufer aus beobachtet und Loves spektakulären Absprung verfolgt hatten, fischten ihn aus dem Wasser.

Die Lolos waren traditionell ein Jägervolk, hatten sich aber dem Anbau von Schlafmohn, *Papaver somniferum*, als leicht verkäufliches Produkt zugewandt, dessen Samen sie als Brei gegen Schußwaffen und Gebrauchsgüter tauschten. Obwohl sie ein Naturvolk waren, hatten sie wie alle Chinesen eine sehr geschäftstüchtige Ader. Love trug in seiner Fliegerweste chinesisches Geld und eine wertvolle vierundvierziger Seitenwaffe bei sich. Die Lolos boten ihre Dienste für diese Gegenstände und pflegten deinen Vater gesund. Seine Verbrennungen behandelten sie mit Kräutermedizin, und als schmerzstillendes Mittel gaben sie ihm große Mengen Opium.

Love erholte sich zwei Wochen lang bei ihnen und begleitete sie, als seine Kräfte wiederkehrten, auf die Jagd. Später wurde diese Episode Gegenstand absurder Gerüchte. Love, hieß es, sei feierlich in den Stamm aufgenommen worden. Unter Ablegung von Schwüren, mit einem gemeinsam getrunkenen Becher Blut – und was weiß ich. Schließlich machte er sich, von einem Führer begleitet, auf den Weg. Sie marschierten bei Nacht, überquerten die Linien zu unserer Seite und erreichten einen weit vorgeschobenen kommunistischen Außenposten. Auf diesem Marsch entdeckte Love das Kloster hier, wo er, glaube ich, übernachtete. Der Empfang bei seiner Rückkehr nach Kunming war geradezu triumphal.

Wie wir es uns hätten denken können, sprach Love nicht viel über den Zwischenfall und riß nur Witze in der Art, wie Bateson sie erzählte. Ich hörte auch ein paar davon, und sie beunruhigten mich. Sein Humor hatte eine gewisse Tendenz zum Nihilismus. Über das Opium sagte er, ohne eine Miene

---

*Yangtse

zu verziehen: ›Wenn ich gewußt hätte, was es war, hätte ich es nicht gegessen. Ich dachte, es sei Dung.‹ Außerdem argwöhnte er, daß die Lolos ›Hebräerblut‹ hätten; schließlich hätten sie ihn mit ›Hühnersuppe‹ gesund gepflegt. ›Hühnersuppe?‹ fragte ich ihn. ›Na, sicher. Nur hatten sie eine recht ungewöhnliche Art der Zubereitung. Sie schlugen einem lebenden Huhn den Kopf ab, hielten es umgekehrt über eine Schüssel und tranken dann. Klingt abscheulich, ich weiß, aber mit ein bißchen Worcester-Sauce und schwarzem Pfeffer könnte man sich, glaube ich, dran gewöhnen.‹« Xiao schüttelte den Kopf.

»Obwohl dies Abenteuer deinen Vater zum Volkshelden machte, sah ich die tragische Komponente, Sun I. Ich war als einziger in der Lage, Loves Schuldgefühle bei der Nachricht vom Tod seines Vaters zu verstehen, die ihn vielleicht, wenn auch im Unterbewußtsein, direkt vor das Visier des japanischen Piloten getrieben hatten. Wenn nur sein Vater und er ihre Differenzen hätten beilegen können, so wie mein Vater und ich es nach zahlreichen fehlgeschlagenen Versuchen schließlich schafften! Nach meiner Meinung war es lediglich eine Frage des verschiedenen sozialen Hintergrunds. In einer abgeklärteren, humaneren Tradition erzogen, konnte ich meine Antipathien verdrängen und meinem Vater den Respekt und Gehorsam erweisen, die ihm als Familienoberhaupt zustanden. Dabei half mir der Konfuzianismus. Nur wenige haben ganz begriffen, daß folgende Wahrheit den Kern der Lehren des Meisters bildet und alles andere erklärt: Wir müssen unsere Eltern ehren, ungeachtet ihres persönlichen Wertes, denn sie sind die geheiligten Gefäße, die den Balsam der sozialen Kontinuität enthalten. Es ist eine erhabene und schwierige Wahrheit. Dem Uneingeweihten oder Uneinsichtigen mag sie abstoßend, ja fanatisch erscheinen, als eine Art spiritueller Sklaverei, ein Stiefellecken in blinder Ergebenheit. Aber sie ist ein moralisches Paradoxon höchsten Ranges. Was China ist, was es erreicht hat (und eine ungebrochene kulturelle Tradition von fünftausend Jahren ist keine geringe Leistung), all das ist unauflöslich mit diesem Paradoxon und dem sich daraus ergebenden sozialen Prinzip verbunden. Kindliche Pietät ist der Mörtel, der die menschliche Welt zusammenhält. Wenn sie vergessen wird, oder vernachlässigt, tritt ein, was jener irische Dichter sagt, der deinem Vater so gut gefiel: ›Alles fällt auseinander, die Mitte hält nicht mehr, und in der Welt nimmt die Anarchie ihren Lauf.‹ Ich habe das erst spät gelernt, Sun I. Mein Fall ist nicht exemplarisch, aber ich habe es wenigstens gelernt. Dein Vater, fürchte ich, niemals.

Love war eben von den Werten des Westens geprägt: dem herausfordernden Benehmen, der Aggressivität, der ungenierten Anbetung von Macht und Leistung, ohne Rücksicht auf die Mittel, die angewandt werden, um beides zu erreichen. Er muß seinen Vater für eine recht erbärmliche Kreatur gehalten haben, während für mich Art Love eine der eher hoffnungsvollen Figuren im Pantheon der amerikanischen Hochfinanz war, und wenn auch nur aus dem einen Grund, daß er über deren habgierige, eigennützige Wertvorstellungen hinauswuchs. Die Respektlosigkeit deines Vaters dagegen wurde durch den amerikanischen Ekel vor dem Alter und den merkwürdigen, entmutigenden Antagonismus, der dort zwischen den Generationen herrscht, nur noch verstärkt. Dort ist es nicht so wie hier in China, Sun I. Dort werden die jungen Menschen nicht aufgefordert, bescheiden die größere Erfahrung ihrer Eltern und deren größeres Wissen um die Welt zu übernehmen und zu sammeln, sondern dazu, sich gegen sie zu stellen und sie, wenn möglich, abzuschieben. Die Generationen sind dort dazu verdammt, einander unaufhörlich zu bekämpfen. Was die eine mit viel Mühe aufgebaut hat, zerstört die nächste mit viel Mühe, um auf den Ruinen des alten ein neues Reich aufzubauen, dessen Mauern aus Ziegeln bestehen, in denen wie Fossilien verkohlte menschliche Knochen stecken. Dieser Vorgang zeigt eine beunruhigende Ähnlichkeit mit dem Zyklus von ›*boom and bust*‹ des amerikanischen Kapitalismus. Dieses selbstzerstörerische Verhalten ist dem amerikanischen Charakter tief eingeprägt und wurde, wie ich schon sagte, im Geschäftsleben zur Institution gemacht, aber auch in ihrer ›demokratischen‹ Regierungsform, wo die politischen Führer, kaum daß sie eingesetzt worden sind und Zeit haben, Prioritäten zu setzen und Initiativen zu ergreifen, schon wieder von der Wählerschaft zugunsten von etwas Neuem, Besserem abgesetzt werden, ja sogar in ihrer Religion mit dieser Metapher von Tod und Auferstehung. Siehst du, Sun I, und diese ewige Unzufriedenheit mit der Realität, mit dem, was ist, die ist es, welche die ruhelose Sehnsucht auslöst, die so typisch ist für Amerika und die Amerikaner. Darum zerstört sich Amerika immer von neuem selbst und versucht, sich wie der Phönix aus der Asche zu erheben. Dies ist die zentrale Verheißung des Christentums. Aber was ist dies anderes als ein Taschenspielertrick? Dergleichen verhindert die Entwicklung einer kumulativen Tradition, wie wir sie in China haben. Für mich, Sun I, ist Amerika das genaue, erschreckende Abbild dessen, was die Hölle sein muß, eine Arbeit wie die des sagenhaften abendländischen Sisyphus, der seinen Stein einen steilen Berg hinaufwälzen mußte, nur damit dieser jedesmal, wenn Sisyphus fast den Gipfel erreicht hatte, wieder hinabrollte. Der amerikanische Sisyphus hat seinen Gipfel immer und immer wieder erreicht und dann den Stein eigenhändig ins Rollen gebracht. Wie bemitleidenswert, wie sinnlos... wie tragisch!« Xiao seufzte tief vor Mitgefühl. »Und so ein Mensch war Eddie Love.«

Dieses aufrichtige Bedauern bei seinen Auslassungen steigerte nur den Respekt, den ich vor meinem Onkel empfand. Ich erkannte, daß er zum Mitleid fähig war und Erbarmen hatte mit dem, was er haßte. Doch dieser Haß war etwas, das ich nicht teilen konnte. Seine Intensität erschien mir ein bißchen übertrieben. Ich war verängstigt und verstört. Noch nie hatte ich gehört, daß jemand sich in so verletzender Weise über Amerika äußerte und es als ›Hölle‹ bezeichnete, und ich fragte mich unwillkürlich, ob diese Verteufelung nicht einen ganz persönlichen Grund hatte. Jedesmal, wenn mein Onkel auf Amerika und meinen Vater (vor allem dann) zu sprechen kam, wenn dieser schiefe Ausdruck des Ekels, der so sehr einem Lächeln glich, seine Lippen verzerrte, hatte ich eine gewisse Unruhe empfunden, eine Unruhe, die sich zu eindeutigem Unbehagen, ja sogar zu Schmerz steigerte, als er sich in dieses letzte Crescendo seines Vortrags gestürzt hatte. Vor allem wehrte ich mich gegen das, was mir wie eine allzu glatte Synopse meines Vaters vorkam. Der Klang nach

Selbstbeweihräucherung machte sie suspekt. Und wie sollte ich auf einmal zwanzig Jahre leidenschaftlicher Lobhudelei in den Wind schlagen, und sei es selbst aufgrund so autoritativer Dementis wie dieser? Solange es sich um Aufzählung von ›Tatsachen‹ handelte, hatte ich begierig zugehört. Xiaos Erinnerungen hatten mich nur in der Überzeugung bestärkt, daß mein Vater ein außergewöhnlicher Mensch sein mußte. Doch gerade diese ›Tatsachen‹ widersprachen in meinen Augen seiner Interpretation. Warum beschwor er den Wahnsinn herauf, um die Handlungsweise meines Vaters zu erklären? Nichts, was er getan hatte, wirkte auf mich besonders wahnsinnig – exzentrisch vielleicht, eindeutig mit seinem unnachahmlichen, persönlichen Stempel versehen, aber nicht wahnsinnig. Besonders mißtrauisch machte mich Xiaos Behauptung, der unbewußte Zwang meines Vaters zur Selbstzerstörung habe den Flugzeugabsturz herbeigeführt. Vielleicht fiel es meinem Onkel einfach leichter, meinen Vater als unausgeglichen abzustempeln, als der Wahrheit ins Gesicht zu sehen, auf die ihn dieser indirekt hingewiesen hatte: daß Xiao die Welt durch die Brille seiner eigenen Voreingenommenheit sah, seiner eigenen Qual als Sohn. Deswegen hatte er auch die Bemerkung meines Vaters mißverstanden: »Bist du sicher, daß du mich nicht mit einem anderen verwechselst?... Vielleicht mit dir, Xiao.« Mir erschien das klar genug. Und ich vermutete, daß meines Onkels falsche Auslegung dieser Worte mehr mit seiner ambivalenten Einstellung dem eigenen Vater gegenüber zu tun hatte als mit einem sogenannten Wahnsinn des meinen.

Und deshalb hielt ich trotz allen Respekts meinen Onkel für anmaßend. »*Ich wußte, wer er war.* Indem ich den Vater entdeckte, hatte ich den Sohn entdeckt.« Ich dachte da anders. Vielleicht machte ich mich derselben Sünde schuldig, vielleicht ließ auch ich mich von Vorurteilen beeinflussen – Vorurteilen, so tief und unausrottbar wie meine eigene, grundlegende Auffassung der Welt –, aber ich erhob Einspruch, leidenschaftlich und nachdrücklich Einspruch.

SIEBENTES KAPITEL

»Nun, Sun I«, unterbrach Xiao meine Überlegungen, »ich möchte zwar nicht gefühllos erscheinen, denn ich hatte deinen Vater aufrichtig gern, wie du, glaube ich, inzwischen wissen müßtest, doch ich war der Ansicht, daß dieser Absturz all meine Probleme gelöst hatte.«

Meine ungläubige, entsetzte Miene veranlaßte ihn, seine Worte abzuschwächen. »Ich meine natürlich, im Hinblick auf Qiuje.« Er schüttelte den Kopf. »Es war nur ein Aufschub. An jenem Tag am Weiher wäre es unpassend gewesen, Loves Absichten ihr gegenüber auszuloten. Sein Schmerz hatte Vorrang und mußte respektiert werden. Später, nach der Rückkehr von seinem Aufenthalt bei den Lolos, wurde es aber nicht einfacher. Love war der große Held, von Bewunderern umdrängt. Ich zögerte, die hübsche Seifenblase seines Ruhms, so zweifelhaft mir dieser auch erscheinen mochte, mit der Nadel eines möglicherweise unbegründeten Verdachts zu zerstechen. Zwischen meiner Schwester und diesem Mann war nichts Ungehöriges, mit Sicherheit nichts Unwiderrufliches geschehen. Wenigstens nicht, soweit ich wußte.

Meine Schwierigkeiten wurden noch komplizierter, als sich von jenem Zeitpunkt an eine subtile, doch unmißverständliche Abkühlung in unserem Verhältnis bemerkbar machte – genauer gesagt, in Loves Gefühlen mir gegenüber. Ich entdeckte eine ganz neue Förmlichkeit in seinem Verhalten, hinter der er vor meiner ungebetenen Beteiligung an seinem Geheimnis Schutz suchte. Das machte mich traurig, denn obwohl ich meine Zweifel hatte, was seine Motive Qiuje gegenüber betraf, wünschte ich ihm bestimmt nichts Schlechtes. Dieser Mann interessierte mich ungemein, und meine Neugierde war durch die jüngsten Zwischenfälle, vor allem den Absturz mit seinen Anzeichen unterdrückter psychischer Störungen nur noch gesteigert worden. Mein Interesse an Love war nahezu wissenschaftlich wie das eines Forschers, der eine der seltensten Kreaturen der Natur untersucht, möglicherweise ein Ungeheuer. Und hinter all diesem Interesse steckte eine starke, persönliche Sympathie, nein, mehr als Sympathie: fast eine Identifikation.«

Xiao zuckte bedrückt die Achseln. »Trotzdem jedoch wuchs die Distanz zwischen uns. Bei meinen Bemühungen, die Flamme zu löschen, die sich zwischen ihm und Qiuje entzündet hatte, konnte ich von Eddie keine Hilfe erwarten. Ich mußte mich anderswo umsehen.

Mein zuverlässigster Verbündeter, mein einziger Verbündeter war meine Mutter. Zu Hause, ›in der Etappe‹, war sie besser in der Lage, die Entwicklungen zu verfolgen. Seit seiner Rückkehr, berichtete sie mir, habe Love fast seine gesamte Freizeit mit Qiuje in unserem Haus verbracht. Alle Zeichen deuteten darauf hin, daß eine Romanze, die sie schon bei ihrer ersten Begegnung gelockt und gequält hatte, inzwischen möglich geworden war. Loves Einsatzunfähigkeit trug dazu bei; solange er noch nicht ganz gesund war, brauchte er mehrere Wochen lang nicht zu fliegen. Besonders bekümmert war meine Mutter über die Freiheit, die mein Vater Qiuje ließ, die Freiheit, selbst über sich zu bestimmen. Sie durfte mit Love lange Spaziergänge machen – unbeaufsichtigt! Als mein Vater sah, daß die beiden Händchen hielten – ein Anblick, der jeden anderen Vater in China zutiefst gekränkt hätte –, lächelte er wohlwollend und nickte beifällig. All das regte mich furchtbar auf. Nach meiner Ansicht wurden Qiuje Freiheiten eingeräumt, die zu respektieren oder zu verteidigen sie nicht erzogen worden war. Da meine Mutter meinem Vater die eventuellen Konsequenzen seiner Großzügigkeit nicht klarmachen konnte, bat sie mich, meinen Stolz zu überwinden und mit ihm zu sprechen. Bis dahin hatte ich aus Gründen, die du sicher verstehen wirst, beschlossen, niemandem Loves Geheimnis zu verraten. Nun jedoch, da Qiujes Glück auf dem Spiel stand, hielt ich es für das beste, meinem Vater alles zu erzählen. Ich war überzeugt, er werde das Problem erkennen und die Verbindung verhindern, bevor das Leben meiner Schwester zerstört war.

Bei meinen Überlegungen hatte ich jedoch einen wesentlichen Faktor außer acht gelassen. Aus diesem Grund erreichte ich mit meinen Enthüllungen genau das Gegenteil dessen, was ich erhofft hatte. Während mein Vater meinen Ausführungen lauschte, wurde er sehr nachdenklich. Voll böser Ahnungen sah ich, während ich sprach, daß seine Augen in einem berechnenden Glanz aufleuchteten, den ich nur zu gut kannte. Trotz all seiner mir bekannten Schwächen – so etwas hatte ich nun doch nicht erwartet! Ich schäme mich sogar noch jetzt, es auszusprechen: Den geschäftlichen Aussichten, die eine solche eheliche Verbindung eröffneten, konnte er nicht widerstehen.

Und so begann mein Vater diese Verbindung, statt ihr ein Ende zu setzen, ganz behutsam zu fördern, ohne jedoch zu verraten, daß er Kenntnis von Loves Geheimnis hatte. Wie ich ihn verachtete, Sun I!« Xiao holte tief Luft. »Später freilich mußte er leiden, später weinte er ›blutige Tränen‹. Das einzig Gute, das sich aus dem Ganzen ergab, war letzten Endes seine Bekehrung. Endlich rückte Vater von den westlichen Ideen ab, die er so blind und unkritisch als Glaubensartikel akzeptiert hatte und die schuld waren an der ganzen Tragödie. Doch sein Widerruf kam zu spät.

Da mein Versuch bei ihm fehlgeschlagen war, blieb mir nur noch eine Hoffnung. Qiuje hörte sich geduldig an, was ich zu sagen hatte, aber ich merkte, daß meine Worte ihre Wirkung verfehlten und höchstens den Entschluß meiner Schwester festigten: durchzuhalten und schließlich den Sieg über ›Mißverständnisse und Verfolgung‹ davonzutragen wie die Heldinnen der Romane, die sie gelesen hatte. In ihren Augen stand der Ausdruck unaussprechlicher Freude über ihre Liebe und des Mitleids mit mir, weil ich das tiefe Mysterium, in dem sie lebte, nicht begreifen konnte.

Damals bemerkte ich zum erstenmal die Veränderung, die mit ihr vorgegangen war, staunte darüber und fragte mich, ob sie einzig den Gefühlen zuzuschreiben war, die sie beherrschten, oder ob mehr dahintersteckte. Sie war ungewöhnlich schweigsam geworden, doch keineswegs vor Kummer. Es war, als finde in ihr ein wunderschöner Sonnenuntergang statt, der seine warmen, satten Farben über ihre Seele ergieße, ein Glühen, das ich zu erkennen glaubte, doch nicht definieren konnte, wie die Erinnerung an ein früheres Leben. Eine neue Reinheit sprach aus ihrem Ausdruck, und ihre Stimme wurde tiefer, ein wenig rauchig hin und wieder, als erlebe sie einen Gezeitenwechsel, als werde sie von der Flut ins tiefste Wasser ihrer Fraulichkeit gezogen, fort von der sicheren, seichten Sandbank, auf der sie sich als junges Mädchen aufgehalten hatte.

Damals begann sie auch zu handarbeiten. Sie spann Rohseide zum Faden, färbte sie blutrot und webte daraus einen Damast – ein Labyrinth aus Mäandermustern. Als sie damit fertig war (sie arbeitete sehr schnell), zog sie sich in die Abgeschiedenheit ihres Zimmers zurück und begann zu sticken. Den Zweck ihrer Arbeit hielt sie geheim, wir kannten ihn aber trotzdem... Denn die Farbe Rot wird traditionsgemäß nur zur Feier zweier Ereignisse getragen: Hochzeit und Geburt. (Du bist dir möglicherweise nicht klar darüber, Sun I, aber *fu*, das Glückszeichen, ist das erste Element des Wortes ›rot‹ – ein Wortspiel, das tief in unserer Tradition verwurzelt ist.) Deine Mutter arbeitete also an ihrem *pao*, dem Brautgewand, das sie bei ihrer Hochzeit mit Eddie Love tragen wollte.

Jedenfalls glaubten wir das zu jenem Zeitpunkt. Und zum Teil glaube ich es jetzt noch. Trotzdem deutete einiges darauf hin, daß sie von Anfang an wußte, es würde niemals so weit kommen. Häufig frage ich mich sogar, ob sie nicht schon damals von ihrem Schicksal wußte. Möglich, daß sie das Gewand von vornherein als ein Vermächtnis für dich betrachtete, Sun I, als dein Erbe. Die einfachere Erklärung mag zutreffen, aber als ich das Gewand viel später sah, fiel mir eine Besonderheit daran auf, die mir bis heute wichtig erscheint. Deine Mutter hatte zwar mehrfach das *fu* des Glücks in den Stoff eingestickt, aber das Zeichen *shou*, von dem es immer begleitet wird und das ›langes Leben‹ bedeutet, ist nirgends zu finden. Es ist, als hätte sie gewußt, daß sie nicht lange leben würde, nicht einmal lang genug, um es noch zu tragen.« Die Stimme meines Onkels versagte, und er bedeckte sein Gesicht mit der Hand. Als er wieder aufblickte, sah er nicht mich an, sondern starrte leer in die Ferne, in die Vergangenheit.

»Wie lange dieser Zustand anhielt, kann ich nicht genau sagen – zwei Monate, vielleicht drei. In meiner Erinnerung liegt jene Zeit unter einem Schleier verborgen, unter Gewichtslosigkeit und Treibenlassen. Denn wider Willen waren wir, glaube ich, allesamt von ihrer Liebe berauscht, ließen uns von ihr mit in den Traum hineinziehen. Gegen das Ende zu gestattete sogar ich mir vorübergehend so etwas wie Hoffnung.

Aber das Unvermeidliche kam, wie es kommen mußte. Eines Tages las ich eine auf dem Marktplatz angeschlagene Meldung. Ich hätte es voraussehen müssen, aber die Nachricht kam für mich völlig überraschend. Daß das Schicksal so hinterlistig vorgehen mußte, war einfach zuviel für mich. Die Ironie daran war, daß dies eigentlich eine Gelegenheit zum Feiern hätte sein müssen. Doch als ich die Meldung las, wurde mir beim Gedanken an Qiuje das Herz schwer. Sie lautete, Amerika sei in den Krieg eingetreten. Die AVG werde am vierten Juli – dem Unabhängigkeitstag – aufgelöst und durch die reguläre Air Force ersetzt. Nachdem sie so lange und tapfer die Stellung gehalten hatten, sollten die Flying Tigers, die ursprünglichen, endlich heimkehren; jedenfalls wurde es ihnen freigestellt.

Als ich das las, machte ich mich sofort auf den Weg zum Haus meines Vaters. Qiuje mußte davon erfahren. Es war noch ziemlich früh am Morgen, und der Tau, der in der Nacht den Staub der Straße niedergeschlagen hatte, war noch nicht verdunstet. Das hätte meinen Spaziergang angenehm machen können, hätte mir eine fröhlichere Aufgabe bevorgestanden. Aber schon damals hatte ich die Rolle übernommen, in der du mich auch heute siehst, die des Unglücksboten – einen Part, den ich nie wieder zu spielen hoffe.

Als ich den Scheitelpunkt der langen Steigung erreichte, die sich durch die Reisfelder vor der Stadt emporzog, hämmerte mein Herz. Ich blieb stehen, um wieder zu Atem zu kommen, und blickte von meinem hochgelegenen Aussichtsplatz aus über die unregelmäßig begrenzten Felder hin, die sich wie eine aus unzähligen Flicken zusammengenähte Decke in gedeckten Farben – blaßgrün, ocker, honiggold – bis zur weiten Fläche des Dian-Chi-Sees hinzogen. Schon arbeiteten Bauern auf den Feldern und pflügten. Ich sah, wie sie sich – winzige, leuchtend bunte Tupfen – durch den brusthoch stehenden Winterweizen bewegten oder wie sie neben den größeren weißen Flecken ihrer Ochsen – Segeln von Schiffen gleich, weit draußen auf See – einherschritten und die braungelbe Scholle umbrachen. Über der Szene lag eine Ruhe, ein zeitloser Friede, der meinem Herzen ein wenig Trost brachte. Dieser Atmosphäre der Dauer und der Unerschütterlichkeit konnte kein Schicksalsschlag, ja, wie es schien, nicht einmal der Krieg etwas anhaben.

Aber noch während ich da stand und Trost fand in der Betrachtung des fernen Horizonts, hörte ich über mir ein Dröhnen und sah, als ich aufblickte, Loves Geschwader, die Panda Bears, in geschlossener Formation wie eine Schar Wildgänse hoch oben in der Sonne fliegen. Es waren schreckenbringende Gänse, Menschenfresser mit den grausamen Schnäbeln von Raubvögeln, alptraumhafte Wesen aus dem Bestiarium der Hölle. Auch die Bauern hatten in ihrer Arbeit innegehalten und starrten, sich die Augen beschirmend, mit offenem Mund auf das Schauspiel, das über ihnen vorbeizog. Ich stand da wie sie, ein glotzender Bauer inmitten der mittelalterlichen Reisfelder, als diese schreckliche Zukunftsvision am Himmel über uns auftauchte und wie durch Zauberhand aus einer anderen Welt, die unser Verständnis überstieg, in Gestalt eines amerikanischen Jagdflugzeugs mit seinen Geschützen und Brandbomben auf uns zukam. In diesem Augenblick wurde mir vollends klar, daß sich die Amerikaner, obwohl sie zu unserer Befreiung gekommen waren, als unsere größten Feinde entpuppen würden. Das menschliche Beharrungsvermögen Chinas war zu groß, um von einer japanischen Invasionsarmee über lange Zeit hinweg von seinem eigentlichen Kurs abgebracht zu werden; wie schon früher würden wir über unsere Feinde siegen, die Eroberer durch Assimilierung erobern. Doch wer würde uns vor unseren Freunden retten? Denn irgendwie hatten die Amerikaner, vielleicht sogar, ohne es zu wollen, unser Einverständnis bei ihrem großen Vorhaben, uns nach ihrem Bild umzuformen, einfach gekauft. Anders als die Japaner arbeiteten sie von innen heraus, sie unterminierten die Fundamente, veränderten sogar die Struktur der Wünsche. Und meine arme Schwester stand auf der Schwelle dieses neuen Systems und wartete auf Einlaß.

Als ich zu Hause ankam, begann sich gerade erst alles zu rühren. Im Garten begegnete ich Jiang Bo, der unterhalb der östlichen Rainhecke arbeitete. Mit seiner glänzend blanken Gartenschere schnitt er gerade blaßgelbe Chrysanthemen und legte sie in einen flachen Weidenkorb. Als ich mich näherte, hob er den Kopf, sah mich einen Moment finster an und widmete sich dann wieder seiner Arbeit. Da erst fiel mir auf einmal die Antwort auf jene Frage ein, die uns stets vor ein Rätsel gestellt hatte. Bo war Loves heimlicher Bote. Ein Gefühl wie ein schlechter Geschmack im Mund begleitete diese Entdeckung, denn mir wurde klar, daß die Blumen, die Love Qiuje schickte, aus unserem eigenen Garten stammten.

Ich begab mich geradenwegs zum Zimmer deiner Mutter und klopfte an. Da ich keine Antwort erhielt, nahm ich mir die Freiheit einzutreten. Sie ruhte auf ihrem Federbett, den Überwurf zurückgeschlagen und das dunkle, schwere Haar zum Schlafen gelöst. Es lag um sie her ausgebreitet wie ein kalligraphisches Zeichen, geschrieben mit tiefschwarzer Tinte auf das weiße Leinen des Lakens, eine alles einschließende Hieroglyphe, die die kodierte Botschaft ihres Schicksals enthielt, nur geschrieben in einer Sprache, die ich nicht verstand. Minutenlang stand ich regungslos vor dem Bett. Schweißtröpfchen säumten ihren Haaransatz. Ihre Lider tanzten unter dem inneren Leben ihrer Augen, während sie durch die imaginäre Landschaft eines Traums jagte. Schatten und Sonnenflecken huschten über ihr Gesicht, und ihre Lippen bewegten sich stumm, als lausche sie einem alten, vertrauten Lied und forme lautlos die Worte nach.

Als ich sie berührte, schlug sie sofort die Augen auf und richtete sich auf. Ich ergriff ihre Hand. ›Ich habe dir etwas zu sagen‹, begann ich behutsam. Sie starrte mich verständnislos an, dann zuckte ein schwindelnder Schrecken über ihr Gesicht. Fest drückte sie meine Hand. Ich nickte, doch um ihr die Angst zu nehmen, die vergangenes Unglück buchstäblich reflexiv gemacht hatte, fügte ich hastig hinzu: ›Es geht ihm gut.‹

Sie sank in die Kissen zurück und schloß die Augen.

›Die AVG wird aufgelöst‹, berichtete ich ihr. ›Sie gehen in ihre Heimat,

Qiuje. Die Meldung war auf dem Markt angeschlagen.‹ Ich wartete auf ihre Antwort, aber sie schwieg. ›Hast du gehört?‹

Als koste es sie eine ungeheure Anstrengung, öffnete deine Mutter die Augen und sah mich an. In diesem Blick lagen Resignation und Frustration, aber auch Mitleid, ja noch mehr als das, es war eine Art... wie soll ich es ausdrücken? Traurige Belustigung, eine wehmütige Distanz, als blicke jemand aus großer Höhe auf die Welt hinab, die er bereits verlassen hat.

›Ich weiß‹, flüsterte sie in einem Ton, der unter der oberflächlichen Resignation so etwas wie Verzückung verriet, und mit demselben Ausdruck auf dem Gesicht, den ich an jenem Abend schon gesehen hatte, an dem sie Love kennenlernte.

Stumm vor Staunen starrte ich sie an. ›Du weißt es?‹ Ich war verblüfft, Sun I, total verblüfft. ›Aber woher?‹ wollte ich wissen, als ich endlich meine Stimme wiedergefunden hatte. ›Woher kannst du das wissen?‹

Sie schüttelte den Kopf. ›Spielt keine Rolle. Ich weiß es eben. Ich habe es immer gewußt.‹ Sie musterte mein Gesicht. ›Du kannst es immer noch nicht begreifen, nicht wahr?‹

›Nein!‹ rief ich aus. ›Ich kann's nicht begreifen.‹

Deine Mutter seufzte und wandte den Kopf ab. Mit einer Handbewegung, als verscheuche sie eine lästige Fliege, bedeutete sie mir hinauszugehen. Als sie durchs offene Fenster blickte, nahm ihre Miene einen sehr stillen, sehr fernen Ausdruck an – wie die Berge draußen, und auch so eisig kalt wie sie. Heute frage ich mich, ob sie vielleicht irgendwo das Ende vorhergesehen und alles im voraus vergeben hat.

Ich kann mir keinen Vorwurf machen dafür, daß ich mich eingemischt habe, Sun I. Meine Absichten waren durch und durch ehrenwert.« Seine Stimme versagte. »Heute sehe ich allerdings ein, daß mein Eingreifen als ehrlicher Makler die Situation auf der ganzen Linie verschlimmerte, indem es die Habgier meines Vaters anstachelte und mir erst Love, dann Qiuje entfremdete. Jawohl, nach diesem Vorfall begann auch sie sich von mir zurückzuziehen. Zunehmend hilflos, zunehmend besorgt, mußte ich ohnmächtig mit ansehen, wie die Wirrungen immer leidenschaftlicher und immer unwiderruflicher wurden.

Ein weiterer Monat verging ohne neue Entwicklungen. Wie ein Stück Inventar, das immer schon dagewesen ist und immer dasein würde, ließ die AVG kein Zeichen ihrer bevorstehenden Auflösung erkennen. Die einzig wahrnehmbare Veränderung fand in Qiuje statt. Unerbittlich schritt ihre Verwandlung voran. Ich weiß nicht, wann mir endlich klar wurde, daß das, was mit ihr vorging, nicht nur oder ausschließlich eine seelische Veränderung war, sondern auch eine körperliche, eine Veränderung, die von der unvermittelten Flut der Hormone in ihrem Blutkreislauf ausgelöst wurde, als sich ihr Körper auf das schwere, unvorstellbare Mysterium der Geburt vorbereitete. Vielleicht war es an jenem Nachmittag im Garten, wo ich unversehens auf sie stieß, als sie sich zu ihrer vermutlich letzten Begegnung trafen, obwohl ich bezweifle, daß sie es wußten.

Es war spät, beinahe schon dämmrig, genau wie damals beim erstenmal. Nebeneinander saßen sie in der Nähe jener Stelle, an der Love gestanden und seine Zauberkunststücke vorgeführt hatte. Ihr zugeneigt, die Hand ganz leicht auf ihren nackten Arm gelegt, flüsterte er ihr etwas ins Ohr. Qiuje hatte die Augen geschlossen, ihr Hals und ihre Wangen waren gerötet. Sie lächelte, jedoch recht schüchtern, und die Tränen von einem vorausgegangenen Wortwechsel waren auf ihren Wangen noch nicht ganz getrocknet. Mit beiden Händen preßte sie eine Blume an ihren Busen: eine Chrysantheme. Eins nach dem anderen zupfte sie die weißen Blütenblätter heraus und warf sie in den Weiher, während sie ganz leise dazu etwas sagte, das ich nicht verstehen konnte.

Ich sah, wie sie mit noch immer geschlossenen Augen das letzte Blütenblatt abriß. Sie drehte die verunstaltete Blume in der Hand und tastete sie behutsam mit den Fingern ab, wie die Blinden es mit den Gesichtern jener tun, die sie lieben. Dann erlosch ihr Lächeln; sie wurde blaß und begann nervös an dem toten Stengel herumzufingern und zu zerren. Die hellen Blütenblätter sanken langsam ins dunkle, tanningefleckte Wasser des Weihers wie Teeblätter auf den Grund einer Tasse. Nur war jetzt kein Orakel mehr vonnöten, um die Zukunft zu deuten.

Plötzlich schluchzte Qiuje laut auf, erhob sich und stolperte fast, als sie sich aus Loves Griff losriß. ›Es war nur ein Spiel‹, hörte ich ihn rufen, um sie zu beschwichtigen. Aber sie schluchzte wieder auf und lief noch schneller. Irgend etwas in ihrer Haltung beim Laufen, eine gewisse Schwerfälligkeit und Trägheit, die ihre Bewegungen wie trunkene Karikaturen ihrer selbst wirken ließen, führte mir abermals vor Augen, daß sie schwanger war. Über jeden Zweifel hinaus, jenseits jeder Hoffnung, war ich mir jetzt klar darüber.

Als sie an mir vorbeilief, entdeckte sie mich und machte halt. Nie werde ich vergessen, wie sie aussah: wie ein Mensch, der aus einem Traum erwacht. Das Entsetzen in ihren Augen war unaussprechlich groß, bodenlos. Ich glaube, sie hatte endlich eingesehen, daß er sie niemals geliebt hatte, nie lieben würde – nicht so, wie sie es sich erträumt hatte und brauchte. Ich streckte die Hand aus, um sie zu trösten, doch sie lief weiter. Ich zögerte erst, dann folgte ich ihr zum Haus. Als ich durch die Tür trat, wandte ich mich zurück, um einen letzten Blick auf Love zu werfen. Aber er war bereits verschwunden.

Als meinem Vater endlich die Augen aufgingen – oder vielmehr, als sie sich so weit verengten, daß er die Dinge in realistischem Licht sehen konnte –, trieb ihn Qiujes Zustand zur Verzweiflung. Dies war dann auch der Anlaß für unsere Versöhnung.

Eines Tages rief er mich zu sich. Er kreischte wie ein Wahnsinniger, biß sich abwechselnd vor Wut in die Hände und heulte laut drauflos wie ein Kind, als er mich von Qiujes ›Schande‹ unterrichtete – ein Wort, das er, weil es altmodisch und voll ›rückschrittlicher Assoziationen‹ war, eigentlich aus seinem Vokabular verbannt hatte. Love habe sie, indem er mit all den gemeinen, vorsätzlichen

Tricks des erfahrenen Verführers ihre Jugend und Unschuld ausgenutzt habe, gemein beraubt, seine Lust an ihr gestillt und sie dann sitzenlassen, behauptete er und malte das Bild in den schimpflichsten und naheliegendsten, wenn auch nicht zutreffendsten Farben. Die Schuld treffe ihn allein, fuhr er dann fort, weil er ein so vertrauensvoller Mensch sei, der ständig erwarte, daß andere sich an denselben Ehrenkodex halten wie er. Wenn er nur eine winzige Ahnung von der abgrundtiefen Falschheit dieses Mannes gehabt hätte! (Bequemerweise vergessen hatte mein Vater, daß ich ihn gewarnt hatte.) Doch Love komme aus einer so guten – damit meinte er reichen – Familie! Et cetera, et cetera. Daß Love keine Ehre im Leib hatte, galt jetzt als feststehende Tatsache, obwohl Vater niemals Anstalten gemacht hatte, Love nach seinen Absichten zu fragen. Und hier, das erkannte ich schnell, sollte ich nun ins Spiel kommen. Alle Hoffnungen meines Vaters, das ›Gesicht nicht zu verlieren‹, gründeten sich jetzt auf mich, erklärte er.

›Aber was für ein großartiger Schwiegersohn wäre er geworden!‹ jammerte er schließlich und setzte mit dieser Klage seiner halbstündigen Suada von Beschimpfungen, die meist schamlose Verleumdungen waren, die Krone auf.

Diese Farce machte mich krank. Mein anfänglicher Zorn auf Love wich tiefer Enttäuschung, und wieder einmal stieg unerwünschtes Mitgefühl in mir auf, als ich mich gezwungen sah, Loves schweren Kummer über die Bedeutungslosigkeit – oder die eingebildete Bedeutungslosigkeit – des eigenen Vaters in Betracht zu ziehen, ein Kummer, der durch die nicht auszulöschende Kindesliebe in seinem Herzen nahezu unerträglich geworden war. Dies machte die Trauer und Einsamkeit deines Vaters für mich verständlich, und nur, indem ich mir Qiujes Bild vor Augen rief, vermochte ich mir in Erinnerung zu rufen, wem meine Loyalität wirklich galt.

Aus reinem Pflichtbewußtsein also und ohne auch nur den geringsten Erfolg zu erwarten, ging ich zur Kaserne, um Love zur Rede zu stellen. Der Tribut, den die vorangegangenen Tage von ihm verlangt hatten, erstaunte mich. Seine Augen hatten den Glanz verloren und waren von dicken, dunklen Ringen umgeben – ob das vom Bereitschaftsdienst oder von vor Gewissensbissen schlaflos verbrachten Nächten herrührte, weiß ich nicht. Teilnahmslos saß er im Rauchzimmer der Wachbaracke, qualmte Zigaretten und spielte Patience. Als er mich sah, hellte sich seine Miene auf, doch als er merkte, weshalb ich gekommen war, wurde sie wieder finster. Verkniffen starrte er, um meinem Blick nicht begegnen zu müssen, auf seine Karten.

›Nimm dir'n Sessel‹, forderte er mich auf.

Unter den gegebenen Umständen war diese Gastfreundschaft eine Beleidigung. Ich blieb stehen, wo ich war, und sah ihm schweigend ins Gesicht.

›Nun komm schon, Xiao!‹ fuhr er mit müder Stimme fort. ›Sei doch nicht so!‹

Als er für mich einen Sessel herbeizog, gab ich nach.

Er hörte nicht auf, immer wieder die Karten zu mischen. ›Nimm dir eine!‹ verlangte er unvermittelt und hielt mir das ganze Spiel entgegen.

Ich warf ihm einen vorwurfsvollen Blick zu, den er jedoch übersah. Er blieb hartnäckig, also machte ich mit.

›Soll ich dir sagen, was das ist?‹

›Ich nehme an, du wirst es mir ohnehin sagen, stimmt's?‹

Er ignorierte meine Antwort. ›Pik-Dame‹, sagte er – und hatte recht. Er nahm die Karte wieder an sich, mischte abermals und fächerte das Spiel wieder auf. ›Nimm dir noch eine!‹

Ich reagierte nicht.

›Nimm dir noch eine!‹ befahl er und wedelte ungeduldig mit den Karten vor meiner Nase.

Ich gehorchte. Wieder war es die Pik-Dame.

Zum erstenmal, seit wir dasaßen, begegnete Love jetzt meinem Blick. ›Kommt immer wieder, das alte Miststück‹, sagte er.

Dann lachte er genau wie an dem Abend, als er sein Publikum verblüffte, indem er die Handgranate aus dem Zylinder zog. Seine Miene jedoch war alles andere als belustigt – eher eine verzerrte Grimasse. Und das Geräusch, das aus seiner Kehle drang, war nicht das fröhliche Lachen, das ich erwartet hatte, sondern ein hoher, dünner Schrei, fast wie der Schrei, den das Kaninchen ausgestoßen hatte, als es an jenem selben Nachmittag in seiner Hand hing.

Vor Abscheu drehte sich mir der Magen um. ›Sehr geschickt, Eddie.‹

›Keineswegs, das Kartenspiel ist gezinkt‹, stieß er zwischen hysterischen Lachkrämpfen hervor. Er wischte sich die Tränen aus den Augen und drehte die Karten um und breitete sie auf der Tischplatte aus. Jede zweite Karte war eine schwarze Dame.

›Die hab' ich mir extra anfertigen lassen‹, erklärte er, um *Hearts* zu spielen.‹

›Du bist verrückt‹, antwortete ich, und mir wurde übel.

Gleichmütig zuckte er die Achseln.

Keiner von uns beiden sagte etwas. Noch immer schüttelten ihn lautlose Krämpfe. Als er sich endlich wieder beherrschte, schnitt er ein neues Thema an.

›Ich nehme an, du hast gehört, daß wir nach Hause entlassen werden.‹

Ich hob den Blick und sah ihn herausfordernd an. Die Zigarette im Mundwinkel, beugte er sich vor und zog die Brieftasche aus der Gesäßtasche. ›Ich möchte dir etwas zeigen.‹

Zu meinem Erstaunen holte er eine Fotografie heraus. In diesem Moment dachte ich, daß er vielleicht endlich doch genauso war wie die anderen – endlich, jawohl. Diese Vorstellung bereitete mir eine größere Genugtuung als jede Rache.

›Das ist meine Verlobte‹, erklärte er und schob mir das Foto über den Tisch zu, als teile er eine von seinen Spielkarten aus.

Das junge Mädchen war ungefähr so alt wie meine Schwester, ihr Haar jedoch war lang, seidig und gelb wie Maisfäden, und ihre Augen blickten so blau und lächelnd drein wie der Sommerhimmel, nicht dunkel und kummervoll.

›Na, was hältst du von ihr?‹ Er konnte ein Lächeln nicht unterdrücken.

Mein Gefühl der Genugtuung schwand. In diesem Moment wirkte dein Vater wie die Inkarnation jenes jungen Halbgottes, der, ohne des Leides zu achten, das er verursachte, die Äpfel stahl – ein kurzer Augenblick des Bedauerns, dann auf zu neuen Eroberungen, neuen Abenteuern! Ich war sprachlos über seine Naivität.

›Sie ist reizend‹, sagte ich aufrichtig, jedoch voll Schmerz.

›Ja, nicht wahr?‹ Er beugte sich herüber, um sich das Bild auch genauer anzusehen und erfreut bestätigt zu finden, was er bereits wußte.

›Aber es wäre besser für sie, dich zu vergessen, Eddie‹, fuhr ich fort. Ich zwang mich, wieder die Initiative zu ergreifen.

Er erstarrte in seinem Sessel.

›Sie wird sich bald davon erholen‹, stellte ich fest, ›Qiuje dagegen, fürchte ich, nicht.‹

›Sag das nicht, Xiao! Deine kleine Schwester ist stärker, als du meinst. Sie wird's überwinden.‹

›Wenn ich dich richtig verstanden habe‹, gab ich steif zurück, ›hast du die Absicht, sie zu verlassen.‹

Love schüttelte seufzend den Kopf. ›Versuch, dich an meine Stelle zu versetzen, Xiao! Du warst doch in Amerika. Du weißt, wie man es dort auffassen würde.‹

›Verändert sich der Ehrbegriff mit dem Längengrad so sehr?‹ fragte ich schneidend. Ich hatte diese Diskussion vorausgesehen und mir den Satz zurechtgelegt.

›Ja, ja, ist alles gut und schön‹, wehrte er ab, ›aber du weißt genausogut wie ich, Xiao, daß man es mißbilligen würde. In Amerika sieht man Mischehen nicht gern. Wir würden geschnitten werden.‹

›Willst du sagen, die Leute würden es als eine Erniedrigung deines Blutes betrachten, eine Asiatin zur Frau zu nehmen?‹ Obwohl ich mir fest vorgenommen hatte, mich zu beherrschen, flammte mein Zorn auf.

›Also, so darfst du das nicht sehen!‹ protestierte er. ›Ich jedenfalls empfinde es nicht so. Aber andere könnten es tun.‹

›Was geht es dich an, was andere denken?‹

›Ich muß mit ihnen zusammenleben. Du nicht.‹

›Wenn du so viel auf die öffentliche Meinung gibst – warum bleibst du dann nicht hier in China? Ich könnte mir vorstellen, daß du hier höchstens positiv auffallen würdest.‹

Nach dem erstaunten Ausdruck zu urteilen, mit dem er meinen Vorschlag quittierte, hatte er diese Möglichkeit noch nie ernsthaft in Betracht gezogen.

›Du könntest den Großen Weißen Jäger spielen.‹ Diesen gehässigen Nachsatz konnte ich mir nicht verkneifen.

Er dachte nach, bevor er antwortete. ›Nein‹, sagte er schließlich und schüttelte bedrückt, aber völlig überzeugt den Kopf. ›Hier könnte ich niemals glücklich sein.‹

Ich lachte bitter. ›Und was ist mit dem Glück meiner Schwester?‹ Ich gab ihm das Foto zurück. ›Überleg's dir, Eddie! Überleg's dir gut! Du hast beiden unrecht getan. Zum Glück jedoch liegt es noch immer in deiner Macht, das größere Unrecht wiedergutzumachen. Ich brauche dir nicht zu sagen, was du tun mußt. Aber eines möchte ich dennoch sagen: Wenn du heimkehrst, tust du diesem jungen Mädchen zum zweitenmal unrecht, und Qiuje verletzt du noch viel tiefer. Alles, was du getan hast, kann dir noch vergeben werden... Aber danach gibt es keine Versöhnung mehr.‹

Seine Miene drückte ein so tiefes Elend aus, daß ich ihn fast bedauerte. Aber er schwieg.

›Nun, Eddie‹, seufzte ich und erhob mich, ›wer weiß? Vielleicht hast du Qiuje, ohne es zu wollen, vor dem allerschlimmsten Schicksal gerettet: dem elenden Leben mit einem Mann wie dir.‹

Nach diesem Gespräch glaubte ich, Love niemals wiederzusehen. Ich stellte mir vor, er werde, sobald seine Entlassung kam, so schnell und so weit laufen, wie seine Füße ihn trugen, ohne eine einzige Atempause, bis er die halbe Welt zwischen sich und seine Schande gebracht hatte, um dann in der sicheren, vertrauten Umgebung seiner Heimat nach und nach alles zu vergessen, bis es ihm vorkam wie ein böser Traum oder ein schlechter Scherz. Vielleicht würde er ganz zuletzt voll Stolz darauf zurückblicken und es als Beweis seiner Männlichkeit, seines Charmes und seiner Macht über die Frauen sehen.

Doch wie schon so oft überraschte er mich auch diesmal. Er ließ mich wieder einmal spüren, wie wenig ich ihn wirklich kannte und daß ich nie wußte, wie er reagieren, was ihn bewegen würde. Für mich, Sun I, glich dein Vater immer jenem Zylinder, in den ich ihn hatte greifen sehen, als ich ihm zum erstenmal begegnete. Und niemals wußte ich, was herauskommen würde – ein Kaninchen oder eine Handgranate.

Kurz bevor die Amerikaner abzogen, proklamierte Jiang Jieshi* ihnen zu Ehren einen Feiertag: den Nationalen Flugtag. Es gab eine Parade durch die Stadtmitte, gefolgt von einer feierlichen Zeremonie, bei der alle Flieger mit dem ›Großen Ehrenband des Blauen Himmels und der Weißen Sonne‹ dekoriert wurden, der höchsten militärischen Auszeichnung, die es für Ausländer gab. Der Generalissimus in seiner weißen Gala-Uniform, den schweren, an einer schwarzen Seidenschärpe rasselnden Säbel an der Seite, schritt das Podium entlang und schüttelte jedem einzelnen mit einer höflichen Verbeugung die Hand. Seine Mütze hielt er dabei fest unter dem Arm, das stolze Haupt neigte sich in Ehrfurcht und Dankbarkeit. Madame Jiang folgte ihm in einiger Entfernung, zeigte ihr strahlendes, liebenswürdiges Lächeln und plauderte mit den Piloten in ihrem Texaner-Amerikanisch, während sie ihnen die Orden an die Brust heftete. Ich stand mitten in der Menge, und als sie zu Love kam, dachte ich mir, welch ein seltsames Ding das Herz eines Mannes doch ist. Untadelig im Krieg, hatte Love doch das intimste und schwerwiegendste Vertrauen mißbraucht. Wer konnte mir diesen Widerspruch erklären? In Gestalt solcher Männer scheinen die Götter ihren Spott mit uns zu treiben.

Als Madame Jiang ihm die Auszeichnung an den Jackenaufschlag heftete – genau dorthin, wo die Scherzchrysantheme gesteckt hatte, mit der alles begann –, begegnete ich Loves Blick. Sein Gesicht war rot vor Stolz. Obwohl er ein wenig hohlwangig wirkte, schien er sich doch gut zu erholen von der inneren Wunde, die ihm zu schlagen ich mich so sehr bemüht hatte. Kurz davor, in

---

*Tschiang Kai-scheck

Tränen auszubrechen, wandte ich mich ab und bahnte mir einen Weg durch die Menge.

Ich war noch nicht sehr weit gekommen, da fühlte ich eine Hand auf meiner Schulter: Love. Er keuchte. ›Ich mußte laufen, um dich einzuholen. Hör zu, Xiao!‹ Er hielt inne, um wieder zu Atem zu kommen. Sein Gesicht glühte von der Anstrengung und der unbezähmbaren Freude eines Menschen, der nach langer Abwesenheit endlich heimkehren kann. Wunderschön erschien er mir in diesem Moment, und seine Schönheit war unerträglich.

›Ich habe dir nichts mehr zu sagen‹, erklärte ich hart, während es mir eiskalt ums Herz wurde. Innen in dieser Kälte jedoch, Sun I, pochte die Angst; und ich wußte, daß es die Angst um mich selber war, denn ich mochte ihn, der mein Feind hätte sein müssen, sehr gern.

›Es dauert nicht lange‹, drängte er mich. ›Ich weiß, was du von mir denken mußt, Xiao.‹

›Wirklich, Eddie?‹ gab ich leise zurück. ›Wirklich?‹

›Vielleicht ist das dein gutes Recht. Ich möchte nur, daß du weißt, alles, was geschehen ist, tut mir aufrichtig leid. Ich habe niemals gewollt, daß sich die Dinge so entwickeln. Aber ich habe darüber nachgedacht, und ich weiß jetzt, wenn ich hierbleiben und Qiuje heiraten würde, so würde dadurch alles nur noch schlimmer. Sie könnte mir niemals vergeben; ich könnte mir selbst niemals vergeben. Keiner von uns beiden wäre glücklich.‹

›Schon wieder das Glück‹, gab ich zynisch zurück. ›Wieso verlangst du, glücklich zu sein? Du sprichst, als seist du überzeugt, daß das Glück eine Art Grundrecht der Menschen ist.‹

Staunen, Zweifel und ein Aufflackern von Ironie, die der meinen glich, spielten um seine Lippen, kündigten ein Lächeln an. Doch als er merkte, daß ich es ernst meinte, verfinsterte sich seine Miene wieder.

›Davon bin ich überzeugt‹, gab er mit einem wunderschönen, ernsten Lächeln zu. ›Was denn sonst?‹

Ich suchte auf seinem Gesicht eine Spur Impertinenz, aber sein Ausdruck war vollkommen aufrichtig. Da wurde mir erstmals wirklich klar, wie jung er war, und seine Würde, seine Offenheit bewegten mich wider Willen. Der Anblick so subtiler Gefühle im Dienst einer so furchtbar naiven Auffassung von der Welt erschien mir unerträglich tragisch. Auf das Wesentliche reduziert, war es, glaube ich, an Amerika dies, was uns so erbitterte, uns alle – die alte Welt oder alten Welten –, und was uns paradoxerweise zugleich mit einer Vision von Erlösung befeuerte.

Aber ich war zu tief verletzt, zu aufgebracht, um solchen Gedanken nachzugeben. ›Ganz recht‹, sagte ich verächtlich. ›Ich hatte die Unabhängigkeitserklärung vergessen. Die garantiert es auch.‹

›Xiao‹, entgegnete er ruhig, ohne auf meine Bemerkung einzugehen, ›es gibt keine andere Möglichkeit.‹

›Warum hast du mich aufgehalten?‹ stieß ich wütend und voll Ungeduld hervor. ›All das haben wir bereits besprochen. Macht es dir Spaß, die Szene zu wiederholen?‹

Traurig schüttelte er den Kopf. ›Nein. Ich wollte dich um einen Gefallen bitten.‹

›Was kannst du schon von mir wollen?‹

›Es geht um das Kind.‹

›Das Kind?‹ Ich war wie vom Donner gerührt. ›Was geht dich das Kind an?‹

›Ich möchte tun, was ich kann‹, erklärte er. ›Weil ich mich dafür verantwortlich fühle.‹

›Du fühlst dich für das Kind verantwortlich, nicht aber für die Mutter? Entschuldige, daß ich so beschränkt bin, Eddie, aber das geht über meinen Horizont. Würdest du es mir bitte erklären?‹

›Verzeih mir, Xiao. Das Kind ist unschuldig; Qiuje hat sich selbst entschieden.‹

Bei diesen Worten zuckte ich zusammen, hielt aber den Mund. Es folgte eine lange Pause, in der ich ihn mit stummer Wut anstarrte.

›Ich habe dich immer gern gehabt, Xiao...‹ sagte er schließlich.

›Was ist das für ein Gefallen?‹ unterbrach ich ihn kalt.

Love seufzte. ›Ich habe mit dem Abt eines Klosters Vereinbarungen getroffen.‹

›Eines Klosters! Was bildest du dir ein? Wir sind hier nicht im katholischen Europa des Mittelalters, ist dir das klar?‹

›Hast du vielleicht eine bessere Idee?‹ Zum erstenmal bei unserer Diskussion funkelten mich seine Augen zornig an.

Zu meinem Bedauern fiel mir nichts ein.

›Nun?‹

Ich blieb stumm.

Love schien meine Sprachlosigkeit als Einsicht auszulegen. Sein Ausdruck belebte sich ein wenig.

›Außerdem, Xiao‹, schon benutzte er wieder den alten, munteren Ton, in dem er immer mit mir gesprochen hatte, bevor sich die Dinge so tragisch entwickelt hatten, ›ist es wirklich fabelhaft dort.‹ Er lächelte.

›*Fabelhaft?*‹ wiederholte ich ungläubig und stöhnte vor Verzweiflung. ›Was weißt du denn eigentlich über chinesische Klöster, Eddie, wenn ich das mal fragen darf?‹

›Na ja, ich habe in einem davon in Sichuan gewohnt, nachdem ich da oben abgeschossen worden war. Erinnerst du dich?‹

›Davon höre ich zum erstenmal.‹

›Es würde dir dort gefallen, Xiao.‹ Die Erinnerung ließ ihn verträumt lächeln. ›Der Abt ist ein großartiger, alter Bursche, ein richtiger seltener Vogel, wenn du weißt, was ich meine. Eigentlich erinnert er mich seltsamerweise an meinen...‹ Dein Vater brach ab, aber ich sah, wie seine Miene sich verfinsterte, als seine Seele aufgrund des Beharrungsvermögens dem Lauf seiner Gedanken folgte.

›Was für ein Kloster ist es denn?‹ erkundigte ich mich leise.

Er riß sich aus seinen Träumen hoch. ›Rate mal!‹ verlangte er lächelnd.

›Mein Gott, Eddie – dies ist kein Spiel!‹

›Es liegt auf der Hand‹, deutete er an, ohne meinen Vorwurf zu beachten. Dabei zwinkerte er mir zu.

Ich fand seine Leichtfertigkeit in einer solch schwerwiegenden Frage empörend. Inzwischen aber hatte ich gelernt, auf ihn einzugehen. ›Ein buddhistisches, nehme ich an.‹

›Falsch.‹

›Dann ein taoistisches.‹

Er antwortete mit einem komisch-übertriebenen Kopfnicken.

›Na und?‹ Seine billige Geheimniskrämerei machte mich wütend und ungeduldig.

›Ich wollte, daß das Kind in der Religion seiner Ahnen erzogen wird.‹

›Was soll das heißen? In meiner Familie gibt es keine Taoisten, und es hat auch, soweit ich weiß, niemals welche gegeben.‹

›In *deiner* Familie nicht‹, sagte Love. ›Aber in *meiner*.‹

›Was sagst du da? Du hast taoistische Vorfahren?‹ Ich war völlig verwirrt.

›Aber gewiß doch! Die Loves haben *dao* immer verehrt.‹ In seinen Augen steckte ein Zwinkern oder vielleicht ein Glühen des Wahnsinns. ›Verdammt, wir haben es praktisch erfunden.‹

Ich schüttelte den Kopf. ›Tut mir leid, Eddie, aber ich kann dir nicht folgen.‹

›Was ist so unverständlich daran? Betrachte es doch mal so, Xiao: Das Kind wird ein Taoist in einer langen Ahnenreihe von Taoisten sein. Dasselbe, aber doch anders.‹

In der finsteren Kammer meines Gehirns flammte ein Zündholz auf. ›Du meinst...‹

Er nickte und fuhr fort, mich mit der unverschämten Sonne dieses Lächelns zu wärmen. ›Ganz recht‹, antwortete er. ›Dao – D-o-w‹. (Er buchstabierte das Wort, damit ich es nicht mißverstehen konnte.) ›Wie im Dow Jones Industrial Average.‹

›Unmöglich!‹ rief ich indigniert. ›Du hast den Verstand verloren. Das ist unerhört! Das ist respektlos! Hast du überhaupt eine Ahnung davon, was *dao* ist? Es ist das absolute Gegenteil dessen, was deine Familie verehrt!‹

Love zuckte mit den Achseln. ›Es ist die Elementaressenz des Universums, nicht wahr?‹ Er brach in schallendes Gelächter aus.

›Ja‹, sagte ich, ›aber...‹

›Na also!‹ unterbrach er mich triumphierend. ›Da hast du's ja!‹

Nun sag selbst, Sun I, konnte nach diesem Vorfall noch irgendein Zweifel bestehen am Wahnsinn deines Vaters? Obwohl das Ganze beunruhigend nach ›Methode‹ roch und obwohl sich dein Vater langer Perioden geistiger Klarheit erfreute, war er, was die allgemeine Richtung seiner Unternehmungen betraf, außer Kontrolle geraten. Wie man so sagt, er war ›komplett verrückt‹.

Deine Miene verrät mir allerdings, daß dir meine Schlußfolgerung nicht gefällt. Doch welche andere Erklärung gibt es? Die unnatürliche Nonchalance, mit der er diese Entscheidung traf, eine so folgenschwere Entscheidung für dich, für den er die Verantwortung, *freiwillig* die Verantwortung übernommen hatte – wie soll man so etwas bezeichnen, wenn nicht mit Wahnsinn? Die Zukunft eines anderen Menschen, des eigenen Kindes, aufgrund eines Wortspiels aufs Spiel zu setzen! Und was für eines Wortspiels!

Am schwierigsten ist wohl zu erklären, warum ich mitgespielt habe. Doch welche Wahl blieb mir, Sun I? Mir fiel wahrhaftig nichts Besseres ein. Und, wie gesagt, sein Wahnsinn hatte eine Art Methode. In vielerlei Hinsicht schien sein Plan der menschlichste zu sein: für Qiuje, weil er ihr die Chance bot, wieder ein normales Leben führen zu können; für dich, mein Junge, weil für dich, offen gestanden, überhaupt keine andere Chance bestand. Also wurde ich sein Werkzeug. Als er mir die Rolle erklärte, die ich nach seinem Wunsch spielen sollte, war er wieder ganz und gar klar, beunruhigend klar. Er hatte alles bis ins kleinste Detail durchdacht, als handle es sich um eine Kriegsstrategie. Mir oblag es, dafür zu sorgen, daß du heil und sicher abgeliefert wurdest, und dann nach einer Reihe von Jahren wiederzukommen und im wesentlichen das zu tun, was ich heute getan habe: zu versuchen, dir eine Vorstellung deiner persönlichen Geschichte zu geben. Das – und noch etwas anderes; aber das hat noch ein wenig Zeit.«

Mein Onkel hielt inne und seufzte müde. »Damit bin ich fast am Ende dessen, was ich zu sagen habe, Sun I. Der Rest ist noch die Geschichte deiner Mutter, und die ist kurz. Doch hier wird mein Bericht nun traurig. Bei der Erinnerung an sie muß ich immer an die folgenden Zeilen aus dem ›*Shijing*‹ denken:

> Im fernen Land lebt eine Hirschkuh;
> Verweilt inmitten weißen Schilfrohrs... auf ewig nun.
> Eines jungen Mädchens Herz war erfüllt von Gedanken
>   an den Frühling;
> Eines hübschen Fremdlings Worte bewirkten ihren Fall.

Was sie empfand, welche Gedanken sie während der Monate ihrer Schwangerschaft bedrängten, kann ich nur vermuten. Darüber sprach sie weder mit mir noch mit einem anderen Menschen – nur mit Jiang Bo, der ebenfalls über Loves Abreise trauerte. In einem morbiden Ritual brachte er ihr, bis die Saison vorüber war, weiterhin die gleichen Chrysanthemen wie zuvor. Nur verbreiteten die Blumen jetzt eine gewisse Beerdigungsatmosphäre, und das erschreckte mich. Ich wollte ihr die Qual derartiger Assoziationen ersparen. Doch obwohl sie sie traurig machten, schien sie diese Gespräche mit Bo zu brauchen. Ich brachte es nicht übers Herz, ihm zu befehlen, sie einzustellen.

Möglicherweise sprachen die beiden von Love, ich weiß es nicht. Wann immer ich dieses Thema anschnitt, wandte sich deine Mutter zum Fenster und betrachtete wie an dem Tag, an dem ich ihr berichtete, daß Love abreisen würde, das Gebirge. Was sah sie dort? Vielleicht, wie gewaltig das Massiv in der sonnenhellen, eiskalten Luft aufragt und wie es sie ohne jedes menschliche Gefühl anblickt.

Ein Gegenstand jedoch zog ihre volle Aufmerksamkeit auf sich: das Gewand. Tag und Nacht widmete sie sich der Stickerei. In der Art, wie sie arbeitete, lag so etwas wie Verzweiflung; es war wie ein im Entstehen begriffenes Fieber. Sie schien zu fürchten, das Kleid nicht rechtzeitig fertigstellen zu können, obwohl uns nicht klar war, weshalb sie jetzt, da sich alles gegen sie verschworen hatte, überhaupt noch daran arbeitete. Meine Mutter meinte, sie klammere sich an die Hoffnung, daß Love zurückkehren werde. Das Leid, das in diesem Gedanken lag, war nahezu unerträglich. Doch eine andere Möglichkeit war noch schlimmer: daß Qiujes Verstand vor Kummer verwirrt war. Obwohl wir niemals davon sprachen, rechneten wir, glaube ich, alle damit – sogar Vater, denn von diesem Zeitpunkt an begann er sich allmählich von der Welt zurückzuziehen. Er vernachlässigte seine Aufgaben, aß wenig und begann bei Nacht, leise vor sich hin zu murmeln und im Haus umherzuwandern. Was immer mit Qiuje los war (und das weiß ich bis heute nicht) – gewiß ist, daß das Gewand sehr stark auf ihre Phantasie einwirkte. Zuletzt wurde es zu einer Obsession. All ihren inneren Aufruhr, all ihr unausgesprochenes Leid und die grausame Hoffnung, der es entsprang und die sie bis ganz zuletzt quälte, arbeitete sie dahinein. Es ist wunderschön und erschreckend (du wirst es sehen, Sun I; nur noch nicht jetzt), wie ein Gobelin, dicht bestickt mit ehrfurchtgebietenden Symbolen und Zeichen. Als sie das Gewand beiseite legte – erst zwei Tage, bevor die Wehen einsetzten –, milderte ein entrückter Blick ihren Ausdruck und ängstigte mich. Er glich dem Blick eines Athleten, nachdem der Wettkampf vorüber ist. Ihre Seele hatte Frieden gefunden, aber es war der Friede eines Menschen, der sich danach sehnt, nachdem er endlich seine Bestimmung gesehen hat, in die Erstarrung des Todes hinabzusinken.

Du wurdest in einer Vollmondnacht im August geboren, als der Sommer im letzten Glanz stand. So warm es auch war, ich erinnere mich an einen Hauch von Kälte, die erste des Jahres, die in der Luft klirrte wie ein Glockenspiel. Im Zimmer deiner Mutter waren die Fenster geöffnet, um diesen leichten Herbsthauch einzulassen. Die alte Hebamme schalt zwar darüber, aber der Arzt, ein amerikanischer Offizier, der auf Verlangen meines Vaters vom Flugplatz geholt worden war, meinte, es könne nicht schaden. Wie man mir sagte, war es eine verhältnismäßig leichte Geburt. Gegen das Ende hin geschah jedoch etwas Seltsames. Meine Mutter berichtete mir, daß Qiuje, als sie von dicken Kissen gestützt im Bett lag und um Luft rang, mitten in einer kräftigen Wehe den Namen deines Vaters rief. Gleichzeitig flackerte das Licht, und ein flatternder Schatten huschte quer über ihr Bett. Die erschrockenen Schreie derer, die bei ihr waren, alarmierten mich, und ich stürzte, auf jedes Unglück gefaßt, ins Zimmer. Drinnen starrten sie alle auf einen riesigen Nachtfalter, der durch das offene Fenster hereingekommen war und um die nackte Glühbirne kreiste. Der Anblick ließ mich am ganzen Körper erschauern.

Im selben Moment stöhnte deine Mutter auf, und dein Fuß erschien, denn du wurdest verkehrt herum geboren und kamst auf die Welt wie ein Schwimmer, der das Wasser prüft, bevor er sich hineinwirft.

Ich bin nicht abergläubisch, Sun I, aber den Anblick dieses großen Falters kann ich nicht vergessen. Er kam so prompt auf ihren Ruf, als sei er der geisterhafte Bote Eddie Loves, sein Stellvertreter bei der Geburt. Aber wozu den Tatsachen Gewalt antun? Vielleicht war es auch ein böses Vorzeichen, denn einen Tag nach deiner Geburt bekam deine Mutter eine Gebärmutterinfektion. Der Arzt erklärte, das sei nicht weiter schlimm, eine unbedeutende, relativ häufige Komplikation. Doch die Infektion breitete sich unaufhaltsam aus, bis die Gebärmutter schließlich völlig zerfressen war. Tagelang litt Qiuje fürchterliche Schmerzen und phantasierte viel, denn sie weigerte sich, das Morphium zu nehmen, das mein Vater ihr über seine Verbindungen besorgt hatte, als wolle sie ihn strafen oder sich selbst oder ganz einfach das Leben – das Leben in ihr. Wenn sie bei Besinnung war, litt sie Qualen. Schließlich versank sie in Bewußtlosigkeit und starb, ohne noch einmal zu erwachen.

Der junge Arzt war bestürzt, als er kam, um uns zu sagen, daß sie von uns gegangen war. ›Ich begreife es nicht‹, sagte er. ›Die Antibiotika hätten es auffangen müssen.‹

Er tat mir leid mit seinem naiven Glauben. Trotz all seiner Intelligenz und umfassenden medizinischen Kenntnisse hatte er die simple Tatsache nicht diagnostizieren können, daß Qiuje aufgegeben hatte... Nein, nicht aufgegeben: Deine Mutter *wünschte* den Tod herbei. Und nachdem sie sich dazu entschlossen hatte, war all seine Kunst, für die er soviel Geld bezahlt hatte, umsonst. Nichts konnte Qiuje zurückrufen. Sobald du geboren warst, Sun I, hatte deine Mutter meiner Meinung nach das Gefühl, daß ihre Aufgabe beendet war. Sie ließ sich einfach fallen. Der Tod muß eine große Erleichterung für sie gewesen sein. Das hoffe ich jedenfalls.«

ACHTES KAPITEL

Obwohl seine Stimme fest geblieben war, rollten meinem Onkel, als er seine Erzählung beendete, dicke Tränen über die Wangen.

Meine Augen aber waren trocken, waren es von Anfang an gewesen. Während seines gesamten Berichtes, der stundenlang dauerte, hatte Xiao mit meinen Gefühlen gespielt wie auf einem Instrument, hatte sie die ganze Tonleiter hinauf- und hinuntergejagt, vom kranken Grauen der Spannung über Mitleid und Verzweiflung bis schließlich zu einem beinahe hysterischen Glück. Jawohl Glück – Glück eines Bettlers, für den sich die Himmel geöffnet haben, um Schätze auf ihn herabregnen zu lassen. Denn so kam mir meine Geschichte vor: ein winziges Kinderzimmer in Elfenbein, eine Kamee mit dem Antlitz einer Frau, ein Siegel mit einem Versprechen und einer Verpflichtung und zwei dunkle, tränenförmige Smaragde in der Farbe von Loves Geheimnis. Wie ein Bettler wühlte ich mit tastender, aus Entbehrung erwachsener Gier in meinen Juwelen, liebkoste sie, erprobte Gewicht und Rundung und hob sie ins Sonnenlicht, um Facetten und Fehler zu zählen. Ich schwelgte in Besitz, wo Besitz zuvor unmöglich gewesen war, ohne zu merken, ohne mich darum zu kümmern, daß diese unerwartete Erbschaft, die mir das Leben beschert hatte – das Geschenk einer persönlichen Geschichte –, im besten Falle zweifelhaft, womöglich jedoch ein Fluch war. Geweint aber hatte ich keine einzige Träne.

Nun hatte die Erregung meine Phantasie überreizt und in einen Zustand posttumeszenter Apathie versetzt, oder vielmehr nicht so sehr in Apathie als in einen traurigen, hellsichtigen Frieden, in dem ich erkannte, daß etwas auf der Welt, etwas in mir sich verändert hatte, unwiderruflich verändert, daß der Sun I, der mit gekreuzten Beinen zu Füßen seines Onkels saß, um einer Geschichte aus der Vergangenheit zu lauschen, verschwunden war. Oder, wenn nicht ganz und gar verschwunden, so doch entthront, seiner Souveränität entblößt, ein Titularmonarch nur noch, ersetzt durch einen neuen, den ich kaum kannte. Wie durch eine alchimistische Transformation, eine emotionale Mitose hatte ich mich geteilt, und mein ›unsterblicher Fötus‹, mein Alter ego, dessen Samen stets dagewesen war, war geboren worden... oder hatte nach bitteren Jahren hungrigen Exils endlich seine Erbschaft angetreten. Aber wer war das? Wer war *ich?* Diese zuvor stets eindeutige Frage war jetzt problematisch geworden. Ich wußte es nicht mehr. Irgendwie hatte meine Geschichte mich enteignet.

Fester denn je war ich überzeugt, daß die Antwort mit meinem Vater verknüpft war. Wer war dieser Mann, dieser Eddie Love? Seine Identität erschien mir sogar noch undefinierbarer als meine eigene, und dennoch so eng mit ihr verbunden, daß ich, wenn ich die eine fand, die andere ebenfalls zu finden glaubte. Sein Geheimnis war mein Geheimnis.

Langsam aber fand ich zu meinem alten Ich zurück. Und dieses versöhnliche, angenehme Wunder verpuffte wie Dampf und hinterließ nur einen bleibenden, wenn auch wenig willkommenen Bodensatz: Angst. Ich wurde mir eines hartnäckigen Nagens in meinem Herzen bewußt, wie das ängstliche, unablässige Kratzen eines Tiers oder Insekts im Holzwerk eines Hauses, das sich einen Weg hinaus oder hinein frißt. So etwas war mir bisher völlig unbekannt. Und doch wußte ich, daß es stets dagewesen war, direkt unterhalb der Wahrnehmungsschwelle.

Tief in Träumereien versunken, merkte ich nicht, daß mein Onkel Xiao sich erhoben hatte und hinausgegangen war, um Chung Fu zu holen. Als ich zu mir selbst zurückkehrte, sah ich sie beide vor mir stehen und voll Mitleid und Besorgnis auf mich herabblicken.

»Wohin warst du gewandert, kleiner Bruder?« fragte Chung Fu bekümmert in einem gedämpften Ton, der verriet (indirekt, wie aufsteigender Dunst und eine Temperaturveränderung auf die Nähe eines großen Ozeans hinweisen), daß in ihm ein tiefes Reservoir an Mitgefühl verborgen lag.

Als ich ihm forschend in die Augen sah, in denen das Licht des Frohsinns gedämpft, aber nicht gelöscht war, wußte ich, daß er meinen Schmerz verstand und mit mir litt. Jetzt füllten sich meine Augen mit Tränen. Und die süße Erleichterung, der ich mich bisher nicht hatte überlassen können, erfaßte mich jetzt unwiderstehlich. Ich neigte den Kopf und weinte leise in die Falten meiner Kutte.

Der Meister streckte die Hand aus, berührte mit kühlen Fingern meine Stirn und strich mir eine Haarlocke zurück.

»Das Herz ist eine Wildnis, Sun I«, sagte er.

Mein Onkel seufzte.

Dann waren beide still und warteten geduldig, bis meine Tränen versiegten.

Als mein Herz vom Weinen erleichtert war, nahm mein Onkel behutsam das Gespräch wieder auf.

»Sun I«, sagte er, »den Wünschen deines Vaters entsprechend habe ich dir diese Dinge unter vier Augen erzählt. Hätte man mir die Wahl gelassen, ich hätte mir gewünscht, daß dein Meister dabeigeblieben wäre. Aber ich verstehe, daß Love diese Bedingung gestellt hat, denn persönliche Angelegenheiten wie diese verlangen äußerste Diskretion und Überlegung. Teile sie jemandem mit, wenn du das möchtest; das ist dein gutes Recht, nicht deine Verpflichtung. Wir jedenfalls sind jetzt fertig, und du hast vermutlich einige Fragen. Ich habe Chung Fu gebeten, sich zu uns zu gesellen, da seine Ansichten die meinen ergänzen und eventuelle Vorurteile korrigieren können. Ich hoffe jedoch, er wird meine Überzeugung, daß dein Vater wahnsinnig ist, bestätigen und mir helfen, dich zu beruhigen.«

»Wahnsinnig?« wiederholte der Meister, als sei er verblüfft. »Ist das die Schlußfolgerung, die Sie gezogen haben? Gewiß, Love war schwierig zu begreifen, wenigstens anfangs. Aber wahnsinnig? Ich glaube kaum.«

»Könnten Sie das erklären, Meister?« fragte ich eifrig.

»Kennst du die Geschichte von dem Streit des Konfuzius mit Laozi?«

»O ja«, gab Xiao betont zurück.

Ich schüttelte den Kopf.

Ohne auf Xiao zu achten, wandte der Meister sich an mich. »Das war so ähnlich, Sun I. Weißt du, Konfuzius hatte einen schweren Fehler gemacht. Er fragte nämlich Laozi wegen eines komplizierten Problems der zeremoniellen Etikette. Nachdem er eine grobe Abfuhr erhalten hatte (einige sagen sogar, einen Tritt in den Hosenboden), kehrte er völlig entmutigt zu seinen Anhängern zurück.« Der Meister zwinkerte mir zu. »So gedemütigt war er, daß er beinahe wahnsinnig war. Glücklicherweise – oder unglücklicherweise, das mußt du entscheiden – war einer seiner aufmerksamen, katzbuckelnden Protegés mit einem Federkiel in der Nähe, um das wirre Gerede des alten Meisters Kung festzuhalten.

> Der Himmel hat den wilden Tieren des Waldes Füße gegeben, um vor mir davonzulaufen; ganz ähnlich haben die Fische im tiefen Meer Flossen, um davonzuschwimmen; die Vögel haben ihre Flügel, um der Gefahr aus dem Weg zu fliegen. Für Flügel gibt es Schlingen, für Flossen Netze, für Füße Fallen. Doch der Drache – wer weiß, wie er sich auf Nebel und Wolken zum Himmel erhebt? Heute habe ich mit Laozi gesprochen, und dieser Mann ist ein Drache.«

»Diese Geschichte ist dem Meister eindeutig untergeschoben«, fiel Xiao Chung Fu ins Wort. »Das Werk eines bösartigen taoistischen Schreiberlings. Die Daten lassen es höchst unwahrscheinlich erscheinen, daß eine solche Begegnung je stattgefunden hat.«

»Die Daten?« Chung Fu brach in fröhliches Lachen aus. Und wider Willen muß ich ebenfalls leise gelacht haben.

»Na ja!« gab Xiao leise zurück und errötete vor Verlegenheit.

»Sie müssen aber zugeben, die Geschichte veranschaulicht einen gewissen Punkt«, belehrte Chung Fu ihn etwas versöhnlicher.

»Gar nichts gebe ich zu«, widersprach Xiao.

Der Meister zog die Brauen hoch, und Xiao schniefte zweimal vor gekränkter Würde, reckte das Kinn, ordnete sein Gewand ein wenig und verzieh uns sodann großzügig, indem er sagte: »Wenn wir in einer Frage von so großer Bedeutung zu einer Schlußfolgerung kommen wollen, meine Herren, schlage ich vor, daß wir uns schlicht an die Tatsachen halten.«

»Ja, ja«, stimmte Chung Fu diplomatisch zu, »Sie haben durchaus recht, die Tatsachen... Dann lassen Sie mich jetzt mal erzählen, was ich noch von Loves Besuch bei uns weiß: Einmal, an einem Spätnachmittag, hörten wir ein Dröhnen am Himmel, das sich sehr rasch zu einem hohen, schrillen Kreischen steigerte. Wir eilten in den Hof hinaus, um nachzusehen, was das war. Ein Flugzeug brauste tief über die Dächer dahin, so niedrig, daß der Luftzug des Propellers den Roggen im Gemüsegarten platt drückte und auf dem Weg kleine Staubwirbel aufstörte. Es war eine japanische Maschine; das erkannten wir an den zwei blutroten Sonnen an der Unterseite der Tragflächen. Weil Maschinengewehre knatterten, glaubte ich zunächst, wir würden angegriffen, und versuchte erschrocken, die Mönche ins Gebäude zurückzuscheuchen. Unmittelbar darauf jedoch donnerte eine zweite Maschine über uns hinweg, diesmal erkennbar an dem grinsenden Rachen, der auf die Schnauze oder Nase gemalt war – ich kenne mich nicht aus in der Terminologie. Jedenfalls war es ein Amerikaner, der den Japaner verfolgte, und mehrere Mönche brachen deshalb in Jubelrufe aus. Ich fand es zwar befremdlich, einer so wilden Gottheit zu applaudieren, aber auch ich ließ mich mitreißen und jubelte mit ihnen. Die Maschinen stiegen empor, bis sie zur Größe von Vögeln geschrumpft waren. Unsere Augen beschattend, sahen wir staunend zu, wie sie trudelten und kreisten, herumkarriolten wie im Spiel, als zelebrierten sie ein kunstvolles Paarungsritual; zwei engelsgleiche Wesen im blauen Schweigen des Weltraums. Dann explodierte die eine Maschine in einem riesigen, orangefarbenen Feuerball, und einen Augenblick später erschütterte ein Knall, tausendmal lauter als jeder Donner, den Berg. Die Schönheit und das Grauen, die darin lagen, verschlugen mir den Atem – die trügerische Grazie des Tanzes, und die anschließende Vernichtung menschlichen Lebens. Während wir noch hinaufstarrten, flog die zweite Maschine, die schwarzen Rauch hinter den Tragflächen herzog, unterhalb des Bergrückens entlang vorbei. Tief gedemütigt nach dem gottlosen Vergnügen an dem Schauspiel, gingen wir hinein und beteten für das Leben des zweiten Piloten. Einige Tage vergingen. Wir hatten den Zwischenfall beinahe vergessen, als eines Morgens eine kleine Gruppe von Angehörigen eines Lolo-Stammes an unserem Tor erschien, die einen jungen Amerikaner begleiteten. Er war sehr blaß und schwach, vom Fußmarsch erschöpft und von dem Opium, das sie ihm zur Linderung seiner Schmerzen gegeben hatten, ein wenig desorientiert. Als erstes schlief er beinahe achtzehn Stunden, bis es am folgenden Tag dunkel wurde, und als er aufwachte, war er ein neuer Mensch. Ich erinnere mich an ihn und an unser Gespräch, als wäre es erst gestern gewesen. Obwohl er noch schlecht aussah, sah man, daß er hochgewachsen und auf westliche Art sehr hübsch war. Sein Mienenspiel war erfreulich lebhaft. Er lächelte oft und gern. Seine Zähne waren schneeweiß. Zu diesen körperlichen Vorzügen kam, daß er sich trotz seiner begrenzten Kenntnis des Chinesischen als interessanter Gesprächspartner erwies, der sich auf scherzhafte Bemerkungen verstand. Er war ausgesprochen gebildet, und doch hatte er einen nervösen Blick, der ständig über die Oberfläche der Dinge dahinglitt und etwas suchte, das ihm, wie ich fürchte, die Oberfläche nicht geben konnte. Ich weiß noch, daß ich dachte, er gleiche einer Schwalbe und schieße vom einen zum anderen Gedankendraht, ohne sich je in die Luft zu erheben. Nie hatte ich eine solche Rastlosigkeit erlebt. Selbst wenn man seinen Zustand und die Umstände berücksichtigte, blieb ein unerklärlicher Rest. Dennoch mochte ich ihn, mochte ihn sogar sehr, und ich empfand außerdem ein gewisses Mitleid mit ihm. Denn während ich ihm zuhörte und seine Manierismen beobachtete, begann ich zu argwöhnen, daß er im tiefsten Herzen ein großes Unglück hütete, das über bloße körperliche Leiden hinausging, und fragte mich nach dem Grund dafür. Nachdem er sich erfrischt hatte und wir kurz ins Gespräch gekommen waren, nahm ich ihn mit auf einen Rundgang durchs Kloster. Als ich ihm das Grundstück und die Gebäude gezeigt hatte, Sun I, führte ich ihn in den Südwestturm hinauf, der unsere Wasseruhr beherbergt. So etwas hatte Love anscheinend noch nie gesehen. Der genial einfache Mechanismus – das langsame Tropfen des Wassers, die Ringe, die sich in dem hölzernen Brunnen ausbreiten – muß ein Echo in ihm ausgelöst haben, denn er stand wie gebannt da und sah zu, wie das Wasser aus der oberen Zisterne quoll, sich den langen Finger des Röhrchens entlangwand, einen Tropfen bildete und sich löste, um in das Becken hinabzufallen – wie Tränen, heißt es. Und so werden denn diese Tropfen, die den Schwimmer im Laufe der Minuten und Stunden unmerklich heben, ›Tränen der Zeit‹ genannt. Wie es der Zufall wollte, schlug es, während wir dort standen, sechs.« Der Meister wandte sich an Xiao und erklärte: »Unsere Wasseruhr arbeitet im Zwölfstundenrhythmus. Jeden Morgen um sechs und jeden Abend um sechs ist der Brunnen voll. Dann löst der Schwimmer ein schweres Gewicht aus, das durch einen Strick mit dem Klöppel der Turmglokke verbunden ist. So werden die Mönche zur Meditation gerufen. Außerdem wird durch das Auslösen des Gewichts eine Schleusentür am Boden des Bekkens geöffnet, durch die das Wasser in einen Umlaufgraben abfließt. Von dort wird es in die Zisterne zurückgepumpt, und der Zyklus beginnt von neuem.«

»Ich verstehe«, sagte mein Onkel, der mit gespannter Aufmerksamkeit zuhörte. »Ein vortrefflicher Apparat. Ich bin bei meinen Studien gelegentlich auf die Erwähnung derartiger Instrumente gestoßen. Die Uhr muß sehr alt sein.«

»Ja«, bestätigte Chung Fu. »Es heißt, daß sie seit dreihundert Jahren ununterbrochen läuft. Mit ihrer Ebbe und Flut gleicht sie den Gezeiten des Meeres.«

»Nur ist sie genauer«, ergänzte Xiao zutiefst beeindruckt.

»Jawohl, genauer.« Der Meister lächelte zurückhaltend. »Wie die Gezeiten von Yin und Yang, die variieren nie.«

Mein Onkel runzelte die Stirn.

»Auf jeden Fall«, fuhr Chung Fu fort, »war Love stark berührt von diesem Schauspiel. Als die Glocke schlug und sich das Becken entleerte, ging eine Veränderung mit ihm vor. Seine Lebhaftigkeit verlosch wie eine Kerze. All seine Fröhlichkeit und all sein Charme, die zuvor so auffielen, verschwanden, als hätten sie nie existiert. Er stand nur da und starrte ins Dunkel des leeren Brunnens, dessen Wände mit haarigem Schleim überzogen waren. Loves Ausdruck war beinahe leer, und doch lag auch eine Andeutung von Schmerz darin. Als er schließlich aus seiner Versunkenheit erwachte, musterte er mich mit seltsamem Blick. ›Und wie denken Sie über den Tod?‹ fragte er.«

Der Meister hielt inne, um uns reichlich Zeit zum Nachdenken über die Bedeutung dieser Frage zu lassen.

»Vielleicht hätte ich es zuvor schon erwähnen sollen, aber auf unserem Rundgang hatte Love mir von Zeit zu Zeit Fragen über das Leben im Kloster gestellt – Stundenplan, Speiseplan, Betätigungen und so weiter – und ein paar über unseren Glauben, aber darüber sehr wenige. Ich hatte dies schlicht und einfach seinen guten Manieren zugeschrieben, dem Wunsch, höfliches Interesse an unserer Lebensweise zu bekunden. Daher hätte ich seine Frage als Fortsetzung dieser beiläufigen Form des Gesprächs auffassen können. Aber ich glaubte nicht, daß sie das war. Irgend etwas an der Art, wie er sie stellte, eine merkwürdige Dringlichkeit in seinem Ton, dazu die allgemein gehaltene Form und der Zeitpunkt der Frage selbst schlossen eine solche Interpretation aus.

Ich muß wohl vor der Antwort gezögert haben, denn Love, offenbar verlegen oder beunruhigt darüber, daß er sich mir gegenüber so unvorsichtig verraten hatte, flüchtete sich in eine komische Randbemerkung, die er erdacht hatte – und zwar, wie ich fand, recht genial –, um eine falsche Spur über die Fährte seiner Gefühle zu legen. Mit dem Handteller schlug er sich vor die Stirn, als sei ihm plötzlich etwas eingefallen. ›He, Moment mal!‹ rief er dazu. ›Warten Sie! Ich weiß es ja. Wo waren nur meine Gedanken! Ich bin doch erst neulich in Kunming von einem Ihrer Brüder darüber belehrt worden – wenigstens glaube ich, daß er ein Taoist war. Er hatte einen Schildkrötenpanzer und mehrere Dutzend magische Eßstäbchen, außerdem Trommeln, Glocken, Tamburine und brennende Räucherstäbchen. Es war eine verdammt gute Show. Ich bat ihn, mir wahrzusagen, und er behauptete, ich sei in meinem früheren Leben ein Hund gewesen, könne aber im nächsten mit etwas Glück erwarten, ein Gott zu werden. Ich gab ihm einen Dollar für seine Mühe, dazu das, was von meiner Zigarre übrig war, und erklärte ihm, er habe die Dinge zwar richtig, die Reihenfolge dagegen falsch gesehen: Ich sei früher ein Gott gewesen, nun jedoch in der großen Gefahr, bei der nächsten Runde in einem Zwinger zu landen.‹ Dein Vater lachte. ›Das ist es doch, nicht wahr?‹ fragte er. ›Wie nennt sich das noch? Transsubstantiation? Ach nein, das ist der katholische Trick. Transmigration, Seelenwanderung! Das ist es.‹ Ich lächelte anerkennend über seine Possen. ›Ich fürchte, Sie verwechseln unsere Ideen mit denen der Buddhisten, Eddie. *Deren* Trick ist die Transmigration. Wir sind viel zu schlicht, um Anspruch auf so ausgefallene Theorien zu erheben.‹ Dein Vater wurde wieder ernst. ›Was glauben Sie denn dann?‹ – ›Über den Tod?‹ – Er nickte und neigte sich vor, um mit übertriebenem Interesse zu lauschen. Ich bemerkte, daß er die Fäuste geballt hatte und der Kaumuskel in seinem Kiefer arbeitete. ›Nun, einfach, daß alle Dinge zum Tao zurückkehren‹, antwortete ich. Als ich diese Worte aussprach, zuckte Love wie im Schmerz zusammen und erschauerte am ganzen Körper. Dann warf er, völlig unangemessen, den Kopf in den Nacken und begann zu lachen, ein hohes, unheimliches Lachen, das mein Herz frösteln ließ...«

»Wahnsinn!« warf Xiao ein wie ein kreischender Rabe.

Chung Fu beachtete ihn nicht, sondern fuhr fort: ›Eddie‹, sagte ich, ›verstehen Sie mich? Begreifen Sie die Bedeutung dieses Zurückkehrens?‹ Seine Miene verzerrte sich plötzlich vor Verzweiflung. ›O ja‹, gab er zurück, ›die begreife ich. Sie meinen Vernichtung.‹

Mehr als das gab es nicht. Doch mir, Sun I, öffnete dieses kurze Gespräch einen Blick ins tiefste Innere deines Vaters. In einem Licht, das dem einer Signalrakete auf See glich, konnte ich kurz das amorphe Wesen sehen, das ihn verfolgte, das ihn jagte, den schlüpfrigen Kopf über den Wogen, so daß sein totes Auge sekundenlang das Licht spiegelte, bevor es wieder unter der Wasserfläche verschwand. Love war nicht der amüsante, doch oberflächliche junge Mann, den ich anfangs in ihm gesehen hatte; er war ein Mann, der meinen Respekt und mein Mitleid verdiente. An jenem Nachmittag kam ich zu der Überzeugung, der ich auch jetzt noch bin, Sun I: daß dein Vater zu jenen gehörte, deren besonderes Schicksal es ist, dies ganze Leben hindurch die Sterblichkeit im Bewußtsein zu tragen, die eigene Sterblichkeit und darüber hinaus die Sterblichkeit an sich, jenen kahlen, in Eis erstarrten Gipfel, der sich am Ende der Welt erhebt. Welches Leid ihm diesen Stempel aufgedrückt hatte, kann ich nicht sagen. Im Hinblick auf den Stempel selbst aber konnte es keinen Irrtum geben – nicht bei einem Menschen wie mir, der sein Leben im Halbdunkel des Klosters verbracht, sich ständig im Kreis der Mitglieder einer traurigen Elite bewegt hat, deren einzige Bestimmung in der speziellen Art und Intensität ihres Unglücklichseins liegt, jenes Unglücklichseins, das vom ständigen Gedanken an das Ende kommt. Und Eddie Love gehörte zu dieser Elite, zu uns – dessen bin ich so gut wie sicher. Denn dem geübten Auge bleibt besagter Stempel nicht verborgen. Im rechten Licht gesehen, ist dieses Bewußtsein eine geistige Errungenschaft, eine Gabe vielmehr, denn es ist der Katalysator, der zum Verzicht auf die Welt führt, indem er ihre vergängliche Natur aufzeigt. Ich vermute allerdings, daß dein Vater in dieser Beziehung die allgemeine Ansicht teilt und viel lieber auf die Gabe verzichtet hätte als auf die Welt. Vielleicht lag darin seine besondere Tragödie. Mein erster Impuls war, ihn von der falschen Auffassung zu befreien, unter der er litt, ihm zu erklären, daß es durch die Rückkehr zur Quelle Hoffnung gebe. ›Meditation, meinen Sie?‹ fragte er. ›Die Herstellung der flammenden Perle?‹ Ich war erstaunt, daß er davon gehört hatte, und sagte es ihm. Er zuckte abweisend die Achseln. ›Nicht nur gehört, ich hab's versucht.‹ – ›Ach, wirklich?‹ fragte ich ihn skeptisch. – ›In gewisser Weise. Das oder etwas ebenso Gutes.‹ Sein Lächeln wurde beinahe schelmisch. ›Opium‹, klärte er mich auf. ›Die Lolos haben mich darauf gebracht.‹ Ich schreckte zurück vor seinem leichtfertigen Zynismus. ›Opium ist eine heimtückische und letztlich schwächende Parodie der berauschenden Wonne der Erleuchtung‹, belehrte ich ihn streng. Abermals zuckte er die Achseln. ›Mag sein. Doch es besitzt alle positiven Eigenschaften derselben und ist bedeutend kostenintensiver zu produzieren. Mein Gott, man könnte es am Fließband herstellen!‹ Abermals brach er in sein ungezügeltes Lachen aus. Da wurde mir klar, daß Love in seinem jetzigen Zustand den feinen Unterschied zwischen Tao und Vernichtung nicht zu begreifen – oder, falls er ihn begriff, nicht richtig zu würdigen – vermochte. Ich konnte nur hoffen, daß die Qual, die ihm dies verursachte, als Buße wirken, seine Vergehen mildern und ihn läutern würde, damit er der Gnade würdig wurde. Irgend etwas sagte mir, daß dein Vater zu jenen gehörte, die ihren eigenen Weg durch die Welt finden müssen, und daß ich überhaupt nichts für ihn tun konnte. Ich sagte ja vorhin schon: ›Doch der Drache – wer weiß, wie er sich auf Nebel und Wolken zum Himmel erhebt?‹ Dein Vater, Sun I, war ein Drache. Darüber hinaus gibt es nur wenig, was ich dir berichten kann. Am nächsten Morgen brach er nach Chongqing auf. Seitdem habe ich ihn nicht mehr gesehen. Alles weitere zwischen uns wurde mit deinem Onkel als Vermittler erledigt... Doch habe ich, wenn ich auch deinen Vater nicht mehr gesehen habe, oft genug an ihn gedacht...« Der Meister lächelte. »Jedesmal, wenn ich dir in die Augen sah, Sun I.«

»Was, glauben Sie, ist aus ihm geworden?«

Der Meister seufzte. »Wer weiß? Für mich glich Love einem verwundeten Tier. Einmal, es ist lange her, stieß ich zufällig auf seine Spur – dort, wo sie die ebene Straße meiner eigenen Bestimmung kreuzte. Ich hielt inne auf meinem Weg, kniete mich in den Staub und berührte das leuchtend rote Blut in der Fährte, roch seinen Duft an meinen Händen. Mit den Augen folgte ich dann der Spur, bis sie im Dunkel des Waldes verschwand, in den ich mich nicht wagte, da ich weder die Zeit noch die Lust und das Geschick hatte, ihm zu folgen. Oft habe ich mich gefragt, ob die Wunde, die er trug, ihn schmerzte, bis er starb, oder ob sie ihn nur behinderte und lähmte, bis sein unermüdlicher Gegner ihn einholte und hinterrücks überfiel. Meine größte Angst aber war, daß sie ihn zur Verzweiflung treiben könne, bis er sich mit den eigenen Händen zerrisse.«

Der Meister ging zum Fenster. Draußen senkte sich die Dämmerung herab und umfing die Täler mit ihrem dünnen Licht. Die Gipfel des Himalaja jedoch standen in Flammen, brannten in blassem Rosa wie Vesperkerzen im nachmittäglichen Kirchenlicht. Den Blick auf die Gipfel gerichtet, ergriff der Meister wieder das Wort.

»Und doch hat er es vielleicht bis in die hohen Regionen der Berge geschafft, wohin ihm der Jäger nicht folgen kann, wo die kalte Luft, die Sonne, der ewige Schnee und das großartige Panorama der sich vor ihm ausbreitenden Erde seine Seele getröstet, ihn geheilt, ihn wieder ganz gemacht haben. Vielleicht hat er gelernt, mit der Agonie in seinem Fleisch zu leben, bis sie ihm zuletzt zum Freund und Helfer wurde, bis seine Augen hell wurden von jener tiefen geistigen Gesundheit, welche die einzige Wahrheit ist.«

Während er sprach, schloß ich die Augen und rief mir die Gestalt auf dem Foto ins Gedächtnis. Ein süßer Friede legte sich auf meine Seele. Doch als ich die Augen wieder öffnete, sah ich, daß mein Onkel Xiao bedrückt und grimmig den Kopf schüttelte.

»Das glaube ich nicht«, widersprach er.

Ich hatte das Gefühl, daß sich ein Loch im Mittelpunkt meines Seins öffnete; die Höhle meines Körpers hallte wider vom Klopfen meines Herzens.

»Ihre Worte haben mir einen tieferen Einblick in Loves Wesen verschafft.«

Xiao verneigte sich vor Chung Fu. »Vielleicht haben Sie ihn besser verstanden, da Sie ihn ohne Leidenschaft beobachtet, nie durch ihn Leid erfahren haben. Zweifellos ist Ihre Fähigkeit zum Mitleiden weit höher entwickelt als die meine. Aber was kann man in einem Tag, in einer Stunde über einen Menschen erfahren? Sie waren nicht, wie ich, viele Monate lang mit ihm zusammen. Sie hatten keine Gelegenheit, alles, was niedrig und gemein an ihm war, zu sehen und zu registrieren, und zu erleben, wie er tötete, was ihn zu lieben versuchte. Deshalb sage ich Ihnen, Chung Fu, daß Ihr Wissen einseitig ist; und darüber hinaus, daß das Ding, das ihn verfolgte, das Sie als den ›unermüdlichen Gegner‹ bezeichnet haben, der ›Große Jäger‹ also, nicht die Sterblichkeit war, sondern Love – er selbst.«

Xiao wandte sich zu mir um. Sein Gesicht war gerötet. »Nun endlich verstehe ich das Bild, dessen Bedeutung sich mir so lange entzogen hat: Tiger und Dompteur. Erinnerst du dich? Die Gedanken deines Meisters haben mich darauf gebracht.«

»Was meinen Sie?« erkundigte sich Chung Fu.

Xiao ließ den Blick nicht von mir, als er es ihm erklärte. »Der Tiger, das war die wilde Kreatur seiner natürlichen Sohnesliebe. Der Dompteur war der bittere Kern seines Stolzes, der diese Liebe köderte und schließlich zerstörte. Die Wunde war eine Selbstverstümmelung. Love war der ›Große Jäger‹, der sich selbst als Beute verfolgte. Verstehen Sie?« In seiner Erregung wirkte mein Onkel selbst wie ein Raubtier. »Das hätte auch mein Schicksal sein können. Ohne weiteres. Nur habe ich meinen Gegner umarmt, während er den Kampf fortsetzte.«

»Verzeihen Sie, wenn ich unterbreche«, warf Chung Fu ein. »Doch da Sie mich hergebeten haben, um eine abweichende Meinung zu vertreten, muß ich Ihnen sagen, ich bin der Ansicht, daß diese Fixierung auf Loves Entfremdung von seinem Vater nichts weiter ist als Ihr konfuzianisches Vorurteil, ein überentwickelter Sinn für kindliche Pietät.«

»Ach, wirklich?« gab mein Onkel mit einem schiefen Halblächeln zurück. »Ich für meinen Teil hätte gedacht, daß Ihr Pochen auf Sterblichkeit als der entscheidende Faktor nicht gänzlich unbeeinflußt ist von Ihren taoistischen Anschauungen.«

Ein gespanntes Schweigen entstand zwischen den beiden. Ich war bemüht, den tieferen Sinn dieser Vermutung oder Entdeckung zu verarbeiten.

»Na ja, wenn er nicht wahnsinnig war, dann war er ein Ungeheuer«, fuhr Xiao hitzig fort. »In jedem Fall ist es aber klar, daß Sie die Verehrung, die ihm der Junge entgegenbringt, nicht auch noch fördern sollten.«

»Ein Ungeheuer?« fragte Chung Fu fassungslos. »Sie glauben doch hoffentlich nicht, daß Love ein schlechter Mensch war, daß seine Handlungen einem falschen Herzen entsprangen?«

»Schlecht?« gab Xiao zurück. »Was ist schlecht? Die Verantwortungslosigkeit, die meine Schwester in der Blüte ihres Lebens vernichtete, die ihn ein unschuldiges Kind verlassen ließ – wie sollen wir all dies bezeichnen, wenn nicht als ›schlecht‹? Oder wollen Sie sie einer gewissen Unerfahrenheit zuschreiben, ja gar einer ›exzessiven Unschuld‹?« Er lachte bitter.

»Nein«, erwiderte Chung Fu, »Love war nicht unschuldig. Aber er war auch nicht ganz allein schuldig. Ich sehe ihn als einen Mann, der in Umständen gefangen war, für die man ihn nur teilweise verantwortlich machen kann.«

»Und wem ist der Rest anzulasten?« erkundigte sich Xiao ruhigen und ernsten Tones.

Der Meister neigte den Kopf. Als er wieder aufblickte, schwammen seine Augen in Tränen, obwohl er lächelte. »Der Welt.«

»Sie sind zu zynisch, mein Freund«, tadelte Xiao ihn, allerdings sanft, voll Zuneigung und Respekt. »Dies ist die von Voreingenommenheit erfüllte Wahrheit des Einsiedlers und Träumers.« Er schüttelte den Kopf. »Nein, Chung Fu, obwohl ich ein Gelehrter bin, bin ich ein größerer Realist als Sie. Ich habe in oder zumindest näher an der Welt der Menschen und Dinge gelebt und von ihnen meine Wahrheiten gelernt. Sie sind, wie ich fürchte, von der Einsamkeit und der Bergluft berauscht. Die große Höhe, in der Ihr Kloster liegt, hat Sie schwindlig gemacht.« Er lächelte. »Wissen Sie, es ist schon so, wie man behauptet: Taoisten sind Träumer.«

»Und Konfuzianer rechtschaffene Menschen ohne ein Gran Verstand«, ergänzte Chung Fu.

Beide lachten leise.

»Sagen Sie mir, Chung Fu«, fuhr mein Onkel fort, der trotz seiner guten Laune Anzeichen seiner früheren Leidenschaftlichkeit erkennen ließ, »wie wollen Sie die Impertinenz, die ungeheuerliche Launenhaftigkeit erklären, mit der Love so ganz beiläufig das Schicksal dieses Kindes«, er deutete auf mich, »bestimmt hat, wenn nicht mit Wahnsinn?«

»Ich nehme an, Sie beziehen sich auf das Wortspiel?«

»Ganz recht: *dao* und Dow!« Xiao musterte mich mit hochgezogenen Brauen, als wisse ich allein die Widersinnigkeit dieses Vergleichs zu würdigen.

Der Meister zuckte die Achseln. »In Ermangelung anderer anwendbarer Kriterien – welche Entscheidung wäre denn besser gewesen? Er folgte aber der intuitiven Eingebung seines eigenen Unbewußten. Ist das Wahnsinn? Ich würde sagen: nein, es ist vielmehr der Kern unserer Lebensanschauung.«

»Dann war Love also ein Taoist?« Xiao verengte ein wenig die Augen, als sei er auf einen unerwarteten humoristischen Aspekt gestoßen.

»Das Tao ist breit und tief«, gab der Meister mit vieldeutigem Lächeln zurück.

»Aber Chung Fu! Sie versetzen mich in Erstaunen«, sagte Xiao. »Ich hätte gedacht, Sie hätten ernsthafte Einwände dagegen, daß Ihr geheiligtes Tao mit dem grundlegenden Symbol von Habsucht und Eigennutz des Westens verbunden wird. Aber vielleicht ist Ihnen nicht ganz klar, was Dow – das amerikanische – bedeutet?«

»Meine Unwissenheit ist groß«, antwortete der Meister, »aber ich hatte den Eindruck, daß Dow in Amerika eine Art Puls der wirtschaftlichen Aktivitäten ist.«

»Genau!« rief Xiao triumphierend. »›Wirtschaftlich‹.«

»Und ist es in diesem Sinne«, fuhr Chung Fu fort, ohne ihn zu beachten, »nicht dem *dao* des ›*I Ging*‹ analog, das ebenfalls ein Puls ist?«

»In welchem Sinne?« warf Xiao ärgerlich ein. »Erklären Sie mir das bitte!«

»Nun ja, der Puls der Welt, in dem sich dem Lauscher der Herzschlag des Lebens offenbart – jenem, der sich die Zeit nimmt, seine geheime Sprache zu verstehen, sozusagen mit dem Herzen die unaufhörliche, gleichmäßige Musik seiner Systole und Diastole, seine Geräusche und das fibrilläre Zittern zu hören und darin den falschen Ton, der Unordnung verkündet, zu entdecken.«

Die Analogie auskostend, schürzte mein Onkel die Lippen. »Sehr hübsch«, räumte er dann ein, »leider aber trügerisch. Sie haben mich bisher mit mehreren Tao-Anekdoten unterhalten, Chung Fu, lassen Sie mich jetzt mit gleicher Münze zurückzahlen. Wie sagt der Dichter doch gleich?

Geschäftsleute rühmen sich ihrer Fachkenntnis und Schlauheit,
In der Philosophie aber sind sie wie kleine Kinder.
Sie prahlen mit ihren erfolgreichen Raubzügen
Und vergessen dabei das unausweichliche Schicksal des Körpers.
Was wissen sie vom Meister der ›Dunklen Wahrheit‹,
Der die ganze Welt in einem Jadebecher sah,
Durch den erleuchteten Geist sich von Himmel und Erde löste,
Auf dem Triumphwagen der Wandlung das Tor der Unwandelbarkeit
durchschritt?

Sagen Sie mir, Chung Fu, trifft es nicht zu, daß das große Tao der Weisen der Weg der Selbsttranszendenz ist? Und wie läßt sich das vereinbaren mit dem Dow der Amerikaner, welches vor allem der Weg des Eigennutzes ist?«

»›Kann man von diesen Menschen sagen, sie hätten die Vollkommenheit erreicht?‹« antwortete der Meister mit einem wohlbekannten Paradoxon des Zhuangzi. »›Wenn ja, dann haben wir anderen sie auch alle erreicht. Oder kann man nicht von ihnen sagen, daß sie die Vollkommenheit erreicht haben? Wenn ja, dann haben weder wir noch irgend etwas anderes sie jemals erreicht.‹«

»Unsinn!« schnaufte Xiao verächtlich. »›*Dao* und Dow‹ – eine schamlose Sophisterei! Die beiden sind auf ewig Gegensätze, genauso wie die großen, grundlegenden Gegensätze, von denen ihr Taoisten so häufig sprecht: Yin und Yang. Wer sie zu vereinigen, ihre unversöhnliche Feindschaft zu schlichten versucht, der versucht, die Gesetze umzustoßen, auf denen das Universum ruht.«

»Ihre Beweisführung ist subtil und reizvoll«, gab der Meister zu, »aber nur oberflächlich gesehen. Auf einer tieferen Ebene, der tiefsten Ebene überhaupt, befinden Sie sich ganz und gar im Irrtum.«

»Dann bitte ich Sie, meinen Irrtum zu korrigieren«, sagte Xiao mit verbindlicher, unüberhörbarer Ironie.

Der Meister verneigte sich, als wäre die Bitte ernst gemeint gewesen. »Kennen Sie die Geschichte von Zhuangzi und Dong Guo?«

»Himmlische Ahnen! Hoffentlich nicht schon wieder eines von euren endlosen, taoistischen Standardstückchen!«

»Dong Guo fragte Zhuangzi: ›Wo ist Tao?‹« begann der Meister gelassen. »Und Zhuangzi antwortete: ›Wo ist es nicht?‹

›Zeigen sie es mir!‹ verlangte der Schüler.

Zhuangzi deutete auf eine Ameise.

Dong Guo fuhr zurück, da er jedoch ein Widerspruchsgeist war, fragte er weiter: ›Ist es auch in geringeren Dingen?‹

Zhuangzi deutete auf das Unkraut.

›Das große Tao in gemeinem Unkraut!‹ rief Dong Guo aus. ›Ist das möglich?‹

Zhuangzi nickte nachdrücklich. ›Tao ist sogar in diesem Stück Kot‹, antwortete er und trat gegen einen staubigen Dunghaufen auf dem Weg.«

Von dem unerreichbaren Gipfel seines Triumphes herab musterte Chung Fu meinen Onkel wohlwollend.

Doch Xiao wirkte unbeeindruckt. »Und was sollen wir aus dieser orakelhaften Äußerung schließen?«

»Nun, ganz einfach, daß das Tao in allen Dingen ist, den hohen und den niedrigen, in dem, was unrein genannt wird, nicht weniger als in dem, was wir rein nennen.«

Mein Onkel wischte sich ein Staubkörnchen aus dem Auge, dann schniefte er. »Ich muß gestehen, daß ich derartige Weisheiten noch nie verstanden habe. Und genau aus diesem Grund, weil sie mir nämlich unverantwortlich, ja sogar unmoralisch erscheinen, bin ich vor eurer Religion immer zurückgeschreckt.«

»Es tut mir leid, daß wir Ihnen mißfallen«, entschuldigte sich der Meister, dessen Augen vor unterdrückter Belustigung zwinkerten, »doch es steht geschrieben: ›Erst mit dem Niedergang des ›Großen Weges‹ tauchten fromme Denkungsart und Tugendhaftigkeit der Menschen auf.‹« Er richtete seinen Blick auf mich. »Und dir, Sun I, sage ich, vergiß nicht: Das Tao ist auch auf dem ›Marktplatz‹ nicht weniger als im Tempel, und jeder von uns muß seinem eigenen Weg bis an das Ziel folgen, zu dem er ihn führt.«

Als er das sagte, brach etwas los, das in mir aufgestaut war wie die Wassermassen durch einen Staudamm. Ich blickte von ihm – ach, diese Trauer und dieses Mitgefühl in seinen Augen und dahinter dieses Aufflackern der Ironie (wie der blaue Kern im Zentrum einer Kerzenflamme, dort, wo sie am heißesten ist) – zu meinem Onkel Xiao, dem alten Konfuzianer mit dem maskenhaften Gesicht, dessen Ausdruck jetzt mahnende Düsternis andeutete... und noch etwas anderes. War es das Eingeständnis einer Niederlage? Doch wie hatte er ein anderes Ergebnis erwarten können bei einem Kampf um Einfluß, in dem ich, freilich unausgesprochen, der Preis war? Einundzwanzig Jahre Erziehung, Vertrauen und Zuneigung lagen gegen ihn in der Waagschale. Trotz des nachhaltigen Eindrucks, den er auf mich machte, hatte er nicht hoffen dürfen, sich an einem einzigen Nachmittag gegen das Gewicht meines gesamten Vorlebens, meiner gesamten Erziehung behaupten zu können.

Aber ich empfand tiefe Zuneigung zu ihm, tiefen Respekt. Heute weiß ich, daß ich mich damals, als ich schüchtern vor den beiden stand und insgeheim ihre Ähnlichkeiten und Unterschiedlichkeiten, ihre Ähnlichkeit in der Unterschiedlichkeit vermerkte, in der Gesellschaft zweier großer Botschafter der Vergangenheit befand, deren Lehren, zusammengespannt wie die mächtigen Gegner Yin und Yang, mit ihrer Liebe und ihrem Krieg unsere Kultur unsterblich und einzigartig unter den Kulturen dieser Erde gemacht haben.

Nun läutete der Meister nach Wu, der grünen Gunpowder-Tee hereinbrachte und einen Korb der saftigsten Früchte, die der alte Pfirsichbaum im Garten hergab. Er und Xiao erfrischten sich schweigend – aus Rücksicht auf mich, glaube ich, und auf die große Belastung, der meine Gefühle an diesem Tag ausgesetzt waren. Ebenso könnte ich mir aber auch denken, daß sie froh waren, nun Gelegenheit zu haben, ihrer gegenseitigen Wertschätzung auf eine freundlichere Art Ausdruck verleihen zu können als durch den hochmütigen und unnachgiebigen moralischen Krieg, den sie, sehr höflich, den ganzen Nachmittag über geführt hatten. Nun hielten sie gemeinsam inne, um die fürsorglichen, von Herzen kommenden Pflichten der Gastfreundschaft zu erfüllen.

Chung Fu wählte den dicksten, vielversprechendsten Pfirsich aus dem Korb und schälte seine Haut in einer sauberen Spirale. Dann schnitt er das Fleisch in Spalten vom Kern.

»Für Sie, mein Freund.« Damit reichte er die saftigsten Stücke meinem Onkel.

Dann wandte er sich mit einer etwas lässigeren Höflichkeit an mich. »Möchtest du auch etwas, Sun I?«

»Danke ja, Meister«, antwortete ich und streckte die Hand aus.

Statt mir den Bissen zu reichen, lachte er freundlich. »Beantworte mir zuerst folgende Rätselfrage: Welcher Stein trägt neues Leben in sich?«

Sein Verhalten verwirrte mich. Ich überlegte stirnrunzelnd, aber ich mußte passen. »Ich weiß es nicht.«

»Er weiß es nicht!« echote er, als sei er verwundert. Mit hochgezogenen Brauen sah er Xiao an. »Nun, dann gehört *diese* Portion dir.« Damit warf er mir geschickt den Pfirsichkern an den Kopf. Das Projektil schlug mit einem hohlen, hölzernen Klacken auf und rollte mir in den Schoß, wo es liegenblieb.

Ich rieb die schmerzende Stelle und funkelte ihn aufgebracht an.

»Nun, willst du dich nicht bei mir bedanken?« fragte er boshaft.

»Bedanken? Wofür denn? Für die Beule an meinem Kopf?«

Der Meister sah Xiao an, als bitte er ihn, meine Undankbarkeit zu bescheinigen. »Unser Äffchen hat für die ihm erwiesenen Wohltaten noch nie große Dankbarkeit bezeigt.« Wieder wandte er sich an mich. »Ich glaube, dir ist nicht klar, was du da in deiner Hand hältst.«

»Ich glaube doch«, gab ich ironisch zurück.

»Was denn?«

»Einen Kern«, antwortete ich mit verächtlichem Achselzucken.

»Einen Stein!« berichtigte er mich.

Eine dunkle Ahnung fuhr mir durch den Kopf.

»Genau.« Er nickte zufrieden. »Den Stein, der neues Leben in sich trägt.

Und weißt du auch, warum er so genannt wird, und warum Zhuangzi der Legende nach so einen Stein für sich als Grabstein gewählt hat?«

Ich schüttelte den Kopf.

»Weil der Kern die Seele der Frucht ist, aus der sie ihren neuen Körper aufbaut. Deswegen ist der Pfirsichbaum für die Taoisten ein Symbol des ewigen Lebens, deswegen pflanzte der erste Abt dieses Klosters einen Pfirsichbaum in den Garten, den wir seitdem sorgfältig pflegen. Und dies ist meine letzte Erinnerung an deinen Vater, Sun I. Ich hatte sie fast vergessen, bis Wu diese Früchte brachte. An jenem Nachmittag, den ich beschrieben habe, verzehrten wir beide nach unserem Rundgang ebenfalls Pfirsiche zum Tee. Auf der Suche nach einer Möglichkeit, ihn nach der Niedergeschlagenheit, die ihn bei der Wasseruhr befallen hatte, aufzumuntern, kam ich auf dieses Rätsel. Als ich ihm – genau wie dir – den Pfirsichkern an den Kopf warf und ihm diese Geschichte erzählte, ließ er sich herab, mich mit einem Lächeln zu belohnen...« der Meister strahlte mich an, und ich konnte meine Freude nicht verbergen »... genauso, wie du es jetzt tust. Nur fing *er* ihn auf, steckte ihn in die Tasche und nahm ihn, soweit ich weiß, auch mit, als er ging.«

Das belustigte Lächeln, das während des ersten Teils dieses Gesprächs um die Lippen meines Onkels gespielt hatte, verschwand sehr schnell, als sich der Sinn von Chung Fus Scherz offenbarte. Stirnrunzelnd starrte Xiao in seine Teetasse.

Doch während ich schweigend meine Tasse hielt und die dampfendheiße Flüssigkeit in langsamen Zügen trank, empfand ich eine seltsame Genugtuung, fast so, als sei mir eine Ehre zuteil geworden. In der Geborgenheit der vertrauten, beruhigenden Zelle des Meisters, in der ich als Kind so manche glückliche Stunde verbracht und mit meinen schlichten Spielsachen – einem Obstkern, einem Schafgarbenstengel – gespielt hatte, wich die Geschichte meines Onkels mit all ihren beunruhigenden Folgerungen in weite Ferne und schien irgendwie unwirklich zu werden, als habe sie überhaupt nichts mit mir zu tun. Das Ganze wirkte wie eine Geschichte aus einem Buch: traurig, aber von jener besonderen Traurigkeit, die uns seltsamerweise erfrischt und wieder froh macht, weil es nicht unser Schmerz ist, den wir miterleben. Und wenn wir dem Schicksal der Hauptfiguren entronnen sind, haben wir ja tatsächlich Grund, für das unsere dankbar zu sein. Überdies führen uns solche Geschichten, wenn sie gut sind, die eine oder andere ernsthafte Wahrheit vor Augen, in deren Genuß wir eigentlich unrechtmäßig gelangen, da wir den hohen Preis nicht aus unserem Herzen entrichtet haben, aus seinen geheimsten Vorräten, dem kostbaren, unersetzlichen Schatz unserer Träume.

Doch während ich diesen angenehmen Aufschub noch genoß, brachen schon rücksichtslos einzelne Sätze und Bilder aus der Geschichte über mich herein, und mein Puls wurde schneller. Diese kurzen Störungen waren für mich, was das Grollen fernen Donners für einen ist, der sich in der lähmenden Hitze eines langen, verträumten Sommernachmittags sonnt und hofft, dieser werde ewig dauern.

Schließlich stellte mein Onkel die Tasse ab, reckte die Arme und räusperte sich zum Zeichen, daß er bereit war, mit seiner unerledigten Aufgabe fortzufahren. Leichte Resignation lag in seinem Verhalten, als werde ihm klar, daß dieser Tag zu seinen Ungunsten verlaufen war. Seine Würde jedoch war unbeeinträchtigt, und obwohl er die Schlacht verloren hatte, war der Krieg alles andere als beendet. Mit Bedauern stellte ich fest, daß sein Gesicht allmählich wieder zu der Maske erstarrte, die es zuvor gezeigt hatte.

»Ich bin Ihnen zutiefst dankbar für Ihre Gastfreundschaft«, erklärte er förmlich, während er sich vor Chung Fu verneigte, »und für das Gespräch mit Ihnen. Aber die Zeit drängt. Ich muß aufbrechen, solange es noch hell genug ist, um bei Tageslicht den Berg hinabzukommen. Denn der ›Weg‹ ist unsicher« (sich eine letzte Stichelei erlaubend, benutzte er das Wort *dao* auf ironische Weise), »und ich werde mich erst in Sicherheit fühlen, wenn ich die Straße erreicht habe.«

Der Meister hob die Hand, um ihn zu unterbrechen, mein Onkel jedoch fuhr fort: »Es ist sinnlos, mich überreden zu wollen. Ich kann nicht bleiben. Sobald ich den letzten Teil meiner Aufgabe erfüllt habe, muß ich mich verabschieden.«

Er sah mich lange forschend an und war jetzt wieder der Mann, den ich kannte. Seine Miene drückte intensiven Zweifel aus, eine Frage stand in seinen Augen, die für mich alles bedeutete. Und doch war bei aller Intensität auch eine gewisse Wehmut zu erkennen. Er muß gewußt haben, daß er in Anbetracht der knappen Zeit und der Kompliziertheit der Probleme die Antwort wohl nie erfahren würde.

Er griff in die Falten seines Gewandes und holte ein in schlichtes, braunes Papier gewickeltes und mit Bindfaden zugebundenes Päckchen heraus. »Öffne es, es enthält einen Schatz. Seinesgleichen gibt es nicht noch einmal auf dieser Welt. Es ist das Gewand, Sun I. Mach es zum Gegenstand deiner Betrachtungen und deiner Ehrfurcht. Es ist alles, was du jemals wirklich über deine Mutter erfahren wirst – über sie und jenen verborgenen Teil von dir, der ihr Vermächtnis ist. Hier wirst du, besser vielleicht, als durch meine Hilfe heute, den Faden deines Erbes und Schicksals finden und verfolgen können, denn das Gewand wurde über dir gewebt und bestickt, als du im Dunkel ihres Schoßes ruhtest. Das rhythmische Klappern des Webstuhls, das Geräusch der Nadel, die die Seide durchdringt, das sanfte Zischen des gleitenden Fadens – vielleicht klingt dies alles noch immer in einer verschlossenen Kammer deiner tiefsten Erinnerung als Grundton deines Seins nach. Vielleicht haben die Stiche dieser Arbeit dich mehr als alles andere, mehr sogar als die Chromosomen in deinen Körperzellen, die, wie man uns heutzutage erklärt, die Leitfäden des Lebens sind, zu dem gemacht, was du jetzt bist und möglicherweise werden wirst. Denke darüber nach und ziehe deine eigenen Schlüsse! Nur vergiß nicht: Das Gewand ist durch nichts zu ersetzen. Verwahre es sicher! Hüte es wie dein Leben; denn vielleicht *ist* es dein Leben.«

Mein Onkel überreichte mir das Päckchen, und Stille legte sich über meinen Geist. Ich blickte es an, lauschte auf das Knistern des Papiers, als es in meinen Händen lag und einen schwachen Duft verströmte. Es war der Duft einer zerdrückten Blume, komprimiert zu einem Blumenöl, das für mich von da an Inbegriff der ganzen Melancholie der Welt sein sollte. Denn ich wußte, es war der Duft meiner Mutter, das süße Parfüm des Verlustes, ausgehaucht mit ihrem letzten Atemzug, das in meinen Körper eingedrungen und zu meiner Seele geworden war.

Jetzt aber blieb keine Zeit, diesen Traum zu träumen. Eilig sprach mein Onkel weiter. »Und dies ist das Geschenk deines Vaters.«

Verständnislos starrte ich auf eine kleine, schwarze Tasche, die er in der ausgestreckten Hand hielt.

»Sie kam vor Jahren aus Amerika«, berichtete er, als er sie mir in die Hand drückte. »Sie war das letzte Lebenszeichen – falls man es so nennen kann –, das ich von ihm bekam.« Er musterte mich durchdringend. »Doch bevor du sie öffnest, solltest du lieber einen Blick auf das hier werfen.« Er überreichte mir einen festen Briefumschlag mit fremden Briefmarken.

Ich öffnete die Klammer und entnahm ihm ein Exemplar des Magazins »Time«, oder vielmehr nur das farbige Titelblatt. Lächelnd und fast lebensgroß blickte mir das Gesicht meines Vaters entgegen. Es war eine Zeichnung, eine Karikatur: sein riesiger Kopf auf einem winzigen Körper. Er wirkte älter, fülliger als auf dem Foto; und er trug einen dunklen Straßenanzug statt der Uniform, in der ich ihn mir immer vorstellte. Dennoch bestand nicht der geringste Zweifel: Es war Love.

Man hatte ihn ins Cockpit eines Miniaturflugzeugs gesetzt, dessen Nase mit dem vertrauten Tigerrachen bemalt war, nur war dieser zu einem obszönen Grinsen verzerrt, als lache er über einen schmutzigen Witz. Trotz der parodistischen Absicht jedoch hatte der Zeichner das Lächeln meines Vaters genau getroffen. Und als könne es noch Zweifel daran geben, um wen es sich handelte, trug Love eine Fliegerbrille mit schwarzgrünen, tropfenförmigen Gläsern, jenes Symbol der Anonymität, das zu seinem Markenzeichen geworden war. Nur spiegelte sich hier etwas in diesen Gläsern, etwas Wunderbares, wie aus einer anderen Welt, einer Welt, die geheimnisvoller war als jeder Traum. Dicht gedrängt auf der konvexen Fläche jedes Glases, und daher verdoppelt, ragten riesige, glitzernde Gebilde aus Glas und Stahl empor, so hoch wie der Himalaja, mit dunklen, schluchtengleich gähnenden Abgründen dazwischen. Es waren natürlich Gebäude, für mich aber wirkten sie eher wie unheimliche, mineralische Auswüchse, wie mit Juwelen oder spitzen Quarznadeln besetzte Stalagmiten, von der Erde in ihrem urersten Umbruch emporgestoßen. Sie hätten auch das Spiegelkabinett in irgendeinem unirdischen Vergnügungspavillon sein können, Türme, die Türme spiegeln, welche wiederum Türme spiegeln, manche stumpf und kubisch, andere von Pyramiden gekrönt, die wie Kirchturmspitzen in den Himmel ragten und zur Sonne hinter dem Kopf meines Vaters wiesen. Wie bei einer Sonnenfinsternis spielte der weiße Strahlenkranz der solaren Korona um Loves Haupt und beschrieb eine doppeldeutige Aureole.

»Sie haben ihn abgebildet, wie er über die Skyline von Manhattan fliegt«, erklärte mir Xiao, »genauer gesagt, über das Bankenviertel: Wall Street, auch bekannt als Emerald City.«

Es lag eine Spur von Belustigung in seinem Ton, die ich zwar heraushörte, jedoch nicht verstand. »Emerald City – die smaragdene Stadt – wie in unserem Märchen?« fragte ich. »Wo der Jadekaiser gelebt hat?«

»Nein, Sun I, in dieser Emerald City hat nur der fade Kaiser gelebt, und dieses Märchen ist rein amerikanisch.« Die Ironie, die seine Miene verriet, war beinahe giftig. »Aber das ist eine andere Geschichte und viel zu lang, um sie jetzt zu erklären.«

In der Hoffnung, er werde fortfahren, wartete ich, aber er sagte nichts.

»Was heißt das hier?« wollte ich wissen, und reichte ihm das Blatt zurück.

Er setzte seine Halbbrille auf und forschte in meinem Gesicht; dann seufzte er und las mir die Schlagzeile vor:

›HUN IN THE SUN‹ AN DER WALL STREET!
AMERIKA UND AMERICAN (P&L)
HABEN EINE NEUE LIEBE
EDDIE LOVE
(GESCHÄFTS)MANN DER STUNDE

»Was soll das bedeuten?« erkundigte ich mich eifrig.

Xiao sah mich abschätzend an. »Ich weiß es nicht.«

»Sie wissen es nicht?« Ich konnte es nicht glauben. »Sie müssen es wissen! Woher haben Sie das?«

»Es wurde aus Amerika geschickt«, antwortete er. »Ohne Absender. Und was es bedeutet, Sun I, ehrlich gesagt, ich will's gar nicht wissen. An dem Tag, an dem ich deinem Vater mein Versprechen gab – jenes Versprechen, das all die Jahre wie eine Last auf meiner Seele lag –, habe ich noch ein anderes abgelegt ... mir selbst. Ich habe geschworen, daß ich nichts mehr mit Eddie Love zu tun haben wollte. Ich habe beide Versprechen gehalten.«

»Aber dies ist doch eine Ehre, nicht wahr?« fragte ich ein wenig ungestüm, auf das Titelblatt deutend. »So viel können Sie mir doch wenigstens sagen!«

»Es sieht so aus.«

Ich beantwortete sein Brüten mit einem Lachen. »Na also, da haben wir's ja. Jetzt ist alles klar. Wenn er wahnsinnig wäre, wie Sie behaupten, wie könnte ihm dann die Welt so huldigen? Sehen Sie doch! ›(Geschäfts)Mann der Stunde‹. Das haben Sie selbst gesagt.«

Zum letztenmal verzogen sich die Lippen meines Onkels zu dem ihm eigenen angewiderten Lächeln. »Und wenn nun die Welt, die ihm huldigt, wahnsinnig ist, Sun I? Hast du das in Betracht gezogen?«

Sprachlos starrte ich ihn an und spielte flüchtig mit der Idee, daß *er* vielleicht der Wahnsinnige sei.

»Du hast das Täschchen noch nicht geöffnet«, meldete sich Chung Fu vermittelnd zu Wort. Die Ruhe in seiner Stimme war eine immense Besänftigung.

»Nein«, sagte ich dankbar, »das muß ich noch tun.«

»Nur zu!«

Benommen wie in Trance öffnete ich gehorsam den Verschluß. Das Täschchen war so leicht, daß ich fast meinte, es sei leer; ganz unten an der Naht entlang glaubte ich jedoch etwas zu entdecken. Ich schob die Finger durch die schmale Öffnung und stieß zuerst auf etwas Weiches, dann auf etwas Hartes. Ich zog einen Gegenstand heraus, den ich nicht sofort identifizieren konnte. Er ähnelte einem Rohrkolben oder einem mit filziger Rinde überzogenen Zweig. Und tatsächlich war es eine Art Glied oder vielmehr ein Stumpf: der Stumpf eines Beinchens, etwas abgeschabtes Fell mit Knorpeln, ein kleiner, herausstehender Knochenkopf. An einer Goldkette hing daran ein Schlüssel: eine Schlüsselkette mit einem Talisman, einer Hasenpfote. Angewidert betrachtete ich das Ding, das vertrocknete, tote Fleisch, die geschwärzten Sehnen, die Lederschnüren glichen, und das bißchen Knochen. Ich warf erst dem Meister, dann Xiao einen hilfesuchenden Blick zu.

»Da ist noch mehr«, sagte Xiao.

Ich spähte abermals in das Täschchen und fand einen Zettel. Und wieder setzte Xiao seine Halbbrille auf und kam mir zu Hilfe.

Herzlichen Glückwunsch zum einundzwanzigsten!
Von einem Dowisten zum anderen,
Einen Schlüssel, eine Kette, einen Talisman:
Die Hasenpfote soll Dir Glück bringen;
Die Kette ist eine Notwendigkeit;
Der Schlüssel ein Passepartout
(Möge er Dir gute Dienste leisten),
Ein Schlüssel, der die tiefen
Geheimnisse des Herzens erschließt.
(Was gibt es, das dieser Schlüssel nicht öffnet?)
Und für die Gemeinde der Gläubigen
(Denn wir gehören beide demselben Glauben an, nicht wahr?)
Ein Kirchenschlüssel, der Dich trunken
Machen kann vor Ekstase oder Dir
Die große Kathedrale des Dow erschließt.
Dein Vater
Love

Als mein Onkel mir den Zettel überreichte, sah er mich mit besorgt gerunzelter Stirn über den Rand seiner Brille hinweg an. Er hatte die Augen verengt wie ein alter Seemann, der von einer felsigen Landspitze aus windwärts späht und im schrecklichen Toben und Chaos der Elemente nach einem Schiff Ausschau hält, das man auf See verloren fürchtet. Tief auf dem Grund dieses Blicks jedoch brannte eine Laterne für mich, verhieß Hoffnung auf Zuflucht, einen Hochseehafen. Aber er muß gewußt haben, daß er mich nicht retten konnte, daß es eine verzweifelte Hoffnung war, denn im selben Blinkfeuer sah ich die Tränen, die die salzige Gischt aus seinen Augen brannte, und ich beobachtete, wie sie zu Eis wurden.

Dann umarmte er mich steif, aber heftig. Sein Gesicht wurde wieder zur Maske, und so plötzlich, wie er in mein Leben getreten war, war er wieder daraus verschwunden.

NEUNTES KAPITEL

Am selben Abend, nachdem Xiao fort war, schlüpfte Wu in seiner schmutzigen Schürze und schwitzend wie ein Bulle zu mir in die Zelle. Er scheuchte mich in die Küche hinüber, wo er die Abendmahlzeit zubereitete, weil er jemanden brauchte, der den Blasebalg bediente und das Gemüse kleinhackte.

Er hätte sich einen anderen suchen sollen. Ich war viel zu erregt, um mich konzentriert meinen Pflichten widmen zu können. Zweimal blies ich das Feuer aus, statt es anzufachen. Und als ich das Hackmesser schärfte, stieß ich zufällig den Krug mit dem Öl um, das überall herumspritzte. Auch meine Hände waren voll Öl, so daß ich kaum das Messer halten konnte. »Was ist los mit dir?« schimpfte Wu. »Paß doch auf, was du tust!«

Die Worte waren ihm kaum über die Lippen gekommen, als das Messer vom Stein abrutschte und mir fast den Zeigefinger abtrennte. Die Wunde war nicht weiter gefährlich, blutete aber sehr stark, und es gelang mir sogar, ein paar Tropfen in einen riesigen Kessel voll gekochtem Reis zu praktizieren, den zuzudecken ich in der Aufregung vergessen hatte.

»Das machst du absichtlich!« schrie Wu und begann sich die Haare zu raufen. Der Reis, genug, um das ganze Kloster zu sättigen, mußte natürlich geopfert und verbrannt werden. Ihn zu essen wäre ein Sakrileg höchsten Grades gewesen, ein Verstoß gegen unsere vegetarischen Prinzipien, ja sogar eine Art Kannibalismus. (Feinheiten, die die Götter freilich nicht daran hinderten, das Opfer zu genießen.)

Ständig Kraftausdrücke vor sich hin murmelnd, säuberte und verband Wu meine Wunde, und seine plumpen Hände hielten die meinen mit der sicheren, zupackenden Zärtlichkeit erfahrener Mutterhände. Als er den Gazeverband verknotet hatte, entließ er mich aus der Küche und verbot mir, mich an diesem Abend noch einmal blicken zu lassen. Ich gehorchte nur allzugern.

In dem Durcheinander wirrer Impressionen und Emotionen hatte nur eine Vorstellung mit zwanghafter Macht Besitz von mir ergriffen: das Gewand. Der Gedanke daran spannte mich auf die Folter, erregte die ganze Leidenschaft und Begeisterung eines Liebhabers in mir: die bebende Zärtlichkeit, die Schüchternheit und das Begehren, den unwiderstehlichen Zwang zur Verfolgung und zugleich die Angst vor dem Zusammentreffen. Es lag eine Portion Ehrerbietung in meinem Gefühl, verbunden jedoch mit etwas ganz anderem, das diese vielleicht auch aufhob. Ein Teil von mir wollte sich zurückziehen und sich in aller Stille mit dem Gewand beschäftigen, wie ein Tier sich mit einem saftigen Knochen ins Dunkel seines Baus schleicht.

Vielleicht war ich durch die Ereignisse des Tages nur überreizt. Wie dem auch sei, ein wenig schwindlig vom Blutverlust und mit einem erregenden, pulsierenden Kribbeln der Erwartung im Bauch ging ich zum Tempel, der, wie ich wohl wußte, zu dieser Stunde verlassen lag, in den Händen das eingewickelte Paket, das Xiao mir gegeben hatte, sowie mein schuldbeladenes Küchenmesser, um die Schnur zu durchschneiden. Dort entzündete ich eine Gebetslampe, um meine heimliche Beute, meinen neuen – und ersten – Besitz besser betrachten zu können.

In der tiefen Stille dieses Raums, beim Licht der Flamme, die auf ihrem Ölvorrat schwamm wie ein weißgewandeter Engel, der über das Wasser schreitet, saß ich da und grübelte. Fest und beruhigend fühlte ich die Schieferplatten kühlend unter mir. Dennoch scheute ich mich ein wenig, das Geschenk meiner Mutter auszupacken. In der Stille hörte ich irgendwo draußen in der Nacht eine Nachtigall singen. Ihr Lied lieferte mir einen angenehmen Vorwand dafür, mein Vorhaben hinauszuschieben.

Über dem Lauschen geriet ich in einen Zustand des Meditierens. Obwohl sie weder tief noch erholsam war, empfand ich diese Trance über die Maßen köstlich. Durchzogen von zitternden Anfällen nervöser Ekstase, war sie anders als alles, was ich bis dahin erlebt hatte. Abwechselnd brannte mein Körper wie im Fieber, oder er prickelte vor Kälte. Das Lied der Nachtigall schien aus keiner bestimmten Richtung, vielmehr aus allen Richtungen zugleich zu erklingen, und als ich noch tiefer hineinversank, schien es aus mir selbst zu kommen.

Es war eine ätherische Weise, einmal traurig, einmal froh; und doch waren es nicht wirkliche Freude und wirklicher Kummer, nicht im gewöhnlichen Sinn dieser Worte. Denn die Melodie war, obwohl schön, so kalt wie das Sternenlicht und ohne eine für Menschen verständliche Bedeutung ... oder sie enthielt eine Bedeutung, die zu tief war, als daß das menschliche Herz sie ergründen konnte. Ganz in mich selbst verloren, vergaß ich den Vogel und glaubte fast, es sei meine eigene Seele, die in einer unbekannten Zunge sang – für das Gewand und für meine Mutter. Ich mußte emportauchen, um mich wieder zurechtzufinden. Als ich die Augen öffnete, sah ich zunächst einmal gar nichts. Dann belehrten mich jedoch ein Blick durch das Fenster, das auf den Garten ging, und eine leichte Bewegung, ein Flattern in der Dunkelheit vor dem silbernen Horn des Neumondes, daß ich einer Selbsttäuschung erlegen war. Der wirkliche Vogel hatte sich in den oberen Ästen des Pfirsichbaums niedergelassen, wo er seine Serenade sang.

Ich trat ans Fenster, beugte mich hinaus und lauschte voll Freude. Draußen erwachten funkelnd die Sterne zum Leben. Wie die Prismen eines Kronleuchters hingen sie in den Ästen, bebten in der ekstatischen, kristallklaren Finsternis des Alls. Als meine Augen sich an das Dunkel gewöhnt hatten, konnte ich die echten Früchte erkennen, die Pfirsiche: pralle, undurchsichtige Kugeln vor dem dunkelblauen Abendhimmel, Früchte der Dunkelheit neben den Früchten des Lichts.

Schließlich holte ich das Hackmesser aus dem Ärmel meiner Kutte, wo ich es versteckt hatte, als ich die Küche verließ. Nachdem ich die Schnur des Päckchens durchtrennt hatte, begann ich das Papier behutsam auseinanderzuschlagen.

Als ich ihn ans Licht hob, fiel der kostbare Stoff in schweren Falten herab. Zu meiner Überraschung flatterte eine Motte an meinem Gesicht vorbei. Wie ein Grabräuber, der eine Grabkammer durchwühlt, hatte ich diese Mumie aus ihrer langen, verschlafenen Mahlzeit im Grabgewölbe des Gewandes aufgestört. Mit der Motte stieg eine Woge desselben Duftes auf, der am Nachmittag eine so angenehme Traurigkeit in mir ausgelöst hatte. Doch während er zuvor eine gewisse Vorstellung geweckt hatte, wirkte er jetzt bedrückend, abstoßend.

Vielleicht war es dies, was mich beunruhigte. Vielleicht war ich nur müde. Oder vielleicht bekümmerten mich die zusätzlichen Bestandteile des Duftes, die ich jetzt wahrnahm: der Geruch von Staub und Zedernholz. Dieses Gewand hatte ganz zweifellos jahrelang in einer dunklen Truhe auf dem Dachboden gelegen; meine Phantasie jedoch evozierte die Vorstellung eines Sarges. Gerade als mir diese Assoziation durch den Kopf zuckte, wurde ich mir eines leisen, gleichmäßigen Geräusches bewußt, eines Summens oder Sirrens wie von einer winzigen Maschine. Die Motte umflatterte die Flamme der Gebetslampe. Ich zuckte zusammen, weil ich mich an Xiaos Bericht von dem flatternden Schatten, der über das Bett meiner Mutter gehuscht war, als sie in den Wehen lag, erinnerte. Ich versuchte, den Falter zu fangen und mit meinem Nagel zu zerdrücken. Mit dem Instinkt eines Somnambulen jedoch konnte es mir immer wieder entwischen. Das monotone Summen seiner Flügel hielt an wie das Geräusch eines Flugzeugs, das hoch über den Bergen vorüberfliegt, während ich mich daran machte, das Gewand näher zu untersuchen, – ein seltsam unterschwelliger Kontrapunkt zum Gesang der Nachtigall.

Wie mein Onkel Xiao gesagt hatte, war das Gewand blutrot. Und doch war diese Farbe nicht blutig rot, nicht wie das sauerstoffreiche Blut, das das Herz in die Arterien pumpt; hier, im Dämmerlicht des Tempels, wirkte es eher wie venöses Blut, gedunkelt und verseucht von großen Mengen Abfallstoffen. (Erst später sollte ich entdecken, daß sich der Farbton mit der Beleuchtung sowie der Gemütslage und Stimmung des Betrachters änderte.)

Als ich den Stoff in den Händen hielt, entdeckten meine Fingerspitzen das erhabene Muster in der Seide, das Xiao als Labyrinth von Mäandern bezeichnet hatte. Diesem Leitfaden folgend, wanderten meine Augen tief in den Irrgarten des Brokats, tief in seine gewundenen Gänge und Wege. Kaum drinnen, fand ich jedoch, daß ich nicht wieder heraus konnte. Der Weg hatte sich hinter mir verschlossen, und ich konnte nur tiefer ins Herz des Labyrinths, ins Heiligtum seiner verborgenen Bedeutung vordringen.

Auf der Mittelfläche des Rückens ruhte die Sonne in einem scharlachroten Sonnenauf- oder -untergang – das war schwer zu entscheiden – auf dem

Horizont. Der einzige Blickfang war ein Baum, dürr und tot bis auf einen belaubten Zweig hoch oben, an dem grün eine einzige, undefinierbare Frucht hing. Ich dachte natürlich an das Bild des Pfirsichbaums im Garten, der, wie der Meister mich an diesem Tag belehrt hatte, ein Symbol des ewigen Lebens war und in dem die Nachtigall sang. Ob nun durch diese Zufälligkeiten ausgelöst oder aus einer tieferen Ahnung heraus, auf jeden Fall sollte ich mir dieses Bild immer nur so vorstellen.

Was bedeutete das Ganze? War sie eine Vision der Hoffnung oder unerträglich bitter, diese unreife Frucht in den Zweigen eines kahlen Lebensbaums? Ich wußte es nicht. Und da war so vieles mehr... Der Blick wanderte schnell über diese Szene hinaus in die überirdischeren Regionen der Kunst meiner Mutter. Hoch über der Erde drehten sich zwei große Bestien schwindelnd in der Luft und prallten mit gespreizten Krallen aufeinander, ob nun zum Kampf oder zur Paarung, war nicht zu erkennen. Die Fänge gebleckt, doch die Kiefer fest zusammengepreßt, schien jede der anderen den Lebensatem aus dem Rachen zu saugen, um sie sodann mit einem heißen Kuß wiederzubeleben.

Diese Ungeheuer waren der Drache und der Tiger: ersterer mit Augen wie strahlende Smaragde und einem goldenen, mit blauschwarzen Seidenschuppen besetzten Körper; der andere, der Tiger, geisterhaft weiß bis auf die Schnauze, aus der rotes Blut von der Kehle seines Gegners oder aus dem eigenen, gebrochenen Herzen troff. Die Augen des Tigers waren blau, so blau wie der Weltraum, von jener Farbe, wie man sich den Himmel wünscht.

Das Blut, das aus den Wunden der Ungeheuer strömte, vereinigte sich zu einem Gießbach, der aus dem Himmel herabstürzte und den Sonnenaufgang (oder -untergang) rot färbte. Zur Erde fiel er in bitteren Tropfen als Regen, als Blutregen, der die ganze Natur verbrannte – bis auf den grünen Pfirsich, der wunderbarerweise in den Ästen des toten Baumes reifte. Was war diese Frucht? Ein letztes, giftiges Gewächs in der Asche des Holocaust? Oder die kostbare Frucht der menschlichen Hoffnung, deren Gedeihen für meine Mutter die Vernichtung alles übrigen aufwog? Der Regen gemahnte mich an die symbolische Bedeutung der beiden Ungeheuer als die Naturgewalten Wolke und Wind. Die eine, am Himmel wirbelnd, sich ständig verändernd, kann nach Belieben die phantastischsten Gestalten annehmen wie der Drache; die andere ist lautlos, unsichtbar und schnell wie der Tiger, der aus dem Hinterhalt hervorspringt. Diese beiden Elemente, die da einander bekämpften oder sich paarten, zeugen den Regen, der die Erde nährt. Und es gibt tatsächlich einen Ausdruck, der in China noch heute gebraucht wird, nämlich »das Spiel von Wind und Wolken« als Euphemismus für den Geschlechtsverkehr. So verriet mir das Gewand die verborgene Geschichte vom persönlichen Leid meiner Mutter. Denn der Drache und der Tiger symbolisieren, wie jeder Chinese weiß, auch die Liebe zwischen Mann und Frau. Diese sich in ihrer zweideutigen Umarmung zerreißenden Bestien waren die Vorstellung meiner Mutter von sich und Eddie Love.

Diese Erkenntnis ließ mich begreifen, daß meine Mutter sich in einem beinahe wörtlichen Sinn selbst in das Gewand hineingestickt hatte und daß das Gewand gewissermaßen sie selber war, als sei die Seide ihre zerstochene Haut, in die die Nadel eines Tätowierers eine unauslöschliche Farbe eingeimpft hatte. Wie sehr hätte ich mir statt dessen gewünscht, daß diese Nadel ihr gedient hätte wie die eines Chirurgen und daß der Faden das Material gewesen wäre, mit dem sie die Trümmer ihres zerstörten Lebens wieder hätte zusammennähen können. Mein vergeblicher Wunsch führte zu einer Entdeckung: Im Leben hatte Love meine Mutter vernichtet; auf dem Gewand aber war der Kampf zwischen dem Drachen und dem Tiger noch unentschieden und würde es bleiben. Die beiden lieferten sich für alle Ewigkeit ein totes Rennen.

Während ich darüber nachdachte, spürte meine Phantasie in den Wirbeln der Mäander plötzlich ein neues Muster auf: einen blutigen Fingerabdruck. Konnte es sein, daß die langwierige geduldige Arbeit an dem Gewand für meine Mutter die Vollendung einer schwelenden, doch unbarmherzigen Rache war? Wollte sie darstellen, daß seine Flucht nur Illusion war, daß sie ihn niemals gehen lassen, sondern ihn wie eine Furie durch die ganze Welt verfolgen würde, um alles zu verseuchen, was er jemals berührte und liebte? Dieser Gedanke ließ mich erschauern, bereitete mir jedoch gleichzeitig eine an Schadenfreude grenzende Genugtuung... Vielleicht aber wollte meine Mutter damit nur sagen, daß es in einem solchen Krieg keinen Sieger gibt und auch nicht geben kann. Was immer sie gemeint haben mochte, eines sagte mir das Unentschieden auf dem Gewand mit Gewißheit: daß sie sich im tiefsten Herzen niemals geschlagen gegeben hatte.

Jetzt ging mir das Bild meines Vaters durch den Kopf, wie es in der Karikatur aussah – mit schweren Gesichtszügen und dunklen Brillengläsern, aus denen die Wolkenkratzer ragten –, und ich spürte ein eiskaltes Brennen im Herzen: Haß. Er währte nur einen kurzen Moment. Wie hätte er auch dauern können? Faszination, Hoffnung, ja, die Liebe selbst verschworen sich gegen ihn, drei lindernde Balsamströme, die sich ins aufgewühlte Meer meiner Seele ergossen und mit ihrem süßen Wasser die unerträglichen Salze und Säuren meiner Verbitterung neutralisierten. Doch diesen einen Augenblick lang, da mich der Haß in seinem Griff gehalten hatte, fühlte ich einen Schauer durch die ganze Schöpfung gehen. Das feste Fundament der Welt erbebte unter meinen Füßen; bebte, aber stürzte nicht ein.

Als ich dasaß, gerötet und verschwitzt, während mein Herz bei dem Gedanken an ihn – Eddie Love mit seiner fernen, in den Brillengläsern gespiegelten Welt – heftig klopfte, blickte ich aus einem unerklärlichen Impuls auf. Zum drittenmal an jenem Abend sah ich den Falter. Sein geisterhaftes Flügelschlagen, das unaufhörliche Schwirren, während er seine traurige Wacht rings um die flackernde Flamme hielt – all dies ließ mich unwillkürlich zusammenzucken.

In meinen Gedanken tauchte das Bild der Frauen auf, die sich im Tal um die Seidenraupen kümmern. Sie warten bis kurz vor dem Zeitpunkt, da im April am weißen Maulbeerbaum die ersten Blätter sprießen, dann holen sie die Papierröllchen mit den Eiern des Vorjahres von den Wänden der Vorratshäuser und stecken sie in die Falten ihrer gesteppten Gewänder, um die Eier wie Hennen auszubrüten, bis die Raupen schlüpfen. Anschließend setzen sie sie zum Fressen auf große Tabletts mit gehackten Maulbeerblättern. Sind die Raupen satt, richten sie sich senkrecht auf und beginnen am Kopf die Seide auszuscheiden; eine Acht beschreibend, das rituelle Hexenzeichen für die Unendlichkeit, verspinnen sie ihr Sekret kunstvoll zu einem Leichentuch. Ich hatte gehört, wie diese Frauen bei der Arbeit sangen, und war oft stehengeblieben, um ihnen zu lauschen. Das Lied war schön und fremdartig, doch ich konnte mich nur an vereinzelte Bruchstücke erinnern:

> Der Seidensarg, in dem die Seidenraupe stirbt,
> Ist der Schoß, dem der Falter entsteigt.

Vielleicht war dieses unschöne Ding, das da im Lichtkreis der Lampe kreiste wie ein toter Planet um die Sonne seiner jugendlichen Leidenschaft, einst eine Seidenraupe gewesen. Auferstanden aus dem Grab ihres Kokons, angezogen von der Schwerkraft der Erinnerung, war sie zurückgekehrt, getrieben von der unreinen Sucht, zu verschlingen, was sie einst geschaffen hatte, die Seide zu zerstören, um das sinnlose Gesumm ihrer Existenz zu füttern. Da wurde mir klar, daß das jammervolle Ritual, die Totenwache, die sie so freudlos zelebrierte, ihr selber galt. Wie traurig. Wie grausig.

Noch trauriger, noch grausiger aber waren die Worte, die aus den Tiefen meiner Erinnerung aufstiegen: »Die Seidenraupe ist der Vater des Falters.«

Ich sagte zuvor, daß Drache und Tiger die Liebe zwischen den Geschlechtern symbolisieren. Diese Formel war für die breite Masse gedacht. Ursprünglich spielte dieser Geschlechtsverkehr auf ein esoterisches, taoistisches Ritual an, das der sentimentalen erotischen Liebe nur oberflächlich gleicht: das Weißer-Tiger-grüner-Drache-Yoga. Meine Mutter muß einiges mitbekommen haben von den Mysterien der »Doppelveredelungsschule«, und sei es auch nur durch Lektüre oder Gespräche. Denn das Gewand beschwor deren Riten zu treffend, als daß es reiner Zufall gewesen sein konnte.

Was ich über die Weißer-Tiger-grüner-Drache-Technik weiß, habe ich von meinem Meister gelernt, der über alle Schulen des Taoismus, die alten und die modernen, sowie ihre geheimen Praktiken gut unterrichtet war. (Manchmal fragte ich mich, ob er als junger Mann vielleicht selbst an den sexuellen Mysterien teilgenommen hatte.)

Dieses Yoga ist mit der Alchimie verwandt und versucht die Herstellung der Gold-Zinnober-Perle, die Fusion von Yin und Yang, durch Ausübung eines streng reglementierten, hochformalisierten Geschlechtsverkehrs zu erreichen, der zu bestimmten Zeiten und Jahreszeiten in Übereinstimmung mit astrologischen Sternbildern und dem Rat eines Orakels stattfindet. Ziel dieses Geschlechtsverkehrs ist, daß der Mann bei strikter Zurückhaltung des Samens (falls notwendig, durch künstliche Mittel: einen eng sitzenden Jadering an der Peniswurzel, der die Ejakulation verhindert und den ›Rückfluß‹ bewirkt) die Partnerin mehrfach zum Höhepunkt bringt und die Yin-Flüssigkeit, die sie bei jedem Orgasmus produziert, für den eigenen Verbrauch absorbiert. Diese

Flüssigkeit wird mit dem eigenen Sperma in den Körper zurückgesogen und dort wie in einem Schmelztiegel erhitzt, wobei das Atmen als eine Art Blasebalg dient, bis sie schließlich durch zwei parallel zur Wirbelsäule verlaufende Kanäle zum zentralen *niwan* ganz oben im Kopf aufzusteigen beginnt. Bei diesem Destillationsprozeß werden sämtliche Unreinheiten beseitigt. Aus dem Rückstand, den man kondensieren und wieder abtropfen läßt, wird dann die Gold-Zinnober-Perle gewonnen.

Diese Technik des Geschlechtsverkehrs wurde ganz offensichtlich von den Männern für ihren eigenen Gebrauch erfunden. Da ihr Vorrat an Yang-Sekret angeblich klein und schnell erschöpft ist, müssen sie ihn mit der Yin-Flüssigkeit, die alle Frauen in unerschöpflichen Mengen besitzen, auffüllen. Die Frauen haben im allgemeinen nicht viel von dieser Methode (höchstens vielleicht ein bißchen wohltuende sexuelle Aktivität aus barmherzigem Anlaß), unterziehen sich ihr aber in einer Art vornehmer sexueller Pflicht durchaus bereitwillig.

Diese bereitwillige Unterwerfung und die Vorstellung, daß sich die Frau vom Mann bei dem Versuch, dem Tod zu entgehen, derart benutzen läßt, erinnerte mich auf bedrückende Weise an die zum Untergang verurteilte Liebe meiner Mutter. Vielleicht aber erregte mich noch mehr als die Tatsache, daß sie ausgenutzt worden war, der Gedanke an ihre ungeheure, passive Macht, an die Unerschöpflichkeit ihrer weiblichen Vitalessenz. Als ich mit dieser Vorstellung spielte, kam mir ein verblüffender Gedanke.

Es gibt eine subtile und hinterhältige Variation des Weißer-Tiger-grüner-Drache-Yoga, bei der die Frau sich vornimmt, die Absicht des Mannes zu vereiteln, indem sie versucht, ihn bis zu jenem Punkt der Leidenschaft zu bringen, an dem jede Selbstkontrolle unmöglich wird. Seine Ladung ergießt sich dann in ihre Vagina, und sie kann sein Yang-Sekret benutzen, um ihre Lebenszeit zu verlängern. Auf diese Weise hatte Xi Wang Mu, die Königliche Mutter des westlichen Himmels, für sich die Unsterblichkeit gewonnen, dabei aber das Leben von eintausend jungen Männern verbraucht. So unpassend dies auch scheinen mag, aber dergleichen schoß mir durch den Kopf, als ich die Handarbeit meiner Mutter betrachtete: Geschichten von jungen Männern, die von mächtigen, listigen Frauen verführt und dadurch von ihren eigennützigen Zielen abgelenkt werden, jungen Männern, die sich um der Liebe willen verausgaben, die Ladung um Ladung ihres süßen Sexualelixiers in das unersättliche Dunkel ergießen, bis der Körper ihrer Geliebten damit gefüllt ist.

Solche Erzählungen hallten in mir nach. Nur war es im Fall meiner Eltern die Frau, die verführt worden war und alles gegeben hatte. Oder nicht? Gewisse Dinge machten mich nachdenklich. Obwohl Xiaos Aufrichtigkeit außer Zweifel stand, wußte ich sehr wohl, daß seine Sicht der Ereignisse nicht objektiv war. Wenn seine Beschreibung meiner Mutter zutraf, wie sollte ich mir dann die Ebenbürtigkeit der beiden großen Gegner auf dem Gewand erklären? Doch wenn sie wirklich nur der unterlegene und ausgenutzte Teil, wenn sie Loves Opfer war, was bedeutete dann ihre Antwort auf Xiaos Nachricht von Loves bevorstehender Abreise »Ich weiß es eben. Ich habe es immer gewußt«?

Allmählich begann ich zu argwöhnen, daß Xiao das Geheimnis meiner Mutter genausowenig durchschaut hatte wie Loves Geheimnis. Vielleicht hatten die Liebe und die Aussicht auf die Mutterschaft sie ohne Xiaos Wissen von dem Kind, das sie war, in eine Frau verwandelt und damit ein plötzliches Aufblühen des Geistes in ihr bewirkt, das sie in die Lage versetzte, eine Pfahlwurzel zum Grundwasserspiegel des Instinkts hinabzusenden und sich von den kollektiven Erfahrungen ihres Volkes zu nähren. Mein Onkel, der um so viele Jahre älter als sie und gewohnt war, sich meine Mutter als verwöhntes Kind vorzustellen, mag schließlich unfähig gewesen sein, die Veränderungen zu verstehen, die er an ihr bemerkte, Veränderungen, die ihm auffielen, an denen er herumrätselte, die er aber schließlich als Vorgänge rein physiologischer Natur abtat. Vielleicht hatte er sie mißverstanden, wie er meinen Vater mißverstanden hatte. Zweifellos war es ja weit weniger bedrohlich für ihn, meine Mutter als vorübergehend wahnsinnig hinzustellen, als die große Leidenschaft ihres Lebens zu akzeptieren.

Nicht, daß er sich *unbedingt* irrte; aber es war durchaus möglich. Während ich das Gewand betrachtete und über die Frau nachdachte, die es geschaffen hatte, wurde mir klar, daß es Tiefen in ihr gegeben haben mußte, die er nicht erkannt, ja nicht einmal erahnt hatte, verborgene Schatztruhen des Charakters, der Kompliziertheit, des Reichtums und der Vieldeutigkeit, wie sie immer versteckt sind in denen, die wir lieben und zu kennen glauben. Mein Onkel Xiao hatte vieles nicht erwähnt – nicht aus Absicht, sondern weil er nichts davon wußte, nichts davon hatte wissen können. Schließlich stellte seine Erzählung nichts anderes als seine eigene Interpretation der Ereignisse dar. Zur Rekonstruktion des nackten Skeletts der materiellen Umstände konnte ich mich wohl unkritisch auf diesen Bericht verlassen. Was jedoch alles übrige betraf, die totale Morphologie, so war ich bei der Erfindung oder Wahl (je nachdem) meiner Geschichte, meines Ichs, ja sogar der Welt auf mich selbst angewiesen.

Diese Aussicht machte mich schwindlig, hatte aber neue Assoziationen auf dem Gewand zur Folge. Ich studierte die Augen des Tigers. Waren diese blauen Augen die meines Vaters, die Augen hinter den schwarzgrünen, tropfenförmigen Brillengläsern? War es möglich, daß meine Mutter ihn doch gekannt hatte, Love besser gekannt hatte als Xiao, besser, als irgend jemand es sich träumen ließ? War es möglich, daß sie allein geahnt hatte, was unter den vielen Schichten des Mannes lag, daß sie ihn in seiner Nacktheit gesehen hatte, weil sie ihn liebte?

Wenn das zutrifft, stelle ich mir vor, daß jedesmal, wenn ihr Blick dem seinen begegnete und ihm Mitleid und Hoffnung darbot, daß dieser Blick dann sein Herz wie ein Feuerbrand versengte, worauf zusammen mit dem schwefligen Gestank brennenden Fleisches ein unerklärlicher Schmerz in ihm aufstieg. Denn solches Wissen ist Macht. Es kann uns ebenso vernichten wie retten. Nach so langer Zeit in der kalten Hölle seiner Einsamkeit und Heimlichkeit mag Love den Frühling, den sie ihm bot, mit gereizter Empfindlichkeit betrachtet, Aasgeruch im warmen Wind gewittert haben statt die gesunden Düfte der fruchtbaren Erde. Also hatten ihn nicht Überdruß und Gleichgültigkeit zur

Flucht bewegt, sondern Angst, die Angst eines wilden Tieres vor der Gefangenschaft. Jawohl, vielleicht war meine Mutter der Jäger gewesen. Was heißt Sterblichkeit, was Sohnesschmerz – *sie* hatte ihn gejagt. Auf einmal erkannte ich es: Sie hatte Love in gutem Glauben, in unschuldiger Bewunderung und offenen Auges für seine Ambivalenz dem Leben gegenüber verfolgt. Sie hatte das Beste und das Schlechteste in ihm gesehen und beides akzeptiert, alles akzeptiert; und das war für meinen Vater schlimmer gewesen als alle *bêtes noires*, die Xiao und Chung Fu aus dem Dunkel ihrer eigenen Herzen beschworen hatten, um zu erklären, was er war.

Doch ich sah auch, daß Love sich, indem er dem ausweichen wollte, selbst verraten hatte; denn letzten Endes hatte sie ihn doch gefangen... Hier, in diesem Gewand. Gefangen, doch ohne den Versuch, ihn zu zähmen. Dieser Tiger wurde nicht zum Tanzen abgerichtet. Ihm wurde die Freiheit gewährt, sich seinen Instinkten gemäß zu paaren und tödliche Hiebe auszuteilen. Ich glaube, meine Mutter wußte, daß man einen Mann wie Love nicht zähmen kann – es sei denn, man brachte ihn um. Das war die eigentliche Botschaft des Gewandes, an ihn gerichtet, doch nur von mir gelesen: »Siehe, ich wollte dich nur lieben, nicht dich besitzen. Dies war meine Liebe – ein Kampf, dem ich mich täglich neu gestellt habe, freudigen Herzens, obwohl ich wußte, daß ich ihn niemals gewinnen konnte, und das auch nicht wollte (aber auch nicht verlieren). Nun bin ich verlassen. Was nur begehrtest du, das ich dir vorenthielt? Was, das köstlicher war als das, was ich dir bot – die erlesenste Frucht des Lebens? Du ließest sie unberührt am Baum hängen, auf daß sie durch ihr eigenes Gewicht falle.«

So vieles las ich aus der Anspielung des Gewandes auf das Weißer-Tiger-grüner-Drache-Yoga heraus, daß es eine ganze Zeit dauerte, bis mir auffiel, daß der Drache meiner Mutter gar nicht grün war, sondern gelb. Doch machte ich keinen Versuch der wissenschaftlichen Analyse; wann hat das Herz je den dringlichen Erfordernissen der Wissenschaft nachgegeben? Tatsache ist vielmehr, daß die Farbe des Drachen meine Intuition nicht widerlegte, sondern bestätigte, ja meiner Auffassung des *pao* eine neue Dimension verlieh. Hier sah ich, wie der Ring, der vom Stein ausging, sich weitete und eine größere Fläche der Bedeutung einnahm als zuvor, die Aussage meiner Mutter so erweiterte, daß sie auch Möglichkeiten über das rein Persönliche hinaus einschloß. Als ich sie so betrachtete, wurden der weiße Tiger und der gelbe Drache nicht nur zu meinem Vater und meiner Mutter, sondern zur weißen und mongolischen Rasse selbst (genauer gesagt: den Amerikanern und den Chinesen), wie sie, voll Mißtrauen ineinander verliebt – alle Dinge sind in ihre Antithese verliebt –, ungeschickt einander anspringen, als wüßten sie nicht recht, ob sie sich attackieren oder leidenschaftlich umarmen sollen. Vollends unwiderstehlich wurde diese Auslegung für mich, als mir einfiel, daß das »*I Ging*« dem Drachen und dem Tiger bestimmte Himmelsrichtungen zuweist: den Osten und den Westen.

Sah meine Mutter ihre Beziehung zu Love als Paradigma, als ein Präzedens für die Vereinigung von Ost und West oder für das Vorspiel dazu, das damals begann? Wenn ja, so war es ein überaus gefährliches Unternehmen – aber fruchtbar. Gefährlich fruchtbar, fruchtbar gefährlich.

Doch es gab da noch eine letzte Assoziation, die das Gewand mir nahelegte und die ich in diese Aufzählung aufnehmen muß. Sie betrifft den chinesischen Tierkreis, dessen Zeichen nicht nur Monate, sondern ganze Jahre umschließen und damit, wie ich glaube, das so ganz andere Tempo des fernöstlichen Lebens, den fester umrissenen Begriff meines Volkes von der Unendlichkeit der Zeit ausdrücken. (Später sollte es mir allerdings vorkommen, als sei ein Monat in Amerika wie ein Jahr in China.)

Der Tiger und der Drache sind die beiden mächtigsten Bewohner des chinesischen Tierkreises. Um jene Möglichkeit auszuschließen, die meine Mutter auf dem Gewand dargestellt hatte – ein feindliches Zusammentreffen der beiden –, sind diese Tiere klugerweise durch ein Puffergebiet, eine himmlische entmilitarisierte Zone getrennt. Einander argwöhnisch und sehnsüchtig anfunkelnd, sehen sie sich am Himmel über das neutrale Territorium eines Jahres hinweg an, dessen Schutzpatron und Genius der schwächste dieses tierischen Pantheons ist: der Hase, den man Nacht für Nacht wie in einem Scheinwerferkegel sehen kann, wenn er im Gesicht des Mondes über den Himmel springt, ums liebe Leben rennt und ins schwarze Loch seines Baues taucht, um mit dem zunehmenden Mond schüchtern wieder hervorzukommen. (Für fernöstliche Augen ist es die Gestalt eines Hasen, nicht die eines menschlichen Gesichts, die sich im Vollmond abzeichnet.) Der Hase ist der kosmische Flüchtling, von der Aggression der beiden Supermächte, die auf seinem Heimatboden aufeinandertreffen, aus seinem Geburtsland vertrieben. Jede Nacht drückt er sich im Dunkel des Weltalls herum, sucht sich Nahrung und paßt seine Silhouette jener klaren Aureole an, die ihn zum Freiwild macht.

Dieser Hase beunruhigte mich. Er erinnerte mich an das Kaninchen, das Love meiner Mutter bei ihrer ersten Begegnung gegeben hatte, jene angstzitternde Kreatur, deren Schrei, wie mein Onkel gesagt hatte, eine so unheimliche Ähnlichkeit mit dem Schrei eines Menschenkindes besaß.

Nachdem ich alle Interpretationsmöglichkeiten des Gewandes erschöpft hatte und nun auch selbst erschöpft war, legte ich es beiseite und begann, auf und ab zu gehen. Die Nachtigall sang immer noch auf ihrem Zweig; ihr Lied lockte mich wieder ans Fenster.

Während ich dort saß und lauschte, kam mir Wus Geschichte in den Sinn, die Geschichte von dem Mönch, dessen verletzte Seele durch die Rippen seines Körpers floh wie ein Singvogel aus einem geöffneten Käfig, sich auf einem Baum niederließ, ihren Kummer in die Welt hinausschrie und ihrem Herrn ein langes, trauriges Abschiedslied sang, ehe sie für immer im Wald verschwand.

Genau in diesem Augenblick erzitterte der Zweig wie eine Bogensehne, weil die Nachtigall aufhörte zu singen und in die Nacht hinausglitt. Mit den Blicken verfolgte ich ihre Flugbahn am Himmel, bis der Vogel das helle Horn des zunehmenden Monds verdunkelte und verschwand, als habe ihn die Wölbung verschluckt. An der Stelle, an der er eingedrungen war oder eingedrungen zu sein schien, zeichnete sich eine bläuliche Verfärbung in der Sichel ab, wie ein Schatten, die Ahnung einer entstehenden Form. In diesem Fleck erkannte ich den Fuß des himmlischen Hasen. Auf dem silbrigen Weiß der Mondsichel sah er aus wie vor dem perlweißen Futter eines schwarzen Zylinders.

Und in der Stille, die dem Abschied der Nachtigall folgte, hörte ich hinter mir das Flattern des Falters.

ZEHNTES KAPITEL

Als ich in jener Nacht endlich ins Bett fiel, war ich übersättigt, bis zum Überlaufen erfüllt von neuen Eindrücken und Gefühlen: Liebe, Ehrfurcht, Schuld, Hoffnung, Wahnsinn – ein tausendfaches Frage-und-Antwort-Spiel. Meine ganz persönliche Vorgeschichte kreiste wie der Mond um mich, ein verlorener Planet, der, von der Schwerkraft meines Herzens angezogen, endlich heimgekommen war. Jetzt war ich wie alle anderen, hatte endlich einen Stammbaum. Ich war menschlich; ich war sterblich. Zu der Frage, was das bedeutete, hätte ich, der ich allzu frisch in die Mysterien eingeweiht war, keine Meinung zu äußern gewagt. Und hätte ich es versucht, so zweifle ich, ob ich es gekonnt hätte. Ehrlich gesagt: In jener Nacht war ich zu nichts mehr fähig, buchstäblich wie im Fieber. Wu erzählte mir später, daß ich ihn, als ich auf dem Weg zu meinem Bett im Kreuzgang an ihm vorbeikam, als Antwort auf seinen Gruß und seine besorgte Frage nach meiner verletzten Hand nur mit einem übermütigen Affengrinsen angesehen und irgend etwas Sinnloses gemurmelt hätte, bis ich plötzlich geistesabwesend davongeschlurft sei. In meiner Zelle warf ich mich bäuchlings auf den Strohsack und fiel in einen abgrundtiefen Schlaf.

Nicht jedoch so tief und dunkel, daß er ganz traumlos geblieben wäre. Als hätte ich noch nicht genug Aufregungen an diesem Tag gehabt, wurde ich in der Nacht von der ersten Sequenz eines immer wiederkehrenden Traums verfolgt, der mich, so banal er war, dennoch in Unruhe versetzte.

Jedesmal, wenn der Traum begann, folgte ich gerade den Fußspuren eines Tieres oder mehrerer Tiere. Manchmal war die Fährte von Hufen zerstampft, manchmal von einer Pfote mit Krallen. Die Landschaft änderte sich jedesmal, doch ein Element immer konstant: Im Hintergrund war stets das Geräusch fließenden Wassers zu vernehmen, zuweilen näher, zuweilen entfernter; manchmal klang es wie das Plätschern eines Baches oder Flüßchens, manchmal wie ein reißender Sturzbach, der seinem Ziel entgegenschäumt. Durch hohe Wiesen und ungeschnittene Halme, übersät mit blauem Gebirgsenzian, oder in Wolkenforsten, wo die Sonne wie eine riesige, bleiche Gaslampe im Dunst schwamm und das Geräusch der auf die Blätter des Rhododendron prasselnden Wassertropfen an mein Ohr drang; manchmal durch Schneefelder, manchmal in schwüler Hitze durch den lehmigen Schlamm eines Reisfeldes; manchmal durch Wüsten, manchmal über eine endlose Ebene, durch Salzsümpfe und

Mündungsgebiete. Bis in entlegene unterirdische Höhlen folgte ich der Spur, um zuletzt immer zum Meer zu gelangen, wo sich das Geräusch des fließenden Wassers mit dem Seufzen der Wogen mischte. Dort, an einem Strand aus festem, vulkanischem Sand, ging ich am feuchten Rand des Gezeitengürtels in die Hocke, um die letzten Spuren zu untersuchen, als die aufkommende Flut sie schon wieder löschte. Die Sonne senkte sich dem Ozean zu, rann wie eine lautlose Blutträne über das blaue Antlitz des Himmels herab. Die Tatsache, daß ich das Spiel verloren hatte, erfüllte mich mit Bestürzung und Enttäuschung, und doch tröstete mich das Meer, dessen weite Fläche sich ins Unendliche erstreckte, mit seiner monumentalen Leidenschaftslosigkeit, seinem vollständigen Mangel an Vielfalt, an Detailliertheit. Dieser graue, schwermütige Friede, ähnlich dem des Endes oder des Anfangs, lenkte mich ab von der fehlgeschlagenen Jagd, entschädigte mich irgendwie für sie.

Ob es mit dem ersten Auftreten dieses Traums zusammenhing, weiß ich nicht, auf alle Fälle erwachte ich am Morgen nach Xiaos Abreise mit einer unbestimmten, leichten Beklemmung und angesichts all dessen, was ich von meinem Onkel sowohl in materieller als auch in geistiger Hinsicht erhalten hatte, unerklärlicherweise mit dem Gefühl eines undefinierbaren Verlustes, als hätte ich ein Besitztum verloren, von dessen Existenz ich nichts geahnt hatte, bis es in meinem Leben fehlte. Zum erstenmal empfand ich den Druck von etwas zugleich Hohlem und extrem Schwerem im Zentrum meines Seins, der mich von da an kaum mehr verlassen sollte, es sei denn im Schlaf und, für ein Weilchen, bei der Meditation. Ich konnte es mir nicht erklären, aber es war eine Veränderung eingetreten. Ich war nicht mehr glücklich.

Sogar mein Meditieren litt darunter. Ich glitt nicht mehr sofort in den intensiven Erholungszustand hinüber, an den ich mich nach so vielen Jahren des Übens gewöhnt hatte, sondern erlebte eine Regression und wurde von einem bestimmten Geräusch abgelenkt. Es glich ein wenig dem fließenden Wasser aus meinem Traum, mehr jedoch dem Summen eines Wasserkessels, kurz ehe er sprudelnd zu kochen beginnt; oder, noch besser, einem zwischen zwei Sendern steckengebliebenen Radio, das in einem entlegenen Zimmer des Hauses dröhnt und mit einem tiefen atmosphärischen Störgeräusch rauscht und blubbert. Das Bild aus dem ersten der ›Zehn Ochsenhirtenlieder‹ beschreibt den Zustand, glaube ich, am besten:

Meine Augen verschwimmen vor Erschöpfung
Und mein Herz beginnt zu stocken;
Ich kann den Bullen nicht finden.
Ich lausche, niedergeschlagen,
Dem seelenlosen Zirpen der Zikaden
Im mondlosen Wald.

Die Zikade ist das Symbol einer rastlosen, sehnsuchtsvollen Seele, eines Herzens, das immer noch leidenschaftlich an der Welt der Sinne, dem »Marktplatz«, hängt, das Angst davor hat, sich zu befreien und wie ein Stein (eine Feder) in die reine, strahlende Leere fallen zu lassen. Unabhängig von seiner onomatopoetischen Angemessenheit ist dieses Bild sehr zutreffend, denn das trostlose, mechanische Wimmern männlicher Zikaden an einem Sommerabend im Wald, das das Verlangen des Fleisches verstärkt, diese monotone, quälende Musik einer kranken Begierde, die niemals befriedigt werden kann und daher beschwichtigt oder abgetötet werden muß, ist der Inbegriff der fleischlichen Hölle des Menschen. Die Meditation, die Rückkehr zur stillen Quelle des Seins, ist ein Versuch, diese Musik zu dämpfen, die Zikade zum Schweigen zu bringen, die stets im Tempel des Herzens singt.

Als ich auf meinem Gebetskissen hockte und versuchte, unter die entzündete Schicht meines Bewußtseins zu dringen, mich zu den darunter rasch und still verlaufenden kalten Strömungen hinabsinken zu lassen, zuckte mir das Bild meines jüngeren Ichs durch den Kopf.

Ich stand im Tempel, in der Hand einen Besen, den ich mir aus einer Ecke geholt hatte, und wedelte damit militärisch schwungvoll herum, weil ich eine Zikade – eine echte Zikade – vertreiben wollte, die während der morgendlichen Meditation durchs offene Fenster hereingekommen war und mit unverfrorener Frechheit begonnen hatte, ohne Rücksicht auf die Heiligkeit des Ortes und die feierlichen Handlungen, die dort vollzogen wurden, ununterbrochen schrille, unangenehme Geräusche zu erzeugen. Ich entdeckte sie im Schrein des Kwan Ti, der wilden, schielenden Kriegsgottheit mit dem ungewaschenen Gesicht, geschwärzt vermutlich nicht von Schmutz, sondern vom Ruß und Pulverdampf der Schlacht. Empört über diese unerhörte Zudringlichkeit, quollen die blutunterlaufenen Augen der Kwan-Ti-Statue aus ihren Höhlen, als würden sie jeden Augenblick herausfallen. So respektvoll wie möglich versuchte ich, das unehrerbietige Insekt aus seinem Nachtlager zu vertreiben. Auf einmal ließ das Tier eine neue ohrenbetäubende Salve los und kam voll Impertinenz heraus, und mir geradenwegs ins Gesicht geschossen. Heftig wirbelte ich herum, um es irgendwie in der Luft zu schnappen, schaffte es aber nur, eine Gebetslampe umzustoßen, die mit dem Geschepper eines *jingbao*-Fliegeralarms über den Boden rollte.

Die Brüder, die bis jetzt – blind für die Anstrengungen, die ich zu ihrem Wohl unternahm – still dagesessen hatten, öffneten nun die Augen und starrten umher wie Männer, die, eine Gefahr witternd, aus dem Schlaf emporschrecken. Gelähmt vor Entsetzen, errötete ich vor Scham bis zu den Haarwurzeln und stand nackt und töricht da, während sie die Situation abschätzten. Manche schüttelten den Kopf, andere nickten weise, wieder andere beugten sich zu ihren Nachbarn hinüber und wisperten sich hinter der vorgehaltenen Hand giftige, zischelnde Bemerkungen zu. Ihre Blicke verkündeten das Urteil: Schuldig.

Wu, der den Spektakel in der Küche gehört und den Verursacher erraten hatte, erschien mit seinem dicken Bambusstock an der Tür. Als er mich sah, der ich mich ängstlich duckte, seufzte er und machte sich grimmig an die Ausübung seiner Pflicht. Gerade hatte er mich beim Handgelenk gepackt und mich zu sich herumgerissen, um zuzuschlagen, da ertönte des Meisters Stimme.

»Bring ihn zu mir!«

Sein Ton war nicht freundlich, aber auch nicht streng, und dennoch zitterte ich vor Angst, als Wu mich durch den Raum zerrte.

»Jetzt bist du dran!« sagte er leise, halb gehässig, halb mitleidig.

Das bezweifelte ich durchaus nicht. Obwohl Chung Fu mich nie bestraft hatte, fürchtete ich ihn weit mehr als Wu mit all seinen Folterinstrumenten (und seinem großen, so leicht dahinschmelzenden Herzen). In jenen jungen Jahren war ich fest davon überzeugt, daß Chung Fu ein Zauberer sei und mich mit einer furchtbaren Metamorphose bestrafen könne. Hatte ich doch gehört, daß das frische, unverdorbene Blut von Kindern bei Alchimisten stets heiß begehrt war – als wichtiges Ingrediens für die Herstellung der Gold-Zinnober-Perle. Einige Mönche waren sogar so grausam gewesen, mir zu erzählen, nur deswegen hätten sie mich so viele Jahre lang versorgt und ernährt wie einen Weihnachtstruthahn. Vielleicht würde Chung Fu mich an Haken und Greifarmen über eine geisterhafte Kobaltflamme hängen, um die Vitalessenz aus mir herauszukochen wie den Saft aus dem Ahornbaum. Er würde sie in einem Glaskolben destillieren und dann durstig herunterschütten wie einen Liebestrank oder ein Glas Schnaps, kräftig rülpsen und sich mit dem Ärmel seiner Kutte den Mund abwischen. Dieses oder ein ähnliches Szenario erschien mir keineswegs ausgeschlossen.

»Ich dachte, du wolltest bei uns sitzen«, begann der Meister.

»Das möchte ich auch«, flehte ich verzweifelt, »aber…«

»Was – aber?«

»Er hat ein wildes Haar, das ist es«, mischte sich Wu ins Gespräch ein. »Das ist das *Sun* in ihm, seine Affennatur. Er kann nichts dafür.«

Die Mönche kicherten. Chung Fu beachtete Wus Einwurf nicht.

»Ich hab' eine Zi-ka-ka-kade z-z-zirpen hören«, stammelte ich. »Das war so laut, daß ich mich nicht k-k-konzentrieren k-k-konnte.«

Er riß die Augen auf. »Hast du sie tatsächlich gesehen?«

Ich nickte.

»Wo?«

»Da!« Ich deutete auf den Schrein. Als ich sah, wie Kwan Ti mich boshaft anfunkelte, wurde mir klar, daß ich gegen die Etikette verstoßen hatte, und warf mich schnell vor der Statue zu einem inbrünstigen Kotau auf die Knie.

»Und da wolltest du uns einen Dienst erweisen und dieses respektlose Tier zum Schweigen bringen?«

Ich nickte.

Chung Fu lächelte andeutungsweise. »Hmm. Überaus lobenswert. Doch ist es dir nicht in den Sinn gekommen, daß die Zikade, wenn du ganz einfall still sitzengeblieben wärst, dir ganz von selbst ihren Aufenthaltsort verraten hätte und zu gegebener Zeit möglicherweise freiwillig verschwunden wäre?«

Eine solche Entwicklung erschien mir höchst zweifelhaft; um jedoch mein Glück nicht zu strapazieren, antwortete ich nicht, sondern schob nur die Zungenspitze in meine Wange und rollte die Augen zur Decke empor.

»Bezweifelst du das?« erkundigte sich Chung Fu lachend. »Dein Glaube an das Tao ist schwach, kleiner Bruder. Weißt du nicht, daß für Menschen mit einer chronisch rastlosen Seele, wie du sie hast, stets eine Zikade im Tempel ihres Herzens singt?«

Diesem plötzlichen Sprung des Meisters in die Metapher zu folgen war zu anstrengend für meinen jungen Verstand. Alles, was ich dem zu entnehmen vermochte, war die versteckte Andeutung, die Zikade könne eine Halluzination sein.

»Aber sie war real!« rief ich und protestierte leidenschaftlich gegen diese Mißdeutung, die sowohl demütigend als auch ungerecht war. »Ich hab' sie gesehen!«

»Selbstverständlich«, bestätigte Chung Fu beruhigend. Er legte mir die flache Hand aufs Herz, wie um es zu beruhigen. »Und was meinst du, wo sie jetzt wohl ist?« fragte er mit gedämpfter Stimme.

Ich hielt den Atem an und lauschte, aber da war nichts ... nur das eigene Herz klopfte mir bis zum Hals. Ich seufzte. »Sie ist fort.«

Mit einer abrupten Bewegung, so daß ich fürchterlich erschrak, schloß der Meister seine Hand vorn auf meiner Kutte zur Faust.

»Höre!« befahl er und hob sie an mein Ohr, als halte er etwas darin.

Zu meinem Erstaunen kam aus dieser fest geschlossenen Hand ein gedämpftes, fernes Summen, ein leises Rauschen, ähnlich dem des Meeres in den verschlungenen Gängen einer Schneckenmuschel, der seine alte Hand sogar glich.

Bevor ich jedoch Gelegenheit hatte, dieses Wunder ganz zu enträtseln, brach Chung Fu in lautes Lachen aus. Dann öffnete er die Hand, und eine Zikade flatterte von seinen Fingerspitzen auf, um durch das offene Fenster zu verschwinden.

Als ich an jenem Morgen im Tempel saß und durch diese Erinnerungen von der Meditation abgelenkt wurde, dachte ich daran, daß der liebevolle Taschenspielertrick des Meistes in meinem jugendlichen Herzen Wunder gewirkt hatte. Seit diesem Vorfall verehrte und bewunderte ich Chung Fu; ich nahm mir vor, in seine Fußstapfen zu treten, und grübelte so ernst selbst über sein geringstes Wort, seine kleinste Geste nach, als seien sie Orakel, die den Schlüssel zur transzendentalen Weisheit enthielten. Auf diese Weise wurde ich erzogen – nicht durch Zwang, sondern durch Güte und Ehrfurcht, die den Samen von Hoffnung und Staunen ins Herz des Schülers pflanzten und ihm einen Becher jenes geheimnisvollen, klaren Wassers darboten, das allein den unerträglichen, brennenden Durst irdischen Verlangens stillen konnte.

Nach drei Jahren fleißigen Selbstunterrichts hatte ich schließlich die Schwelle überschritten und war in das unermeßliche Schweigen eingetreten. Meine Konzentration war zu jener Zeit jedoch noch zu unvollkommen, um diesen Zustand lange zu halten. Innerhalb von fünf Jahren hatte ich mich soweit verbessert, daß ich mich höchstens noch einmal pro Woche ablenken ließ. Als ich neunzehn war, vermochte ich nach Belieben in eine tiefe, reine Trance zu fallen und nahezu endlos darin zu verweilen. Da hatte ich aber bereits gelernt, die natürliche Bewegung des Wassers nachzuahmen und durch den scheinbar völlig undurchlässigen Boden des Scheins ins kalte, reine Reservoir des Tao zu sickern.

Zwei Jahre waren seitdem vergangen, und ich glaubte, mich nie mehr mit der Zikade im Tempel meines Herzens herumschlagen zu müssen. Daher war ich begreiflicherweise bekümmert, als an jenem Morgen im Tempel die störende Musik, die ich leider so gut kannte, wieder in meinem Herzen einsetzte. Darauf beschloß ich, das Orakel zu befragen.

Ich wurde auf das Hexagramm *xü*, das fünfte im »Buch der Wandlungen« verwiesen, »Das Warten« oder »Die Ernährung«. *Xü* besteht aus den Trigrammen *kan* ☵(das Abgründige) über *qien* ☰ (das Schöpferische). *Kans* Bild ist das Wasser, sein Attribut die Gefahr. *Qiens* Bild ist der Himmel, sein Attribut die Stärke. Der Kommentar lautete:

> Alle Wesen bedürfen der Nahrung von oben. Aber das Spenden der Speise hat seine Zeit, die man erwarten muß. Das Zeichen zeigt die Wolken am Himmel. Sie spenden Regen, der alles Gewächs erfreut und den Menschen mit Speise und Trank versieht. Dieser Regen wird kommen zu seiner Zeit. Man kann ihn nicht erzwingen, sondern muß darauf warten. Der Gedanke des Wartens wird außerdem nahegelegt durch die Eigenschaften der beiden Urzeichen: innen Stärke, davor Gefahr. Stärke vor Gefahr überstürzt sich nicht, sondern kann warten, während Schwäche vor Gefahr in Aufregung gerät und nicht die Geduld zum Warten hat.

Bei dem Hinweis auf Gefahr spitzte ich die Ohren. Ich wußte nicht, was das präzise bedeutete, aber es ließ eine Stimmgabel in mir erklingen. Ein Schauer böser Vorahnung lief mir den Rücken hinab, verstärkt noch durch das, was ich im Urteil fand, wo es hieß: »Fördernd ist es, das große Wasser zu durchqueren.« Ich wußte sehr gut, daß der Ausdruck »das große Wasser durchqueren« bildlich gemeint war und sich auf jede entscheidende Handlung beziehen konnte. Aber die wörtliche Bedeutung des Bildes setzte sich in meinem Kopf fest, und ein Bild aus jenem Traum erschien vor meinem inneren Auge: Ich sah mich in einer Art demütiger Haltung im Sand hocken und über den weiten Ozean zum Horizont blicken, während die Sonne ins Wasser sank, um von ihm gelöscht zu werden. Der Kommentar zu *xü* lautete weiter:

> Eine Gefahr liegt vor einem, die überwunden werden muß. Schwäche und Ungeduld vermögen nichts. Nur wer stark ist, wird mit seinem Schicksal fertig, denn er kann infolge der inneren Sicherheit ausharren. Diese Stärke zeigt sich in unerbittlicher Wahrhaftigkeit. Nur wenn man den Dingen, so wie sie sind, ins Auge zu schauen vermag, ohne jeden Selbstbetrug und ohne jede Illusion, entwickelt sich aus den Ereignissen ein Licht, das den Weg zum Gelingen erkennen läßt.

Der erste oder unterste Strich meines Zeichens war ein »bewegter«, eine Neun. In der Erklärung der Striche fand ich:

Anfangs eine Neun bedeutet:
Warten auf dem Anger.
Fördernd ist es, im Dauernden zu bleiben...
Die Gefahr ist noch fern. Man wartet noch auf weiter Ebene. Die Verhältnisse sind noch einfach. Es liegt nur etwas in der Luft, das kommen wird. Da gilt es, die Regelmäßigkeit des Lebens so lange beizubehalten, wie es möglich ist.

Obwohl mich der wiederholte Hinweis auf eine Gefahr etwas beunruhigte und vielleicht auch etwas reizte, war ich entschlossen, sie nicht zu suchen. Ich wollte den Rat des Orakels befolgen und »die Regelmäßigkeit des Lebens so lange beibehalten, wie es möglich« war. Diesem Entschluß gemäß nahm ich nachmittags am Vortrag des Meisters über die alljährlichen Exerzitien teil, die dicht bevorstanden, die ersten meiner Volljährigkeit. Sie hatten eine besondere Bedeutung für mich, da ich am Ende des sechstägigen einsamen Fastens meine Gelübde ablegen und endgültig in den Orden aufgenommen werden sollte.

»Treibgut des Gefühls auf dem Ozean dieses Lebens, bestimmt zur Auflösung und Neuschöpfung – tanzende Korken, Fetzen zerrissenen, entwurzelten Seetangs, Schwemmholzteile, die dahintreiben und sinken«, begann der Meister. »In solchen Dingen finden wir uns abgebildet. Und dennoch haben wir eine Bedeutung und sind in der großen Ordnung unentbehrlich. Es ist unsere Bestimmung, die Flüssigkeit des Tao anzureichern und die Zukunft zu sichern. Sollte das geringste Sandkorn verlorengehen, würde die Welt enden. Und das Tao selbst würde in das entstehende Vakuum gesogen. Das aber ist unvorstellbar, denn das Tao ist auch das Vakuum. Es kann keinen Verlust und keine Zerstörung geben, nur die Wiederkehr, die Rückreise zum Tao, die ihr in diesen Exerzitien antretet. Unternehmt sie eifrig und frohen Herzens! Lernt euch selbst und euren Platz im großen Weltenplan erkennen und akzeptieren! Das ist der einzige Pfad zur Harmonie, die ihr, wenn ihr nicht aufgebt, früher oder später erreichen werdet. Alles andere ist Schmerz, Nichtigkeit – ein zum Mißlingen verurteilter Versuch, den Weg des Lebens zu umgehen, der nicht umgangen werden kann. Es gibt keinen anderen Weg.

Geht also, und tretet ihm entschlossen entgegen, jeder auf seine Art, über seinen ganz eigenen, persönlichen Pfad! Weitere Führung ist nicht möglich, denn kein Pfad ist wie der andere, nur daß sie am Horizont wie auf einem perspektivischen Bild alle in die große Straße münden und in der Dunkelheit verschwinden, die wir Tod nennen. Dann erst, von diesem hohen Punkt aus, werden wir vielleicht das Ganze sehen und verstehen. Bis dahin muß jeder für sich, von allen anderen getrennt, sich einsam mühen.«

Ein unheimliches Gefühl des Losgerissenseins beschlich mich bei diesem Echo des morgendlichen Orakels. Der »persönliche Pfad« des Meisters erinnerte mich an den im Hexagramm *xü* erwähnten »Weg zum Gelingen«: »Nur wenn man den Dingen, so wie sie sind, ins Auge zu schauen vermag, ohne jeden Selbstbetrug und ohne jede Illusion, entwickelt sich aus den Ereignissen ein Licht, das den Weg zum Gelingen erkennen läßt.« Aufregend, der Gedanke, daß letzterer derselbe sein könnte wie der »persönliche Pfad« jedes sterblichen Lebewesens, der in die »große Straße« mündet, von der der Meister sprach!

In jener Nacht träumte ich wieder von den Fußspuren, stand wieder am Strand und spähte über das weite Wasser hin, während ich dem melancholischen Rhythmus der Wellen lauschte.

Am ersten Tag der Exerzitien befragte ich das Orakel abermals. Zu meinem Erstaunen verwies es mich erneut auf *xü*. Die »bewegte« Linie war um eine Sprosse auf Platz zwei gestiegen.

> Neun auf zweitem Platz bedeutet:
> Warten auf dem Sand...
> Die Gefahr rückt allmählich näher. Der Sand ist dem Ufer des Stromes, der die Gefahr bedeutet, nahe... Wer da gelassen bleibt, dem wird es gelingen, daß schließlich alles gutgeht.

Das Wiederkehren meines Traums und die abermalige Spiegelung seiner Bilder im Orakel überzeugten mich, daß hier mehr am Werk war als der reine Zufall, daß ich Zeuge war, wie sich etwas Dunkles, Geheimnisvolles in meinem Leben entfaltete gleich einer vergilbten Pergamentrolle, auf der mit schönen, archaischen Lettern, schwer zu lesen und zu begreifen, das höchste Urteil des unabänderlichen Schicksals geschrieben stand. Die Idee, daß es entscheidend für mich war, die Bedeutung des Traums zu erkennen, setzte sich in mir fest. Ich versuchte, gelassen zu bleiben, wie das Orakel es empfahl, war aber den ganzen Tag beunruhigt. Ich versuchte zu meditieren, aber das Zirpen der Zikade war lauter geworden.

Beim drittenmal gab es keine Überraschung, keine Atempause. Mit der morbiden Beharrlichkeit eines wandernden Bettelmönchs, der seine grausige Botschaft wie eine Laterne durch die Welt trägt, seine erleuchtete Lehre, *memento mori*, einen gebleichten Menschenschädel, verwies mich das Orakel wieder auf *xü*.

> Neun auf drittem Platz bedeutet:
> Warten im Schlamm.
> Bewirkt das Kommen des Feindes.

»Warten im Schlamm« – das war nun allerdings zutreffend. Denn an jenem Tag brach innerlich ein Teil von mir entzwei wie die Bohlen einer alten Brücke, die ich an jedem Tag meines Lebens überquert hatte, ohne jemals im Traum daran zu denken, daß sie verfaulen könnte, ja, daß sie verfaulte, während ich sie benutzte. Etwas brach entzwei und ließ mich in den stinkenden Pfuhl der Natur zurückstürzen, in den Sumpf des Lebens, in all den Schmutz und die Schönheit, mit der ich nichts zu tun gehabt hatte und nichts zu tun haben wollte... Doch aus ihm war ich erstanden, und zu ihm würde ich – nach der Weile, die mir mein spezielles Schicksal gönnte, nach meiner Jugend, jenem kurzen Aufenthalt im reinen Heiligtum des Tao – zurückkehren.

An jenem Tag kreiste mein Sinnen trotz meiner Entschlossenheit, alle weltlichen Gedanken zu verbannen, um meine Eltern. Ich dachte an Xiaos Worte über meine Mutter – »Im fernen Land lebt eine Hirschkuh; verweilt inmitten weißen Schilfrohrs... auf ewig nun« – und brach in Tränen aus. Auch wenn der Tränenstrom so schnell wie ein Wolkenbruch versiegte, konnte er mein Herz nicht erleichtern. Statt dessen machte er es schwerer, schwer von einem unbestimmten Schmerz, der nicht nur Schmerz war, sondern Keime der Bitternis und des Hasses in sich barg. Das Antlitz meines Vaters trat mir wieder vor Augen, ein Wimpel am Mastkorb des Schicksalsschiffs, das nun in den stillen Hafen meines Lebens eingelaufen war. Sein Lächeln war das Grinsen des Totenkopfes auf der Seeräuberflagge, seine Brillengläser die dunklen Augenhöhlen des Schädels... Aber sie waren auch traurig, diese Tropfengläser, traurig wie eine starre Maske oder ein Clown, der seinen persönlichen Schmerz überschminkt und lacht. Schönheit und Geheimnis lagen in diesem Gesicht, ein Geheimnis, das ich lösen mußte. Meine Mutter war mir trotz des rätselhaften Gewandes nicht so fremd. Das Gefühl eines gemeinsamen Anliegens, einer gemeinsamen Menschlichkeit machte mir ihr Schicksal begreiflich. Love dagegen konnte ich nicht verstehen.

Aber ich wollte ihn verstehen. Ich hatte ihn zu sehr geliebt, um aufzugeben. Ich hatte ihn mit einer Liebe geliebt, die so stark und bedingungslos war wie meine Liebe zum Tao, dem reinen Glauben. Nicht einmal Xiaos Offenbarungen, denen ich glauben mußte, konnten etwas daran ändern oder diese Liebe verringern. Ja, in diesem feinen Helldunkel brachte das Spiel der Schatten, das Xiao ins Porträt meines Vaters hineingezeichnet hatte, die Glanzlichter erst richtig heraus, machte das Strahlende noch strahlender: Yin, das das Yang umarmt, ihm klare Umrisse verleiht, es ergänzt. Und Yin war nicht schlecht, ebensowenig wie die Nacht, die in der Ebbe und Flut der Zeit unaufhörlich dem Tag folgt als Teil des natürlichen Zyklus im sich wandelnden und doch unwandelbaren Universum. Vielleicht war mein Vater ebenso schuldlos wie die Nacht... Doch daran konnte ich nicht mehr glauben. Der Haß war in voller Stärke in Erscheinung getreten und ankerte nun unsicher neben der Liebe, stieß gegen ihren Rumpf wie bei zwei riesigen Schiffen, die im Wettstreit um einen einzigen Liegeplatz, auf die Flut wartend, in der Hafeneinfahrt liegen, bis sie endlich einlaufen können.

Wer war dieser Mann? Ich mußte es wissen. War er verrückt, wie Xiao behauptete? Oder war er Chung Fus Drache, ein »unvollendeter« Unsterblicher, ein Bodhisattwa im Rohzustand? Möglicherweise eine ganz andere Spezies – einzigartig, noch nie dagewesen –, eine Spezies, die zu identifizieren selbst ihre Erfahrung die beiden Alten nicht gelehrt hatte: ein Zauberfisch, ein Leviathan, der hundert Millionen Jahre auf dem Grund des Meeres verschläft, oder irgendein Mutant, noch schleimig vom Fruchtwasser der Schöpfung, zu neu, um schon klassifiziert zu sein, der ihnen in die Netze gegangen war, um sie wie Spinnweben zu zerreißen... ein Wesen, das sie erblickt hatten, aber nicht einfangen, nicht halten konnten, das ins Meer zurückgeglitten und zuletzt gesehen worden war, wie es nach Westen in Richtung Amerika und Neue Welt verschwand.

Wenn schon Chung Fu und Xiao nicht wußten, was sie von ihm halten sollten, welche Hoffnung gab es da für mich? Wie paßte Love in das allgemeine System all dessen hinein, was ich kannte? Durch welchen Un- oder Zufall (oder nach welchem unbekannten Gesetz) war er aus der Natur hervorgegangen? War er ein Glücksfall, oder gab es noch mehrere wie ihn – eine ganze Kultur vielleicht aus solchen Menschen, die ihren barbarischen Gott verehrten, einen Gott mit dem Namen... ja, mit welchem? Wie nannten sie ihre grimmige Gottheit, welchen Namen flüsterten sie in ihren Gebeten?

Als sei es eine Antwort auf diese Fragen, fiel mir wieder das entscheidende Wortspiel ein, und mit einer brillanten geistigen Sternexplosion lösten sich alle meine Fragen, all meine Zweifel und Ängste in diesem einen Wort, jener Silbe, die selbst Frage und zugleich Antwort war, ein Schibboleth, das ich immer wieder vor mich hin sprach, in dem Gefühl, es sei irgendwie der Schlüssel zu allem, *der Schlüssel,* »der die tiefen Geheimnisse des Herzens öffnet... ein Kirchenschlüssel, der die große Kathedrale aufschließen kann...« Das war's! Das Wort. »*Dow*«. Das andere, das amerikanische Dow, das Dow meines Vaters. »Dasselbe, aber doch anders«, hatte er gesagt. Was war diese mysteriöse Entität? Ich hatte keine Ahnung. Aber das Wortspiel bezauberte mich, verhängnisvoll. Das Wortspiel – das war das Ding. In welcher Beziehung stand es zu dem *dao,* das ich kannte? Wo war der Zusammenfluß, der Punkt, an dem dieser angeschwollene, schäumende Strom in den stillen, ruhevoll wartenden Ozean des Tao zurückfloß? Denn zurückfließen mußte er. Alles kehrte zurück. Es konnte nicht anders sein.

Ich zügelte mich, hielt an kurz vor dem Rand eines gräßlichen Abgrunds. Es war eine gute Reaktion, die mich aber nicht rettete. Der Keim des Zweifels war vielleicht schon viel früher gelegt worden... in die weiche Vertiefung meiner Fontanelle gedrückt, als ich mich im Mutterleib entwickelte. Doch wann er mir eingepflanzt wurde, ist ohne Bedeutung. Wichtig ist nur, daß die Maschinerie jetzt in Bewegung gesetzt, die Frage gestellt, die Reise begonnen worden war, die mich so weit führen sollte. Manchmal denke ich, daß alles, was von da an geschah, ganz einfach unabänderlich war.

Nach einer schlaflos verbrachten Nacht, in der ich rastlos in meiner Zelle auf und ab gewandert war und den Zikaden gelauscht hatte, die draußen im Dunkeln ihre schauderhafte Prophezeiung leierten, wandte ich mich wieder dem Orakel zu, diesmal jedoch mit einem Gefühl der Unentrinnbarkeit und Furcht, wie ein schuldbeladener Mensch das Urteil des Gerichts erwartet – ein Urteil, das er im tiefsten Herzen bereits kennt. Abermals *xü:*

> Sechs auf viertem Platz bedeutet:
> Warten im Blut.
> Heraus aus dem Loch...
> Es ist die Lage äußerst gefährlich. Es ist voller Ernst geworden und geht auf Leben und Tod... Man kann nicht vorwärts und nicht rückwärts. Man ist abgeschnitten wie in einem Loch. Da gilt es einfach auszuharren und das Schicksal über sich ergehen zu lassen.

Ich fuhr fort, auf und ab zu wandern. Ich konnte nicht stillsitzen, geschweige denn meditieren. Die Welt pulsierte wie ein einziger, riesiger Bienenkorb aus Geräuschen um mich herum. Was war falsch? Die Exerzitien waren schon zur Hälfte vorüber, und mein Herz, statt sich fallen zu lassen, statt ruhig und rein zu werden wie ein von keinem Bild verunreinigter Spiegel, wurde immer rastloser, wanderte immer weiter in die Ferne. Das Bild, das die Fläche des Spiegels eingenommen hatte, wurde nicht blasser, sondern leuchtender, als sei es aus Laserstrahlen zusammengesetzt! Die weiße, durch Prismen oder ein Brennglas gebündelte Hitze der Sonne ritzte das Antlitz meines Vaters unauslöschlich in den Silberglanz. Da ich nicht meditieren konnte, bediente ich mich eines Hilfsmittels und deklamierte, nur um meine Gedanken davor zu bewahren, ihrem aufrührerischen und jäh abfallenden Weg zu folgen, immer wieder das »Große Gelübde«:

(Aus) Tao entsteht Eins;
Aus Eins entsteht Zwei;
Aus Zwei entsteht Drei;
Und aus drei entstehen die zehntausend Dinge.
Ich, ein Pilger in diesem Leben, ein Exilant
Auf der Reise in die Heimat,
Auf der Rückkehr zur Quelle,
Wähle von den zehntausend Dingen diese
Drei Schätze, die mich stärken sollen
In meiner Schwäche auf der ersten Etappe der Reise –
Demut, Genügsamkeit, Mitleid –
Bis ich, mit der Zeit, wenn ich stärker geworden bin
Und sie überflüssig werden – eine Behinderung
Für mich bei meiner Suche –, sie aufgebe und
Die Zahl meiner Bedürfnisse, meiner Gepäckstücke
Auf zwei beschränke,
Yin und Yang,
Die Teile der großen, ursprünglichen Opposition,
Die ich in mir durch eifriges Bemühen
Wieder zum Eins zu vereinigen hoffe,
Indem ich die Einheit wiederherstelle, die Harmonie,
Den Weg, der war und ist, und so
Zu meiner letzten Bestimmung zurückkehre.
TAO
Mutter der vielfältigen Existenzen,
Die wir um uns sehen, diese
Kaleidoskopische Fülle von Erscheinungen:
TAO
Das Eins innerhalb dieser wimmelnden
Mannigfaltigkeit, selber
Unwandelbar und alle Wandlungen

Verursachend.
Dies ist mein Glaube –
Daß die Wirklichkeit Eins ist,
Und Tao die Wirklichkeit ist –
Der, wie ich bei Strafe
Meines Verderbens erkläre,
Ganz ist, und wahr.
Darum:
Werfe ich von mir die Welt auf ewig,
Um sie zu verbessern.
Ich werfe von mir mich selbst,
Um mich zu finden.
Möge ich diesen Entschluß nicht aufgeben,
Bis die Hölle den Verdammten Erquickung schenkt
Und meine Seele zu Asche wird.

Doch diese Worte strömten durch meinen Kopf wie Wasser über Steine. Immer wieder mußte ich feststellen, daß ich in Gedanken zu *ihm* zurückgekehrt war, wie eine Kompaßnadel immer zum echten Nordpol zeigt, ein Pfeil, der durchs Universum unfehlbar zum Polarstern fliegt, zu *ihm*, dem matten Leitstern meines Schicksals. Dann riß ich mich schnell zusammen und begann, Frommes zu murmeln in der Hoffnung, das »Gelübde« werde mich von der Schwerkraft der Liebe erlösen, mich vom Zwang *seines* Zaubers befreien.

Aber es war das »Gelübde« selbst, das letztlich den Ausschlag gab. Innerhalb einer Sekunde löste sich ein Teil von mir innerlich los oder wurde sauber, gründlich aus mir herausgelöst wie bei einer bösartigen Operation, mein Herz, meine Leber, irgendein inneres Organ wurde herausgeschnitten und fortgeworfen. Unter örtlicher Betäubung war ich hellwach und sah leidenschaftslos dabei zu. Erst später, als ich die Veränderung an mir, die Lücke, spürte, ahnte ich das Ausmaß meines Verlustes. Ich kann den Augenblick, an dem dieses Loslösen eintrat, genau rekonstruieren:

Dies ist mein Glaube –
Daß die Wirklichkeit Eins ist,
Und Tao die Wirklichkeit ist.

In dem Moment, da ich diese Worte aussprach, erkannte ich mit traumwandlerischer Klarheit, daß sich die vertraute Gestalt der Welt, die ich kannte, unwiderruflich verändert hatte, und die Worte des Gelübdes wurden zu Asche auf meinen Lippen. Plötzlich wußte ich, daß ich nicht daran glaubte, oder mir wenigstens nicht mehr sicher war. Ich zweifelte. Und da wußte ich, daß ich das Gelübde nicht ablegen würde. Es in bewußter Unaufrichtigkeit abzulegen, hätte die Verdammnis bedeutet. Aber ich war ohnehin verdammt, ohnehin verloren.

Die Erkenntnis, von der das Orakel gesprochen hatte, war eingetreten. Ich erkannte, daß mein Glaube durch die Geschichte meines Onkels und seine Hinweise auf eine andere Welt, eine völlig außerhalb der meinen liegende und letztlich mit ihr nicht zu vergleichende andere Erfahrungsordnung, Schaden erlitten hatte, vermutlich irreparablen Schaden. Das war es, was an mir genagt und während der Tage der Exerzitien die Stützpfeiler meiner Gewißheit ganz langsam immer mehr zermürbt hatte: die scheinbare *Unvergleichbarkeit* jener Welt, der Welt, die ich als Spiegelbild in den Brillengläsern meines Vaters gesehen hatte, einer unvorstellbar exotischen Welt, glitzernd, schön, bösartig, ein Ort voll Zauber, Wahnsinn, Macht, Mammon und Begierde, wo alle Gewißheiten auf den Kopf gestellt waren, wo Ehrlosigkeit nicht unvereinbar war mit höchster Tapferkeit, und Eigennutz nicht zu Vernichtung führte, sondern zu schwindelnden Höhen der Ekstase und Macht, wo jeder Traum wahr wurde! Was war dran, an dieser Vision, daß sie mich so sehr faszinierte und doch zugleich abstieß? War es so, daß ein Teil von mir (war dies der neue Sun I?), ein von meines Vaters Genen bestimmtes unbeständiges Wesen, mit dem Heimkehrinstinkt von Wandervögeln zur Quelle zurückkehren wollte, zu *seiner* Quelle – nicht zum *dao*, sondern zum Dow? Der alte Sun I verachtete dieses Sehnen, hielt es für ketzerisch und blasphemisch, für einen Verrat an seinem Glauben.

Doch war es das wirklich? War dieses Wortspiel ein monströser Witz der Natur, zwei Köpfe auf einem einzigen Paar Schultern, oder spiegelte es eine echte Identität der beiden? Waren sie letztlich eins? Wenn das, was ich gelernt hatte, zutraf, mußte es so sein: »daß die Wirklichkeit Eins ist, und Tao die Wirklichkeit ist.« Auf die Wahrheit dieser Behauptung setzte ich meine Zukunft und darüber hinaus die Rettung meiner unsterblichen Seele. Aber was, wenn es nicht zutraf? Und wie konnte es auch! Ich war drauf und dran, mich unauflöslich und bei Strafe der Hölle einem Glauben zu verbinden, den ich durch das sarkastische Lächeln meines Vaters verspottet sah, einem von dem glitzernden, bösartigen, vielfacettierten Spiegelbild der Skyline von Manhattan in tausend Scherben zerschlagenen Glauben.

Es war vorbei. Hier gabelte sich die Straße, und beide Abzweigungen führten ins Verderben. Entweder verleugnete ich meinen Kindheitsglauben und verlor damit alles, was ich jemals gehabt oder gewußt hatte, oder ich hielt unaufrichtig an ihm fest und wählte damit selbst die ewige Verdammnis. Bilder aus meiner Kinderzeit zogen an mir vorbei wie Kontobücher voll ausstehender Schulden, und jedesmal stand mein Name darunter, die einzige Sicherheit, die mir abverlangt worden war (mein Name, jenes von keinem Gesetz anerkannte Zahlungsmittel, jene floatende, jetzt ganz und gar entwertete Währung). Ich war erfüllt von Verzweiflung und Selbstvorwürfen.

Die Angst vor der Hölle stieg in mir auf. Ich dachte an Yen Lo Wang, den dunklen Herrn des Todes, wie er in der Hölle den eifrigen Schreibern und Bürokraten die Liste meiner Sünden und Tugenden vorlas – mein Leben eine leere Seite mit einer einzigen schwarzen Letter, einem Fleck, der Sünde dieses Glaubensabfalls, dieses Verrats – und mich anschließend den Dämonenliktoren übergab, die sich um mein lebendiges Herz zankten und rauften wie Aasgeier um einen Fetzen Fleisch und meinen ausgeweideten Kadaver in den tiefen Teich der Exkremente warfen, wo er inmitten der großen, glitschigen, rosa Würmer bis in alle Ewigkeit faulte.

Zwischen meinen Verzweiflungsanfällen beschlich mich jedoch verstohlen ein todesähnlicher Friede. Ich glich einem Mann, der inmitten der allgemeinen Katastrophe beim Weltuntergang gelassen seinen eigenen Tod beobachtet. Die große, langsam dahinrollende Wolke entfaltete sich Blatt um Blatt vor meinen Augen wie eine riesige, schwarze Lotosblüte, die lautlos im Herzen des Weltraums erblüht. »Auch mitten in der Gefahr gibt es Ruhepausen.« *Xü* – der »bewegte« Strich auf fünftem Platz.

Während des ganzen folgenden Tages lag ich, bis das Licht in der Zelle abnahm und ich merkte, daß die Abenddämmerung eingesetzt hatte, auf den kalten Steinen, starrte die Wand an, ohne etwas zu sehen, ohne mich zu regen oder an etwas zu denken. Endlich lebte ich wieder ein wenig auf. Ich erhob mich, holte mir einen Schöpflöffel voll Wasser, trank etwas und benutzte den Rest, um mir das Gesicht zu waschen. Ich ritt auf einer Woge der Hoffnung. Obwohl ich das Gelübde jetzt nicht in aller Aufrichtigkeit ablegen konnte, konnte dies doch nach einiger Zeit geschehen... nach einem Jahr etwa... falls ich mich täglich der Meditation widmete, mich ganz in den Weg versenkte. Dies war zweifellos ein Rückschlag, aber es brauchte kein unüberwindlicher zu sein. Vielleicht gab mir das Leben noch eine Chance.

Doch draußen im Dunkeln hörten die Zikaden nicht auf mit ihrem endlosen Lärm. Und in dieser Nacht hatte ich wieder meinen Traum. Nur war es diesmal eine andere Variation. Während ich teilnahmslos dastand und auf die graue Weite des Meeres hinausstarrte, überfiel mich eine Vorahnung. Ich drehte mich um, und als ich auf das Gelände zurückblickte, das hinter mir lag, hatte ich einen verwirrenden Augenblick lang das widersinnige Gefühl, daß die Fußspuren *mir* folgten, als sei eine unsichtbare Bestie schon immer auf *meiner* Fährte. Über den Sand knirschend kamen die Spuren näher, und ich wich entsetzt ins Wasser zurück. Bis zur Taille war ich drin, bevor mir klar wurde, was geschah. Wild warf ich mich herum und schrie laut auf, als eine gigantische Woge sich über mir auftürmte, brach und mich unter sich begrub.

Nach einer Weile erhob ich mich mechanisch, holte den Kasten aus Zypressenholz herunter, in dem ich meine Schafgarbenstengel aufbewahrte, und nahm sie heraus. Dann berechnete ich zum letztenmal mein Schicksal. Wie eine Stimme, die die Tonleiter bis zum hohen C, ihrem Krisenpunkt, ihrer Apotheose, emporklettert, war der »bewegte« Strich durch das ganze Hexagramm *xü* pro Tag um eine Stelle hochgestiegen. Nun konnte er nicht mehr höher steigen. Er war zur Ruhe gekommen:

> Oben eine Sechs bedeutet:
> Man gerät in das Loch...
> Das Warten ist vorüber: Die Gefahr läßt sich nicht mehr abwenden. Man gerät in das Loch, muß sich in das Unvermeidliche ergeben. Da scheint nun alles vergebens gewesen zu sein. Aber gerade in dieser Not tritt eine unvorhergesehe Wendung ein. Von außen her geschieht ohne eigenes Zutun ein Eingriff, von dem es zunächst zweifelhaft sein kann, wie er gemeint ist, ob Rettung, ob Vernichtung naht.

Ich schloß das Buch, stand auf und verstieß gegen die Regeln der Exerzitien, indem ich meine Zelle verließ. Ohne eine Vorstellung davon, was ich tun oder sagen wollte, begab ich mich instinktiv zum Meister.

Chung Fu saß ganz hinten in seiner Zelle auf einer Gebetsmatte, die Beine zum Lotossitz untergeschlagen, die Hände zur Faust geformt, mit der Innenfläche nach oben so auf seinem Schoß, daß die Rechte den linken Daumen umfaßte. Ich dachte, er habe nicht gemerkt, daß ich eingetreten war, aber er sagte mit geschlossenen Augen leise: »Willkommen, Sun I. Ich habe dich erwartet.«

Langsam öffnete er die Augen. Als seine Iriden unter den Lidern zum Vorschein kamen, sah ich die Ewigkeit weiter und weiter zurückweichen wie eine Landschaft, die man durchs falsche Ende eines Teleskops sieht, das Stück um Stück weiter ausgezogen wird, bis das Bild nicht größer ist als ein Nadelöhr. Sein Pupillen glichen den winzigen, dunklen Flecken, die lautlos im Herzen des Kaleidoskops schwimmen und inmitten des fieberhaften, sich ständig verändernden Spektakulums ruhig und still dahintreiben wie die Wahrheit. Allmählich wich das Strahlen der anderen Welt aus seinem Antlitz. Er war blaß, seine Haut fast durchsichtig. Sein Atem ging kaum wahrnehmbar, und er sah mich mit einem ruhigen Ausdruck an, der keine Spur von Vertrautheit oder Emotion erkennen ließ... es sei denn, daß tief unten, ganz tief unten ein Funken, eine Erinnerung des Mitleids aufblitzte.

»So«, murmelte er und maß mich mit einem flüchtigen Blick. Bei diesem Wort brachen die Dämme meines Kummers. Ich barg mein Gesicht in beiden Händen und weinte.

»Weine nicht, Sun I«, sagte er, doch seine Stimme bebte, und als ich aufblickte, entdeckte ich auch in seinen Augen Tränen.

Nun ließ ich alle Hoffnung fahren. »Es ist vorbei, vorbei«, klagte ich leise, klagte es mir selbst, klagte es ihm, klagte es niemandem.

Der Meister seufzte. »Armes Äffchen. Nun beginnst du die Schwierigkeiten des Weges zu begreifen. Es ist schwer, Sun I, sehr schwer. Aber vorbei? Was ist vorbei?«

»Meister, ich habe Sie hintergangen. Ich bin unwürdig.«

»Wie hast du mich hintergangen?«

Ich erzählte ihm alles: von den Fußspuren, die mich Nacht für Nacht zum Strand jenes grauen, düsteren Ozeans führten, in den die Sonne fiel wie eine blutige Träne; von dem Orakel, das unbarmherzig und auf unheimliche Weise das Zeichen der Gefahr wiederholt hatte; von der Zikade und meiner gestörten Meditation; und schließlich von meinem zerstörten Glauben, meinen Zweifeln, der Erkenntnis einer flüchtigen, abweichenden Wahrheit, mit der das Tao nicht in Einklang zu bringen war – dem zehntausendundersten Ding, dem Tao gleich und zeitgleich, jedoch separat und unvergleichbar –, der Spur der Brotkrumen, die mein Vater hinterlassen hatte, die nicht zur Quelle zurückführte, sondern zu einem fremden, unwirtlichen Terrain, von dem ich nichts kannte als den Namen: Dow.

»Ah«, sagte er. »Es ist also geschehen.«

Er verstummte nachdenklich; nur der leise, klagende Ton meines Wimmerns war in der Zelle zu hören.

»Hör auf zu weinen!« befahl er mir schließlich. »Deine Tränen können dieses Urteil nicht abwaschen. Es ist Schicksal. Man muß es akzeptieren.« Er schüttelte den Kopf. »Vielleicht ist es besser so.«

»Wie können Sie das sagen!« protestierte ich. »Ich habe Sie hintergangen, Schande über mich gebracht und meinen Glauben verloren, alles auf einmal. Und Sie fragen mich, warum ich sage, es ist vorbei?« Ich weinte bitterlich.

»Was deine Schuldigkeit mir und den anderen gegenüber betrifft«, entgegnete er, »so ist alles, was du uns schuldest, längst bezahlt. Du gabst uns bereitwillig von deiner Jugend und Freude, von deiner naiven Begeisterung, deiner Sanftmut, deinem Ungestüm, deinem Leben – und diese Dinge waren Sauerteig für unser müdes Brot. Die anderen Beschuldigungen sind ernsterer Art. Doch ich kann dich weder richten noch freisprechen. Das muß ich dir allein überlassen. Gerechtigkeit oder Gnade – du mußt sie austeilen, wie dein Herz es befiehlt... Doch sage mir, ist es denn möglich, daß der Weg so vollständig aus deinem Herzen verschwunden ist, daß du innerhalb so weniger Tage als falsch erkannt hast, was zwanzig Jahre deines Lebens dich als Wahrheit gelehrt haben?«

Ich antwortete nicht sofort, sondern erwog diese Frage eingehend. »Tief innen glaube ich immer noch an das Tao«, antwortete ich endlich. »Aber ich hatte die Vision einer anderen Wirklichkeit, an die ich, meine ich, ebenfalls glaube. Dem ›Gelübde‹ zufolge ist die Welt eins. Wenn das Tao ein Teil ist, ist das Tao falsch. Wenn das, was ich gesehen habe, wirklich ist, dann muß das Tao Illusion sein.«

»Aha!« sagte er. »Jetzt beginne ich zu verstehen. Du hast den Glauben nicht kurzerhand abgetan, du hast lediglich zu zweifeln begonnen. Der Zweifel ist mit der Überzeugung nicht unvereinbar, obwohl es dir so scheinen mag. Er ist Yin, der Glaube ist Yang. Der Zweifel ist das dunkle Netz, mit dem wir nach dem Glauben fischen. Doch beide, Zweifel und Glaube, sind nur Stationen auf dem Rückweg zu der Gewißheit, die nicht aus dem Glauben kommt, sondern aus dem unmittelbaren Erleben der Einheit von Natur und Welt, der Wahrheit, daß ›Wirklichkeit eins ist, und Tao Wirklichkeit ist‹. Tatsächlich war, was du verloren hast, im Grunde niemals dein, Sun I. Dein Glaube war von uns anderen geborgt, da du zu jung warst, den Preis selbst zu bezahlen. Doch nun ist die Zeit gekommen. Wenn du ihn zurückhaben willst, mußt du ihn dir verdienen.«

»Ach bitte, lehren Sie mich doch, wie!«

Traurig schüttelte er den Kopf. »Ich wünschte, ich könnte es. Doch wie ich vorhin schon sagte, gibt es einige Wissensgebiete – die letzten, höchsten Wahrheiten –, die kein Mensch dem anderen vermitteln kann.«

»Was muß ich tun?«

Chung Fu sah mir tief und forschend in die Augen. »Ich glaube, das weißt du bereits.«

Verständnislos starrte ich ihn an. »Wie meinen Sie das?«

»Du mußt das Kloster verlassen.«

Ich verspürte einen Stich im Herzen. Meine Lippen begannen zu zittern. Dies schmerzte mehr als alles andere. »Aber warum? Hier ist mein Zuhause. Ich habe kein anderes. Habe ich das wirklich verdient, nach so vielen Jahren so grausam hinausgeworfen zu werden? Sagten Sie nicht, ich sei hier von Nutzen gewesen? Habe ich nicht hart und freudig gearbeitet? Ich verspreche Ihnen, daß ich in Zukunft versuchen will, doppelt so hart zu arbeiten. Nur lassen Sie mich hierbleiben! Verstoßen Sie mich nicht!« Von Schmerz und Kummer überwältigt, bettelte ich ohne Würde und Zurückhaltung.

»Nimm dich zusammen!« befahl der Meister. »Was für Ideen! Als wäre hier von ›Hinauswerfen‹ die Rede. Bist du ein Müllhaufen oder ein Eimer mit schmutzigem Wasser, daß wir dich hinauswerfen sollten? Du hast das Recht hierzubleiben. Dein Recht ist ebenso real wie das der anderen. Aber laß dich nicht täuschen, Sun I! Hier ist ebensowenig dein Zuhause wie meins oder das eines anderen Bruders. Ken Kuan ist nur eine Station des Weges. Ich muß dich warnen. Das Herz wächst über einen Ort hinaus. Du bist glücklich gewesen hier. Du kannst gern bleiben, doch vergiß nicht, daß der Mensch auch zu lange im sicheren Heiligtum seiner Träume verweilen kann wie ein Baby, das im Leib der Mutter schlummert und dadurch nicht geboren werden kann. Bleiben wir länger als die uns bestimmte Zeit, vergiften wir möglicherweise sogar die süße Quelle der Erinnerung – und verlieren damit alles. Manchmal können wir etwas nur behalten, indem wir es aufgeben.«

Das ist wahr, dachte ich in einer traurigen Ekstase der Selbsterniedrigung. Laut erkundigte ich mich im Ton ruhiger Resignation: »Wohin soll ich gehen?«

»Ich glaube, die Antwort auf diese Frage kennst du auch.«

Ich wartete.

»Begreifst du denn nicht, Sun I? Du hast einen kurzen Blick auf das Schicksal werfen dürfen, und es führt dich durch dieses Tor in die Welt hinaus. Du darfst nicht säumen, sonst wird die Fährte kalt.«

Bei diesen Worten klickte eine Assoziation in meinem Kopf. Die Worte des Orakels fielen mir ein: »Nur wenn man den Dingen, so wie sie sind, ins Auge zu schauen vermag, ohne jeden Selbstbetrug und ohne jede Illusion, entwickelt sich aus den Ereignissen ein Licht, das den Weg zum Gelingen erkennen läßt.«

»Beachte die Zeichen!« sagte der Meister. »Du mußt den Fußspuren deines Traums folgen.«

Ein leichter, erregender Schauer überlief mich, als er sprach. Unmittelbar darauf kehrte die Verzweiflung zurück.

»Aber wohin?« wollte ich wissen. »Wohin führen sie?«

»Wer kann das sagen? Wenn wir das wüßten...« Er schürzte die Lippen und zuckte die Achseln.

Hilfeflehend sah ich ihn an.

»Der letzte Bestimmungsort ist ein Geheimnis, das nur du selbst lüften kannst.«

»Das sagen Sie«, gab ich voll Bitterkeit niedergeschlagen zurück. »Doch wie?«

»Das Geheimnis liegt in dir beschlossen. Dort mußt du es suchen. *Beachte die*

Zeichen! Die Hinweise findest du in deinem Traum und im Orakel. Wohin die Fußspuren führen? Immer zum selben Strand zurück, zu dem Sand, auf dem du wartend stehst und über das weite, endlose Meer hinwegblickst. Wie du ja selbst schon erraten hast, ist dies das ›große Wasser‹, von dem das Orakel sagt, daß du es überqueren mußt.«

»Aber ist es ein wirkliches Meer oder eine Schwelle in mir selbst? Sie sagten zuvor, die Antwort liege in meinem Herzen beschlossen. Wenn dem so ist, warum auf den Marktplatz der schmutzigen Welt hinausgehen und mich der Vergiftung mit Wollust und Habgier aussetzen, wenn die Antwort in mir selbst liegt und durch Meditation erlangt werden kann?«

»Du mußt werden wie der Lotos«, gab der Meister zurück, »der im Schlamm wächst und doch seine Reinheit bewahrt. Nimm deine ›drei Schätze‹ mit dir – Genügsamkeit, Demut und Mitleid –, und du wirst nichts weiter brauchen.«

Von der Verzweiflung getrieben, fuhr ich fort, mich diesem strengen Gebot zu widersetzen. »Doch Laozi sagt selbst:

> Ohne das Haus zu verlassen,
> Kennt er alles unter dem Himmel.
> Ohne zum Fenster hinauszusehen,
> Kennt er alle Wege des Himmels.
> Denn je weiter man reist,
> Desto weniger weiß man.
> Darum kommt der Weise an, ohne zu gehen,
> Sieht er alles, ohne hinzublicken,
> Tut nichts, und erreicht doch alles.«

Der Meister lachte laut auf. »Wenn es doch nur mehr Weise gäbe! Bedauerlicherweise ist der Weg für uns andere oft weitaus komplizierter und gewundener. Da gibt es keine bindenden Regeln, kein Dogma, auf das man sich stützen kann. Vergiß nicht, daß Laozi auch gesagt hat – als Kommentar zu seinen eigenen Lehrsätzen: ›Wer spricht, weiß nicht; wer tut, spricht nicht.‹ Und noch einmal: ›Um ganz zu bleiben, sei verschlungen!‹ Und: ›Je mehr du es säuberst, desto schmutziger wird es.‹ Der Weg ist Wasser, Sun I, nicht Stein. Das Wasser...

> fließt immer weiter und füllt alle Stellen, durch die es fließt, nur eben aus, es scheut vor keiner gefährlichen Stelle, vor keinem Sturz zurück und verliert durch nichts seine wesentliche eigne Art... So bewirkt die Wahrhaftigkeit in schwierigen Verhältnissen, daß man innerlich im Herzen die Lage durchdringt. Und wenn man einer Situation erst innerlich Herr geworden ist, so wird es ganz von selbst gelingen, daß die äußeren Handlungen von Erfolg begleitet sind. Es handelt sich in der Gefahr um Gründlichkeit, die alles, was zu tun ist, auch wirklich erledigt, und um Vorwärtsschreiten, damit man nicht, in der Gefahr verweilend, darin umkommt.

›Nur wenn man den Dingen, so wie sie sind, ins Auge zu schauen vermag...‹« sagte der Meister. Er lächelte, und augenblicklich zwang ich, tief Atem holend, mein Herz, sich seiner erschreckenden Initiative zu öffnen.

»Was ist das Wasser in meinem Traum?« wollte ich wissen.

»Du sagtest selbst, es ist das Meer.«

»Aber...«

»Schildere mir das noch einmal!« Er unterbrach mich. »Die Sonne ging dort unter, erzähltest du; sagt dir das nichts?«

Ich überlegte einen Moment. »Der Westen?«

Der Meister nickte, und abermals verspürte ich in meiner Wirbelsäule das Prickeln einer bevorstehenden Offenbarung.

»Und das Tier?«

»O das!« rief er. »Ich wundere mich, daß du das noch nicht erraten hast.«

»Soll das heißen, Sie wissen es?«

Geheimnisvoll lächelnd warf er den Kopf zurück und begann zu singen. Seine hohe, klare Stimme erfüllte froh jubilierend die Zelle:

»Unter den Weiden am Bach stieß ich auf die Fährte.
Jetzt sind überall Fußspuren,
Sogar in der samtenen Tiefe des Grases.
Sie führen zu den fernen Bergen; mein Weg ist klar,
Klar wie die Nase in meinem Gesicht,
Während ich lachend zum Himmel hinaufblicke.«

Ein ekstatisches Gefühl freudigen Entdeckens überflutete mein Herz. Plötzlich erkannte ich die schattenhafte Erscheinung, die in der Nacht so nahe bei mir gelauert hatte, erfühlt, doch nicht wahrgenommen. Das Lied, das er sang, hieß: »Das Entdecken der Fußspuren«, es war das zweite in der Serie der »Zehn Bullen«.

»›Wenn ich die Lehre verstehe, kann ich die Fußspuren des Bullen sehen‹«, zitierte der Meister aus dem Kommentar.

»Ist das möglich? Kann es sein, daß er, der Bulle, die Bestie ist, die ich schon so viele Nächte lang durch die Wildnis meines Traums verfolgt habe, nur um zum Schluß erkennen zu müssen, daß sie mich verfolgt?«

»Hast du denn nicht die Hufe erwähnt?«

Ein eiskalter Schauer des Zweifels kroch über mich hin. »Aber manchmal waren es Pfoten mit Krallen.«

»Der Weg des Zweifels ist derselbe wie der Weg des Glaubens«, belehrte er mich, »und beide führen zum selben Bestimmungsort zurück.«

Ich starrte ihn an, als wäre er ein Wundertier, genau wie ich es an jenem Tag getan hatte, als er mir die Zikade aus dem Herzen zupfte.

»Allmählich beginnst du zu verstehen«, behauptete er.

Ein lautes, frohes, glockenhelles Gelächter stieg aus meinem Herzen auf. Ich spürte, wie der erste, bleiche Schimmer des Morgengrauens in mir heraufdämmerte, Verheißung von Wärme und Trost für einen Durchnäßten, der in der Nacht ganz allein zittern mußte.

»Meister«, sagte ich, »wenn das nur wahr wäre!«

»Glaube daran«, erwiderte er, »und es wird wahr sein.« Er zwinkerte mir zu. »Du siehst also, Sun I, gar nichts ist vorbei. Ich würde vielmehr sagen, es hat erst begonnen. ›Ohne durch das Tor eingetreten zu sein, habe ich dennoch den Pfad erkannt.‹ Du hast weder versagt noch uns hintergangen, Sun I. Du hast den Weg gefunden, deinen ›persönlichen Pfad‹ zur Quelle zurück, zum *dao*.«

»Und er führt westwärts«, murmelte ich ehrfürchtig vor mich hin, »durch Dow.«

»In der Tat!« bestätigte der Meister heiter. »Dieser Part wurde für dich geschrieben, und du hast ihn dein Leben lang geprobt. Denn abermals wirst du den Affen auf seiner Reise in den Westen spielen. Nur mußt du diesmal auch der Mönch Tripitaka sein, der auszieht, die heiligen Texte der Offenbarung heimzuholen.«

Ich lächelte, weniger über den Scherz des Meisters als vielmehr darüber, was sich in mir abspielte. Wie ein Sonnenstrahl in einem Unwetter auf See war in meinem Herzen ein Gefühl des Staunens und des Erkennens durchgebrochen. Plötzlich wußte ich, daß es richtig war, daß ich einen kurzen Blick auf mein Schicksal geworfen hatte, auf das Juwel in der Lotosblüte, das seit Anbeginn der Welt darauf gewartet hatte, daß ich mich erhebe und es beanspruche. Und das vage, undefinierbare Ungenügen, das ich verspürt hatte, solange ich mich erinnern konnte, verschwand im selben Augenblick, verdunstete wie kalter Tau im Licht dieses neuen Morgens.

»Einmal, vor langer Zeit, gab es bei uns die Tradition der Pilgerfahrt«, sagte Chung Fu. »Denn es hat immer einige wenige gegeben, denen durch eine zufällige Wendung des Schicksals oder aufgrund ihres Wesens die ›Einhundert Pfade‹ nicht genügten, Männer, die aufgrund eines Fluches oder einer geistigen Besonderheit nicht in den Radspuren erprobter und vielbenutzter Wege bleiben konnten. Für sie führte die Reise nach innen in die Außenwelt. Dein Vater, das spürte ich, war ihnen wesensmäßig verwandt. Und was ich im Vater gesehen hatte, suchte ich auch im Sohn. Ich hatte von Anfang an erwartet, daß auch du uns eines Tages verlassen und in die Welt hinausziehen würdest. Dieser Tag ist nun gekommen. Alle ›Einhundert Pfade‹ sind hart, Sun I, alle bergen Risiken und fordern Opfer. Deiner jedoch ist der härteste. Auf den ›Einhundert Pfaden‹ gibt es wenigstens den Trost und die Stütze der Kameradschaft, eine Gemeinschaft von gleichgesinnten Suchenden, die ihre Begeisterung und Zweifel teilen und so bis zu einem gewissen Grad Trost finden können. Außerdem herrscht im Kloster ein relativer Mangel an Versuchungen. Die Menschen draußen in der Welt werden deine Passion nicht begreifen können, und tun sie es doch, werden sie Angst haben vor der Bedeutung, die sie für ihr Leben haben könnte, und dich deswegen verachten. Auch das Risiko ist größer. Denn die nicht erlöste Welt des ›Marktplatzes‹ ist voll gefährlicher Leidenschaften, die unsichtbar und virulent wie die Keime der Pestilenz in der Luft zirkulieren. Es ist schwer, sich in die verseuchten Städte zu begeben und nicht der Ansteckung zu erliegen. Von jenen, die hinausgehen, kehren nur wenige zurück, denn viele finden die Welt zu saftig, zu schön und reich und ziehen es vor, sich auf den Erwerb dessen zu verlegen, was schon aufgrund seiner Natur die Zufriedenheit um so mehr verringert, je mehr sie davon erwerben. Dies ist nicht zu verurteilen. Denn auch diese Männer sind unauflöslich mit dem Tao verbunden. Wie es im ›*Dao De Jing*‹ heißt:

> ... ob der Mensch leidenschaftslos
> Bis in den Kern des Lebens blickt
> Oder leidenschaftlich
> Die Oberfläche sieht,
> Der Kern und die Oberfläche
> Sind im Wesentlichen dasselbe,
> Worte lassen sie verschieden erscheinen,
> Nur um das Äußere auszudrücken.
> Ist ein Name erforderlich, benennt Wunder sie beide:
> Von Wunder ins Wunder
> Öffnet sich das Leben.

Deswegen heißt es: ›Das Tao ist auch auf dem Marktplatz.‹ Aber man muß einen Unterschied machen. Wie ich schon sagte, was für den Weisen wahr ist, ist in seiner Anwendung auf das Leben gewöhnlicher Menschen häufig eher zweifelhaft. Obwohl wir von Geburt an alle – der Tor um nichts weniger als der Weise – Schiffbrüchige sind, die im großen Meer des Tao treiben, sind nicht alle von uns den Härten dieses Schicksals mit gleicher Vortrefflichkeit und gleichem Erfolg gewachsen. Es ist ein Unterschied, ob man *im* Tao ist, oder *mit* dem Tao. Manche versuchen ihr Leben lang beharrlich gegen den Strom zu schwimmen. Sie sind im Tao, jedoch nicht mit dem Tao – zu ihrem Unglück. Das Tao ist zu stark, zu unbarmherzig; zum Schluß ertrinken sie. Sei nicht so wie sie! Betrachte deine Reise nicht als Umgehung deiner Grundsätze, sondern als Bestätigung, nicht als Gelegenheit zur Ausschweifung, sondern als die große Prüfung deiner wirklichen Lauterkeit, der Reinheit deines Herzens. Denn nur der Mensch, der seine Integrität bewahrt, der angesichts verführerischer Gelegenheiten, das Gegenteil zu tun, sich selbst und seinem Glauben treu bleibt, dieser Mensch weiß, daß der Glaube ein echtes, dauerhaftes Fundament in seiner Seele hat. Für ihn ist die Reise in die Welt hinaus kein Sturz, sondern ein Gnadenmittel.«

Danach verstummten wir. Ich war glücklich, aber furchtbar ernüchtert. Meine Seele war benommen von der zehrenden Pein des langen Wachens. Das neue Selbst, dessen Entstehung ich während der Erzählung meines Onkels gespürt hatte, war nun vom Mutterleib in die Welt hinausgeglitten und blinzelte ins Sonnenlicht, unsicher, ob es lächeln oder schreien sollte. In meinem Geist war am Zenit eines stürmischen Himmels vorübergehend die Sonne durch die Wolken gebrochen. Voll und blendend schien sie einen Moment herab, dann fegten wieder die dicken Kumuli über sie hinweg und verdeckten ihr Gesicht. Die Sonne war Erkenntnis; die Wolken waren Zweifel. Kälteschauer wechselten ab mit dem köstlichen Genuß warmer Sonne auf Hals und Wangen, als ich im grünen, brutalen Frühling von Chung Fus Offenbarung saß, umgeben von namenlosen Blumen, die aus der durchtränkten, schlammigen Erde erblühten.

Ich fürchtete mich, den Entschluß zum Gehen zu fassen, mich unwiderruflich einem so verzweifelten Kurs zu verpflichten. Doch alle Zeichen schienen ihn als den Weg, meinen Weg, meinen Pfad gutzuheißen. Nur eine einzige zusätzliche Bestätigung brauchte ich noch.

»Meister«, begann ich, »ich würde gern das ›Buch der Wandlungen‹ befragen.«

»Bist du willens, seine Entscheidung zu akzeptieren?«

Ich nickte. »Aber ...«

Chung Fu musterte mich fragend. »Aber?«

»Könnten Sie es für mich tun? Ihre Meisterschaft darin ist so viel größer als meine, und Ihr *ling* auch. Sie erzielen gewiß eine klarere Antwort.«

»Wie ich sehe, haben sich die Angewohnheiten der Wahrsager selbst hier, in diesen Tempel der Gelehrsamkeit, eingeschlichen«, stellte Chung Fu ironisch fest. »Hat man dich das gelehrt, Sun I? Dann sollten wir eine Säuberung durchführen wie die Kommunisten.« Er wurde ernst. »Sicher, wir können jenen helfen, die weniger erfahren sind in der Auslegung ihrer Resultate. Nie jedoch dürfen wir uns erlauben, die Stengel für einen anderen zu teilen. Wenn sie dessen Fragen beantworten sollen, müssen sie dessen Berührung ausgesetzt werden. Denn diese Berührung enthält eine enorme Menge Informationen. Der eine hält die Stengel so, der andere so, hält sie sanft oder kraftvoll, mit Händen, feucht vor Nervosität oder kalt vor unerschütterlicher Gelassenheit. Diese Dinge sind weder willkürlich noch unwichtig; sie sind die Blüte der Persönlichkeit des Menschen, und sie geben den Stengeln die Macht, diese Blüte bis zu ihrer Wurzel zurückzuverfolgen. Was wir zu einem bestimmten Zeitpunkt tun, ist das Produkt unserer gesamten Vorgeschichte, eine eindeutige Folge klar erkennbarer Ursachen. Wir sind in die Gegenwart gelangt durch eine präzise, ununterbrochene Folge von Ereignissen, eine große, organische Kette, die rückwärts reicht bis in die dämmrigen Winkel der Vergangenheit, ja, bis an den Anfang, und vorwärts in die Zukunft, bis in die Ewigkeit. Genau wie jede Handlung eines jeden Menschen aus seiner gesamten persönlichen Geschichte, seiner Persönlichkeit erblüht, ist die Persönlichkeit selbst die Blüte einer längeren Geschichte, der Geschichte der Menschheit. So gelangen wir durch die sorgfältige Untersuchung spezifischer Handlungen spezifischer Personen letztlich zum Verständnis des gesamten Lebens. Auf diesem Prinzip beruht die Teilung der Stengel. Alles, was wir tun – sogar die Fragen, die wir stellen –, bildet ein neues Glied in der Kette. Die Glieder werden in einer ungeheuer langen Folge zusammengefügt, die den bewußten Intellekt sehr schnell entmutigt und überfordert; dennoch existiert sie, und sie kann aufgespürt werden, indem man ein anderes, mächtigeres Wissen benutzt, eine wissenschaftliche Intuition, die das ›*I Ging*‹ als Instrument benutzt. Daher ist alles wichtig, an der Art, wie die Stengel gehandhabt werden – vor allem eben, daß wir dies selber tun. Kein Mensch sollte sich anmaßen, das Schicksal eines anderen einschätzen zu wollen.«

Mit diesen Worten überreichte er mir die Stengel. Er befahl mir, die Augen zu schließen und meine Frage möglichst präzise zu formulieren; dann wies er mich an, mit den Händen über die Schafgarbenstengel zu streichen, damit mein Leben in das Holz fließen, es beseelen und informieren könne.

»Soll ich die Zeichen beachten und meinem Traum nach Westen, nach Amerika folgen«, fragte ich, »oder hierbleiben und die Leidenschaft, die diese Entdeckungen in mir geweckt haben, durch Meditation und Klosterleben zu stillen versuchen?«

Ich sah Chung Fu an, und er nickte, ich könne beginnen. Zuerst teilte ich die neunundvierzig Stengel in zwei Haufen. Dann nahm ich einen Stengel vom rechten Haufen und steckte ihn zwischen den kleinen und den Ringfinger der linken Hand. Darauf nahm ich den linken Haufen in die linke Hand und zählte Bündel von vier Stengeln ab, bis nur noch vier übrigblieben. Diese steckte ich zwischen Ring- und Mittelfinger der linken Hand. Nun nahm ich den rechten Haufen und zählte ebenfalls jeweils vier Stengel ab, bis wiederum vier übrigblieben, die ich zwischen Mittel- und Zeigefinger der linken Hand steckte. Die Anzahl der Stengel in meiner linken Hand war also neun. Beim ersten Zählen ist es aber üblich, den einzelnen Stengel (jenen, den man zuerst zwischen den kleinen und den Ringfinger steckt) nicht zu beachten, so daß meine Endzahl acht lautete. Diese ergab den untersten Strich des Hexagramms: *yn.* Nun wiederholte ich den Vorgang noch fünfmal und erhielt das Hexagramm ䷷: *ken* ☶ (Berg) unter *li* ☲ (Feuer) mit einem »bewegten« Strich, einer Neun, ganz oben. Ein Feuerfunke tanzte in Chung Fus Augen, als er das sah.

»Das Orakel hat überaus eindeutig zu dir gesprochen, Sun I«, erklärte er. »Sieh doch, wie unten der Berg an Ort und Stelle bleibt, während das Feuer emporspringt und nicht bleiben will! Du hast *lü* gezogen, das Zeichen des Wanderers.«

Ich spürte ein Prickeln im Bauch, jenes Gefühl, das man hat, wenn ein wunderbares, unerklärliches Ereignis eingetreten ist.

Dann soll es geschehen, sprach ich im Herzen. Dann soll es geschehen.

Doch noch während ich mich mit diesem Entschluß versöhnte, verfinsterte sich des Meisters Antlitz über dem Hexagramm. »Sieh genau hin, Sun I!« verlangte er. »Der letzte Strich, den du geworfen hast, ist ein ›bewegter‹: das alte Yang, das sich zu Yin auflöst.« Er zitierte aus dem Gedächtnis:

> »Oben eine Neun bedeutet:
> Dem Vogel verbrennt sein Nest...
> Der Wanderer lacht erst, dann muß er klagen und weinen. Er verliert die Kuh im Leichtsinn. Unheil!«

Mich beschlich Übelkeit.

Die Miene des Meisters war ernst und forschend. »Vergiß nicht, Sun I, daß diese Zeichen sich immer auf das beziehen, was sein kann, und nicht auf etwas, das unabwendbar geschehen muß. Das verbrannte Nest ist ein Symbol für die Zerstörung des Zuhauses, des Ortes, an den man sich zurückzieht, um zu ruhen und Schutz zu suchen. Ein derartiges Unheil ergibt sich aus der Art, wie das Nest gebaut ist. Es wurde nicht richtig konstruiert. Das ist ein großes Unheil, aber vielleicht kann alles korrigiert werden, und wenn nicht korrigiert, so doch irgendwie kompensiert. Unter gar keinen Umständen jedoch darf der Wanderer Leichtsinn oder Ungestüm an den Tag legen, denn wenn er die Kontrolle über sich selbst und seine Wünsche verliert, ist er verloren. Er mag jetzt lachen, am Ende aber wird er mit Sicherheit weinen.«

»Und die Kuh?« fragte ich ihn. »Heißt das, daß ich den Bullen niemals finden werde?«

»Nicht unbedingt«, entgegnete er. »Die Kuh und der Bulle sind Yin und Yang des einen Tao, dasselbe, aber anders. Sie ist sein weibliches Gegenstück, die Erde unter seinem Himmel, die passiv empfängt und aufnimmt, was er aktiv herstellt und gibt. Während der Bulle kraftvoll ist und stürmisch, ist die Kuh sanft und fügsam. Sie repräsentiert die Demut oder Bescheidenheit, den dritten der ›Drei Schätze‹, die Fähigkeit, die Schläge des Schicksals mit der Elastizität eines Schilfrohrs hinzunehmen, statt sich zu versteifen, vor Stolz und Wut zu schwellen, nur um anschließend geknickt zu werden. Dennoch ist sie unfruchtbar ohne den Samen des Feuers, den göttlichen Funken, den er in seinem Körper trägt und der ihn bis zu einer Ekstase der Wut reizt, aus der nur sie ihn erlösen kann. Aus diesem Grund führt der Züchter die Kuh, wenn der Bulle sich auf dem Höhepunkt seiner Wut befindet, zu ihm in den Pferch, damit sie ihn beruhigt. Denn im zornigen Stolz auf seine Kraft kann er unter Umständen zu hoch hinaus, kann er den Himmel erobern wollen (den er in seiner sterblichen Gestalt nur erahnen, niemals aber erkennen kann) und dabei, wenn er den Kontakt mit der Erde verliert, sich selbst und anderen Schaden zufügen. Nein, man kann seine Kuh verlieren und dennoch den Bullen finden, doch das wäre in der Tat ein trauriger Fund. Denn beim Züchten wie auch bei der persönlichen Entwicklung sind beide nötig, wenn es zur Empfängnis und zum Fruchttragen des Glücks kommen soll.«

Beim Zuhören verstärkte sich meine Übelkeit.

»Dieses Zeichen ist unheilvoll«, sagte Chung Fu. »Aber ich schlage vor, daß du es als Warnung auffaßt, nicht als Prophezeiung, denn das Orakel hat deine Reise unmißverständlich gutgeheißen. Verlier nicht den Mut! Und schau, da liegt noch etwas anderes in dem Zeichen: Wenn sich die bewegten Striche wandeln – siehst du das neue Hexagramm, das daraus entsteht?«

Aus Angst vor weiteren schlimmen Enthüllungen konnte ich mich kaum entschließen, genau hinzusehen. Doch dann bemerkte ich, daß ein tröstliches Leuchten der Hoffnung auf Chung Fus Antlitz getreten war. Ich studierte die gewandelte Anordnung der Pinselstriche auf dem Papier, das er in den Händen hielt, und, jawohl, das neue, aus der Wandlung der Striche entstandene Hexagramm war *xie:* die Befreiung.

So geschah es, daß ich mich am Tag des »Großen Festes«, mitten im ohrenbetäubenden Lärm der Feierlichkeiten – dem donnernden Dröhnen der Kesselpauken, dem Klingeln der Zimbeln, dem mißtönenden Plärren der Klarinetten, dem Hallen des Gongs, und das alles zusammen in nächster Nähe im Garten des Klosters –, von allen anderen unbemerkt, davonstahl. Der Meister, der in seinen Festgewändern ein wenig unbeholfen und steif wirkte, ungefähr so wie ein Landmann im Sonntagsanzug, und der sich seiner eigenen Albernheit bewußt und höchst belustigt darüber war, begleitete mich mit Wu bis zum hinteren Tor. Wu schien deprimiert und traurig zu sein, obwohl er sich Mühe gab, das zu verbergen. In eine Rolle gewickelt, die ich mir über die Schulter geworfen hatte, trug ich meine wenigen Besitztümer: eine Wolldecke, ein zweites Paar gute Bastsandalen, wie ich sie an den Füßen trug, eine Schale zum Betteln, mein »*I Ging*« mit den Schafgarbenstengeln, einen geringen Vorrat an Reis und, sorgfältig zusammengelegt, ganz unten, das Gewand meiner Mutter, in das ich den Schlüssel, den Brief, die Fotos und das Täschchen genäht hatte – meinen ganzen Schatz an Erinnerungen.

Die Miene des Meisters schien fröhlich, seine Wangen waren gerötet, die Augen so klar und glücklich wie die eines Kindes. Ich merkte, daß er in einer seiner liebenswerten, ausgelassenen Stimmungen war.

»*Hai!*« rief er laut. »Ich beneide dich, Sun I. Verglichen mit dem da« – mit einer Kopfbewegung nach hinten verwies er auf die festliche Kakophonie, die aus dem Garten herüberklang – »muß die Welt draußen wie ein stiller Hafen für die Müden wirken, ein kontemplativer Ruheplatz.« Er lachte fröhlich. »Ist dein Herz leicht wie eine Feder?«

»Meister«, antwortete ich, »heute ist das Fest des Lebens, aber ich habe trotzdem das Gefühl, daß ein Teil von mir stirbt.« Auf der Schwelle stehend, schlug ich abermals die Hände vors Gesicht und weinte.

»Das Fest des Lebens, allerdings«, sagte Chung Fu liebevoll, »und der Wiedergeburt des Jahres. Doch um wiedergeboren zu werden, Sun I, müssen wir erst einmal sterben.«

»Ich habe Angst.«

»Um so besser! Das zeigt, daß du noch nicht ganz den Verstand verloren hast. Kämpfe nicht an gegen diese Angst! Sie dient einem bestimmten Zweck. Laß dein Herz hinschmelzen und zerfließen. Denke immer an die Worte des ›*I Ging*‹ und präge sie dir gut ins Gedächtnis:

> Das Wasser gibt das Beispiel für das rechte Verhalten unter solchen Umständen. Es fließt immer weiter und füllt alle Stellen, durch die es fließt, eben nur aus, es scheut vor keiner gefährlichen Stelle, vor keinem Sturz zurück und verliert durch nichts seine wesentliche eigne Art. Es bleibt sich in allen Verhältnissen selber treu.«

»Aber ich weiß ja nicht einmal den Weg!« protestierte ich. »Folge dem Fluß«, sagte Wu, und blickte zum erstenmal auf. Chung Fu nickte. »Das stimmt, Sun I. Denke an deinen Traum! Entferne dich nie aus der Hörweite des fließenden Wassers. Folge dem Fluß, und er wird dich ans Meer bringen.«

Schweigend dachte ich über diese Instruktionen nach.

»Ich muß zurück, bevor man mich vermißt«, unterbrach der Meister mein Sinnieren. »Aber zuvor gehört es zur Tradition, dem Pilger beim Abschied etwas zu schenken, das ihn auf seinem Weg begleitet.«

Aus den tiefen Falten seiner Kutte zog er einen Stab. »Hier!« rief er und warf ihn mir zu, so daß ich sehr schnell reagieren mußte, um nicht schmerzhaft am Kinn getroffen zu werden. »Was ist ein Wanderer ohne Stab?« fragte er lachend. »Den hier hab' ich eigenhändig geschnitten. Er stammt von einem wilden, weißen Maulbeerbaum, den ich im nahen Wald fand. Ein härteres und widerstandsfähigeres Holz findest du nirgends. Deswegen sagen die Weisen auch: ›seine Hoffnungen an den Maulbeerbaum hängen‹. Bis auf die eiserne Stockzwinge unten ist er schlicht und schmucklos. Laß ihn so! Er repräsentiert den unbehauenen Klotz deiner unverdorbenen Natur, unverdorben durch Erziehung oder Verfeinerung.«

Dankbar verneigte ich mich vor ihm. Als ich mich aufrichtete, trat Wu schweigend auf mich zu, nahm den Riemen eines ledernen Weinschlauchs ab, den er über der Schulter trug, und hängte ihn mir um.

»So!« rief der Meister. »Dieser Stab soll dir bei der Verfolgung deines hohen Ziels helfen, der Weinschlauch beim Stillen deines wahren Begehrens. Und wenn du jetzt noch Zweifel oder Bedauern im Herzen hegst, sprich sie aus, denn die Zeit ist gekommen, da wir scheiden müssen.«

Ich atmete tief durch. »Mein Entschluß steht fest«, sagte ich. »Nur zwei Dinge gibt es, die ich bedaure.«

»Und das sind?«

»Erstens, daß ich endgültig die Chance einer Einführung in die Riten der Alchimie verloren habe; und zweitens, daß ich auch Sie endgültig verliere, daß wir uns niemals wiedersehen.«

»Niemals wiedersehen?« wiederholte er fast erstaunt. »Ist unser Ziel nicht ein und dasselbe? Halte die Verabredung ein, und wir werden wiedervereint – dessen kannst du sicher sein! Und was die Alchimie betrifft, so frag nur unseren großen, melancholischen Freund hier. Wu kann es dir ebensogut sagen wie ich: Die wahre Alchimie spielt sich nur im Schmelztiegel des Herzens eines Weisen ab.«

Damit legte er mir seine alte, verkrümmte Hand auf die Brust, ganz leicht, fast schüchtern, wie er es an jenem weit zurückliegenden Tag getan hatte, und ich fühlte, wie eine ewig junge, stärkende Kraft auf mich überging. Dann wandte er sich unvermittelt ab. Er eilte zum Fest zurück, hob fröhlich lachend seine Kutte, damit sie nicht am Boden schleifte, und lief mit komischen, kleinen Schritten wie eine alte Frau, die ihre Röcke schürzt, um durch die Pfützen eines Mairegens zu trippeln.

Wu blieb bei mir stehen, scharrte mit den Füßen, sah zu Boden und vermied es verlegen, meinem Blick zu begegnen. Ich ging auf ihn zu und legte ihm die Arme um den Hals. Sein rauher Bart kratzte wie schon so oft an meiner Wange, jetzt aber benetzten seine heißen Tränen mein Gesicht.

»Beeil dich!« Damit schob er mich brüsk von sich. »Wenn du so weitermachst, wird noch die Sonne untergehen.«

Ich sah ihn an, und dann war auch meine Beherrschung dahin.

»Kleines Wildhaar!« weinte er kläglich.

Daraufhin begannen wir beide zusammen zur Begleitung der Festmusik zu heulen und zu schreien wie die Esel. Wie komisch das war, fiel uns beiden gleichzeitig auf, und genauso plötzlich brachen wir in Gelächter aus.

»Armes Äffchen, was wird dich erwarten, draußen in der weiten Welt?«

Ich trocknete mir die Augen mit dem Kuttenärmel, schniefte und antwortete würdevoll: »Ich bin jetzt ein Mann, Wu.«

»Und was hast du davon?« jammerte er. »Das bedeutet nur, daß du doppelt so viele Laster hast wie zuvor, doppelt so viele Möglichkeiten, vom Pfad der Tugend abzuweichen.« Er musterte mich mit traurig-abschätzendem Blick. »Du wirst eine leichte Beute sein für Prostituierte und Diebe.«

»Aber was könnten sie mir stehlen?« fragte ich ihn. »Ich habe kein Geld.«

»Ach! Genau dasselbe habe auch ich einst gesagt«, lamentierte er. »Doch es ist besser, reich zu sein. Dann könntest du dich wenigstens mit barem Geld von ihnen loskaufen. Wenn sie jedoch merken, daß du arm bist, werden sie's mit dir machen wie mit mir. Da sie dir sonst nichts nehmen können, stehlen sie dir dein Herz.«

Ich wollte lachen, aber sein Ton war so düster, daß mein aufsteigendes Kichern platzte wie ein Luftballon. Dennoch wollte ich ihn nicht in dieser schwermütigen Stimmung zurücklassen.

»Nun, hinsichtlich der Frauen irrst du dich bestimmt«, widersprach ich ihm und täuschte mit einem Augenzwinkern Unbeschwertheit vor.

Wu legte mir beide Hände auf die Schultern und sah mir tief und forschend in die Augen. »Ja, vielleicht hast du recht«, räumte er ein und mußte wider Willen lachen. »Bei deinem Gesicht bezweifle ich wirklich, daß dir aus dieser Richtung allzuviel Gefahr droht.« Beinahe sofort jedoch wurde er wieder angriffslustig. »Aber ich warne dich, hüte dich vor den Würfeln! Die ganzen Jahre schon hab' ich's in deinem Gesicht, in deinem Charakter gesehen. Wenn du nicht ganz fest aufpaßt, wird das Glücksspiel dein Untergang sein!«

Ich konnte nicht anders, ich mußte laut lachen, als er noch einmal mit dieser alten, verstaubten Warnung kam. Obwohl ich nie die geringste Lust verspürt hatte, mich dem Glücksspiel hinzugeben, ließ Wu keine Gelegenheit aus, mich zu warnen.

»Und du, Wu«, scherzte ich, »laß die Finger vom Reiswein und hör auf, anderen Leuten Laster anzudichten, die niemand hat außer dir selbst.«

Wu schüttelte den Kopf. »Du bist zu naseweis, Sun I. Eines Tages wirst du noch an meine Worte denken. Sieh zu, daß es dann nicht schon zu spät ist!«

Und so machte ich mich, von seiner humorvoll-apokalyptischen Vision belustigt, auf den Weg. Mit meinem Bündel auf den Schultern trat ich energischen Schrittes durchs Tor und setzte im Gleichtakt fest meinen Stab auf. Als ich den steilen Pfad hinabstieg, verklang hinter mir allmählich die Kakophonie des Festes, bis sie vom Tosen des Bachs übertönt wurde, der stürmisch in wildschäumendem Rasen dem Fuß der Klippen und seiner unvorstellbaren Vereinigung mit dem Meer entgegenrauschte.

UNTERWEGS

ERSTES KAPITEL

Was soll ich berichten von der langen Wanderung zum Meer? Den ganzen Rest jenes ersten Sommers beanspruchte die Reise nach Shanghai – eine Reise, die sich unter anderen Bedingungen in wenigen Wochen, ja sogar Tagen hätte bewältigen lassen. Ich habe diesen Zeitaufwand jedoch niemals bereut. Die blauen Tiefen des Sommerhimmels, langsam dahintreibende Kumuluswolken, die Milchstraße, der Morgentau, der auf den Grashalmen glitzerte, Ochsenkarren, der Staub der Straße, der Fluß, einmal ungestüm, jung, schrill und zu weißlichem Schaum aufgepeitscht, dann wieder greisenhaft resigniert, wie poliertes Silber in den Biegungen, doch stets auf der Suche, stets unerfüllt – die Tage und Nächte verschmolzen zu einem einzigen, solche Eindrücke umgebenden Glanz. Zusammen mit der Freiheit kam ein ganz neues Sehgefühl, eine körperliche Veränderung, über mich. Es war, als trete man aus einer alten Sepiafotografie in ein Bild mit drei Dimensionen und bunt leuchtenden Farben hinein, oder als setze man nach Jahren beeinträchtigten Sehvermögens zum erstenmal eine Brille auf, so daß sich die blassen Wasserfarben eintrübender Kurzsichtigkeit aufhellten und die Konturen sich festigten. Sogar die Luft wurde scharf, Raum und Tiefe wichen zurück, hinterließen ein brüllendes Vakuum, in das ich, zitternd vor Furcht und Wonne, hineinstieg. Seltsam, daß ich die Arme nach dem Land meiner Geburt erst ausstreckte, als ich es verließ, als ich seine überwältigende Vielfalt und noch überwältigendere Gleichförmigkeit erst da kennenlernte. Sie waren wie ein einziger Tag, all jene Tage, und wie eine einzige, lange Ekstase des Begrüßens und Abschiednehmens.

Manchmal jedoch verblaßte die Lebendigkeit und Intensität der Landschaft, und ich hatte ein gewisses Déjà-vu-Erlebnis. Wie bei einer Doppelbelichtung schoben sich dunkel erinnerte Szenen über das Bild der sichtbaren Welt. Wenn das geschah, mußte ich mir die Augen reiben, um mich zu vergewissern, daß ich wach war, denn ich schien die Landschaft aus meinem Traum vor mir zu sehen. So erging es mir einmal in der Abenddämmerung, als ich auf dem Kamm einer hohen Hügelkette stand und in eine Schlucht hinabspähte, in der sich die schwarze Schnur des Flusses entrollte, im Zwielicht weiß aufblühend, gleich wuchernden, im Zeitraffer aufgenommenen Reihen von Rhododendren, Lebensjahre innerhalb von Sekunden durchlaufend, ehe er zweihundert Fuß über eine Steilwand hinabstürzte, um dann beim Aufprall gedämpften Donner und einen feinen Sprühnebel emporzuschicken. Und genauso an einem anderen Tag, zur Mittagszeit, als ich am Ufer unter einem schattenspendenden Baum lag und mit einem Süßgrashalm in meinen Zähnen stocherte. Ein Ochse tauchte zwischen den Bäumen am gegenüberliegenden Flußufer auf und kam schwerfällig zum Wasser hinab, um zu trinken. In den Vorderbeinen einknickend, ließ er sich auf dem schlüpfrigen Lehmboden nieder, stemmte sein Gewicht gegen die Böschung und blickte ruhig auf das vorbeifließende Wasser. Er maß die Strömung mit gelassenen Blicken aus schwarz-purpurnen Augen, die von keinem Weiß umgeben waren, nur in den Winkeln, und auch dort weniger von Weiß als von einem rotgetupften Gelb wie das befruchteter Eier – Augen, so tief, so geduldig wie zwei schwarze Löcher, die gleichmütig den Fluß, die Bäume, alles ringsum aufnahmen, bis die Geschichte, die ganze Welt in ihnen verschwand oder zu einem winzigen Punkt in der Unendlichkeit ihres Wissens wurde, das alles umfaßte oder nichts. Der Ochse blickte einen kurzen Moment zu mir auf, der ich dasaß und auf meinem Grashalm kaute, maß mich ebenfalls, nahm mich mit seinem Blick in sich auf, als ziehe er mich in einen seiner sieben Mägen hinein, welche die Reiche der gesamten Existenz gewesen sein mochten. Dann drehte er den schweren Schädel und sah zu den Bäumen hinüber, während ein Silberfaden, der ihm von den Lippen hing, das Sonnenlicht einfing und wie ein Faden aus dem Spinnennetz der Schöpfung schimmerte. Nachdem ich derartige Visionen aus meinem Schlaf verbannt hatte, erwachte ich nun, um festzustellen, daß sie unter der Sonne zum Leben erweckt worden waren und mein Traum sich zur Welt gewandelt hatte.

Obwohl jede Stunde für einen, der so lange behütet, so naiv und unerfahren geblieben war wie ich damals, zahllose neue Wunder bot, befürchte ich, daß ihre Schilderung eine recht langweilige Chronik ergeben würde. Daher möchte ich dem Leser soweit möglich die monotone Rekonstruktion meiner Wanderung ersparen, dazu sämtliche Ortsnamen, Berichte über lokalen Handel und Ackerbau, botanische und ornithologische Erläuterungen – kurz all die ermüdenden, von professionellen Weltreisenden so sehr geschätzten, für die Welt im allgemeinen jedoch langweiligen Schnörkel. Dieser Entschluß wird noch verstärkt durch die Überlegung, daß das, was mir im Verlauf meiner Überlandreise widerfuhr, ohnehin aus dem Rahmen dieser Erzählung fällt, die erst mit meiner Ankunft in New York weitergeht. Dennoch gab es in jenem Zeitraum einen Zwischenfall, den zu schildern ich mir nicht versagen kann. Denn wenn mein Abschied von Ken Kuan eine Art Geburt war – meine Ausstoßung aus dem Mutterleib der Kindheit –, dann war dieses Ereignis meine recht unsanfte Taufe fürs Leben.

Tagelang war ich schon in Richtung der Provinz Yunnan südwärts gewandert, ins Opiumland, immer an einem Nebenfluß entlang, der die obere Strecke des Chang Jiang* speiste, ein zwischen Steinen sprudelndes Wildwasser, das von

---

**Yangtse

dem im Frühlingswetter geschmolzenen Schnee des Gletschers angeschwollen war. Dort oben gab es kein Zeichen fester menschlicher Besiedlung, nur gelegentlich zeigten mattweiße und purpurne Mohnblumen an den steilen Hängen, daß einsam lebende Nomadenvölker hier für die Opiumherren von Burma und Thailand Felder mit *Papaver somniferum* anpflanzten. Hier und da waren abgefallene, unreife Kapseln mit einem Messer angeritzt worden und sonderten nun einen weißen Milchsaft ab, der sich in der Sonne braun färbte und erstarrte. Es war ein wildes, kapriziöses Land, übersät mit Felsblöcken und voller Sturzbäche, die von den steilen Hängen der bewaldeten Berge herab und in den Strom gerauscht kamen. Die Luft war von leisem Donner erfüllt, ähnlich dem fernen Wirbel von Trommeln. Manchmal saß ich da und starrte ins Wasser, bis mir alles vor den Augen verschwamm und ich ganz schwach eine geisterhafte Musik im Fluß wahrnahm, ein Geräusch innerhalb eines Geräusches wie von Stimmen, die eine fast deutlich vernehmbare Melodie kontrapunktisch über dem unbeseelten Rauschen des Wassers sangen, eindeutig traurig, gleich einem allumfassenden Klagechor. Wu hatte mir einmal erklärt, das seien die Stimmen der Flußtoten, die nach Beerdigung riefen, jener Männer und Frauen, die in den Dienst des Gottes gezwungen worden waren, um mit ihren Tränen seinen Wasserstrom zu speisen.

In dieser unruhigen Landschaft wechselten Inseln üppiger Vegetation, entstanden durch Anhäufungen windverwehten Mutterbodens, mit kahlen Felskuppen und Strecken total erodierten, skelettkahlen Terrains. Es lag eine geisterhafte, unmenschliche Schönheit in diesem Gefilde: rostrot gestreifte Canyon-Wände, asch- und bernsteinfarbene Steine, tiefe Dämmerteiche von Schatten und oben kreischende, endlose Himmel, blau, unerreichbar. Stellenweise hatte der Fluß ganze Berge gespalten. Man sah die Schichten komprimierter Sedimente, Baumringe der Erde, jeder einzelne von ihnen die Markierung eines geologischen Zeitalters; und vor diesem statischen Hintergrund der Fluß wie die endlose Gegenwart, eine silberne Klinge, die den Leichnam der Erde in einer eiligen, unbarmherzigen Autopsie sezierte und, während er der Zukunft entgegeneilte, immer tiefer in die Vergangenheit hinabdrang.

Auf meiner Wanderung durch diese Wildnis war ich fast ausschließlich auf den kleinen Reisvorrat angewiesen, den ich aus dem Kloster mitgenommen hatte. Als ich den Zusammenfluß mit dem Hauptarm des Chang Jiang erreichte, der an dieser Stelle Goldsandfluß genannt wird, hatte ich bereits zwei Tage ohne Nahrung auskommen müssen. Dort, wo die milchigen, karamelfarbenen Wasser des Nebenflusses ins dunklere Wasser des Mutterstroms hineinwirbelten und schon mit ihrer chromatischen Metamorphose zur Farbe des Meeres begannen, stieß ich eines Spätnachmittags auf ein kleines Flußdorf: eine Ansammlung von Hütten, einige aus Schotter und Lehm, die sich zum Schutz vor Überschwemmungen einen bewaldeten Hang emporzogen, während andere, aus Bambus, auf hohen Pfählen auf einem breiten, weißen Sandstreifen näher am Wasser standen. Eine der letzteren prunkte mit einem Blechdach, offenbar Zeichen des Wohlstands inmitten all des Strohs; ein Transistorradio, das ich drinnen plärren hörte, bestätigte mir diesen Eindruck. Auf der Veranda dieses

Hauses war eine Frau, der ein kleines Mädchen am Rockzipfel hing, damit beschäftigt, mit trägen, unkonzentrierten Bewegungen Wäsche aufzuhängen. Gekleidet war sie in einen gelben, bestickten Seiden-Cheongsam, der bei der profanen Arbeit, die sie tat, ein wenig protzig und unpassend wirkte. Von Zeit zu Zeit trat sie mit dem kleinen Mädchen ans Geländer, um einen Blick auf die Szene zu werfen, die sich unten am Strand abspielte.

Weit auf den Sand hinaufgezogen, lag inmitten mehrerer primitiver, kanuähnlicher Wasserfahrzeuge, über die Netze zum Trocknen gebreitet waren, eine plattbodige Dschunke mit hohem Poopdeck, durch Bambusleisten verstärkten Segeln und einem Rumpf aus pechschwarzem Holz, die in dieser Umgebung unendlich unangemessen und phantastisch wirkte. Sie war von mäßiger Größe, eben groß genug, um achtern eine kleine, provisorische Kajüte aufweisen zu können. Hin und her über den Sand eilten ameisengleich silhouettenhafte Gestalten, schwer beladen mit großen Bündeln, die andere ihnen vom Rücken nahmen, um sie im Laderaum zu verstauen. Im Vorschiff stand, die Arme wie ein wild gewordenes Semaphor schwenkend, ein riesiger Mann, in dem ich den Kapitän der Dschunke vermutete, und brüllte mit einer Stimme, die es mit dem Radio aufnehmen konnte, irgendwelche Befehle.

Ich ließ mich auf dem erhöhten Platz, von dem aus ich die Szene beobachtete, zu einer kurzen Ruhepause nieder, holte meine Bettelschale aus dem Bündel und begann anschließend, mir einen Weg den Hang hinab zu suchen. Je mehr ich mich dem Flußufer näherte, desto heftiger erregten mich das Gesumm der Aktivitäten und der Anblick menschlicher Gesichter, die mir, so verwelkt und ungehobelt sie auch sein mochten, nach meinem langen Aufenthalt in der Wildnis wunderschön vorkamen.

Als ich an dem Haus mit dem Blechdach vorbeikam, warf ich einen verstohlenen Blick zu der Frau hinüber, die mich ungeniert musterte und, wie ich fand, lasziv und vielsagend anlächelte. Da ich diesen Eindruck meiner eigenen, sündhaften Natur zuschrieb, wandte ich hastig den Blick ab. Sie winkte mir mit einem »Hsst«, und deutete mit dem Kinn irgendwohin. Ich erinnerte mich jedoch an Wus guten Rat, ging weiter und tat, als hätte ich nichts gehört.

Zu meinem Kummer erregte mein Erscheinen bei den Männern am Strand keineswegs dieselbe Freude. Als ich fest meinen Stab aufsetzte und von dem kurzen Felssims in den Sand hinabsprang, verbreitete sich Totenstille, die nur vom unruhigen Schlagen der Segel in der steifen Brise, welche die Schlucht herabgepfiffen kam, durchbrochen wurde. Die Kulis richteten sich auf unter ihrer Last und musterten mich neugierig aus dem Schatten ihrer spitzen, geflochtenen Hüte heraus. Der riesige, häßliche Mann im Vorschiff senkte die dicke, geballte Faust, mit der er das Verladen dirigiert hatte, und starrte mich mit Augen von der Farbe des Flußschlamms durch die zusammengekniffenen Lider an. Wie ich entdeckte, trug er einen Revolver im Gürtel. Die anderen Männer, die in Gruppen beisammenstanden und redeten, warfen mir verstohlene, argwöhnische Blicke über die Schulter zu, spien als Antwort auf mein breites, freundliches Lächeln finster aus und wandten sich wieder ab, um ihre Gespräche weiterzuführen, als hätten sie bereits erkannt, daß ich ihrer Aufmerksamkeit nicht würdig sei. Zutiefst beschämt über diesen Empfang, blieb ich ein wenig abseits stehen und scharrte voll Nervosität mit den Füßen.

»Hsst!« hörte ich abermals. Als ich aufblickte, sah ich, daß mich die Frau mit einer kreisenden Kopfbewegung und einem koketten Lächeln zu sich heranwinkte.

In Ermangelung einer anderen Beschäftigung näherte ich mich der Terrasse und verneigte mich ehrerbietig.

»Ich habe dich noch nie hier gesehen«, sagte sie mit bemühter Gleichgültigkeit, durch die ihr Eifer jedoch hervorblitzte wie eine Messerklinge. »Ein hübscher Bursche bist du, und Manieren hast du auch! Was hast du anzubieten?« Bewußt den dunklen Einschnitt zwischen ihren Brüsten darbietend, beugte sie sich über das Geländer. »Hast du Opium? Wo ist es? In den Bergen? Wieviel? Hab nur Vertrauen zu mir, ich kann dir helfen.«

Ich wußte nicht, was ich sagen sollte, errötete und wandte mich an das kleine Mädchen, das ihr ähnelte, jedoch auf eine Weise, wie Kontraste sich ähneln – als genaues Gegenteil: die Inkarnation der verlorenen Unschuld seiner Mutter. Es war ein bezauberndes Kind mit großen, leuchtenden Augen, rein und klar. Und doch verwirrte mich sein Blick weit mehr als jener der Frau. Ich schlug die Augen nieder.

»Dann sag's mir eben nicht«, schmollte die Mutter. »Ganz wie du willst. Ach, Männer...« schalt sie ärgerlich. »Du mußt mit meinem Mann sprechen. Kennst du ihn? Da drüben ist er, der alte Fuchs.« Sie deutete zum Strand, wo die Männer erregt und verschwörerisch miteinander verhandelten. In ihrer Mitte war ein hagerer, älterer Mann nicht nur durch seine relativ feine Kleidung, sondern auch durch seine Gesichtszüge unter den groben Physiognomien der anderen als Hakka-Chinese kenntlich. Mit besorgter, verzweifelter Miene eilte er von einem zum anderen und diskutierte mit den Männern in einem hohen, aufreizenden Ton, fast einem Gewinsel, schrill und unterwürfig zugleich. Ich beobachtete, wie er alles registrierte, Waren abwog, auf einem Abakus flink ein paar Berechnungen anstellte, um dann mit grämlicher Miene und höchst widerwillig aus der Börse, die er am Gürtel trug, kleinere Summen auszuzahlen. Begleitet wurde er von einem jungen Assistenten, der in jeder Hinsicht wie ein zehnjähriges, maßstabgetreues Modell von ihm wirkte. Dieser junge Protegé widmete sich dem Geschäft des Handelns mit unbewegtem Pokergesicht, ohne mit der Wimper zu zucken. Seine Pflicht war es, den Abakus und die Waage zu tragen und sie auf Verlangen mit übertriebener Ehrfurcht zu präsentieren wie sakrale Geräte einer hohen Messe des Handels, die er und der ältere Mann – Akolyth und Hohepriester – dort am fernen Ende der Welt zelebrierten.

»Ihr Sohn?« fragte ich und sah die Frau an.

Sie nickte; dann richtete sie sich mit plötzlicher Würde und Überheblichkeit auf und sagte: »Wir kaufen.«

Der Strand war übersät mit Stapeln fremdartiger Waren, meist Rohstoffen der einen oder anderen Art, die in den entferntesten Winkeln der Berge gewonnen wurden, um für exorbitante Preise flußabwärts verkauft zu werden. Aus dem, was die Frau sagte, schloß ich, daß sich hier zwei Konvois trafen, von denen der eine über Land nach Burma zog, während der andere flußabwärts nach Chongqing und weiter bis an die Küste nach Shanghai wollte. Der Burma-Konvoi führte ein einziges Produkt mit sich: Opium. Die Shanghai-Fracht war mannigfaltiger. Die Frau plauderte munter fort und begann sie zu meiner Aufklärung zu spezifizieren, wobei die Hälfte ihrer Worte im Rauschen des Flusses unterging. Da gab es Kisten mit sorgfältig in Blätter gewickelten Vogeleiern, manche gefleckt, zerbrechlich, winzig, andere so groß wie ein Säuglingskopf, grotesk und unappetitlich; Berge von Fellen jeglicher Farbe und Art, manche nicht größer als ein Handteller, mit weichem, flaumigem Haar für die Spitzen der feinen Schönschreibpinsel. Da gab es Körbe mit seltenen Pflanzen, Wurzeln, die wie Genitalien geformt waren, Moose, die nur unter dem Überhang der Klippen gediehen. Da gab es Klumpen ungeschnittener Jade und Flußperlen, Säcke mit spröden, sonnengetrockneten Fledermausflügeln, gesammelt in tief unter der Erde liegenden Höhlen, aber auch lebende Fledermäuse in Käfigen, die verschlafen im Sonnenlicht raschelten, unter den Abdecktüchern kopfüber an Stangen hingen und, wenn man sie störte, kreischten und schissen. Da gab es Tungöl, Ramie, Seide, Tabak, Tee und Heilkräuter.

Am erstaunlichsten von all dem jedoch war ein *pai xiong*, ein Riesenpanda, der mit seinem Maulkorb schwerfällig in einem Käfig auf und ab lief; der Käfig war auf einen primitiven Karren mit roh gezimmerten Holzrädern montiert, dessen Deichsel leer im Sand ruhte. Von Zeit zu Zeit machte der Bär halt und starrte durch die Gitterstäbe. Seine wilden, melancholischen Augen hatten die Farbe des Berghonigs, wenn er im Sonnenschein aus einer zerbrochenen Wabe rinnt. Dabei war sein Blick so konzentriert, daß es fast schien, als merke er sich zum Zweck der Rache alle Gesichter der hier versammelten Menschen. Auch mich nahm er in seine Liste auf, es kam mir jedenfalls so vor.

Am intensivsten ruhte sein Blick auf einem Mann, der vielleicht meiner Aufmerksamkeit entgangen wäre, hätte das Tier nicht mein Interesse auf ihn gelenkt. Er saß hinten auf dem Karren, mit dem Rücken zur Menge, merkwürdig uninteressiert an den Vorgängen, die sich hinter ihm am Strand abspielten. Seine Apathie, die nichtsdestoweniger die Spuren abgeklungener Spannung aufwies, als enthalte sie irgendeinen eingerosteten Eisenkern, stand in so auffallendem Kontrast zur wilden Hektik der anderen, daß sie ihm eine geheimnisvolle Aura verlieh. Dieser Eindruck wurde noch vertieft, weil sein Gesicht nicht zu sehen war. Er trug eine zerschlissene Militäruniform, deren Herkunft ich nicht erkennen konnte: Kommunistisch war sie nicht, denn das wäre mir sofort aufgefallen. Neben ihm lehnte an der Seite des Karrens ein automatisches Gewehr und seltsamerweise ein gebogenes japanisches Schwert gleich jenen, die im Zweiten Weltkrieg von den Offizieren der kaiserlich-japanischen Armee als stolzes Relikt ihrer Samurai-Vorfahren getragen wurden. Als besonderes Kennzeichen hatte er eine knochenweiße Narbe, die sich vertikal durch seine bis auf einen halben Zentimeter gestutzten Haarstoppeln zog. Sie verlief gerade über den Schädel und verlor sich dann wie eine Straße, die hinter dem Horizont verschwindet, im unbekannten Territorium seines Gesichts. Auch entdeckte ich, daß sich ein milchweißer Rauchfaden aus seiner kleinen Pfeife emporkräuselte, deren Inhalt er von Zeit zu Zeit reduzierte, indem er die Asche gegen die Seite des Karrens klopfte, so daß der Wind sie über den Sand davonblies.

»Wer ist das?« erkundigte ich mich und wagte einen Blick in das Gesicht der Frau.

»Das ist Jin«, antwortete sie, »der Soldat... Jedenfalls war er einmal Soldat; jetzt ist er Söldner der Opiumherren von Burma, obwohl er, wenn er hier ist, gelegentlich auch für uns arbeitet.« Sie hielt inne, da das Thema damit für sie erschöpft war.

Mein bittender Blick hatte Erfolg. Sie zuckte die Achseln. »Ich weiß wirklich nicht viel über ihn. Nur, was ich so gehört habe. Es heißt, daß er im Krieg ein persönlicher Favorit des Generalissimus war. Aber es wird ja so viel erzählt, und das meiste sind Lügen. Irgend etwas ist ihm zugestoßen. Was, weiß ich nicht. Ich glaube, das weiß eigentlich keiner, hier jedenfalls bestimmt niemand. Er soll einen umgebracht haben, hab' ich gehört – aber jeder zweite Mann da unten hat jemanden ermordet oder möchte gern, daß die anderen es von ihm glauben. Wie dem auch sei, aus irgendeinem Grund fiel er in Ungnade, wurde kassiert, in diese gottverlassene Gegend verbannt und schließlich, als die Kommunisten neunzehnhundertfünfzig die Region überrannten, gefangengenommen. Mit den Resten der Nationalen Armee entkam er über die Grenze in die Schanstaaten, wo sie entlang der Burmastraße zum Schutz der Karawanen eingesetzt wurden – im Opiumhandel, meine ich. Jin jedoch ist eine Ausnahme: Er ist der einzige, der sich über die Grenze nach Yunnan wagt und den Stoff rüberbringt. Auf der anderen Seite wird er von der KMT übernommen. Die Arbeit ist gefährlich, aber sehr lukrativ. Er macht den Trip einmal im Jahr, nach der Ernte, und heuert ein paar Lolos an, die ihm dabei helfen. Während er auf unserer Seite auf die Ware wartet, arbeitet er für meinen Mann als Fallensteller, damit sich der Trip in beiden Richtungen lohnt. Ein cleverer Kerl. Obwohl er raucht, ist er zuverlässig – nicht wie die Kulis, die sich darin verlieren. Nur ein bißchen hier und da, unter seinen Tabak gemischt. Das ist alles, der einzige Anhaltspunkt. Es heißt, er hat damit angefangen, nachdem er in Ungnade gefallen ist.« Sie schüttelte den Kopf. »Einige Aufträge gibt es, die wir keinem anderen anvertrauen könnten. Der Bär, zum Beispiel. Siehst du ihn da unten? Der ist für einen Zoo in Amerika. Die Leute bezahlen Geld, damit sie ihn in seinem Elend ansehen dürfen. Kannst du dir das vorstellen? Komische Idee. Aber ich glaube, die Leute bezahlen für alles, solange es nur schwer zu bekommen ist. Der Bär ist wertvoller als die gesamte Shanghai-Fracht zusammengenommen. Jin hat meinem Mann erzählt, nachdem er auf seine Fährte gestoßen ist, hat er neun Tage gebraucht, um seine Höhle zu finden. Die sind ja so vorsichtig und listig, diese Tiere, und überhaupt nicht so rührend und friedfertig, wie immer behauptet wird. Welches Tier ist das schon? Sieh doch nur an, wie groß er ist! Diese Tatzen! Damit kann er einen Menschen töten und ihn dann auffressen. O ja, trotz all dieses Geredes von Bambussprossen – glaubst du wirklich, der würde vor Menschenfleisch die Nase rümpfen? Vor allem ein so großer wie der da! Ich jedenfalls würde nicht stehenbleiben, um ihn zu streicheln, wenn ich dem mal im Wald begegnen sollte. Aber Jin, der ist genau der Richtige für so einen Auftrag. Alle anderen haben behauptet, so etwas sei unmöglich. Weißt du, wie er es geschafft hat? Mit Opium und rohem Fleisch. Ungeheuer clever, wie ich schon sagte. Und keiner, der mit sich spaßen läßt. Siehst du das Schwert? Er läßt es nie aus den Augen. Genau von dem hat er auch seine Narbe. Jedenfalls wird das behauptet. Beim Rückzug aus Shanghai hat er es einem japanischen Offizier abgenommen. Wie man erzählt, hat der Offizier die Verfolgung angeführt. Als er den anderen in seiner verwegenen Begeisterung weit vorauseilte, wurde er von seiner Truppe getrennt. Jin gehörte zur Nachhut der zurückweichenden chinesischen Armee. Aber er zögerte zu lange und wurde ebenfalls abgeschnitten. Und so trafen die beiden sich im Niemandsland zwischen den Armeen, beide erschöpft, nachdem sie in der vorausgegangenen Schlacht ihr Pulver verschossen hatten. Stundenlang kämpften sie miteinander, bis tief in die Dunkelheit, Schwert gegen Schwert, und dann mit den bloßen Händen, bis Jin schließlich siegte. Als der japanische Offizier am Boden lag und verblutete, schenkte er Jin das Schwert, das seit dem Mittelalter in seiner Familie war und vom Vater auf den Sohn vererbt wurde. Eine schöne Geschichte, findest du nicht? Auch wenn ich sie nur vom Hörensagen kenne, wie all das andere. Aber woran soll man sich sonst halten? Kein Mensch kennt ihn wirklich. Keine Ahnung, warum er das tut. Ich persönlich will das auch gar nicht wissen. Ein Mann wie der, der allein lebt, ohne Frau, wie ein bösartiges Tier, der keinen kennt und den keiner kennt – mit so einem ist doch immer etwas faul, wer kennt sich da schon aus? Mit Sicherheit kann ich nur sagen, daß er anders ist als die anderen. Es steckt kein bißchen Gemeinheit in ihm. Na schön, vielleicht auch keine Freundlichkeit. Aber Gemeinheit wirklich nicht.«

Diesen Jin begleitete ein riesiger Hund von undefinierbarer Rasse, der auf muskulösen Läufen steif zwischen ihm und der Menge saß, als wolle er seinen Herrn von der Last der Wachsamkeit befreien. Seine Farbe und seine absolute Reglosigkeit erweckten den Eindruck, als sei er aus einem massiven Block Granit gehauen. Kein Muskel regte sich an ihm, bis auf die Augenlider – oder vielmehr: das Augenlid, denn die eine Augenhöhle enthielt nur eine Kugel aus trübem Glas, die mir in ihrer toten Starre, ihrer vollkommenen Ausdruckslosigkeit eisig ans Herz rührte. Einmal jedoch, als der Soldat seine Pfeife an der Karrenwand ausklopfte, beobachtete ich, wie der buschige Schwanz in schlichter Beredsamkeit den Sand peitschte und der große Steinhund den Kopf drehte, um seinen Herrn anzusehen. In diesem Moment leuchtete sogar das tote Auge vor stummer, tierischer Liebe zu ihm. Dieses Zeichen der Zuneigung wurde jedoch von dem Soldaten, der schweigend weiterrauchte, nicht erwidert.

Die Frau hörte nicht auf zu reden, während ich die Szene weiter beobachtete, die immer deutlichere Konturen bekam. Ich nahm an, daß dieses Füllhorn ausgefallener Waren, das eine Schar ebenso ausgefallener Abenteurer und Glücksritter zusammengetragen hatte, für eingepferchte Stadtbewohner im fernen Shanghai und Beijing* bestimmt war, die, wie man mich gelehrt hatte,

*Peking

mit einem unbewußten, rudimentären Appetit nach der Natur hungerten, die sie um sich herum längst zerstört hatten. Doch sie vermochten sie nicht mehr zu verdauen, wenigstens nicht ganz, nicht roh, sondern sie konnten sie nur noch in Form ausgewählter Beispiele konsumieren: als Tiere im Zoo und als von Apothekern zur medizinischen Anwendung verarbeitete Pflanzen – Aphrodisiaka und Herzstärkungsmittel, als Remedia, Emetica, Diuretica, Laxativa. Natur, zerkleinert, abgekocht, gefiltert, gesiebt, geseiht, verfeinert... kurz gesagt: denaturiert.

Das war die Funktion dieser Bande freibeuterischer Burschen, die um mich herum im Sand kauerten: das Leben für andere zu destillieren – mit einem gewissen Risiko, doch mit beträchtlichem Gewinn. Und in ihren ignoranten, lauernden Gesichtern entdeckte ich die Züge ungebildeter Philosophen, die sich einer privilegierten Intimität mit der Natur erfreuten. Wer anders waren sie als die »natürlichen Taoisten«, von denen Chung Fu so oft gesprochen hatte, jene, die den Weg direkt begriffen, durch Erfahrungen aus erster Hand, unbehindert vom Übergepäck der Ideen?

Von dem Gewühl hob sich der Kapitän in Hochrelief ab; er war die verwegenste Gestalt dieser pittoresken und pikaresken Versammlung. Nachdem er mich flüchtig gemustert hatte, fuhr er mit seinem Geschrei fort, begann wieder mit dröhnender Stimme Befehle zu brüllen und den Kulis sowie allen anderen in Sichtweite Hohnworte und Beleidigungen an den Kopf zu werfen. Wie Peitschenhiebe wirkten seine Worte: Die Arbeiter zuckten zusammen und tanzten nach seiner Pfeife. Die anderen murrten gereizt, aber gedämpft. Sie waren deutlich eingeschüchtert durch seine Anwesenheit und beobachteten ihn argwöhnisch aus den Augenwinkeln, als wäre er eine verwundete Bestie, die jederzeit angreifen konnte. Der Mann befand sich in einem ekstatischen Zustand der Wut. Er hatte das grausamste Gesicht, das ich jemals gesehen hatte – mit funkelnden Augen und geschwollener Halsschlagader. Sein Zorn verriet ein Element trunkener, stolzer Hemmungslosigkeit, eine gierige, kampflustige Freude – ja, sogar einen unbekümmerten, wilden Humor. Ob dies sein Wesen war und er ständig am Rande buchstäblicher Apoplexie lebte, oder ob ein bestimmter Umstand seinen Zorn erregt hatte, konnte ich nicht mit Sicherheit sagen. Von Zeit zu Zeit beäugte er mich mit beunruhigender Vertraulichkeit. Es lagen Neugier und Bosheit in seinem Ausdruck, und obwohl er lächelte, hatte ich das Gefühl, daß er nach einer Möglichkeit suchte, mich fertigzumachen.

»Und der da?« fragte ich die Frau.

»Das ist der Eigentümer und Kapitän der Dschunke«, erklärte sie mir. »Er bringt unsere Fracht flußabwärts nach Chongqing. Vor dem mußt du dich in acht nehmen«, riet sie mir mit gesenkter Stimme. »Auf den ersten Blick mögen er und Jin völlig gegensätzlich wirken, aber sie sind sich in vieler Hinsicht gleich. Er ist der einzige Kapitän, der sich mit seinem Schiff so weit den Fluß heraufwagt, sogar im Frühjahr, bei Hochwasser. Er ist verwegen, und er taugt nichts – ein gefährlicher, gewalttätiger Mensch. Hüte dich vor ihm!« Obwohl sie ihn mit ihren Worten herabsetzte, sprach sie im Ton vorsichtiger Ehrerbietung von ihm. Es war ein klagender, nahezu vergötternder Ton, der mich auf eine mehr als nur oberflächliche Bekanntschaft mit dem Mann schließen ließ, als habe sie ihn gut kennengelernt – zu ihrem Nachteil.

»Wie meinen Sie das?« wollte ich wissen.

»Du kannst es mir glauben«, antwortete sie mit bitterem, verzerrtem Lächeln.

In diesem Moment musterte mich der Kapitän (der uns nicht hatte hören können, da wir in einiger Entfernung standen und uns nur leise unterhielten) wie auf ein Stichwort hin auf einmal erfreut und rief dem Händler zu: »Deine Frau hat einen Spielkameraden gefunden!«

Der Alte, ganz in seine Geschäfte vertieft, zuckte zusammen und legte die Hand ans Ohr. »Was ist?«

Offenbar war er schwerhörig, denn sein Sohn, der ihn am Gewand zupfte, um seine Aufmerksamkeit zu wecken, drehte ihn zum Kapitän herum. Als er sah, wer gesprochen hatte, verneigte sich der Händler übertrieben zuvorkommend und zeigte affektiert lächelnd die schwarzen, verfaulten Zähne.

»Ich habe Sie nicht verstanden, Herr Kapitän!« rief er diensteifrig, als sei das ein großer Witz. »Was haben Sie gesagt?«

Der Kapitän antwortete nicht, sondern deutete nur in unsere Richtung. Als der Händler uns sah, zersprang sein falsches Lächeln in tausend Stücke, die wie Perlen auf einer Schnur um seine Lippen zitterten. Verwelkt, wie er war, wurde er doch puterrot. Er reckte den dürren Arm in die Luft und schüttelte die Faust.

»Habe ich dir nicht befohlen, im Haus zu bleiben?« schrie er mit hoher Eunuchenstimme.

Die Frau verengte in kühler Verachtung die Augen. »Hast du das, Mann? Ich kann mich nicht daran erinnern. Aber warum regst du dich auf? Du weißt doch, daß du ein schwaches Herz hast, es ist aus Mangel an Bewegung auf die Größe einer Hühnerleber geschrumpft. Wenn du nun stirbst? Was wird dann aus mir? Bedenke doch, wie traurig es um uns bestellt sein würde, ohne einen Mann, der Geld für uns verdient.«

»Saustück«, lispelte er und sank in sich zusammen, »Krähe, Viper, Schlampe...«

»Ha! Ha!« unterbrach ihn der Kapitän, brüllend vor Lachen. »So ist's richtig, Alter! Eine ganze Menagerie hast du da, alles in einer Person. Ich hab' ja schon immer gesagt, daß du damals ein gutes Geschäft gemacht hast. Sie ist jeden Yuan wert, den du für sie bezahlt hast. Wieviel war das noch? Laß sehen... Ich müßte mich daran erinnern, kann's aber nicht. Du jedoch erinnerst dich daran, nicht wahr, Händler? Du vergißt nie eine Zahl.«

Der Händler wandte sich zu ihm um und lächelte mit hilflosem Haß. »Sinnlos, diese alte Geschichte aufzuwärmen. Die ist inzwischen fade geworden, weil jeder sie schon mindestens ein dutzendmal von Ihnen gehört hat.«

»Ha! Ha!« lachte der Kapitän abermals mit einem Seitenblick auf mich. »Nicht jeder... Scheint noch gar nicht so lange zurück zu liegen, wie? Müssen aber fast fünfzehn Jahre sein. Sie hat sich ein bißchen verändert, seitdem – besser angezogen.« Er nickte anerkennend und setzte dann wie ein erfahrener Kunde abwertend hinzu: »Nicht mehr ganz so jung.« Er tippte, in ihre Richtung gewandt, an seine Mütze, strafte die Höflichkeitsgeste jedoch sofort mit einem ironischen Lächeln Lügen. »Freut mich, Sie zu sehen, gnädige Frau. Erinnern Sie sich noch an mich?«

Die Frau weigerte sich, seine Begrüßung zu erwidern; sie reckte das Kinn und wandte ihm ihr Profil zu.

»Nun seht mal, wie stolz sie ist!« rief der Kapitän. »Wie sie sich spreizt und brüstet! Damals warst du noch nicht so stolz! Als ich dich in Chongqing in dem Soldatenpuff fand, hast du dich nicht von mir abgewandt!« Gehässigkeit verdunkelte seine Züge, verschwand jedoch sogleich unter einem strahlend boshaften Lächeln. »Einmal eine Hure, immer eine Hure, sage ich stets. Meinst du nicht auch, Händler?«

Der Alte wurde rot vor Scham und Wut, zwang seine Lippen jedoch zum Lächeln und erwiderte mit unterdrücktem Zorn: »Der Herr Kapitän scherzt. Was immer meine Frau früher war, sie hat sich geändert.«

Wieder lachte der Kapitän. »Du magst dich auf deine Geschäfte verstehen, doch nicht auf die Weiber. Sieh sie doch an, wie sie ihr Haar aufgesteckt und sich herausgeputzt hat, und wie sie sich an diesen Jungen ranmacht! Auf den ist sie scharf, das kann ich dir sagen. Das ist kein verschrumpelter Sack ohne Saft und Kraft wie du, Alter, sondern junges und frisches rotes Fleisch mit richtigem Blut. Du solltest heute nacht lieber ein Auge auf sie haben, sonst erwachst du morgen früh mit Hörnern.« Die Männer am Strand fingen ebenfalls an zu lachen. »Sie tut jetzt verächtlich, doch trotz ihres Getues kann ich dir sagen, daß sie unheimlich scharf auf ihn ist. Und ich muß es wissen. Ha! Ha! Wäre ja nicht das erstemal – wie, du Miststück?« Als er sich vielsagend zwischen die Beine faßte, fiel sein Blick auf mich. »Aber ich habe dir noch nicht von der Fahrt erzählt, als ich sie aus Chongqing hierherbrachte. Das muß das – wievielte? – das zweite-, drittemal gewesen sein, daß wir geschäftlich miteinander zu tun hatten, nicht wahr?«

»Bitte!« flehte der Händler und legte seinem Sohn, der vor ihm stand, die Hände auf die Schultern. »Der Junge!«

Ohne ihn zu beachten, redete der Kapitän weiter, einmal an den Händler, einmal an die übrigen Anwesenden gewandt. »Als ich hier mit meiner Fracht ablegte, bat er mich, nach einer Frau für ihn Ausschau zu halten. Gut auszusehen brauche sie nicht, sagte er, solange sie nur einen kräftigen Rücken habe. Ha! Ha! Wie ich darüber gelacht habe! Bezahlt dafür hat er mich auch sehr gut, noch dazu im voraus. Einer der seltenen Mißgriffe deines sonst so guten Geschäftssinns. Du warst anscheinend etwas nervös. Ich hab' einen schönen Profit erzielt bei dem Handel. Frauen waren damals praktisch umsonst zu haben, und ich kaufte die billigste der ganzen Stadt. Immerhin war sie kräftig, wie er es verlangt hatte, und sie sah gar nicht so schlecht aus, wenn man nicht allzu genau hinguckte. Alles war am richtigen Platz. Glaubt mir, ich kann mich dafür verbürgen! Ich hab' mich vorher davon überzeugt – und hinterher ebenfalls!« Er wandte sich an den Händler. »Aber vielleicht doch nicht so ganz das, was du dir vorgestellt hattest, wie? Ha! ha! Ein bißchen mehr, als du dir hättest träumen lassen, eh? Aber wer lacht da? Ich hätte mir so was auch nicht träumen lassen. Mir war nicht klar, was für eine Hexe ich da an Land gezogen hatte, bis wir auf dem Boot waren. Noch ehe wir so richtig in Fahrt kamen, war sie schon über mich hergefallen. Am Ende des ersten Tages hatte ich kein einziges Haar mehr an meinem Schwanz, sage ich euch. Später bekam sie ein schlechtes Gewissen. Die ganze Nacht weinte sie und wollte mir die Augen auskratzen. Ich mußte sie an den Mast binden und knebeln, um endlich Ruhe zu haben. Aber das wirkte. Ich ließ sie die ganze Nacht da draußen, und am Morgen war sie zahm. Von da an tat sie genau, was ich sagte. Das war eine Fahrt! Ihr dürft nicht vergessen, daß sie damals noch jung war. Ihre Titten waren fest und hoch. Jetzt ist sie ja eine alte Sau. Hat sie dir jemals erzählt, wie ich sie in der Nacht vor eurer Hochzeit genau hier am Strand gevögelt habe?« Er spuckte in den Sand, als wolle er die Stelle kennzeichnen. »Gequietscht und gegrunzt hat sie wie ein Schwein, und immer wieder nach mehr verlangt. Mich angefleht, sie wieder mit zurückzunehmen. Aber ich bin doch nicht dumm. Geschäft ist Geschäft, nicht wahr, Alter? Wir hatten einen Handel abgeschlossen. Ha! Ha!«

Dann hörte er wieder auf zu lachen. »Hör auf mich, Händler! Du solltest sie heute nacht lieber hinter Schloß und Riegel halten, und die Kleine ebenfalls. Es gibt eine Menge Männer hier, die so was keineswegs verachten. Sie haben es satt, Schafe zu bumsen und Bergziegen« – er sah zu Jin hinüber – »vielleicht Bären oder sich gegenseitig in den Hintern, was immer sie gerade hier heroben finden. Stimmt's, Freunde?«

Einige Männer lachten. Andere machten ein finsteres Gesicht. Jin zeigte überhaupt keine Reaktion.

»Du kennst doch das alte Sprichwort: Was bedeutet schon eine weitere Scheibe von einem angeschnittenen Brot? Ich hätte nichts dagegen, sie mal wieder zu besteigen, einfach nur, um zu sehen, ob sie's noch kann. Ha! Ha!«

Die Frau spie aus und lief, das kleine Mädchen mit sich ziehend, ins Haus. Ich versuchte, mich so unauffällig wie möglich zu verdrücken.

Aber der Kapitän rief laut: »Wohin willst du, junger Mann? Komm zurück und unterhalte uns ein bißchen. Was hast du an Waren mitgebracht? Oder wolltest du uns nur beim Laden helfen? Für die Arbeit lassen wir gern eine Mahlzeit springen, weißt du.«

»Ich bin Priester«, antwortete ich, leicht übertreibend, mit leiser Stimme und bemühte mich dabei, Würde zu bewahren.

»*Was* bist du?« rief er.

»Priester«, wiederholte ich und errötete vor Verlegenheit.

Ungläubig starrte er mich an, als warte er auf die Pointe; dann warf er den Kopf in den Nacken und lachte laut los. Als er seiner Heiterkeit Genüge getan hatte, begann er wieder Befehle zu brüllen und ignorierte mich, als sei ich unsichtbar geworden.

So unangenehm es auch gewesen war, am Haken seiner boshaften Fragen zu zappeln, schlimmer war es beinahe, fallengelassen zu werden, so daß ich allein sehen mußte, wie ich weiterkam. Auf einmal befand ich mich auf höchst unbehagliche Art und Weise mitten im Rampenlicht. Jene, die sich zuvor nicht einmal herabgelassen hatten, meine Anwesenheit zu bemerken, glotzten mich jetzt ungeniert an, einige mit feindseligem Argwohn. Besorgt, ich könnte meine Furcht verraten, schluckte ich hart und trat, die Bettelschale in der Hand, mit frommer Miene weiter vor, indem ich mich auf die Demut als beste Verteidigung verließ. Mein schwächster Trost war die Überlegung, daß ich, sollten sich die Hoffnungen, die ich in sie setzte, nicht erfüllen, doch wenigstens die berühmte Großzügigkeit der Diebe erwarten könne. Denn wenn diese Männer nicht die ländlichen Weisen, die »natürlichen Taoisten« waren, für die ich sie hielt, dann waren sie mit Sicherheit Verbrecher.

Mein Vorhaben war eigentlich von vornherein zum Scheitern verurteilt. Die ersten Kandidaten, an die ich mich wandte, verscheuchten mich stirnrunzelnd und böse zischend mit exorzistisch anmutenden Gesten. Nun hätte ich dies als Vorzeichen ansehen und mich diskret mit unbeschädigtem, wenn auch leicht angeschmutztem Ehrenschild vom Schauplatz zurückziehen können. Mit dem Instinkt eines schlechten Glücksspielers jedoch harrte ich aus.

Während ich die Runde machte, zwinkerte mir ein fetter Bursche mit kahlem Schädel zu und winkte mich mit einigen raschen, seitwärts deutenden Kopfbewegungen zu sich. Ermutigt näherte ich mich ihm und streckte ihm mit respektvoller Verbeugung die Schale entgegen.

»Almosen für einen armen Priester«, bat ich mit dem traditionellen Spruch.

Daraufhin hörte ich ein schlüpfriges Gurgeln, gefolgt von einem kurzen, knappen »*Quischt*«. Als ich verblüfft den Kopf hob, sah ich einen dicken Klumpen grünlichen Rotz wie eine Auster in meiner Schale schwimmen. Der Dicke lächelte mir mit unglaublicher Unverfrorenheit zu. Seine Augen, um die Fettsäcke quollen wie die Ränder eines Beutels, wenn die Schnur fest zugezogen wird, waren zu dunklen Schlitzen reduziert.

Ich spürte, wie mir das Blut ins Gesicht schoß. Meine Hände zitterten vor Wut. Auf einmal verschwand das Lächeln des Dicken und wich einem Ausdruck finsterer Gehässigkeit. Er legte die Hand auf den Griff des Dolches, den er in seinem ledernen Leibgurt trug. Alle Blicke waren auf uns gerichtet. In ungeduldiger Erwartung eines Kampfes knirschte mein Gegner mit den Zähnen. Ich jedoch beherrschte mich, machte kehrt und stapfte davon, zum Flußufer, wo ich niederkniete, um meine Schale in der flinken Strömung mit Sand auszuscheuern. »Demut«, flüsterte ich mir energisch zu, »Mitleid.«

Dieser Rückzug löste bei den Zuschauern am Strand einen Chor derber Spottworte aus. Ich wurde ausgezischt, verhöhnt, verlacht. Während er sich aufblähte wie eine Kröte, rief mir der Dicke aufreizend nach: »He, Hasenfuß! Du hast vergessen, dich bei mir zu bedanken!«

Ich verschloß meine Ohren vor den Schmähungen und marschierte grimmig mitten durch die Menge. Einer, ich weiß nicht welcher Inspiration folgend (vielleicht, weil er der einzige war, der keinerlei Zeichen aktiver Feindseligkeit von sich gab), trat ich hinter den Soldaten. Ein paar Fuß von seinem Karren entfernt, sprach ich ihn an.

Anfangs schien er mich nicht zu hören. Bei der zweiten Wiederholung meines Grußes wandte er sich langsam auf seinem Platz um und starrte mich an. Eiskalter Schreck durchzuckte mich bei seinem Anblick. Die Narbe lief in einer gezackten Linie wie ein Blitz weiter über die rechte Stirnhälfte, spaltete die Augenbraue und endete im toten Krater der Augenhöhle. Denn, jawohl, genau wie aus der des Hundes starrte mich eine Kugel aus milchigem Glas an, aus Glas von der Farbe des Dampfes und der Asche, wie sie aus den unterirdischen Höhlen tropischer Vulkane aufsteigen, oder des Nebels aus Trockeneis, der für geheimnisvolle Effekte auf der Bühne verwendet wird. Anders als das Auge des Tiers jedoch schien das des Mannes zum Teil zu leben, in einem schwefligen Licht zu glühen wie eine Kristallkugel oder ein toter Mond, der Sonnenstrahlen reflektiert. Es war eindeutig etwas Höllisches in diesem Anblick – diese milchige Kugel aus kaltem, halb durchsichtigem Glas in dem bleichen, düsteren Gesicht, das an einen Kadaver erinnerte –, das mir das Blut gerinnen ließ.

»Was willst du?« fragte er mit rauher Stimme, nur um einen winzigen Grad lauter als im Flüsterton, so leise, daß es mich überraschte.

»Ich habe seit zwei Tagen nichts mehr gegessen«, antwortete ich. »Wenn Sie vielleicht etwas entbehren könnten...« Zu meinem Entsetzen drehte sich der Soldat zur Seite und griff nach dem Schwert. Er legte es jedoch nur beiseite und langte in ein Bündel, das darunter lag. Aus dem holte er zwei Reiskuchen, die er mir rasch nacheinander zuwarf; dann wandte er sich wieder ab und fuhr fort zu rauchen.

Diese kleine, freundliche Geste berührte mich tief. Ich warf mich in den Sand und dankte ihm überschwenglich, was er jedoch ebensowenig zur Kenntnis nahm wie zuvor das liebevolle Schwanzwedeln des Hundes.

Ich packte einen der Kuchen in mein Bündel, setzte mich und machte mich unter großer Konzentration daran, den anderen mit kleinen Bissen zu essen: ganz langsam kaute ich und genoß sehr bewußt.

Während ich aß, führten den Händler seine hektischen Wanderungen in meine Nähe, und er warf mir einen bösen Blick zu. Da ich diesem Blick zufällig begegnete, suchte ich ihm so gut wie möglich standzuhalten.

»Almosen!« rief ich mit törichtem Grinsen und hob meine Schale mit beiden Händen.

»Verdammt noch mal, hier wirst du niemals Almosen kriegen!« erwiderte er verdrossen. »Wir halten nichts von Wohltätigkeit und übrigens auch nicht von Religion. Nicht mal die Autorität der Regierung reicht so weit flußaufwärts.« Gackernd lachte er über die eigenen Worte. Dann sah er mich forschend an und strich sich den Spitzbart. »Priester, eh? Woher soll ich wissen, daß du nicht schwindelst? Was für eine Magie kannst du bewirken? Kannst du wahrsagen, das Wetter verändern, den Fluß anschwellen lassen? Wenn ja, dann könnten wir vielleicht ein kleines Geschäft miteinander machen.« Mit zusammengekniffenen Augen lächelte er mich an.

»Solche Kunststücke sind unter der Würde des wahren Adepten«, erwiderte ich gewohnheitsmäßig.

»*Heng!*« knurrte er stirnrunzelnd. »So ist das also! Etwas für nichts. Scheint ja, als wäre das immer so bei den Priestern. Doch wenn du mich fragst – ein Mann, der als Gegenleistung keinen nützlichen Dienst erweisen kann...«

Eine laute Stimme mischte sich in unser Gespräch. »Hält dieser Priester schon wieder die Arbeit auf?« rief der Kapitän. »Verdammt soll er sein!«

Eine Hand aufs Schanzdeck des Bootes gestützt, sprang er geschickt über Bord und landete aufrecht im Sand. Er zog sich die Hose hoch, schob seine Waffe fest in den Gürtel und kam mit energischen Schritten zu uns herüber. Aus einem zusammengekniffenen, schlammfarbenen Auge musterte er mich von oben bis unten, dann spuckte er in den Sand.

»Du willst was zu essen?«

Ich nickte.

»Dann mußt du auch Lasten tragen wie die anderen.«

»Ich fürchte mich nicht vor schwerer Arbeit«, gab ich nervös und trotzig zurück.

Mit einem kurzen Ruck des Kopfes befahl er einen Kuli herbei, der tief gebückt unter einer Ladung Hanf wankte. Während der Mann näherkam, versuchte der Kapitän weiterhin, mich zu reizen. »Wenn du ein Priester bist, warum ist dann dein Kopf nicht kahlrasiert?«

»Ich bin Taoist, nicht Buddhist«, antwortete ich.

»Taoist? Ich dachte, die wären ausgestorben. Um so schlimmer.«

Der Mann wand sich unter seiner Last hervor und warf sie mir vor die Füße.

»Auf die Schulter damit!« befahl mir der Kapitän.

Ich legte meine Bündel ab, griff hinunter und versuchte die Ladung Hanf anzuheben. Sie war schwerer, als ich gedacht hatte, aber ich schaffte es trotzdem, sie mir auf den Rücken zu laden. Sekundenlang schwankte ich und wäre beinahe zusammengebrochen.

»Bei uns hier bettelt man nicht um milde Gaben und macht den Weibern schöne Augen. Hast du das verstanden, Priester? Ein Mann, der hier essen will, muß arbeiten – genau wie Onkel Mao gesagt hat. Wir sind gute Kommunisten. Dies ist ein Arbeiterstaat, hast du das vergessen? Aber vielleicht bist du kein Mann... Wie ich gehört habe, sollt ihr euch die doch immer abschneiden.«

Hier und da ertönte Gekicher. Der Schweiß rann mir von der Stirn in die Augen. Ich wollte hochblicken, vermochte jedoch nur Knöchel und Waden zu sehen. Plötzlich fühlte ich, wie er mich fest von hinten packte.

»Laß doch mal sehen. Was habt ihr eigentlich unter euren Kutten an?« Ich spürte, wie er kräftig gegen mich stieß. Er nützte meine vornübergebeugte Stellung aus, faßte mich bei den Hüften und begann obszöne Bewegungen zu machen, mich zur Belustigung der Menge trocken zu bumsen wie ein Welpe. Irgend etwas in meinem Herzen begann zu rasen. Mit einer heftigen Bewegung reckte ich mich hoch. Meine Last traf ihn vor die Brust und warf ihn zurück. Ich ließ sie auf den Sand fallen, fuhr zu ihm herum und ballte die Fäuste.

Ein Blick in das Gesicht des Mannes jedoch genügte, um das Feuer in meinem Blut zu löschen. Ein Ausdruck irrwitziger Freude lag in seinen Zügen, der meine Wut in sich zusammenfallen ließ. Das Weiße in seinen Augen hatte sich rosa gefärbt wie vom Alkohol, die Iris war unter der Adrenalinwoge praktisch verschwunden. Seine Pupillen glichen nicht so sehr Fenstern der menschlichen Seele wie Tunneln, die sich in die Finsternis der Vorgeschichte zurückbohren, eine Finsternis, ungemildert von jeglichem Lichtstrahl moralischer oder menschlicher Gefühle. Es war ein Alptraum, der in seinen Augen stand – mein Alptraum, mein Traum –, und seine Schönheit verschlug mir den Atem, noch während er in einer einzigen großen, blitzschnellen Feuersbrunst mich, ja die ganze Welt zu verschlingen drohte.

Ich versuchte, seine Faust abzublocken, als sie herabkam, doch sie krachte durch meine emporgehobenen Arme, als wären sie aus Papier. Seine Hand traf mein Gesicht wie ein Meteorit die Oberfläche der Erde. Es gab eine Detonation, eine weiße Sternexplosion, und die Wucht des Schlages schickte mich hart zu Boden. Die Welt verschwamm vor meinen Augen; dann verlor ich das Bewußtsein.

Als ich die Augen wieder aufschlug, starrte ich direkt in die Sonne, die langsam unterging. Ich hatte einen bitteren, metallischen Geschmack im Mund, und als ich in meine Hand spie, kam mit dem dunklen Blut ein abgebrochenes Stück Zahn heraus. Ich weiß noch, daß ich zunächst dachte, der Sonnenuntergang komme aus meinem Mund geflossen.

Der Kapitän stand breitbeinig, die Fäuste in die Seiten gestemmt, bei meinen Füßen und blickte finster auf mich herab. »Aufstehen!« befahl er.

Als ich keine Anstalten machte, ihm zu gehorchen, stellte er sich breitbeinig über mich, bückte sich und packte mich vorn bei der Kutte. Er ergriff den Stoff wie eine Aderpresse und zerrte mich hoch. Dabei sah ich den Soldaten hinter uns stehen. Seine dunkle, schmale Gestalt verdeckte sekundenlang die Sonne und warf einen langgestreckten Schatten auf uns. Er hatte das Schwert gezogen, schob es mit einer lautlosen, präzisen Bewegung zwischen mein Gesicht und das meines Gegners und drückte dem Kapitän die Spitze auf die Stirn, haargenau zwischen die Augen.

»*Aiya!*« schrie der und ließ mich fallen.

»Laß ihn zufrieden«, verlangte Jin in seinem leisen, heiseren Flüsterton und zwang ihn mit leichtem Druck seiner Klinge Zoll um Zoll weiter empor.

Nun, da er ihm so ausgeliefert war, schwoll die Brust des Kapitäns, sie hob und senkte sich in heftiger Erregung, die teils Wut, teils Angst und teils Überraschung war.

»Jin«, sagte er mit gedämpfter Stimme, die vor unterdrückter Bewegung bebte, »mit dir habe ich keinen Streit.«

»Zum Glück für alle Beteiligten«, antwortete der Soldat. »Wenn dem so ist, dann läßt du den Jungen jetzt in Ruhe.«

»Warum verteidigst du ihn? Was kann er dir schon bedeuten?«

»Meine Sache«, erwiderte Jin kurz angebunden und schob sein Schwert mit einer schnellen, geschickten Bewegung in die Scheide. Er fixierte den Kapitän einen Moment, dann wandte er sich ab und wollte davongehen.

»Du dreckiger Süchtiger!« zischte der Kapitän ihm nach. Als der Soldat nicht reagierte, wurde er kühner. »Was glaubst du eigentlich, wer du bist? Ich werde dich lehren, dich einzumischen!« Er zog seinen Revolver – ob in der Absicht zu schießen oder nur zur Abschreckung, konnte ich nicht erkennen.

»Achtung!« schrie ich laut.

Doch der Soldat war schon herumgefahren und hatte sein Schwert noch in der Drehung gezogen. Sein gesundes Auge starrte in trancegleicher Konzentration geradeaus. Sein Rücken war gestrafft, seine Pose ganz traditionell. Ein Lichtschimmer lief die Stahlklinge entlang und ließ sie erglühen wie den Lichtfaden einer elektrischen Birne, nur rot. Auf die Zehen emporgereckt, hielt er das Schwert, beide Hände am gerillten Griff, einen Moment parallel zum Boden hoch über den Kopf. Die Spitze zeigte nach vorn, die Schneide gen Himmel. Beim zweiten Schritt kam er schnell wieder auf die Sohlen, und er neigte sich vor, indem er mit dem einen Bein hinter sich im Sand einen Halbkreis beschrieb. Gleichzeitig brachte er die Klinge lotrecht zum Boden so vor seinem Gesicht in Stellung, daß sie mit der Schneide nach vorn seine Augen teilte. In der dritten Position riß er die Handgelenke seitwärts, so daß die Spitze nach links zeigte, die Schneide abermals parallel zum Boden, jedoch quer zur Richtung seiner Bewegungen. Während er das tat, zog er den hinteren Fuß nach vorn und ging wieder in Ausfallstellung, diesmal ohne sich hochzurecken, sondern im Gegenteil, er duckte sich tief in die Knie. Obwohl jede Bewegung mit der strengen Eleganz eines Tanzes präzise und separat ausgeführt wurde, lief das Ganze nur in der Zeit ab, die man braucht, um einmal tief ein- und wieder auszuatmen. In seiner letzten, geduckten Stellung war er kaum mehr als einen Meter vom Kapitän entfernt, der jetzt erst den Revolver endgültig aus seiner Kleidung befreit und in Anschlag gebracht hatte.

Was dann genau passierte, kann ich nicht sagen. Der Soldat bewegte sein Schwert mit einer solchen Geschwindigkeit, daß es praktisch vor meinen Augen verschwand. Es gab nur noch das *Wuusch* des scharfen Stahls, der die Luft durchschnitt. Dann hörte ich ein Klicken wie von Metall auf Metall. Mit leisem Knirschen fiel der Revolver in den Sand und mit ihm, säuberlich abgetrennt wie mit einer Schere, die Spitzen von des Kapitäns rechtem Ring- und kleinem Finger.

Das Gesicht des riesigen Mannes wurde so knallrot, als sei er verlegen. Er zögerte, suchte vielleicht zu ergründen, was eigentlich geschehen war, was er tun solle. Dann begann er zu schreien. In die Knie brechend, umklammerte er seine verstümmelte Hand und preßte sie fest an seinen Bauch. Tief vornübergebeugt wiegte er sich hin und her.

Mit der gleichen unbarmherzigen Geschwindigkeit wie zuvor spießte Jin geschickt den Revolver auf, der im Sand lag, indem er die Spitze seiner Schwertklinge durch den Abzugsbügel schob wie durch ein Nadelöhr. Dann schleuderte er ihn im Bogen empor. Der Druck der Klinge gegen den Abzug bewirkte, daß in der Luft ein Schuß fiel. Einen Moment schwebte die Waffe über dem Fluß und verschwand dann in einem leichten, lautlosen Spritzer im Wasser.

Der Kapitän blickte auf, das Gesicht aschgrau vor mörderischem Zorn; im selben Moment jedoch pflanzte ihm Jin von hinten den bloßen Fuß in den Nacken und drückte sein Gesicht in den Sand.

Voll ungläubigem Entsetzen sah ich zu, wie der Soldat sein Schwert wieder zur ersten Position erhob: Spitze nach vorn, Schneide gen Himmel. Mit einem schrillen Falkenschrei machte er sich bereit, es abermals herabsausen zu lassen.

»Nein!« rief der Händler und warf sich der Länge nach über den am Boden Liegenden. »Nicht, Jin! Verschone ihn!«

Der Soldat zögerte, ohne den starren Blick von seinem Opfer zu wenden. Er atmete hastig. Auf seiner Stirn stand blau neben der Narbe, die so weiß wie Milchglas war, eine riesige Ader.

»Er ist ein Hitzkopf und ein Esel, doch ohne ihn sind wir ruiniert«, flehte der Händler. »Kein anderer kann die Fracht durch die Stromschnellen bringen.«

»Meine Geschäfte mache ich in Burma. Was interessiert mich das hier?« sagte Jin, der sich ein wenig entspannte, ohne jedoch das Schwert zu senken.

»Der Bär!« rief der Händler. »Er muß nach Shanghai und ist wertlos, bis er in die Hände der Amerikaner gelangt. Denk doch daran, wie lange du ihn verfolgt hast! Soll das alles umsonst gewesen sein?«

Der Soldat wandte sich dem Alten zu, der vor ihm im Sand kroch, flehend die Hände hob und vor Angst zuckte und blinzelte. »Ausgerechnet du bittest mich, ihm Gnade zu gewähren?« fragte er heiser.

»Ich trage ihm nichts nach«, erklärte der Händler. »Vergiß es! Wir haben Wichtigeres zu tun. Es geht um Geschäfte.«

»Geschäfte!« gab der Soldat geringschätzig zurück. »Wenn ich ihn jetzt verschone, muß ich mich Tag und Nacht vor ihm in acht nehmen.« Finster krauste er die Stirn, ließ aber dann doch das Schwert sinken. »Immerhin, ich bin es dir schuldig, Alter, da du dich zwischen ihn und das Schwert gestellt hast. Obwohl ich weiß, daß deine mutige Tat lediglich von dem Gedanken an den Profit geleitet war, werde ich ihn laufenlassen ... für diesmal.« Er hob den Fuß, rollte den Kapitän im Sand auf den Rücken und stieß verächtlich sein Schwert in die Scheide. »Bedank dich bei deinem Wohltäter, Kapitän«, befahl er, »und hüte dich vor mir! Sollte ich deinetwegen jemals wieder dieses Schwert ziehen, wirst du nicht mehr erleben, daß es in die Scheide zurückkehrt. Das schwöre ich.«

Damit sah mich der Soldat zum erstenmal direkt an. Nun, da sein Gesicht nicht mehr so blaß war, wirkte er um Jahre jünger. Sein Glasauge glühte im roten Licht der untergehenden Sonne.

»Komm mit!« sagte er und ging gemessenen Schrittes voraus

Der Händler folgte ihm katzbuckelnd. »Tausend Dank, mein Freund! Nehmen Sie diesen jungen Herrn hier mit, und gönnen Sie sich ein wenig Ruhe! Entspannen Sie sich! Wir werden uns inzwischen um das Verladen des Bären kümmern.«

Ohne ihn einer Antwort zu würdigen, ging Jin weiter. Als er am Karren vorbeikam, bückte er sich und befestigte eine Kette am Halsband des Hundes. »Bleib!« sagte er. Zum Zeichen dafür, daß er seine Wachsamkeit verdoppelte, erstarrte der Hund auf diesen Befehl hin so sehr, daß er vibrierte wie eine Bogensehne.

Der Soldat ging den Pfad hinauf, der zu den Hütten führte. Im ungewissen darüber, was er von mir wollte, von Ehrfurcht erfüllt und von Angst, auch ich könne irgendwie seinen Zorn erregen, folgte ich ihm in geringer Entfernung und starrte von Zeit zu Zeit auf seine Narbe, als sei sie ein geodätisches Zeichen, ein Meridian, der mir Wegweiser sein konnte in dieser alptraumhaften Welt, in die ich geraten war.

Als wir ein Stück gegangen waren, machte der Soldat halt. Zu meiner größten Verwunderung lachte er und errötete wie ein junges Mädchen. »Warum bleibst du so weit zurück?« rief er mir zu.

»Ich... ich...« stammelte ich.

»Aber natürlich, du lehnst mich ab! Du bist Pazifist. Indem ich dein Leben rettete, habe ich dein Moralempfinden verletzt.« Er lachte. »Du solltest Mitleid zeigen.«

Ich ignorierte seine Ironie und neigte feierlich den Kopf. »Ich schulde Ihnen mein Leben.«

Achselzuckend runzelte er die Stirn. »Vielleicht habe ich dir einen schlechten Dienst erwiesen.« Er musterte mich. »Wie heißt du?«

»Sun I.«

»Nun, Sun I, dann komm und begleite mich!« sagte er, wieder vergnügt. »Wie ich sehe, bist du ein Grünschnabel und hast noch wenig Erfahrung mit der Welt. Da unten am Strand wärst du nicht mehr sicher. Diese Männer würden dich bei lebendigem Leib verschlingen. Aber ich werde auf dich aufpassen. Wer weiß? Vielleicht werden wir sogar Freunde. Wenigstens aber können wir bei einer Pfeife ein paar langweilige Stunden totschlagen.«

»Vielen Dank«, antwortete ich und schluckte schwer, »aber ich rauche nicht.«

Ein scharf explodierendes, kurzes Lachen, dann runzelte er plötzlich die Stirn. »Du stehst in meiner Schuld«, gab er gebieterisch zurück, »und das ist nun mal mein Wunsch.«

Damit wartete er, bis ich ihn eingeholt hatte, und dann stiegen wir gemeinsam schweigend zu einem der höher gelegenen Steinhäuser hinauf. Ohne den geringsten Hinweis wußte ich, daß dies unser Ziel sein mußte, denn von allen Behausungen im Dorf kräuselte sich nur hier ein dünner Rauchfaden vom Dach empor: Beweis dafür, daß drinnen ein Feuer brannte – recht ungewöhnlich in Anbetracht der Jahreszeit und der Hitze. Bald fiel mir, als wir uns der Hütte näherten, ein besonderer Geruch auf, eine seltsame, unbestimmte Süße wie nach Wiesenblumen und Dung. Draußen im Staub, den Rücken an die Steinmauer gelehnt, saß schlaff ein abgezehrter, gespenstischer Mann, der an einer undefinierbaren Krankheit zu leiden schien. Seine Hände lagen mit der Innenseite nach oben, reglos neben ihm im Staub, sein Kopf pendelte auf dem Hals wie eine reife, für ihren Stengel zu schwere Frucht. Als wir vorbeikamen, reckte er den Hals, ohne den Kopf zu bewegen, und warf uns einen kurzen, glasigen Blick zu. Beinahe sofort jedoch fiel ihm der Kopf auf die Brust zurück, und er versank wieder in seinem Stupor.

»Ist er krank?« erkundigte ich mich.

Jin starrte mich ungläubig an; dann lachte er wieder mit seiner leisen, heiseren Stimme. »Krank? Ganz im Gegenteil! Er befindet sich auf dem Gipfel des Glücks!«

Über die Schwelle traten wir in einen dämmrig beleuchteten Raum. Ich brauchte einen Moment, bis meine Augen sich an die Dunkelheit gewöhnt hatten, dann begann ich die Szene im Licht eines kleinen, in einer Steingrube in der Raummitte aufgeschichteten Pechkohlenfeuers und einem Wald von wahllos verteilten Öllampen allmählich in mich aufzunehmen. Überall saßen und lagen Männer auf dem Fußboden oder auf den eingebauten Holzpritschen, manche mit dem Kopf auf einem Kissen aus glattem, weißem Porzellan. Ein verwelkter, alter Mann mit Titten wie eine Frau erhitzte mit konzentrierter Aufmerksamkeit einen kleinen schwarzen Klumpen aus einer Substanz, die im Schein der nahen Lampe wie Pech aussah, und fixierte ihn dabei mit starrem, ehrfurchtsvollem Blick wie ein Hungernder eine üppige Mahlzeit. Der Klumpen steckte auf einer langen Nadel, dem Dipper, die er langsam und gleichmäßig drehte, bis der Klumpen weich wurde und mit bösartigem Zischen unter starker Rauchentwicklung zu schmelzen begann. Nun stopfte er ihn in den Kopf einer Pfeife, so lang und so dick wie eine Oboe, schob das Mundstück behutsam dem neben ihm liegenden Mann zwischen die Lippen und versorgte dann einen anderen. Einige Männer hatten sich, auf der Seite liegend, zusammengerollt wie ein Fötus und sahen aus, als schliefen sie, doch ihre Augen standen offen, und sie starrten mit dem gleichen glasigen Ausdruck vor sich hin wie der Mann draußen. Jene in den oberen Reihen waren in der milchigen Rauchwolke, die unter der Decke hing, beinahe unsichtbar, geisterhaft. Es gab keine Gespräche, keine Geselligkeit. Niemand lachte oder lächelte. Alle rauchten schweigend und hatten ihre Nachbarn, ihre Umgebung, ja wie es schien, sogar sich selbst vergessen. Bis auf das gelegentliche Aufflammen eines Streichholzes, das Zusammenfallen der Kohlen im Feuer oder einen abgerissenen Seufzer war kein Geräusch zu hören.

»Du bist Taoist, sagtest du?« erkundigte sich Jin.

Ich nickte.

Er lächelte und machte mit dem in der Scheide steckenden Schwert eine alles umfassende Bewegung. »Herzlich willkommen an der Quelle, im Königreich der Fülle! Hier siehst du die Kunst des *wuwei* in ihrer exquisitesten Form.« Diesmal klang sein Lachen schrill, ein bißchen irr.

»Das sind Süchtige«, beantwortete ich ernst und vorwurfsvoll seine Respektlosigkeit. »Die Freuden des Opiums sind eine heimtückische und letztlich schwächende Parodie der Wonne der Erleuchtung«, zitierte ich den Meister.

»Mag sein«, gab er zu, »aber wenn die hier süchtig sind, dann bin ich es auch.«

»Wie kann das sein?« wollte ich wissen.

Er lächelte. »Du denkst an das, was am Strand geschehen ist?« Er schüttelte den Kopf. »Das beweist nur deine Unerfahrenheit. Opium bewirkt nicht unbedingt einen Zustand der Apathie; das tut es nur bei jenen, deren Seelen bereits apathisch sind. Es führt vielmehr dazu, daß jeder mehr wird wie er selbst. Das ist das Geheimnis. Doch du hast recht, mit ›letztlich schwächend‹. Denn zum

Schluß sind alle gleich.« Mit dem Kinn deutete er auf den Mann, der uns am nächsten auf dem Fußboden lag. »Sieh dir den an. Eines Tages werde ich enden wie er, das ist mir klar. Wenn nicht heute, dann eben morgen, wenn nicht morgen, dann in zehn Jahren. Je früher, desto besser, würde ich sagen.« Er lachte und forderte mich zum Sitzen auf.

Während er seine Pfeife zubereitete, sprach er weiter. »Obwohl du es nicht äußerst, wunderst du dich doch über meine Stimmung, fragst dich, warum ich lache, was mir so viel Vergnügen macht.« Er hielt inne; sein Blick war herausfordernd. »Es ist der Geschmack von Blut, Sun I. Der übt eine belebende Wirkung auf mich aus.«

Ob er das gesagt hatte, um mich zu schockieren, weiß ich nicht; aber ich war entsetzt. Als er den Ausdruck auf meinem Gesicht sah, lachte er. »Das ist es, wofür ich früher einmal gelebt habe, warum ich Soldat geworden bin. Das Schicksal hat mich dazu gebracht. Solange ich mich erinnern kann, hatte ich für nichts anderes Interesse, weder für Ruhm noch für Geld, noch für Macht, wie die Welt sie versteht. Für einen Mann gibt es nur eine einzige, echte Form absoluter, endgültiger Macht, und das ist, Leben zu nehmen. Leben zu geben ist ebenfalls Macht, doch das ist das Privileg der Frauen – und ihre Bürde. Nur um diese beiden Handlungen kreisen die tiefsten Leidenschaften der erwachten Seele. Als Junge jagte ich im Wald das Wild mit Pfeil und Bogen. Ich erinnere mich noch an meine erste Jagdbeute, wie alles in meinem Leben verblaßte, als ich, den gespannten Bogen in der Hand, dem Tier gegenüberstand. Das Herzklopfen dröhnte mir in den Ohren, der Mund wurde mir trocken, meine Hand aber war ruhig. Ich sah das glänzende Auge vor Panik groß werden, als es mich anstarrte, und in dieser Sekunde empfand ich zum erstenmal die Intimität – sie ist tiefer als jede andere –, die zwischen dem Jäger und seiner Beute besteht. Ich schoß den Pfeil ab, hörte das leise, dumpfe Geräusch, mit dem er die Brust des Tieres traf, und gleich darauf, als er in den Körper eindrang, das Splittern der Knochen. Ein feiner Sprühregen von Blut aus dem gebrochenen Herzen schoß über die Lippen des Tieres. Mit der Grazie eines Tänzers wandte es den Kopf himmelwärts und öffnete den Mund zu einem letzten Schrei, einem stummen Flehen, einem Gebet oder einer Verwünschung – ich weiß es nicht. Vielleicht wollte es auch das kühle Blau des Himmels trinken und damit das Brennen in seinem Herzen löschen. Es ist mir nie gelungen, das auszudrücken, was ich dort sah, den weißglühenden Ausbruch angstgequälten, elementaren Lebens. Es war wie der Blick in die Augen einer Frau, wenn die Dämme brechen, wenn man zum letztenmal in sie hineinstößt und sie zum Höhepunkt bringt. So etwa, nur viel intensiver. Dann lag der Hirsch mit zuckenden Flanken auf der Seite, während oben die riesigen Wolken dahinjagten, der blaue Himmel dieser Welt sich in seinem offenen Auge spiegelte. Im nächsten Moment war alles erloschen; das dunkle Auge füllte sich mit Wasser. Als ich da allein im Herzen des Waldes stand, in der Hitze, verstummten sekundenlang alle Geräusche der Vögel und Insekten. Die ganze Welt hielt wie in ehrfürchtigem Schweigen den Atem an – eine fast unheimliche Stille. Dann spürte ich wieder, wie ein Zeichen, das leichte Spiel des Windes auf meinen Wangen, und die nagende Rastlosigkeit in meinem Bauch begann von neuem, wenn auch weniger intensiv. Ich lud mir den noch warmen Kadaver auf die Schulter und trug ihn davon, zum Zerlegen. Ah, Sun I, danach war ich völlig verändert! Von jener Zeit an war ich mir meiner Berufung, meiner Bestimmung auf dieser Welt bewußt: Priester zu sein wie du« – er lächelte mir zu –, »und das Mysterium des Todes zu zelebrieren.«

In seinem Eifer hatte Jin die Pfeife beiseite gelegt. »Aber das Töten von Tieren ist nur ein schwacher, armseliger Ersatz für das Eigentliche, eine Schattenübung. Es ist ein so geringes Risiko dabei, eine so geringe Herausforderung, daß es am Ende beinahe mechanisch wird. Die Connaisseurs meiner Branche wissen, daß die Intensität einer Erfahrung in direktem Verhältnis zum Risiko steht. Nur bei der Verfolgung eines ebenbürtigen Gegners gelangt man in die höheren Regionen dieses Mysteriums. Und das bedeutet: beim Töten von Menschen. Nicht durch Mord; der wird heimlich und aus überlegener Position heraus begangen, als die niedrigste Form von Gemeinheit und Unehrenhaftigkeit. Sondern im Krieg. Wahrhaftig, das ist der Grund, weshalb dieses große Sakrament in die Welt gebracht wurde, damit der Mensch sich selbst, seine eigentliche Existenz erkenne. Alle Platitüden der Politik – Gerechtigkeit, Souveränität, Selbstverteidigung – sind nur Vorwand, erdacht von jenen, die nicht stark genug sind, die Wahrheit zu ertragen, oder glauben, wir übrigen seien nicht stark genug, sie zu ertragen: daß nämlich die Schlacht der höchste Ausdruck menschlichen Strebens ist, die letzte Wahrheit und Konsequenz des menschlichen Lebens, die uns über unsere Grenzen hinaus ins Göttliche trägt; daß wir nicht aus schrecklicher, unwillkommener Notwendigkeit töten, sondern weil es uns erfrischt und belebt, weil der Geist danach dürstet und weil wir in dem Augenblick, da wir ein Leben nehmen, wirklich und wahrhaftig selber lebendig sind. Während der übrigen Zeit befinden wir uns im Halbschlaf. Da herrscht nur öde, nagende Rastlosigkeit. Und wenn du glaubst, ich scherze nur oder bin wahnsinnig, dann frag einen jeden, der es persönlich erprobt, der die wilde Freude des Kampfes Mann gegen Mann in der Schlacht erlebt hat. Ganz unabhängig von seiner Natur wirst du feststellen, daß im Verlauf der Jahre, nachdem alles andere verblaßt ist, einzig diese Erinnerung bleibt. So angstvoll er auch gewesen sein mag, sosehr er grundsätzlich auch gehaßt haben mag, was er zu tun gezwungen war – diese Erfahrung wird unweigerlich eine brennende Schönheit in ihm geweckt haben, die er nicht vegessen kann, sosehr er es auch versucht. Denn sie ist nicht zu vergleichen mit all den anderen Wahrheiten und Freuden, die das Leben bietet – selbst nicht mit der Liebe einer Frau. Seltsam, daß alles Wissen unwiderruflich mit der Vernichtung verknüpft ist. Aber so ist es nun mal. Ich habe ein verhältnismäßig langes Leben hinter mir, wenigstens für einen Mann meines Standes, und alles, was ich weiß, die Summe meiner Erfahrungen, läuft auf folgendes hinaus: Der Mensch wird geboren, erfreut sich vielleicht, wenn er Glück hat, als Kind in den Armen der Mutter einiger kurzer Jahre illusorischer Geborgenheit, bis dann eines Tages das Nagen an seinem Herzen einsetzt. Er wird sich klar darüber, daß alles vergänglich ist, daß alles, was er liebt und kennt, für immer seiner Kontrolle entgleitet, sogar schon, während er es noch kennt und liebt. Im Schatten dieses Wissens füllt er seine

Tage mit ermüdenden Pflichten aus, findet irgendwie eine Möglichkeit, die Stunden bis zu seinem Tod zu überlisten, und erst dann erwischt er, vielleicht nur einen Augenblick, einen winzigen Zipfel der Wahrheit: daß alles, was er ist und tut, im großen Weltenplan bedeutungslos ist, daß es besser wäre, er wäre gar nicht geboren. Ich trage dieses Wissen seit meiner Kindheit mit mir herum. Das ist letztlich die Ursache des Nagens, von dem ich gesprochen habe. Und es gibt nur eine Möglichkeit, sich davon zu befreien. Die einzigen Augenblicke in meinem Leben, in denen ich mich von dieser Leere befreit fühlte, erlebte ich in der Hitze der Schlacht, wenn ich meinem Gegner ins Auge sah und ihn ohne Groll erschlug. Warum das so ist? Sag du's mir. Ich weiß es nicht. Aber wie kannst du mich verstehen? Was kannst du wissen von der Ekstase des Kampfes? Hör zu, Sun I! Es ist etwas in uns, das anspricht auf die Stimme des Feuers, das ungehemmt wütet und Dörfer in Asche legt; es spricht an auf den Klang klagender Frauenstimmen, vor Entsetzen brüllender Rinder, auf das in den Flammen zischende, knallende Holz, die Glut der Strohdächer, die uns ins Gesicht schlägt, die Brauen versengt, die Lippen aufspringen läßt, die Haut schwärzt, und auf den Gestank brennenden Fleisches. Man hat das Empfinden, etwas völlig Reales, Gegenwärtiges zu erleben, das das Verlangen nach Göttern überflüssig macht. Es stillt und befriedigt die Gefühle mit der Überzeugung, absolut und unmißverständlich zu existieren. Der Trost der Religion, der Sinn des Lebens, das Aussehen der Zukunft – all diese Probleme entdecken uns ihre trügerische Natur und verschwinden. Auch das Nagen, diese Unzufriedenheit im Bauch, verschwindet endlich. Wir hören auf, innerlich gespalten zu sein. Dies ist die Vollendung der Realität, und sie ist, wie ich schon sagte, am intensivsten, wenn man in der Hitze der Schlacht einem einzelnen Gegner von Angesicht zu Angesicht gegenübersteht. Es ist komisch. Hast du jemals zwei Hunde kämpfen sehen? Menschen sind im Grunde nicht anders. Auch sie sehen einander an, bevor sie sich anspringen, richten jene letzte, durchdringende Frage an die Seele des anderen, als Geste des Respekts und der Herausforderung, eine Art Signatur. Bände wortlosen Wissens werden ausgetauscht in einem solchen ewigen Augenblick, dem besten im Leben. In absoluter Aufrichtigkeit steht man vor seinem Gegner, leidenschaftlich lebendig, und doch gleichermaßen bereit zu sterben... Diese Verletzlichkeit ist tiefer als Liebe. Solche Konfrontationen sind das einzige unmittelbare Wissen über das Ewige, das wir jemals erlangen können, denn dieser Siegespreis wird nur demjenigen gewährt, der bereit ist, mit dem Leben dafür zu bezahlen. Der erste Mensch, den ich getötet habe – an sein Gesicht erinnere ich mich mit absoluter Klarheit, besser als an das meines Vaters oder das meiner Frau –, begegnete mir während des Falls von Shanghai. Ich überraschte ihn in einer Nebengasse. Nie werde ich die Bestürzung, die Trauer und die wilde Entschlossenheit in seinen Augen vergessen. Er war wunderschön, vollkommen, verklärt; er hätte ein Unsterblicher sein können, und weißt du was? Er lächelte mir zu, nicht ironisch, triumphierend oder resignierend, sondern aus einem Impuls spontaner Freude heraus, glaube ich. Jawohl Freude. Und ich erwiderte sein Lächeln. Wie er auf mich wirkte, so mußte ich auf ihn wirken, auch noch, als wir die Waffen hoben und das Feuer eröffneten. Ich hatte Glück, war um ein weniges schneller. Ich zielte und drückte ab. Und dann, als sein Körper, von Kugeln durchsiebt, wankte und fiel, hörte ich zum erstenmal, mit einer Stimme, die ich kaum als meine eigene erkannte, jenen schrillen, spontanen Schrei primitiven Triumphs (und der Klage auch, die untrennbar damit verbunden ist) aus meiner Kehle dringen. Atemlos ging ich zu ihm und blickte auf sein Gesicht hinab, sah die weißen Wolken im Meer seiner dunklen Pupillen treiben wie damals in denen des Hirsches, kleine Blütenblätter in einem Brunnen, auf dem sich eine dünne Eisschicht bildete. Sein Leben verblutete auf der Straße. Während ich dastand und jede Stufe des Entdeckens in seinen brechenden Augen genoß, verschwand er, entfloh mit den letzten Freuden über die Grenze jenes unbekannten Landes, in das ich ihm nicht folgen konnte. Er ließ mich, der ich ihm sehnsüchtig nachblickte, zurück, erfüllt von einem Gefühl der Ehrfurcht und des Staunens, wie ich es nie zuvor erlebt hatte, ganz einfach darüber, daß ich noch lebte. In diesem Augenblick wurden mir das unaussprechliche Mysterium und die Schönheit der Welt klar. Ich glaube, während ich am schwersten sündigte, war ich der Religion weit nähergekommen, als es je wieder geschehen wird. Dieses Gefühl begleitete mich bis zum nächsten Tag. Ich erwachte wie aus einem trunkenen Schlaf; jeder Muskel tat weh, jeder Nerv war gespannt, mein Kopf war benommen, mein Körper schmerzte von den Nachwirkungen der Schlacht. Das ist ein merkwürdig pochender, undeutlicher Schmerz, Sun I, wie Migräne, nur nicht richtig physisch; und er wirft ein gewisses Licht auf alles, erleuchtet die Gesichter der Menschen mit der quälenden Schönheit der Vergänglichkeit. Durch diesen Schmerz wußte ich endgültig, daß der Kampf für mich die einzige Realität ist, daß letztlich der Grund, der Vorwand keine Rolle spielt, sondern nur die Sache an sich.«

Der Soldat, der in einer Art Rausch gesprochen hatte, zögerte. Ein Schatten huschte über sein Gesicht. »Ein Mann, den ich einst liebte, und für den ich getötet habe, erklärte mir hinterher, ich widere ihn an, er verabscheue mich, mein Opfer sei entweiht, ich hätte eine schwere, unverzeihliche Sünde begangen. Ich fühlte mich betrogen und tat, als verstehe ich ihn nicht. Was sollten diese Worte im Mund eines großen Kriegers? Dann jedoch erkannte ein Teil von mir, was er hatte sagen wollen, und ich wußte, daß es stimmte. Aber es spielte keine Rolle. Die Verdammnis erschien mir ein geringer Preis für die Süße solcher Ekstase. Und wahrhaftig, Sun I, die Verdammnis ist der Preis, den ich gezahlt habe. Doch wenn ein Mensch den Geschmack des Blutes gekostet hat, fällt es ihm schwer, ihn zu vergessen. Ich für meinen Teil hatte darin einen gewissen Erfolg, indem ich eine Sucht durch die andere ersetzte, die größere, die größte von allen, durch die geringere.« Er griff nach der Pfeife; dann lehnte er sich zurück und musterte mich aufmerksam. »Weißt du, du erinnerst mich an jemanden, dem ich einst in der Schlacht gegenübergestanden habe, einen jungen Kommunisten, einen Knaben, kaum älter als du. Als ich ihm den Gnadenstoß versetzen wollte, erkannte ich an der ernsten Würde seines Ausdrucks, daß er sich, und wenn er noch hundert Jahre gelebt hätte, nie wieder über jenen Zustand der Gnade erhoben hätte, den er unter meinem Schwert erreicht hatte. Und so mähte ich ihn dahin wie eine Blume, bevor sie auf ihrem Stengel welkt. Ich war der Zorn Gottes, Sun I, der Engel der Schönheit und des Vergessens. Ich führte ihn zum letzten Punkt, wo alles klar ist, und erlöste ihn dann vom kranken Elend des Lebens ...«

Jins Stimme brach, als bei diesem letzten, gräßlichen Satz ein ersticktes Schluchzen über seine Lippen drang. Er hielt den Pfeifenkopf über die Flamme. Das Opium begann zu zischen und zu brodeln. Als er das Mundstück an die Lippen führte, zuckte das rote Glühen der Kohlen wie ein höllisches Licht in seinem Glasauge. In seinem anderen Auge jedoch, dem gesunden, tauchte ein Funke schmerzlichen, zornigen Lichtes auf, ein winziges Signalfeuer nüchterner Willenskraft, wie eine im Meer seiner schwarzen Pupille schlecht verankerte Schwimmplattform.

Er tat seinen ersten Zug, inhalierte, behielt den Rauch in der Lunge und sprach durch die zusammengebissenen Zähne weiter. »Aber das alles liegt jetzt hinter mir.« In seinen Augen standen Tränen, und dann, als er ausatmete, verschwand die Leere, verschwand die Schwimmplattform unter einer gewaltig niederbrechenden Woge des Nichts.

Innerhalb von fünfzehn Minuten war jeder Funke Schönheit, den ich in Jins Gesicht entdeckt hatte, erloschen. Er war wieder die bleiche, totenähnliche Gestalt, die ich anfangs auf dem Karren gesehen hatte. Es schien, als sei ein gnadenloser Gott in ihn hinein- und durch ihn hindurchgefegt, um ihm eine kurze Zeitspanne übernatürlicher Vitalität zu gewähren, die mit ihrer heißen Flamme die Ressourcen seines sterblichen Lebens verschlang. Die Verwandlung war mitleiderregend und erschreckend und löste in mir eine Woge tiefen Grolls auf das Leben aus, das ihn in eine solche Lage gebracht hatte. Denn obwohl sein Gerede über die ›Ekstase des Kampfes‹ mich mit Abscheu erfüllte, hatte in seinem Gesicht eine echte Begeisterung gestanden, die jetzt vollkommen verschwunden, von etwas unbeschreiblich Armseligem, beinahe Widerlichem verdrängt worden war. Das Opium beschwichtigte zwar die Wut in seinem Herzen, im Grunde aber schien zweifelhaft, was schlimmer war, Kur oder Krankheit. Daß die Begeisterung, mit der er gesprochen hatte, ein Maßstab für die Wahrheit seiner Worte sein könnte, war eine unakzeptable Vorstellung. Dennoch konnte ich diese nicht ohne weiteres von der Hand weisen. Es lag eine gewisse Berechtigung in der Analogie, der Kelch war zweifellos authentisch und schien für den Wein zu sprechen. Und zumindest verstand ich doch, was er mit dieser ›nagenden Rastlosigkeit‹ im Bauch meinte. Was war sie denn anderes als die Zikade im Tempel des Herzens?

Er reichte mir die Pfeife, und ich nahm sie. Nicht aus den Gründen, die Sie vielleicht erwarten. In seiner Miene lag jetzt keinerlei Drohung, nichts Gewalttätiges, nichts, das mich gegen meinen Willen gezwungen hätte, sondern ein stummer, leiser Appell, eine Bitte um Solidarität, in die ich eine Verpflichtung zur Aufopferung, zu einem brüderlichen Pakt zwischen uns beiden hineinlas... obwohl ich nicht hätte sagen können, worauf sich letzterer gründen sollte.

Ich nahm den dünnen Stiel zwischen die Lippen wie das Mundstück eines Blasinstruments und sog kräftig, bis das schwarze Zeug anfing zu knistern und zu brodeln. Beim ersten Lungenzug mußte ich heftig husten. Etwas vorsichtiger machte ich einen zweiten, leichteren. Mit konzentriert gerunzelter Stirn wartete ich darauf, daß die Magie mich zu verzaubern begann. Nichts geschah. Abermals inhalierte ich. Immer noch nichts. Allmählich fragte ich mich, ob die Wirkung der Droge vielleicht nichts war als eine Legende, ob ich womöglich immun war oder etwas falsch machte, da wurde mein Gehirn auf einmal von einer Wolke unvermittelter Wärme und Wohligkeit eingehüllt. Es war, als habe ein Magier sein Cape geschwenkt und es in der Luft kräftig geschüttelt; in einer Wolke berauschend süßen, regenbogenfarbenen Rauchs erschien mit einem *Puff!*, einem *Plopp!* (wie bei einem knallenden Champagnerkorken) ein winziger Geist, klein, grün und muskelbepackt, mit Messingohrringen und Reifen an den Armen, einem Haarknoten auf dem kahlen Schädel und vor Boshaftigkeit glitzernden Augen. Nicht, daß ich tatsächlich eine solche Erscheinung gesehen hätte, aber eine ganz neue Dimension meines Bewußtseins nahm den kleinen Teufel wahr. Er hatte ein verdammt einnehmendes Wesen und vollführte die ausgefeimtesten Tricks. Ich war sofort von ihm angetan – von ihm, seinen spitzen Ohren und seiner reizenden, koboldhaften Art.

»Ich bin dein Diener«, versicherte er mit galanter Verbeugung und verwandelte die Welt in einen lebenden Organismus, der atmete und strahlte. Ich ritt auf schwellenden und steigenden Kontinenten, das Wogen des flüssigen Magmas unter der Erdkruste wurde für meine Ohren so vernehmlich wie das Kreisen des Blutes in menschlichen Adern.

Diese Bemühungen ermüdeten jedoch meinen Kobold. Er wurde matt und reizbar, und schon bald entdeckte ich, daß er ständiger Stimulation, ständiger Fütterung bedurfte, sonst wurde er verdrießlich und langweilig. Dann legte er sich nieder, begann zu frösteln und starrte mich mit großen, flehenden Augen an. Und so nahm ich, mehr um ihn zu beruhigen, als selbst zu genießen, wieder einen Zug von der Opiumpfeife, der ihn sofort neu belebte und wieder aufmöbelte, woraufhin er mit großer Aufrichtigkeit und Begeisterung schwor, mir fürderhin besser zu dienen. So ging es immer wieder von neuem. Schließlich mußte ich mit dem unvermeidlichen Nachlassen seiner Vitalität rechnen. Bestürzt musterte ich den Inhalt der Pfeife und fragte mich, was ich tun solle, wenn ich ihn erschöpft hatte. Die ausdruckslosen Mienen der anderen Raucher in dieser Höhle wirkten auf mich jetzt bedeutungsschwer. Ich sah direkt in ihre Seelen und entdeckte dort eine Art Mitleid, allerdings passives, ohne die Kraft, ja sogar den Wunsch, zu ändern, was es beklagte. Mit jedem neuen Zug geriet die Kräftigung meines kleinen Dieners weniger gründlich, bis er zum Schluß in einen Betäubungszustand fiel und an der Schwelle des Todes zitterte und zuckte. Da wurde mir auf einmal schaudernd klar, daß sich die Situation verändert, genauer gesagt, umgekehrt hatte: Jetzt diente ich ihm. Eine Woge von Panik stieg aus meinem Bauch auf wie eine weißglühende Blase und platzte auf meinen Lippen in einer letzten Parodie unschuldiger Lust, wurde zum Schmetterling, einem Königsfalter, nach dem ich mit kindlicher Freude lächelnd die Hand ausstreckte, um ihn zu berühren. In meiner Hand jedoch wurde er zum Seidenspinner, zum *Bombyx mori*, mit behaarten Beinen und hundert zitternden Facettenaugen im Kopf. Dann verlor ich das Bewußtsein und begann zu träumen.

In meinem Traum servierte ich dem großen Steinhund in Ritualgefäßen des Klosters Tee und Pfirsiche. In geringer Entfernung wartete der Bär stumm und würdevoll auf seine Portion. Das kleine Mädchen flocht ihm einen Kranz aus Mohnblüten für den Kopf, nachdem sie den für den Hund bereits fertig hatte. Als ich den Deckel festhielt und den Tee einschenkte, blickte der Hund fragend und mit schief gelegtem Kopf zu mir auf. Da ich wissen wollte, was der Blick bedeutete, sah ich auf die Kanne. Aus der Tülle kam nicht etwa Tee, sondern ein dicker Strom dampfenden, zähflüssigen Blutes. Vor Entsetzen und Ekel prallte ich zurück und hätte fast die Kanne fallen lassen. Aber das Tier, das meine Not bemerkte, sagte mir mit menschlicher Stimme etwas Tröstendes, das die Situation sofort klärte und mein Entsetzen beschwichtigte – etwas, an das ich mich später nicht mehr erinnerte. Dann senkte es den schweren Kopf und begann den Inhalt der Tasse aufzulecken.

In diesem Moment wurde ich durch erregtes Bellen aufgeschreckt. Anfangs war ich mir nicht ganz sicher, ob es von außen kam oder aus meinem Kopf. Als ich die Augen aufschlug, hatte ich das Gefühl, aus einer unendlichen Meerestiefe emporzutauchen, aus Finsternis und Beklemmung ans helle Licht, wo ich wieder frei atmen konnte. Ich richtete mich auf und sah mich um – vom Schlaf etwas erfrischt, aber noch lange nicht wieder nüchtern. Alles war wie zuvor. Die Süchtigen lagen herum und starrten mit glasigen Augen in die goldene Ferne, aus der ich soeben zurückgekehrt war. Nur war es jetzt ganz dunkel draußen, und der Soldat war nicht mehr da. Dies erfüllte mich zunächst mit Besorgnis, bis ich mir sagte, er sei vermutlich hinuntergegangen, um das Verladen des Bären zu überwachen.

Es hing eine große, summende Stille über der Welt, in der ich ruhte und lauschte. Das Bellen, das ich gehört oder zu hören geglaubt hatte, war verstummt, also mußte ich daraus schließen, daß es Einbildung gewesen war. Das wiederholte Donnergrollen jedoch, das weit über den Fluß herüberdröhnte und sich hohl an den Wänden der Schlucht brach, war real wie das durchdringende Kreischen der Zikaden, das jetzt in der Dunkelheit einsetzte. Hier und da zuckte Wetterleuchten über den Himmel und erhellte die Umrisse der Berge. Und einmal drang durch die anderen Geräusche der schrille, klagende Schrei eines Nachtvogels. Sein Ruf war mir unbekannt, aber nicht ganz... Er gemahnte mich an etwas, das ich einst gekannt hatte, das tiefer schlummerte als eine Erinnerung; es war beinahe ein Hilfeschrei, doch erst nachdem der Schaden angerichtet und nicht wiedergutzumachen ist.

Warum, kann ich nicht sagen, vielleicht lag es an der Droge, doch inmitten des Vogelrufs, des Zikadengeschreis und des Donnergrollens überkam mich das seltsame Gefühl drohender Gefahr. Ich wurde unruhig und neugierig. Ich erhob mich, reckte mich, nahm meine Siebensachen und brach auf in Richtung Strand.

Von dem Platz auf dem Hügel, von dem aus ich die Szene zum erstenmal beobachtet hatte, blickte ich jetzt wieder hinab. Zahlreiche Lichter bewegten sich unten am Strand, hektisch wie Glühwürmchen, die man aus weiter Ferne auf einer hohen, ungemähten Bergwiese durch den silbrigen Dunst der Dämmerung sieht: Fackeln, von unsichtbaren Händen getragen.

Als ich am Strand anlangte, schlug mir das Gewirr vieler aufgeregt flüsternder Stimmen entgegen. Vor diesem Hintergrundgeräusch waren die Schreie des Vogels zu einem Crescendo angestiegen, das eindeutig menschlichen Charakter annahm. Wie ich feststellte, stand der Bärenkäfig noch an derselben Stelle wie nachmittags, eine Tatsache, die mich stutzig werden ließ, hatte ich doch gehört, wie der Händler ankündigte, ihn zu verladen. Außerdem sah ich im Schein des Vollmonds, der eine rieselnde Lichtstraße über den Fluß warf, daß die Tür offenstand und, wenn ein Windstoß die Schlucht entlangfegte, in ihrer Angel quietschte. Dies alles quälte mich; es war ein unbestimmtes Wiedererkennen, das ich nicht identifizieren konnte. Als ich mich zum Weitergehen umdrehte, stolperte ich über einen Gegenstand. Mühsam das Gleichgewicht haltend, sah ich dunkel im Mondlicht eine riesige Gestalt im Sand liegen. Mein erster Gedanke war, daß es der Bär sein müsse, doch als ich genauer hinsah, erkannte ich den Hund. Er lag ausgestreckt da, so daß es fast aussah, als schlafe er. Doch seine Augen standen offen, und das gläserne glitzerte mit einem unheimlichen, spektralen Licht im Mond, dem es ähnelte. Mir kam der Gedanke, der Hund könne, um nicht in der Wachsamkeit nachzulassen, mit offenen Augen schlafen. Doch als ich ihn näher betrachtete, entdeckte ich, daß sein Kopf in einer Pfütze lag, die eigentlich nicht mehr war als ein nasser Fleck im Sand mit einem kleinen Rest Flüssigkeit in der Mitte. Zitternd vor Angst kniete ich neben dem riesigen Tier nieder. In fasziniertem Entsetzen tauchte ich den Finger in die Pfütze und hob ihn an die Lippen. Die Flüssigkeit schmeckte süß und klebrig, und ich identifizierte sie als Blut. Dann erkannte ich eine tiefe Wunde im Fell oberhalb des Ohrs, durch die mattweiß der Knochen schimmerte. Der Schädel war ihm bis ins Gehirn gespalten worden. Ich mußte an meinen Traum denken und beugte mich vornüber, um mich in den Sand zu erbrechen.

Als die Krämpfe endlich nachließen, erhob ich mich und rannte ungestüm zum Strand. »Was ist passiert?« schrie ich laut. »Wo ist Jin?«

Die Männer mit den Fackeln, die mich bis dahin nicht gesehen oder einfach keine Notiz von mir genommen hatten, hielten in ihrer Beschäftigung inne und wandten sich um. Das Geflüster erstarb ihnen auf den Lippen, als sie mich anstarrten. Eine unheimliche Stille trat ein. Der Wind peitschte die Fackelflammen, die Zikaden kreischten, und das Geräusch des strömenden Wassers war deutlich zu vernehmen; doch niemand antwortete mir. Es war wie in einem Traum, in dem jeder wußte, was geschah, nur ich nicht, und in dem sich jeder aus Angst, Unfähigkeit oder Bosheit weigerte, mich aufzuklären.

Verzweifelt wandte ich mich ab und sah zu der Dschunke hinüber, einem großen, stummen Klotz Schwärze vor der kristallklaren Transparenz der Nacht. Mein Blick fiel auf etwas bleich Schimmerndes, das dort schwebte, über dem Deck flackerte wie die Flamme einer Kerze. Als ich näher kam, erkannte ich die

Züge der Frau, die heftig erregt und die Hände ringend in ihrem Cheongsam an Bord auf und ab ging. Ihr Haar war zerzaust, ihre Augen leuchteten wild im Mondlicht, und während sie hin und her lief, jammerte sie in einer primitiven, rituellen Kadenz, die älter zu sein schien als die Welt, einem Schrei, der mich tröstete, obwohl er von einer schrecklichen Tragödie zeugte. Nun erkannte ich endlich den Ursprung der seltsamen Schreie, die ich irrtümlich einem in dieser Gegend heimischen, seltenen Nachtvogel zugeschrieben hatte und denen ich wie einem Geisterruf an den Strand herabgefolgt war.

Als sie hörte, daß ich über die Laufplanke auf sie zukam, fuhr sie angstvoll herum und hob die Hände, zu Klauen gekrümmt, abwehrend vor ihr leicht zur Seite gewandtes Gesicht, als suche sie einen Angriff abzuwehren.

»Wer ist da?« zischte sie in einem scharfen, kehligen Flüsterton, aus dem sowohl Angst als auch Drohung sprachen.

»Sun I«, antwortete ich, »der Priester.«

Sie ließ die Hände sinken und spähte mit zusammengekniffenen Augen durch die Dunkelheit zu mir herüber. Nachdem sie sich meiner Identität vergewissert hatte, kam sie näher und ergriff meine Hände. Ihre Augen wurden groß. Es stand etwas von dem Staunen in ihnen, das mir schon an dem kleinen Mädchen aufgefallen war, nur war der Grund diesmal nicht Unschuld, sondern Entsetzen. Da wir sehr nahe beieinanderstanden, konnte ich sehen, daß ihr Kleid mit irgend etwas bespritzt und besudelt war. Blut?

Sie sah mich schweigend, mit einem flehenden Ausdruck an, der mir heftiges Unbehagen bereitete. Denn obwohl ganz eindeutig etwas sehr Schlimmes passiert war, hatte ich doch nicht die geringste Ahnung, was das sein mochte und was ich dagegen tun sollte.

»Was ist?« erkundigte ich mich. »Sagen Sie mir, was passiert ist!«

Ihre Lippen begannen zu beben, ihre Gesichtszüge zuckten, als werde sie gleich in Tränen ausbrechen. Sie wollte sprechen, brachte jedoch keinen Laut hervor. Der Krampf ließ kurz nach, packte sie dann aber mit doppelter Wucht. Sie fing an zu keuchen. Schließlich löste sich die Verkrampfung, und sie begann hysterisch zu schluchzen. Dann brach sie in die Knie und barg ihr Gesicht in meiner Kutte.

»Was ist? Was ist denn los?« fragte ich immer wieder und wurde immer beunruhigter. Sie aber fuhr fort zu weinen, ohne auf meine Fragen zu reagieren, bis der Anfall endlich nachließ. Dann war er ebenso plötzlich vorüber, wie er gekommen war. Mit klaren, schmerzerfüllten Augen sah sie zu mir auf.

»Komm mit!« verlangte sie mit der entrückten Stimme einer Prophetin, die im Begriff ist, etwas Wunderbares zu verkünden. An beiden Händen führte sie mich zu der dem Fluß zugewandten Reling des Bootes.

»Hier hab' ich was in den Fluß klatschen hören; es klang wie ein Stein«, fuhr sie mit dieser unheimlichen Stimme fort und deutete auf einen im wogenden Wasser kaum auszumachenden Fleck. »Da war ein dunkles Loch im Fluß, wo es hineinfiel, zehn Millionen glitzernde Splitter, wie eine zerbrochene Fensterscheibe.«

»Was?« fragte ich und drehte sie sanft zu mir herum, weg von dem wilden Schauspiel, von dem sie wie besessen war. »Was ist hineingefallen?«

Abermals zuckte ihr Mund, doch es gelang ihr, sich zu beherrschen. Sie nahm mich bei der Hand und zerrte mich übers Deck nach achtern zu der provisorischen Kajüte.

»Wohin führen Sie mich?« fragte ich beunruhigt, denn ich dachte an den Kapitän.

»Hast du Angst?« erkundigte sie sich spöttisch.

An der Tür zögerte ich und weigerte mich weiterzugehen.

Die Frau ließ meine Hand fallen und wandte sich zu mir um. »Du hast mich gefragt, was geschehen ist. Geh hinein und sieh's dir an!« Sie hob den Arm und deutete über die Schwelle in den matt erleuchteten Raum.

So herausgefordert, trat ich vorsichtig ein, getrieben ebensosehr von Neugier wie von Scham und Ehre. Im trüben Schein einer kleinen, verrußten Laterne, die auf einem Dreharm an der Wand befestigt war, erkannte ich einen mit dem typischen Durcheinander übersäten Kapitänstisch: stapelweise Seekarten, flüchtig ausgefüllte Bestandsverzeichnisse, ein Kompaß, ein Tuschstein und ein Tintenfaß, Pinsel, ein Abakus. Hoch aufgetürmt überragten ringsherum Berge von Waren den Tisch, vermischt mit aufgerolltem Takelwerk sowie allem möglichen Krimskrams, der nicht mehr in den Laderaum paßte und deswegen hier untergebracht war. Teilweise verdeckt von einem dieser Stapel, stand weiter hinten an der Rückwand der Kajüte eine aufgeschlagene Klappliege. Ich konnte das Kopfende nicht sehen, doch hinter einem Berg Felle ragten am anderen Ende die nackten Beine eines Mannes hervor. Sie waren weit gespreizt, das eine ruhte auf dem Bett, das andere baumelte, am Knie gebeugt, auf den Boden herab. Sie verrieten eine gewisse Schlaffheit, diese Beine, eine selbst für einen Schlafenden seltsam anmutende Lethargie. Mein Pulsschlag stieg um einige Takte. Fragend wandte ich mich zu der Frau zurück.

Sie beachtete mich nicht. Stocksteif starrte sie mit gerunzelten Brauen und verkniffenen Zügen auf die nackten Beine. Dann hob sie abermals langsam den Arm und zeigte aufs Bett.

»Geh hin und sieh nach!« verlangte sie.

Bei diesen Worten durchprickelte Ekel meine Eingeweide: die Vorahnung einer Katastrophe.

Flehend sah ich sie an, doch ihre Miene blieb streng. Es lag ein Auftrag darin, den ich nicht ignorieren konnte. Mit einem tiefen Atemzug wappnete ich mich für das, was ich dort finden würde, und zwang mich vorwärts, durch den Raum.

Zunächst blieb ich barmherzigerweise vom Anblick dessen, was das Bett enthielt, verschont. Dann, als meine Augen sich an das Halbdunkel gewöhnt hatten, sah ich den nackten Körper des Kapitäns zwischen den schmutzigen, zerwühlten Laken liegen. Nur den Körper. Der Kopf war vom Hals getrennt worden und nirgends zu sehen. Schultern und Stumpf lagen in einer Blutpfütze. Das bläuliche Ende der Wirbelsäule ragte aus einem Gewirr von Venen und Arterien hervor, in dem sich das geronnene Blut bereits wie Pudding zu verdicken begonnen hatte und an der abgestandenen Luft fleckig wurde. Als ich ihn – *es* – anstarrte, jenseits von Entsetzen und Ekel, jenseits jeder Emotion, vom Schock völlig benommen, erhob sich hinter mir die Stimme der Frau im selben entrückten, prophetischen Ton.

»Ich war schon im Bett. Der Alte lag neben mir und schnarchte durch seine verfaulten Zähne. Dann hörte ich draußen vor dem Haus den Pfiff. Ich wollte nicht zu ihm gehen. Das schwöre ich. Doch irgend etwas zerbrach in mir, ich konnte nicht anders. Ich begann zu weinen. Wie eine Schlafwandlerin stieg ich aus dem Bett, um mich anzuziehen. Plötzlich war ich glücklich, und alles war mir egal. Er war betrunken, als ich kam. Auf dem Weg den Hügel hinab reizte er den Hund. Der knurrte und wollte ihn anspringen, zerrte an seiner Kette. Weißt du, was er tat? Er erschoß ihn und lachte dabei. Der Hund starb nicht sofort. Mit knirschenden Zähnen versuchte er sich an der Kette über den Boden dorthin zu schleppen, wo wir standen. Mit einem Holzknüppel, der dort lag, schlug er dem Tier den Schädel ein. Immer wieder ließ er ihn herabsausen, bis sich das Tier nicht mehr bewegte. Befriedigt von der Gewalttätigkeit, riß er sich zusammen und richtete sich schwankend empor. Auf seinen Lippen lag eine dünne Schicht Geifer. Er trank einen Schluck aus der Flasche, wischte sich den Mund am Jackenärmel und spie aus. Während er mich vor sich her zum Boot schob, öffnete er den Riegel des Bärenkäfigs mit dem blutgetränkten Knüppel, mit dem er den Hund umgebracht hatte, benutzte ihn wie den Stock eines Dompteurs, um das Tier aus seinem Käfig zu treiben. Als es herauskam, erhob es sich auf die Hinterbeine und schlug nach ihm; dann fiel es jedoch schwerfällig auf alle viere zurück und trollte sich, brach krachend durch das Unterholz. Er trank abermals, lachte zufrieden und zog mich an der Hand hinter sich her, die Laufplanke hinauf. Ich hatte Angst. ›Was wird Jin tun, wenn er davon erfährt?‹ fragte ich ihn. Er aber lachte nur und antwortete, er werde Jin ebenfalls umbringen. Wir lagen da, er war bereits in mir, als knarrend die Tür aufging. ›Was ist das?‹ fragte ich und erstarrte vor Angst. ›Der Wind‹, seufzte er. ›Gar nichts.‹ Die Flamme der Lampe flackerte. Jetzt begann er zu stöhnen und zu toben, die typischen Männerlaute auszustoßen. Und dann, als er gerade zu kommen begann, war plötzlich Jin über uns wie ein Wirbelsturm. Jin packte ihn von hinten beim Haar und zwang ihn hoch, so daß sein Saft sich über meinen Bauch ergoß. Mit lächelnd entblößten Zähnen flüsterte ihm der Soldat etwas ins Ohr, das ich nicht verstehen konnte. Ich hörte die Klinge ins Fleisch dringen und dann gleichsam stöhnen, als sie sich durch feste Muskeln arbeitete und die Wirbelsäule durchtrennte. Der Körper, aus dem das Blut sprudelte wie aus einem Springbrunnen, fiel auf mich zurück. Jin hob den Kopf an den Haaren empor. Die Augen lebten noch.«

Sie brach in hysterisches, schluchzendes Lachen aus.

»Ich sah, wie sie noch vor Entsetzen und Unglauben rollten, als der Soldat bereits den Kopf vom Hals nahm.«

Sie verstummte und trat neben mich, legte ihre Hand ganz leicht auf meinen Arm und flüsterte mir ins Ohr: »Sieh nur!« Sie zeigte hinüber, Erstaunen im Gesicht, das unschuldig wirkte, jedoch unaussprechlich widerlich war.

»Sein Schwanz ist noch steif.« Sie streckte die Hand aus und berührte ihn vorsichtig, als müsse sie sich von der Tatsache überzeugen.

Beim Anblick ihrer Zärtlichkeit für das tote Ding, das sie berührte, als sei es etwas Lebendiges, ein winziges, zurückweichendes Tier, das sie zu verletzen oder zu verscheuchen fürchtete, brach heißes Schluchzen aus meinem Herzen empor. Ich ließ sie da stehen neben dem Bett, machte kehrt und lief, alles, was mir im Weg stand, über den Haufen rennend, zur Kajüte hinaus. In meinem Gehirn stürzte eine Phiole ätzender Säure um und verbrannte meinen gesunden Verstand. Wahnsinn wusch über mich her wie eine warme, erstickende Flüssigkeit, wie Blut, und ich lief ziellos wie ein Mann, dessen Kleidung Feuer gefangen hat, der dieser Hitze auf irgendeine Art zu entkommen versucht und dabei zu hektisch ist, um zu erkennen, daß er sie überallhin mit sich nimmt und durch das Laufen die Flammen nur stärker anfacht. Kopfüber fiel ich von der Laufplanke und landete mit dumpfem Aufprall im Sand. Der Stoß preßte mir den Atem aus der Brust. Eine halbe Minute lag ich benommen, ganz in den Schmerz versenkt, doch der Sturz hatte mich wieder zur Besinnung gebracht. Dann kam mir die nächstliegende Frage wieder in den Sinn, die ich in der Aufregung ganz vergessen hatte: Wo war Jin?

Als ich den Kopf hob, sah ich den Händler mit einem vom Schlaf verquollenen Gesicht herunter zum Strand kommen. Er rieb sich die Augen. Das kleine Mädchen war bereits da, war vielleicht unbemerkt schon seit einiger Zeit da gewesen, saß still im Sand und starrte um sich, beobachtete alles mit seinen ernsten, ruhigen Augen. Der Händler lief hinüber, zog die Kleine an den Schultern hoch und schüttelte sie heftig. »Wo ist deine Mutter?«

Angstvoll geduckt, begann das Kind zu weinen, sehr leise.

»Wo ist sie?« schrie er, von der Passivität des Kindes gereizt.

Die Kleine weinte weiter leise vor sich hin, ohne zu reagieren. Ärgerlich stieß er sie von sich und stapfte davon, um sich bei der nächsten Gruppe herumstehender Männer zu erkundigen.

Ich hastete über den beleuchteten Strand, blieb still vor dem Kind stehen und wartete darauf, daß es mich bemerkte. Die Kleine saß da, nahm eine Handvoll Sand und ließ ihn durch die Öffnung der winzigen Faust hinausrinnen wie durch die schmale Taille einer Sanduhr. Ihre Schultern zuckten unter lautlosem Schluchzen. Als sie meine Füße bemerkte, hob sie mir ihr Gesicht entgegen, wischte sich die Augen am Kleiderärmel ab und hörte auf zu weinen. Sie schluckte einmal, dann schniefte sie und wartete ab, was ich wohl tun würde.

Ich stand stumm vor ihr, unfähig, meine Frage auszusprechen. Vielleicht war es der Wahnsinn jener Nacht, vielleicht ein sogar noch tieferer Wahnsinn, aber mir wurde klar, daß ich sie kannte, immer gekannt hatte, daß mein Schicksal untrennbar mit dem ihren verbunden war. Es lag etwas in ihrem Gesicht, das ich mit jener absoluten Sicherheit erkannte, die man nur beim Betrachten des eigenen Spiegelbilds empfindet oder wenn man die Knochen des eigenen Gesichts berührt. Trotz ihrer Jugend strahlte sie die moralische Souveränität extremen Alters aus, als hätte sie zahllose Male mehr gewonnen und verloren, als ein Herz ertragen kann, um dennoch zu überleben und durch das Leid geläutert zu werden. Alles Armselige, Persönliche war aus ihr herausgebrannt, und sie lag da wie ein gekrümmter Knochen in der Wüste, der unter der Sonne von Jahrhunderten bleicht. Geblieben war ihre unausrottbare Unschuld als einzige Eigenschaft, als einziges wesentliches Mineralsalz der Persönlichkeit, das die Zeit nicht ausgewaschen, sondern verstärkt und es ihr dadurch ermöglicht hatte, sich in so extrem hohem Alter ihre extreme Jugend zu bewahren. Zwei winzige Vollmonde trieben in der tintigen Schwärze ihrer Pupillen, wie Kommunionsoblaten auf dem Teller des Vergessens ruhen. Ich nahm das Sakrament in mein Herz auf und verspürte in all dem Wahnsinn Frieden, einen tieferen Frieden, als ich ihn je in den Jahren einsamer Meditation im Kloster empfunden hatte. Das Drängen und die Erbitterung, die Initiation in die Blutriten der Gewalttätigkeit, der ich an diesem Nachmittag unterzogen worden war – dies und alles andere verschwand aus meinem Bewußtsein, und ich spürte, wie mich eine kraftvolle, heilende Seligkeit durchflutete, die, wie ich mir sagte, das Tao sein mußte. Vielleicht stimmte das. Die Jahre haben diese Erinnerung nicht getrübt, sondern auf feinen Hochglanz poliert, bis sie fast die Kraft eines Talismans erreichte. Als der Bann von mir wich, konnte ich endlich wieder sprechen.

»Wohin ist er gegangen?« fragte ich leise. Das kleine Mädchen hob den Arm, wie es die Mutter auch getan hatte, und zeigte auf eine Öffnung in der Mauer des Waldes.

Als ich ging, wandte ich mich noch einmal um, wollte noch etwas zu ihr sagen, fand aber nicht die richtigen Worte. Sie schien mein Dilemma zu erkennen und hob die Hand zu einer verabschiedenden oder auch grüßenden Geste, als wolle sie dartun, daß keine Notwendigkeit für Worte bestehe, daß zwischen uns alles selbstverständlich sei. Ganz kurz hielt sie die offene Hand empor, die auf dem Stengel ihres dünnen, kindlichen Arms wie eine kleine Nachtblume aussah, und irgendwie wußte ich, daß ich sie nie wiedersehen, daß es mein Schicksal sein würde, auf ewig nach ihr zu suchen und unzufrieden bleiben zu müssen. Mit diesem mir unauslöschlich ins Gedächtnis gebrannten Wissen, von einem Gefühl untröstlicher Reue geplagt, betrat ich den Wald.

Auf einem schwach vom Mondlicht erhellten, schmalen Pfad zwischen den Bäumen stolperte ich in die Nacht hinaus, und innerhalb weniger Minuten hatte der Wald mich verschlungen. Alle paar Schritte rief ich den Namen des Soldaten und hielt inne, um zu lauschen, aber es kam keine Antwort. Meine Worte verloren sich im Wind, der allmählich stärker geworden war und durch die Baumwipfel rauschte, im Laub raschelte, die Äste stöhnen und ächzen ließ. Während ich durch die Dunkelheit trottete, wurde der Pfad immer schwerer erkennbar, bis er schließlich ganz verschwand. Aber ich hatte den Mond als Wegweiser, und das Rauschen des Flusses drang noch an mein Ohr, wenn auch jetzt weiter entfernt. Doch schon neigte sich der Mond dem Westen zu, um bald hinter den Gipfeln des Hochhimalaja zu versinken, die nach ihm griffen, um ihn mit wildem Verlangen zu umarmen wie ein monströses Kind, das die Arme nach einem glitzernden Anhänger am Hals der Mutter ausstreckt. Und noch ehe er sank, drohte die riesige Wolkenmasse, die im Westen heraufzog, sein Licht zu verdunkeln. Fetzen und Streifen rasten über ihn hin wie Geisterreiter. Regentropfen hatten zu fallen begonnen, nur wenige anfangs, und doch jeder einzelne mit einem dicken Platschen, groß genug, um fast eine Teeschale zu füllen. Ein gezackter Blitz zuckte über den Bergen, dem ein Donner folgte, als wolle er die Welt aus den Angeln reißen. Ich marschierte verbissen weiter und ignorierte die Zeichen des bevorstehenden Unwetters in der Natur. Bald begann es richtig zu regnen. Der Mond verschwand hinter einer Wolke. Der Wind peitschte die Baumwipfel. Um mich herum fielen wie Sturzbäche heftige Güsse vom Himmel und prasselten auf den Boden herab, so daß ich in diesem Lärm das Rauschen des Flusses nicht mehr hören konnte. Mein letzter Heimkehrmechanismus, mein letzter Wegweiser war verschwunden. Eine Zeitlang stapfte ich durch den Schlamm, bis ich mich endgültig verirrt hatte. Schließlich gab ich den Elementen nach, hockte mich an die windgeschützte Seite eines Felsens und wartete in mich zusammengekrochen, heftig zitternd und mit klappernden Zähnen darauf, daß das Unwetter vorbeizog. Doch nichts ließ auf ein Abschwächen des Tobens schließen. Müde, verirrt, entmutigt, emotionell zutiefst versehrt – kurz gesagt: todunglücklich legte ich mich schließlich auf die feuchte Erde und fiel, während mir eiskalte Regentropfen vom Felsen her ins Gesicht klatschten, in einen todesähnlichen Schlaf.

Als ich erwachte, dämmerte der Morgen. Der Regen hatte aufgehört. Ich war durch und durch naß, fror, fühlte mich leer und zitterte; der ganze Körper tat mir weh. Vielleicht war es die Folge eines Fiebers, aber trotz allem fühlte ich mich gereinigt, als sei ich gestorben und wiedergeboren – oder vielmehr wiederhergestellt, nicht als Mensch, sondern als eine transparente Mineralessenz. Das frischgewaschene Morgenlicht übergoß den Wald, als wäre es Gold, aus einem klaren, schnellen Fluß geholt. Es glitzerte in Tautropfen, die wie Perlen die dunkelgrünen, wassermelonenfarbenen Blätter der holzigen, auf dem Waldboden wuchernden Schlingpflanzen besetzten, wie funkelnde Safttropfen an den Nadeln der Kiefern hingen oder die Feenkelche der Engelsblümchen überfluteten, die hier und da zwischen den Moospolstern blühten. Zu meiner unermeßlichen Freude wehte aus geringer Entfernung das kristallklare Wispern fließenden Wassers an mein Ohr. Ich richtete mich auf und sah, daß ich unbewußt auf ein Bächlein gestoßen war, das mich letztlich zum großen Fluß zurückführen würde. Am Ufer stand in der tiefen Heimlichkeit des Waldes, schöner als alles, was ich bisher gesehen hatte, eine purpurne, nahezu schwarze Blume, die aussah wie die Kreuzung zwischen einer Mohnblume und einem Paradiesvogel. Wassertropfen zitterten auf ihren Blütenblättern. Hier und da lösten sie sich und rannen hinunter, wobei sie eine spinnwebfeine Spur auf der zarten und doch festen Oberfläche hinterließen. Eine traumwandlerische Schönheit lag über allem. Ich trank die vibrierende Frische des Morgens in langen Zügen, bis mein Geist vollkommen damit gesättigt und selig trunken war.

Ich mußte wieder eingeschlummert sein, denn als ich zum zweitenmal erwachte, spürte ich warmen Sonnenschein auf meinem Gesicht. Ein rosiges Kribbeln glühte, wie durch einen farbigen Lampenschirm gesehen, vor meinen Lidern. Sehr lange badete ich in diesem sanften Frühlicht, ohne die Augen aufzuschlagen, bis ein Schatten auf mein Gesicht fiel. In der Annahme, eine Wolke sei vor die Sonne gezogen, traf ich Anstalten, mich zu erheben. Seufzend schlug ich die Augen auf – und sah den Bären neben mir stehen, mit lohfarbenen, blanken Augen, die vor unterirdischem Leben glühten wie das Magma im Herzen der Erde, lebendiger als alles, was ich jemals gesehen hatte, von Gott geschürte Feueröfen, die mich in Sekundenschnelle in Asche verwandeln konnten. Ich keuchte, hätte fast laut geschrien, vermochte den Schrei aber in meiner Kehle zu ersticken. Seine feuchte Nase, die wie Glacéleder aussah, war keine fünf Zoll von der meinen entfernt. Die schwarzen Nüstern weiteten und verengten sich, als er an mir herumschnupperte und mich anstupste. Ich merkte, daß er ebenso ängstlich und aufgeregt war wie ich. In einer einzigen Sekunde fiel mir alles ein, was Jin über die seltsame Intimität gesagt hatte, die zwischen dem Jäger und seiner Beute herrscht, über dieses Gefühl der Hyperrealität, das einem nur im Augenblick des Todes zuteil wird. Jetzt verstand ich ihn, jetzt, als das riesige Tier über mir stand und mir förmlich in die Seele starrte mit einem Blick, so unerträglich, als sähe ich direkt in die heiße Mittagssonne.

Der Bär war der erste, der den Blickkontakt löste. Er hob die Schnauze und schnupperte in den Wind, als werde er von einer unangenehmen Witterung abgelenkt, einer Witterung, die er fürchtete und haßte. Inzwischen erwog ich in Gedanken verzweifelt und rasend schnell alle Möglichkeiten einer Flucht. Ich konnte schreien oder den Bären mit meinem Wanderstab abwehren und davonzulaufen versuchen. Doch als er wieder zu mir herabblickte, hechelte er, und seine Augen waren tiefer geworden, als ich ergründen konnte, von einer strengen, wilden Gerechtigkeit: Gottes eigene Augen. Er öffnete die rote Schnauze, und ein Speicheltropfen löste sich von seiner Zunge, um mitten auf meiner Stirn zu landen. Ich holte tief Luft, schloß die Augen, entspannte mich und ergab mich in mein Schicksal: Ich öffnete mein Herz ganz weit dem Tod. Ich versuchte mir vorzustellen, wie es sein würde, ob er mir mit seiner Tatze die Brust zerquetschen oder ob ich seinen heißen Atem im Gesicht spüren würde, während sein glitschiger, erstickender Gaumen meine Schädelöffnungen bedeckte und seine Kiefer sich um meinen Kopf schlossen wie ein Schraubstock, um ihn zu zerdrücken. Zum Schluß spielte dies alles gar keine Rolle mehr. Ich lag da wie eine junge Braut, die nervös und erregt auf das Gefühl der Erniedrigung wartet, wenn ihr Bräutigam in sie eindringt. Das letzte, woran ich dachte, war das kleine Mädchen – ihre ernsten, stillen Augen...

Als ich die meinen wieder aufschlug, trollte sich der Bär, die schweren Hüften schwingend, davon. Er ging ans Bachufer, trank und hockte sich auf die Keulen, blickte zurück, rollte sich über einen gestürzten Baum und richtete sich wieder auf. Zu meiner größten Verwunderung spielte er mit mir, flirtete sogar. Er beugte sich seitwärts und rupfte die schöne schwarze Blume ab. Beim Kauen warf er mir einen fast schuldbewußten Blick zu. Dann erhob er sich und patschte leichtfüßig durch den Bach. Am anderen Ufer hielt er inne und sog abermals schnuppernd die Luft ein. Mich schien er vollkommen vergessen zu haben. Dann trottete er davon und verschwand im Wald.

Völlig benommen suchte ich meine Sachen zusammen und wanderte, über die Merkwürdigkeiten des Lebens staunend, am Bachufer entlang. Das Kloster Ken Kuan war Jahre entfernt, eine vage Erinnerung an ein anderes Leben, bevor die Welt sich mir in all ihrer Majestät, all ihrem Schrecken enthüllt hatte. Es erschien mir nun wie ein imaginäres Königreich, ein Märchenland hoch droben im ewigen Schnee, wo das reine Licht des Himmels nie verdunkelt wird und menschliche Sorge keinen Eingang findet – wie eine der in alten Zeiten gegen die Pest errichteten Fluchtburgen, hermetisch abgeriegelt von der Welt und ihren Seuchen. Trotz aller Vorsichtsmaßnahmen jedoch war das Leben nach und nach durch eine winzige, kaum wahrnehmbare Pore oder einen Riß in der Naht gesickert und hatte den virulenten Keim seiner Infektion, der Sterblichkeit, in mein Herz gepflanzt.

Wie ein junges Raubtier, das auf seiner ersten Jagd den Duft seiner dem Untergang geweihten Beute wittert, das innehält und erstarrt, aufmerksam die Ohren spitzt und die Nüstern bläht, noch ungewiß, um was es sich handelt, da es das Tier nicht nach der Erinnerung identifizieren kann, sondern ausschließlich nach dem Instinkt, so entdeckte ich den Duft, den ich an jenem Tag, da Xiao mir seine Geschichte erzählte, immer wieder bemerkt hatte und der mich unter dem unbestimmten Kribbeln freudiger Erwartung erschauern ließ. Jetzt erkannte ich auf einmal, was das war, dieser Duft: das Leben. Und das gleiche wilde Glücksgefühl durchflutete mein Herz, das ich auf dem Gesicht des Soldaten gesehen hatte, als er lachte, errötete und von der unvergleichlichen Ekstase des Tötens sprach.

Ich setzte mich, starrte in den Bach und dachte an Jin, diesen zwiespältigen Mann: verdammt in seiner Gnade oder begnadet in seiner Verdammung. Und diesem Gedanken folgte ein anderer wie an einem einzigen Strick: der Gedanke an Eddie Love, meinen Vater. Was er mit Jin zu tun haben sollte, hätte ich kaum erklären können. Eine Verbindung jedoch bestand mit Sicherheit. Das wußte ich untrüglich, instinktiv wie ein Tier. Der Duft war stärker geworden. Ich war ein Stück weitergekommen auf meinem Weg.

Mein Blick verlor sich im weißen Schäumen des Wassers, und ich versank in einem Traum von Geräuschen. Wieder nahm ich den dünnen Klagechor wahr, der sich über das Rauschen des Wassers erhob. Nur gab es jetzt eine neue Stimme unter den Flußtoten, die mitleiderregend schrie und deren tiefer, männlicher Ton in beschämendem Widerspruch zu dem jammervollen Entsetzen stand, das aus ihr sprach. Der Kapitän tat mir leid, und ich war entsetzt über die gräßliche Ironie seines Endes: den Kopf zu verlieren. Ich dachte an den großen Steinhund, den Bären; an den Händler und seine Frau. Vor allem aber dachte ich an das kleine Mädchen. Ihr Bild, das mir vor Augen stand, ließ mich erschauern, löste die uralte Klage in meinem Blut aus. Wie, durch welches verborgene Wirken des Herzens war ich zu diesem Wissen gelangt – daß sie meine dem Untergang geweihte Beute, daß sie das Leben selbst war? Oder war es nur Illusion? Sah ich sie nicht schon in meinem Kielwasser treiben, zusammen mit Wu, Xiao, Chung Fu und all den anderen, die mich irgendwie berührt hatten und nun fort waren, verschwunden in der unerreichbaren Vergangenheit? Doch es war Zeit aufzubrechen, mich wieder auf den Weg zu machen und meinem Ziel entgegenzuziehen: dem Meer.

Nachdem ich zum Hauptwasserlauf zurückgekehrt war, setzte ich mich in Marsch. Während des ganzen ersten Tages begegnete ich keinem Zeichen menschlichen Lebens, ebensowenig am Vormittag des folgenden. Am Nachmittag des zweiten Tages jedoch, als ich an einem stillen, tiefen Flußabschnitt entlangwanderte, hörte ich plötzlich Lachen und Rufen. Zunächst konnte ich nichts entdecken. Dann kam zu meinem äußersten Erstaunen die schwarzbäuchige Dschunke um eine Flußbiegung und wie im Traum lautlos auf mich zugeglitten. Ich erkannte die Gesichter eines halben Dutzends der Männer, die ich am Strand gesehen hatte. Sogar vom Ufer aus war leicht zu erkennen, daß sie sturzbetrunken waren.

Als sie mich da stehen und die Augen beschatten sahen, verstummten sie genauso wie zuvor am Strand. Dann begannen sie alle wie auf Kommando zu schreien und zu winken.

»He!« riefen sie. »Komm her! Schwimm rüber!« Sie vollführten die entsprechenden Gesten, legten die Hände zusammen wie zum Kopfsprung, bliesen die Backen auf, hielten sich die Nasen zu und machten in der Luft Schwimmbewegungen.

Von einer unerklärlichen Freude ergriffen, schüttelte ich die Sandalen von den Füßen, steckte sie in mein Bündel, rannte zum Wasser und sprang unter einem Chor von Hochrufen hinein. Gerade, als sie vorbeikamen, erreichte ich die Fahrrinne. Weit über Bord gebeugt, fischten sie mich, der ich klatschnaß war und vor Anstrengung keuchte, heraus.

»Gut gemacht!« riefen sie und klopften mir auf den Rücken. »Großartig, Priester!«

Den anderen zuzwinkernd, wollte mich einer hänseln und sagte: »In deiner vorigen Inkarnation bist du bestimmt ein Fisch gewesen.«

»Oder ein Affe«, sagte ein zweiter und rollte verschmitzt wie ein solcher die Augen, daß seine Kameraden sich vor Lachen bogen.

»Du Idiot!« rief ein dritter. »Er ist doch Taoist, nicht Buddhist!« Nun mußte sogar ich lachen.

Erstaunt und ein wenig bestürzt entdeckte ich den Dicken an der Ruderpinne des Bootes. Anfangs hütete ich mich vor ihm, aber er schien unseren Streit völlig vergessen zu haben. Er begrüßte mich wie einen alten Freund und erklärte mir die Situation. Als der Händler den Tod des Kapitäns entdeckte, war er minutenlang jammernd und sich die Haare raufend umhergelaufen, hatte sein Schicksal verflucht und seine Frau verprügelt. Zuletzt jedoch hatte er sich wieder etwas beruhigt. Nachdem der Tote begraben worden war, hatte er als nüchtern denkender Geschäftsmann seine Verluste zusammengerechnet und nach einer Möglichkeit gesucht, sie zu verringern. Schließlich war er auf folgenden Ausweg gekommen: Er heuerte mehrere erfahrene Freiwillige an, welche die Fahrt an Stelle des Kapitäns unternehmen sollten, und trug ihnen auf, die Fracht bis zu den Stromschnellen zu befördern. War der Wasserstand hoch, sollten sie bis Chongqing weiterfahren, wenn nicht, den Kahn über Land zum nächsten Handelsposten schaffen. Dort sollten sie entweder den Weitertransport organisieren oder die Waren an den Meistbietenden versteigern. Da er gezwungen gewesen war, ihnen als Anreiz zu diesem gefährlichen Unternehmen einen Anteil zu bieten, waren sie alle fest entschlossen durchzufahren, denn sie schätzten, daß die Fracht in Chongqing fünfmal mehr einbringen würde als in irgendeinem obskuren Nest weiter oben am Fluß. Sie wirkten mehr wie Kinder an einem schulfreien Tag denn wie Männer, die auf eine der gefährlichsten Wildwasserstrecken der Welt zusegelten.

Ich fuhr den ganzen Nachmittag lang mit ihnen. Am Abend legten wir an und aßen und tranken miteinander. Ich erzählte ihnen sogar ein bißchen von meiner Geschichte. Am folgenden Morgen fuhren wir im ersten Tageslicht weiter. Zwei Stunden waren wir schon unterwegs, als wir um eine Biegung kamen und am Ufer eine kleine Ansiedlung sahen. Einer der Männer erzählte mir, es sei jetzt keine Stunde mehr bis zu den Stromschnellen, und wenn ich von Bord wolle, sei das hier der günstigste Platz, denn von nun an winde sich der Fluß zwischen steilen, kahlen Felswänden hindurch. Bis zu diesem Zeitpunkt hatte ich erwogen, mich ihnen anzuschließen. Und das hätte ich wohl auch trotz allem getan, hätte nicht etwas am Ufer meine Aufmerksamkeit erregt und meinen Entschluß sofort umgestoßen.

»Seht!« rief der Dicke und zeigte zur Seite. »Sie haben ihn gefunden!«

Dort, auf einem zwölf bis vierzehn Fuß hohen Grünholzpfahl, steckte mit dem Gesicht zum Wasser der Kopf des Kapitäns.

»Mein Gott!« keuchte ich. »Wer hat diese Entweihung zugelassen? Warum haben sie ihn auf diese Weise zur Schau gestellt?«

»So ist es der Brauch hier am Fluß«, antwortete der Dicke grimmig. »Für jeden, der ihn vielleicht sucht.«

Dies erschreckte mich, ja stieß mich ab. Doch das, was dann auftauchte, als wir näherkamen, war noch schlimmer. Die anderen entdeckten es im selben Augenblick wie ich. Heftige Erregung brach auf dem Boot aus.

»Was soll das bedeuten?« fragte ich, von einem zum anderen laufend. Alle schüttelten sie den Kopf. Zuletzt fragte ich noch den Dicken.

»Das war Jin«, antwortete er. Daraufhin sprang ich ins Wasser.

»Lebt wohl!« rief ich ihnen, in der Strömung treibend, noch zu. »Lebt wohl!«

Sie winkten mir nach und warfen mein Bündel über Bord. Ich holte es mir und schwamm ein Stück flußabwärts an Land. Der schwarzen Dschunke sah ich nach, bis sie um eine Flußbiegung verschwand; gleich darauf näherte ich mich der grausigen Szene. Den Kopf des Kapitäns bedeckten Hunderte von Fliegen; halb verwest und stinkend, war er kaum noch zu erkennen. Doch es war ein zweiter Kopf, der mich weit stärker anzog: Dort steckte, ganz ähnlich, auf einem Grünholzpfahl mit hängendem Unterkiefer und roter Zunge über der unteren Zahnreihe, der Kopf des Bären. Das Profil des Kapitäns hatte ihn anfangs verdeckt und erst dann, als wir querab waren, freigegeben. Jetzt konnte ich ihn deutlich sehen. Die Augen waren weit offen und glitzerten von Tränen aus Wasser. Unwiederbringlich. Ich weinte.

Nach einer Weile machte ich mich auf die Suche nach Jin, obwohl ich eigentlich nicht erwartete, ihn zu finden, ja, nicht einmal ganz sicher war, ob ich es überhaupt wollte. Der Duft des Lebens, den ich so flüchtig nur wahrgenommen hatte, war jetzt vermischt mit dem Duft des Todes, dem ekelhaften Gestank sinnloser, unnötiger Zerstörung: wie Wildblumen und Dung. Schwer auszumachen wie jener kleine Kobold in seiner Wolke beschissener Süße, fand ich Jin inmitten von Opiumgeruch. Denn wie überall in China, wo die Behörden das Verbot nicht durchsetzen können, gab es auch hier eine Opiumhöhle. Auch wenn sie von außen anders aussah als die erste, von innen war sie genauso wie sie: die gleichen blinden Gesichter, die seelenlos in das blendende Licht starrten, in das exquisite Mysterium alkaloider Auflösung. Als ich den Soldaten fand, lag er zusammengerollt wie ein Fötus da und starrte, den Kopf auf einem Porzellankissen wie ein Leichnam auf einem Grabstein, an die Wand. Das Schwert war ihm aus der Hand geglitten und lag vergessen auf dem Boden. Ich packte ihn bei den Schultern und schüttelte ihn. Er starrte mich an – ohne eine Spur des Wiedererkennens. Ich jedoch sah mich selbst: als Spiegelbild in seinem Glasauge.

ZWEITES KAPITEL

Von dem Tag, an dem ich Jin zum letztenmal sah, bis zu dem, da ich das Delta des Chang Jiang* oberhalb von Shanghai erreichte, vergingen viele Wochen. Ich befand mich noch weit flußaufwärts vor Chongqing und mehrere hundert Meilen oberhalb der Schiffbarkeitsgrenze bei Yichang, als ich schließlich für den Rest meiner Reise an Bord einer Reisschute ging und, meinem Armutsgelöbnis entsprechend, auf die Heuer verzichtete, um ausschließlich für Fahrt und Unterkunft zu arbeiten (eine Methode, die mir für den ganzen Weg bis zu den Docks von New York Beschäftigung sichern sollte). Da ich meine Zeit nicht für die Beschreibung eines Ortes verschwenden will, den ich auf dem Weg zum Meer gesehen habe, möchte ich den Fortgang meiner Reise an Hand der allmählichen Veränderungen schildern, die ich am Charakter des Flusses feststellte, der wie das Tao, sich stets verändernd, stets doch derselbe blieb.

Der Chang Jiang ›taucht geheimnisvoll aus den Wolken auf‹, schrieb der Reisende Yuan Bin im sechsten Jahrhundert vor Christus, und das trifft noch heute zu. Seine Quelle hoch oben im Tanggula-Gebirge hat noch kein Menschenauge gesehen. Und sogar so weit hinab wie Ken Kuan, an einem der zahl- und namenlosen, auf keiner Karte verzeichneten Quellflüsse, bleibt der Fluß in seinem unberührten Zustand, unverschmutzt von Schlamm, kalt, klar und rein. Hier, in seinem ersten Avatara, ist er ein Kind und springt mit reißender, unbekümmerter Freude durch steile Talschluchten in einer phantastischen Landschaft voll Immergrün und Regenbogen, die von vereinzelten Sonnenstrahlen aus dem wie Prismen wirkenden Dunst herausgehoben wird. Unermüdlich, verschwenderisch mit seiner Energie umgehend, rauscht der Fluß hier mit ekstatischer Unbezähmbarkeit dahin, als könne er nicht an die eigene Sterblichkeit glauben. Mit der Zeit jedoch, unmerklich fast, mäßigt sich die wilde Leidenschaft, und der Fluß nähert sich der Reifezeit. Nun strömt sein Leben tiefer dahin, getrübt von den verschiedenen Ablagerungen. Seine noch immer temperamentvollen Ausbrüche werden seltener, wenn auch heftiger, und ziehen nüchterne Betrachtung nach sich. Sein Verantwortungsgefühl wächst im gleichen Maß wie seine Schuldhaftigkeit, die Bürde seiner sich ständig verlängernden Vergangenheit. In dieser Gestalt fließt der Chang Jiang

*Yangtse

durch die aus Schiefer und ziegelrotem Sandstein geschnittenen San-Xia-Schluchten an der Grenze von Sichuan und Hubei, wo er sich in der Gesellschaft von Nebenflüssen, die ihm von Norden her entgegenfließen, in einer letzten, wahnwitzigen Orgie, einer Art Abschiedskoller der Jugend, austobt.

Hier erreicht der Fluß die Blüte seines Lebens. Große, hochseetüchtige Schiffe erscheinen, meißeln mit ihrem Bug seine glatte Oberfläche auf, daß weiße Flocken und Spritzer des aufgewühlten Wassers wie Späne fliegen, die rasch wieder mit der polierten Fläche verschmelzen. Und schließlich tritt der Chang Jiang, seiner maßlosen Freuden überdrüssig, träge, fast verausgabt ins Alter ein. Angeschwollen vom Reichtum seiner Erfahrungen, breit und tief, beinahe unergründlich durch den Niederschlag der in sich aufgenommenen Leben, wird die Bewegung des Flusses buchstäblich unsichtbar: Nur hier und da wird die stille Fläche von einem Wasserwirbel durchbrochen, Anzeichen einer schnelleren Strömung, die tief in ihm arbeitet, ihn unerbittlich seiner Begegnung mit dem Meer entgegenzieht. Durch reiche, landwirtschaftlich genutzte Niederungen, in denen sich zu beiden Seiten, soweit das Auge reicht, saftig grüne Reisfelder erstrecken, strömt der Fluß nun und wird anfällig für Überschwemmungen und andere geriatrische Störungen, für die Dysfunktionen des Alters. Als Vermächtnis an die Erde läßt er jedoch reiche, alluviale Ablagerungen zurück. An seinem Delta schließlich, der Mündung ins Meer, ist der Chang Jiang so breit – fünfzehn Meilen –, daß das menschliche Auge ihn kaum ganz erfassen kann.

Ich werde nie das Gefühl vergessen – diese Mischung aus Erfüllung und Bedauern –, das mich überkam, als ich zum erstenmal den Ozean roch, den süßen, salzigen Gestank nach Schöpfung und Verfall. Über eine Linie aus Gischt tuckerten wir in ruhiges Wasser, wo es von Fischen, Krabben und anderen Schalentieren wimmelte. Die weißen Tupfen sanft dahintreibender Möwen sprenkelten die schwarze Fläche. Verwegene Händler in ihren Sampans kreuzten vor unserem Bug, brüllten ihr Angebot an frischem Obst und gebratenen Enten, Feuerwerkskörpern und tausendjährigen Eiern laut heraus, um dann im trägen Kielwasser des Kahns zurückzufallen, während wir ruhig weiterdampften. Vor uns stieg nun das Meer herauf. Aber wir hielten nicht etwa den Atem an und rieben uns staunend die Augen, sondern nickten ganz einfach vor uns hin, als sei eine lang gehegte Erwartung endlich in Erfüllung gegangen. Denn wir alle, die wir ein landgebundenes Leben führen, besitzen ein Urwissen über das Meer wie über das Tao. Auf einem Ladebaum hockend, spähte ich zur Linie der Brecher hinüber, wo sich das schwarze Wasser des Flusses mit dem graugrünen des Chinesischen Meeres traf, sich nach kurzem Kampf einer sanften Euthanasie ergab und unterging. Wie seltsam! Bei diesem Einmünden, hinter dieser magischen Schwelle verschwand das gewaltige Wesen mit all seinen Geheimnissen, all seinen Sünden, Erinnerungen und ungestillten Leidenschaften, löste sich ganz einfach auf. Wer, der es im Ungestüm seiner Jugend, in seiner Periode des Sturm und Drangs gekannt hatte, hätte ihm einen so sanften Abgang prophezeit? Es gäbe da ein Geheimnis zu entdecken... Doch ich habe mich schon zu lange damit abgegeben.

Von Shanghai schlug ich mich auf einem anderen Frachtkahn die Küste hinab bis nach Xiamen durch, das auch Amoy genannt wird. Und dann ließ ich mich in einer mondlosen Nacht ins Meer gleiten und zog mein Bündel auf einer Holzplanke hinter mir her. Ich durchschwamm den so bitter umkämpften Seeweg zwischen dem Festland und dem von den Nationalchinesen besetzten Quemoy in der Straße von Formosa. Am nächsten Morgen sah ich in der Ferne Taiwan: das andere China.

Auf dieser Insel blieb ich nur eben lange genug, um mich auszuruhen. Nach wenigen Tagen heuerte ich auf einem Dampfer an, der nach Manila fuhr. Bald sah ich, wie Taiwan wieder verschwand, in die Ferne zurückwich, in die Vergangenheit – meine Heimat, meine Kindheit wurden ein dunkles Gekritzel am Horizont, ein Pinselstrich in einem unvollendeten Schriftzeichen.

Manila. Hier lernte ich den ersten Amerikaner kennen, meinen Freund Scottie, der mich unter seine Fittiche nahm. Über ein Jahr reiste ich mit ihm zusammen, arbeitete auf Schiffen jeder Größe und Art, handelte in allen Häfen Indonesiens und Malaysias, wagte mich ein- oder zweimal sogar bis nach Bangkok und Saigon, wie es damals noch genannt wurde. Scottie war es auch, der mich Englisch lehrte.

Obwohl ich ihn viele Monate lang täglich sah, hatte ich doch nie das Gefühl, ihn richtig zu kennen. Er war kräftig, untersetzt, ging auf die Fünfzig zu und hatte ein Gesicht wie altes Leder: tief braungebrannt und von Runzeln durchzogen. Doch wies es gleichwohl die Verheerungen des Alkohols auf: das feine Netz der roten Äderchen auf beiden Wangen, die wie Brandflecken wirkten, und die rote Nasenspitze, die ihn aussehen ließ, als habe er sie eben erst in ein Glas Rotwein getunkt.

Scotties Laster – oder Vergnügen, wie er es abwechselnd bezeichnete – war jedoch der Rum, nicht der Wein. »*Lookit*, Sun I«, sagte er oft, »Rum zum Frühstück und abends vor dem Schlafengehen, kräftige Magenspülungen aus der Flasche – das hält den Mann unabhängig, gut bei Kasse und immer auf Draht, beim Bock!« Solange ich ihn kannte, wich Scottie niemals von dieser Diät ab.

Scottie besaß die rauhe Bravour der Seefahrer, ihre Furchtlosigkeit, ihre Vorliebe für Schlägereien, ihre Kunst des genialen Fluchens, alles, was dazugehört. Und doch beschreibt ihn das nicht vollkommen. Denn es war mehr an Scottie: eine ausgeprägte Neugier, ein Hauch von Problematik, ein gelegentlicher intellektueller Ausbruch, Dinge, die man selten bei Männern dieser Laufbahn findet – Anzeichen einer unterschwelligen Empfindsamkeit und Subtilität, die, durch gewohnheitsmäßige Unterdrückung und Verheimlichung weitgehend zerstört, sauer geworden war. Was ihn wirklich quälte, erfuhr ich nie. Denn was seine Vergangenheit anging, so gab er sich wortkarg, obwohl er im allgemeinen ziemlich redselig war. Einmal jedoch, als ich von meiner Mutter sprach, entschlüpfte ihm etwas über die seine.

»Meine alte Dame zog sich mit fünfundzwanzig vom Leben zurück«, erzählte er. »Zog eines Tages den Morgenrock an und legte ihn niemals wieder ab. Wanderte Tag um Tag durchs ganze Haus und deklamierte Gedichte. Emily Dickinson.« Er lachte bei dieser Erinnerung. »Viel weiß ich eigentlich nicht mehr über die alte Dame. Nur an ihre Hände erinnere ich mich – mager vom ständigen Ringen, beinahe wie Krallen – und an diese gottverdammten Gedichte. So viel verzapfte sie von diesem Scheiß, daß sie sogar mir was davon einhämmerte.« Scottie sagte es geringschätzig, doch aus seiner Schilderung sprach eine bedrückende Sensibilität. »Das einzige Gedicht, das mir je wirklich gefiel, war eins, das begann: ›*My life had stood – a loaded gun.*‹«

Scotties generelle Unzufriedenheit war aus der Art ersichtlich, wie er trank, und noch mehr aus seinem ewigen Gerede von seiner Verbannung. Seit über zwanzig Jahren hatte er die Vereinigten Staaten nicht mehr betreten. Wie lange es genau her war, habe ich vergessen, doch *er* wußte es, nannte die genaue Zeitspanne mit perversem Stolz.

»Wie lange ist es jetzt her, Scottie?« provozierten ihn die Matrosen, um sich über ihn lustig zu machen. Und mit einem Blick auf seine Uhr nannte er, grinsend wie blendender Glanz auf einer Klinge, die Zeit auf Stunde und Minute genau.

Er hatte ein Ritual, das er an Bord jeden Abend nach dem Backen und Banken zelebrierte, bevor er sich in seine Koje in der Vorpiek zurückzog: Er strich das Datum auf dem Kalender aus und fügte in dem schwarzen Heft, das er sein Tagebuch nannte und so sorgfältig hütete wie ein Geizhals sein Sparbuch, den vielen Tausenden Strichen in Fünfergruppen einen weiteren hinzu. Hatte er das getan, kippte er einen steifen Rum, grunzte vor Wohlbehagen, streifte sich mit den Fußspitzen die Schuhe von den Füßen, ohne sie aufzuschnüren, und haute sich in die Falle.

Scotties intellektuelle Qualitäten zeigten sich hauptsächlich in seiner Vertrautheit mit den Himmelsphänomenen, vor allem den Sternen. Einmal war er fast so was wie glücklich, als ich ihn auf einer Mitternachtswache vor der javanischen Küste beobachtete: Er begann nach ein paar Drinks plötzlich wie ein Derwisch herumzuwirbeln, legte einen Matrosentanz auf die Schiffsplanken und deutete nach Sternbildern in jeder Himmelsrichtung. Innerhalb von fünfzehn Minuten rasselte er etwa fünfzig bis sechzig Namen herunter, deklamierte sie wie eine Litanei, eine Beschwörung. Der Kapitän, der den Lärm hörte, steckte den Kopf aus dem Ruderhaus und befahl uns, die Klappe zu halten.

Scottie kannte nicht nur die Namen der Sternbilder, sondern auch die Mythologie, die ihnen zugrunde lag. Nicht selten unterhielt er mich während der langen Wachen in jenen fernen Äquatorialgewässern mit ausgefallenen Geschichten über die Götter und Göttinnen der griechischen Klassik, reich gewürzt mit dem Pfeffer seiner Persönlichkeit, seiner verschrobenen, fragwürdigen *Yankness*, wie er sie nannte. Dies war eine der Methoden, die er anwandte, um mir Englisch beizubringen, und als sich meine Sprachkenntnisse mit der Zeit besserten, lernte ich seine Erzählungen ebenso schätzen wie früher jene von Wu. Über die simple Unterhaltung hinaus berührten mich einige von ihnen jedoch tief, und eine verfolgt mich heute noch.

»*Lookit*, Sun I! Das ist Orion, Poseidons Bankert«, rief er mir eines Nachts zu. »Er wirkt ein bißchen *groggy*, jetzt, so tief unten am Himmel, aber er ist gerade erst aus dem Bett gestiegen, im Palast seines Alten, wo er den ganzen Tag über schläft. Hat noch 'n paar Spinnweben im Hirn. Aber laß ihm nur ein paar Minuten Zeit! Laß ihn ein bißchen höher steigen, und du wirst dich wundern. Beim Bock, dann wird er lebendig! Es gibt keinen großartigeren Anblick am ganzen Himmel als Orion mit seinen beiden Hunden, die ihn auf der Jagd bellend umspringen.«

Dann erzählte er mir, wie der große Jäger, »der der Jagd – auch der nach Frauen – verfallen war«, sich in Merope, eine Sterbliche, verliebte und von Oinopion, ihrem Vater, geblendet wurde.

»Zu der Zeit war Orion übel dran, Sun I. Jämmerlich heulend wie eins von den vielen tausend Tieren, die er erlegt hatte, mit blutenden Augenhöhlen, stolperte er die ionische Küste entlang, bis er sich gegenüber von Lemnos befand. Drüben auf der Insel hörte er den Hammer eines Zyklopen, der für Zeus Donnerkeile schmiedete, auf dem Amboß klingen. Hephaistos, der Meisterschmied, erbarmte sich Orions und lieh ihm den Zyklopen Kedalion als Führer. Der nahm Urlaub von der Schmiede sowie ein gutes Schwert, das dem Blinden als Stock dienen sollte, und machte sich mit Orion auf die Pilgerfahrt zum Tempel Apollons, des Lichtgottes. Dort erhielt der große Jäger, den leeren Blick zur Sonne gerichtet, die einen Sehenden blendet, den Blinden jedoch wieder sehen läßt, seine Sehfähigkeit zurück. Orion freute sich wie ein Schneekönig, rannte lachend und jubelnd durch den Himmel, ohne sich bei seinem Wohltäter zu bedanken. Kedalion hob schüchtern die Hand, um sein Schwert zurückzuerbitten, zuckte jedoch zuletzt einfach die Achseln und ließ ihn laufen, denn er war ein Duckmäuser und es gewohnt, herumgestoßen zu werden. Apollo jedoch verzieh die Beleidigung nie.«

Nun erzählte mir Scottie, wie Apollo seine Schwester Artemis, die Göttin der Jagd, die Orion liebte, durch eine List dazu brachte, daß sie ihren Liebsten erschoß, als er weit draußen auf dem Meer schwamm, und wie sie in ihrem Schmerz den großen Jäger als Sternbild, das jede Nacht strahlt, an den Himmel versetzen ließ.

»Siehst du die drei hellen Sterne, die in einer Reihe schräg nach unten verlaufen?« fuhr er fort. »Das ist Orions Gürtel. Unmittelbar darunter schimmert ein Lichtfleck: sein Schwert, das er von Kedalion hat. Oder vielmehr die Scheide, denn das Schwert selbst hebt er in der Faust hoch über seinen Kopf, wie du siehst. Die drei Sterne seines Gürtels weisen abwärts direkt auf Sirius, den Hundsstern. Der steht im Sternbild Canis major, das heißt Großer Hund, und ist der hellste Stern am Himmel. Canis major ist Orions treuer Jagdhund.«

Als mir Scottie das funkelnde, glasige Auge des Großen Hundes tief unten am Horizont zeigte, überwältigte mich plötzlich die Erinnerung, die mich während der ganzen Geschichte gequält hatte. Wegen Jin erhielt die Sage vom geblendeten Jäger mit seinen Attributen, dem Schwert und dem Hund, für den seine Jagdleidenschaft der Untergang war, eine zusätzliche Bedeutung. Ich weiß nicht, ob ich es ausreichend erklären kann, aber es war, als sei die Szene, die ich vor so kurzer Zeit erlebt und an anderer Stelle »meine recht unsanfte Taufe fürs Leben« genannt habe, nicht einfach ein für meine persönliche Erfahrung typischer Zufall gewesen, sondern etwas Größeres, vor langer Zeit geschrieben und endlose Male gespielt, auf dem ganzen Globus vielleicht in vielen verschiedenen Zungen gespielt, bis die Griechen ihm in der Sage Ewigkeitswert verliehen.

Das aber war bei weitem nicht alles. Die Bedeutung erweiterte sich über Jin hinaus in eine Richtung, in die ich ihr damals nicht folgen konnte: vorwärts, nach New York.

Scottie setzte seine Ausführungen fort: »Sieh mal ein bißchen weiter oben am Himmel, Sun I!« Er zeigte hinauf. »Der helle Stern da ist Aldebaran in den Hörnern des Taurus. Es sieht so aus, als drohe Orion Gefahr aus dieser Richtung, als werde er ›auf die Hörner eines Dilemmas genommen‹, wenn du verstehst, was ich meine. Nun kann ich dir zwar über Orion alles erzählen, was du wissen willst, Sun I, aber der Stier, der ist mir ein Rätsel. Ich habe darüber mit Autoritäten auf der ganzen Welt diskutiert, doch niemand scheint seine wahre Identität zu kennen. Schließlich bedeutet Taurus ganz einfach Stier, mehr nicht. Weitere Anhaltspunkte gibt es nicht. Ich habe eine Version gehört, wonach es der Stier sein soll, in den sich Zeus verwandelte, als er Europa, die phönizische Prinzessin, entführte und mit ihr nach Kreta schwamm. ›Der Raub der Europa‹, wie das in der Literatur heißt. Für diese Interpretation sprechen vermutlich respektable Gründe, nach meiner Meinung aber reicht sie nur bis ein paar Faden über dem Meeresboden und läßt sich nicht fest verankern. Andere wiederum behaupten, er ist der weiße Stier, nach dem es Pasiphaë juckte, und obwohl diese Version geschmacklos klingt, habe ich das Gefühl, daß es dort wärmer wird. Kennst du die Geschichte? Nein, natürlich nicht! Also laß mich ein paar Worte darüber verlieren. Pasiphaë war Königin von Kreta und mit Minos verheiratet. Wie ich schon sagte, entwickelte sie eine unnatürliche Neigung zu diesem Tier, das sie auf den Weiden ihres Mannes herumstolzieren sah. Da sie ein hinterhältiges, intrigantes Miststück war, gelang es ihr, Daedalus, den großen Künstler, zu überreden, ihr eine Kuh aus Bronze zu machen, in die sie hineinkroch, um sie sodann auf die Weide rollen zu lassen. Der Stier beäugte das Ding mißtrauisch, beschnupperte es argwöhnisch, entschied jedoch, es sei wohl alles in Ordnung, besprang es und vollbrachte das Werk – zu Pasiphaës großer Freude und, wie ich mir vorstellen kann, noch größerem Unbehagen. Denn, *lookit*, um nicht allzu lange bei kruden Details zu verweilen, ein ausgewachsener Stier hat ein Ding so lang wie dein Arm, und das ist nicht gelogen! Es war sozusagen der alte Trick mit dem Trojanischen Pferd, Sun I. Die Griechen hatten mehr als einmal Erfolg mit so etwas. Pasiphaë wurde prompt schwanger und gebar den Minotaurus. Womit ich beim springenden Punkt angekommen wäre. Der Minotaurus war ein fürchterliches Ungeheuer, halb Mensch, halb Tier. Manche sagen, er habe den Körper eines Stiers und einen menschlichen Kopf gehabt, andere behaupten das Gegenteil – wie dem auch sei, nicht gerade ein hübscher Anblick. Und einen häßlichen Charakter hatte er auch: wild, rachsüchtig, mit einer Vorliebe für Menschenfleisch. Obwohl Minos, was ungewöhnlich großzügig für einen Griechen war, seiner Frau verzieh, brachte er es nicht über sich, den Minotaurus zu seinem Nachfolger zu ernennen. Statt dessen ließ er von Daedalus das berühmte Labyrinth bauen, in das er das Ungeheuer einsperrte und wo er ihm von Zeit zu Zeit einen Jüngling oder eine Jungfrau vorwarf, um seinen Hunger zu stillen und zu verhindern, daß er ausbrach und Krawall schlug. Nun waren diese Opfer, so schauerlich es auch klingt, für Kreta kein echtes Problem, denn zu jener Zeit standen die Athener unter der Herrschaft des Minos, und dieser preßte ihnen als vollendeter Imperialist die Opfer ab. Jahr für Jahr fuhr ein Schiff mit sieben Jünglingen und sieben Jungfrauen unter schwarzen Segeln von Athen nach Kreta. So ging es, bis Theseus, der Sohn des athenischen Königs, der stinksauer über die ganze Sache war, endlich beschloß, entweder seine Stadt vom Minotaurus zu befreien oder bei dem Versuch unterzugehen. Also stach er, obwohl sein Vater protestierte, im nächsten Jahr als eines der vierzehn Opfer in See. Nun war Theseus ein Liebling der Götter, eine Umschreibung, durch welche die Griechen mit der ihnen eigenen pyramidonalen Prägnanz ausdrücken wollten, daß er ein Glückspilz war. Und so verliebte sich bei seiner Ankunft in Kreta prompt Ariadne, die Tochter von Minos und Pasiphaë, in ihn und beschloß, ihm beim Töten des Minotaurus zu helfen. Nun will ich ja nicht rummäkeln, denn dies ist eindeutig eine zusätzliche, romantische Seite der Geschichte, aber Tatsache bleibt, daß dieser Schnörkel in Anbetracht von Ariadnes Stellung ganz einfach überflüssig war. Vergiß nicht, Sun I, daß der Minotaurus ihr Halbbruder war – gelinde gesagt, für sie eine Art gesellschaftlicher Makel. Meiner Ansicht nach hätte sie Theseus also ohnehin geholfen. Aber egal... Ariadne gab ihm ein Schwert und ein Garnknäuel, das er beim Eindringen in den Irrgarten hinter sich abrollte, damit er den Ausgang wiederfand. Was Theseus nun im Labyrinth zustieß, ist unbekannt. Bis zu einem gewissen Grad kann man sich die Szene ja vorstellen: Mondsichel am Himmel, knirschender Sand unter den bloßen Füßen, rotes Fackellicht auf den Steinmauern, schreckliches Herzklopfen, als er die erste Nasevoll modriger Luft, nach Blut und Scheiße stinkend, erwischt und im Herzen des Labyrinths entfernt schweren Atem hört... Dann jedoch versagt die Phantasie. Nachdem er wieder rausgekommen war, sprachen seine Begleiter nie wieder über den Zwischenfall, behandelten ihn vielmehr wie eine Art Kriegsverletzung. Und Theseus gab auch keine Auskünfte. Vielleicht war es auch besser so. Wie dem auch sei, er war erfolgreich, so viel wenigstens wissen wir. Er erschlug das Ungeheuer, brach dem Mädchen das Herz und bestieg, um allem die Krone aufzusetzen, den Thron von Athen. Entweder hatte er es verdammt eilig, oder er konnte nach dem Kreta-Zwischenfall nicht mehr richtig denken, auf alle Fälle vergaß Theseus, die schwarzen Segel zu bergen und dafür weiße zu setzen, wie er es seinem Vater für den Fall versprochen hatte, daß er Erfolg habe. Der alte König, auf einem Hügel vor der Stadt, wohin er sich jeden Tag begab, um Ausschau zu halten, sah das Schiff unter den Trauersegeln heimkehren, stöhnte auf, weil er glaubte, es sei alles verloren, griff sich ans Herz, sank seinem Gefolgsmann in die Arme und gab auf der Stelle den Geist auf. Einige, die ihm übel wollten, meinten nun, Theseus habe das Wechseln der Segel ›absichtlich zufällig‹ vegessen, wenn du weißt, was ich meine. Und gewiß ist der Schmerz über den Tod des Vaters durch die Nachfolge auf den Thron ein bißchen gelindert worden. Alles andere ist jedoch, wenn du mich fragst, müßige Spekulation, unverantwortlich und böse Verleumdung. Wie dem auch sei, Sun I, wenn Orion an den Himmel versetzt werden und nach seinem Tod weiterleben konnte, warum nicht auch der Minotaurus? So lautet jedenfalls *meine* Theorie über die Identität des Stiers.« Scottie hielt inne und kratzte sich, indem er den hinteren Rand seines Südwesters anhob, den Kopf. »Gewiß, wenn der Stier da oben der Minotaurus ist, dann müßte Orion Theseus sein – was dem Ganzen einen verdammten Knüppel zwischen die Beine wirft! Bock und Doppelbock! Siehst du, was ich meine? Dieser Scheißbulle!«

Liebe Leser, vielleicht können Sie sich vorstellen, was mir durch den Kopf ging – mir, der ich mich einst einer gewissen Berühmtheit (einer traurigen Berühmtheit, wäre vielleicht richtiger) für das Absingen der »Zehn Bullen« erfreut hatte! Jawohl, in den Hörnern des Taurus sah ich weder den Minotaurus noch seinen Vater, ja nicht einmal den weißen Stier, der die Europa geraubt hatte – obwohl diese Version mir noch als die akzeptabelste erschien, da jener Stier schließlich eine Inkarnation des Zeus, des Göttervaters, war. Nein, ich sah im Taurus den Bullen des Taoismus, jenes Ursymbol der Erleuchtung in meiner Religion, dessen Fußspuren mich dazu bestimmt hatten, mich auf die ungewisse Pilgerfahrt in die seltsamen und fremdartigen Regionen der Erde zu machen. Mit einer plötzlichen Anwandlung von Begeisterung wurde mir klar, daß ich ihn endlich entdeckt oder wenigstens einen ersten, flüchtigen Blick auf ihn geworfen hatte. Kaum kann ich die freudige Erregung beschreiben, die mich erfaßte. Laßt mich nur sagen, daß diese Seligkeit nicht ganz frei war von einer Andeutung böser Ahnungen. Denn durch Scotties Erzählungen hatte der Bulle ganz neue, beunruhigende Assoziationen in mir hervorgerufen. Zur Mehrdeutigkeit des Bullen kam jedoch die gespenstische Tatsache, daß dieser Jäger – Orion, Jin, wer immer es sein mochte – sich nicht damit aufhielt, den Bullen zu zähmen, ihn zu nützlicher Arbeit anzuhalten wie die friedliche Ochsenherde der Parabel, sondern daß er in einer unaussprechlichen Entweihung das Schwert gezückt hatte, um ihn zu erschlagen.

Selbstverständlich ließ ich Scottie, der seinen seltsamen Monolog nach einem tiefen Zug aus der Flasche fortsetzte, von meinen Gedanken nichts merken.

»Aber der Stier ist nicht das einzige Problem, mit dem sich Orion herumschlagen muß, Sun I.« Er wischte sich mit dem Ärmel über den Mund und zeigte hinauf. »Weit hinten im Norden, da oben – siehst du da diese Sterngruppe?«

»Ja«, antwortete ich. »In China wird sie ›Suppenkelle‹ genannt.«

»Richtig. Oder vielmehr, fast richtig. Auf englisch heißt sie *dipper*, Schöpflöffel. Diese Sterne stehen im Sternbild Ursa major oder der Große Bär.«

Bei diesen Worten spitzte ich die Ohren.

»Nun könnte es scheinen, als hege auch der Bär böse Absichten gegen den Jäger, und das mit gutem Grund. Siehst du, wie sie ihn an den Pol gekettet haben und ihn die ganze Nacht hindurch grausam provozieren? Und er kann nichts anderes tun, als an der Kette wüten, vor Zorn brüllen, immer um Polaris herumlaufen, hin und wieder einmal nach Orions Hunden schlagen, die ihn von seiner blinden Seite her mit gefletschten Zähnen anknurren, und sich dann, bevor er sich umdrehen kann, hinter dem Himmelsäquator auf der südlichen Halbkugel in Sicherheit bringen. Ein grausames, häßliches Spiel, Sun I, und Orion hat bisher die Oberhand behalten. Aber die Kette wird nicht ewig halten. Beim Bock, eines Tages wird sich der Bär losreißen, und dann wird die Hölle ausbrechen. Nun, Sun I, nicht alle sehen dasselbe in den Sternen. Manche sehen überhaupt nichts, da sie nie genug Zeit haben, richtig hinzusehen. Und selbst unter jenen, die hinsehen, findest du vielleicht den einen oder anderen, der etwas einzuwenden hat gegen meine Auslegung. In dieser Hinsicht aber bleibe ich fest. Sieh doch mal eine Minute lang da hinauf! Jetzt frage ich dich, in welche Richtung blickt Orion? Nach vorn, nach hinten oder zur Seite? O nein, das sagen dir die Experten nie. Was ich sagen will: Sieht der Jäger Taurus an, wie sie einem einreden wollen, wo doch sein Hund *hinter* ihm steht? Ich weiß, daß er ein Riese war und lange Beine hatte, aber glaubst du wirklich, daß er schneller laufen konnte als seine Jagdhunde? Oder blickt er in die andere Richtung, zum Bären – in die Richtung, in die er sein Schwert erhoben hat –, den seine Hunde hitzig verfolgen? Nun ja, das sind schwere Fragen, Sun I. Meine ganz persönliche Meinung ist aber, daß der alte Orion, ob aus Achtlosigkeit, blinder Tollkühnheit oder beidem, sich in eine ganz schöne Patsche manövriert hat, zwischen Scylla und Charybdis, könnte man sagen, da er auf beiden Seiten von Ungeheuern bedroht wird: vom Bären hinter ihm und vom Stier vor ihm. Oder umgekehrt, je nachdem, wie du es ansiehst.« Hingerissen von seiner eigenen Improvisation, brach Scottie in begeistertes Lachen aus. »Ho-ho! Beim heißen Bock von Konstantinopel! Hüte dich nur, Orion! *Lookit*, Sun I! Siehst du, wie er sich dreht und wendet, jetzt hierhin, jetzt dorthin, um sich nach beiden Seiten zu wehren?«

Inzwischen war es Scottie gelungen, sich einen Bombenrausch anzutrinken, ›die halbe Bucht leerzusaufen‹, wie er es formulierte, oder ›drei Schot im Wind zu haben‹ (andere Versionen lauteten ›Deck unter Wasser‹ und ›voll wie 'ne Pütze‹). Da die Wache ohnehin beinahe vorbei war, bedeutete dies das Ende der Lektion für diese Nacht. Obwohl dieser bestimmte Diskurs, was Stil und Inhalt betraf, nicht unrepräsentativ war für seine Konversation im allgemeinen, paßten seine Hinweise auf den Jäger, den Bullen und den Bären, wie schon gesagt, auf eine Art zu meinen eigenen Erlebnissen, die alles andere war als repräsentativ, sondern eher übernatürlich bedeutsam. Als wir nach unten gingen, zu unseren Kojen, befand ich mich in einem Aufruhr der Gefühle, der alles schlug, was ich seit dem Tag erlebt hatte, da Xiao in Ken Kuan auftauchte und mir die Geschichte meiner Eltern erzählte.

Doch wieder einmal muß ich mir vom »Wasser das rechte Beispiel geben« lassen und weiterfließen wie der Fluß.

Nach einem Jahr Handelsfahrt mit meinem Freund Scottie bis in die letzten Winkel des Chinesischen Meeres heuerten wir eines Tages gemeinsam auf einem Frachter an, der eine Ladung Teakholz durch die Malakkastraße in die Andamanen-See nach Rangun bringen sollte, wo über zwanzig Jahre zuvor der holländische Vergnügungsdampfer »Jagersfontein« das erste Kontingent der AVG ausgeladen hatte, das inkognito reiste, als Missionare, Studenten, Großwildjäger, Geschäftsleute, Forscher und andere herrlich absurde Berufe getarnt, ganz zweifellos die Erfindung eines frustrierten Grenzbeamten mit einer von Hollywood inspirierten Phantasie. Nicht ohne einen Anflug von Mitgefühl und Mitleid dachte ich an diese jungen Männer – unter denen mein Vater war –, die mit Bürstenhaarschnitt, grellbunten Hawaii-Hemden, die Kameras um den Hals und von den Wochen, die sie im Liegestuhl an Deck verbracht hatten, gebräunt, frisch gepreßte, von livrierten Dienern servierte Limonade tranken. Sie posierten für Schnappschüsse, spielten Karten, schrieben Briefe in die Heimat und rissen Witze (»Aber wirklich, altes Haus, ich hoffe doch sehr, einen Bengaltiger einsacken zu können, solange ich hier in Burma bin!«, und dies mit dem Zurechtrücken eines imaginären Monokels), als sei das Ganze nichts weiter als eine lustige Maskerade. Als sie dann schweigend an der Reling des Oberdecks standen und mit ernsten Mienen auf die Armut von Rangun starrten, das erste Mal diese übelriechende Luft atmeten, den »ewigen Gestank Asiens«, bekamen sie nach all den Spielereien, den Scherzen und der Heuchelei eine erste Ahnung der unendlichen Entfernung, die sie zurückgelegt hatten, und die überwältigende, niemals zu heilende Realität des Orients wurde ihnen andeutungsweise bewußt. Damals mußten sie erkannt haben, daß sie nicht aufwachen und die verfaulenden Kürbisse in Karossen, die Ratten in Diener verwandelt vorfinden würden, daß sie diese lodernde Hölle, an deren Grenzen sie angekommen waren, nicht wieder davonwünschen oder nach Art eines geschickten Hollywood-Regisseurs in eine andere Szene überblenden und daß sie nur auf die andere Seite gelangen konnten, indem sie durch den Feuerofen gingen.

In Rangun hatten Scottie und ich Schwierigkeiten, Heuer zu finden. Alles, was wir bekommen konnten, war Arbeit an Land, doch da ich des Englischen inzwischen recht gut mächtig war, wollte ich weiterkommen, entweder durch den Suez ins Mittelmeer und dann durch die Säulen des Herkules in den Nordatlantik oder »auf der Route um den Arsch der Welt«, wie Scottie es nannte, um Indien und Afrika herum. Eine Woche verging, zehn Tage. Schließlich erhielten wir eines Morgens Bescheid, daß ein griechisches Schiff, die »Telemachos«, via Colombo und Kapstadt nach New York bestimmt, an den Docks Ladung aufnahm. Wir machten uns auf, um sie uns anzusehen.

Auf den ersten Blick wirkte sie wenig beeindruckend. Wir standen an der Mole, die Hände in den Taschen unserer Jeans, legten den Kopf schief und starrten zu den Männern unter den Kränen an Deck empor. An einer Bullenleine hievten sie große Holzkisten über eine zentrale Ladeluke, um sie dann in den Frachtraum abzusenken. Scottie gab folgende Einschätzung von sich: »Ein

Seelenverkäufer, wenn ich je einen gesehen habe, Sun I. Sollte mich gar nicht wundern, wenn sie Konterbande geladen hätten.«

Bei näherer Betrachtung entdeckten wir, daß der Heckspiegel eines ihrer beiden Rettungsboote eingedrückt war und die Schwimmwesten, die es noch gab, kaum mehr waren als Fetzen. Es gab keinen Feuerlöscher an Bord, der Maschinenraum war schwarz von Schmierfett und so glatt, daß man kaum über den Boden gehen konnte, ohne auf die Nase zu fallen. Mast und Deckstakelung waren von Ruß überzogen, den der Schornstein ausspie. Am schlimmsten aber war wohl die Tatsache, daß man die Vorpiek in einen Laderaum verwandelt und das Mannschaftsquartier ins Zwischendeck verlegt hatte, wo es dunkel und eng war und nach Bilgewasser stank.

»Mit dem Kahn da würde ich nicht mal um den Block fahren«, erklärte Scottie, »geschweige denn um die Welt.«

»Kann ich dir nicht übelnehmen«, gab ich zurück.

Er musterte mich. »Du fährst trotzdem mit, stimmt's?«

Ich zuckte die Achseln. Sein Blick verriet schmerzliche Verletzlichkeit. »Ich kann nicht ewig hier rumhocken«, sagte ich.

Er nickte. »Scheißen oder runter vom Pott, wie?« Mit gesenktem Kopf, als diskutiere er mit sich selbst, entfernte sich Scottie ein paar Schritte, dann fuhr er herum und kam wieder zurück.

»Ach was, verdammt noch mal!« sagte er mit verlegenem Grinsen. »Ich komme auch mit.« Und wie zur Betonung schlug er sich auf die Schenkel: »Beim Bock!«

So unterzeichneten wir den Heuervertrag und nahmen, nachdem wir unsere Sachen verstaut hatten, unsere Plätze an Deck neben dem Rest der Crew ein.

Niemand schien große Neugier hinsichtlich der Frage an den Tag zu legen, was für eine Fracht wir geladen hatten, geschweige denn, es zu wissen. Wenn wir fragten, bekamen wir immer wieder die gleiche Antwort: »Div.« (wie in Diverses), und das in einem Ton, der darauf hinwies, daß unsere Gesprächspartner darunter eine bestimmte Ware verstanden. Der Kapitän, ein Engländer, gab sich kaum auskunftsfreudiger und fügte lediglich hinzu, ein Teil der Ladung bestehe aus religiösen Artefakten, die aus einem buddhistischen Tempel in Tibet gerettet worden (»geklaut«, in Scotties zynischer Ausdrucksweise) und für das Metropolitan Museum in New York bestimmt seien.

Das war der Stand unseres Wissens zu dem Zeitpunkt, da wir aus dem Irrawaddy-Delta in den Golf von Martaban dampften und Kurs Südwest nach Sri Lanka nahmen. Als jedoch Scottie und ich später auf eigene Faust Ermittlungen durchführten, machten wir Entdeckungen, die wohl einer kurzen Erwähnung wert sind.

Es war einige Tage hinter Colombo, und wir befanden uns auf der Breite des Kaps der Guten Hoffnung (30 Grad Süd), aber noch immer östlich davon. Nach einer lauen Fahrt durch die Tropen des Indischen Ozeans fanden wir uns über Nacht mitten im Winter. Es war teuflisch. Die Seen waren wie Berge, vierzig Fuß hohe Wellen brachen über den Bug herein und wuschen durch die Speigatts. Der alte Kahn stampfte und bäumte sich auf; wenn er in eine Bugsee hineinfuhr, erschauerte er auf dem Kiel, und wenn er kopfüber ins darauffolgende Wellental absackte, dröhnte er wie eine Eisenglocke. Über uns war nichts zu sehen – weder bei Tag die Sonne noch bei Nacht Mond und Sterne – außer dem aschfarbenen Leichentuch der am Himmel dahinjagenden Wolken. Eine Eisschicht überzog das Deck und wurde ständig verstärkt durch den Niederschlag, der manchmal eiskalter Regen, manchmal Schneeregen war, zumeist aber ein unterschiedsloser Matsch mit Eispartikelchen.

Um unser Elend vollzumachen, hatte sich im Laderaum anscheinend ein Teil der Fracht selbständig gemacht. Nacht für Nacht, wenn wir in unseren Kojen lagen und eine Mütze voll Schlaf zu kriegen versuchten, hörten wir ein ununterbrochenes Rumpeln und Scharren, als versuche jemand hinauszukommen und hämmere deshalb mit wahnwitziger Wut an die Schotten. Eines Nachts gab es nach einem kräftigen Rollen einen besonders lauten Krach.

»Beim Bock!« brüllte Scottie und fuhr aus dem Bett direkt in seine Hemdhose. »Ich werde jetzt rausfinden, was für ein Höllenlärm das ist, und wenn ich dabei draufgehe!«

Er fuhr in Jacke und Stiefel, griff sich einen Marlspieker aus der Ecke und nahm Kurs auf die Leiter.

»Warte!« flüsterte ich und schlüpfte hastig in meine Matrosenjacke. »Ich komme mit.«

Innerhalb weniger Minuten tasteten wir uns auf den Sprossen der Stahlleiter in den pechschwarzen Laderaum hinab. Unten riß Scottie ein Streichholz an, schützte mit einer Hand die Flamme und sah sich suchend um.

»Bist du da, Sun I?« fragte er flüsternd. »Hier unten könnte ich nicht mal meinen Dingerich finden, wenn ich pinkeln müßte! Wo ist diese vermaledeite Glühbirne?«

Ich fand sie und knipste sie an.

»So 'ne Scheiße!« fluchte er. »Das nenne ich eine verdammt schwache Glühbirne in einem verdammt finsteren Loch von Laderaum.«

Er hatte recht. Die einsame Birne warf einen trüben, gelben, nur wenige Fuß breiten Lichtkreis und kapitulierte dann vollends vor der Dunkelheit. Eine lange Verlängerungsschnur jedoch ermöglichte es uns, sie mitzunehmen, als wir uns durch die kopfhoch gestapelten Reihen von Holzkisten schlichen. Ganz hinten, ans Zwischendecksschott angrenzend, entdeckten wir einen großen, freien Raum, wo wir fanden, wonach wir suchten: Zwei überdimensionale Kisten hatten sich von den Ladeketten gelöst und waren umgekippt. Die erste war zu Kleinholz zerborsten. Als wir die Trümmer beseitigten, sahen wir, daß eine riesige, goldene Götterstatue, ein Schwert in der Rechten, mit dem Gesicht nach unten auf dem Boden lag. Der Kopf war von einem Ring aus weißem Schnee umgeben, der offenbar während der paar kurzen Augenblicke, da die Ladeluke offenstand, heruntergeweht war. Nachdem wir eine Talje klargemacht hatten, konnten wir die Statue ohne große Mühe aufrichten. Als ich sie nun näher beleuchtete, erkannte ich in der Figur Manjusri, den Bodhisattwa der transzendentalen Weisheit. Ich erkannte ihn an der Lotosblüte, die er in der Linken hielt – das Buch des Wissens ruhte aufgeschlagen auf der Narbe –, und an dem

Flammenschwert, mit dem er einst den Knoten der Illusion durchschlagen hatte. Genau wie die Crew war auch der Gott ein bißchen ramponiert. Die Nase fehlte ganz, und das dritte Auge in der Mitte der Stirn, das im Gegensatz zu dem zusammengekniffenen Augenpaar darunter weit offenstand, auf die andere Welt gerichtet, war zersprungen. Gerade, als ich Manjusri genauer betrachtete, begann das Schiff heftig zu schlingern.

»Bock und Mist!« brüllte Scottie, der rücklings zu Boden geschleudert wurde. Dabei zerbrach die Glühbirne, deren Leuchtfaden noch kurz blaßorange nachglimmte, bevor er erlosch. Ich hörte das knarzende Scharren der zweiten Kiste und machte hastig einen Satz. Irgend etwas Hartes, Kaltes streifte meine Rippen und verhakte sich in meiner Kleidung. Als ich gegen das Schott prallte, hallte ein ungeheures, eisernes Dröhnen durch den Laderaum.

Nach einigem Herumtasten entdeckte ich an meiner linken Seite etwas, das mir ein riesiger Metallspieker zu sein schien, der meine Jacke an die Wand genagelt hatte. Ein zweiter Spieker ragte zu meiner Rechten aus dem zerbrochenen Kistendeckel.

»Sun I, *darling*, bist du tot?« flüsterte Scottie besorgt.

»Alles in Ordnung«, erwiderte ich, während ich mich unter Zurücklassung eines Stoffetzens mühsam losriß. »Und wie geht's dir?«

Ein Streichholz flammte auf. »Wo bist du?« fragte er.

»Hier drüben. Bring die Streichhölzer mit!«

»Verdammt, Sun I, *lookit*, da liegt jetzt noch mehr Schnee als vorhin. Aber ich weiß doch, daß wir die Luke hinter uns geschlossen haben, nicht wahr? Oder meinst du, er kommt durch den Ventilator runter?«

Ich begriff nicht, wovon er redete.

»Beim Bock!« rief er auf einmal. Ich sah das Streichholz aus seiner Hand durch die Luft fliegen und so landen, daß es den Fußboden beleuchtete. Es warf einen dünnen, runden Schein auf den feinen, weißen Schneestaub und brannte weiter.

»Himmel, Arsch und Wolkenbruch!« fluchte Scottie, als er aufsprang und im Dunkeln umherschlurfte. »Wenn ich's vergessen sollte, erinnere mich das nächste Mal dran, wenn ich versuche, mich selbst in Brand zu stecken, daß ich's mit Köpfchen tue! Verflucht und zugenäht!«

»Scottie«, ich hörte seine Flüche kaum, »sieh dir doch das hier mal an!«

»Was denn, mein Liebling?«

»Das Streichholz.«

Scottie stellte seine Schimpfkanonade ein, und wir starrten das Streichholz an, das immer weiter abbrannte. Schließlich begann es zu flackern und erlosch.

»Ich will verdammt sein!« staunte Scottie. Er riß ein weiteres Streichholz an und warf es neben das erste. »Nun sieh dir das an!«

Unerklärliche Tatsache war, daß der Schnee rund um das Streichholz nicht die geringste Neigung zeigte zu schmelzen.

»Ich will auf meine Biskuits scheißen, wenn ich weiß, was das bedeutet!« erklärte Scottie. »Es heißt, daß der Schnee hier unten aus Stahl und Knorpeln besteht, das hier setzt aber allem die Krone auf!«

Ich jedoch wollte zunächst meine Neugier im Hinblick auf die beiden Spieker stillen. »Gib mir die Streichhölzer, Scottie!« Er riß eins für sich selbst an, reichte mir dann die Schachtel und fuhr mit seiner Inspektion fort.

Als ich eines der Streichhölzer anzündete und es aufflammte, stieg mir ein schwefeliger Geruch in die Nase. Inmitten der tanzenden Schatten sah ich in dem orangefarbenen, unstabilen Licht etwas, das mir vorkam wie zwei riesige Hörner aus dunkler Bronze, die drohend aus der zerborstenen Kiste ragten. Keuchend ließ ich das Streichholz fallen. »Scottie!«

»Also das ist doch...« begann er, als er neben mich getreten war. »Glaubst du, sie haben den Deibel gefangen und in die Kiste da gesteckt?«

»Ich werde sie öffnen.«

»Bevor du das tust, solltest du dir lieber mal das da ansehen«, widersprach er mit einem gewissen Grimm.

Wir ließen uns an der Stelle, die er untersucht hatte, auf die Knie nieder. Als ich, soweit das Licht reichte, in die beschädigte Kiste hineinspähte, konnte ich gerade noch eine überdimensionale schwarze Hand ausmachen, die etwas hielt, das ich zunächst für eine Trommel hielt, das sich bei näherer Betrachtung jedoch als Sanduhr entpuppte, so groß wie mein ganzer Rumpf. Und aus ihrem gesprungenen Glas floß langsam ein feiner Strahl aus schneeweißem Sand, der eine auf dem Fußboden bereits entstandene kleine Pyramide ständig vergrößerte.

»Das ist es also!« sagte ich erleichtert, weil das Geheimnis gelöst war.

Wortlos befeuchtete Scottie die Spitzen von Zeige- und Mittelfinger mit der Zunge und tauchte sie in die Pyramide, deren perfekte Form er dadurch zerstörte.

»Zunge raus!« befahl er mir.

Sein ernsthaftes Verhalten nötigte mich, ihm zu gehorchen. Er streifte die klebrige Substanz ab, und ich schmeckte etwas Ätzendes, Schwefeliges, das sich in meinem Speichel auflöste, und dann ganz schwach das Salz seiner Finger. Es lag etwas Vertrautes in dem Geschmack, wodurch er für mich noch unangenehmer wurde.

»Heroin«, erklärte Scottie.

Sofort schloß sich der Stromkreis meiner Erinnerung, und die Elektrizität begann zu fließen. Obwohl er weniger erdig war, besaß der Geschmack eine zwar leichte, doch unverkennbare Ähnlichkeit mit dem des Opiums.

Scottie erhob sich und ging zu der vergoldeten Statue des Gottes hinüber. Er riß ein weiteres Streichholz an und hob es empor, um dem Bodhisattwa aufmerksam ins Gesicht zu sehen. »Komm her!« sagte er. »*Lookit!*«

Aus der zerbrochenen Iris in der Mitte von Manjusris Stirn kam ein dünner, kaum wahrnehmbarer Strahl gerieselt, der sich an der Wurzel der abgebrochenen Nase teilte und in zwei Rinnsalen die beiden Seiten des goldenen Gesichts bis unter die Mundwinkel hinabrann. Im Schein des Streichholzes tanzten die Partikelchen des weißen Pulvers wie Staubkörnchen in einem Sonnenstrahl, ehe sie sich auf dem Fußboden sammelten. Während ich entsetzt schweigend zusah, kam mir der Gedanke, daß der Gott weine, daß aus dem Auge der transzendentalen Weisheit in der Mitte seiner Stirn chemische Tränen fielen, Tränen aus Staub.

»Das ganze verdammte Ding ist voll davon!« stellte Scottie fest.

Der hallende Klang der eisernen Luke, die geöffnet wurde, dröhnte über unseren Köpfen. Ein dicker Lichtstrahl durchschnitt die Dunkelheit. Scottie und ich warfen uns hinter eine Wand von Kisten.

»Wer ist da unten?« ertönte die Stimme des Kapitäns. »Sofort heraufkommen!« Er wartete auf eine Antwort. Dann hörten wir ihn leise mit dem Maat sprechen. »Vermutlich hat sich was losgerissen. Sehen Sie morgen früh mal nach! Und zurren Sie, verdammt noch mal, die Persenning fest!«

»Jetzt, Sir?« erkundigte sich der Maat.

»Was zum Teufel haben wir denn hier – einen Kindergarten? Na ja, schon gut. Lassen Sie das auch bis morgen!«

Die Luke wurde zugeschoben. Wir warteten ein paar Minuten, dann kletterten wir die Leiter hinauf und ergriffen die Flucht. Ob der Kapitän uns gesehen hatte, wußten wir nicht. Falls ja, erwähnte er nichts davon. Von dieser Nacht an wurde jedoch für den Rest der Fahrt ein bewaffneter Posten an die Ladeluke gestellt. Was in der zweiten Kiste war, erfuhr ich nie – oder vielmehr erst sehr viel später, und auch nur durch Zufall. Aber es gab mehr als genug, was mich beschäftigte und nervös machte. Denn wir dampften mit einer gefährlichen Fracht Richtung Amerika. Welch grausame Ironie, daß ich nach meiner langen Pilgerfahrt das Ziel in Begleitung einer Ladung Schmuggelgut erreichen sollte.

Eines Morgens kurz vor Tagesanbruch trieb Scottie mich aus meiner Koje.

»Was ist?« fragte ich schlaftrunken.

»Zieh dich an und komm an Deck!« befahl er und war, ehe ich weitere Fragen stellen konnte, schon wieder die Leiter hoch.

Dösig und wie betäubt folgte ich seinem Befehl und stieg an Deck, wo er mich erwartete. Ein vom Morgengrauen leicht aufgehellter Nebel lag auf dem Wasser. Er war nicht sehr dick, reduzierte jedoch die Sicht auf etwa einhundert Meter, was der Szene eine verschleierte, traumhafte Unwirklichkeit verlieh. Gähnend rieb ich mir die Augen und starrte benommen in die Gegend. »Wo sind wir?«

»Dies sind die Ufer des Gelben Meeres«, antwortete er mit geheimnisvollem Lächeln.

»Nun komm schon!« schalt ich in leicht verärgertem Ton.

Er aber fuhr fort:

»Dies – ist das Land – das die untergehende Sonne wäscht –
Dies – sind die Ufer des Gelben Meeres –
Wo sie aufging – oder wohin sie eilt –
Dies – ist das Mysterium des Westens.«

»Das Gelbe Meer?« Flüchtig glaubte ich zu träumen und im Traum nach China zurückgekehrt zu sein. Dann kam im Dunst plötzlich eine Gestalt auf uns zu.

»Da ist sie!« sagte Scottie.

In einer Entfernung von achtzig Metern, über dem Nebel scheinbar in der Luft schwebend, sah ich die Figur eines riesigen, grimmigen Engels – des Zorns vielleicht, denn im trügerischen Morgenlicht war es unmöglich auszumachen, ob er eine begrüßende oder eine abwehrende Funktion hatte. Nicht mal sein Geschlecht war auszumachen. Und doch waren trotz der gespenstischen Verschwommenheit der Umrisse einige Einzelheiten zu erkennen: die grünliche Patina sowie die leichte Rostschicht, entstanden durch langzeitige Einwirkung der Elemente und wenig Pflege. Auf seinem Kopf trug er etwas, das mir eine Dornenkrone zu sein schien, nur waren die Stacheln nach außen gekehrt wie bei einer Waffe. Genau wie Manjusri hielt er ein hoch erhobenes Flammenschwert in der Rechten, und in der Linken ein Buch. Nur war das Schwert zerbrochen, und als wir näherkamen, entdeckte ich, daß es gar kein Schwert war, sondern eine Fackel. Die Augen des Engels starrten blind und leer aufs Meer hinaus; und als im Osten der Tag anbrach und schwarze Schatten in die Höhlen warf, dachte ich an den Jäger, der »den leeren Blick auf die Sonne richtete«, damit er wieder sehen konnte. Doch war dieses Bild mit noch etwas anderem verbunden: dem Gedanken an Eddie Love mit seiner Sonnenbrille.

»Willkommen in Amerika!« riß Scottie mich aus meiner Träumerei. »Das ist die Freiheitsstatue. Wie findest du sie?«

Als ich nicht antwortete, sondern stumm, in meine Gedanken versunken, die Erscheinung anstarrte, ergriff Scottie die Gelegenheit, mir die seinen mitzuteilen.

»Seit über zwanzig Jahren hab' ich das alte Mädchen nicht mehr gesehen.« Kopfschüttelnd schnalzte er mit der Zunge. »Eigentlich sollte mir bei diesem Anblick innerlich ganz warm und flatterig werden, aber beim Bock, mir erstarrt nur das Blut in den Adern. Sieh dir dieses Miststück an! Ein einsameres, kälteres, abweisenderes Bild hoffe ich nie wieder im Leben zu sehen, Sun I. Kannst du erkennen, was an der Seite geschrieben steht?

Give me your tired, your poor,
*Your huddled masses yearning to breathe free...**

So lautet wenigstens die offizielle Version, die jedes amerikanische Kind in der Schule lernt. Aber sei nur nicht so töricht zu glauben, sie gelte auch dir, Sun I! Der inoffizielle Text lautet nämlich: ›Ihr, die ihr hier eintretet, laßt alle Hoffnung fahren!‹«

Scotties Eindruck von der Freiheitsstatue war zwar extrem negativ, ähnelte jedoch dem meinen. Obwohl ich anfangs dazu neigte, ihn dem Nebel und meiner Schlaftrunkenheit zuzuschreiben, sollte ich immer wieder mit bohrender Neugier über den Ausdruck der großen Muse der Freiheit nachdenken. Und obwohl mit der Zeit seine Intensität nachließ – das melancholische Gefühl böser Vorahnungen, das mich auf den ersten Blick überkam, sollte mich nie ganz verlassen.

---

*Etwa: Schickt mir die Müden, Armen und Bedrängten mit ihrer Sehnsucht nach Freiheit...

Zweiter Teil
DOW
(New York)

ERSTES KAPITEL

Als die Sonne aufging, verschwand der Nebel sehr schnell. Es war ein magischer Effekt, als würde ein Schleier zerreißen. Vor meinen Augen erwachte Manhattan zum Leben. Ich sah die spitz zulaufende Landzunge wie einen Keil in die Bucht vorspringen, umarmt vom East River und vom Hudson, der aus seinem Quellgebiet hoch oben in den Adirondacks herabfließt durch Tarrytown, Sleepy Hollow und Spuyten Duyvil, durch jenen fruchtbaren Landstrich, den die Holländer der Wildnis abgerungen haben, indem sie die primitiven Geister austrieben und die Landschaft durch ihrer Hände Arbeit humanisierten; und weiter, an den Palisades vorbei, unter der George Washington Bridge hindurch, die wie ein Band aus leuchtenden Bernsteinperlen um den Hals der großen Dame liegt, wenn sie im dunstigen Licht des Tagesbeginns von ihren Vergnügungen zum Meer heimkehrt. Ferner (näher natürlich) spien die Schornsteine von Hoboken weißes, blaues und orangefarbenes Feuer aus, unheimlich im feuchten Glanz der Morgenluft. Diese Flammen erinnerten mich an jenes elektrische Phänomen, das die Seeleute Sankt-Elms-Feuer nennen und das ich zum erstenmal vor der afrikanischen Küste gesehen hatte: bläulichweiße Leuchterscheinungen, die auf geheimnisvolle Weise wie Heliumballons eines spektralen Feuers in der Takelung tanzen. Als sich die Insel Manhattan aus dem Nebel löste, kam es mir vor, als sei ich wieder in jenen fernen Breiten am unteren Rand der Welt: Die Landzunge, die sich an der Battery zum Nichts zuspitzte, schien eine kleinere Version des Kaps der Guten Hoffnung zu sein, und die beiden Ströme, die sich hier trafen, der Zusammenfluß der Ozeane der westlichen und östlichen Hemisphäre. Diese Wirkung wurde verstärkt durch den Anblick der glitzernden, verzauberten Stadt, die vor mir aufragte: riesige Türme aus Glas und Stahl, die sich in ihrer grausamen Schönheit gen Himmel reckten wie die Eisberge, die ich in den polaren Gewässern gesehen hatte, schneeweiß an ihren sonnenbeschienenen Kanten, an den dunkelsten Stellen indigoblau und drinnen im Herzen schwarz, glaziale Rückstände, Vergnügungspaläste aus einem Eis, das keine Sommersonne schmelzen kann, so glänzten sie mit blanker Überheblichkeit im Morgenlicht des Augusttages... Emerald City, die smaragdene Stadt – jetzt verstand ich Xiaos Bemerkung, begann sie wenigstens zu verstehen. Denn New York wirkte wie eine Stadt, die Gott selbst unter einer Juwelierslupe geschliffen hat.

Und rings um die glitzernden Türme der Wall Street und von Midtown weiter oben sah ich die Hektik, die überall herrschte: das Erwachen von Manhattan, das überwältigende Aufbranden des Lebens. Ich hörte das Blöken von Hupen und das Gesumm des fernen Verkehrs, den Stakkato-Lärm eines Preßlufthammers, der wegen der Distanz und der Wirkung des Wassers beinahe ätherisch klang. Ich sah den nie abreißenden Strom der gelben Taxis auf dem FDR Drive, hörte sie über Schlaglöcher holpern und rütteln oder rhythmisch über die Nähte des Straßenbelags klacken. Ich hörte das Rumpeln der Hochbahn, der El, auf der Brooklyn Bridge, als sie in Richtung Flatbush Avenue und weiter nach Coney Island jagte. Ich sah die Pendler aus Queens über die Manhattan Bridge hereinströmen. Ich sah die Kabel der Brooklyn Bridge in der Sonne glänzen wie silberne Spinnweben. Und das alles weckte in mir die Sehnsucht nach einer Szene, die ich niemals zuvor gesehen hatte, eine Sehnsucht, die vielleicht der Vergleich mit dem Kap der Guten Hoffnung ausgelöst hatte, jedoch nicht nur der. War diese Szene die Spiegelung in der Brille meines Vaters auf der Karikatur, die Xiao mir gegeben hatte? Ich merkte nur, daß ich unter einem traumgleichen Gefühl der Ortsversetzung erschauerte, als ich von Scottie erfuhr, *Manahatta* habe im ursprünglichen Algonquin »Himmlisches Land« bedeutet – genau wie Sichuan!

Als wir uns an Ellis Island vorbei der Battery näherten, drehte das Schiff nach Steuerbord ab und dampfte durch den Kanal, der Hell Gate, Höllentor, genannt wird, in den East River hinein. Wir standen an der Decksreling und betrachteten das Schauspiel stumm, bis Scottie endlich zu sprechen begann.

»Sun I, *darling,* ich weiß, wie lange du auf diesen Augenblick gewartet hast, und wieviel es für dich bedeutet, an Land zu gehen. Aber *lookit,* du weißt genauso gut wie ich, was wir an Bord haben. Es besteht die Möglichkeit, daß wir beim Zoll durchkommen. Wer weiß? Gut möglich, daß hoch oben ein paar Hände gut geschmiert worden sind. Wenn das so ist, kannst du dich vielleicht während des Löschens davonschleichen und im Straßengewirr der City untertauchen, wo die Einwanderungsbehörde dich niemals erwischt. Du wärst nicht der erste, dem das gelingt. Andererseits, wenn wir festgehalten und durchsucht werden, und sie finden das Zeug, wie es wohl jeder, der Augen im Kopf hat, tun würde, dann wird das Schiff beschlagnahmt, und du kannst deinen Träumen ade sagen. Deine Chance davonzukommen wäre so groß wie die eines Schneeballs in der Hölle. Man würde dich auf einem langsamen Kahn nach China zurückverfrachten... dabei hast du dies alles doch nur auf dich genommen, um hierherzukommen! Bei dem Gedanken allein würd' ich am liebsten heulen oder einen kaltblütigen Mord begehen. Aber von diesen eiskalten Schweinen hast du kein Mitgefühl zu erwarten. Solange sie ihre bürokratische Pflicht erfüllen und dich loswerden können, pfeifen sie auf alles, was geschieht. Da können die Roten zu Hause dir ruhig bei lebendigem Leibe das Fell über die Ohren ziehen oder dir Akupunkturnadeln durch die Lider stechen – die kümmert das doch einen Dreck!« Nachdem er sich so in Rage geredet hatte, holte Scottie tief Luft und kehrte aus den höheren Regionen des Zorns auf die Erde zurück. »Also, Sun I, ich habe deine Lage von allen Seiten gründlich betrachtet, und der beste

Rat, den ich dir geben kann, lautet, den Stier bei den Hörnern zu packen und den Sprung ins kalte Wasser zu wagen.«

»Du meinst...?«

»Ins Wasser mit dir!« rief er. »Schwimm um dein Leben, um es ganz deutlich zu sagen. Ich meine, es ist ja nicht so, als ob du noch nie das Rückenschwimmen geübt hättest. Das Wasser ist zwar nicht ganz ideal zum Baden. Es sieht mir ein bißchen schwarz und ölig aus und riecht auch nicht allzu angenehm, aber es ist um keinen Deut schlimmer als das Bilgewasser, in dem wir in diesem verdammten Zwischendeck mariniert worden sind. Beim Bock, Sun I, wenn dieser Kahn die ›Telemachos‹ ist, dann war Odysseus' Abenteuer als Schweinehirt wahrhaftig kein Scherz! Es muß irgendwie erblich sein! Wenn du's in dieser schwimmenden Latrine einen Monat auf See ausgehalten hast, wird dich eine Viertelstunde im East River nicht umbringen. Nur trink vor allem nichts davon, sonst kriegst du die Krätze. Also paß auf! Du gehst jetzt nach unten und holst dein kostbares Bündel herauf. Ich weiß ja, daß du es seit dem Tag, als wir an Bord gingen, startklar hältst.«

»Aber, Scottie«, wandte ich ein, »und was ist mit dir?«

»Mach dir darüber keine Gedanken, *darling*! Was können die mir anhaben? Ich bin nichts weiter als ein schlichter Matrose. Ich bin wegen der Heuer an Bord dieses Kahns gegangen, und wenn er Schmuggelgut geladen hat, ist das nicht meine Schuld. Im schlimmsten Fall können sie mich zollfrei nach Manila zurückschicken, und das würde ich als Gefälligkeit betrachten. Ehrlich gesagt, ich hatte den Gedanken erwogen, wieder an Land zu gehen, aber beim Anblick dieser verdammten Statue ist mir die Lust dazu vergangen. Es sind jetzt zwanzig Jahre« – er sah auf seine Armbanduhr – »zwei Monate, zwölf Stunden und zweiundzwanzig Minuten her, seit ich die U.S. zum letztenmal betreten habe, aber ich glaube, ich werde noch einmal über zwanzig Jahre warten und sehen, wie mir dann zumute ist. Und jetzt – ab mit dir!«

Ich schwang mich durchs Luk, ließ die Leiterholme durch meine Hände gleiten wie ein Feuerwehrmann, der die Stange hinabrutscht, griff mir mein Bündel und kletterte wieder nach oben. Trotz meiner gewaltigen Aufregung darüber, endlich doch noch so nahe am Ziel zu sein, ganz zu schweigen von meiner Angst vor den Tücken der letzten Strecke, verspürte ich, als ich Scottie ansah, im Herzen etwas, das mich zurückhalten wollte.

»Also, *darling*«, sagte er, »es ist soweit. Wenn's dir nichts ausmacht, wollen wir den Abschied weglassen. Ich hab' schon zu oft im Leben auf Wiedersehn sagen müssen und nie bemerkt, daß es dadurch leichter wurde, schneller zu einem Wiedersehen geführt oder sonst einem nützlichen Zweck gedient hätte. Also hab' ich's mir eben abgewöhnt. Du warst ein guter Kamerad an Bord, und wenn ich auch, vor die Wahl zwischen dir und der Flasche gestellt, den Rum wählen würde, haben wir doch die eine oder andere Wache auf eine recht bemerkenswerte Art verbracht, und du hast mich nie um Geld angepumpt, daher werde ich dich im großen und ganzen wohl vermissen. Ich wünsche dir allzeit gute Fahrt!« Er bot mir lächelnd die breite Pranke, dann schob er mich sanft zur Reling.

»Es geht tief runter«, warnte er mich und beugte sich vor. »Aber denk einfach nicht dran! Sobald du auftauchst, werfe ich dir dein Bündel nach.«

Ich spähte ins pechschwarze Wasser hinab. »Ich glaube, ich kann doch nicht«, antwortete ich und schluckte mühsam.

Scottie seufzte. »Das hab' ich befürchtet. Okay, *darling*, ich werd's dir leichtmachen. Tu einfach, was Scottie dir sagt! Atme tief durch und entspann dich schön!« Ich gehorchte. »Und jetzt schließ die Augen und zähl ganz langsam bis drei! Eins... zwei... *drei*!«

Damit packte er mich von hinten und warf mich, der zappelte und um sich schlug wie eine Katze, kurzerhand über Bord. Ich konnte noch einen kurzen, schrillen Protestschrei ausstoßen, doch als ich das dunkle Wasser auf mich zukommen sah, war ich vernünftig genug, den Mund zu schließen, bevor ich eintauchte. Alle sublimeren Gefühle des Kummers, des Grolls, des Bedauerns oder der freudigen Erwartung, die ich eventuell gehabt hatte, waren im Handumdrehen verschwunden, als ich auf dem Wasser aufschlug und unterging. Mit verzweifelter animalischer Energie paddelte und werkelte ich mich wieder nach oben. Als ich prustend und schnaufend auftauchte, begann ich sogleich Wasser zu treten, und kaum hatte ich damit angefangen, da klatschte mein Bündel auf mich herab und stieß mich abermals hinunter. Vor lauter Anstrengung, mich über Wasser zu halten, nahm ich von dem widerlichen Geschmack des Wassers und dem Brennen auf meiner Haut kaum Notiz. Es gelang mir jedoch, einen letzten Blick zu Scottie hinaufzuwerfen, der über der Reling hing und mich anfeuerte, mich abwechselnd beschwor und mit einer Flut von Ausdrücken belegte, die zweifellos höchst blumig und seiner Kunst würdig waren, von denen ich jedoch nur hier und da »beim Bock« oder *»darling«* verstand. Vom Ausmaß seiner Besorgnis zeugte die Tatsache, daß er seine Mütze abgenommen hatte und sie schwenkte wie ein Schlachtenbanner, um mich zu gesteigerter Anstrengung anzuspornen. Als er mich außer Gefahr wußte, setzte er sie schnell wieder auf, doch erst, nachdem er sich mit den Fingern behutsam ein- oder zweimal durchs schüttere Haar gefahren war, als fürchte er, feststellen zu müssen, daß sein Haaransatz schon wieder weiter zurückgewichen war. Dann wandte er sich von der Reling ab und verschwand endgültig aus meinem Blickfeld. Ich spie einen Mundvoll stinkendes Wasser aus und machte mich im amerikanischen Kraulstil auf den Weg zum Westpfeiler der Brooklyn Bridge.

In mehr als einem Sinne kann man wohl sagen, daß ich »triefend vom Osten« oder auch »von Osten triefend« in New York City auftauchte – beide Möglichkeiten haben etwas für sich. Als ich an Land stolperte, die Böschung auf Händen und Knien hinaufkroch, empfand ich innerlich und äußerlich ein gewisses Prickeln, das nicht ausschließlich der Anstrengung zuzuschreiben war, und auch nicht der Freude, die mich erfaßte, als ich zum erstenmal amerikanischen Boden unter den Füßen spürte – Boden, der übrigens von Glasscherben, Flaschenverschlüssen, Bierdosen und einigen benutzten Kondomen übersät war –, sondern vielmehr, wie ich glaube, einer etwas anders gearteten Chemie. Wie es der Zufall wollte, befand sich der geographische Punkt meiner Landung etwa einhundert Meter nördlich des Fulton-Street-Fischmarktes unterhalb eines verdreckten Parkplatzes zwischen den Trägern der Hochstraße. Der Schatten des FDR Drive hüllte den Platz in ständiges Dämmerlicht.

Ohne daß ich es ahnte, war meine Landung von den Wärtern des Parkplatzes beobachtet worden, zwei jungen Italienern, die ich entdeckte, als ich vom Ufer aus emporblickte; jeder hatte einen Fuß auf dem kreosotgetränkten Pylon, der die Grenzen ihrer Jurisdiktion markierte und die Autos davor bewahrte, ins Wasser zu rollen. Beide hatten einen Ellbogen auf das angehobene Knie gestützt und hielten ein schmieriges Bündel Dollarnoten in der Hand.

»He, Tony, was glaubst du, was das ist?« fragte der eine. »So 'ne Art Fisch?«

»*Nah*«, gab sein Freund zurück. »Vermutlich 'n Illegaler aus Brooklyn. Die dürfen die Brücken nich' mehr benutzen, weißt du. Sonst müssen sie sich 'n Visum besorgen.«

»He, he, he! Das is' gut, Tone. Gibste mir fünf dafür?«

»Schreib's an«, antwortete Tony kühl.

Die jungen Männer trugen beide Bluejeans mit umgeschlagenen Hosenbeinen, Hemden aus eng anliegender Azetatseide, die bis zum Solarplexus offenstanden und dichten Haarwuchs sowie dünne Goldkettchen sehen ließen, einige ohne Anhänger, andere mit Kruzifixen. Beide hatten einen gepflegten, dunklen Schnurrbart und eine glatt zurückgekämmte Haarmähne, und beide schmückte der erste Ansatz zu einem Bierbauch. Sie sahen einander bemerkenswert ähnlich.

»Was is'n los, Mann?« rief Nummer eins zu mir herunter. »Haste den Zug verpaßt, oder was?«

Tony lachte; dann tat er, als ergreife er für mich Partei, und spöttelte: »*Hee-ey!* 'n bißchen Respekt bitte! Vielleicht trainiert er für die Olympiade. Wahrscheinlich der erste, der den Brooklyn-Kanal durchschwommen hat.«

»Brooklyn-Kanal – heh, heh, du brings' mich noch um, Tone. Du glaubst doch nich', der is' gesprungen, oder?«

Tony zuckte die Achseln. »Was weiß ich? Bei diesen WOG*, diesen gerissenen fernöstlichen Gentlemen, weiß man nie, woran man is'.«

Sie sahen einander vielsagend an.

Während dieses Gesprächs war ich auf allen vieren weitergekrochen und hatte sie dabei mißtrauisch beobachtet wie ein in die Enge getriebenes Tier; von meinem Gesicht tropften ganze Bäche von Wasser in den Dreck. Obwohl sie weder freundlich noch feindselig waren, und obwohl sie mein Auftauchen vermutlich für nichts weiter hielten als eine Unterbrechung ihrer allmorgendlichen Routine, eine Gelegenheit, ihre Schlagfertigkeit zu beweisen, war ich im Bewußtsein der Illegalität meines Tuns doch ängstlich darauf bedacht, nicht erwischt und den Behörden gemeldet zu werden. Stumm wartete ich darauf, daß sie die Lust an dem Spielchen verloren, und hoffte, sie würden sich

*Wily Oriental Gentlemen

davonmachen und mir Zeit lassen, meine Situation zu überdenken und meine nächsten Schritte zu planen.

»Ma-a-a-nn«, schalt mich Nummer ein, »weiß' du nich', daß das Wasser da voll Dreck un' Scheiße is'?« Er wandte sich an Tony. »Kenns' du mein' Onkel Joey vom Mob?«

»*Yeah*, was is' mit dem?«

»Der hat mir gesagt, wenn de wills', daß 'n Kerl verschwindet, schmeiß ihn einfach in'n Bach. Löst sich auf wie 'n Eiswürfel.«

»*Yeah*«, bestätigte Tony. »Wie der Zauberer von Oz.«

»Der aus dem Comic?«

»*Nah*, Dämlack, aus dem Buch.«

»*Hey*, Tone, willste mir jetzt literarisch kommen?«

Tone musterte ihn verächtlich. »Weißte nich' mehr, wie Dorothy der bösen Hexe 'n Eimer Wasser nachgeschmissen hat?«

»Der wer?«

»Der Hexe, du Arschloch!«

»Ach so, der Hexe! Na und?«

»Der war voll Wasser vom East River.«

Beide lachten.

»Dem hat's wohl die Sprache verschlagen, wie?« bemerkte Nummer eins. Sie warteten, als wünschten sie, daß ich antwortete. Da ich es nicht tat, packte Nummer eins seinen Freund am Arm.

»Los komm, Tone!« sagte er. »Der Kerl is' doch total behämmert.«

»*Yeah*, Mann, der hat 'n Schlag mit der Wichsbürste.«

»Wichsbürste! *Hey*, Tone, du machs' mich fertig – ehrlich!«

»Scheiß-Arschloch von *Chink* ...«

Der Klang ihrer Stimmen verhallte. Ich holte tief Luft und wälzte mich mit einem erleichterten Seufzer auf den Rücken. Über mir erstreckte sich ein endloser Wolkenhimmel, derselbe Himmel, den ich aus China kannte, bis auf eine graugelbliche Verfärbung und ein Pulsieren in der Luft, die ich der Verschmutzung zuschrieb. Nachdem ich diesen Himmel so weit zurückgelassen hatte, hatte er mich wieder eingeholt. Er war das einzige, was ich wiedererkannte.

Wiederholt sagte ich mir: »Es ist dieselbe Welt. Es ist dieselbe Welt...«

Ich will mich ja nicht größer machen, als ich bin, aber ich fühlte mich ein bißchen, wie sich Kolumbus gefühlt haben muß, als er zum erstenmal Land sah und die Neue Welt betrat: in der Erwartung, von den Abgesandten des Sohnes des Himmels begrüßt zu werden, die mit Seide angetan waren und in Sänften getragen wurden, nur um dann statt dessen ein paar verschreckte, halbnackte Wilde in Fellen und Federn vorzufinden.

Obwohl mir alles hier sehr fremd war, dachte ich an Chung Fus Worte: »Das Tao ist auch auf dem Marktplatz.«

Es muß wohl so sein, sagte ich mir. Das Tao *muß* dies erklären können.

Dieser Gedanke beruhigte mich. Zum erstenmal seit Wochen entspannte ich mich ganz und gar und versenkte mich in mich selbst. Ich fühlte mich gereinigt durch die Anstrengung und die süße Monotonie des Lebens auf See, Arbeit und Schlaf, Sonne und Meer... gebräunt, gesund, friedvoll. Der Glaube festigte sich in mir, daß die Neue Welt, die ich endlich und unter so großen Opfern (denn hatte ich nicht alles gegeben?) erreicht hatte, wie jene, aus der ich kam, aus den unergründlichen Tiefen des Tao erwachsen und ebenso seinen Gesetzen unterworfen war. Mit einem langen Atemzug nahm ich, der Morgensonne zugewandt, die jetzt über Brooklyn aufging, den Lotossitz ein und übte zum erstenmal nach vielen Tagen wieder das *zuowang*. Dann nahm ich mein Bündel, kletterte die Uferböschung hinauf und machte mich ohne Furcht, beinahe vergnügt, lieber Leser, auf den Weg in die große, von Menschen geschaffene Wildnis Amerika.

Geleitet vom Zufall oder von einem unterschwelligen Heimkehrvermögen wie dem, das den Lachs aus dem Meer flußaufwärts zu seinem ursprünglichen Süßwasser-Laichgebiet führt, steuerte ich südwärts und wanderte mit gelassener Ziellosigkeit durch das pulsierende Treiben des Fulton-Street-Fischmarktes, dem trägen Mäanderlauf eines Flusses gleich, der es zufrieden ist, sein Ziel eher später als früher zu erreichen, ohne sich dessen bewußt zu sein. Der Tag wurde allmählich weiß und flimmerte in der Augusthitze – noch immer sauber, noch nicht so unangenehm, wie er gegen Mittag werden sollte. Jetzt verströmte die weißverputzte Markthalle mit ihren Ständen aus Maschendraht eine köstliche Meeresfrische, einen aus Eis und Salzwasser gemischten, gesunden Hochseegeruch. Es war noch recht früh am Morgen, als ich in den magischen Bannkreis der Halle vordrang, und ich verspürte ein schwaches Prickeln erfrischender Kühle, als hätte ich eine Kühlschranktür geöffnet. Die Tonnen und Abertonnen von Eis hauchten einen tiefen, langen Seufzer Kälte aus, der ganz leicht mit Fischduft parfümiert war. Aus Schläuchen plätscherte Wasser, ohne daß sich jemand darum kümmerte, fröhlich über den Betonboden. Männer liefen in kniehohen, schwarzen oder orangefarbenen Stiefeln und vor Nässe glänzendem Ölzeug herum. Riesige Sattelschlepper mit Anhängern aus silbrigblankem Wellblech waren rückwärts an die Stände herangefahren worden, wo sie auf- oder abgeladen wurden. Zahlreiche Männer warteten mit Handwagen in einer Schlange, bis sie an die Reihe kamen, manche in ein Gespräch vertieft, andere stumm ins finstere Innere der Kühlwagen starrend, wo zwei stämmige, bärtige Hafenarbeiter mit Strickmützen und zerlumptem, schwarz verschmiertem gelbem Ölzeug große Holzkisten voll Fisch vier Reihen hoch aufstapelten.

Während ich durch die Gänge schlenderte, las ich die Namen der Fische, die mit schwarzem Fettstift in abgekürzter Form auf die rohen Holzdeckel der hellen Kisten geschrieben waren: *whit.* für Weißfisch, *cod* für Kabeljau, *blue* für Blaufisch, *weak.* für Seebarsch, *had.* für Schellfisch, sowie die Namen der Trawler, die sie gefangen hatten: »Deborah Kay«, »Vicky«, »Ironsides«, »Mystic Light« aus Chatham. Einige Schiffe kamen aus Häfen mit fremdartigen Namen: Galiläa, Rhode Island, Kill Devil Hills, N.C.

Ein Stück weiter kam ich an einem Gastwirt in schneeweißer Kleidung vorbei, der ein bißchen schlaftrunken noch und unrasiert, doch aufmerksam und mit strengem Stirnrunzeln in einer offenen Kiste herumkramte, einen Streifenbarrel in seinen roten Händen drehte und, den Glanz unendlich subtiler Schlemmerfreuden im erfahrenen Auge, die kritische Anerkennung des Connaisseurs, mit dem Daumen die Konsistenz des Fisches prüfte. Ich sah dunkle, meergrüne Plattfische, so groß wie Bananenblätter oder geflochtene Rattanfächer, mit ihren grämlichen Boxerkiefern auf Schichten aus schneeweißem Eis, der Farbe ihres eigenen gekochten Fleisches, gebettet; daneben Flundern, die bis auf die kleinen und wie Brustwarzen geformten Lippen kaum von ihnen zu unterscheiden waren; lebende Karpfen, die in einem Tank im Kreis herumschwammen; weichschalige Krabben auf einem Bett aus Gras; Meeresschnecken, Miesmuscheln, Scheidenmuscheln, lang und dünn wie Löffelbiskuits; und schließlich den edlen, rotgoldenen Lachs, der allein von allen eine Andeutung von Bewußtsein, etwas Gequältes, Ungesühntes im Auge zu haben schien. Nachdem ich all dies mit geduldiger Gründlichkeit beobachtet und immer wieder ohne Grund verweilt hatte, trat ich wieder auf die Straße hinaus.

Als ich durchs Tor kam, sah ich einen alten, zerlumpten Chinesen, der die Finger in den Maschendraht gekrallt hatte und aufmerksam die Vorgänge dahinter beobachtete. Aufgrund seiner zerrissenen Kleidung und seiner resignierten Miene hätte man ihn fast für einen wandernden Bettelmönch halten können. In seiner Resignation lag jedoch eine gewisse gierige, hungrige Schärfe, eine auffallende Gebrochenheit, und nicht die ätherische Heiterkeit, die man bei einem Priester erwartet. Daran erkannte ich, daß er ein Bettler war. Er begegnete meinem Blick und starrte mich verwundert an.

»Einen *quarter* für eine Tasse Kaffee?« bat er mich auf englisch und streckte gewohnheitsmäßig die runzlige, gelbe Hand aus.

»Tut mir leid«, antwortete ich in unserer Muttersprache, »ich habe kein Geld.«

»Du bist gerade erst angekommen«, stellte er auf chinesisch fest, als sei sein Verdacht bestätigt worden.

Ich nickte.

»Wo willst du hin?«

Ich zuckte mit den Achseln. »Ich wollte, ich wüßte es.«

»Suchst du denn etwas Bestimmtes?«

Aus einem Grund, den ich nicht recht erklären kann, doch wohl weil ich glaubte, er werde mich auf ein Wort hin verstehen, anwortete ich: »Das Tao.«

»Das Tao«, wiederholte er gedehnt, als genieße er die zarte, feine Essenz des Wortes auf seiner Zunge. Er musterte mich, schreckerfüllt vor Argwohn oder böser Ahnung, dann brach er plötzlich in ein wahnwitziges Gelächter aus, ein Lachen, das von einem quälenden, schwindsüchtigen Husten unterbrochen wurde. Er streckte den knochigen Arm aus und deutete mit dem knotigen Zeigefinger nach Süden.

»Da hast du die richtige Richtung eingeschlagen«, erklärte er mir, wieder auf englisch. »Nur ein bißchen weiter unten.«

Damit stolperte er, immer noch wie ein Irrsinniger lachend, in die entgegengesetzte Richtung davon.

Ach, lieber Leser, stellen Sie sich die ungeheure Erregung, dieses Herzklopfen vor, das mich erfaßte, als ich zum erstenmal um die Ecke der Wall Street bog! Die lange, dunkle Schlucht tat sich vor mir auf wie das aus dem nackten Fels geschnittene Bett eines prähistorischen Flusses mit steilen Canyon-Wänden. Als ich dastand am östlichen Ende nahe des Flusses und all die schweren Jahrhundertwende-Gebäude, muffig vor Alter und Würde, sowie die fremdartigeren, modernen Bauwerke aus Stahl und Glas betrachtete, wurde dieses Gefühl unerklärlicher Nostalgie, des Déjà-vu, das mich seit dem ersten Blick auf die Stadt beherrschte, noch mächtiger. Kam es daher, daß diese finstere Schlucht, die ich durchschritt, mich an die Landschaft bei Ken Kuan erinnerte, allerdings wie auf einem skurrilen kubistischen Gemälde? Wie die Gebäude das ewige Bild der Berge parodierten, so parodierte die Straße selbst den Fluß. Denn obwohl sie in gewissem Sinn prähistorisch war, wirkte die Wall Street wahrlich nicht ausgestorben. Zwar floß kein Wasser zwischen diesen Ufern, dafür aber ein dichter Menschenstrom.

Als ich mir den Weg durch die morgendliche Menge zu bahnen begann, begegnete ich dem Blick einer jungen Sekretärin, die, mit einem Jelly Doughnut bewaffnet, ihrem Arbeitsplatz zustrebte. Sie hatte große Brüste, die beim Gehen hüpften, und eine gewisse Art, die Hüften zu schwingen, die ich, wenn sie auch etwas hektisch und unelegant, ein kleines bißchen unzüchtig wirkte, nichtsdestoweniger bewunderte. Ich muß ihr einen flehenden Blick zugeworfen oder besonders hilflos gewirkt haben, denn sie blieb stehen und musterte mich stumm.

»Zum Dow?« erkundigte ich mich in der Hoffnung, daß sie mich verstand, zuckte mit den Achseln und grinste verlegen.

Sie leckte mit der rosa Zungenspitze einen Klecks Geleefüllung von ihrer Oberlippe und warf den Kopf ruckartig in den Nacken, als wolle sie auf etwas deuten, das sich unmittelbar hinter ihr befand. »Da entlang. Wo-ul und Bro-id«, antwortete sie und schaukelte weiter, ihrem Betätigungsfeld entgegen.

Kurz darauf fand ich den Wall-Street-Eingang der New Yorker Börse. Als ich versuchte, im Strom der Menschen mitzuschwimmen, der sich durch ihre Türen ergoß, wurde ich von einem großen, schwarzen Wachmann aufgehalten, der mich kurz mit gleichgültigem, doch aufmerksamem Blick musterte und mir mit seinem kräftigen, schwarzen Arm den Weg versperrte. »Wo ist Ihr Namensschild?« wollte er wissen.

»Namensschild?« piepste ich.

»Besuchereingang um die Ecke«, sagte er.

Als ich den schließlich gefunden hatte, schloß ich mich einer Gruppe japanischer Touristen an, für deren Mitglied man mich höchstens im weitesten rassischen Sinn halten konnte, da mir überdies auch noch das markante Zeichen der Zugehörigkeit zu ihrer elitären ökonomischen Bruderschaft fehlte: die

Kamera samt einer Auswahl unerläßlicher Zubehörteile, mit der sie einander geschäftig, jedoch mit bewundernswerter Gewissenhaftigkeit und Fertigkeit fotografierten, in schönster Pose vor dem Eingang der Börse, glücklich lächelnd wie stolze Besitzer eines neuen Eigenheims.

Ein bißchen benommen von all dem Neuen beobachtete ich im Lift das Licht, das auf der Anzeigetafel blinkte: 1, 2, 3 ... Dann glitten plötzlich, wie durch ein Zauberwort, die Türen auf, und wir traten hinaus in einen luxuriösen, roten Raum: das Besucherzentrum, eleganter und vornehmer als alles, was ich jemals gesehen hatte.

Eine junge Frau, die sich einer schwierigen, sehr technischen Sprache bediente, führte uns durch die Ausstellung. Sie zeigte auf einen langen, schmalen Bildschirm in einer dunklen, bläulich-roten Farbe, über den eine Reihe grün leuchtender Symbole liefen – Buchstaben und Zahlen, zu unheimlichen Konfigurationen zusammengestellt. Darunter standen mehrere Apparate mit Tastaturen, vor denen eine bunte Vielfalt von Typen saß, die Knöpfe drückten und darauf warteten, daß numerische Hieroglyphen auf dem Bildschirm aufleuchteten. Manchmal schrieben sie Zahlen auf schmierige Fetzen zerknitterten Millimeterpapiers, die sie in der Hand hielten.

»Das ist ein Quotron, eine elektronische Kursmaschine«, erklärte die junge Frau. »Sie brauchen nur den Dreibuchstabencode Ihrer Aktien einzutippen, und die Maschine sagt Ihnen, wie sie gerade stehen, dazu Tageshöchststand, Jahreshöchststand, Tiefstand, Börsenschluß, Schlußnotierung und so weiter. Hat jemand von Ihnen vielleicht Aktien, die er nachprüfen lassen möchte?« Mit aufmunterndem Lächeln musterte sie unsere Gruppe, klapperte mit den Lidern und riß die Augen vor aseptischem Interesse weit auf.

Niemand rührte sich. Die Japaner, anscheinend von feudalistischer Bescheidenheit gehemmt, traten in verlegenem Schweigen von einem Fuß auf den anderen. Schließlich meldete sich ein junger Mann. »Toyota?« fragte er schüchtern lächelnd mit höflicher Verbeugung.

Alle Gesichter wandten sich dem Mädchen zu, das tief errötete. Einige gewitztere Mitglieder der Gruppe lachten leise, dann brachen sie wie auf ein Stichwort alle zusammen in diskretes Gekicher aus.

»Was ist mit Mitsubishi?« erkundigte sich ein junger Spaßvogel, um den Witz noch etwas mehr auszuquetschen.

»Nein«, antwortete sie kalt, »ich fürchte, diese Aktien werden hier an der Börse nicht notiert.« Von ihrer peinlich berührten Führerin gedrängt, setzten die Japaner hastig ihren Weg fort. Ich bildete den Schluß.

Zuletzt wurden wir auf die Besuchergalerie geführt, von der aus man den Börsensaal beobachten konnte. Ich hatte lange auf diesen Moment gewartet, lieber Leser, und mir vorzustellen versucht, wie die Szene wohl auf mich wirken würde.

Dennoch war ich zutiefst erschüttert, zutiefst bewegt. Es ist einer jener Eindrücke, die ich ins Grab mitnehmen werde. Nur meine Gefühle von damals sind noch frisch und klar, die Szene selbst lebt nur vage in meiner Erinnerung – vage, weil sie so gigantisch war, zu gigantisch, um sie zu erfassen. Ich erinnere mich nur an einen ungeheuren Glast von Energie, ähnlich den Hitzewellen, die aus der Wüste aufsteigen.

Unbestimmt war ich mir bewußt, daß ich hinabsteigen und diese Wüste durchqueren würde, durchqueren mußte. Aber ich konnte mit dem, was ich sah, keine konkreten Assoziationen verbinden – bis auf eine einzige, so tief, und so traurig, daß ich fast zögere, sie zu nennen. Eine Wüste, ja, aber erst jetzt, rückblickend. Damals war es eine Prärie für mich, voller Leben, die wimmelnde Prärie des amerikanischen Westens, eine abstrakte, private Version, voll Personen, die meine Phantasie liebevoll ausmalte als Cowboys, Indianer und Kavalleriesoldaten, die belagerten Wagenzügen zu Hilfe kamen. Sogar die Pferde sah ich und die Büffel. Nichts davon existent, und alles doch so wahr. Die wilde Grenzzone des Kapitalismus... Aus einer so großen Entfernung zurückblikkend, so anders nun, als ich damals war, kann ich mir den Luxus des Mitleids leisten. Und es ist rein, dieses Mitleid, so rein, als gelte es einem anderen Menschen. Und das tut es auch.

Dies ist also, sagte ich mir, das Dow, das andere, das amerikanische *dao*. Mir schien es ein Mikrokosmos der gesamten menschlichen Welt zu sein. Denn was gab es, das es nicht enthielt? Als ich da stand, kam mir der Gedanke, daß selbst Eddie Love dort unten irgendwo sein und tun könne, was immer die Leute hier taten: ein Geschäft abschließen, ein Gebot, eine Offerte machen, handeln. In diesem Moment mochte er vielleicht einen müßigen Blick zur Galerie emporwerfen, mich beobachten, ohne zu wissen, wer ich war, und dennoch, genau wie ich, ein unerklärliches Aufflackern von Gefühlen verspüren. Aufmerksam spähte ich zu den vielen Menschen hinab und suchte – erwartete auch fast, ihn zu finden – einen Mann in Fliegerbrille mit schwarzgrünen, tränenförmigen Gläsern. Da ich ihn nicht entdecken konnte und auch die Sinnlosigkeit meines Bemühens erkannte, hielt ich nach einem anderen Ausschau, nach einem alten Chinesen, runzlig vor Alter, doch mit noch immer jungen Augen, nach jemandem wie Chung Fu, der den süßen Frieden des Tao gekostet und gelernt hatte, zufrieden zu leben »mit grobem Reis als Nahrung, kaltem Wasser aus dem Brunnen, dem angewinkelten Arm als Kissen«... aber auch den konnte ich nicht entdecken.

»Das Dow... Was enthielte es nicht?« Dieser Gedanke kehrte wie ein Refrain immer wieder, jedesmal mit veränderter Bedeutung. Inmitten all meines Staunens kam wie ein Stich der alte Zweifel zum Vorschein. Enthielt es das Tao? Wo war das Tao in all dem? War es überhaupt hier? Mich überkam kurz ein Schwindelgefühl, dann mußte ich an die Worte des »Großen Gelübdes« denken:

TAO
Mutter der vielfältigen Existenzen,
Die wir um uns sehen, diese
Kaleidoskopische Fülle von Erscheinungen:

TAO
Das Eins innerhalb dieser wimmelnden

Mannigfaltigkeit, selber
Unwandelbar und alle Wandlungen
Verursachend.

Sogar jetzt wirkten die Worte eher tröstlich als verwirrend. Hier, auf der Galerie der New Yorker Börse, schloß ich die Augen und murmelte abermals die Worte des Gelübdes, das ich seit meiner Kindheit Tag für Tag wiederholt, und das abzulegen ich nun auf immer verwirkt hatte:

Dies ist mein Glaube –
Daß die Wirklichkeit Eins ist,
Und Tao die Wirklichkeit ist –
Der, wie ich bei Strafe
Meines Verderbens erkläre,
Ganz ist, und wahr.
Darum:
Werfe ich von mir die Welt auf ewig,
Um sie zu verbessern.
Werfe ich von mir mich selbst,
Um mich zu finden.
Möge ich diesen Entschluß nicht aufgeben,
Bis die Hölle den Verdammten Erquickung schenkt
Und meine Seele zu Asche wird.

Ich schwor, das Gelübde im Herzen zu bewahren. Indem ich mich wieder meinen Ursprüngen zuwandte, schwor ich, sie nie zu vergessen oder zu leugnen, sondern dem Tao selbst hier zu folgen, bis ins Herz des Labyrinths.

Allein im verschatteten Korridor, sammelte ich, nachdem die japanischen Touristen längst ihre Fotos geschossen hatten und wieder gegangen waren, ruhig meine Sachen zusammen und machte mich zum Aufbruch bereit. Und doch konnte ich es nicht lassen, einen letzten Blick auf das großartige Panorama zu werfen. Der Fußboden des Börsensaals war übersät mit Papierfetzen – rosa, gelb, dunkelblau –, wie abgefallene Blütenblätter oder Konfetti bei einer Feier in New York (das neueste Jahr, das ich jemals erleben würde), Spreu, vom Wirbelwind über die große Tenne des Handels gefegt. Wie ich feststellte, bewegte sich das Ganze im Kreis und kehrte stets zum Anfang zurück. Was hat das zu bedeuten? Wohin führt das? fragte ich mich. Die Bewegung deutete vieles an, verriet aber nichts. Aus diesem Saal schlug mir jedoch gleich dem Brüllen des Meeres gegen die Kontinente oder dem Schrei der Menge aus einem offenen Stadion – ein wilder, primitiver Schrei aus Schmerz und Jubel, Lachen und Weinen, Applaus, Vorwurf, Hoffnung und Enttäuschung –, der anschwellende Ton des Lebens entgegen, Menschenwesen, die ihren gegenwärtigen Zustand feierten und beklagten und dennoch fortschritten ... wohin, wußte niemand.

Ein wenig benommen und müde, mit brennenden Augen und dröhnenden Ohren ging ich in die drückende Hitze hinaus, die über der City lastete. Den

Kopf gesenkt, starrte ich geistesabwesend auf meine Füße und rannte auf der Straße mehrere Passanten um, von denen einige ärgerlich reagierten, während andere mich fragten, ob ich Hilfe brauchte. Und bevor ich's mich versah, war ich am Broadway. Es war gerade Mittagspause. Die breite Verkehrsader wimmelte von Menschen, die zum Bahnhof der Lexington Avenue Subway an der Chase Manhattan Plaza strömten, Taxis herbeiwinkten, Cokes und Pizzaschnitten bestellten und in klimagekühlte Bars flüchteten, deren orangefarbene Neonreklame kaltes Bier verhieß.

Unterschwellig nahm ich zwar wahr, was um mich herum vorging, meine Gedanken aber beschäftigten sich mit etwas anderem. Als ich aus meinen Träumereien erwachte und zum erstenmal den Kopf hob, fiel mein Blick auf den altersschwarzen, zinnengekrönten Bau der Trinity Church mit ihren düsteren Türmen, dem schweren, schmiedeeisernen Zaun, den dunklen Schnörkeln englischer Gotik und auf den mit grünem Sommergras bedeckten Kirchhof, der in dieser grauen Steinwüste erstaunlich lebensvoll und lebendig wirkte. Schon aufgrund ihrer Lage am höchsten Punkt der sanft geneigten Wall Street hätte die Kirche durchaus der Ursprung, die Quelle »hoch droben im Tanggula-Gebirge« dieses großen Chang Jiang* der Finanzwirtschaft sein können. (In diesem Fall hätte man mit Recht sagen können, daß die Rückkehr zur Quelle, zum Dow, ein kurzer Weg war, wenn auch mit Sicherheit kein leichter.) Über dem Bankenviertel thronend, seine Seele und sein Gewissen, war die Trinity Church nicht makellos geblieben. Sie wirkte vielmehr, als sei sie seit dem Großen Brand, aus dessen Asche sie sich wie der Phönix erhoben hatte, schwarz geworden von ihren langen, stoischen Diensten, als balanciere sie am Rande der, wie ein phantasiebegabter Mensch es vielleicht ausgedrückt hätte, Höllenregionen. Ihrer Erscheinung nach zu urteilen, hätte man die Kirche wohl eher für eine geräucherte Auster als für eine Seele halten können oder für eines der tausendjährigen Eier, die man in den Lebensmittelgeschäften von Chinatown in großen Töpfen sieht. Und doch war sie wohl das einer Seele am nächsten Kommende, was die Wall Street bieten konnte.

Aus der schwülen Hitze und dem Mittagsgewimmel am unteren Broadway trat ich in den kühlen, dämmrigen Innenraum der Kirche, den ich zu meiner Überraschung im krassen Gegensatz zu dem Gedränge draußen vollkommen verlassen vorfand: ein höhlenartiger, weitgewölbter, juwelenbesetzter Raum, der schwach beleuchtet war. Ich stand in der Vorhalle und starrte verwirrt blinzelnd den langen, mosaikbelegten Mittelgang des Kirchenschiffes entlang. Dann schlenderte ich an Reihen polierter Hartholzbänke vorbei, von denen viele gravierte Silberplaketten mit den Namen der Stifter trugen. Die Gebetskissen aus weinrotem Samt waren abgewetzt und glänzten an einigen Stellen. Auf der reich geschnitzten Kanzel fiel mir eine wunderschöne, in Juchtenleder gebundene King-James-Bibel auf, die unter einer kleinen, goldenen Museumslampe offen auf dem Lesepult lag; ein Band aus dunkler, purpurner Seide markierte eine bestimmte Stelle. Schließlich erreichte ich den Altar. Er war

---

*Yangtse

wuchtig und schlicht. Eine weiße Leinendecke mit erhabenem Muster, einem floralen Mäander, quer zum Faden ins Material gewebt, bedeckte ihn. Zwei griechische Buchstaben, X und P, waren übereinandergelegt auf das Leinen gestickt. Eine Vase voll Lilien mit grünen Blättern und schneeweißen Blütentrompeten stand in der Mitte des Altars wie in Erwartung eines Banketts. Diesen Eindruck verstärkten an Eßwerkzeuge erinnernde Gegenstände in einem Schrein, der rechter Hand in die Wand eingelassen war: ein kleiner Goldteller mit getriebenem Rand, ein Kelch und eine geschlossene Silberdose, die aussah, als enthalte sie Süßigkeiten oder auch Zigaretten zum Anbieten nach dem Essen. Wo aber war das Essen selbst? Und wer aß? Der goldene junge Mann am Kreuz hinter dem Altartisch wirkte ein wenig schwach, als sei ihm der Appetit vergangen, und sonst kam anscheinend niemand. Ich persönlich wäre nur allzugern bereit gewesen, einen Happen zu mir zu nehmen, wenn man mir einen angeboten hätte. Im Gegensatz zu zahlreichen Tempeln jedoch, die ich in China besucht hatte, wo man sich stets darauf verlassen konnte, wenigstens mit Tee bewirtet zu werden, schien hier, an diesem Ort christlicher Frömmigkeit, keine Gastfreundschaft geboten zu werden.

Während ich noch diesen naiven Überlegungen nachhing, kam es im Kirchenraum zu einer überraschenden Veränderung. Ob sich die Wolkendecke draußen vorübergehend geteilt und die Sonnenstrahlen ungehindert durchgelassen hatte, oder ob der große Himmelskörper, nachdem er den Zenit berührt hatte, auf seinem Abstieg in den Westen ein erstes Stückchen gesunken war und nun genau den richtigen, von Architekt und Glaskünstler vorgesehenen Einfallswinkel erreicht hatte, weiß ich nicht, doch plötzlich leuchtete in den Fenstern des Obergadens ein Schimmer auf. Und während ich zusah, begann ein Regen aus goldenem Licht von den bunten Glasfenstern in die Kirche herabzufallen – einer der herrlichsten Anblicke, die ich jemals erlebt habe, beinahe eine Halluzination. Ich setzte mich in eine Bank und reckte den Hals, um die farbigen Glasbilder zu erforschen, die mir bisher entgangen waren.

Mir schien, als blättere ich in den Seiten eines wunderbaren Märchenbuches, und denke, da ich nicht lesen konnte, fasziniert über die Bilder nach, die aufregende Hinweise auf eine Geschichte gaben, deren Bedeutung mir letztlich entging. Ich sah einen alten Mann mit weißem Bart, das tränenüberströmte Gesicht voll Schmerz gen Himmel erhoben, der ein scharf glänzendes Schlachtermesser in der Rechten hoch über den Kopf hielt. Vor ihm lag, gefesselt, ein Knabe, der ungläubig und entsetzt zu ihm emporstarrte, die gebundenen Arme vom Ellbogen an in einer abwehrenden oder protestierenden Geste emporgereckt. Hinter den beiden stand ein weißer Schafbock, der sich mit den Hörnern in einer Hecke verfangen hatte und wütend auskeilte.

Dann gab es eine Nachtszene, eine Gruppe von Zechern, die auf weißem Wüstensand trunken um ein loderndes Lagerfeuer tanzten. Nackte Frauen warfen den Kopf zurück und lachten voll Verachtung, Furcht und Nervenkitzel, während wollüstig grinsende Männer sie auf ihren Schoß zogen und die Arme der Frauen mit rauhen Händen festhielten. Am Himmel funkelten helle Sterne. In ihrer Mitte stand ein Mann im Priestergewand, der um die anderen zum

Aufruhr anzustacheln, eine Statue emporhielt – ein goldenes Kalb – und laut rufend dem Himmel Trotz bot. Am Rand der Szene, in den tanzenden Schatten, bedeckte ein alter, weiß gekleideter Mann sein Gesicht mit beiden Händen; der Boden zu seinen Füßen war mit Steintrümmern übersät.

Ich sah einen jungen Mann inmitten zahlreicher graubärtiger Patriarchen in schwarzen Gewändern und seltsamen Hüten. In der Linken hielt er eine Münze, auf der das Profil eines militärisch wirkenden Mannes zu erkennen war, mit Lockenkopf, kantigem Kinn, großer Adlernase und einem von den Ohren am Platz gehaltenen Lorbeerkranz auf dem Kopf. Die andere Hand des jungen Mannes war leer und zeigte zum Himmel.

Ein anderes Glasbild zeigte denselben jungen Mann auf einem Felsvorsprung. Er umschlang die emporgezogenen Knie mit den Armen und blickte ernst auf ein weites Panorama hinab – Getreidefelder, marschierende Heere, Schiffe mit weißen Segeln auf blauem Meer –, das ihm ein älterer Mann von unheimlichem Äußeren mit einer weitausholenden Armbewegung präsentierte, als wolle er sagen: »Das könnte dein sein.«

Während die meisten Fensterscheiben in sich geschlossene Geschichten darzustellen schienen, gab es einige, vor allem zwei Triptychen, welche dieselben Personen in verschiedenen Posen oder mißlichen Lagen zeigten, sozusagen als Stationen einer Erzählung. Auf dem ersten betrachteten zwei glücklich Liebende – er lachend, sie scheu – einander in einer grünen Laube, beide nackt, mit unschuldiger Freude. Das Gras war mit Blumen übersät, und rings um das junge Paar ruhten zahme Tiere der Wildnis schlafend, den Kopf auf die Pfoten gelegt, in der warmen Sonne. Die Szene war ganz und gar bezaubernd – mit einer Ausnahme: Im Hintergrund, allein auf einer Seite, aufgrund der Irrationalität der Perspektive ein bißchen unheilverkündend, stand ein Baum, der wegen seiner Ähnlichkeit mit dem, den meine Mutter auf das Gewand gestickt hatte, meine Aufmerksamkeit erregte. Genau wie der ihre war dieser Baum kaum mehr als ein dürres, entlaubtes Skelett; und dennoch war er nicht ganz und gar kahl: An seinem untersten Ast hing eine einzige grüne, unbestimmbare Frucht. Auf der zweiten Glasscheibe war der Baum in die Mitte gerückt. Jetzt wand sich eine juwelenbesetzte Schlange um seinen Stamm, deren schimmernde Haut wirkungsvoll mit der dunklen Baumrinde kontrastierte. Zischelnd die gespaltene Zunge ausgestreckt, starrte das Tier drohend auf die Szene, die sich im Gras unter dem Baum abspielte. Die Frau, jetzt bleicher und verängstigt, reichte die Frucht, von der sie abgebissen hatte, dem Mann, der die Hand ausstreckte, um sie entgegenzunehmen. Auf dem dritten Bild war alles verändert. Ein streng dreinblickender Engel in weißem Gewand reckte ein Flammenschwert empor (so wie die Statue, die ich in der New York Bay gesehen hatte, ihre Fackel) und trieb die unglücklichen Liebenden vor sich her in eine zerstörte Welt hinaus, die nicht mehr grün war, sondern schwärzlich-grau und dornenüberwuchert. Die beiden flohen weinend und mit abwehrend erhobenen Armen, genauer gesagt mit je einem erhobenen Arm, denn den anderen benutzte jeder, um seine Genitalien vor den Blicken des Engels zu schützen.

Auf dem ersten Bild der zweiten Serie (die sich in der Apsis über dem Altar befand, wohl am exponiertesten Platz der ganzen Kirche) fiel mein Blick schließlich auf etwas, das ich wiedererkannte – nein, nicht auf etwas, sondern auf jemanden, einen bleichen, bärtigen Mann unbestimmten Alters mit müden Augen und zusammengepreßten Lippen. Es war Jesus; sogar in Sichuan war ich auf dieses sehnsüchtig emporgewandte Gesicht gestoßen: auf billigen, von Missionaren verteilten Devotionalienbildchen. Ich erkannte den Mann, nicht aber die Szene. Er stand vor einem Tisch, der wie der Altar unter dem Fenster mit einem weißen Tuch bedeckt war. Auf diesem Tisch jedoch waren die Bestandteile eines bescheidenen Festmahls zu erkennen: ein angebrochener Laib Brot, eine Flasche Rotwein. Bei Jesus am Tisch saßen Männer verschiedenen Alters und Typs, der eine rotgesichtig, robust, in der Blüte des Lebens, ein anderer fast noch ein Kind, blaß, sensibel, ätherisch. So verschieden die Männer jedoch waren, sie saßen alle *hinter* dem Tisch, auf derselben Seite wie ihr Gastgeber, und sie sahen ihn mit Blicken an, deren Ausdruck die ganze Skala der Emotionen verriet. Als einziger saß auf der Vorderseite, mit dem Rücken zum Betrachter, ein gebeugter Mann mit buschigem Bart, der seinen Blick nicht auf Jesu Antlitz richtete, sondern auf das Stück Brot, das er in seiner blassen Hand hielt. Nur im Profil zu sehen, quollen dem Mann die Augen aus den Höhlen, und sein Gesicht war von einem unaussprechlich grauenhaften Argwohn verzerrt.

Auf dem zweiten Bild dieses Triptychons standen drei Kreuze vor dem Himmel auf der Kuppe eines kahlen Berges, und an jedem hing ein Mann. Die Kreuzigung. Selbst ich mit meiner geringen Kenntnis der christlichen Legenden begriff das. Auf der Schulter des Mannes zur Rechten von Jesus hockte ein winziger Engel mit menschlichem Gesicht und weißen Vogelschwingen; auf der Schulter des anderen am gleichen Platz ein verwachsener, pechschwarzer Teufel mit spitzen Zähnen und roten, boshaften Augen sowie zwei Hörnern auf der Stirn. Jesus hing in der Mitte, er wandte das Gesicht leicht von einem Soldaten mit roßhaargekröntem Helm und eisenbesetzten Ledermanschetten ab, der ihm auf seiner Lanzenspitze einen Schwamm reichte. Jesu Augen waren gen Himmel gerichtet, zwei weiße Halbmonde, die in die Sonne starrten, deren schwarzverdeckte Scheibe genau über seinem Kopf am Zenit des Himmels in totaler Finsternis stillstand. Unter ihm ließen am Fuß des Kreuzes drei Soldaten aus einem Lederbecher Würfel in den Staub rollen. Zwei von ihnen blickten enttäuscht auf das Ergebnis, während der dritte freudig erregt aufsprang und nach dem Preis griff, irgendeinem Stück Stoff, blutrot und offensichtlich ein Gewand.

Das dritte und letzte Bild dieser Folge zeigte eine in die Flanke eines Hügels gehauene Gruft, auf deren riesigem beiseite gerollten Verschlußstein ein Engel stand, der für die beiden Männer unter ihm offenbar unsichtbar war. Die Männer standen zu beiden Seiten der Graböffnung, die Hand am Pfosten, als hätten sie sich einen Moment zuvor beim Hineinlehnen und Nachsehen festhalten müssen; jetzt sahen sie einander verblüfft an. Weiter entfernt, auf einem Weg, der sich um den Fuß des Hügels wand, stand eine trauernde Frau, die das tränennasse Gesicht aus den Händen hob und erschrocken einen Fremden anstarrte, der auf sie zukam. War das Jesus? Ich nahm es an; doch seine Erscheinung war seltsam. Sein Fleisch schimmerte in einer gespenstischen Opaleszenz, wie faulender Fisch, und obwohl er ihr mit sanftem, liebevollem Blick zulächelte, verriet seine geisterhaft lange und schmale Hand, auf der das leuchtend rote, vom Nagel stammende Stigma noch nicht verheilt war, mit einer unverkennbaren Geste des Untersagens Distanz und Abwehr.

Nachdem ich mich an diesen bunten Glasbildern sattgesehen hatte, wanderte ich schließlich auf den Kirchhof hinaus. Erst als ich auf einer Steinbank saß, bemerkte ich wieder das Summen in meinen Ohren, wie das Geräusch eines Kristallglases, um dessen Rand man mit einem nassen Finger fährt. Meine Sinne waren so geschärft, daß ihre Wahrnehmung über die normale Reichweite hinausging. Durch den schmiedeeisernen Zaun blickte ich hinaus auf die quirlenden, bunt gekleideten Horden, die die Straßen füllten, und ich erstickte fast vor Emotionen, vor erregtem Entzücken, in das sich unerklärliche Traurigkeit und Wehmut mischten. Auf einem Zweig der Trauerweide hinter mir sang eine Spottdrossel. Ich lauschte ihrem Gesang, der so anders klang als das Lied der Nachtigall, betrachtete die Sommerblumen, die wild zwischen den Gräbern wuchsen, und genoß das warme, goldene Sonnenlicht. Als mein berauschtes Auge diese Reichtümer zählte, blieb mein Blick an einem von der Zeit geschwärzten Gedenkstein hängen, dem Grabmal eines alten Puritaners. Das Grab war unter dem Stein eingesunken, so daß die Platte schief in unsicherem Winkel in der Erde steckte. Der Name war inzwischen nicht mehr zu entziffern, aber den in den Stein gehauenen Totenkopf, der mit dem lippenlosen Mund schauerlich grinste, konnte man noch erkennen; die Worte darunter ebenfalls: MENSCH, BEDENKE, STAUB BIST DU, UND ZU STAUB WIRST DU WERDEN. Als ich das las, fiel mir die Antwort auf die Frage ein, die mich vorhin auf der Galerie der Börse gequält hatte. Wohin strebten sie so munter, diese Massen, und zu welchem Zweck?

»Hierher«, wisperten die Grabsteine. »Hierher.«

ZWEITES KAPITEL

Als ich wieder auf die Straße trat, wurden die Schatten allmählich länger. Da ich, hilflos in dem Chaos der Stadt, kein bestimmtes Ziel hatte, verließ ich mich auf meinen Instinkt und schlug wahllos eine Richtung ein. Während ich den Broadway hinaufwanderte, fand ich mich schließlich im Kielwasser von zwei kleinen, schwarzhaarigen Köpfen, die im ewig bewegten Meer der Fußgänger immer wieder auftauchten wie die Seevögel, die ich vom Deck der »Telemachos« aus beobachtet hatte. Die Köpfe gehörten zwei kleinen Chinesenjungen, die mit einer leeren Coke-Dose Fußball spielten. Geschickt schossen sie inmitten der Menge hin und her, störten mit ihren begeisterten, unberechenbaren Bewegungen den steten, ruhigen Verkehrsstrom und stießen an Vögel gemahnende Freudenschreie aus, deren Nachhall über dem allgemeinen Verkehrslärm hing. Einmal verloren sie wegen einer Fehlberechnung die Kontrolle über ihren Ballersatz. Die leuchtend rot-weiße Dose blieb direkt vor den Füßen eines jungen Geschäftsmanns im dunkelblauen Nadelstreifenanzug liegen, der, einen ledernen Aktenkoffer in der Hand, eilig dahinschritt. Aus seiner Geistesabwesenheit aufgeschreckt, musterte er sie neugierig, um sie ihnen sodann, seine würdevolle Haltung vergessend, mit einer rührenden Geste von Bravour und Elan, sekundenlang selbst wieder zum Kind geworden, wie auf dem Fußballplatz zurückzukicken. Ein zweites Mal hatten sie nicht soviel Glück. Ein Mann, der sich von dem anderen gar nicht so sehr unterschied, funkelte die Dose, als er sich in seinem Vorwärtsdrang auf einmal behindert sah, mit eindeutiger Wut an und trat sie mit dem Schuhabsatz zornig platt. Die Jungen hielten inne und starrten ihm mit so unglücklichen Mienen nach, als wären sie selbst in Grund und Boden getreten worden. Bald jedoch hatten sie sich wieder gefaßt und riefen ihm nach: »*Fang-pi*, du Arschloch!« Der Mann fuhr herum und schüttelte wütend die Faust. Die beiden lachten vor Angst und Nervenkitzel schrill auf, ließen ihr kleines Gefechtsopfer auf dem Schlachtfeld zurück und liefen in die entgegengesetzte Richtung davon.

Ich folgte ihnen weiterhin, praktisch ohne einen Blick für meine Umgebung, und entdeckte einige Minuten darauf, daß es auf den Straßen von Chinesen wimmelte. Wie durch eine wunderbare Verwandlung befand ich mich plötzlich in Chinatown! Sprachen wir nicht von Déjà-vu? Die dunklen Anzüge und die Aktenkoffer, die weißen, westlichen Gesichter, all diese Attribute des Dow wichen zurück, und gleich einem von einem weichherzigen Angler zurückgeworfenen jungen Fisch fand ich mich wieder in meinem Element, inmitten einer beinahe vertrauten Atmosphäre. Wie seltsam, diese typisch westlichen Gebäude – eckig, formalistisch, funktionell – vom reichen Strom chinesischen Lebens erfüllt zu sehen, von einem farbigen, wimmelnden, unbekümmerten Chaos. Ich hörte das Geplapper zahlloser Stimmen; die meisten sprachen Kantonesisch (das ich zwar selbst nur stockend sprach, aber so gut verstand wie meinen eigenen Dialekt) und gehörten Frauen, die an Verkaufsständen im Freien um Fisch, frische Schalotten oder Ingwer feilschten. Die Reklametafeln an allen Gebäuden waren in chinesischen Schriftzeichen gehalten, und ich lächelte erfreut, als ich an einer Telefonzelle vorbeikam, deren geschwungenes Pagodendach an einen chinesischen Tempel erinnerte. Reihen gut assortierter Lebensmittelgeschäfte und chinesischer Bäckereien kündeten von einer blühenden Gemeinde. Die Schaufenster quollen über von Waren, die jedes Chinesen Herz höher schlagen ließen: Es gab Flaschen mit Austernsauce und *hoisin**(»Essen für den Connaisseur«), Flaschen mit verschiedenen Sirups: Pflaume, Dattel, Ananas, Schwalbennesterbirne; es gab Erdbeerbaumsaft, Grenadine und Ginsengextrakt; zuckerüberzogenes Harz, gedörrte Sardinen und Tintenfische; Mungbohnen, schwarze Schildkrötensuppenbohnen, lebendige Schildkröten in einer Kiste; hüft- hohe, glasierte Urnen voll tausendjähriger Eier (bei denen nach zwei Monaten das Dotter flaschengrün wird und das Eiweiß sich zu einem durchsichtigen, bläulichen Ton verfärbt, beinahe wie Aquamarin); da gab es Pearl River Bridge Double-Black Soy Sauce, »allen Restaurants und Privathaushalten zum Braten, Schmoren, Dämpfen, Kochen und zum Würzen von Suppen oder Kochspeisen zu empfehlen, die, fügt man einen Tropfen dieser Sojasauce hinzu, sofort ein wundervolles Aroma annehmen«; es gab teure Delikatessen: Vogelnester, Haifischflossen, Entenköpfe, Fischlippen, Flughunde (»Himmlische Ratten«), Eidechsen, Schlangen; es gab Imported Girl Brand Florida Water, eine Art chinesisches Aqua Velva – kurz gesagt: alles, was das Herz begehren oder Geld kaufen kann. Was jedoch letzteres betraf, so wurde ich wieder einmal unangenehm an meine Insolvenz erinnert, und eine winzige Nuance Melancholie schlich sich in meine ansonsten freudige Bestandsaufnahme.

Als ich in dieser ein wenig gedrückten Stimmung mit knurrendem Magen durch eine schmale Seitengasse schlenderte, wurde eine Pendeltür plötzlich so heftig aufgestoßen, daß sie mir fast ins Gesicht knallte, und eine Woge von würzigem, nach Klößchen duftendem Dampf stieg mir in die Nase. Inmitten dieser köstlichen Wolke tauchte wie ein kleiner, gelber Genius loci – der Gott des Wok – ein Mann mittleren Alters auf, in hoher, weißer Kochmütze, schmutziger Schürze und schweißgetränktem, ärmellosem T-Shirt, der schwungvoll einen Abfalleimer ausleeren wollte. Zum Glück entdeckte er mich und bremste im letzten Moment, womit er mir eine weitere Schicht meines ohnehin schon stinkenden Zuckerüberzugs ersparte. Der Ärmste war anschei-

---

*Hai-Xian-Sauce

nend todunglücklich darüber, so knapp an einer Beleidigung vorbeigeschlittert zu sein. Er errötete, verneigte sich und wiederholte immer wieder auf englisch: »Entschuldigung, bitte! Entschuldigung, bitte!« Obwohl er eher mager und sein Äußeres relativ unauffällig war – die eingeschüchterte Miene hielt ich nicht so sehr für ein Produkt unseres Beinahezusammenstoßes als vielmehr für den permanenten Ausdruck seiner Gefühlslage –, hatte er etwas Herzliches, Fröhliches an sich, das sich in seinen Augen spiegelte, von denen eins blau geschlagen war. In Erinnerung an das alte chinesische Sprichwort von »einer zufälligen Begegnung auf der Straße« legte ich die Hände zusammen und verneigte mich mit priesterlicher Höflichkeit.

»Verehrter Herr, ich bin fremd hier, allein, ohne Freunde und Berater.« In meiner Unkenntnis des Kantonesischen suchte ich Zuflucht bei umständlichen, steifen Phrasen. »Wäre meine Lage nicht so verzweifelt, ich würde mich nicht an Sie, eine Zufallsbekanntschaft wenden, oder es wagen, an Ihre Gastfreundschaft zu appellieren. Unter den gegebenen Umständen jedoch hoffe ich, Sie könnten mir eine billige Unterkunft empfehlen, wo ich mich niederlassen und mir vielleicht eine Mahlzeit verschaffen kann.«

Offenen Mundes, als sei ich eine Kreatur von einem anderen Stern oder vielleicht einfach aus einem anderen, früheren Zeitalter, lauschte er meinen weitschweifigen Erklärungen. Dann riß er sich wieder zusammen und begann auf einmal zu lächeln. »Sie sind aus Sichuan«, stellte er in meinem eigenen Dialekt fest, auf den ihn offensichtlich mein Akzent aufmerksam gemacht hatte. »Ein Priester?«

Abermals verneigte ich mich. »Taoist«, antwortete ich, um sicherzustellen, daß kein Irrtum entstand.

»Aha«, sagte er. »Eins a! Ein gebildeter Mann. Es ist mir eine Ehre.«

»Die Ehre ist auf meiner Seite«, erwiderte ich.

»Nein, nein!« protestierte er.

»Doch, doch!« beharrte ich.

»Wie dem auch sei, wir passen gut zueinander«, behauptete er. »Ganz zweifellos liegt etwas Schicksalhaftes in unserer Begegnung, denn wir stammen aus derselben Provinz. Obwohl ich schon seit vielen Jahren hier lebe, wurde ich ebenfalls im Land des Himmels geboren, bei Chengdu.«

Der Gedanke an die Heimat inmitten einer so überwältigenden Menge von Neuem, wie ich sie heute erlebt hatte, trieb mir einen Tränenschleier in die Augen. Verlegen ob meiner Gefühle, verneigte ich mich noch einmal sehr tief, um mein Gesicht vor ihm zu verbergen. Mein Gesprächspartner jedoch bewies Takt und Verständnis und ließ mir Zeit, die Selbstbeherrschung zurückzugewinnen, bevor er weitersprach.

»Sie sind erst kürzlich eingetroffen?«

»Sieht man mir das so deutlich an?« erkundigte ich mich schniefend, während ich mir die Augen trocknete.

Er zuckte nachsichtig die Achseln und lächelte.

»Erst heute«, sagte ich.

Er hob die Brauen.

In diesem Augenblick wehte ein feiner Rauchstreifen zur Tür heraus. Schnuppernd hielt er die Nase in die Luft und riß vor ängstlicher Besorgnis die Augen auf.

»Entschuldigung, bitte!« rief er, in seiner Verwirrung wieder ins Englische fallend, und sprintete davon. Gleich darauf steckte er den Kopf zur Pendeltür heraus und befahl: »Warten Sie hier!«

Ich vernahm einen Schwall von Vorwürfen und Entschuldigungen im schnellen Stakkato des Sichuan-Dialekts, gefolgt von einem lauten, langgezogenen Zischen, als würde ein frisch geschmiedetes Eisen rotglühend ins Wasser gesteckt. Ein Trommelfeuer von Befehlen folgte.

Schließlich wurde die Tür wieder aufgestoßen. Zu meiner Überraschung jedoch kam nicht mein neuer Freund heraus, sondern ein junger Mann etwa in meinem Alter, gekleidet wie der Koch, nur ohne Mütze. Er machte ein kummervoll-schuldbewußtes Gesicht, wie man es nach einer wohlverdienten Strafpredigt zur Schau trägt, und musterte mich düster.

»Er hat jetzt keine Zeit«, erklärte er mir. »Ich soll Ihnen das hier geben.«

Er reichte mir heiße *dim sum* in einer Papierserviette, die an den Stellen, wo sie von Fett getränkt war, durchsichtig wirkte.

»Und das hier«, fuhr er fort und übergab mir einen Zettel. Dann verschwand er wieder hinter der Pendeltür, die mir ins Gesicht schwang, als ich einen Schritt vortrat, um zu protestieren und ihn zurückzurufen.

Seufzend las ich, was mit eiligen, schlecht geschriebenen Zeichen auf einen leeren Kellnerbestellzettel gekritzelt war:

Für den hungrigen Drachen
Der aus den Nebeln auftauchte
Und an unsere Tür kam.
Bitte, nehmen Sie dies,
Ha-pi Lo
PS: Wegen einer Unterkunft wenden Sie sich an die Adresse
17 Mulberry Street, Mme. Qin.

Ich war gerührt, daß dieser arme und offensichtlich ungebildete Mann sich an einem improvisierten Vers im Stil der alten taoistischen Trinker Li Bai*und der »Sieben Weisen des Bambushains« versucht hatte. Ich wollte ihm danken, fürchtete aber, ihn noch mehr zu stören. In meinem Dilemma schob ich mir einen von seinen heißen, knusprigen Klößen in den Mund, biß durch den fritierten Teig bis tief in das köstliche Herz hinein, während ich mir schwor, später zurückzukehren und mich bei ihm zu bedanken. Dann machte ich mich in beträchtlich gehobener Stimmung auf den Weg, um nach der Adresse zu suchen, die er mir gegeben hatte.

Nach einiger Zeit und mehreren Erkundigungen fand ich, wonach ich suchte. Ich blieb auf der Straße stehen und ließ den Anblick, den das Gebäude bot, auf mich wirken, bevor ich es zu betreten wagte. Es sah ziemlich heruntergekom-

*Li T'ai-Po

men aus, mit seinen altersverrußten Mauersteinen. Eine deutliche Neigung nach Backbord zeugte von einem recht fortgeschrittenen Stadium organischen Verfalls, als klappe es nach innen zusammen wie ein uralter Invalide, dem die Knochen im Körper zu Staub geworden sind. Das einzige, was auch nur andeutungsweise für das Haus sprach, war die Feuertreppe, die vermutlich eine gewisse Illusion von Sicherheit wecken sollte, eine schwere, gußeiserne Konstruktion aus einer anderen Ära, bepinselt mit zahllosen Schichten leuchtend feuerroter Schutzfarbe. Im Vestibül mit seinen schwarz-weißen, in einem geometrisch-kreisförmigen Muster verlegten Bodenplatten brannte eine trübe Glühbirne. Dahinter sah ich durch das facettierte Glasfenster der inneren Tür eine schmale, steile Treppe, die in Regionen totaler Finsternis hinaufführte.

Ich schluckte befangen und versuchte, die Tür zu öffnen, und ich muß zugeben, daß ich fast erleichtert war, als ich sie verschlossen fand. Gerade wollte ich mein Glück anderswo versuchen, als ich ein kleines, orangeleuchtendes Auge entdeckte, das mich vom Türpfosten her anstarrte. Als ich genauer hinsah, konnte ich darüber ein Schildchen ausmachen, auf dem stand: TÜRÖFFNER. BITTE DRÜCKEN!

Ich zögerte, dann drückte ich, auf jede Überraschung gefaßt, vorsichtig auf den Knopf. Nichts geschah. Wie ein neugieriger Welpe, der auf der Straße mehrmals eine Schildkröte anstupst und dabei jedesmal kühner wird, drückte ich den Knopf, nun etwas selbstsicherer, noch einmal. Beim dritten Versuch war mir bereits nach Grinsen zumute. Da ließ mich das rauhe, nasale Schnarren, das aus der Mauer kam, sozusagen mit eingezogenem Schwanz laut aufheulend die Treppe hinunterjagen.

Zutiefst erschüttert und eingeschüchtert stieg ich, am Geländer Halt suchend, wieder hinauf. Die Tür war offen. Auf Zehenspitzen schlich ich den dunklen Gang entlang. Im Flur klapperten rechts und links Riegel, Türen mit vorgelegter Kette öffneten sich einen winzigen Spalt. Dunkle Augen spähten heraus. Um mich nach dem Weg zu erkundigen, ging ich auf eine der Türen zu, die mir jedoch unter lautem Geklapper von Schloß und Kette vor der Nase zugeschlagen wurde. Ganz hinten, am Ende, unter einer weiteren trüben Glühbirne, fand ich eine schwere Tür mit einem seltsamen Knauf aus facettiertem Prismenglas. An der oberen Hälfte war mit vier blinden Heftzwecken eine vergilbte, englisch und chinesisch beschriftete Karte befestigt. Druck und Kalligraphie wirkten professionell, waren aber in einem Stil gehalten, der verschnörkelt und unmodern war. Das Ganze war mit einer Borte aus Sternen und Halbmonden umrandet:

MME. QIN
VERMIETERIN & OKKULTISTIN
DR. MED., DR. PHIL., DR. THEOL.
SAGT IHNEN DIE ZUKUNFT VORAUS:
I-Ging-Beratung
Wünschelrutengänge
Chiromantie

Geomantie
Feng-shui
Phrenologie
Haruspicina
etc.
Äußern Sie Ihre Wünsche!
(Séancen werden arrangiert)
PFLANZENHEILKUNDE
CHIROPRAKTIK
HEIRATSVERMITTLUNG
LIEBESTRÄNKE
HOMÖOPATHIE
(Zahnziehen)
ZIMMER ZU VERMIETEN · PFANDLEIHHAUS
KEIN KREDIT!!!
Für Anfragen bitte klingeln.

Zaghaft drückte ich auf die Klingel. Nach einem Moment hörte ich, wie drinnen schwere Möbel über den Boden geschoben wurden, dann näherten sich eilige Schritte. Der Riegel wurde zurückgezogen, die Tür einen Spalt geöffnet.

»Wer ist da?« fragte jemand in durchdringendem Flüsterton auf chinesisch. Die Stimme gehörte eindeutig einem jungen Mann, und doch lag etwas Geschlechtsloses in ihr, ein affektiertes Beharren auf präziser Diktion, das sogar in einem so kurzen Satz zu spüren war: unmännlich, wenn nicht sogar feminin.

»Man sagte mir, ich könne hier vielleicht ein Zimmer mieten«, erklärte ich.

»*A-yi!* Tantchen! Hier möchte dich jemand sprechen!« rief er über die Schulter zurück.

Ich hörte ein Winseln, dann ein Kratzen am unteren Teil der Tür.

»Platz!« zischte der junge Mann. Das Jaulen eines Welpen ertönte, dem ein hektisches Scharren folgte, als trachte ein Schlittenhund auf dem Eis das Gleichgewicht zu wahren. Offensichtlich waren es kleine Krallen, die auf einem Hartholzfußboden Halt zu finden suchten. »Abscheuliches Vieh!«

»Warten Sie hier!« wurde mir gebieterisch bedeutet, ehe die Tür vor meiner Nase zufiel. Nervös wartete ich mehrere Minuten, bis ich wieder die Sicherheitskette rasseln hörte. Die große Tür bewegte sich in ihren Angeln.

Im Foyer stand ein junger Mann mit – bis auf zwei hektisch rote Flecke auf den Wangenknochen – unnatürlich bleichem Gesicht und Lippen, so rot, daß ich argwöhnte, sie seien geschminkt. Gekleidet war er mit übertriebener Eleganz – altmodisch, aber betont exzentrisch: naturweißes Leinenjackett mit wattierten Schultern, schwarze Wildlederblume – eine Chrysantheme – im Knopfloch; gelbes Foulardtuch, darauf dunkelblauer vierblättriger Klee und blutrote Tupfen; Hosenträger; Hose mit scharfer Bügelfalte; knöchelhohe, schwarze Stiefel aus weichem, feinkörnigem Leder mit Reißverschluß an der Innenseite. Das kohlschwarze Haar hatte er sich mit glänzender Pomade aus der Stirn gekämmt. Sein Parfüm erinnerte mich an Gewürznelken. Er musterte mich so verdrießlich, daß es fast an offene Feindseligkeit grenzte. Seine dunklen Augen waren wunderschön feucht und lebhaft, hatten jedoch den unangenehm magnetischen Blick einer Schlange, voll exquisiter Sensibilität und exquisitem Haß.

Er wandte sich um und schob herrisch die Hälfte eines schweren, fransenbesetzten Vorhangs aus grünlich-blauer Rohseide zur Seite, der am Sturz einer Doppeltür befestigt war. Während er ihn mit dem Arm zurückhielt, lächelte er mit gespielter Höflichkeit und nickte mir beinahe unmerklich auffordernd zu. Als ich eintrat, mußte ich so nahe an ihm vorbeistreichen, daß ich seinen warmen Atem am Ohr spürte. Hinter mir fiel der Vorhang zu. Die Schritte des jungen Mannes entfernten sich. Eine Tür wurde geöffnet; geschlossen. Ich war allein.

Alle Jalousien waren herabgelassen. Die eine leuchtete entlang der Kanten so strahlend, daß sie fast farblos wirkte – eine rasierklingendünne Korona aus reinem Licht, welche die Jalousie wie ein aus schwarzem Papier geschnittenes Rechteck erscheinen ließ. Davon abgesehen, war die gesamte Beleuchtung künstlich: eine Messingstehlampe mit einem Schirm aus weißer, zur Farbe alten Pergaments verblichener Seide; ein angelaufener Silberleuchter im Zentrum eines Mandala aus Spitze über einer schweren, geschwungenen Kommode aus dunklem Mahagoni, in deren Politur die weißgoldene Flamme schwamm wie ein Dreiviertelmond im Wasser. Der Fuß war von häßlichem, herabgetropftem Wachs bedeckt. Ein stechender Geruch lag in der Luft, schwach, doch unverwechselbar: eine eigenartige, unbestimmbare Süße wie von Wildblumen und Dung. Unvermittelt wurde mir übel vor Angst, und ich sank in einen Sessel.

Das Zimmer war vollgestopft mit dunklen, schweren Möbeln, von denen ein verschlossener Kleiderschrank, eine mit weinrotem Samt bezogene Ottomane und eine Causeuse mit Löwenfüßen die bemerkenswertesten waren. Und wo man hinsah, Stoffe: steife, uralte Chintzbahnen auf den Tischen, schwere Gobelins an den Wänden. Einer, ein tibetanischer Tanka, zeigte ein kreisrundes Labyrinth, ein Mandala also, in Form eines riesigen Spinnennetzes, dessen Mittelpunkt ein dunkler Gott mit wilden, blutunterlaufenen Augen, tausend Armen und einem nur angedeuteten Lächeln bildete. Auf der Stirn trug er eine halbmondförmige Tiara oder Hörner. Auf auffallendsten jedoch waren die Tischdecken und Schonerdeckchen, die Kommodenschals und Tischläufer aus vergilbter, zarter Spitze, die wie Spinnweben überall verteilt waren. Und tatsächlich ähnelte das Zimmer der Höhle einer altersschwachen Spinne: Es war angefüllt mit zahllosen Kuriositäten und Nippsachen – Thai-Puppen, Pa Xian oder die Acht Unsterblichen, französische Puppen in Krinolinen, bunt bemalte Porzellanpapageien. Dies alles erinnerte an Kadaver von in ihrem Netz hängengebliebenen Insekten, Reste eines geflügelten, fröhlich summenden, jedoch fehlgeschlagenen Lebens, die hilflos auf die Rückkehr der Spinne warteten.

Während ich, sozusagen selber zappelnd, immer tiefer in dieser abstoßenden Vorstellung versank, wurde ich durch das gräßliche Gefühl von etwas Kaltem, Feuchtem, das mein Bein streifte, mit einem Ruck in die Wirklichkeit zurückgerissen. Erschrocken sprang ich in die Höhe wie eine Katze aus dem Wasser. Als ich mit den Füßen wieder auf dem Boden landete, hämmerte mein Herz gegen die Rippen. Um Luft ringend und wild entschlossen, falls nötig, mein Leben zu verteidigen, spähte ich in die Schatten der Möbel hinab, wo ich ein kriechendes, halborganisches Wesen erwartete, das darauf aus war, mir Gewalt anzutun.

Statt dessen entdeckte ich ein Hundebaby, weiß bis auf zwei schwarze Schlappohren, vier schwarze Strümpfe und eine feuchte Glacéledernase – jene, die bei mir das unangenehme Gefühl erzeugt hatte. Es hockte auf den Hinterläufen, legte den Kopf schief, spitzte die widerspenstigen Ohren, die sich nur teilweise hochstellen wollten, und sah mich aus seelenvollen Welpenaugen fragend an. Aus irgendeinem Grund begann es zu winseln und mit dem Schwanz zu wedeln, der auf den Fußboden klopfte wie ein schlagendes Metronom.

»Komm her, *darling*!« rief ich erleichtert, indem ich unbewußt den alten Scottie imitierte. Ich hockte mich nieder, klatschte in die Hände und versuchte sogar zu pfeifen, jedoch erfolglos.

Der Hund, der nicht weniger verloren und fehl am Platze wirkte wie ich, verzieh mir meine Unzulänglichkeiten. Er stand auf und kam mit schlaksiger Bonhomie auf mich zugetrottet. Unsere Begegnung war unvergeßlich und außerordentlich befriedigend. Ich tätschelte ihn; er wedelte mit dem Schwanz – zwei einander sich gegenseitig anspornende Betätigungen. Nachdem er mir die Hand geleckt hatte und sie offenbar angenehm fand, ging er sogar so weit, seine Zähne daran zu erproben, eine Vertraulichkeit, die zurückzuweisen ich mich allerdings gezwungen sah – nicht aus Widerwillen, sondern weil mich seine winzigen Beißer, obwohl kaum durch den Gaumen gestoßen, so schmerzhaft stachen wie Stecknadeln.

Als wir so in dieses fröhliche Spiel vertieft waren, nahm ich an der Peripherie meines Gesichtsfeldes eine Bewegung wahr. Ein Schatten glitt an der Kerze vorbei. Irgend etwas in mir verkrampfte sich. Ich blickte auf und sah eine ganz in Schwarz gekleidete Gestalt: Eine alte Frau beobachtete uns. Wie lange schon, wußte ich nicht. Ich hatte sie nicht kommen hören. Sie trug einen traditionellen Cheongsam aus jettschwarzer Seide, nicht bestickt, jedoch von erstklassiger Qualität. An ihrem Busen – er war üppig und voll und angesichts ihres Alters beeindruckend wie ihre Taille, die immer noch schmal war, alles in allem die Ruine einer einstmals vermutlich »aufregenden« Figur – steckte eine kleine Brosche, ein silberner mit Perlmutt eingelegter Halbmond. Gleich daneben, mitten auf ihrer Brust, prangte an einem durchsichtigen Nylonfaden ein schweres Schlüsselbund. Dieses befingerte sie nachdenklich, während sie uns beobachtete, eine Bewegung, die ein schwaches, mechanisches Klappern erzeugte wie das Klicken der Kugeln eines Abakus oder das Schlagen eines Webstuhls. An ihren arthritischen Fingern steckten Ringe mit Halbedelsteinen – Mondstein, Topas, Lapislazuli, Karneol –, mit Bernstein, Perlen und einem großen Smaragd.

Als sie in den Lichtschein der Kerze trat, konnte ich ihre Züge deutlicher erkennen. Ihr gelbliches Gesicht war verrunzelt wie eine alte Polsterung, die sich vom Untermaterial gelöst hat, und hing schlaff an den Knochen. Ihr Haar, das sie zu einem lockeren Chignon aufgesteckt hatte, war drahtig wie Roßhaar, grau, doch immer noch von ein paar schwarzen Fäden durchzogen. Am bemerkenswertesten jedoch waren ihre Augen: zwei schmale, wimpernlose Schlitze. In jedem glomm ein einzelner Funke schwachen Feuers wie ein uraltes Glühwürmchen, das Relikt einer vergessenen Sommernacht, bewahrt im dunklen Bernstein des Augenwassers. Die Lederhaut war nicht weiß, sondern elfenbeinfarben, wie vergilbt durch extrem hohes Alter.

Während ich sie anstarrte, drehte sie das Kinn ein wenig zur linken Schulter, eine kaum wahrnehmbare, fast kokette Begrüßungsgeste. Dann lächelte sie übertrieben, wobei ihre Augen zur Gänze in den Falten der schlaffen Haut verschwanden und ihre Lippen zwei Reihen fleckiger, ruinierter Zähne entblößten, von denen einer aus Gold bestand.

»Ich bin Mme. Qin«, sagte sie.

»Mein Name ist Sun I«, erwiderte ich mit leicht kicksender Stimme.

»Sun I... hm...«, sinnierte sie. »Ein ungewöhnlicher Name.«

»Ich komme wegen eines Zimmers«, ergänzte ich hastig, darauf bedacht, jeden Vorstoß dieser Person in Richtung auf eine intimere Bekanntschaft von vornherein zu verhindern.

»Es wäre eins frei.«

»Was kostet es?«

Sie lächelte. »Alles zu seiner Zeit. Zunächst müssen wir uns besser kennenlernen. Ihre Herkunft?«

»Ich bin Priester.«

»Aha. Dann sind Sie also im Kloster aufgewachsen.« Sie musterte mich abschätzend. »Hätte ich wissen müssen.«

Ich warf ihr einen durchdringenden Blick zu. »Wieso?«

»Irgend etwas an Ihrem Gesicht – die Augen, denke ich.« Sie lächelte.

Ich wand mich errötend. Voll Unbehagen, als kenne sie irgendwie mein tiefstes Geheimnis oder könne es leicht erraten, versuchte ich einen umständlichen Rückzug, indem ich mich in ihren Augen selbst herabsetzte. »Ich fürchte, ich vergeude Ihre Zeit, Mme. Qin. Auf Ihrem Schild steht doch: ›Kein Kredit‹.«

Sie sah mich an. »Ja, und?«

»Nun, ich will offen mit Ihnen sein. Ich habe im Moment kein Geld. Ich hatte auf eine kurze Gnadenfrist gehofft, bis ich Arbeit gefunden habe.«

»Ist das alles? Deswegen brauchen Sie sich keine Gedanken zu machen«, antwortete sie überraschend liebenswürdig. »Wir wollen uns erst einmal unterhalten, bevor wir uns festlegen. Wer weiß, vielleicht haben Sie etwas, das genauso gut ist wie Bargeld... oder besser. Wie ich sehe, haben Sie ein Herz für Tiere«, bemerkte sie, das Thema wechselnd. »Ein höchst lobenswerter Zug – und äußerst entlarvend.«

»Wer könnte diesen Augen widerstehen?« fragte ich sie und hob das Kinn des Welpen, um ihm die Ohren zu kraulen. »So einen würde ich auch gern haben. Woher stammt er?«

»Wir bekommen sie vom Tierasyl«, erklärte sie.

Ich rollte ihn spielerisch auf den Rücken und kraulte ihm den Bauch. »Wie heißt er denn?«

»Wie er heißt?« Sie lachte. »Wir haben sie selten lange genug, um ihnen Namen zu geben.«

Verwirrt blickte ich auf. »Sie haben noch andere?«

»Wir hatten welche.«

Ich begegnete ihrem Blick, aber der sagte mir nichts.

»Fanku!« rief sie scharf, den Blickkontakt unterbrechend. »Fanku! Hör auf, am Vorhang zu lauschen, und komm her, nimm dieses Hundevieh mit!«

Der junge Mann kam herein. Man konnte sein schlechtes Gewissen an den hochroten Flecken ablesen, die sich unter dem Puder abzeichneten; in jeder anderen Hinsicht jedoch gelang ihm eine Pose absoluter Kaltblütigkeit.

»Hast du gerufen, *A-yi?*« erkundigte er sich betont gleichmütig.

»Wo warst du?«

»Im Schlafzimmer«, antwortete er kühl.

»Um dir deine Zehennägel zu lackieren, nehme ich an«, sagte sie boshaft, obwohl sie ihn anstrahlte, als wäre sie stolz auf ihn. »Oder hast du an dir herumgefingert?«

Stirnrunzelnd vor mühsam unterdrückter Wut, hob er den Welpen brutal beim Nackenfell vom Boden auf.

»*Ar-r-r!*« jaulte der.

»Halt die Schnauze!« zischte Fanku, nahm ihn in den Würgegriff und wandte sich zur Tür.

»Warte!« befahl sie.

Sehr, sehr langsam, mit hämischer Bedächtigkeit umrundete sie die Ottomane und setzte sich auf die Causeuse. Als sie es sich bequem gemacht hatte, blickte sie mit demselben übertriebenen Lächeln zu ihm auf, das sie zuvor auch mir geschenkt hatte, nur stand jetzt grausame Gier darin. Sie reckte ihr Kinn ein wenig und sagte mit saccharinsüßer Stimme: »Gib *A-yi* einen Kuß, bevor du gehst.« Sie sah ihn dabei gar nicht an, sondern blickte lächelnd und mit einem Ausdruck der Selbstgefälligkeit zur Seite.

Fanku erstarrte; seine Schultern bebten und seine Augen traten ganz leicht hervor, so daß ringsum das Weiß zu sehen war. Langsam, fast wie in Trance, ging er zu ihr hinüber. Sekundenlang starrte er sie wütend an, während sie dasaß und ihm die Wange für seinen Huldigungskuß bot. Die Luft knisterte vor elektrischer Spannung. Ich befürchtete schon eine Gewalttätigkeit, doch er beugte sich schließlich hinab und befolgte ihren Befehl. Dann machte er kehrt und stürmte hinaus.

Wie eine Statue, die mit dem Kuß zum Leben erweckt wurde, begann Mme. Qin sich nach dieser Unterwerfungsgeste wieder zu regen. Sie beäugte mich mit koketter Herausforderung, ein Ausdruck, den ich absolut unergründlich fand und überdies gar nicht zu ergründen wünschte. »Ein so hübscher Junge«, sagte sie. »Und so stolz!«

Da ich nicht wußte, was ich sagen sollte, flüchtete ich mich in Banalitäten. »Ihr Neffe lebt hier bei Ihnen?«

»Neffe?« Sie musterte mich fragend, als verstehe sie die Frage nicht. Dann lächelte sie. »Sie haben nicht richtig verstanden, Sun I, *A-yi*, das ist eine Höflichkeitsform. Wir sind nicht verwandt«, sie senkte die Stimme, »obwohl er zweifellos gern mit mir verwandt wäre. Ich bin nämlich Witwe, müssen Sie wissen, sogar mehrfache.« Ihre Stimmung war jetzt fast ausgelassen. »Wie Sie sehen, trage ich zum Ausdruck meiner Trauer immer nur Schwarz.« Mit der Hand strich sie sich provozierend über die rechte Brust bis zur Taille hinab. »Ich habe keine Kinder, keine Familie – niemanden, nur mich selbst.«

»Das tut mir leid«, sagte ich, weil ich fand, daß sich das gehöre.

Sie lachte. »Danke, nicht nötig! Witwe zu sein ist eine ausfüllende Beschäftigung. Mehr könnte ich gar nicht bewältigen. Nein, nein, ich versichere Ihnen, bei mir gibt's keine Minute Leerlauf.«

Verwirrt von ihrem Ton und ihrem Verhalten verstummte ich und grübelte über die genaue Natur ihrer Beziehung zu Fanku nach.

»*Tz, tz*«, schnalzte sie amüsiert, als könne sie meine Gedanken lesen. »Sie sind ein Grünschnabel, Sun I.« Dabei hob sie die Hand, krümmte den Finger und winkte mir. »Kommen Sie her!«

Ich wagte mich bis zur gegenüberliegenden Tischseite und packte die Kante mit beiden Händen, als wolle ich dort für immer Anker werfen.

»Näher!« flüsterte sie.

Unfähig, ihr zu widerstehen, gehorchte ich und beugte mich immer näher zu ihr. Mit fasziniertem Entsetzen starrte ich in ihre Augen wie ein von einer Schlange hypnotisiertes Kaninchen.

»Sie müssen wissen, Sun I«, flüsterte sie, das Gesicht so dicht an meinem, daß ich ihren Atem wie Spinnweben auf meiner Wange spürte und seinen schwachen Duft der Vergänglichkeit roch, wie Staub und Mottenkugeln zu einem ekelhaft süßen Parfüm emulgiert. »Ich bin eine Er-bin.« Sie betonte das Wort provozierend.

»Sie sind reich?«

Sie lächelte, daß ihr Goldzahn blitzte. »Stinkreich.«

Wieder zu Verstand gekommen, zuckte ich zurück und richtete mich auf.

»Laufen Sie nicht davon, mein Kleiner«, turtelte sie. »Ich beiße nicht. Kommen Sie her, setzen Sie sich zu mir! Ich werde Ihnen ein bißchen wahrsagen.«

»Ich wollte eigentlich nur ein Zimmer«, antwortete ich kühl. »Ich bin taoistischer Priester und in der Benutzung des ›I Ging‹ erfahren. Ich brauche keine Wahrsagerei.«

»Tun Sie einer alten Frau den Gefallen!« bat sie leicht schmollend. »Vielleicht erfahren Sie etwas, das Sie noch nicht wissen.«

Widerstrebend griff ich nach einem Stuhl.

»Nicht dort«, wehrte sie ab und klopfte auf das Samtkissen neben ihr. »Hier, auf der Causeuse.«

Als ich mich setzte, schlug sie geschickt die Spitzendecke zurück. Die achtekkige Tischplatte darunter bestand aus auf Hochglanz poliertem Ebenholz. In der Mitte prangte das Ei des Chaos, in den Ecken waren aus Elfenbein die acht

Trigramme eingelegt. Ich saß vor *sun*. Zunächst war ich überrascht – unangenehm überrascht. Dann sagte ich mir, daß sie, nachdem sie meinen Namen kannte, den Rest ganz einfach arrangiert haben konnte. Vielleicht war es auch nur ein Zufall. Ich forschte in ihrem Gesicht nach Aufklärung. Ihr Lächeln sagte mir wenig. Wie dem auch sei, mir fiel auf, daß die stinkreiche Erbin, wie sie sich selbst genannt hatte, vor den drei unterbrochenen Linien saß: vor *kun*, dem Trigramm der Erde oder Mutter.

Sie nahm meine Hand in ihre beiden, die kalt und feucht waren, und betrachtete aufmerksam meinen Handteller, als sei seine Oberfläche durchsichtig, ein getrübter Teich, dessen Grund sie zu erforschen suchte.

»Sun I«, sinnierte sie, »in Ihrem Namen mischen sich Gewinn und Verlust. In Ihrer Hand ebenfalls.« Sie studierte mein Gesicht.

Ich rutschte nervös auf meinem Platz hin und her. »Wie meinen Sie das?«

»Sie sind erst kürzlich hergekommen«, fuhr sie fort, ohne meine Frage zu beachten, und blickte wieder auf meine Hand. »Nach einer langen Reise, die Sie unter großen Risiken unternommen haben. Persönliche Opfer wurden gebracht...«

»Meine Hände sind voll Schwielen, von der monatelangen Schwerarbeit auf See«, räumte ich ein. »Aber um das zu erkennen, braucht man wirklich keine Handleserin.«

Sie blickte auf. Schicksalhaftes Wissen glomm in ihren Augen; uralt, und absolut sicher, begann es, meine Zweifel an der Ehrlichkeit ihrer Absichten in Frage zu stellen. Sie ignorierte den angedeuteten Vorwurf und fuhr fort: »Persönliche Opfer wurden gebracht... die aber nichts sind im Vergleich zu dem, was noch kommt.« Ihr Lächeln wirkte fast schadenfroh. »Sie sind hergekommen, um etwas zu suchen, stimmt's?«

»Möglich«, erwiderte ich, »aber um das festzustellen, bedarf es keines besonderen Scharfblicks. Warum hätte ich sonst wohl eine so schwierige Reise unternommen.«

»Etwas oder *jemanden*«, präzisierte sie mit mysteriösem Lächeln, das wie ein Triumph wirkte.

Tief in mir öffnete sich eine verschlossene Tür, und ein eiskalter Hauch ließ mir eine Gänsehaut über die Arme laufen. »Na schön«, sagte ich leise. »Aber wen? Oder was?«

»Schwer zu sagen«, antwortete sie mit nachdenklich geschürzten Lippen. »Ihre Hand ist äußerst ungewöhnlich. Sehen Sie hier, wie die Schicksalslinie nur einige Jahre lang für sich allein verläuft, bis sie sich teilt und ein Zweig aufwärts, der andere abwärts weiterführt. Das deutet auf ein zwiespältiges Wesen hin, das teils ins Reich des Geistes strebt, teils von der Schwerkraft in die materielle Welt hinabgezogen wird. In Ihren Nachforschungen liegt ebenso Doppeldeutigkeit wie in Ihrem Namen: Gewinn und Verlust, Materie und Geist. Ich kann nur sagen, daß Sie gekommen sind, um beide Welten zu suchen, aber Sie werden nur eine finden. Denn der Preis der einen ist der Verlust der anderen.«

»Ich finde das alles ein bißchen vage, Mme. Qin«, protestierte ich, da ich wieder selbstsicherer wurde. »Das alles könnte auch auf jeden anderen passen.«

»Dann will ich etwas deutlicher werden«, gab sie zurück. »Sie sind gekommen, um jemanden zu suchen, werden jedoch nur eine Idee oder einen Glauben finden; oder aber Sie suchen eine Idee und finden lediglich die Person... den Mann. Es ist doch ein Mann, nicht wahr?«

Die Wirkung der Festlegung auf ein Geschlecht wurde gemindert durch ihre Frage, aus der ich Zweifel ablesen zu können glaubte. »Wieso soll *ich* Ihnen das sagen?« antwortete ich mit heiterer Ironie. »Steht das denn nicht in meiner Hand?«

Sie begegnete meinem Blick, ohne etwas darauf zu erwidern.

»Das alles klingt angemessen geheimnisvoll, Mme. Qin«, stellte ich fest. »Vielleicht geht es nur über meinen Horizont, doch ich fürchte, für mich wird die Unklarheit letzten Endes undurchsichtig.«

Sie zuckte die Achseln. Das Licht in ihren Augen erlosch. »Was möchten Sie hören? Wenn Sie sich gegen mich sträuben, kann ich Ihnen gar nichts sagen.« Ihr Ton wurde mechanisch, als sie parodierend sagte: »Sie werden sehr reich werden. Sie werden sich verlieben.«

»Machen Sie sich nicht über mich lustig, Mme. Qin!« bat ich sie.

In ihrer Miene entdeckte ich etwas, das ich schon zu kennen glaubte. »Das Leben besteht eben aus diesen Banalitäten«, erklärte sie. »Aber es ist darum nicht weniger erschreckend oder unergründlich.«

Alter und unendliche Müdigkeit – das war es, was ich in ihrer Miene erkannt hatte; das und eine Bitterkeit, die lange ungemildert geblieben, die Jahr für Jahr gewachsen war wie ein Krebs, bis sie sich allmählich all ihrer freien Lebensbereiche bemächtigt hatte. Und nun war nichts mehr geblieben als eine tief eingegrabene Häme, die sich selbst zerfraß, unheilbar. Ihr Leben hatte sich auf eine einzige Funktion reduziert: Schmerz zu empfinden; und auf das bösartige Pendant: anderen Schmerz zuzufügen. Dies war das geheime Leiden der Spinne, und Erlösung von ihm war zum Synonym für den Tod geworden – den eigenen, oder den der Fliege. All das sah ich in Mme. Qin, und so abstoßend es auch war, ich spürte, wie schmerzhaft es für sie sein mußte. Ich bedauerte sie. Das war mein erster Fehler.

»Bitte fahren Sie fort!« sagte ich leise und bot ihr meine offene Hand, die ich zuvor geschlossen hatte.

»Nein!« zischte sie und stieß sie schmollend von sich. »Sie haben meine Konzentration unterbrochen.« Damit stand sie auf und schritt durchs Zimmer.

Ihr gekränkter Ton tat seine Wirkung. »Bitte, Mme. Qin!« drängte ich und war überzeugt, daß sie mit Schmeicheleien aus ihrer unversöhnlichen Haltung herausgelockt werden wollte.

»Mehr kostenlose Ratschläge gedenke ich Ihnen nicht zu geben«, antwortete sie. »Wenn Sie mehr wissen wollen, müssen Sie dafür bezahlen.«

»Womit denn?« gab ich zurück. »Ich sagte Ihnen doch, daß ich kein Geld habe.«

Offensichtlich witterte sie meine Kapitulation und »entdeckte« affektiert mein Bündel auf der Ottomane. »Und ich habe *Ihnen* gesagt, daß Sie vielleicht etwas ebenso Gutes haben.« Mit dem Kinn deutete sie hinüber. »Was ist da drin?«

»Nur meine persönlichen Sachen«, antwortete ich. »Nichts, was Sie interessieren würde. Bitte, lesen Sie mir doch weiter aus der Hand.«

Sie umkreiste die Ottomane. »In Ihrer Hand habe ich alles gesehen, was ich sehen kann. Manchmal vermag man auch in Andenken eine Menge zu erkennen.« Sie lächelte vielsagend und nahm die Zugschnur des Bündels zwischen Daumen und Zeigefinger. »Darf ich?«

Da mir ein wenig übel wurde, zögerte ich törichterweise; sie nutzte das aus und schritt zur Tat.

»Mme. Qin!«

»Keine Angst«, suchte sie mich zu beruhigen. »Sie können mir trauen.«

Gegen eine derartige Unverschämtheit war ich hilflos, wie gelähmt.

»Fanku!« rief sie. »Bring mir meine Brille!«

Fast noch ehe sie ausgesprochen hatte, kam Fanku mit der Brille herein.

»Hast du wieder gelauscht, mein Lämmchen?« erkundigte sie sich hinterhältig, als sie sie aufsetzte.

Diesmal lächelte er auch. Er nahm seinen Platz hinter ihrem Sessel ein und sah mit der gespannten, gierigen Geduld eines Raubvogels zu.

Während Mme. Qin schamlos und mit genießerischer, nahezu verklärter Gefräßigkeit den kleinen Vorrat meiner intimsten Besitztümer durchwühlte, sah ich hilflos dabei zu. Mir fiel ein, warum die Fliege ins Netz der Spinne geht. Diese lockt sie mit dem Köder der Wahrheit – gestattet ihr einen flüchtigen Blick auf ihre geheime Einsamkeit, auf das dürre Ritual einer Existenz, das freudig zu feiern sie auf ewig verdammt ist –, und das Insekt, das helfen will, fliegt freiwillig hinein und wird verschlungen.

Unvermittelt hielt Mme. Qin in ihrer mühsam beherrschten Plünderei inne. Sie hatte das Foto meines Vaters herausgeholt, hielt es ins Kerzenlicht und lehnte sich stirnrunzelnd, die Brille tiefer auf die Nase schiebend, zurück.

Mir wurde elend; ein Schauer durchfuhr meine Eingeweide.

»Das ist der Mann, den Sie hier suchen«, stellte sie fest, ohne mich anzusehen.

»Sie kennen ihn?« fragte ich und beugte mich neugierig im Sessel vor. Plötzlich aufkeimende Hoffnung erregte mich aufs höchste.

Während sie mich unverwandt ansah, zeigte Mme. Qin die Fotografie über ihre Schulter hinweg dem jungen Mann. »Wie heißt er?«

»Eddie Love«, antwortete ich, und ein gewisses Zittern in meiner Stimme verriet meine Bewegung.

»Ihr Vater?« fragte sie, während sie aufmerksam meine Reaktion beobachtete.

Ich schwieg.

»Ein Amerikaner…« sinnierte sie. »Jetzt beginne ich zu verstehen.«

»Aber kennen Sie ihn denn?«

Ihre unheilverkündende Art, die mich so gepeinigt hatte, verschwand und machte einem unergründlich nichtssagenden Lächeln Platz.

»Leider nein«, antwortete sie. »War er Soldat? Gut sieht er aus, in seiner Uniform! Sie haben sein Aussehen geerbt – ein so hübscher junger Mann!«

»Werde ich ihn finden, Mme. Qin?« fragte ich eindringlich, jetzt nur allzu gern bereit, an ihre hellseherischen Fähigkeiten zu glauben, an alles zu glauben, was mir helfen konnte, meinen Vater zu finden.

Über ihre Brille hinweg musterte sie mich aufmerksam. »An Ihrer Stelle«, gab sie zurück, »würde ich mich lieber fragen: ›*Will* ich ihn überhaupt finden?‹«

Dieser Gedanke erschütterte mich. »Was soll das heißen?«

»Ich habe Ihnen alles gesagt, was Sie wissen müssen.«

Bei diesen Worten trafen sich unsere Blicke; dann wandte sie ihre Aufmerksamkeit wieder dem Inhalt meines Bündels zu und zog das Gewand heraus, das zu einem Rechteck von der Größe eines kleinen Büchleins gefaltet war.

»Halt es hoch!« befahl sie Fanku.

Mit spitzen Fingern ergriff er je eine Schulter des Kleidungsstücks und schlug es mit einer schnellen Bewegung der Handgelenke auseinander, so daß es sich dem Licht präsentierte.

Unwillkürlich keuchte Mme. Qin. Sie hob die Hand an ihre Brust. Geistesabwesend begann sie an ihren Schlüsseln zu fingern. Das leichte, metallische Klappern, das wie das Geräusch ihrer Gedanken anmutete, war das einzige Geräusch im Zimmer.

»Dreh es um!« befahl sie.

Mit der Eleganz und Überheblichkeit eines Matadors zeigte Fanku ihr das Rückenteil mit der Sonne, dem verdorrten Baum, der Frucht und den beiden großen Ungeheuern, die hoch über der Welt umeinanderkreisten.

Auch ich ließ mich wieder von der Magie des Gewandes einfangen – jetzt, da ich es nach langer Zeit wieder sah. Ich merkte, daß die fotografische Erinnerung, die ich mit mir herumgetragen hatte, verblaßt war. Seine Schönheit erschien mir neu, nicht zu vergleichen mit dem, was ich zuvor gewußt hatte. Nachdenklich prägte ich mir jede Nuance, jede Kehre im Labyrinth, praktisch jeden einzelnen Faden ein; nun wirkten die Einzelheiten wieder bestürzend auf mich. Das Ganze erschien mir irgendwie verändert, lebendiger, geläutert, als sei es in der Zwischenzeit einer Destillation unterworfen worden, die seine materielle Schönheit überhöhte, bis sie die magische Schwelle in die Körperlosigkeit überschritt und zur reinen Essenz wurde, zum reinen Gedanken.

Mein Staunen verstärkte sich noch durch das, was ich sah, als ich aus dieser kurzen Verzückung auftauchte – etwas, das bittersüß auf mich wirkte. Mme. Qin, die genauso dasaß wie zuvor, allem Anschein nach regungslos, mit Augen, die schmale Schlitze waren, und die zu dösen schien wie eine Katze, Mme. Qin... weinte. Zwei Tränen waren ihr halb über die Wangen gerollt. Kleine Quecksilberbäche rannen hell funkelnd durch die dürre Wüste ihrer Wangen.

Ich war gerührt. »Mme. Qin«, sagte ich, »Sie weinen ja!«

»Überrascht Sie das?« erwiderte sie. »Wofür halten Sie mich? Bin ich so alt und schreckenerregend, daß ich keine Tränen vergießen darf? Welche Frau müßte nicht weinen, wenn sie das hier sieht?«

Da ich nicht wußte, was ich sagen sollte, schwieg ich.

»Fanku, bring mir die Pfeife!« Sie wandte sich an mich. »So eine Arbeit habe ich noch nie gesehen. Dabei sammle ich dergleichen – für mich selbst, und für andere.«

Fanku brachte ein Tablett mit einer offenen Lampe, einer Schale voll schwarzem, klebrigem Opium und einer Pfeife mit ziseliertem Silberkopf. Er brach ein Stückchen ab, formte es mit den Fingern, steckte es auf den Dipper und hielt es in die Flamme.

»Möchten Sie uns Gesellschaft leisten?« erkundigte sie sich und bot mir die Pfeife an, als er fertig war.

Ich machte eine abwehrende Handbewegung.

Während die beiden rauchten und den Pfeifenkopf zweimal nachfüllten, schwiegen wir. Als sie fertig waren, erhob sich Mme. Qin und ging zum Kleiderschrank. Sie musterte angestrengt ihre Schlüssel und suchte einen langen, dünnen Paßschlüssel heraus, den sie, nachdem sie sich gebückt hatte, ins Schloß schob. Sie richtete sich wieder auf und schwenkte die Türflügel nach außen. »Kommen Sie, sehen Sie!« forderte sie mich mit einer weit ausholenden Geste auf.

Im Schrank sah ich einen verborgenen Schatz kostbarer Seiden: Damaste, Batiste, Köperstoffe, Gewänder in allen Farben, von den hellsten Grau- und Rosatönen bis zu Schwarz, Rot, dunklen Purpur-, Lila- und Indigoschattierungen – ein ganzer Regenbogen lebhafter, leuchtender Farben, jede außergewöhnlich, als sei sie nur ein einziges Mal erreicht worden.

»Das hier ist japanisch.« Mit einem langen Fingernagel schnippte sie gegen eins der Gewänder, verlieh ihrem Stolz beinahe verächtlich Ausdruck. »Es gehörte einer berühmten Kurtisane in Tokio – damals, als die Stadt noch Edo hieß.« Sie hatte die Stimme zu einem beschwörenden rhythmischen Singsang gesenkt, als rezitiere sie ein Gedicht oder vollziehe ein Ritual, das sie schon zahllose Male zelebriert hatte und längst meisterlich beherrschte. Fanku näherte sich mir auf Zehenspitzen und sah ebenfalls zu. Die morbide Leidenschaft auf seinem Gesicht war völlig verschwunden, und er wirkte jetzt nahezu lieblich. Seine bemalten Züge drückten eine Art kindlicher Ehrfurcht aus, wie bei einem kleinen Jungen angesichts einer Überraschung, auf die er so lange gewartet hat, daß seine Träume sie magisch, fast heilig gemacht haben.

»Das hier gehörte dem Abt eines Klosters«, fuhr sie fort und zeigte auf ein anderes. »Es heißt, daß er es auf dem Sterbebett trug. In der letzten Nacht seines Lebens fielen die erschöpften Wachen in tiefen Schlaf. Als sie am anderen Morgen erwachten, war er fort, und sie fanden nur dieses Gewand im Bett.«

Sie berührte ein drittes. »Das hier stammt vom Mandschu-Hof. Es gehörte einer jungen Hofdame, einer Adligen, offenbar eine Favoritin der Kaiserin-Witwe Zu Xi. Obwohl hochgeboren, verliebte sie sich in einen Palastdiener, einen jungen Mann niedriger Herkunft. Man entdeckte die beiden. Er wurde für seine Anmaßung hingerichtet, die Hofdame eingesperrt, damit sie sich nichts antat. Doch sie verweigerte die Nahrungsaufnahme, trank keinen Tropfen mehr und beging durch diese rigorose Passivität Selbstmord. Sehen Sie hier, den Phönix mit den traurigen Augen! Das hier sind meine schönsten Stücke«, fuhr sie gleich darauf fort. »Doch jetzt, nachdem ich das hier gesehen habe, ist mir die Freude an ihnen vergangen.«

Ich war so beeindruckt von der majestätischen Haltung, die sie eingenommen hatte, daß ich mich fast vor ihr fürchtete. Doch schon legte sie sie wieder ab. Ihre Züge verhärteten sich. »Ich muß es haben!« erklärte sie und nahm das Gewand meiner Mutter wieder zur Hand. »Nennen Sie den Preis!«

Ich erstarrte und betrachtete sie kalt. »Es ist unverkäuflich.«

»Kommen Sie, kommen Sie!« gackerte sie und schrumpfte vor meinen Augen zusammen. »Ich werde Sie nicht betrügen. Bei echter Qualität bin ich nicht kleinlich. Qin zahlt Spitzenpreise. Ich habe Klienten, die für das morden würden.« Sie lächelte rätselhaft. »Auch ich wäre in diesem Fall dazu fähig... ha-ha! Doch Scherz beiseite – was bedeutet es Ihnen? Sie sind zu jung, um es wirklich schätzen zu können. Ich will Sie ja nicht beleidigen, aber in Ihren Händen gleicht es dem berühmten Diamanten in einem Sack voll Reis. Außerdem, Sie haben doch Ihre Jugend. Ihnen steht die ganze Welt offen. Für mich wird die Palette der Freuden von Stunde zu Stunde kleiner, zieht sich zusammen wie die Pupille des Auges. Das Leben ist für mich so hell geworden, daß meine alten Augen es nicht mehr direkt ansehen können. Ich muß mir alles aus zweiter Hand holen, in kleinen, homöopathischen Dosen, in Form von Dingen wie dem hier... oder dem da.« Mit ihrer ersten Geste deutete sie auf das Gewand, mit ihrer zweiten auf Fanku. »Und wenn aus keinem anderen Grund, so verkaufen Sie es mir aus Barmherzigkeit. Ich werde nicht um den Preis feilschen.«

»Es hat meiner Mutter gehört, Mme. Qin«, protestierte ich. »Manche Dinge kann man nicht kaufen oder verkaufen.«

»*Tz, tz*«, schnalzte sie. »Wie sentimental! Alles hat seinen Preis und seine Zeit. Wenn nicht heute, dann eben morgen. Das ist nur eine Frage des rechten Augenblicks, der Umstände.«

»Wenn das stimmt, dann ist es eine weltliche Wahrheit.«

Sie lächelte zynisch. »Kennen Sie eine andere?«

»Ich bin Priester«, antwortete ich.

Gleichgültig zuckte sie mit den Achseln. »Ich bin eine alte Frau.«

Ich schüttelte den Kopf und begann meine Sachen einzupacken. »Tut mir leid, Mme. Qin. Ich fürchte, ich habe Ihre Zeit zu lange beansprucht. Und meine verschwendet.«

»Und das Zimmer?« erinnerte sie mich.

»Wie ich schon sagte, ich habe kein Geld.«

»Und *ich* sagte, Sie könnten doch etwas ebenso Wertvolles haben. Und ich hatte recht.« Wieder breitete sich das übertriebene Lächeln über ihre runzligen Züge.

»Sie wollen es wohl gegen ein Zimmer eintauschen?« erkundigte ich mich ein bißchen schroff.

»Nein, nein«, gab sie beschwichtigend zurück, »natürlich nicht. Höchstens als Sicherheit übernehmen. Sobald Sie zahlen, werde ich es zurückgeben.«

Mißtrauisch sah ich sie an. Ich zögerte.

»Nun kommen Sie schon!« lockte sie mich. »Ich mache eine Ausnahme, um Ihnen in Ihrer Lage einen Gefallen zu tun; nun tun *Sie* mir auch einen kleinen Gefallen. Sie vertrauen mir, ich vertraue Ihnen. Außerdem«, ergänzte sie, »was bleibt Ihnen denn übrig? Es wird spät. Wo wollen Sie hin? Was meinen Sie wohl, wer Sie jetzt noch aufnimmt, mittellos, wie Sie sind, und ohne etwas von Ihnen zu wissen? Seien Sie nicht töricht! Schlucken Sie Ihren Stolz herunter! Lassen Sie sich doch helfen!«

Ich musterte sie, suchte ihre Absichten zu ergründen. Ihre Augen glänzten besorgt, so wie die Spinne beunruhigt zusieht, wie sich die Fliege gegen den einzelnen Faden wehrt, der sie hält, beinahe frei...

»Kommen Sie«, sagte sie abermals, »ich nehme Sie auf!«

Und ich entschloß mich aus einem Grund, den ich nicht eindeutig erklären kann, ihr zu folgen, oder vielmehr, mich von ihr führen zu lassen.

»Soll ich mitkommen?« fragte Fanku.

»Das ist geschäftlich«, beschied sie ihn kurz. »Du bleibst hier.«

Sie löste die verschiedenen Ketten und Riegel, öffnete die Tür und humpelte schlurfend, tief gebückt, in den Korridor hinaus. Ich folgte ihr.

Es war eine endlose Kletterpartie. Sie erklomm immer nur eine Stufe, setzte den ersten Fuß vorsichtig auf, um den anderen dann mühselig nachzuziehen, während sie sich fest an das Geländer klammerte. Sie tat mir leid, aber ich weigerte mich standhaft, ihr zu helfen.

»Wir haben einen Lift«, keuchte sie, »aber der ist vorübergehend außer Betrieb.« Aus der Tatsache, daß er mit Brettern vernagelt war, schloß ich, daß er seit geraumer Zeit außer Betrieb war, vielleicht schon seit Jahren.

Die quälende Langsamkeit unseres Aufstiegs führte mir zum erstenmal vor Augen, wie erschöpft ich nach diesem ersten Tag eigentlich war. Als wir den letzten Treppenabsatz erreichten, war ich so weit, daß ich im Stehen beinahe einschlief.

»Dies ist die oberste Etage«, erklärte sie endlich.

Ich spähte den Gang entlang. »Welche Tür ist meine?«

»Gar keine«, antwortete sie.

»Gar keine?«

»Nein. Es gibt noch eine letzte Treppe, die aufs Dach hinaufführt. Ich gebe Ihnen das Penthouse.«

»Das Penthouse?«

Sie krauste die Stirn. »Na ja, die Dachkammer.«

Nachdem wir den allerletzten Treppenpfosten umrundet hatten, begannen wir den Sturm auf den Gipfel. Über einer verbeulten Metalltür, die in mein neues Reich führte, stand auf einem Schild AUSGANG.

»Da sind wir!« verkündete sie keuchend.

Sie schob einen Schlüssel von ihrem Ring ins Schloß, stemmte ihre alte, gebeugte Schulter gegen die Tür und warf sich dagegen wie ein Matrose. Schließlich mußte ich ihr doch noch helfen. Nach einem gewaltigen Ruck gab die Tür so abrupt nach, daß die stinkreiche Erbin und ich aufs Dach hinausflogen. Ein Schwarm erschrocken gurrender Tauben stob wie eine Handvoll leicht verschmutztes Konfetti auf und ließ sich ein Stück weiter entfernt nieder. Die Teerpappe des Dachs war mit einer trockenen Kiesschicht bedeckt. Der Kies knirschte unter unseren Schritten, als wir uns zu meinem neuen Heim begaben, einer winzigen, zwischen dem geschwärzten Oberlicht und dem Liftaufbau behelfsmäßig zusammengebastelten Hütte. Alle möglichen geknickten, asymmetrischen Kaminröhren mit den seltsamsten Hauben ragten in exzentrischen Winkeln aus dem Dach heraus. Ich roch das Essen, das in einem Dutzend Zimmern gekocht wurde. Durch den Liftschacht drangen körperlose Stimmen zu mir herauf: Gesang, Tellergeklapper, das Schimpfen einer Frau, die mit ihrem Ehemann stritt, das Weinen eines kleinen Kindes. Das Haus stieß mit verschiedenen Ecken an mehrere andere, mit denen es dunkle Schächte oder Innenhöfe bildete. Wenn ich hinabblickte, erkannte ich Müllberge, zersprungene Fliesen, ausgeweidete Kühlschränke, zertrümmerte Möbelstücke, fleckige, grellbunte Kissen – ein kleines, verlorenes Königreich weggeworfener Gebrauchsgegenstände. Auf der anderen Seite erblickte ich den Fluß: Die große Brücke schwang sich in den Himmel. Dahinter: Brooklyn.

»Eine schöne Aussicht«, stellte ich zufrieden fest.

»Ein wunderbarer Blick!« stimmte sie zu.

Wieder flatterten Tauben auf, als wir eintraten. Der Fußboden war mit ihrem Mist bedeckt.

»Müßte ein bißchen aufgeräumt werden«, gestand sie ein.

»Vielleicht baue ich Gemüse an«, sinnierte ich.

»Ihre Einstellung gefällt mir. Wie Sie sehen, ist es sehr hell und luftig.« Stirnrunzelnd betastete sie eine zerbrochene Fensterscheibe. »Heißes Wasser gibt es nicht, aber die Wasserleitung funktioniert. Das Badezimmer ist dort drüben.« Schuldbewußt deutete sie auf eine verschmutzte, sitzlose Toilette, die nackt und bloß in einer Ecke des Zimmers untergebracht war. »Die Matratze ist im Preis inbegriffen.« Mit der Schuhspitze stieß sie eine vergilbte Schaumgummiplatte an, die auf dem Boden lag. Die Oberseite war mit Taubendreck verkrustet.

»Wieviel?«

»Fünfundsiebzig die Woche«, antwortete sie und hustete hinter der vorgehaltenen Hand.

»*Wie*viel?« erkundigte ich mich nachdrücklich, nicht weil mir die Summe unrealistisch vorkam – was wußte ich schon von Mieten? –, sondern weil ich nicht sicher war, richtig gehört zu haben.

»Na schön, dann fünfzig. Aber keinen Penny weniger!«

»Kommt mir fair vor. Ich nehme es.«

Sie nickte. »Wirklich geschenkt. Viel Spaß!« Damit wandte sie sich zum Gehen.

»Was ist denn das?« Ich wies auf mehrere Sachen, die in einer Ecke lagen: eine verschossene, ärmellose Jeansjacke, ein Stück von einem schwarzen Fahrradschlauch, eine Injektionsspritze aus Plastik, das zerknüllte Cellophanpapier einer Zigarettenpackung mit Resten eines weißen Pulvers, eine zerbrochene Spiegelscherbe, eine verrostete Rasierklinge.

»Das gehörte dem letzten Mieter«, erklärte sie und sammelte die Dinge hastig auf. Sie trat an den Rand eines Lichtschachts und begann die Stücke einzeln hinabzuwerfen.

»Moment mal!« protestierte ich. »Wenn er nun kommt und sie sich holen will?«

»Ich glaube kaum, daß er das tut«, antwortete sie mit rätselhafter Ironie. »Doch wie Sie wollen!« Ein aufreizendes Lächeln verzog ihre Lippen, als sie die Sachen zurücklegte. »Vielleicht können Sie sie ja gebrauchen. Ach so, hier sind Ihre Schlüssel; hätte ich doch fast vergessen. Und jetzt auf Wiedersehen!«

Ich verneigte mich und wollte mich zurückziehen.

»Sun I!« rief sie.

Ich drehte mich um.

Die reiche Erbin zeigte denselben Ausdruck wie zuvor, als sie Fanku gebeten hatte, sie zu küssen. Sekundenlang fürchtete ich, sie könnte auch mir einen Kuß abverlangen.

»Kommen Sie mich besuchen!« sagte sie. »Oft!«

Ich schloß lächelnd die Tür.

»Ein so hübscher junger Mann«, hörte ich sie murmeln, während sich ihre Schritte auf dem Kies entfernten.

DRITTES KAPITEL

Mit dem Stumpf eines Besens, der herumlag, zerstieß ich den verkrusteten Vogelmist und fegte ihn hinaus; dann verteilte ich liebevoll meine wenigen Besitztümer im Zimmer. Zufrieden aufseufzend genoß ich noch einmal die Aussicht, drehte die Schaumgummimatratze um und fiel in einen tiefen, erschöpften Schlaf. Es muß Mitternacht gewesen sein, oder kurz davor, als ich erwachte (meine biologische Uhr war noch auf Schiffszeit eingestellt, auf den Rhythmus der Wachen). Ich konnte mich nicht erinnern, wo ich war. Völlig verwirrt, vermißte ich das beruhigende Dröhnen der Maschinen, das träge Wiegen des Schiffskörpers in den langen Wellen der tropischen Breiten, das Rollen und Stampfen in den schweren Seen an der Südspitze Afrikas, das gedämpfte Pfeifen des Windes in den Schotten, das sprudelnde Zischen und Schäumen fliegender Gischt. Statt all dieser vertrauten, beinahe besänftigenden Geräusche hörte ich andere, die ich nicht kannte: das infantile Gegurre schlafender Tauben, das dahinströmende »Wusch« des Verkehrs, das von den Straßen unten heraufdrang (dem Flüstern der Wellen freilich nicht unähnlich), Autohupen, jetzt direkt unter mir, jetzt weiter entfernt, das Lachen einer Frau auf der Straße, das sich diffus verflüchtigte, wenn es die Hausdächer erreichte, eine alte, verkratzte Schallplattenaufnahme der Peking-Oper, die jemand spielte und auf der eine Frau mit hoher, vogelähnlicher Stimme von vergessenen Dynastien und dem Ende der Liebe sang. All diese Geräusche glichen winzigen Papierschiffchen, die auf einem weiten Meer des Schweigens, des tiefen, dröhnenden Schweigens der Nacht dahinglitten, in dem ich zum erstenmal den Grundton der City vernahm, das unterschwellige Gemurmel all der Generatoren und Kondensatoren – Aufzüge, Klimaanlagen, Kühlschränke, Ventilatoren –, all der Maschinen, die leise am Werk waren, dazu noch tiefer die Metabolismen der Schläfer, dieses lautlose, innere Verbrennen, dies alles miteinander kondensiert zu jenem großen, elementaren Summen.

Ich lauschte mit geschlossenen Augen, bis das Geräusch mich zu stören begann, weil es zum Gebrüll wurde, unentrinnbar. Es erinnerte mich an etwas, das ich nicht identifizieren konnte. Plötzlich war ich wieder hellwach und ruhelos. Ich stand auf und ging hinaus. Zu dieser Stunde wirkte die Stadt, vom Dach aus gesehen, zwar wunderschön, aber noch fremdartiger: wie eine der großen, fernen Galaxien, von denen Scottie mir erzählt hatte, die durch die

Nacht des Universums schwirren. Um meiner Unruhe Herr zu werden, beschloß ich, einen Spaziergang zu machen.

Als ich unten das Vestibül betrat, wurde ein Schlüssel im Schloß gedreht. Jemand kam von der Straße herein. Zu meinem Erstaunen war es Ha-pi, der Koch, der noch genauso aussah wie am Nachmittag, mit seiner schmutzigen Schürze vor dem Bauch. Nur hatte er jetzt ein leichtes Jackett übergezogen – in das mindestens zwei von seinem Kaliber hineingepaßt hätten – und seine Kochmütze abgenommen, Veränderungen, die ihn noch schmächtiger aussehen ließen als zuvor.

»Mr. Ha-pi!« begrüßte ich ihn.

Beim Klang meiner Stimme zuckte er zusammen. Ohne mich richtig anzusehen, kroch er noch weiter in sich und versuchte, an mir vorbeizuhuschen.

»Warten Sie!« Ich legte ihm die Hand auf die Schulter.

Er schrie auf und sank, beide Hände vors Gesicht geschlagen, als zitterndes Bündel auf den Fußboden. »Bitte, tun Sie mir nichts!« flehte er angstvoll flüsternd. »Ich weiß, daß ich im Verzug bin, aber ich hatte eine unerwartete Ausgabe in dieser Woche. Es wird nicht wieder vorkommen, das schwöre ich Ihnen! Am Freitag werde ich alles bezahlen.«

»Mr. Ha-pi«, wiederholte ich sanft, um ihn zu beruhigen. »Sie verwechseln mich. Ich bin der Priester, den Sie heute nachmittag kennengelernt und dem Sie so freundlich geholfen haben. Erinnern Sie sich?«

Vorsichtig hob er den Kopf und blinzelte im unsicheren Licht mißtrauisch zu mir empor. Als er mich erkannte, trat ein Ausdruck der Erleichterung auf sein Gesicht, der jedoch sofort von tiefem Kummer verdrängt wurde. »Ach, du Scheiße!« stieß er hervor. »Der junge Drache.«

Hastig sprang er auf und begann sich entschuldigend zu verneigen; sogar im trüben Funzellicht des Vestibüls war die Schamröte in seinem Gesicht deutlich zu erkennen. »Entschuldigung, bitte! Entschuldigung, bitte!« rief er kläglich. »Ich hatte Sie für einen anderen gehalten. Jetzt wissen Sie alles. Und ich habe auf ewig das Gesicht verloren.«

»Ich weiß nicht, wovon Sie sprechen.« Ich wollte ihm über die Verlegenheit hinweghelfen. »Ich stehe in Ihrer Schuld...«

»Schuld!« stöhnte er.

»...weil Sie mich zu Mme. Qin geschickt haben, mit der ich hinsichtlich eines Zimmers übereingekommen bin.« Ich verneigte mich tief. »Sie sind mein Wohltäter.«

»Nein, nein«, wehrte er ab.

»Doch, doch«, beharrte ich.

Er beruhigte sich ein wenig. »Sie übertreiben«, behauptete er und erwiderte meine Verbeugung, diesmal jedoch mit etwas mehr Würde und Selbstbeherrschung. »Ich freue mich, Ihnen auf meine bescheidene Weise behilflich gewesen zu sein.« Er hielt inne, um dann mit einer leichten Andeutung von Ehrfurcht fortzufahren: »Sie haben eine Bleibe gefunden?«

Ich nickte stolz.

Nun, da er aufrecht stand, entdeckte ich, daß er etwas unter dem Arm versteckt hielt, das er zu verbergen trachtete. Bei näherem Hinsehen entpuppte es sich als eine zusammengerollte Zeitung, aus der komisch vergnügt der Fuß eines mageren Hühnchens ragte. Er bemerkte die Richtung meines Blicks, und wieder drohte seine Verlegenheit überhand zu nehmen.

»Und die Klößchen«, setzte ich zuvorkommend und hastig hinzu. »So gute hab' ich nicht mehr gegessen, seit ich von Sichuan weg bin, und auch dort eigentlich nur sehr selten.«

Er errötete vor unübersehbarer Freude und legte einen kleinen Eiertanz höflicher Bescheidenheit und ritueller Abwehr auf die Fliesen. »Sie sollten einem alten Toren nicht schmeicheln«, gab er zurück. »Er könnte Ihnen die Schmeichelei abnehmen.«

»Ich schmeichle nicht.«

»Tun Sie doch«, beharrte er.

»Nein, nein.«

»Doch, doch.«

Nach ein paar weiteren Verbeugungen und Gesten war das Gleichgewicht zwischen uns so weit wiederhergestellt, daß ein Versuch zur Konversation gemacht werden konnte.

»Mme. Qin hat mir das Penthouse vermietet«, erklärte ich ihm voll Stolz.

»Das Penthouse?«

»Auf dem Dach«, erläuterte ich.

»Ach so!« sagte er. »Die Dachkammer, meinen Sie.« Abermals errötete er – diesmal, wie ich annehme, meinetwegen. Um es zu vertuschen, sprach er rasch weiter. »Ein überaus passender Horst für einen jungen Drachen.«

Ich glaubte, eine Andeutung leichter Überheblichkeit in seiner Bemerkung zu entdecken. Jetzt hatte sich das Blättchen gewendet, und *ich* war verlegen, ohne so recht zu wissen, warum. Lag eine feine, auf ökonomischen Faktoren beruhende Herablassung in seinem Verhalten? Sofort jedoch rief ich mich zur Ordnung und sagte mir, Armut sei einer meiner drei Schätze, eine Verdienstmedaille für einen Priester. (Und doch hatte ich mich so gefreut!)

Ich lächelte gezwungen. Wir standen da und scharrten vor nervöser Verlegenheit mit den Füßen, ohne zu wissen, was wir sagen sollten, bis mir einfiel, daß er offenbar von der Arbeit nach Hause kam und den ganzen Tag lang auf den Füßen gewesen sein mußte. »Verzeihen Sie mir!« entschuldigte ich mich. »Ich bin gedankenlos. Sie müssen doch müde sein. Ich will Sie nicht länger aufhalten.«

»Ich für meinen Teil«, erwiderte er, »werde noch lange nicht einschlafen können. Ich bin zu aufgedreht. Hätte ich nicht das Gefühl, daß meine Gastfreundschaft zu armselig ist für einen kultivierten jungen Mann wie Sie, würde ich Sie einladen, mir bei einem kleinen Becher Wein Gesellschaft zu leisten, bevor Sie sich zurückziehen.«

Da ich merkte, daß seine Einladung aufrichtig gemeint war, und in der Erkenntnis, daß eine Ablehnung für ihn eine Bestätigung seiner negativen Selbsteinschätzung sein würde, nahm ich sie an. Ich kletterte die Treppe also bis zum zweiten Stock wieder hinauf und folgte ihm den Korridor entlang zu seiner

Tür. Als er den Schlüssel ins Schloß schob, wandte er sich um und flüsterte: »Wir müssen sehr leise sein. Meine Frau und meine Tochter schlafen.«

Auf Zehenspitzen schlichen wir in die Küche, wobei wir uns beinahe in einer Wäscheleine verfangen hätten, die quer durch den Raum gespannt war.

»Entschuldigung, bitte!« flüsterte Lo, der sich durch Socken, Taschentücher, Damenschlüpfer, Büstenhalter und Boxershorts kämpfte. Ein trübes Licht brannte über dem Spülstein, glänzte stumpf auf dem weißen Emailbelag, der peinlich sauber, doch abgenutzt vom häufigen und gründlichen Scheuern war. Auch der Fußboden – ein Schachbrettmuster aus rosa und elfenbeinfarbenen, wie Vogeleier getupften Linoleumquadraten – schimmerte in frisch gewachstem Glanz, wirkte jedoch erschöpft von hausfraulichem Eifer. Alles war ein wenig gelblich verfärbt, als habe sich auf das Leben dieses Mannes für immer eine urinfarbene Wolke gelegt.

»Willkommen im Heim eines armen Mannes!« sagte er, während er hastig die Wäscheleine abnahm.

»Es ist mir eine Ehre«, erwiderte ich mit einer Verbeugung.

»Die Ehre ist auf meiner Seite.«

»Nein, nein!«

»Doch, doch!«

Er forderte mich auf, an einem Metalltisch längs der einen Wand Platz zu nehmen, dessen Platte mit einem blanken Gewirbel aus hartem, perlgrauem Resopal überzogen war, umrandet von einer Aluminiumleiste. Die Beine, hohle Röhren aus demselben Material, dünnen Staubsaugerrohren gleich, waren mit Kappen aus schwarzem Gummi geschützt. Um den Tisch standen drei Stühle ähnlicher Konstruktion, die mit rotem Kunstleder gepolstert waren; ein vierter war in den engen Raum zwischen Kühlschrank und Wand verbannt. Das Ganze vermittelte den Eindruck angenehmen, wohlgeordneten Durcheinanders.

Obwohl diese Küche visuell wenig Ähnlichkeit mit derjenigen aufwies, in der ich in Ken Kuan aufgewachsen war, lösten die in der Luft hängenden Gerüche – der rauchige Duft von Sesamöl, scharfem Ingwer, Knoblauch, abgestandenem Kohl mit seinem säuerlichen, leicht aufdringlichen Aroma – flutartig eine angenehme Nostalgie in mir aus. Auch hingen Schnüre voll trocknender Chilischoten unter der Decke, die genauso aufgefädelt waren, wie Wu es mich einst gelehrt hatte.

»Ah, diese Düfte!« Ich sog eine ganze Lunge voll ein. »Das ist, als wäre man zu Hause.«

»Betrachten Sie es als das Ihre«, verlangte Ha-pi strahlend. »Sie haben den Instinkt eines Kochs«, behauptete er, indem er sich auf die Nase tippte.

Ich lachte. »Muß ich wohl! Ich bin ja praktisch in der Klosterküche aufgewachsen.«

»Ach, wirklich? Auch noch Koch! Der junge Drache ist vielseitig begabt.«

»Als Koch kann ich mich kaum bezeichnen«, wehrte ich ab. »Ich durfte nie sehr viel mehr tun, als den Wok auswaschen, Feuer machen und Gemüse hacken. Für mich war es schon ein großes Erlebnis, wenn Wu mich mal den Reis kochen ließ.«

Ich hatte es scherzhaft gemeint; Lo jedoch kniff nachdenklich die Augen zusammen und nickte ernst. »Die alten Bräuche waren die besten. Heutzutage sind die jungen Leute zu ungeduldig, wollen keine Disziplin üben. Sie verlangen, daß große Dinge sich sofort ereignen. ›Lieber gleich ganz oben einsteigen‹, lautet die Philosophie meines Sohnes.« Seufzend schüttelte er den Kopf. »Ich weiß nicht, vielleicht hat er ja recht. Es geht ihm jetzt sehr gut, meinem Wo.« Im Widerspruch zu seinen Worten wurde Los Miene aber, als er den Namen seines Sohnes nannte, bedrückt. »Wie Sie hat auch er eine eigene Wohnung.« Flehend, als bedürfe seine Begeisterung tatkräftiger Unterstützung, sah er mich an. »Als er noch hier war, hab' ich jedoch nicht viel aus ihm herausholen können. Vielleicht habe ich ihn zu sehr gedrängt – das sagt jedenfalls meine Frau. Aber er hat gejammert und genörgelt wie ein altes Weib. Ich fürchtete schon, er würde es nie zu was bringen... Wie dieser junge Gehilfe, den ich jetzt habe – der besitzt die Sensibilität und Begeisterung eines Fisches. Nicht das geringste tut er, wenn man es ihm nicht ausdrücklich befiehlt. Und trotzdem ist er stolz und mürrisch. Schon nach zwei Wochen hält er sich für einen großen Koch! Und weigert sich, die Woks zu waschen. Das ist unter seiner Würde, eine Beleidigung für ihn.« Lo lachte höhnisch. »Kochen will er! Was soll ich tun? Vielleicht hat Wo recht. Vielleicht ist zu viel niedrige Arbeit erstickend, wie er behauptet, und junge Menschen brauchen tatsächlich große Aufgaben, Anregung, Verantwortung. Selbst wenn alle großen Köche eine Lehrzeit durchgemacht, ihre Laufbahn wie ich mit zehn Jahren begonnen haben und niemals auch nur ein Ei aufschlagen durften, bevor sie fünfzehn waren! Wenn schon sonst nichts, dann sollte doch wenigstens dies den entsprechenden Respekt heischen. So lange warten zu müssen, um ein Ei aufzuschlagen, machte das zu einem Sakrament, und der Lehrling wurde zum Priester und Künstler. Na ja, sage ich mir, die Zeiten haben sich geändert. Ich will's mal mit den neuen Methoden versuchen. Der Junge will kochen. Ich werde einem Genie nichts in den Weg legen. Und was passiert? Eine Katastrophe! Allein in dieser Woche hat er mir schon zweimal das beste Gericht versaut: die ›Selige Kopulation des springenden Drachen‹! Eine Tragödie! Für die ›Sich wiegenden Gesäßbacken der schönen Frau‹ will er bereit sein! Kennen Sie dieses Gericht? Ein Triumph!« Er küßte seine Fingerspitzen. »Doch vergeben Sie einem alten Mann! Ich rede zuviel... Der Wein!«

Aus dem Schrank über dem Spülstein holte er behutsam einen Krug herunter, den er liebevoll streichelte. In seinen Augen glühte ein verschleiertes Licht.

»Diesen Krug hüte ich schon seit drei Jahren«, erklärte er. »Heute nacht werden wir ihn gemeinsam austrinken.«

Ich war geschmeichelt, wenn auch im Hinblick auf den Genuß von Alkohol ein wenig beunruhigt.

»Es geschieht selten, daß ich die Ehre habe, mit einem kultivierten Menschen zu trinken«, fuhr er fort, »mit einem, der ›im Besitz von Geschmack‹ ist. Schließlich wurden die uralten Regeln der Geselligkeit praktisch von Ihren Ahnen erfunden.«

Ich schluckte hart und fragte mich, ob ich seinen Erwartungen wohl entsprechen würde. Ich hatte den Eindruck, er hielt es mit der übertriebenen, doch populären Vorstellung von den »süffelnden Taoisten«, wie sie in der Nachfolge von Li Bai* die Dichterdilettanten der Tang-Dynastie verbreitet hatten. Ich erwog, ihm zu gestehen, daß ich nicht mehr vom Wein verstand als von den »Sich wiegenden Gesäßbacken der schönen Frau«, als er mit einem »Plop« den Korken vom Krug zog und sich strahlend zu mir umwandte.

»Hoppla«, dachte ich, »zu spät! Na schön...«

Nervös lächelnd sah ich zu, wie er den Wein in einen vasenförmigen Porzellantopf dekantierte und ihn im Wasserbad auf den Herd setzte. Während der Wein heiß wurde, nahm er zwei Tassen aus dem Schrank – winzige Gefäße aus graublauem, mit Schriftzeichen verziertem Porzellan – und stellte sie auf unsere Plätze. Als der Wein heiß genug war, füllte er ihn wieder in den Krug und dann in unsere beiden Täßchen.

»Wie die streitenden Bauern in der Anekdote, denen der Wein die Grundlage für gegenseitiges Verstehen und gegenseitige Anerkennung zeigte.« Damit spielte er auf eine berühmte Erzählung an. Mit breitem Lächeln hielt er mir seine Tasse entgegen. Dann wurde seine Miene so konzentriert und gespannt wie die eines Klippenspringers, wenn er vor dem Sprung in die Brandung die Felsen hinabschaut. »*Gan-bei!*« rief er den rituellen Toast aus, der »trockene Tasse« bedeutet. Dann leerte er den Wein mit einem Schluck.

Um mich nicht zu verraten, verließ ich mich auf Äffchens Begabung für listige Nachahmung und tat es ihm nach. Fast wäre ich mit meinem Stuhl hintenübergekippt.

Mein Magen verkrampfte sich vor Empörung, als mir die Flüssigkeit durch die Gurgel rann. Unter süßem Zuckerguß lauerten da Raub, Plünderung, blutiger Mord. Es war, als nehme man Honig auf die Zunge und stecke sie dann in eine Steckdose. Mir kamen die Tränen; ich rang nach Luft.

Lo lehnte sich zurück, legte den Kopf ein wenig schief, schloß die Augen und seufzte: »Ah, die subtilen Freuden des Weins!« Mit zärtlichem Lächeln nahm er den Krug und füllte unsere Tassen von neuem; dann sah er mir verträumt in die Augen und blinzelte erwartungsvoll.

Ich zerbrach mir den Kopf über einen Trinkspruch. »Auf...« Nüchternheit, Enthaltsamkeit und Mäßigkeit boten sich an als boshafte Antwort. »Auf die alten Methoden!« fiel mir in letzter Sekunde noch ein, eher aus purer Verzweiflung denn aus Überzeugung.

»*Gan-bei!*« rief er aus vollem Herzen.

Diesmal richtete die Schärfe des Alkohols, da sie auf weniger Widerstand traf, auch weniger Schaden an. Ja, nach dem anfänglichen Schock verbreitete sich sogar eine angenehme Wärme in meinen traumatisierten Eingeweiden und strahlte bis in die Glieder aus.

»*Sui-bian!*« verkündete Lo nach diesem zweiten Toast. »Wie es Ihnen beliebt!« Damit beendete er das formelle Trinken. Von nun an schlürften wir den Wein »mit Muße«: ich, indem ich so lange wie möglich zwischen den

---

*Li T'ai-Po

einzelnen Schlucken wartete, er, indem er das Tempo kaum verringerte. Seltsamerweise schien er mit jedem Schluck zu wachsen. Oder schrumpfte ich vielleicht zusammen?

»Es geschieht relativ selten, daß man Landsleute aus Sichuan trifft«, stellte er fest, »vor allem einen Mann mit Ihren Kenntnissen. Die große Mehrheit der Menschen hier sind, wie Sie ohne Zweifel bereits festgestellt haben, Kantonesen. Sie betrachten uns meist als einen Stamm rauher Barbaren, die in Tierfellen durch die Berge laufen und rohes Fleisch fressen.« Er lachte, um dann im Ton gereizten Stolzes fortzufahren: »Ich bin Koch. Seit meinem sechzehnten Lebensjahr ist es mein einziges Ziel, das zu erreichen, was wir den ›absoluten Geschmack‹ bezeichnen. Ist das ein so barbarischer Wunsch? Ich erzähle Ihnen dies nicht aus Einbildung, sondern ganz einfach, um meine Fehler zu entschuldigen, die unermeßlich sind.«

»Jetzt übertreiben *Sie* aber«, unterbrach ich ihn rülpsend. »Was Ihre Fehler angeht, meine ich.«

Grimmig schüttelte er den Kopf. »Leider nicht.« Er begegnete meinem Blick. »Ich schulde Ihnen eine Erklärung für das, was im Vestibül passiert ist.«

»Nicht nötig!« wehrte ich ab. »Außerdem, was gibt es da zu erklären? Sie glaubten sich überfallen.«

»Es ist sehr freundlich von Ihnen, soviel Vertrauen zu mir zu haben«, entgegnete er, »aber die Wahrheit lautet anders.« Er warf mir einen unheilverkündenden Blick zu und schüttelte den Kopf. »Nein, Sun I, wir haben zusammen Wein getrunken, und daraus ergibt sich die Verpflichtung, ehrlich zu sein. Außerdem«, er grinste verlegen und rülpste ebenfalls, »wie es im Sprichwort heißt: ›Wein muß reden.‹«

Als aufmerksamer Zuhörer faltete ich die Hände und lehnte mich bequem zurück.

Seine Einleitung bestand aus einem Seufzer. »Manchmal frage ich mich, wie das alles gekommen ist – oder vielmehr, wie ich mir das antun konnte. Anfangs, als ich hierher kam, war ich noch nicht übermäßig ehrgeizig. Meine Ambitionen kannten nur ein Ziel, genau wie die Ihren, mein Freund. Ich brauchte für niemanden außer für mich selbst zu sorgen und wollte nur eines: meine Kunst vervollkommnen. Geld hatte ich mehr, als ich mir je hätte träumen lassen, und so viel, wie ich nur wollte. Da blieb sogar ein bißchen übrig, von dem ich mir einiges ersparte und einiges für Vergnügungen hinauswarf, die ich für unschuldig hielt. Jawohl, ich machte bei Glücksspielen mit. Doch damals war das noch eine läßliche Sünde, kein Laster. Ich hatte mein Leben fest in der Hand und fand es in Ordnung. Mit meiner Heirat jedoch änderte sich dann alles. Bitte, mißverstehen Sie mich nicht. Meine Frau und meine Kinder – sie sind mein einziger Trost. Ich möchte es gar nicht anders haben. Es ist nur so, daß ich spürte, wie mir bei dem Versuch, für sie zu sorgen, so ganz allmählich – selbst heute kann ich nicht recht erklären, wie – das Steuer aus der Hand glitt. Meine Frau kommt aus anderen Verhältnissen. Sie hat mich aus Liebe geheiratet, obwohl sie es weit besser hätte treffen können. Sie war einen bestimmten Lebensstandard gewöhnt, den ich ihr ebenfalls bieten zu müssen glaubte, nein, bieten wollte. Weil ich sie liebte, steckte ich mir sehr hohe Ziele, und hoffte, sie auch zu erreichen. Mit meinen geringen Ersparnissen leistete ich die Anzahlung auf ein Restaurant und nahm anschließend Darlehen auf, um die Raten abstottern zu können. Ich bin glücklich in der Küche, Sun I. Ich kenne meinen Platz. Ich gehe mit stillem Vergnügen an die Arbeit, kümmere mich um die kleinsten Details. Ein frischer Karpfen mit klaren Augen und elastischem Fleisch, eine perfekt tranchierte Ente, der erste Schnitt des Messers, das die goldbraune, knusprige Haut durchdringt, die dampfende Duftwolke, die mir aus dem zarten Fleisch entgegenschlägt, das Zubereiten von Saucen, von würzigen Gerichten, wobei man mit Knoblauch und Chili haargenau den richtigen Grad von *xiang* oder, bei einem kräftigen, langsam kochenden Eintopf, von *nong* zu erreichen sucht, während es bei Shrimps und Gemüsen, ganz kurz im Wok erhitzt, damit sie ihre Frische und ihre natürlichen Essenzen behalten, um *xian* geht... von diesen Dingen verstehe ich etwas, sie machen mich glücklich. Da ist mir keine Mühe zuviel. Ich wachse über mich selbst hinaus. Wie ein guter Kalligraph weiß ich, daß ein einziger Strich das Gesamtkunstwerk zerstören, andererseits aber die Freuden und Leiden eines Lebens ausdrücken kann. Ich fürchte mich nicht. Ich riskiere alles. In der Küche bin ich ein Künstler, ein Befehlshaber. Ich weiß, wer ich bin und was getan werden muß. Ich kenne keine Zweifel, kein Zögern. Draußen aber, wenn ich die Mütze absetze und mein kleines Reich verlasse, betrete ich feindliches Territorium. Mein Selbstvertrauen löst sich in nichts auf. Ich schrumpfe ein und bin auf jede Beleidigung gefaßt. Warum das so ist, weiß ich nicht. Aber so ist es – und Sie haben es da unten ja selbst erlebt. Sogar im Restaurant, im Speiseraum hinter der Küchentür, fühle ich mich unbehaglich. Das war mein Unglück, Sun I. Die zehntausend Kopfschmerzen und Frustrationen bei der Leitung eines komplizierten Unternehmens – ich hatte keine Ahnung von diesen Dingen, war viel zu ungeduldig. Die Verhandlungen mit dem Bankier und dem Wäscheservice, mit Tischlern, Klempnern, Elektrikern, Großhändlern; ein schadhafter Boiler, Rechnungen bezahlen – derartige Pflichten mochte ich gar nicht, sie waren mir lästig. Ich wollte mich in die Küche zurückziehen, wo allein ich mich frei fühlte. Aber selbst dort wurde mir mein großes, unbedachtes Glück vergällt. Denn sehen Sie, als Koch riet mir mein Herz das eine, als Eigentümer etwas anderes. Als Koch wußte ich, ein Ei mehr würde das Gericht erst richtig sämig und schmackhaft machen; als Eigentümer wußte ich, daß Maisstärke wesentlich billiger ist und auch durchgehen würde. Das Geschäft ging anfangs ausgezeichnet. Die Leute sagten, das Essen sei gut und unsere Preise seien die niedrigsten in der ganzen Straße. Als Koch war ich zufrieden; als Eigentümer blätterte ich in meinen Kontobüchern und sah, daß unsere Gewinnspanne nicht ausreichend war, daß wir in manchen Fällen tatsächlich Geld zusetzten. Ich mußte meine Preise erhöhen. Wenn die Gäste ein zweites Mal wiederkamen, entdeckten sie die Veränderung und fühlten sich betrogen, glaubten, ich wolle sie reinlegen. Sie kamen nicht wieder; und schlimmer noch: sie tuschelten. Die Mundpropaganda war schlecht. Das Geschäft ließ nach. Ich versuchte zu sparen: stellte die Heizung kälter, schloß weitere Kompromisse bei den Zutaten. Nicht lange, und wir waren ein Restaurant wie alle anderen, die gleichen Preise, das gleiche Essen... nur waren die anderen schon länger da. In Ermangelung anderer Kriterien entschieden sich die Leute für das, was sie kannten, und gaben uns keine zweite Chance.

Ich konnte meinen Zahlungsverpflichtungen nicht mehr nachkommen. Ich fing an zu trinken, gab mir immer weniger Mühe. Manchmal, bei Nacht, ging ich zum Glücksspiel. Die Spannung lenkte mich ab. Anders als früher jedoch, in meiner Junggesellenzeit, war es diesmal Geld, das zu verlieren ich mir nicht leisten konnte. Und ich verlor öfter, als ich gewann. Meine Gläubiger wurden nervös. Um durchhalten zu können, wandte ich mich oft an illegale Geldquellen. Man half mir, zu zehn Prozent die Woche! Ach, Sun I, ich hätte erkennen müssen, wann ich geschlagen war. Aber ich tat es nicht. Nach und nach, Faden um Faden verstrickte ich mich in dieses Netz von Schulden, aus dem ich mich auch jetzt noch nicht zu befreien vermag. Ich war blind. Eines Nachts hatte ich schwer getrunken; ich fing an zu gewinnen. Ich wurde übermütig, glaubte, nicht mehr verlieren zu können. Die wildesten Ideen schossen mir durch den Kopf. Ich war sicher, daß sich das Glück mir jetzt zuwenden würde. Das hatte ich auch verdient, fand ich. Das war mir das Leben schuldig. Es war mein Recht! Alles schien möglich. In der Hoffnung, ganz groß zu gewinnen und all meine Gläubiger auf einmal auszahlen zu können, setzte ich das Restaurant aufs Spiel.«

Er zögerte: sein Gesicht zerfiel – ein wahrhaft jämmerlicher Anblick. »Ach, Sun I, ich bin heute noch der Meinung, daß falschgespielt wurde.« Er schüttelte den Kopf.

»Aber das spielt keine Rolle. Die Nachricht machte die Runde. Am nächsten Morgen kündigten mir sämtliche Gläubiger den Kredit. Und ich hatte nichts, nicht mal das Restaurant, um sie zu bezahlen. Ich war bankrott. Die Bankiers mußten nehmen, was sie auf legalem Wege kriegen konnten. Andere nahmen ihren Verlust weniger philosophisch. Sie schleppten mich zu einem ausgeschlachteten Haus am Fluß, stellten mich auf einen Stuhl, legten mir eine Schlinge um den Hals und befahlen mir, meine letzten Gebete zu sprechen. Dann zogen sie mir den Stuhl unter den Füßen fort. Ich sah, wie der Fußboden auf mich zukam, dachte an meine Frau und meine Kinder und wartete auf den tödlichen Moment. Aber der Strick gab nach, und ich fiel durch meinen Tod hindurch: eine Scheinhinrichtung. Sie lachten und sagten, sie hätten nicht vor, mich so leicht davonkommen zu lassen. Das war die italienische Methode. Chinesische Geschäftsleute und Gauner sind geschickter, weniger dogmatisch, aber ebenso brutal. Lebendig war ich mehr wert für sie. Sie gaben mir eine Chance. Jetzt zahle ich ihnen die Hälfte von allem, was ich verdiene – mein Leben lang.«

»Aber das ist doch untragbar!« protestierte ich. »Wer sind diese Männer?«

»Fragen Sie nicht!« Er erwiderte meinen Blick; dann nickte er. »Jawohl, es ist schwer. Aber wenigstens habe ich meine Familie. Meine Frau hat bewiesen, wie sehr sie mich liebt. Sie hat alles für mich aufgegeben, all ihren Jungmädchenputz verkauft, den sie als Aussteuer mitbrachte, ja sogar Näharbeiten in Auftrag genommen, um mitzuhelfen, daß wir unser Auskommen haben. Und alles ohne ein Wort des Vorwurfs. Hätte ich nicht solche Not erlebt, ich hätte nicht solche Liebe kennengelernt. Und merkwürdigerweise wurde mir, indem ich das alles verlor, mein Glück wiedergegeben: Ich habe meine Küche, und meine schlichten Aufgaben dort. Ich schätze mich glücklich, zumal meine Kinder heil davongekommen sind. Sie wissen nichts von den Dingen, die ich Ihnen erzähle. Sie haben Chinatown alle verlassen und leben jetzt ihr eigenes Leben – alle, bis auf die Jüngste, Yin-mi, und auch sie fängt langsam an, sich aus unserem Leben zu lösen. Wo hat einen guten Job und eine eigene Wohnung. Li, die Älteste, ist seit ihrem achtzehnten Lebensjahr selbständig. Sie hat mit einem Stipendium das College besucht und anschließend an der Columbia University Anthropologie studiert. In zwei Jahren macht sie ihren Doktor.«

Ein sanftes Strahlen lag auf Los Gesicht, das nicht nur vom Alkohol kam. Er wirkte geistesabwesend und freudig erregt. Der Wein ließ seine Probleme lösbar erscheinen. Fast wirkte Lo dankbar. Ich empfand Mitleid mit ihm, aber es war auch Bewunderung dabei.

»Jetzt habe ich aber lange genug von mir gesprochen.« Er gab sich unvermittelt einen Ruck. Seine Aussprache war ein bißchen undeutlich geworden. »Was ist denn mit Ihnen, mein junger Freund? Erzählen Sie mir Ihre Geschichte!«

Da ich nach dem großen Vertrauen, das er mir bewiesen hatte, nicht abweisend erscheinen wollte, ging ich aus mir heraus und erzählte ihm freimütig meine Geschichte. Als ich zu meinem Erlebnis an der Börse kam, packte ihn die Erregung. Obwohl er seinen Impuls aus Höflichkeit unterdrückte, merkte ich deutlich, daß er mir unbedingt einen Gedanken mitteilen wollte, auf den ihn meine Story gebracht hatte. Mehrmals machte ich eine Pause, um ihm Gelegenheit zum Sprechen zu geben, doch jedesmal zögerte er, beharrte mit trunkener Höflichkeit darauf, daß ich meine Erzählung zuerst beende. Da mich sein Verhalten auf die Folter spannte, beeilte ich mich und signalisierte ihm dann mit den Augen, daß ich fertig sei.

»Es liegt etwas Schicksalhaftes in unserer Begegnung«, platzte er daraufhin, vor Aufregung errötend, heraus und beugte sich eifrig vor. »Das habe ich Ihnen von Anfang an gesagt. Sie werden kaum glauben, was für ein wundervoller Zufall jetzt noch hinzukommt: Wo, mein Sohn, den Sie noch kennenlernen werden, hat sich eine eigene Wohnung genommen.« In seinem Rausch wiederholte er diese Tatsache so begeistert, als sei es eine eben gemachte Entdeckung. »Wo arbeitet an der New Yorker Börse! Vielleicht kennt er sogar Ihren Vater. Möglicherweise sind sie Kollegen!«

Ich war verblüfft. »Was macht er da?«

»Ach, davon verstehe ich nichts«, wehrte Lo ab. »Ich weiß nur, daß er einen hohen Posten bekleidet, einen sehr hohen. Ich habe auf seinen Rat hin etwas Geld investiert.« Er zog die Stirn kraus. «Aber das ist unwichtig...«

Ich stellte mir einen elegant gekleideten Herrn vor, der weltgewandt und gelassen durch ein Meer schreiender, rotgesichtiger Untergebener schreitet und ihnen mit gnädigem Nicken die verschiedensten Bitten gewährt.

»Sie müssen ihn so bald wie nur möglich kennenlernen!« fuhr Lo fort. »Ich bin überzeugt, daß Sie sofort Freundschaft schließen werden. Samstag kommt immer die ganze Familie zum Lunch – ein großes Festessen! –, sämtliche Tanten und Onkel, einfach alle. Der Star bei diesen Zusammenkünften ist Wo; sie bringen ihm wegen seiner ausgezeichneten Anlagetips großen Respekt entgegen. Alle bitten ihn unentwegt um Rat. Wenn Sie Zeit haben, müssen Sie auch zum Essen kommen.« Strahlend sah er mich an. »Sun I! Hat das Schicksal diese Angelegenheit nicht bewundernswert geregelt, sozusagen mit der ästhetischen Raffinesse und dem guten Geschmack eines großen Küchenchefs bei der Zubereitung seines großartigsten Gerichts?«

»Die ›Selige Kopulation des springenden Drachen‹!« rief ich, selbst auch schon ein bißchen beschwipst. Begeistert kippten wir die nächste Tasse.

Da kam mir eine trunkene Inspiration. »Glauben Sie, er könnte Arbeit für mich finden?« In meinem Kopf drehten sich Räder.

Lo warf mir einen verwunderten Blick zu. »Sie, ein Priester, würden eine solche Arbeit annehmen?« Er wirkte ein bißchen schockiert.

»Warum nicht? Irgend etwas muß ich doch tun!«

»Sie müssen?« wiederholte er. »Aber Sie haben doch sicher Geld?«

Ich schüttelte den Kopf.

»Pleite?«

Ich nickte.

»Aber Sie haben eine eigene Wohnung!« protestierte er, als sei meine finanzielle Situation eine Frage, über die man diskutieren könne. »Ich will ja nicht neugierig sein, aber wieviel haben Sie dafür bezahlt?«

»Gar nichts«, antwortete ich.

»Gar nichts? Völlig unmöglich! Seit wann gibt Mme. Qin Kredit?«

»Erinnern Sie sich an das Gewand, von dem ich sprach? Das habe ich ihr als Sicherheit übergeben.«

Los Miene drückte heftige Erregung aus. »Ach, du Scheiße!«

»Was ist?« Ich musterte ihn beunruhigt.

Mit glasigen Augen stierte er in meine Richtung, ohne mich jedoch zu sehen. Sein Blick war nach innen gerichtet, als trage er eine Kristallkugel in sich, die ihm Zukunft und Vergangenheit zeigte: seine Vergangenheit, meine Zukunft.

Sanft berührte ich seinen Ellbogen. »Alles in Ordnung mit Ihnen, Lo?«

Erschauernd kehrte er in die Gegenwart zurück. »Sie müssen es wieder auslösen!« Unbewußt packte er meine Hand.

»Das werde ich«, versicherte ich ihm, »sobald ich genügend Geld habe.«

»Nein!« rief er laut. »So bald wie möglich, jetzt, sofort!«

»Aber wie denn?« Ich war ein wenig bestürzt über seine Heftigkeit. »Womit?«

»Wieviel brauchen Sie?«

»Fünfzig Dollar.«

Schmerzlich hin und her gerissen starrte er mich unsicher an.

»Ich werde sie Ihnen leihen«, erbot er sich schließlich und seufzte tief auf.

»Aber Sie haben doch selber Schulden!«

»Erinnern Sie mich nicht daran«, stöhnte er und barg das Gesicht in beiden Händen.

»Lo«, sagte ich, »verstehen Sie mich nicht falsch! Ich bin sehr dankbar für Ihr Angebot. Aber ist das denn notwendig? Sie wird mich doch nicht betrügen, oder?«

»Betrügen?« rief er. »Mein lieber Junge, darum geht es gar nicht! Würde die Katze die Maus *betrügen*? Würde die Spinne die Fliege, ihre natürliche Beute, *betrügen*? Bestimmt nicht. Töten ist der Lebenszweck des Raubtiers, der einzige, den es kennt. Es ist seine Pflicht, seine Moral.«

»Und was hat das mit Mme. Qin zu tun?«

Seine Miene verdüsterte sich. »Ich bin kein gebildeter Mensch wie Sie, Sun I. Ich bin unkundig in den Mysterien der Prophezeiung und der ›Dreitausenddreihundert Regeln‹ der rituellen Observanz. Doch die Erfahrung hat mich einiges gelehrt. Im Verlauf der schweren weltlichen Prüfungen habe ich ein paar Reste und lose Enden der Weisheit aufgelesen. Und von diesen Dingen verstehe ich etwas, zu meinem Unglück. Wir haben zusammen getrunken. Ich bin Ihnen gegenüber offen gewesen. Glauben Sie mir, lösen Sie das Gewand aus!«

Meine beschwipste Heiterkeit verwandelte sich in Besorgnis. Zweifelnd und unfähig, klar zu denken, starrte ich auf die Tischplatte. Die amorphen Resopalwirbel drehten sich, ein genaues Spiegelbild des Durcheinanders in meinem Kopf. Ich war benommen, betäubt vom Alkohol.

»Warten Sie!« Lo schob seinen Stuhl zurück, stolperte über dessen Beine, und mit einem Krach stürzte der Stuhl um. Lo grinste. *»Pssst!«* Albern legte er den Finger auf seine Lippen, während er in den Flur hinauswankte. Ich hörte ihn erst gegen die eine, dann gegen die andere Wand stoßen. Und jedesmal machte er wieder: *»Pssst!«* Ich legte den Kopf auf den Tisch. Vorübergehend trat Stille ein, dann kam ein gedämpfter Krach, ein Geräusch wie das Prasseln von Regentropfen – Münzen, die auf einen Teppich fielen.

»Ach, du Scheiße!« fluchte er flüsternd.

Ich hörte das unverwechselbare Klicken eines Riegels, der zurückgeschoben wird.

»Vater?« rief eine mädchenhafte Stimme. Alles wurde totenstill. Dann hörte ich patschende Schritte im Flur.

Als ich den Kopf hob, sah ich ein junges Mädchen von sechzehn, vielleicht siebzehn Jahren auf der Schwelle stehen und mich anstarren... vielmehr sah ich den Spektralleib eines solchen Mädchens in einem Miasma von Dämpfen wabern und flimmern. Sein Gesichtsausdruck war aufmerksam, aber furchtlos, ja, sogar ein bißchen neugierig. Sie blinzelte kurz, stand jedoch regungslos da, mit einer Selbstbeherrschung, die unbewußt und daher makellos war wie die eines Tiers.

Sie hatte schwarzes, jungenhaft kurz geschnittenes Haar, das vom Schlafen zerzaust war, und trug einen um eine Nummer zu klein gewordenen, weiß gestickten Kinderpyjama, der ihr an Hand- und Fußgelenken zu kurz war und über den voll entwickelten, jedoch nicht sehr großen Brüsten spannte, deren Warzen sich unter dem Stoff wie Knospen aufrichteten. Ihre Hüften waren knabenhaft schmal und schlank, sie hatte lange Beine wie ein Fohlen und scharf vorstehende Schulterblätter. Sie schien zwischen zwei Lebensabschnitten zu hängen, zwischen zwei Phasen, der schlaksigen und der weiblichen, ohne eine von ihnen zu leugnen.

»Wer sind Sie?« fragte sie.

»Ich... «

»Yin-mi!« fiel Lo mir in flehendem, übertriebenem Flüsterton ins Wort, aber sie blickte mir unverwandt in die Augen. »Wieso bist du aufgestanden? Geh wieder zu Bett!«

Nun wandte sie sich an ihn: »Was war das für ein Geräusch?«

»Ach, nichts!«

»Das klang wie Mutters Nähkasten.«

»Na schön – warum fragst du, wenn du's doch weißt?«

»Du hast dir Geld rausgenommen.«

»Geh wieder zu Bett, Yin-mi! Noch bist du nicht zu alt für eine Tracht Prügel.«

»Hast du sie gefragt, ob du das darfst?« fragte sie unbeirrt.

Drohend aufgerichtet, drehte Lo sich mit blitzenden Augen zu ihr um. Sie maß ihn gelassen, unerschütterlich. Ihre Augen waren dunkel, voll Ruhe, Tiefe, Transparenz. Ich sah tief in diese Augen und dachte an das nächtliche Meer, in das ich vor Quemoy geglitten war, um es in Richtung Freiheit zu durchschwimmen.

Doch irgend etwas braute sich unterschwellig zusammen. Wie sie da vor ihrem Vater stand, bei diesem Frage- und Antwortspiel, entdeckte ich eine Spur sich ansammelnden Ärgers, eine Unruhe, die anfangs nicht vorhanden gewesen war und die sie nur mühsam unterdrückte. Auf einmal trat sie auf Lo zu, legte ihm leicht die Hände auf die Schultern und sah im ernst ins Gesicht. »Du hast getrunken, nicht wahr?« Die Frage kam sehr leise.

Lo antwortete nicht.

Sie stellte sich auf die Zehenspitzen und gab ihm schweigend einen Kuß auf die Wange. Bevor sie wieder im Flur verschwand, machte sie noch einmal halt und warf mir über die Schulter einen kurzen Blick zu, lange genug, daß ich den Kummer und das Mißtrauen darin erkennen konnte. Dieser Blick brannte sich in mich hinein und versengte mein Herz wie eine Flamme.

Als sie fort war, fiel Lo mit einem Seufzer, der wie entweichende Luft klang, gleich einem leeren Fahrradschlauch in sich zusammen. »Da!« sagte er und drückte mir ein gefaltetes Bündel verknitterter Geldscheine in die Hand. »Damit gehen Sie gleich morgen früh zu Mme. Qin.«

Eine Flut wirrer Gedanken und Emotionen überschwemmte mein Gehirn, als ich auf die schmutzigen Dollarnoten blickte, die ersten, die ich selbst in der Hand hielt. Der Blick des jungen Mädchens, mein Armutsgelübde – beides weckte in mir ein heftiges Gefühl des Abscheus vor mir selbst. Der Anblick des Geldes erfüllte mich mit Widerwillen, ja, fast mit Ekel. Und dennoch konnte ich kaum den Blick davon lösen. Das wellenförmige, komplizierte Spitzenmuster mit dem sphinxhaften Washington in der Mitte wirkte irgendwie feierlich und sybaritisch zugleich; und auf der Rückseite die seltsame Pyramide mit dem aus einer dürren Ebene aufsteigenden menschlichen Auge und der Unterschrift:

»Novus Ordo Seclorum«. Diese Bilder berührten mich ebenso tief wie die auf den bunten Glasfenstern der Trinity Church. Schließlich jedoch obsiegte der Abscheu.

»Bitte, seien Sie mir nicht böse, Lo, aber ich kann das Geld nicht nehmen. Es verstößt gegen mein Gelübde.«

»Aber wovon wollen Sie leben? Ohne Geld kommen Sie hier nicht durch. Und haben Sie sich eben nicht selbst nach einem Job erkundigt? Sogar an der New Yorker Börse?«

In meinem alkoholisierten Zustand war mir dieser Widerspruch nicht aufgefallen. Verwirrt runzelte ich die Stirn. »Stimmt«, gab ich zu, »in dem Fall jedoch wäre es eine Arbeit im Dienste der höheren Sache und die Bezahlung unwichtig. Ich könnte mich mit dem Geld als notwendigem Übel abfinden. Vielleicht könnte ich sogar einen Sondervertrag machen. Ich habe bis jetzt vom Tauschhandel gelebt, vielleicht geht es auch weiter so.«

»Unsinn!« widersprach er. »Edel gedacht, aber hoffnungslos unpraktisch. Sie würden mit derartigen Idealen im Kopf keine Woche überleben. Hier herrschen völlig andere Regeln als in Ihrem Kloster, Sun I. Und keineswegs weniger strenge. Wenn Sie's hier schaffen wollen, müssen Sie sich möglichst schnell an die harte Disziplin des Lebens in dieser nun einmal so gearteten Welt gewöhnen.«

Ich wurde schwankend in meinem Entschluß. Ich zögerte. »Trotzdem...« begann ich unsicher, weil ich nicht wußte, woher ich einen Einwand nehmen sollte.

»Kommen Sie – was soll das sein, Stolz? Vertrauen Sie mir, Sun I! Ihre Skrupel sind sinnlos. Oder haben Sie vielleicht ein schlechtes Gewissen, weil das Geld meiner Frau gehört? Hören Sie zu, mein Junge! Ich kenne sie. Sie wäre bestimmt nicht gekränkt. Im Gegenteil! Sie wäre weit mehr gekränkt, wenn sie wüßte, daß Sie Ihr Erbteil für einen Hungerlohn aufs Spiel gesetzt haben. Und wenn Sie sich um die Rückzahlung Sorgen machen – hören Sie auf damit!«

»Ja, das auch.« Eifrig schnappte ich nach dem Strohhalm, den er mir bot. »Wie soll ich das jemals schaffen können?«

»Ich habe gehofft, daß Sie mich das fragen.« Er lächelte beunruhigend. »Ich habe einen Plan, von dem ich glaube, daß er sich für uns beide als vorteilhaft erweisen könnte. Verzeihen Sie mir dieses Komplott, aber überlegen Sie mal: Wie wär's, wenn Sie für den Rest dieser Woche bei mir im Restaurant arbeiten würden – natürlich nur, bis Wo Gelegenheit hat, Ihnen eine angemessenere Position zu verschaffen. Mir würden Sie einen Gefallen tun, und bis zum Samstag werden Sie mehr als genug verdient haben, um Mrs. Ha-pi ihr Geld zurückzuzahlen. Ihre Mahlzeiten können Sie dann auch dort einnehmen und sich nebenbei sogar ein kleines Taschengeld verdienen. Ein erstklassiges Arrangement, wenn ich das sagen darf! Und es wird mir die Möglichkeit verschaffen, einen Fisch an Land zu ziehen. Also, was meinen Sie?«

»Na ja...« Alkohol und Selbstvorwürfe hatten meine Entschlußfreudigkeit gelähmt.

»He, he!« spöttelte er. »Nur nicht so schüchtern. Stolz gehört sich nicht für einen Priester. Außerdem – was bleibt Ihnen übrig?«

Er hatte recht. Ich seufzte und gab achselzuckend mein Einverständnis.

»Erst-klassig!« wiederholte er und sprang vom Stuhl auf. »Sie werden mich morgen früh dort antreffen, nachdem Sie Ihr Geschäft abgewickelt haben. Seien Sie energisch mit ihr! Wissen Sie noch, wo das Restaurant ist?«

Ich nickte.

»Vielleicht sollten wir noch etwas zur Besiegelung unserer Vereinbarung trinken?« Er wollte zum Schrank.

»Ich glaube, ich muß jetzt gehen.«

»Ach so...« sagte er enttäuscht. »Ich verstehe.« Verloren starrte er mich an, dann begann er plötzlich zu strahlen. »So etwas müssen wir öfter machen! Es hat mir ungeheuer gutgetan. Von jetzt an gehören Sie zur Familie, als wären Sie mein eigener Sohn.«

Ich war gerührt über seine Güte und fand mich ihrer keineswegs würdig. »Vielen Dank«, antwortete ich kurz, da ich für jede Eloquenz zu betrunken war.

An der Tür wurden wir beide verlegen. Unser Abschied mißglückte, da er mir die Hand reichte, während ich mich verneigte. Wir wurden beide rot. Um den Fehler zu berichtigen, verneigte gleich darauf er sich, wofür ich ihm die Hand hinstreckte. Schließlich schafften wir es, unsere Bemühungen zu koordinieren, und wir kompensierten unsere anfängliche Ungeschicklichkeit, indem wir uns zunächst verneigten, uns dann die Hand reichten und uns zuletzt nochmals verneigten. Bei dieser letzten Verneigung gelang es mir, mich rückwärts in den Flur zurückzuziehen.

»Gute Nacht«, wünschte ich ihm. »Und vielen Dank für alles!«

»Gute Nacht«, echote er begeistert und hielt immer noch die Tür auf.

Ich stolperte davon in Richtung Treppenhaus. Als ich unsicher um den Treppenpfosten schwenkte und den Aufstieg begann, sah ich ihn immer noch in der offenen Tür stehen und mir mit unverhohlener, weinseliger Sentimentalität nachblicken.

Benommen vom Alkohol, warf ich mich im Bett herum, sehnte mich nach dem süßen Vergessen der Bewußtlosigkeit, ohne mich in sie versenken zu können. In meinem Zustand alkoholbedingter Anästhesie fühlte ich die unaufhörlichen Vibrationen eines Zahnbohrers, meines Gewissens, die den Nerv quälten – unangenehm, doch niemals ganz unerträglich, obwohl ihre Beharrlichkeit mein Bewußtsein geschärft und intakt hielt, es hinderte, über die magische Schwelle in den Schlaf hinüberzugleiten. Ich fühlte mich unruhig und unsauber. Das Geld machte mir Sorgen. Ich stopfte es unter die Matratze. Immer wieder stand mir das Bild von Los Tochter (Yin-mi hatte er sie genannt) vor Augen wie eine Vision des Paradieses, gesehen durch einen gasartigen, alkoholischen Nebel. Aber auch der löste sich schließlich auf, und ich lauschte verzweifelt den Geräuschen, die aus dem Liftschacht heraufstiegen, dem Seufzerbrunnen. Irgendwo von ganz tief unten drangen wie aus dem Herzen der Welt das rhythmische Quietschen eines Bettes und das unartikulierte Stöhnen einer Frau zu mir herauf. Nie zuvor hatte ich solche Geräusche gehört, und dennoch vermeinte ich, sie zu kennen. Seltsamerweise beruhigten sie mich wie das Schaukeln einer Wiege, jenes früheste Schlaflied der Sexualität. In diesem Rhythmus begann ich dahinzutreiben. Das Geräusch vermischte sich unmerklich mit dem Gemurmel ringsum. Der Schlaf zeichnete sich vor mir ab wie eine Woge: eine Wand aus glitzernd-schwarzem, schaumgekröntem Wasser, das sich, sowie es ans Sonnenlicht stieg, smaragdgrün färbte. Als sie über mir zusammenschlug, hörte ich den kurzen, erstickten Aufschrei der Frau wie den eines Meeresvogels durch das Rauschen des Ozeans, genauso süß, genauso verloren. Ehe ich endlich in Schlaf fiel, kam mir fast beiläufig der Gedanke, daß der Grundton der City, dieses elementare Summen, dem Rauschen glich, das ich an jenem Tag aus dem Börsensaal hatte aufsteigen hören.

VIERTES KAPITEL

Als ich am nächsten Morgen erwachte, waren meine Augenlider verkrustet und so verklebt, daß ich sie mit Hilfe der Finger öffnen mußte. Ich muß wohl im Schlaf geweint haben, dachte ich mir. Um das Jucken ein wenig zu stillen, rieb ich sie, und als ich sie dann öffnete, sah ich an der Peripherie meines Gesichtsfeldes winzige, weiße Kometen dahinflitzen, die helle Leuchtspuren hinterließen. Dann entdeckte ich, daß die Sonne bereits die Höhe der Hausdächer erreicht hatte. Es wurde schwül. Ich hatte verschlafen!

Nachdem ich mir das Gesicht mit kaltem, rostbraunem Wasser aus dem Hahn gewaschen hatte, schnappte ich mir meine Schlüssel und sauste los. Erst als ich den Schlüssel schon im Schloß drehte, fielen mir mein Geld und die unangenehme Aussprache mit Mme. Qin wieder ein. Bei dem Gedanken daran wurden mir die Knie weich. Ich zerbrach mir den Kopf nach einem plausiblen Vorwand, damit ich mich vor der Aussprache drücken oder sie wenigstens aufschieben konnte: Hatte ich mich nicht ohnehin schon verspätet? Hatte es nicht Zeit bis morgen? Doch nein! Der Gedanke an den Ausdruck tiefster Bestürzung auf Los Gesicht und an alles, was für mich auf dem Spiel stand, ließ mich einen tiefen Seufzer ausstoßen. Ich machte pflichtschuldigst kehrt, um mir meinen Einsatz zurückzuholen.

Fanku, der mich feindselig durch den Türspalt musterte, behauptete, die stinkreiche Witwe sei nicht zu Hause. Während wir uns in gespanntem Schweigen anstarrten, drang aus dem anliegenden Zimmer das monotone Gemurmel einer in beschwörendem Ton sprechenden Stimme herüber.

»Na schön«, flüsterte er mit der für ihn charakteristischen Verdrossenheit und ließ mich ein. »Aber sie hat einen Klienten; Sie können sie jetzt nicht sofort sprechen.«

Als ich erklärte, ich hätte das Geld, streckte er die Hand aus und fuhr mit dem Daumen quer über seine Fingerspitzen – eine Geste, die ich bisher noch nie gesehen hatte, dennoch aber mühelos verstand: Geben Sie's mir! Ich sorge dafür, daß sie's bekommt. Sein Lächeln war eine weniger perfekte, jedoch vielversprechende Imitation des Lächelns der stinkreichen Witwe.

In diesem Augenblick durchbrach ein herzzerreißendes Jaulen die Stille. Ich hörte einen gedämpften Aufprall, dann ein ängstliches Zappeln; der doppelte Vorhang öffnete sich am unteren Ende, als stoße jemand von der anderen Seite dagegen, und der junge Hund tauchte auf. Die Nase am Boden, die Augen weit aufgerissen, die Läufe in alle Himmelsrichtungen gestreckt, nahm er die Kurve mit vollem Tempo. Als er mich sah, bellte er verzweifelt und sprang mir, da ich mich niedergekniet hatte, um ihn aufzufangen, mit einem Satz in die Arme. Mit seiner kalten Nase schlabberte er mich hektisch, aber liebevoll von oben bis unten ab.

Eine ringgeschmückte Hand teilte den Vorhang, und Mme. Qin erschien, im Haar eine seltsam anmutende Tiara aus Pfauenfedern, in der Hand ein weißes Handtuch sowie eine Schere aus rostfreiem Stahl. Ich sah ihr voll böser Ahnungen entgegen. Die stinkreiche Witwe funkelte mich grimmig an. »Nimm den Hund, Fanku!« befahl sie, starrte dabei jedoch mich an, nicht ihn.

Ich wollte meinen kleinen Freund nicht herausgeben, aber ich hatte nicht das Recht und schon gar keinen stichhaltigen Grund dazu. Zum Abschied warf mir der Hund aus dem festen Würgegriff, in dem er sich befand, einen kläglichen, vorwurfsvollen Blick zu. Als Fanku den Vorhang zur Seite schob, sah ich beim Licht einer Kerze am Tisch, an dem mir die Witwe tags zuvor aus der Hand gelesen hatte, die Silhouette eines Mannes. Mir blieb fast das Herz stehen. Allzuviel drang auf mich ein. Ich wollte fort.

»Woher haben Sie das Geld?« erkundigte sich Mme. Qin mürrisch und musterte das Bündel Banknoten in meiner Hand. »Haben Sie sich vielleicht verkauft?«

Ich errötete und hätte fast meinen auswendig gelernten Text verpatzt. »Ich hatte es ganz vergessen gehabt. Es war die ganze Zeit in meinem Besitz.«

»Sie lügen!« höhnte sie. »Kommen Sie später noch einmal wieder! Ich bin mitten in einer Besprechung und kann mich erst dann mit Ihnen befassen.«

Fanku kehrte zurück und blieb neben ihr stehen.

»*Jetzt!*« widersprach ich. »Bitte!«

Erstaunt und gekränkt zog sie die Brauen hoch, dann senkte sie die Lider und versuchte mich in Grund und Boden zu starren. Ich zuckte nicht mit der Wimper.

Ihr Gesicht verzog sich zu einem widerwärtigen Lächeln. »Wie Sie wollen. Hol das Gewand!« zischte sie Fanku trotz ihrer lächelnden Larve giftig zu. »Jemand hat hinter meinem Rücken getratscht. Wer?«

Ich senkte den Blick.

»Ich bin hart im Geschäft, aber nicht unehrlich«, erklärte sie in selbstgerechtem, unheilverkündendem Ton. »Gewiß, ich will dieses Gewand, aber ich hätte es niemals gestohlen. Ich hatte gehofft, wir könnten Freunde werden, jetzt aber ist mir klar, daß es damit wohl nichts werden wird. Schade... So ein hübscher Junge!« Sie zog die Stirn kraus. »Aber das geht auf Ihr Konto.«

Fanku erschien mit dem Gewand.

»Gib's ihm! Dies werde ich Ihnen niemals vergessen!« Mit ihrem charakteristischen Lächeln, das ich unendlich viel erschreckender fand als den Blick, mit dem sie mich zuvor hatte einschüchtern wollen, zog sie sich hinter den Vorhang zurück. Ein kurzes Pendeln der schweren Bahnen, und sie war verschwunden. Im hinteren Zimmer setzte das beschwörende Murmeln wieder ein.

Ich drückte, dicke Schweißtropfen auf der Stirn, meine Beute fest an mich und flüchtete in den Korridor. Zwar war ich froh, das Gewand wiederzuhaben; dachte ich jedoch ernsthafter nach, fürchtete ich, Mme. Qin unrecht getan zu haben. Was, wenn Los Behauptungen nun doch nichts weiter waren als paranoide, alkoholisierte Bangemacherei? Und selbst wenn sie das nicht waren – wie sollte ich so hektische Anstrengungen, einen so heißen Eifer rechtfertigen, dazu die häßlichen Gefühle, die giftigen Worte wegen eines materiellen Besitzes, und sei sein sentimentaler oder sonstiger Wert auch noch so groß? Zum erstenmal erfuhr ich am eigenen Leibe die Bedeutung des Lehrsatzes, daß Besitz das Gemüt belastet. Paradoxerweise fiel mir gleichzeitig die Unmenschlichkeit dieser Maxime auf – und zwar ebenfalls aufgrund eigener Erfahrungen. Was mir in der reinen Atmosphäre des Klosters als selbstverständlich, unwiderlegbar erschienen war, schien mir jetzt und hier, da es um mein persönliches Eigentum ging, doch nicht ganz so klar zu sein.

In diesem Augenblick zerriß drinnen ein schriller, infernalischer Schrei die Luft: der Hund! Die Haare standen mir zu Berge. Ich drehte mich um und starrte voll schauderndem Entsetzen auf die stumme Tür. Was ging dort vor? Ich hob die Faust, um erneut Einlaß zu heischen, schluckte nach nochmaliger Überlegung jedoch hart und ging so schnell wie möglich in entgegengesetzter Richtung davon.

In Luck Fats »Tea Joy Palace« in einer dunklen Nebenstraße von Chinatown bekleidete Lo die erhabene Position des Chefkochs Nummer eins. Das Restaurant bot eine ausgezeichnete Küche in einem Ambiente von ein wenig schäbiger, fast makabrer Eleganz. Innen ähnelte es einer Katakombe mit einer Anzahl gewundener Tunnelgänge. In winzigen Räumen fanden sich private Gruppen zusammen, zum größten Teil dickleibige chinesische Geschäftsleute in billigen Polyesteranzügen und Krawatten, zuweilen begleitet von auffallenden jungen Frauen mit harten Augen, deren schreiendes Make-up in trotzig bewußtem Willen zur Selbstvernichtung aufgetragen worden zu sein schien. Die Männer aßen gefräßig, schaufelten die Speisen vom dicht an den Mund gehaltenen Teller in sich hinein und hielten nur gelegentlich inne, um das Essen mit französischem Cognac hinunterzuspülen, den sie aus Wassergläsern in gierigen Schlucken so achtlos kippten, als handle es sich um einen Tee.

Lo hatte seine Arbeit mit möglichst wenigen Hilfskräften straff organisiert. Vom ersten Augenblick an, da ich von der Hintergasse aus hineinspähte, war mir klar, daß er am Abend zuvor nicht gescherzt hatte, als er behauptete, in seiner Küche sei er ein anderer Mensch. Zwar war er weder besonders streng noch schwer zufriedenzustellen, aber auch nicht so entspannt und humorvoll wie Wu. Das konnte er sich auch nicht leisten, denn es gab fünfmal soviel zu tun wie im Kloster. Ohne den Kopf zu heben, vertieft in einen ganz eigenen, eingewurzelten Rhythmus, ackerte er vor sich hin. Er hatte zwei jüngere Köche unter sich, die sich auf ihr Handwerk verstanden. Das Tempo wirkte anfangs beängstigend auf mich; nachdem ich den dreien jedoch aufmerksam zugesehen hatte, stürzte ich mich kopfüber in die Arbeit. Sorgfältig merkte ich mir jeden Handgriff, und so kam es, daß ich, nachdem ich einmal bei der Zubereitung einer Speise zugesehen hatte, beim nächstenmal eine Möglichkeit fand, dem entsprechenden Koch die Arbeit zu erleichtern, ihm die Schüsseln hinzustellen, bevor er danach fragen mußte, oder den Wok einzuölen – kurz, ich bemühte mich, alle Wünsche vorauszuahnen. Die Köche belohnten mich mit zustimmenden Lauten und Kopfnicken, oder sie scheuchten mich, wenn mir im Eifer mal etwas mißglückte, vor sich her wie ein verängstigtes, vom Geflügelfarmer, dem unerbittlichen Lenker seines Schicksals, verfolgtes Huhn. Am ersten Tag machte ich noch dumme Fehler, am zweiten schon kriegte ich allmählich den Dreh heraus. Am dritten war ich zum anerkannten Mitglied des Teams geworden. Lo gewöhnte es sich an, mich Eins-a-Drachen-Assistent zu nennen.

Obwohl ich nur sehr kurze Zeit dort arbeitete, verlor ich mich, angeregt durch die mir seit der Kindheit vertrauten Arbeiten, ein- oder zweimal in Erinnerungen. Wenn ich dann den Blick hob, erwartete ich fast, Wu zu sehen. Und als ich ihn nicht fand, musterte ich blinzelnd die unvertraute Umgebung, ohne zu wissen, wo ich war. Bald machte sich jedoch die Realität bemerkbar, und ich kehrte seufzend in die Gegenwart zurück.

Der dritte Tag im Restaurant, ein Freitag, sollte auch mein letzter sein. Denn am folgenden Tag fand das Familienessen statt.

Frisch geschrubbt und sauber gebürstet, gekleidet in mein bestes Gewand (das heißt, das einzige passable Gewand, das mir geblieben war), erschien ich pünktlich um zwölf Uhr mittags vor der Wohnung der Ha-pis. Geöffnet wurde mir von einer rundlichen Frau mittleren Alters in traditioneller Tracht. Mit gerötetem Gesicht, sich die Hände an einem Handtuch trocknend, beugte sie sich leicht vor, um mit fragendem Blick hinter der Tür hervorzulugen. Ihr Ausdruck war zerstreut, als denke sie an tausend andere Dinge, doch als sie lächelte – zweifellos rein mechanisch –, strahlte sie eine so bescheidene, gutmütige Schlichtheit aus, eine so große Schüchternheit und Heiterkeit, daß ich mir persönlich anerkannt und bevorzugt vorkam. Ich fühlte mich auf der Stelle zu ihr hingezogen. Trotz Mondgesicht und Doppelkinn waren ihre Züge ebenso klar wie die von Yin-mi, so daß ich in ihr sogleich die Mutter vermutete.

»Mrs. Ha-pi?« fragte ich.

Sie nickte.

»Ich bin ein Bekannter Ihres Mannes. Sun I ist mein Name.«

»Sun I?« wiederholte sie. »Aber natürlich! Bitte verzeihen Sie. Möchten Sie eintreten?«

Errötend und ein bißchen aufgeregt öffnete sie die Tür so weit, daß ich eintreten konnte. Wir verbeugten uns voreinander.

»Wer ist denn gekommen?« rief Lo aus dem anderen Zimmer herüber.

»Der junge Drache«, antwortete sie.

Ich errötete.

In der Küche stand eine junge Frau in westlicher Kleidung, die mit einem amerikanischen Partner ins Gespräch vertieft war. Der junge Mann musterte mich über ihre Schulter hinweg und ließ seinen Blick beunruhigend lange auf mir ruhen. Als sie merkte, daß seine Aufmerksamkeit abgelenkt wurde, wandte sie sich flüchtig um, entdeckte mich und sprach dann weiter. Dieser kurze, oberflächliche Blick brachte mich irgendwie aus dem Gleichgewicht – mehr noch als der intensivere des Mannes.

Sie trug ein schwarzes Seidenkleid mit Spaghettiträgern, das an einer Seite hoch geschlitzt war. Sein Siebdruckmuster bestand aus gestaffelten, smaragdgrün und türkis gefärbten Pfauen, denen gespreizte Räder Myriaden starrer, irisierender Augen zeigten. Das eng anliegende Kleid ließ einen geschmeidigen Körper ahnen, der beinahe katzenhaft wirkte – irgendwie provokativ, doch von der ursprünglichen Unschuld (oder vielmehr Amoralität) der Katze. Ihre Ohrgehänge hatten die Form einer Mondsichel und waren aus Perlmutt und mattem Silber gearbeitet. Ein Mädchen wie sie hatte ich noch nie gesehen. Ich musterte sie vielleicht ein wenig länger, als es der Anstand erlaubte.

Mrs. Ha-pi, die dies bemerkte, beeilte sich, uns miteinander bekannt zu machen. »Sun I«, sagte sie, wohl eher, um ihre Aufmerksamkeit zu wecken als die meine, »hier ist jemand, den ich Ihnen gern vorstellen möchte.«

Das Mädchen wandte sich um.

»Das ist unsere älteste Tochter Li mit ihrem ...« sekundenlang zögerte sie errötend »... Freund Peter.«

Peter nickte und ergriff meine Hand mit sanftem, anhaltendem Druck, sagte jedoch nichts, sondern betrachtete mich mit einem unbegreiflich koketten, beinahe herausfordernden Ausdruck, ganz ähnlich dem, den ich am Tag zuvor in Mme. Qins Blick bemerkt hatte, als sie Fanku ansah und musterte wie ein potentielles Festmahl. Und wie sein Blick dauerte auch sein Händedruck für meinen Geschmack ein wenig zu lange, so daß ich mich fast mit Gewalt von ihm lösen mußte.

Stärker jedoch als dies Verhalten beunruhigte mich die junge Frau. Vor allem ihre Augen waren so ganz anders als die ihrer Schwester und Mutter, anders als alle anderen, es sei denn die des Bären, welche die Farbe dunklen, aus der Wabe fließenden Berghonigs hatten. Als ich ihrem Blick zum erstenmal begegnete, verspürte ich innerlich ein seltsames Flattern, und ich vermied es von da an möglichst, sie anzusehen. Hatten Yin-mis Augen bei jenem ersten, flüchtigen Blick ganz und gar klar und offen gewirkt, wie Sonnenlicht auf dem Meer, das zur Mittagszeit einen ungehinderten Blick ermöglicht, so waren die Augen ihrer Schwester voll Dämmerlicht. Es erinnerte an ein inneres Glimmen, ein schwaches, ambivalentes Licht wie von einem rauchenden Feuer, in dem etwas Grünes verglüht. Sie erinnerte mich an einen lüsternen Menschen, der nach einer Nacht geheimer Riten zurückkehrt, noch nicht ganz in dieser Welt, sondern halb in den Schatten eines kerzenbeleuchteten Gelages weilend; er findet die Welt im Nachglanz seiner sublimen Erlebnisse ein wenig belustigend und läßt sich, da er nichts braucht, was sie zu bieten hat, mit gutmütigem Humor zu ihr herab.

Ein seltsames Paar ... Ich wußte nicht recht, ob ich sie mochte: beide. Sie kamen mir vor wie eine jüngere Ausgabe von Mme. Qin und Fanku.

Wir sprachen über nichts Besonderes. Sie erwähnte, daß sie Archäologie studiere, sich aber ebenfalls sehr stark für Ethnologie interessiere, und schlug mir beiläufig eine Zusammenkunft vor, damit sie mehr über China in Erfahrung bringen könne. Ich stimmte halbherzig zu, teils weil sie zur Familie gehörte und ich mich nicht abweisend zeigen wollte, und teils, weil ihr ganzes Verhalten darauf schließen ließ, daß diese Zusammenkunft nie stattfinden würde.

»Vielleicht kann ich Gleiches mit Gleichem vergelten«, meinte sie mit einer Andeutung von Provokation und Belustigung im Blick.

Ich errötete unverhältnismäßig tief.

Sie lachte. »Ich meine, Ihnen zum Beispiel Märchen erzählen, westliche: Wie du mir, so ich dir.«

»Ach, da könnte ich ihm bessere Märchen erzählen als du«, warf Peter ein.

Sie runzelte die Stirn. Dann entschuldigten sich die beiden mit der Erklärung, sie müßten noch zu irgendeiner ›Eröffnung‹ im Village. Als sie zur Tür hinausgingen, ertappte ich Li dabei, daß sie mich aufmerksam beobachtete. Fast ließ mich dieser Blick erschauern. Und wieder verspürte ich dieses beunruhigende, unbestimmte Kribbeln. Ich hatte festgestellt, daß ich sie nicht mochte, und trotzdem verstärkte sich das Kribbeln bei ihrem Abschied.

Ach ja – habe ich schon erwähnt, daß sie schön war? Vielleicht hat die Tatsache, daß ich das, was sich für mich als das Allerwichtigste erweisen sollte, ausgelassen oder bis zuletzt ausgespart habe, etwas zu bedeuten. So überwältigend ihre Schönheit auch war, anfangs akzeptierte ich sie nur sehr zögernd. Denn es lag etwas Kaltes, Distanziertes in ihrer Vollkommenheit, die an die Perfektion des Mondes erinnerte, etwas, das mich ebenso sehr abstieß wie anzog.

Lo war noch immer nicht herübergekommen. Wie schon zuvor wußten Mrs. Ha-pi und ich nicht recht, was wir miteinander reden sollten, bis mir plötzlich einfiel, was ich in der Tasche trug, ja sogar eigens zu diesem Zweck mitgebracht hatte: das Geld. Beinahe hätte ich es vergessen.

»Verzeihen Sie meine Zerstreutheit, Mrs. Ha-pi«, sagte ich. »Das heißt auf keinen Fall, daß ich Ihre Großzügigkeit nicht aufrichtig schätze. Ich kann Ihnen gar nicht sagen, wie.« Ich griff in die Tasche.

»Meine Großzügigkeit?« Sie wurde dunkelrot und legte unbewußt die Hand auf ihre Brust. »Wie meinen Sie das?«

Über ihre Schulter sah ich Lo vom Flur hereinkommen. Mit einem einzigen Blick erfaßte er die Situation und begann mir hektisch Zeichen zu machen, indem er den Kopf schüttelte und den Finger auf die Lippen legte.

Aber ich hatte das Geld schon herausgezogen. Als ich ihn sah, zögerte ich, aber es war zu spät. Los Frau sah mich bestürzt und verständnislos an. »Wofür ist das?«

Hilflos wandte ich mich an Lo. »Tut mir leid.« Mit verlegenem, bekümmertem Grinsen hob ich die Schultern. »Ich dachte...«

Sie fuhr zu ihm herum. »Lo?«

Vor Qual schien er sich zu winden. Er ließ den Kopf hängen und errötete so tief, daß sein Gesicht fast blaurot wirkte.

»Was ist denn?« erkundigte sie sich besorgt und ergriff seine Hand. »Lo...?«

»Ich hätte es dir sagen müssen«, gestand er mit jämmerlicher Stimme. »Aber es war das Brautgewand seiner Mutter. Er hatte es Mme. Qin gegeben.«

»Mme. Qin!« Sie schnappte erschrocken nach Luft.

Eine schwangere Verwandte, die Frau eines jungen Mannes, die Lo in die Küche gefolgt war, um am Wasserhahn ihr Glas zu füllen, beobachtete uns drei mit offenem Mund, während das Wasser ihr unbeachtet über die Hand floß.

Lo nahm seine Frau beiseite und begann leise und ernst auf sie einzureden.

Ich stand wie angewurzelt auf meinem Platz, während die beiden heftig diskutierten.

Die junge Frau, die sich von ihrem Staunen erholt hatte, begann systematisch sämtliche Gläser zu spülen, die sich im Spülstein angesammelt hatten. In ihrem Bemühen, sich möglichst kein Wort von dem, was gesagt wurde, entgehen zu lassen, lehnte sie sich, wie mir schien, unangebracht weit zu den Ha-pis hinüber.

Während Lo sprach, blickte seine Frau von Zeit zu Zeit zu mir herüber oder auf das Geld, das ich voller Verlegenheit noch in der Hand hielt, weil ich nicht wußte, was ich damit anfangen sollte. Nach ungefähr einer Minute verstummte Lo. Mrs. Ha-pi wandte das Gesicht ganz langsam ihrem Ehemann zu, der mit hängendem Kopf dastand wie ein kleiner Junge, der eine Strafpredigt erwartet, und trotzdem hofft, Pardon zu erhalten. Mütterliche Zärtlichkeit gewann offensichtlich die Oberhand, und so beugte sie sich hinab, um ihm liebevoll die kahle Stirn zu küssen. Lo seufzte und blickte dankbar zu ihr auf.

Dann kam Mrs. Ha-pi zu mir herüber und bot mir strahlend und ein wenig beschämt die Hand.

»Es tut mir ja so leid...« begann ich.

Spontan streichelte sie mir die Wange, eine Geste, die mich vielleicht schokkiert hätte, wäre ich nicht so tief bewegt gewesen. »Bitte, entschuldigen Sie sich nicht!« sagte sie. »Ich bin so froh!«

Über ihre Schulter hinweg sah ich, daß Lo sich mit dem Taschentuch die Stirn wischte. Als er meinem Blick begegnete, bedachte er mich mit einem spitzbübischen Augenzwinkern, das mich fast aus dem Anzug hob.

»Komm«, sagte er und trat zwischen uns, »wir haben dem jungen Drachen einen ganz schönen Schreck eingejagt. Er ist solch kleine Verwicklungen des häuslichen Lebens nicht gewohnt, sondern hat sich bisher nur in den Wolken herumgetrieben. Wir dürfen nicht aufdringlich sein und ihn allein mit Beschlag belegen. Er ist gekommen, um Wo kennenzulernen und wichtige Fragen mit ihm zu besprechen. Die beiden müssen sofort miteinander bekannt gemacht werden!«

Er nahm mich beim Arm, und zu dritt traten wir auf den Flur hinaus. Die junge Frau trocknete sich hastig die Hände an einem Geschirrtuch und kam hinter uns hergewatschelt.

Im Flur hörte ich das Stimmengewirr, das aus dem anderen Zimmer kam.

»Haben Sie es wiederbekommen?« erkundigte sich Mrs. Ha-pi, die neugierig auf die Fortsetzung der Geschichte war. »Das Gewand, meine ich.«

»O doch, ja«, antwortete ich. »Sogar relativ problemlos. Sie schien nicht besonders erfreut zu sein über meinen Besuch, wurde nach kurzer Zeit jedoch beinahe zugänglich. Ich war erstaunt. Nach allem, was Lo sagte, hatte ich Schwierigkeiten erwartet.«

»Sie haben Glück gehabt«, erklärte sie mit unangemessener Erbitterung im Ton. »Diese Frau ist skrupellos.«

»Jawohl«, fiel die Schwangere eifrig flüsternd ein. »Manche sagen sogar, sie hat Verbindung zur Triade.«

»Zur Triade?« fragte ich, ihr zugewandt, als wir gerade das Wohnzimmer betraten.

Das Gemurmel der Gespräche riß ab. Als ich aufblickte, starrte mir die Hälfte der Anwesenden entgegen. Es waren etwa ein Dutzend bis fünfzehn Personen versammelt, alle Chinesen, alle westlich gekleidet mit Ausnahme einer alten Frau, einer weißhaarigen Matriarchin, die in einem zierlichen Sessel aus chinesischem Kirschholz – dem einzigen wertvollen Stück im Zimmer – an der linken Wand saß. Yin-mi, die neben ihr kerzengerade auf der Kante eines Stuhls mit Rohrgeflechtsitz hockte, lauschte höflich ihrer Konversation. Sie saß wunderbar aufrecht und natürlich da und hielt graziös eine Teetasse mit Untertasse auf den Knien, die sie fest zusammenpreßte. Sie trug eine weite, weiße Bluse mit rundem Kragen und schwarzer Schleife, einen dunklen Rock, gerippte, weiße Kniestrümpfe und Lederpumps. Als ihr die Stille auffiel, wandte sie sich um und musterte mich mit leicht neugierigem Blick. Auf einmal erkannte ich, was an ihrem Gesicht so außergewöhnlich und beunruhigend war: Sie sah dem kleinen Mädchen in dem Dorf, in dem ich Jin kennengelernt hatte, verblüffend ähnlich. Diese Gedankenverbindung ließ mein Herz einen Sprung tun.

»Die Triade«, bemerkte eine harte, nasale Stimme auf englisch. »Sagt bloß, daß ihr noch immer an dieses alte Schreckgespenst glaubt!«

Wieder erhob sich Stimmengewirr im Raum.

»Ich meine, na schön, sie hat mal existiert – und tut es heute noch, dem Namen nach. Aber sie ist nichts weiter als eine Scheinorganisation, die in Chinatown jetzt ungefähr soviel Einfluß hat wie der Ku-Klux-Klan. Die Italiener haben sie längst aus dem Geschäft gedrängt.«

Ich hatte mich in der Zwischenzeit gefangen und mich zu dem Sprecher umgedreht. Auf dem Sofa unter dem Fenster am anderen Ende des Zimmers rekelte sich lässig ein dicker junger Mann, der eine verwirrende Ähnlichkeit mit Buddha aufwies, zumindest was den Körperumfang betraf. Er war ungefähr in meinem Alter und trug ein Hawaii-Hemd aus leuchtend granatapfelrotem Synthetikmaterial, das zur Erholung der Augen mit Riesenkullern in Gelb und Elektrikorange bedruckt war. Das Hemd, das sich über dem Bauch spannte, war über den Jeans um einige Zoll hochgerutscht und entblößte einen fischig-weißen Streifen Fett sowie ein paar schwarze Haare, an Dichte und Beschaffenheit in etwa jenen gleich, die als kümmerliche Imitation eines Schnurrbarts auf seiner Oberlippe sprossen. Ein dichter, unordentlicher schwarzer Haarschopf hing ihm über das rechte Auge. Er musterte mich ausdruckslos, dann machte er eine ruckhafte Kopfbewegung, um sich die

Strähnen aus der Stirn zu schleudern. Die Wirkung dieser Geste stabilisierte er, indem er mit der Hand noch mal hinterdrein fuhr.

»Aber Wo ...« wandte jemand ein.

Wo!

»... was ist mit dem Drogenhandel – dem Heroin und Opium – auf den Straßen von Chinatown?«

»Jawohl«, sekundierte ein anderer, »und dem Glücksspiel?«

Das sollte Wo sein? Ich war total enttäuscht. Da ich damit beschäftigt war, die Inkongruenz zwischen dem Bild, das ich mir in meiner Vorstellung von ihm gemacht hatte, und der jetzt eingetretenen Realität zu verarbeiten, konnte ich dem Rest der Diskussion nur mit Mühe folgen.

Wo zuckte selbstgefällig mit den Achseln. »Das ist alles Cosa Nostra«, verkündete er unbestimmt ex cathedra und warf wieder seinen Haarschopf zurück. Ein Winkel seiner flaumbewachsenen Lippe verzog sich zu einem listigen Lächeln. »Finanziert natürlich hier und da von einem Multi.«

Im ganzen Zimmer wurden Blicke getauscht. Niemand wagte weitere Einwände, denn die Anspielung auf die Multis hatte alle überzeugt.

Damit kehrte er seinem Publikum – es bestand aus dem männlichen Teil der Anwesenden, die das Sofa wie eine Schar serviler Höflinge umdrängten und um die besten Plätze rangelten – den Rücken und nahm sein vorhergehendes Gespräch wieder auf, das ich mit meiner Frage anscheinend unterbrochen hatte. Die Männer stellten ihre Fragen auf englisch, wobei die Grammatik die verschiedenen Stufen ihrer Sprachkenntnis verriet. Wos Antworten waren reichlich mit eindrucksvoll klingenden Namen gespickt – National Semi, Con Ed, Standard Cal, Schlumberger, IBM und einem, den ich mit einem Schauer schnell unterdrückter Erregung erkannte: APL –, die mit kleinen freudigen und dankbaren Aufschreien gewürdigt wurden. Ein Mann machte sich sogar Notizen. Wo ließ diese Namen mit der Arroganz und Nonchalance eines Monarchen einfließen, der seinen Untertanen huldvoll Großmut zuteil werden läßt; und tatsächlich, wie er da auf dem Sofa saß, die Arme auf der Lehne ausgebreitet und einen fleischigen Fuß (im schwarzen, hohen Basketballschuh) unter sich gezogen, war er einem verlotterten jungen Prinzen, der seine Bewunderer zum Lever empfängt, nicht unähnlich.

»Das ist Wo!« flüsterte Lo mir begeistert und völlig überflüssigerweise ins Ohr. »Komm mit, ich stelle dich ihm vor.«

Den Ärmel meines Gewandes fest in der Hand, bahnte er uns einen Weg durch die Menge, die uns nur widerwillig Platz machte.

Er räusperte sich. »Entschuldigung bitte«, sagte er auf englisch, das de facto die offizielle Diplomatensprache angesichts des Thrones zu sein schien.

Seinen Gesprächspartner um Schweigen bittend, hob Wo die Hand und sah seinen Vater an. »*Hiya*, Pops«, begrüßte er ihn. »Wir sind gerade mitten in einem Thema. Was gibt's?«

»Entschuldigung bitte«, wiederholte Lo unterwürfig. »Aber hier ist jemand, den ich dir vorstellen möchte.« Er zog mich neben sich vor das Antlitz der Hoheit. »Das ist Sun I.« Damit trat er zurück und überließ mir das Feld.

Ich wußte nicht recht, ob ich ihn mit einem Titel anreden sollte – Euer Rundlichkeit vielleicht. Ich entschied mich für Zwanglosigkeit und eine besonders tiefe Verbeugung. »Ihr Vater hat mir viel von Ihnen erzählt«, begann ich in Chinesisch, das ich vor allem deswegen wählte, weil ich mich darin sicherer fühlte, vielleicht aber auch aus einem Anflug anarchistischer Affenbosheit. »Ich habe mich auf diese Begegnung gefreut.«

»Ich spreche diesen Scheiß nicht«, erwiderte Wo nüchtern auf englisch.

»Aber Wo!« rief Mrs. Ha-pi erschrocken aus.

Er zuckte die Achseln und warf seine Haartolle zurück. Dann erhob er sich mit einem müden Seufzer schwerfällig vom Sofa. Als er stand, streckte er mir seine Patsche entgegen, schüttelte mir ohne Begeisterung, ohne auch nur den geringsten Druck die Hand und musterte mich mit einer Spur von Interesse. »Ist ja 'n Super-Dress, den Sie da haben«, bemerkte er und strich mit der Wölbung seiner Fingernägel über mein Gewand.

Ich nahm das als Kompliment und zahlte mit gleicher Münze zurück. »Ihrer aber auch.«

»Oh, *yeah?* Gefällt er Ihnen? Hat mich dreißig *bucks* gekostet.« Wieder schleuderte er seinen Haarschopf zurück, und ich hatte das Gefühl, daß diese Geste über die simple Funktionalität hinaus eine gewisse Selbstzufriedenheit und Selbstgefälligkeit ausdrückte. »Sie sind doch der, der's mit dem Dow hat, eh?«

»Er ist Taoist!« warf Lo hilfsbereit ein – in einem Ton, der den einzigartigen und eindrucksvollen Charakter dieses Sachverhalts ausdrücken sollte.

»Ein Dowist!« kreischte Wo und bog sich vor Lachen. »Mann, Pops, wenn du anfängst, Englisch zu sprechen, trittst du wirklich manchmal ins Fettnäpfchen!«

»Entschuldigung, bitte!« Lo errötete vor Scham.

»Ein taoistischer Priester«, stellte eine neue Stimme fest. Alle drehten sich in die Richtung um, aus der sie kam.

Yin-mi saß noch genauso da wie zuvor und balancierte die Teetasse auf ihren Knien; nur stand jetzt ein helles Strahlen in ihren Augen, und ihre Wangen waren rot übergossen.

Mein Herz hämmerte. Die Tatsache, daß sie sich die Mühe gemacht hatte, sich sogar eine so winzige und allgemeine Information über mich zu merken, erfüllte mich mit unerklärlicher Freude.

»Ach so, *jetzt* verstehe ich!« antwortete Wo. »Taoist, wie die Religion.« Mit geschürzten Lippen runzelte er die Stirn und nickte. »Das ist *cool.*« Er warf sein Haar zurück. »Könn' Sie auch wahrsagen und so'n Scheiß?«

Peinlich berührt senkte ich den Kopf.

»*Hey*, vielleicht könnten Sie das Zeug benutzen, um den Markt vorauszusagen...« Er erwog den eigenen Vorschlag. »*Nah*«, entschied er dann, »das gibt nur Probleme, wenn man so'n religiösen Hokuspokus reinbringt.«

Ich erstarrte.

»Aber ich werd' Ihnen sagen, wie die *richtige* Magie reinkommt, mit IBM SYSTEM 360.«

Ringsum erhob sich zustimmendes Gegrunze.

»Also, äh... Sonny – es war doch Sonny, oder?«

»Sun I«, korrigierte ich ein kleines bißchen gereizt.

»*Yeah*, Sonny, sag' ich doch – was kann ich für Sie tun?«

Lo benutzte diese Frage, um uns gemeinsam aufs Sofa zu drücken. »Ihr beiden redet jetzt miteinander!« befahl er und machte sich sodann an die undankbare Aufgabe, die anderen davonzuscheuchen. Während wir darauf warteten, daß sich das Stimmengewirr legte, rätselte ich angestrengt an Yin-mis Gesicht herum und versuchte den Blickwinkel wiederzufinden, der mich an das kleine Mädchen erinnert hatte. Während ich sie beobachtete, half sie ihrer älteren Gesprächspartnerin beim Aufstehen; anschließend nahm sie wieder Platz, blies in ihre Teetasse und begann zu trinken.

»Äh, Sonny!« sagte Wo verärgert. »Woll'n Sie da rumsitzen und ins Leere starren, oder woll'n Sie mit mir reden?«

»Entschuldigen Sie«, gab ich zurück. »Ich kann mir denken, daß Sie nur wenig Zeit haben. Ihr Vater hat mir von der wichtigen Position erzählt, die Sie an der Börse bekleiden.«

Wo warf diesmal sein Haar mit besonderer Vehemenz und Eleganz zurück. »*Yeah*. Und?«

»Ich hatte gehofft, Sie könnten mir helfen.« Ehrerbietig senkte ich den Blick. »Ich möchte mich mit dem Dow vertraut machen.«

»Ich dachte, Sie wär'n schon Taoist«, bemerkte er mit komischem Grinsen.

»Ich meine das amerikanische Dow.«

»Den Dow Jones«, berichtigte er belehrend. »Hör'n Sie mal zu, Sonny, wenn wir uns unterhalten wollen, müssen wir die beiden auseinanderhalten. Es gibt da nämlich einen beträchtlichen Unterschied.«

»Oberflächlich gesehen, vielleicht«, erwiderte ich, von seiner übertriebenen Herablassung endlich zur Rebellion gedrängt. »Im tieferen Sinn jedoch sind die beiden eins.«

»Ach ja? Ich bin zwar kein Philosoph, aber das hätt' ich wirklich nicht gedacht. Woll'n Sie mir das näher erklären, oder soll ich's so durchgehen lassen?«

Als ich den Mund zu einer Antwort öffnete, entdeckte ich, daß Yin-mi von ihrer Tasse, die sie wenige Zentimeter unterhalb ihrer Lippen hielt, aufblickte, um mich mit konzentrierter Aufmerksamkeit zu beobachten. Ich weiß noch, daß ihr ernsthafter, klarer Gesichtsausdruck nach dem schweren, beinahe indezenten Likör, den das Antlitz ihrer Schwester bot, wie ein Schluck frischen Quellwassers wirkte. Sie wandte ihren Blick nicht ab, sondern fuhr fort, mich mit freimütigem Interesse zu beobachten, als sei sie gespannt auf das, was ich zu sagen hatte. Verlegen schlug ich die Augen nieder.

»Das Tao ist die Quelle«, erklärte ich ruhig und wählte meine Worte so vorsichtig, als stünde ich vor Gericht und müßte mich vor einem gestrengen Tribunal hoher Richter verteidigen.

»Die Quelle – von was?« erkundigte er sich. »Vom Mississippi?«

»Von allem«, berichtigte ich ihn. »Es ist die Matrix des Lebens, der ungeformte Mutterboden, aus dem die zehntausend Formen entstehen und in den sie schließlich wieder zurückkehren wie in ihr Grab.«

»Puh!« machte Wo und schüttelte seine Hand. »Bitte nicht allzu dick auftragen, Sonny! Sonst müßt' ich die Stewardeß um 'ne Papiertüte bitten.«

Obwohl mir die genaue Bedeutung dieses Scherzes entging, merkte ich, daß ich verspottet wurde. Ich wurde unsicher.

»Laß ihn ausreden, Wo!«

Beide wandten wir ihr die Köpfe zu, er verärgert, ich sehr dankbar.

»Verzieh dich, Yin-mi!«

»Sprechen Sie weiter!« ermutigte sie mich flüsternd, ohne ihn zu beachten. Ihre Wangen zeigten eine leichte Röte.

»*Yeah*, von mir aus«, gab Wo nach. »Was gibt's denn sonst noch? Ich kann mir immer noch kein Bild machen. Wie ist das?«

»Es ist mit nichts zu vergleichen«, erklärte ich – nicht ihm, sondern ihr. »Es ist eine Leere, die strahlende Leere im Zentrum des Lebens. Es ist Stille, Harmonie, Emanzipation vom Ich.«

Sie errötete, wandte ihren Blick aber nicht ab, und in ihren Augen tanzte ein Strahlen.

»Klingt langweilig«, bemerkte Wo. »Wie ich schon sagte, 'n Haufen Hokuspokus, absolut irreal. Wie dem auch sei, wenn schon mit nichts anderem, hat es verdammt noch mal nichts mit dem Dow zu tun – dem anderen, *meinem* Dow. Also, *der* ist real! All dieses andere Zeug klingt zwar ganz gut, ist aber viel zu theoretisch, durch keinerlei Erfahrung bestätigt. Mein Dow ist das genaue Gegenteil: nicht ›Emanzipation *vom* Ich‹«, er betonte meine Formulierung spöttisch, »sondern Emanzipation *des* Ich, verstehn Sie? Nummer eins. Ich zuerst. Jeder für sich, kein Griff verboten, Pardon wird weder erbeten noch gewährt, und der Teufel soll den letzten holen. Hund frißt Hund, heißt es. Katze frißt Maus. Hund frißt Katze. Mensch frißt Hund. Und jedermann schüttele seine Beute nach Kräften, verstehn Sie? Darum geht's beim Dow. Und wenn Sie nicht glauben, daß das real ist, lassen Sie sich's von mir gesagt sein.« Er warf sein Haar zurück. »Etwa eine halbe Meile von hier können Sie das, wenn Sie wollen, mit allen fünf Sinnen nachprüfen, mit dem Messer zerschneiden und auf 'ner Scheibe Brot frühstücken. Zeigen Sie mir Ihr anderes Tao, damit ich das ebenso sehe, dann tret' ich vielleicht zu Ihrem Glauben über. Im Moment werde ich aber mein Geld dort arbeiten lassen, wo es ist.«

»Das Beispiel ist äußerst lebendig und anschaulich, das muß ich zugeben.« Seufzend kramte ich in einer entlegenen Schublade meiner Erinnerung nach einer Widerlegung. »Aber aufgrund ihrer groben Beschaffenheit läßt sich die Erscheinungswelt stets weitaus leichter mit dem weitmaschigen Sieb der Sinne einfangen. Nur weil man etwas leicht begreift, heißt das noch lange nicht, daß es real ist. In Wahrheit sind Illusionen viel leichter zu begreifen als Wahrheiten. Ihr Dow ist so eine Illusion; seine Realität ist die Realität eines Schattens. Das Tao ist der Körper, der diesen Schatten wirft. Es wirft die Schatten aller ›Zehntausend Dinge‹, von denen Ihr Dow nur eines ist.«

»Na schön, aber ich kapier' das nicht, Sonny. Ein Schatten besitzt wenigstens dieselbe Gestalt wie das Ding, das ihn wirft, stimmt's? Ich meine, zwischen beiden besteht eine erkennbare Ähnlichkeit, verstehn Sie? Aber Tao und Dow! Das sind doch, soweit ich sehe, hundertprozentige Gegensätze. Ich meine, haben Sie jemals gesehen, daß ein Huhn den Schatten eines Nilpferdes wirft oder 'n Mack-Lkw den Schatten von 'nem Playboy-Bunny?«

»Betrachten Sie es folgendermaßen.« Yin-mis ungeteilte Aufmerksamkeit verlieh mir Mut, war mir Inspiration. »Stellen Sie sich einen Gebirgsbach vor, kaum trübe, unbekümmert, wie er zwischen Felswänden einen steilen Hang hinabschießt...« (Sie nickte.) »Folgen Sie ihm in Gedanken! Wenn er den Fuß des Berges erreicht, wo das Gefälle sanfter ist, wird er langsamer, breiter und gräbt sich tiefer in sein Bett. Und irgendwann, nach einer Reise von tausend Meilen, ergießt sich der einst schäumende Gießbach als Fluß, der sein Ungestüm ausgetobt hat, ins Meer. Er wird wie ein unbedeutendes Detail in den größeren Körper aufgenommen, sanft umfangen wie ein schreiender Säugling, der zum Stillen an die Mutterbrust gelegt wird. Jener angeschwollene Gebirgsbach – das ist Ihr Dow. Das Meer ist das meine.« Yin-mi klatschte begeistert in die Hände, aber auch ich war recht zufrieden mit dieser Metapher, die mir eben erst eingefallen war und aus meiner persönlichen Erfahrung stammte.

»Klingt nicht schlecht«, stellte Wo fest. »Aber ich bin noch immer nicht überzeugt. Metaphern mögen ja schön und gut sein, aber Poesie ist eines, Logik dagegen etwas ganz anderes. Ich will Beweise. Erklären Sie mir, wo die beiden zusammentreffen! Um Ihre eigene Metapher zu benutzen, erklären Sie mir, wo das... wie heißt das noch?... Sie wissen schon, das...« Er sah Yin-mi an und schnalzte mit den Fingern. »Die Stelle, wo der Fluß ins Meer fließt?«

»Das Delta«, flüsterte Yin-mi.

»*Yeah*, das Delta«, wiederholte er. »Wo ist das?«

Ich wollte antworten, aber die Worte ließen mich im Stich. Ich kam mir vor wie ein Schuljunge beim Examen, der hastig Bestandsaufnahme der Dinge macht, die er in seinem Gedächtnis bewahrt, und nichts findet, das zur Frage des Lehrers paßt. »Ich weiß es nicht«, erwiderte ich. »Ich habe die Stelle noch nicht gesehen.«

»Aha, das hatte ich mir gedacht«, trumpfte er auf, als habe er sich gerechtfertigt.

»Vielleicht sind Sie hergekommen, um es zu suchen«, meinte Yin-mi vorsichtig, mit einem leichten Beben in der Stimme.

Ich antwortete nicht; das war nicht nötig. Zwischen uns wurde ein Pakt geschlossen, wechselten wortlos Frage und Antwort, wurden Bedingungen gestellt und akzeptiert. Sie überließ mir die ganze Tiefe ihres Seins. Niemals zuvor hatte ich im Antlitz eines anderen Menschen so viel gelesen.

»Ach ja?« fragte Wo leicht amüsiert, beinahe verächtlich. »Seid ihr euch schon vorgestellt worden?«

Der Zauber war zerstört. Yin-mi starrte wieder in ihre Teetasse.

»Wie ich schon sagte, Sonny«, fuhr er fort, »das Delta... Sie müssen doch zugeben, daß Sie das einfach aufs Wort hin glauben. Na schön, das ist schon *okay*, glaube ich. Das ist es wohl, was man Religion nennt. Aber ich würde keinen Penny drauf wetten. Nehmen Sie Ihre Religion, ich behalte die meine... Aber wie sind wir eigentlich auf dies Thema gekommen? Sie sagten was davon, daß Sie in meinen Dow eingeweiht werden wollen, nicht wahr?«

Ich nickte.

»Hören Sie, ich habe nur eine Frage. Wenn der so irreal und schattenhaft ist, Ihr anderes dagegen so großartig – warum dann die Mühe? Hier scheint mir doch ein Widerspruch zu liegen. Nein, nein, sagen Sie nichts!« Er grinste spitzbübisch, als wolle er eine Komplizenschaft bei einem nicht ganz ehrlichen Handel andeuten. »Sie haben 'n paar *bucks*, die Sie investieren wollen, stimmt's?«

»Das würde gegen mein Armutsgelübde verstoßen«, erklärte ich kühl.

»Was Sie nicht sagen!« Er schien sich zu wundern. »Geld verdienen ist gegen eure Grundsätze? Das ist mir neu.«

»Ich möchte das Dow lediglich als unbeteiligter Beobachter studieren«, versicherte ich. »Es beobachten, ohne an ihm teilzunehmen.«

»Drin sein, aber nicht dazugehören, wie?«

Ich nickte. »Außerdem«, ergänzte ich, »habe ich gar kein Geld zu investieren.«

»Das tut mir leid für Sie, mein Freund, ganz ehrlich. Aber was soll ich dagegen tun?«

»Nun ja, aufgrund Ihrer hohen Position hatte ich gehofft, Sie könnten mir einen Job besorgen.«

Wo zuckte zurück, als komme ihm diese Idee vollkommen unerwartet, als sei sie ihm ärgerlich. »Einen Job, eh? Ich hatte mir schon gedacht, daß da noch was dahintersteckt, hinter all diesem philosophischen Gerede.« Er überlegte. »Wissen Sie, Sonny, wenn ich wollte, könnte ich Sie da durchaus als Laufjunge oder so unterbringen, aber ich rate Ihnen: Suchen Sie sich was anderes! Ein so frommer Bursche wie Sie... das würde Ihnen bestimmt nicht gefallen. Bleiben Sie lieber in Pops' Restaurant! Außerdem würden die an der Börse Sie behandeln wie einen Kuli, und die Bezahlung ist einfach lausig.«

»Das ist mir egal«, fiel ich ihm ins Wort. »Nach Geld strebe ich nicht. Ich will nicht mehr als eben genug zum Leben.«

»Tja also, ich weiß nicht...«

»Hören Sie, Wo«, begann ich verzweifelt, fest entschlossen, jetzt bis zum Äußersten zu gehen. »Es gibt da etwas, das ich Ihnen noch nicht gesagt habe. Außer dem Delta« – ich warf Yin-mi einen anerkennenden Blick zu – »gibt es noch einen anderen Grund für mein Interesse am Dow. Ich bin den weiten Weg bis hierher nach Amerika gekommen, um meinen Vater zu suchen. Sie sind meine einzige Hoffnung.«

»Ihren Vater?« Er hob die Brauen. »Das ist ja ganz was Neues. Ich hab' das Gefühl, daß wir nach all den Metaphern und der Philosophiererei jetzt endlich zum Kern der Sache kommen.« Staunen stand in seine Züge geschrieben. »Aber was hat das damit zu tun, daß ich Ihnen einen Job besorgen soll?«

»Es besteht ein Zusammenhang zwischem ihm und dem Dow«, antwortete ich. »Und das ist mein einziger Anhaltspunkt. Sonst wüßte ich nicht, wo ich ihn suchen sollte.«

»Wieso – erwarten Sie, ihm da über den Weg zu laufen?«

»Möglicherweise«, gab ich zurück. »Ich weiß es nicht. Es ist einfach eine Intuition.«

»Intuition, eh? Ist das die Taoisten-Methode? Ich will ja nichts schlechtmachen, versteht sich, aber ist die nicht 'n bißchen altmodisch? Ich meine, wir leben im zwanzigsten Jahrhundert, oder? Schon mal was vom Telefonbuch gehört?«

»Telefonbuch?«

»Na klar. Habt ihr in China kein Telefon?«

»Im Kloster nicht«, antwortete ich.

»*Yeah, yeah,* alles schön natürlich – und keine Gummis, was? Also wir hier machen's uns 'n bißchen leichter.« Neben dem Sofa stand ein Tischchen mit einem Telefon, das auf dem Fernsprechverzeichnis von Manhattan stand. »Überlassen Sie das Laufen nur Ihren Fingern«, sagte er, während er das Telefonbuch herauszog. Mit einem kurzen Augenblinzeln warf er sein Haar zurück. »Okay, raus damit!«

»Womit?«

»Mit dem Namen, dem Namen.«

»Ach so! Love.«

Er leckte an seinem Zeigefinger und begann zu blättern. »Law... Lee... Lie... Hoppla, zu weit. Hier ist es: Love. Vorname?«

»A.E. oder Eddie.«

»Eddie Love.« Er schürzte die Lippen. »Eddie Love... Wo hab' ich den Namen schon mal gehört? He, war das nicht der ...« er schnalzte mit den Fingern »... dieser Kerl von der APL, der das Ganze übernommen hat? Der dicke Skandal, und so?«

»Sie meinen seinen Ururgroßvater«, berichtigte ich.

»Was? Ist das schon so lange her?«

Ich nickte.

Er musterte mich kurz; dann zuckte er die Achseln. »Na ja, Sie müssen's ja wissen. Geschichte ist nicht gerade meine Stärke. Jedenfalls war es vor meiner Zeit, das weiß ich genau.« Jetzt erst schien ihm die Bedeutung meiner Worte aufzugehen. »Aber das kann nicht Ihr Ernst sein! Dieser Kerl oder einer von seinen Enkeln oder so – einer von *den Loves* soll Ihr Vater sein?«

Abermals nickte ich.

»Ach, kommen Sie!« höhnte er. »Das soll wohl ein Witz sein! Sehn' Sie sich vor! Wenn Sie Witze machen, bin ich echt sauer auf Sie.«

»Es ist kein Witz«, beteuerte ich.

Er starrte ins Leere, als sehe er die herrlichsten Möglichkeiten sich in der Luft entfalten. »*Whoa!*« stieß er hervor und zog die Silbe stark in die Länge. »Nicht schlecht. Ganz und gar nicht schlecht. Woll'n Sie ihn verklagen?«

»Aber Wo!« protestierte Yin-mi.

Ich glaube, ich wurde dunkelrot.

»*Okay, okay*«, wehrte er ab. »Geht mich nichts an. Tut mir leid. Vergessen Sie die Frage!«

»Was ist mit dem Namen?« mahnte Yin-mi.

»Ach ja, richtig: A.E. Love.« Er überflog die Seite. »Hier gibt es einen A.C. Love... einen D.C. Love... aber keinen A.E. Love.«

»Und Eddie?« erkundigte ich mich.

»Nein, einen Eddie auch nicht. Es gibt einen E.E. Love (klingt wie 'n Pornostar, oder?). Wie wär's denn schlicht und einfach mit E. Love? Da ist ein E. Love. Woll'n wir's versuchen?«

»Ach ja, bitte!«

Er klemmte sich den Hörer unters Kinn und wählte. »Hallo? Könnte ich bitte Mr. Love sprechen?« Er zwinkerte mir zu. »Hallo? Hallo? Ist dort Eddie Love? *Elijah!* Was für 'n Name ist denn das? O bitte, nehmen Sie's nicht persönlich. *Yeah?* Sie mich auch, Freundchen, in 'ner Schubkarre!« Er knallte den Hörer auf die Gabel. »Tut mir leid«, sagte er. »Nichts zu machen. Vielleicht ist es eine Geheimnummer.«

Er wählte abermals. »Auskunft? Haben Sie einen A.E. oder Eddie Love? Jawohl, genauso wie's klingt. Sehn Sie bitte bei den neuen Anschlüssen und den Geheimnummern nach. Wie bitte? Ich weiß, daß Sie die Information nicht rausgeben dürfen. Hab' ich Sie nach der Nummer gefragt? Ich will nur wissen, ob es eine Eintragung gibt unter diesem Namen. Das dürfen Sie mir doch wohl sagen, oder? Dachte ich mir. Wie bitte? Keine? Und auch kein Eddie? Okay, Schätzchen, schönes Wochenende. *Bye-bye!*«

Wo legte den Hörer auf. Er warf seine Haartolle zurück, zuckte die Achseln und schürzte fatalistisch die Lippen. »Kein Mensch dieses Namens«, erklärte er. »Jedenfalls nicht laut N.Y. Tel.« Nachdenklich zog er die Brauen zusammen. »Könnte aber in den Vororten wohnen, so einer wie der. Wahrscheinlich Westchester oder die Hamptons, vielleicht auch Connecticut. Aber verdammt, wenn wir jede Möglichkeit durchprobieren, sind wir heut' abend noch nicht fertig. Ich würd' Ihnen ja gern helfen, Sonny, ehrlich! Aber...« Einfältig grinsend breitete er die Hände aus.

»Ich könnte helfen«, erbot Yin-mi sich in vollem Ernst.

»Würden Sie das tun?«

»*Yeah*«, stimmte Wo zu, »gute Idee. Aber nimm den Apparat mit und schließ ihn in Mom und Pops' Schlafzimmer an, ja? Wir haben hier was Geschäftliches zu besprechen. Versuch's zuerst bei den Ortschaften, die ich eben genannt habe. Und dann in den Städten entlang der Bahnstrecken. Vielleicht hast du Glück.« Er bückte sich, zog den Telefonstöpsel heraus, wickelte die Schnur auf und reichte mir den Apparat. »Bis später dann.«

»Und der Job?« wandte ich ein.

»Immer noch scharf drauf, eh? Hören Sie zu, Sonny, schminken Sie sich das lieber ab! Ich sage Ihnen, es ist wirklich keine gute Idee.«

»Bitte!« flehte ich leise.

Er kniff den Mund auf eine Weise zu, die nichts Gutes verhieß.

»Wo, er ist doch Vaters Freund«, hielt Yin-mi ihm vor. »Warum zögerst du? Es ist doch keine große Bitte.«

»Ach ja? Du glaubst wohl, ich brauch' bloß mit den Fingern zu schnalzen, und alle springen, wie?«

Ein paar seiner Höflinge, die sich seit einiger Zeit schon möglichst unauffällig nähergeschoben hatten, tauschten fragende Blicke, die Wo nicht entgingen.

»Nicht etwa, daß ich's nicht könnte, verstehst du? Wenn ich wollte.«

»Und warum willst du dann nicht?« fragte sie schlicht.

Die Gefolgschaft richtete ihre Aufmerksamkeit auf Wo. Er fühlte sich gedrängt, als werde seine Aufrichtigkeit auf die Probe gestellt. Schwer atmend, öffnete und schloß er beide Fäuste. So stand er, eindeutig erbittert, vor Yin-mi.

Sie beobachtete sein Mißvergnügen mit demselben Ausdruck, den ich schon an ihr gesehen hatte, als sie Lo Paroli bot: weder Angst noch Böswilligkeit, nur ein kristallharter Ernst, in dessen Zentrum eine in Freimut gefaßte Frage lag wie ein seltener Schatz in einer Museumsvitrine, etwas zutiefst Verletzliches und doch zutiefst Kompromißloses, dem zu begegnen Freimut erforderte.

»Schon gut, schon gut«, kapitulierte Wo mit einem zornigen Seufzer. »Montag morgen, Viertel vor neun, vor der Trinity Church.«

Anerkennendes Gemurmel wurde laut.

»Vielen Dank!« rief ich, über die Maßen beglückt.

Wo schleuderte seinen Haarschopf zurück wie ein Grande. »*Okay, okay*«, sagte er. »Aber verbeugen Sie sich wenigstens nicht, *okay?* Ich kann diesen Scheiß nicht mehr ertragen.«

»Ich werde Ihnen ewig dankbar sein, Wo«, versicherte ich vielleicht etwas übertrieben, doch vollkommen aufrichtig.

»Ja, ja«, gab er fast sehnsüchtig zurück, »hoffentlich ...« Er kicherte. »Aber nur keine Angst, ich krieg' schon, was mir zusteht.«

»Was immer Sie wollen«, versprach ich ihm und bereute sofort die Zweifel, die mir gekommen waren, als ich ihn zum erstenmal sah. Ich glaube wirklich, wenn er mir seine pummelige Hand gereicht hätte, ich hätte sie auf der Stelle geküßt, als sei er der Kaiser.

Zum Glück jedoch ergab sich diese Gelegenheit nicht. Zum Zeichen, daß meine Audienz beendet war, löste Wo den Blick von mir und zog mit einem unnachahmlichen Werfen des Kopfes die Aufmerksamkeit eines der alerten Höflinge auf sich, die in einiger Entfernung warteten. Dann ließ er sich wieder schwer aufs Sofa fallen, dessen Polstern dabei ein kleiner Sturm entwich. Innerhalb einer Sekunde drängte sich die ganze Schar eifrig um ihn und erinnerte an verbannte, aus dem Exil zurückgeholte Untertanen, deren Gier auf ihren Monarchen und deren Dankbarkeit durch seine willkürliche Ausübung der Macht nur noch vertieft wurde. Im Gedränge hielt ich nach Yin-mi Ausschau.

»Hilfe! Eine Panik!« rief sie lachend und streckte über die Köpfe der anderen hinweg die Hand nach mir aus. Überrascht und bezaubert von dieser plötzlichen Ausgelassenheit, die mir eine Seite von ihr zeigte, die ich noch nicht kannte, ergriff ich die Hand. Sie war klein und kühl und übte einen energischen Druck aus, denn es war Yin-mi, die mich führte. Im peristaltischen Gewühl drängelnder Körper schoben wir uns Zoll um Zoll durch die Menge. Von ihr geleitet zu werden erweckte in mir eine süße Ekstase des Treibenlassens und der Unentschlossenheit, der ich nur allzu bereitwillig nachgab. Ich genoß das Gefühl körperlicher Sicherheit wie ein Kleinkind, das unbewußt, ahnungslos glücklich in den Armen der Mutter schläft. Schließlich wurden wir mit einer letzten, heftigen Preßbewegung am anderen Ende des Zimmers in eine Region der Stille hinausgestoßen. Als Yin-mi dort ihre Hand aus der meinen löste, befiel mich ein leichtes Gefühl der Verlassenheit.

Nachdem sie sich jedoch umgedreht und mir mit geröteten Wangen atemlos zugelächelt hatte, war dieser Schaden im Handumdrehen behoben.

FÜNFTES KAPITEL

Das Schlafzimmer der Ha-pis war winzig und vollgestopft. Nirgends gab es eine Sitzmöglichkeit außer dem Bett, das sich dehnte wie eine durchhängende Ebene erholsamer Geräumigkeit, während ringsum das Chaos drohte – ein wohlgeordnetes Chaos allerdings wie in der Küche: als sei das Durcheinander systematisch arrangiert worden. Die Laken besaßen die Farbe von Scotties Tennisschuhen: Zirrhosegrau von zu häufigem Waschen. Die Fäden der bestickten Stoffborte am Kopfende jedoch, ein sanft mäanderndes Muster aus verschlungenen *Fus* und *Shous,* waren wohl noch immer genauso rot und lebhaft wie an Los Hochzeitstag. Daß dies eine Handarbeit von Mrs. Ha-pi war, verriet ein Nadelpolster, das auf dem entfernteren Kopfkissen unter einer Leselampe lag: ein lächelnder, schlitzäugiger Chinese mit dickem Bauch. Er war gespickt mit Stecknadeln und Sticknadeln, in deren Öhren kurze Enden vielfarbiger Fäden hingen wie die fröhlichen Bänder an den Spießen der Banderilleros. Und dennoch lächelte er. Irgendwie erinnerte mich dieser heiter Leidende an Wo, der mir vorkam wie von einem unangenehmen Voodoo-Fluch bedrängt. Ganz zweifellos, sagte ich mir und raffte so viel Demut zusammen, wie ich nur konnte, ist diese Assoziation unverdient und vom Neid auf Wos hohe Stellung diktiert. Auf einer Hutschachtel lag ein Stück wunderschöne schwarze Seide mit Fransen, das wohl ein Schal werden sollte. Ein Teil davon war auf einen runden Stickrahmen gespannt, ein Miniaturtamburin aus unlackiertem Holz. Offensichtlich stickte Mrs. Ha-pi gerade in Petit-point-Technik eine Chrysantheme mit leuchtend grünem Stengel unter der prachtvollen, wolkenduftigen Blüte. Ich verspürte einen Stich bittersüßen Heimwehs: das Gewand, meine Mutter, Love... all das hatte mit jener Scherzchrysantheme begonnen...

»Sie ist wunderschön, nicht wahr?« fragte Yin-mi, die meine Versunkenheit bemerkte. »Meine Mutter fertigt sie für eine Freundin an, für Mrs. Chen. Sie hat ein Andenkengeschäft in der Mott Street und nimmt sie in Kommission.«

Obwohl ich wußte, wie sinnlos es war, wollte ich ihr irgendwie meine Stimmung, jene Sehnsucht verständlich machen, die in meinem Herzen erwacht war. Doch ich bekam kein Wort heraus.

»Woran denken Sie?« erkundigte sie sich freundlich.

Ich lachte geringschätzig. »An mehr, als ich jemals erklären könnte.«

»An das Gewand Ihrer Mutter, nicht wahr?«

Ich war verblüfft. »Woher wissen Sie das? Sie scheinen Gedanken lesen zu können.«

»Von meinem Vater«, antwortete sie schlicht.

»Er hat Ihnen von dem Gewand erzählt, dem Geld? Aber er hat doch nicht mal Ihrer Mutter etwas davon gesagt. Wieso?«

»Ich habe ihn gefragt«, entgegnete sie mit einer Offenheit, vor der ich errötete und mich abwenden mußte. »Ist es Ihnen peinlich, wenn ich das sage?«

»Nein«, behauptete ich. »Nun ja... Ich weiß es nicht.«

Sie lachte, und in ihrer Stimme lag die gleiche Klarheit wie in ihren Augen.

»Ich fürchte, ich bin heute, als ich hereinkam, ganz fürchterlich ins Fettnäpfchen getreten«, gestand ich ihr. »Ich wollte das Geld zurückerstatten, doch Ihre Mutter wußte nichts davon. Ich kam mir vor wie ein Idiot oder noch schlimmer, wie ein Verbrecher. Ihr Vater mußte es ihr erklären. Ich fürchte, ich habe ihn ganz schön in Verlegenheit gebracht.«

»Das ist nicht so schlimm«, versicherte sie. »Er ist daran gewöhnt. Er lebt immer so.«

»Wie meinen Sie das?« fragte ich sie leicht verwundert. »Wie lebt er immer?«

»Immer am Rand einer kleinen Katastrophe, immer voll guter Absichten, immer bemüht, zu helfen – sich selbst oder anderen. Meistens ist jedoch hinterher alles schlimmer als zuvor.«

»Aber mir hat er geholfen.«

Sie lächelte. »Ich weiß. Er mag Sie. Er *bewundert* Sie.«

»Ich wüßte nicht, weshalb«, gab ich verlegen zurück.

»Er hält Sie für einen gebildeten Menschen.«

Ich lachte. »Ach so! Irgendwie muß er auf die Idee gekommen sein, ich sei ein Connaisseur. Wie, davon habe ich keine Ahnung. Nichts könnte der Wahrheit ferner sein.«

Sie bog sich ganz leicht zurück, schloß die Augen und legte den Kopf ein wenig schief. »Ah... die Feinheiten des Weins!« seufzte sie. Es war eine perfekte Imitation.

»Genau!« rief ich erfreut.

Wir brachen beide in Lachen aus.

»Ich schämte mich, meine Unwissenheit einzugestehen«, gab ich zu.

»Das macht nichts. Er weiß sicher, was los ist. Er brauchte nur jemanden, mit dem er trinken und reden konnte. Er ist einsam. Eigentlich kennt er nur seine Arbeit.«

»Ja«, stimmte ich ihr lachend zu. »*Das* kann ich bescheinigen.«

Sie musterte mich ernst. »Ich glaube, mein Vater sieht sein eigenes, jüngeres Ich in Ihnen. Er bewundert Ihre Träume, Ihre Ideale, vor allem aber Ihre Freiheit. Er selbst leistet sich nicht mehr den Luxus zu träumen. Das Leben hat ihm diesen Trost ausgetrieben. Deswegen trinkt er. Das ist sein einziges Vergnügen. Er hat alles aufgegeben – für uns.«

»Sie lieben ihn sehr, nicht wahr?« fragte ich zerknirscht.

Sie nickte. »Und ich bewundere ihn.«

Ich entdeckte die Spur eines Vorwurfs in ihrer Bemerkung oder eine Herausforderung, vielleicht auch Fürsorge... einen unausgesprochenen Vergleich zwischen uns, der, obzwar ihrerseits unbewußt, dennoch zu meinen Ungunsten ausfiel.

»Was Ihre Mutter wohl gedacht hat.« Schon beim Sprechen jedoch merkte ich, daß mich in Wirklichkeit etwas ganz anderes interessierte, daß ich – vielleicht ein bißchen ungeschickt – nach ihrer Wertschätzung angelte.

»Die hat ein weiches Herz«, erklärte Yin-mi. »Loben Sie ihre Küche! Beobachten Sie Vater, der ist ein Meister darin. Er braucht nichts weiter zu tun, als ihr zu erzählen, ihre gepreßte Ente oder ihre Vogelnestsuppe sei besser als die seine, und sofort wird sie zu Wachs in seinen Händen. Sie errötet, versetzt ihm scherzhaft Schläge, umsorgt ihn, verwöhnt ihn und stimmt unverzüglich allem zu, was er vorschlägt. So macht er das nun schon seit vielen Jahren. Man sollte meinen, sie müßte allmählich dahinterkommen.« Sie lächelte. »Er sieht zwar nicht so aus, doch unter seiner sanften Schale steckt tatsächlich ein kleiner Gauner.«

Mir fiel sein Augenzwinkern ein.

»Yin-mi«, begann ich, »neulich abends in der Küche...«

»Ja?«

»Was haben Sie da gedacht?«

»Gedacht? Daß Vater Mutters Nadelgeld stibitzt«, antwortete sie. »Und hatte ja auch recht damit.« Sie lachte.

»Nein«, gab ich zurück, »ich meine... von mir?«

Das Lachen, das ihre Augen vergoldete wie Sonnenlicht einen Weiher, erlosch. Ihr Blick wurde still und feierlich.

»Kurz bevor Sie die Küche verließen«, half ich ihr weiter. »Sie haben sich umgedreht und noch einmal zurückgeschaut.«

»Ich weiß«, bestätigte sie.

»Sie hatten einen gewissen Ausdruck...«

Sie sah mich fragend an.

»Ich dachte, Sie verabscheuen mich.«

Sie schien überrascht zu sein, und dann wurde ihr Ton ganz sanft. »Ich wußte nicht, was ich denken sollte.«

»Und wissen Sie es jetzt?« Ich konnte das Beben in meiner Stimme nicht ganz unterdrücken.

»Ich bin mir nicht sicher«, antwortete sie. »Ich glaube schon. Weitgehend.«

Dies kleine Eingeständnis weckte in mir eine unverhältnismäßig große Freude. Ich spürte, wie mein Herz federleicht wurde wie ein Heliumballon im blauen, wolkenlosen Himmel.

Yin-mi legte den Kopf schief und musterte mich fragend. Es lag eine grenzenlose Weite in ihrem Gesicht, jene große Stille und Feierlichkeit, die man entdeckt, wenn man aufs Meer hinausblickt. Als sie die Antwort auf ihre Frage gefunden – oder sie, was wahrscheinlicher war, auf einen anderen Zeitpunkt verschoben hatte –, löste sie schließlich den Blick von mir.

»Ich glaube, dort in der Schublade liegen ein paar Telefonbücher.« Sie deutete auf eine Kommode. »Von welchen Bezirken, und wie alt sie sind, weiß ich nicht, aber es kann schließlich nicht schaden, wenn wir mal nachsehen. Das können Sie tun, während ich schon mit den Anrufen beginne.«

Wie Wo es vorgeschlagen hatte, versuchte sie es zuerst mit den Hamptons und dann mit Westchester County. Da dies ergebnislos blieb, begann sie systematisch alle Ortschaften am Hudson abzutelefonieren. Inzwischen machte ich mich daran, den Stoß alter Fernsprechbücher durchzublättern. Es gab etwa ein Dutzend davon, einige von New Jersey, die meisten von verschiedenen Ortschaften auf Long Island. Diese großen, dicken Schwarten beeindruckten mich tief. Jeder Band spannte mich ein wenig auf die Folter, verhieß mir die Entdeckung eines verborgenen Schatzes. Und diese Hoffnung verschönte die trostlose Wüste gleichförmiger Druckschrift mit einem Funken Vitalität und Interesse, ja, sogar freudiger Erwartung... bis schließlich jedesmal die große Enttäuschung kam. Dann wurden sie zu toten Verzeichnissen, bedrückenden Kompendien abstrakter, sinnentleerter Namen.

Fragend wandte ich mich an Yin-mi. Den Hörer zwischen Kinn und Schulter geklemmt, zuckte sie die Achseln. »Bis jetzt noch nichts«, flüsterte sie. »Jetzt werd' ich's mal mit New Haven versuchen.«

Ich beugte mich über das nächste Buch. Wieder nichts. Bald hatte ich alle bis auf eins durchgesehen: Port Washington. Mit einem gleichgültigen Blick auf den Einband wollte ich es seufzend aufschlagen. Doch irgend etwas erregte meine Aufmerksamkeit. Ich klappte es wieder zu. Zu den Ämtern, die auf dem Umschlag in kleinerem Druck unter dem Hauptamt verzeichnet waren, gehörte ein Name, den ich kannte: Sand Point. Und auf einmal fiel es mir wieder ein: der Familiensitz der Loves. Xiao hatte ihn einmal erwähnt. Mein Herz begann zu hämmern.

Yin-mi, die meine Erregung bemerkte, legte die Hand über die Sprechmuschel des Hörers und ließ ihn in den Schoß sinken. »Was ist?«

»Es wäre möglich, daß ich's gefunden habe«, erklärte ich ihr, während ich blätterte. »Mir ist gerade etwas eingefallen... Einen Moment. Loman... Lord... Losey... Love... Love... Hier ist es! A.E. Love the Fourth, Twelve Lighthouse Road.«

»*Okay*, nur mit der Ruhe«, ermahnte sie mich, war aber ebenfalls aufgeregt. »Geben Sie mir die Nummer!«

»Drei-sechs-neun...« begann ich.

»Drei... sechs... neun«, wiederholte sie beim Wählen, während die Scheibe erst klickte und dann, wenn sie an ihren Platz zurückkehrte, surrte.

»Zwei-drei-zwei-sieben.«

»Zwei... drei... zwei... sieben.« Sie hob den Hörer ans Ohr. »Es klingelt«, flüsterte sie mir zu und reichte ihn mir herüber.

Ich betrachtete ihn stumm, dann sah ich Yin-mi an. Sie nickte. Und plötzlich dämmerte es mir: *Dies war sie – die Verbindung!* Diese verdrehte, schwarze Nabelschnur würde mich mit ihm verbinden. In wenigen Sekunden würde er am anderen Ende abnehmen, der Stromkreis würde sich schließen, seine Stimme, ein Funke reinen, elektrischen Feuers, durch die Leitung bis in die lebendigen Drähte meines Nervensystems, meines Lebens dringen. Von einem Aufwind nervöser Ekstase gepackt, stieg mein Herz schwindelnd, unsicher nach oben, und von ganz unten, aus dem Baßregister, kam namenlos und unlogisch die Angst heraufgedröhnt.

»Den Hörer, Sun I«, drängte sie, »den Hörer!«

Ich hob ihn ans Ohr. Meere von Nichts strömten in einem lautlosen Strudel durch das Plastiksieb der Hörmuschel an mein Innenohr, das angestrengt auf eine Antwort lauschte, das summende Dunkel nach einem Schimmer sich regenden Lebens abhorchte.

Es klickte; atmosphärische Geräusche knisterten in der Leitung; dann kam eine Frauenstimme.

»Unter der Nummer, die Sie gewählt haben, besteht leider kein Anschluß. Sollten Sie jedoch der Ansicht sein, daß Sie sich beim Wählen geirrt haben, schlagen Sie bitte im Fernsprechbuch nach und wählen Sie abermals, oder wenden Sie sich an die Auskunft. Dies ist eine Bandaufnahme.« Klick. Nichtssagende Geräusche. Das Zirpen der Zikaden.

Langsam legte ich den Hörer auf.

Yin-mi sah mich fragend an.

»Abgemeldet«, erklärte ich niedergeschlagen.

»Warten Sie, ich versuch's noch mal.« Sie nahm den Hörer. »Vielleicht habe ich mich verwählt.«

Völlig apathisch sah ich ihr zu. Während sie auf das Klingelzeichen lauschte, erforschte sie die Zimmerdecke. Plötzlich wurde sie aufmerksam. Dann drückte ihre Miene Enttäuschung aus. Seufzend legte sie auf. »Tut mir leid.«

Sie zog das Telefonbuch zu sich herum und überflog die Spalte der Eintragungen. »A.E. Love the Fourth«, sinnierte sie, mit dem Finger an der Zeile entlangfahrend. Dann klappte sie das Buch zu.

»Einen Moment!« sagte ich neu belebt, als ich mich jetzt genauer an das erinnerte, was Xiao mir erzählt hatte. »Mein Vater war der Fünfte. Das hier war der Name seines Vaters: *Arthur Love.*«

»Wissen Sie was?« Sie deutete auf den Einband. »Dieses Telefonbuch ist über zehn Jahre alt. Vielleicht wurde die Nummer geändert. Versuchen wir's mal bei der Auskunft von Port Washington!«

Dort aber gab es überhaupt keine Eintragung auf einen A.E. Love, weder einen Vierten noch einen Fünften. Der Name schien aus dem Namensverzeichnis der Menschheit gelöscht zu sein.

»Geben Sie bitte noch nicht auf«, sagte Yin-mi. »Vielleicht ist er verzogen. Es gibt noch eine Menge Orte, wo wir's noch nicht versucht haben.«

Sie hielt noch weitere zehn Minuten tapfer durch, während ich resigniert und nahezu gleichgültig daneben saß und sie beobachtete.

»Nicht traurig sein!« sagte sie schließlich. »Kommen Sie! Wir machen eine Pause. Am besten geh 'n wir aufs Dach. Sie haben mir noch nicht gezeigt, wo Sie wohnen.«

Ich gab nach und ließ mich wieder einmal von ihr führen. In der Küche begegneten wir ihrer Mutter.

»Wo wollt ihr hin?« fragte sie überrascht. »Das Abendessen ist gleich fertig.«

»Wir essen später, *okay*?« gab Yin-mi zurück. »Wir gehen aufs Dach.«

Mrs. Ha-pi musterte uns zweifelnd, als sie jedoch meine bedrückte Miene sah, ließ sie sich erweichen. »Na schön, von mir aus. Aber bleibt nicht so lange!«

Aus dem dumpfen Dunkel des Hauses mit seinem Hauch sumpfiger Kühle kamen wir unversehens ins Sonnenlicht und an die freie Luft. Es war, als wehe hier eine frische Brise, doch das kam nur vom Unterschied zwischen drinnen und draußen. Die Luft war schwül, ein leichter Platinschimmer schien in ihr zu liegen. Meine getreue Taubenschar, ans Kommen und Gehen gewöhnt, ließ sich von uns kaum aus der Ruhe aufstören und machte uns nur unter Androhung körperlicher Gewalt und auch dann nur unter großem Gegurre und Geflatter mit gekränkter Würde Platz.

Sie lachte; dann musterte sie mich ernst, mit einer Andeutung von Mitleid. »Lassen Sie sich nicht entmutigen«, flüsterte sie.

»Von wem?« fragte ich unaufrichtig zurück. »Den Tauben? Mit denen hab' ich mich abgefunden.«

»Sie wissen genau, was ich meine: Ihren Vater.«

Ich hob die Schultern. »Ich bin nicht entmutigt. Im Grunde hatte ich nie erwartet, ihn auf diese Weise zu finden.«

Sie wartete auf eine Erklärung.

Wieder stieg eine Luftblase aus dem Brunnen der Erinnerung auf. »Ich muß den intuitiven Eingebungen meines Unbewußten folgen«, erklärte ich eingedenk der Worte des Meisters gegenüber Xiao. »Das ist die Essenz unserer Lebensart.«

»Ihr Glaube ist groß«, stellte sie fest. »Ich finde das bewundernswert.«

Ich antwortete nicht, da ich ganz flüchtig, ohne es zu beabsichtigen, wiederum jene Seite ihres Wesens eingefangen hatte, die mich an das kleine Mädchen erinnerte. Ein aus ihrer Seele geschlagener Funke blau-diamantenen Feuers, der im Licht ihrer Pupillen tanzte, bannte mich.

»Warum sehen Sie mich so an?« Diese Offenheit war ihre zweite Natur: unbewußt, furchtlos. Sie beabsichtigte keineswegs, mich damit einzuschüchtern; und dennoch *war* ich eingeschüchtert – ein wenig.

»Ich habe das Gefühl, als wären wir ›alte Bekannte auf den ersten Blick‹«, sagte ich und mußte lächeln, als Xiaos Bemerkung mir ungebeten über die Lippen kam. Die Erinnerung ließ mich voll Sehnsucht auflachen.

»›Alte Bekannte auf den ersten Blick‹?«

»Immer wieder kommen sie heute, diese beunruhigenden Echos der Vergangenheit«, sinnierte ich laut. »Es ist, als hätte ich all dies schon einmal erlebt. Vom ersten Moment an, seit ich in New York bin, hatte ich dieses Gefühl. Niemals jedoch so stark wie jetzt. Wie kommt das?«

Sie wartete.

»Als ich das Kloster verließ, lautete die letzte Anweisung, die mir der Meister gab, ich solle dem Fluß folgen. ›Er wird dich zum Meer führen‹, sagte er.«

»Zum Delta«, warf sie mit ihrem bezaubernden Lächeln ein.

»Jawohl«, erwiderte ich und lächelte ebenfalls. »Das ist es, woran ich vorhin gedacht habe, diese Reise, als mir die Metapher einfiel – der reißend angeschwollene Gebirgsbach, der seinem Ziel entgegenstürmt und sich zuletzt, nachdem er sein Temperament ausgetobt hat, ins ruhige, flache Meer ergießt, eine letzte Handlung weder der Gewalttätigkeit noch der Leidenschaft, sondern des Sichfügens: Dow ins Tao. Seltsam, daß ich bisher noch niemals daran gedacht habe. Es war hier, in mir, Teil meines eigenen Lebens, lag aber bis zu meiner Diskussion mit Wo verborgen. Es waren, glaube ich, nicht so sehr seine Worte, durch die es aus mir herausgeholt wurde. Nein, in Ihren Augen entdeckte ich etwas, das es mir klarmachte. Ich weiß nicht, wie, aber Sie lehrten mich, mich selbst zu erkennen. Das meinte ich mit ›alten Bekannten auf den ersten Blick‹. Vielleicht sind wir uns früher schon begegnet, Yin-mi, irgendwo vor sehr, sehr langer Zeit.«

Sie war errötet; ihre Schultern bebten ganz leicht, als sei sie ein wenig außer Atem. Aber sie wandte den Blick nicht ab, so daß ich den Mut fand, fortzufahren.

»Aber es ist noch mehr. Auf meiner Reise, als ich mich noch weit oben am Strom befand, kam ich zu einer kleinen Ortschaft. Dort hatte sich eine Gruppe Menschen versammelt – Händler, Fallensteller, Diebe, Typen, wie sie mir noch nie über den Weg gelaufen waren –, darunter der Merkwürdigste von ihnen, ein Mann namens Jin. Er war Soldat, oder vielmehr Söldner. Jin hat mir das Leben gerettet ... und einem anderen Mann das seine genommen.« Ich erzählte ihr die ganze Geschichte: von dem Soldaten, dem Kapitän, dem Opium, der Ekstase des Kampfes und wie er im Mord gipfelte, schließlich von dem verstümmelten Leichnam, den ich in den zerwühlten, blutbesudelten Laken gefunden hatte.

Sie lauschte von Anfang an aufmerksam und geduldig. Im Lauf der Geschichte erwärmte sie sich jedoch zusehends. Mitgerissen von der Erzählung, versank sie wie unter einem Bann, und ich war der Magier. Und so, wie ich sie begeisterte, fühlte ich mich selbst inspiriert. Ich entdeckte köstliche Brosamen voll Bedeutung, wie Früchte, die der Wind vom Baum gerissen hat und die auf einer fernen Wiese unentdeckt im Gras liegen. Mich überkam ein freudiges Gefühl der Erleichterung, der Befreiung. Ich war jetzt selbst ein angeschwollener Bach, der ihr entgegenfloß wie dem Meer. In allen Einzelheiten beschrieb ich ihr, was ich empfunden hatte, als ich die Augen aufschlug und den Bären vor mir stehen sah, ›als sähe ich Gott selbst in die Augen‹. Dann erzählte ich ihr von dem kleinen Mädchen, von jenem Abschiedsblick, den es mir geschenkt und den ich im Herzen getragen hatte, von jenem fernen, barbarischen Grenzort quer durch die Welt, ums Kap der Guten Hoffnung herum bis nach Amerika und schließlich New York. »Und Sie könnten seine Zwillingsschwester sein«, behauptete ich, »ja, sogar es selbst, nur einige Jahre älter.« Ich versuchte, ihre Reaktion einzuschätzen.

»›Alte Bekannte auf den ersten Blick‹«, sinnierte sie laut vor sich hin. »Ich glaube, jetzt verstehe ich Sie.« Sie lächelte, wenn auch ein wenig unsicher. Ich entdeckte die gleiche Andeutung von Besorgnis und Beunruhigung in diesem Lächeln, die ich ein paar Tage zuvor in der Küche bemerkt hatte, jene unterschwelligen Bedenken, die sie mit Mühe unterdrückte.

»Was ist?« erkundigte ich mich. »Was haben Sie?«

Sie schüttelte den Kopf. »Gar nichts. Ich bin sehr froh, daß Sie sich mir anvertraut haben.«

»Sie wirken so ernst.«

»Ich bin bewegt«, gestand sie. »Das ist alles. Ihre Geschichte klang so seltsam und schrecklich. Sie sprachen so heftig erregt, beinahe verzückt. Das macht mich traurig.« Sie zog die Stirn kraus, als überlege sie sorgsam, wie sie fortfahren solle.

Ich war gerührt von ihrem Verhalten, dem unschuldigen Ernst, den einfachen, so bedächtig vorgebrachten Bemerkungen. Sie sprachen von einer intellektuellen Schlichtheit, deren Behäbigkeit täuschte und die einen Eindruck der Zielstrebigkeit und Bedeutungsschwere vermittelte wie die langsame Fortbewegung eines Gletschers über einen Kontinent.

»Vor allem die Begegnung mit dem Soldaten«, fuhr sie fort, ohne etwas von meinem forschenden Blick zu bemerken. »Der hat Sie noch mehr aus sich herausgelockt als alles andere. Diese Blutgier und Brutalität – Sie waren fasziniert! Warum, Sun I?«

»Fasziniert?« protestierte ich. »*Entsetzt* wäre wohl zutreffender.«

Nachdenklich zog sie die Brauen zusammen. »Aber Sie sprachen mit so großer Begeisterung, daß diese Greueltaten beinahe schön wirkten.« Ich zuckte zusammen. »Aber ich glaube Ihnen, Sun I. Hinter Ihren Worten konnte ich das Entsetzen hören, fast wie das Wimmern eines Tieres. Und ich glaube nicht, daß ich mir das nur eingebildet habe.« Sie sagte es wie eine Frage.

Ich schüttelte den Kopf: Ich kannte die Antwort nicht.

»Warum haben Sie mir das alles erzählt?«

Ich interpretierte ihren veränderten Ton als Zeichen des Protestes oder einer gewissen Ungeduld. »Ich weiß es nicht«, antwortete ich kleinlaut.

»Warum habe ich das Gefühl, daß Sie mir damit eine Verantwortung auferlegt haben?«

»Ich wollte Sie nicht belasten«, entschuldigte ich mich. »Ich wollte Ihnen nur etwas erklären.«

»Ich weiß«, sagte sie. »Ist schon gut. Ich *freue* mich.« Dabei berührte sie meine Hand und lächelte ganz unerwartet. So unerwartet, daß ich verdutzt war. Irgend etwas brach auf in meinem Herzen, das man vielleicht als Seligkeit hätte bezeichnen können, oder als Qual, und das doch keines von beiden war, über beides hinausging: ein reines, unverfälschtes, starkes Gefühl ohne Inhalt.

»Woran denken Sie?« wollte sie wissen. Sie bemerkte meine Verlegenheit und lachte. »Sagen Sie doch was!«

Aber ich konnte nicht; ich war versunken in die Betrachtung ihres Gesichts: Es veränderte sich beim Lachen wie ein Kaleidoskop, das sich zu einer neuen Konfiguration zusammenfügt. Ich entdeckte, daß einer ihrer Zähne ein winziges bißchen schief stand, und dieser Makel – so lächerlich, so selbstverständlich – bewirkte, daß ich am liebsten gleichzeitig gelacht und geweint hätte. Ihre Oberlippe hob sich wie ein Vorhang und entblößte einen rosigen Streifen Zahnfleisch; ein winziger Sternregen sprühte im Glanz klaren Speichels, und ich war geblendet. Die Haut unter ihren Augen glich mit ihrer Feinkörnigkeit, ihrer hauchdünnen Zartheit dem Blütenblatt einer Orchidee: violett angehaucht, kaum wirklich Fleisch, empfindlich und fein wie im Übergang zwischen zwei Stadien. Auf ihrer linken Iris, welche die Farbe gefleckten Mahagonis hatte, entdeckte ich oberhalb der Pupille, nicht ganz genau in der Mitte, eine winzige Goldperle wie ein Einschluß in einem Halbedelstein, ein Fehler, der aber den Wert ins Unschätzbare steigert. Ihre Wimpern, ihre Stirn, der scharlachrote Rand ihrer Lippen – das alles wirkte auf mich, gesehen durch die Linse meines geschärften Wahrnehmungsvermögens, wie die überraschend lebendigen Meere und Abgründe des Mondes. Als sie aufhörte zu lachen, wischte sie sich mit dem linken Handrücken ein winziges Tröpfchen aus dem Augenwinkel und wickelte sich gleich darauf, ohne die Bewegung zu unterbrechen, unbewußt eine Locke ihrer schwarzen Haare ums Ohr; die Kurve zog sie mit einem Finger nach. Was aber am erstaunlichsten von allem war: Durch diese körperlichen Details schien ihre Seele, ihr Selbst, wie die Sonne durch die Glasfenster der Kirche und verlieh ihr Wärme und Leben. Obwohl ungreifbar, war diese Seele für mein Gefühl durchaus lebendig, und sie begrüßte mich vertraut. Dieses Erlebnis konnte mit nichts von allem, was mir bisher widerfahren war, verglichen werden, und es machte mir klar, daß ich bis zu diesem Augenblick noch nie einen anderen Menschen wirklich *gesehen*, noch nie wirkliche Intimität gekannt hatte. Die Klarheit würde nicht dauern, sondern sich mit der eigenen Intensität selbst verbrennen. Damals vermochte ich aufgrund meiner armseligen Erfahrungen nicht die richtige Bezeichnung für das zu finden, was mit mir geschehen war. Und hätte ich es vermocht, so hätte meine Unbedarftheit und alles, was aus ihr folgte, der Erkenntnis im Wege gestanden.

»Glauben Sie an Wiedergeburt?«

Ihre Frage fügte sich auf seltsame Weise in meine Gedanken. Die Idee war eindeutig eine Folge unserer Argumentation, in meinem Zustand jedoch erschien sie mir hellseherisch. Nicht mehr verankert in mir selbst, nicht mehr in der Lage, den Kurs zu wählen, ließ ich unwillkürlich einen anderen Satz aus meinem Unterbewußtsein heraufsteigen: »Wir sind viel zu unwissend, um uns an so schwierigen Theorien zu versuchen.« Ein unwiderstehlicher Impuls überkam mich. Ich warf den Kopf zurück und lachte laut los. Der Unterton von Hysterie entging mir zwar nicht, aber er kam mir vor wie der eines anderen. Er interessierte mich, berührte mich aber nicht.

Yin-mi warf mir einen besorgten, fragenden Blick zu.

»Das ist keine Taoisten-Idee«, erklärte ich ihr und riß mich mühsam zusammen, »und trotzdem ...« Hilflos schüttelte ich den Kopf.

»Pater Riley hat uns einmal bei der TYA von der Wiedergeburt erzählt«, sagte sie.

»Pater Riley?« fragte ich. »TYA?«

Sie errötete. »Pater Riley ist unser Pfarrer. Und TYA heißt ›Trinity Young Adults‹ – Junge Trinity-Gemeinde.«

»Trinity Church?«

Sie nickte.

»Da war ich schon!«

Sie lachte. »Ich auch! Schon oft. Ich bin sogar Gemeindemitglied.«

»Sie sind Christin?« Ich war verblüfft.

Sie errötete. »Ich versuch's jedenfalls. Episkopalisch.«

»Episkopalisch...« überlegte ich, das mir fremde Wort nachsprechend.

»Klingt wie eine geologische Epoche, nicht wahr?« sagte sie. »Das habe ich jedenfalls früher gedacht: silurisch, präkambrisch, kretazeisch, episkopalisch...«

»Ist das eine Sekte?« erkundigte ich mich.

»Konfession, glaube ich, lautet die richtigere Bezeichnung«, erwiderte sie mit leicht belustigter Würde.

»Wie merkwürdig!«

»Was?« fragte sie.

»Sie – eine Christin!«

»Wieso ist das merkwürdig?«

»Sie sind Chinesin!«

»Sino-Amerikanerin!« berichtigte sie mich. »Vergessen Sie nicht, wo Sie sind, Sun I! Sehen Sie da drüben über den Dächern den Turm. Das ist der Kirchturm der Church of the Transfiguration in der Mott Street. Die ist römisch-katholisch. Die ganze City ist voller Kirchen. Taoistische Tempel gibt es hier nicht. *Sie* sind es, der hier merkwürdig ist. Vielleicht sind Sie der einzige Taoist in New York City, eine Minderheit von einem Menschen.« Sie lächelte. »Natürlich bis auf die anderen, in der Wall Street. Aber die sind nicht religiös. Die New Yorker Börse ist keine Kirche.« Der Gedanke schien sie zu belustigen.

»Was macht ein Gebäude zur Kirche?« Ich war ein bißchen gekränkt wegen ihrer kategorischen Sicherheit, meinte meine Frage aber ernst, nicht trotzig.

Sie legte den Kopf schief und sah mich fragend an. »Ich weiß es nicht«, antwortete sie in etwas sanfterem, sogar ein wenig kleinlautem Ton. »Doch in der Bibel hat Jesus die Geldverleiher zum Tempel hinausgejagt.«

»Wäre er Taoist gewesen, hätte er ihnen statt dessen Platz verschafft«, spekulierte ich. »Entweder das, oder das Comptoir zur Kirche gemacht.«

Sie wußte offenbar nicht so recht, ob sie mich ernst nehmen sollte, entschied sich dann aber fürs Lachen. »Was für eine Idee! Vermutlich dürfte ich jetzt gar nicht lachen. Ich finde, das ist Blasphemie!« Sie lachte trotzdem.

»Aber wie konnte er sie ausschließen?« Der Gedanke beunruhigte mich aufrichtig.

»Haben Sie nie davon gehört, daß eher ein Kamel durch ein Nadelöhr geht, als daß ein Reicher ins Himmelreich kommt?«

»Wieso denn das?« wollte ich wissen. »Hat Gott nicht auch die Reichen und ihre Taten geschaffen? Aus welchem Grund sollte er sie zurückweisen?«

»Das liegt doch wohl auf der Hand, glaube ich.«

»Für mich nicht.«

»Sie haben sein Haus mit ihren Taten entweiht«, erklärte sie mir. »Sie haben die Gebote nicht gehalten.«

Unzufrieden schüttelte ich den Kopf. »Ist das die christliche Art?«

»Mag sein«, gab sie zurück. »Ich weiß nicht recht, worauf Sie hinauswollen.«

»Ihr Gott schließt aus; das Tao schließt ein«, verkündete ich mit einer Andeutung von Stolz und Bitterkeit.

»Schließt es denn sogar ein, was schlecht ist? Wo liegt darin die Tugend?«

»Das ist der Punkt, um den es geht, nicht wahr?«

Sie schüttelte den Kopf. »Das verstehe ich nicht.«

»Erinnern Sie sich an das Delta?«

Sie schien ein wenig beunruhigt. »Vielleicht sollten Sie mit Pater Riley sprechen; ich weiß nicht recht, ob ich Ihre Frage beantworten kann.«

»Ich glaube, das haben Sie bereits getan«, sagte ich.

Sie musterte mich zweifelnd, versuchte meine Gedanken zu lesen. »Darf ich Sie etwas fragen?«

»Gewiß.«

»Vielleicht ist es nur Unkenntnis, aber wenn Sie ›Tao‹ sagen, was genau meinen Sie damit? Ich habe zwar eine ungefähre Idee davon, bin mir aber nicht ganz sicher. Ist es so was wie der Himmel?«

Unwillkürlich mußte ich lächeln. »Nicht direkt. Aber so ähnlich.«

»Dann sind Sie also der Ansicht, daß jeder in den Himmel kommen sollte, ohne Rücksicht auf Sünden und Tugenden?«

»Ich glaube nicht an den Himmel als einen Ort, in den wir kommen«, erwiderte ich. »Der Himmel ist etwas, das nur in unseren Gedanken existiert.«

»Ein imaginärer Ort?«

»Nein. Nur eben ein innerer.«

Yin-mis Augen waren verletzlich und tiefernst. »Ich meine, daran glaube ich auch«, antwortete sie leise.

»Was die Sünden und Tugenden betrifft«, fuhr ich fort, und da ich eine Art Kapitulation bei ihr zu spüren glaubte, richtete ich mich unbewußt hoch auf, um ihr zu predigen, »so erscheinen sie nur als Resultat von Vorurteilen, von irregeführtem Sehen. Sie sind relativ, letztlich illusorisch.«

»Glauben Sie das wirklich aufrichtig?« fragte sie mit einem Schwanken in ihrer Stimme, das mich aufhorchen ließ.

Schon wollte ich ja sagen, doch als ich ihre Zerbrechlichkeit und ihr Vertrauen sah, zögerte ich und hielt die mechanische Antwort, die mir auf der Zunge lag, zurück, wie ich es schon einmal an diesem Tag getan hatte. »Nun ja, was für den Weisen gilt, gilt häufig weniger für den gewöhnlichen Menschen.«

Aufgrund einer unausgesprochenen Übereinkunft, die wir einer in des anderen Schweigen fanden, beschlossen wir, die Auseinandersetzung zu beenden.

»Ich finde, Sie sollten Pater Riley kennenlernen«, schlug sie vor. »Sie beide hätten sicherlich vieles, worüber Sie sich unterhalten könnten. Er könnte Ihnen den christlichen Standpunkt bestimmt viel besser erklären als ich. Und außerdem ist er auf dem Gebiet der fernöstlichen Weisheitslehren sehr bewandert.

Als ich ihn in der High School zum erstenmal reden hörte, war das sein Thema. Er konzentrierte sich hauptsächlich auf Zen und den Hinduismus, aber den Taoismus hat er auch erwähnt. Er sagte, im College, vor seinem Eintritt ins Seminar, habe er einen Kurs in vergleichender Religionsgeschichte belegt und fasziniert festgestellt, wie sehr die Erkenntnisse der Sutras und Vedas denen der Heiligen Schrift gleichen.«

»Ja«, stimmte ich zu, »es ist fast eine Binsenwahrheit, nicht wahr, daß die Religionen sich auf ihrer höchsten Ebene allesamt gleichen, daß die Realisation, die sie verheißen und anstreben, überall dieselbe ist.«

»Darin würde er Ihnen aber, glaube ich, nicht beipflichten«, wandte sie ein. »Das war schließlich der springende Punkt bei ihm: daß das Christentum anders sei, daß es etwas Neues in die Welt gebracht habe, etwas, das die Geschichte und das Bewußtsein für immer verändert hat. Er sagte, das Christentum habe seine Wurzeln im Judentum und damit alle primitiven Religionen übertroffen.«

»Und was ist diese große Offenbarung?« fragte ich ironisch.

»Die Liebe«, antwortete sie ernst.

»Die Liebe?« fragte ich ungläubig. »Das ist aber keine besonders neue Idee. Schließlich ist das Mitleid einer der ›Drei Schätze‹ des Taoismus, und im Buddhismus ist es ebenfalls ein grundlegendes Element. Es würde mich mal interessieren, auf welchem Umweg es den Christen gelingt, das Urheberrecht dafür zu beanspruchen.«

»Da müssen Sie ihn schon selbst fragen«, gab sie zurück. »Ich glaube kaum, daß ich seine Beweisführung rekonstruieren kann.« Sie hielt inne. »Vielleicht sollten Sie das wirklich.«

»Ja, vielleicht«, erwiderte ich vieldeutig.

»Sie könnten mich eines Abends zu einem Treffen der TYA begleiten.«

Ich überlegte.

»Ja, heute schon! Warum nicht?« Sie geriet in Eifer. »Ich bin überzeugt, daß er Ihnen gefallen wird. Er ist wunderbar gelehrt und intelligent und sensibel und freundlich. Kommen Sie mit?«

»Heute nicht«, wehrte ich mit einer Reserviertheit ab, für die ich selbst keine rechte Erklärung hatte. Ich wollte ihr gern eine Freude machen, fühlte mich aber in einen Loyalitätskonflikt gezerrt, und außerdem ärgerte ich mich aus irgendeinem unerfindlichen Grund über ihre Begeisterung. »Vielleicht ein anderes Mal.«

Sie war offensichtlich zutiefst enttäuscht.

»Seien Sie nicht traurig. Ich möchte nur noch mal darüber nachdenken.«

»Schon gut, ich verstehe Sie ja.«

»Ich werde ein anderes Mal mitgehen.«

»Ehrlich?«

»Ehrlich.«

Sie lächelte so glücklich, daß ich das Gefühl hatte, meine kleine Konzession sei reich belohnt worden.

»Aber sagen Sie mir, Yin-mi«, begann ich abermals und kam damit auf einen Punkt zurück, den ich noch nicht ganz verdaut hatte, »wieso sind Sie überhaupt ein Episkopal geworden?«

»Eine Episkopalin«, berichtigte sie mich. »Ganz einfach. Die Kirche liegt nur ein paar Häuserblocks entfernt. Chinatown liegt im Pfarrbezirk der Trinity Church. Pater Riley und ein paar andere Kirchenmitglieder treten von Zeit zu Zeit bei öffentlichen Veranstaltungen auf, um den Gemeindemitgliedern, die sonst vielleicht nichts davon erfahren, alles über die Kirche, ihre Werte und ihre Angebote zu erklären. Die Episkopalkirche gilt traditionell als eine Bastion des Wasp-Konservatismus.«

«Wasp?«

»Ja, Wasp: weiße angel-sächsische Protestanten. Es ist schwer, das Eis bei den anderen Schichten in der Gemeinde zu brechen, vor allem bei den Minderheiten. Das will Pater Riley alles ändern, damit die Kirche für die ganze Gemeinde da ist, nicht nur für die Wall Street. Viele Menschen fühlen sich von ihm angegriffen. Er wird unter Beschuß genommen. Aber er denkt sehr progressiv und ist sehr störrisch in seinen Prinzipien. Das ist sein irisches Blut, meint er. Jedenfalls hörte ich ihn zum erstenmal in der High School sprechen, wie ich Ihnen schon sagte. Zu Hause war ich mit Religion nie in Berührung gekommen, hatte nicht einmal das Bedürfnis danach verspürt. Ich glaube, die meisten Chinesen sind gar nicht richtig fromm – im westlichen Sinn. Für sie ist Religion mehr eine Art gesellschaftliche Funktion, obwohl sie sie, wenn sie sich wirklich reinstürzen, gewöhnlich auf die Spitze treiben.« Sie lächelte. »Oder ins Extrem verfallen. Aber das wirkte anziehend auf mich. Ich hatte ein bißchen das Gefühl, als hätte sich eine Tür geöffnet, und ich beträte einen unbekannten Raum in mir selbst. Ich hatte gewußt, daß es ihn gab, war vielleicht hundertmal an ihm vorbeigekommen, ohne ihn zu betreten, ja, ohne mich zu fragen, was er wohl enthalte. Als ich ihn schließlich doch noch betrat, fand ich viele seltsame und wunderbare, jedoch mit Staub und Spinnweben bedeckte Dinge, deren Sinn ich nicht einmal erahnen konnte. Vielleicht haben sie gar keinen Sinn, dachte ich. Aber ich wußte, daß dieser Mangel ihre Bedeutung nicht beeinträchtigte; irgendwie machte er sie sogar doppelt so wertvoll. Ich kann's nicht erklären. Bei jener ersten Vorlesung konnte ich, glaube ich, wirklich nur einen ersten, kurzen Blick in den Raum werfen. Aber seitdem habe ich ihn nach und nach immer weiter erforscht. Es gibt noch eine Menge, was ich noch nicht gesehen habe. Vielleicht kann man überhaupt nie alles sehen – wer weiß? Doch Pater Riley ermöglichte mir diesen ersten Blick. Dafür bin ich ihm sehr dankbar. Er besitzt großes Charisma und ist ein überzeugender Redner. An jenem Tag ließ ich mich von dem, was er sagte, so hinreißen wie heute nachmittag von Ihnen.« Sie lächelte; ich errötete. »Obwohl ich mein ganzes Leben lang hier gewohnt habe, war ich noch nie in der Kirche gewesen. Komisch, nicht wahr? Na ja, nachdem ich ihn gehört hatte, beschloß ich, eines Tages hinzugehen und sie mir anzusehen. Immer wieder schob ich es auf, doch schließlich, an einem Samstag, ging ich hin. Sie war fast ganz menschenleer. Nie hätte ich mir träumen lassen, wie schön sie war! Leise setzte ich mich in eine der hinteren Bänke. Eine ganze Weile saß ich nur da, starrte zum Gewölbe hinauf – so hoch oben – und betrachtete die bunten Fenster. Während ich dasaß, kam eine Dame herein. Sie war im mittleren Alter, eher korpulent, trug hohe Absätze und einen von diesen engen Röcken, die ganz am Bein anliegen, so daß man gehen muß, als wären einem die Knie zusammengebunden. Sie trug eine Stola, die aus einem Fuchs gemacht war, oder vielleicht auch einem Wiesel, einem Tier mit kleinen, gelben Knopfaugen jedenfalls, das sich so um ihren Hals ringelte, daß es sich in den eigenen Schwanz biß, und dazu hatte sie schwarze Lederhandschuhe mit einem kleinen Perlmuttknopf am Handgelenk – erstklassige Qualität, sehr elegant, ich erinnere mich genau –, außerdem einen altmodischen Hut mit marineblauem Schleier, den sie herabgelassen hatte. Sie bekreuzigte sich und beugte in dem engen Rock mühsam das Knie, dann kniete sie an der Bank gegenüber der meinen nieder und begann, ihre Handschuhe auszuziehen. Ihre Hände zitterten furchtbar. Es war erschütternd. Es war ein richtiger Schock für mich, zu sehen, wie schlimm ihre Hände wirkten, nachdem sie einen dieser schönen Handschuhe ausgezogen hatte. Abstoßend weiß, mit braunen, tabakfarbenen Flecken, die aussahen wie Melanome, kreuz und quer durchzogen von dicken, bläulichpurpurnen Adern. Als ich die Dame anfangs sah, hatte ich sie nicht sehr gemocht, jetzt aber tat sie mir auf einmal leid, wie sie da mit dem Knopf kämpfte, wie ihre Hände zitterten. Wäre es mir nicht peinlich gewesen, hätte ich ihr meine Hilfe angeboten. Schließlich gelang es ihr, auch den zweiten auszuziehen. Sehr würdevoll, beinahe scheu hob sie den Schleier und sah mich direkt an. Es war mir unangenehm, dabei ertappt zu werden, wie ich sie anstarrte, aber es lag nicht die geringste Andeutung eines Vorwurfs in ihrem Ausdruck. Sie hatte so traurige, sanfte Augen, Sun I! Einen Moment lang entstand eine seltsame Verbundenheit zwischen uns. Ich lächelte sie an, sie lächelte zurück und nickte dabei so mit dem Kopf.«

Yin-mi machte es mir vor.

»Dann wandte sie sich nach vorn, um zu beten, stützte die Ellbogen auf die Kirchenbank und faltete die Hände beinahe ungestüm ineinander, fast so, als seien sie zwei Menschen, die einander umfassen, um sich gegenseitig zu trösten. Ich beobachtete die Dame noch eine Weile, da ich jedoch das Gefühl hatte, sie zu bespitzeln, blickte ich schließlich weg. Dieser Zwischenfall beunruhigte mich aus irgendeinem Grund. Ich war ein bißchen nervös und erregt. Schon wollte ich aufstehen und gehen, da griff ich statt dessen hinunter und klappte die Kniestütze heraus. Ich kniete nieder und faltete die Hände genau wie sie. In meinem ganzen Leben bin ich wohl niemals so unsicher und verlegen gewesen. Ich spürte, wie meine Wangen brannten. Ich flehte innerlich, sie möge sich nicht umdrehen. Aber das ging vorbei. Ich betete nicht richtig, sprach keine Worte, und doch überkam meinen Geist nach und nach eine Art Stille, ein Kribbeln beinahe wie ein kalter Hauch. Es war, als blase ein eisiger Wind über mich hin. Er machte mir eine Gänsehaut und feuchte Augen. Und dann begann ich zu weinen. Warum, weiß ich nicht. So etwas hatte ich nicht erwartet. Es dauerte nur ein paar Minuten; als es vorbei war, kam ich mir töricht vor und war deprimiert, zugleich aber fühlte ich mich erfrischt und gestärkt. Klingt das logisch?«

»Ich glaube schon«, antwortete ich. »Irgendwie.«

Sie lächelte. »Mit der Zeit ist es anders geworden. Kaum mehr so emotional wie damals, aber es erfüllt mich mehr. Das einzige, womit ich es vergleichen kann, ist das Schwimmen.«

»Das Schwimmen?«

Sie nickte. »Etwas Ähnliches geschieht mit mir beim Langstreckenschwimmen. Man schwimmt so vor sich hin, zählt die Bahnen, und plötzlich ist man total weg und verliert das Zeitgefühl. Merken tut man das natürlich erst hinterher, wenn man mitten in der Bahn plötzlich aufwacht und noch genauso schnell schwimmt wie zuvor, eine Zeitlang aber ist man ganz woanders gewesen... ich weiß nicht, wie ich es ausdrücken soll... fast, als wäre man außerhalb des eigenen Körpers. Ein paar Bahnen lang hört man fast auf zu existieren, dann aber kommt man wieder zurück. Es ist unheimlich, aber es ist auch wundervoll!«

Sie runzelte die Stirn, als versuche sie hinter das Geheimnis zu kommen; dieses Bemühen um Konzentration, so ohne jede Scheu schlicht und einfach, weckte aufs neue meine Zärtlichkeit für sie.

»Ich weiß nicht, warum, es ist einfach so. Man hat das Gefühl, als habe sich etwas Übernatürliches ereignet, beinahe ein Wunder. So war es auch an jenem Tag, besser kann ich es nicht beschreiben. Ich hob den Kopf, sah, wo ich war, und merkte, daß ich ein Stück Zeit verloren hatte. Die Dame war fort, und das machte mich traurig, denn irgendwie wollte ich, daß sie da war, um mein Erlebnis mit mir zu teilen, und sei es nur durch einen Blick. Ich erhob mich, um zu gehen, und nahm beim Hinausgehen einige von den ausgelegten Broschüren mit. Später, zu Hause, füllte ich die Karte aus und warf sie in den Briefkasten. In der Woche darauf erhielt ich einen Anruf von Pater Rileys Mitarbeiter.« Sie lachte. »Meine Mutter dachte, es sei ein Junge aus meiner Schule, der mich um eine Verabredung bitte. Als sie mich ans Telefon rief, machte sie mir heftige Zeichen mit der Hand und formte mit den Lippen Worte. Als ich ihr sagte, um wen es sich handelte, war sie enttäuscht. Ich weiß nicht mal genau, ob sie mir glaubte.« Yin-mi lächelte. »Jedenfalls ging ich eines Sonntagvormittags zu einem von diesen Einführungsvorträgen. Dort wurde ich eingeladen, dem TYA beizutreten. Eins führte zum anderen, und seitdem gehe ich regelmäßig. Nach ein paar Wochen erwachte in mir der Wunsch, aufgenommen zu werden, also nahm ich am Übertrittsunterricht teil. Im letzten Frühjahr bin ich getauft worden. Das ist die ganze Geschichte. Im Grunde doch gar nicht so merkwürdig, oder? Keine Trompeten, keine Erzengel, kein blendendes Licht... Ich finde sie eher ganz alltäglich – und Sie langweilen sich bestimmt.« Sie lachte: über sich selbst, über mich, über eine ganze Menge, glaube ich. Auf ihrem Gesicht lag ein sanftes, erfülltes Licht, das ich wunderschön fand, unbegreiflicherweise jedoch aber auch ärgerlich. Ich schwieg.

Sie sah mich an, hoffnungsfreudig zuerst, als erwarte sie eine Reaktion, wie meine Geschichte sie bei ihr hervorgerufen hatte, dann in zunehmendem Maße verwirrt und sogar gekränkt, als sei ihr meine Zurückhaltung schmerzlich. Ich schämte mich. Sie war so großzügig gewesen mit ihrer Anerkennung, so herzlich! Aber ich wußte nicht, was ich sagen sollte.

»Ich glaube, wir sollten jetzt zum Essen gehen«, fuhr sie nach einer Weile fort. Die Enttäuschung und die Selbstbeherrschung, die ihr Ton verriet, taten mir unendlich weh, und dennoch verhinderten tiefe Skrupel, daß ich etwas dagegen tat.

»Ich habe eigentlich keinen Hunger«, erklärte ich in einem Anfall flegelhafter Egozentrik, für die ich mich selbst verachtete, die zu unterdrücken jedoch nicht in meiner Macht lag.

»Das würde meine Mutter sicher kränken«, wandte sie ein. »Sie hat speziell mit Ihnen gerechnet.«

»Tut mir leid«, gab ich zurück. »Sagen Sie ihr, daß ich mich nicht wohl fühle.«

»Was ist denn, Sun I?« fragte sie flehend. »Warum sind Sie so anders? Habe ich etwas Falsches gesagt?«

»Ich bin nur müde, das ist alles«, behauptete ich, was nicht direkt gelogen war, jedoch einem weniger wichtigen Umstand eine falsche Bedeutung verlieh.

Sie betrachtete mich besorgt. »Aber Sie werden bestimmt eines Tages mit mir zur TYA gehen, ja?«

»Ich hab's doch versprochen, oder?« Ich vermochte einen Unterton von Übellaunigkeit und Ärger nicht zu unterdrücken.

Sie überhörte es und lächelte. Die Schüchternheit und Aufrichtigkeit, die ihr Ausdruck verriet, verlieh ihr ein Strahlen, das mich aber noch mehr reizte.

»Auf Wiedersehen, Sun I.«

Beinahe widerwillig reichte ich ihr die Hand.

Als sie sie ergriff, zog sie mich zu meiner größten Überraschung an sich und küßte mich ganz leicht auf die Wange.

»Sun I«, flüsterte sie mir ins Ohr, »jetzt habe ich auch das Gefühl, dich schon sehr lange zu kennen.« Damit eilte sie zur Tür.

Geschüttelt von Gewissensbissen und mit einem Herzen, in dem Aufruhr herrschte, sah ich ihr nach.

SECHSTES KAPITEL

Mit Hangen und Bangen, unendlich aufgeregt, trieb ich mich in der Nähe des schmiedeeisernen Tores der Trinity Church herum und beobachtete die endlose Reihe der gelben Checker-Taxis, die eins nach dem anderen mit blitzenden Blinkern aus dem Verkehrsstrom ausscherten und am Bordstein hielten wie Viehwaggons, die eine elegante Fracht blankpolierter, nadelgestreifter Rinder ausladen. Bei jedem neuen Wagen, der kam, trabte ich nebenher, bis er stand, und spähte eifrig durchs Seitenfenster, ob ich wohl meinen ungeduldig erwarteten Mentor Wo darin entdeckte. Das machte mich bei den Taxifahrern alles andere als beliebt, und bei den Fahrgästen ebenfalls. Allmählich begann mir der Mut zu sinken, doch da vernahm ich durch den allgemeinen Lärm der Menschen und Automobile Wos Stimme wie die eines rauhen Angelus.

»He, Sonny! Was is'?«

Diese Stimme war Musik in meinen Ohren. Begeistert sprintete ich die Reihe entlang und suchte eifrig auf den Rücksitzen nach ihrem Besitzer. Zu meiner Verblüffung kam sie jedoch aus keinem der Wagen.

»Hier *drüben*!«

Ich wandte mich von der Straße ab und dem Gehsteig zu. Und dort, nicht etwa, wie ich es erwartet hatte, aus einem Taxi oder einer Limousine, sondern – man höre und staune – aus einer Subway-Station, kam Wo. Deus ex machina, in der Tat; aber aus der falschen Maschine. Meine Erwartungen wurden gründlich getäuscht. Und was noch schlimmer war: Er trug nicht etwa einen dreiteiligen Anzug, sondern dasselbe Hawaii-Hemd, das ich schon Tage zuvor an ihm gesehen hatte, auf etwas zweifelhafte Art und Weise von einem Senffleck auf der linken Tasche verschönt, die aussah, als sei sie zum Transport eines Hot dog mit Beilagen verwendet worden. Der Anblick seiner unerläßlichen Gefolgschaft, die um ihn herumdienerte – allesamt übrigens in sklavischer Nachahmung ihres Herrn und Meisters ebenfalls in Hawaii-Hemden –, war wenig dazu angetan, meine Befürchtungen zu entkräften. Eine solche Auswahl von mit Haartollen, schiefzahnigem Gegrinse und anderen Makeln behafteter Jugendlicher, wie sie sich meinen Blicken bot, hätte sich kaum anderswo auf einem Fleck versammeln können. Sie schienen einem Wanderzirkus von Halbidioten entlaufen zu sein. Anfangs war ich verwundert, dann gekränkt, dann zutiefst beeindruckt. Denn mir kam der Gedanke, daß eine derartige Nonchalance bei der Bekleidung löblicher sei als selbst die eleganteste Aufmachung. Welch eine monumentale Mißachtung gesellschaftlicher Konventionen! Das war wahrhaft taoistisch in der Inspiration! Dieses Maß an Mitgefühl, dieses Noblesse oblige, das in seinem Entschluß lag, sich mit diesen Unglücklichen zusammenzutun... ah, grandios! Vielleicht war Wos beunruhigende Ähnlichkeit mit Buddha doch nicht ganz so zufällig; vielleicht ging sie über das Faktum des reinen Körperumfangs hinaus. Ich schämte mich, ihn so vorschnell nach Äußerlichkeiten beurteilt zu haben, und wurde mir eines Nachlassens gegenüber früheren Zeiten bewußt, da ich mich eines derartigen Fehlers nie schuldig gemacht hätte.

»Zieht Leine, Boys!« befahl Wo den anderen, als sie näher kamen, und war seiner Autorität so sicher, daß er sich nicht einmal umblickte, um zu sehen, ob sie ihm auch gehorchten. Dann packte er mich beim Arm, schleuderte seine Haartolle zurück und setzte ein breites, ein wenig glasiges Lächeln auf.

»So, Sonny«, sagte er, »heute ist also der große Tag! He, he, he! Alles bereit zum Arschtreten und Namennotieren?«

Ich nickte eifrig.

Daraufhin fuhr er warnend fort: »Merken Sie sich nur eines: Ich garantiere für nichts!«

Mein Gesicht wurde lang.

»Aber ich glaube kaum, daß es Probleme geben wird.«

Ich faßte wieder Mut. »Vielen Dank, Wo! Sie wissen gar nicht, wieviel mir dies bedeutet. Ich wünschte, es gäbe eine Möglichkeit, mich dafür erkenntlich zu zeigen.«

»Gut, daß Sie davon sprechen«, sagte er beiläufig. »Zufällig gibt es da etwas...«

»Selbstverständlich!« versicherte ich erfreut. »Alles. Was soll ich tun?«

Er musterte mich, und seine ganze Selbstgefälligkeit verschwand hinter einem besorgten, beinahe ängstlichen Gesichtsausdruck. »Sie werden schon sehen«, wehrte er mit rätselhaftem, humorlosem Auflachen ab.

In diesem Augenblick gelangten wir an den Eingang der Börse, an dem ich wenige Tage zuvor zurückgewiesen worden war. Derselbe schwarze Wachmann versperrte mir mit demselben schwarzen Arm den Weg, bis Wo vortrat und die Lage klärte.

»Schon gut, George«, verkündete er und schleuderte seinen Schopf zurück. »Er gehört zu mir.«

George musterte uns skeptisch, dann gestattete er uns beiden, weil er Wo kannte, den Eintritt. Ich war beeindruckt von dieser Zurschaustellung von Wos Macht, und eingedenk unseres vorangegangenen Gesprächs beruhigt. Seite an Seite traten wir im Gedränge der Menschenmenge durch die Tür.

Drinnen veränderte sich Wos Verhalten drastisch. Seine lässige Prahlerei, die mich beeindruckt hatte, bis sie mir beinahe liebenswert erschienen war, verschwand, und er wurde nervös und erregt. Mit scheuem, unterwürfigem Lächeln (in dem ich zum erstenmal eine Ähnlichkeit mit seinem Vater entdeckte) grüßte er verschiedene ältere, anzugbekleidete Herren, die seinen Gruß entweder sehr reserviert erwiderten oder sich gar nicht erst herabließen, ihn zu bemerken. Er faßte mich eisern beim Ellbogen und steuerte mich durch das Gewühl zu den Aufzügen und in den fünfzehnten Stock hinauf, wo er mich vor dem Schreibtisch einer Sekretärin oder Personalsachbearbeiterin ablieferte, der er ein paar beschwörende Sätze zumurmelte. Dabei sah er aus wie ein Schmierenmagier, der irgendeinen Hokuspokus aufführen will und sich des eigenen Unvermögens, den Trick zu vollbringen, schmerzlich bewußt ist. Mit einem entschuldigenden Grinsen für mich verdrückte er sich und verschwand in der Menge. »... gleich wieder da«, hörte ich ihn noch sagen, als sie aufblickte – einen Ausdruck der Überraschung auf dem Gesicht, der alles andere als freudig war.

»Was war denn das?« erkundigte sie sich und blickte drein, als wolle sie irgend etwas verschlingen. »Haben Sie das gesagt?« Sie schloß ein Auge und musterte mich blinzelnd.

Ich schüttelte den Kopf. »Das war Mr. Ha-pi«, erklärte ich und deutete hinter mich dorthin, wo Wo verschwunden war.

»Mr. *wer?*«

»Ha-pi«, wiederholte ich überdeutlich.

»Also, was mich betrifft, kann der bis neun Uhr hier wieder raushoppeln«, gab sie zurück, »und Sie dazu.«

Ihre gleichgültige Reaktion auf Wos Namen löste einen verspäteten, jedoch noch immer erst halb formulierten Verdacht in mir aus.

Diese Büroangestellte, eine Frau unbestimmbaren Alters, irgendwo zwischen fünfundzwanzig und vierzig, prangte in blondem Zuckerwattehaar und hatte sich, von jedem künstlerischen Instinkt verlassen, ein dickes Make-up ins Gesicht gekleistert. Am auffallendsten jedoch waren die Augenbrauen, die sich über der Nase kreuzten wie die Linien im Zielgerät eines Kanoniers und ihr ein ausgesprochen bedrohliches Aussehen verliehen. Bevor wir sie unterbrochen hatten, war sie eifrig ins Feilen ihrer Fingernägel vertieft gewesen, eine Beschäftigung, zu der sie nunmehr zurückkehrte, um sich mit konzentrierter Aufmerksamkeit der Reparatur einer eingerissenen Nagelhaut zu widmen. Ich räusperte mich, um sie an meine Anwesenheit zu erinnern.

Als ich das tat, warf sie, während sie mit verdoppeltem Eifer weiterfeilte und dadurch eine nichtssagende, harmlose Tätigkeit in einen supersubtilen Aggressionsleiter verwandelte, einen großäugigen, einschüchternden Blick auf mich. Mit einer heftigen Bewegung ihrer Nagelfeile und dem entsprechenden Ruck von Kopf und Schulter lenkte sie meine Aufmerksamkeit auf die Uhr.

»Meine Arbeitszeit beginnt um neun«, erklärte sie.

Es war zwei Minuten vor der vollen Stunde.

In diesem Moment platzte in hektischer Eile, mit gerötetem Gesicht und schwingendem Aktenkoffer ein junger Mann so heftig herein, daß seine Rockschöße flogen. »Sally, verbinden Sie mich mit dem Personalchef!« rief er gebieterisch, als er an ihrem Schreibtisch vorbeihastete. »*Sofort!*«

Sally ließ verdutzt alles fallen, griff nach dem Telefon und wählte so schnell, wie ihre frisch lackierten Fingernägel es erlaubten, wobei ihr einer davon abbrach. »Verdammt!« zischte sie wütend und steckte den Finger in den Mund. Während sie wartete, daß sich jemand meldete, fiel ihr Blick zufällig auf mich; sie errötete heftig unter ihrem Rouge und funkelte mich voll niederschmetternder Verachtung an, als wolle sie sagen: Sie sollten sich schämen! und als hätte ich einen schockierenden Mangel an Höflichkeit bewiesen. Rasch ratterte sie etwas in die Sprechmuschel, drückte auf einen Knopf und knallte den Hörer auf die Gabel.

»*Also*«, begann sie danach drohend, »was kann ich für Sie tun?« Ihre Augen sagten: Ihnen antun.

»Mein Wohltäter, Mr. Ha-pi« – Ich hielt kurz inne, damit der Name sich ihr einprägte – »meinte, ich solle mich hier um eine Anstellung bewerben.«

»Mr. *wer*?« fragte sie nochmals verärgert. »Ach, lassen Sie nur! Ich will's gar nicht wissen.« Sie wühlte raschelnd in ihren Papieren. »Bote, nehme ich an?«

Ich starrte sie fragend an. »Bote?«

Aufstöhnend klatschte sie die Papiere auf die Tischplatte und schenkte mir einen verzweifelten Blick. »Jawohl, Bote. Sie wissen doch: Laufbursche, Page, Treppenterrier.«

»Treppenterrier?« fragte ich, zum Teil aus echter Naivität, zum Teil, um sie zu ärgern. »Ist das nicht ein Tier?«

»›Ist das nicht ein Tier?‹« äffte sie mich albern nach. »Reizend. Wirklich reizend. Jawohl, das ist ein Tier. Hat vier Beine und haust in der Wall Street, genau wie die Bullen und Bären. Nur bleibt er in seiner Hütte und hält die Nase schön tief am Boden. Glauben Sie, das könnten Sie? Genau Ihr Fall, würde ich sagen. Oder wollten Sie sich vielleicht um den Posten des Präsidenten bewerben?« Mit rachsüchtiger Genugtuung lächelte sie mich an.

»Nein, Bote ist schon in Ordnung«, antwortete ich, da ich keine Lust auf weitere Sticheleien hatte.

Nachdem sie mir auf diese Weise heimgezahlt hatte, daß ich Zeuge ihrer Demütigung gewesen war, wurde sie sachlicher und umgänglicher. »*Okay*«, sagte sie. »Wie das funktioniert, wissen Sie ja wohl, oder?«

Ich schüttelte den Kopf.

»Nicht? Natürlich! Ist im Grunde ziemlich einfach. Sie füllen hier Ihr Bewerbungsformular aus. Das wandert in die Kartei, wo es sechs Monate bleibt. Sie werden chronologisch nach Bewerbungseingang benachrichtigt, sobald jemand benötigt wird. Sollte sich nichts ergeben, müssen Sie sich nach Ablauf dieser Zeit abermals bewerben. In Ordnung?«

»Sie meinen, ich kann nicht heute schon anfangen?«

»Heute?« Sie sah mich ungläubig an. »Das möchte ich doch entschieden bezweifeln! Ich kenne Boten, die haben sich drei- und viermal beworben, bevor sie einen Job bekamen. So kurzfristig...« Das Lämpchen an ihrem Telefon blinkte. »Einen Moment.« Sie nahm ab. »Ja, Sir? Gut. Zu wenig? Drei Stellen? Ja, Sir, es ist gerade einer hier. Aber sollte ich nicht den ersten auf der Liste anrufen? Ja, Sir! Ich schicke ihn sofort runter.« Als sie auflegte, musterte sie mich argwöhnisch. »Sie wußten, daß eine Stelle frei ist, nicht wahr? Wen, sagten Sie, kennen Sie?«

»Mr. Ha-pi.«

Sie zuckte mit den Achseln. »Wie schön für Sie.«

»Sie meinen...?«

»Sie haben Ihren Job.«

Eine Woge von Glück stieg in mir auf. Wos Kurs, der im Verlauf dieses Gesprächs ernsthaft in Gefahr geraten war, schnellte sofort wieder nach oben, schoß bis in die x-te Potenz in den Himmel empor.

»Haben Sie schon mal an der Börse gearbeitet?« erkundigte sie sich. »Nein, sicher nicht. Na ja, dann füllen Sie jetzt diese Formulare aus, und ich werde veranlassen, daß man Ihnen erklärt, wo Sie hin müssen.« (Anscheinend hatte sie etwas dagegen, mir das selbst zu erklären.) Aus einer Schachtel hinter ihrem Schreibtisch holte sie einen hellblauen Kittel, frisch gewaschen und gestärkt, zum Quadrat gefaltet und mit einer Nummer am Kragen. »Probieren Sie den mal an!«

Ich schlüpfte mit den Armen hinein, knöpfte ihn zu und bewegte die Schultern. »Ein bißchen zu groß, glaube ich.«

Sie hob die Schultern. »Dieselbe Größe für alle.«

Mit hochgezogenen Kreuzbrauen sah sie über meine Schulter hinweg jemand anders an. »He, du da, Boy – jawohl, *du*! Komm her!«

Ich drehte mich nach ihrem neuen Opfer um, bekümmert darüber, daß ich der Grund war, weshalb ein unschuldiger Zuschauer so schmählich behandelt wurde.

»Ich hab' einen Job für dich. Wenn du heute morgen anfängst, nimmst du ihn mit und zeigst ihm alles!«

Dort, mitten im Raum, rot wie eine Tomate, stand mit unterwürfigem Grinsen und hellblauem Kittel über dem Hawaii-Hemd – jawohl, Wo! Ich hatte eine richtige Spätzündung und wäre, wie man so sagt, fast aus den Latschen gekippt.

»Wo!« rief ich bestürzt.

Er warf seinen Haarschopf zurück. »Hattest du etwa Keith Funston erwartet? Ich habe dir doch gesagt, daß ich gleich wiederkomme, oder?« Und das vertrauliche Du paßte wirklich besser zu unserer neuen Situation.

Die Sekretärin beobachtete uns argwöhnisch.

»Aber...«

»Los, komm!« forderte er mich auf. »Wir müssen zur Stechuhr.«

Nach einem kurzen Marsch machten wir halt, um zu beratschlagen. Aus der Nähe wirkte Wo ein wenig zerrupft und ausgefranst. »Hab' dich reingelegt, was?« bluffte er lahm.

»Dann ist es kein Witz?« fragte ich zweifelnd.

Er biß sich auf die Lippen und schüttelte den Kopf. »Kein Witz.«

»Dann bist du 'n Treppenterrier!« staunte ich. »Genau wie ich!«

»He, nun werd' bloß nicht beleidigend!« warnte er mich gereizt. »Jawohl, ich bin Läufer. Na und?«

»Aber deiner Familie... hast du doch gesagt...«

»Ich habe sie nie belogen«, warf er hastig ein.

»Vielleicht nicht direkt.«

»Hör mal, Sonny, ich weiß ja, daß du Priester bist und so, aber erspar mir deine Moralpredigt, ja? Wer bist du, daß du über mich urteilst? Du hast mich gebeten, dir diesen Job zu besorgen, und jetzt hast du ihn doch, oder?«

»Ja«, antwortete ich, »und dafür bin ich dir dankbar.«

»Und du hast gesagt, du würdest mir auch einen Gefallen tun, stimmt's?«

Ich nickte.

»*Okay*, hier hast du die Gelegenheit dazu.«

»Zu was?«

»Daß du den Mund hältst.«

»Aber Wo«, protestierte ich, »sie legen ihr schwer verdientes Geld aufgrund deiner Tips an!« Ich dachte an seinen Vater und ergänzte: »Geld, das zu verlieren sie sich nicht leisten können.«

»He, keine Angst«, gab er zurück. Er hatte jetzt wieder seine alte aalglatte Selbstsicherheit gewonnen. »Nur weil ich nichts weiter bin als ein Underdog in dieser Hierarchie, muß das nicht heißen, daß ich mich nicht auskenne an der Börse. Ich bekomme meine Tips von ganz oben. Verdammt noch mal, ich hab' einen besseren Trefferdurchschnitt als die meisten Profis – auf dem Papier. Und wenn ich erst einmal ein bißchen Kapital habe, mit dem ich arbeiten kann – Mann, dann bin ich hier raus, aber sofort! Nein, hör mir zu! Dieses Geschäft letzte Woche, das war nur ein unglücklicher Zufall. Ich hatte Pops gesagt, daß es zu riskant ist. Kein Mensch setzt doch'n Tausender!«

Grinsend hob er die Schultern.

»Außerdem, Sonny« – er fiel wieder in einen etwas einschmeichelnderen Ton – »würd's den Alten wirklich umbringen, wenn er Bescheid wüßte. Gerade jetzt, wo wir allmählich unseren Scheiß in Ordnung kriegen, weißt du? Ich meine, du kannst dir nicht vorstellen, was es hieß, in diesem Restaurant bei ihm zu arbeiten! Nichts konnte ich ihm recht machen, immer mußte er meckern. Da ist mir auch der Kragen geplatzt. Sklaverei war das, Mann! Und dann kommst du und wirst sofort zum Eins-a-Drachen-Assistenten befördert. Ist doch klar, daß mir das sauer aufstößt. Aber Schwamm drüber. Jetzt ist er endlich glücklich, da ich ausgezogen bin und diesen Job gekriegt hab'. Er begreift nicht, was ich hier mache, aber er hält mich wenigstens nicht mehr für'n Totalversager. Ich hab' meine eigene Wohnung, und das beeindruckt ihn. Er ist natürlich niemals dort gewesen. Sie liegt im East Village – kaum mehr als 'n Schweinestall. Aber was soll's? Er glaubt, ich hab's geschafft. Warum ihm also alles kaputtmachen? Verstehst du jetzt, was ich dir sage?«

Ich nickte.

»Und wirst du den Mund halten?«

»Ja«, antwortete ich widerwillig, hin und her gerissen zwischen Mitleid und Mißbilligung, denn ich dachte auch an die Gefühle der anderen Familienmitglieder, denen ich mich enger verbunden fühlte als ihm, vor allem in diesem Augenblick.

Er stieß einen Seufzer der Erleichterung aus und grinste breit, beinahe vergnügt. »Außerdem«, fuhr er fort, »bin ich am dransten für eine Beförderung zum Protokollführer.« Er schob die Daumen unter seine Revers und kniff ein Auge zu. »Schwarzes Jackett und alles. Aber nun los, sonst kommen wir noch zu spät!«

Dieser Auftakt verursachte mir einiges Unbehagen. Um es gelinde auszudrücken, hielt ich es für einen wenig verheißungsvollen Start, meine Reise zur Selbsterkenntnis mit einer Lüge zu beginnen, obwohl es natürlich seine Lüge war, nicht meine. Zu diesem Zeitpunkt jedoch galten meine Gedanken mehr Wo als mir selbst. Mir enthüllten sich Aspekte seines Charakters, seiner Misere, eine Kettenreaktion von Doppelzüngigkeit, die sich mit beängstigender Geschwindigkeit fortpflanzte. Eine Lüge führte zur nächsten, ein Kompromiß zum anderen, jeder wurde in dem fruchtlosen Versuch geschlossen, die Folgen seines ursprünglich einzigen Selbstbetrugs zu entschärfen, verschlimmerte sie aber statt dessen noch mehr. Er wirkte auf mich wie das klassische Beispiel des Menschen im Tao, der stets gegen den Strom schwimmt. Ich bemitleidete ihn aufrichtig, aber ich konnte ihm kaum helfen, wollte es jedoch tunlichst vermeiden, seinem Beispiel zu folgen, und gelobte, aus seinen Fehlern zu lernen.

Nein, es war kein verheißungsvoller Anfang. Auch fand ich mich hier nicht so problemlos mit der Arbeit zurecht wie bei Lo. Das war zwar vorauszusehen gewesen, aber die Umstände schienen sich zudem gegen mich verschworen zu haben. An jenem ersten Vormittag hatte ich das Pech, mehrmals auf denselben Broker zu treffen und jedesmal alles zu verpatzen. Unter den Scharen arischer, sportgestählter, makellos gepflegter, energischer Herren, die im Börsensaal umherschlenderten, sich aufwärmten für das »Ereignis« (jene Ausübung erblicher Privilegien), welches die Glocke in Gang setzen würde, war dieser Bursche ein Original, so auffallend wie ein Angehöriger einer anderen Spezies, und zwar einer vom Aussterben bedrohten. Und in der Tat war dies nahezu buchstäblich der Fall, denn dieser Mann – AARON KAHN lautete sein Namensschild, FLOOR TRADER – gehörte der jüdischen Glaubensgemeinschaft an. Zu jenem Zeitpunkt jedoch war der Unterschied, den ich beschreibe, für mich weitgehend unerkennbar, da ich noch in jenem Stadium steckte, da alle weißen Gesichter einander relativ ähnlich waren; und meine Kenntnisse über die Juden, diese sagenhaften Wesen, waren im günstigsten Fall bruchstückhaft, denn sie stützten sich auf keinerlei wissenschaftliche Basis, sondern entstammten, soweit vorhanden, der Mythologie. Jawohl, Aaron Kahn war mein erster Jude!

Seine Erscheinung wirkte irgendwie kummervoll: schweres Gesicht mit Hängebacken und Tränensäcken unter den Augen wie ein Wasch- oder Pandabär, zwei blaue, schwammige Halbmonde. Er besaß das traurige Walroßgesicht eines übergewichtigen und permanent deprimierten Mannes. Im Ansatz längst zurückweichend, hing sein Haar hinten in schlaffen Locken fast bis auf den Kragen hinab. Sein Haaransatz enthüllte die glänzende Kugel einer mächtigen Stirn, monumental, fast so würdevoll wie ein uralter Berg oder wie die Arbeit eines großen Meisters, die von einem albernen, zeitgenössischen Machwerk überpinselt ist. Er schien an seinen Depressionen nicht zu leiden, hatte sich wohl bis zu jenem Grad von Bequemlichkeit an sie gewöhnt, der sogar das sprichwörtliche härene Hemd letztlich beinahe zum Freund macht. Ich weiß nicht recht, wie ich es ausdrücken soll, aber in seiner düsteren Erscheinung lag ein unverkennbares Zeichen von Selbstbewußtheit, etwas unbestimmt Parodistisches. So schwächte ein ausdrucksloses Funkeln in den Augen, wenn das logisch klingt, den Eindruck ab, den seine Erscheinung machte, verlieh ihr sogar einen zwiespältigen Charme.

Er schniefte häufig. Seine Nase war rot, die Augen ebenfalls; und sie tränten. Von Zeit zu Zeit tupfte er sie mit dem Taschentuch trocken, das er nicht aus der Brusttasche zog – dem von seinen Wasp-Kollegen übereinstimmend dafür geschaffenen und akzeptierten Ort –, sondern aus der Seitentasche seines Jacketts, die bei den anderen wiederum zugenäht war und lediglich ornamentalen Zwecken diente. Die seine dagegen war auch noch mit anderem Krimskrams vollgestopft, darunter ein Schnupfenspray, das er in kurzen Abständen aufschraubte und in seinen Rüssel einführte, wobei er mir übrigens Gelegenheit gab, zu bemerken, daß er Kupferarmreifen an den Handgelenken trug – zur Verhütung von Schleimbeutelentzündung, wie ich später erfuhr. Ganz gegen den Anschein jedoch war dieser Mann kein Schmuddelfink – oder wenigstens ein kultivierter. Seine Anzüge waren aus den besten Stoffen angefertigt und erstklassig geschnitten, obwohl er sie vielleicht einmal zuviel getragen hatte, ohne sie reinigen zu lassen, so daß sie einen leicht säuerlichen Geruch verströmten, was in dieser Wüste duftwassergetränkter Asepsis eher beruhigend war, vor allem für meine asiatisch indoktrinierte Nase. Er war von einer zerknitterten Eleganz wie ein Ansteckstäußchen, das aus Sparsamkeitsgründen zweimal getragen wird. Wie er mir später in seiner unnachahmlichen Art erklären sollte, drückte Kahn mit seiner Person den »anal-expulsiven Höhepunkt« aus, ein Konzept, das ich genausowenig in Worte zu fassen vermag wie »Affennatur«. Man begreift es entweder sofort oder nie. Auf jeden Fall war uns beiden schnell klar, daß wir füreinander geschaffen waren.

Als ich ihn zum erstenmal sah, aß er Bonbons aus einer Cellophantüte, die er in der Linken hielt. Sie war oben mit einer rosa Schleife zugebunden und trug ein mattsilbernes Markenschildchen, auf das in glänzenden lateinischen Buchstaben die Worte BONWIT TELLER gedruckt waren. Durch ein Loch, das er in die Seite gebohrt hatte, holte er sich das Konfekt heraus und warf es sich in den Mund wie Popcorn – mit einer völlig ausdruckslosen Miene, die keine wie immer geartete Emotion verriet, vor allem aber nicht Genuß. Falls überhaupt, so sprach seine Miene in einer fast unauslotbaren Tiefe von einer unbestimmten Besorgnis und, etwas weiter an der Oberfläche, von einem gewissen Bedauern. Während ich ihm beim Bonbonessen zusah, fielen mir seine Hände auf: sehr zierlich, mit seidenweichen, pechschwarzen Härchen, die besser gepflegt waren als die auf dem Kopf, denn sie wirkten fast wie gebürstet. Seine Fingerspitzen waren jedoch fast alle mit Heftpflaster verklebt, und wo seine Nagelhaut sichtbar geblieben war, wirkte sie, als würde er immer wieder an ihr kauen.

»Warum starrst du mich an, Konfuzius?« witzelte er, als er meinen Blick bemerkte. »Hat deine Mutter dir keine Manieren beigebracht? Oder kriegst du nicht genug zu essen?«

Anscheinend hatte er nicht vermutet, daß dieser leichte Klaps mich so unendlich niederschmettern und so zutiefst zerknirscht machen würde, deswegen beugte er sich, seine rüde Art bereuend, vertraulich zu mir herüber und flüsterte mir ins Ohr: »Ich kann nicht anders!« – ein durchaus angebrachtes Bekenntnis, demütig und mit offensichtlicher Aufrichtigkeit im besten Mea-culpa-Stil vorgebracht. Ich verzieh ihm gern und hätte es auch getan, wenn mich etwas Undefinierbares in seinem Verhalten nicht ohnedies davon überzeugt hätte, daß das Ganze nur Humbug war.

»Hier, nimm ein Bonbon!« Damit bot er mir den Beutel an, während er sich gleichzeitig selbst ein weiteres von der Plattform seines Daumennagels aus in den Mund katapultierte, als schieße er Murmeln.

»Nein?« Er zuckte die Achseln. »Hab' ohnehin nur noch 'n paar. Sind aber verdammt gut«, fügte er verlockend hinzu. Während er sie in die Tasche steckte, musterte er mich abschätzend. »Weißt du, Kleiner, du erinnerst mich an jemanden – aber ich weiß nicht, an wen.« Als die erwartete Reaktion ausblieb, zuckte er die Achseln und schlenderte unter gleichgültigem, vielleicht aber auch höhnischem – genau konnte ich das nicht sagen – Naseschniefen davon. Er bog um die Ecke einer Bürokabine und verschwand im Gewühl.

Kurz darauf läutete die Glocke, und der Börsenbetrieb begann. Unversehens wurde ich aufgesogen vom großen Ozean des Lebens, den ich bisher nur von oben betrachtet hatte. Das Gefühl, die Perspektive erweitere sich, die merkwürdige Nostalgie, die ich bei meinem ersten Blick auf den Börsensaal empfunden hatte, wurde mit zunehmender Besorgnis hinsichtlich meiner persönlichen Pflichten immer schwächer. Meine Bemühungen, den Kopf über Wasser zu halten, ließen mir wenig Zeit für abstraktes Theoretisieren.

Wieder einmal befand ich mich wie während meiner Küchendienstzeit bei Wu auf der untersten Stufe der sozialen Hierarchie. Der Bote steht auf der niedrigsten Sprosse der Leiter des Börsenpersonals. Stets ist er in Eile, um die Befehle von Vorgesetzten auszuführen: von Protokollführern, Telefonisten, Brokern, Kursmaklern (obwohl die letzteren sich selten so weit von ihren Gipfeln der Erhabenheit herablassen, um sich seiner zu bedienen oder überhaupt Kenntnis von seiner Existenz zu nehmen). Barsch angetrieben von einem brüllenden, rotgesichtigen Tyrannen, wird von dem gemeinen Boten erwartet, daß er seinen Auftrag aus sparsamsten Gesten versteht: dem hektischen Wedeln mit einem Zettel vor seiner Nase und einem konvulsivischen Zucken von Kopf und Schulter, zwischen denen ein Telefonhörer steckt (damit die Hände zum Aufschreiben einer Order oder zum Festhalten an einer Tasse lauwarmem Kaffee freibleiben). In die Bresche befohlen wie Kanonenfutter, steht ihm die Frage »Warum?« nicht zu. Und er läuft bereitwillig, angespornt vom Diensteifer, als werde er von einem tiefen, patriotischen Pflichtbewußtsein getrieben, obwohl er keinen klaren, deutlichen Eindruck davon hat, wie diese Pflicht wohl aussehen mag. Kaum außer Hör- und Sichtweite, versucht er hektisch, sich in seinen Mann hineinzudenken und erfindet die seltsamsten, magischen

Zeremonien, die den Broker über die Entfernung hinweg beruhigen und ihn selbst vor den schmerzhaften Auswirkungen eines mystischen Zorns schützen sollen. Dies erweist sich zumeist als wirkungslos, denn er wird weiterhin bei jeder Gelegenheit von allen Seiten gezüchtigt.

So sahen jedenfalls meine Erfahrungen aus, vor allem an jenem ersten Morgen. Dieser mag ja nicht typisch gewesen sein: Ich gebe gern zu, daß ich vielleicht nicht der begabteste Anwärter war, der jemals jene heilige Schwelle überschritten hat und von den unberechenbaren Winden des Handels durch den Börsensaal gehetzt wurde. Doch sogar ich besserte mich mit der Zeit. Ganz allmählich, je länger man dabei ist, entwickelt man einen sechsten Sinn, eine Art Finanz-ASW, die es einem ermöglicht, die unergründlichen Wünsche der Broker auch aus den spärlichsten Beweismitteln zu rekonstruieren. Das jedoch kann Tage dauern, ja sogar Wochen! An jenem ersten Vormittag dagegen tappte ich, wie schon gesagt, total im dunkeln.

Denn sehen Sie, ich packte es vollkommen falsch an. Das war allerdings nicht ganz allein meine Schuld. Meine Erziehung wirkte sich zu meinem Nachteil aus. Ich war gehandikapt von einem übersteigerten Sinn für Etikette. Herbeizitiert von einem Broker, der mir wild mit einem Stück Papier vor der Nase herumfuchtelte, als sei es Mozis verlorene Formel der alchimistischen Umwandlung, vermochte ich den tief eingewurzelten Impuls, mich zu verneigen, einfach nicht zu unterdrücken. Bis ich damit fertig war, lief schon ein anderer mit dem Zettel zu einer Telefonzelle oder dem Fernschreiber. Wenn der Broker seine Nummer auf der Informationstafel sah, war er zumeist schon wieder auf dem Sprung zu einer neuen Order, nicht jedoch, ohne mir einen Blick zuzuwerfen, der mich kategorisch und ohne jede Hoffnung auf Gnade in die tiefsten Regionen der Hölle verbannte, wo jene verlorenen Seelen hausen, deren Fall auf Erden als endgültig hoffnungslos bezeichnet wird. Diese Vorfälle zermürbten mich, machten mich unsicher und nervös. Zweimal passierte mir das bei Kahn, einmal ganz früh, das zweitemal gegen Mittag. Beim erstenmal murmelte er nur etwas vor sich hin und wandte sich dann einem anderen zu; beim zweitenmal jedoch blieb er unheilverkündend stehen und musterte mich mit einer Mischung aus Ärger und Mitleid. Ich war inzwischen so tief gedemütigt und deprimiert, daß ich den Tränen nahe war.

»Möchtest du einen guten Rat, Kleiner?« fragte er mich.

»Meister!« rief ich impulsiv und fiel auf die Knie.

»Hallo!« sagte er verblüfft. Er blickte unruhig von einer Seite zur anderen, als fürchte er, beobachtet zu werden, dann beugte er sich zu mir herunter und packte mich beim Ellbogen. »Auf! Auf!« befahl er. »Jesus, Kleiner! Woher kommst du überhaupt – aus Kansas?«

»Aus China«, antwortete ich.

»China? Ist ja noch schlimmer! Bist du zufällig einer von diesen Boat People, ja? Hör zu, Kleiner! Ich weiß nicht, wie das bei euch zu Hause ist, aber hier tut man so etwas einfach nicht. Die erste Lektion über Manhattan: Entschuldige dich niemals – für *gar nichts.* Vor allem nicht, wenn du im Unrecht bist. Das ist der allerschlimmste Fauxpas. Verstanden?«

Ich nickte.

»Das ist es, was ich dir vorhin schon sagen wollte. Weißt du, was dein Fehler ist? Du bist zu höflich. Ich meine, Manieren sind gut und schön, aber so kastriert man sich ja mit den eigenen guten Absichten, um ein neues Wort zu prägen. Wie mein Onkel, der verrückte Aschkenase, ohne den ich heute nicht wäre, wo ich bin, zu sagen pflegte: ›Kein Mumm, kein Ruhm.‹ Darum also *bitte*: ein bißchen mehr Chuzpe, ein bißchen weniger fernöstliche Höflichkeit! Sonst wird deine Karriere bald enden.« Er zog den Finger quer über seinen Hals.

»Helfen Sie mir, meine Fehler auszumerzen!« bat ich ihn demütig, mit Tränen der Dankbarkeit in den Augen. »Lehren Sie mich diese Hu... Hu... Hutz...«

»Chuzpe heißt das. Chu... Chu... Chuzpe«, röchelte er tief im Rachen. »*Okay*, werd bloß nicht sentimental! Wenn ich eins nicht leiden kann, dann ist es Schmalz. Das steht auf meiner großen Aversionsliste ganz oben, direkt unter *gefilte fisch*.« Mit dem Ausdruck düsteren Mitgefühls sah er mich an. »Da, nimm ein Bonbon! Das wird dich beruhigen.« Er langte in die Tasche und kramte darin herum. »Ach, weißt du, wenn ich's mir recht überlege, nimm doch lieber eins von diesen. Meine Bonbons werden knapp. Auf dem Heimweg muß ich bei Bonwit vorbei.« Er reichte mir etwas Langes, Dünnes in leuchtend buntem Papier. »Normalerweise sinke ich nicht so tief, weißt du«, erklärte er mit ernstem Kopfnicken in Richtung auf sein Geschenk, einen Hunderttausend-Dollar-Schokoriegel. »Doch in der Not kann man sich damit behelfen. Hör zu, Kleiner. Ich werde dir auch eine zweite Chance geben.« Er zog seine Brieftasche heraus und entnahm ihr einen Zwanziger. »Holst du uns beiden einen Lunch? Bring ihn mir oben ins Büro, zwo-eins-null-eins. Und, äh, Kleiner... ich möchte nachher etwas Kleingeld sehen, *okay*?«

»Was wünschen Sie denn?« erkundigte ich mich schüchtern, da ich keine Ahnung hatte, welche Mengen erforderlich waren, um einen so großen Appetit wie den seinen zu stillen, und weil ich Angst hatte, ich könne sein Mißfallen erregen.

»*Oi!*« schrie er erbittert. »Zeig doch mal Initiative! Benutz deine Phantasie!«

Ich verneigte mich automatisch, hielt jedoch mitten in der Bewegung inne und wich zurück. Er seufzte und wandte sich wieder dem Börsensaal zu, nur um in der nächsten Sekunde nochmals herumzufahren und hinter mir herzurufen: »Nur keine Whopper oder italienische Fleischklößchen!«

Vom öffentlichen Fernsprecher in der Mitgliederlobby aus rief ich Lo an. »Lo, meine ganze Zukunft steht auf dem Spiel!« rief ich atemlos. »Du mußt mir helfen!«

»Was ist denn?« antwortete er mit schriller Stimme, von meinem eigenen panischen Ton angesteckt. »Brauchst du Geld?«

»Nein!« rief ich. »Essen!«

»Essen?« Er lachte. »Kein Problem. Überlaß das nur mir! Wieviel?«

»Für zwei«, sagte ich, »aber...«

»Entschuldigung bitte, abholen in fünfzehn Minuten.«

Ich hatte ihm die ungeheure Bedeutung des Ereignisses klarmachen wollen, die Delikatesse und das Feingefühl, die für die Ausführung dieser Bestellung erforderlich waren. Dazu war es jetzt zu spät. Von bösen Vorahnungen geplagt, trat ich durch die Tür auf die glutheiße Straße hinaus und machte mich im Rikscha-Trab auf den Weg nach Chinatown.

Draußen vor dem Restaurant, unter der Leuchtreklame, die LUCK FA   S »TEA OY   P   ACE« lautete, ein Neongrinsen mit mehreren Zahnlücken, stand eine brusthohe Anschlagtafel, die mir neu war und Fußgänger mit der Tagesspezialität A DIM SUM TEA LUNCHEON!!! anlocken sollte.

Das Foyer – obwohl wie immer dämmriger als ein Beerdigungsinstitut – hallte wider von Geschirrgeklapper und anderen, von Gastlichkeit zeugenden Geräuschen: Gebrumm, Gelächter und Rufen, die auf Umwegen aus den verborgenen Tiefen der Katakomben heraufdrangen.

Lo erschien, gefolgt von dem jungen Mann, von dem er mir erzählt hatte und der in Ermangelung eines besseren wiedereingestellt worden war, sowie den beiden Köchen. Allesamt trugen sie weiße Papiertüten.

»Bitte, verzeih diese Belästigung«, sagte ich und verneigte mich tief.

»Entschuldigung bitte!« protestierte er, während er meine Verbeugung mit einer noch tieferen erwiderte. »Keine Belästigung! Der junge Drache gehört zur Familie.«

»Vielen Dank«, gab ich dankbar zurück und nickte jedem einzelnen zu. »Hört sich an, als hättet ihr heute sehr viel zu tun.«

»Ohne Scheiß!« bestätigte der junge Mann. »Heut' geht's bei uns zu wie im Zoo.«

Die drei anderen warfen ihm wortlos strenge, mißbilligende Blicke zu, unter denen er zusammenzuckte und verstummte.

Lo nickte ernst. »Voll besetzt.«

»Und dazu auch noch Verkauf über die Straße.« Ich deutete auf die Tüten. »Ist eine davon für mich?«

Sie sahen sich an, dann brachen sie in Lachen aus. »Alle«, erklärte Lo.

»Die – alle für mich?« fragte ich ungläubig. »Aber Lo, ich habe nur zwanzig Dollar.«

Er schüttelte den Kopf. »Kein Problem. Auf Kosten des Hauses.«

»Das kann ich nicht!«

»Du mußt!«

»Nein, nein!«

»Doch, doch!«

»Aber wie soll ich denn das alles tragen?«

Er deutete zur Tür. Durch das bunte Glas sah ich ein Taxi am Bordstein warten. Er grinste verschmitzt.

»Aber... aber...«

Er hob abwehrend die Hände. »Keine Einwände, bitte! Wir müssen an die Arbeit zurück.«

Sie drückten mir die Tüten in die Arme.

»Also, das hier sind hauchdünne Quallenscheiben, das hier kalte Sesamnudeln...« Eifrig, von seiner eigenen Großzügigkeit befeuert, zählte Lo alles auf.

»Das ist eingelegte Ente, scharfer, würziger Kohl, tausendjährige Eier, Nierenscheibchen in würziger Hausmachersauce... und als Hauptgericht, ah!« (er küßte seine Fingerspitzen) »zubereitet streng nach einem Rezept, das noch vom großen Ho Ha der Tang-Dynastie stammt: ›Sublime Versetzung des Großen Bären an den Himmel‹!«

»Lo...« unterbrach ich seine Rhapsodie mit schüchternem Flüstern, weil ich zwar seiner Begeisterung keinen Dämpfer aufsetzen wollte, es unter den gegebenen Umständen aber für unumgänglich hielt, genauer Bescheid zu wissen. »Was genau ist die ›Sublime Versetzung des Großen Bären an den Himmel‹?«

Ungläubig starrte er mich an. »Der junge Drache, der so viele Jahre damit verbracht hat, den absoluten Geschmack zu erwerben, ein Muster von Connaisseur, hat noch nie etwas von der ›Sublimen Versetzung des Großen Bären an den Himmel‹ gehört, dem größten Meisterstück des größten Kochs, der jemals gelebt hat?« Er war fast schockiert. Kopfschüttelnd stieß er einen leisen Seufzer aus: sein Kommentar zu den heutzutage so sehr korrumpierten Lebensbedingungen, unter denen auch der vielversprechendste junge Mann im Stande einer so beklagenswerten Ignoranz, einer wahrhaften Barbarei, zum Manne erzogen werden mußte. »Tatzen in Brühe«, verkündete er traurig.

Bei dem Gedanken an den Wein jedoch begann er schon wieder zu strahlen. »Ein Krug alter Mao Tai«, flüsterte er mir in verzücktem, verschwörerischem Ton zu. »Der wird dir doch wenigstens schmecken!«

Ich grinste und dankte ihm voll Nervosität.

»Und zum Nachtisch« – freudig steuerte er dem Finale zu – »deine Leibspeise!«

»Aber Lo!« protestierte ich. »Du hast doch nicht...«

Doch, er hatte: köstliche, mit Krabben gefüllte Rübenpfannkuchen in Austernsauce!

»Ein Bankett wie für den Sohn des Himmels!« rief ich ehrfürchtig und dankbar aus.

»*Tz, tz*«, wehrte er bescheiden ab. »Der Drache übertreibt.« Dabei spreizte er sich aber doch unbewußt.

»Und jetzt los!« rief er und schob mich zur Tür hinaus. »Schnell, schnell, bevor alles kalt wird!«

Schwer beladen mit meiner Last, die sich immer wieder umschichtete, weil die obersten Tüten herunterfielen, nur um unten wieder in den Stapel zurückgeschoben zu werden, und so fort, in einer arithmetischen Progression, die dem Fruchtwechsel in der Landwirtschaft nicht unähnlich war, erreichte ich endlich schwitzend und außer Atem das Zimmer 2101. Das Namensschild an der Tür jedoch ließ mich innehalten. Ich hatte eigentlich KAHN erwartet, fand statt dessen jedoch AHASVER. Unentschlossen zögerte ich auf der Schwelle.

»Herein! Herein!« befahl er ungeduldig und riß die Tür von innen auf. »Warum hast du so lange gebraucht? Ich warte seit dreißig Sekunden.«

Überall Papiertüten verstreuend, wankte ich ins Büro.

»Himmel, Kleiner!« staunte er. »Willst du die ganze Börse abfüttern? Sehe ich denn so verfressen aus?«

Nachdem ich den ganzen Berg auf seinem Schreibtisch abgeladen hatte, langte ich in die Tasche und händigte ihm das vom Telefonieren übriggebliebene Geld aus.

»Wechselgeld auch noch!« Er zählte nach. »Achtzehn Dollar! Einfach unglaublich! Was ist denn da drin – Hafergrütze?« Mit zusammengekniffenen Augen starrte er mich an und nickte anerkennend. »Du scheinst recht vielversprechend zu sein, Kleiner. Wie heißt du?«

»Sun I«, antwortete ich.

»Das muß man dir wirklich lassen, Sonny«, sagte er und besiegelte damit ohne jede Hoffnung auf Gnade Wos Namensgebung, meine neue Dow-Identität. »Du magst ja ein bißchen langsam sein, aber Aufträge auszuführen, Lunchbeschaffungsaufträge, meine ich, gehört zu den wichtigsten Aufgaben eines Laufburschen, und du scheinst den Dreh rauszuhaben. Du kriegst gute Noten, wenigstens im Hinblick auf Menge und Preis. Und wenn's jetzt sogar noch eßbar ist«, er griff nach der erstbesten Tüte, »könnte dies der Beginn einer langen, fruchtbaren Zusammenarbeit sein.«

»Mr. Kahn, darf ich Sie was fragen?«

Er hielt inne und blickte auf, wobei er gespannt mit den Augen zwinkerte und den Arm halbwegs bis zum Ellbogen in die Tüte versenkte. »Sicher, Kleiner. Was willst du wissen?«

»Ahasver – ist das Ihr Familienname?«

Er lachte. »Nein, nein, Kleiner, das ist ein Scherz. Das war ein berühmter Verwandter von mir – mein Onkel.«

Obwohl mich diese Antwort kaum klüger machte, hatte ich keine Gelegenheit, mich näher zu erkundigen.

»Hallo! Was ist denn das?« Er zog eine Scheibe Qualle heraus, schnupperte mißtrauisch daran und hielt sie dann auf Armeslänge von sich fort. Sein ausdrucksvolles Walroßgesicht mir zugewandt, drückte er sie angewidert mit Daumen und Zeigefinger wie mit einer Zange. »Chinesisches Antipasto?«

»Eingelegte Qualle«, bestätigte ich.

Er wieherte angeekelt, als sei ihm bei dem Gedanken schon übel geworden. »Ich kann nicht mal *Aspik* essen, Kleiner«, erklärte er traurig. »Verdammt, schon bei Götterspeise krieg ich 'ne Gänsehaut. Ich kann nichts dafür. Schwächliche Konstitution, weißt du, großgezogen mit Hühnersuppe. Ist meine hebräische Herkunft. Ich hab' versucht, sie zu überwinden, aber...« (er seufzte und zuckte schicksalsergeben die Achseln) »... wir entkommen unseren Ursprüngen nicht. Kismet. Die Schwerkraft des Blutes, weißt du.«

»Aber es schmeckt köstlich«, protestierte ich. »Und ist *sehr* mild.«

»Na ja«, überlegte er, »ich hab' ziemlichen Hunger.« Er wirkte wie ein Heide, der bekehrt werden will.

»Nur zu!« ermunterte ich ihn.

»Hol mir ein Glas Wasser!« Damit reichte er mir einen Plastikbecher. »Für alle Fälle. Draußen vom Flur.«

Als ich zurückkam, sah ich erstaunt, daß er eifrig zulangte, sich mit beiden Händen zugleich vollstopfte, bis seine Backen schier platzen wollten. »Nöch schläch«, mehr brachte er mit dem vollen Mund nicht heraus.

Ich begann, ihm zu helfen, öffnete Tüten, katalogisierte den Inhalt und stopfte ihm auf sein Verlangen die Serviette in den Kragen. Und es dauerte nicht lange, da hatte er die Vorspeisen geschafft und sich zum Hauptgang vorgearbeitet. Er tupfte sich den Mund mit einer Papierserviette, schürzte nachdenklich die Lippen und rieb sich die Hände.

»Was ist das?« erkundigte er sich eifrig. »Nein, sag's nicht: fritiertes Filigran von Flughunden in Ichor. Stimmt's?«

Seine Witzelei flog an mir vorbei wie eine fehlgeleitete Granate. »Dieses Gericht ist mir nicht bekannt«, antwortete ich unschuldig. »Doch wenn die Zutaten erhältlich sind, bin ich überzeugt, daß mein Freund Lo es für Sie zubereiten kann.«

»Ach, laß nur«, winkte er ab und schneuzte sich geräuschvoll in sein Taschentuch.

»Wie dem auch sei«, fuhr ich fort, »dieses spezielle Kunstwerk nennt sich ›Sublime Versetzung des Großen Bären an den Himmel‹.«

»Übersetzung?«

Ich nickte.

»Nein«, sagte er, »ich meine *Über*setzung.«

»Ach so«, antwortete ich. »Bärentatzen in Fleischbrühe.«

»Gut!« Er kaute heftig. »Ein bißchen zäh, aber gut.«

»Es ist nach dem Sternbild Urs major benannt«, erklärte ich in Erinnerung an Scotties Lektionen und weil ich seinen Appetit mit einer kleinen intellektuellen Sauce anregen wollte.

»Absolut eßbar!« lobte er. Er deutete auf eine Tüte. »Und was ist das?«

»Der Wein!« rief ich entsetzt. »Den hatte ich total vergessen.«

»Wein auch noch!« stellte er fest. »Das wird ja immer besser!«

Als ich den Krug herausholte, entdeckte ich, daß ein Zettel an ihm befestigt war.

»Und was ist das – die Rechnung?« wollte er wissen.

»Für Connaisseurs«, lautete der Text in Los primitiver Schrift, »den feinsten Wein. Trinkt ihn in vollen Zügen!« Ich lächelte. Vor Dankbarkeit wurden mir die Augen feucht. Dann las ich ihn laut vor.

»Schenk mal was ein!« forderte Kahn und kippte das Wasser in den Topf einer Plastikgrünpflanze.

Ich gehorchte.

Er prüfte das Bouquet. »Hmm... interessant.« Er hob den Becher an die Lippen und trank einen Schluck. »Großer Gott!« rief er laut und spie den Wein über die Schreibtischplatte. »Das schmeckt ja wie Badewannen-Gin!«

»Den Geschmack dafür muß man sich erst erwerben«, erklärte ich mit einem Anflug von Arroganz.

»Ha, ha«, gab er geziert zurück. »Wie sind wir doch wieder hochnäsig! Wo sind die Frühlingsrollen?«

»Ich muß Ihnen leider…«

»War nur ein Scherz, Kleiner. Jesus! Nimm doch nicht alles so furchtbar wörtlich! Ein kleines bißchen mehr Chuzpe, bitte!«

»Hu… Hu…«

»*Chuzpe*«, korrigierte er mich. »Versuch's nur weiter, du wirst's schon schaffen! So, Kleiner, und nun erzähl mir ein bißchen von dir! Aber mach's bitte kurz und schmerzlos, wir haben keine Zeit zum Plaudern. Wann bist du angekommen – irgendwann letzte Woche?«

Ich nickte.

»Jesus, im Ernst?«

Ich starrte ihn unschuldig an.

Er schüttelte den Kopf. »Und was hat dich nach New York gezogen? Nein, nein, sag's nicht – die *bejgls*, stimmt's?«

»Ich… ich…«

»Nicht stottern, Kleiner! Ein kleines bißchen mehr…«

»Hutzpe«, warf ich rasch ein.

Er nickte anerkennend. »Schon besser.«

»Ich möchte verstehen lernen, wie der Dow funktioniert«, beantwortete ich seine Frage.

Kahn lächelte ironisch. »Möchten wir das nicht alle? Also was sonst noch? Du möchtest eine schnelle Million machen und Mama und Papa-san auf der ›Queen Elizabeth‹ rüberholen, ja? Zwei, stimmt's? Und Erster-Klasse-Kabinen für alle Schweinchen und Hühnerchen?«

»Meine Mutter ist tot«, gab ich würdevoll zurück. »Meinen Vater habe ich nie kennengelernt.«

»Tut mir leid, Kleiner«, sagte er. »War nicht persönlich gemeint. Ich sehe irgendwo eine Chance zum Einhaken, und schon…« Er zuckte die Achseln. »Ich kann einfach nicht anders. Also was hast du vor, mit all diesem putativen Moos?«

»Moos?«

»Geld.«

»Ich bin nicht daran interessiert, Geld zu verdienen«, erwiderte ich.

»Hallo!« rief er. »Kein Interesse am Geldverdienen? Ich dachte, du hättest gesagt, daß du den Dow verstehen lernen willst.«

»Will ich auch«, gab ich zurück. »Aber nicht, um mich persönlich zu bereichern. Der Reichtum, den ich suche, ist von anderer Art.«

»Ich glaube, ich wittere einen Idealisten«, bemerkte er trocken.

»Idealist?« fragte ich ihn. »Ist das auch so eine Sekte wie die Episkopalen?«

»So ungefähr«, bestätigte er.

»Ich bin kein Christ.«

»Das bin ich auch nicht, Kleiner.«

»Ich bin Taoist.«

»Und ich bin Jude«, antwortete er, mechanisch die Progression steigernd. »*Whoa!* Was? Hallo!« rief er auf einmal, als er das, was ich gesagt hatte, richtig begriff. »Ein *Taoist*? Wie der chinesische Taoismus?«

»Sie wissen, was Taoismus ist?« Ich war überrascht.

»Aber Kleiner!« protestierte er. »Sieh dir dieses *ponim* an! Biete ich etwa den Anblick eines totalen Schmock? Betrachte bitte dieses Pergament.« Er tippte auf das Glas einer gerahmten Urkunde an der Wand hinter seinem Schreibtisch. »Siehst du das? Columbia University. Bachelor of Arts. Und Master ebenfalls! Derselbe Kahn, den du hier so heruntergekommen – oder hochgekommen, je nachdem, wie man's betrachtet – vor dir siehst, war einst Bona-fide-Mitglied der Akademikergemeinde. Obwohl mein erwähltes Fach die Literatur war, machte ich gelegentlich einen Abstecher in die vergleichende Theologie. O ja, ich weiß, was Taoismus ist! Was ich dagegen nicht weiß, das ist, was ein Taoist, wie du es zu sein bekundest, als Bote an der New Yorker Börse zu suchen hat.«

»Aber das hab' ich Ihnen doch schon erklärt«, antwortete ich ihm. »Ich möchte verstehen lernen, wie das Dow funktioniert.«

»Buchstabier mir das mal.«

»D-o-w.«

»Hallo!« sagte er. »Genau wie ich's mir gedacht hatte – ein Wortspiel.« Er schürzte nachdenklich die Lippen. »Hmm... Ich glaube, das gefällt mir. Jawohl, es hat eindeutig Möglichkeiten als Werbegag – ein *snapper*, wie Mark Twain vielleicht gesagt hätte. Das Tao im Dow. Na, was meinst du? Vielleicht sollten wir's der Börse für PR-Zwecke andienen, sozusagen um ihr Image zu humanisieren, eh? Halbe-halbe. Einverstanden?«

Ich schüttelte den Kopf.

»He, sei nicht so geldgierig!« protestierte er. »Na schön, die Idee stammt von dir, das gebe ich zu. Aber du hast keinen Markt. Ich bin es, der die Verbindungen zu diesem Geschäft hat, Kleiner. Verdammt, ich war schließlich selber mal in der Werbung. Das war Phase zwei meiner Karriere. Denn weißt du, ich war von Kopf bis Fuß auf die Akademia eingestellt, als... Ach was, darauf wollen wir nicht näher eingehen. Sagen wir, aus Finanzgründen. Armer Kahn, ein Säugling noch an weltlicher Erfahrung, rücksichtslos des institutionellen Breis entwöhnt und in die kalte, reale Welt hinausgestoßen. Wirklich, Kleiner, laß dir bitte nichts vormachen: Sie ist niemals so kalt oder so real, wie alle behaupten. Also, ich hab' meine Zeit abgedient in einer Werbeagentur, wurde dann aber sozusagen am Hosenboden aus dem Dreck gezogen dank einer Erbschaft von meinem Onkel Ahasver, dem Ewigen Juden, dessen Neigung zu unstetem Leben ich in nicht geringem Grade geerbt habe.«

»*Dem* Ewigen Juden?« fragte ich mit großen Augen.

»Nun ja...« schwächte er ab, »*einem* ewigen Juden. Wie dem auch sei, er hinterließ mir seinen Sitz an der New Yorker Börse. Phase drei – oder vielmehr vier, denn drei war mein Dienst an Gott und Vaterland im OWI. Aber das ist eine andere Geschichte.«

»Und so sind Sie dann Broker geworden?« erkundigte ich mich naiv.

»Kleiner, bitte!« Hoch aufgerichtet vor geringschätziger Verachtung, wies er mit dem Daumen auf sein Namensschildchen. »Ich bin Floor Trader, das heißt ein auf eigene Rechnung spekulierendes Börsenmitglied – und kein gemeiner Kommissionsbroker. Mit mir verglichen, ist ein Broker ein kleiner Plebejer.«

Mit einem Seufzer kehrte er in eine bequemere Haltung zurück. »Gewiß, die Zeiten sind schwer. Manchmal sehe ich mich gezwungen, den Auftragsüberhang der Kommissionsheinis zu übernehmen. Gern lasse ich mich natürlich nicht dazu herab. Doch überleben ist wichtiger als Würde, stimmt's? Die Floor Trader sind nun mal eine gefährdete Spezies, weißt du. Und ich bin tatsächlich einer der letzten Angehörigen einer aussterbenden Rasse, ein einsamer Wolf, sozusagen. Früher, als mein Onkel Ahasver in der Blüte seines Lebens stand, war alles anders. Da konnte ein Floor Trader sich durch den Handel mit Achteln und Vierteln bequem den Lebensunterhalt verdienen. Außerdem konnte er beschummeln. Heute nicht mehr! Die Dinge stehen jetzt viel schlechter. Wir sind systematisch gejagt und eliminiert worden. Und mein persönlicher Fall ist noch tragischer. Denn siehst du, mein Onkel Ahasver hat mich zwar mit einem einzigen Schlag (seinem Schlag) reich gemacht, hat es aber versäumt, mich mit dem lebenswichtigen Sine qua non zu versorgen, ohne das ein Börsensitz zu einem großen Passivposten wird, nämlich gebündeltem Baren. Ich meine, was ist ein Börsensitz ohne Bargeld? Was soll ich damit anfangen? Drauf sitzen? Nicht einmal bequem ist er! Eines von diesen spartanischen frühamerikanischen Produkten ohne Kissen, ohne Zubehör, ohne alles. Kein Jude mit ein bißchen Selbstachtung würde sich tot da drauf erwischen lassen. Mein Dilemma, weißt du, gleicht in etwa dem der alten Südstaatengesellschaft. Ich hab' einen Landsitz, aber kein Geld. Oder, wenn es dir lieber ist: Ich hab' einen Sitz, aber kein Geld. Obwohl mein Aktivposten fast eine Viertelmillion Dollar wert ist, muß ich um Geld schnorren zum Spekulieren, wenigstens in letzter Zeit. Tatsächlich zum echten Schnorrer erniedrigt, Kleiner! Demütigend ist das! Meine Freunde wechseln auf die andere Straßenseite, wenn sie mich sehen. Und als wäre das noch nicht schlimm genug: Sie sind hinter mir her!«

»Wer?« erkundigte ich mich beunruhigt.

»Du weißt schon, die Gojim, die Börsenaufsicht SEC – *alle*. Verdammt, von all den Bestimmungen und steigenden Ausgaben – Fixkosten, Clearing-Gebühren, Börsenumsatzsteuern, Beiträgen – werd' ich eines Tages noch aufgefressen. Das raubt mir den Seelenfrieden. Ganz zu schweigen von meinem Gleichmut! Siehst du die Ringe unter meinen Augen? Ich kann nachts nicht mehr schlafen. Die habe ich nämlich nicht schon immer, weißt du. Verdammt, ich hab' gar nicht so schlecht ausgesehen, bevor ich in das Geschäft hier eingestiegen bin. Brauchst gar nicht zu grinsen! Ich meine es ernst. Ich konnte'n knackigen Hintern kriegen, wann immer ich wollte. Jetzt fallen mir die Haare aus. Ich hab' den Appetit verloren. Verdammt, Kleiner, ich geh' kaputt! Das kommt von diesen sieben Jahren Pech. Keine Ahnung, wie lange ich das noch durchhalte. Im Ernst! Wenn das so weitergeht, hab' ich vermutlich nur noch ein paar Monate zu leben.«

An diesem Punkt vermochte ich ein Lächeln nicht länger zu unterdrücken. Er bemerkte dies und schaltete auf eine andere Strategie um.

»Also stellst du die auf der Hand liegende Frage: Warum verkaufe ich nicht einfach und arbeite in einer angenehmeren Branche? Jawohl, diese Frage hab' ich mir auch oft gestellt. Ist es die protestantische Arbeitsmoral, die mich zurückhält, fragst du? Nein, Kleiner, Kahn ist kein Protestant. Natürlich haben die Juden ihre eigene, endemische Version jener reizenden Institution. Schuldbewußtsein wird sie genannt. Worauf es hinausläuft, Kleiner, ist ganz einfach: Kahn ist mit einer masochistischen Liebe zu der Schnauze geschlagen, die ihn beißt. Der Ruf der Wildnis, weißt du. Ich kann ihm nicht widerstehen. Hab' es noch nie gekonnt. Verdammt, Kleiner, bloß eine einzige Chance brauche ich, weißt du. Zum Beispiel eine Mittwochausgabe des ›Wall Street Journal‹ eine Stunde vor Börsenbeginn am Dienstag. Hi, hi! Nicht, daß es mir über Gebühr ums Geld ginge, verstehst du. Ich bin kein Materialist. Ich will nur all den Wasps, diesen Wespen, zeigen, daß ein Judenbengel auch einen Stachel hat.« Vielsagend griff er sich zwischen die Beine. »Es ist das ganze Prinzip, das mich interessiert. Kapiert? Was soll ich dir erzählen, Kleiner? Wie schon gesagt: der Ruf der Wildnis. Die Börse liegt hinter der letzten Grenze. Sie ist eine Wildnis, von der Zivilisation geschaffen für den klassischen Kampf ums Überleben. Ich liebe das – ich kann nicht anders. Und so war's schon immer. Das ist also meine Story, zumindest eine gekürzte Version.« Er kniff die Augen zusammen und musterte mich nachdenklich. »Du willst also auch in den Dow einsteigen? Ausgerechnet als Taoist! Vielleicht kann ich dir einen kleinen Schubs geben.«

»Würden Sie das tun?« Ich war außer mir vor Freude. »Das ist der Gipfel all meiner Wünsche: der Schüler eines so großen, so klugen Gelehrten des Dow zu werden, wie Sie es sind.«

»Einen Moment mal!« unterbrach er mich. »Was heißt hier Schüler? Ich möchte dich noch einmal darauf hinweisen, daß hier bei uns andere Regeln gelten. Wir sind nicht in China.«

»Aber Sie werden es mich doch lehren, nicht wahr?« fragte ich hoffnungsvoll. »Oder mir wenigstens zeigen, wie ich es anfangen muß.«

»Was du lernen willst, kann man nicht lernen«, erwiderte er wie das Echo von etwas, an das ich mich nicht genau erinnern konnte. »Die einzige Annäherungsmöglichkeit ist die Erfahrung. Anfangs werde ich dich natürlich im Auge behalten, damit du mit deinen Investitionen nicht allzu hart auf dem Bauch landest.«

»Investitionen?«

»Gewiß«, sagte er. »Davon sprechen wir doch, oder?«

»Aber ich habe Ihnen doch schon erklärt, daß ich am Geldverdienen nicht interessiert bin.«

»Ich dachte, du hättest gesagt, du wollest den Dow verstehen lernen?«

»Das will ich«, bestätigte ich, »aber...«

Er schüttelte den Kopf. »Kleiner«, belehrte er mich in feierlichem, pastoralem Ton, »es gibt nur eine Möglichkeit: Wenn du den Dow verstehen lernen willst, mußt du das Spiel mitspielen.«

»Aber das ist völlig unmöglich!« rief ich zurückschreckend. »Das verstieße gegen meine Prinzipien. Ich strebe nur nach objektivem Wissen. Ich möchte beobachten, ohne teilzunehmen.«

»Aha, die Haltung des Akademikers«, sagte er. »Ich riech's aus einer Meile Entfernung. Du willst die sterilen Methoden ausprobieren, eh? Würde ich dir nicht empfehlen, Kleiner. Ich glaube, du wärst tief enttäuscht.« Er hielt inne, als wolle er mir Gelegenheit zur Widerrede geben. »Aber jeder hat das Recht auf seinen eigenen Strick. Wenn du dich entschließt, es auf die harte Tour zu versuchen, werd' ich mich mal umhören und sehn, was sich machen läßt – vorausgesetzt, du versorgst mich weiterhin täglich mit einem Lunch. Einverstanden?«

»Aber ja!« stimmte ich zu. »Hundertprozentig! Vielen Dank!«

»*Okay, okay*, kein Schmalz, kapiert?«

Ich faltete die Hände im Schoß und neigte den Kopf.

»Und hiermit erkläre ich diesen Schmus für vertagt! Wir sehen uns im Börsensaal! Und nicht vergessen, Kleiner...«

»Ich weiß«, rief ich eifrig. »*Chuzpe!*«

SIEBENTES KAPITEL

Im Verlauf der nächsten ein bis zwei Wochen aß ich abends regelmäßig bei den Ha-pis. Im allgemeinen waren wir, da Lo erst spät in der Nacht mit seiner Arbeit fertig wurde, nur zu dritt: Yin-mi, ihre Mutter und ich. Zu Yin-mi hatte ich sofort Vertrauen gefaßt. In ihrer Gegenwart empfand ich einen inneren Frieden, dessen Ursprung mir vollkommen rätselhaft war, fast so, als gehe er von ihr aus, eine wohltuende Ausstrahlung, eine Wärme, die ihre Seele so verschwenderisch wie die Sonne unterschiedslos an alle Menschen in ihrer Umgebung abgab. Sie verlieh ihnen in verkleinertem Maße dieselbe Ausgeglichenheit und innere Ruhe, die sie selbst in so großem Maße besaß und die ich mit der Zeit als Heizspirale ihres Wesens kennenlernte. Paradoxerweise bereitete mir gerade dieses Gefühl des Friedens, dessen Intensität und Tiefe ich mir nicht erklären konnte, tiefste Unruhe. Doch es war eine köstliche Unruhe, die eine belebende Wirkung ausübte. Immer wieder spürte ich, daß sie mich prickelnd wie ein leichter Stromstoß, ein nervös erregtes Kribbeln durchzuckte. Obwohl ich sie fast fürchtete, vermißte ich sie sehr, sobald sie verschwand, und das geschah immer, wenn Yin-mi nicht da war.

Mrs. Ha-pi stellte dagegen eine irdischere und daher erträglichere Beunruhigung dar. Zunächst ließ sie nie nach in ihrer höflichen Aufmerksamkeit, eilte in ständiger Hektik umher, hörte nicht auf zu lächeln, füllte nach jedem Schluck meine Teetasse und brachte mir Dinge, die ich gar nicht wollte. Ihre beharrliche Gastfreundschaft versetzte mich in einen dauernden Zustand starker Beklemmung, und ich wurde scheu wie ein Vogel. Ich ertrug dieses Trommelfeuer, so gut es ging, denn mir blieb schließlich nichts anderes übrig, und darüber hinaus war mir bewußt, daß es nur einer aufrichtigen Besorgnis um mein Wohlbefinden entsprang. Mrs. Ha-pis Energie in jenen ersten Tagen war wahrhaft bewundernswert, wenn auch entmutigend. Sie war unermüdlich und unerbittlich. Ich stand am Rande der Verzweiflung. Allmählich jedoch ließ sie sich Zeichen von Schwäche anmerken. Die Realität machte sich wieder bemerkbar. Kleine Pflänzchen bezaubernder Empfindlichkeit begannen in den Ritzen und Spalten zu sprießen, die sich in der Betonmauer ihrer Entschlossenheit zeigten. Ich jubelte. Erst dann kam mir plötzlich der Gedanke (oder ich sollte wohl lieber sagen, wurde mein Wunschdenken bestätigt), daß etwas ganz leicht Unaufrichtiges in ihrem Verhalten lag, daß all diese ewig Entschuldigung heischende, zeremonielle Höflichkeit nicht der Zuneigung, sondern dem Pflichtbewußtsein entsprang, weil die Etikette es verlangte. Es war also kein natürliches Gewächs.

Niemals werde ich vergesssen, wie sie das erstemal versagte. Sie hatte das Abendessen gekocht, stand nun mit einem Holzlöffel in der Hand am heißen Herd und starrte, auf den richtigen Augenblick lauernd, in eine aufsteigende Dampfsäule, an deren Fuß eine Flunder in Knoblauch-Ingwer-Sauce zu Gelee zerkochte. Mit für die meisten Menschen unergründlichen Zeichen gab der Fisch zu erkennen, daß er für das Opfer bereit sei. (Als Lo mir einmal das Kriterium für die Konsistenz dieses Gerichts beschrieb, behauptete er feierlich, die Flunder zwinkere ihm zu, wenn sie fertig sei. Nähere Erklärungen verweigerte er. Während meiner Arbeit im Restaurant hatte man mich mehrmals erwischt, wie ich müßig dastand, in den Dampftopf spähte und darauf wartete, daß der Fisch das Zeichen gab, der aber in finsterem Triumph zu mir heraufstarrte und es mir verweigerte. Dann, eines Tages, war ich fast sicher, das Zwinkern gesehen zu haben. Lo dagegen erklärte mir in überdeutlichen Worten, daß ich mich geirrt haben müsse. Anscheinend geschieht das authentische Zwinkern viel zu schnell und zu subtil, um von einem Nichteingeweihten entdeckt zu werden.) Wie dem auch sei, Mrs. Ha-pi – die sich auf ihr Geschäft verstand, eilte mit unserer Flunder zum Tisch. Als der Löffel durch das weichgekochte Rückgrat drang und einen kostbaren Tropfen heißes, köstliches Mark verspritzte, ertönte ein feuchtes Knirschen. Sie verteilte unsere Portionen Jus, sprintete hin und her, holte Beilagen und Gewürze, während Yin-mi und ich ihr hilflos zusahen. Als sie endlich fertig war, sank sie mit einem tiefen Seufzer der Erschöpfung schwer auf ihren Stuhl. Ihr Gesicht war hochrot, aber es strahlte. Mit dem Topfhandschuh wischte sie sich den Schweiß von der Stirn; dann warf sie ihn lässig über die Schulter zum Spülstein hinüber.

»Hol mir das Salz, Sun I!« Irgendwie waren diese Worte durch den Stacheldrahtverhau ihrer strengen Zensur geschlüpft, wie eine Brieftaube mit einem Ölzweig im Schnabel über die Befestigung flattert.

Ich war so verblüfft, daß ich meine goldene Chance beinahe verpaßt hätte. Yin-mi jedoch stieß mich unter dem Tisch schnell an, und ich sprang hoch wie der Blitz, um das Gewünschte zu holen. Als ich zurückkam, hatte Mrs. Ha-pi ihren Irrtum erkannt. Kummervoll blickte sie auf und mußte feststellen, daß wir begeistert grinsten. Ich überreichte ihr das Salz mit überschwenglicher Höflichkeit, woraufhin Yin-mi anfing zu lachen. Mrs. Ha-pi errötete, zögerte und stimmte sodann aus vollem Herzen in das Gelächter ein. Über ihren Ausrutscher wurde kein einziges Wort mehr verloren. Von da an jedoch begann sie, von kurzen Rückfällen abgesehen, ihr Verhalten zu ändern und zu dem zurückzufinden, was mir ihr ganz persönlicher Stil zu sein schien und den ich nur als leicht gehemmte mütterliche Omnipotenz umschreiben kann. Nun konnte ich mich sehr schnell anpassen, lernte zum erstenmal die kleinen Tröstungen des häuslichen Lebens kennen und wurde in jeder Hinsicht als echtes Mitglied der Familie, das heißt, völlig selbstverständlich behandelt. Ich erlebte ein Glücksgefühl, wie ich es noch niemals zuvor erlebt hatte und, wie ich damals glaubte, kaum jemals schöner erleben würde.

Manchmal kletterten Yin-mi und ich nach dem Essen aufs Dach hinauf, wo wir nebeneinander dasaßen, mit den Beinen baumelten, uns zwanglos unterhielten, die Passanten auf der Straße beobachteten, die Tauben mit Brotkrusten fütterten und dem Seufzerbrunnen lauschten (der uns auch wieder mit dem gleichen Geräusch überraschte, das ich schon früher einmal gehört hatte, dem uralten Wiegenlied des Sex). So genossen wir die langen, verschleierten Sommerabende, sahen zu, wie die rote, aufgeblähte Sonne sich dem kühlen, rauchfarbenen Fluß zuneigte und schließlich hinter den dunklen Felsen der Palisades in der Wildnis von New Jersey versank. Irgend etwas geschah mit uns, das weder sie noch ich verstanden – oder falls doch, nur äußerst unvollkommen. Es spielte auch keine Rolle. Wir brauchten uns nicht zu beeilen. Wir waren zufrieden mit dieser zögernden, trägen Entwicklung unseres Verhältnisses, diesem müßigen Dahintreiben in Richtung... war es Liebe? Damals hätte ich das heftig geleugnet (leugnen müssen, wenn schon aus keinem anderen Grund als einem ideologischen), wenn ich überhaupt darüber nachgedacht hätte, was jedoch nicht der Fall war. Es genügte, dem Fluß dorthin zu folgen, wohin er uns führte; die Zeit schien überhaupt nicht wichtig zu sein.

Ich erzählte ihr meine Geschichte in Fortsetzungen, ein chinesisches »Tausendundeine Nacht«. Und sie hörte geduldig zu und ermutigte mich sogar, meine Erzählungen darüber hinaus in die Zukunft zu träumen – so großherzig, so voll Wärme und Mitgefühl war sie (obwohl sie auch genauso gut kritisieren konnte).

Die einzige Wolke am Himmel – moralisch gesehen – war mein erzwungenes Schweigen im Hinblick auf Wo. Bei den ein, zwei Gelegenheiten, da Yin-mi nach ihrem Bruder fragte, fand ich ihre schlichte Offenheit, den feierlichen Ernst in ihren Augen schier unerträglich. Jedesmal war ich versucht, mein Versprechen zu brechen, schaffte es jedoch, meinem Impuls zu widerstehen und Wos Geheimnis, das zu meinem Schrecken jetzt auch das meine geworden war, zu bewahren. Mit ein paar behelfsmäßig zusammengebastelten Erklärungen fertigte ich sie ab. Und wenn sie auch nicht auf einer Antwort beharrte, merkte ich doch, daß sie nicht zufrieden war. Die Andeutung von Besorgnis und Verwunderung auf ihrem Gesicht machte mir mehr Kummer als alles andere.

Wenn auch Yin-mi mich auf diese Art verschonte, ihre Mutter dachte gar nicht daran. Blind und taub für meine Qual, stellte sie unentwegt Fragen nach ihrem Sohn, wobei sie, zweifellos durchaus zu Recht, das Gefühl hatte, das sei das Natürlichste von der Welt und nichts weiter als ihr gutes Recht. Sie tat mir leid, doch sie berührte da einen empfindlichen Nerv, indem sie mich zwang, zu lügen oder dem Kern der Wahrheit so listig auszuweichen, daß es einer Lüge gleichkam.

Aus diesen und aus anderen Gründen gingen Wo und ich uns in der Börse gewissenhaft aus dem Weg, denn unsere gegenseitige Wertschätzung war durch unsere gemeinsame Sünde relativ tief gesunken. Diese Ausweichtaktik erwies sich dort, weil in beiderseitigem stillschweigenden Einverständnis, als überaus effektiv. Auf dem anders gearteten Terrain des Hauses in der Mulberry Street jedoch klappte sie nicht ganz so gut. Die Bürde, schweigen zu müssen, brachte nach und nach eine verhaltene Spannung in das Verhältnis zu meiner Adoptivfamilie, und so gering sie auch war, so war sie doch spürbar wie die Zikade, die einst meine Meditation im Tempel gestört hatte – die Zikade des Gewissens. Obwohl ich ein häufiger Gast blieb, begann ich jetzt meine Besuche einzuteilen und häufiger meiner eigenen Wege zu gehen.

Während ich mich auf dem häuslichen Sektor ein bißchen mehr absonderte, mit Kahns Worten so etwas wie ein »einsamer Wolf« wurde, ging es mir bei meiner beruflichen Tätigkeit genau umgekehrt. Von unserem ersten Lunchpausen-Gespräch an begann ich Kahn in der Börse wie ein treuer Schoßhund oder ein liebevoller Schüler (jedoch mit möglichst wenig offenkundigem »Schmalz«) auf Schritt und Tritt zu folgen. Aaron Kahn – mein neuer Meister!

Und was für ein unliebenswürdiger Meister er war! Oder wenigstens zu sein vorgab. Ständig schimpfte er über meine fernöstliche Höflichkeit und ermahnte mich statt dessen zur Chuzpe, dem Schlachtruf der Aschkenasim-Krieger, wie er es zuweilen nannte. Dieser schwierige Begriff blieb mir weitgehend unklar, bis er sich mir eines Tages in einem Geistesblitz als das jiddische Gegenstück zum chinesischen Wort für »Ungestüm« enthüllte, jene Eigenschaft, die in einem besonderen Teil des *»I Ging«* dem Trigramm *sun* zugeschrieben wird. Infolgedessen entsprach die asiatische Höflichkeit, unter der ich mir beinahe ebensowenig vorstellen konnte, ziemlich genau der »Sanftmut«. Diese Polaritäten – Sanftmut und Ungestüm – bilden, wie sich der Leser erinnern wird, das Yin und Yang des *Sun*-Trigramms, das natürlich mit meinem Namen gleichlautend ist. Dies war die Grundlage für jenes leidige Wortspiel, das mich seit meiner Geburt unbarmherzig verfolgte. Armer Name! Nunmehr zudem entstellt, da ihn Wo und Kahn jüngst auch noch »verbessert« hatten, als sie sich erlaubten, ihn aus dem Chinesischen ins Englische zu übersetzen – vom Taoisten zum Dowisten sozusagen – in Sonny!

Der Lichtschein dieser Entdeckung (ich meine die Bedeutung von Chuzpe) flackerte wie ungewisser Kerzenschimmer in der allgemeinen Dunkelheit meines Verstandes. Doch die Erleichterung wirkte nur vorübergehend. Bedenken Sie die vielen Implikationen! Mein Leben lang hatte man mir geraten, »mit jener Sanftmut und Einsicht zu handeln, die dein Name beinhaltet, nicht mit dem impulsiven Ungestüm, das seine dunklere Komponente ist und der du in der Vergangenheit nur allzuoft die Zügel gelassen hast« – des Meisters Worte. Stets um mein Wohl bemüht, hatten er und Wu mich unermüdlich ermahnt, meine Affennatur zu zähmen und mich an meine besseren Anlagen zu halten. Ungestüm: Chuzpe; Sanftmut: fernöstliche Höflichkeit – jetzt begreifen Sie wohl langsam mein Dilemma. Während meine ehemaligen Mentoren bemüht waren, ersteres zu unterdrücken und letzteres zu fördern, verlangte Kahn, mein neuer Meister, genau das Gegenteil von mir. Hallo! Die Kerze ist aus!

Obwohl Kahns Meinung viel bei mir galt, konnte er die über zwanzig Jahre meiner Erziehung nicht aufwiegen. Zwar fühlte ich mich innerlich schmerzhaft hin und her gezerrt, aber ich hielt durch. Ich hatte nicht die Absicht, von den

Grundsätzen meiner Erziehung abzuweichen. Ich wollte zuerst Taoist sein, und dann erst – falls überhaupt – Dowist. (Aber das war ja der springende Punkt, nicht wahr? Ich wollte beides sein. Nein, mehr noch: Ich wollte, daß beide dasselbe waren. Sie mußten es sein. »Die Wirklichkeit ist Eins, und Tao ist die Wirklichkeit.« Das schloß das Dow notwendigerweise mit ein; mit anderen Worten, es ging um das Delta.) Außerdem bezweifle ich, daß ich mich hätte ändern können, selbst wenn ich gewollt hätte. Wenn das Ungestüm, meine Affennatur, all jene langen Jahre im Kloster hindurch eine chronische und unheilbare Krankheit gewesen war, ließ es sich jetzt, da ich es brauchte, nirgendwo nachweisen. Ich war so ängstlich geworden wie ein Hase. Und es hatte den Anschein, als sei mir die ganze Chuzpe in meiner Jugend erfolgreich ausgetrieben worden.

Wenn Kahn sich auch ständig über meine F.H. (Fernöstliche Höflichkeit) beschwerte und so tat, als sei ihm meine Abhängigkeit lästig, erwies sich sein Nörgeln doch bald schon als eine spezielle Form der Zuneigung. Ach, Kahn! Insgeheim war er, glaube ich, froh und geschmeichelt, nachdem er an diesem Ort ja schließlich selbst ein Einzelgänger war. Hartnäckig jedoch hielt er die Fassade der Distanz aufrecht, ja, er erklärte mir einmal ziemlich erbost, daß er erwäge, mich der Flüchtlingshilfe der Vereinten Nationen zu übergeben.

Tatsächlich paßt die Erwähnung der UN recht gut ins Bild. Denn war ich – getreu meiner Absicht, zu beobachten, ohne teilzunehmen – nicht ein neutraler Beobachter inmitten jener gewaltigen Schlacht, die im großen Saal der New Yorker Börse täglich von neuem um Punkt zehn Uhr vormittags beginnt und bis Punkt sechzehn Uhr tobt, wenn die Schlußglocke (die ich nie ganz vom Gong der Wasseruhr in Ken Kuan trennen konnte) das Ende einer weiteren Runde schlägt? Dann ziehen sich die Kombattanten zu etwas friedlicheren Runden bei angenehmen Drinks zurück, die sie gemeinsam in kühlen, dämmrigen, raucherfüllten Clubs und Bars einnehmen, um die Gefechte des Tages zu diskutieren. Das großartigste Kriegsspiel der Welt: jeder Mann ein General, und die Verluste alle nur auf dem Papier! Jedenfalls schien es mir so, als ich zum erstenmal eine berauschende Nasevoll dieses Betriebs erschnupperte.

Kahn glich einer Art Irrwisch, einem Dämon, der aus dem Nichts immer dann auftauchte, wenn er am wenigsten erwartet wurde, Züge überfiel (die Burlington Northern an einem, die Canadian Pacific am nächsten Tag), Banken ausraubte (Chemical, Chase Manhattan), in strategisch wichtigen Augenblikken, wenn die Börse schwankte, den Kopf einzog, bluffte und verschiedene Rollen spielte (zum Beispiel manchmal sogar sich selbst, wenn er vorgab, auf eigene Rechnung zu handeln, während er in Wirklichkeit für einen anderen arbeitete). Hartnäckig schlich ich hinter ihm her, durch die Gräben, an den Redouten und Lünetten der achtzehn Börsenstände vorbei, in Erdgeschoß und kleinem Börsensaal, bis zu seiner auserwählten »Gruppe«, zur Nummer zwei zum Beispiel:

»Wie liegt Stahl?« sang er fröhlich mit seiner nasalen Tenorstimme, ein Pavarotti, der sich für seine größte Partie aufwärmt, ein schmachtender Liebhaber, verwandelt durch die Freude an seinem Beruf.

»Achtundfünfzig pro Viertel«, gab der Kursmakler mit seinem griesgrämigen Bariton zurück (der Bösewicht oder der mißtrauische Vater).

»Achtundfünfzig und ein Achtel für einhundert«, offerierte Kahn.

Ein Augenblick unheilverkündender Stille; die Spannung stieg.

Dann plötzlich ertönte aus den Kulissen das klare Angelus des Soprans hoch über dem Stimmengewirr, einem mit silbernen Hämmern gespielten Kristallvibraphon gleich:

»Akzeptiert!«

Verkauft!

Orchester, *tutti*! Das ganze Haus bricht in ohrenbetäubenden Beifall aus. Der Kursmakler, endlich versöhnt, verkündet das Aufgebot.

Die glücklichen Liebenden schwören sich ewige Treue in einem kurzen, lyrischen Duett, mit dem sie ihrem beiderseitigen Glück Ausdruck verleihen, nicht ohne, wie bei solchen Verlöbnisritualen üblich, Namen, Nummern und die Firmen zu nennen, die sie vertreten. Jetzt »gibt« Kahn »auf« – falls er nicht auf eigene Rechnung arbeitet –, wie sich Paolo seiner Francesca ergibt: mit einem schweren Seufzer, weil er seine Arbeit für einen anderen verschwendet hat.

Doch in der schwer verständlichen Welt der Börse sind solche Partien nicht die einzigen. Es gibt da noch den kleinen Trick mit der Regel zweiundsiebzig, die, kurz ausgedrückt, besagt: Wenn zwei Gebote gleichzeitig gemacht werden und die Zahl der zum gebotenen Preis offerierten Aktien nur für eines ausreicht oder darunter liegt, müssen die rivalisierenden Interessenten eine Münze werfen, und der Sieger dieser Partie bekommt alles. Wie sehr doch Kahn diese Partie liebte! Ich erinnere mich noch an die allererste, bei der ich zusah und die zudem noch die unvorhergesehene Folge hatte, daß sie unsere Verbindung festigte. Bei dieser kleinen Szene spielte der Kursmakler den Croupier, der mit gleichgültigem Ausdruck zusah und Kahn, als die Aktien nur für ein Gebot reichten, gelangweilt, göttergleich, den dafür bestimmten Penny aus seiner Westentasche reichte.

»Was ist, William, haben Sie Angst, einen Quarter zu riskieren?« höhnte Kahn, was aber offensichtlich ein Fauxpas war. Die anderen Broker unter den Zuschauern tauschten vielsagende Blicke, der Kursmakler sah ihn über den Rand seiner Halbbrille hinweg an, ohne ihn einer Antwort zu würdigen.

Kahn war das gleichgültig. Ganz und gar von sich eingenommen, wieder einmal von seinem persönlichen Teufel geritten, wie er es zuweilen ausdrückte, ließ er seiner Habgier voll triumphierendem Trotz in aller Offenheit munter die Zügel schießen. Und obwohl ich für ihn errötete, konnte ich nicht umhin, diese so überwältigend schlechten Manieren zu bewundern. Welch eine Chuzpe! Welch ein Mensch!

»Komm her, kleiner Abraham«, redete er schmeichelnd auf die Münze ein. Dann rieb er sie zwischen beiden Händen, um sie »anzuwärmen«, und begann zu psalmodieren: »Vater der zwölf Stämme Israel, dich ruft Aaron, Sohn der Ida und des Moe. Wenn du mit deinem Schäferstab immer noch irgendwo da oben sitzt und uns bewachst, wie es deine Aufgabe ist, blick herab auf deinen ungetreuen Nachkommen und sei ihm gnädig. Vernichte den Feind! Hilf mir, mein Vieh, mein Hab und Gut sowie mein disponibles Eigentum, ganz zu schweigen von meinem Kapital, zu mehren! Dafür schwöre ich, daß ich mein *schejgez*-Leben aufgeben und ein nettes, jüdisches Mädchen heiraten werde, wie Ida es sich immer gewünscht hat... Was ist das?« Er legte den Kopf schief und tat, als lausche er. »Na schön, dann ist es eben *schmeer*. Was ist schon Nepotismus für einen Juden? Stimmt's, Leute?« Mit grimmigem Lächeln sah er ringsum in eisig schweigende Gesichter. In solchen Momenten nahm Kahns Humor einen eigenartig selbstzerstörerischen, beinahe fanatischen Zug an. Dann umgab ihn eine tragische Aura, und ohne daß er es auszusprechen brauchte, wußte ich, daß er nicht anders konnte. Derartige Szenen trugen zu seiner Isolation bei, die wiederum Öl ins Feuer seiner unterschwelligen Verzweiflung war.

»Komm her, Kleiner«, rief er mir über die Schulter zu. »Blas mal drauf.« Er hielt mir die wie zum Beten aneinandergelegten Hände an den Mund. »Onkel Ahasver besaß einen Gebetsriemen. Aber die sind aus der Mode gekommen. Ich brauch' einen Glücksbringer, Kleiner, ein vierblättriges Kleeblatt. Vielleicht bist du das.«

Damit warf er die Münze hoch in die Luft, viel höher als notwendig, so daß sie fast in der Kuppel des Börsensaals verschwand.

»Zahl!« rief der andere Broker, als sie den Scheitelpunkt erreicht hatte und wieder herabfiel. Klirrend schlug sie auf dem Fußboden auf und hüpfte weiter, so daß die Zuschauer ihr ausweichen mußten, drehte sich einen Moment auf dem Rand und fiel dann um: Kopf.

Ein Prickeln, ein kribbelnder Schauer durchfuhr mich, den ich sofort unterdrückte. Als ich mich jedoch zu Kahn umdrehte, von dem ich erwartete, daß er vor Freude aufschreien oder in die Luft springen würde, wirkte er leidenschaftslos und starrte stumm, mit ausdrucksloser, fast trauriger Miene auf die Münze hinab. Er drehte das Kupferarmband an seinem Handgelenk und wandte sich zu mir um.

»Das wär's«, sagte er. »Wir müssen zusammenhalten, Kleiner. Du bist mein Glückspenny, meine Hasenpfote.« Und während ich zusah, wie er seine nervöse Bewegung zwanghaft wiederholte, dachte ich mir, daß mein so hochgebildeter Freund im Lagerhaus seiner außergewöhnlichen Persönlichkeit unter anderen Inventarposten auch eine Spur Aberglauben besaß.

Doch diese Szene sagte mir mehr über Kahn als nur das. Als sie vorüber war, gab er sich angewidert, scheuchte mich davon und zog sich in sich selbst zurück. Als er sich am Spätnachmittag endlich erweichen ließ und mir gestattete, ihn anzusprechen, stand ich vor einem Menschen, den ich kaum wiedererkannte, einem völlig anderen Mann. Er wirkte jünger, straffer, und seine Haltung, die eine ungewohnte Würde angenommen hatte, kündete von durchgestandenen Kämpfen und überwundenen Leiden. Seine trüben Augen waren klar und leuchteten von einem eindeutig spirituellen Licht, sein Gesicht war verwandelt, beinahe schön. Ein verborgener Adel war aus den tiefsten Tiefen seiner Seele heraufgestiegen. Kahn war ein Prinz geworden.

Was der Grund für diese bemerkenswerte Verwandlung war, habe ich nie ganz begriffen, und die Erkenntnis, die mir schließlich zuteil wurde, kam erst wesentlich später. Eines Abends, in einer Bar, ließ er nach mehreren Drinks die Fassade der Zurückhaltung fallen und gab mir einen unverkennbaren Beweis der Zuneigung.

»Komm, Kleiner«, sagte er mit ganz leichtem Lallen, »gehn wir pinkeln!« Obwohl ich Priester und Novize war, erkannte ich in dieser Geste eines der größten Komplimente im männlichen Wortschatz kameradschaftlicher Zuneigung. (Ach, Wu, du warst ein guter Lehrer!)

Kahn schlang mir den Arm um die Schultern, um sich auf mich zu stützen, aber auch um mir eine Ehre zu erweisen. Zwar wurden wir Ziel einiger böser Blicke, aber wir standen hoch über derartig niedrigen Verdächtigungen, oder vielmehr, waren weit über sie hinaus.

In der gekachelten Toilette, unter den fluoreszierenden Röhren hielten wir, vor den Spiegeln stehend, unseren jeweiligen *schlong* in der Hand und ließen Sturzbäche in die blitzblanken Urinbecken plätschern; von Zeit zu Zeit spähten wir auch hinab, um zu sehen, ob alles glatt von der Bühne ging, oder strahlten uns gegenseitig in schweigender Zuneigung an, zwinkerten uns zu, ohne das Gefühl zu haben, die Zeit durch Worte verkürzen zu müssen.

Schweigend deutete Kahn mit dem Kopf auf ein Graffito an der Wand.

To do is to be – Sartre
To be is to do – Camus
Scoobie doobie doo – Sinatra

»To be is to suffer, Kleiner – Sein heißt Leiden«, sagte er sehr ernst. »Jedenfalls, wenn du ein Jude bist – Aaron Kahn«, ergänzte er ironisch, sozusagen als Nachsatz.

Doch um auf den Börsensaal zurückzukommen... Beim Abschluß eines Geschäfts pflegte Kahn mir den Skontozettel mit seinem Namen, seiner Nummer und einer kurzen Beschreibung der Transaktion auszuhändigen, und ich rannte zu den Telefonzellen, um die Information via Maklerbüro an den Kunden selbst weiterzuleiten. Wenn ich wiederkam, wartete ich darauf, daß die Symbole sich auf wunderbare Weise auf dem elektronischen Schriftband materialisierten, das wie ein bläulich-purpurner Strom schnell und lautlos über dem Saal dahinfloß, ein mit kleinen, grünlich-phosphoreszierenden Fischen – numerischen und buchstabenmäßigen – gefüllter Strom. Es gab mir immer einen ungeheuren Auftrieb, die Information auf diese Weise übermittelt zu sehen und zu wissen, daß sie mit Lichtgeschwindigkeit auf ähnlichen Bildschirmen in Maklerbüros von ganz Amerika erscheinen würde. Mir war dann, als hätte ich auf meine eigene, bescheidene Art zur Entstehung der Kurse, zu Ebbe und Flut des Dow beigetragen.

Doch wie es in der Branche heißt, wenn man eine Hinrichtung gesehen hat, hat man mehr oder weniger alle gesehen. Obwohl ich immens von den Lektionen profitierte, die Kahn mir im Börsensaal erteilte, so daß ich immer länger dort blieb und mehr Gefühl für das entwickelte, was sich dort abspielte, begann es mir allmählich zu dämmern, daß für mein Vorhaben, das Dow zu begreifen, ein bißchen mehr erforderlich war.

»Meister...« wandte ich mich eines Tages an Kahn.

»Schon gut, schon gut! Laß endlich diesen Meister-Scheiß, *okay?*« fuhr er auf. »Ich bin nicht dein Meister, Kleiner. Du bist kein Sklave. Wir sind in Amerika, schon vergessen? Keine Sklaven, keine Meister. Sei ein Mensch!«

Nachdem ich ihm Zeit gelassen hatte, sich zu beruhigen, fuhr ich respektvoll fort: »Aber es muß in dem großen Mysterium, der hohen Kunst des Dow doch berühmte Meister geben – na schön, Weise«, korrigierte ich mich sofort, weil ich einen bösen Blick auffing. »Weise, die selbst zur Wahrheit durchgedrungen sind und daher anderen bei ihrer Suche Hilfe anbieten können, genau wie es sie in den großen Religionen Chinas gibt.«

»Hör zu, Kleiner!« Er nahm mich beiseite. »Versteh mich nicht falsch, ich sage dies zu deinem eigenen Besten, aber du mußt ein bißchen an deiner Sprache feilen. Du hörst dich, verdammt noch mal, an wie das Orakel von Delphi. Mach's bitte ein bißchen billiger! Und was deine Frage betrifft, so hab' ich gerade etwas ausgetüftelt, das so ungefähr auf dieser Linie liegt. Ich habe 'ne kleine Überraschung für dich. Hast du heute nachmittag um zwei schon was vor?«

»Da arbeite ich, das wissen Sie doch.«

»Ich hab' mit deinem Vorgesetzten gesprochen«, erwiderte er grinsend. »Du gehst zum Doktor.«

»Zum Doktor?«

»Zum Medizinmann«, teilte er mir vieldeutig mit und freute sich über meine Begriffsstutzigkeit.

»Aber ich bin gar nicht krank!« protestierte ich.

»Jesus, Kleiner, nimm doch nicht alles so wörtlich! Das war bildlich gemeint. Ich spreche von einem Wirtschafts-Medizinmann, jemandem, der behauptet, erklären zu können, warum der Markt das tut, was er tut. Mit anderen Worten einem Investitionsstrategen. Genaugenommen gehört dieser Mann, was die Kaste der Medizinmänner betrifft, nicht unbedingt zur Avantgarde. Ernie Powers, könnte man sagen, gehört zur Vorhut der Nachhut oder der alten Garde, wie sie sich selbst vorzugsweise bezeichnen. Er ist der erste lebende Verfechter, vielleicht der einzige noch lebende Verfechter der Schule vom Spezifischen Wert, die man auch als die vorsintflutliche oder Vorsündenfall-Marktphilosophie bezeichnen kann, er ist ein eingeschworener Fundamentalist. Wenn du eine theoretische Ausbildung an der Börse willst, solltest du mit dem Anfang beginnen. Und E.P. ist tatsächlich der Anfang, ein lebendes Fossil, ein Atavismus des Homo prudens, ein an der Wall Street einstmals berühmter Typ, heute jedoch praktisch ausgestorben, eine Art fiduziarischer Pekingmensch, wenn du so willst. Das müßte doch zu dir passen, Kleiner. Wie dem auch sei, E.P. – oder P.E., wie seine Freunde ihn liebevoll nennen – ist Aufsichtsratsvorsitzender und Vorstandsmitglied einer kleinen, privaten Verwaltungsgesellschaft, Powers and Burden, die nur exklusivste Klienten betreut, die Finanzaristokratie sozusagen. Ich hab' ein paar Beziehungen spielen lassen und erreicht, daß du heute nachmittag zur Aktionärsversammlung zugelassen wirst. Da kannst du hören, wie Old Ernie ihnen zeigt, was 'ne Harke ist.«

»Danke, Meis... Kahn«, sagte ich.

»Keine Ursache, Kleiner. Nur eins noch...«

»Ja?«

»Sei vorsichtig mit der F.H. Keine Kotaus, eh? Nicht jeder ist so tolerant wie ich. Wenn du bei denen damit anfängst, rufen die nach der Polizei. Im Ernst.«

Ich versprach ihm überaus ehrerbietig, seinen Wünschen in jeder Hinsicht Folge zu leisten, dann zog ich mich so schnell wie möglich zurück.

Wie sich herausstellte, war die Beziehung, die er hatte spielen lassen, wohl doch nicht ganz so großartig. Als ich eintraf, wurde ich von einem weißen Jackett mit schwarzer Fliege erwartet, zusammen mit den Leuten vom Partyservice hineingeschmuggelt und angewiesen, den versammelten Aktionären Hors-d'œuvres zu servieren.

Ernest Powers sen. war ein hochgewachsener, durchtrainiert wirkender alter Herr mit dünnem, schneeweißem Haar, so fein wie Eiderdaunen, und Wangen wie zwei frisch polierte Äpfel. Er wirkte würdevoll und leutselig, in seinem Verhalten lag jedoch auch etwas Bärbeißiges und Unnachgiebiges wie bei einem Menschen, der weiß, daß er einen bevorzugten Blick auf die Wahrheit genießt. Mit anderen Worten, ein kleiner Brummbär, doch kein Tyrann. Er schien nicht abgeneigt zu sein, andere ihre eigenen Strategien entwickeln zu lassen, so irrig sie auch sein mochten, und sei es aus keinem anderen Grund als dem Vergnügen, das es ihm bereitete, sich über die hartnäckige Torheit der Menschen halb totzulachen. Er betrat den Raum ungezwungen wie ein Patriarch, der an einer kleinen Familienversammlung teilnimmt. Immer wieder blieb er stehen, um mit jemandem zu plaudern, drückte hier eine Hand und dort, erkundigte sich nach einem Ehemann, der zu Hause mit Gicht darniederlag, oder einem Enkel an der Harvard Law School. Als er innehielt, um eine Scheibe Roggentoast mit Pâté-de-foie von dem Tablett zu nehmen, das ich hielt, zwinkerte er mir zu und sagte: »Was – keine Frühlingsrollen?«

Nach ein paar einleitenden Bemerkungen wurde das Protokoll verlesen und die zweifellos von einem angemessen whiggistischen Oberbuchhalter erstellte Jahresbilanz verteilt, jedes Exemplar in einer eigenen Ledermappe wie die Bibel oder die Speisekarte eines sehr teuren Restaurants. Powers erläuterte die Bilanz, ging auf bestimmte Punkte näher ein und war dann bereit, Fragen zu beantworten.

Keiner der Anwesenden hob die Hand. Alle waren absolut zufrieden, hatten so absolutes Vertrauen in ihn wie eine Schafherde in ihren Schäfer. Powers winkte nach einem Roggentoast. Während ich den Mittelgang entlangtrabte, stand weiter hinten jemand auf. »Ziehen Sie für uns das Fazit, Mr. Powers: Wie erklären Sie sich Ihren Erfolg in all den Jahren?« Die Frage wurde im Ton ironischer Anerkennung gestellt.

Ein Funkeln blitzte auf in den dunkelblauen Augen des alten Herrn, die fast so blau waren wie das Meer und ganz zweifellos auf ein ebenso launisches Temperament schließen ließen. Er stand auf, so daß ich am Fuß des Podiums den Hals recken mußte, als spähte ich an einem hohen, windumtosten Monument empor.

»Sehr einfach, mein Sohn«, antwortete er. »Halten Sie sich an die Grundprinzipien. Bewahren Sie einen kühlen Kopf und eine starke Liquiditätsposition. Und wenn Sie sich das nicht merken können, bewahren Sie den kühlen Kopf, und zum Teufel mit allem anderen.«

Im Publikum, aus Herren und Damen zusammengesetzt, die ihm sehr ähnlich, jedoch nur Legierungen jenes Stoffes waren, aus dem er in ganz und gar reiner Form bestand, ertönte anerkennendes Gekicher.

»Und noch etwas.« Seine Miene wurde ernst. »Niemals spekulieren!«

»Was meinen Sie mit ›spekulieren‹, Mr. Powers? Ist das nicht genau das, was Sie in unserem Auftrag für uns tun?« wollte derselbe Mann wissen, der jetzt Mut gefaßt hatte und etwas energischer sprach. Bis auf mich und die anderen Leute vom Partyservice war er der jüngste im Saal, dabei sollte auch er nie wieder die untere Seite der Fünfzig sehen – jedenfalls nicht in diesem Leben. Immerhin, in dieser Runde war er ein Jüngling und – vielleicht um diese Tatsache zu unterstreichen – fest entschlossen, für die Kräfte des Fortschritts zu sprechen, eine Art Advocatus diaboli seiner Heimmannschaft zu spielen.

»Junger Mann, die Gelder, die wir hier verlangen, werden dafür bezahlt, daß wir investieren, und nicht, um damit zu spekulieren«, gab Powers zurück.

»Wo liegt der Unterschied?«

Ein Schatten huschte über Powers' Gesicht; dann nahm er sich zusammen und lächelte mit milder Herablassung, als übe er Nachsicht mit einem eigensinnigen Mitglied seiner Herde. »Spekulation stützt sich nicht auf den Spezifischen Wert, Investition dagegen sehr wohl«, dozierte er.

»Könnten Sie das näher erklären?«

Unter den Anwesenden entstand Unruhe.

»Den Spezifischen Wert?« dröhnte Powers aufgebracht. »Soll das heißen, daß Sie mit der Grundlage der Finanztheorie, dem Schlüssel zur Bundeslade gesunden Investierens nicht vertraut sind?«

»O nein, Mr. Powers, das nicht«, gab der Wichtigtuer zurück. »Ich hätt's nur gern von Ihnen persönlich gehört.«

Powers verlieh seiner Freude durch einen hohen, nasalen Laut Ausdruck, der einem Wiehern nicht unähnlich war. Dann ließ er sich auf dem Podium nieder wie eine Besatzungsarmee, die es sich für einen längeren Aufenthalt gemütlich macht. »Im Grunde ist es furchtbar einfach«, begann er, »wie bei allen genialen Ideen. Der Spezifische Wert besagt, daß die durch den Index ermittelten Aktienkurse im allgemeinen, und im Fall spezieller Gesellschaften ebenfalls, in kausalem Zusammenhang mit den zugrundeliegenden Verhältnissen der Wirtschaft stehen und sie reflektieren. Klingt selbstverständlich, nicht wahr? Aber ich kann Ihnen versichern, daß es jede Menge Schlaumeier gibt, die behaupten, die Fluktuation der Kurse beruhe ausschließlich auf Zufall und wenn auf einem System, dann auf einem, das durch rationale Untersuchungen nicht ermittelt werden kann. Wir sind anderer Meinung. Wir glauben, daß es eine Ursache gibt und daß diese Ursache ermittelt werden kann. Formulieren wir es so: Der

Markt ist ein Rad im Getriebe Amerikas. Seine Zähne greifen in die Zacken des größeren Rades der Wirtschaft und werden von ihm angetrieben, wobei das Ganze rational wie bei einer Maschine ineinandergreift, wenn auch spezifische Radkoeffizienten schwer kalkulierbar sind.« Powers lächelte affektiert. »Einigen Kritikern zufolge liegt es noch nicht einmal auf der Hand, in welche Richtung die Kraft übertragen wird – von der Wirtschaft auf den Markt, oder umgekehrt. Doch das ist unsinniges Geschwätz, das erkennt jedes Kind. Man kann einen Bach nicht mit einem Mühlrad in Bewegung setzen. Jawohl, langfristig gesehen – beachten Sie das bitte – reflektiert der Dow die verborgene Gesundheit oder Krankheit der Wirtschaft. Starke Wirtschaft: Haussemarkt; schwache Wirtschaft: Baissemarkt. Er kann die Konjunkturperiode sogar auf Wochen oder Monate voraussagen. Aus dem gleichen Grund reflektiert das Verhalten einer bestimmten Aktie die finanzielle Gesundheit und Lebensfähigkeit der Gesellschaft, die sie herausgibt. Je solider die Gesellschaft fundiert ist – das heißt, je höher ihr Spezifischer Wert –, desto mehr Wert besitzt sie und desto höher ist auf lange Sicht ihr Preis. Diese Lebensfähigkeit erkennt ein kluger Kapitalanleger, wenn er die Bilanzaufstellung sorgfältig studiert, wobei die Aktienrendite der wichtigste, jedoch bei weitem nicht der einzige Faktor ist. Ebenso beachten muß man Dividenden und Erträge, Aktiva und Passiva, langfristige Verschuldungen, Führungsqualitäten, Marktsektor und Millionen anderer Faktoren. Und dann müssen all diese Dinge wiederum im Zusammenhang mit dem Makrokosmos beurteilt werden: Zinssatz, Inflation, Haushaltsdefizit, Handelsbilanz, Bruttosozialprodukt, Obligationserträge, Bauvorhaben, neue Aufträge, Lagerbestände, Industrieproduktion, Streiks und so weiter, ganz zu schweigen von den *politischen* Bedingungen wie Kriegen, Wahlen oder Staatsstreichen. Aber werden wir nicht zu weitschweifig! Ich persönlich glaube fest an das Kursgewinnverhältnis – das heißt, was ein Papier kostet im Vergleich zu dem, was es einbringt, und je niedriger, desto besser –, an das KGV also als zuverlässigen Gradmesser des Spezifischen Wertes, solange nicht von diesen ›kreativen Buchhaltern‹, wie man sie heutzutage häufig bei Gesellschaftsfusionen findet, allzuviel daran herumgebastelt wird. Aber kein System ist unfehlbar. Deswegen brauchen kluge Kapitalanleger professionelle Hilfe wie die unsere. Angst und Habgier, diese beiden Rachegöttinnen des Marktes, blenden den unvorsichtigen Kapitalanleger mit ihrem Gorgonenblick... Ja, was ist?«

»Gorgonenblick?«

»Sie wissen, was ich meine. Sie verführen ihn zum Spekulieren, veranlassen ihn, auf einen illusorischen Wert zu setzen. Der Mann, der diesen Weg einschlägt, ist verloren. Kurzfristig mag er einen begrenzten Erfolg, ja sogar einen glänzenden Erfolg verzeichnen können, letztendlich aber gewinnen nur wenige auf diese Art, ob sie nun Bullen oder Bären sind. Deswegen ist ein kühler Kopf von allergrößter Bedeutung. Ein Spekulant setzt alles auf das Rollen der Würfel, vertraut auf den Zufall. Es ist dies die Strategie der Verzweiflung, das erste Stadium eines irreversiblen Prozesses moralischer Auflösung, auf die unausweichlich am Ende der finanzielle Ruin folgt. Ein Kapitalanleger spielt nicht Hasard – und wir hier in diesem Saal sind alle Kapitalanleger, möchte ich sagen, sogar Sie, junger Mann, so streitsüchtig Sie sich auch geben mögen, sonst wären Sie nicht hier. Der Kapitalanleger überläßt nichts dem Zufall. Sein Ziel ist es, *Kapital zu bewahren* und es *wachsen* zu sehen. Der Spezifische Wert ist der Schlüssel zu dieser Methode. Wenn es, wie wir behaupten, eine Ursache gibt und diese Ursache der Spezifische Wert ist, dann ist es keine Spekulation, wenn wir diese Gewißheit mit Kapital stützen, sondern eine Investition in eine sichere Sache. Das ist das Ziel unseres Programms. Auf dem Markt wird wie beim Fließen des Wassers über Steine langfristig alles Ephemere extrahiert und davongeschwemmt, was aber solide ist, bleibt erhalten und prosperiert. Nennen Sie es Qualität, Realität, Wahrheit, was immer Sie wollen – es sind allesamt Namen für ein und dasselbe: den Spezifischen Wert.«

»Langfristig sind wir aber ohnehin alle tot, Mr. Powers«, meldete sich ironisch die Schmeißfliege.

»*Tz – tz*«, tadelte Powers. »Ich glaube, auf diese Geistreichelei hat Keynes das Copyright, und zwar seit mehreren Jahrzehnten.«

Der Mann errötete.

»Wissen Sie, junger Mann«, fuhr Powers fort, »Maynard Keynes war verdammt viel schlauer, als es für ihn gut war und für Sie, mich oder jedermann gut wäre. Als es darum ging, den Sozialismus einzuführen, trieb er es gleich so wild, daß Karl Marx neben ihm aussah wie ein akademischer Bubi. Seine Politik ist direkt verantwortlich für die beklagenswerte Lage, in der sich unser Land heute befindet, ganz zu schweigen von Großbritannien. All diese Defizitfinanzierung, Nachfragestimulation, Ankurbelung der Wirtschaft durch Staatsaufträge oder wie man das alles auch nennen will – jedes Eingreifen der Regierung auf Gebieten, über die zu entscheiden man den Marktkräften überlassen sollte. Das alles beruht auf irrigen Schlußfolgerungen. Es ist ein Versuch, die grundlegenden Naturgesetze zu mißachten oder zu umgehen, die Welt aus ihrer ewigen Folge von Ursache und Wirkung hinauszuzaubern. Es ist ein Versuch, etwas für nichts zu bekommen. Mit anderen Worten, es ist Spekulation – eine andere Form der Spekulation, zugegeben, nichtsdestotrotz jedoch Spekulation. Es gibt einen kostenlosen Lunch, junger Mann!«

Er hielt einen Augenblick inne, damit sich seine Worte auch einprägten, und knabberte inzwischen an seinem Roggentoast.

»Jede Ursache produziert eine Wirkung, und diese Wirkung ist in der Ursache inbegriffen und deckt sich mit ihr – das ist so und muß so sein, selbst wenn die Kongruenz auf den ersten Blick nicht erkennbar ist. Wir ernten genau das, was wir säen. Früher oder später, so oder so, muß man für das, was man bekommt, bezahlen. Im Orient nennen sie das Karma, glaube ich. Mit anderen Worten, es gibt keine Schöpfung aus dem Nichts. Was es gibt, das ist eine bestimmte Methode, die Bilanzen bestimmter Gesellschaften zu studieren, um festzustellen, ob sie auf dem Markt unterbewertet oder künstlich aufgewertet werden, und entsprechend zu investieren. Wie ich schon sagte, können Sie mit anderen Methoden durchaus einige kurzfristige Erfolge erzielen. Doch wenn Sie länger dabeibleiben wollen, wie wir es getan haben, dann sollten Sie lieber bei den grundlegenden Werten bleiben. Es ist nichts Geheimnisvolles an dieser

Methode, sie erfordert nur verdammt viel Arbeit. Aber die Dinge, auch der Dow, verhalten sich so, wie sie es tun, aus ganz bestimmten Gründen. Nichts auf der Welt geschieht zufällig. Es gibt eine Ursache, und man kann sie ermitteln. Und wenn Sie mich fragen, warum nicht mehr Menschen sie ermitteln, so sage ich, weil ihnen ihre Emotionen im Weg stehen. Erinnern Sie sich an das, was ich eingangs gesagt habe? Man muß einen kühlen Kopf bewahren.«

»Vergessen Sie nicht die starke Liquiditätsposition«, rief jemand dazwischen. Ein paar zustimmende Rufe folgten.

»Jawohl, das auch«, bestätigte Powers. »Letztlich jedoch ist der kühle Kopf der wichtigste Einzelfaktor. Da draußen im Dschungel des Marktes herrscht ein scheinbar absolutes Chaos. Der Spezifische Wert ist inmitten dieses Tumults und dieses Lügengewirrs, inmitten von Persiflage und Künstlichkeit schwer zu erkennen und auszusondern. Aber er ist da, glauben Sie mir! Was für eine Welt wäre dies, wenn er nicht da wäre? Sagen Sie mir das, junger Mann! Können Sie sich eine Welt ohne Spezifischen Wert vorstellen, eine Welt, in der es keine rational erkennbare Ursache dafür gibt, warum die Dinge sich so verhalten, wie sie es tun?«

»Ich glaube nicht, Mr. Powers«, antwortete der kleinlaut.

»Strengen Sie mal Ihr Köpfchen an! Ich glaube, Sie können es doch.«

Der Mann überlegte eine Weile, dann meinte er vorsichtig: »Die Dritte Welt vielleicht, Mr. Powers?«

»Nein.«

»Dann weiß ich nicht...«

»O doch, so eine Welt ist uns allen bekannt – eine Welt ohne den rettenden Spezifischen Wert –, wenigstens vom Hörensagen, denn ich hoffe sehr, daß keiner von uns jemals in die Verlegenheit kommt, sie besuchen zu müssen.«

»Sie meinen den kommunistischen Block, nicht wahr, Mr. Powers?«

»Fast, aber nicht ganz. Nein, junger Mann, ich meine die Hölle. Wo sonst ist die göttliche Gerechtigkeit von Ursache und Wirkung aufgehoben und wird alles durch den Despotismus des reinen (das heißt, unreinen) Zufalls bestimmt? Jawohl, mein junger Freund, eine Welt ohne Logik. Rein willkürlich. Das ist die Hölle. Sie sehen also, der Spezifische Wert ist mehr als eine Finanztheorie, ja sogar mehr als eine Weltanschauung.«

Das Publikum sprang auf und bereitete ihm eine stehende Ovation.

»Würden Sie uns dann bitte sagen, wie Sie es geschafft haben, sich all diese Jahre einen kühlen Kopf zu bewahren?« bat der bekehrte Sünder demütig.

»Nein, mein Sohn, dafür gibt's keine bestimmte Formel, obwohl Ben Graham behauptete, es gäbe doch eine, und er habe sie auch noch selbst entdeckt. Ben war ein schlauer Bursche mit gesunden Grundsätzen. Sein einziger Fehler bestand darin, daß ihm ein bißchen Humor fehlte, wie jeder weiß, der versucht hat, sein Buch zu lesen. Um jedoch Ihre Frage zu beantworten: Ich bin jederzeit bereit und willens, über geschäftliche Probleme zu sprechen. Meine Religion jedoch behalte ich für mich.«

Ich fühlte mich nach diesem Erlebnis ermutigt, wenn auch ein wenig verwirrt. Mein Kopf, der von neuen Ideen schwirrte, befand sich in einem Zustand angenehmer Konfusion. Ein großer Teil von Powers' Predigt war an meinen Ohren vorbeigeflossen »wie Huang-He*-Wasser von den Federn einer Pekingente«, wie es Kahn später blumig ausdrückte, als er mich nach meinen Eindrükken ausfragte und deren Bruchstückhaftigkeit feststellte. Eines jedoch war hängengeblieben. Immer wieder ging mir folgender Satz im Kopf herum: »Es gibt eine Ursache, und man kann sie ermitteln.« Ich fand ihn ungeheuer tröstlich. Er wirkte auf mich fast wie ein Talisman, wie gewisse Passagen aus dem »Großen Gelübde« des Taoismus: »Die Realität ist Eins, und Tao ist die Realität.« Kahn erklärte später, das komme daher, daß der Satz meine persönlichen religiösen Vorurteile anspreche, da der Taoismus von Natur aus teleologisch sei. Ich verwies ihn jedoch sehr schnell auf seinen Platz, da ich, jedenfalls auf diesem Gebiet, über eine gründlichere Kenntnis dieser Thematik verfügte. Der Taoismus kenne keine Vorurteile, teilte ich ihm kategorisch mit. Kahn schraubte den Deckel von seinem Taschenspray, nahm eine große Nase voll Dristan Mist und schneuzte sich dann ins Taschentuch. Diese Reaktion war irgendwie zweideutig, das muß ich zugeben, trotzdem stellte sie mich zufrieden.

Und doch gab es wirklich einige bemerkenswerte Ähnlichkeiten zwischen dem Taoismus und der Powersschen Theorie. Je mehr ich über das Konzept des Spezifischen Wertes nachdachte, desto vertrauter wurde es mir, bis mir eine verblüffende Analogie einfiel. Was, so fragte ich mich, ist schließlich das substantielle Sein, das der alltäglichen Realität zugrunde liegt und unter allen Umständen erkannt, aus dem Lärm, dem Farbengemisch, dem Gewühl, all den zahlreichen Ablenkungen des »Marktplatzes« gesiebt werden muß? Es ist das Tao, antwortete ich mir selbst:

Das Eins innerhalb dieser wimmelnden
Mannigfaltigkeit, selber
Unwandelbar und alle Wandlungen
verursachend.

Und war es auf dem anderen »Marktplatz« nicht der Spezifische Wert? Seltsam auch, daß der taoistische Ausdruck für die unerleuchtete Welt so genau mit der Bezeichnung für jene Arena übereinstimmte, auf der der Dow tagtäglich szenisch dargestellt und verkörpert wird: Markt. Ebenfalls Zufall wie das Wortspiel *dao* und Dow? fragte ich mich...

Sosehr mich diese Probleme auch beschäftigten, sie wurden vollständig verdrängt von einer scheinbar weniger wichtigen Frage, die in dem Vortrag kaum berührt worden war. Dennoch nahm sie meine Gedanken ganz ausschließlich und unumstritten in Anspruch. Nach der Versammlung brannte ich vor Ungeduld darauf, die Bedeutung der rätselhaften Anspielungen zu entdekken, die Powers auf »Bullen und Bären« gemacht hatte. Besaßen diese Tiere

*Gelber Fluß

vielleicht auch einen symbolischen Wert in der säkularen Mythologie der Börse? An dem Morgen, an dem ich eingestellt wurde, hatte ich sie zum erstenmal in einem ähnlichen Zusammenhang nennen hören, aber ich war viel zu ängstlich gewesen, um mich bei der Sekretärin danach zu erkundigen; nun jedoch war ich entschlossen, der Sache auf den Grund zu gehen. Zum Glück hatte sich die Versammlung bei Powers and Burden so rechtzeitig vertagt, daß ich vor Ertönen der Schlußglocke wieder in der Börse sein konnte, wo ich Kahn in der Mitglieder-Lobby fand.

»Kahn?« rief ich quer durch den ganzen Raum, während ich auf ihn zulief. »Was sind ›Bullen und Bären‹?«

Alle verstummten und drehten sich nach mir um. Dann brachen sie einstimmig in lautes Gelächter aus.

Keuchend wie ein geschundenes Pferd baute ich mich vor meinem neuen Meister auf.

»Jesus, Kleiner!« rief er. »Immer sachte, nicht so hastig!«

»Ich muß es wissen!«

»Na schön, ist ja schon gut! Das ist im Grunde eigentlich ganz einfach; nichts, worüber man sich aufregen müßte. Ein ›Bär‹ ist ein Mann, der auf einen erwarteten Kursabfall setzt – mit anderen Worten, ein Pessimist. Er macht sein Geld durch Skepsis und Unglauben, spekuliert auf Baisse oder kauft Verkaufsoptionen. Ein Bärenmarkt geht bergab. Schlechte Zeiten. Ein ›Bulle‹ ist genau das Gegenteil: ein Optimist, der in der Hoffnung auf einen Aufschwung kauft. Ein langfristiger Bullenmarkt ist etwas, um das Investoren – mit Ausnahme von Bären, die dann brummen und sich zum Winterschlaf verkriechen – beten. Es ist so ähnlich wie mit dem Yin und Yang, Kleiner. Der Bulle ist Yang; der Bär ist Yin. Zusammen bewirken sie, daß die Welt sich dreht und der Dow steigt und fällt. Kapiert?«

»Sie meinen also«, antwortete ich zögernd, »man könnte sagen, daß der Bulle das dowistische Symbol der Erleuchtung ist?«

»Ja, mehr oder weniger«, bestätigte er.

Ich ging davon wie in Trance. Hinter mir hörte ich Kahn rufen: »Und, Kleiner, du machst Fortschritte mit der F.H. Richtige Chuzpe ist es noch nicht ganz; es fehlt noch der erforderliche Grad von Stil und Finesse, aber du kommst allmählich dahinter. Nur übertreib's bitte nicht, hörst du?«

Ich wanderte hinaus, in den schwülen Nachmittag, wo meine Füße mich gegen den Verkehrsstrom zum East River hinabtrugen. Ich befand mich in einem Zustand geistiger Überbelastung, war buchstäblich benommen und nahm nichts mehr wahr als den Grundton der City, der um mich herum brauste. Als ich jedoch aus den Schatten in die Nassau Street ins warme, honiggelbe Sonnenlicht einbog und eine erste Nase voll kräftiger Salzluft einatmete, fiel diese Stimmung schnell von mir ab. Ich fühlte mich ein bißchen wirr und schwindlig und nahm die sinnliche Welt um mich herum beinahe überscharf wahr. Die Sonne warf blendendes Silberlicht auf den Fluß, der eine ungewohnt blaue Färbung angenommen hatte. Ihre schrägen Strahlen schlugen blitzende Medaillons aus der Oberfläche und ließen sie über die Wellen auf

Brooklyn zu tanzen, das in einen leichten, rosigen Smogschleier gehüllt war; nur hier und da war ein Tupfen Sommergrün zu sehen. Tauben gurrten zufrieden auf den Hausvorsprüngen über der Straße. Selbst der Müll entdeckte mir seine zweifelhafte Schönheit, und beim Dahinwandern ging mir ein hübscher Vers durch den Kopf:

Eine Nachtigall schlägt in einem Weidenhain am Fluß.
Die Sonne scheint mild,
Eine sanfte Brise streichelt die schwankenden Wipfel,
Daß die silbernen Unterseiten der Blätter aufleuchten.

Woraus war das? Immer wieder beschäftigte mich dieser Vers und immer hartnäckiger. So vertraut! Und doch konnte ich mich um nichts in der Welt erinnern, woraus er war und wie er weiterging. Während ich dahinschlenderte, sah ich ein silbriges Flugzeug vom fernen La-Guardia-Flughafen aufsteigen. Als es langsam einen Bogen über Manhattan zog, blitzten seine Tragflächen wie juwelenbestücktes Feuer; dann flog es direkt über meinen Kopf hinweg davon und verschwand in der Sonne. Plötzlich brach irgendwo tief in mir ein Damm, und die Worte kamen herausgeflossen:

Sieh den Bullen, er kann sich nicht verstecken!
Diese schwellende Brust, diese geblähten Nüstern,
Dieser stählerne Bogen aus massivem Horn,
Welcher Dichter könnte dem je gerecht werden?

Jawohl, es war der dritte Gesang der »Zehn Bullen«! Und mit dieser Erkenntnis fiel mir auch wieder ein Stück Kommentar ein: »Er richtet sein Ohr auf die Kakophonie alltäglicher Geräusche, und plötzlich ertönt die klare Musik der Quelle.« Jawohl, alltägliche Geräusche: das Gurren der Tauben, die Worte von Powers' Vortrag, der Knall, wenn ein Düsenflugzeug die Schallmauer durchbricht. Was machte es für einen Unterschied? »Das Tao wohnt in gewöhnlichen Dingen wie dem Salz im Meerwasser, wie dem Binder in einer Farbdose. Es ist das neutrale Plasma, in welchem die Elemente des Lebensblutes der Natur enthalten sind.« Plötzlich erinnerte ich mich an meinen Traum: an das Erscheinen der sich von mir entfernenden Fußspuren, an das nie greifbare Phantom meines Schicksals, dessen Spur ich mit Hilfe des Meisters identifiziert, das ich jedoch bis zu diesem Augenblick nie von Angesicht zu Angesicht gesehen hatte. Jawohl, endlich war er mir vergönnt – mein »erster Anblick des Bullen«, ein Symbol der Erleuchtung nicht nur für Taoisten, sondern ebenso für Dowisten.

ACHTES KAPITEL

Obwohl ich meinem Vater – nach dem Kahn zu fragen ich immer wieder aufschob, denn nach dem enttäuschenden Ausgang der telefonischen Nachforschung war ich von einer unerklärlichen bösen Ahnung erfüllt, die ich nicht einmal mir selbst eingestehen wollte – noch immer nicht nähergekommen war, machte ich doch wenigstens Fortschritte auf dem Weg zu meinem zweiten und meinem Gefühl nach irgendwie damit verbundenen Ziel, den Markt verstehen zu lernen. Endlich! War die Ähnlichkeit, die ich zwischen dem Tao und dem Spezifischen Wert entdeckt hatte, nicht vielversprechend, ein Beweis – wenn auch ein Indizienbeweis und nicht direkt schlüssig – für die Verbindung zwischen *dao* und Dow (dem Delta, in Yin-mis hellsichtiger Ausdrucksweise)? Mir erschien es jedenfalls so.

Nach meiner Bekanntschaft mit P.E. und dem Spezifischen Wert meinte Kahn, es sei unbedingt erforderlich, mir ohne Verzug ein Gegenmittel zu verabreichen, um mich, wie er es ausdrückte, »davor zu bewahren, daß ich in Selbstzufriedenheit erstarre«. Diese Kur bestand in der Begegnung mit der Schule der Technischen Analyse, deren Anhänger gemeinhin als Chartisten bekannt sind, weil sie *charts*, Diagramme, als Mittel zur Vorhersage befürworten und sich zur Ermittlung von Kurs- und Umfangsfluktuationen weitgehend auf solche stützen. Laut der konventionellen Weisheit von Wall Street repräsentiert die Technische Analyse die strategische und in gewissem Sinne sogar metaphysische Antithese des fiduziarischen Fundamentalismus à la Powers.

Es treffe sich gut, teilte mir Kahn nicht lange nach der Versammlung bei Powers and Burden mit, daß der International Congress of Consolidated Chartists gerade in New York in einem Hotel der Upper West Side tage. Nun gab sich Kahn zwar als Bilderstürmer, der alle »rein theoretischen« oder »dogmatischen« Auffassungen der Investmentstrategie – die sogenannten »sanitären Methoden« – ablehnte, er erbot sich aber dennoch, mich bei meinem zweiten Ausflug zu begleiten, da er gehört hatte, Clyde Newman jun., der aufsteigende Guru der Technischen Analyse, biete, was immer man von seinem angeblichen analytischen Scharfblick auch halten möge, eine verdammt gute Show.

»Das sollte uns wenigstens etwas zu lachen geben«, meinte Kahn und setzte hinzu: »Er kommt aus Topeka in Kansas. Das reicht für mich.«

An jenem Vormittag, einem Freitag, rief Kahn von seinem Büro aus in diesem Hotel an und erfuhr, daß die Tagung als eine Art Rund-um-die-Uhr-Seminar organisiert sei, bei dem von zehn Uhr vormittags bis spät in die Nacht hinein Vorträge gehalten würden. Newman solle um sechs Uhr sprechen.

»Wir nehmen nachher ein Taxi«, bestimmte Kahn. »Auf meine Kosten.«

Als die Schlußglocke ertönte, konnte ich es kaum noch erwarten. Eilig lief ich auf die Straße und winkte einem Taxi, überrannte es fast in meiner Begeisterung. Kahn folgte mir keuchend, tat so, als hinke er, ließ abwechselnd Aktenkoffer, Regenschirm und Regenmantel fallen, bückte sich, um die Sachen wieder aufzuheben, und blieb mitten auf der Straße stehen, um sich den Schweiß von der Stirn zu wischen und einige geheimnisvolle chiropraktische Manipulationen an seinem Kreuz vorzunehmen, bevor er weiterlief.

Als er sich in den Wagen zwängte und sich, hechelnd wie ein gestrandeter Wal, breit auf den Sitz fallen ließ, wies er den Fahrer an: »Bonwit Teller.«

Überrascht sah ich ihn an.

»Ich muß unterwegs kurz haltmachen, um Nachschub zu besorgen. Hast du was dagegen?« erkundigte er sich gereizt.

»Ach so, Bonbons meinen Sie.« Ich schürzte ein wenig schmollend die Lippen.

Da er meine Enttäuschung und Ungeduld spürte, setzte er in versöhnlicherem Ton hinzu: »Wir brauchen sie vielleicht.«

Trotz des Abstechers trafen wir eine halbe Stunde zu früh am Ort der Handlung ein. Obwohl gerade ein Vortrag gehalten wurde, war der Saal fast völlig leer. Die wenigen Zuhörer saßen einzeln über den Raum verteilt, manche flüsterten zu zweit, andere lauschten, ein bis zwei machten sich Notizen, ein paar dösten an der Peripherie, erschöpft, mit unrasiertem Kinn, das ihnen immer wieder auf die Brust sank. Unvermittelt erschrocken hochfahrend, starrten sie wie unentwegte Nachtschwärmer einen Moment lang verwirrt in die Runde, um gleich darauf wieder allmählich einzunicken.

Als wir Platz nahmen, war Wachablösung: Ein neuer Redner trat aufs Podium, ein kleiner Mann in dunklem Anzug, mit nervösen Händen und einem Ausdruck felsenfester Überzeugung, der sich jedoch irgendwie für den eigenen Fanatismus zu entschuldigen schien.

Er ordnete seine Papiere und pustete ins Mikrofon. »Nein, ich bin nicht Clyde Newman«, versuchte er mit schüchternem Lächeln zu scherzen.

Totenstille.

»Mr. Newman kommt gleich nach mir.« Er steckte die Nase in seine Notizen. »Ich werde es kurz machen, das verspreche ich Ihnen. Ich möchte Ihnen heute etwas über die Dow-Theorie...« begann er.

»Hallo!« dachte ich. »Dow-Theorie!«

Auch die übrigen Zuhörer wachten auf. Von überall her waren Buhs und Zisch- laute zu hören. Papierflieger flogen.

Der Redner räusperte sich. »... und ihre Verwandtschaft mit der Technischen Analyse erzählen.«

Kahn stieß mich an. »Komm mit raus, Kleiner!« flüsterte er mir zu. »Das ist doch vorsintflutlich! Diesem zweitklassigen Hampelmann brauchen wir nicht zuzuhören. Bis der Hauptteil anfängt, machen wir lieber einen Spaziergang um den Block.«

»Warten Sie doch bitte, Kahn!« hielt ich ihn zurück. »Ich möchte gern zuhören.«

»Ach ja, die Jugend!« seufzte er. Mit vor der Brust gekreuzten Armen schloß er die Augen, lehnte sich auf dem Stuhl zurück und schnarchte so auffallend wie möglich.

Der Vortrag war, trotz meiner Bereitschaft, etwas zu lernen, tatsächlich beinahe schmerzhaft langweilig. Ein oder zwei Dinge sagte der Redner jedoch, die mich beeindruckten. Zum Beispiel: Charles Dow und sein Stellvertreter beim »Wall Street Journal«, William Hamilton, behaupteten offenbar, die Bewegungen des Dow-Indexes glichen den Gezeiten des Meeres. Die Primärbewegung – das langfristige Momentum einer größeren Hausse oder Baisse – sei die Tide; Sekundärbewegungen während einer Tide – erkennbare Erholungen bei einer Baisse oder, anders herum, Reduktionen bei einer Hausse, die ein Übermaß des Primärtrends korrigieren, ohne seine Richtung zu verändern – entsprächen den Wellen. Tägliche Fluktuationen seien die Kräuselungen. Diese erklärten Dow und Hamilton jedoch für unbedeutend. Ich vermutete, daß dies der Punkt war, an dem sich die Technische Analyse von der Dow-Theorie schied. Die Chartisten behaupteten, die täglichen Fluktuationen seien der Schlüssel für alles andere. Dow aber war es gewesen, der mit dem Konzept des Aufzeichnens der Kursfluktuationen begonnen hatte. Bei dem Versuch, zwischen dem Rücklauf einer Sekundärwelle und dem Ablaufen einer Primärflut – dem Moment, da der Index »ausbricht« und eine große Wende anzeigt – zu unterscheiden, war Dow gezwungen gewesen, die täglichen Veränderungen aufzuzeichnen. So hatte er gegen seinen Willen der Technischen Analyse ihre wirksamste Waffe geliefert. Sein Interesse galt den langfristigen Umschwüngen des Momentums, dem, was der Redner den gleitenden Zweihundert-Tage-Durchschnitt nannte. Ich wollte Kahn fragen, was das genau bedeutete, aber er ruhte sanft.

»Er konnte vor Bäumen den Wald nicht sehen«, schloß der Redner kernig. »Er glich einem prähistorischen Menschen, der das Rad entdeckt hat, es aber nur zum Töpfern benutzt. Erst wir haben es dann auf die Wagenachse gesteckt. Immerhin jedoch war er der Vater unseres Stammes und verdient Anerkennung.«

Einige halbherzige Hochrufe ertönten, die der Redner als Aufmunterung auffaßte – irrtümlich, wie sich herausstellen sollte.

»Besonderen Dank schulden wir Dow, glaube ich, auch für die Erfindung des Einkalkulations-Konzepts.«

»Hinsetzen!« rief jemand hinten im Saal.

Neue Zuhörer strömten in den Saal.

»Wir wollen Newman!«

Eine Grunddünung begann sich zu entwickeln – »New-man! New-man!« –

und drohte den Redner hinwegzuschwemmen wie ein winziges Kräuselwellchen.

In diesem Augenblick trat Newman selbst aus den Kulissen, ein adretter Mann mit Raubvogelgesicht, der in seinem himmelblauen Anzug mit ein paar Glitzersteinchen auf dem Rücken und an den Revers, mit weißem Gürtel und weißen Schuhen eher wie ein Country-Star ohne Gitarre wirkte. Lächelnd und um Ruhe bittend (doch zweifellos auch, um für den Applaus zu danken), hob er die Hände über den Kopf und musterte sein Publikum mit leicht schielendem Blick, der ihn ein bißchen demagogisch aussehen ließ.

»Die Einkalkulation werden wir behandeln, Bruder, und Ihnen die Mühe ersparen.« Damit zwängte sich Newman zwischen Redner und Rednerpult.

»Wenn das so ist, dann bin ich, glaube ich, fertig«, gab der kleine Redner nach. Er sammelte nervös seine Notizen ein und zog sich unter heftigem Jubel der Galerie zurück. Mir tat er leid.

Kahn, der inzwischen aufgewacht war, beugte sich zu mir herüber und flüsterte: »Newmans Vater war Evangelist einer obskuren Sekte im Mittelwesten – den Namen hab' ich vergessen. Aber du kennst das ja, eine von diesen Gruppen, die sich aufgrund von Meinungsverschiedenheiten über irgendeine Doktrin absplittern. Ich erwähne das nur, weil Clyde junior im Missionszelt aufgewachsen ist und für seine Gewohnheit, Anhänger zu werben, bekannt ist. Er kann nicht anders, nehme ich an; das Evangelisieren liegt ihm im Blut.«

»Was ist Evangelisieren?« erkundigte ich mich.

»Evangelisieren?« Kahn lehnte sich zurück und dachte nach. »Evangelisieren ist jene speziell amerikanische Einrichtung, bei der das nationale Verkaufstalent sich so glücklich mit der Selbstgerechtigkeit paart.«

Jetzt setzte Newman zum Vortrag an. Er begann mit einer Aufzählung seiner Beiträge auf dem Gebiet kreativer grafischer Darstellung und erwähnte mehrere neue »Formationen«, die seiner Ansicht nach Punkt-und-Zahlen-Fanatiker ihrer Standardliste hinzufügen sollten. Neben Kopf und Schultern, Doppeltop, Rechteck, Diamant, ansteigender Keil, Flagge, Wimpel, Muschel und Untertasse, Ausschöpfungslücke, Momentumslücke, Inselumkehrung, Trendlinie, Spirale, Kreisel und komplexer Top – tägliches Brot für alle Techniker – führte Newman ein paar esoterische Konfigurationen an, die er entdeckt und auf seine charakteristische Art getauft hatte. Da war das Kalvarien-Kreuz, dem er ganz speziell zugetan war. Das lateinische Kreuz dagegen, erklärte er, weise auf zuviel Leidenschaft auf dem Markt hin, was zu exzessiven Spekulationen führe. Das Kardinals-Kreuz weise auf eine konzertierte Aktion seitens des Kartells einflußreicher anglikanischer Bischöfe unter der Leitung des Erzbischofs von Canterbury hin, das griechische und das Jerusalem-Kreuz auf ethnische Interessen am Markt seitens der betreffenden Bevölkerungsgruppen. Das Kolben-Kreuz, versicherte er, prophezeie eine Erholung der Pharmazeutikkurse. Das Tau- oder Antonius-Kreuz deute auf eine besonders starke Hausse hin. Und schließlich sei da noch das Malteser-Kreuz, das, wie er behauptete, das Auftreten skrupelloser Elemente auf dem Markt anzeige, die es auf Manipulationen abgesehen hätten (vage deutete er eine Beteiligung der Cosa Nostra an).

»Was meinst du, Kleiner?« flüsterte Kahn mir zu. »Ich beginne ein gewisses Schema in seinen Schemata zu entdecken.«

Und das stimmte. Obwohl Newman, wie er selbst sagte, »so objektiv wie ein Wissenschaftler« war, fiel mir auf, wie stark seine Entdeckungen seine persönliche Einstellung spiegelten. Newmans Diagramme waren in der mystischen Handschrift seines Gottes geschrieben, und er verkündete sie uns wie ein Daniel einer nervösen Versammlung zitternder Belsazars.

An diesem Punkt ließ Newman die ersten Fragen zu. Jemand stand auf und wollte wissen, wie eine bestimmte grafische Formation mit so spezifischen Vorgängen auf dem Markt in Zusammenhang gebracht werden könne.

»Daß ich Sie recht verstehe, mein Freund«, begann Newman. »Sie fragen mich nach der Ursache?«

Einige alte Hasen unter den Technikern im Saal kicherten.

Der Mann nickte unschuldig.

»Dann möchte ich Ihre Frage mit einer Frage beantworten«, sagte Newman mit einem rhetorischen Schlenker. Um der Wirkung willen hielt er kurz inne, dann donnerte er: »Glauben Sie an den Herrn?« Dabei klatschte er mit der flachen Hand auf seinen Stoß Notizblätter, und er beugte sich weit über das Rednerpult vor, während seine Schielaugen vor Eifer funkelten, als sei er einer Blitzattacke nicht abgeneigt.

Der Fragesteller blickte um sich wie ein Ertrinkender auf der Suche nach einer Hand, die ihn aus dem Wasser ziehen würde. Die in seiner Nähe Sitzenden rutschten nervös auf ihren Stühlen herum und mieden seinen Blick. Das Auditorium bewahrte drohendes Schweigen.

»Nun ja, ich denke schon«, gab er zögernd zurück, da sich ihm keine Möglichkeit zum ehrenhaften Rückzug öffnete.

»Gut«, sagte Newman, schlug abermals auf seine Notizblätter und richtete sich hoch auf. »Und nun frage ich Sie, ob Sie immer, in jeder Situation des täglichen Lebens, die Wege des Allmächtigen verstehen – sagen wir, beim plötzlichen Tod eines geliebten Ehegatten oder wenn ein Kind im Lenz seines Lebens vorzeitig abgerufen wird.«

Damit hatte er eindeutig eine persönliche Seite des Fragestellers berührt, der den Blick zu Boden senkte, schniefte und mit kleinlauter Stimme, die jeden Moment zu brechen drohte, erwiderte: »Nein, so etwas kann ich nicht verstehen. Ich muß zugeben, daß ich aus diesem Grund manchmal denke, daß Er grausam ist, oder sogar... vielleicht... gar nicht existiert.«

»Aber Sie haben Ihren Glauben?«

Der Mann zögerte, hustete in seine Hand. »Ja«, erwiderte er unwillig.

»Gelobt sei der Herr!« rief Newman unwillkürlich, zügelte sich aber sofort, um seine sokratischen Pflichten wiederaufzunehmen.

»Und trifft es nicht zu, Bruder, daß Sie trotz der Unbegreiflichkeit der Wege des Herrn ganz tief im Herzen Ihre Pflichten kennen, das, was bei der schwierigen Bewältigung der Aufgaben des Lebens von Ihnen gefordert wird, wenn Sie Tag um Tag Ihr Kreuz tragen?«

»Ich glaube schon«, antwortete er.

»Halleluja!« rief Newman erfreut. »Verstehen Sie jetzt?«

»Offen gestanden, nein«, gab der Mann zurück.

»Nun, das macht nichts, Bruder«, tröstete ihn Newman. »Lassen Sie sich nicht entmutigen. Ich werde versuchen, Ihnen zu helfen, damit Ihnen Erleuchtung zuteil wird. Denn wissen Sie«, fuhr er fort, »das, worauf ich hinauswill, ist eine Analogie zwischen der Einstellung des wahren Gläubigen zu seinem Gott und jener des Technischen Analytikers zum Markt oder vielmehr zum Dow. Der Gläubige, der zwar die Wege des Herrn nicht immer versteht, weil sie ihm zuweilen hart und unlogisch erscheinen, wenn nicht sogar geradezu vorsätzlich grausam, glaubt *trotzdem* daran, daß es eine bestimmte Absicht *gibt*...« hier hob sich seine Stimme, um eine besondere Betonung auf das Wort zu legen »... die erfüllt *wird*, daß der Herr einen Grund *hat* für alles, was er tut, und daß alles, was wir tun und erleiden, gleichgültig, wie großartig oder trivial es in unseren kurzsichtigen Sehorganen auch wirken mag, von ihm letztlich zu unserem Besten gefügt wird, und zwar als Teil des Weltenplans, durch den unser Heiland Jesus Christus, der göttliche Architekt, sein himmlisches Jerusalem eines Tages auf dieser vergänglichen Erde erbauen wird. Kein Spatz fällt vom Himmel, meine Brüder, ohne daß unser himmlischer Vater es sieht und billigt!«

»Gelobt sei der Herr!« rief eine Stimme.

»Du sagst es, Bruder!« antwortete Newman.

An dieser Stelle nahm er eine weitere Frage aus dem Publikum entgegen. Ein junger Mann, höchstens siebzehn oder achtzehn, mit einigen jüngst ausgedrückten Pickeln und einem hüpfenden Adamsapfel, der auf seinem Wortstrom balancierte wie ein Pingpongball auf einer Wassersäule, hob die Hand und stand auf. »Ich glaube, ich verstehe Sie, Mr. Newman«, begann er. »Nur begreife ich immer noch nicht, wieso Sie grundlegende Faktoren so kategorisch von der Hand weisen. Wollen Sie behaupten, Sie könnten, einfach indem Sie die tagtäglichen Fluktuationen einer bestimmten Aktie auf einem Blatt Millimeterpapier betrachten, irgendwie die zugrundeliegende finanzielle Gesundheit der betreffenden Gesellschaft erraten?«

»Ah!« Lächelnd legte Newman die Hände zu einer frommen Gebärde zusammen. »Wie ich sehe, haben wir einen ungläubigen Thomas in unserer Mitte. Junger Mann«, abermals beugte er sich weit vor, »die ›zugrundeliegende finanzielle Gesundheit der betreffenden Gesellschaft‹, das heißt ihr putativer Spezifischer Wert, ist absolut irrelevant. Ein Investor braucht nicht einmal den *Namen* einer Firma zu kennen, um zu entscheiden, ob er in sie investieren will, obwohl eine derartige Information in dem Moment recht nützlich ist, da er seinem Broker den Auftrag erteilt.«

Er lächelte affektiert.

»Alles, was er braucht, sind die Diagramme. – Aha! Diese Vorstellung schmerzt. Das erkenne ich an Ihrer Miene. Sie scheuen davor zurück, mein Sohn, aber dies ist der Gethsemane jedes Chartisten, die schwerste Probe für seinen Glauben. Ich bin sehr froh, daß Sie diese Frage gestellt haben, denn sie bringt uns zur Erörterung des Problems, das mein sehr ehrenwerter Vorredner heute auf diesem Podium aufgeworfen hat. Sehen Sie, es ist die feste Überzeugung eines jeden orthodoxen Technikers, daß der Dow selbst, der Mutter-Index, uns der Mühe enthebt, uns mit all den vielen Einzelheiten herumzuschlagen, über die sich die fiduziarischen Fundamentalisten Gedanken machen. Sie wollen viel zu viele Details, jedes mit dem ihm zustehenden Gewicht und dem entsprechenden Nachdruck, in die Gleichung einbauen, und zwar mit Hilfe eines Organs, das so fehlbar und ineffizient ist wie das menschliche Gehirn, das schließlich, so wunderbar es in mancher Hinsicht auch sein mag, doch stets der allem Fleisch eigenen Vergänglichkeit unterworfen ist. Diese schwere Bürde ist uns jedoch durch die Gnade des Herrn, der dem Menschen in seiner unendlichen Güte den Dow gegeben hat, von den Schultern genommen worden. Denn siehe, mein Sohn, *alles ist im Dow einkalkuliert*. Und falls Sie dieses Wort noch nie gehört haben, geben Sie acht: ›Einkalkulieren‹ ist das zentrale Dogma unseres Glaubens... Ja bitte, was ist?« fragte er gereizt.

Sein »ehrenwerter Vorredner« wippte – zweifellos aufgrund der schmeichelhaften Anspielung – heftig auf seinem Stuhl und wedelte vor Ungeduld, die Diskussion mit einem kleinen, wertvollen Beitrag beleben zu dürfen, mit seinen Notizen in der Luft. »Ich habe hier ein Zitat von William Hamilton, das die Frage, wie ich glaube, kristallklar darlegt«, sagte er eifrig. »Darf ich es vorlesen?«

Newman schien ihn zurückweisen zu wollen, aber Buhrufe von der Galerie hinderten ihn fortissimo e appassionato daran. Mit einem zornigen Blick in jene Richtung entsprach er der Bitte des Sprechers mit einem Kopfnicken, als wolle er sie seiner aufmüpfigen Herde sozusagen als Strafe auferlegen.

»Hamilton«, begann der kleingewachsene Mann, »sagt folgendes: ›Der schwache Punkt jeder anderen Investmentstrategie ist, daß aufgrund ihrer verführerischen Relevanz unwesentliche Dinge erfaßt werden. Dabei liegt es doch auf der Hand, daß der Index derartige Grundlagen bereits in Betracht gezogen hat, daß er so genau reagiert wie ein Barometer auf das Wetter. Die Kursbewegung repräsentiert das gesammelte Wissen über kommende Ereignisse. Der Markt repräsentiert alles, was jedermann weiß, hofft, glaubt, erwartet‹ – und, wenn ich hier einen Satz von Gerald Loeb einfügen darf – ›die Hoffnungen und Ängste der Menschheit, Habgier, Ehrgeiz, Naturereignisse, Erfindungen, finanzielle Spannungen und Knappheiten, Wetter, Entdeckungen, Mode sowie zahllose andere Ursachen, die man unmöglich aufzählen kann, ohne die eine oder andere wegzulassen... All dieses Wissen wird sorgfältig geprüft und führt zum blutlosen Urteilsspruch des Marktes.‹«

»Womit das Ganze sehr gut beschrieben wäre«, meinte Newman. »Vielen Dank! Sie sehen, mein Sohn, alles vom einzelnen Geschäftsinventar bis zu den Lebensäußerungen des Präsidenten wird in den Dow aufgenommen und von ihm reflektiert. Er ist das kollektive Maß der vielfältigen Faktoren, die die Finanzlage dieses Landes ausmachen. Ein Barometer – genau das ist er, und nicht nur des amerikanischen Wirtschaftslebens, sondern der Nation als solcher. Da das Finanzielle jedoch mit allem anderen verbunden ist, ist es wohl, glaube ich, nicht übertrieben, den Dow als den einzigen, den kritischsten

Maßstab der ›Lage der Nation‹ dieser unserer Vereinigten Staaten zu bezeichnen – ökonomisch, politisch, moralisch, wie immer man es betrachten mag, und zu jedem beliebigen Zeitpunkt. Der Dow ist der Puls Amerikas, mein Sohn. Wie ich sehe, sind Sie noch immer skeptisch. Sie werden sagen, daß ich zu weit gehe, daß ich mir selbst widerspreche, daß ich fundamentalistischer bin als die Fundamentalisten, die selbst in ihrer halsstarrigen, heidnischen Arroganz dem Dow keinen so universalen Wert zuschreiben würden, vielleicht in dem Gefühl, das Sie wohl ebenfalls haben, daß ein Aktienindex keinen vorstellbaren Einfluß auf nichtfinanzielle Angelegenheiten haben kann. Aber vergessen Sie nicht: Alles wird einkalkuliert. *Alles.* Der Dow ist wie Gott allwissend. Daran glauben wir. Ich will nicht behaupten, daß ich verstehe, warum das so ist, sondern beschränke mich auf die simple Feststellung einer empirisch ermittelten Tatsache... Was mich zum Hauptpunkt meines heutigen Vortrags bringt, meine Brüder. Ich benutze diese Gelegenheit, um Ihnen einen neuen, wunderbaren Indikator vorzustellen, der, wie ich in aller Bescheidenheit behaupte, von großem Interesse sein dürfte: für Sie und nach Ihnen für Ihre Kinder bis in die fernsten Generationen hinein. Ich habe ihn Newmans Per-Capita-Kirchgang-Oscillator getauft. Meine Brüder, wir alle haben immer wieder gehört, daß schwere Zeiten – Rezessionen, Depressionen, Krieg, Seuchen, Hungersnot und so weiter – für die Religionen eine Hausse bringen. Viele von Ihnen haben diese Behauptung vielleicht unkritisch hingenommen, wie auch ich selbst es jahrelang getan habe. Nun aber ist mir eine Erleuchtung gekommen. Meine Brüder, ist es nicht klar, daß dieses alte Axiom eine Blasphemie ist, ein Schmutzfleck auf dem Namen unseres Erlösers Jesus Christus? Wer hat sich denn die Daten wirklich ganz objektiv und leidenschaftslos angesehen? Nicht einer, möchte ich behaupten, bis ich diese Aufgabe voll Demut und zum größeren Ruhm des Herrn persönlich auf mich genommen habe. Und nun, nach monatelangen Studien und Forschungen, ist unser Team zu der erfreulichen Schlußfolgerung gelangt, daß es einen *definitiven* Zusammenhang zwischen dem Kirchenbesuch in unserem Land und dem Steigen des Dow Jones Industrial Average gibt. Bei einer Untersuchung der letzten zwanzig Jahre habe ich eine ausgeprägte und beständige Deckung des KGH – des Kirchganghochs – mit der Dauer eines Haussemarktes festgestellt. Umgekehrt wurde die Stärke des Marktes, gemessen nicht nur am Dow, sondern auch an Marktbreite, Aufschwung/Abschwung, neuen Höchstständen/neuen Tiefstständen und – am signifikantesten – am Baisseverkauf (der stets im umgekehrten Verhältnis zum KGH steht), in Zeiten religiösen Desinteresses, wenn also statistisch signifikante Teile der Bevölkerung sich vom strahlenden Lächeln unseres Erlösers abwandten, unterminiert. Doch was bedeutet dies nun alles für uns Investoren? Meine Brüder, ich erkläre Ihnen, daß Religion ein gutes Geschäft ist. Nicht nur Merrill Lynch, sondern Jesus Christus persönlich bedeutet eine Hausse für Amerika! Es geziemt uns also, mit gegebener Eile zu bereuen. Jeder rechtschaffene Soldat Christi sollte sein Haus in Ordnung bringen, sollte keine Mühe scheuen, die Heiden zu bekehren und seine widerspenstigen Brüder und Schwestern zu ermahnen, daß sie zur Herde zurückkehren, bevor es zu spät ist – nicht nur um seiner oder ihrer Seele willen, sondern wegen des gesteigerten Profits für Sie und mich.«

»Gelobt sei der Herr!« ertönte es unisono im Saal.

»Ich sage euch, meine Brüder, manche von euch mögen meinen früheren Ausführungen in dem von mir betreuten ›Wirtschaftsbrief‹ keinen Glauben geschenkt haben, wo ich feststellte, der Dow werde eines Tages, und zwar schon bald, auf einem Niveau stehen, von dem selbst die wildesten Bullen unserer Branche sich nicht hätten träumen lassen. ›Ein Prophet gilt nirgends weniger denn im Vaterland und daheim bei den Seinen‹ (Markus sechs, Vers vier). Großer Gott, Allmächtiger, Leute! Könnt ihr euch das Gedränge vorstellen, das entstehen würde, sollte Jesus Christus seine Verheißung wahrmachen und zur Jahrtausendwende auf die Erde zurückkehren, wie es geweissagt wurde? Und das haben nicht nur irgendwelche achtbaren Personen mit untadeligem Lebenswandel und guten Erfolgen prophezeit, nein, meine Brüder, ich habe die Zeichen gesehen! Der Tag ist nahe! Bereut! Seid bereit, denn er kommt wie ein Dieb in der Nacht. Seht, was ich euch schildern möchte, was meine Augen gesehen haben, als sie durch den Korridor der Zeit in die nicht allzu ferne Zukunft blickten! Meine Brüder, ich fühle mich bewegt, Zeugnis abzulegen und mit beredter Zunge zu sprechen. Ich sehe bessere Tage vor uns, da die Arbeit der Getreuen belohnt werden wird – und nicht mit jenen Schätzen, die Motten und Rost zerfressen können, sondern mit himmlischer Münze, die keine Inflation abwerten kann – mit der Währung des Himmelreichs! Wenn ich jenen dunklen Korridor entlangblicke und mein Ohr auf das richte, was sein wird, so sehe ich strahlende Engel im Börsensaal tanzen, höre ich freudig lobende Hosiannas und Dankesgebete zur Decke emporklingen, statt allen Weinens und Zähneknirschens, das sich gegenwärtig in dieser Lasterhöhle erhebt, diesem Sodom und Gomorrha, dieser Hölle auf Erden!«

Bravorufe schmetterten los wie helle Trompeten. Das gesamte Publikum befand sich im Zustand heftiger Erregung, stöhnte, weinte, gestikulierte. Manche wälzten sich sogar mit Schaum vor dem Mund und verdrehten Augen in den Zwischengängen. Eine erhebende Macht elektrisierte die Menge, ja, berührte sogar Kahn und mich mit dem ekstatischen Tremor der anderen.

»Vielleicht sollten wir lieber gehen«, flüsterte Kahn mit übertrieben besorgter Miene, »bevor sie es sich in den Kopf setzen, uns zu ›erretten‹. Dir ist doch klar, daß wir beide hier Heiden sind. Ich, für meinen Teil, bin der Taufe bisher entronnen und hoffe, daß es noch lange so bleiben wird. Außerdem«, setzte er ironisch hinzu, »kann ich nicht schwimmen.«

Benommen ließ ich mich von ihm hinausführen.

NEUNTES KAPITEL

»Jesus, ich könnte einen Drink brauchen! Was ist mit dir, Kleiner?... He, Kleiner!«

Ich war noch immer leicht benommen.

»Was denn – Hunger?« mutmaßte Kahn.

»So ähnlich«, antwortete ich.

»Dann komm! Gehn wir'n Happen essen! Ich hab' gehört, gleich hinterm Circle gibt's ein neues französisches Restaurant. Ich lad' dich ein.«

Geistesabwesend murmelte ich meinen Dank, aufrichtig, aber tief in Gedanken, da ich mich noch immer bemühte, eine schimmernde Perle klarer Bedeutung aus dem zu Kopf steigenden Ferment zu destillieren, das Newmans Vortrag in meinem Verstand zum Gären gebracht hatte. Willig und zerstreut folgte ich Kahns Schritten.

Das Schreibpult des Oberkellners war verlassen, als wir uns näherten. Durch ein Gitter, das den Eingang zum Speiseraum teilweise verdeckte, sahen wir ihn in der Nähe der Küchentür mit einer Gruppe von Kellnern sprechen. Die Einrichtung war eleganter als alles, was ich jemals gesehen hatte. Ein großer Kronleuchter hing in der Mitte der Decke, auf allen Tischen standen in vergoldeten Messingleuchtern hohe, weiße Kerzen und schickten tanzende Glanzlichter zu den Prismen des Lüsters, die grünlich funkelten, weil eine kleine, dicht mit Farnen und Bambus bepflanzte Insel unmittelbar darunter arrangiert war. Über die glatte, schwarze Fläche eines mit Flechten überzogenen Steins rann ein Film kalten, klaren Wassers, das sich in einer Rinne sammelte und durch einen schmalen Kanal inmitten eines Bettes aus feinem, weißen Sand längs durch den angrenzenden Garten rauschte.

Als er uns sah, zog der Oberkellner die Stirn kraus, unterbrach sich mitten im Satz und eilte auf seinen Posten zurück.

Erst da fiel es mir stirnrunzelnd ein, wie schlampig wir beide aussehen mußten. Kahn hatte schon lange sein Jackett abgelegt und trug es überm Arm. Die Hemdsärmel hatte er bis zum Ellbogen aufgekrempelt, den Kragen geöffnet und den Krawattenknoten bis zum zweiten Knopf hinuntergezogen. Sein erklecklicher Fünf-Uhr-Bart war inzwischen um drei Stunden gewachsen. Und ich in meinen Tennisschuhen und dem blauen Kittel war auch nicht gerade das, was man *bon ton* nennt.

»Messieurs?« fragte der Mann mit einem kurzen, oberflächlichen Nicken und hochnäsiger Zuvorkommenheit. Steif aufgerichtet musterte er uns ohne jede Begeisterung.

»Einen Tisch für zwei«, verlangte Kahn.

»Hat Monsieur reservieren lassen?«

»Reservieren?« gab Kahn ungläubig zurück. »Wozu?« Er zeigte über die Schulter des Oberkellners hinweg in den Raum. »Sehen Sie doch! Zwei, drei, vier, *fünf* leere Tische, die ich allein von hier aus sehe.«

Der Oberkellner schnalzte bedauernd mit der Zunge. »Leider alle reserviert, Monsieur.«

»Ach, kommen Sie mir doch nicht damit!« fuhr Kahn auf.

Seinen schlanken, goldenen Kugelschreiber wie ein Schulmeister oder ein Dirigent als Stock benutzend, tippte der Zerberus auf ein kleines, goldenes Schild auf dem Pult: NUR AUF VORBESTELLUNG.

»Na schön, dann bestellen wir eben jetzt einen Tisch«, erklärte Kahn achselzuckend und wandte sich zu mir um.

Der Oberkellner verbeugte sich und sprang mit einem kleinen Hüpfschritt wie ein Spatz hinter das Pult. »Und für wann, Monsieur?« erkundigte er sich, während er das Buch aufschlug.

»Wieviel Uhr ist es jetzt?« wollte Kahn wissen.

Der Oberkellner hob den Arm, winkelte ihn an und schob mit zwei Fingern den Ärmel zurück. »Neunzehn Uhr fünfundvierzig, Monsieur.«

»*Okay*, also für neunzehn Uhr sechsundvierzig. Ich will noch schnell aufs Klo und mich 'n bißchen frisch machen.« Grinsend zwinkerte er mir zu.

»Là là, Monsieur!« sagte der Oberkellner tadelnd, warf seinen Schreiber auf das offene Buch und klappte es zu. »Nichts vor *elf*!« Mißbilligend schnalzte er mit der Zunge.

»Was ist das hier eigentlich – ein Privatclub?« höhnte Kahn zornig.

Der Oberkellner erstarrte würdevoll. »Wir nehmen uns das Recht, Plätze zu verweigern, wem *wir* wollen, Monsieur.«

»*Yeah*, vor allem den Chinks und Juden, stimmt's?« Kahn wandte sich an mich. »Komm, Kleiner! Ich kenne hier in der Nähe ein Restaurant, wo unser Geld hochwillkommen ist.«

Als wir bereits den Rückzug antraten, machte er plötzlich noch einmal kehrt. »He, Monsieur!« rief er laut. »Sie kommen mir bekannt vor. Hab' ich Sie nicht schon mal irgendwo gesehen?«

Der Oberkellner zuckte mit den Achseln. »Ich habe in zahlreichen Restaurants gearbeitet, sowohl in Paris als auch in New York; zuletzt im ›La Fleur de Lys‹.«

Kahn zuckte die Achseln, um anzudeuten, daß er sich nicht erinnern könne. »Entschuldigung«, sagte er. »Ich dachte, es wäre Vichy gewesen – die Öfen. Bis später, Pétain!«

Auf dem Weg hinaus sagte er: »Wenn ich nur ihre Küche nicht so über alles lieben würde! Sie ist, verdammt, viel zu gut für sie.«

»Für wen?« erkundigte ich mich.

»Für die Franzosen.«

Kahn kannte sich in der Gegend nicht besonders gut aus, daher landeten wir in einem irischen Pub weiter oben an der Amsterdam Avenue. Das Lokal war schmutzig und düster, mit schummrigem Licht und Sägemehl auf dem Fußboden. Es stank nach schalem Bier und gärender Pisse, und ein paar altmodische, ungeschickt befestigte Geräte zum Forellenangeln an der Wand waren so verblaßt wie der Mahagoniton der Täfelung.

»Hier ist es viel schöner«, erklärte Kahn wenig überzeugend, »wenigstens ein bißchen Lokalkolorit.«

Erschöpft ließen wir uns in einer Nische nieder. Ich war ganz einfach froh, endlich zu sitzen.

Ein junger Mann, etwa Mitte Zwanzig, kam hinter der Bar hervor, wo er mit einem älteren Kollegen einen Boxkampf im Fernsehen ansah, und wischte sich die Hände an einer verdreckten Halbschürze ab. Er trug ein Baseball-Unterhemd mit blauen Dreiviertelärmeln, die er weit hinaufgeschoben hatte, und ziemlich abgetretene Laufschuhe. Er hatte einen wiegenden Gang wie ein Matrose, so daß sich sein wilder, roter Lockenschopf bei jedem Schritt hob und senkte. »'n Abend, *gents*«, grüßte er uns zu unserer Überraschung mit irischem Akzent. Mit einem Lappen wischte er über den Tisch. »Was kann ich für Sie tun?«

»Was meinst du, Kleiner?« fragte mich Kahn.

»Das beste Stout von ganz New York«, pries der Rotschopf an. »Der wahre Jakob. Mein Onkel Mick da drüben« – er deutete zu dem reglosen Fleischberg hinüber, der wie gebannt vor dem Fernseher hockte und zusah, wie zwei schwarze Bantamgewichtler aufeinander losgingen, deren Schnauben und Stöhnen zu uns herübertönte – »ist ein Künstler. Braucht sechs Minuten, um einen halben Liter zu zapfen. 'ne Krone wie Sahne und so dick und dunkel, daß man fast Messer und Gabel braucht, um was davon schlucken zu können. Fast so gut wie 'ne ganze Mahlzeit. Macht richtig satt. Ich hab' noch nie einen erlebt, der besser wär' als er, sogar in Belfast, wo ich herkomme.«

Kahn wirkte unbeeindruckt. »Vermutlich maischt ihr euer Malz selbst hier im Haus, und so?« fragte er mit unauffälligem Schnuppern.

Dem Kellner entging die olfaktorische Anspielung. »Ganz so weit würd' ich nicht gehen«, erwiderte er. »Aber es ist ein erstklassiges Bier, kann ich Ihnen sagen.«

»Bringen Sie mir einen Port«, bestellte Kahn.

»Einmal Port«, wiederholte der Kellner und notierte es sich.

»On the rocks.«

»On the rocks.« Er malte einen schwungvollen Schnörkel auf seinem Bestellblock und spießte einen Punkt dahinter. »Kommt sofort.«

»Mit Milch«, ergänzte Kahn.

Der Kellner musterte ihn zweifelnd. »Mit *Milch*?«

Kahn grinste verlegen und hielt sich vorsichtig den Magen. »Dyspepsie, wissen Sie«, erläuterte er. »Chronisch.«

»Schlimm«, sagte der Kellner. »Wie wär's dann mit einem Pepto-Bismol hinterher, zum Nachspülen? Sozusagen als digestiver Rachenputzer?«

»Sehr komisch«, knurrte Kahn mit verletzter Miene.

»Und der andere Gentleman?«

»Ich hab' immer noch Hunger«, wandte ich mich an Kahn.

»Tut mir leid, Kleiner, hatte ich ganz vergessen. Was gibt's zu futtern?« erkundigte er sich bei dem Kellner.

»Futtern?«

»Sie wissen schon, Horsd'œuvres?«

»Na ja«, antwortete er, »Onkel Mick macht gute Zwiebel-Sandwiches.«

Kahn schüttelte sich, als wolle er wiehern. »Bringen Sie uns einfach ein paar Cracker.«

»Und zu trinken?«

»Ich weiß nicht«, überlegte ich. »Vielleicht...«

»Bringen Sie ihm auch einen Port«, bestimmte Kahn. »Wird dir schon schmecken, Kleiner. Der ist süß wie das chinesische Zeug, das ihr immer trinkt.«

»Mit Milch?« erkundigte sich der Kellner. »Oder ohne?«

»Ohne«, erwiderte Kahn mit leicht zusammengekniffenen Augen.

Der Kellner setzte sich in Bewegung.

»Und vergessen Sie die Cracker nicht!« rief Kahn ihm nach und ergänzte leise: »Angeber! ›Man braucht fast Messer und Gabel, um was davon schlucken zu können‹«, äffte er ihn nach. »Um das Geseire abzuschneiden, würde ich sagen. Was würd'st du denken, Kleiner, wenn ich mir Schläfenlocken und'n Bart wachsen lassen und mir 'ne Geldkatze an den Gürtel schnallen würde, um wie Shylock rumzulaufen, ständig mit dickem Akzent jiddische Aphorismen von mir zu geben und hier und da für'n Rachegesang die alte Judenharfe rauszuziehen: ›Auge um Auge!‹« Er warf einen Blick in die Richtung, in die der Kellner verschwunden war. »Dieser Kerl! Hast du sein Gesicht gesehen? Belfast... Ich wette, der ist in der IRA, verduftet mit Onkel Mick nach New York City.«

»Was ist los, Kahn?« fragte ich ihn, über die ungewöhnliche Heftigkeit erstaunt, mit der er das sagte.

Er ließ sich seufzend zurücksinken und rieb sich die Schläfen. »Das sind meine Nebenhöhlen, Kleiner«, erklärte er. »Die machen sich mal wieder madig. Der viele Staub hier, der macht mich fertig. Direkt hier, hinter den Augen – ein ewiger, unablässiger, leichter Schmerz.«

»Das tut mir leid«, sagte ich mitfühlend.

Der Kellner kam wieder, servierte uns die Drinks und knallte einen mit einer Papierserviette ausgelegten Korb auf den Tisch, in dem eine dünne Schicht Captain's Wafers lagen.

»Haben Sie Aspirin?« fragte Kahn.

»Ich werd' mal nachsehen«, antwortete er.

»*L'chajim*!« prostete mir Kahn mit erhobenem Glas zu. Er trank einen ausgiebigen Schluck, dann seufzte er.

»*Gan-bei*!« erwiderte ich und probierte behutsam. »Ah, gut! Wie heißt das noch?«

»Portwein.«

»Mmmmm.« Ich leckte mir die Oberlippe. »Köstlich!«

Der Kellner kam wieder und legte eine Aspirintablette neben Kahns Ellbogen auf den Tisch.

»Was soll denn das?« erkundigte Kahn sich ungläubig. »Ich brauche mindestens drei. Ich leide!« setzte er mit gequälter Miene hinzu.

»Das kostet aber«, warnte der Kellner.

»Wieviel?« Kahn richtete sich interessiert auf.

»Fünfundzwanzig Cent pro Stück.«

»Fünf für einen Dollar«, handelte Kahn.

Der Kellner griff nach dem Röhrchen unter seiner Schürze. Gleichzeitig beugte Kahn sich vor, um besser an seine Hosentasche heranzukommen, und zog einen zerknitterten Geldschein heraus, den er auf der Tischplatte glatt strich und ganz langsam zum Kellner hinüberschob, wobei er die Hand wie einen mißtrauischen Briefbeschwerer flach auf dem Schein liegen ließ.

Der Kellner schüttelte die Tabletten einzeln heraus, drückte den Deckel wieder zu und griff nach dem Geld.

»He, das sind nur vier!« beschwerte sich Kahn und zog seine Hand trotzig zurück.

»Eine haben Sie doch schon!« wehrte der Kellner ab. »Macht zusammen fünf.«

»Ich dachte, die ginge auf Kosten des Hauses«, protestierte Kahn.

»Das kommt davon, wenn man zu denken anfängt«, erwiderte der Kellner mit grimmigem Lächeln.

»Jesus, Kleiner – ist das zu glauben?«

»Den Heiland lassen Sie mal schön aus dem Spiel«, höhnte der Kellner.

Da ich nicht in der Lage war, zwischen ihnen zu vermitteln, hörte ich schweigend zu.

»Also, hören Sie!« argumentierte Kahn. »Fünf helfen mir nicht. Ich brauche sechs. Drei für jetzt und drei für später.«

»Ein Quarter zusätzlich.«

Kahn seufzte erbittert, fischte eine Münze heraus und warf sie über den Tisch.

Der Kellner fing sie geschickt auf, als sie gerade von der Kante fallen wollte. Er öffnete das Röhrchen, entnahm ihm eine weitere Tablette, schleuderte sie ebenso lässig über den Tisch und verschwand.

»Hier, nimm ein paar Cracker!« Damit schob Kahn mir den Korb herüber. Den Kopf zurückgelegt, warf er die Aspirintabletten eine nach der anderen ein und trank jedesmal zwischendurch einen großen Schluck.

Ich biß ab, hielt aber mitten im Kauen inne und legte den ungegessenen Cracker auf den Tisch. Er war fade, beinahe durchweicht.

»Komm, Kleiner, iß auf!« verlangte Kahn. »Ich denke, du hast Hunger.« Dabei griff er sich ebenfalls einen, biß ab und spie den Bissen ins Sägemehl.

Der Kellner drehte sich zu uns um. Kahn winkte ihn mit einer Kopfbewegung herbei.

»Noch eine Runde, *gents?*«

Kahn sah zu ihm auf – mit hochgezogenen Schultern und emporgewandten Handflächen, eine Geste ironischer Kapitulation, teils Bitte, teils Vorwurf. »Also, was soll das hier wieder sein, Matzen?« fragte er. »Hier ist ein Fünfer.« Er zog einen Fünfdollarschein heraus. »Gehn Sie von mir aus über die Straße, wenn's sein muß. Aber bringen Sie uns um Gottes willen ein paar Salzstangen!«

Der Kellner nahm das Geld und war in zwei Minuten wieder da.

»Danke«, sagte Kahn übertrieben höflich. »*Shalom. Shalom aleichem.* Und jetzt bringen Sie uns die nächste Runde, dann sind wir zufrieden. So, Kleiner«, fuhr er dann fort, riß den Karton auf und holte für jeden einen Beutel heraus, »wie fandest du Newman? Ganz hübsche Show, meinst du nicht auch?«

»Faszinierend«, antwortete ich und trank einen weiteren Schluck von meinem Port, dem ich von Minute zu Minute mehr zugetan war, »nur...«

»Nur?«

Ich seufzte. »Nur daß ich jetzt noch mehr durcheinander bin als zuvor.«

»Gut«, behauptete er, »das klingt vielversprechend. Es muß schlimmer werden, bevor es besser werden kann.«

»Was mich vor allem ganz verrückt macht, ist, daß sie so absolut unvereinbar zu sein scheinen«, überlegte ich laut vor mich hin.

»Wer?«

»Der Spezifische Wert und die Technische Analyse.«

»Und was gibt's sonst Neues?« bemerkte er zynisch.

»Einerseits lehrt Powers, ein geschickter Investor soll die Bilanz mit einem feinen Kamm durchgehen – Absatz, Erträge, Aktiva, Passiva... ›die letzte Zeile und die Zeile darüber‹; dabei braucht man laut Newman nicht mal den Namen einer Gesellschaft zu kennen, um zu entscheiden, ob man kaufen soll oder nicht. Nur die Diagramme seien wichtig.«

»Aber vergiß nicht, Kleiner«, warnte mich Kahn, »daß sie das Problem von sehr verschiedenen Standpunkten aus betrachten. Die Fundamentalisten sind an Langzeitergebnissen interessiert, an Entwicklung und Erträgen. Die Techniker sind im Grunde Händler, nur interessiert an Kursgewinnen, schnellem Profit durch tägliche Kursfluktuation. Sie leugnen die Bedeutung der Fundamentalfaktoren zwar nicht kategorisch, sondern behaupten nur, sie seien überholt. Jeder kausative Effekt, den sie auf die täglichen Fluktuationen haben, sei bereits berücksichtigt worden. Die entscheidende Rolle spiele etwas anderes. Was dieses andere allerdings ist, das sagen sie nicht – irgend etwas Mysteriöses, alles Durchdringendes, Gottgleiches, Ätherisches, das sich manifestiert in den wiederkehrenden Wellenmustern auf ihren Diagrammen, hypothetisch wirksam, praktisch aber nicht zu entdecken.«

»›Wenn man es sucht, ist nichts Festes zu sehen; wenn man ihm lauscht, ist nichts laut genug, um gehört zu werden. Doch wenn man es benutzt, ist es unerschöpflich‹«, zitierte ich sinnend.

»Genau, Kleiner«, antwortete Kahn zerstreut, weil er kaum zuhörte. »Das ist die allgemeine Vorstellung.«

»Das ist ein Zitat«, erklärte ich ihm. »Ein Zitat aus dem ›*Dao De Jing*‹, und ›es‹ ist das Tao.«

»Hmmm.« Kahn trank einen Schluck. »Klingt ganz ähnlich, nicht wahr? Interessanter Zufall.«

»Ich glaube, es ist mehr als das«, widersprach ich und servierte das Gericht, das ich unterwegs im Geiste ausgekocht hatte. »Ich glaube, daß die Technische Analyse und der Taoismus ein paar grundlegende Glaubenssätze gemeinsam haben.«

»Zum Beispiel?«

»Na ja«, begann ich, »bei seinem Vortrag über den Spezifischen Wert faßte Ernie Powers seinen Standpunkt in dem Satz zusammen: ›Es gibt eine Ursache, und man kann sie ermitteln.‹ Daran mußte ich unterwegs denken, und mir scheint, daß Newmans Standpunkt auf eine ganz ähnlich knappe Formel gebracht werden kann.«

»*O yeah*? Wie lautet denn die Weltanschauung der Technischen Analyse?«

»›Es gibt eine Ursache, aber wir werden sie niemals ermitteln‹«, schlug ich vor.

Er schürzte die Lippen und nickte zustimmend. »*Okay*, das lasse ich gelten – vorläufig. Aber du solltest noch hinzufügen: Obwohl wir sie niemals ermitteln werden, können wir sie doch benutzen.«

»Richtig«, bestätigte ich.

»Mit anderen Worten, ontologisch sind sie insoweit identisch, als das, was sie behaupten, existiert«, sagte Kahn. »Erkenntnistheoretisch sind sie jedoch nach dem, was wir ihrer Aussage nach wissen können, unvereinbar.«

»Ich weiß nicht, ob ich das verstehe«, gab ich zurück. »Auf jeden Fall finde ich, daß dieser Glaubenssatz eine auffallende Ähnlichkeit besitzt mit dem, der dem ›*I Ging*‹ zugrunde liegt.«

Er bedeutete mir, ich solle weiterreden.

»Obwohl das *dao*, genau wie der Dow, für den Intellekt nicht faßbar ist, kann sein Wesen vermittels des ›Buchs der Wandlungen‹ ergründet werden wie der Dow durch die Diagramme, und sobald es ergründet ist, kann es auch genutzt werden. Nach allem, was ich sagen kann, wäre die gesamte Philosophie der Technischen Analyse bestimmt nicht allzu falsch mit folgendem Zitat aus dem ›*Dao De Jing*‹ umschrieben:

...den Weg erfassend, der einst war,
Beherrscht man die Dinge, die jetzt sind.
Denn zu wissen, was einst war, am Anfang,
Das nennt man die Substanz des Weges.«

Ich hielt inne, um Kahn Gelegenheit zu einer Bemerkung zu geben. Ob es die besänftigende Wirkung des Alkohols war, weiß ich nicht, aber zur Abwechslung war er einmal völlig passiv und überließ mir die Initiative.

»Dies stimmt überein mit der Idee des Einkalkulierens«, fuhr ich fort. »Obwohl mir das Wort neu ist, ist mir die Idee doch vertraut. Die Fähigkeit des ›Buchs der Wandlungen‹, des ›*I Ging*‹, die Zukunft vorauszusagen, beruht auf einem ganz ähnlichen System des Einkalkulierens, das allerdings unendlich viel umfassender ist.«

»Ach komm, du willst mir doch nicht weismachen, daß du an diesen alten Hokuspokus glaubst, das ›*I Ging*‹ könne wahrsagen, oder?« Kahn wurde hellwach. »Ich hab' eigentlich immer gedacht, das ›Buch der Wandlungen‹ wäre eher eine Art geistlicher Ratgeber. Es kann doch nicht wirklich die Zukunft voraussagen, nicht wahr?«

»O doch!« beteuerte ich ernst. »Ich habe das immer wieder erlebt.«

»Was! Im Ernst? Du glaubst tatsächlich daran?«

Ich nickte.

Er sank auf seinem Stuhl zusammen; seine Augen waren ein bißchen glasig vor Argwohn.

»Genau wie der Dow ›allwissend‹ ist«, fuhr ich fort, »das heißt, von Bedingungen beeinflußt, die weit außerhalb der engen Grenzen der Finanzwelt liegen, die er aber reflektiert, so geht es auch dem ›*I Ging*‹, nur daß sein Bereich die gesamte Weltgeschichte ist. Als Newman sprach, fiel mir etwas ein, das der Meister mir einstmals über die Fähigkeit des ›*I Ging*‹, den Verlauf kommender Ereignisse vorauszusagen, gesagt hat: ›Wir sind in der Gegenwart angelangt durch eine Reihe von Ereignissen, die präzise und nicht unterbrochen ist‹, sagte er, ›eine große, organische Kette, die sich rückwärts erstreckt bis in die dunklen Tiefen der Vergangenheit, ja, bis an den Uranfang, und vorwärts in die Zukunft bis in die Ewigkeit. Alles, was wir tun, schmiedet ein neues Glied an diese Kette. Die Glieder werden in so schneller Folge miteinander verbunden, daß der bewußte Intellekt bald entmutigt und überfordert ist; dennoch aber existiert diese Kette und kann mit Hilfe eines anderen, stärkeren Wissens zurück- und weiterverfolgt werden, einer wissenschaftlichen Intuition, die sich des ›*I Ging*‹ als Werkzeug bedient.‹« Ich wartete auf Kahns Reaktion.

»Ja – und?«

»Na ja, könnte diese Beschreibung – die große, organische Kette – nicht ebenso auf den Dow, den Index selbst zutreffen?«

Er sah mich nur an.

»Oder andersherum«, fuhr ich fort, »würde es nicht auf dasselbe hinauslaufen, wenn man sagt, daß im ›Buch der Wandlungen‹ alles *einkalkuliert* ist?«

Vielleicht war es Kahns nicht alltägliche Aufnahmebereitschaft und Zugänglichkeit, vielleicht war es die Seligkeit der Entdeckung, vielleicht auch der Zustand meiner Nerven, die von einem langen Tag ununterbrochenen Stimulierens und Bombardierens überanstrengt waren, höchstwahrscheinlich jedoch war es all das zusammen: Als ich Kahn diese Gedanken erläuterte, befeuerte mich die Inspiration. Wie Newman fühlte ich mich zu Prophezeiungen befähigt und sprach mit beredter Zunge. In jener beiläufigen Manier, mit der hingerissen Begeisterte gern ihre Vorstellungen anpacken, zog ich analog zu einer Erklärung, die Scottie mir einmal im Zusammenhang mit den Sternen gegeben hatte, meine Schlüsse. Er hatte gesagt, daß jede Handlung seit Anbeginn der Schöpfung einen Impuls hervorgerufen habe, eine Energie, die in der Form zwar verändert, niemals aber vernichtet werden könne.

»Wie das Licht der Milliarden Lichtjahre entfernten Sterne im Weltraum, das nach einer so gewaltigen Reise kontinuierlich auf unserem Planeten ankommt, so machen sich die Ereignisse der Weltgeschichte als Vibrationen und Stoßwellen kontinuierlich bei uns bemerkbar. Sie reisen weiter wie das Licht durch Ewigkeiten nicht des Raumes, sondern der Zeit bis zum gegenwärtigen Augenblick. Das ›*I Ging*‹ gleicht einem unendlich empfindlichen psychischen Instrument, das diese fortlebende Energie auffängt und sie einer Art spiritueller Spektroskopie unterzieht, sie also in ihre früheren Komponenten zerlegt und so die verborgenen Geheimnisse der Vergangenheit und der Zukunft aufdeckt. Und genau wie der Taoist sich mit Hilfe des ›*I Ging*‹ in Übereinstimmung mit dem *dao* bringt, so beherrscht der Dowist – das heißt, der Techniker – den Dow durch das Studium der Diagramme, seiner persönlichen Orakelstäbchen.« Ich hielt inne. »Nun?«

»Nun – was?« fragte Kahn.

»Glauben Sie, daß dies alles nur Zufall ist?«

Er zuckte die Achseln. »Wohl eher so eine Art Großsynchronismus, würde ich sagen, ein Synchronismus auf historischer Ebene. Ich meine, auch das Rad wurde schließlich mehr als einmal erfunden.«

»Was ist ein Synchronismus?« wollte ich wissen.

»Ein Synchronismus? Das ist, wenn zwei Ereignisse oder Ideen scheinbar ursächlich verbunden sind und tatsächlich außerhalb des Paradigmas von Ursache und Wirkung auch unerklärlich wären, es aber nachweisbar dennoch nicht sind. Eine ›mystische Verbindung‹, könnte man sagen.«

»Ja, mystische Verbindung.« Eifrig griff ich den Ausdruck auf.

»Doch selbst wenn man das annimmt«, fuhr er fort, »was hilft dir das weiter? Ich meine, *okay*, dann stehen sie eben in mystischer Verbindung. Na und?« Er zuckte die Achseln.

»Finden Sie nicht, daß das der Beweis für ein Delta ist?« fragte ich ihn. »Für einen Zusammenfluß von Dow und *dao*?«

»Ich weiß es nicht, Kleiner. Es klingt verführerisch, das muß ich zugeben. Doch wenn du mich fragst, wird das Delta, wie du es nennst, bestimmt kein geistiger Ort sein, den du entdeckst, indem du dich nach innen wendest – intellektuell entdeckst, meine ich. Du mußt diesen Ort in der Welt finden. Sonst zählt er nicht richtig, sondern bleibt hypothetisch.«

Ich dachte darüber nach. Als ich wieder aufblickte, sah ich, daß Kahn mich durchdringend musterte. Die Ellbogen auf den Tisch gestützt, drehte er endlos an seinen Kupferarmreifen, während er mich mit einem Ausdruck ansah, der mir unbehaglich war: beinahe räuberisch, obwohl zum Teil auch wehmütig. Bei seiner Musterung ertappt, schenkte er mir ein Lächeln, das mich fast erschauern ließ.

»Soll ich dir sagen, was mich wirklich an dem interessiert, was du da gesagt hast?« fragte er mich. Über den Tisch hinweg beugte er sich mir so weit entgegen, daß er nahezu auf dem Bauch kroch. Verblüfft wich ich unwillkürlich ein Stück zurück; doch sein Gesicht, dicht vor dem meinen, war mir immer noch so nahe, daß ich den süßen Portwein in seinem Atem roch. Die reine Süße des ursprünglichen Buketts war allerdings von seinem Speichel chemisch verändert worden, weniger rein nunmehr, eine beschissene Süße, die an durchbrochene Prinzipien erinnerte.

»Du sagst, man kann das ›*I Ging*‹ zur Vorhersage der Zukunft benutzen«, flüsterte er in einem Ton, der heiser war vor innerer Erregung. »Könnte man es deiner Ansicht nach auch zur Bewertung von Aktien benutzen?«

Als er den Ekel auf meinem Gesicht entdeckte, lenkte er sofort ein, korrigierte seine raubgierige Pose und setzte sich wieder aufrecht hin. »Hypothetisch gesprochen, selbstverständlich«, ergänzte er.

»Selbstverständlich«, erwiderte ich, war aber noch nicht vollständig beruhigt. Ich räusperte mich. »Meiner Ansicht nach: Ja, man könnte es dafür benutzen... *falls* man es im rechten Sinn tut, das heißt mit einem ausreichenden Grad an *ling*.«

»Und was ist *ling*?« erkundigte er sich.

»Reinheit des Herzens.«

Kahn zuckte zusammen, als hätte er sich verbrüht.

»Ob man es freilich dafür benutzen *sollte*«, fuhr ich fort, »ist etwas ganz anderes. Wollte man das ›*I Ging*‹ zum Zweck des persönlichen Gewinns benutzen, wäre das eine Entweihung. Es verstieße gegen den Geist des Tao. Wer dergleichen täte, würde fast mit Sicherheit nicht wiedergutzumachenden Schaden auf sich selber herabrufen, jenen Grad *ling* auslöschen, den er bisher besessen hat, und dadurch seine Fähigkeit zur Befragung des Orakels verlieren. Es steht geschrieben: ›Für jene, die nicht im Kontakt mit dem Tao sind, hat das Orakel keine verständliche Antwort, da es von keinem Nutzen ist.‹«

»Poetische Gerechtigkeit, eh?« sagte Kahn.

»Genau.«

Kahn schien in sich zusammenzufallen. Mit einem tiefen Seufzer sank er auf seinen Stuhl zurück; das erregte Leuchten in seinen Augen war erloschen. »Du hast recht, Kleiner«, gab er zu. »Hundertprozentig. Ich bewundere deine Prinzipien. Sei mir nicht böse, daß ich gefragt habe. Ich konnte nicht anders.«

»Natürlich nicht!« erwiderte ich, jetzt ganz beruhigt angesichts seiner Reue, und meine Zuneigung zu ihm verstärkte sich durch das Eingeständnis seiner Schwäche.

»Danke, Kleiner.« Seine Stimme schwankte ganz leicht. »Das bedeutet mir viel. Weißt du, bei deinem Vortrag mußte ich daran denken... du erinnerst mich an jemanden...« Wehmütig betrachtete er mein Gesicht.

Etwas verkrampfte sich in mir. Zitternd, beinahe atemlos vor Aufregung, öffnete ich den Mund, um das Losungswort zu flüstern, den geheimen Namen, den ich im Herzen trug wie glühende Kohle, die bei jedem auflebenden Windhauch zu entflammen drohte.

»Weißt du, an wen?« fragte er.

Mit zugeschnürter Kehle, unfähig zu einer Antwort, schüttelte ich den Kopf.

»An mich selbst«, sagte er.

Benommen starrte ich ihm in die Augen.

»Ganz recht«, bestätigte er, »an mich. Du bist erstaunt. Kann ich dir nicht verdenken. Aber ich meine nicht so, wie ich jetzt bin, sondern wie ich früher mal war, als ich anfangs herkam – frisch von der Uni, mit großen Ideen und noch intakten Prinzipien, genau wie du, mit derselben naiven Begeisterung. Ich war damals noch Jungfrau – wie du. Ich hatte meine Kirsche noch, seelisch gesprochen, und das war 'n ganz schöner Brocken, keine Maraschino-Kirsche. Als ich sie das letztemal kontrollierte, glich sie mehr einer Martini-Olive auf einer Horsd'œuvre-Gabel. In jenen ersten Tagen jedoch, in jenem ersten Jahr, sagen wir, schien alles ganz neu und frisch zu sein, ein Schauspiel voll Prunk und Ritterrüstungen, elisabethanischer Zeiten würdig (damals dachte ich noch in literarischen Bildern), fröhlich, respektlos, lebensvoll, unbußfertig, vulgär, aber überschäumend vor Leben – ganz anders als die Universität. In meinem Kopf wirbelten Bilder, Impressionen und Ideen, genauso unerhört wie die, die du mir eben aufgetischt hast.« Er schüttelte den Kopf. »Ich weiß nicht. Das alles hast du in Newmans Vortrag entdeckt, während er für mich nur Geseire war. Mag ja sein, daß ich klüger bin als du, aber ich beneide dich, Kleiner. Ehrlich. Es heißt, es gibt nichts Erregenderes als eine Hausse an der Börse, und, ich weiß nicht, ich glaube eben daran. Nur wird man auf die Dauer vielleicht zu abgebrüht. Als ich dir zuhörte, wurde mir mit einemmal klar, daß ich solche Ideen nicht mehr habe. Und das macht mich traurig. Irgendwo unterwegs hab' ich das alles verloren. Verlier du's nicht auch, Kleiner! Für einen, bei dem Schmalz gleich unter *gefilte fisch* auf der Aversionsliste steht, werde ich ganz schön dramatisch, was, Kleiner?« Er kippte mit einem Schluck ein ganzes Viertelglas.

Weil er mir leid tat, und weil ich sein Selbstmitleid zum Entgleisen bringen wollte, noch ehe es richtig Dampf entwickeln konnte, kam ich auf eine Frage zurück, die ich ihm schon längst hatte stellen wollen. »Was hat Newmans ›ehrenwerter Vorredner‹ mit diesem gleitenden Zweihundert-Tage-Durchschnitt gemeint?«

Mit absoluter Konzentration starrte Kahn auf die milchige Flüssigkeit hinab, die um die Eisstücke in seinem Glas wirbelte, und ließ die Würfel klirren und klingeln wie Eisberge in einem schäumenden Polarmeer. »Hmm?« fragte er geistesabwesend. »Ach ja. Der gleitende Zweihundert-Tage-Durchschnitt. Das ist im Grunde eine Trendneigung, Kleiner, mehr oder weniger. Eine allgemeine Tendenz.«

»Trendneigung?«

»Die Möglichkeit, ein den Schwankungen des Aktiendurchschnitts zugrundeliegendes anhaltendes Gesamtmomentum zu identifizieren. Wenn man lediglich die tagtäglichen Fluktuationen einer bestimmten Aktie oder des Dow selbst beobachtet, bekommt man zuweilen nur schwer ein Gefühl für die allgemeine Tendenz der mittelfristigen bis langfristigen Bewegungen. Das Ding hopst herum wie das EKG einer läufigen Hündin. Irgendwo dahinter jedoch gibt es einen Trend, ein allgemeines Momentum. Das ist das Garnknäuel, das du benutzt, um dir einen Weg durch das Labyrinth der momentanen Schwankungen zu suchen. Um diesen Trend zu finden, brauchst du nur die Wellentäler und -berge der täglichen Schlußkurse über einen Zeitraum von, sagen wir, zwei Wochen zu beobachten, sie grafisch zu notieren und die Punkte miteinander zu verbinden, und du erhältst eine Linie, die auf oder ab steigt, oder auch einfach vorwärts, in keine bestimmte Richtung, wie's gerade kommt. Tust du das über zweihundert Börsentage hinweg, dann hast du deinen gleitenden Zweihundert-Tage-Durchschnitt. Im wesentlichen ist das Ganze eine Methode zur Darstellung eines unsichtbaren Momentums, eine Möglichkeit, die Einheit innerhalb der Vielfalt aufzuspüren.«

»Warum ausgerechnet zweihundert Tage?« wollte ich wissen.

»Ich weiß es nicht. Es ist eben ein günstiger Zeitraum, ungefähr neun Werktagsmonate. Bei weniger läuft man Gefahr, eine sekundäre Reaktion mit einem Primärtrend zu verwechseln, wie der ›ehrenwerte Vorredner‹ sagte. In Wirklichkeit aber gibt es, glaube ich, keinen Grund, warum man es nicht so lange tun sollte, wie man will. Zweihundert Wochen oder, verdammt noch mal, warum nicht auch sogar zweihundert Jahre?« Als er die letzten Worte sagte, erstarrte Kahn plötzlich.

»Kahn?« fragte ich vorsichtig.

»*Psst, psst*!« befahl er mit einer heftigen Handbewegung. »Keine Bewegung! Nicht mal Luftholen! Ich glaube, ich kreiße. Ähem... ähem...« stöhnte er. »Es kommt! Ja... ja... Und es lebt! Eine richtige, eine ganz echte *Idee*!«

»Wovon reden Sie?«

»Hör zu, Kleiner. Weißt du noch, was Newman über den Markt gesagt hat, daß der Dow eine Art holistisches Barometer ist, das das Systemwetter der Nation anzeigt und, durch Einkalkulieren, mikrokosmisch all die diversen Passionen und Ambitionen reflektiert, welche die Gesamtbevölkerung motivieren?«

Ich nickte unsicher.

»Nun, seinen Worten zufolge ist die Gesamtsumme all jener verschiedenen Momenta gleich dem Dow oder vielmehr seinem gleitenden Zweihundert-Tage-Durchschnitt – oder sie steht wenigstens mit ihm in engem Zusammenhang. So lautet seine Beweisführung für den Dow als zentrales Lebenszeichen der Nation, ein Destillat von Amerika selbst, das die Essenz unserer Kultur (oder deren Mangel) ausdrückt. Indem wir aus dem Dow einen gleitenden Zweihundert-Tage-Durchschnitt extrahieren, erhalten wir eine Vorstellung von einem allgemeinen Momentum – nennen wir es Big Mo. Big Mo ist die Einheit, die der schwindelnden Vielfalt des Dow und – einkalkuliert – unseres nationalen Lebens, sei es ökonomisch, politisch, sozial, intellektuell oder religiös, zugrunde liegt. Ist man bis zu dem Punkt vorgedrungen, an dem man deutlich Natur und Richtung von Big Mo erkennen kann, müßte man – theoretisch wenigstens – auch in der Lage sein, es, wie du sagtest, auch bei den wechselnden Gezeiten momentaner Panik und Spekulation zu beherrschen. Obwohl es sich wandelt, wandelt es sich nur sehr langsam, denn sein Beharrungsvermögen ist riesig, so riesig wie Amerika selbst. Selbst einer ungeheuren Kraft gelingt es kaum, auch nur die geringste Veränderung seiner Richtung zu bewirken. Unser nationales Leben kreist in einer hektischen Umlaufbahn um das glatte, gemächlich dahingleitende Big Mo wie die täglichen Fluktuationen um einen großen gleitenden Zweihundert-Tage-Durchschnitt (hier liegt der

Zusammenhang, Kleiner). Big Mo drückt das historische Beharrungsvermögen unseres Landes aus – es ist das Big Mo Amerikas! Denk doch mal, Kleiner! Die Möglichkeiten sind überwältigend! Alles umspannende, ständig wachsende gleitende Durchschnitte! Nach dem gleitenden Zweihundert-Jahre-Durchschnitt Amerikas ein gleitender Zweitausend-Jahre-Durchschnitt, der das historische kumulative Beharrungsvermögen des okzidentalen Menschen seit Christi Geburt darstellt. Und dieser gleitende Zweitausend-Jahre-Durchschnitt ist nicht mehr als ein winziger Punkt innerhalb des großen gleitenden Zwei-Millionen-Jahre-Durchschnitts der menschlichen Rasse, der wiederum im gleitenden Zwei-Milliarden-Jahre-Durchschnitt des Lebens auf der Erde enthalten ist.«

Die Wirkung seiner Worte selbst konterkarierend, setzte er mit der für ihn typischen Ironie hinzu: »Kahn wird, ohne es zu wollen, tiefsinnig.« Er grinste. »Was hältst du davon, Kleiner? Vielleicht bin ich doch nicht so unverbesserlich, wie wir dachten. Vielleicht ist der alte Kahn doch noch nicht ganz tot, oberhalb der Ohren?«

Da ich diese Frage für rein rhetorisch hielt, ersparte ich mir die Antwort.

»Stimmt's Kleiner?« stieß er nach.

»Natürlich nicht«, sagte ich.

Seufzend schüttelte er den Kopf. Der kurzlebige Meteor spekulativer Bravour, mit dem er mich geblendet hatte, war erloschen, und Kahn versank wieder in Depressionen. »*Ich* bin nicht so sicher«, behauptete er. Anscheinend hatte er mir die Antwort nur abgepreßt, um sich das Vergnügen der Selbsterniedrigung gönnen zu können.

»Kellner!« rief er laut. »Bringen Sie Port!«

ZEHNTES KAPITEL

Dieser leichte Ausbruch von Temperament verriet mir, daß Kahn betrunken wurde, eine Tatsache, die durchaus keine Besorgnis in mir weckte, da ich mich diesem Zustand ebenfalls im Eiltempo näherte.

»Manchmal frage ich mich, was ich hier zu suchen habe«, lamentierte er.

»Wenn Sie woandershin wollen – ich komme mit«, erbot ich mich.

»Nicht in dieser Bar«, gab er ätzend zurück. »Ich meine auf dem Markt.«

»Ach so«, sagte ich mit ernster Miene.

»Früher hatte ich diese Blitze öfter. Ich schreckte auf und sah mich um in der Erwartung, mich nach einem kleinen Nickerchen erfrischt in meiner Lesenische an der Columbia University zu befinden. Die Gesichter im Börsensaal verschwammen, die Stimmen verschmolzen zu einem Dröhnen wie... wie... das Summen von Millionen Insektenflügeln, ein Schwarm afrikanischer Wanderheuschrecken oder« – bei der Erinnerung hellte sich seine Miene auf – »ach ja, wie diese Hintergrundstrahlung, die sie in den Bell-Laboratorien entdeckt haben. Je davon gelesen? Teils Temperatur, teils Geräusch, so wie ich es verstanden habe, durchdringen sie das ganze Universum – drei Grad Kelvin oder so, ein Nachhall des Urknalls direkt in der Wall Street, irgendwie passend inmitten von soviel Habgier und weltlicher Eitelkeit, eine Mahnung an das, was uns am Ende erwartet (dasselbe wie am Anfang). Mit anderen Worten, ein Augenblick existentiellen Entsetzens. Verstehst du, was ich sage, Kleiner?«

»Ich habe nicht die leiseste Ahnung«, gestand ich.

»Laß es mich anders formulieren«, sagte er. »Du kennst Zhuangzis Traum vom Schmetterling?«

Ich nickte.

»Also, korrigier mich, wenn ich mich irre, doch als er nach diesem Traum erwachte, wußte er nicht, ob er nun ein Mensch war, der geträumt hatte, ein Schmetterling zu sein, oder ein Schmetterling, der träumte, er sei ein Mensch. Stimmt's?«

»Genau.«

»Also, im Grunde genommen ist es dasselbe. Nur in meinem Fall wußte ich nicht (und weiß es manchmal immer noch nicht), ob ich ein Kapitalistenschwein war, das geträumt hatte, es sei ein Intellektueller, oder ein Intellektueller, der geträumt hatte, ein Kapitalistenschwein zu sein.«

»Ach so!« sagte ich.

»Aber vergessen wir mich selbst«, fuhr er fort. »Ich will's dir erklären. Wo siehst du dich in etwa zwanzig, dreißig Jahren, wenn du so alt bist wie ich jetzt?«

»Zu Hause in Ken Kuan«, erwiderte ich ohne Zögern.

Er nickte. »Wenn du mir diese Frage gestellt hättest, als ich in deinem Alter war und in dieser Lesenische zwischen all den Büchern saß, hätte ich dasselbe gesagt, nur daß es die Universität gewesen wäre statt ein Kloster. In meinen Augen sind beide Variationen desselben Themas. Wenn du mir damals gesagt hättest, ich würde im Saal der New Yorker Börse Aktien verhökern, hätte ich dir ins Gesicht gelacht. Nicht mal beleidigt wäre ich gewesen, für so absurd hätte ich das gehalten. Das kannst du mir ruhig glauben, Kleiner. Ich bin kein Mensch, der sich was einbildet oder von Klugheit durch Erfahrung schwatzt, aber es ist doch komisch, wie sich die Dinge manchmal entwickeln, weißt du: ›Der Mensch denkt, Gott lenkt.‹« Er seufzte, trank einen großen Schluck und ließ dann die Eiswürfel im Glas klirren, als sei das eine persönliche Gedächtnisstütze.

»Als Student hatte ich ein langes, wunderschönes Liebesverhältnis mit der englischen Literatur, speziell jener der elisabethanischen Periode. Shakespeare...« Sein Gesicht verzog sich zu einem spontanen, jungenhaften Lächeln, wie ich es noch nie an ihm gesehen hatte, ganz und gar ungekünstelt und sehr gewinnend. »›Heinrich der Vierte‹. Erster Teil. Eduard, Heinz und ›der Ritter Dickwanst‹ Sir John Falstaff (Falstaff vor allem!) – Mann, hab' ich dieses Stück geliebt! Vielleicht ist es nicht das größte, das er geschrieben hat, nicht so profund wie ›Lear‹ oder ›Hamlet‹, aber so verdammt komisch! Und so verdammt traurig. So gütig – wenigstens das –, gütiger als alles, was der alte Knabe jemals geschrieben hat. Er hat die menschliche Rasse zu einer Kugel zusammengerollt, ›dem Kasten voll wüster Einfälle, dem Beuteltrog der Bestialität, dem aufgedunsenen Ballen Wassersucht, dem ungeheuren Fasse Sekt, dem vollgestopften Kaldaunensack, dem gebratenen Krönungsochsen mit dem Pudding im Bauche, dem ehrwürdigen Laster, der grauen Ruchlosigkeit, dem alten Raufbold, der Eitelkeit bei Jahren‹ – kurz gesagt: Falstaff. Und er verzieh ihm, verzieh uns, verzieh alles... mehr noch, *liebte* es. Es ist schwer, die Welt so gut zu kennen und sie dann trotzdem noch zu lieben, nicht aus Mitleid, auch nicht mit Märtyrerliebe, sondern mit Humor. Vielleicht erklärt das allein seine Größe, daß er der Realität ins Gesicht sehen konnte und nicht starb, nicht unsicher wurde, nicht auswich oder scheute oder verfälschte oder schönfärbte oder doppelsinnige Worte gebrauchte, sondern sie sah, wie sie war, und herzlich lachte, über sie, mit ihr, für sie lachte – und sie, vor allem, wertschätzte. Es scheint so einfach zu sein. Aber bisher hat das noch keiner gekonnt, wenigstens keiner von denen, die schreiben. Das wird der Grund sein, weshalb ihm noch nie jemand auf den Grund gekommen ist – weil er seinen Grund zum Grund der Welt machte. Und deswegen ist sein Lachen noch immer wie der Urknall als Echo zu hören. Es ist ein Teil von ihm. Drei Grad Kelvin.« Er lächelte ein bißchen verlegen. »Tut mir leid, Kleiner. Ich glaube, ich bin ein bißchen betrunken oder so ähnlich.«

»Ist schon *okay*«, gab ich zurück. »Ich höre Ihnen gerne zu ... Aber, wer war Shakespeare?«

Er stöhnte. »Ach, laß nur! Ich hab' das verdient, Kleiner, ich hab' *dich* verdient. Es muß so eine Art Buße für in einem früheren Leben begangene Sünden sein. Das, was ich damit sagen wollte, oder worauf ich wenigstens zuzusteuern versuchte, ist, daß all das, mein ganzes Literaturstudium, so herrlich außerhalb meines Lebens stand – was mich vermutlich besonders reizte. Als ich den ›Kaufmann von Venedig‹ las, identifizierte ich mich mit Jessica, der Tochter des Juden Shylock. Sie fühlt sich als Geisel eines barbarischen und unangemessenen Erbes und schmachtet voller Sehnsucht danach, von Lorenzo und den Christen vergewaltigt zu werden. Ah, welch eine Gnade!« sagte er, schüttelte seine Hängebacken und schwenkte den Zeigefinger in der Luft wie Jimmy Durante. »Der einzige Unterschied zwischen ihr und mir war, daß meine Anpassung nach vier Jahren High School am Mount Abarim und vier weiteren an der Columbia University abgeschlossen war. Ich betrachtete mich als entwurzelt, desinfiziert, geheilt, wie immer du es ausdrücken willst. Mit anderen Worten: als einen *schejgez.* Denn siehst du, Kleiner, ich wurde nicht als Genie geboren. Ich mußte mir diesen Status auf die harte Tour erwerben. Damals hatte ich noch keine Ahnung von der Schwerkraft des Blutes.«

»Was ist das?«

»Ich will's mal so sagen: Laß einen Wasp durch das läuternde Feuer liberaler, westlicher Erziehung laufen, und ganz gleich, wieviel Knoblauch und Gewürze du dazugibst, heraus kommt immer ein gut durchgegarter Yankee-Braten; räucherst du aber einen Juden, kriegst du Stockfisch. Da hilft kein Weinen, es ist nun mal so. Das ist die Schwerkraft des Blutes. Ein ›angepaßter Jude‹ gleicht einem geheilten Säufer, Kleiner. Er hört nie auf, Alkoholiker zu sein, er unterdrückt nur die Sehnsucht nach der Flasche. Das gleiche ist es bei einem Chinesen oder einem Nigger. Du kannst ihn erziehen, die scharfen Kanten abschleifen, seine Manieren weiß übertünchen, aber das Gelbsein, das Schwarzsein in seinem Herzen, das kannst du nicht übertünchen. Klingt das in deinen Ohren rassistisch? Ist es aber nicht. Die Welt wäre möglicherweise friedlicher und ordentlicher, nach meiner Meinung wäre sie aber, verdammt noch mal, halb so interessant, wenn jeder Jude eine Jessica wäre, und jeder Nigger ein Onkel Tom. Und wenn du was gegen das Wort Nigger hast, dann laß dir von mir erklären, daß der Schwarze kein Monopol auf gerechten Zorn hat. An dem Tag, da sie das Wort Jude von all seinen geschmacklosen Nebenbedeutungen befreien, werden wir alle zusammen glückliche, kleine Juden und Nigger sein und – Friede, Freude, Eierkuchen – die Schimpfwörter als Kosewörter benutzen. Bis dahin bezeichne ich den Schwarzen als Nigger, und er nennt mich Jude – genau wie früher, alles wie gehabt. Wie dem auch sei, vielleicht fühlte ich mich deshalb am Ende des Studiums so zur amerikanischen Literatur hingezogen. Es war der erste Schritt einer langsam fortschreitenden Entwicklung zur Selbstfindung. Das war der Zuckermantel um die bittere Pille meines unausrottbaren Judentums. Hätte ich sie auf einmal schlucken müssen, ich wäre, glaube ich, daran erstickt. Jude zu sein, dazu bin ich dadurch gekommen, daß ich Amerikaner war. Schließlich schrieb ich meine Abschlußarbeit über Mark Twain. Ganz schön weit weg von der jüdischen Renaissance, wirst du nun sagen, aber er bezeichnete sich tatsächlich einmal als ›amerikanischen Shalom Aleichem‹. Als Kind hab' ich natürlich mal eine ›jüdische Phase‹ durchgemacht, das stimmt. Es war die erste meiner diversen Phasen. Aber die ließ ich nach der *bar mizwe* zusammen mit der *jarmulke* weitgehend hinter mir zurück. Zwischen jener Zeit und dem College – das vermutlich Phase drei darstellte – kam meine Einführung in die Börse. Auftritt Onkel Schmuel, auch bekannt als Hanael. Hab' ich dir schon von ihm erzählt?«

»Sie sagten, Sie hätten den Börsensitz von einem Onkel geerbt«, antwortete ich, »doch dessen Namen lautete, glaube ich, Ahasver, nicht Schmuel oder Ha..., na ja, so ähnlich.«

»Schmuel, Hanael, Ahasver – alles dasselbe. Was ich dir bisher erzählt habe, Kleiner, war nur ein gekürzter Auszug aus Kahns Leben. Die köstlichen Freuden der vollständigen Ausgabe stehen dir noch bevor.« Er lächelte ironisch. »Meine ersten Erinnerungen an Onkel Schmuel (ich nenne ihn niemals Hanael; soweit ich weiß, tat das nur seine Mutter) stammen aus der Flatbush Avenue, wo er uns einmal im Jahr zum Dinner in unserer Wohnung über der Pfandleihe meines Vaters zu besuchen pflegte. Im Schlepptau hatte er jedesmal irgendeine dämliche, blonde Sexbombe mit Nerzstola, die er ihr geschenkt hatte und die sie übrigens den ganzen Nachmittag nicht ablegen wollte. Sie saß einfach da wie ein Stockfisch, während wir redeten und aßen, lehnte alles ab, was ihr zu essen angeboten wurde, schnupperte höchstens mal daran und rümpfte die Nase, als seien die Speisen verdorben – auch die *piregess* meiner Mutter, und das war eine Todsünde, schlimmer als ein Schlag ins Gesicht. Sie saß einfach da in ihrem Nerz, sagte kein Wort, lächelte dieses kalte, glasige Lächeln, die Knie so fest zusammengepreßt wie ein Schraubstock und sah dabei in ihrem Brillanthalsband aus wie einer von Cäsars Windhunden. Meine Mutter Ida stand inzwischen schon fast vor dem ersten Schlaganfall. Moe warf seiner Frau nur verstohlene Blicke zu, mal verlegen, mal bittend, mal besorgt, während er mit Onkel Schmuel Karten spielte, der sich köstlich zu amüsieren schien, ohne die gesellschaftliche Fehde – ach was, den *Rassenkrieg*! – zu beachten. Er schwatzte abwechselnd mit den Frauen, lehnte sich zuweilen zurück, um seine *schickse* mit der dankbaren, leicht wollüstigen Zuneigung des fortgeschrittenen Alters unterm Kinn zu kraulen und dabei zu sagen: ›Na, ist das nicht was, Moe? Sieh dir doch bloß diese Figur an! Ißt ja auch wie ein Vögelchen, wie ein winziger, kleiner, süßer Vogel.‹ Die beiden waren in eine Rauchwolke gehüllt. Sie stammte von den guten Zigarren, die mein Onkel von irgendeinem Tabakwarenhändler in Manhattan mitgebracht hatte. Die Männer tranken geschmuggelten Scotch und spielten Gin-Rummy für einen Nickel pro Punkt, wobei Schmuel Pops das Geld dazu lieh, weil der glaubte, es sich nicht leisten zu können, und gegen Pops' lauten Protest nach dem letzten Hollywood sämtliche Schulden tilgte; das Geld ließ er als eine Art Trinkgeld zurück. Ich weiß, in mancher Hinsicht war es für Moe genauso enervierend wie für meine Mutter, aber er betete Schmuel an. Sie waren Halbbrüder von derselben Mutter. Sie stammte aus einer musikalischen Familie in Warschau, sehr gebildet, sehr kosmopolitisch, wenn auch nicht besonders wohlhabend. Sie verliebte sich in einen jungen ungarischen Adligen, einen Baron, glaube ich, der sich in Warschau den letzten Schliff holen sollte (der ursprüngliche Hanael). Nach Schmuel zu urteilen, muß er ganz schön schneidig gewesen sein und zweifellos ein kleiner Lebemann. Sie warf sich ihm an den Hals, und er sich ihr – vorübergehend, so lange es eben dauerte. Als die Familie von ihrer Schwangerschaft erfuhr, wurde sie kurzerhand enterbt. Es hätte wirklich unangenehm werden können, hätte mein Großvater sie nicht gesehen und sich leidenschaftlich in sie verliebt. Er war beträchtlich älter als sie, schon über fünfzig, und hatte mit Pfandleihgeschäften bereits ein Vermögen verdient. Er heiratete sie, gab Schmuel sogar seinen Namen und erzog ihn als seinen eigenen Sohn. Meine Großmutter jedoch, die – verständlicherweise, nehme ich an – ziemlich verbittert war, nannte ihn trotzig immer nur Hanael und erzog ihn in französischer Sprache. Mein Großvater fuhr munter fort, ihn Schmuel zu nennen, und verständigte sich mit ihm auf jiddisch. Seltsamerweise, oder auch nicht, sprach Onkel Schmuel, als er Englisch lernte – hauptsächlich durch Jiddisch sprechende Bekannte – mit einem starken, osteuropäischen Akzent. Es wirkte sonderbar, wenn er zuweilen mit perfektem Akzent und hervorragender Intonation einen französischen Satz ins Gespräch warf: wie üppige Mayonnaise zu schlichtem Fisch. Mit achtzehn hatte Schmuel eine heiße Leidenschaft für das Militär entwickelt und wollte unbedingt Ulan werden – ein Ehrgeiz, der aufgrund des traditionellen Antisemitismus der Polen für ihn besonders schwer zu verwirklichen gewesen wäre. Doch sein Vater – sein richtiger Vater, der ursprüngliche Hanael –, der noch nie was für ihn getan hatte, bekam auf einmal Gewissensbisse und ließ ein paar Beziehungen spielen. Schmuel bekam ein Offizierspatent, natürlich nicht als Schmuel, sondern als Hanael. Obwohl das meinen Großvater (dessen einzig belegte politische oder intellektuelle Einstellung seine Vorliebe für den Pazifismus war) zutiefst bekümmert haben muß, glaube ich kaum, daß die Täuschung schwer zu bewerkstelligen war. Schmuel sah als junger Mann nicht sehr jüdisch aus – ich habe Fotos gesehen –, eher wie ein Slawe oder Zigeuner. Das war, glaube ich, das ungarische Blut seines Vaters. Erst später revoltierten die Knochen und Sehnen in seinem Gesicht, eine tektonische Umschichtung vollzog sich, weißt du, vor allem um den Schnorchel herum. In Pops' frühen Erinnerungen war er ein schneidiger Offizier in Uniform, der, den Tschako unter dem Arm, in kniehohen Stiefeln und mit gewachstem Schnurrbart militärisch stramm im Salon des Elternhauses stand, den Arm um die Taille meiner Großmutter gelegt; sie vor Aufregung und Ehre hochrot, mein Großvater, der Pazifist, zurückhaltender, leicht mißbilligend, von seinem Adoptivsohn weit überragt, der für alles, was sein Adoptivvater für ihn getan hatte, offenbar weniger dankbar war, als er es hätte sein müssen. (Aber Dankbarkeit und Zärtlichkeit sind nicht unbedingt die Eigenschaften, die man in einem Ahasver sucht.) Dann brach der Krieg aus, das heißt der Erste Weltkrieg. Wenige Monate nach Beginn der Feindseligkeiten wurde Schmuel verwundet. Ich weiß nicht genau, wie es passierte, aber ich stelle mir gern vor, wie er, den in der

Sonne blitzenden Säbel schwingend, unter dem Donner der Hufe seines Pferdes eine Attacke gegen eine Artilleriestellung ritt. Für Gott und Polen – niedergemäht wie Weizen. Schmuel kam auf Genesungsurlaub nach Hause. Als einer der glücklich Davongekommenen hatte er nur Kartätschensplitter in die Schulter bekommen. Mein Vater brachte ihm immer die Zeitung und den Morgentee. Manchmal erzählte Schmuel Pops dann eine Geschichte aus dem Krieg, tätschelte ihm den Kopf und gab ihm ein paar Grosze für Lakritze.«

Schmuel sei mehrere Monate geblieben, erzählte Kahn weiter, und nachdem er aufgebrochen sei, um wieder in den Krieg zu ziehen, habe sein Pops nie wieder etwas von ihm gehört... Bis sie sich eines Tages zufällig in der Delancey Street in New York begegneten, wo sein Pops ihn sah, wie er sich bei einem Blumenmädchen eine Ansteckblume kaufte. Schmuel erkannte ihn nicht, aber sein Pops sagte, er habe ihn sofort erkannt. Zu der Zeit hatte Schmuel schon sein erstes Vermögen gemacht und sich den Sitz an der Börse gekauft. Was dazwischen geschehen war?

»Es gibt nur ein einziges Andenken aus jener Zeit: ein Foto von Onkel Schmuel in Jagdkleidung, mit flottem Jägerhut, Lammfellmantel, ein bißchen ramponierten Kavalleriestiefeln und seltsamerweise einem Ring im Ohr. Das Gewehr in der Armbeuge, Patronengürtel schräg über der Brust, hockt er im Schnee und blickt mit strahlendem Lächeln in die Kamera. Mit der Rechten drückt er die Kiefer eines ausgewachsenen Wolfs auseinander und zieht die Oberlippe hoch, um die Zähne des Raubtiers zu zeigen. Die Augen des Wolfs sind verdreht und nicht zu sehen, doch der Kamera war es gelungen, einen unheimlichen Schimmer in einem davon einzufangen. Dies Foto hat mich stets verfolgt. Der Ruf der Wildnis – er liegt mir im Blut. Zu der in Frage stehenden Zeit jedoch, ich meine die alljährlichen Dinnerbesuche in der Flatbush Avenue, war Schmuel schon der reiche Onkel mit der *schickse*, den ich wegen meiner Mutter nicht mochte, meinem Vater zuliebe jedoch tolerierte. Ich gebe zu, daß ich auch von den köstlichen Bonbons beeinflußt war, die er mir aus geheimen Schatzquellen in New York City mitbrachte, den ersten, die ich jemals bekam. Jawohl, Onkel Schmuel, alias Ahasver, trug wesentlich zur Entstehung all meiner Laster bei, selbst zur Entstehung dieser unschuldigen ersten, zarten Sünde, die man wohl als Kahns Ursünde bezeichnen kann. Seltsam, was mir aus jenen frühen Erinnerungen am deutlichsten vor Augen steht, weit mehr als Onkel Schmuel selbst, das sind die Schicksen, diese hochnäsigen Sekretärinnen, viel zu elegant aufgemacht, viel zu dick geschminkt, eingebildet und nicht in der Lage, die Rolle der Dame, die sie doch sein wollten, durchzuhalten. Jedes Jahr eine andere, und doch immer diesselbe. Zu jener Zeit befand ich mich nämlich noch in Phase eins: übertriebene jüdische Frömmigkeit. Es handelte sich um ein kurzes, doch dramatisches Aufblühen, das Wiederaufleben einer unbewußten rassischen Sehnsucht, nehme ich an. Meine Eltern waren beide nicht besonders religiös, aber es war absolut *de rigueur*, daß ich mit dreizehn meine *bar mizwe* feierte. Es hieß: keine *bar mizwe*, kein Mensch! Anfangs war ich nicht sehr begeistert von dieser Idee, ertrug das Martyrium jedoch um der monetären Gewinne willen. Ich nahm sie mit derselben angeödeten Resignation in Angriff, die man jeder *b.m.* entgegenbringt: So hatten Moishe Lipshitz, der im selben Block wohnte und zwei Wochen vor mir dreizehn wurde, und ich sie getauft – eiskalte Zyniker schon mit dreizehn.«

Kahn schüttelte lachend den Kopf.

»Nachdem ich sie mit solchem Galgenhumor in Angriff nahm, hätte ich niemals erwartet, daß ich sie durchstehen würde. Aber ich wurde einer Gehirnwäsche unterzogen. – Nein, das ist unfair. Es war mehr. Denn weißt du, ich hatte nicht damit gerechnet, einem Menschen wie Herschel Liebowicz, unserem Rabbi, zu begegnen. Herschel war etwas Besonderes, ein junger Mann, sehr gutaussehend, sportlich, einsachtundachtzig, mit einem Kopf voll dichter, dunkler Locken. Er hatte Charisma. Es war da etwas in seinem Gesicht, eine Art Leuchten, sehr warm und sehr menschlich, aber ein bißchen darüber hinaus, verstehst du? Als lausche er auf Schwingungen in der Luft, die außer ihm niemand hören konnte. Er hatte etwas aufgefangen, das sah man an seinem Gesicht, und das gab er wie elektrischen Strom an jeden Menschen in seiner Umgebung weiter. Er war ein wunderschöner Jude, Kleiner, ein David, eine Reinkarnation jener dunklen, schlank-muskulösen Krieger, die in Lendentuch und Sandalen in den palästinensischen Wüsten herumliefen, die Speere schwangen und Furcht in den Herzen der Feinde weckten, damals, vor der Diaspora, als wir noch das auserwählte Volk Gottes waren...«

Kahns Stimme versagte. Er holte sein Schnupfenspray heraus und behandelte seinen Kummer, indem er es sich geräuschvoll in die Nase spritzte. Dann seufzte er und wischte sich die Augen.

»Wie ich gehört habe, ist Herschel nach dem Krieg mit seiner Familie nach Israel gegangen. Das hat mich wirklich ungeheuer gefreut. Er war so ein Mann, den man sein ganzes Leben lang gern hat und nach dem man sich immer wieder einmal erkundigt, um sich zu vergewissern, daß er irgendwo weitermacht, verstehst du? Als trage er für uns alle den Ball nach vorn.«

Wieder versagte seine Stimme. »Tut mir leid, Kleiner. Ich kann nicht anders.« Er atmete tief und hohlklingend ein.

»Wie dem auch sei, während des Unterrichts, als ich die wichtigsten Passagen der Thora lesen oder wenigstens nachsprechen lernte, geriet ich ganz und gar in seinen Bann. Meine Gefolgschaftszeit war zwar kurz, doch überaus intensiv. Immer, wenn ich in seiner Nähe war, kriegte ich Herzklopfen.«

Er legte die Faust auf sein Herz.

»Das dauerte jeweils etwa so lange wie unsere Lektionen, und das weckt rückblickend in mir den Verdacht, daß es sich mehr um eine rein animalische Anziehungskraft seinerseits handelte als um Überzeugung meinerseits. Eher um Heldenverehrung als um Religion. Damals jedoch war es mir todernst und überhaupt nicht komisch.« (Er lachte). »Ich brannte vor Aufrichtigkeit. Ich wurde, verdammt noch mal, zum Zeloten, Kleiner! Frömmigkeit? Ich war so fromm, daß sie mich ›Siddharta‹ nannten. Im Ernst, Kleiner. Ich hatte da diese Tante, die Schwester meiner Mutter. Eines Tages, als ich aus dem Tempel nach Hause kam, fand ich sie in unserer Wohnung. Meine Mutter war fort, um irgend etwas einzukaufen, glaube ich. Jedenfalls, als sie meine *jarmulke* sieht, wirft sie mir diesen hochmütigen Blick zu und sagt: ›Wie ich sehe, hast du dich der Geistlichkeit zugewandt.‹ Mann, das war aber ein Fehler von ihr! O ja, Kleiner, ich hab' sie ›bezahlen‹ lassen dafür! Ich stürzte mich in einen endlosen Sermon, beschimpfte die Juden für ihre laxe Moral, beklagte die vergangene Größe der Stämme und riet ihnen dringend, sich zusammenzutun und die verlorene Glorie Israels wiederherzustellen – eine echte Jeremiade. Als ich fertig war, saß sie offenen Mundes da, als hätte man ihr eins über den Schädel gezogen. Später, als meine Mutter zurückkam, hörte ich sie durch die Küchentür sagen: ›Sag mal, was ist denn mit deinem Aaron los? Der ist ja wie der brennende Busch – er brennt, aber er verbrennt nicht!‹ Vielleicht gibt es dir eine Vorstellung von meinem damaligen Geisteszustand, wenn ich dir sage, daß ich nicht einmal lachte. Nicht das kleinste Lächeln verzog mein Gesicht. Schließlich handelte es sich um etwas Ernstes. Da wurden keine Witze gemacht. Moishe Lipshitz ließ sich ebenfalls von dem Virus anstecken, nicht ganz so schlimm wie ich, aber Fieber hatte er auch, und er wurde bei den unpassendsten Gelegenheiten vom Redefluß gepackt, weshalb er sich sofort ans erstbeste Publikum wandte. Wir zwei in einem einzigen Häuserblock – ich kann dir sagen, das war 'ne Nervenprobe für die ganze Gemeinde!«

Kahn brach in asthmatisches Kichern aus.

»Wo waren wir stehengeblieben? Ach ja, der brennende Busch. Also, es bestand von jeher eine stillschweigende Übereinkunft im Haus – heimlich gepflanzt und treulich gedüngt und gegossen von meiner Mutter –, daß ich ein Gelehrter werden sollte. Kennst du die Definition des Begriffes Genie, Kleiner?«

Ich schüttelte den Kopf.

»Ein durchschnittliches Kind jüdischer Eltern. In den seltenen Augenblicken geistiger Klarheit war ich klug genug, mich darüber zu ärgern. Im allgemeinen jedoch waren Idas klammheimliche Aktivitäten zu schlau eingefädelt. Ich hatte überhaupt keine Chance. Ich glaubte tatsächlich, alles werden zu können, was ich wollte – du weißt schon, das Feuerwehrauto lenken, Shortstop bei den Brooklyn Dodgers spielen und so weiter. Unter Herschels Einfluß trug der von meiner Mutter gelegte Keim Früchte. Und wie! Eines Tages kam ich aus dem Tempel nach Hause und verkündete mit Stentorstimme, ich werde mein Leben dem Studium des Talmud weihen. Herschel bestärkte mich behutsam in meiner Absicht und erteilte mir nunmehr richtigen Hebräischunterricht. Nach der *barmizwe*-Zeremonie nahm er mich beiseite und schenkte mir eine wunderschöne Ausgabe der Thora, in Leder gebunden, mit einem kleinen Seidenband als Lesezeichen. Mir kommen immer noch die Tränen, wenn ich daran denke. Wenn ich nur fleißig damit weitermache, meinte er, werde ich eines Tages ihre ›strenge Schönheit‹ selbst erkennen können ...«

Kahn schüttelte den Kopf.

»Die Umweltverschmutzung erwies sich als zu stark für mich, Kleiner. Ich unterlag. Außerdem gab es Ahasver. Eines Tages – das war noch vor meiner *bar mizwe* – ging mein Vater mit mir in der City zum Lunch. Anschließend besichtigten wir die Börse. Es war mein erster Besuch dort. Wir standen oben auf der Galerie. All die Aufregung und Hektik und allein schon die Größe des Börsensaals machten mich ein bißchen schwindlig. Und während wir da oben stehen, entdeckt Pops plötzlich Onkel Schmuel und schreit ihm aus vollem Hals etwas zu – auf jiddisch. Einige Sekunden lang wird es totenstill im Saal. Alle sehen zu uns herauf. Am liebsten hätte ich mich in ein Mauseloch verkrochen, Kleiner. Im Ernst! Onkel Schmuel jedoch strahlt wie ein Weihnachtsbaum (vielleicht sollte ich sagen, wie eine Menora). Er winkt, wir sollen runterkommen, und Pops zieht mich hinter sich her durchs Gedränge. Paß gut auf, Kleiner. Das war nämlich der Augenblick, da Kahn zum erstenmal den verrückten Aschkenasen zu sehen bekam. Im Börsensaal war Onkel Schmuel in seinem Element wie die Fliege in der Scheiße. Er war nicht mehr Schmuel, sondern wurde zum Ahasver. Er tat, als gehöre ihm der ganze Bau, Kleiner. Welch eine Chuzpe! Welch ein Mensch! Staunend starrte ich ihn an, wußte nicht recht, ob es wirklich derselbe Mann war. Er wirkte fast fünfzehn Zentimeter größer als zuvor und zehn Jahre jünger. Es lag ein ekstatischer Glanz auf seinem Gesicht, wie eine säkulare – oder vielleicht sollte ich sagen profane – Version dessen, was ich bei Herschel Liebowicz gesehen hatte. Alle meine alten Vorstellungen platzten wie Seifenblasen. Und als wir da standen, kommt ein *goj* in einem ganz vornehmen Anzug auf ihn zu und schüttelt ihm die Hand. Sie reden ein paar Minuten; der Mann bietet Onkel Schmuel eine Zigarre an und gibt ihm Feuer. Dann wendet sich Onkel Schmuel an uns.

›Jessie‹, sagte er, ›das ist mein Bruder Moe, der *meschuggene*, und hier sein *bar-mizwe*-Sohn Aaron. Kinder, gebt Jessie Livermore, dem Großen Bären, die Hand!‹

Jessie Livermore! Kannst du dir das vorstellen, Kleiner? Na ja, damals hatte ich überhaupt keine Ahnung, wer er war. Aber Jesus! Ich gab dem Mann die Hand, und er bot mir eine Zigarre an. Dreizehn Jahre alt, und er bietet mir eine Zigarre an! Ich wünschte nur, ich hätte sie jetzt! Ach, Kleiner, damals gab es noch Riesen auf dieser Welt. Das muß im Sommer achtundzwanzig gewesen sein, etwas mehr als ein Jahr vor dem Krach. Der Markt war vorzüglich. Jeder, aber auch wirklich jeder schaufelte Pinkepinke zur Begleitung von Eddie Cantor, der im Radio ›Making Whoopie‹ sang. Mein Onkel pflegte zu sagen, es sei das Jahr gewesen, in dem allen Schlemihls Flügel wuchsen. Sogar Pops kriegte das Fieber und setzte auf Onkel Schmuels Rat hin Geld aufs Spiel. Er kaufte RCA zu fünfundachtzig. Als sie auf einhundert stiegen, wurde er nervös. Der arme Pops! Er war nicht unbedingt ein Schlemihl und ganz bestimmt kein *schlimaselnik*, aber ein kleiner Nebbich war er schon. *Okay*, was willst du?«

»Tut mir leid«, sagte ich, »aber was ist ein Slm...?«

»Schlem-, heißt das, Kleiner. Schlemihl. Sagen wir's so: Ein Schlemihl ist der Kerl, der dem *schlimaselnik* heiße Suppe auf den Schoß schüttet, und der Nebbich ist der Kerl, der sich entschuldigt und den Dreck aufwischen muß. Mein Onkel pflegte zu sagen, ein *schlimaselnik* ist ein Schlemihl, der noch nicht weiß, was die Glocke geschlagen hat. Ich mag ja ein Schlemihl sein, Kleiner, aber ein *schlimaselnik* bin ich nicht. Behaupte *ich*. Und du kannst mir's glauben. – Aber um auf die RCA zurückzukommen. Pops verkaufte bei einhundertfünf und kam sich vor wie ein Millionär. Doch innerhalb eines Jahres sind sie dann auf vierzwanzig gestiegen! Vier-hundert-und-zwanzig, Kleiner, ist das zu fassen? Es war ein goldenes Zeitalter! Und an ebendiesem Nachmittag, während er meinem Onkel die Hand schüttelte und so scheißfreundlich tat, war der alte Livermore, darauf möchte ich wetten, drauf und dran, auszusteigen, ein paar Aktien hier, ein paar Aktien dort auf Baisse zu verkaufen. Er war vermutlich einer der wenigen, die am Schwarzen Donnerstag nicht ihren Hintern verloren. Verdammt, er hat von dem Kurssturz noch profitiert! Das haben sie ihm nie verziehen, daß er am Elend anderer Menschen verdient hat. Mag ja sein, aber Livermore hat dieses Elend nicht verschuldet. Die Arschlöcher haben sich das ganz allein selbst zuzuschreiben. Er spielte ganz einfach das Spiel und spielte es besser als jeder andere. Er mag ein Wasp gewesen sein, doch Onkel Schmuel behauptete immer, daß er im Herzen ein Jude war. Der einzige Mensch, der an der Verzweiflung eine Million Dollar verdiente. Verdammt, Kleiner, der hat uns Juden alle übertrumpft. Der Große Bär! Eine fabelhafte Konstellation! Wenn ich an der Börse ein Vorbild hätte – außer Ahasver –, dann wäre er es. – Jene erste Begegnung mit Onkel Schmuel an der Börse war eine Offenbarung für mich. Der Mann war ein Mensch! Natürlich stand ich damals noch stark unter Herschels Einfluß, aber das Samenkorn fiel bereits damals in die Erde. Seltsamerweise kennzeichnete meine *bar mizwe* die Schwelle zwischen Phase eins und Phase zwei, der jüdischen Frömmigkeit und dem Ahasver-Fieber. So merkwürdig es anmuten mag: Vom selben Tag an begann ich mich von Herschel zu entfernen und meinem Onkel zu nähern. Es war nicht die Zeremonie selbst, die diesen Wandel verursachte. Die war genauso bewegend, feierlich und aufregend, wie man es sich nur erhoffen kann. Ich meine die Party, die anschließend stattfand. Pops und der Vater von Moishe Lipshitz legten ihre Ersparnisse zusammen und mieteten für den Nachmittag ein Tanzlokal in der Nähe, dazu eine Band aus dem Viertel unter der Leitung von Freddie *the Freeloader* Epstein, der die Wurlitzer-Orgel spielte und so eine Art Lokalmatador war. Laß mich mal nachdenken: Außer der Orgel gab es einen Akkordeonspieler, ein Xylophon sowie irgendeinen Reserve-Heifetz auf der Geige, der den ganzen Nachmittag Qualen zu leiden schien und sogar die Polka mit melancholischem Tremolo spielte. Eine Klarinette gab es, einen Mann mit einer Trommel auf einem Ständer, dem ein Stock zerbrach, so daß er sich den Rest der Zeit mit einem Stock und einem Besen behelfen mußte. *Yeah,* es war eine Dorfkapelle, aber es waren lauter Juden, und sie musizierten mit viel Gefühl, wenn auch ohne erkennbares Bestreben, mit den anderen zusammenzuspielen. Was ihnen jedoch an Finesse fehlte, glichen sie mit Begeisterung wieder aus. Die ungefähr zwölf Flaschen Apfelwein, die Pops selbst angesetzt und auf dem Dachboden aufgehoben hatte, halfen auch. Es war wirklich eine recht anständige Party. Nichts Spektakuläres, aber ganz und gar respektierlich. Nach Onkel Schmuels Ankunft jedoch wurde eine andere Gangart eingelegt: Overdrive. Die Vergangenheit versank in der Banalität. ›*Oi wei*!‹ hörte ich meine Mutter rufen. Als ich sie ansehe, hält sie sich die Backe, als hätte sie Zahnweh, und starrt zur Tür. Ich drehe mich um, und –, da steht er leibhaftig: Ahasver! Kommt herein wie ein jüdischer Gatsby, der *trefe* Messias! Ich sage dir, Kleiner, solch eine Chuzpe hast du noch nicht gesehen. Dieser Kerl hat sie überhaupt erfunden. Vergiß nicht, es ist neunzehnhundertachtundzwanzig. Ahasver ist in der Blüte seiner Jahre, ungefähr fünfundfünzig. Hat immer noch eine militärische Haltung, breite Schultern, schmale Taille. Sein Anzug ist maßgeschneidert, wirklich schmuck. Das Haar hat er sich glatt nach hinten frisiert. Sieht aus wie Valentino in ›Der Scheich‹. An seinem Arm die obligatorische *schickse*. Nur kommt sie diesmal in Gestalt einer Garçonne – Bubikopf, Perlenschnur, Rollstrümpfe, kurzer Rock, Zigarettenspitze, Lippenstift, Puder – der ganze Ramsch, und dazu auch noch ohne BH. Den jüdischen Matronen, alle, wie sich's gehört, proper in Fischbein gezwängt, fallen beinahe die Zähne raus. Irgend jemand bringt einen falschen Ton, und die Musik zerflattert in der Luft. Mit stolzgeschwellter Brust stolziert Onkel Schmuel heran. Die *schickse* an seinem Arm hüpft und tänzelt, beugt sich zu ihm, um ihm etwas ins Ohr zu flüstern, bricht von Zeit zu Zeit in ein hohes, albernes Lachen aus und tut, als merke sie nicht, daß alle Anwesenden sie anstarren. In der Mitte der Tanzfläche bleibt Schmuel stehen, sieht sich mit breitem Grinsen um, holt eine Zigarre heraus und setzt sie in Brand.

›*Hoj, Moe*!‹ ruft er mit einer kurzen Kopfbewegung. ›Komm her!‹

Mit schüchtern-verwunderter Miene läßt Pops die Hand meiner Mutter los, die am liebsten im Boden versunken wäre, und gehorcht.

›Ich möchte, daß du Delores kennenlernst‹, sagte Schmuel mit seinem dicken jiddischen Akzent. ›Mein Jazz-Baby. Sie ist der wahre Jakob. *Voilà mon frère, chérie.*‹

›Ach geh, Schmooey‹, sagt die Garçonne, ›du und dein Frang-säh!‹ Sie reicht Pops die Hand mit der Zigarettenspitze (in der übrigens keine Zigarette steckt), vergißt sich und macht einen kleinen, regressiven Knicks. ›Freut mich sehr, ehrlich‹, sagt sie.

Ich sehe, wie meine Mutter sich in die geballte Faust beißt. ›*Oj* Gewalt!‹ stöhnt sie. ›Daß ich so was erleben muß!‹

In diesem Augenblick stimmt Freddie Epstein mit beachtlicher Geistesgegenwart auf seiner Wurlitzer ›Making Whoopie‹ an, und die Band stimmt Hals über Kopf mit ein.

›O *yeah*!‹ sagt Delores und schnalzt im Takt mit den Fingern. ›Komm, Schmooey.‹ Sie zupft ihn am Arm. ›Ich bring' dir den Black Bottom bei.‹

›Tanz mit dem Kleinen‹, antwortet er und schiebt sie in meine Richtung. ›Komm mit, Moe. Ich will dir etwas zeigen. *Il y a quelque chose en bas.*‹ Er schnalzt mit den Fingern. ›*Vite, vite*!‹

Sie gehen zur Tür, und die *schickse* ergreift meine Hand. ›Komm mit, Süßer‹, sagt sie mit kokettem Lächeln. Ich spüre einen Kloß in der Kehle, einen anderen in meiner Tasche und danke Jesus für die Itaker auf dem Fischmarkt (wo ich arbeiten mußte – Vaters glänzende Idee), die mir ein halbes Dutzend Schritte beigebracht haben, genug jedenfalls, um im Notfall damit durchzukommen. Da bin ich nun also, Kleiner, und tanze auf meiner *bar mizwe* mit einer Garçonne. Ich versuche nicht hinzusehen, aber ich kann nicht anders. Jawohl, es stimmt, sie hat nichts drunter an. Ich meine, ich kann ihre Brüste hüpfen sehen, mit Warzen und allem! Ich werde beinahe verrückt bei dem Versuch, da mitzuhalten. Sie weiß ebenfalls, daß ich hinsehe, und lacht nur. O Jesus! Sie hat diese lange Perlenschnur, weißt du, und wenn sie sich dreht, fliegt die mit und klatscht mir manchmal ins Gesicht. Sie kommt so sehr in Fahrt, daß ihr immer wieder der Rock hochfliegt und ich den Unterrock sehe, den sie trägt, den Spitzensaum und nackte Oberschenkel.

›Du bist gut‹, lobt sie mich, und ich werde zum Derwisch. Ich wirble sie so schnell herum, daß sie sich zurücklehnt, ihr albernes Lachen hören läßt und sich so richtig reinschmeißt, womit sie mich praktisch auffordert, noch schneller zu werden. Junge, Junge, da hab' ich auf einmal so richtig kapiert, worum's bei der *bar mizwe* eigentlich geht. Aus tiefstem Herzen gab ich Onkel Schmuel, der jetzt endgültig Ahasver wurde und mir dieses Geschenk mitgebracht hatte, meine *brochess*. Was dann geschieht, ist fast nicht zu glauben. Die Nummer ist vorbei. Ich stehe da, hochrot und keuchend. Auch die *schickse* ist ein bißchen atemlos. Sie ist erregt, ihre Wangen sind gerötet. Sie verliert die Fasson und sieht sich hilfesuchend nach Onkel Schmuel um. Als er erscheint, hängt sie sich an seinen Arm.

›Na, kann er tanzen?‹ fragt er sie.

Sie kichert und wirft mir wieder diesen koketten Blick zu. ›Er ist gut, Schmooey‹, sagt sie, ›pyramidonal! Du könntest noch einiges von ihm lernen.‹

›Ich wünschte, ich wäre so jung wie er‹, sagt er. Dann zwinkert er mir zu und deutet mit einem Kopfnicken auf sie. ›Was meinst du, Kleiner – gefällt sie dir?‹

Ich winde mich vor Verlegenheit. Er holt eine Zigarre aus seiner Brusttasche, beugt sich vor, um sie mir zu überreichen, und flüstert: ›Fabelhafter *tochess*, Aaron! *Quel cul*! Willste se haben, se gehört dir.‹

Ich hätte fast einen Herzschlag gekriegt. Zum Glück wurde nicht von mir verlangt, sie gleich an Ort und Stelle zu vernaschen. Zimbalklänge und ein einbeiniger Trommelwirbel kündigten den nächsten Teil der Feierlichkeiten an. Onkel Schmuel klatscht in die Hände, die Tür fliegt auf, und ein halbes Dutzend kleine Schwarze in Livree marschieren herein, in den Händen... Jesus, was die alles für Sachen mitbrachten!« In seiner Begeisterung verlor Kahn ein wenig die Kontrolle über die jiddische Syntax. »Zwei Dutzend Flaschen Kribbelwasser, aber das echte, direkt aus Frankreich importiert, ohne Etiketten! Eine ähnliche Menge Gin in Einmachgläsern – aber Krankenhausqualität, nicht dieser billige, ungenießbare massengefertigte Dreck. Das alles fürs Fußvolk. Für die Familie – das heißt, für ihn und Pops – eine halbe Gallone echten schottischen Whisky, von einem Schnellboot der Cosa Nostra zu Höchstpreisen hergebracht, direkt von der Rumflotte, die dreißig Meilen vor der Küste lag. Unnötig zu sagen, daß alle erforderlichen Ingredienzien zum Mixen ebenfalls vorhanden waren. Ein riesiger, dunkel glänzender Nigger schleppt von der Straße zwei je fünfzig Pfund schwere Blöcke klares, blaues Eis herauf, makellos, nirgends eine Luftblase. Er hält die Blöcke mit Zangen, mit jeder Hand einen, stemmt sich mit schwankenden, kleinen Schritten vorwärts, während ihm der Schweiß vom Gesicht tropft und die Eisblöcke ebenfalls schwitzen, blank wie Glas. Er legt sie in eine emaillierte Badewanne, die zu diesem Zweck hereingebracht wurde, wischt sich tief aufseufzend mit dem Arm über die Stirn, holt einen Eispick aus seiner Hüfttasche und schlägt ihn behutsam mit einem Holzhammer so in den Block hinein, daß sich unmittelbar vor der Stahlspitze des Picks ein winziger Riß durch den Eisblock zieht. Drei- bis viermal wiederholt er dies, immer entlang derselben Linie, dann kommt ein kräftigerer Schlag, und auf einmal kalbt der Gletscher, teilt sich in zwei perfekte Hälften! Ach, Kleiner, im Grund ein alltägliches Erlebnis, in keiner Weise außergewöhnlich. Normalerweise hätte ich es überhaupt nicht beachtet, an jenem Tag aber sah ich zu, und es kam mir vor wie ein richtiges Wunder, das, wie ich fand, Beifall verlangte. Wir brachten dem Nigger eine Ovation und gaben ihm ein dickes Trinkgeld. Der Sprit begann in Strömen zu fließen, und dann kamen die Geschenke! Ein paar Wochen zuvor hatte Pops mich unauffällig beiseite genommen und mir erklärt: ›Onkel Schmuel möchte dir etwas ganz Besonderes schenken. Also was ist?‹ Und weißt du, was ich mir gewünscht habe, Kleiner? Eine komplette Ausgabe des Talmud, alle dreiundsechzig Bände! ›Schön, und was käme an zweiter Stelle?‹ fragte mein Vater. Aber ich bestand darauf. Es sei mein Herzenswunsch, erklärte ich ihm. Er zuckte mit den Achseln und antwortete, er wolle sehen, was er tun kann, aber ich solle mich nicht zu früh freuen. Also was meinst du, wie Ahasver meinen Wunsch uminterpretiert, was er dem jungen *bar-mizwe*-Knaben mitgebracht hat? Nachdem er uns eine Zeitlang den Mund ausgiebig mit Champagner spülen ließ (während er selbst sich reichlich vom Scotch bediente), winkte er der Band, eine Pause einzulegen. Dann zog er mit lässiger Geste etwas aus seiner Tasche. ›Gib mir de Hand, Aaron‹, verlangte er, und seine Augen wurden vor erwartungsvoller Großmut ein wenig feucht. Ich gehorchte, und er schob mir etwas auf den Finger. Was ist das wohl, überlege ich, vielleicht ein Brillantring? Nein, dafür ist es zu leicht. Ich ziehe die Hand zu mir heran. Es ist grün und aus Papier wie die kleinen Ringe, die wir uns in der Schule aus Dollarscheinen basteln, so lange immer wieder gefaltet, daß zuletzt das Dollarzeichen auf dem Siegel erscheint. Was ist das, ein schlechter Scherz? Ich sehe noch einmal hin. Nach der Eins kommt eine Null... und noch eine... und noch eine... ein Eintausend-Dollar-Schein! Ich glaube meinen Augen nicht zu trauen. Ich bin überwältigt. Für mich bedeuten fünf Dollar schon Wohlstand; ein Zehner ist ein beachtliches Vermögen; ein Hunderter schwankt wie ein Betrunkener auf der schmalen Grenze zwischen Plutokratie und Mythos; aber ein Tausender! Ein *Tausender*! So was gibt's höchstens im Traum! Ich werfe ihm die Arme um den Hals.

›Nun kannste dir deinen Talmud kaufen, wenn de willst, Aaron‹, sagt er, von der eigenen Großzügigkeit überwältigt, mit einem kleinen Schniefer. ›Ich hab's einfach nicht fertiggebracht, dir das anzutun. Nicht bei deiner *bar mizwe*!‹ Und er küßt mich auf die Lippen...

Jo!« rief Kahn dem Kellner zu. »Noch eine Runde!

Danach betrank sich Onkel Schmuel und sang mit Pops die polnische Nationalhymne. Ahasver verlangt nach einer Polonaise und greift sich meine Mutter (die aus der Ukraine stammt). ›Hände weg, du *ganew*!‹ kreischt sie und ruft nach meinem Vater, damit er ihre Ehre verteidige. Aber die Band, die den

Unterschied nicht kennt, hat längst eine Polka angestimmt. Die Party wird immer turbulenter. Die *schickse,* inzwischen durch und durch angeekelt von der ganzen Geschichte, hat eine natürlichere Pose eingenommen und steht in einer Ecke an die Wand gelehnt, die Arme in abwehrender Geste über der Brust verschränkt; sie beobachtet Ahasver wie Michael den David, als dieser im Leinenrock oder dem Lendenschurz – was immer es war – vor der Bundeslade tanzte, und ›verachtete ihn in ihrem Herzen‹. Plötzlich will ich sie gar nicht mehr. Mein Herz ist erfüllt von liebevollem Mitleid mit meinem Onkel. Ich suche ihn. Und finde ihn, wie er sich zu einem kleinen Mädchen ungefähr meines Alters hinabbeugt und auf sie einredet, während die Mutter voller Entsetzen hinter der Kleinen steht und mit mütterlicher Sorge ihre Schultern umklammert.

›Er hat'n *schlong,* der ist so groß‹, höre ich ihn sagen, während er sich mit der Handkante auf die Ellenbeuge schlägt, und ich nehme an, daß er mich damit meint. ›Frag mich nicht, woher ich das weiß. Ich weiß es eben. Es liegt in der Familie. Laß dir diese wundervolle Gelegenheit nicht entgehen!‹ Inzwischen aber hat Ida endgültig genug. Kochend vor Wut, schleppt sie mich am Ohr zur Tür und verbietet mir streng jeden Umgang mit Ahasver. Diese Prohibition jedoch machte – genau wie die nationale Prohibition – den Ungehorsam nur um so verlockender. Für Ahasver und mich war das erst der Anfang unserer Beziehung. Als meine Mutter mich so übers Parkett zerrte, begann sich der Raum wie ein Karussell langsam um mich zu drehen. Das letzte, was ich sah, war die Gestalt von Herschel Liebowicz, der, seinen gefalteten Gebetsmantel in der einen und meine Thora-Ausgabe, die ich vergessen hatte, in der anderen Hand, an der Tür stand. Er überreichte mir das Buch mit einem wunderschönen, ernsten Lächeln und hob die Hand zum Abschiedsgruß. Seine Augen blickten sehr traurig, als wisse er, daß dies das Ende war. Oh, wir sollten uns wiedersehen, ich erschien noch ein paarmal zu seinen Hebräischlektionen. Doch dies war unser symbolischer Abschied. Eine stärkere Anziehungskraft entfernte mich von ihm, das spürte er. In meinen Augen standen Tränen, als ich auf die Straße hinaustrat. Ohne ein Wort führte meine Mutter mich nach Hause, wärmte mir nur noch eine Tasse Hühnerbrühe auf, die sie mir unter Androhung von Gewalt eintrichterte, und schickte mich dann um sechs Uhr zu Bett – den jungen *bar-mizwe*-Knaben, der an diesem Tag zum Mann geworden war.«

»Von da an waren Ahasver und ich für ungefähr ein Jahr oder mehr dicke Freunde. Den ganzen restlichen Sommer lang lief ich jeden Nachmittag um drei, wenn ich von der Arbeit auf dem Fischmarkt kam, zur Börse und hielt mich bis zum Schlußglockenzeichen in Onkel Schmuels Nähe. Es war ein dauerndes Beziehungshoch. Wenn man den Börsensaal betrat, überschritt man eine magische Peripherie und gelangte in eine verzauberte Welt. Alle Broker schienen berauscht zu sein von der Konjunktur, vollgesogen wie Zecken, vielleicht ein bißchen aufgedunsen und abstoßend. Ich hielt es für selbstverständlich, daß dies schon immer so gewesen war und so bleiben würde, eine Welt ohne Ende. In Wirklichkeit aber, Kleiner, war es das Goldene Zeitalter. Noch niemals zuvor waren die Geschäfte so gutgegangen und sind auch seither wohl nicht mehr so gutgegangen. Überall herrschte Euphorie. Wenn ich jetzt daran zurückdenke, war alles in ein unheimliches Licht getaucht. Ich glaube, ich *mußte* einfach davon berührt werden. Aber nur unbewußt. Zu jener Zeit war die Börse für mich wenig mehr als ein Milieu, die Hintergrundmusik, zu der Ahasver, mein persönlicher Rattenfänger von Hameln, sein Solo spielte. Natürlich lernte ich das Schriftband lesen und hielt mich hinsichtlich einiger Aktien – vor allem der RCAs meines Vaters – auf dem laufenden, doch das geschah im Grunde nur, um Ahasver einen Gefallen zu tun und seine Anerkennung zu erringen, nicht aber aus echtem, persönlichen Interesse. Die Zahlen waren zu abstrakt, um einen Jungen meines Alters zu faszinieren. Außerdem hatte ich kein eigenes Geld investiert.« Er warf mir einen vielsagenden Blick zu. »Ich hatte mich noch nicht mit der Krankheit infiziert. Dies dauerte, wie schon gesagt, etwa ein Jahr, bis zum Sturz oder Krach oder wie du's nennen willst. Und irgendwann während dieser Zeit wandte sich Ahasver, ohne daß ich und meine Mutter etwas davon wußten, an Pops und erklärte ihm, er wolle einen Treuhandfonds für meine Ausbildung einrichten. Bei all seinen Fehlern besaß Pops seinen Stolz und wollte anfangs nichts davon hören. Doch Schmuel nahm ihn beiseite und fragte ihn, warum er ihm diese Freude verwehre. In seiner Position sei das Geld nur ein Tropfen am Eimer. Was er denn tun solle, mit all dem Profit, den er mache – sterben und alles dem Staat hinterlassen? Er wolle lieber etwas Nützliches damit anfangen, und ich sei für ihn fast so etwas wie ein Sohn, meinte er. Zum Schluß ließ Pops sich dann doch erweichen. Im folgenden Herbst wurde ich an die Mount Abarim in Manhattan geschickt, eine feine Privatschule für reiche Juden, zum größten Teil deutscher Herkunft, deren Familien seit der Zeit vor dem Bürgerkrieg in Amerika waren. Sie blickten hochnäsig auf Aschkenasim wie meine Eltern und mich herab, die erst später, gegen die Jahrhundertwende aus Mittel- und Osteuropa eingewandert waren. Für sie war ich ein *kike.*«

Kahn lachte bitter.

»O *yeah,* Kleiner, die Mount-Abarim-Schule hat mich einiges über Diskriminierung gelehrt, vor allem dies: daß die fanatischsten Antisemiten die Juden selbst sind. Und ich habe keine Veranlassung, mich groß darüber erhaben zu fühlen. Denn es stimmt, ich habe ebenfalls angefangen, so zu denken. An der Mount Abarim wurde ich zum selbsternannten Mitglied der liberalen jüdischen Elite, der Aristokratie der Angepaßten – mit anderen Worten, ein *schejgez.* Das war natürlich eine langsame Entwicklung, und es dauerte lange, bis sie zur vollen Blüte gelangte. Erst an der Columbia University sollte sie schließlich abgeschlossen sein. Aber schon damals an der Mount-Abarim-Schule begann ich mit meiner Metamorphose zum Assimulatto, zum Simulacrum, zum Simulator, zur Simulation, mit anderen Worten: zu Shylocks Tochter Jessica. Die groteske Ironie dabei ist natürlich, daß mein Onkel, der verrückte Aschkenase, das Ganze finanzierte. Mit seinem Gold unterstützte er die wunderbare Verwandlung des kleinen Aaron von dunklem Fleisch in weißes. Und was war das

Ergebnis? Ich wurde ein Snob – genau wie jene *schicksen* – und verachtete ihn in meinem Herzen. Ich spielte die Jessica und blickte mit Verachtung auf sein vulgäres Geld und seine vulgären Manieren hinab. Ein wenig entlastet mich freilich die Tatsache, daß ich nicht wußte, daß Ahasver die Rechnung beglich – und es erst sehr viel später erfuhr, als es zu spät war, ihm zu danken. Aber um ganz ehrlich zu sein: Ich bin nicht sicher, ob es ein so großer Unterschied gewesen wäre, wenn ich es gewußt hätte. Meine Ausbildung war ein subtiler, langfristiger Vorgang, ein langsames Sichhinwenden von Schmuel zur generellen amerikanischen Kultur (wie ich sie sah), eine Primärbewegung, wenn man so will, die auch unmittelbare Ursachen für die Entfernung enthielt, und eine der wichtigsten war der Börsenkrach von neunundzwanzig. Der Sommer war vorüber; ich hatte meine nachmittäglichen Pilgerfahrten zur Wall Street eingestellt. An dem Tag, da es geschah – am vierundzwanzigsten Oktober, dem Schwarzen Donnerstag – war ich in der Uni. Pops sagte, er wisse nicht, wieviel Schmuel verloren habe, da er auch nicht wisse, wieviel er zuvor besessen habe. Aber, Kleiner, die Verheerung stand Schmuel im Gesicht geschrieben. Ein Jahr zuvor, in jenem verzauberten Sommer neunzehnhundertachtundzwanzig, war er (ich muß schätzen) fünfundfünzig und wirkte zehn Jahre jünger. Im Sommer neunzehnhundertdreißig wirkte er wie ein siebzigjähriger Wermutbruder. Im Ernst! Diesmal landete Ahasver nicht wieder auf den Füßen. Ein- oder zweimal, wenn wir gerade keine Vorlesungen hatten, ging ich noch wie früher zu ihm an die Börse. Ich konnte die Veränderung nicht fassen – seine und die der Börse. Der große Saal glich einem Trauerhaus, Ahasver sozusagen ein Leichnam. Er war teilnahmslos, hörte auf, sich regelmäßig zu rasieren, und sein Atem roch fast immer nach Alkohol. All das deprimierte mich furchtbar. Deswegen ging ich auch nicht mehr hin. Dann erzählte mir Pops eines Tages, Schmuel liege im Krankenhaus. Ich fragte, ob ich ihn besuchen dürfe, aber Pops sagte nein. Fast ein ganzes Jahr lang sah ich meinen Onkel nicht. Wenn ich fragte, was ihm eigentlich fehle, wich Pops mir aus. ›Erschöpfung‹, behauptete er. Die Wahrheit sagten sie mir nie, ich vermute aber, daß es ein Nervenzusammenbruch war. Doch Ahasver war unheimlich widerstandsfähig. Ich glaube, er hatte erst acht von seinen neun Leben verbraucht. Als neunzehnhundertvierunddreißig allmählich die Besserung einsetzte, war er bald wieder im Börsensaal und machte sich mit dem alten Eifer ans Werk. Er gab sein Bestes, davon bin ich überzeugt, aber weißt du, irgend etwas muß ihm doch gefehlt haben. Er gewann seinen früheren Elan nicht mehr zurück, oder sein Glück. O gewiß, er kam wieder zu bescheidenem Wohlstand, aber es war nie mehr so wie früher. Inzwischen hatte sich die Kluft zwischen uns beträchtlich erweitert. Ich war im ersten Studienjahr an der Columbia University und blickte mit wehmütiger Herablassung auf die Tage, da ich auf dem Fischmarkt gearbeitet hatte und ihm an der Börse auf Schritt und Tritt gefolgt war, zurück wie auf eine Jugendtorheit. Ich erinnerte mich gern an ihn, seine Statur jedoch war in meinen Augen geschrumpft. Auf mich, den kultivierten jungen jüdischen Intellektuellen mit akademischen Ambitionen wirkte Schmuel zunehmend wie ein kurioser Atavismus, wie die Inkarnation des vulgären, leicht komischen ›alten Kacker‹ aus der alten Welt, der in der modernen Zeit nichts zu suchen hatte. Gewiß, wir hielten immer noch Kontakt. Manchmal rief er mich an und lud mich zum Dinner ein, und wenn ich nichts Besseres zu tun hatte – das heißt lernen oder Mädchen –, ging ich hin. Aber der alte Zauber fehlte. Früher war immer er es gewesen, der gab, und ich war der Empfangende. Nun jedoch ließ sich nicht verleugnen, daß er etwas von mir wollte. Ich war, glaube ich, so etwas wie ein emotionaler Talisman, mit dessen Hilfe er auf rührende Weise sein früheres Ich zu beschwören suchte. Er trachtete danach, seine verletzte Selbstachtung mit jener Bewunderung zu heilen, die ich ihm einst so reichlich entgegengebracht hatte. Und obwohl er sie so verzweifelt brauchte, konnte ich sie ihm nicht mehr geben. Diese Dinner waren für uns beide bedrückend. Sie hatten zur Folge, daß ich an meinem Gedächtnis zweifelte. Ich vermutete, daß ich ihn in meiner Erinnerung über jedes Maß hinaus verherrlicht hatte, daher glich ich das mit einer Überkompensation aus und machte ihn nun viel zu klein. Also ließen wir die Verabredungen in schweigender Übereinkunft fallen. Ich werde nie vergessen, was er mir bei unserem letzten Dinner sagte: ›Ich mag ein Schlemihl sein, Aaron, aber ich bin kein *schlimaselnik.*‹ Wie erschütternd das war, ging mir erst sehr viel später auf. Vielleicht wollte ich es damals nicht begreifen. Zwei Jahre später starb Ahasver. Am Thanksgiving-Day einundvierzig. Das Studium hatte bereits wieder begonnen. Er war mit meinen Eltern nach Florida gereist. Zwei Wochen Sonne und Sand im wunderschönen Miami Beach. Pops ruft mich an und sagt, Schmuel hat einen Schlaganfall gehabt. Stell dir vor, Kleiner: im Bett! Und zwar nicht etwa im Schlaf, ehrlich, ich lüge nicht! Die Frau war eine Prostituierte und nicht unbedingt besonders taktvoll. Sie erzählte Pops, sie habe sich durch die ganze Aufregung irgendwie geschmeichelt gefühlt. Sie glaubte, daß er kommt, bis er im Gesicht blau anlief. Da fing sie an zu schreien, und der Polyp machte die Tür mit 'nem Dietrich auf. ›Für einen alten Mann war er ein wunderbarer Liebhaber‹, sagte die Frau zu Pops, quasi als Nachruf. Ein aufrichtiges Lob. Pops sagte, es habe ihn zum Weinen gebracht. Als Pops anrief, hatte Ahasver natürlich noch nicht den Geist aufgegeben, aber der Arzt machte ihnen nichts vor: ein hoffnungsloser Fall. Nur, bei Ahasver konnte man wirklich nie wissen. Seine Augen seien geöffnet, ein bißchen glasig zwar, aber offen, sagte Pops. Sie wüßten nicht, ob er sie erkenne, nicht mal, ob er überhaupt bei Bewußtsein sei. Trotzdem sagte Pops: ›Wir dachten, du würdest vielleicht gern herkommen.‹ Da sitze ich nun, tausend Meilen entfernt. Es wird allmählich ernst mit dem Studium. Und dies ist nicht irgendein Semester. Ich mustere den endlos hohen Stapel Bücher, die ich vor dem Mündlichen noch durchackern muß, und dazu bleiben nur noch zehn Tage. Der Zeitpunkt ist denkbar ungünstig.

Ich sage: ›Wenn er euch aber nicht mal erkennt, Pops...‹

›Wir wissen es nicht‹, wirft er rasch ein.

›Mann, Pops‹, sage ich, ›es tut mir wirklich wahnsinnig leid.‹

›Na schön, Aaron‹, erklärt er. ›Wir wollen dich nicht drängen. Es ist deine Entscheidung, du mußt es selbst wissen. Und damit leben.‹

Ich tat es; ich tat es nicht: Ich entschied, und ich fuhr nicht (konnte auch nicht damit leben, das heißt, wenigstens nicht gut). Am Tag nach dem Examen – das ich bestand, nicht unbedingt mit fliegenden Fahnen, aber auch nicht um Haaresbreite, sondern irgendwo dazwischen, glaube ich – kriegte ich ein Telegramm. Ahasver war tot. Ich packte einen Koffer und fuhr mit dem Taxi zum Flughafen. Zum erstenmal im Leben gehe ich an Bord eines Flugzeugs, einer DC3 der Eastern Airlines. Mit all den Zwischenstopps und so dauerte der Flug den ganzen Tag und die halbe Nacht. Pops war total fertig, Kleiner. Heulte wie 'n Baby. Bis zum Morgengrauen saßen wir im Hotelzimmer zusammen und tranken Scotch. Und er erzählte mir die ganze *schmuje:* von dem Geld, dem Treuhandfonds für mich und allem. Was soll ich dir sagen? Mir war übel. Ganz einfach übel. Diese Reise hat mir genug Schuld für ein ganzes Leben auf den Buckel geladen. Und länger. Und um allem die Krone aufzusetzen, erzählte mir Pops, daß Schmuel gegen das Ende zu eine Zeitlang bei Besinnung war und nach mir gefragt hat. Das hätte Pops mir doch wenigstens ersparen können, findest du nicht? Aber nein, er mußte es mir aufhalsen! Na sicher! Warum auch nicht? Einfach hoch damit und drauf auf den Buckel.

Scheiße!« schimpfte Kahn bissig und fegte sein Glas mit dem Arm vom Tisch. »Bringen Sie mir ein neues!« befahl er dem Kellner.

»*Okay,* Kleiner. New York City, ein paar Tage später. Die Testamentseröffnung. Der Treuhandfonds ist bankrott, wie sich herausstellt. Ich kann nicht weiterstudieren. Sogar Pops sagt, daß er nichts davon gewußt hat. Alles futsch. Alles. Bis auf den Sitz an der Börse. Den beschissenen Sitz, den Ahasver natürlich mir hinterließ. Stell dir das vor: unter der Bedingung, daß er vor meinem zweiunddreißigsten Geburtstag nicht verkauft werden darf. Ist das zu glauben? Sogar die Gebühren hat er bezahlt. Typisch Ahasver! Eine ganze Woche lang kannte ich mich selbst nicht mehr, Kleiner. Ich saß in der Wohnung, kriegte abwechselnd Anfälle, bei denen ich Sachen an die Wand schmiß, oder Zusammenbrüche, in denen ich Rotz und Wasser heulte, um dann fünfzehn Stunden lang zu schlafen. Wut, Reue, Selbstmitleid, Schuldbewußtsein – alles, was du willst, ich hab's durchlitten. Und es machte mich krank. Ich trank Whisky. Ich duschte eiskalt. Ich trank schwarzen Kaffee. Ich aß Bonbons. Ganze Schachteln, nein, Kisten! Wenn ich nüchtern war, versuchte ich zu überlegen, was ich mit meinem Leben anfangen sollte. Die einzige vernünftige Möglichkeit, meiner Misere ein Ende zu machen, schien Selbstmord zu sein. Aber was soll ich dir sagen? Ich war zu irrational, um diese Erkenntnis in die Tat umzusetzen. Außerdem hab' ich Angst vor Schmerzen.«

Er hob die Schultern und schenkte mir ein kleines, Entschuldigung heischendes Lächeln.

»Und was passiert? Das Schicksal kommt mir zu Hilfe. Siebenter Dezember einundvierzig. Die Japaner bombardieren Pearl Harbour. Was soll's, denke ich. Ich geh' zur Army und jag' ein paar Sachen in die Luft. Im schlimmsten Fall fühle ich mich danach etwas besser. Also melde ich mich freiwillig. Ich fülle den Antrag aus, ja, und geh' dann zur ärztlichen Untersuchung. Und nun rate mal! Antrag abgelehnt. Plattfüße. Ich meine, ich hatte zwar so meine Bedenken wegen des Gewichts, aber Plattfüße! Das ist demütigend! Also, um dich nicht auf die Folter zu spannen: Kahn verbringt die folgenden vier Jahre damit, Bonbons zu essen, wann immer er welche kriegen kann, was nicht sehr oft der Fall ist, und für das OWI – das Office of War Information, zu deiner Information, Kleiner – Statistiken über Produktionsmengen aufzustellen. Was, nebenbei gesagt, auch der Grund war, warum ich mit dir nicht zu Ernie Powers' Vortrag über den Spezifischen Wert gegangen bin: Ich kann dergleichen nicht mehr hören. Ich hab' damals so viel mit Fundamentals zu tun gehabt, daß es mir fürs ganze Leben reicht. Für mehrere Leben. Immer wieder einmal, ganz selten, ließen die mich eine Presseverlautbarung für Elmer – Davis, meine ich – schreiben: wegen meiner ›literarischen Vergangenheit‹. Ganz so schlecht war das nicht, glaube ich. Ich hatte Zeit zum Nachdenken. Und – wesentlich wichtiger – Zeit, um nicht nachzudenken. Nachdem ich mich etwas gefangen hatte, nahm ich eigentlich an, wenn alles vorbei wäre, würde ich an die Universität zurückkehren und meinen Doktor machen. Gewiß, zuweilen, wenn ich an meine Leistungen im Mündlichen dachte, kamen mir Zweifel, und ich fragte mich, ob tatsächlich genug in mir steckte, um Furore an der Uni zu machen. Doch das waren nur vorübergehende Verunsicherungen. Die Universität war mir inzwischen längst ein Zuhause geworden. Ich meine, wozu hätte ich sonst noch getaugt? Oh, oh, oh! Nicht vorgreifen, Kleiner! Wie dem auch sei, schließlich ließen wir Oppenheimers hübsches Spielzeug auf die Japaner fallen, und denen ging endlich ein Licht auf. Mit Onkel Sam kann man nicht rumspielen. Der hat Gott auf seiner Seite. O Jesus! Also rollen wir die Teppiche im OWI zusammen, schließen die Türen ab, und alle kehren nach Hause in die reale Welt zurück. Nur ich, ein junger, wohlhabender, heimatloser Jude, sitze plötzlich auf der Straße, weil ich nach Ahasvers letztem Willen noch zwei Jahre vor mir habe, bis ich meinen Börsensitz verkaufen kann. Ich rede mit Pops und frage ihn, ob er was für mein Studium springen lassen kann. Kann er nicht, erklärt er mir. Er hat kein Geld. ›Außerdem‹, sagt er, ›bist du bald dreißig. Wird langsam Zeit, daß deine Ausbildung Zinsen trägt.‹ Womit er natürlich meint, ich soll Intelligenz in Dollars verwandeln. ›Such dir für die zwei Jahre einen Job‹, schlägt er vor. ›Sei sparsam! Wenn du danach noch immer weiterstudieren willst – die Universität ist dann bestimmt auch noch da.‹ Was sollte ich wohl darauf sagen, Kleiner? Ich fand Arbeit bei einer Werbeagentur, wo ich für Pepsi-Cola und andere wohltätige Zwecke Werbetexte schrieb. Meine alten Freunde von der Columbia University waren zutiefst entsetzt und *sehr* mitfühlend. Im Grunde war es gar nicht so schlecht. Es gefiel Kahn sogar. Er wurde wahrhaftig ein kleiner Poet. Ach Kleiner, wie tief war ich doch gesunken! Zwei Jahre vergingen. Ich war jetzt sechs Jahre von der Uni weg. Ich war ein bißchen selbstzufrieden geworden, ein bißchen füllig um die Taille. Und aus der Übung war ich auch. Hör zu, Kleiner! Jetzt kommt der traurige Teil. Ich verfüge über Ersparnisse von zwei Jahren, ja? Genug, um mich über Wasser zu halten, bis ich den Sitz verkauft habe, was mich dann ernähren wird, bis ich den Doktor schaffe, kein Problem. Bequem. Verdammt noch mal, stilvoll! Und was passiert? Ich spekuliere mit meinen Ersparnissen. Pepsi-Cola. Jawohl, Kleiner! Ich hatte so viele Werbetexte geschrieben, daß ich schließlich selbst darauf reingefallen bin.

Frag mich nicht, wieso! Ich weiß es immer noch nicht. Ich konnte einfach nicht anders. Und ich kann immer noch nicht anders. Was soll ich sagen?« Er schüttelte den Kopf. »Die Börse ist die letzte Grenze, eine von der Zivilisation geschaffene Wildnis. Sie ist der letzte Ort in diesem Land, an dem noch der Kampf ums Überleben tobt wie damals im Mesozoikum, als noch alle großen Raubtiere frei umherstrichen und ungehindert ihr uraltes Privileg, zu jagen und zu töten, ausübten. Weißt du, Kleiner, genauso sah ich Ahasver. Und so sehe ich auch mich. Der Ruf der Wildnis. Deswegen habe ich den Sitz, glaube ich, nie verkauft, denn der Floor Trader ist der König des Dschungels in unserer Welt, die reinste Inkarnation seines Typus. Aber wir sind eine gefährdete Spezies. Sie wollen uns per Gesetz ausrotten. Denn trotz allen Geredes über Gewerbefreiheit ist der Eigennutz, für den wir stehen, so rein und so extrem, daß die meisten Menschen, sogar Geschäftsleute, dem Problem nicht ohne mit der Wimper zu zucken ins Gesicht sehen können. Aber es ist ein Test für das gesamte System der Gewerbefreiheit, die *reductio*, nicht *ad absurdum*, sondern *ad essentiam*, ohne die der ganze Grundsatz in sich zusammenfällt. Ich glaube, nach allem, was ich dir heute abend erzählt habe, ist dir klargeworden, daß ich mich nie ganz mit dieser Rolle abgefunden habe. Sie ist etwas, das ich erstrebe, ein Teil meiner selbst. Und doch gibt es da ein ebenso starkes, im Widerspruch dazu stehendes Verlangen, das mich in die entgegengesetzte Richtung zieht. Intellektueller oder Kapitalistenschwein?« Er zuckte die Achseln. »Manchmal befürchte ich, der Krieg, den diese beiden in mir führen, wird verhindern, daß ich eines von beiden vollständig sein werde. Das ist es, was ich an Männern wie meinem Onkel und Jessie Livermore so sehr bewunderte, ja sogar verehrte: In ihnen war sie makellos, die Wildheit. In ihnen war sie unverdorben. Alle Fragen der Moral mal beiseite, Kleiner: Es ist etwas Wunderbares, einen Organismus zu sehen, der so vollkommen in Harmonie mit sich selber lebt, so zielstrebig, so frei von jeglichem, Schuldbewußtsein. Mag sein, daß meine Ambivalenz höher entwikkelt ist, wer will das beurteilen? Ich weiß nur, daß das, was die intellektuelle Seite ablehnt, dich dorthin führen kann, wohin der Intellekt niemals kommt, wo all die kalten, wohlüberlegten Argumente wie pedantische Spitzfindigkeiten wirken. Dort werden alle Regeln aufgehoben. Alles Rationale verhält sich wie die Newtonsche Mechanik: großartig, um die normale Welt zu beschreiben, doch führe sie ins Extrem, ins Reich des unendlich Großen oder Kleinen, und sie fällt auseinander; ihre Unanwendbarkeit dort ist Beweis dafür, daß es sich um trügerischen Schein handelt. Manchmal denke ich, daß die ganze Moral, das ganze Recht angesichts der Relativität veränderter Bedingungen nichts weiter sind als Newtonsche Mechanik.«

»Die Ekstase der Schlacht«, murmelte ich, von seinen Betrachtungen mitgerissen.

»Das ist es, Kleiner«, bestätigte er, als wisse er Bescheid. »Auf das Geld.«

Eine Weile saßen wir schweigend vor unseren Drinks, beide vollständig betrunken, und doch vollständig ernüchtert. Von Zeit zu Zeit stieß Kahn einen Seufzer aus, dann wieder ich. Denn was gab es zu sagen?

Schließlich blickte er auf. »Das wär's also, Kleiner. Die ganze Geschichte.

Und alles, jedes einzelne Wort ist wahr.« Er grinste ironisch. »Na ja, wenigstens jedes zweite Wort. Also, sag schon was! Wie lautet dein Urteil?«

»Ich weiß nicht, was ich sagen soll«, gab ich zurück. »Ich bin überwältigt.«

Kahn seufzte. »Du bist entschuldigt, Kleiner. Ich kann mir vorstellen, daß das eine zu große Menge ist, um es auf einen Sitz zu verdauen. Aber wie ich es sehe, lautet die gesamte ungekürzte Fassung von Kahns Leben, reduziert auf ein einziges moralisches Urteil, kurz und prägnant Kahns Weltanschauung: ›Ich mag ein Schlemihl sein, aber ich bin kein *schlimaselnik.*‹ Ist das zuviel verlangt?«

Diesmal wußte ich, daß seine Frage nicht rein rhetorisch war. Ich schüttelte den Kopf. »Ich glaube nicht!«

Er seufzte. »Danke, Kleiner. Ich weiß das zu schätzen. Vermutlich hätte ich das gleich am Anfang sagen und uns beiden damit die anstrengende Story ersparen sollen, wie?«

Wir lachten beide.

»Letzte Runde!« rief da der Barkeeper.

Aber wir hatten genug – mehr als genug. Als wir die Tür zur Straße aufstießen, blieben wir unwillkürlich stehen und hielten den Atem an. Die Morgenröte von New York war blutgetränkt, wahnsinnig, erfüllt von einer traurigen Schönheit, die an die Folgen eines Krieges oder einer Hungersnot erinnerte, an eine brennende Großstadt im Osten, die verschlungen wurde vom Holocaust. Geisterhafte Dunstwolken stiegen aus den Gossen in die feuchte Luft wie Rauch, wie der Dampf eines jüngst angerichteten Blutbads. Und auf dem Gehsteig standen Pfützen, die der Sonnenaufgang rötlich färbte wie verwässertes Blut. Als ich in den unheimlichen Feuerbrand dieses Himmels hineinschritt, fiel mein Auge auf die Reihe der Verkehrsampeln in der 86th Street, einzelne Punkte unnatürlichen Lichts, die wie Rubine in einer lodernden Lohe glühten, ohne Hitze auszustrahlen; und als ich sie mit angehaltenem Atem betrachtete, wurden sie einer nach dem anderen grün.

ELFTES KAPITEL

Ich schlug die Augen auf und sah mich um. In meinem Kopf hämmerte es. Mir war übel. Ich hatte keine Ahnung, welcher Tag oder welche Woche es war. Die Beschaffenheit des Lichts jedoch ließ auf Abenddämmerung schließen. Wenigstens befand ich mich in meiner Wohnung. Das war schon etwas. Irgend jemand klopfte ständig.

»Schon gut, schon gut!« rief ich laut. »Ich komme ja schon! Wer ist denn da?«

Auf meiner Matratze sitzend, sah ich Los Nasenspitze flachgedrückt an der Fensterscheibe, als mein Freund von draußen hereinspähte.

»Entschuldigung, bitte!« sagte er nervös und verfiel, als ich die Tür öffnete, in einen kleinen, unterwürfigen Eiertanz. »Ich hatte nicht damit gerechnet, daß du um diese Tageszeit schläfst.«

»Wieviel Uhr ist es?« fragte ich benommen.

»Kurz vor sechs! Hast du vergessen, daß du bei uns essen wolltest?«

»Ist denn heute Samstag?« erkundigte ich mich und begann mich allmählich wieder zurechtzufinden. Großer Gott – Yin-mi! Unvermittelt fiel es mir ein. Ich hatte versprochen, heute abend mit ihr zu TYA zu gehen.

Lo musterte mich aufmerksam. »Hat der junge Drache etwa zuviel Wein zu sich genommen?«

Ich stöhnte. »Hast du vielleicht eine Kopfwehtablette für mich, Lo? Nein, lieber gleich drei«, ergänzte ich rasch. »Ich habe schreckliche Schmerzen.«

Er schüttelte den Kopf. »Entschuldigung, bitte. Tabletten helfen nicht in so einem Zustand. Glaube mir, ich weiß Bescheid.« Mit einem verschmitzten Lächeln sah er mich an.

»Hilf mir, Lo!« stöhnte ich hilflos und preßte beide Hände an den Kopf.

Er schürzte die Lippen. »In einer derartigen Situation gibt es nur ein einziges Mittel«, dozierte er. »Und manche behaupten, die Arznei sei schlimmer als die Krankheit.«

»Das ist mir egal!« rief ich hastig. »Sag mir nur, was für ein Mittel das ist!«

»Ein weiterer Drink.«

Ich heulte auf und stürzte zur Toilette.

»Warte!« befahl er mir und klopfte mir, während ich mich über die Schüssel beugte, auf die Schulter. »Ich komme gleich wieder.«

Und wie versprochen, kam er kurz darauf mit einer Flasche in der Hand zurück. Ich lag, in kaltem Schweiß gebadet, auf meiner Matratze und wagte aus Angst, das labile peptische Gleichgewicht zu stören, das mir mein erster Anfall von Erbrechen verschafft hatte, kaum, Atem zu holen.

»Der erste Schluck ist der schlimmste«, erklärte er mir, während er uns zwei Becher füllte. »Aber glaube mir, danach fühlst du dich dann wie neugeboren.«

Trotz meines Zustands war ich wach genug, um die Tatsache, daß er ungewöhnlich redselig geworden war, zu bemerken und zu mißbilligen.

»Ich glaube, ich kann's nicht.« Mit einer Grimasse fuhr ich zurück, als er mir den Becher an die Lippen hielt. Der Geruch allein genügte fast schon, mich wieder zum Spucken zu bringen.

»Das hatte ich befürchtet«, gab er stirnrunzelnd zurück. »Der junge Drache muß meine Anweisungen befolgen, sonst...« er schüttelte grimmig den Kopf »... hoffnungslos.«

Ich warf ihm einen bangen, fragenden Blick zu und ergab mich dann, tief aufseufzend, in mein Schicksal.

»*Okay*, Mund auf!« kommandierte er.

Ich gehorchte.

»Augen zu!«

Das war überflüssig; ich hatte sie bereits geschlossen.

»Am besten hältst du dir auch die Nase zu«, setzte er, seinen Befehlston vergessend, noch hinzu. »Nur für alle Fälle... Und jetzt die große Überraschung! *Gan-bei*!«

Als ich aus der Bewußtlosigkeit erwachte, fühlte ich mich wie ein Mensch, der kurz gestorben und auf dem Operationstisch wieder zum Leben erweckt worden ist.

Lo saß auf einem Stuhl neben meinem Bett und sah auf seine Taschenuhr. »Du warst dreißig Sekunden hinüber. Ich glaube, das ist ein Rekord. Wie fühlst du dich?«

Ich rieb mir die Schläfen. »Gar nicht so schlecht«, antwortete ich. Dann konzentrierte ich mich auf meinen Nabel: auch dort keine Probleme. »Überhaupt nicht schlecht. Ja, wirklich«, ich fuhr senkrecht im Bett empor. »Ich fühle mich großartig! Komm, laß uns noch einen trinken!«

Während Lo einschenkte, strahlte er mich glücklich an.

»Auf... die Lösung!« toastete ich.

»*Gan-bei*!« rief er.

»Ah, die Feinheiten des Weins!« sagte ich.

Lo lachte fröhlich. »Es ist viel zu lange her, daß ich das Vergnügen hatte, mit dem jungen Drachen etwas zu trinken.«

»Das Vergnügen ist ganz auf meiner Seite«, widersprach ich mit höflicher Verbeugung.

»Nein, nein!« wehrte er ab.

»Doch, doch«, beharrte ich.

Wir lachten beide.

»Ach, Sun I, wir vermissen dich sehr im Restaurant.« Seine Miene wurde ein wenig betrübt. »Seit unser Eins-a-Drachen-Assistent nicht mehr da ist, hat sich alles sehr verändert.«

»Was macht denn der junge Fisch? Ist er immer noch bei dir?«

»Leider ja.« Lo zuckte mit den Achseln. »Was soll ich sagen? Der Fisch macht weiter wie zuvor, hinterläßt überall Verwüstung, zerstört alles, was er anfaßt, stümpert und klagt. Wir sind alle einer Meinung: daß nämlich die Zeit deines kurzen Verweilens bei Luck Fat ein Goldenes Zeitalter war.« Schüchtern sah er mich an. »Du würdest es dir nicht vielleicht überlegen und wieder zu uns kommen, wie?«

»Ach Lo, das ist sehr lieb von dir. Dein Angebot überwältigt mich.« Ich seufzte. »Doch das, worum du mich bittest, ist unmöglich, jedenfalls vorläufig. Ich beginne gerade erst, bei meinem Vorhaben ein bißchen Fortschritte zu machen. Bisher hab' ich nur die Oberfläche des Dow angekratzt. Es gibt noch so ungeheuer viel zu lernen. Ich kann jetzt einfach nicht wieder umkehren.«

»Ich verstehe«, antwortete er enttäuscht. »Aber solltest du's dir je anders überlegen...«

Ich lächelte ihn an, und schweigend leerten wir unsere Becher.

Lo griff nach der Flasche.

»Nein, nein!« Damit legte ich die Hand über meinen Becher.

»Doch, doch!« drängte er. »Wir müssen unser Wahrnehmungsvermögen mit einer weiteren Runde schärfen und dann diskutieren. Letztesmal waren wir zu faul. Indem wir die Diskussion vernachlässigten, gingen wir nicht nur der größten Freude des Connaisseurs verlustig, sondern wir verhielten uns dem Wein selbst gegenüber respektlos. Heute abend müssen wir Buße tun.«

Ich schluckte verlegen und nahm den Becher, den er mir reichte.

»Also, was meinst du?« fragte er ernst, nachdem er mir reichlich Zeit zum Überlegen gelassen hatte.

»Lo«, ich stellte meinen Becher auf den Tisch und senkte den Kopf, »ich habe dich getäuscht, als ich dich in dem Glauben ließ, ich sei ein Weinkenner. In Wirklichkeit bin ich, was die Feinheiten des Weins betrifft, der grünste aller Grünschnäbel.«

»Deine Bescheidenheit ehrt mich«, lobte er mich, »aber mir gegenüber brauchst du nicht so zurückhaltend zu sein. Schließlich haben wir zusammen getrunken, und das hat die Verpflichtung zur Folge, offen zu sein. Also, nur zu! Deine aufrichtige Meinung.«

Mein flehender Blick zeitigte keine Wirkung. »Na ja«, wagte ich mich behutsam vor, »man könnte ihn mit einem Tropfen vergleichen, den ich vor kurzem probiert habe – erst gestern abend.«

Offensichtlich interessiert, richtete er sich auf. »Und was war das für ein Tropfen?«

Ich räusperte mich. »Port«, artikulierte ich unsicher.

»Port.« Er schürzte die Lippen und nickte beifällig. »Hab' ich noch nie gehört. Muß äußerst selten und kostbar sein.«

»Wenn du noch nie was davon gehört hast...« Achselzuckend überließ ich es ihm, die Schlußfolgerung zu ziehen. »Und deine Meinung?«

Mißbilligend schürzte er die Lippen. »Nun ja, es ist keine besondere Sorte, mit Sicherheit nicht Port! Obwohl du so freundlich warst, ihn damit zu vergleichen. Nicht mal so gut wie der alte Wein aus dem Krug. Ich persönlich finde ihn ein bißchen träge, ein bißchen langsam auf der Zunge.« Er suchte meine Zustimmung.

»Ja, ein bißchen sirupartig, glaube ich.«

»Aber nicht zu süß, oder?« gab er schnell zurück.

»O nein!« rief ich bestürzt und bereute meine törichte Kühnheit sofort. »Ganz und gar nicht zu süß. Ich meinte nur, ein bißchen zu ... dick«, berichtigte ich mich vorsichtig.

Lo atmete so tief durch, daß es fast einem Seufzer gleichkam, und nickte bedächtig. »Ja, genau. Ein bißchen ... dick, ein bißchen lethargisch, fast depressiv. Aber doch nicht zu sehr?« meinte er fragend mit einer rührenden, beinahe jungenhaften Hilflosigkeit.

»Nein, gewiß nicht!« beruhigte ich ihn.

»Nicht ... mittelmäßig?«

»Eigentlich recht gut«, versicherte ich ihm.

»Ja, nicht wahr?« stimmte er mir voller Genugtuung zu. »Es ist wirklich ein königlicher Wein, wenn auch vielleicht nicht von höchstem Rang. Kein Kronprinz, aber einer seiner jüngeren Brüder, dem das Schicksal große Talente verliehen, jedoch niemals Gelegenheit gegeben hat, sie zu entwickeln, so daß er sie daraufhin im Müßiggang verschwendete. Ein Wein von großem Ungeschick, vielleicht sogar von Tragik.«

Mit feierlicher Miene sah er mich an, und mir kam unwillkürlich der Gedanke, ob nicht mein Freund da von sich selbst spreche.

»Ein wirklich edler Tropfen«, bestätigte ich ruhig und aufrichtig.

»Wie lange ist es doch her, daß ich mich der Gesellschaft eines Mannes erfreuen durfte, der solche Feinheiten versteht.« Seine Augen füllten sich mit Tränen. »Mit dir kann ich trinken, Sun I. Du bist ein kultivierter Mensch.«

»Du übertreibst«, protestierte ich lächelnd.

»Nein, nein!«

»Doch, doch!«

»Aber jetzt müssen wir gehen«, mahnte er mich. »Wir haben uns schon verspätet. Yin-mi wird sicher schon ungeduldig.«

»Aufmachen, Frau, ich bin's!« rief er. »Ich habe Besuch mitgebracht.«

Wir hörten aufgeregtes Hantieren am Riegel.

»Ach du, Sun I!« rief Mrs. Ha-pi, die mich wie immer anstrahlte. »Bitte, komm herein! Wo warst du? Wir haben uns Sorgen um dich gemacht.«

»Ich habe verschlafen«, murmelte ich schuldbewußt.

»Aber wir haben dich seit einer Woche nicht mehr gesehen!« protestierte sie vorwurfsvoll. »Du wirst uns allmählich richtig fremd.«

»Hör mal, Frau«, schalt Lo sie mit gespielter Strenge, »wenn du so schimpfst mit ihm, wirst du ihn schließlich noch ganz vertreiben. Weißt du nicht, daß die

Drachen die scheuesten Wesen sind, auch wenn sie in Wut die schrecklichsten und mächtigsten sein können?«

»Aber was ißt er denn?« fragte sie klagend.

»Woher soll ich das wissen?« Er zuckte die Achseln. »Er ist ein Drache, stimmt's? Vielleicht lebt er von der Luft!« Verstohlen zwinkerte er ihr zu; sie hob die Fingerspitzen an den Mund und unterdrückte ein Kichern.

Jetzt erst erkannte ich den Humor und den leichten Vorwurf, den Los Antwort enthielt. Ich lachte anerkennend. »So unirdisch, wie du meinst, bin ich gar nicht, Lo. Und auf gar keinen Fall ist meine Askese so eisern, daß sie nicht vor der Aussicht auf eine von Mrs. Ha-pis ausgezeichneten Mahlzeiten kapituliert!«

Los Frau errötete und strahlte vor Aufregung; sie begann vor Freude beinahe zu schweben. Den Arm um ihre Taille gelegt, zog Lo sie an sich und tätschelte ihr dabei den Po.

»Aber Lo! Unser Gast!« rief sie gekränkt. »Was denkst du dir bloß!«

»Du bildest dir doch wohl nicht ein, Sun I wäre über ein solches Verhalten entrüstet!« gab er zurück. »Glaubst du vielleicht, der junge Drache ist auf seinen Wanderungen nicht in die Geheimnisse des ›Spiels von Wind und Wolken‹ eingeweiht worden? Komm, Frau, er ist zwar ein junger Drache, aber er ist auch ein junger Mann.« Wieder zwinkerte er mir verschmitzt zu.

»Jetzt sieh nur, wie du ihn in Verlegenheit gebracht hast!« protestierte Mrs. Ha-pi mitfühlend und knuffte ihn in die Schulter.

Meine Betroffenheit – oder Unschuld – mußte sich deutlich auf meinem Gesicht abgezeichnet haben. Lo wirkte aufrichtig erstaunt.

Mrs. Ha-pi funkelte ihren Mann aufgebracht an. »Du hast wieder getrunken, stimmt's?«

Schmollend hielt er Daumen und Zeigefinger einen Zollbreit auseinander, um ihr zu zeigen, wieviel.

»Was geht hier vor?« fragte Yin-mi, die vom Flur hereinkam. »Ganz recht, Mutter, schimpf ihn nur aus! Verbünden sie sich gegen dich? Mach sie alle beide fertig! Ihr solltet euch schämen – eine arme, hilflose Frau!« Mit ihrem leichten, hellen Lachen steckte sie Lo und mich sofort an. Mrs. Ha-pi zögerte verwirrt, gab dann aber nach und stimmte mit ein. Die potentielle Krise war abgewendet.

»Ihr beiden scheint heute abend aber besonders guter Laune zu sein«, bemerkte Yin-mi mit einer Spur Schalkhaftigkeit, die an ihren Vater erinnerte.

»Königlich guter Laune!« bestätigte Lo, der mir zuzwinkerte.

»Sie haben getrunken«, sagte seine Frau vorwurfsvoll, mußte jedoch, ohne es zu wollen, lächeln.

Eine Furche erschien auf Yin-mis Stirn. »Du meinst, Vater«, korrigierte sie ihre Mutter. »Sun I aber doch ganz sicher nicht.«

Die Mutter sah sie mit hochgezogenen Brauen an.

Yin-mi war fassungslos. »Sun I?«

Aus ihrem Gesicht sprachen dieselbe Neugier und derselbe Freimut, die ich in der ersten Nacht an ihr bewundert hatte, als sie an der Tür stand und mich beobachtete, ja sogar eine Spur Belustigung; dahinter stand jedoch, als Sammelbecken, in das sich all diese einzelnen Strömungen ergossen, jene tiefe Ernsthaftigkeit, die das Zentrum, der charakteristische Zug ihres Wesens war.

Ich mußte die Augen niederschlagen.

Statt mir jedoch Vorwürfe zu machen, lachte sie bei dieser unerhörten Widersinnigkeit – *ich* und trinken! – laut auf. »Jetzt komm!« Fröhlich ergriff sie meinen Arm. »Wenn wir uns nicht beeilen, kommen wir noch zu spät.«

»Hier, nehmt den Schirm mit!« rief Mrs. Ha-pi uns nach. »Der Wetterbericht meldet für heute abend Regenschauer und möglicherweise Gewitter.«

Die Straßen wimmelten von Kindern, die Rad fuhren und Ball spielten. Nachbarn hockten auf den Vor- und Feuertreppen und unterhielten sich freundlich. Alte Ehepaare schlenderten Arm in Arm durch die dämmrigen Straßen. Wenn sie uns sahen, blieben sie stehen und verneigten sich lächelnd, eine Geste, die uns in das uralte Mysterium, auf das ihre zufriedenen Gesichter hinwiesen, einschloß, das Mysterium der menschlichen Kontinuität, der ehelichen Liebe und Treue, die in ihrem taoistischen Aspekt die »freiwillige Knechtschaft am Rad« (des Leides) genannt wird. Ich war dankbar dafür, und gerührt, fühlte mich geschmeichelt, ja, freudig erregt. Mit scheuem, sanftem Druck packte Yin-mi meinen Arm fester, so daß ich fast zu hoffen wagte (und es mir doch nicht gestatten durfte), sie möge etwas ganz Ähnliches empfinden. In einfühlsamem Schweigen gingen wir weiter.

»Sieht aus, als hätte ich deinen Vater wieder in Schwierigkeiten gebracht«, bemerkte ich, nachdem wir ein Stück gegangen waren.

Sie musterte mein Gesicht mit einem Ausdruck der Belustigung, die ins Lachen überzuschäumen drohte. »Ihr beiden wart offenbar sehr von euch eingenommen«, stellte sie fest und setzte hinzu: »Aber ich glaube, er hat sich selbst hineingeritten.« Sie sagte es mit einer Spur jener Schalkhaftigkeit, die mich wieder an Lo erinnerte, doch ihr Blick war sehr zärtlich, beinahe voll Trauer, als nehme sie unseren Fehler auf sich und verarbeite ihn.

Vielleicht hätte ich dankbar sein sollen, ein Teil von mir aber – nennen wir ihn meine Affennatur (vom Wein beflügelt) – war nicht ganz sicher, ob ich Verzeihung wünschte, und ärgerte sich über ihre Anmaßung. Zum zweitenmal spürte ich, wie dieser geheimnisvolle Verdruß in meinem Herzen aufstieg. Ohne weitere Verärgerung hätte er sich wohl von selbst gelegt, doch leider fügte sie diesem ernsten Blick hinzu: »Weißt du, du solltest ihn wirklich nicht noch ermuntern.«

»Ermuntern – *ihn?*« fuhr ich auf.

»Er arbeitet so schwer, Sun I«, erklärte sie sanft, »und anders als du hat er keine geistige Basis, auf die er sich zurückziehen kann, wenn der Genuß verblaßt ist und ihn voll Scham und Elend zurückläßt, nichts, was seinen Hang dazu bremst oder die schlimmen Folgen abblockt.«

»Was ist ›dazu‹?« fragte ich affektiert.

Sie war ganz ernst. »Das weißt du sehr gut.«

»Das Trinken, meinst du?«

»Ja, wenn du willst, nenne es das Trinken oder, präziser ausgedrückt, was du mir gegenüber einmal als ›die exquisiten Mysterien der Auflösung‹ bezeichnet hast.«

»Das war Opium«, wandte ich ein.

»Aber dies ist genauso gut«, gab sie traurig, aber fest zurück, »oder vielmehr, genauso schlecht.«

Ich war bestürzt über die Tiefgründigkeit und Komplexität ihrer Bemerkung, vor allem wegen der unheimlichen Ähnlichkeit mit jener von Mme. Qin bei unserer ersten Begegnung. Dies freute mich seltsamerweise und erregte meine Bewunderung, ohne jedoch meinen Ärger zu verringern. »Selbst wenn er, wie du sagst, keine Basis hat, auf die er sich zurückziehen kann«, fuhr ich fort, »hat er doch seine Lösung gefunden. Und die ist vielleicht auf ihre Art wirklich ›genauso gut‹.«

»Was für eine Lösung?« erkundigte sie sich unschuldig.

Ich zögerte mit der Antwort. Ich sah jene Zerbrechlichkeit und jenes Vertrauen in ihrem Blick, die mich schon mehrmals zuvor zur Selbstbesinnung und zum Mitleid bewegt hatten, wenn ein niedriger Impuls auszubrechen drohte. So war es auch jetzt, aber ich konnte nicht widerstehen. Mit Kahns nur allzu treffenden Worten: Ich konnte mir nicht helfen. »Noch ein Glas zu trinken«, antwortete ich mit gespielter Sorglosigkeit, während in Wirklichkeit Elend und Verzweiflung in mir aufstiegen, gefolgt von einer immensen, deprimierten Apathie, die mich in der Tat an die dunkle Seite des Opiums erinnerte, wenn das Blut seinen berauschenden Äther verbraucht hat und nur der Schlamm des verausgabten Treibstoffs zurückbleibt.

Sie schaute mich schweigend an, und der feierliche Ernst in ihrem Ausdruck war schlimmer als jeder Vorwurf. Unter meiner Apathie begannen sich Scham und Abscheu zu regen – hauptsächlich über mich selbst, obwohl ich Yin-mi in Mißachtung aller Grenzen in den Strudel mit hineinzog. Ich versuchte ihr meinen Arm zu entziehen, aber sie ließ ihn nicht los. Irgend etwas in meinem Herzen ging mit mir durch. Ohne zu überlegen, rein als Reflex, hob ich die andere Hand, als wolle ich sie schlagen – eher zur Warnung, als um es tatsächlich zu tun, auf jeden Fall aber unverzeihlich.

»Ich tu's«, drohte ich leise und barsch, »wenn du mich nicht losläßt.«

Resolut schüttelte sie den Kopf. »Ich lasse dich nicht los«, versicherte sie. »Nicht, wenn du so bist wie jetzt.«

»Wie bin ich denn?« Abermals zerrte ich, diesmal aber eher halbherzig, denn ich entdeckte in mir den Wunsch, nicht losgelassen zu werden, und dazu gleichzeitig die Angst, sie könne es tun.

»Betrunken«, antwortete sie.

»Ich bin nicht betrunken!« schrie ich sie an.

»Dann eben beschwipst – und töricht!« schrie sie zurück. Wenn sie mir auch an Lautstärke um nichts nachstand, war sie jedoch eindeutig darüber bekümmert, daß das notwendig wurde.

Über ihre Antwort mußte ich laut lachen.

Sie wiederum brach in Tränen aus.

Von einer liebevollen, schmerzlichen Zärtlichkeit erfüllt, sah ich sie weinen. »Yin-mi«, sagte ich schließlich leise, und mein ganzer Ärger löste sich auf, »verzeih mir! Du hast recht. Ich bin ein Tor.«

Durch den Tränenschleier hindurch leuchteten mich ihre Augen glücklich an. »*Pssst*«, machte sie und legte ihren Finger auf meine Lippen. »So etwas darfst du niemals sagen, ja, nicht mal denken! Das darf nur ich.« Sie lachte und schniefte gleichzeitig. »Gib mir dein Taschentuch!« Wortlos gehorchte ich. Sie tupfte sich die Augen trocken, dann putzte sie sich geräuschvoll die Nase. »Da«, sagte sie, als sie es mir zurückreichte, »jetzt sind wir quitt.« Sie lachte fröhlich mit strahlendem Gesicht, als sei die plötzliche emotionale Kehrtwendung eine körperliche Anstrengung gewesen.

Und wieder einmal klaffte die hauchfeine Naht im Gewebe der Realität weit, und Yin-mis Gesicht enthüllte mir zahllose zerschmolzene, schimmernde Geheimnisse. Ihre Züge verschwammen, in ihrem Fleisch, ihren Augen, ihrem Haar sah ich die elementare Schönheit unerschaffener Materie rastlos wirbeln und sich verändern, überwältigend und zugleich unaussprechlich abstoßend in ihrer wuchernden Üppigkeit, die schon von Verwesung kündete, vom Hauch der Fäulnis, der allen sterblichen Dingen anhaftet. Und ebenso schnell, wie sie sich geöffnet hatte, schloß sich die Naht wieder, und das Gesicht wurde wieder das von Yin-mi, dem Mädchen, das ich kannte. Das Elend in meinem Herzen war jetzt nicht mehr Haß auf mich selbst, sondern Mitleid und Zärtlichkeit, dasselbe Gefühl, das ich an jenem ersten Tag in New York empfunden hatte, als ich auf der Bank des Kirchhofs der Trinity Church saß und durch die Stäbe des schmiedeeisernen Gitters zu der Menschenmenge hinaussah, die die Straße füllte, während der Stein mir sein Geheimnis verriet.

»Was ist los?« erkundigte sie sich mit unsicherer Stimme. »Bist du mir immer noch böse?«

Ich schüttelte den Kopf.

»Warum siehst du mich denn so an?«

»Ich weiß es nicht.«

»Du weinst ja!« stellte sie überrascht fest.

»Wirklich?« Ich hob die Hände und strich mit den Fingerspitzen über meine Wimpern.

»Du weißt es tatsächlich nicht, wie?« sagte sie leise.

»Du denn?« gab ich zurück, indem ich auf den tieferen Sinn ihrer Worte einging.

Sie lächelte. »O ja. Das heißt, ich glaube es wenigstens. Ein bißchen. Ich glaube, ich hab's die ganze Zeit gewußt, schon seit dem allerersten Abend.«

Mit meinen Augen stellte ich ihr die Frage.

Doch ohne mir die Lösung des Geheimnisses zu verraten, ergriff sie, immer noch lächelnd, meinen Arm, und wir gingen weiter.

»Also, du bleibst jetzt hier«, ordnete sie an und führte mich zu einer Bank im Hintergrund der Kirche. »Heute abend wird eine besondere Messe gefeiert. Ich singe im Chor mit. Hinterher komme ich dich dann abholen.«

Damit verschwand sie in der Sakristei.

Wieder war ich allein in der Trinity Church. Nach der Szene draußen erfüllte mich nun ein Gefühl des Friedens, und ich war dankbar dafür. Es lag etwas Heilsames in diesem zeitlosen Halbdunkel der Kirche. Die Weite und Tiefe des Innenraums war mit dem ungreifbaren Dunst der Dämmerung erfüllt, der alle Kanten und Winkel zu einer homogenen Masse auflöste. Die Stille schien sanft dahinzugleiten wie das flüsternde Schweigen einer Muschel, das an die Gezeitenbewegung des fernen Ozeans erinnert. Und in der Tat besaß die Trinity Church mit ihren neugotischen Türmchen und Kapitellen eine gewisse Ähnlichkeit mit einer riesigen, umgekehrten Schneckenmuschel, in der ich und die anderen Andächtigen den wehrlosen Geschöpfen der Tiefsee gleich vorübergehend Zuflucht gefunden hatten. Der wispernde Nachhall in diesem akustischen Hohlraum glich den sublimierten Schwingungen von Ebbe und Flut mystischer Gewässer, des Tao. Die Kirche wirkte wie die Verkörperung des Meditationszustands, den ich in der Vergangenheit ebenso mühelos zu erreichen vermocht hatte, wie ich heute von der Straße her in dieses Gebäude eingetreten war, zu dem ich jedoch seit Xiaos Besuch und meinem Abschied von Ken Kuan zunehmend mühsamer Zugang fand. Und mit diesem Eindruck war noch ein anderer verbunden: daß die Kirche mit ihrer wunderschönen Dämmeratmosphäre so etwas wie das lebende Monument des Ausdrucks in Yin-mis Augen war.

Als mein Blick zu den Fenstern emporwanderte, war ich enttäuscht, sie stumm und ausdruckslos vorzufinden wie weite Flächen mondbeschienenen Wassers, dunkel bis auf vereinzelte Kräuselwellen im Glas, wo sich das Licht der im Kirchenschiff brennenden Kerzen spiegelte. Zu diesem Verlust gesellte sich wie ein aufziehendes Unwetter etwas Drohendes, das ich beim erstenmal nicht bemerkt hatte. Ja, die Atmosphäre knisterte gleich dem Inneren einer Gewitterwolke von einem unsichtbaren, elektrischen Feuer, als schwebe hier eine göttliche Intelligenz und drohe sich in einer schrecklichen Erscheinung zu offenbaren. Da ich so wenig über den Gott der Christen wußte, fürchtete ich sein Kommen und fragte mich, welchen Weg er wählen werde. Würde er sich in einer freundlichen Form manifestieren und auf die Welt, die er geschaffen hatte, liebend herablächeln, oder mit den Fängen und den glotzenden, blutunterlaufenen Augen eines Mahakala?

Mit neugierigem Staunen betrachtete ich die Requisiten der Messe, an deren Funktion ich damals so eifrig herumgerätselt hatte und die ich auch heute noch nicht zu deuten vermochte: die siebenarmigen Leuchter, die zu beiden Seiten des Altars auf dem schneeweißen Leinentuch brannten, PX – was das wohl hieß? War es vielleicht eine magische, alchimistische Formel für das ewige Leben? Ich bemerkte die silberne Pyxis, in der, für mich nicht erkennbar, die ungeweihte Hostie die Wandlung durch den Priester erwartete, die Patene, auf der er sie später weihen und brechen würde, und den Abendmahlskelch für den Wein.

Geräuschlos versammelten sich Chor und Gläubige im Vorraum. Die Orgel spielte einen donnernden Baßlauf, und die Prozession begann. In Zweierreihen kamen sie herein – in schwarzen Gewändern, die offenen Gesangbücher in den Händen, den Kopf gehoben, das Kinn emporgereckt, die Kehle weit – so sangen sie ins Gewölbe hinauf. Ein Junge trug das Kruzifix an meiner Bank vorbei. Das blanke Messing schimmerte im flackernden, unsteten Kerzenlicht. Der traurige Mann mit seinem mageren, schlaffen Körper und dem schmerzgezeichneten Gesicht, der in seiner Person alle Stärken und Schwächen von Mann und Frau, Jugend und Alter vereinigte, hing an den grausamen Nägeln, die ihm durch Hände und Füße getrieben waren, und über ihm stand die Inschrift INRI.

Als Yin-mi vorbeikam, schenkte sie mir ein verhaltenes Lächeln. Sie nahm das Gesangbuch in die Linke und winkte mir mit der anderen Hand einen diskreten Gruß zu. Pater Riley, den ich nach Yin-mis Beschreibung sofort erkannte, bildete den Schluß der Prozession. Er ging allein und hielt in den auf dem Rücken verschränkten Händen ein Buch. Lächelnd blickte er in die Ferne, als verarbeite er tief in Gedanken eine spekulative Möglichkeit, die sich ihm soeben entdeckt hatte.

Er war ungefähr Ende Dreißig, obwohl er viel jünger aussah, hochgewachsen und breitschultrig, jedoch beinahe knochendürr. Seine Stirn war hoch und klar, und er hatte blaß-graublaue Augen, die geistesabwesend wirkten, jedoch, wie ich gleich erfahren sollte, überraschend schnell überraschend lebendig werden konnten. Sie wirkten wie Edelsteine, so funkelten sie. Sein gewelltes rotes Haar stieg wie ein sich auftürmender Brecher vom Scheitel zu einem Gipfel auf der anderen Kopfseite empor. Sein Teint war ungewöhnlich weiß, und seine Haut wirkte durchscheinend. Er hatte ein paar sandbraune Sommersprossen unter den Augen, die ihm, Ringen der Überanstrengung gleich, eine reizvolle Verletzlichkeit verliehen. Das Gesicht strahlte einen gewissen Glanz aus, der nicht ausschließlich auf den feinen Teint zurückzuführen war; ich kannte diese Ausstrahlung gut: die klare, ätherische, ein wenig manische Begeisterung eines Menschen, der gewohnheitsmäßig fastet. Ich hatte sie oft bei den Mönchen in Ken Kuan gesehen. Doch während sie dort stets auf eine nach innen gekehrte Ruhe hinwies, kündete sie bei Riley von Ekstase, von etwas Überschäumendem, wobei sein Körper wie eine Stimmgabel wirkte, die – um einen Ton zu hoch für sterbliche Materie – in der Frequenz seiner Seele vibrierte. In seinem Blick lag eine Intensität, der man sich schwer stellen konnte, ohne zusammenzuzucken – wie der Ausdruck in den Augen des Bären, nur dank der menschlichen Intelligenz zugänglicher und weniger beängstigend. Als er mich im Vorübergehen bemerkte, schien sich diese Intensität buchstäblich in mich hineinzubrennen, mit einer so tiefen Gewißheit und Überzeugung, wie ich es noch niemals zuvor erlebt hatte. Er war nicht das, was man gutaussehend nennt: Seine Züge waren trotz der mildernden Sommersprossen so unangenehm streng, daß dies ausgeschlossen war. Und doch besaß der Mann eine melancholische, verhängnisvolle Schönheit, ›ein äußeres, sichtbares Zeichen einer inneren, geistigen Anmut‹, und ich erfühlte vom ersten Moment, da ich ihn sah, bevor wir je miteinander sprachen, seine Aufrichtigkeit und Erhabenheit und begriff, warum Yin-mi sich ihm anvertraut hatte, ja, warum sie ihn liebte. Daher empfand ich in meinem Zustand beschwipster Hellsichtigkeit trotz der wirren Fülle anderer Emotionen auch einen leichten Stich Eifersucht – unbewußt, möchte ich hinzufügen.

Sehr beruhigend, ein wenig einschläfernd strömte der Gottesdienst an mir vorbei wie ein Fluß. Vom Pomp des Schauspiels in einen Zustand köstlicher Passivität gewiegt, sah ich zu, wie der Ritus am Altar quasi choreographisch vollzogen wurde, ohne daß ich etwas verstand, ohne etwas verstehen zu müssen. Mitten im Gottesdienst bemerkte ich als störend, daß der Kirchendiener neben mir im Mittelgang stand und mich mit einem Ausdruck sanften Zwanges fixierte. Die Hand auf die Rückenlehne der Bank gelegt (er trug einen schweren, goldenen Siegelring, mit dem er ganz leicht auf das Holz klopfte, als poche er an die Tür meines Gewissens), nickte er mir zu. Obgleich ich mich höchst ungern aus meinem Zustand wohliger Invalidität reißen ließ – ich zog es hier wie an der Börse vor, zu beobachten, ohne teilzunehmen, war jedoch dazu erzogen, nicht nur den Geist, sondern soweit wie möglich den Buchstaben aller Religionen zu respektieren –, entschied ich, es könne nicht schaden, sich den allgemeinen Gewohnheiten anzuschließen. Also erhob ich mich und folgte den anderen, die nach vorn zur Apsis gingen. Dankbar bemerkte ich, wie tief bewegt Yin-mi von meiner kleinen Konzession zu sein schien. Als ich auf dem Weg zum Altar im Chor an ihr vorbeikam, entdeckte ich aus den Augenwinkeln, daß sie mir zuwinkte – ein bißchen allzu demonstrativ vielleicht, ganz zweifellos aber war sie beglückt, daß ich diese Geste aus freiem Willen und ohne Drängen ihrerseits vollzog. Ich winkte zurück.

Mit dem uralten Talent der Affen für geschickte Nachahmung beobachtete ich, obwohl ich mir ein wenig töricht vorkam und Hemmungen hatte (jedoch sozusagen unter professioneller Verpflichtung stand), wie die anderen vor dem Kruzifix das Knie beugten, um sich sodann am Altargitter aufzureihen. Ich machte es ihnen nach. Auf den von zahllosen Andächtigen blankgewetzten Kissen aus weinrotem Plüsch kniend, imitierte ich die Gläubigen, als sie die Ellbogen auf die Balustrade aus blankgeputztem Messing stützten, die rechte Hand mit der Innenseite nach oben in die linke legten und den Kopf neigten. Zwar hatte ich die christliche Gebetsstellung schon früher gesehen, diese Haltung der Hände war mir jedoch neu, ein Detail von akademischem Interesse. Jede Meditation hat ein anderes sogenanntes Mudra. Beim kosmischen Mudra der Buddhisten etwa bildet man mit Daumen und Zeigefingern einen Kreis, der die Unendlichkeit darstellt. Die Taoisten umgreifen mit der rechten Hand den Daumen der linken wie die Glieder einer Kette: der Versuch des Adepten, sich durch *zuowang* in die große organische Kette des Seins einzureihen. Gerade dachte ich über die mögliche Bedeutung dieser christlichen Haltung nach, als sie mir plötzlich durchaus anschaulich demonstriert wurde. Erschreckt durch einen leichten, fast kitzelnden Druck auf meiner Handfläche, begleitet von den Worten »tut dies zu meinem Gedächtnis«, öffnete ich die Augen und sah Riley am Geländer entlanggehen. Vor jedem Kommunikanten machte er kurz halt, drückte ihm etwas in die Hand und murmelte dabei mit vor Bewegung tremolierender Stimme, deren Timbre an das schimmernde Zwielicht der Kirche erinnerte. In meiner Hand fand ich eine weiße, papierdünne Oblate, in die ein Kreuz geprägt war. Rileys Stimme war zu einem beruhigenden, unartikulierten Gewisper verklungen. Zu wessen Gedächtnis? fragte ich mich. Für weitere Überlegungen hatte ich keine Zeit, denn wie ich entdeckte, senkten meine Nachbarn die Zunge in ihre Hand und zogen sie dann in den Mund zurück, um die kleinen, runden Oblaten (ohne zu kauen, nirgends wurde ein Kiefer bewegt) im Mund zergehen zu lassen, als sei ihr Geschmack viel zu zart, um ihn durch Zerkleinerung zu vergröbern. Ich persönlich fand sie eher fade, völlig geschmacklos, und mußte an die Cracker in der Nacht zuvor denken, als ich mit Kahn in der irischen Bar saß, war aber zu wohlerzogen, um die gutgemeinte Gastfreundschaft anderer Menschen, so bescheiden sie auch ausfallen mochte, zu verachten.

Als dieses anämische, kleine christliche Backwerk sich aufgelöst hatte, sah ich, daß Riley abermals die Reihe abschritt, diesmal jedoch mit dem großen Kelch. Jedesmal, wenn die Lippen eines Kommunikanten den Rand berührt hatten, wischte er ihn mit einer weißen Serviette ab und drehte den Kelch für den nächsten ein wenig weiter. Abermals verstand ich nur dieses »zu meinem Gedächtnis«.

Als er mir den Kelch darbot, wurde ich wieder von diesem Gefühl angenehmer Invalidität ergriffen. Ich erinnerte mich daran, wie Wu mich, wenn ich als Kind fieberte, gepflegt, wie er auf einem Stuhl an meinem Bett gesessen, mich eigenhändig gefüttert, mir Süßigkeiten und beruhigenden Tee gebracht und mir die Lippen mit einem sauberen Tuch abgetupft hatte. Diese angenehme Erinnerung wurde nun durch etwas anderes, ein Zusammentreffen, das mich belustigte und erfreute, noch verschönt. Denn als ich trank, erkannte ich den Wein sofort. Es bestand nicht der geringste Zweifel. Es war Port.

Trotz der leichten Herablassung, mit der ich dies Ritual über mich ergehen ließ, fühlte ich mich, nachdem es vorüber war, merkwürdig bewegt. Vielleicht genügte bei meiner Verfassung dieser eine Schluck, um mich in den alten Rauschzustand zurückzuversetzen. Ich spürte auf alle Fälle, wie mir ein süßes, flüssiges Feuer nicht nur im Kopf, sondern sogar im Herzen brannte. Unsicher, ein wenig benommen, erhob ich mich und kehrte mit den anderen an meinen Platz zurück. Es war mir ein Trost zu entdecken, daß sie alle ein wenig trunken wirkten. Ihre Gesichter glühten von einem Ausdruck innerer Ruhe und Erfüllung. Plötzlich dachte ich an Lo und wünschte, er wäre hier. Ein Connaisseur wie er, fand ich, würde die Feinheiten eines solchen Tropfens zu würdigen wissen. Auf dem Rückweg zu meiner Bank erfaßte mich eine wunderbare Woge der Begeisterung, und ich hätte am liebsten laut aufgelacht oder wäre durch die Gänge gesprintet. Aber ich beherrschte mich, setzte mich wieder dorthin, wo ich zuvor gesessen hatte, und machte es wie die anderen: Ich kniete nieder und faltete die Hände.

Als ich in dieser Stellung verweilte, begann sich meine Begeisterung allmählich zu legen. Nach und nach stieg aus meinem tiefsten Sein ein Gefühl des Friedens und der Dankbarkeit herauf. Eine Zeitlang hatte, wie ich schon sagte, meine Meditation versagt und mich nicht zufriedengestellt, jetzt aber geriet ich schnell in einen Zustand klarer, friedvoller Versenkung, so tief, wie ich ihn kaum je erlebt hatte. Die Zikade im Tempel des Herzens verstummte, und ihr Zirpen ging über in eine sanftere Musik wie das Rieseln von Schnee, der auf die glatte Fläche des Meeres fällt. Dieses Geräusch wurde seinerseits nun immer leiser, bis es an das stumme Seufzen einer Muschel erinnerte, und dann, wunderbarerweise, war gar nichts mehr zu hören: die absolute Stille des Nichts. Wie lange war es her, daß ich diese Stille gehört hatte! Zum erstenmal seit vielen Monaten atmete meine Seele voll ein. Wie Regenwasser, das sich in einer Höhle der Kalksteinberge sammelt und durch die Kapillaren der Felsen sickert, verließ ich mich auf die Schwerkraft, das Tao, um zum Grundwasserspiegel zurückzukehren. Langsam und unaufhaltsam sank ich mit jener gemächlichen, unerbittlichen Gewalt, die die Kontinente erodiert. Ein Gefühl der Freude und wunderbaren Erfrischung stieg in mir auf. Ich fühlte mich gereinigt, elastisch, neu gestärkt. Als ich die Lider senkte, rannen mir kühle Tränen über die Wangen.

In der Apsis stand links neben dem Altar ein Junge, zwölf, vielleicht dreizehn Jahre alt, dessen durchscheinendes Gesicht auf eine zarte Gesundheit schließen ließ. Er hatte zwei hochrote Flecken auf den Wangen und wirkte rührend in seinem schüchternen Versuch, eine würdige Miene aufzusetzen. Er las, von Zeit zu Zeit den Blick hebend, um die Aufmerksamkeit der Zuhörer zu wecken, mit noch nicht gebrochener Stimme einen Text. Sein reiner, süßer Sopran erinnerte mich an meine Kindheit und das Singen der »Zehn Ochsenhirtenlieder«. Zum erstenmal, seit ich in der Kirche war, konzentrierte ich mich und lauschte den Worten:

> »Wenn ich mit Menschen- und Engelszungen redete, und hätte der Liebe nicht, so wäre ich ein tönend Erz oder eine klingende Schelle.
> Und wenn ich weissagen könnte und wüßte alle Geheimnisse und alle Erkenntnis und hätte allen Glauben, also daß ich Berge versetze, und hätte der Liebe nicht, so wäre ich nichts.
> Und wenn ich alle meine Habe den Armen gäbe und ließe meinen Leib brennen, und hätte der Liebe nicht, so wäre mir's nichts nütze.
> Die Liebe ist langmütig und freundlich, die Liebe eifert nicht, die Liebe treibt nicht Mutwillen, sie blähet sich nicht,
> Sie stellet sich nicht ungebärdig, sie suchet nicht das Ihre, sie läßt sich nicht erbittern, sie rechnet das Böse nicht zu,
> Sie freuet sich nicht der Ungerechtigkeit, sie freuet sich aber der Wahrheit;
> Sie verträgt alles, sie glaubet alles, sie hoffet alles, sie duldet alles.
> Die Liebe höret nimmer auf, so doch die Weissagungen aufhören werden und die Sprachen aufhören werden und die Erkenntnis aufhören wird.
> Denn unser Wissen ist Stückwerk, und unser Weissagen ist Stückwerk.
> Wenn aber kommen wird das Vollkommene, so wird das Stückwerk aufhören.
> Da ich ein Kind war, da redete ich wie ein Kind und war klug wie ein Kind

und hatte kindische Anschläge; da ich aber ein Mann ward, tat ich ab, was kindisch war.

Wir sehen jetzt durch einen Spiegel in einem dunkeln Wort; dann aber von Angesicht zu Angesicht. Jetzt erkenne ich's stückweise; dann aber werde ich erkennen, gleich wie ich erkannt bin.

Nun aber bleibt Glaube, Hoffnung, Liebe, diese drei; aber die Liebe ist die größte unter ihnen.«

Mit welch hingerissener Aufmerksamkeit, ja sogar Ehrfurcht ich lauschte! Diese Passage war so machtvoll und unheimlich wie das, was im »*I Ging*« stand. Nie hatten Worte in meinen Ohren schöner geklungen und waren so tief in meinen Geist eingedrungen. Ich konnte mir das nicht recht erklären. Obwohl der Text selbst kristallklar, sein Sinn so eindeutig wie das Sonnenlicht war, verwirrte er mich, als seien die Worte ein durchsichtiger Schleier, der vor etwas schimmerte und flatterte, das dahinter lag und mich als eine angedeutete Form lockte. »Jetzt erkenne ich's stückweise; dann aber werde ich erkennen, gleich wie ich erkannt bin.« Und vor allem: »Wir sehen jetzt durch einen Spiegel in einem dunkeln Wort; dann aber von Angesicht zu Angesicht.« Welche gloriose und unwägbare Offenbarung kündigten diese Worte an?

Am Schluß des Gottesdienstes, nachdem der Chor hinausgezogen war, blieb ich in einem Zustand erregter Geistesabwesenheit in meiner Bank sitzen und rätselte an diesen Wundern herum. Als ich mir nach einer Weile der Anwesenheit eines anderen bewußt wurde, sah ich Yin-mi vor mir stehen und mit tiefernster Miene mein Gesicht mustern, wie sie in jener ersten Nacht in der Küche das Gesicht ihres Vaters gemustert hatte: mit derselben Falte verwunderter Konzentration auf der Stirn. Sie war sehr bleich. Daß sie weinte, merkte ich erst nach einiger Zeit, denn sie gab keinen Laut von sich. Völlig in meiner eigenen Stimmung gefangen, mißdeutete ich dies und war überglücklich und fester denn je davon überzeugt, daß ein hellsichtiges Band der Seelenverwandtschaft zwischen uns bestand, daß sie meine Gefühle teilte. Ohne das Bedürfnis, etwas zu sagen, berührte ich ihre Hand.

Zu meiner Überraschung schauderte sie und zog sie zurück.

»Was ist los?«

»Sun I«, sagte sie mit leiser, bebender Stimme, »ist dir klar, was du getan hast?«

Ihr ernster Ton beunruhigte mich. »Was meinst du?«

»Du bist zum Abendmahl gegangen.«

»Ja. Freust du dich denn nicht darüber?«

»Freuen? Hast du nicht gesehen, daß ich dir zugewinkt habe, damit du vom Altar wegbleibst?«

»Das verstehe ich nicht.« Beinahe flehend sah ich sie an. »Ich habe doch nur getan, was alle anderen auch getan haben. Habe ich einen Fehler gemacht? Ich schwöre dir, daß ich nicht gekaut habe.«

»Alle anderen waren konfirmierte Christen«, erläuterte sie, »und du bist nicht einmal getauft. Du hast nicht das Recht, das Sakrament zu nehmen.«

Verständnislos sah ich sie an; die heitere Gelassenheit, das Glück meiner Meditation waren verpufft. Ich war gekränkt und ein bißchen rachsüchtig. »Was ist das hier eigentlich – ein Privatclub?« stieß ich voll Bitterkeit mit Kahns Worten hervor.

»Das ist nicht komisch«, schalt sie mich. »Versuch doch mal zu verstehen: Für alle Ungetauften ist das Sakrament verboten... vielleicht sogar eine Todsünde«, ergänzte sie nach kurzem Zögern. »Ja, doch. Ich bin fast sicher.«

»Todsünde?«

»Eine Sünde, für die es keine Erlösung gibt, keine Vergebung.«

»Ach komm!« erwiderte ich skeptisch, lachte beunruhigt und versuchte ihr ein Lächeln abzuringen. »So schlimm kann's doch nicht sein! Für mich war's jedenfalls recht erfreulich.«

Sie brach in Tränen aus. »Ach, Sun I, wie kannst du über die Verdammnis und den Tod deiner Seele scherzen?«

»Verdammnis?« wiederholte ich. »Den Tod meiner Seele?«

»Komm mit!« Resolut ergriff sie meine Hand.

»Wohin gehen wir?« erkundigte ich mich. Ich war beschwipst, unbekümmert, ein bißchen belustigt, ein bißchen ärgerlich, genoß aber gleichzeitig den kühlen Druck ihrer Hand und das Gefühl, geführt zu werden.

»Zu Pater Riley.«

Wir fanden ihn allein in der Sakristei an einem Tisch, auf dem die Gottesdienstgeräte abgestellt worden waren. Als wir hereinkamen, nahm er gerade ein weißes Tuch von der Patene. Ich erinnere mich deshalb daran, weil mir, als er den Stoff mit Daumen und Zeigefinger ergriff, der Gedanke kam, daß er genauso aussah wie ein Zauberkünstler, der einen Trick vorführen will und in die Falten seines Taschentuchs greift, um eine Taube hervorzuziehen. Als er die Tür gehen hörte, breitete er das Tuch wieder über die Patene, wandte sich um und begrüßte uns. »Ah, Ihr taoistischer Freund!« sagte er und reichte mir lächelnd die Hand. »Ich wollte Sie schon lange kennenlernen. Wie Yin-mi mir sagte, sind Sie aus übergroßer Furcht vor Bekehrungsversuchen bislang nicht gekommen.« Als er jedoch den Kummer und die Angst entdeckte, den Yin-mis Miene verriet, hielt er inne. »Was ist denn, Yin-mi?«

Flehend, mit leicht bebenden Lippen, sah sie ihn an. An diesem Blick erkannte ich, wie tief sie ihm vertraute, ihn respektierte. Ich erkannte ihre große Zuneigung zu ihm – eine Verbundenheit, die mich ausschloß und mich außerdem irgendwie bedrohte. Ich verspürte Panik und Auflehnung.

»Es ist meine Schuld«, klagte sie mit reumütig gesenktem Kopf, mühelos und unwillkürlich in den uralten Rhythmus der Beichte verfallend.

Er nahm ihre Hand, als wolle er sie trösten. »Was haben Sie getan?«

»Ich habe vergessen, Sun I über das Sakrament des Abendmahls aufzuklären... Er hat es irrtümlich genommen.« Ein Schatten huschte über Rileys Gesicht. »Dabei ist er nicht mal getauft«, fuhr sie fort, brach abermals in Tränen aus und ergänzte ein wenig hysterisch: »Das ist doch eine Todsünde!«

»So beruhigen Sie sich doch!« ermahnte er sie mit freundlicher Autorität. »Wir wollen lieber nicht so vorschnell urteilen. Todsünde!« Zu meiner Verwunderung lächelte er, als belustige ihn die Vorstellung.

Yin-mi hörte auf zu weinen. »Nicht?« schniefte sie flehend.

Er zog die Stirn kraus, als müsse er angestrengt nachdenken. »Nun ja, das könnte eine ziemlich knifflige Frage sein, wenn man alle theologischen Feinheiten berücksichtigen will. So aus dem Stegreif jedoch müßte ich zunächst einmal fragen, in welchem Sinn das Wort Todsünde überhaupt auf Sun I zutreffen soll. Ich meine, Verdammnis würde ein bißchen absurd, zumindest aber überflüssig klingen für einen Taoisten, meinen Sie nicht?«

»Wie soll ich das verstehen?« fragte sie ihn.

»Ganz einfach so, daß Sun I als ›Heide und Ungläubiger‹« – die letzten Worte betonte er voll Ironie – »ja doch ohnehin schon ein Verdammter ist.« Er zwinkerte mir zu, als bitte er mich um Nachsicht, und mir wurde klar, daß er scherzte, um die gespannte Atmosphäre ein bißchen zu lockern.

Ich war jedoch nicht in der Stimmung für Scherze. »Das kann nicht stimmen«, protestierte ich herausfordernd.

»O doch, das kann es«, gab er mir knapp und kalt zurück, »und tut es. Aber du liebe Zeit«, fuhr er fort und wechselte das Thema, »da haben wir ja einen schönen Anfang gemacht!«

»Sie meinen, daß alle, die sich nicht zum Christentum bekennen, automatisch zur Hölle verdammt sind?« stieß ich nach.

»Ja, so ähnlich«, stimmte er mir zu. »Die römisch-katholischen Christen machen da einen Unterschied und nennen es ›Fegefeuer‹. In jüngerer Zeit jedoch wird im Zeichen der Demokratie dieser Unterschied kaum noch gemacht.«

»An so etwas können Sie aber doch nicht wirklich glauben!« sagte ich, indem ich die Ironie in seinem Ton aufgriff.

»O doch, ich glaube daran«, antwortete er, nun völlig ernst. »Obwohl es höchst unmodern ist, in einem höflichen Gespräch so etwas zu sagen oder auch nur anzudeuten. Die Menschen ziehen es zumeist vor, die unangenehmeren Aspekte des Glaubens zu meiden. Derartige Dogmen sind etwas, das wir lieber mit Streckbett, Daumenschrauben und den übrigen Werkzeugen der Inquisition in einem tiefen, dunklen Keller verstecken. Aber das sind die Härten des Glaubens. Akzeptiere ich den einen großen Glaubenssatz, akzeptiere ich alles, was daraus folgt. Christus sagt: ›Ich bin der Weg und die Wahrheit und das Leben; niemand kommt zum Vater denn durch mich.‹ Das ist eine harte Wahrheit. Und möglicherweise nicht nach meinem Geschmack. Aber ich akzeptiere sie.«

»Sie ist verachtenswert«, gab ich zurück. »Ich glaube nicht, daß mir Ihr Glaube gefällt.«

Er lächelte traurig. »Manchmal bin ich selbst gar nicht so sicher, daß er mir gefällt. Doch auf das Gefallen kommt es nicht an. Das Seelenheil ist viel zu wichtig, um nach den Feinheiten oder Regeln des Geschmacks darüber zu entscheiden.«

»Dann hat Jesus mit allen anderen zusammen also vermutlich auch Laozi und Buddha zum Feuer verurteilt«, sagte ich ironisch.

»Vermutlich, obwohl ich mir vorstellen könnte, daß so illustre Persönlichkeiten wenigstens ein Zimmer mit Aussicht bekommen würden – auf das Elysium, wissen Sie.« Er lachte.

»Wie können Sie das so oberflächlich abtun?« warf ich ihm vor. »Die potentielle Verdammnis der Hälfte der menschlichen Rasse? Es ist doch auch für die anderen eine Frage des Glaubens, für mich zum Beispiel.«

»Ich versuche Sie zu bekehren«, antwortete er mit jenem seltsamen Lächeln, aus dem man unmöglich eine eindeutige Haltung, sei es nun Ernst oder Ironie, erkennen konnte.

»Nun, dann brauche ich mir wenigstens über meinen Verstoß keine Gedanken zu machen«, entgegnete ich, »das Abendmahl, meine ich. Unter den gegebenen Umständen wäre das zumindest strittig.«

»Das würde ich nun auch nicht gerade sagen«, widersprach er. »Im Glaubensartikel Nummer fünfundzwanzig heißt es über die Sakramente: ›Wer sie unwürdig empfängt, verurteilt sich damit zur Verdammnis, wie Paulus sagt.‹ Wissen Sie, Sun I, das heilige Abendmahl ist das zentrale Mysterium unserer Religion. Sein Trost ist ein Privileg, das man nur durch den Glauben an Christus und die Bindung an die Kirche erwerben kann. Sie haben ganz eindeutig kein Recht darauf. In meinem Gebet, das Sie vielleicht begreifen konnten, wenn Sie zugehört haben, sagte ich: ›... so göttlich und tröstlich für jene, die es würdig empfangen, und so gefährlich für jene, die sich erdreisten, es unwürdig zu empfangen; meine Pflicht ist es, euch zu ermahnen, euch der Erhabenheit dieses heiligen Mysteriums bewußt zu sein, und der großen Gefahr, daß Unwürdige daran teilhaben.‹ Sie selbst sind durch Ihre Unwissenheit vermutlich entlastet«, setzte er, seine Ausführungen abschwächend, hinzu. »Ich nehme doch an, daß Sie es unwissentlich getan haben?«

Da mich dieses Angebot eines beschränkten Pardons, diese »Entlastung«, nur noch heftiger erzürnte, weigerte ich mich, es anzunehmen. »Ich muß gestehen, daß mir Ihre überhebliche Überzeugung von der Erlösung und Ihre Mißachtung aller anderen Wege mißfällt. Was macht Sie so sicher, daß Sie, und nur Sie allein, recht haben?«

»Ich möchte in diesem Punkt nicht diktatorisch oder akademisch werden, Sun I, aber ich muß Sie noch einmal auf die Glaubensartikel hinweisen. In Nummer siebzehn heißt es: ›Auch sollen jene verflucht sein, die sich anmaßen zu sagen, daß jeder Mensch durch das Gesetz oder die Sekte erlöst werden wird, zu der er sich bekennt, so daß er sich befleißigen soll, sein Leben nach jenem Gesetz und dem Licht der Natur zu gestalten. Denn die Heilige Schrift hat uns nur den Namen Jesu Christi gegeben, durch den die Menschen erlöset werden.‹«

»Und wer hat es unternommen, Derartiges zu verkünden?« fragte ich bissig.

»Die Versammlung der Bischöfe, Geistlichkeit und Laienschaft der Protestantischen Episkopalkirche Amerikas.«

»Wieso sollte ich deren Kompetenz anerkennen?« wollte ich wissen.

»Nun, wenn Ihnen deren Kompetenz nicht genügt, will ich etwas anderes zitieren. Sie fragen mich, woher ich es weiß?« Seine Augen funkelten vor tiefer Überzeugung. »Durch dies.« Genau wie Kahn es getan hatte, legte er sich die Faust aufs Herz, und ich wußte sofort, daß er auf das »*Dao De Jing*« anspielte:

Schemenhaft ist es, und undeutlich;
Darinnen jedoch wohnt eine Kraft,
Eine Kraft, die, obwohl verfeinert,
Dennoch mächtig ist.
Von alters her bis heute
Hat sie ihre Macht nicht verloren,
Sondern befeuert die zahlreichen Krieger.
Woher ich weiß, daß es den zahlreichen Kriegern so geht?
Durch dies.

Womit natürlich die Intuition, das Wissen des Herzens, gemeint war.

Ich war erstaunt und seltsam bewegt. Ich fühlte mich zu Riley hingezogen, obwohl ich mich gegen seine Anziehungskraft wehrte. Allmählich begann ich Xiaos Wut und Empörung über dieses großspurige, typisch westliche Postulat der Gerechtigkeit vor Gott (und damit natürlich der Welt) zu verstehen, und ich fragte mich, ob es nicht an die strenge und unerbittliche Exklusivität des christlichen Anspruchs gebunden sei: »Niemand kommt zum Vater, denn durch mich.« Wie sehr unterschied sich dies doch von Taoismus und Buddhismus, die allen Wegen Gültigkeit zubilligen, da sie dasselbe spirituelle Ziel haben, und die um so viel großzügiger, um so viel reicher in ihrer Vielfalt sind. Trotz seiner empörenden Selbstsicherheit ging Rileys Überzeugung jedoch über die reine Arroganz hinaus, und ich konnte mir nicht helfen, ich mußte sie anerkennen. Diese Überzeugung beunruhigte mich mehr als alles andere und ließ ihn besonders gefährlich erscheinen.

»Was ist denn so Besonderes an Ihrem kleinen Ritual, daß Sie es so eifersüchtig hüten?« fragte ich.

Riley zog die Brauen hoch. »Soll das heißen, daß Sie die Bedeutung der Messe nicht verstehen?«

»Sie meinen, den Port und die faden Oblaten?« fragte ich boshaft zurück.

»Kommen Sie her!« befahl er kurz und trat an den Tisch, neben dem er gestanden hatte, als wir hereinkamen. Er hob das weiße Tuch und hielt eine Hostie empor. »Sehen Sie das hier?« Nachdem er meine Hand umgedreht hatte, legte er sie hinein.

Einem mutwilligen Impuls nachgebend, ließ ich die Oblate in die Pyxis zurückfallen. »Was soll das sein – Matzen?«

Riley wurde ärgerlich und nahm die Oblate wieder heraus. Er hob sie bis in Augenhöhe, brach sie und sprach in einem hypnotisch wirkenden Ton: »Nehmet und esset! Das ist mein Leib, der für euch gebrochen wird: Tut dies zu meinem Gedächtnis.« Er schloß die Augen und legte sich die Hostie auf die Zunge.

Ganz ähnlich hob er den Kelch mit beiden Händen und fuhr fort: »Das ist mein Blut des Bundes, das für viele vergossen wird zur Vergebung der Sünden.« Mit anklagender, unheilverkündender Miene drehte er sich zu mir um und starrte mir direkt in die Augen.

»Reizender Symbolismus«, bemerkte ich mit einer Ironie, die ich gar nicht empfand.

Er schüttelte den Kopf. »Es ist aber nicht symbolisch, Sun I.«

Ein Licht flammte in meinem Bewußtsein auf. »Sie meinen ... ?«

Er nickte. »Sie hätten beim Gebet zuhören sollen! Ich sagte: ›Gewähre uns daher, barmherziger Gott, daß wir das Fleisch deines lieben Sohnes Jesus Christus essen und sein Blut trinken, auf daß unser sündenbeladener Leib durch seinen Leib reingewaschen werde, und unsere Seelen durch sein kostbares Blut, und auf daß wir auf ewig in ihm wohnen mögen und er in uns.‹«

»Aber das ist Kannibalismus!« rief ich angewidert.

»Seien Sie nicht banal!« schalt er mich. »Es geht sehr viel tiefer als das.«

In der Hoffnung, sie werde ihm widersprechen, starrte ich Yin-mi an, dann wandte ich mich wieder an Riley. Er erwiderte meinen Blick fest und entschlossen, mit einer Unterströmung von Neugier, als suche er meine Reaktion einzuschätzen. Ich war sprachlos vor Staunen, fast benommen. Ich stand da wie ein Wanderer auf einem Bergpfad, der, wenn er ein schwaches Beben unter seinen Füßen spürt, ein fernes Grollen wie von Donner vernimmt, in einer Pose der Wachsamkeit und der Neugier ohne Ängstlichkeit innehält und die Ohren spitzt, ein erstarrter Schnappschuß seiner letzten Sekunde, bevor die Lawine aus eintausend Fuß Höhe lautlos, schnell und unaufhaltsam über ihn hereinbricht. Als sei er lebendig, materialisierte sich Jin vor mir, wie er in jenem furchtbaren Moment ausgesehen hatte, als er mit von Adrenalin und der »Ekstase der Schlacht« gerötetem Gesicht von der Pfeife aufblickte, die er sich zubereitete, und sein Auge im Schein der feurigen Kohlen glühte: »Es ist der Geschmack von Blut, Sun I. Der übt eine belebende Wirkung auf mich aus.« So erschlagen war ich von der Lebensechtheit dieser Erscheinung, daß mir ihre Bedeutung erst allmählich dämmerte. Ich sah ihn tatsächlich einen Fuß über der Erde vor mir in der Luft schweben, während das rote Glühen in seinem Auge mich provozierte und verspottete. Und als ich ihn, völlig benommen vor Erstaunen, wie gebannt anstarrte, jagten mir immer wieder Sätze durch den Kopf, die offenbar weder eine bestimmte Bedeutung noch einen Zusammenhang hatten: »Tut dies zu meinem Gedächtnis...« Zu wessen Gedächtnis? »Wir sehen jetzt durch einen Spiegel in einem dunkeln Wort; dann aber von Angesicht zu Angesicht...« Und noch einer: »... und hätte der Liebe nicht, so wäre ich nichts.«

»Und hätte der Liebe nicht« – auf einmal verwandelte sich der tanzende Schein im Auge des Soldaten in eine leuchtende Sternexplosion, eine Supernova, eine Feuersbrunst, die das Universum verschlang und mich geblendet, vorübergehend blind zurückließ. Als ich wieder sehen konnte, war die Spiegelung zur Größe eines Fingernagels geschrumpft und driftete wie ein winziger Halbmond im Meer eines schwarzgrünen, tropfenförmigen Brillenglases. Einen ganz kurzen Moment tauchte das Antlitz meines Vaters vor mir auf, den

Kopf ganz leicht schief gelegt, mit jenem rätselhaften, impertinenten, beinahe erschreckenden und zugleich doch wunderbaren Lächeln. »Tut dies zu meinem Gedächtnis ...« Damit löste er sich in Luft auf, und Dunkelheit brach über mich herein.

ZWÖLFTES KAPITEL

»Was meinen Sie, was das zu bedeuten hat?« hörte ich Pater Riley Yin-mi in einem Flüsterton fragen, wie man ihn am Krankenbett gebraucht. Als ich die Augen öffnete, sah ich die beiden verschwommen wie durch trübes Glas oder unter Wasser: zwei dunkle, unbestimmte Gestalten rechts und links neben mir.

»Ich weiß nicht recht«, antwortete sie im selben Tonfall. »Sehen Sie doch! Jetzt ist er wach.«

»Was *was* zu bedeuten hat?« wollte ich wissen, als ich mich in dem Sessel, in den sie mich gesetzt hatten, aufrichtete. Meine visuelle Aberration löste sich so schnell auf wie Dunst im Sonnenschein und hinterließ nichts als ein vages Brennen sowie eine ungewöhnliche Lichtempfindlichkeit in meinen Augen.

»Wie fühlst du dich?« erkundigte sich Yin-mi liebevoll und drückte meine Hand.

»Ich weiß nicht – ganz gut, nehme ich an. Was *was* zu bedeuten hat?« drängte ich.

Sie warf einen schmerzlich-fragenden Blick in Richtung Riley, der wiederum mich ansah. »Sie waren eine Weile ohnmächtig«, erklärte er mir, »und Sie haben phantasiert. Immer wieder haben Sie ein und denselben Satz gemurmelt. Wir haben versucht, ihn zu enträtseln.«

»Was für einen Satz?«

Er kniff ein wenig die Augen zusammen. »›Ein gefundenes Fressen für einen Dowisten.‹«

Ich blinzelte verwirrt. Eine tödliche Stille breitete sich im Raum aus.

»Woran denkst du?« fragte Yin-mi erstaunt. »Du hast ein so komisches Lächeln um den Mund.«

»Ein gefundenes Fressen für einen Dowisten«, wiederholte ich und verweilte vor Freude über die Musik des Satzes bei jeder Silbe ein wenig. Dann brach ich in lautes Lachen aus.

»Sun I«, begann Riley besorgt, »sind Sie sicher, daß es Ihnen auch wirklich wieder gutgeht? Ich möchte Sie nicht beunruhigen, doch was da eben geschehen ist, wirkte auf mich wie ein kleiner Anfall. Gibt es vielleicht Epileptiker in Ihrer Familie?«

Diese Bemerkung, die ich als Verdächtigung auslegte, ernüchterte mich sofort. »Keine Spur«, antwortete ich. »Das war nichts weiter als eine Reaktion auf den Wein. Ich bin das Trinken nicht gewöhnt.«

»Aber ein einziger Schluck Wein scheint mir kaum eine derartige Reaktion hervorrufen zu können«, hielt er mir durchaus vernünftig vor.

»Er hat mit meinem Vater schon getrunken, bevor wir kamen«, erläuterte Yin-mi.

»Ganz recht«, bestätigte ich. »Und außerdem unterschätzen Sie, glaube ich, die Wirksamkeit Ihres Sakraments. Schließlich handelt es sich bei dem Abendmahlswein nicht um einen gewöhnlichen Tropfen, Pater, wie Sie mir ja selbst freundlicherweise erklärt haben. Im Gegenteil, er ist ein äußerst starkes Elixier. Wenn man davon trinkt – wen würde es nicht berauschen?«

Mit einem angedeuteten Lächeln wandte Riley sich an Yin-mi. »Nun, er scheint sich jedenfalls besser zu fühlen«, stellte er fest. »Also, Sun I, ich möchte die Wahrheit Ihrer Worte gewiß nicht bestreiten, obwohl Ihre Ironie ein bißchen kindisch ist. Doch beschränkt sich die Wirksamkeit des Sakraments im allgemeinen auf den spirituellen, den metaphysischen Sektor.«

»Sie weichen mir aus«, tadelte ich. »Vor einer Weile sagten Sie noch, es sei nicht symbolisch. Jetzt werden Sie dann auch noch behaupten, das Sakrament sei doch nur eine Metapher.«

»Sie haben recht, Sun I. Es ist aber mehr als eine Metapher. Wir glauben, daß Christus im Kelch anwesend ist, allerdings mystisch, nicht buchstäblich oder körperlich. Die katholische Auffassung der Transsubstantiation billigen wir nicht. Und meiner Ansicht nach vertieft unser Glaube die Bedeutung des Rituals.«

»Wie meinen Sie das?« fragte ich ein wenig scharf.

»Das erkläre ich Ihnen ein anderes Mal.«

»Warum nicht jetzt?« provozierte ich ihn.

Er lächelte nachsichtig. »Verzeihen Sie mir, Sun I, aber mit einem betrunkenen Taoisten kann ich nicht über Theologie diskutieren. Sie zwingen mich, auf die Tatsache hinzuweisen, daß Sie ganz eindeutig noch immer trunken sind – buchstäblich trunken, und metaphysisch vielleicht ebenfalls.« Sein Lächeln wurde noch herablassender und väterlicher, aber auch fröhlicher. »Gehen wir lieber jetzt nach unten. Da können wir uns einen Kaffee holen; der wird helfen, die Dinge wieder ins Lot zu rücken.«

»Ich trinke keinen Kaffee«, erklärte ich mürrisch.

»Aha, ein weiteres westliches Sakrament, das Sie mißbilligen«, fuhr er freundlich fort. »Nun, wenn Sie nichts dagegen haben, werden Yin-mi und ich so frei sein und uns bedienen, denn er ist äußerst wirksam. Aber Sie sollten wirklich auch einen trinken«, ergänzte er. »Er wird Ihnen helfen, nüchtern zu werden.«

»Ich bin nicht betrunken«, gab ich schmollend zurück.

»Na, na«, beschwichtigte er mich, »kein Grund, sich zu schämen. Schließlich bin ich Priester, nicht wahr? Und überdies irischer Abstammung. So etwas ist mir wahrhaftig nicht neu.«

»Seien Sie nicht so gönnerhaft zu mir!« protestierte ich. »Sie weichen dem Thema aus.«

»Sehr scharf beobachtet.« Lächelnd öffnete er mir und Yin-mi die Tür der Sakristei. »Ich werde versuchen, mir das zum Prinzip zu machen. Man nennt es ›strategischer Rückzug‹, ein Trick, den ich im Seminar gelernt habe. Die Anglikaner sind berühmt dafür.« Er zwinkerte mir zu. »Aber beruhigen Sie sich, Sie haben noch eine Chance.«

Im Souterrain der Kirche, wo die Versammlung des TYA stattfand, herrschte eine fröhliche Jahrmarktsatmosphäre. Mehrere Diskussionsrunden waren im Gang, es gab einen Flohmarkt, und der junge Mann, der die Epistel gelesen hatte, drehte – wieder in Zivilkleidung – die Bingo-Trommel und las die Zahlen von den Tischtennisbällen ab. Zwei junge Männer spielten Elektrogitarre und Saxophon, begleitet von einer schlampig aussehenden Gemeindemutter auf einer Art Spinett, ein Beitrag, den die beiden nicht zu schätzen, ja kaum zu bemerken schienen. Sie boten ein wenig unsicher progressiven Jazz für eine Gruppe junger Mädchen, die barfuß auf dem Fußboden hockten, die Arme um die Knie geschlungen hatten und sich verträumt im Rhythmus oder dem, was man davon erkennen konnte, wiegten. Eine »Teen-Bar« gab es auch. Von all diesen Freizeitangeboten wirkte sie am einladendsten auf mich.

»Kann ich Ihnen etwas holen?« erkundigte sich Riley.

Boshaft grinste ich ihn an. »Einen Portwein mit...«

Er hob die Hand. »Lassen Sie mich raten! On the rocks, mit einem Spritzer Gift.« Er lachte. »Hier unten sind wir leider Antialkoholiker, Sun I. Der Vorteil dabei ist: Es wird kein Eintrittsgeld erhoben. Wenn Sie oben mitmachen, wo das harte Zeug ausgeschenkt wird, müssen Sie das Gedeck bezahlen und eingetragenes Mitglied sein.« Er zwinkerte mir wieder zu. »Ein Grund mehr zum Konvertieren. Aber ich muß jetzt gehen und meiner Herde guten Tag sagen. Kümmern Sie sich um ihn, Yin-mi. Wir wollen kein potentielles Schäfchen verlieren.«

»Er mag dich«, flüsterte sie, als er wegging.

Ich runzelte die Stirn. »Ich bin mir nicht sicher, ob ich ihn mag.«

»Das hast du dir selbst zuzuschreiben«, warf sie mir vor und setzte hinzu: »Ich glaube übrigens, du magst ihn doch.«

»Wie kommst du überhaupt darauf, daß er mich mag?« fragte ich, ihre Bemerkung ignorierend.

»Ich weiß es einfach. Du bist eine Herausforderung für ihn. Ich wollte nur, du versuchtest, ein bißchen weniger streitsüchtig zu sein.«

»Ich?« protestierte ich empört. »Und was ist mit ihm?«

Sie lachte fröhlich. »Ich gehe mir jetzt ein Coke holen. Möchtest du auch was?«

»Ja. In Ruhe gelassen werden«, antwortete ich übellaunig.

»Du solltest lieber nett zu mir sein«, neckte sie mich, »sonst nehme ich das wörtlich.« Sie lachte.

Stirnrunzelnd sah ich ihr nach. Sie blieb mehrmals stehen, um mit Bekannten zu sprechen, Hände zu schütteln, keusche, liebevolle Küßchen zu tauschen und in das unbekümmerte Lachen auszubrechen, das ich so sehr an ihr mochte. Jedesmal fühlte ich einen Stich im Herzen, teils aus Zärtlichkeit, teils aus Verstimmung – und aus Schuldbewußtsein. Was habe ich hier eigentlich zu suchen, in dieser christlichen Kirche, fragte ich mich. Ihretwegen war ich mitgegangen, aber es stand mir nicht zu, Zuneigung zu diesem Mädchen zu empfinden. Freundschaft, unengagiertes Mitgefühl, ja. Aber was, wenn sie Erwartungen anderer Art hegte? Unweigerlich mußte einmal der Tag kommen, da ich ins Kloster zurückkehren würde. Mein Aufenthalt in ihrer Welt galt nur einem einzigen Zweck und konnte nur kurz sein. Wenn jener Tag bevorstand, wollte ich ihr keinen Schmerz zufügen. Das sagte ich mir jedenfalls. Tief im Herzen jedoch war mir, glaube ich, eindeutig klar, daß mir in Wahrheit um mich selber bangte. Ich schien schon tief in jener Welt versunken zu sein, und der Weg wurde mit jedem weiteren Schritt gefährlicher. Ich hatte Angst, so tief zu versinken, daß ich nie wieder herausgelangte. Das Trinken zum Beispiel – es war beschämend!

An der Bar trat Riley zu Yin-mi und sagte etwas. Beide sahen zu mir herüber und lachten.

Ich erstarrte vor Zorn und verkroch mich noch tiefer in mich selbst. Ganz allein stand ich und brütete finster vor mich hin.

»Das schickt dir Pater Riley – auf Kosten des Hauses«, sagte sie, als sie wiederkam, und überreichte mir einen Pappbecher.

»Was ist das?« Mißtrauisch schnupperte ich an dem blutroten Drink und zog angewidert die Lippen hoch.

»Eine Virgin Mary.« Sie lachte.

»Eine Jungfrau Maria?«

»Genau wie eine Bloody Mary, nur eben ohne Alkohol.«

Finster funkelte ich Riley an. Er hob grüßend sein Pepsi.

»Ich will das nicht«, wehrte ich ab. »Ich habe für heute genug von euren Sakramenten. Ich brauche nicht auch noch die Menstruationsmysterien.«

Yin-mi errötete. »Ist doch nur Tomatensaft!« erklärte sie gekränkt.

»Ist mir egal. Nimm das weg!«

»Jetzt bist du bockig«, stellte sie fest. »Warum bist du so eigensinnig? Du tust, als wolle Pater Riley gleich das Schwert ziehen und dich mit Gewalt bekehren.«

»Ich fürchte mich eher davor, auf dem Scheiterhaufen verbrannt zu werden«, gab ich zurück. »Wäre ja nicht das erste Mal.«

»Hat man dich denn schon mal verbrannt?« Sie lachte. »Beruhige dich, Sun I! Dies hier ist eine Party und kein Prozeß der Inquisition.«

»Nach allem, was ich gesehen habe, ist die Grenze, die die beiden trennt, hauchdünn. Mein Onkel Yiao erzählte mir einmal, daß er sich auf westlichen Dinnerparties stets vorkomme wie ein gestrandeter Seemann bei einem Festmahl von Kannibalen: Er fürchte ständig, selbst auf den Spieß gesteckt zu werden. Ihr Christen scheint ganz in Ordnung zu sein, solange genug von allem zu haben ist. Doch was, wenn es keine ›Hostien‹ mehr gibt? Ich möchte keinesfalls von euch mit hungrigen Blicken gemustert werden.«

Sie lächelte fragend und sah mich an, als sei ich meilenweit entfernt. »Ich habe dich nie so gesehen wie jetzt, so...«

»Ungestüm?«

»Ja, ungestüm. Und bitter. Du bist beinahe ein ganz anderer Mensch.«

Ich lächelte über die Wahl ihrer Worte. »O nein, ich bin's selber, es ist ein notwendiger Teil meines Wesens. Ich kann nicht anders«, ergänzte ich eher trotzig als entschuldigend.

»Vielleicht solltest du keinen Alkohol trinken«, ermahnte sie mich freundlich. »Der scheint diesen Teil deines Wesens herauszukehren.«

»Ja, vielleicht«, bemerkte ich ziemlich bissig, »aber es macht eben so großen Spaß.«

»Das höre ich gern, daß Sie sich amüsieren.« Riley war wieder zu uns getreten. »Mir ist auch ein erfreulicher Gedanke gekommen.« Er wandte sich an Yin-mi. »Ist es nicht wundervoll und tröstlich, daß die Macht unserer Mysterien von einem neutralen Beobachter bestätigt wird, sozusagen wissenschaftlich belegt?« Und an mich gewandt, fuhr er fort: »Ihr Erlebnis heute abend stellt zweifellos ein überzeugenderes und zwingenderes Argument für die Bekehrung dar als alle Gründe, die *ich* Ihnen bieten könnte, meinen Sie nicht?«

»Nein«, antwortete ich, »das meine ich nicht. Unabhängig von der Macht Ihres Sakraments wäre da immer noch die Frage seiner Moralität.«

»Aha!« sagte er. »Wie ich sehe, haben Sie mir aufgelauert und Ihre Waffen geschärft.« Er lachte. »Also schön, schießen Sie los! Welche moralischen Einwände erheben Sie gegen das Sakrament?«

»Es ist Kannibalismus«, erklärte ich. »Schlicht und einfach. Das können Sie nicht ableugnen, auch hilft es nicht, mir Platitüden vorzuwerfen. Oder soll das eine Platitüde sein? Menschenfleisch essen und Blut trinken – was für ein Gott wird durch ein derartiges Mysterium beschworen? Einer, den ich nicht unbedingt in einer dunklen Gasse treffen, geschweige denn verehren möchte! Er erinnert mich an Lemuren und Vampire.«

»Warum sind Sie so bitter?« wollte er wissen.

»Haben Sie mich nicht zur Hölle verdammt?«

Er nickte. »Ja, aber auch zur Auferstehung eingeladen.«

»Ich glaube weder an Ihre Hölle noch an Ihre Auferstehung«, gab ich zurück, »noch an Ihren gefühlsduseligen, hasenfüßigen Gott.«

»Sie kennen ihn nicht. Unser ›gefühlsduseliger, hasenfüßiger Gott‹, wie Sie ihn nennen, hat sich ans Kreuz schlagen lassen, um unsere Sünden abzubüßen. Ich glaube kaum, daß sie sich eine mutigere Tat vorstellen können...«

»*Ihre* Sünden«, fiel ich ihm berichtigend ins Wort.

»Nein, *unsere* Sünden – die Sünden der Welt. Auch Sie sind eingeschlossen in die Erlösung, wenn Sie sein Opfer nur im Herzen annehmen. Das ist der liebende, verzeihende Gott der Gnade, der Gott des Neuen Testaments, Jesus, der Sohn. Aber es gibt auch noch Gottvater, Jehova, den Gott des Alten Testaments. Und den zu fürchten tun Sie recht, denn er ist schrecklich, wenn er herausgefordert wird, ein wahrer Gott des Zorns.«

»Ich dachte mir doch gleich, daß die Sache einen Haken hat. Kein sehr netter Mann, finden Sie nicht auch?«

»Für Zynismus hat der nichts übrig, das kann ich Ihnen jetzt schon sagen.«

Es bereitete mir eine unendliche Genugtuung, ihn doch noch aus der Fassung gebracht zu haben.

»Aber, Sun I«, fuhr er fort, als er sich wieder unter Kontrolle hatte, »wenn ich mich nicht irre, haben der Taoismus und der Buddhismus ebenfalls ihre dunklen Götter, die schrecklichen Götter der Befreiung, die den Adepten über den Rand des Abgrunds in die Erleuchtung zu scheuchen versuchen: Kwan Ti, Mahakala, Yamantaka. Locker ausgedrückt, vielleicht ein bißchen zu locker, würde ich sagen, daß der Gott des Alten Testaments eine ähnliche Funktion ausübt.«

»Wobei der Unterschied nur darin besteht, daß unsere Götter psychologisch sind, metaphorisch, wenn Sie wollen. Sie symbolisieren die geheimen Kräfte des Herzens. Der Himmel liegt in uns selbst, alle Götter«, ich sah Yin-mi an, »und auch die Hölle. Deswegen fürchte ich mich nicht vor Ihrer Verdammung.«

»Eine sehr schöne Vorstellung«, räumte er ein. »Ich selbst habe auch oft damit gespielt.«

»Das klingt wehmütig, Pater«, bemerkte ich. »Vielleicht bin am Ende ich es, der Sie bekehrt.«

Lächelnd schüttelte er den Kopf. »Vielleicht, aber das glaube ich nicht. So überzeugend Sie auch sein mögen, Sun I, ich bezweifle doch, daß Sie meinen eigenen, inneren Mephisto übertreffen können. Ich habe mit der Idee gespielt, am Ende bin ich aber immer wieder zurückgekehrt. Ihr ›Weg‹ stellt mich letzten Endes nicht ganz zufrieden.«

»Und warum?«

»Weil er unzulänglich ist. Er läßt zu viel aus.«

»Was läßt er denn aus, Pater?«

»Die Welt«, antwortete er, »die Welt, so, wie sie ist.«

»Wie meinen Sie das? Taoisten leben auch in der Welt. Sehen Sie mich an!«

»Ja, doch eurer Lehre zufolge ist die Welt ein Traum, eine Illusion, ist alles, was wir tun und leiden, ebenfalls Illusion, und wir selbst sind schließlich nicht mehr als ein Produkt ›irrgeleiteten Sehens‹. Diese Auffassung ist oberflächlich recht verlockend, aber zu einfach, beinahe leichtfertig, und zugleich resignativ. Ich glaube nicht an sie, weil die Menschen für mich eine primäre, unwiderlegbare, existentielle Gültigkeit besitzen, die den Vorrang hat vor der ganzen Metaphysik und sie beherrscht. Die Menschen verwirklichen sich selbst durch das, was sie tun und leiden – vor allem wohl durch das, was sie leiden...«

»Sein ist Leiden«, bemerkte ich zynisch in Erinnerung an Kahn.

»So etwas Ähnliches«, bestätigte er. »Indem Sie jedoch die Urheber und Dulder irreal machen, verweigern Sie dem Leben die Würde und den Schrecken. Wenn es keine äußere Welt gibt, keine andere, dann ist unser Leiden auch Illusion. Und das kann ich nicht akzeptieren. Dafür sehe ich täglich zuviel davon. Das Leiden besitzt eine krasse, wuchernde Gültigkeit, an die keine Metaphysik je heranreichen kann – nicht für mich.«

»Aber Sie irren sich«, widersprach ich. »Niemand sagt, daß das Leiden irreal ist, sondern nur, daß es selbstzugefügt und unnötig ist.«

»Das glaube ich nicht. Es widerspricht meiner grundlegenden Auffassung der Welt. Doch von der Metaphysik mal abgesehen: Das, was mich letztlich von der Unzulänglichkeit der fernöstlichen Auffassungen überzeugt hat, war, daß sie uns durch das Leugnen der externen Welt und der Realität des Leidens auch den einzig erreichbaren Trost nehmen.«

»Und der wäre?«

»Die Liebe«, antwortete er. »›Und hätte der Liebe nicht, so wäre ich nichts‹, erinnern Sie sich an die Epistel?« Ich entdeckte, daß Yin-mi errötete. »Ohne eine externe Welt, eine andere, kann es keine Liebe geben, noch kann es Liebe geben ohne Leiden.«

»Sie vergessen, Pater«, wandte ich ein, »daß Mitleid einer der drei taoistischen Schätze ist.«

»Das ist nicht dasselbe«, widersprach er.

»Wovon reden wir denn dann?«

Er sah mich herausfordernd an. »Vom Leben in der Welt, wie sie ist. Die Liebe ist *in* der Welt und leidet. Mitleid aber ist eine Art sehnsüchtiger Blick zurück, nachdem wir die Welt bereits verlassen haben. Es geht über das Leiden hinaus, ist immun dagegen, und aus genau diesem Grund ein bißchen blutleer und verachtenswert, letztlich unbedeutend.«

»Warum muß es immer weh tun?« fragte ich ihn.

»Wenn Sie es nicht verstehen, kann ich es Ihnen, glaube ich, auch kaum erklären.«

»Vielleicht befriedigt die Bindung an die Welt – an ihre Halbwahrheiten und Unvollkommenheiten, an ihre Vergänglichkeit und Widersprüchlichkeit – ein tief eingewurzeltes Bedürfnis, uns selbst weh zu tun«, überlegte ich laut. »Da uns der Platz jenseits der Eitelkeiten und Flüchtigkeiten, nach dem wir uns sehnen und den wir nicht finden, aus freiem Willen oder aus Blindheit versagt bleibt, müssen wir uns, da wir die Bestrafung der Welt als unwirksam erkennen, folgerichtig selbst bestrafen.«

Riley wurde bekümmert. »Das ist sehr profund gedacht, glaube ich, Sun I, wenn es auch nur teilweise zutrifft. Vielleicht drückt Johannes es am besten aus, oder vielmehr Christus durch den Mund des Johannes: ›Wahrlich, wahrlich ich sage euch: Es sei denn, daß das Weizenkorn in die Erde falle und ersterbe, so bleibt's allein; wo es aber erstirbt, so bringt es viele Früchte.‹ Verstehen Sie das – daß wir gebrochen werden müssen, um Frucht zu tragen? Darum sagt Christus: ›Wer sein Leben liebhat, der wird's verlieren; und wer sein Leben auf dieser Welt haßt, der wird's erhalten zum ewigen Leben.‹«

Riley war eindeutig tief bewegt; und ich war von ihm berührt, menschlich, obwohl er mich nicht überzeugen konnte. »Sie sind sehr eloquent, Pater«, mußte ich zugeben, »und offensichtlich sehr aufrichtig in Ihrem Glauben. Ich respektiere das. Aber Sie haben etwas ausgelassen. Die Liebe ist nicht der einzige Trost. Es gibt nämlich auch die Ruhe, die ›Freuden des Weges‹. Die Rückkehr zur Quelle bietet jenen, die stark genug sind, die Härten und Einschränkungen zu ertragen, reichlichen Lohn und am Ende der Straße das größte Glück, das es überhaupt gibt: die Erleuchtung.«

»Ah, ja, der ›Friede, der über das Verständnis hinausgeht‹ *à la chinoise*«, sagte er nun wieder im alten ironischen Ton. »Ich weiß nicht recht, ob ich Ihnen das abkaufen soll.«

»Sie brauchen es mir nicht ›abzukaufen‹«, gab ich indigniert zurück. »Ich versuche nicht, Sie zu bekehren. Ich respektiere Ihren Glauben, zumindest weitgehend. Warum erweisen Sie mir nicht dieselbe Höflichkeit?«

»›Niemand kommt zum Vater denn durch mich‹«, zitierte er grimmig.

»›Also hat Gott die Welt geliebt, daß er seinen eingeborenen Sohn gab, auf daß alle, die an ihn glauben, nicht verloren werden, sondern das ewige Leben haben. Denn Gott hat seinen Sohn nicht gesandt in die Welt, daß er die Welt richte, sondern daß die Welt durch ihn selig werde.‹

Verstehen Sie denn nicht, Sun I? Wenn ich den Stöpsel ziehe, bricht der Deich zusammen. Eine Wasserwand aus Finsternis und Sünde bricht hinter ihm hervor und schwemmt die ganze Welt davon.«

»Und das glauben Sie wirklich?« fragte ich skeptisch.

»O ja, das glaube ich«, antwortete er nachdrücklich. »Und Sie können mich ruhig auslachen, doch das ist es, weshalb ich mich zu dem Versuch verpflichtet fühle, Sie zu überzeugen, auch wenn ich Witze darüber mache. ›Also wird auch Freude im Himmel sein über einen Sünder, der Buße tut, vor neunundneunzig Gerechten, die der Buße nicht bedürfen.‹«

»Dann halten Sie mich für einen Sünder?« fragte ich mit einem Anflug von Koketterie.

»Selbstverständlich!« gab er zurück. »Einen charmanten – und letztlich besserungsfähigen, was noch viel günstiger ist. Wie Sie sehen, gebe ich zu, daß meine Gründe nicht ganz und gar selbstlos sind. Dieser Kreditposten würde sich recht gut ausmachen in meiner himmlischen Bilanz. Ich hab' eine Menge Sollposten gutzumachen.«

Ich lachte. »Ihr Glaube ist mir zu anspruchsvoll.«

»Jede Liebe ist anspruchsvoll!« antwortete er.

Ich spürte, wie ich errötete, weigerte mich aber, mich durch seinen Charme aus der Opposition locken zu lassen. »All diese Forderungen und Leidenschaften! Diese ganze Ekstase! Ich tue mich schwer mit einer Religion, die Trunkenheit als Zustand tiefster Frömmigkeit und spiritueller Vollendung betrachtet. Ihr tiefstes Mysterium offenbart sich in einem Becher Wein. Das Sakrament des Taoismus – wenn er ein solches hätte – würde sein tiefstes Geheimnis in einem Schluck kalten, klaren Quellwassers offenbaren. Mich hat man gelehrt, daß Ekstase verzerrt, statt zu offenbaren. Ekstase ist eine Art Bedürfnis, und Bedürfnisse sehen falsch. Denn sind wir der Wahrheit nicht näher in Augenblicken der Ruhe, da unsere Konzentration nach innen gerichtet, unser Urteilsvermögen unbeeinträchtigt ist von allen Leidenschaften und Bedürfnissen?«

»Die Menschen sind bedürftige Wesen«, wandte Riley ein.

»Ja, aber Sie sind viel zu fatalistisch. Das Bedürfnis muß die Fähigkeit erwerben, sich zu befriedigen, und der Erwerb ist immer eine riskante Sache. Aber es gibt noch einen anderen ›Weg‹, außer dem Weg des Erwerbens, und das ist der Weg des Verzichtens. Das ist es, was der Taoismus lehrt, und wenn wir auch die Gültigkeit anderer Wege – selbst Ihr Tao der Liebe – nicht leugnen, so ist der Weg des Verzichts dennoch vorzuziehen, und sei es aus keinem anderen Grund als dem der Ruhe und Gelassenheit, die er mit sich bringt, ganz zu schweigen von den spirituellen Kräften, die er in den Adepten weckt.«

»Zum Beispiel?«

Ich zuckte die Achseln. »Zum Beispiel die Fähigkeit, die Zukunft vorauszusagen.«

»Ach ja, das ›*I Ging*‹«, sagte er. »›Und wenn ich weissagen könnte und wüßte alle Geheimnisse und alle Erkenntnis und hätte allen Glauben, also daß ich Berge versetzte, und hätte der Liebe nicht, so wäre ich nichts.‹ Was Sie heitere Gelassenheit nennen, den Weg des Verzichts, nenne ich den Weg der Resignation und Verzweiflung. Selbst wenn diese heitere Gelassenheit möglich wäre, bezweifle ich, daß sie den Preis wert ist.«

»Welchen Preis?«

»Den der Liebe, Sun I. Für mich läuft immer wieder alles darauf hinaus. Die Liebe ist ihrem Wesen nach leidenschaftlich, anspruchsvoll, bedürftig – all die Dinge, die Sie verachten, sind die Dinge, die ich wertschätze. ›Die Liebe höret nimmer auf, so doch die Weissagungen aufhören werden.‹«

»Nimmer, Pater?« fragte ich und horchte einen Moment lang nach innen, um über etwas ganz Persönliches nachzudenken. »Ich frage mich ... ich frage mich auch, ob die Liebe nicht manchmal grausam ist.«

»Aber gewiß! Lieben heißt leiden, das habe ich zugegeben. Aber«, er musterte mich eindringlich, »Sie sagen das in einem so seltsamen Ton. Was meinen Sie damit?«

Mit grimmigem Lächeln sah ich Yin-mi an. »Nichts, Pater, gar nichts.«

Unsere Diskussion dauerte bis spät in die Nacht. Noch nachdem die letzten erschöpften Angehörigen des TYA einzeln oder gemeinsam in die Nacht hinaus gezogen waren, kauten wir dieselben Dinge durch, zu denen mindestens ein neues Thema hinzukam, das ich kurz umreißen will, da ich es überaus anregend fand.

Als das Gespräch persönlicher wurde, begann mich Riley nach den Gründen für meine New-York-Reise und meine Arbeit an der Börse zu fragen, Entscheidungen, in denen er, wie er behauptete, überhaupt keine Logik sah (denn mit keinem Wort hatte ich meinen Vater erwähnt), bis ich ihm meine Theorie vom Delta erklärte.

Als ich ihm dieses Bild zum erstenmal schilderte, lehnte er sich mit gefalteten Händen zurück und richtete den Blick in die Ferne.

»Jetzt beginne ich zu verstehen! Das ist faszinierend, Sun I, absolut faszinierend ... Und wissen Sie was? Ich glaube, das Bild hat eine höchst interessante christliche Parallele.«

»Ach ja?« gab ich zurück.

Er beugte sich auf seinem Stuhl wieder vor und sah mich eindringlich an. »O ja. Der Versuch, das *dao* im Dow zu finden – oder umgekehrt und vielleicht präziser: den Dow auf der von den taoistischen Philosophenkartographen entworfenen Karte aufzusuchen –, gleicht sehr dem christlichen Bemühen, die Existenz des Bösen in der Welt mit einem ganz und gar gütigen Schöpfer in Einklang zu bringen, ›die Wege Gottes mit dem Menschen in Einklang zu bringen‹, wie Milton sagt. Der verborgene Reizstoff ist der Kern, um den herum Generationen von Apologeten das Perlmutt der christlichen Theologie abgelagert haben. Ich könnte mir vorstellen, daß der Impuls zu jeder Religion, den Taoismus eingeschlossen, von einem ähnlichen Reizstoff ausgeht. Obwohl ihr das Problem nicht in Begriffe wie ›gut‹ und ›böse‹ faßt, könntet ihr euch nichtsdestoweniger fragen, warum das *dao* sich in die ›zehntausend Dinge‹ stürzte, warum sich die ursprüngliche Harmonie in das Chaos der schmutzigen Welt, den ›Marktplatz‹, teilte oder zersplitterte, wodurch sich dem Menschen die anstrengende Aufgabe der Rückkehr zur Quelle stellte. Ich meine, wenn das *dao* am Anfang so perfekt und harmonisch war, warum löste es sich auf? Was geschah? Wie verloren wir es? Die taoistische Antwort auf diese Frage ist mir unbekannt«, fügte er hinzu, als könne ich ihn darüber aufklären.

»Das *dao* hat sich nicht aufgelöst«, widersprach ich. »Es ist niemals verlorengegangen. Es ist immanent in uns.«

»Aha: ›immanent‹«, wiederholte er. »Doch damit weichen Sie mir aus. Selbst wenn es hier und jetzt existiert und ewig existiert hat – warum können wir es nicht wahrnehmen? Wie sollen wir unsere Sünden erklären? Da liegt der wunde Punkt; wir nennen dies den Sündenfall.«

»Ja. Und wie lautet die christliche Antwort?«

»Es gibt mehrere Antworten, manche sind recht genial. Zum Beispiel die im ›*Exultet*‹ formulierte: ›*O certe necessarium Adae peccatum ... O felix culpa.*‹«

»Und was heißt das?«

»›O wahrhaft notwendige Sünde Adams ... O glücklicher Sündenfall.‹«

»Wieso glücklich?«

»Indem er Sünde und Tod in die Welt brachte, schuf der Sündenfall auch die Möglichkeit der Erlösung.«

»Wäre es nicht besser gewesen, alles von Anfang an einfach laufenzulassen?«

»In einem kruden, quantitativen, kosteneffektiven Sinn vielleicht schon. Aber man muß diese Dinge mit dem Auge des Künstlers sehen. Ohne einen Sündenfall, ohne ein Zersplittern in Vielfältigkeit, hätte es keine Liebe geben können. Liebe ist die Anziehungskraft der getrennten Fragmente, die sich in einer sündigen Welt nacheinander sehnen. Wenn wir einander lieben, partizipieren wir an der mystischen Reintegration des Leibes Gottes. Worauf Sie natürlich erwidern könnten, es wäre besser gewesen, wenn Gott seine Vollkommenheit von vornherein behalten hätte. Aber das ist es ja gerade. Der Prozeß des Erlangens der Vollkommenheit – die Liebe – wird wichtiger als der Zweck selbst. Das ist die christliche Offenbarung, das neue Licht, das Christus in die Welt gebracht hat, daß nämlich der Sündenfall nicht nur notwendig war, sondern etwas Gutes. Denn das, was wir verloren – die Vollkommenheit –, wird überwogen von dem, was wir gewannen – die Liebe. Die Liebe ist das höchste spirituelle Gut, und in gewissem Sinne hat das Christentum sie erfunden. Die Vorbedingung für sie ist die Unvollkommenheit; und eben deshalb ist sie für Sie als Taoist, für den Vollkommenheit alles ist, unerreichbar. Darin scheint mir das Versagen der fernöstlichen Religionseinstellung zu liegen, oder besser ausgedrückt, statt Versagen: das Überholtsein. Sie versucht, *rückwärts* zu gehen, will die Erlösung, die für uns möglich ist, die wir in der Welt leben, wie sie ist, der gefallenen Welt also, nicht anerkennen. Indem er den Kopf in den Sand steckt wie der Vogel Strauß, erkennt der Taoist nicht die Möglichkeit der Gnade, die uns hier und jetzt geboten wird und die den mutterleibgleichen Trost des Zustandes, den wir verloren haben, ersetzt, erkennt er nicht, daß das höchste Gut nur aus der größten Tragödie kommt, aus der Teilung, dem Sündenfall. Das, sehen Sie, ist das Wunder: daß ›die Liebe ihr Haus am Platz des Auswurfs erbaut hat‹, wie Yeats sagt. Die taoistische Vollkommenheit stellt sich der von Christus angebotenen höheren Erlösung in den Weg, die nur durch Verlust und Leiden erlangt werden kann. Wir müssen gebrochen werden, um durch die Liebe wieder vollkommen zu werden.«

Ich war natürlich anderer Meinung, was ich ihm unmißverständlich klarmachte, indem ich ihm all meine Gründe aufzählte. Darüber hinaus jedoch schnitten wir nur noch wenige Themen an, außer daß Yin-mi während einer Gesprächspause vom Gewand meiner Mutter erzählte, das sie Riley in den glühendsten Farben schilderte. Er bekundete Interesse daran, es einmal zu sehen, und ich erklärte mich zögernd einverstanden, da ich im tiefsten Herzen argwöhnte, dies sei nur ein weiterer Schachzug seines Plans, mich zu bekehren. Dann hatte Riley einen Einfall. Warum das Gewand nicht zu einer TYA-Versammlung mitbringen und einen kurzen Vortrag halten – über seinen Aufbau, seinen Symbolgehalt, einfach über alles, was mir einfiel, eine Art Schilderung meiner Vergangenheit mit Hilfe des Gewands: aufgewachsen in einem entlegenen Taokloster Chinas, wagemutige Flucht vom Festland usw.? Insgeheim fand ich, daß Riley angesichts seiner Bildung ein bißchen zu begeistert war vom geheimnisvollen, faszinierenden Fernen Osten und ein wenig den Kopf verlor. Zum Schluß wollte er sogar Handzettel drucken und im gesamten Wall-Street-Bezirk Plakate ankleben lassen, damit es ein richtig großes Ereignis würde. Ich fühlte mich ein bißchen gegängelt, doch das wurde dadurch mehr als ausgeglichen, daß es so überaus schmeichelhaft für mich war. Und so bat Riley mich, nachdem er im Kirchenkalender geblättert und ein weit vorausliegendes Datum festgesetzt hatte, an dem, wie er es nannte, »das Wort verbreitet werden konnte«, seinen Vorschlag zu akzeptieren. Ich machte ihm vorsichtig, doch unmißverständlich klar, daß es für einen heidnischen Taoisten eine Sache der Großmut, ein *noblesse oblige* sei. Zu meiner Freude griff Riley das auf und bemerkte zu Yin-mi im Ton eines Bühnengeflüsters, daß sie den eigenen Ränken zum Opfer gefallen seien. Wenn er nicht versuchte, mich zu bekehren, mochte ich ihn eigentlich recht gern.

»Nun, Sun I, es freut mich aufrichtig, Sie endlich kennengelernt und dieses kleine Gespräch mit Ihnen geführt zu haben.« Damit begleitete er Yin-mi und mich bis zum Gehsteig hinaus. »Ist alles geklärt für den Vortrag?«

»Ich glaube schon«, antwortete ich.

»Sehr gut. Ich freue mich, Sie dann, wenn nicht sogar schon früher, wiederzusehen. Je früher, um so besser. Kommen Sie einfach vorbei, wenn Sie Lust haben. Nur...« er warf mir einen verschmitzt-mißbilligenden Blick zu »... bitte nicht mehr vom Sakrament naschen!« Er lachte. »Das heißt, bis wir Sie doch noch bekehrt haben. Danach von mir aus, soviel Sie wollen. Es ist sozusagen ein ständiges kaltes Buffet, Sie bedienen sich ›nach Belieben‹ zum Preis des Gedecks, und zwar auf ewig.«

»Der Preis ist zu hoch.« Ich gestattete mir die winzige Andeutung eines Lächelns.

»Unsinn!« protestierte er. »Sehen Sie doch, was Sie dafür bekommen – eine Mahlzeit mit sieben Gängen! Fünf Sakramente als Horsd'œuvres und Aperitifs sowie zwei ausgewachsene Hauptgerichte. Und zum Nachtisch die Hoffnung auf den Himmel – ein wahrhaft passendes Dessert.«

»Bedenken Sie doch, was ich verliere«, gab ich zurück.

»Was verlieren Sie?«

»Das Mysterium«, antwortete ich mit einem Zitat aus dem ersten Kapitel des *»Dao De Jing«*. »Oder vielmehr etwas ›Dunkleres als jedes Mysterium, die Pforte, aus der alle geheimen Essenzen fließen.‹« Ich schüttelte den Kopf. »Nein, Pater, ich ziehe mein eigenes, bescheidenes Mahl Ihrem reich gedeckten Tische vor: ungeschälten Reis, kaltes Wasser von der Quelle, die Ellenbeuge als Kopfkissen... und, was noch dazugehört: ein ruhiges Herz.«

»Und die Liebe, Sun I?« fragte er, und jede Spur Fröhlichkeit war wie weggewischt, dafür bezog er Yin-mi in seinen Blick mit ein. »Was ist mit ihr?«

Ich errötete, wich seinem Blick aber nicht aus. »›Nur wer sich auf ewig vom Begehren befreit, kann die geheimen Essenzen erblicken; wer sich niemals des Begehrens entledigt hat, sieht nur die Folgen.‹«

»›Ob der Mensch leidenschaftslos den Kern des Lebens sieht‹«, gab er zurück, »›oder leidenschaftlich die Oberfläche – der Kern und die Oberfläche sind im Wesentlichen dasselbe, nur Worte lassen sie unterschiedlich erscheinen, drükken lediglich Äußeres aus.‹«

Zutiefst beeindruckt, schwieg ich. Denn Riley hatte eine andere und widersprechende Version derselben Passage des *»Dao De Jing«* zitiert, die ich erwähnt hatte.

Er ergriff Yin-mis Hand, um ihr gute Nacht zu sagen, und dann die meine, die er mit einem sanften, sehr persönlichen Druck bedachte, was mich ein wenig verlegen machte. »Das ist meine letzte Frage, meine letzte Bitte an Sie, Sun I«, sagte er dazu. »Denken Sie darüber nach: Was ist mit der Liebe? Und dies hier«, damit drückte er mir eine kleine Ausgabe des *»Book of Common Prayer«* in die Hand, »möchte ich Ihnen schenken. Blättern Sie mal darin, wenn Sie eine Mußestunde haben.« Er hob die Schultern. »Wer weiß?«

Mein letzter Eindruck von ihm war an diesem Abend, daß er auf der Schwelle stand und zusah, wie wir durch das schmiedeeiserne Tor schritten und den

Broadway in Richtung Norden entlanggingen. Beim Abschied war auch nicht mehr die Spur von Fröhlichkeit in seinem Gesichtsausdruck gewesen, nur ein von der Straßenlaterne erzeugter Reflex leuchtete in seinen Augen, ein Fünkchen, das mich sekundenlang an den Glanz im Auge des Soldaten, des freundlichen Jägers, erinnerte.

DREIZEHNTES KAPITEL

Inzwischen hatte sich der Himmel, Mrs. Ha-pis Voraussage entsprechend, bezogen und verfinstert. Dicke Gewitterwolken ballten sich draußen über dem Meer zusammen wie turmhohe Monumente aus blaßblauer Asche und trieben über das offene Wasser. Sie näherten sich uns und brachten eine Brise nordatlantischer Frische in die Stadt. Die Luft war ziemlich kühl geworden, und die Stimmen schienen erstaunlich weit zu tragen. Ich bildete mir ein, die Rufe der Schauerleute hören zu können, die drüben auf der Brooklyn-Seite die zweite Nachtschicht begannen, und den Lärm der Besatzungen auf den hereinkommenden Tankern. Immer wieder grollte ein Donner, und dann hörte ich das weiche, leise Platschen des Regens auf dem Pflaster, hörte es, bevor ich es fühlte, und roch es: der beißende Duft asphaltparfümierten Dampfes stieg von der Straße auf, die vor Erleichterung beinahe seufzte. Yin-mi, die den Sonnenschirm ihrer Mutter aufspannte, lud mich wortlos in seinen schützenden Schatten ein, und so gingen wir ein wenig verlegen und schweigend weiter wie schon zuvor. Schüchtern hielt sie meinen Arm, und obwohl mir ihre Nähe tröstlich war, beunruhigte sie mich auch. Ich konnte mich ihrem Trost nicht rückhaltlos hingeben, denn irgendwie fühlte ich mich durch ihn bedroht. Das hatte mich früher schon manchmal gestört. Vielleicht war dies die Ursache meines »mysteriösen Grolls«. Aber erst heute, durch meine Diskussion mit Riley, war mir dies so richtig klargeworden, denn unsere Diskussion hatte mein Wahrnehmungsvermögen geschärft. Was diese Intimität in mir bedrohte, war das Gefühl für meine eigene Integrität, im tiefsten Sinne dieses Wortes, das Gefühl für den geheiligten Kern meiner inneren Vollkommenheit. »Es sei denn, daß das Weizenkorn in die Erde falle und ersterbe, so bleibt's allein; wo es aber erstirbt, so bringt es viele Früchte.« Der christliche Glaube bejaht dieses Aufbrechen des Ich-Panzers und das Versenken einer Pfahlwurzel ins Erdreich des Lebens als Zuneigung. Für den Taoismus jedoch ist Zuneigung, ist Begehren die Wurzel allen Übels. Von Rileys mitreißender Sophisterei ließ ich mich so leicht nicht erschüttern, dieser sanfte Druck auf meinen Arm jedoch, diese wortlose Intimität, war etwas ganz anderes... »Und die Liebe, Sun I?«

Als wir unter der Brooklyn Bridge hindurchgingen, schlug ein Blitz in den uns am nächsten stehenden turmartigen Pfeiler. Sekundenlang wurde der ganze Fluß bleich fluoreszierend illuminiert; im geisterhaften Licht brodelte das dunkle Wasser ruhelos. Während der Blitz den Turm berührte und vom Gestänge absorbiert wurde, ähnelte er der Filmaufnahme eines gezackten Kreidestrichs, der auf eine Tafel gemalt wird, nur in umgekehrter Richtung, so daß sich der Strich in seinen Ausgangspunkt zurückzog. Der flinke Funke wurde vom Blitzableiter aufgesogen und durch das Chaos des Wassers bis in die dunklen Bereiche der Erde unterhalb des Flusses gejagt, wo ihm, geerdet, Erfüllung zuteil ward.

Dann begann es zu gießen. Wir blieben im Schutz der Brücke stehen und beobachteten den Wolkenbruch eingeschüchtert und bewundernd. Nach wenigen Minuten sagte Yin-mi: »Es sieht nicht so aus, als ob es bald nachlassen würde. Mutter wird sich Sorgen machen. Was meinst du, wollen wir im Regen heimlaufen?« In ihren Augen blitzte eine provozierende Herausforderung auf.

»Ich weiß nicht«, antwortete ich zweifelnd. »Es ist von hier aus fast noch eine halbe Meile.«

»Ach, komm schon!« drängte sie mich. «Oder traust du dich nicht?« Jetzt lächelte sie mir zu, wie sie es noch niemals getan hatte, keck, beinahe impertinent, aufreizend, als wolle sie mich auslachen. Mich überlief ein Prickeln der Überraschung, ein Kitzeln der Verärgerung. Doch schon war sie auf und davon und sprintete flink durch den prasselnden Regen. »Der letzte ist'n faules Ei!« rief sie. »Ein faules, tausendjähriges Ei!«

Ich hörte sie lachen und stürzte los. Der Schock des eiskalten Regens nahm mir den Atem. In Sekundenschnelle war ich klatschnaß. Meine Füße quatschten in den Socken und Schuhen, die sich anfühlten wie zehn Pfund schwere Schwimmflossen. Als ich gegen einen Gießbach, der sich in einer Gosse sammelte, bergauf anlief, klatschte ich der Länge nach in die Flut. Aber das konnte mein Glücksgefühl nur noch heben. Ich stemmte mich auf den Händen empor und planschte und flippte umher wie ein fröhlicher Fisch, der sich in einem flachen, warmen Urzeitmeer tummelt. Ich tollte munter umher, sang laut und ließ mich vollkommen gehen. Als ich dann weit voraus ihr aufreizendes Lachen hörte, machte ich mich wieder auf den Weg. Durch den Diamantschleier des Regens konnte ich ihre weiße Bluse ausmachen, und ein Stich schmerzlicher Verzweiflung durchzuckte mich. Ich setzte mich in Trab, strengte mich an wie nie zuvor. Noch ehe ich hundert Meter zurückgelegt hatte, dachte ich, das Herz würde mir vor Anstrengung zerspringen, mein hellwacher Instinkt jedoch unterdrückte den Schmerz als unbedeutend. Immer näher kam ich ihr, bis sie in eine Gasse abbog und plötzlich verschwand. Als ich die Ecke erreichte, blieb ich stehen und sah eine leere Sackgasse vor mir. Hier ging's nicht weiter. Wo war sie geblieben? Mein Herz hämmerte heftig, und unversehens ergriff mich ein unwiderstehlicher Impuls, mich zu bücken und am Pflaster zu schnuppern. Das Absurde an dieser Vorstellung ließ mich dümmlich auflachen. Als ich die Verfolgung fortsetzte, entdeckte ich mehrere Seitengassen, in die Yin-mi eingebogen sein konnte. Wenn ich die falsche einschlug, würde ich sie ganz verlieren, das Spiel verlieren, das war mir klar. Schon wollte ich zur Hauptstraße zurückkehren, auf der ich dank meines Tempos eher als sie zu Hause einzutreffen hoffte, als ich am Anfang einer Seitengasse den zerfetzten Sonnenschirm liegen sah. Seine weiße Papierinnenseite wurde vom Regen in die Erde gehämmert wie eine Blüte. Ihre Fährte, eine absichtlich gelegte Spur. Ohne auch nur eine Sekunde innezuhalten, hob ich ihn auf und stürzte mich ins Labyrinth.

Zwanzig oder dreißig Meter nach der Ecke machte die Gasse einen scharfen Knick nach links, so daß ich nicht in sie hineinsehen konnte. Vor und hinter mir war undurchdringliche Schwärze, und ich mäßigte mein Tempo, um mich etwas vorsichtiger weiterzubewegen. Meine ausgestreckten Arme berührten die Mauern rechts und links, die wie mit einer Haut von einer feuchten Schicht Ruß und Dreck überzogen waren, kühl und ein kleines bißchen wie Moos. Bis auf den geisterhaften Schimmer der Wolken im schmalen Spalt über mir gab es überhaupt kein Licht. Ich mußte mir meinen Weg fast ausschließlich ertasten. Vor dem Streifen Himmel oben hoben sich als Silhouetten skelettartig die Feuerleitern ab. Hier war das weiche Platschen des Regens leiser als auf der Hauptstraße, so daß ich das schmatzende Gurgeln des Wassers hörte, das in der Nähe in einen nicht auszumachenden Abfluß rann. Trotz der Dunkelheit schimmerten an den Mauern Wasserrinnsale, die silbrig glänzten wie Streifen von Phosphor in einer unterirdischen Höhle. Hier und da drifteten wie bleiche Boote Mülltonnen an mir vorbei, getragen von der Strömung, die neben meinen Füßen in der Gosse entlangrauschte. Und der Geruch erinnerte an Unterwelt, Regen und Asphalt wie der Geruch von Asche, verbunden mit der ekligen Fruchtbarkeit des Mülls. Kurz vor mir huschte etwas quer über meinen Weg. Ich erstarrte und spähte angestrengt in die Finsternis. Das Tier machte halt, richtete sich auf, und das Licht fing sich in seinen Augen: eine Ratte. Mit einem Blick, der intelligent, jedoch unendlich bösartig war, funkelte sie mich an, dann fiel sie wieder auf alle viere und lief davon.

Diese Begegnung dämpfte mein Glücksgefühl endgültig; böse Vorahnungen verdrängten es, die meine Erregung zwar abkühlten, aber nicht vollständig beseitigten. Ein Bild erschien vor meinem inneren Auge, das mir fast das Herz stillstehen ließ. Der zerbrochen auf dem Boden liegende Sonnenschirm ließ flüchtig eine andere Interpretation erahnen. Wenn er nun gar keine absichtlich ins Spiel gebrachte Spur war? Wenn Yin-mi etwas zugestoßen war? Wenn nun jemand in der Seitengasse gewesen war, als sie hineinlief? Wenn nun...? Mein Angstgefühl wurde so übermächtig, daß mir fast übel wurde, und meine Anspannung verstärkte sich zu einer unerträglichen Intensität. Ich setzte mich in Trab. Als meine Augen sich an das Dunkel gewöhnt hatten, sah ich immer mehr Ratten. Die Gasse verlief hierhin und dorthin, alle paar Meter zweigten Durchgänge ab, und schließlich verlor ich jeglichen Orientierungssinn. Ich verzweifelte wie ein Mann unter Wasser, wenn es so dunkel ist, daß er die eigenen Luftblasen nicht sehen kann und nichts hat, das ihm den Rückweg zu Licht und Luft weisen könnte. Ich war immer fester davon überzeugt, die falsche Abzweigung genommen zu haben, und erwog bei jedem Schritt, endlich umzukehren. Leider jedoch mißtraute ich meiner Fähigkeit, den Rückweg zu finden, ebensosehr wie jener weiterzulaufen.

In diesem Augenblick bog ich um eine Ecke, und vor mir tat sich ein graues Loch auf – kein Licht, doch wenigstens die Andeutung eines freien Raumes. Ich kam auf einen unregelmäßigen, offenen Platz, der auf allen Seiten von hohen Häusermauern umgeben war, eine Art Innenhof, angefüllt mit Haufen von Unrat: zerbrochene Möbel, vom Hinabwerfen wie Autowracks zusammengequetschte Kühlschränke, deren Emaille matt schimmerte wie Knochen, große, grüne, unförmige Müllsäcke, aus denen der Inhalt quoll. Ich erkannte sofort das kleine, verlorene Königreich ausrangierter Gebrauchsgegenstände, in das ich so oft von meinem Dach hinabgeschaut hatte, und war erleichtert, dem Ziel so nahe zu sein, hatte jedoch keine Ahnung, wie es nun weiterging. Vom Dach aus hatte ich die Gasse, von der her ich hereingekommen war, nicht sehen können, und schon gar keinen Weg zur Hauptstraße hinaus. Aber es mußte einen geben. Ich begann mich mit den Händen die Mauern des Hofs entlang zu tasten. Ein paar Schritte, bevor ich den Schein einer Straßenlaterne erreichte, entdeckte ich ihn schon: An einer Stelle in der Mauer vertiefte sich die Dunkelheit. Als ich in den Schein trat, sah ich endlich die Laterne. Ich setzte mich in Trab. Stolperte, schrammte mir die Hände auf, rappelte mich wieder hoch. Dann stand ich unter der vertrauten Laterne und umklammerte keuchend und hustend mit brennenden, blutverschmierten Händen meine Knie. Vor Erleichterung vergaß ich sogar Yin-mi. Als die Erinnerung an sie wiederkehrte, richtete ich mich auf, um mich umzusehen, und genau in diesem Moment hängte sich etwas von hinten an mich. Ich schrie auf und hastete davon. Hinter mir verspottete mich fröhliches Gelächter, während sie die Treppe zum Vestibül hinaufrannte. Sie schloß die Tür hinter sich und spähte, bevor sie verschwand, schnell noch einmal durchs Glas zu mir heraus. Ich war verblüfft, doch dann überfiel mich die heftigste Wut, die ich jemals im Leben empfunden hatte. Ich nahm die Treppen drei Stufen auf einmal. Die Tür war verschlossen. In hirnloser Rage rüttelte ich an ihr, bis mir einfiel, daß ich ja einen Schlüssel hatte. Ich rammte ihn ins Schloß. Als ich ihn umdrehte, erblickte ich im Fenster mein eigenes Gesicht: verschmiert von Blut, beinahe dunkelrot, die Halsadern geschwollen, die Augen fast nur noch Pupillen.

Sie lauerte an der inneren Tür, die Hände in den Hüften, ein Knie angehoben und den Fuß gegen die Tür gestemmt. Das Knie war in einer Geste instinktiv femininer Anzüglichkeit und Abwehr leicht nach innen gewandt. Ihr Haar war klatschnaß, aber ausgewrungen; in seiner Schwärze sprühte es vor Leben. Ihre Augen leuchteten, ihre ganze Haltung sprach von Triumph und koketter Kapitulation, ließ erkennen, der Spaß sei vorüber, und es fehle lediglich meine formelle Bestätigung seines Endes. Was meine Aufmerksamkeit jedoch vor allem erregte, waren ihre Brüste, die sich unter der durchnäßten Bluse mit von der Kälte steifen Brustwarzen deutlich abzeichneten. Sie machte keinerlei Anstalten, sie zu bedecken. Wie ich feststellte, keuchte sie genauso wie ich. Ohne die geringste Ahnung zu haben, was ich wollte, stürzte ich mich auf sie. Ich packte sie um die Taille, hob sie hoch, verschränkte die Arme fest hinter dem unteren Teil ihres Rückens und drückte sie, während ich ihr in die Augen sah, mit aller Kraft zusammen. Sie lachte fröhlich vor angenehmer Erregung. Während ich die Arme immer fester zusammendrückte, spürte ich das heiße Blut in meinem Gesicht. Gleich darauf hörte sie auf zu lachen. Sie verzog das Gesicht ein wenig vor Schmerz, dann neigte sie sich mit einem Ausdruck zärtlicher Trauer beinahe lasziv herab und küßte mich auf den Mund, küßte mich tief mit ihrer Zunge. Vor Verwunderung ließ ich sie zu Boden fallen. Federleicht kam sie auf die Füße und wich, während sie mich mit forschendem, verletzlichem Blick musterte, ein paar Schritte zurück. Ich starrte sie ebenfalls an, nahm jedoch nichts wahr als den Geschmack ihres Mundes, beinahe unerträglich versüßt vom nachklingenden Geschmack des Weins.

»Warum hast du das getan?« fragte ich mit bebender Stimme.

»Ich weiß es nicht«, antwortete sie. »Muß ich einen Grund haben?«

Unvermittelt begann ich zu weinen. Ich barg das Gesicht in den Händen und weinte unbeherrscht mit tiefen, krampfartigen Schluchzern.

»Nicht!« flüsterte sie, kam näher und legte mir die Arme um die Schultern. »Nicht, Sun I.« Ich spürte, wie mich ihr Körper mit sanftem Druck schüchtern von oben bis unten berührte, ich fühlte die Kälte ihrer nassen Kleider und die Wärme, die ihr nackter Körper an den Kontaktstellen ausstrahlte: so heiß, daß es mich zu verbrennen schien.

Mit einem Gesicht, das vor Schluchzen noch unwillkürlich zuckte, blickte ich auf.

»Psst«, machte sie. »Es ist ja gut. Du frierst. Komm mit nach oben; ich mache dir einen Tee und packe dich in eine warme Decke.«

Kapitulierend ließ ich mich abermals von ihr führen.

»Nun seht euch das an!« rief Mrs. Ha-pi, legte ihre Stickerei zur Seite und erhob sich aus ihrem Sessel. »Ihr seid ja beide bis auf die Haut durchnäßt!« In ihrem Ton kämpften Erleichterung und Mitgefühl mit einem Anflug von Kritik. »Yin-mi, du gehst dich sofort umziehen!« kommandierte sie streng. Beschämt und vor Kälte zitternd murmelte Yin-mi ein eingeschüchtertes »Ja, Ma'am« und schlappte müde den Flur entlang.

»Sun I, du kommst mit mir!« befahl Mrs. Ha-pi dann energisch. Und auch ich gehorchte sofort, denn wir hatten uns beide im Handumdrehen in ehrerbietige Kinder verwandelt. Mrs. Ha-pi führte mich ins Gästeschlafzimmer. »Als Wo in seine eigene Wohnung umzog, hat er ein paar Sachen hiergelassen«, sagte sie mehr zu sich selbst als zu mir. »Sehen wir mal...« Sie öffnete den Schrank und suchte energisch zwischen den Bügeln mit Anzügen herum. »Hier!« Damit zog sie etwas heraus und warf mir über ihre Schulter ein limonengrün und gelb bedrucktes Hawaii-Hemd zu. »Und eine Hose.« Mit Bermuda-Shorts aus Madrasstoff wandte sie sich zu mir um.

»Na ja, muß ja nicht unbedingt zusammenpassen, oder?« fragte sie ein wenig gereizt, als sie meine Miene sah, die bekümmerten Protest ausgedrückt haben muß.

»Nein, Ma'am«, gab ich zurück. »Ist alles großartig.«

»Na schön. Du kannst dich im Badezimmer umziehen. Am besten nimmst du den auch noch mit.« Sie warf mir einen Gürtel zu. »Mein Sohn ist ziemlich grobknochig, während du eher... mager bist.« Sie äußerte dies mit einer Betonung, die auf mich herabsetzend wirkte.

Mager? dachte ich und sah, als ich mich zum Gehen wandte, an mir hinab. Ich hatte mich eigentlich nie besonders mager gefunden, war aber so eingeschüchtert, daß ich nichts anderes tun konnte, als ihrem Urteil zuzustimmen. Gewiß, wenn man Wos Fettleibigkeit als ›grobknochig‹ bezeichnete, war ich so dürr wie eine Zaunlatte.

Während ich im Bad war, erloschen plötzlich im Haus die Lichter. Als ich herauskam, hatte Mrs. Ha-pi bereits Kerzen angezündet. Yin-mi war noch immer nicht wiederaufgetaucht. Die brüske, unbarmherzig mütterliche Tüchtigkeit, die Mrs. Ha-pi gezeigt hatte, legte sich ein wenig, als ihr Blick auf mich fiel. Mich da so schüchtern, so beschämt und verletzlich stehen zu sehen, umwogt und beinahe verschluckt von diesen vulgären Zelten aus grellbuntem, aufdringlichem Kunstseiden-Azetat, besänftigte ihre gerechte Empörung. Ich hatte gefürchtet, sie werde lachen, statt dessen verriet ihre Miene Zärtlichkeit und Mitleid. Sie nahm ihren Handarbeitskorb vom Sitz eines verschmutzten, rosa Sessels neben dem ihren, klopfte mit der Hand darauf und lud mich zum Sitzen ein. Meine Unterwürfigkeit, als ich ihr nun gehorchte, war so unbewußt und tief eingewurzelt, daß sie Erinnerungen in ihr geweckt haben mußte, denn voll mütterlicher Fürsorge und Zuneigung strich sie mir flüchtig die Haare aus der Stirn. Dann stieß sie einen Seufzer aus und widmete sich wieder ihrer Stickerei.

»Nun, habt ihr euch gut amüsiert, du und Yin-mi?« wollte sie wissen.

»Ja, Ma'am.«

Sie musterte mich fragend. In diesem Moment wußte ich nicht genau, wo ich stand, nur noch, daß ich zu einem fernen Infantilismus zurückgekehrt und so tief in mich zurückgezogen war, daß ich einfach kein Gespräch mehr zu führen vermochte. Ich glaube, sie spürte das. Sie griff nach dem Stück Stoff, an dem sie arbeitete, hielt es im schwachen Kerzenlicht dicht an ihre Augen und suchte dann in ihrem Korb nach einer Garnrolle. Während sie stickte, musterte sie mich von Zeit zu Zeit über den Rand ihrer Halbbrille hinweg.

Als Yin-mi endlich hereingepatscht kam, mit vom Trockenrubbeln zerzausten Haaren, in einer Pyjamahose mit angearbeiteten Füßlingen und einer langärmeligen Bluse aus dunkelblauem Samt mit Stehkragen, warf Mrs. Ha-pi ihr, während sie einen Faden durch den Stoff zog, einen kurzen Blick zu. »Vielleicht möchte Sun I eine Tasse Tee, Liebes. Geh doch bitte in die Küche und stell Wasser auf!« Daraufhin machte Yin-mi kehrt und patschte wieder hinaus, als stehe sie unter Fernlenkung.

Ihre Mutter sah mich durchdringend an. Ich errötete. Ein seltsames Lächeln spielte um ihre Lippen, und sie vertiefte sich demonstrativ in ihre Arbeit, stickte mit schnellen, geschickten Fingern, bis sie mich schließlich tatsächlich fast vergessen zu haben schien. Obwohl sie kein Wort äußerte, fühlte ich mich durchaus nicht unbehaglich oder fehl am Platz, sondern vielmehr aufgenommen, absorbiert in die gemütliche Atmosphäre, die sie umgab wie eine leicht abgenutzte, jedoch bequeme häusliche Aureole. Allmählich ertappte ich mich dabei, daß ich immer konzentrierter auf die komplizierten Bewegungen ihrer Finger starrte. Ihre verarbeiteten Hände waren mit dicken, blauen Venenstraßen überzogen, Blutaquädukten, die in einem natürlichen Sinn wirklich schön genannt werden konnten. Sie schienen in gesteigerter Realität zu glühen. Die haarfeine Naht der Oberflächenwelt öffnete sich und schloß sich wieder, um mir kurze, verlokkende Einblicke ins Innenleben ihrer Hand zu geben: das sauerstoffhaltige Blut, das in den Arterien an der Unterseite des Handgelenks pulste und, ausgelaugt, durch die dicken Venen auf dem Handrücken zurückfloß; das feuchte, gefurchte Muskelgewebe, das sich ausdehnte und zusammenzog, wenn sie ihre Finger bewegte; die Sehnen, Knochen und Bänder.

Das Schauspiel faszinierte mich. Es lag Magie darin, die tröstlich und zugleich unendlich melancholisch war und auf schmerzliche Weise vergrabene Erinnerungen beschwor, einen geheimen, tiefen Schmerz. Allmählich erst wurde mir bewußt, daß ihre Finger merklich langsamer geworden waren, daß sie nicht mehr so genau achtgab. Sie hatte begonnen, mein Gesicht aufmerksam zu erforschen. Einen flüchtigen Augenblick lang war mir, als blicke die Tochter hinter dem Gesicht der Mutter hervor, als sei die ältere Frau eine unvollendete Statue, die, ihres überflüssigen Materials entledigt und vom Meißel des Bildhauers zum knappen Bild ihrer ursprünglichen Essenz verfeinert, haargenau Yin-mi darstellen würde.

»Du hast an deine Mutter gedacht, nicht wahr?« fragte sie, als sei ihr Herz bis in den Kern berührt worden.

Zwar war ich mir dessen bisher nicht wirklich bewußt gewesen, doch ich erkannte, daß sie recht hatte. Ihre Hellsichtigkeit verblüffte mich. Unsere formelle Beziehung verwandelte sich sekundenlang in zeitlose Intimität. Dann schauten wir beide weg: – sie auf ihre Stickerei und ich, ungeduldig Yin-mis Wiederauftauchen erwartend, zur Tür.

Als sie dann fortfuhr, sprach sie mit ihrer normalen Stimme. »Du wirkst heute abend ein bißchen abgespannt und bekümmert, Sun I. Hast du Probleme, Liebes? Geldprobleme vielleicht?« Sie seufzte. »Du weißt ja, wie arm wir sind, doch wenn wir dir jemals helfen können...« Sie lächelte.

Ich war gerührt.

»Oder«, ergänzte sie fast nebenbei und zog die Brauen hoch, als sie einen Stich ausführte, »sprich doch mit Wo! Vielleicht kann der was für dich tun.«

Ihre gespielte Lässigkeit hätte mich fast überzeugt, doch mein geübter Blick war zu scharf. Hinter den letzten Sätzen entdeckte ich mütterliche List, die ihrer ewigen Spürnase folgte. Ich wartete, seufzte, und tatsächlich...

»Sag mal, Sun I«, erkundigte sie sich in unverhohlen flehendem Ton und legte ihre Arbeit beiseite, »ist er glücklich?«

Die Vertrautheit, die sich kurz zuvor zwischen uns eingestellt hatte, beeinflußte meine Gefühle, auch wenn sie sich inzwischen verflüchtigt hatte. Wieder einmal schwankte ich in meinem Vorsatz, Wo zu decken. Bestimmt wäre es eine Erleichterung für ihn, sich endlich dieser Last entledigen zu können, dachte ich. Aber ich brachte es nicht über mich.

»Ich sehe ihn nicht allzuoft«, dabei starrte ich auf meine Hände, »aber soweit ich weiß, ist er es.«

Nach einer langen, unbehaglichen Pause spürte ich wieder, wie sie mich forschend ansah. Dann seufzte sie und machte sich wieder an ihre Arbeit. »Ja«, sagte sie leise, als rezitiere sie eine Litanei, an die sie nicht glaubte, »ich weiß, daß es ihm gutgeht. Er hat jetzt eine eigene Wohnung. Aber manchmal mache ich mir doch Sorgen.« Bei diesem letzten Satz wurde ihre Stimme ein bißchen brüchig, und ich entdeckte, daß sie weinte. Sie tat mir unendlich leid.

Unter Tränen schniefend, lächelte sie entschuldigend. »Verzeih mir, Sun I. Mütter sind eine schreckliche Plage, nicht wahr?«

Mit leiser Stimme, die ein wenig bebte, antwortete ich: »Das finde ich nicht, Mrs. Ha-pi.«

Sie biß sich auf die Unterlippe; dann streckte sie spontan die Hand aus und streichelte mir die Wange. »Du armes Kind!«

Yin-mi kam mit einem Tablett aus der Küche, auf dem eine kleine, braune Teekanne und drei Porzellantassen mit Untertassen standen. »Wo ist Vater?« erkundigte sie sich, ohne etwas von unserer Stimmung zu bemerken.

Seufzend suchte Mrs. Ha-pi die Sachen auf ihrem Schoß zusammen. »Der schläft seit Stunden, mein Liebes. Als ihr fort wart, ist er gleich zu Bett gegangen. Er war todmüde.«

»Betrunken, meinst du«, korrigierte Yin-mi sie mit bitterer Ironie.

»Sei nicht so respektlos!« ermahnte die Mutter sie geduldig, ohne Zorn. »Du weißt genau, wie hart dein Vater arbeitet.«

»O ja, das weiß ich«, gab Yin-mi im selben bissigen Ton zurück. »Aber er war doch betrunken.«

Zwischen den beiden Frauen herrschte eine Spannung, wie ich sie noch niemals zuvor bei ihnen bemerkt hatte.

»Möchtest du Tee?« erkundigte sich Yin-mi schließlich kühl, doch mit einer Andeutung widerwilliger Reumütigkeit.

»Nein danke, Liebes«, antwortete die Mutter. »Du weißt doch, ich trinke abends nie etwas. Ich schlafe auch so schon schlecht genug.« Und mir schenkte sie das charakteristische Lächeln verlegener, mütterlicher Omnipotenz. »Gute Nacht, Sun I«, sagte sie herzlich. »Ich habe mich sehr gefreut, daß du uns besucht hast. Bitte, komm doch öfter her! Jederzeit... Ach ja!« rief sie aus und lachte nervös. »Das sollte ich ja nicht erwähnen. Na, macht nichts. Lo schläft. Du wirst es ihm doch nicht erzählen, nicht wahr?«

Lächelnd schüttelte ich den Kopf. »Nein«, versprach ich, »und ich werde bestimmt bald wiederkommen.« Ich bot ihr die Hand.

Sie benutzte sie als Stütze, um sich hinüberzubeugen und Yin-mi auf die Wange zu küssen. »Bleib nicht so lange auf, mein Liebes!«

Yin-mi lag lang in ihrem Sessel, hielt die Arme trotzig vor der Brust verschränkt und reagierte nur mechanisch darauf, indem sie mürrisch das Kinn reckte.

Mrs. Ha-pi sah sie an, seufzte noch einmal, schlurfte dann leise in ihren Seidenpantoffeln den Flur entlang, betrat das Schlafzimmer und zog die Tür hinter sich zu.

Als sie fort war, lebte Yin-mi schnell wieder auf. Ich war verblüfft und ein wenig verstimmt. Sie goß einen duftenden Strom dampfenden Tees in meine Tasse und reichte sie mir. »Was ist?« fragte sie mich, als sie meine Miene sah.

»Nichts«, gab ich zurück. »Ich finde nur, daß du ein bißchen respektlos mit deiner Mutter umgehst.«

»Aber Sun I!« protestierte sie erbittert und setzte ihre Untertasse mit lautem Klirren aufs Tablett. »Was weißt du denn schon davon? Das verstehst du nicht. Sie will es einfach nicht einsehen.«

»Was einsehen?«

»Die Wahrheit.«

»Und die wäre?«

»Daß Vater Alkoholiker ist.«

Ich starrte sie ungläubig an.

»Ach, komm doch! Das mußt du inzwischen doch selbst gemerkt haben!« Sie lachte gereizt. »Vielleicht ist dir das einfach zu fremd. Im Kloster gibt's wohl so was nicht oft, oder?« Sie schüttelte den Kopf. »Manchmal deprimiert es mich furchtbar, das Leben hier. Ich kann's nicht ertragen, zu sehen, wie sie so alt werden, so gebeugt und ausgelaugt von all den Jahren der Einschränkung, der Ängste und der Sorgen ums liebe Geld. Und was haben sie davon gehabt? Überlebt haben sie – gerade eben.« Sie lachte verächtlich.

Es wunderte mich, sie so reden zu hören, und ich mißbilligte es. »Da bin ich völlig anderer Meinung«, widersprach ich. »Als ich die beiden heute abend sah, wurde mir deutlicher klar denn je, wie bewundernswert sie sind. Welch große Schätze sie in all den Jahren geteilter Leiden und Freuden angesammelt haben!«

Ihre Verwirrung verwandelte sich in Zorn. »Wie kommt es nur, daß es dir immer wieder gelingt, alles auf den Kopf zu stellen?«

Ich lächelte nachsichtig. »Das ist ein alter Trick, den ich im Kloster gelernt habe«, antwortete ich mit Rileys Worten. »Die Taoisten sind berühmt dafür.«

»Du bist altklug, Sun I«, schalt sie mich geringschätzig. »Doch deine Klugheit gleicht der eines Gelehrten: Du hast sie aus Büchern erworben, ohne Einsatz und Risiken. Mit dem Kopf hast du sie erworben, nicht mit deinen Händen und Füßen, nicht mit dem Herzen.«

Protestierend hob ich die Hand.

»Laß mich ausreden! Wenn ich meine Eltern betrachte, sehe ich Armseligkeit, Würdelosigkeit, Leiden ohne jede Hoffnung – jene Art Leiden, das den Menschen auspowert und letztlich zerstört. Jawohl, mein Vater ist Alkoholiker, und das ist der Grund. Das Leiden hat den innersten Kern seiner Seele berührt und ihn verdorren lassen. Aber weißt du, daß ich ihn mehr respektiere als dich? Warum? Weil *er* wenigstens gelebt hat. Du trägst deine Philosophie mit dir herum wie eine Isolationsschicht. Sie schützt dich vor der Welt, aber sie hält dich auch in dir selbst gefangen – ein Kondom zwischen dir und der Realität. O gewiß, du hast auch gelitten, das weiß ich, aber nicht auf dieselbe Art. Für dich ist alles nur Spiel. Dein Leiden ist Show, ohne bleibende Folgen. Zu leiden wie du wäre Luxus für einen Menschen wie meinen Vater. Du kannst es jederzeit zu einer Gelegenheit zum Wachsen umfunktionieren – die Disziplin der Gärtnerschere, die die Pflanze stutzt, damit sie im Frühjahr um so voller, um so üppiger ausschlägt, die jedoch nie den verborgenen Nerv ihres Lebens berührt. Aber die wirkliche Welt ist ein Wald, Sun I, kein Garten. Hier draußen geht es um Leben und Tod. Für diese Tatsache macht deine Philosophie dich blind. Du bist für nichts Reales verantwortlich, du hast nie etwas geliebt. Deine Bewunderung für das Leben meiner Eltern ist vergiftet von dem Ozon, den du in deiner großen Leutseligkeit aus der Stratosphäre zu uns herunterbringst. Für dich sind sie nichts als Labortiere. Aber ich betone noch einmal: Ich respektiere sie mehr als dich und deine ganze Philosophie. Weil du nie etwas so geliebt hast wie mein Vater, so sehr, daß du alles ertragen würdest, um es dir zu bewahren, sogar den Tod deiner eigenen Seele.«

Ich war zutiefst erstaunt über diese Schmähungen, die meine beiläufige Bemerkung ausgelöst hatte, um so mehr, als ich keine Ahnung hatte, woher sie kamen oder was der Grund für sie war. Ich hätte darüber gekränkt, verletzt sein können, aber ich war zu verblüfft. Außerdem nahm Yin-mis äußere Erscheinung meine Aufmerksamkeit in Anspruch. Nie hatte ich sie in einem solchen Zustand erlebt; ihre schönen Augen boten einen erschreckenden Anblick; sie waren voll Verletzlichkeit und Schmerz wie zwei große, qualvolle Wunden, die von mir eine Wiedergutmachung verlangten – Wunden, so tief, daß ich sie nicht ergründen konnte.

»Du hast recht«, sagte ich schließlich in beruhigendem Ton – ein Versuch, sie zu trösten, ohne herablassend zu wirken.

»Genau das ist es!« gab sie zurück. »Du bist so abgeschottet von der realen Welt, daß du das wirklich und wahrhaftig glaubst – daß ›jeder von uns selbst seine Wahl trifft‹. Unsinn! Meine Mutter und mein Vater haben nie den Luxus der Wahl gehabt. Sie nahmen, was ihnen gegeben wurde, und zimmerten sich daraus ihr Leben. Nach bester Scholastikerart magst du jetzt fragen: ›Wer kann schon sagen, was richtig ist?‹ Aber ich sage dir, daß ich meinen Vater, obwohl er ein Kuli und ein Säufer ist, mehr respektiere als dich, weil er den Mut hatte, von ganzem Herzen zu lieben und dabei zugrunde zu gehen, während du mit all deiner kostbaren Philosophie immer ein Sicherheitsventil hast, ein Schlupfloch im Vertrag.«

Sie weinte jetzt beinahe hysterisch. Obwohl mich ihre Worte im Herzen trafen, machte ich mir mehr Sorgen um sie als um mich selbst. So hatte ich sie noch nie erlebt. Und doch war es zu schmerzhaft, um es so einfach hinzunehmen. Ich mußte mich verteidigen.

»Vielleicht irre ich mich«, erwiderte ich ruhig und gemessen, »aber mir scheint, daß wir alle die freie Wahl haben. Haben wir sie nicht, dann nur, weil wir irgendwann einmal für etwas anderes auf die Möglichkeit der Wahl verzichtet haben. Aber auch das ist eine Wahl. Die Klöster standen allen Menschen in China offen. Auch dein Vater hätte in eines eintreten können. Doch er entschied sich, nach Amerika zu gehen, zu heiraten und eine Familie zu gründen. Das ist sein ›Weg‹, und er scheint mir ein guter zu sein. Gewiß, die Art Tröstung, die uns die innere Freiheit bringt, ist ihm versagt, da hast du recht. Aber er hat eine Gefährtin gehabt, in all den Fährnissen des Lebens, eine Liebe so fest wie das Fundament der Welt, in der er seine Hoffnungen verankern kann. Auch das ist eine Tröstung. Und, wie du einsehen mußt, eine Tröstung, die mir versagt bleibt wie jedem, der das Mönchsleben wählt.«

»Aber warum, Sun I? Warum mußt du dir diese Tröstung versagen?« fragte sie, und unter ihrem Zorn keimten Zärtlichkeit und Mitleid auf.

Und da begriff ich endlich, eine Erkenntnis, die süß, aber sehr schmerzlich war wie der Duft eines Festmahls, das ich niemals verzehren würde. »Du willst wohl, daß ich meine Philosophie aufgebe, auf meine Suche verzichte, auf all die Dinge, die du geringschätzt, auf all die Dinge, die ich wertschätze...«

»O nein, Sun I!« unterbrach sie mich und legte mir den Finger auf die Lippen. »Das darfst du nicht denken. Deine Suche ist mir wichtig. Ich liebe deine Philosophie und was daraus entspringt, deinen aufrichtigen Glauben an deine Überzeugungen, die Reinheit deines Herzens, deine Unschuld und deinen Mut...«

»Aber...«

»Psst!« machte sie. »Verstehst du denn nicht? Es spielt keine Rolle, was ich sage. Ich liebe all diese Dinge, weil ich dich liebe.«

Sie ergriff meine Hände und zog mich, der keinen Widerstand leistete, an sich, drehte sanft meinen Kopf zur Seite, bettete ihn an ihre Schulter und streichelte mir das Haar. »Schon seit dem ersten Abend«, flüsterte sie. »Du hast gedacht, ich mag dich nicht...« Obwohl mein Kopf abgewandt war, hörte ich das Lächeln in ihrer Stimme. »Aber das war nicht wahr. Ich wollte nur ganz und gar sichergehen.«

Ich empfand eine große Mattigkeit, eine heiße Sehnsucht nach Bewußtlosigkeit, einen innigen Wunsch, mit ihr zu verschmelzen – ein Gefühl, das ich vielleicht seit Jahren mit mir herumtrug, ohne je etwas von seiner Existenz zu ahnen. Aber ich öffnete die Augen und schob sie behutsam auf Armeslänge von mir fort. »Du darfst mich nicht lieben, Yin-mi«, warnte ich sie leise, »nicht auf diese Art! Denn ich kann deine Liebe nie erwidern. Du bittest mich um den verborgenen Edelstein im Schatzkästlein meines Lebens, und ich kann ihn dir nicht geben. Er ist bereits anderweitig versprochen.«

»Wieso anderweitig?« wollte sie wissen. »Wem denn?«

»Meiner Religion. Dir zu geben, was ich anderweitig schuldig bin, wäre eine so große Sünde, daß sie mir niemals verziehen würde.«

»Du irrst dich, Sun I«, widersprach sie. »Ich bitte dich nur um dein Herz. Deine Seele lasse ich dir; du kannst damit tun, was du willst oder mußt. Nicht mal im Traum würde ich das ändern wollen. Behalte du nur deinen verborgenen Edelstein. Ich begnüge mich mit geringeren Almosen.«

»Aber wie kann man die beiden trennen?« fragte ich verwirrt und verlor ein wenig die Fassung.

Sie lächelte. »Wie man das kann, weiß ich nicht; ich weiß nur, daß man es kann.«

»Ach, Yin-mi«, sagte ich müde, »wenn ich so lieben könnte, würde ich keine andere wählen als dich, das schwöre ich dir. Aber versuch doch mal zu verstehen: Meine Bestimmung liegt auf einem anderen Weg.«

»Du bist so jung«, wandte sie ein. »Woher willst du deinen Weg kennen?« Ihr weicher Blick verriet Ergebenheit und Hinnahme. Es war da eine Selbstsicherheit vorhanden, tiefer als ich sie je gesehen hatte, höchstens noch vielleicht bei meinem Meister. Aber Chung Fus Selbstsicherheit hatte diese Spur Fröhlichkeit, etwas, an das man sich klammern konnte, um nicht zu versinken, während Yin-mis Selbstsicherheit weit und tief und alles hinnehmend war wie das Meer, und ich hatte das Gefühl, mich darin aufzulösen. Ich geriet in Panik, wurde ganz steif und trat ans Fenster.

Sie folgte mir nicht. Nach einer Weile hörte ich Geschirrklappern, als sie die Teetassen vom Tisch räumte. Das Geräusch klang gedämpft und tröstlich wie das Rauschen des Regens nach dem spannungsgeladenen, drohenden Grollen des Donners. Die Elektrizität war noch nicht wieder voll aufgeladen.

Ich blickte hinaus. Der Mond schien auf die winkligen Geländer der Feuerleitern unter mir. Der Anblick erinnerte mich an den Blick von Ken Kuan in die Schlucht hinab, wo der Fluß silberweiß zwischen den Felswänden glänzte und sein mächtiges Rauschen heraufschickte, das sich dann oben ausbreitete und abschwächte, bis es die Lautstärke geflüsterter Andeutungen erreicht hatte. Ganz nah und sehr fern wie ein winterlicher Sonnenuntergang, der mit seinem ersterbenden Licht auf den kahlen Feldern im Herzen schmerzliche Sehnsucht nach dem Sommer weckt. »... Ein Kondom zwischen dir und der Realität... Wir sehen jetzt durch einen Spiegel in einem dunkeln Wort... Du hast nie etwas geliebt, wie er es getan hat, so sehr, daß du alles ertragen hättest, um es dir zu bewahren, sogar den Tod deiner eigenen Seele... Und die Liebe, Sun I?« Die Stimmen dieses Abends kehrten zu mir zurück wie der Chor der Flußtoten und verfolgten mich. Doch mehr noch verfolgten mich Yin-mis mehrdeutige Umarmung und der Geschmack ihres Mundes, den ich nicht vergessen konnte. Aus einem Grund, den ich nicht kannte, drängten sich mir immer wieder Kriegsbilder auf, krochen wie Magma durch einen Spalt empor, den eine Verschiebung tektonischer Platten in meinem Herzen geöffnet hatte. Ich sah mich selbst, den Kriegsdienstverweigerer, zur Bewachung der Mauern abgestellt, von meiner Höhe aus auf die Kolonnen der Truppen hinabblicken, die durch die Straßen der Stadt marschierten. Einige von den jungen Männern waren nicht älter als ich und genauso voll Angst vor dem Tod, und sei es auch nur dem seelischen. Ich lächelte bitter: ›nur‹. Doch wo war der Feind? Wer oder was war er? Vielleicht bestand er in dem, was Riley das ›Leben in der Welt, wie sie ist‹ genannt hatte. Als die Marschreihen das Tor passierten, begegnete ein Soldat meinem Blick, und in seinem jugendlichen, von Angst und Entschlossenheit zu angespannter Schönheit gemeißelten Gesicht sah ich bittere Weisheit und einen stummen Vorwurf, der auf die geheimen Winkel in meiner Seele zielte. Es war derselbe Ausdruck, den ich in Yin-mis Augen gesehen hatte.

Niemals zuvor hatten mich Zweifel an der unantastbaren Gültigkeit des Lebensweges geplagt, zu dem ich unter der Leitung meiner taoistischen Mentoren erzogen worden war. Ich hatte geglaubt, daß die Befreiung des Herzens vom störenden Einfluß ungezügelter Leidenschaft, daß der vom Begehren gereinigte Geist das Ideal sei, das anzustreben war, daß der Weg des Verzichts dem Weg des Erwerbs weitaus überlegen sei. Tief im Herzen glaubte ich immer noch an diese Dinge. Und doch hatte an diesem Abend etwas anderes seine Wirkung auf mich nicht verfehlt. Warum quälte mich dieser Zweifel an mir selbst, diese Scham, als sei ich der Feigheit beschuldigt worden? Vielleicht, weil ich mich geweigert hatte, die alte Schlacht mit den alten Waffen zu schlagen, um mich statt dessen in mich selbst zurückzuziehen getreu der Erkenntnis, daß Krieg nur Feindschaft erzeugt und sich selbst fortsetzt. Aber der Ausdruck in den Augen jener, die in die tödliche Gefahr marschieren, ist ein schrecklicher Vorwurf für jene, die auf den Wällen der Festung zurückbleiben. Und stand dieser Ausdruck nicht in aller Augen – in Yin-mis, in denen der Mutter, sogar in Rileys? Ich hätte es ertragen können, hätte ich nicht in dieser Nacht das Gefühl gehabt, daß ein Erdbeben von Zweifeln mich schüttelte. Wie ein Atlantis des Geistes stieg vor mir vom Grunde der Welt, sich aufbäumend und biegend, schaumdampfend und brodelnd ein ganz neuer emotionaler Kontinent empor, eine unerwartete Hemisphäre des Seins, eine Neue Welt, entdeckt in einem Quadranten, wo die Mandarinkartographen sie nicht gesucht hatten. Jetzt gab es fruchtbare Wälder und Berge, Grasland voll Rotwild und Bisons, weite Flußtäler, deren Wasserläufe sich in Binnenseen ergossen, und wogende Kornfelder, wo vorher nichts gewesen war als amorphe, seichte Wasserflächen, die salzige, alles auflösende Sole des Tao. Dieser Kontinent war die Liebe; und ihre endlosen Panoramen, ihre ungeheuerliche Fruchtbarkeit, die Fremdartigkeit der Tiere, die dort weideten und jagten, ließen mich meinen Maßstab verlieren und vor dem Himmel zum Nichts schrumpfen. Ich sehnte mich nach der gewohnten Sicherheit der Welt, wie ich sie gekannt hatte: einer gärtnerisch angelegten Landschaft, gepflegt von fleißigen Mönchen, nicht mit Mammutbäumen und Douglasfichten, sondern mit Bonsai-Bäumchen, die generationenlang wachsen und doch nicht über Hüfthöhe hinauskommen; eines Ortes, an dem alle Steine geschickt einem kunstvollen symbolischen und ästhetischen Effekt entsprechend arrangiert sind, und doch niemals gefährlich werden, niemals abzurutschen drohen; wo die umgeleiteten Bäche in niemals endender Musik plätschern und sich Nachtigallen in den Bäumen niederlassen und singen, aber keine Adler. Ich wünschte mir einen Garten, nicht einen Wald – nicht diese Wildnis. Eine gewisse Furcht überkam mich, als ich diese Neue Welt mit ihren Freuden und Gefahren betrachtete, denn sie bot mir einen Blick auf einen anderen Weg, auf ein Tao der Liebe, gleichwertig und gleichaltrig dem Tao der Stille. Und doch, wie konnte das zutreffen, wenn es doch heißt: »Realität ist eins, und Tao ist Realität«? Das war unmöglich. Entweder war dieser neue, schimmernde Kontinent eine Illusion, oder... Konnte ich den Gedanken überhaupt formulieren? ... oder das Tao war Illusion. Denn wenn das Tao nur partiell ist, ist das Tao falsch. Hatte Riley recht, als er sagte, im Tao sei kein Platz für die Liebe, oder gab es da etwas Unvorstellbares... Mein Delta, jawohl, das Delta, wo sich auch dieser leidenschaftlich erregte Sturzbach in das mystische Meer ergoß? Und weiterhin: War es möglich oder auch nur vorstellbar, daß das Delta, in dem die Liebe sich mit der Ruhe vereinigte, dasselbe war, in dem der Dow ins *dao* floß? Mir kam die Idee, daß das Tao, das ich kannte und dem ich mich bis zu meiner Ankunft in Amerika so angenehm verbunden gefühlt hatte, eine gereinigte Version gewesen war, ein Laborprodukt, eine Treibhausblüte. Ich hatte das Licht gekannt, nicht aber die Dunkelheit, die nun wie eine aufgewühlte See rings um mich anschwoll, während ich an der Küste gestrandet war und zusah, wie die Sturmflut stieg, und mich fragte, ob sie den Flecken Erde, auf dem ich stand, verschonen werde.

Inmitten dieser verwirrenden Gedanken spürte ich plötzlich hinter mir Yin-mi.

»Bist du es?« fragte ich, ohne mich umzudrehen.

»Ja«, antwortete sie leise.

»Hast du manchmal Angst, Yin-mi?«

»Wovor sollte ich Angst haben«, gab sie mit einer leichten Unsicherheit in der Stimme zurück.

»Ich weiß es nicht«, erwiderte ich. »Vor irgend etwas in unseren Herzen.«

Wir verstummten, bis ich sie plötzlich weinen hörte. Ich wandte mich um.

»Was gibt es da zu weinen?« fragte ich sie. Ich trat zu ihr und legte ihr ganz leicht die Hand auf die Schulter.

»Ich weiß es nicht«, schluchzte sie und lächelte unter Tränen. »Irgend etwas in meinem Herzen ist schuld daran.«

Sie nahm meine Hand, preßte sie an ihre Wange und schloß die Augen. Wieder hörte ich in der Ferne das Horn des Jägers, das klagende Kläffen der Jagdhunde, und ich spürte, daß mein Herz diesem Ruf folgen wollte. Und wieder wehrte ich mich dagegen.

Ein leises, vielversprechendes Summen war vernehmbar. Die Lampen begannen mit bräunlichem, schwachem Schimmer zu glimmen. Das Summen verstärkte sich, und plötzlich füllte sich das Zimmer mit gleißender Helligkeit, unnatürlich und unheimlich nach dem tröstlichen Kerzenlicht: als werfe die Wissenschaft ihr Licht unbarmherzig bis in die intimsten Regionen des Herzens.

Ich konnte den blassen, orchideenblauen Schatten unter Yin-mis vom Weinen geröteten Lidern sehen. Sie wirkte geschunden und verletzt, bleich, als sei sie gepudert. Und doch war sie mir nie so schön erschienen. Ich fühlte mich nackt und tief beschämt. Nervös zog ich die Hand zurück.

»Schau«, sagte ich mit falscher Gelassenheit, »es gibt wieder Licht! Ich möchte wissen, wie spät es ist. Sehr spät, bestimmt. Ich glaube, ich sollte jetzt wohl gehen.«

»Ich könnte dir das Bett in Wos Zimmer machen«, bot sie mir an. »Warum bleibst du nicht hier? Ach bitte, bleib doch!«

»Ich kann nicht, Yin-mi«, antwortete ich fast flehend.

Sie richtete ihren stillen Blick, der dem eines kleinen Mädchens glich, auf mich, und ich floh.

»Leb wohl!« rief ich, als ich, ohne mich umzusehen, die Tür öffnete.

»Wann kommst du wieder?« hörte ich sie fragen, als die Tür ins Schloß fiel. Aber ich tat, als hätte ich nichts gehört, und lief davon.

VIERZEHNTES KAPITEL

Die ›ungekürzte Version‹ von Kahns Leben, mein verbotenes Abendmahl in der Trinity Church, die wilde Jagd durch den strömenden Regen, Yin-mis Liebeserklärung – ich war verstört und verängstigt von der Fülle und Fruchtbarkeit, von den Wirrnissen dieser realen Welt, des Lebens meiner Freunde und meines eigenen, nehme ich an (Schuldbewußtsein durch Assoziation), obwohl ich diese letzte Schlußfolgerung ablehnte und es vorzog, mich immer noch nicht als Teilnehmer, sondern als neutralen Beobachter zu sehen, da ich der Meinung war, eine derartige Objektivität sei möglich und könne aufrechterhalten werden. Auch Ekel mußte ich in die emotionale Bilanz einbeziehen, die ich nach den Ereignissen dieses Wochenendes zog. Heimweh nach dem Kloster erfüllte mich, nach dem süßen, einfachen Leben dort, und ich sehnte mich nach der Versenkung in die Meditation. Aber ich war nicht in der Lage, mich so intensiv zu konzentrieren, daß ich mich vollkommen lösen konnte. Die Zikade im Tempel meines Herzens schrillte aufdringlicher denn je. Beunruhigende Gedanken tauchten auf – Rileys Frage: »Und die Liebe, Sun I?«; das Trugbild von Jin; der Anblick von Yin-mis Brüsten, ungeöffneten Knospen gleich, die die Hand des Pflückers innehalten lassen; der Geschmack ihres Mundes. Und über allem das geheimnisvolle, aufreizende Lächeln meines Vaters zusammen mit dem Satz aus dem Abendmahl: »Dieses tut zu meinem Gedächtnis!« Immer wieder tauchten diese Bilder auf, begleitet von Anfällen heißer Scham. *Zuowang* war unmöglich. Selbst zu schlafen war schwierig. Wenn ich die Augen schloß, zog mir diese Litanei quälender Stimmen durch den Kopf, als stiegen sie auf derselben Luftströmung empor wie die Geräusche aus dem Brunnen der Seufzer, und sie vermischten sich mit dem tatsächlichen Murmeln der City.

Am Montag morgen traf ich erschöpft und schlapp, im Herzen den stechenden Schmerz der Verzweiflung, an der Börse ein. Ich verzehrte mich vor Verlangen nach dem makellosen, leuchtenden Platz in mir selbst, von dem ich wußte, daß er existierte, zu dem ich aber den Rückweg nicht fand. Vielleicht hatte das mit meiner Schlaflosigkeit zu tun, aber da war auch dieses seltsam brennende Gefühl in den Augen, das mir erst nach meinem Ohnmachtsanfall in der Kirche aufgefallen war. Es hatte sich im Lauf des Wochenendes kaum gebessert.

Zu allem Überfluß war ich auch intellektuell überfordert, voll beansprucht von erfolglosen Versuchen, die beiden grundverschiedenen Marktstrategien, in die Kahn mich eingeführt hatte, miteinander in Einklang zu bringen. Wie bei der Vogelscheuche im »Zauberer von Oz« blähten sich meine Schläfen von all den Informationen über Spezifischen Wert und Technische Analyse, Informationen, die mir trotz ihres Gehalts bisher noch keine Dividenden an echtem Wissen eingebracht, sondern mich im Grunde nur noch konfuser gemacht hatten. Doch gnadenlos drängte mich Kahn an jenem Vormittag zu einer weiteren Expedition.

Er hatte die Ha-pis am Sonntag abend angerufen und mir ausrichten lassen, ich solle ihn in dem kleinen Drugstore in der Pearl Street treffen, den wir zuweilen vor Börsenbeginn aufsuchten, um unsere »Ablution« zu uns zu nehmen, wie Scottie es vielleicht ausgedrückt hätte. Kahn seinen Kaffee, ich meinen Morgentee. »Es hat sich etwas Besonderes ergeben«, mehr hatte er nicht gesagt und mich, wie er es so häufig tat, unbarmherzig auf die Folter gespannt. Trotzdem war ich froh über die Gelegenheit, mit ihm allein sprechen zu können. Zu allem anderen war die Ungewißheit hinsichtlich meines Vaters unerträglich geworden. Falls jemand ein wenig Licht auf das spätere Leben Eddie Loves werfen konnte, dann mußte es Kahn sein. Denn wer verfügte über ein intimeres Wissen vom menschlichen Aspekt der ›Street‹, vom Innenleben der großen Konzerne und der Männer, die sie leiteten? Außer einigen anderen Vorzügen war Kahn buchstäblich ein wandelndes Skandalblatt der Wall Street. Und ich war endlich dazu bereit, meine Angst vor dem, was er ausgraben könnte, zu überwinden.

Ich saß also in meiner Nische, sammelte bei meiner Tasse dampfend heißem Tee Kraft für die nötige Chuzpe und Selbstsicherheit, als Kahn mich überrumpelte, indem er unversehens von der Straße hereingestürzt kam.

»Los, los, Kleiner!« drängte er mich, ergriff meinen Arm und zog mich zur Tür. »Wir haben keine Zeit zu verlieren. Wenn wir uns beeilen, schaffen wir gerade noch den acht-zwoundvierzig.»

»Den acht-zwoundvierzig?«

»Ja. Du fährst nach New Haven.«

»New Haven? Wo ist denn das?«

»In Connecticut.«

»Wo in Connecticut?«

»An der Bahnstrecke vermutlich, du Schmo. Woher soll ich das wissen? Sieh in den Atlas!«

»Aber warum soll ich dahin fahren?«

»Ich schicke dich zu Dr. J., das heißt, Julius Everstat, einem meiner Freunde aus alter Zeit, Mount Abarim und später dann am OWI. Er ist Mathematiker in Yale, hat etwas über die Anwendung statistischer Techniken auf das Studium des Aktienmarktes geschrieben. Ich möchte, daß du eine Kostprobe von der akademischen Arbeit bekommst, von der professionellen Auffassung von der Marktanalyse. Außerdem hat er dir eine interessante Geschichte zu erzählen.«

»Aber warum in New Haven?«

»Na ja, ich hätte ja gern versucht, etwas aufzutreiben, das nicht so weit entfernt ist, an der Columbia University, oder der NYU, doch aus irgendeinem Grund gedeiht diese Spielart in ihrer reinsten und virulentesten Form nicht innerhalb der Mauern von Manhattan – vermutlich, weil die reinen, aseptischen Lebensbedingungen, die sie zum Wachstum braucht, hier nicht geschaffen werden können, – zuviel Elend.«

»Aber ich muß mit Ihnen sprechen.«

»Das ist dein Fehler, Kleiner: zuviel Gerede, nicht genug *action.*«

»Aber es ist wichtig!«

»Wichtig? Was könnte wichtiger sein als deine Bildung? Du mußt doch ausgehungert danach sein, Kleiner. Erinnerst du dich an das alte Sprichwort des verrückten Aschkenasen? ›Kein Mumm, kein Ruhm.‹«

»Kahn!« rief ich in vorwurfsvoller Verzweiflung und verwickelte ihn in eine kurze Runde geistigen Armdrückens.

»Na schön, ist ja schon gut – wir werden reden! Aber erst, *nachdem* du zurück bist, *okay*? Und jetzt beweg verdammt noch mal deinen *tochess*! Ich hab' den Kerl angerufen; er wird dich am Bahnhof abholen. Was soll das überhaupt? Hör mir mal zu. Ich tu' dir einen Gefallen, und *ich* soll dich bitten? Hier, nimm!« Er drückte mir etwas in die Hand.

»Was ist das?« wollte ich wissen.

»Die Fahrkarte«, antwortete er. »Ganz recht, ich hab' dir sogar die Fahrkarte gekauft. Siehst du nun, was für ein netter Mensch ich bin? So einen Freund hast du gar nicht verdient. Und hier: seine Adresse und Telefonnummer. Nur für den Fall, daß er nicht kommt. Julius ist ein sehr lieber Kerl, aber fürchterlich zerstreut. Und jetzt lauf! Lauf!« Damit scheuchte er mich die Treppe zur Lexington Avenue Subway hinab, wo ich den Expreß zur Grand Central Station nahm.

Der Zug nach New Haven tauchte bei Harlem aus dem unterirdischen Gewirr der Tunnels auf und fuhr die Park Avenue entlang bis zur One twenty-fifth. Hier zeigte die Avenue nicht die geringste Ähnlichkeit mit ihrer Midtown-Inkarnation. Rauchgeschwärzte, ausgebrannte Mietskasernen säumten die Straße, nur hier und da auf einer Feuerleiter ein Geranientopf oder eine Wäscheleine, behängt mit Kleidungsstücken in Farben, deren grelle Geschmacklosigkeit angesichts des deprimierenden Elends dieser Umgebung verständlich wurde. Dann kam die sterile Mondlandschaft der Hochhausmietskasernen, das Elysium städtischer Planung, ein Utopia, in dem Kinder nicht auf Wiesen aus Narzissen, ja nicht mal aus Gras, sondern auf Asphalt spielten. Allmählich wurde die Landschaft offener. Die Proportionen wurden menschlicher, intimer. Eng gedrängte, kleine Geschäfte an schräg abwärts führenden Straßen säumten die Uferbezirke namenloser Ortschaften, weiße Fachwerkkirchen mit spitzen Türmen, heruntergekommene Fabriken, Starkstromspulen hinter Maschendrahtzäunen, neben den Schienen schwarze Steinmauern, an denen Kalk herabrann. Danach kamen Wälder, und dann kam das Meer. Als wir durch eine ebene Salzmarsch fuhren, auf der das grüne Spartgras zu Stroh bleichte, sah ich zu meiner Freude und Überraschung Tausende von gelben und weißen Schmetterlingen in der Luft tanzen. Obwohl es noch immer Hochsommer war, lag eine Andeutung von Herbst in der Luft, die Fernsicht hatte eine gewisse Klarheit, und trotz der Hitze ahnte man eine Spur Frost wie einen Atemhauch durch zerstoßenes Eis. Am Himmel segelten wie vollgetakelte Klipper, die ostwärts über den Atlantik ziehen, riesige, dicke Kumuli.

Kahns Befürchtungen waren wohlbegründet gewesen. Julius hatte es nicht geschafft. Anscheinend waren der Streß und die Verantwortung der weltlichen, irdischen Existenz zuviel für ihn oder zu trivial, um ihnen Beachtung zu schenken, so vertieft war er in die Beschäftigung mit der höheren Mathematik. Was mein Problem dann noch erschwerte, war die Tatsache, daß die Telefonnummer, die Kahn mir gegeben hatte, offenbar Julius' Privatnummer war, denn obwohl ich es ewig klingeln ließ, meldete sich niemand. Zum Glück hatte ich seine Büroadresse, und so machte ich mich mit einem tiefen Seufzer zu Fuß auf den Marsch und erkundigte mich unterwegs immer wieder nach dem Weg. Rückblickend amüsiert mich der Gedanke, daß meine Bekanntschaft mit dem Random Walk, der Zufallstheorie, auf Straßenebene begann und auf Schusters Rappen in die Wege geleitet wurde – ein Trost, der mir damals leider nicht zur Verfügung stand.

Als ich Everstats Büro schließlich erreichte, stand die Tür offen. Ich fand den Gelehrten, tief in Gedanken versunken, über einen Tisch mit Computerausdrucken gebeugt. Sie waren hellgrün, und ihre Ränder rollten sich auf wie uralte Pergamentrollen. Den Ausdruck, den er gerade betrachtete, hatte er mit einem Rechenschieber, einer Teetasse und einer Schachtel Büroklammern beschwert, während die vierte Ecke sich frei bewegen konnte. Die Miene angestrengten Nachdenkens und die Art, wie er von Zeit zu Zeit vor sich hin knurrte und sich den Bart strich, ihn selbstvergessen zu Ringellöckchen drehte, um sie sodann mit den Fingern selbstvergessen wieder auszukämmen, gefielen mir. Vielleicht, dachte ich mir, ist dies hier endlich ein echter Magier des Westens, einer, der mich aus der Konfusion rettet, aus der ich mich nicht befreien kann.

Auf mein Klopfen hin blickte er, in den Augen kurzsichtige Entrücktheit, widerwillig auf. »Ja?« fragte er höflich, jedoch ohne Begeisterung.

»Dr. Everstat?«

»Ja, was ist?« antwortete er ungeduldig, mit einem Blick auf seine Armbanduhr. »Großer Gott! Ich hab' mich verspätet!« Als er vom Stuhl hochsprang, fiel mir auf, daß seine Jeans von der Reinigung eine Bügelfalte hatten. Auf seinem T-Shirt prangte die Aufschrift: STATISTIKER SIND DIE BESSERE ANLAGE. Man hatte den Eindruck, seine Freundin oder Mutter habe ihn angezogen, so völlig deplaciert wirkten diese modischen Dinge im Vergleich zu dem von langen Jahren einsamen Grübelns tief gefurchten und geläuterten Gesicht.

»Entschuldigen Sie!« An mir vorbei schob er sich seitlich in den Flur hinaus. »Ich habe eine wichtige Verabredung. Ich sollte vor zwanzig Minuten jemanden vom Bahnhof abholen. Vermutlich ist er schon wieder umgekehrt.«

Im Korridor blieb er plötzlich stehen und starrte ins Leere. »Möchte wissen, wie hoch die Chancen stehen...« Er zögerte, als sei er in eine gedankliche Kalkulation vertieft, dann setzte er sich wieder in Bewegung und eilte weiter.

»Dr. Everstat!« rief ich ihm nach.

Er machte halt und fuhr herum. »Was?« schrie er ärgerlich. Dann leuchtete seine Miene verstehend auf. Ganz langsam hob er den Finger und zeigte auf mich. »Sie?«

Ich nickte.

Mit dem Handballen schlug er sich an die Stirn; dann lachte er. »Aber natürlich! Das hätte ich schon an Ihren... äh... physiognomischen Besonderheiten erkennen müssen.«

»Sie meinen, weil ich chinesisch aussehe«, bemerkte ich lächelnd.

»Richtig!« Damit ergriff er, eindeutig erleichtert über die so selbstverständliche Hinnahme seiner ethnischen Anspielung, meine Hand. »Sie sind also Sun I.« Er sprach meinen Namen auf die korrekte chinesische Art aus, was nach seiner anfänglichen Unempfänglichkeit für Details einen positiven Eindruck machte. »Mein Freund Aaron... Wie geht's dem alten Teufel eigentlich?«

»Teuflisch wie eh und je.«

Er lächelte. »...sagte mir, daß Sie den Markt studieren wollen und gern sehen würden, wie wir hier arbeiten.«

Ich nickte. »Ich versuche aus dem Studium der konkurrierenden Schulen der Marktanalyse eine gewisse Kenntnis des Dow zu destillieren.«

»Vielleicht können wir Ihnen Zeit und überflüssige Mühe ersparen«, gab er kichernd zurück. »Es gibt keine anderen Schulen der Marktanalyse. Unsere ist die einzige, die diese Bezeichnung verdient. Gewiß, es gibt andere Theorien, die aber gleichen primitiven Volksreligionen, und deren Gurus sind nicht besser als die Medizinmänner, die animistische Götter beschwören; sie verlassen sich auf ihre kümmerlichen, kleinen intellektuellen Fetische zum Schutz vor einer Macht, die sie nicht verstehen.«

»Und Ihre Methode ist da anders?«

Überheblich zuckte er die Achseln. »Sie verlassen sich auf Glaube, Hoffnung, Liebe, die überholten Hilfsmittel der Religion. Wir benutzen eine wissenschaftliche Methode. Statt Fetischen und Gris-gris haben wir das gesamte Arsenal der High Technology des Raumzeitalters hinter uns.«

Ich war von seiner Selbstsicherheit beeindruckt. »Wenn Ihnen das alles zur Verfügung steht, müssen Ihre eigenen Investitionen ja ziemlich erfolgreich verlaufen. Was bevorzugen Sie im Augenblick?« fragte ich beiläufig.

Glauben Sie mir, lieber Leser, nie hätte ich mir träumen lassen, daß eine so harmlose Frage, die unter Marktforschern etwa so bedrohlich ist wie eine Frage nach dem Wetter unter Meteorologen, diesen anerkannten Experten in eine so tiefe Verwirrung stürzen könnte! Everstat errötete, öffnete den Mund zum Sprechen, zögerte, wurde konfus, blickte auf seine Schuhe hinab und stieß endlich stammelnd hervor: »Äh... nun ja... wissen Sie, Sun I, obwohl ich ein eifriger Beobachter des Marktes bin, investiere ich selbst... sozusagen... niemals.« Er grinste verlegen; dann riß er sich zusammen und sagte in etwas festerem, energischerem Ton: »Nein, ich bin grundsätzlich nicht interessiert. Das muß so sein, wenn man die Wahrheit sucht, finden Sie nicht? Auf einem Gebiet, wo Klarheit von wesentlicher Bedeutung ist, wäre Eigennutz eine tödliche Form von Blindheit.«

»Dann finden Ihre Forschungsergebnisse keine praktische Anwendung?«

»Nur insoweit, als wir versuchen, andere hinsichtlich dessen, was sie erwartet und was sie tun sollen, zu beraten«, antwortete er. »Wir wollen sie vor der Propaganda bewahren, die von den Fundamentalisten und Technikern und all den anderen falschen Propheten verbreitet wird.«

»Wieso falsch?« wollte ich wissen.

»Weil ihr Rat von Eigennutz gefärbt ist«, erklärte er, »denn sie sind fast bis auf den letzten Mann Broker, die fette Provisionen einstecken, wenn sie ihre Klienten zum Kaufen und Verkaufen verführen. Nein, obwohl unsere Gegner behaupten, das sei unsere größte Schwäche und disqualifiziere sogar unsere Meinungen ganz und gar, lautet die Wahrheit, daß die Objektivität unsere größte Stärke ist. Da wir niemals selbst investieren, sind unsere Untersuchungen so vorurteilsfrei wie nur menschenmöglich.«

»Aha!« gab ich unaussprechlich dankbar zurück. »Sie beobachten also, ohne teilzunehmen.«

»So könnte man es ausdrücken«, bestätigte er.

Ich war versucht, ihm zu einer brüderlichen Umarmung um den Hals zu fallen. »Wie wundervoll! Endlich ein Mann nach meinem Herzen! Wenn Sie mir nur verraten könnten, Dr. Everstat, wie Sie und Ihre Kollegen Ihre gründliche Kenntnis des Dow erworben haben, ohne Ihre Objektivität zu gefährden oder sich einem Risiko auszusetzen, wäre das ein unschätzbarer Beitrag für meine eigenen Bemühungen.«

»Jederzeit gern zu Ihrer Verfügung«, kicherte er, eindeutig geschmeichelt von meiner Begeisterung, fügte aber in weniger eindeutigem Ton hinzu: »Obwohl ich nicht sicher bin, ob das, was ich Ihnen zu sagen habe, auch das ist, was Sie hören wollen.« Er forderte mich auf, vorauszugehen. »Hier entlang! Ich werde Ihnen den Laden zeigen.«

Everstat führte mich durch exzentrisch gewundene, schmuddelige, uralte Korridore. Endlich gelangten wir an eine matt beleuchtete Steintreppe, die sich in einem der zahllosen Türmchen des Hauses spiralenförmig in die Tiefe wand. Während wir uns mühsam den Weg ins Souterrain ertasteten, hatte ich das seltsame Gefühl, daß wir ins Labyrinth eines angelsächsischen Gehirns geraten waren, in eine legendäre Region immerwährender Finsternis voll grotesker und sich selbst kasteiender Heiliger, Typen, die im unsicheren Licht kaum voneinander zu unterscheiden waren.

Stellen Sie sich meine Überraschung vor, als Everstat den Schlüssel ins Schloß einer schweren, mit geschnitzten Gesichtern von Wasserspeiern und Bischöfen mit Mitra verzierten Eichentür schob und ich mich nicht auf der Schwelle eines mit Foltermaschinen angefüllten Verlieses, auch nicht eines heidnischen, mit dem Blut von Menschenopfern besudelten Altarraums fand, sondern in einem blendend weißen Raum, den Reihen fluoreszierender Dekkenlampen erhellten (Fenster gab es natürlich nicht, wir befanden uns ja mehrere Stockwerke unter der Erde) und den Reihen blitzblanker Computer säumten, die eine Vielfalt von Summtönen in den verschiedensten Tonlagen von sich gaben – kaum die anglikanischen Choräle, die ich erwartet hatte, eher ein elektronisches Barbierquartett! An den Terminals rings an den Wänden kontrollierten Männer in weißen Laborkitteln hier und da Ausdrucke oder eingegebene Programme. Ein Techniker (wohlgemerkt ein Elektroniktechniker, kein Chartist) führte mit einem Lötkolben feinste herzchirurgische Eingriffe an einem der älteren Mitglieder des Computerstammes durch, das, wie ich erfuhr, das reife Alter von drei Jahren erreicht hatte und sich nun in der Seneszenz befand, auf dem Altenteil, denn das Gerät war nicht mehr kosteneffektiv und nicht mehr fähig, so viel Arbeit zu leisten, daß seine immense Stromrechnung lohnte, wurde jedoch aus Dankbarkeit für lange Monate getreuer Dienste noch behalten.

Everstat seufzte, und ein Strahlen inneren Friedens, innerer Sicherheit trat auf sein Gesicht, als wir die Schwelle überschritten und dieses kleine Paradies oder den Mutterleib der High Technology betraten. Er musterte mich mit göttergleichem Edelmut, wie aus großer Entfernung, herablassend, aber nicht unfreundlich, wobei er mich ganz zweifellos ob meines Zustands der Unwissenheit bemitleidete und wegen der anstrengenden Reise, die ich würde auf mich nehmen müssen, um zu der transzendenten Weisheit zu gelangen, die er bereits gefunden hatte. Wir schritten zwischen den Reihen der Computer hindurch; hier und da wurde das allgemeine Gesumm durch das Ticken einer anhaltenden oder anlaufenden Computerrolle unterbrochen.

»Alles ist hier, mein Freund«, sagte er mit weit ausholender Geste. »Sie können sich glücklich schätzen, daß Sie herein durften. Dieser Raum ist streng verboten für Weltkinder.« Er lachte. »Aber im Ernst, Sun I, als Sie durch diese Tür kamen«, er deutete zurück, »haben Sie wirklich die Zukunft betreten. Die Hardware, die Sie hier sehen, und die Software, die Sie nicht sehen, die aber dennoch vorhanden ist, wie die Seele im Körper, revolutionieren die ganze Welt und nicht zuletzt das Konzept der Wertpapierinvestmentbranche. Natürlich dauert es einige Zeit, bis diese Dinge auch zum Mann auf der Straße, der Wall Street vor allem, durchsickern.« Er zwinkerte mir zu. »Ich muß gestehen, die Kapitalistenhorden neigen zu Spott und Hohn. Doch welche große Entdeckung ist bei ihrer Erstveröffentlichung je ihrem wahren Wert entsprechend gewürdigt worden? Auch Darwin hat noch heute Verleumder. Und dennoch ist es dem Random Walk bestimmt, seine Konkurrenten zu überflügeln. Sie können es mir ruhig glauben: Die ganze Wall Street wird eines Tages demütig widerrufen, und zwar bald.«

Ich hörte ehrfürchtig schweigend zu, wie er sich darüber ausließ, was geschehen werde, und was nicht. Beim Vergleich seiner Hilfsmittel zum Sammeln von Wissen mit jenen, die mein chinesischer Meister mir mitgegeben hatte, empfand ich einige leichte Zweifel. Wie konnten wir jemals hoffen, uns gegen so phantastische Magier behaupten zu können? Neben diesem schimmernden Arsenal, was waren da ein eselsohriges Exemplar des »*I Ging*« und eine Handvoll Schafgarbenstengel? Es war, als ließe man Bogenschützen gegen eine moderne Armee mit schwerer Artillerie oder gar Kernwaffen marschieren.

»Können Sie mir erklären, Dr. Everstat, wie diese Maschinen Ihnen geholfen haben, in die geheime Essenz des Dow einzudringen?«

»›Geheime Essenz‹«, kicherte er, »das hört sich an wie eine Verschwörung zur Vergewaltigung einer Jungfrau oder zum Aufbrechen des Siebten Siegels.«

Ich errötete.

»Doch ist eine solche Metapher nicht ganz und gar unangebracht«, fuhr er, selbst ein wenig verlegen, ernsteren Tones fort. »Ich meine diese Sache mit der ›geheimen Essenz‹. Der Dow war schon immer eine der geheimnisvollsten und am schwersten zu definierenden Formationen der amerikanischen Landschaft; er lächelt sein Mona-Lisa-Lächeln, könnte man sagen, ein Lächeln, das Rätsel birgt. ›Was liegt in mir verborgen?‹ scheint es zu fragen, und die Männer sind augenblicklich fasziniert und bezaubert. Nehmen sie jedoch die Herausforderung an, werden sie verschlungen. Wie die Sphinx vernichtet die große amerikanische Schwarze Witwe all jene, denen es nicht gelingt, sie zu befriedigen. Sie hockt im Mittelpunkt ihres Netzes und frißt im Zorn ihrer unerfüllten Gier ihre Partner. Wie viele mögen das Labyrinth betreten haben und sind wieder zurückgekehrt, Sun I? Wie viele mögen die Lösung gefunden haben? Sehr wenige. Vielleicht gar keiner... Bis jetzt. Wenn Sie die Bildhaftigkeit der Metapher verzeihen wollen: Wir haben sie geknackt. Wir haben das Rätsel gelöst.« Sein orakelhaftes Lächeln verzerrte sich zu einer finsteren Miene. »Leider hat sich herausgestellt, daß das alte Biest keine sehr befriedigende Bettgenossin ist. Wie pflegt man doch zu sagen? Die Vorfreude ist stets schöner als die Erfüllung.«

»Wie meinen Sie das?« fragte ich ihn.

»Um das zu beantworten, muß ich weiter zurückgreifen. Wenn man der konventionellen Weisheit glauben will, ergibt sich die Random-Walk-Theorie über die Börsenkursfluktuationen aus rein logischen Erwägungen, ein wunderschöner Syllogismus. So etwa: *Falls* die Menschen rationale Profitmaximierer, und die Investoren (das heißt Käufer und Verkäufer) Menschen sind, *dann* ist die Kursfluktuation an der Börse ein Random Walk.«

»Und was...?« Was ist ein Random Walk? wollte ich fragen, aber er hob die Hand.

»Nicht unterbrechen!« gebot er. »Es wird Ihnen alles zum gegebenen Zeitpunkt erklärt werden. Sie müssen sich vor Augen führen, daß dies nur das Gerüst der Beweisführung ist. Oder betrifft Ihre Frage die putative Selbstverständlichkeit der Prämissen? Ich muß gestehen, daß ich mich zuweilen veranlaßt sehe, das Postulat, daß an der Börse Rationalität herrschte, in Frage zu stellen. Zuweilen ist es schwierig, der Schlußfolgerung zu widerstehen, daß auch obskure und negative psychologische Kräfte – zum Beispiel der Herdeninstinkt – am Werke sind.«

Ich glaube, ich muß ihn ziemlich verdutzt angestarrt haben. Konnte man denn daran überhaupt zweifeln? In der ›Street‹ wurde das doch bestimmt als etwas Gegebenes hingenommen, viel zu banal, um auch nur ein Wort darüber zu verlieren. Welche phantastische Position hatte er durch seine verfeinerten Forschungen erreicht, um diese Maxime so selbstsicher zurückzuweisen?

Everstat lächelte und fuhr mit seinen Ausführungen fort: »Ich nehme an, wenn man ein bißchen boshaft sein wollte, könnte man sogar die untergeordnete Prämisse in Frage stellen, daß Wall-Street-Makler überhaupt Menschen sind. Ihr Verhalten läßt gelegentlich wahrlich auf Tierhaftigkeit schließen. Aber im Ernst: Was die Hauptprämisse anbetrifft, so fasse ich nach meiner ›dunklen Nacht der Seele‹ jedesmal wieder neuen Mut und widerrufe die Ketzerei. Selbst wenn es hier und da einen irrsinnigen Masochisten gibt, der sein Geld verlieren will und entsprechend investiert, sage ich mir, ist das kein statistisch relevanter Prozentsatz der Investmentpopulation. Außerdem ist so etwas quantitativ nicht meßbar.«

Er betonte das letzte Wort so geringschätzig, als sei es die größte Herabsetzung für den Wert einer Sache.

»Doch all dies ist, obwohl zur Sache gehörend, nicht das, worüber ich mit Ihnen sprechen wollte. Die konventionelle Weisheit – die Idee einer unzweideutigen, logisch von selbstverständlichen Prämissen abgeleiteten Schlußfolgerung – ist äußerst schmeichelhaft für unseren Altruismus, in Wirklichkeit aber ist sie eine nachträglich aufgeklebte Fassade, eine griechische Fassade, sozusagen, offen, hell, klar, vor einem völlig anderen Bauwerk, sagen wir, einem Barockschlößchen voller Geheimgänge, verborgener Winkel und Alkoven, eher einem Schauplatz also für Intrigen und Verrat.« Er senkte die Stimme.« Die Geschichte, die ich Ihnen erzählen werde, Sun I, ist nur sehr wenigen bekannt und wird, wie ich hinzufügen möchte, nur von noch wenigeren geglaubt. Ich jedoch kann mich für ihre Glaubwürdigkeit verbürgen, denn ich war einer der Beteiligten. Ja, ich verbrachte sogar – ich kann es Ihnen ruhig verraten – über ein Jahr meines Lebens mit der Arbeit an dem Projekt, das letztlich zur Anwendung des Random Walk auf die Marktanalyse führte, Untersuchungen, für die ich weder Anerkennung noch Lohn erhielt. Wenn ich jetzt bitter bin, so hat das seine Berechtigung. Doch ich war nicht der einzige, dem Unrecht geschah, mein Schaden ist sehr gering gegen den eines anderen, und ich vermag mich noch zu rächen, während mein Freund nicht mehr dazu in der Lage ist. Ich lernte Michael Schwartz kennen, als wir noch Schüler am Mount Abarim waren: einen blassen, ängstlichen Jungen mit einem schweren Sprachfehler, unendlich depressiv, aber auch unendlich begabt. Ja, falls überhaupt jemand die Bezeichnung Genie verdient hat, dann war es Michael. Er besaß die größte Begabung für Mathematik, die ich jemals erlebt habe, und mehr noch, er liebte die Mathematik und konnte hart arbeiten. Wenn es je einen Pythagoräer gegeben hat, dann war es Michael. Für ihn war die Maxime, daß Dinge Zahlen sind, mehr als eine gefällige Übertreibung. Für ihn war sie ein Glaubensartikel. Infolgedessen führten seine Untersuchungen vom Reich der reinen Mathematik, in dem ich verblieben war (und das er verächtlich abtat als eine elegantere Art von Schach, eine Art Glasperlenspiel), weg und zum Praktischen hin – falls man theoretische Physik als praktisch bezeichnen kann; vermutlich eine Frage der Perspektive. Michael war wirklich ein gewissenhafter Forscher. Er war davon besessen, die Mathematik zu benutzen, um Erfahrung zu destillieren. Einmal vertraute er mir an, es sei sein Ehrgeiz, aus dem trockenen, braunen, aussichtslosen Samen einer mathematischen Gleichung den Garten der lebendigen Welt in all seiner Pracht und Fülle abzuleiten. Ehrgeizig, nicht wahr? Aber ist das nicht letztlich unser aller Ehrgeiz, die Suche nach der Ewigkeit in der Zeit, nach der Unendlichkeit in der Endlichkeit, nach dem Nirwana in Samsara? Am Princeton Institute for Advanced Study beschäftigte er sich mit der einheitlichen Feldtheorie. Was hätte angemessener sein können als der Versuch, die Welt aus einem einzigen, unveränderlichen Lehrsatz abzuleiten, die Mannigfaltigkeit der Naturphänome durch den Flaschenhals der Gleichungen zu zwängen? In jenen Jahren traf ich ihn selten. Unsere Wege hatten sich getrennt. Doch wenn wir uns zufällig begegneten, wirkte er glücklicher auf mich als früher, obwohl noch immer etwas vom alten Schmerz zu spüren war. Aber bei einem Menschen wie Michael kann der ja niemals ganz ausheilen, höchstens unter Kontrolle gebracht werden. Alles in allem freute ich mich für ihn. Und glaubte ihn in Sicherheit. Deswegen war die Nachricht von seinem Selbstmord so furchtbar erschütternd für mich. Eine totale Überraschung. Ich war niedergeschmettert. Er schien mir so furchtbar sinnlos zu sein, ein solcher Frevel – wenigstens anfänglich. Später jedoch, als ich mich näher damit befaßte, begann er sich mir als eine der einleuchtendsten, zielbewußtesten Handlungen darzustellen, die ich jemals erlebt hatte. Obwohl es gefühlskalt wirkt, wenn ich das sage, war er von der ganzen Unerbittlichkeit und Unvermeidlichkeit einer geometrischen Demonstration. Nun bin ich nicht kompetent genug, um Ihnen die Einzelheiten dieses Falles zu erklären. Ich verstehe vermutlich nicht viel mehr von Physik als Sie. Ich weiß nur, daß er an irgend etwas im Zusammenhang mit dem Problem der Spiegelsymmetrie in der Elementarteilchenforschung arbeitete, die bis zu jener Zeit als grundlegende Eigenschaft der Natur galt. Ihre Eleganz und mathematische Geradlinigkeit muß ihm gefallen haben. Doch als er tiefer in sie einstieg, entdeckte er einige rätselhafte Ausnahmen, die er in den Lehrsatz einzupassen versuchte. Ich kenne nicht das genaue Szenario, ich weiß nur, daß es zusammenfiel mit der Veröffentlichung von Mme. Wus Experimenten mit radioaktivem Beta-Zerfall, die schließlich die These von der Symmetrie zerfetzte und einen schwindelerregenden Ausblick auf eine grundlegende Asymmetrie in der Natur eröffnete. Michael las den Artikel sehr sorgfältig und leidenschaftslos, machte ein paar Berechnungen, ging dann nach Hause, holte eine Pistole aus der Schublade und erschoß sich.«

Everstat schwieg.

»Sie mögen anderer Meinung sein als ich, Sun I, aber meiner Ansicht nach ist das eine der nobelsten Todesarten, die man sich vorstellen kann. *Das* war intellektuelle Leidenschaft. Er lebte seine Idee, und als sie ihn im Stich ließ – oder er das wenigstens glaubte –, erschoß er sich. Daß er sich getäuscht, daß er etwas falsch verstanden haben könnte, spielt keine Rolle. Der springende Punkt ist, daß er handelte, wie es dem, woran er glaubte, entsprach. Aber damit will ich Sie nicht langweilen. Was hat Michaels Leben und Sterben mit Ihnen zu tun? Sie sind gekommen, um etwas über den Random Walk zu erfahren. Also, hier ist der Zusammenhang. Michaels Mutter wußte, daß ich ebenfalls Mathematiker war (sie war sich nicht klar darüber, wie weit entfernt voneinander unsere Gebiete wirklich lagen), und da sie sonst niemanden hatte, an den sie sich wenden konnte, bat sie mich, seine Papiere daraufhin durchzusehen, ob sich etwas von Wert darunter befand. Selbstverständlich erfüllte ich ihre Bitte, obwohl es mich viel Zeit kostete.«

Er warf einen Blick auf seine Uhr und krauste die Stirn.

»Es gab ziemlich viel durchzusehen. Michael hatte immer Notizbücher für seine Ideen bei sich, eine Art mathematische Version von Leonardos Skizzenbüchern. Sie waren mit einem unglaublichen Durcheinander gefüllt. Seine Neugier war unendlich groß. Die meisten Notizbücher enthielten kaum mehr als Entwürfe, abwechselnd anregend, absurd und verspielt. Eine Idee jedoch hatte er recht detailliert ausgearbeitet, hatte mit ihr sogar mehrere Hefte gefüllt. Es war die allmähliche Entwicklung eines mathematischen Modells für die Börsenkursfluktuation, genauer gesagt eine Möglichkeit, das zentrale Gesetz herauszufiltern, nach dem die Fluktuation verläuft. Für ihn war das anscheinend die reinste Erholung. Es existieren keinerlei Hinweise darauf, daß er es für mehr hielt als einen unterhaltsamen Zeitvertreib. Und außerdem hatte er wirklich keine Möglichkeit gehabt, sein Modell zu testen, denn es war menschlich praktisch unlösbar, nicht aus theoretischen Gründen, sondern aus mechanischen. Die Gleichungen waren so komplex, mit buchstäblich Hunderten von Variablen, daß es Jahre gedauert hätte, sie mit konventionellen Methoden auszurechnen. Vergessen Sie nicht, daß Computer zu jener Zeit noch relativ neu waren. FORTRAN war noch nicht wie jetzt eine Sprache, die alle Naturwissenschaftler und Mathematiker von Geburt an sprechen. Ich glaube kaum, daß Michael annahm, die Gleichungen könnten jemals bewältigt werden. Ich aber wußte, daß es möglich war. Wußte aus eigener Erfahrung, daß die Maschinen es schaffen würden, obwohl sie so primitiv waren. Das eigentliche Problem war die Software. Ich schätzte, daß es bis zu einem Jahr, möglicherweise auch länger dauern könnte, ein Programm zu entwickeln, mit dem man das Modell testen konnte. Die Gleichungen interessierten mich, aber ich war nicht sicher, ob ich so viel Zeit auf etwas verwenden wollte, das sich durchaus als vergebliche Liebesmüh herausstellen konnte. Außerdem hatte ich mit meiner eigenen Arbeit schon alle Hände voll zu tun. Also schrieb ich einen kurzen Leserbrief an ein bekanntes Journal, in dem ich die Existenz der Gleichungen mitteilte und sie jedem offerierte, der das notwendige Wissen mitbrachte und bereit war, die Arbeit zu übernehmen. Ich bekam ein paar lauwarme Anfragen von Studenten, die ein originelles Thema für ihre Doktorarbeit suchten. Ich war schon drauf und dran, die Gleichungen auf den Dachboden zu bringen, als etwas Interessantes geschah. Ich erhielt einen Anruf von einem Mann... na ja, sein Name tut nichts zur Sache, auch nicht, für wen er arbeitete. Es muß genügen, daß er ein Statistiker bei einem großen Konzern war. Ich benahm mich vermutlich unglaublich naiv, Sun I. Ich meine, die Implikationen der Gleichungen habe ich natürlich erwogen, jedoch intellektuell, abstrakt, und nicht im Hinblick auf die eventuellen Machtpotentiale, die damit verbunden waren – das heißt, nicht, bis ich mit diesem Burschen sprach. ›Haben Sie überhaupt eine Ahnung, auf was Sie da sitzen?‹ fragte er mich. ›Wenn diese Gleichungen korrekt sind, können wir von einer ökonomischen Revolution sprechen. Ein hundertprozentig berechenbarer Markt! Wissen Sie, was das bedeuten würde? Sie sind in derselben Position wie Mayer Rothschild bei der Schlacht von Waterloo! Es wäre, als würden Sie, bevor die Börse am Montag beginnt, ein Exemplar des Wirtschaftsteils vom Dienstag besitzen. An einem einzigen Tag würden Sie der reichste Mann der Welt werden – vorausgesetzt, Sie hätten eine adäquate Kapitalreserve, die Sie investieren können. Was nun einer der Anreize ist, die ich Ihnen dafür anbieten kann, daß Sie mich und meinen Stab mitmachen lassen; der zweite wäre dann ein Forschungsteam, so groß, wie Sie es nur wollen, um Ihnen die Arbeitslast abzunehmen und den Vorgang zu beschleunigen. Überlegen Sie doch mal: Sie können alles bekommen, was Sie wollen, und auch so viel, wie Sie wollen! Und das Ganze an einem einzigen Tag, oder höchstens in ein bis zwei Wochen, was auch der Grund ist, warum Eile und Geheimhaltung so wichtig sind. Der Markt könnte bei einer so großen Gewinnrealisierung nicht lange überleben, vor allem, wenn sich die Neuigkeit herumspricht. Sie würde einen Börsenkrach auslösen, neben dem der Schwarze Freitag sich ausnimmt wie der erste Mai‹, sagte er mir. ›Sie können das ganze Land in die Knie zwingen. Sie sitzen auf einer potentiellen ökonomischen Atombombe. Und wir machen Ihnen das Angebot, Sie zum Oppenheimer Ihres persönlichen Manhattanprojekts zu machen!‹ Wodurch er, wie ich annehme, zum General Gates geworden wäre, obwohl die Rolle Mephistos der Natur seines Angebots näherkam. Stellen Sie sich doch bloß mal vor, Sun I, wie mir zumute war! Ich legte den Telefonhörer auf, ging nach Hause und quälte mich tagelang mit diesem Angebot herum. Dann rief ich ihn an und lehnte ab. Am folgenden Tag bat ich um unbezahlten Urlaub und begann selbst mit der Arbeit an dem Programm. Mißverstehen Sie mich jetzt nicht, Sun I! Es war kein selbstsüchtiges Motiv, das mich zu diesem Entschluß brachte. Im Gegenteil, die Vorstellung, eine so große Macht zu besitzen und sie tatsächlich auszuüben, erschreckte mich zu Tode.«

Er hob den Finger.

»Doch eine derartige Macht zu besitzen und sie *nicht* auszuüben – aahhh! Das wäre grandios. Nun ja, um nicht lange drum herumzureden, ich stürzte mich kopfüber in die Arbeit. Tag um Tag hämmerte ich drauflos. Natürlich war mein Engagement im Grunde mechanisch. Alle möglichen Leute hätten tun können, was ich tat. Die inkommensurable Größe waren die Gleichungen selbst. Michael, könnte man sagen, war der Architekt, ich dagegen der Baumeister, der seinem Traum konkrete Gestalt verlieh. Mein Konzern-Mephisto versuchte mich immer wieder zu verführen – es ging dabei um beträchtliche Summen –, doch nachdem ich ihm, das heißt mir selbst, einmal erfolgreich widerstanden hatte, stellten seine Attacken für mich keinen besonderen Schrekken mehr dar und wurden zum Schluß eher Gewohnheit, sogar ein bißchen armselig. Ich hatte bereits einige Monate gearbeitet und war gut vorwärtsgekommen. Es war Sommer. Ich erinnere mich noch, daß ich eines Abends in meinem Zimmer saß. Es war erstickend heiß. Ich hatte meinen kleinen Ventilator eingeschaltet, der mich von hinten anblies. Das Hemd hatte ich ausgezogen. Es muß sieben, acht Uhr gewesen sein; draußen war es noch hell. Ich beschloß, eine Pause zu machen und mir in dem kleinen, italienischen Lebensmittelgeschäft an der Ecke Elm Street ein Coke und ein Sandwich zu kaufen. Also, ich nehme an, jeder Gelehrte hat sein eigenes, kleines Schreibtischritual, genau wie ein Arzt das seine am Krankenbett. Ich habe diese Art Teezeremonie. Vielleicht ist sie ein bißchen absurd, doch Mathematiker haben ein ebenso gutes Recht, absurd zu sein, wie die übrige Bevölkerung, meinen Sie nicht? Also, ich trinke Tee, wenn ich arbeite. Den ganzen Tag und die ganze Nacht. Ununterbrochen, richtig zwanghaft. Und keineswegs, um wach zu bleiben. Das Koffein ist es nicht. Im Urlaub kann ich zwei Wochen lang leben, ohne an eine Tasse Tee zu denken. Nein, es ist ein nervöses Bedürfnis. Etwas zum Berühren zu haben, auf das man sich zurückziehen kann, einen stummen, kleinen Freund, der die Schrecken purer Konzentration kennt und mich mit seiner Wärme tröstet. Tee ist ein großer Trost für mich. Ich weiß, ich trinke viel zuviel davon, aber ich beruhige mich mit dem Gedanken, daß es, wenn nicht dies, dann etwas Schlimmeres wäre, Zigaretten vermutlich. Ich habe versucht, weniger Tee zu trinken, aber wozu? Er hat keine Wirkung mehr auf mich. Ich kann nach einem halben Dutzend Kannen genauso gut schlafen, als hätte ich gar keine getrunken. Wie dem auch sei, ich habe eine spezielle Teetasse. Sie ist oben in meinem Büro. Vielleicht haben Sie sie gesehen? Ein Geschenk meiner Mutter. Sie steht immer auf einer Stoffserviette zu meiner Rechten, damit sie keine Ringe auf dem Holz hinterläßt. Jedesmal, wenn ich den Schreibtisch verlasse, benutze ich sie als Briefbeschwerer für die Papiere, an denen ich gerade arbeite. Ich stelle sie auf eine ganz bestimmte Art darauf, mit dem Henkel nach rechts, parallel zur vorderen Schreibtischkante. Nichts Bedeutungsschweres, einfach nur, weil ich die Tasse so halte. Reine Gewohnheitssache. Ich denke gar nicht mehr darüber nach. Und an jenem Tag hätte ich auch nicht darüber nachgedacht, wenn mich nicht etwas gestört hätte. Ich war fortgegangen, hatte mir mein Sandwich geholt und war wieder zurückgekommen. Die Tür war verschlossen, wie ich sie beim Weggehen zurückgelassen hatte. Ich setzte mich an den Schreibtisch, legte die Füße hoch, wickelte mein Sandwich aus dem weißen Papier und wollte gerade abbeißen, als mir etwas Ungewohntes ins Auge fiel. Der Henkel meiner Tasse stand verkehrt – nur um ein paar Grad, aber genug, um meine Aufmerksamkeit zu erregen. Ich legte mein Sandwich hin, sah mir die Sache näher an und entdeckte auf den Papieren, an denen ich gerade arbeitete, einen doppelten Teering von meiner Tasse. Darüber hinaus war Michaels Notizbuch an einer anderen Stelle aufgeschlagen. Nun muß ich zugeben, daß daran möglicherweise mein Ventilator schuld war. Doch an dem Teering? Nein. Ich hatte die Tasse abgestellt, dann war sie fortgenommen und in einer leicht veränderten Position wieder hingesetzt worden. Als ich meine Unterlagen ein wenig genauer zu inspizieren begann, schien mir auf einmal gar nichts mehr richtig zu sein. Meine Bleistifte waren anders angeordnet, die Papiere, an denen ich arbeitete, sahen aus, als sei mit ihnen etwas angefangen worden. Möglicherweise denken Sie jetzt, daß das nichts weiter war als Einbildung. So versuchte ich es mir auch zu erklären. Dann aber geschah etwas Interessantes, Sun I. Von jenem Tag an hörte Mephisto auf, mich anzurufen. Ganz recht. Vielleicht weil er erkannt hatte, wie sinnlos es war, meinen Sie? Mag sein. Aber vielleicht auch, weil er mich nicht mehr brauchte, nachdem er das, was er von mir wollte, gestohlen hatte. Das alles habe ich mir erst nachträglich zusammengereimt. Der Zwischenfall erschreckte mich, machte mich mißtrauisch, aber ich arbeitete weiter wie zuvor, nur daß ich Michaels Notizbücher versteckte, sobald ich das Zimmer verließ. Aber lassen Sie mich einen Zeitsprung nach vorn machen. Ich brauchte länger für das Programm, als ich erwartet hatte. Fast achtzehn Monate. Als es dem Ende zuging, wurde ich aufgeregt. Schließlich machte ich mich mit dem fertigen Programm an die Arbeit. Ich erinnere mich noch an jenen Vormittag. Ich sah die gewohnten Gesichter, Professoren, die Kaffee tranken und müßig plauderten, ein bißchen Klatsch, die eine oder andere neue Idee, jemand, der sich über die Schulter eines an der Tastatur Sitzenden beugte, auf den Ausdruck deutete, eine Frage stellte, einen Vorschlag machte. Dasselbe wie immer. Nur nicht für mich. Obwohl ich mich nach außen hin verhielt wie immer, befand ich mich innerlich im Zustand einer echten Manie. Ich dachte an Oppenheimer – an jenem Tag im Trinity, als sie die Bombe testeten und Enrico Fermi Wetten auf die Möglichkeit annahm, ob sie New Mexico in Schutt und Asche legen würde. Dann die Detonation, Jubel, ehrfürchtiges Staunen, schließlich Entsetzen, während Oppenheimer an die Zeilen aus der ›*Bhagavadgītā*‹ dachte: ›Ich bin der Tod geworden, Vernichter von Welten.‹ Ein bißchen fühlte ich mich wie er, Sun I. Ich war so nervös, daß ich kaum meine Befehle eintippen konnte. Schließlich aber hatte ich alles geschafft und eingegeben, dann machte ich mir eine Tasse Tee und wartete auf den Ausdruck. Natürlich interessierte ich mich für die spezifische Variable, vor allem aber wollte ich ganz einfach wissen, ob die Gleichungen funktionierten...« Everstat hielt inne und blickte in die Ferne.

»Ja, und?« fragte ich. »Funktionierten sie?«

»Hmmm?« gab er traumverloren zurück.

»Ob sie funktionierten?«

Er kniff ein wenig die Augen zusammen. »O ja, Sun I. Sie funktionierten.«

»Und wie lautete die Lösung?« rief ich voll Ungeduld.

»Die Lösung?« Er lächelte wie ein Kretin.

»Ja! Wie lautete die Lösung?«

»Es gibt keine Lösung«, antwortete er.

»Ich dachte, Sie hätten gesagt, sie funktionierten!«

Er nickte. »Taten sie auch, Sun I. Das ist die Lösung – daß es keine Lösung gibt.«

»Aber wie kann das sein?« wollte ich wissen. »Was soll das heißen?«

»Es heißt, daß die Fluktuationen der Börsenkurse im wesentlichen vom Zufall bestimmt werden. Es ist dies eines jener merkwürdigen Miasmen in der Natur, bei denen die normale Gesetze aufgehoben sind – wie die Schwarzen Löcher der Astrophysiker. Zwischen Ursache und Wirkung herrscht hier eine grundlegende Asymmetrie. Die Statistiker haben einen eigenen Namen für ein solches Phänomen. Wir nennen es einen Random Walk.«

Ich starrte ihn an, zutiefst bestürzt, als mir die Bedeutung seiner Worte dämmerte. »Sie meinen, es gibt keine Ursache?«

Er nickte. »So könnte man es ausdrücken.«

»Aber das ist doch lächerlich!« protestierte ich. »Wie erklären Sie sich denn dann den Erfolg intelligenter Profis beim Aktienhandel?«

Er zuckte die Achseln. »Glückssache, Sun I. In Wahrheit ist der erfahrenste, bestausgebildete Profi nicht um ein Jota klüger als der jüngste Grünschnabel. Und das ausgeklügeltste, von sogenannten Experten präsentierte ›System‹ hat nicht mehr für sich als die klassische Methode, mit Pfeilen nach dem Wirtschaftsteil einer Zeitung zu werfen. Die intelligenten Profis vom Format Ihres Mentors Aaron, den ich – bitte mißverstehen Sie mich nicht – von Herzen gern habe, gleichen einer Gruppe von Männern vor einem zwischen den Sendern steckengebliebenen Radio, die auf das Rauschen der atmosphärischen Störungen lauschen und sich die allergrößte Mühe geben, einander gegenseitig zu überzeugen, daß das, was sie hören, Musik ist. Oder, um eine andere Analogie zu nehmen, sie gleichen Personen, die sich einem Psychotest unterziehen: Der Dow ist der Rorschach-Klecks, und all die ›Systeme‹ sind lediglich die subjektiven Muster, welche die Teilnehmer aufgrund ihrer persönlichen Konflikte und Neurosen erkennen. Warum sie nicht die Wahrheit sehen? Weil ihnen ihr Eigennutz im Wege steht, Sun I. Aber lassen Sie mich meine Geschichte beenden. Weniger als zwei Wochen nach meiner Entdeckung nehme ich ein Exemplar des ›*Statistical Forum*‹ zur Hand, und was sehe ich? Den Artikel eines Universitätsassistenten mit der Überschrift: DER DOW ALS RANDOM WALK. Kein Wort, natürlich, von meinem Programm oder von Michaels Gleichungen. Das Ganze logisch abgeleitet, sehr einfach, sehr elegant. Die Grundidee ist folgende: Zu einer Transaktion an der Börse gehören zwei Parteien, ein Käufer und ein Verkäufer, beide vernunftbegabte Wesen und infolgedessen eigennützige Profitmaximierer. Nun haben sie beide Zugang zu denselben Informationen über Wertpapiere, die sie kaufen beziehungsweise verkaufen wollen. Der Handel wird zu einem Preis abgeschlossen, den beide Parteien für fair halten, sonst würden sie ihn nicht akzeptieren. Also, wenn das Vorangegangene zutrifft und ein Mann sich genötigt sieht zu kaufen, der andere zu verkaufen, dann kann es keine logische, systematische Art der Kursfluktuation geben, die beide vorhersagen können. Das Fluktuieren der Börsenkurse basiert auf Zufall. Sehr sauber, sehr hübsch. Eine intellektuelle Jungfrauengeburt!« Als er dies sagte, verzerrte sich Everstats Miene in häßlicher Ironie. »Nun ja, Sun I, zunächst war ich ganz einfach wie vom Donner gerührt. Dann zählte ich zwei und zwei zusammen. Vermutlich ahnen Sie schon, worauf ich hinaus will.«

Ich schüttelte den Kopf.

»Vielleicht wird es Ihnen klarer, wenn ich erwähne, daß die Universität, an der dies Wunderkind arbeitete, sich einer sehr engen Verbindung mit dem zuvor erwähnten Konzern erfreute, Mephistos Konzern.«

Ich begriff immer noch nicht.

»Verdammt, sie haben mir die Sache geklaut und dann als großzügige Geste einem ihrer Protegés überlassen, der sie in einer hübschen, neuen Verpackung veröffentlichte, sich mit meinen Federn schmückte!«

Wütend versetzte Everstat einem nahen Computer einen Tritt und stieß sich dabei den großen Zeh.

»Verdammte Dinger!« knurrte er. »Na ja, ich war außer mir. Ich ging mit meiner Geschichte zum Dekan. Der war interessiert an dem Programm und an den Gleichungen, obwohl er einige Einwände – alle sehr geringfügig, sehr unbedeutend – gegen gewisse Dinge erhob, die ich getan hatte. Er meinte, warum ich sie nicht als Anhang zur Arbeit dieses Burschen veröffentlichen wolle? Doch als ich den Diebstahl erwähnte, wurde er sehr ernst, sehr vorsichtig. Was für Beweise ich denn hätte? Einen doppelten Teering? Ha! Nun ja, Sun I, das war's.«

Everstat sprach noch einige Zeit weiter, aber ich hörte nicht mehr zu. Sein persönlicher Kummer, wirklich oder eingebildet, war interessant, doch mich beschäftigte nur der Random Walk. Wenn das, was Everstat sagte, stimmte, sabotierte er damit meine Absicht, die treibende Kraft hinter den Transformationen des Dow zu entdecken, die Einheit in der Vielfältigkeit. Wenn er recht hatte, gab es keine! Lieber Leser, mir war tatsächlich, als hätte er die Bombe geworfen, eine metaphysische Bombe – *auf mich*.

An unseren Abschied kann ich mich kaum erinnern. Er bot mir an, mich zum Bahnhof zu fahren, aber ich lehnte ab und wankte allein hinaus. Auf dem ganzen Rückweg zum Bahnhof schien mir die Nachmittagssonne ins Gesicht, grell, blendend hell. Es war mir eine große Erleichterung, wieder den Zug zu besteigen. Die getönten Fensterscheiben und das kühle, klimatisierte Innere beruhigten meine Augen, meine Seele. Aber nicht sehr. War ich schon am Morgen deprimiert gewesen, so war ich es jetzt doppelt. Während der ganzen Fahrt nach New York dachte ich darüber nach, wie die Fortschritte aussahen, die meine Ausbildung im Dow bis hierher gemacht hatte. Das Delta schien sich spürbar vor mir zurückzuziehen. Ich hatte das Gefühl, nicht stromabwärts zum weiten Meer der Erleuchtung, zum Wissen zu gehen, zum Frieden, zur Erfüllung, zur Erlösung, sondern wieder zurück, stromaufwärts, zu den Quellflüssen, zur Konfusion, zur Unruhe und einer heftigen Gewalttätigkeit. In der Tat, der gegenwärtige Stand der Dinge sprach der Idee eines Fortschritts bei meiner Suche Hohn. War nicht der Fortschritt meiner Ausbildung bisher eine allmähliche Regression von der Gewißheit zum Nihilismus, von der Hoffnung zur Verzweiflung gewesen?

Zuerst war da Ernie Powers: »Es gibt eine Ursache, und man kann sie ermitteln.« Für ihn war die Idee des Menschen als vernunftbegabter Profitmaximierer oder, spezifischer, die Vernunft selbst (»ein klarer Kopf«) nicht eine Voraussetzung, sondern ein Ideal, für dessen Verwirklichung er seine Lehre anwendete.

Dann Clyde Newman jun.: »Es gibt eine Ursache, aber wir können sie nicht erkennen, obwohl wir sie benutzen können.« Die mittlere Position.

Und schließlich Everstat: »Es gibt keine Ursache. Der Dow ist ein Random Walk.« War das das endgültige Urteil, der Gipfel allen Wissens? Ich weigerte mich, das zu akzeptieren. War das nicht ein progressiver Sprung in den Sumpf intellektueller Feigheit, intellektuellen Zynismus, nicht nur im Hinblick auf den Dow, sondern auf das Universum selbst und den Platz des Menschen darin? Denn was waren diese Marktstrategien schließlich, wenn nicht Weltanschauungen?

War dies die Weisheit, die ich von diesen Markt-Weisen zu hören erwartet hatte, die man hier Profis nannte? Ich scheute mich vor der Idee, Everstats System, der Random Walk, könne der Gipfel der Weisheit im Hinblick auf den Dow sein. Und doch hatte alles so hoffnungsvoll begonnen! Denn von allen dreien war er allein von einer Position ausgegangen, die der meinen am ähnlichsten war. Er hatte die Objektivität gewahrt und beobachtet, ohne teilzunehmen. Was blieb noch übrig?

FÜNFZEHNTES KAPITEL

Im Sitzen lehnte sich Kahn an das Geländer der Galerie, daß der von Menschen wimmelnde Börsensaal hinter seinem Kopf wie ein riesiger, unscharfer Hintergrund wirkte und seinen Zügen Profil verlieh. Seine Miene war, als er mir zuhörte, wie ich meine Zweifel und Widersprüche hinaussprudelte, zugleich belustigt und traurig, zugleich streng und mitfühlend. Die ganze Zeit verhielt er sich ungewohnt still und unterbrach mich kein einziges Mal. Und selbst als der Wortschwall versiegt war, fuhr er fort, mich schweigend anzustarren, während in seinen Augen ein wilder Glanz stand, ein Glanz, der Spott, aber auch Tadel verriet.

»So, Kleiner«, sagte er dann, »jetzt hast du die sauberen Methoden erprobt, und sie haben nicht funktioniert. Die Fetische sämtlicher Medizinmänner haben sich als unwirksame, erbärmliche Machwerke aus Stroh und Federn entpuppt. Dabei suchtest du eine Magie, mit der du das Leben meistern kannst.« Er lachte verächtlich und mitleidsvoll. »Und worauf läuft letzten Endes alles hinaus, deine ganze Ausbildung auf dem Markt? Alle Experten haben ihr System, jedes ist endgültig und unfehlbar, alle sind sie unterschiedlich und widersprüchlich. Jetzt kommst du zu mir und fragst mich nach meinem Talisman. Ich bin nicht sicher, ob ich dir einen geben kann, Kleiner. Ich möchte dich etwas fragen. Hast du wirklich erwartet, irgend jemand könnte dir die Lösung bieten, etwas, das du auf einen Zettel schreiben, auswendig lernen und dann fröhlich bis in alle Ewigkeit anwenden kannst? Wie einfach wäre das doch! Und wie billig. Sieh da hinunter, Kleiner!« Mit einem kurzen Kopfnicken deutete er zum Börsensaal, ohne mich aus den Augen zu lassen. »Die Hektik, die Hoffnung, die Verzweiflung, die unendliche Menschlichkeit des Ganzen, *all das Leben* – glaubst du wirklich, man könnte das alles zu einer Paraphrase kondensieren, einer Reader's-Digest-Version, die du ein Semester lang studieren, sodann beherrschen und ausschöpfen kannst? O nein, Kleiner! Es gibt nur die ungekürzte Ausgabe des Dow. Und ich weiß nicht, ob für die sogar ein ganzes Leben ausreicht. Der Dow ist ein Mysterium, Kleiner, eine Religion, und wie bei jedem Mysterium hat die Initiation ihren Preis. ›In diesem Land muß jeder für alles bezahlen, was er bekommt‹ – ich habe vergessen, wer das gesagt hat.«

»Was soll ich denn *noch* bezahlen!« protestierte ich. »Hab' ich dafür nicht bereits alles hergegeben, meine Heimat verlassen und eine Reise um die halbe Welt gemacht?«

Er schüttelte den Kopf. »Das reicht nicht. Gewiß, du hast deine Heimat verlassen. Doch deine Überzeugungen hast du mitgenommen.« Er lachte. »Du bist wie die Schnecke, die überall ihr Haus mitschleppt. Ich erkenne sie ganz deutlich, dein Schneckenhaus und deine Hörner. Sie haben dein Tempo gebremst, Kleiner. Du bist ein Stück weitergekommen, aber ein großes Stück liegt noch vor dir. Jetzt hast du auf deiner Wanderung einen kritischen Punkt erreicht. Dort stehen die Säulen des Herkules, und dahinter... Wer weiß? Der Westliche Katarakt, vielleicht, das Ende der Welt? Niemand kann diese Frage beantworten, Sonny. Niemand kann sagen, was dich auf der anderen Seite erwartet. Das Risiko ist absolut. Doch wenn du diese Reise antreten willst, solltest du jetzt allen Ballast abwerfen, dich wie ein Krieger bis auf die essentielle Nacktheit entkleiden.«

»Ich weiß nicht, ob ich Sie recht verstehe, Kahn«, antwortete ich. »Was ist dieser Ballast, von dem Sie sprechen, dieses Schneckenhaus, das ich mit mir herumschleppe?«

»Der kleine Taschenaltar in deinem Herzen, Kleiner, dein spiritueller Wohnwagen.«

»Machen Sie sich nicht lustig über mich, Aaron!«

»Ich kann nicht anders«, sagte er. »Außerdem, Kleiner, meine ich das liebevoll, und ich bin aufrichtig.«

»Das glaube ich Ihnen«, räumte ich ein.

»Dein Meister hat dich gelehrt, die Gewißheit wertzuschätzen und zu suchen, die Kraft, den Verheerungen von Zeit und Wandel zu entgehen, sie an einem stillen, lichten Platz in dir selbst zu suchen, einem Platz, den dir die Meditation öffnet und den ihr Tao nennt.«

»Ja«, bestätigte ich. »So hat er es mich gelehrt; und so glaube ich es.«

»Warum bist du dann hier?« wollte er wissen. »Wenn seine Lösung dich zufriedengestellt hat – warum hast du das Kloster verlassen?«

»Das frage ich mich manchmal auch«, erwiderte ich niedergeschlagen und wehmütig. »Einst schien es mir, mein Weg führe in diese Richtung, durch den Marktplatz, durch den Dow, doch jetzt bin ich mir nicht mehr ganz so sicher. Vielleicht war es nur eine Illusion. Vielleicht hätte ich bleiben, auf dem Weg, den ich kannte, weitergehen und diesen Platz in mir selbst, den Sie beschrieben haben, kultivieren sollen.«

Kahn verengte ungläubig die Augen. »Und das Leben aufgeben?« Seine Worte durchbohrten mich wie ein Pfeil, trafen mich bis ins Mark. »Das ist meine Frage«, fuhr er fort. »Ich, für meinen Teil, wenn diese Dinge sich gegenseitig ausschließen – Gewißheit und Leben –, dann wähle ich das Leben. Ich würde lieber das Schlimmste herausfordern und leben, als in der sicheren Asepsis existieren, mit der euer Weg als größte Verheißung lockt. Denn diesen Weg, diese Sicherheit wählen, das wäre wie eine Lobotomie, eine moralische Kastration, eine Art Tod. Vielleicht ist die einzige Gewißheit der Tod.«

»Und so wäre der Dow – Ihr Dow – das Leben?« erkundigte ich mich voll gekränkter Würde ironisch.

»Genau, Kleiner«, bestätigte er. »Das Leben, wie es ist, konfus, ungebändigt, gefährlich, korrupt vielleicht, aber aus jeder Pore strotzend von den Säften des Seins. Die Welt, wie sie ist.« Er nickte und deutete mit weitausholender Geste in den Saal hinab, als wolle er sagen: Das könnte dein sein. »Aus dem Schlamm und Schleim des Lebenssumpfes muß die Antwort kommen. Sieh dort hinab! Wenn die Lösung dort nicht ist, dann gibt es sie nicht. Punktum.«

»Und was muß ich tun, um diese Lösung zu finden?«

»Deine Unschuld opfern«, antwortete er, »deine moralische Jungfräulichkeit.«

»Opfern?« Ich schreckte zurück. »Wem denn?«

»Dem Leben«, erklärte er. »Den Altar in deinem Herzen, den du all diese Jahre hindurch so liebevoll gepflegt hast, gewaschen mit Eimern voll klarem Wasser aus dem Quell, gescheuert auf Händen und Knien, gefegt, abgestaubt, makellos saubergehalten – jetzt mußt du ihn mit einem Blutopfer besudeln. Wozu glaubtest du denn, daß er da ist, Sonny? Und das Passah-Lamm bist du, Sonny. Du mußt den Abraham zu deinem eigenen Isaak spielen und dich selbst opfern. Und wenn du den Altar einmal beschmutzt hast, wird kein Lösungsmittel ihn je wieder reinwaschen. Der Fleck wird bleiben, du aber kannst wenigstens anfangen zu leben.«

»Aber was hat das alles zu bedeuten?« fragte ich ihn verzweifelt.

»Was das zu bedeuten hat?« Er musterte mich mit strengem Mitgefühl. »Um den Dow verstehen zu lernen, mußt du etwas investieren, Kleiner, irgend etwas von dir selbst. Es gibt keine andere Möglichkeit. Das ist der Preis für die Initiation. Du mußt das Spiel mitspielen. Das ist mein Befehl und das Ultimatum, das ich dir stelle.«

Der Tumult im Börsensaal stieg zu mir herauf wie das Geräusch einstürzender Fundamente. »Und mein Gelübde?« fragte ich ängstlich.

»Das ist das Opfer, das du in deinem Herzen bringen mußt.«

»Ist Ihnen klar, daß Sie mich auffordern, mich selbst zu verdammen?«

Er lächelte ernst. »Das stimmt, Sonny, es ist die Verdammnis, verdammt zum Leben, zum Leben in einer Welt, wie sie ist, weil sie alles ist, was es gibt.«

»Und die Rückkehr zur Quelle?«

Den Kopf weit in den Nacken gelegt, lachte er. »Dies hier ist die Quelle, Sonny, und du stehst schon davor.«

»Vielleicht ist der Dow für Sie die Quelle«, räumte ich ein. »Aber was ist mit dem Delta, wo die beiden zusammenfließen? Denn sie müssen sich ineinander ergießen, Aaron, das müssen Sie einsehen. ›Realität ist Eins, und Tao ist die Realität.‹«

»Das klingt sehr schön, Sonny, aber ich weiß nicht recht, ob ich daran glaube. Was wäre, wenn die Realität es nicht ist – ›Eins‹, meine ich? Was wäre, wenn es kein Delta gibt?«

»Es muß eins geben«, behauptete ich. »Wenn das Tao nur ein Teil ist, dann ist das Tao falsch.«

»Vielleicht ist es so. Dem mußt du aber ins Gesicht sehen. Vielleicht ist dies alles, was es gibt.«

»Sie irren sich!« widersprach ich ihm. »Ich habe jenen Platz gesehen.«

»Oh, ich bezweifle gar nicht, daß du etwas gesehen hast«, gab er geringschätzig zurück, »daß es einen psychologischen Zustand gibt, der übereinstimmt mit jener inneren Leere, von der du sprichst. Zu vieles Fasten, zu vieles Schweigen, zu lange Nachtwachen in körperlicher Unbequemlichkeit, Regulierung des Atems, sexuelle Enthaltsamkeit – all diese Selbstkasteiungen. Da ist es doch gar nicht verwunderlich, daß das einige interessante und ziemlich ausgefallene Geisteszustände hervorruft. Aber vielleicht sind das nur Eskapaden des Bewußtseins, wer kann das wissen? Und wenn es so ist, welch ein tragischer Irrtum ist es dann, sie für das ein und alles der Existenz zu halten. Welch eine Verschwendung!«

»Bitte, Kahn, sagen Sie nichts mehr!« flehte ich ihn an. »Wenn Sie weitersprechen, fürchte ich, daß ich Sie hassen werde.«

»*Okay*, Kleiner. Ich bin ohnehin fertig.« Geistesabwesend und stirnrunzelnd starrte er auf seine Schuhspitzen. Dann musterte er mich abwägend. »Du siehst nicht gerade sehr gut aus«, stellte er fest. »Komm, wir machen einen Spaziergang, ja? Wir haben noch eine halbe Stunde.«

Ich sah ihn verständnislos an.

»Nun komm schon!« drängte er und reckte das Kinn mit einer selbstbewußten, vertrauenerweckenden Geste.

Ich folgte ihm.

Als wir die Börse verließen und uns, ohne nachzudenken und angezogen von einer elementaren Schwerkraft, in Richtung Fluß auf den Weg machten, befand ich mich in einem Zustand tiefster Entmutigung. Kahns ›Ultimatum‹ lag mir im Magen wie ein Klumpen unverdaulicher Knorpel. Ich fühlte mich getrieben von der dringenden Notwendigkeit, mit meiner Suche nach der Bedeutung des Dow weiterzumachen, und zugleich sah ich die absolute Unmöglichkeit, das zu dem Preis, den er erwähnt hatte, tatsächlich zu tun. Wie sollte ich jemals eine Möglichkeit finden, den Fehdehandschuh aufzuheben, den er mir hingeworfen hatte?

»Selbst wenn Sie recht haben...« wandte ich, meine Gedanken laut artikulierend, nach einer langen Pause ein »...nicht etwa, *daß* Sie recht haben, sondern rein als Hypothese... was könnte ich, praktisch gesehen, investieren? Ich habe kein Geld.«

»Gute Frage«, gab er zu, schob die Unter- über die Oberlippe und nickte dabei. »Geld ist wirklich ein Problem. Und bei deinem Lohn, würde ich sagen, ist ein Kredit praktisch ausgeschlossen.«

»So ist es«, bestätigte ich erleichtert. »Sie sehen also, aus dieser Perspektive ist es für mich hoffnungslos.«

»He, nicht so schnell!« warnte er mich. »Das ist zwar sehr clever, aber ich kann nicht zulassen, daß du dich ohne Widerspruch so schamlos in der fernöstlichen Höflichkeit suhlst.« Er überlegte. »Ich glaube, Mönche häufen während ihres Berufslebens nicht gerade viele persönliche Besitztümer an, nicht wahr?

Schmuck, Raritäten, Nippes, taoistische Andenken, vorzugsweise in Gold und Silber?«

Ich warf ihm einen scharfen, durchdringenden Blick zu. »Warum fragen Sie?«

Er hob die Schultern. »Ach, ich weiß nicht. Ich frage mich nur, ob es vielleicht irgendwas gibt, was du verkaufen könntest.«

Ich hob ebenfalls die Schultern. »Nein, ich glaube nicht...« Plötzlich erstarrte ich, weil mir fast schwindlig wurde und meine Entmutigung unvermittelt in Panik umschlug.

»Kleiner? He, Kleiner, was ist? Irgendwas, womit ich einen Nerv getroffen habe?«

»Das Gewand meiner Mutter«, flüsterte ich, mehr vor mich hin als zu ihm gewandt, weil der Gedanke so absolut abwegig war.

»Ist es hübsch?«

»Hübsch?« protestierte ich. »Es ist unersetzlich!«

Er schürzte die Lippen, nickte. »Das könnte genau das Richtige sein.«

Von Grauen erfüllt, starrte ich ihn an. »Niemals!« schrie ich. »Das wäre eine noch schwerere Apostasie, als wenn ich mein Gelübde brechen würde.«

»Na ja, du könntest es möglicherweise verpfänden«, schlug er behutsam vor.

»Nein!« rief ich empört. »Auf gar keinen Fall! Nichts könnte diesen Preis rechtfertigen!«

»*Okay, okay*, nur mit der Ruhe, Kleiner! Jesus! Was wäre denn die Alternative? Entweder das, oder ganz einfach aufgeben, das Handtuch werfen. Ist es das, was du tun willst – aufgeben?« Mit einem erbitterten Seufzer schüttelte er den Kopf. »Manchmal mache ich mir Sorgen um dich, Kleiner. Ich meine, ich bewundere deine Prinzipien und alles, aber manchmal frage ich mich, ob du hier was erreichen wirst. Vielleicht bist du nicht geschaffen für ein Leben in der Welt.«

»Ja, vielleicht«, gab ich zurück, ohne das Beben in meiner Stimme unterdrücken zu können; ich war unerklärlicherweise zutiefst verletzt von diesem Urteil, das doch ein Taoist als großes Kompliment auslegen konnte. »Vielleicht sollte ich einfach heimkehren.«

»Ja, vielleicht«, stimmte er zu. »Tut mir leid, Kleiner, aber so ist es nun mal. Ich habe alles getan, was ich konnte. Der Rest liegt bei dir.« Er maß mich kummervoll und abschätzend. »Nur tu mir bitte noch einen Gefallen, ja? Weise meinen Vorschlag nicht gleich zurück. Nimm dir ein paar Tage Zeit, um über ihn nachzudenken, bevor du deine Entscheidung triffst. Und bedenke auch folgenden Aspekt: Dich von dem Gewand zu trennen, muß nicht unbedingt ein Sakrileg sein. Man könnte es auch als Aufgabe eines materiellen Besitzes, einer Bindung zugunsten eines höheren Wissensstandes sehen.«

»Das ist Sophisterei«, warf ich ihm vor.

»Ach, wirklich? Ich bin nicht so sicher. Denk mal ein paar Tage darüber nach! Wenn du, sagen wir, fünfhundert, oder besser noch tausend aufbringen kannst, hab' ich da ein kleines Geschäft, an dem ich dich vielleicht beteiligen könnte. Wenn es so läuft, wie ich hoffe, könntest du dein Gewand innerhalb eines

Monats, spätestens nach sechs Wochen auslösen, und für dich selbst würde noch genug dabei herausspringen, um damit ein bißchen rumzuspielen. Auf diese Weise könntest du den Kuchen behalten und zugleich aufessen. Was meinst du dazu?«

»Ich könnte das Gewand wiederauslösen?« erkundigte ich mich.

»Aber sicher!« antwortete er. »Das heißt, wenn alles klappt, wovon ich jedoch fest überzeugt bin.«

»Wie sicher ist es?«

»Aber nicht schon wieder das!« jammerte er. Dann warf er mir einen hochmütigen Blick zu. »Wenn du Sicherheit willst, Kleiner, mußt du dir eine ehrliche Arbeit besorgen.« Er lachte. »Erlösung ist auf dieser Welt stets eine riskante Angelegenheit. Und das ist keine Binsenweisheit. So, da sind wir!«

Ohne daß ich es recht bemerkt hatte, waren wir am Fluß angelangt.

»Ahh!« seufzte Kahn und atmete tief die kräftige Salzluft. »Ich liebe diesen Geruch. Ich wünschte, ich könnte ihn auf Flaschen ziehen und zur Arbeit mitnehmen – wie Riechsalz, weißt du. Wenn die Luft vor lauter Abstraktionen und dem Gestank der Verlogenheit zu dick und stickig wird, täte hie und da eine Nase voll davon gut, um mich an die wahre Bedeutung dessen zu erinnern, was wir dort tun.«

»Und worin besteht diese ›wahre Bedeutung‹?« fragte ich ihn mit einer Andeutung von Aggressivität, da mir seine Überschwenglichkeit mißfiel.

Wir hatten einen Punkt erreicht, von dem aus wir den Fluß sehen und gleichzeitig die Aktivitäten auf dem Fischmarkt der Fulton Street etwas weiter nördlich beobachten konnten. Kahn spähte über das Wasser nach Brooklyn hinüber. Die Augustsonne warf wie eine frisch geprägte Münze Fetzen überschüssigen Goldes in die unruhige Strömung, die in diesem Moment beinahe blau wirkte. »Weißt du, mit Blick auf Brooklyn kann ich einfach besser denken«, erklärte er, als hätte er meine Frage nicht gehört, fast so, als wäre er ganz allein. Dann wandte er sich zu mir um. »Früher hatte ich manchmal den Wunsch, alles aufzugeben, hierher zurückzukommen und wieder meinen Job im Hafen anzunehmen. Du weißt schon, einfache, ehrliche Arbeit, die eine etwas greifbarere Verbindung mit dem Leben hat. Hier draußen, mit den Armen bis zu den Ellbogen in einer Kiste voll Fisch, brauchst du dich nicht danach zu fragen, welchen Sinn deine Arbeit hat, welchen moralischen Wert. Sie ist unmittelbar und vorbehaltlos. Du bringst Essen auf die Tische Amerikas und hilfst das kollektive Leben zu erhalten. Es liegt eine erfrischende Realität in der Arbeit, die ein Sehnen der Seele stillt. Im Vergleich dazu wirkt die Wall Street so eitel wie eine illusorische Papierwelt, die nichts Solides zum Wohlergehen des Landes oder des Volkes oder der Menschheit beiträgt.« Er seufzte. »Früher hielt ich den Wirtschaftsapparat dieses Staates, der in der Wall Street beginnt und endet – denn dorthin führen alle Wege genau wie nach Rom –, für eine törichte, skrupellose Art, die Glieder der ökonomischen Kette zwischen Produzent und Verbraucher zu polstern: Hunderte von Vermittlern, die sich zwischen den Fischer und die Hausfrau drängen, die ihren Kabeljau oder ihre Flunder kauft und daheim zum Mittagessen kocht, um den rechtmäßigen

Gewinn aus seiner Arbeit und seinem Risiko zu schmälern und zugleich ihre Hauswirtschaft zu belasten, indem sie sie zwingen, zur Unterstützung der überflüssigen Maschinerie beizutragen. Das schien mir unfair, unnatürlich, sogar unanständig. Ich glaube, ich war damals auch eine Art Taoist, Kleiner – oder wohl eher Sozialist.« Er lächelte. »Aber so einfach ist es nicht. Diese vermittelnde Maschinerie ist kein Parasit. Sie leistet ihren eigenen Beitrag: einen Markt. Ohne Märkte wäre der Geschäftsverkehr zwischen Produzenten und Verbrauchern stark beeinträchtigt, wenn nicht sogar ganz abgeschnitten. Vielfalt erfordert Arbeitsteilung. Neben der Produktion muß es einen Mechanismus für den Vertrieb geben, ergo Märkte und die Geburt des Handels. Denk doch mal darüber nach, Kleiner! Es ist wirklich gar nicht so schrecklich. Woher kommen all diese Fische? Sie werden zu neunundneunzig Prozent von Berufsfischern gefangen. Die Fischer arbeiten auf modernsten Trawlern, die zum größten Teil Eigentum von Großfirmen sind mit Aktionären, Aufsichtsräten, Führungskräften, der ganzen Chose. Und selbst die in Privathand befindlichen Schiffe werden mit Darlehen von Banken gebaut und gekauft, Banken, die irgendwo ins System eingebunden, vielleicht sogar an der New Yorker Börse eingetragen sind. Der Stahl für die Schiffe wird aus Eisenerz gewonnen, das in Hochöfen von Pennsylvania oder Ohio geschmolzen wird. Das Nylontauwerk der Netze wird synthetisch in der Textilindustrie hergestellt; die Motoren bestehen aus Teilen, die in Dutzenden von Industriezweigen gefertigt wurden, ganz zu schweigen von dem Öl und dem Benzin, das sie verbrennen, und so ist jedes Schiff ein Mikrokosmos des industriellen Amerika. Keine einzige Industrie könnte ohne die Kapitalinvestierung existieren, die der Dow erst ermöglicht. Er ist die Arterie, durch die jene lebenswichtige Transfusion geleitet wird. Ohne ihn würde der Fischer noch immer in einem Birkenrindenkanu herumpaddeln, seine Beute mit Speerspitzen aus Feuerstein stechen und froh sein, gerade genug Essen für sich und seine Familie zu fangen, ohne auch nur einen Gedanken an die Versorgung anderer zu verschwenden.«

Er hielt inne.

»Du siehst also, die freie Marktwirtschaft fördert die Volksgemeinschaft und die soziale Verantwortung, wenn auch im Dienste des Eigennutzes. Angebot und Nachfrage«, sann er vor sich hin, »in ihrem ewigen Miteinander, an der Oberfläche fast unsichtbar, im stummen Dialog. Du nimmst deine Bedürfnisse, deine Wünsche, so geringfügig oder lobenswert sie auch sein mögen, steckst sie in die Steckdose, und das System liefert das Gewünschte wie elektrischen Strom: schnell, mühelos, ohne Fragen zu stellen. Dieser Markt hier in der Fulton Street« – er schürzte die Lippen und hob die Schultern – »ist nur eine kleine Steckdose für einhundertundzehn Volt. Aber der Dow, Kleiner, der Dow ist das Herzstück des Kernreaktors. Ohne diese Kernspaltung, die zugegebenermaßen auch destruktive Möglichkeiten beinhaltet, würde alles zum Stehen kommen, das kollektive Leben würde aufhören. Doch wie anders ist das Leben denn entstanden? Aus Schlamm und Schleim hervorgerufen durch toxisches Sonnenlicht. Was anders denn ist die Sonne, der Quell des Lebens, als ein ungeheurer, fortlaufender Kernholocaust, der in den Tiefen des Raumes brennt und dazu bestimmt ist, sich zu verbreiten und uns zu verschlingen? Schließe das Risiko, die Gefahr aus, und du kehrst zum kalten Schweigen lebloser Wesen zurück – Entropie, Kleiner, das zweite Gesetz der Thermodynamik. Der Dow ist die Sonne unseres Wirtschaftslebens, Sonny. Seine unerschöpfliche Strahlungsenergie, so toxisch sie auch sein mag, bescheint das ganze Leben der Nation und macht es möglich, daß ein so unglaublicher Reichtum, eine solche Mannigfaltigkeit entstehen und gedeihen kann. Darum geht es beim Kapitalismus und bei der freien Marktwirtschaft. Indem man alles der Disziplin des Marktes unterwirft, der belohnt und bestraft, erweitert man die Grenzen, innerhalb derer der Verbraucher sein Grundrecht auf freie Wahl, seine Freiheit im Bereich des Materiellen ausüben kann. Um das zu erreichen, muß man das Risiko der Überkomplexität auf sich nehmen. Realistisch gesehen gibt es jedoch keine Möglichkeit, das zu verringern, außer durch Maßnahmen, die die Verbraucher- und die Produktionsbevölkerung letzten Endes eines Teils ihrer Freiheit beraubt. Das ist das grundlegende Prinzip: Freiheit kann nicht bestehen ohne Komplexität, und Komplexität ermöglicht aufgrund ihres Wesens die Dekadenz, ja, *muß* sie ermöglichen. Doch was wäre die Alternative? Sozialismus? Der läßt aber nur eben genug Sonne herein, um das Leben zu erhalten. Obwohl er, wenigstens theoretisch, eine standardisiertere, homogenere Ernte erwarten läßt, erstickt er die Fruchtbarkeit der Natur. Natur, Kleiner, das ist der Schlüssel. Die Taoisten haben's ganz groß mit der Natur, nicht wahr? Dowisten ebenfalls. Der Kapitalismus ist ein Versuch, die Natur ihre eigene Homöostase auf volkswirtschaftlichem Gebiet zustande bringen zu lassen. Ich weiß, ich werde zu weitschweifig, aber das alles führt zur Börse und zu deiner Entscheidung zurück, Sonny. Du fragst mich nach der Bedeutung des Dow; vielleicht ist dies die bessere Art, sie dir zu erklären. Ich weiß, der Gedanke ans Investieren ängstigt dich. Man hat dich gelehrt, daß Abhängigkeit die Wurzel allen Übels ist. Du sagst dir: Ich suche Befreiung von der materiellen Welt. Ist es denn dann nicht der Gipfel des Wahnsinns, diese Befreiung zu suchen, indem ich mich selbst in die materielle Welt hineinstürze? Aber das ist das Paradoxon. Weißt du noch, was ich gesagt habe? Aus dem Schlamm und Schleim des Lebenssumpfes muß die Lösung entstehen. Und du hast sie in der Hand, Kleiner. Das ist der Grund, warum du mit deinem Versuch, zu beobachten, ohne teilzunehmen, gescheitert bist. Was ist denn Erleuchtung anderes als eine Verfeinerung der Art Freiheit, von der ich spreche? Befreiung. Freiheit. Das ist das Geheimnis, falls es da ein Geheimnis gibt. Die Freiheit kann nicht ohne das Böse existieren oder wenigstens die Möglichkeit zum Bösen; beides entspringt ein und derselben Wurzel. Indem du die letzte Erhöhung des Lebens in der Befreiung suchst, mußt du das Risiko ihrer letzten Negation im Bösen eingehen. Du mußt den Tod deiner Seele riskieren. Darum geht es auf dem Marktplatz. Er ist ein riesiges Schlachtfeld, auf dem Gut und Böse ihren ewigen Kampf von Einzelpersonen ausfechten lassen – nicht Mensch gegen Mensch, sondern der Mensch gegen sich selbst. Die Wall Street ist der letzte Charaktertest. Die wahre Bedeutung des Investierens hat nichts mit Geld zu tun, sondern mit dem eigenen Ich. Die Wall Street ist das große, fluktuierende Würfelspiel des

Geistes, und um deine Chips zu kaufen, mußt du ein kleines Stückchen deines Herzens opfern.«

Ich stand da und betrachtete den Fluß, das Spiel der Sonnenstrahlen auf den sich kräuselnden Wellen, die so grell aufleuchteten, daß es fast schmerzte. Ich hatte Kahns Ausführungen nicht in allen Punkten folgen können, doch was ich mitbekommen hatte, ließ auf einen verzweifelten Glauben schließen, und zwar, wie mir schien, einen großen und edlen. Was er gesagt hatte, klang am schrecklichsten, am endgültigsten in jenem einen Satz, dem Ultimatum: »Um den Dow kennenzulernen, mußt du investieren.« Er erinnerte mich an die vor langer Zeit geäußerten Worte des Meisters: »Das Tao ist auch auf dem Marktplatz«, und diese Dinge kamen mir vor wie Blumen, die wild auf dem tiefen Grab der Wahrheit wuchern. Auf der anderen Seite stand die Ermahnung meines Onkels Xiao, Tao und Dow in Einklang bringen zu wollen, sei eine schamlose Sophisterei. Die beiden seien auf ewig Gegensätze, genauso wie die großen, grundlegenden Gegensätze, und wer sie zu vereinigen, ihre unversöhnliche Feindschaft zu versöhnen versuche, der versuche die Gesetze umzustoßen, auf denen das ganze Universum beruhe. Welche Lehre stimmte nun? Der Zeitpunkt zum Handeln war gekommen. Ich mußte meine Wahl treffen. Merkwürdigerweise erfüllte mich dieser Gedanke weniger mit Schrecken als mit Trauer.

»Was ist, Kleiner?« unterbrach Kahn mich in meinen Überlegungen. »Du reibst dir ständig die Augen. Ist dir was reingeflogen?«

»Das kommt nur von dem Licht auf dem Wasser«, erklärte ich. »Das ist so grell, daß mir die Augen davon schmerzen.«

»Dann darfst du nicht hineinsehen«, riet er mir. »Komm mit! Auf dem Rückweg gehen wir kurz in den Drugstore. Ich lade dich zu einem Coke ein.«

Ich nickte; wir kehrten dem Fluß den Rücken zu und gingen davon.

Die Fenster unseres Stamm-Drugstores in der Pearl Street waren getönt, der Innenraum halbdunkel, kühl und vom Gebrumm der Klimaanlage erfüllt, die ihr Kondenswasser in eine sich ausweitende Pfütze auf dem Gehsteig tropfen ließ. Das kalte, künstliche Dämmerlicht wirkte wie Balsam auf meine Augen und meine Seele. Wir setzten uns an die Theke, bestellten Cokes aus dem Zapfhahn, die wir ganz langsam tranken, schwiegen und wandten uns auf unseren Drehhockern mal ein bißchen nach links, mal ein bißchen nach rechts, bis schließlich die Strohhalme auf dem Grund unserer Pappbecher gurgelten. Dann erhoben wir uns zum Gehen. An der Kasse wollte ich in die Tasche greifen, aber Kahn zog stirnrunzelnd die Brauen zusammen.

»Das übernehme ich, Kleiner.« Damit legte er seine Hand sanft protestierend auf die meine.

Ich wandte mich ab, während er mit der Kassiererin verhandelte. Zerstreut ließ ich den Blick über die Regale wandern, bis er schließlich mit erwachendem Interesse an etwas auf einem Verkaufstisch hängenblieb, das mir unmittelbar vor der Nase stand, etwas, woran ich beim Kommen und Gehen wohl schon Dutzende Male vorbeigegangen war, ohne es zu bemerken, weil es aufgrund seiner absoluten Banalität so gut wie unsichtbar für mich war. Es war der drehbare, sechseckige Präsentationsturm für Ray-Ban-Sonnenbrillen. Als ich ihn zu drehen begann, erhaschte ich in der Reihe der zum Anprobieren dienenden Spiegel im Stotterrhythmus immer wieder einen Blick auf mich selbst. Merkwürdig, daß ich es völlig unbewußt tat, denn erst, als ich tatsächlich die richtige Brille sah, kam mir endlich die Assoziation: die Fliegerbrille mit den schwarzgrünen, tropfenförmigen Gläsern. Mein Puls beschleunigte sich spürbar. Ganz verstohlen, als gebe ich einem köstlichen Laster nach, streckte ich die Hand aus, nahm die Brille herunter, klappte die elastischen Metallbügel auseinander, setzte die Brille auf, hakte die Metallbügel über meine Ohren und blickte in die Spiegel des sich noch immer drehenden Turms. Wie auf einem flimmernden Filmstreifen sah ich das seltsame Lächeln, das allmählich meine Lippen verzog, und das ich mir selbst nicht erklären konnte.

»Komm, Kleiner«, unterbrach Kahn mein Ritual. Im Spiegel sah ich, wie er, während er sich von der Kasse abwandte, sein Wechselgeld zählte. Dann entdeckte er mein Bild im Spiegel und fuhr zusammen. Unsere Blicke trafen sich, obwohl er den meinen durch die dunkelgrünen Gläser nicht erkennen konnte.

»Jesus!« stieß er hervor.

Ich drehte mich zu ihm um. »Was ist?«

Er starrte mich weiter an, dann schüttelte er ganz langsam den Kopf, als tauche er aus einer leichten Trance auf. »Nichts, Kleiner. Mir ist nur gerade etwas eingefallen. Ich hab' doch die ganze Zeit immer wieder gesagt, daß du mich an jemanden erinnerst, nicht wahr? Jetzt weiß ich endlich auch, an wen.«

Mein Magen flatterte vor Aufregung. »An wen denn?«

»Du kennst ihn nicht«, wehrte er ab. »An einen Mann namens Love.«

»Eddie Love?« wiederholte ich mit schriller, unsicherer Stimme.

»Ja. Jemals von ihm gehört? Das war doch ein bißchen vor deiner Zeit, nehme ich an. Mit dieser Brille aber gleichst du ihm wie aus dem Gesicht geschnitten.«

Meine Knie gaben nach; ich klammerte mich an seinen Arm, brachte mein Gesicht ganz dicht an das seine und versuchte zu sprechen.

»Jesus, Kleiner! Was ist bloß los mit dir? Laß mich doch los!« Er versuchte sich von mir frei zu machen.

»Kahn«, flüsterte ich heiser, »Love ist mein Vater.«

»Dein Vater?« Kahn ließ sein Kleingeld fallen. Die Münzen klirrten, sprangen über den Boden und rollten in alle Richtungen davon. Er blickte ihnen nach, dann sah er mich an. »Hast du den Verstand verloren?«

»Das war es, was ich Ihnen schon früher sagen wollte«, fuhr ich fort.

»Wann denn?«

»Neulich morgens, bevor Sie mich nach New Haven schickten.«

Kahn schien von dieser Neuigkeit ganz benommen zu sein.

»Kennen Sie ihn?« erkundigte ich mich eifrig.

»Was?« gab er mit verständnisloser Miene zurück.

»Ob Sie ihn kennen?«

»Ihn kennen?« Töricht sah er mich an. »Ich kannte ihn... das heißt, ich wußte wenigstens, wer er war. Na klar. Wer wußte das nicht?«

»Was heißt das, Sie ›kannten‹ ihn?« wollte ich wissen.

»Komm, Kleiner«, sagte er mit besorgter Miene und legte mir leicht die Hand auf den Arm, »wir setzen uns noch mal ein bißchen hin!«

»Was ist los, Kahn?« flehte ich, als er mich in die Nische schob.

»Nicht so eilig, alles der Reihe nach.« Er setzte sich mir gegenüber. »Zunächst mal: Wie kommst du darauf, daß Eddie Love... o Jesus!... dein Vater ist... war? Wie ist das möglich? Love war Amerikaner; du bist Chinese.«

»Die AVG«, erklärte ich. »Er war sieben Monate in China.«

»Hallo! Das stimmt«, flüsterte er leicht erstaunt vor sich hin. »Die Flying Tigers.«

»Dort hat er meine Mutter kennengelernt...«

Und dann erzählte ich ihm von Anfang an, mit hektischen, unzusammenhängenden Worten, die ganze Geschichte. Während er zuhörte und das Gewebe aus Einzelheiten und Zufällen immer dichter, immer weniger bezweifelbar wurde, nahm seine Verwunderung zu, und er wurde immer blasser. Zum Schluß sah es aus, als sei ihm übel.

»Und das ist alles? Mehr weißt du nicht?« fragte er mich, als ich endlich schwieg.

»Mehr nicht?« protestierte ich aufgebracht. »Was gibt es denn sonst noch zu wissen?«

»Was? Alles! Da begann die Geschichte doch erst, nachdem er aus China nach Hause kam – jedenfalls, soweit ich weiß.«

»Wie meinen Sie das? Was ist passiert?«

»Jesus! Laß sehen, ob ich alles für dich rekonstruieren kann. Sie kamen nach Hause, warte mal, Ende zwoundvierzig? Ja doch, das stimmt. Nachdem die AVG aufgelöst und zur Twenty-third gemacht worden war, verweigerte der neue Kommandeur, ein Mann namens Bissell, den Piloten die dreißig Tage Urlaub, um die sie baten, und versuchte, sie zu einer verlängerten Dienstzeit zu zwingen, die sofort beginnen sollte, indem er drohte, sobald sie in die Staaten zurückkehrten, würde der Einberufungsbefehl in ihrem Briefkasten liegen. Nicht gerade die brillanteste Taktik solchen Männern gegenüber, die als kriegserfahrene Veteranen daran gewöhnt waren, an der langen Leine geführt zu werden, und die ein nahezu väterliches Verhältnis zu ihrem Kommandeur Chennault hatten; übrigens wurde der bei dieser Sache auch übers Ohr gehauen. Sie ärgerten sich fürchterlich darüber – zu Recht, finde ich. Die meisten erklärten Bissell, wohin er sich die Einberufungsbefehle stecken könne, und verweigerten den Dienst in der Twenty-third. Wie dem auch sei, in der Heimat wurden sie wie Helden empfangen. Jeder wußte, wer sie waren. Sie gehörten zu den ersten, die's den Japsen richtig gezeigt und die bewiesen hatten, daß so etwas möglich war, daß die keineswegs unbesiegbar waren. Ich glaube, es gab sogar eine Konfettiparade. Ich verfolgte die Geschichte ziemlich genau im Nachrichtenbüro des OWI. Es gab eine Unmenge Parties und so. Ich erinnere mich, daß Loves Name ein paarmal in den Gesellschaftsnachrichten auftauchte.

Damals wußte ich noch nicht, um wen es sich handelte, er war nichts weiter als ein Gesicht in der Menge, weißt du. Dann löste sich die Gruppe auf, und jeder ging seine eigenen Wege, man verlor die Piloten mehr oder weniger aus den Augen. Als dein Vater wiederauftauchte, flog er solo. Gab einen ganz schönen Knalleffekt.«

Kahn hielt inne.

»Das ist eine unglückselige Metapher, Kleiner, tut mir leid. Ich entdeckte die Geschichte auf einer Innenseite der ›New York Times‹, ein Feature. Zu Hause offenbar zu Tode gelangweilt, wollte dein alter Herr wieder zum Militär, wurde aber aus gesundheitlichen Gründen, wegen einer Rückenverletzung, glaube ich, nicht genommen. Und was meinst du, was er dann tat? Er kaufte sich so eine beschissene Curtiss P-40, eine Übungsmaschine, die sie irgendwo rumstehen hatten, ließ sie überholen und herrichten mit Tigerschnauze und allem und fing an, aus Spaß mit der Kiste herumzukarriolen. Fast jeden Tag konnte man ihn am Strand von Coney Island sehen. Eine richtige Sensation. In vielen Berichten und Leitartikeln wurde sein verantwortungsloses Ausnützen eines Privilegs kritisiert, ›während unsere Boys da draußen für ihr Land kämpfen und sterben‹ und so weiter. Gewiß, um ihm Gerechtigkeit widerfahren zu lassen, er war ebenfalls draußen gewesen, und zwar als erster, aber die Menschen sind recht geschickt darin, Einzelheiten zu retuschieren. Ich glaube, man war sich einig darüber, er sei verrückt oder jedenfalls so exzentrisch, daß fast kein Unterschied mehr bestand. Meine Diagnose war damals übrigens praktisch dieselbe. Der Bekanntheitsgrad – das Odium, könnte man sogar sagen –, den er dadurch erreichte, hätte für jemanden, der all das durchgemacht hat, was dein Vater durchgemacht hat, entmutigend, auf alle Fälle ärgerlich sein müssen.«

»›Hätte sein müssen‹?« unterbrach ich ihn.

»Das heißt, wenn er es nicht absichtlich so geplant, ja sogar provoziert hätte«, antwortete Kahn geheimnisvoll.

»Provoziert?«

»Jawohl, als PR-Gag, als Ablenkungsmanöver. Das ist so eine Art Lieblingstheorie von mir. Du weißt doch, daß dein Vater ein Amateurzauberkünstler war, nicht wahr? Also, ich glaube, daß Love den Leuten mit der einen Hand seine Exzentrizität wie einen Leckerbissen vor die Nase hielt, während er ihnen mit der anderen die Taschen ausräumte.«

»Welchen ›Leuten‹?«

»Der Firmenleitung der American Power and Light.« Er hielt inne. »Du weißt von den Loves und der APL?«

Ich nickte.

»Wie die Familie zu Lebzeiten seines Vaters die Kontrolle über den Konzern verloren hat?«

»Ja, ja, Art Love«, sagte ich ungeduldig. »Das weiß ich alles.«

»Nun ja, niemand – vor allem nicht der Aufsichtsrat und die Vorstandsmitglieder der APL – hätte gedacht, daß Eddie Love auch nur das geringste Interesse am Geschäft haben könnte. Sie schrieben ihn ab als exzentrischen Playboy, aus demselben Holz geschnitzt wie Art Love, nur mit etwas anderen Lastern. Beim

Tod seines Vaters hatte er jedoch einen beachtlichen Berg Aktien geerbt, der vorläufig noch treuhänderisch verwaltet wurde – genauer: Er erbte das größte Paket in Publikumshänden befindlicher Aktien. Ja, und zur selben Zeit, als er in seiner P-40 herumgondelte und sich bei allen Frauenclubs von Long Island zum Volksfeind Numero eins machte, kaufte er insgeheim zusätzlich Aktien auf und vergrößerte seinen Anteil. Der Erwerb erfolgte via Nummernkonten über Banken im ganzen Land. Raffiniert, fabelhaft raffiniert! Er hatte wirklich eine Vorliebe für Überraschungsangriffe. Ende dreiundvierzig tauchte er dann bei der Aktionärsversammlung auf, eindeutig der ersten, an der er jemals teilnahm. Kein Mensch dort wußte, wer er war. Na ja, sie gingen die verschiedenen Punkte der Tagesordnung bis zur Wahl des Aufsichtsrates für das bevorstehende Jahr durch. Nun mußt du wissen, daß die Loves seit Art Loves Zeiten mit ihrem Aktienpaket stets so gestimmt hatten, wie es der Vorstand befahl. Das galt als selbstverständlich. Eddie Love war gerade erst dreißig geworden, hatte also das Alter erreicht, da er laut Treuhandvertrag seine Geschäfte selbständig führen durfte. Der Vorstand wurde sozusagen mit den Händen in der Tasche überrascht, da er angenommen hatte, das Love-Paket würde wie immer seinem Vorschlag entsprechend stimmen. Doch Eddie Love war anderer Ansicht. Du mußt dir die Szene mal vorstellen! Da erhebt sich ganz hinten im Saal ein junger Mann mit Sonnenbrille und stellt den Antrag, mehrere eigene Kandidaten vorschlagen zu dürfen. Also, zuerst lächelten sie alle über seine Naivität, und als er darauf bestand, räusperten sie sich und husteten in ihre Hände und weigerten sich schließlich rundheraus, dem Antrag stattzugeben. Daraufhin *verlangt* er, daß sie ihm stattgeben, und sie drohen, ihn hinauszuwerfen. Und nun bringt er seinen *coup de maître* an: holt die Stimmrechte heraus, genug, um die Abstimmung zu gewinnen. Äußerste Erregung im Saal. Denn weißt du, die Übernahme der Aktienmajorität war damals eine Seltenheit. Man war bis dahin noch nicht so sehr auf der Hut. Daher fühlten sich diese Leute völlig unvorbereitet und blindlings überrumpelt. Um eine lange Story kurz zu machen: Love ernannte einen eigenen Aufsichtsrat. Zu den neuen Aufsichtsratsmitgliedern gehörte einer seiner alten Kameraden von der AVG, ein hochqualifizierter Mann, wie du dir vorstellen kannst, der wie Love auch nach der Heimkehr aus China in der Luft hing, also bereit war, etwas Neues zu wagen, es mal mit der Industrie zu versuchen. Das war David Bateson, sein alter Flügelmann bei der Luftwaffe. In der Vorstandssitzung gleich danach ließ sich dein Vater offiziell zum Generaldirektor ernennen. Er war somit an einem einzigen Nachmittag Aufsichtsratsvorsitzender und Generaldirektor der American Power and Light geworden, dem mächtigsten Konzern Amerikas. Nicht schlecht, für die Arbeit eines Tages, eh? Die Wall Street war platt, zu je einem Drittel empört, begeistert und total verblüfft. So etwas war noch nie passiert, Sonny. In der Woche darauf erschien er auf dem Titelblatt des ›Time Magazin‹: ›Mann der Stunde‹, ›Hun in the Sun an der Wall Street‹, nannten sie ihn. Der Artikel stammte von diesem Hackless, einem selbsternannten Chronisten und Apologeten der Loves. Und glaub ja nicht, daß sich dein Vater auf seinen Lorbeeren ausruhte! Nachdem er drin war, stellte er wirklich alles auf den Kopf. Die APL hatte zwar ihr Produktionsprogramm seit den alten Zeiten, in denen sie ein simpler Versorgungsbetrieb war, beträchtlich erweitert, aber Love erweiterte es nun noch mehr. Unter seiner Leitung wurde die American Power and Light – man kann wohl sagen – zum ersten ›Conglomerate‹, obwohl der Ausdruck erst sehr viel später geprägt wurde. Die Firma hatte damals sehr viele Rüstungsaufträge der Regierung, aber dein Vater beschloß – mitten im Krieg, ja? –, es auf einem ganz neuen Gebiet zu versuchen. Rate mal, auf welchem!« Er grinste.

»Kahn!«

»Arzneimittel. Ganz recht. Welch eine Waghalsigkeit! Und was noch erstaunlicher ist: Er hat's geschafft. Innerhalb von wenigen Monaten hatte er praktisch den ganzen Markt eines ganz speziellen, sehr wichtigen Erzeugnisses, vielleicht des größten Stücks vom ganzen Kuchen aufgekauft: Morphin. Die APL legte eine Offerte für einen Regierungsvertrag zur Belieferung der Streitkräfte vor – nicht nur der amerikanischen, Kleiner, der allierten! Ich möchte nicht morbid erscheinen, aber hast du eine Ahnung vom Umfang des Bedarfs an Betäubungsmitteln in einem Weltkrieg? Irgendwie war er in der Lage, das Zeug in einer besseren Qualität und zu günstigeren Preisen zu produzieren als alle anderen auf dem Markt. Niemand kam an ihn heran. Niemand wußte, wie er es anfing. Und ehrlich gesagt, niemand fragte danach. Ich meine, wenn du blutend und von Schmerzen gepeinigt daliegst, verlangst du schließlich nicht, erst das Kleingedruckte lesen zu dürfen, oder? Ob du nun ein einzelner Mensch bist, oder ein Land. Damit hat er's geschafft. Von da an ging's nur noch bergauf. Bei Kriegsende war dein Vater einer der mächtigsten Männer der Wall Street und einer der reichsten. Ich erinnere mich, gehört zu haben, sein Name stehe auf einer Liste der zehn reichsten Männer der Welt beinahe ganz oben. Gleichzeitig jedoch wurde sein Verhalten im Privatleben immer exzentrischer. Er trinke, hieß es. Dann gab es eine Menge Klatsch und Kritik in den Gesellschaftsnachrichten. Er galt überall als Traumpartie. Anscheinend trieb er sich auch mit einer Menge Frauen herum. Hat aber nie geheiratet. Was jedoch seine Exzentrik angeht, so sind die Berichte nicht übertrieben. Dafür kann ich mich selbst verbürgen, denn zufällig hab' ich eine Kostprobe davon mitgekriegt – übrigens eine, die mir gar nicht geschmeckt hat. Früher konnte man nämlich aufs Dach der Börse steigen, das war gar kein Problem. Zwar war das nicht vielen Leuten bekannt, aber ein paar Broker nahmen zuweilen, wenn das Wetter schön war, ihren Lunch da oben ein. Es war noch nicht lange her, daß ich zur Wall Street gekommen war. Ich ging mit einem Freund aus dem Börsensaal hinauf. Wir sitzen da also mit unseren Lunchpaketen, ja? Auf einmal hören wir ein merkwürdiges Geräusch, anfangs noch nicht sehr laut, als käme es von ganz weit her, aber mit jeder Sekunde lauter. ›Was ist das?‹ frage ich und wische mir mit einer Papierserviette den Mund. ›Hörst du das?‹ – ›Ich höre nichts‹, antwortet er. Ich sehe mich um, sehe nach oben, entdecke nichts, doch das Geräusch wird immer lauter, bis es buchstäblich ohrenbetäubend ist. Alle werden unruhig. Und plötzlich fegt dieser riesige, geflügelte Schatten übers Dach wie ein gigantischer Raubvogel, ein Pterodactylos oder so, und mitten aus der Sonne erscheint ein Flugzeug, das laut kreischend im Sturzflug auf uns herabstößt. Wir werfen beide in hohem Bogen unser Lunchpaket in die Gegend und uns selbst flach auf den Boden. Ich denke, es ist ein verirrter Kamikaze-Flieger, der noch nicht gehört hat, daß der Krieg aus ist, und von irgendeinem Passatwind von Japan hergewirbelt wurde. Im letzten Moment zieht die Maschine wieder hoch und fliegt so dicht über uns hinweg, daß der Kies im Propellerwind aufstiebt und wir die Hitze des Motors spüren, die Auspuffgase riechen können. Als ich unter meinen Armen hindurchspähe, entdecke ich den Tigerrachen und weiß sofort, wer das nur sein kann. Beim zweiten Anflug sah ich ihn selbst – mit einer Fliegerbrille, genau wie die hier, Kleiner. Er drehte sich im Sitzen nach uns um, mit zurückgeworfenem Kopf und weit offenem Mund, als lache er sich halbtot und amüsiere sich königlich. Er rauschte noch ein paarmal über uns hinweg, dann schien ihm dies zu langweilig zu werden, und er tauchte ab. Wir sahen also das riesige Flugzeug unterhalb der Dachkante verschwinden, ja? Wir standen auf, liefen hinüber und sahen hinab. Da flog dein alter Herr, Kleiner, doch tatsächlich durch die Wall-Street-Schlucht bis zum Fluß runter! Ich schwöre dir, es war so eng, daß er mit den Flügelspitzen fast die Gebäude berührte. Und ganz am Ende mußte er sich sogar ein bißchen schräg legen, um durchzukommen. Unten auf der Straße schrien Frauen und liefen in Deckung. Männer beschatteten ihre Augen und blickten hinauf. Einer stieß einen Südstaaten-Jodler aus, und einige besonders Verwegene applaudierten und jubelten. Der Hausmeister hastete hektisch herum, weil er sich nicht erinnern konnte, wo sich die Luftschutzunterstände befanden, die aber längst entfernt worden waren. Er also drehte einen Looping und kam zurück, und diesmal beschoß er uns – nicht mit Kugeln, sondern mit kleinen Seidenfallschirmen, alle in verschiedenen Farben: pflaumenblau, rosenrot, smaragdgrün, indigoblau. Die meisten sanken auf die Straße hinunter. Ein paar jedoch gerieten in den Aufwind und wurden zu uns emporgetragen. Einer landete ganz in unserer Nähe auf dem Dach. Wir haben richtig um ihn gekämpft. Und rate mal, was drangebunden war? Kleine Beutel mit Glücksplätzchen, Sonny. Ehrlich. Und alle mit derselben Botschaft. ›*Amor vincit omnia*‹, also: ›*Love conquers all*‹ – ›Die Liebe besiegt alles‹ oder ›Love besiegt alle‹.« Kahn schüttelte den Kopf. »Rede mir einer von Chuzpe! Vielleicht war er 'n bißchen *meschugge*, aber was für eine Courage! Am Nachmittag stiegen – aus purer Hochachtung, glaube ich – die APL-Aktien um zweieinhalb Punkte. Wenn er jedoch verrückt war, so war er es ausschließlich privat: Die Art, wie er den Konzern leitete, ließ in überhaupt keiner Weise darauf schließen. Innerhalb von fünf Jahren hatte dein Vater den Gipfel erklommen und ihn überwunden. Er griff nach den Sternen, Kleiner. Keiner an der Wall Street konnte ihm das Wasser reichen. Eine Präsenz, eine bewußte Meisterschaft wie bei ihm hatte es in der ›Street‹ seit den Tagen der Räuberbarone nicht mehr gegeben. Ja, er war eine Art Atavismus dieses Typs, ein Commodore Vanderbilt, der vom Achterdeck seiner Jacht, der ›*Corsair*‹, Geschützsalven feuert und den Jolly Roger, die schwarze Piratenflagge, am Mast hochzieht. Ich erinnere mich an den Artikel, den Hackless damals veröffentlichte. Er verglich ihn darin mit Alexander dem Großen: keine neuen Welten mehr zu erobern. Nun, es muß ungefähr 1950 gewesen sein, als der

Skandal aufflog. Als die Kommunisten nach West-China und Tibet vordrangen, um ihre Revolution zu konsolidieren, entdeckten sie zu ihrer größten Überraschung in ... ich glaube, es war in der Provinz Yunnan. Ist das nicht die, wo sie noch immer den ganzen Mohn anbauen? *Yeah,* das ist sie. Ich erinnere mich deshalb, weil er dort nach einem Luftkampf seine Bruchlandung gebaut hat, bei der er ja auch verwundet wurde. Jedenfalls dort, in der Wildnis, in dieser entlegenen, undurchdringlichen, beinahe unbewohnten Region, entdeckten sie so etwas Ähnliches wie einen kleinen agro-industriellen Komplex, praktisch einen ›autonomen Distrikt‹, der sich dem gewerbsmäßigen Anbau, der Ernte und der industriellen Raffinierung der verschiedenen Produkte des *Papaver somniferum* widmete, liebevoll auch Schlafmohn genannt. Dort lebten Hunderte von Arbeitern – Bauern, Landarbeiter, Chemiker –, die ihre Lebensmittel selbst produzierten. Sogar einen kleinen Saal gab es, wo Westernfilme gezeigt wurden. Diese Idee war Love offenbar gekommen, als er noch drüben war. Er stellte sogar versuchsweise ein paar Forschungen an, wurde aber erst richtig aktiv, nachdem er an die Macht gelangt war. Ich erinnere mich an eine Karikatur, die etwa zu der Zeit auf der Leitartikelseite der ›*New York Times*‹ erschien: Eine kommunistische Patrouille watet durch ein Mohnfeld. Der Führer, der wie eine Kreuzung zwischen Jiang Jieshi*und dem Ängstlichen Löwen aussieht, gähnt und nimmt sein Gewehr von der Schulter. ›Fünf Minuten Pause, Leute‹, lautet die Unterschrift. ›Ich werde mich hier einen Moment hinhauen und die Augen zumachen.‹ In der Ferne sieht man die Türme einer phantastischen Stadt, die eine gewisse Ähnlichkeit mit der Wall Street aufweisen. Nun ja, ich glaube, in den oberen Rängen des Wirtschafts-Establishments herrschte schon länger das Gefühl, daß da etwas nicht ganz koscher war. Aber so etwas hatte wahrhaftig niemand vermutet. Ich meine, die Dimension! Ohne Steuern zu bezahlen (höchstens in Form dicker Schmiergelder an die Guomindang, die aktive Komplizen waren), hatte Love auf regierungseigenem Boden mit einem unerschöpflichen Vorrat an billigen Arbeitskräften, beschützt von einer modern ausgerüsteten, aus der nationalen Armee rekrutierten, jedoch separat verwalteten und von der American Power and Light finanzierten paramilitärischen Organisation, etwas auf die Beine gestellt, was praktisch einem kleinen Nationalstaat glich: ein industrielles, ganz der Produktion von Morphin gewidmetes Paradies. Dagegen hätte wohl niemand etwas einzuwenden gehabt, nur hatte es, als sie die Raffinerien zu überprüfen begannen, den Anschein, daß nicht nur erstklassiges Morphium hergestellt wurde, sondern auch Opium und Heroin. Und zwar in riesigen Mengen. Anscheinend spielten überdies ein paar mysteriöse Sizilianer eine Rolle. Die Führer der paramilitärischen Einheiten waren zuvor gewarnt worden und entkamen mit einigen Soldaten über die Grenze in die Schan-Staaten. Die Kriegsherren, die heute dort herrschen, sind der Rest, welcher von den Kommandeuren der ursprünglichen Opiumarmee übriggeblieben ist. Der Skandal trug zum Sturz von Jiang Jieshi bei, obwohl er bis zuletzt schwor, von nichts gewußt zu haben. Vielleicht hat er die Wahrheit

---

*Tschiang Kai-scheck

gesagt: Die Guomindang waren inzwischen so korrupt geworden, daß eine zentrale Kontrolle eigentlich nur noch ein Witz war. Außerdem hat der Skandal zum Einfrieren der Beziehungen zwischen den Vereinigten Staaten und China während der fünfziger Jahre beigetragen. Ach, Kleiner, es stank zum Himmel! Ich erinnere mich noch an den Tag, als die Nachricht im Radio kam. McCarthy verlor keine Zeit und ließ Love vor den Ausschuß des Repräsentantenhauses für unamerikanische Umtriebe laden, ganz zweifellos, um ihn als ›Scharfrichter‹ von Jiangs Regime fertigzumachen, wie er später Dean Acheson und General Marshall fertigzumachen versuchte. Auch in strafrechtlicher Hinsicht wurde Love in einem halben Dutzend Punkten beschuldigt, von denen, glaube ich, nur wenige vor Gericht standgehalten hätten, denn er hatte seine Spuren verdammt gut verwischt. Ich glaube, er hatte einfach keine Lust, es drauf ankommen zu lassen. Die Zeitungs- und Wochenschauleute erreichten den Love-Besitz in Sands Point ungefähr eine Stunde vor dem FBI. Typisch. Die Paparazzi kamen in hellen Scharen. Es muß das erste ›Medienereignis‹ der Geschichte gewesen sein. Dein Vater lebte damals dort draußen allein mit seinem chinesischen Diener. Er begrüßte die Leute sehr ruhig, sehr höflich, ließ sie in seinem kleinen chinesischen Garten Platz nehmen, den er, wie er erklärte, nach seiner Rückkehr aus China angelegt hatte: am Teich, zwischen den bearbeiteten Felsbrokken und den Bonsai-Bäumchen. Ich sah das alles in der Wochenschau, verstehst du? Obwohl er unendlich gelassen wirkte, merkte man, daß er ein bißchen daneben war, denn er fragte sie immer wieder nach der Frucht. ›Sie ist gerade gepflückt worden‹, sagte er, zeigte ihnen den Baum und erklärte ihnen, was für eine ausgefallene Sorte es sei, und daß er sie selbst aus China importiert habe. Ganz besessen schien er davon zu sein.«

»Eine Frucht?« erkundigte ich mich. »Was für eine Frucht?«

»Was weiß ich, spielt auch keine Rolle.« Offenbar ärgerte er sich über die Unterbrechung. »Litchis, Kumquats, egal was – ach nein, jetzt fällt's mir ein: Es war ein Pfirsich. Na schön. Jedenfalls trug er ein chinesisches Seidengewand über seiner normalen Straßenkleidung und dazu eine Sonnenbrille. Nachdem allen Anwesenden etwas serviert worden war, zog er eine Verlautbarung heraus und verlas sie laut vor den Kameras; darin übernahm er die gesamte Verantwortung, behauptete, die anderen Aufsichtsratsmitglieder hätten keine Ahnung von allem gehabt, und erläuterte die ganze Affäre und wie es nach seinem Absturz dazu gekommen sei. Alles auf dem Wochenschaufilm, verstehst du? Plötzlich und wie weit entfernt im Hintergrund hört man dieses hohe, schrille Heulen: die Sirenen. Love hebt den Kopf wie ein Tier, das etwas im Wind wittert, und spitzt die Ohren. Dann entschuldigt er sich ganz ruhig und schreitet gelassen, kaum merklich hinkend, über den Rasen zu seinem Flugzeug, das im Leerlauf auf ihn wartet. Etwa zur selben Zeit war die Polizei mit quietschenden Reifen, schleudernd und Kiesfahnen hinter sich herziehend, in die kreisförmige Auffahrt eingebogen. Die Polizisten verfolgten ihn wild quer über den Rasen hinweg, wobei sie mit ihren Schießeisen zu den Fenstern hinaushingen wie die Keystone Cops, wie in den guten, alten Zeiten von Al Capone. Love sprang auf die Tragfläche, stieg ein, schloß das Cockpit, und gerade als sie mit kreischenden Bremsen stoppten und tiefe Furchen in den Rasen gruben, rollte er los, wendete den Vogel und startete so dicht über ihre Köpfe hinweg, daß sie sich alle ducken mußten. Er bot ihnen eine Flugvorführung, Kleiner, die nach der Musik von Mozart hätte choreographiert sein können, ein Ballett aus Loopings, Rollen und Immelmanns, alles, was es an Kunstflugfiguren gibt. In der Wochenschau sah man, wie die FBI-Agenten da unten standen, die Augen beschatteten und offenen Mundes wie Kinder im Zirkus nach oben starrten, während ihre Hände mit den Pistolen schlaff herabhingen. Love machte eine ungesteuerte, schnelle Rolle, dann eine halbe Rolle, bis er auf dem Rücken lag. Der Motor setzte aus, weil er kein Benzin mehr bekam, und so segelte Love lautlos über sie hinweg, hing in seinen Gurten wie ein Kistenteufel, blickte zu ihnen hinauf und auf die Wolken hinab. Dann warf er auch noch das Cockpitdach ab, so daß ihm der Wind ins Gesicht schlug wie einem Hund, der den Kopf aus dem Autofenster steckt. Verrückt, verrückt – herrlich verrückt! Einer von den Kameramännern sagte, es sei das Unheimlichste, was er jemals gesehen habe: Love, wie er da hing und ihnen verkehrt herum in die Gesichter sah, unheimlich und komisch zugleich. Dann plötzlich kehrte er mit einer weiteren halben Rolle in die normale Position zurück, startete den Motor von neuem und ging in Sturzflug über, kam kreischend auf sie zugejagt und eröffnete das Feuer. Später fanden sie zerrissenes, rotes Papier von Knallfröschen auf dem Rasen – einer von deines Vaters berühmten Streichen. Nur diesmal ging er nach hinten los, denn als sie hastig in Deckung gingen, erwiderten die Männer am Boden das Feuer, und die hatten – jedenfalls einige von ihnen – halbautomatische Waffen. Ein paar Schüsse müssen anscheinend getroffen haben. In letzter Sekunde zog Love wieder hoch, streifte bei einer Wende beinahe die Baumwipfel, machte einen Immelmann, wobei er gleichzeitig Höhe gewann und die Richtung änderte, setzte sodann zum Steigflug an und verschwand in der Sonne. Während der letzten Filmsekunden kannst du an den Flügeln gerade noch winzige, schwarze Rauchstreifen erkennen: sie wirken wie Drahtseile, die ihn am Boden halten wollen und so straff gespannt sind, daß sie gleich reißen.«

»Und was ist passiert?« fragte ich flehend, krank vor unerträglicher Spannung. »Bitte, Kahn, spannen Sie mich nicht auf die Folter! Er ist ihnen entkommen, nicht wahr?«

Er musterte mich voll Mitgefühl, böse Vorzeichen in seinen Augen. »*Yeah*, Kleiner, er ist ihnen entkommen«, bestätigte er leise. »Wurde zuletzt gesehen von einem Motorradpolizisten auf der Brücke über die Verrazano-Narrows. Wie ein Meteor am Mittagshimmel sei es gewesen, sagte er, als das Flugzeug mit den beiden Feuerschweifen an den Tragflächen im Vorbeifliegen schwarzes Öl auf die Straße und die Pfeiler der Brücke sprühte. Die Badenden am Strand von Coney Island erzählten, sie hätten weit draußen auf dem Meer einen weißen Blitz gesehen, den Knall gehört und gedacht, die Russen hätten die Bombe auf New York geworfen. Das verkohlte, verbeulte Wrack des Flugzeugrumpfs wurde irgendwo weit weg an einem verlassenen Strand bei Far Rockaway angespült, aber man fand auch Trümmer nördlich bis nach Block Island und südlich bis nach Cape May in New Jersey. Die Leute sammelten sie den ganzen Sommer lang als Souvenir, weißt du?«

»Und Love?« fragte ich, bereits unter Tränen.

Kahn schüttelte den Kopf. »Tut mir leid, Kleiner.«

Da brach ich zusammen. Die Kassiererin starrte uns an.

»Offenbar war er ausgestiegen, bevor die Maschine explodierte, denn am nächsten Tag wurde auf Coney Island sein Fallschirm an Land gespült. Sie fanden ihn in der Nähe der Küste auf den Wellen schwimmend wie eine riesige Qualle oder das Taschentuch eines Zauberkünstlers. Und der größte Trick war, daß er leer war, daß niemand in den Gurten hing. Anscheinend hatte er ihn abgestreift und zu schwimmen versucht, es dann aber nicht mehr geschafft. Die Küstenwache und die Polizei organisierten eine intensive Suche. Doch die Maschine war nahezu zehn Meilen weit draußen auf dem Meer runtergekommen.« Kahn seufzte. »Sie haben die Leiche nicht gefunden. Am nächsten Tag lautete die Schlagzeile der ›*Times*‹: LOVE IST TOT – VERMISST ÜBER DER WALL STREET. Autor: Ernest Hackless. Anfangs wurde in der Presse ein paarmal darüber spekuliert, ob nicht das Ganze getürkt worden sei wie Jahre zuvor beim Rücktritt seines Vaters, ob Love nicht einen Trick angewandt habe, um seine Verfolger abzuschütteln, und nach Rio oder Havanna entkommen, vielleicht sogar nach China zurückgekehrt sei, eine neue Identität angenommen und ein neues Leben begonnen habe. Andere behaupteten, er sei nie fortgegangen, habe sich das Gesicht operieren lassen und lebe noch immer irgendwo in der Nähe der Wall Street, wo er unsichtbar das Geschick der American Power and Light bestimme. Angesichts seiner Verletzung jedoch und allem übrigen stehen die Chancen, daß er es geschafft hat, unendlich schlecht. Ich glaube, so was zeigt nur, wie man ihn in der ›Street‹ einschätzte. Ein regelrechter Mythos entwikkelte sich um ihn, so, wie es, glaube ich, allen Menschen geht, die so schnell so hoch steigen, über den Horizont von uns anderen hinaus, und dann ganz einfach spurlos verschwinden. Wie Whitman sagte: ›Am bewundernswertesten ist er, wenn er zum letztenmal halb versteckt lächelt oder die Stirn in Falten zieht, und wer dies im Moment des Abschieds zu sehen bekommt, wird sich viele Jahre lang noch entweder beflügelt oder eingeschüchtert fühlen.‹ Ich glaube, ich gehörte ebenfalls zu diesen beiden Kategorien, Kleiner, nur weiß ich nicht so ganz genau, zu welcher.« Kahn schniefte und nahm eine Nase voll Dristan. »Er war ein Ahasver, Kleiner, ein Livermore – obwohl er Geschäftsmann war, und kein freier Makler. Ich meine das als größtes Kompliment. Vielleicht zeugt es nicht von besonders gutem Geschmack, aber ich habe auch die Art, wie er sich verabschiedete, immer irgendwie bewundert. Was sie auch alles über deinen alten Herrn gesagt haben mögen: Er wußte, was ein guter Abgang ist.«

»Ja.« Ich schluchzte bitterlich. »Darin war er immer gut.«

»Der Beste. Ach, Kleiner hör doch auf«, riet er mir, als ich weiterweinte. »Es ist doch alles so lange her.«

»Nicht für mich«, gab ich zurück. »Nicht für mich.«

Er erkannte die Wahrheit, die darin lag, saß stumm mitfühlend da und wartete, bis sich mein Kummer erschöpft hatte. Dann drängte er mich behutsam zum Aufbruch. »Komm, Kleiner! Wir müssen gehen.«

Als er mir die Tür aufhielt, rief die Kassiererin hinter uns her: »He, Sie! Was ist mit der Brille? Wollen Sie die nun bezahlen oder nicht? Das geht nicht auf Rechnung des Hauses!«

»Verzeihung«, entschuldigte sich Kahn. »Komm, Kleiner, ich gebe sie zurück.« Sanft zog er sie mir vom Gesicht und wandte sich ab.

Doch noch während er das tat, ließ mich ein unwiderstehlicher Impuls seinen Arm packen. »Geben Sie sie mir, Kahn«, forderte ich. Und während er zusah, zog ich meine Brieftasche heraus, zählte die Geldscheine einen um den anderen auf die Glasplatte der Theke, setzte meinen neuen Besitz wieder auf die Nase, stieß die Tür auf und schritt vor ihm her in den strahlenden Sonnenschein hinaus. Als ich hochblickte, stellte ich fest, daß ich direkt in die Sonne blicken konnte, und daß ihre Strahlen der Welt einen geheimnisvollen grünen Schimmer verliehen.

SECHZEHNTES KAPITEL

Alle anderen Überlegungen, sogar Kahns Ultimatum, wurden vorübergehend von der emotionellen Sturmflut der Nachricht vom Tod meines Vaters davongespült. Daß er verschwunden war, unwiederbringlich verschwunden – mein Verstand rang mit dieser Tatsache, doch mein Herz weigerte sich, sie zu akzeptieren. Wenn es so war, und es konnte kein Zweifel daran bestehen, daß es so war, änderte das alles. Wie aber genau, das konnte ich nicht ganz begreifen, nicht ganz definieren. Tatsache blieb, daß ich nicht in der Lage war, überhaupt logische Schlüsse zu ziehen, sondern bis obenhin erfüllt von einem Gefühl unbestimmter Schicksalhaftigkeit, als sei auf einmal alles zu Ende. Meine gesamte Initiative war fehlgeschlagen, und zu dem Fehlschlag der Suche nach meinem Vater kam der Fehlschlag meiner Suche nach der Bedeutung des Dow, nach dem Delta, nach dem *dao* im Dow. Ich erfüllte zwar weiterhin meine Pflichten an der Börse, aber lustlos, oberflächlich. Kahns Mitleid war nicht aufdringlich, doch es war immer da: ein Licht in seinen Augen, das ich kaum ertragen konnte, selbst nicht durch den Filter der grünschwarzen, tropfenförmigen Brillengläser.

Ich wollte mit Yin-mi sprechen und wünschte mir, sie würde meinen Schmerz und meine Bitterkeit mit dem sanften, geheimen Balsam lindern, der ihre Gegenwart für mich bedeutete. Seltsamerweise jedoch plagten mich Gewissensbisse. In meiner Verzagtheit spürte ich, daß sich auch an dieser Front alles geändert, daß ich Yin-mi verloren hatte, verloren durch die Offenlegung ihrer Gefühle für mich. Das konnte ich ihr nicht verzeihen, diese Jagd durch den Regen und unsere fragwürdige Umarmung. Zweimal ging ich zur Wohnung der Ha-pis, um mit ihr zu sprechen, doch jedesmal machte ich auf der Schwelle kehrt, ohne anzuklopfen.

Schließlich kam eines Tages Kahn zu mir. »So kann es nicht weitergehen, Kleiner. Du mußt dich aufraffen und endlich *leben.* Ich mache dir einen Vorschlag. Zwar weiß ich nicht, ob er helfen wird, aber warum fährst du nicht hin und siehst dich mal um?«

»Wohin?« fragte ich verständnislos.

»Nach Sands Point, dem alten Love-Besitz. Ich hab' mich ein bißchen umgehört, im Augenblick wohnt dort niemand als ein Verwalter, der alte Chinese, der bei Love gearbeitet hat. Vielleicht ist er bereit, das Haus aufzuschließen und es dir zu zeigen. Es könnte dir guttun, dich innerlich zur Ruhe bringen.«

Weshalb, kann ich nicht genau sagen, doch dieser Gedanke sagte mir zu, gefiel mir besser als alles andere in den letzten Tagen. Ich beschloß, Kahns Rat zu befolgen.

Als der Zug in den Bahnhof von Port Washington einfuhr, wartete am Bordstein ein De-Luxe-Taxi, ein langer, schwarzglänzender Bomber aus einer anderen Zeit. Der Fahrer, ein junger, aber nicht ganz so junger Italiener mit einem herabhängenden Augenlid und einem undefinierbaren Blick, lehnte mit gekreuzten Füßen und den Händen in den Taschen am Kühler.

»Wohin?« fragte er.

»Kennen Sie den Love-Besitz in Sands Point?«

»Den alten Kasten draußen an der Lighthouse Road? Aber sicher. Steigen Sie ein!«

Als wir anfuhren, merkte ich, daß er mich im Rückspiegel musterte. »Was woll'n Sie denn da?« erkundigte er sich mit einer Vertraulichkeit, die bei einem New Yorker Taxifahrer unvorstellbar gewesen wäre und – von meinem Standpunkt aus – auch nicht besonders wünschenswert war. »Sind Sie ein Freund von Bozo?«

»Bozo?«

»*Yeah*, Bozo. Bo, der alte Chinese, der da draußen im Cottage wohnt. Ob das sein richtiger Name ist, weiß ich nicht, aber so haben wir ihn immer gerufen.«

»Das muß der Verwalter sein«, sinnierte ich laut. »Nein, den kenne ich nicht.«

»Dann würd' ich mich an Ihrer Stelle vor ihm in acht nehmen. Der is'n bißchen weich in der Birne, wenn Sie wissen, was ich meine. Um's ganz deutlich auszudrücken, ein beschissener Irrer. Und Englisch spricht er, glaube ich, auch nicht viel.«

»Dann kennen Sie ihn?«

Er lachte verächtlich. »Sozusagen. Als ich noch in der High School war, sind wir freitagabends manchmal rausgefahren, um da 'n bißchen Rabatz zu machen.«

»Rabatz?«

»*Yeah*, Sie wissen schon, Klopapierrollen in die Bäume werfen, im Pool M-80s in die Luft gehen lassen, 'n paar Eier und Wasserballons gegen die Haustür werfen – so ähnlich, nichts wirklich Schlimmes. Aber der Alte hatte keinen Humor. Der nahm das wirklich sehr persönlich, als wäre das sein Haus oder so. Er fing an, sich zu wehren, stellte Fallen und so. Schaufelte zum Beispiel so 'ne Grube, ja? Als wollte er'n Tiger fangen oder was. Hat sie mit Laub und Gras getarnt. Benny Fanoli hat eine ganze Nacht da drin zugebracht – mit 'nem gebrochenen Knöchel. Verdammt, von da an wurde das Grundstück zur Kriegszone. Jetzt belästigen sie ihn nicht mehr so sehr. Jetzt tut mir der Alte eher leid. Er ist ein Freund von Ihnen, sagen Sie?«

»Nein«, widersprach ich abermals, »ich kenne ihn nicht.«

»Was woll'n Sie denn dann da?« erkundigte er sich. »Sie woll'n den Besitz doch wohl nicht kaufen, oder?«

»Ist er denn zu verkaufen?«

»*Yeah*, seit Jahren schon. Aber glauben Sie mir, das ist 'ne verwahrloste Bude. Die ist schon damals fast auseinandergefallen. Zu seiner Zeit ist das bestimmt 'n hübsches Haus gewesen, aber jetzt haben sie's so richtig runterkommen lassen. Außerdem wird's ziemlich teuer sein. Kostet wahrscheinlich Millionen. Allein das Grundstück. Direkt am Sund, dicht neben all den anderen Riesenvillen. Haben Sie denn soviel Geld?«

Ich lachte.

»*Yeah*, ich auch nicht – lohnt sich aber, sich das wenigstens mal anzusehen ... Also, hier sind wir. Hier fängt die Auffahrt an. Ich würd' Sie gern bis zur Haustür fahren, doch Sie seh'n ja ...« Die Straße war mit einer Kette versperrt, an der ein Schild hing: BETRETEN VERBOTEN.

»Schon gut, ich werde zu Fuß gehen.«

»*Okay*«, sagte er. »Bis dann mal. Grüßen Sie Bozo!«

Er brauste davon und ließ mich am Straßenrand stehen. Der Fahrweg, dünn mit Kies bedeckt und voll tiefer Furchen, verlor sich in etwas, das aussah wie ein dichter Wald. Ich stieg über die Kette und erspähte, als mein Blick beim Weitergehen flüchtig das dichte Laub durchdrang, auch noch mehrere andere Häuser. Es war dunkel, kühl und sehr feucht unter den Bäumen. Und sehr still – bis auf das Zwitschern der Vögel und einen gelegentlichen Windstoß, der seufzend durch die Zweige über mir strich. Der pockennarbige, unregelmäßige Weg ähnelte mehr einem ausgetrockneten Flußbett als einer Fahrstraße, und je weiter ich ging, desto leichter war es, sich vorzustellen, in eine Wildnis hineinzuwandern statt zu einem Herrenhaus. Ich hatte ein ganz schönes Stück zurückgelegt, da vernahm ich das leise, ferne Rauschen der Brandung: wie ein Geflüster, das den Bäumen antwortete; und dazu einen Klang wie eine klagende Kirchenglocke, die die Gemeinde zu einem Begräbnis ruft: das Läuten einer Boje, die sich draußen vor der Sandbank in der Dünung wiegte.

Hinter einer Biegung ging der Wald überraschend in einen Park über. Ich kam auf eine große, kreisförmige Auffahrt, wo Kies und Muschelgrus noch hoch lagen und aussahen wie frisch geharkt: in der Kreismitte eine Insel, überdacht von einer einzigen herrlichen Eiche, mindestens einhundert Fuß hoch und dicht gekrönt von Laub und Zweigen, die bestimmt einen ganzen Morgen beschatteten. Hinter der Auffahrt senkte sich der Rasen in einer weiten Mulde zum Wasser hinab, wo eine Steinmauer den Beginn des Strandes markierte. Dahinter breitete sich die petroleumfarbene Wasserfläche des Long Island Sound, glasig vor leerer, strenger Gelassenheit. Ganz in der Ferne war über dem Wasser die Silhouette einer bewaldeten Landzunge im blauen, unsicheren Licht zu sehen. Zu meiner Rechten stieg die Mulde ganz leicht zu einem Hain aus Tannen und Föhren an, links jedoch ging es steil zur Villa empor, die über terrassierten Blumenbeeten von einem hohen Felsvorsprung auf Wasser und Felsen hinabblickte.

Ich hatte ein monumentales, imposantes Bauwerk erwartet, wurde jedoch angenehm enttäuscht. Das Haus war von einer malerischen, altmodischen Eleganz. Es stammte aus der frühkolonialen Zeit und war in jenem exzentrischen, jedoch nicht unangenehmen Stil gehalten, den man mit den Häusern jener Zeit verbindet, eine kapriziöse, ja sogar mutwillige Atmosphäre, als sei es, wenn auch geschmacklich nicht immer ganz harmonisch, wieder und wieder von den verschiedenen Eigentümern umgebaut und ausgebaut worden und hätte dennoch all ihre Kapricen überstanden und eine ganz eigene Sprache und Logik entwickelt. Vielleicht beruhte seine Harmonie vor allem auf dem massiven, wunderschönen Dach mit seinen schweren, dunkeltürkisfarbenen Ziegeln, die hier und da von asymmetrisch angeordneten Mansardenfenstern durchbrochen wurden. Aus irgendeinem Grund – vielleicht lag es an dem tieferen, lebensvolleren Blau vor dem hellblauen Himmel – wirkte es in meiner Vorstellung wie ein Märchenschloß.

Das Haus selbst befand sich im Zustand fortgeschrittener Verwahrlosung: Fensterläden waren herabgefallen, Scheiben zerbrochen (einige, die noch heil waren, bestanden aus leicht welligem, mundgeblasenem Glas), den weißen Anstrich hatte das Wetter zu einem Graublau gegerbt, das mich an Scotties Tennisschuhe erinnerte und das in dicken Fetzen abblätterte. Trotz allem jedoch war der ursprüngliche Eindruck nicht ganz verlorengegangen; das Gebäude glich einer schönen Frau, die sich im Alter gehenläßt. Die lachsroten Geranien in den Beeten entlang des Plattenwegs zur Haustür glühten prachtvoll wie Gartenfackeln. Inmitten der sattgrünen, lebendigen Gegenwart des Rasens wirkte das Haus wie ein leicht verschwommenes Erinnerungsstück, wie etwas Krankes, Brandiges und dennoch Kostbares, etwa die Scheibe von einer Hochzeitstorte, eingewickelt in eine Papierserviette und in einer dunklen Schachtel auf dem Dachboden verstaut, wo sie vor sich hin modert und zerfällt.

Beim Näherkommenn konnte ich niemanden entdecken, hörte aber ein rhythmisches Klicken, das von einem Gartengerät stammte, vielleicht von einem Spaten oder von einer Hacke, die mit nicht allzu großer, sich gleichmäßig wiederholender Anstrengung in lockere Erde gestoßen wird. Eine Stimme sang auf chinesisch: eine Männerstimme, klar und scharf, in den oberen Lagen ein bißchen ausgefranst, aber wunderbar ausdrucksvoll. Sie schien von der Rückseite des Hauses zu kommen. Ich folgte den Tönen und passierte ein Tor in einer hohen, präzise beschnittenen Buchsbaumhecke, das in die Mitte eines langgezogenen, schmalen Rasens hinter dem Haus mündete. Zu meiner Rechten endete dieser Rasen in etwa fünfzig Meter Entfernung und grenzte an einen leeren Swimmingpool ohne Sprungbrett und ohne Kissen auf den Gartenliegen. Dahinter sah man durch eine lichte Reihe von Bäumen den Sund. Zu meiner Linken vereinigten sich, vom Haus fortführend, die beiden Arme der Hecke zu einem Oval, berührten sich jedoch nicht ganz, sondern bildeten im letzten Moment einen schmalen Korridor, der zu einem Areal aus düsterem Grün führte. In der Mitte des Ovals stand eine weiße Marmorstatue: Aphrodite Anadyomene in der flachen Schale einer gerippten Muschel, von der Taille abwärts verhüllt, barbusig, die Augen leer, und dennoch ein von einem Hauch

Grausamkeit begleitetes Sehnen vermittelnd. Sie erinnerte mich sofort an die Freiheitsstatue: einladend, aber zugleich auch abweisend.

Während ich dies alles betrachtete, setzte das Singen, das vorübergehend verstummt war, von neuem ein. Ich wandte mich in die Richtung, aus der der Gesang kam. Auf einer Art Terrasse war ein Gemüsegarten angelegt, üppig und hoch, voll Mais und Tomaten, hüfthohen Buschbohnen, Melonen und Kantalupen. Ein Mann, der gekniet hatte, erhob sich und begann wieder zu hacken, doch sein Gesicht blieb unter dem spitzen, geflochtenen Hut unsichtbar. Er war hochgewachsen und schlank, hatte gebeugte Schultern, wirkte in seinen Bewegungen jedoch graziös, fast elegant. Den Rasen entlang ging ich auf ihn zu, erstieg einige Stufen und blieb stehen. Irgendwie kam er mir vertraut vor. Offenbar spürte er den Eindringling, denn er hielt inne, ließ seine Hacke in einer Furche ruhen und blickte auf. Ein Ausdruck nachdenklicher Feindseligkeit huschte über seine Züge. Als er mich dann mit leicht zusammengekniffenen Augen näher betrachtete, zuckte er zusammen und hielt, fast bekümmert, den Atem an. Als wäre er von Schmerz überwältigt, griff er sich mit der Hand ans Herz und wich stolpernd zurück, ohne auf die Pflanzen zu achten, die er zertrat. Mit einem dünnen Aufschrei und mit beiden Händen nach dem Himmel krallend, stürzte er schließlich rücklings mitten in eine Reihe von Kohlköpfen. Verwundert und erschrocken lief ich hinzu und kniete neben dem Gestürzten nieder. Er schien bewußtlos zu sein: das Gesicht war aschgrau, er hatte die Augen verdreht, und seine Lider zuckten. Ein dünner Streifen Speichel schäumte zwischen seinen Lippen. Besorgt, er habe einen Herzschlag oder Sonnenstich erlitten, öffnete ich seinen Kragen, bettete seinen Kopf auf meinen Schoß und begann ihm das Gesicht zu fächeln. Trotz meiner Angst um sein Wohlbefinden jedoch konnte ich mir nicht helfen: Ich war fasziniert von seinem Aussehen, von seiner zerbrechlichen Schönheit, den hohen Wangenknochen und den Pockennarben in seinem Gesicht, die diese Schönheit noch unterstrichen wie... wie... Was war es nur? Der Satz widerstand der Erinnerung. Plötzlich fiel er mir ein: »...wie die zufälligen Narben, mit denen die Zeit altes Elfenbein adelt.« Das war's. Ich erstarrte. Mein Gott – war das möglich? Bozo, Bo... Jiang Bo? Hatte Xiao nicht gesagt, daß er nach dem Tod meiner Mutter davongelaufen war? Wohin sonst sollte er gegangen sein, nachdem er meinen Vater doch so sehr liebte? Jawohl, er war es! Mußte es sein! Mein Herz hämmerte wild angesichts dieses lebenden Fragments der Vergangenheit (die jüngst noch so unwiederbringlich verloren schien), das aus dem Brunnen des Vergessens heraufgestiegen war und nun auf meinem Schoß lag, das Gesicht zwischen meinen Händen. Minutenlang blieb ich in dieser Stellung sitzen, bis er allmählich wieder Farbe bekam. Seine Augenlider öffneten sich leicht.

»Jiang Bo«, flüsterte ich und wartete gespannt, ob seine Reaktion meine Vermutung bestätigen würde.

Er schlug die Augen auf. Seine Pupillen waren riesig, selbst hier im hellen Sonnenlicht. Sein Blick ruhte, als sei ich durchsichtig, auf etwas, das sich hinter mir befand. Um seine Lippen spielte ein merkwürdiges Lächeln. Sein

Ausdruck spiegelte Ekstase, ich schrieb ihn jedoch etwas konservativer einem physiologischen Leiden zu.

»Ich wußte nicht, ob Sie die Augen aufmachen würden oder nicht«, sagte ich in jenem ganz leicht vorwurfsvollen, scherzenden Ton, den man sich Kranken gegenüber erlaubt.

Er starrte weiter in die Ferne. Dann konzentrierte sich sein Blick auf mein Gesicht. »Ich hatte Angst«, gab er zurück, »Angst, feststellen zu müssen, daß alles ein Traum war und Sie wieder verschwunden sein könnten.«

Ich lächelte ihn verständnislos an, wollte aber die Idee, die er sich einbildete, nicht in Frage stellen, weil ich fürchtete, ihn aufzuregen.

Als wir einander in die Augen sahen – oder vielmehr ich in die seinen, denn ich trug die Sonnenbrille –, verstärkte sich das Leuchten auf seinem Gesicht zu einem glückseligen Strahlen. Es erinnerte an den Ausdruck eines Tiers, das seinen Herrn beobachtet, voll Loyalität und Dankbarkeit. Seine Augen füllten sich mit Tränen. Er griff nach meiner Hand, umklammerte sie und drückte sie an seine Lippen. »Herr...« sagte er.

Ich zuckte unwillkürlich zurück, als sei ich, barfuß durch einen schönen Garten schlendernd, plötzlich auf ein groteskes, kriechendes Wesen getreten. Nach meinem Erlebnis mit Kahn war mir der Grund seines Irrtums nur allzu klar. Er hielt mich für meinen Vater. Doch selbst im Hinblick auf die große Ähnlichkeit – bei diesem großen Zeitunterschied? Sofort zuckte mir die Diagnose des Taxifahrers durch den Kopf, die ich für übertrieben gehalten hatte, und ich fragte mich, ob Jiang Bo vielleicht wirklich wahnsinnig sei.

Zum Glück merkte er nichts von meiner Reaktion. Mit einem tiefen Seufzer schloß er die Augen. Sein Griff erschlaffte. »Sie sind zurückgekommen«, flüsterte er. In seiner Stimme lag Zufriedenheit, die aber einen Abgrund von Schmerz überdeckte.

»Sie verwechseln mich«, warnte ich ihn leise, angestrengt bemüht, meinen Ekel zu beherrschen. »Ich bin nicht der Mann, für den Sie mich halten.«

Seine Antwort war ein seliger, fast nachsichtiger Vorwurf. »Wirklich nicht?« fragte er. »Habe ich so lange gewartet, um Sie jetzt nicht zu erkennen?«

Am sanften Glühen seiner Überzeugung, an der liebevollen Herablassung, die in seinem Lächeln lag, spürte ich, wie meine Halteleinen sich fast lösten. Mit Gewalt mußte ich mich gegen den Wunsch wehren, mich in seine geweiteten Pupillen treiben zu lassen, in seinen Wahnsinn.

»Man hat mir gesagt, Sie wären tot«, fuhr er fort. »Aber ich habe immer gewußt, daß Sie zurückkommen werden, wie Sie damals in China nach dem Absturz zu uns zurückgekommen sind, nachdem wir Sie alle für tot gehalten hatten.« Er regte sich und wollte aufstehen.

»Bleiben Sie liegen«, befahl ich ihm. »Es geht Ihnen nicht gut genug, um aufzustehen.«

»Nein.« Er wollte sich von mir lösen. »So etwas gehört sich nicht.« Er richtete sich auf. »Sie müssen hereinkommen und sich alles ansehen. Nichts hat sich verändert. Alles ist, wie Sie es verlassen haben.«

»Aber Bo!« protestierte ich hilflos.

»Kommen Sie!« drängte er mit einem glasigen Lächeln der Erinnerung. »Wir gehen durch den Garten. Sie werden sehen. Alles ist noch genauso wie früher.«

Es lag etwas in der Art, wie er in die Ferne lächelte, und in der mechanischen Geste, mit der er mich aufforderte, ihm zu folgen, das mir den Eindruck vermittelte, ich befinde mich in einem Tagtraum, und er sei der Zeremonienmeister, der mich auf eine phantastische Besichtigungstour mitnimmt, die er schon unendlich oft einstudiert, aber nie im Leben uraufgeführt hatte. Ich erhob mich und folgte ihm die Stufen hinab, über den Rasen, an der Aphrodite vorbei, durch den Gang zwischen den Hecken. Er führte mich in eine Landschaft, in der sich der Eindruck der Irrealität verstärkte. Ich hatte sie zahllose Male in meiner Phantasie betreten. Es war der Garten des Hauses, in dem meine Mutter ihre Kindheit verbracht hatte.

Alles war hier, wie Xiao es beschrieben hatte: der dunkle Weiher mit seinen Flottillen von Lotosblumen und Wasserhyazinthen, in dessen freien, helldunklen Flächen sich die Weiden und der Himmel spiegelten, alles überspannt von der buckligen, reich geschnitzten und bemalten Holzbrücke. Als wir an seinem Ufer entlangschritten, knirschte unter unseren Schuhen ein mit Kies und zerstampften Muscheln bestreuter Weg, der vorbeiführte an seltsam geformten Steinen, Mooskissen, zu phantasmagorischen Tiergestalten gestutzten Büschen, durch eine Gruppe knorriger, zwergenhafter Obstbäume, von denen einer ein wenig größer war als die anderen und ein Stück von ihnen entfernt stand.

Als wir an diesem Baum vorbeikamen, wandte sich Bo zu mir um. »Erinnern Sie sich an den hier?« Sein Gesicht glühte vor einer mir völlig unverständlichen, absolut festen Überzeugung.

Ich starrte ihn an, starrte den Baum an. Tatsächlich, er besaß eine gewisse Ähnlichkeit mit dem Pfirsichbaum im Garten von Ken Kuan, obwohl er im Vergleich mit jenem ehrwürdigen Alten ein Winzling war, ein Schößling, wenn auch selbst so vernarbt und knorrig, als sei er tatsächlich alt (eher wie der auf dem Gewand meiner Mutter dargestellte Baum). Unter ihm stand eine steinerne Bank.

»Er ist zweifellos sehr schön gewachsen, seit Sie ihn zuletzt gesehen haben, ist aber immer noch unterentwickelt, ein Zwerg. Genau wie wir es vermutet hatten, gedeiht die Art in diesem Klima nicht, weil es für sie zu extrem und veränderlich ist. Im Winter muß ich ihn immer warm einpacken, um ihn vor dem Frost und dem Wind, der vom Wasser hereinweht, zu schützen. Trotz aller Bemühungen fällt die Ernte im Frühling im günstigsten Fall fragwürdig aus: ein halbes Dutzend gesunde Früchte in jedem Jahr. Aber ich habe die Kerne getreulich eingepflanzt und sorgsam gepflegt, wie Sie es wünschten, und so bekommen wir endlich eine Art Obstgarten, nicht sehr robust, natürlich, doch von einer ganz eigenen Schönheit... genau wie die ihre, finde ich.«

»Wie wessen?«

Er warf mir einen seltsamen Blick zu. »Qiujes natürlich... Kommen Sie!« sagte er mit traurigem Lächeln und forderte mich auf, ihm über die Brücke vorauszugehen.

Meine Schritte dröhnten hohl auf den Bohlen, so daß ich sie wie in der Kirche weitmöglichst dämpfte. Als ich auf der anderen Seite hinabschritt, hörte ich Jiang Bo nicht mehr hinter mir. Ich drehte mich um und sah, daß er auf dem Scheitelpunkt stehengeblieben war. Beide Hände aufs Geländer gestützt, starrte er mit verträumter, versonnener, ein bißchen wehmütiger Miene auf sein Spiegelbild im Wasser.

»Was ist denn, Bo?« erkundigte ich mich, trat neben ihn und blickte ebenfalls auf unsere Bilder hinab.

Ohne den Blick vom Wasser zu wenden, hob er die Hände, betastete behutsam die Knochen seines Gesichts und straffte die feinen Fältchen an den Augenwinkeln. Dann wandte er sich zu mir, und ich sah, daß seine Augen naß waren. »Ich bin alt geworden«, sagte er. »Sie aber...« Er streckte die Hand aus und berührte mit den Fingerspitzen meine Wangen, als wolle er seine Feststellung bestätigen, vielleicht sich auch nur von meiner Wirklichkeit überzeugen, »... Sie sind überhaupt nicht älter geworden.« Es lag keinerlei Groll in seinem Ton, als er das sagte; vielmehr strahlte er mich dabei an, als sei er stolz auf mich. »Aber wie könnten Sie auch alt werden!« Er hielt inne, um dann voll tremolierendem Ernst zu fragen: »Sie haben das Geheimnis gefunden, nicht wahr?«

»Das Geheimnis?«

»Von dem Sie immer geträumt haben«, erklärte er, »obwohl Sie nie davon sprachen, höchstens im Scherz: das ewige Leben.«

Ich brach beinahe in Schluchzen aus über die unbeabsichtigte Ironie seiner Bemerkung.

»Jiang Bo...« flehte ich.

Aber er schritt bereits, sich auf das Geländer stützend, die Brücke hinab und schüttelte den Kopf. »Wie seltsam doch alles ist«, seufzte er, als sei er unendlich müde.

Vom Garten aus umrundeten wir die Villa und begaben uns zur Haustür. Aus der Gesäßtasche seiner Hose zog Bo ein Schlüsselbund, mit dem er hantierte, während ich auf der Vortreppe wartete. Über der Tür waren zu beiden Seiten Laternen aus Glas und Messing eingelassen, die wie gestärkte, zu kleinen Häusern gefaltete Stoffservietten wirkten. Das Glas war blind von der Salzgischt des Sundes, und das Messing wurde allmählich grün. Auf einer der Scheiben hockte wie schlafend ein großer, brauner Nachtfalter mit schwarzen Tupfen auf den Flügeln. Als ich hinauflangte, um ihn zu verscheuchen, zerfiel er unter meinen Fingern zu Staub.

Die Tür knarrte in den Angeln. Abgestandene, modrige Luft entströmte dem Inneren, ein Geruch, so widerlich wie feuchte Wolle, nur trocken, sehr, sehr trocken. Er erinnerte an die medizinische Trockenheit der Luft in der Werkstatt eines Tierpräparators, ein Geruch wie der sherryschwangere Atem alter Frauen, der an Mottenkugeln und Parfüm, Tränen, verdauungsfördernde Biskuits, Duftkissen und gehäkelte Wolldecken erinnert, ein Geruch, nicht wegen des Alters unangenehm, sondern wegen der Nichtbenutzung, der unproduktiven Konservierung.

Wir betraten eine langgestreckte Halle, die die ganze Breite des Hauses einnahm; links führte eine Treppe in den ersten Stock hinauf. Durch schmale Glasscheiben zu beiden Seiten der Tür am anderen Ende konnte ich die Terrasse erkennen, den Rasen, den Gemüsegarten. Die Decke war niedrig, mit Querbalken, von denen viele gesplittert, verzogen oder sonstwie fehlerhaft waren und nicht nur Zeugnis von den Kapricen der Zimmermannsaxt ablegten, sondern auch von den unbeabsichtigten Deformationen der Zeit. Die Tür schwang zurück, gegen einen Schirmständer aus Messing, der angefüllt war mit seltsam geformten Wanderstöcken und Sonnenschirmen, deren Stoff auf den Speichen vermodert war. Außerdem steckte ein Zierdegen mit einer sehr alten, verrosteten Scheide darin. Alles schimmerte irgendwie bernsteinfarben wie polierte Hartholzböden, nachdem das Wachs vom Zahn der Zeit stumpf geworden ist. Der Fußboden war mit schönen, alten chinesischen Teppichen in Ochsenblutrot bedeckt, die stellenweise fadenscheinig waren, durch diese Zeichen der Vergänglichkeit und Verletzbarkeit jedoch nur um so kostbarer wirkten. Das einzig nennenswerte Möbelstück war eine große Couch an der rechten Wand, eine viktorianische ›Fainting Bench‹ mit Schneckenarmlehnen, sehr stilvoll und abweisend, mit verblaßtem, blutrotem Satin bezogen. Darüber, als Fresko an der Wand, eine ostasiatische Szene: eine große Trauerkirsche im Vordergrund, von der ein paar Blütenblätter fielen, rahmte einen fernen Pavillon am Ufer eines Sees vor einem Hintergrund von Bergen – eine Szene, dem Garten draußen nicht unähnlich, nur offensichtlich früher entstanden. Ich fragte mich, ob schon ein Familienmitglied vor Eddie Love eine Vorliebe für Chinoiserien gehabt hatte, und mußte sofort an Arthur Love denken. Diese Vermutung wurde bestärkt, als wir an einer großen Zahl chinesischer Kuriosa und Antiquitäten vorbeikamen, zumeist Porzellan, Lampen und Vasen, aber auch eine wunderschöne Sammlung blauer und weißer Kang-Xi-Schalen und -Krüge, die fast schwebend im Dämmerlicht eines alten Eckschranks schimmerten.

Während wir die Halle durchmaßen, fiel mein Blick durch eine Doppeltür links auf ein Eßzimmer, in dem ein schlecht adjustierter Kronleuchter mit seinen baumelnden Kristallanhängern wirkte wie eine berauschte Diva, deren Diadem schiefgerutscht ist. Ähnlich achtlos standen ein Sideboard und ein Tisch von den Ausmaßen eines kleineren Flachboots im Raum. Als wir die hintere Tür fast erreicht hatten, schwenkten wir unvermittelt nach rechts und betraten einen großen, ebenso niedrigen Raum mit Marmorkamin und Flügel, einer Menge zugedeckter Möbel und einer Reihe altersdunkler Porträts an den Wänden. Die hätte ich mir gern näher angesehen, doch Bo drängte mich unerbittlich ins nächste Zimmer. Dieses entpuppte sich als Bibliothek – und was für eine Bibliothek! Sie war im Grundriß oval und mindestens einhundert Fuß lang, vielleicht auch einhundertzwanzig, nahm also praktisch diesen gesamten Flügel des Hauses ein. Die extrem hohe Kassettendecke war mit Stuckmedaillons geschmückt, die offenbar aus einer späteren Zeit stammten. In Leder gebundene Folianten, deren Titel in Gold auf die Rücken geprägt waren, säumten die Wände. Anders als im übrigen Haus wirkte der Ledergeruch hier berauschend und köstlich wie das Bouquet eines feinen, alten Bordeaux. Es gab einen mit grünem Leder bezogenen Spieltisch, einen matten, riesigen Globus, eine Unmenge weicher Couches und Sessel, die absichtlich ohne Zentrum angeordnet waren, um jedem seine Privatsphäre zu gewähren, dazu zwei fahrbare Treppen an jeder Seite, damit man an die Bücher in den oberen Regalen herankam, eine Bar sowie ein Grammophon (ein bauchiges Konsolenmodell: Dumont Balladier). Dann öffnete Bo eine Tür am anderen Ende, und das Tosen der Brandung drang mit einem berauschenden Salzgeruch zu uns herein, verlieh der Luft eine betörende Frische.

Während ich das alles erforschte, stand Jiang Bo da und beobachtete mich mit unverkennbarem Vergnügen. Als meine Neugier nach einiger Zeit gestillt und ich willens war, die Besichtigungstour fortzusetzen, wandte ich mich zu ihm um.

»Also«, fragte er lächelnd, »sind Sie jetzt bereit?«

»Bereit – wozu?« wollte ich wissen.

»Hinaufzugehen.«

Ich musterte ihn schweigend und bemühte mich angestrengt, nicht zu verraten, daß ich nicht wußte, welche Hoffnungen er sich wohl machte.

»Kommen Sie!« forderte er mich auf.

Wir gingen den Weg zurück, den wir gekommen waren, und stiegen in der Halle die Treppe zum ersten Stock hinauf. Oben wandten wir uns nach links. Es ging an mehreren geschlossenen Türen vorbei – Schlafzimmern, vermutlich – zu einem Gewirr von Ankleideräumen und Schränken mit geschliffenen, wandhohen Spiegeln, die dem Ganzen eine gewisse Ähnlichkeit mit einem Spiegelkabinett auf dem Jahrmarkt verliehen.

»Warten Sie hier«, wies Bo mich an. »Ich gehe erst mal Licht machen.«

Ich sah ihn um eine Ecke verschwinden und folgte ihm dann vorsichtig ins Labyrinth der Spiegel. Während ich es an einem Ende betrat, sah ich gleichzeitig, wie ich es am anderen wieder verließ, wie mein Spiegelbild mir in endloser Wiederholung vorauseilte. Obwohl ich in gewissem Sinn ankam, sobald ich eintrat, wirkte diese Gleichzeitigkeit zeitlich eher retardierend statt beschleunigend, denn beim Gehen schien ich mich zu bewegen, ohne voranzukommen, wie in einer Tretmühle. Auf der Suche nach Bo rannte ich unversehens gegen eine kühle, feste Fläche aus geschliffenem Glas und prallte zurück. Dann machte ich mich zuversichtlich in eine andere Richtung auf, nur um abermals zurückzuprallen. Vorsichtiger geworden, blieb ich stehen, drehte mich, um den Weg zu finden, ganz langsam im Kreis und sah mich dabei umringt von einem einschüchternden Kreis meiner Spiegelbilder, die sich irgendwie über meine Dummheit lustig zu machen und mir die Fähigkeit abzusprechen schienen, den Ausgang zu finden. Als ich den dritten Anlauf nahm und mich dabei abermals anstieß, reagierte ich mit einem Wutanfall, der in der perfekten Symmetrie des Karma gegen mich selbst zurückgelenkt wurde. Ärgerlich schüttelte ich die Spiegelschranktür, sie glitt zur Seite und bildete ein dunkel klaffendes Loch in der Illusion. Drinnen entdeckte ich einen schwarzen Smoking und ein gestärktes Rüschenhemd. Darüber lag auf einem Regal ein schwarzer Seidenzylinder. Plötzlich gingen die Lichter an, und als ich mich umdrehte, stand Bo hinter mir.

»O ja, er ist noch da«, sagte er, als wolle er sich verteidigen. »Wie ich schon sagte, nichts ist verändert worden.«

Der Korridor führte schließlich zu einer weiteren Treppe, schmal, steil und gewunden, die auf einem kleinen Absatz vor einer verschlossenen Tür endete. Sie war unauffällig bis auf den Knauf aus facettiertem Prismenglas, ganz ähnlich dem an Mme. Qins Tür. Bo klapperte mit seinen Schlüsseln, suchte einen heraus und schob ihn ins Schloß. Als die Tür aufging, wurden wir durch einen unerwarteten Lichtschwall geblendet, der uns entgegenschlug, als sei die Helligkeit komprimiert gewesen. Dazu fegte ein frischer, nach Meer duftender Luftzug an mir vorbei, daß mein Haar wehte und daß es klang, als entweiche die Luft aus einer gerade geöffneten Dose Tennisbälle oder einem ägyptischen Grab. Mit vor Staunen offenem Mund betrat ich nun das wunderbarste Zimmer, das ich jemals gesehen hatte. Die Wände, lauter gleichschenklige Dreiecke, neigten sich schräg nach oben einem Firstbalken zu und waren mit einer dunkelgrünen Tapete bedeckt, auf der Tausende von weißen Punkten so unregelmäßig verteilt leuchteten, daß sie wirkten wie Farbspritzer von einem Pinsel, wie Schneeflocken, die im Lichtkreis einer Straßenlaterne tanzen, oder eher noch wie die Sternenmasse der Milchstraße von der Erde aus an einem tief smaragdgrünen Mitternachtshimmel. Und genau das war es auch, was sie darstellten: Die Zimmerdecke war die Nachbildung einer Sternkarte, ein Plan aller Tierkreiszeichen, riesig, auf grünem Grund. Mein Blick wanderte durch die Wildnis der Sterne, suchte die Konstellationen, die Scottie mir eingepaukt hatte: Orion, Canis major, Taurus (»dieser Scheißbulle«) und Ursa major, an den Pol gekettet – alle zusammen waren sie da! Ich kann kaum beschreiben, wie es war, zum Nachthimmel emporzublicken, während helles Tageslicht durch die Mansardenfenster hereinströmte. So verwirrend er war, hatte der Anblick doch etwas Magisches an sich, etwas Unheimliches und Betörendes. Tag und Nacht schienen in diesem Grün zum Stillstand gekommen zu sein, und ganz ähnlich wie zuvor im Spiegelkabinett existierte die Zeit nicht mehr. Sogar der große Strom der Zeit schien innegehalten zu haben. Die Jahre waren in dieses Zimmer nicht eingedrungen. Hier hing greifbar wie ein Zauber ein Gefühl des Glanzes und der Frische in der Luft. Wie anders war es hier als in der dämmrigen Begräbnisatmosphäre der übrigen Räume! Und wie zum Beweis meiner Vorstellung war die große Standuhr neben dem Kaminsims am anderen Ende des Zimmers stehengeblieben. Beide Zeiger wiesen vereint auf zwölf Uhr: senkrechte Spiegeltelegraphen oder zur Sonne aufschießende Pfeile, auf ewig in den Zenit des Himmels ragend. Auf einem Tisch, den ein Deckchen schützte, stand eine Vase mit hellgelben Chrysanthemen. Obwohl ich mir denken konnte, wer sie hingestellt hatte, war es, als hätten sie hier, in dieser frischen, gesunden Atmosphäre, seit dem Tag gestanden, an dem mein Vater verschwand; ohne Schaden zu nehmen, ohne zu welken, ohne zu sterben. Ich empfand eine Woge von Glück, eine Ekstase und Leichtigkeit, als sei ich trunken vom nachhängenden Bouquet eines berauschenden Weines, der hier entkorkt und dekantiert worden war, vom Geist des ewigen Lebens. Jawohl, in diesem Ambiente der Jugend, der Unsterblichkeit und Freude hätte ich beinahe daran glauben können, daß mein Vater ihn destilliert und getrunken hatte und nicht gestorben war, sondern transponiert, vergöttlicht – als eine der Konstellationen, die jetzt über mir so hell an diesem smaragdgrünen Himmel funkelten.

Denn hier war ich mir seiner Gegenwart viel lebhafter bewußt als jemals zuvor. Dies war sein Zimmer, dem er den unverwechselbaren Stempel seiner Identität aufgeprägt hatte. Ich staunte über die Dinge, die ich hier fand. Hier hatte mein Vater alle Stadien der Kindheit und Jugend durchlebt, hier hatte er die kostbarsten Artefakte aus jeder einzelnen Phase aufbewahrt und zu einem willkürlichen Archipel arrangiert, dessen Inseln die Trittsteine der Zeit bis zum Erwachsenenalter waren. Der Raum glich einer Kombination von Herrenclub und Kinderzimmer. Hier lagen in einer Ecke die Utensilien seiner Zauberkünstlerkarriere: die Trickkartenspiele, die Münzen mit den zwei gleichen Seiten, der Strang aneinandergeknoteter, vielfarbiger Tücher, der schwarze Seidenzylinder mit dem perlfarbenen Futter und dem falschen Boden, ein mit Ketten und Schlössern behängter Schrankkoffer, seine magischen Seile und Degen – die ganze Standardausrüstung. Aber da war noch etwas, das ich noch niemals zuvor gesehen hatte: eine große, glänzende Kiste, einem Sarg nicht unähnlich, nur tiefer und nicht ganz so lang, aus der an einem Ende der Kopf einer gesichtslosen Puppe mit schwarzer Perücke und am anderen zwei Füße mit Schuhen ragten, rotbestickte Slipper mit flachen Absätzen und Spangen aus leuchtend buntem Glas, die beinahe wie Rubine wirkten. In der Mitte balancierte eine breitzahnige Brettsäge ohne Stütze in einem selbstgefrästen Schlitz, als halte sie bei ihrer heimtückischen Aufgabe, der »Zersägung einer Dame«, einen Moment inne. Nicht weit entfernt davon stand ein riesiges Puppentheater, beinahe so hoch, wie ich groß war, mit dunkelgrünen, geöffneten Samtvorhängen, die einen Blick hinter die Kulissen erlaubten, wo Kasperl und Gretel, vom Puppenspieler verlassen, Stirn an Stirn, einer in des anderen Armen in hölzerner, zutiefst erschöpfter Umarmung eingeschlafen waren. Dort, wo sich die Wände am Firstbalken trafen, schwebte über die ganze Länge des Zimmers ein chinesischer Drache mit wildem, aufgemaltem Papiergesicht und einem aus verschiedenfarbigen Seidenstreifen zusammengenähten Körper. Das Unwesen hing an unterschiedlich langen Drähten, so daß es sich im Fliegen zu winden schien, was noch durch die Brise aus einer bisher noch nicht entdeckten Quelle verstärkt wurde. Als Eskorte begleiteten ihn beim Flug durchs Weltall – oder stürzten sich als Angreifer auf ihn – ein Dutzend Modellflugzeuge jeglicher Art – Sopwith-Camel-Doppeldecker, Fokker, Spads –, aus Balsaholz geschnitzt, mit Spannflügeln aus Stoff und mit gewissenhafter Geschicklichkeit und Präzision bemalt. Auch einen Zeppelin gab es und einen Heißluftballon. Auf einem Regal standen Biographien von Eddie Rickenbacker und Baron von Richthofen, »Nachtflug« von Saint-Exupéry und, durch eine parkende Sopwith Camel davon getrennt, »Der kleine Prinz« neben Machiavellis »Der Fürst«. Ein weiteres Buch hieß »Die größte Flucht: Houdinis Rückkehr von den Toten«, ferner sah ich »Bekenntnisse eines englischen Opiumessers« von de Quincey, »Die Gedichte von Samuel Taylor Coleridge« und schließlich, auf einem Cocktailtischchen, sozusagen dem Ehrenplatz und in unmittelbarer Reichweite, ein abgegriffenes, eselsohriges Exemplar des »Zauberer von Oz« von L. Frank Baum. Als ich es zufällig bei der Einleitung aufschlug, fand ich folgenden Satz: »Es ist als modernisiertes Märchen gedacht, in dem Staunen und Freude bewahrt, Herzeleid und Alpträume jedoch ausgespart werden.« Genau das hätte der Zweck des ganzen Zimmers sein können!

Ich wanderte an Heeren von bemalten, in Schlachtordnung aufmarschierten Zinnsoldaten vorbei, an Rittern auf stolzen Pferden in Haube und voller Schabracke, die fröhlich in die Reihen napoleonischer Grenadiere ausschwärmten und an einem Vulkan aus Pappmaché, der wohl für ein Schulprojekt gedacht war: Auf seinen verkohlten Hängen hockte in gefährlichem Winkel ein Brontosaurier aus Plastik, der dort nach nichtexistierendem Futter suchte und gerade noch rechtzeitig aufblickte, um den Tyrannosaurus Rex zu entdecken, der, in breitem Grinsen die Zähne bleckend, von der Savanne heraufgejagt kam, um ihn zu verschlingen. Im Schatten einer Palme beobachtete ein Triceratops das Schauspiel, während er müßig auf einem Klumpen grüner Papierfetzen herumkaute, der anscheinend Kopfsalat darstellen sollte. Es gab Baukästen und chemische Retorten, Destillierkolben, Reagenzgläser, eine elektrische Jakobsleiter – all die unabdingbaren Utensilien eines aufstrebenden, jungen, verrückten Naturwissenschaftlers.

Es war seltsam schauerlich, inmitten all dieser Dinge plötzlich auf einen Jagdbogen zu stoßen – einen geschwungenen Stab aus poliertem Holz mit geschnitztem, reich verziertem Griff sowie einem Köcher voll mit Widerhaken versehener, gefährlich wirkender Pfeile –, der an der Wand unter dem Kopf eines Rehbocks hing. Der Sechsender hatte die Lauscher aufmerksam aufgestellt, geweitete Nüstern und einen Funken gespiegelten Lichts in den schwarzen Glasaugen. Als ich mich dem Ende des Zimmers näherte, sah ich die Uniform mit dem AVG-Zeichen, einem Flying Tiger mit Zylinder, der direkt aus der Sonne springt, frisch gebügelt und ausgehfertig gebürstet auf einem hölzernen stummen Diener hängen und die schwarzen G.-I.-Schuhe blank geputzt daneben auf dem Fußboden stehen. Auf einem Tisch in der Nähe lag in einer Dutch-Master-Zigarrenkiste, auf eine gefaltete chinesische Flagge gebettet, ein Samtetui, in dem ich seine Medaille fand, und daneben etwas, das, wie ich nach einigem Nachdenken entschied, nur das platt gedrückte Maschinengewehrgeschoß sein konnte, das seinen ganzen Körper durchschlagen und nichts getroffen hatte als den Dornfortsatz, »diesen feinen, kleinen Teil des Wirbels«. Daneben lag zu meinem Kummer, wenn auch eigentlich nicht mehr zu meiner Verwunderung, eine Opiumpfeife mit ziseliertem Silberkopf. Und dazu eine schwarze, mit einem Strang blutroter Seide zusammengebundene Haarlocke, deren Anblick mir beinahe das Herz zerriß. Auf der Kommode saß ein Spielzeugpanda und starrte mich mit grausamem Spott in den niedlichen Knopfaugen an. Daneben standen zwei Fotos von Love, von denen ich eines kannte. Es war das Originalfoto: Love vor dem Flugzeug mit Sonnenbrille, Khaki-Uniform, China-Gewand und zweifarbigen Schuhen. Aber eines fehlte: meine Mutter. Mit einer Schere war sie sauber herausgeschnitten, mühelos aus seinem Leben entfernt worden. Aber der Trick gelang nicht hundertprozentig.

Von außerhalb griff ihre weiße, geisterhafte Hand herüber und hielt ihn oberhalb des Ellbogens fest, als weigere sie sich, ihn gehen zu lassen, als greife sie rachsüchtig aus der anderen Welt nach ihm. Die Wirkung war unheimlich. Das zweite Foto zeigte Love als kleinen Jungen. Er stand im Matrosenanzug am Swimmingpool, hielt einen flugbereiten Doppeldecker hoch und hatte den Kopf auf die Seite gelegt, während er, im Sonnenlicht blinzelnd und die Augen mit der Hand beschattend, in die Kamera blickte. Das Foto war scharf und beunruhigend. Die glückliche Pose wirkte gespielt, als sei sein Arm müde und irgend jemand, der hinter dem Fotografen stand, ermutige und dränge ihn, seine spielerische Haltung nicht aufzugeben.

Das war alles. Nach China gab es nichts mehr, es war, als habe sein Leben dort aufgehört. Meine anfängliche Euphorie legte sich. Ich spürte hier etwas, das mich schmerzte und mir letztlich doch entging: jene faszinierende Herzlosigkeit in seinem Lachen, die Xiao beschrieben hatte, nicht Grausamkeit, nicht Unfreundlichkeit, sondern Herzlosigkeit. Ich schien es jetzt überall zu hören, dieses Lachen: Laut hallte es in meinen Ohren. Das Zimmer erinnerte mich auf seltsame Weise an Ken Kuan, entlegen und mönchisch, obwohl es mir schwerfallen würde, zu erklären, was genau mir diesen Eindruck vermittelte. Mit Sicherheit herrschte hier nicht die leiseste Spur von Askese; eher glich der Raum einem Vergnügungspalast voll materieller Freuden. Aber es war, als habe das Leben hier keinen Eingang gefunden, als sei es in Bausch und Bogen vom selben Zauber verbannt worden, der die Zeit ausschloß. Als ich die Gegenstände im Raum noch einmal betrachtete, die des Knaben und die des Mannes, fiel mir auf, daß das Kind im Mann lebendig geblieben und nicht vom Gewicht der Jahre erdrückt worden war. Jenes ursprüngliche Wesen war auf magische Weise in seinem Herzen erhalten geblieben wie ein Fötus in der Flasche, nicht tot, doch mit seinen pränatalen Kiemen in der schwer verträglichen Formaldehyd-Lösung atmend. Um welchen Preis? Wieder studierte ich das zweite Foto, und da fiel mir auf, daß er in dieser Pose lebenslang erstarrt war. Auf einmal empfand ich Mitleid mit meinem Vater. Vielleicht ließ sich das Geheimnis auf diese Weise leichter lösen: ein Fall von Entwicklungsstillstand. Banal. Und doch war er tapfer gewesen, und andere hatten ihm Ergebenheit entgegengebracht. Er hatte eine Kostprobe weltlichen Ruhms bekommen, er hatte Traurigkeit kennengelernt, und er hatte gesündigt. Aus all diesen Gründen und wegen des alten Gefühls in meinem Herzen konnte ich ihn aber weder als Kind ablehnen, das nie richtig erwachsen geworden war, ein frühreifes Wunderkind, das sich der Bürde des Erwachsenwerdens verweigert hatte, noch lediglich aufgrund von Xiaos Ausführungen. Wo lag die Wahrheit? War es möglich, daß sein Blick hinter dem Schutz der Sonnenbrille die ganze Zeit nach innen gekehrt war wie der eines Mönchs, daß er furchtlos ins Sonnenlicht einer geheimen Offenbarung geblickt hatte, die Augen geblendet von der unerträglichen Strahlung der Spaltung in seinem Herzen? Oder war es dort im Kern auf ewig kalt und leer, und er glich einem Invaliden, dessen Augen zu schwach waren, das normale Licht zu ertragen? War die Brille ein Zeichen für das Streben nach größerer Handlungsfreiheit, größerer Freiheit überhaupt, oder ein schwächlicher Versuch, sich selbst zu schützen? Schloß er etwas ein oder aus? Und würde ich es je erfahren? Es herrschte ein großes Schweigen im Mittelpunkt seines Lebens, von dem ich nicht wußte, ob ich es jemals brechen oder zum Klingen bringen würde. Love war einer Abrechnung aus dem Weg gegangen, der Abrechnung mit mir und mit der Welt. Seine Vieldeutigkeit war endgültig unlösbar. Wenn man nichts anderes als Beweis dafür gelten lassen wollte, daß er ein Genie war – hier war der Beweis. Vielleicht war es das einzig Richtige, diesen Menschen aufzugeben wie Xiao, mich geschlagen zu geben und dorthin zurückzukehren, woher ich gekommen war. Und doch war mir das einfach unmöglich. Denn wenn ich ihn nicht kannte, würde ich mich nie selbst erkennen können, das wußte ich.

Gerade, als mir dieser deprimierende Gedanke kam, ertönte ein Klopfen an der Tür. Mit unterwürfiger Verbeugung erschien Jiang Bo. Schweigend blieb er vor mir stehen und musterte mich aufmerksam: dann wurde seine Miene traurig.

»Sie befinden sich in jener Stimmung?« erkundigte er sich, weniger als Frage denn als Bestätigung. Mit einem tiefen Seufzer nahm er mich wie einen Kranken beim Ellbogen und führte mich, der ihm widerstandslos folgte, zum Bett. Er drehte die Kissen um, schüttelte sie auf und lehnte sie ans Kopfteil; dann drückte er mich sanft nieder, hob meine Beine aufs Bett und zog mir die Schuhe aus. Ich sah ihm zu, wie er an einen kleinen Schreibtisch trat, den Schlüssel in der Schublade drehte und eine Schachtel herausnahm. Dann zog er einen kleinen Stuhl an den Nachttisch, legte die Schachtel drauf und öffnete sie. Dabei entwich ihr eine Woge widerlicher Süße von Wildblumen und Dung. Er kniff ein kleines Stück von der schwarzen Masse ab, knetete es zwischen Daumen und Fingerspitzen und formte es zu einer winzigen Kugel. Dann entzündete er eine kleine Lampe, steckte das Kügelchen auf den Dipper und hielt es in die Flamme, um es schließlich in die ziselierte, silberne Pfeife zu legen, die ich vorhin gesehen hatte und deren Mundstück er mir fürsorglich zwischen die Lippen schob. Wie gebannt von dem Ritual inhalierte ich und hielt den Atem an. Dann nahm er mir die Pfeife ab, ging zum Cocktailtischchen und holte das Buch, das dort lag. Er legte es mir in beide Hände, zog sich dann mit einer Verbeugung zurück und ließ mich allein.

Als ich den »Zauberer von Oz« aufschlug, öffneten sich die Seiten von selbst, als habe der Rücken sich vom vielen Gebrauch eine bestimmte Erinnerung aufbewahrt. Ich fing an zu lesen:

> Sie wanderten weiter, lauschten dem Gezwitscher der vielen bunten Vögel und betrachteten die hübschen Blumen, die jetzt so dicht standen, daß der ganze Boden von ihnen bedeckt war. Die dicken Blüten waren gelb und weiß und blau und purpurn, und außerdem gab es mächtige Büschel Mohnblumen, so leuchtend rot, daß Dorothy fast geblendet war.
>
> »Sind sie nicht wunderschön?« fragte das kleine Mädchen, das beglückt den würzigen Duft einatmete.
>
> »Kann schon sein«, erwiderte die Vogelscheuche. »Wenn ich erst mal Verstand habe, werden sie mir sicher gefallen.«

»Wenn ich erst mal ein Herz habe, werde ich sie sicher lieben«, fügte der Blechmann hinzu.

»Ich habe Blumen immer geliebt«, sagte der Löwe. »Sie sehen so hilflos aus und so zart. Aber im ganzen Wald leuchten keine so wie diese.«

Allmählich fanden sie immer mehr von den dicken, scharlachroten Mohnblüten, und immer weniger von den anderen Blumen; und bald befanden sie sich auf einer weiten Wiese von lauter Mohn. Nun ist es wohlbekannt, daß der Duft, wenn viele dieser Blumen beieinanderstehen, zu stark wird und jeder, der ihn einatmet, sehr schnell einschläft und daß der Schlafende, wenn er nicht aus dem Blumenduft hinausgetragen wird, auf immer und ewig weiterschläft. Dorothy aber ahnte nichts davon und konnte sich aus den leuchtend roten Blumen auch nicht befreien, weil sie eben überall waren; daher wurden ihr schon bald die Lider schwer, und sie mußte sich hinsetzen, um sich auszuruhen und ein wenig zu schlafen.

Als ich diese Passage las, spürte ich, wie auch mir die Augen zufielen.

»Was sollen wir tun?« fragte der Blechmann.

»Wenn wir sie hierlassen, wird sie sterben«, meinte der Löwe. »Der Duft der Blumen bringt uns alle um. Ich kann schon selbst die Augen kaum noch offenhalten.«

Ich war erfüllt von schläfrigem Interesse, doch unfähig, den Blick auf die Buchseite zu konzentrieren. Immer wieder rutschte er von einer Zeile zur anderen und hielt nur gelegentlich an, um etwas aufzunehmen.

»Lauf zu«, sagte die Vogelscheuche zum Löwen, »damit du so schnell wie möglich aus diesem tödlichen Blumenbeet hinauskommst. Die Kleine werden wir mitnehmen, doch wenn du auch einschlafen solltest, dich können wir nicht tragen, denn dafür bist du viel zu groß.«

Also rappelte sich der Löwe auf und sprang mit Riesensätzen dahin, so schnell er nur konnte. Im nächsten Augenblick war er schon nicht mehr zu sehen.

»Komm, wir machen mit den Händen einen Stuhl und tragen sie«, schlug die Vogelscheuche vor...

Immer weiter gingen sie, und es schien, als wolle der große Teppich der tödlichen Blumen, der sie umgab, niemals enden. Sie folgten der Biegung des Flusses und stießen schließlich auf ihren Freund, den Löwen, der in tiefem Schlaf zwischen den Mohnblumen lag. Die Blumen waren zu stark gewesen für das mächtige Tier, und so hatte er kurz vor dem Ende des Mohnfeldes aufgegeben, ein kleines Stück nur entfernt von dort, wo sich wunderschöne Wiesen mit süßem Gras vor ihnen ausbreiteten.

»Wir können nichts mehr für ihn tun«, sagte der Blechmann traurig, »denn er ist viel zu schwer für uns. Wir müssen ihn hierlassen, wo er auf ewig weiterschlafen und vielleicht sogar träumen wird, daß er doch noch Mut gefunden hat.«

Dicke Tränen rollten mir über die Wangen, obwohl ich nicht sagen konnte, weshalb, denn ich hatte die Geschichte noch nie gelesen und konnte mir nur einen ganz vagen Begriff von der Szene machen. Ich nahm die Brille ab, drehte mich in den Kissen um und weinte, bis ich einschlief.

Ich erwachte voll Schrecken, erfüllt von der bösen Ahnung, daß jemand außer mir im Zimmer war. Aber ich entdeckte niemanden, und schließlich blieb mein Blick an einem Vorhang hängen, der vor dem Fenster in einer Mansardennische flatterte. In dieser Nische hing ein kleiner, vergoldeter Vogelkäfig, der mir zuvor nicht aufgefallen war. Träge pendelte er an seiner Kette, drehte und wendete sich im Wind. Ich erhob mich vom Bett, um ihn näher zu betrachten. Die winzige Tür, die ein wenig offenstand, schuf die Illusion, er sei noch eben besetzt gewesen, als sei der Vogel in diesem Moment entflogen. Außerdem entdeckte ich, daß die geheimnisvolle Brise, die ich vorhin gespürt hatte, durch eine zerbrochene Fensterscheibe kam. Als ich das Fenster aufstieß, sah ich die Nachmittagssonne auf den Wogen des Sundes glitzern, und während ich die endlosen Variationen beobachtete, flog ein kleines, silberfarbenes Flugzeug über das Wasser dahin. Das Dröhnen der Motoren verklang; die Maschine schrumpfte zu einem winzigen, schwarzen Fleck und verschwand.

Ich wandte mich vom Fenster ab und sah mich Jiang Bo gegenüber, der an der Tür stehengeblieben war. Er trug ein Tablett mit Erfrischungen, und obwohl ich hungrig war, erkannte ich kaum, woraus sie bestanden. Denn meine Aufmerksamkeit war ausschließlich auf den Versuch konzentriert, seinen Gesichtausdruck zu enträtseln.

»Bo?« fragte ich leise.

Er wurde hochrot. »Wer bist du?« fragte er mich in schneidendem wuterfülltem Ton.

Ich hob die Hand, betastete meine Augen, und mir fiel ein, daß ich die Brille abgesetzt hatte, bevor ich einschlief.

»Bo...« begann ich so beruhigend wie möglich, »lassen Sie mich erklären.«

»Bastard!« zischte er giftig. »Du hast mir das Herz gebrochen.«

»Aber Sie verstehen ja nicht«, protestierte ich und schob mich gleichzeitig vorsichtig zum Bett, um meine Schuhe und meine Brille zu holen.

»Ich verstehe sehr gut«, gab er zurück und kam mir nach. »Du hast mich hintergangen.«

»Nicht mit Absicht«, wandte ich ein.

»Hinaus!« fuhr er auf und wurde so blaß wie vorhin im Garten.

Aus Angst um seine Gesundheit und meine Sicherheit drückte ich mich an ihm vorbei zum Treppenabsatz. Auf halbem Weg nach unten wandte ich mich noch einmal um: Er stand da und sah mir wütend nach, seine Augen funkelten zornige Blitze, seine Hände zitterten, Tränen liefen ihm über die Wangen.

»Verzeihen Sie mir, Bo!«

Er hob den Arm und wies herrisch zur Tür. »Hinaus!« befahl er. »Und komm ja niemals wieder, du Bastard!«

SIEBZEHNTES KAPITEL

Nach diesem Ausflug erreichte meine Niedergeschlagenheit den Tiefpunkt – oder vielmehr den Höhepunkt. Ihm so nahegekommen zu sein, seine Gegenwart so greifbar gespürt zu haben und doch zu wissen, daß er für immer außerhalb meiner Reichweite sein würde, diese Qual war unbarmherzig und zutiefst deprimierend. Ich glaube, sie unterminierte meinen Glauben an das Leben, vielleicht sogar meinen gesunden Menschenverstand. Meine körperliche Gesundheit litt auf jeden Fall. Ich nahm mir eine Woche Krankenurlaub von der Börse, wobei ich freundlicherweise von Kahn unterstützt wurde, der großherzig und ohne Dank zu erwarten die Rolle meines Beschützers übernahm. In dieser ganzen Zeit verließ ich kaum das Bett, geschweige denn das Zimmer. Infolgedessen aß ich so gut wie gar nichts. Ich war zu deprimiert, um ans Essen zu denken. Ich zog mich nicht an. Ich wusch mich nicht und rasierte mich nicht. Ich schlief stundenlang. Wenn ich wach war, brütete ich, die Sonnenbrille auf der Nase, endlos über meinem Bild in der Spiegelscherbe, die mir der frühere Bewohner des Zimmers hinterlassen hatte, ein neurotischer Zwang, der aus den Tiefen meiner Verzweiflung zum Leben erwacht war und mich seltsamerweise beruhigte, als könne der traurige Betrug, den diese Hochstapelei darstellte, mich für den Verlust dessen entschädigen, den ich niemals besessen hatte. Tief im Herzen wartete ich, glaube ich, auf irgend etwas, auf ein Zeichen, wartete nicht bewußt und wartete dennoch. Woher es kommen sollte, welche Form es annehmen würde, ahnte ich nicht. Und dennoch wartete ich und wachte.

In den seltenen Phasen geistiger Klarheit, die mir gegönnt waren, schien mir, als seien meine Wahlmöglichkeiten auf zwei geschrumpft, obwohl »Wahl« in diesem Fall wohl ein falsches Wort war, denn es war nie von einer freien Bewegung des Geistes in Richtung auf eine erhoffte Erfüllung die Rede gewesen. Ich stand vielmehr vor den Zwillingshörnern eines Dilemmas und mußte mich von einem der beiden durchbohren lassen: entweder das Gewand versetzen oder abreisen. Obwohl beides einen möglicherweise unverzeihlichen Kompromiß darstellte, neigte ich eher letzterem zu. Denn es erschien mir ehrenvoller oder vielmehr weniger ehrlos, eine voll Stolz unternommene und vermutlich ohnehin sinnlose Suche – die Suche nach dem Delta – aufzugeben, sozusagen meine Verluste zu begrenzen und ostwärts zu ziehen, als das Andenken meiner Mutter, eine bekannte, positive Größe, zu verraten. Und doch, wenn ich die Idee des Deltas aufgab, wohin sollte ich zurückkehren? Wenn Dow und *dao* endgültig und auf ewig getrennt waren, war die Realität vielfältig, und das Tao war falsch. Dann war ich mit einer Illusion aufgewachsen. Zu einem unglaubwürdigen Leben zurückzukehren aber war sinnlos. »Der Vogel verbrennt sein Nest.« O ja, die Prophezeiung hatte ins Schwarze getroffen. Aber selbst das erschien mir besser als die Alternative, das Gewand zu versetzen. Obwohl ich nicht schlüssig ›bewiesen‹ hatte, daß das Delta eine Fata Morgana war, spielte das nach dem Tod meines Vaters keine entscheidende Rolle mehr. Die Leidenschaftlichkeit, die Zielstrebigkeit meiner Suche hatten nachgelassen. Die Bedeutung des Dow vermochte mich nicht mehr zu befeuern und zu inspirieren. Ich wurde gleichgültig. Ohne ihn war der Dow fremd und seltsam, eine kalte, unwirtliche Landschaft wie die dunkle Seite des Mondes, die der belebende Sonnenschein seines Lebens, seines Geheimnisses nicht mehr beleuchtete.

Während ich über diese Veränderung nachdachte, wurde mir klar, daß meine Suche nach der Bedeutung des Dow und mein Versuch, ihn mit dem *dao* zu vereinen, in Wirklichkeit eine Suche nach *ihm* gewesen war, der Versuch, sein Geheimnis und seine Bedeutung mit meinem Weg zu vereinigen, ihn wie Linné in die Gattungen und Arten der Fauna und Flora einzuordnen, die, wie meine A-priori-Weltanschauung mich gelehrt hatte, möglich und zu erwarten waren. Ob nun aus Unwissenheit, Laune oder frühreifem Instinkt, Eddie Love war für mich der Dow gewesen, seine Inkarnation und Verkörperung, und nun, mit seinem Verschwinden, wurde der Dow zum hohlen Symbol, zur Ruine, zum Tempel, den die Götter verlassen hatten. Wäre er noch am Leben gewesen, ich hätte mich vielleicht zum Äußersten – das Gewand zu versetzen, meine ich – entschlossen, aber so, wo lag da der Sinn? Nun bestand aller Grund, es zu hüten, statt das einzige Artefakt meiner Eltern, das mir noch blieb, leichtsinnig aufs Spiel zu setzen.

Tagelang blieb ich in diese Willenlosigkeit versunken. Eines Morgens klopfte es an meine Tür.

»Darf ich hereinkommen?« fragte Yin-mi und steckte den Kopf herein.

Zum Glück hatte ich es geschafft, aus dem Bett zu steigen, und so saß ich, wenn auch hemdlos, unrasiert und ungekämmt, an meinem kleinen Tisch vor einer Tasse kaltem Tee, den ich mir am Tag zuvor gekocht und über Nacht stehengelassen hatte. Düster wandte ich mich um und sah sie an, um mich gleich darauf wortlos wieder abzuwenden.

»Sun I?« begann sie mit schüchterner Besorgnis.

»Was ist?« fragte ich grob.

»Du siehst schlecht aus. Bist du krank?«

»Mir geht's gut.«

Sie setzte sich neben mich auf einen Stuhl und betrachtete scheu, aber beunruhigt mein Gesicht, während ich mürrisch ihrem Blick auswich. Sie war wie für den Strand angezogen: loses, weißes Sonnenkleid aus Baumwolle und Sandalen. Auch eine Leinentasche hatte sie mitgebracht.

»Pater Riley bat mich, dich zu fragen, ob der Vortrag auf dem Programm bleiben kann«, sagte sie zögernd.

»Der Vortrag!« flüsterte ich und erinnerte mich plötzlich.

»Er ist morgen abend.«

»Scheiße!« entfuhr es mir leise.

»Du hast ihn doch nicht etwa vergessen...?«

»Nun ja, um ehrlich zu sein...« Entschuldigend zuckte ich die Achseln und überließ es ihr, den Satz zu Ende zu denken.

»Du wirst den Vortrag aber doch halten, nicht wahr? Du wirst Riley doch nicht enttäuschen wollen!«

Ich musterte sie kurz, voll Schmerz über das Flehen in ihrer Stimme. »Mir bleibt wohl nichts anderes übrig, wie?« Ich lächelte gereizt.

Sie war erleichtert. »Könnte doch ganz lustig sein«, meinte sie.

»Hm.«

»Hast du die Plakate gesehen?«

»Was für Plakate?«

»Sie hängen überall im Viertel«, erklärte sie und langte in ihre große Tasche. »Dienstag nachmittag hab' ich geholfen, sie anzukleben.«

»Ich war nicht im Viertel.«

»Hier.« Mit einem schwachen Lächeln entrollte sie eins auf der Tischplatte.

Ich betrachtete es stirnrunzelnd. »Woher haben sie dieses Foto?«

»Jemand vom TYA hatte eine Instamatic, hast du ihn nicht damit gesehen? Du bist gut getroffen, findest du nicht?«

Ich warf ihr einen scharfen Blick zu, um zu sehen, ob in ihrer Bemerkung Ironie versteckt lag.

»Pater Riley sagt, du siehst aus wie ein Löwe in einer Grube voll hungriger Christen«, berichtete sie mit glücklichem Lachen. Als sie meine finstere Miene sah, zwang sie sich zu etwas mehr Ernst. Aber von innen brach ihre Belustigung wieder durch und funkelte fröhlich in ihren Augen. Böse sein konnte ich ihr deswegen nicht, denn ich wußte, daß ihr Scherz auf meine Kosten der Zuneigung entsprungen war, nicht der Bosheit. Und dennoch wunderte ich mich darüber, denn obwohl ich in ihrem Verhalten eine ganz schwache, unterschwellige Bezugnahme auf das zu spüren glaubte, was sich bei unserer letzten Begegnung zwischen uns abgespielt hatte, schien sie es verarbeitet und akzeptiert zu haben und unverletzt, unbelastet davongekommen zu sein. Ich war beeindruckt, sogar ein bißchen mit Ehrfurcht erfüllt angesichts ihrer Courage, ihrer Widerstandskraft und ihrer energischen, unbezähmbaren Herzensfröhlichkeit.

Ich merkte, daß ich sie mehr denn je bewunderte, und fragte mich, warum ich Hemmungen gehabt hatte, sie wiederzusehen. Ihre Gegenwart übte eine anregende Wirkung auf mich aus. Nach fünf Minuten fühlte ich mich spürbar besser als seit Tagen, obwohl eine völlige Wiederherstellung meines Seelenfriedens in dem Zustand, in dem ich mich befand, überhaupt nicht zu bewerkstelligen gewesen wäre.

Das Plakat war typisch für dieses Genre, ein handgeschriebenes, vervielfältigtes Blatt, dicht an der Grenze der Sensationsmacherei:

Ein *einmaliger* Blick auf das Leben
in einem *geheimen* Taokloster in China
von einem, der *tatsächlich* dort gelebt hat
und entkommen ist!!!
(Außerdem Ausstellung einiger seltener und wertvoller Artefakte –
eines Festtagsgewandes usw.)

Das Foto, auf dem ich aussah, als hätte ich kurz zuvor einem lebenden Huhn den Kopf abgebissen oder als sei ich im Begriff, etwas Derartiges zu tun, prangte in der oberen linken Ecke.

»Der erste Schritt auf dem Weg zu Ruhm und Reichtum«, bemerkte sie scherzhaft.

Ich begegnete ihrer Ironie mit einem noch sarkastischeren Blick.

»Außerdem wollte er, daß ich dir das hier zeige.« Sie griff in ihre Tasche, wühlte darin herum, öffnete sie, als sie nicht fand, was sie suchte, ganz weit zwischen ihren Knien und spähte hinein. »Tz«, machte sie enttäuscht, »jetzt hab' ich meine Notizen mitgebracht, aber das Buch doch tatsächlich vergessen.« Sie lehnte sich auf ihrem Stuhl zurück und streckte nachdenklich die Beine aus. »Augenblick mal!« Sie richtete sich wieder auf. »Du hast doch auch ein Exemplar!«

»Wovon denn?«

»Vom ›*Prayer Book.*‹ Stimmt's?«

Ich deutete auf mein provisorisches Regal, eine umgekehrte Apfelsinenkiste mit Backsteinen als Buchstützen. Sie zog das Buch heraus und beugte sich dann vor, um den Band daneben näher betrachten zu können. »Was ist denn das?«

»Das ›*I Ging*‹.«

Sie nahm es heraus und fuhr mit dem Finger über den leichten Staubfilm, der sich auf dem Umschlag gesammelt hatte. »Sieht aus, als wäre es lange nicht benutzt worden«, meinte sie.

Ihre Bemerkung traf mich, obwohl sie ganz beiläufig geklungen hatte.

»Ich habe schon immer lernen wollen, wie man es benutzt«, sagte sie nachdenklich. »Einmal hat Li mir ein Exemplar zum Geburtstag geschenkt, aber in Englisch. Nur, mit den Schafgarbenstengeln würde ich nie fertig werden; keine Ahnung, wie man sie richtig ordnet.«

»Ist gar nicht so schwer«, behauptete ich. »Aber du kannst mit den Münzen anfangen. Mit denen ist es noch einfacher, allerdings auch ein bißchen grob, nicht ganz so präzise.«

»Ist das wichtig?«

»Alles ist wichtig.«

Sie richtete einen liebevollen, schüchtern bittenden Blick auf mich. »Könntest du's mir nicht vielleicht eines Tages mal zeigen?«

Ich hob die Schultern. »Freilich. Warum nicht?«

»Das klingt aber nicht sehr begeistert«, stellte sie mit kokettem Stirnrunzeln fest. »Liegt dir denn gar nichts daran, mich zu bekehren?«

»Das steht nicht an erster Stelle auf meiner Prioritätenliste.«

»Ihr Taoisten seid wahrhaftig indifferent. Pater Riley ist weitaus gewissenhafter. Und um das zu beweisen« – sie kehrte an ihren Platz und zum Thema zurück – »bat er mich, dir das hier zu zeigen.« Sie blätterte im *»Book of Common Prayer«.* »Es steht in den Glaubensartikeln, Nummer achtundzwanzig, glaube ich. O ja, da ist es. Er meinte, es könne dazu beitragen, dir die Bedeutung der Messe klarzumachen und vielleicht auch deine Frage zu beantworten.«

»Welche Frage?«

»Erinnerst du dich nicht?«

»Ich habe ihm eine Menge Fragen gestellt. Deshalb kann ich nicht sagen, welche von ihnen du jetzt meinst.«

Sie las von ihrem Notizblock ab. »›Wenn Sie die Körperlichkeit eines derartigen Rituals bestreiten, was bleibt dann übrig?‹ Ich habe mir alles notiert, was ich dir von ihm sagen soll«, erklärte sie, und deutete auf den Notizblock. »Fällt es dir jetzt wieder ein?«

»Ja«, antwortete ich. »Na und?«

»Darf ich es dir vorlesen?«

»Nur zu.«

»›Das heilige Abendmahl ist nicht nur ein Zeichen der Liebe, die Christen füreinander empfinden sollten; es ist vielmehr ein Sakrament unserer Erlösung durch Christi Tod; insofern, als das Brot, welches wir brechen, für jene, die es rechtmäßig, würdig und gläubig empfangen, der Leib Christi und desgleichen der Abendmahlswein das Blut Christi ist. Die Transsubstantiation (oder Wandlung von Brot und Wein) beim heiligen Abendmahl kann aus der Heiligen Schrift nicht bewiesen werden; aber sie widerspricht den deutlichen Worten der Schrift, zerstört das Wesen eines Sakraments und‹ – jetzt paß auf«, sagte sie und sah mich mit hochgezogenen Brauen an – »›gab Anlaß zu mancherlei Aberglauben. Der Leib Christi wird beim Abendmahl nur in einem überirdischen, spirituellen Sinn dargeboten, empfangen und gegessen. Und das Medium, durch das der Leib Christi beim Abendmahl empfangen und gegessen wird, ist der Glaube.‹«

Als sie das Buch zuklappte, musterte sie mich kurz, um sodann wieder ihren Block zu konsultieren. »Pater Riley sagte, man müsse genau auf den Unterschied zwischen dem wahren Sakrament und der Transsubstantiation achten. Das Festhalten des römischen Katholizismus an der wörtlichen Bedeutung sei in bezug auf das Dogma der Transsubstantiation nach seiner Auffassung vulgär, sagte er. Das eigentliche Wunder, die eigentliche Wirksamkeit des Sakraments besteht nicht in einer magischen, buchstäblichen Verwandlung der Elemente in Blut und Leib, sondern in der subtileren Alchimie, die im Herzen des Gläubigen durch den Glauben bewirkt wird. Christus ist mystisch im Kelch gegenwärtig. Das ist die Bedeutung des Sakraments.«

»Wie lautete dieser Satz?« Mein Interesse war plötzlich erwacht,und ich richtete mich auf.

»Welcher?« fragte sie zurück. »›Christus ist mystisch...‹?«

»Nein, davor.«

»›Das eigentliche Wunder, die eigentliche Wirksamkeit des Sakraments besteht nicht in einer magischen, buchstäblichen Verwandlung der Elemente...‹«

»Den meine ich.«

»›... in Blut und Leib, sondern in der subtileren Alchimie, die im Herzen des Gläubigen durch den Glauben bewirkt wird.‹« Forschend sah sie mir ins Gesicht. »Und?«

»Der Satz erinnert mich an etwas, das mir der Meister einmal gesagt hat, an einen der letzten Sätze, die er sagte, bevor ich fortging: ›Die wahre Alchimie spielt sich nur im Destillierkolben des Herzens eines Weisen ab.‹«

»Dann begreifst du es?«

Ich nickte. »Ich glaube schon. ›Der Leib Christi wird beim Abendmahl...‹ Wie ging das noch?«

»... nur in einem überirdischen, spirituellen Sinn dargeboten, empfangen und gegessen. Und das Medium, durch das der Leib Christi beim Abendmahl empfangen und gegessen wird, ist der Glaube.‹«

»Der Glaube...« Ich versank in stumme Überlegung.

»Woran denkst du?«

»Hmm?« Gewaltsam sprengte ich den inneren Fokus meiner Gedankengänge. »Ach weißt du, ich bin mir da nicht ganz sicher.«

Und das war wirklich keine Ausrede, denn ich hätte nicht den Finger auf eine spezifische Idee legen können, die diesem Gespräch entsprungen war. Ja, mein Bewußtsein war tatsächlich leer. Und dennoch regte sich etwas in mir, das ich nur als leichte, wohltuende Unruhe bezeichnen kann, etwas, das unter der Oberfläche meines Bewußtseins arbeitete. Ich empfand es als einen unbestimmten Reiz, wie vielleicht die Auster das Sandkorn empfindet, und doch war ein unterschwelliger Gedankengang in Bewegung gesetzt worden, hatte mein Unterbewußtsein damit zu arbeiten begonnen, wusch es mit der kostbaren Milch seiner Lebenssäfte, bildete in dunkler Notwendigkeit das, was sich im Licht als Perle erweisen sollte (oder vielleicht als eine jener verformten Mißgeburten, die man weit öfter in der Muschel findet). Ich ahnte nur, daß es mit dem Glauben zu tun hatte.

»Also«, sagte ich schließlich und deutete mit einem Kopfnicken auf ihre Kleidung und ihre Tasche, »was hast du vor?«

Sie blickte an ihrem Kleid hinab, als sei sie sich selber nicht mehr ganz sicher und müsse ihr Gedächtnis auffrischen. »Na ja, ich dachte, ich könnte nach Coney Island rausfahren«, begann sie unsicher, beinahe entschuldigend. »Es ist vermutlich die letzte Chance, die ich habe, bevor die Schule wieder anfängt. Meine Mutter sagte, ich soll ruhig fahren, nur« – schüchtern bittend sah sie mich an – »will sie nicht, daß ich allein fahre.«

»Coney Island...« sinnierte ich bei der Erinnerung an den Absturz.

»Was ist?« erkundigte sie sich, da sie die unbeabsichtigte Wehmut aus meinen Worten heraushörte. »Warst du schon einmal dort?«

Mit traurigem Lächeln schüttelte ich den Kopf.

Sie musterte mich verwundert; dann wurde sie ernst. »Es ist in Brooklyn«, erklärte sie, ohne den forschenden Blick von mir zu wenden. »Ganz drüben, auf der anderen Seite. Am Meer.«

Ich nickte.

»Es gibt da einen Vergnügungspark mit Spielbuden und Karussells und einem Superriesenrad. Bist du schon mal in einem gefahren?«

Ich schüttelte den Kopf. »Ein Riesenrad? Was ist das?«

»So ein riesiges, senkrechtes Rad aus Stahl, mit kleinen Gondeln, in die man einsteigt. Damit fährt man so hoch hinauf, daß man meilenweit in alle Himmelsrichtungen sehen kann, aufs Meer mit den Schiffen und Segelbooten, und wenn es klar ist, bis nach Manhattan zurück. Von da oben sieht die City aus wie etwas, das man auf der flachen Hand halten kann, ein winziger Computer-Chip oder so. Es gibt einen Strand und eine Strandpromenade. Und besonders voll dürfte es heute auch nicht sein.« Sie hielt inne. »Komm doch mit«, schlug sie plötzlich vor, halb forsch, halb flehend, als hätte sie meine Pläne bereits ausgelotet und mich unwillens gefunden. »Was hast du denn sonst zu tun?«

Obwohl es mich reizte zuzustimmen, zögerte ich.

»Ach, komm doch!« bettelte sie. »Ich verspreche auch, daß ich nicht über dich herfalle.«

Ich lachte. »Vielleicht sollte ich wirklich mitkommen«, lenkte ich ein, weil ich an meinen Vater dachte und gern den Ort sehen wollte, wo er sein Ende gefunden hatte. Vielleicht bringt diese körperliche Nähe mich meinem eigenen Ziel näher, dachte ich, vielleicht finde ich dort endlich, wonach ich suche.

»Aber natürlich sollst du mitkommen!« beteuerte sie. »Es wird dir guttun, wenn du mal rauskommst.«

»Wahrscheinlich hast du recht. Außerdem« – meine Gedanken kehrten zu den unausweichlichen Konsequenzen meines Dilemmas zurück – »ist es vielleicht das letzte Mal.«

»Das letzte Mal?« fragte sie mit besorgtem Blick.

Ich schüttelte den Kopf. »Ach, laß nur! Ich komme mit.«

»Schön!« rief sie erfreut. »Mutter packt uns einen feinen Lunch ein.«

Ich lachte. »Dann hast du also schon damit gerechnet, mich überreden zu können, bevor du mich überhaupt gefragt hast?«

Sie lächelte schüchtern-kokett.

»Na schön, dann lauf! Sobald ich mich rasiert und umgezogen habe, treffen wir uns bei euch unten.«

»Bis gleich!« Sie erhob sich vom Stuhl. Auf dem Weg zur Tür machte sie einen Umweg über das Bücherregal, deutete auf mein *»I Ging«* und warf mir einen bittenden Blick über die Schulter zu. »Darf ich das mitnehmen? Vielleicht hast du da draußen Zeit, mir zu zeigen, wie man damit umgeht.«

»Sicher«, antwortete ich. »Nur zu.«

Sie legte das Buch behutsam zu den anderen Sachen in ihre Tasche und hüpfte hinaus.

Seite an Seite gingen wir zur Brücke und nahmen den Zug. Als wir sie überquerten, blickte ich sehnsüchtig auf den Fluß hinaus. Möwen kreisten über dem Wasser, und der Himmel war von jener kristallklaren Farbe, die das Ende des Sommers ankündigt. Vor uns sah ich die Freiheitsstatue einsam seewärts zur Verrazano Narrows Bridge blicken, die wie ein dunkler Regenbogen tief am Horizont stand. Der einschläfernde Rhythmus des Zuges trug mich in meine frühere Niedergeschlagenheit zurück, aber sie war jetzt nicht mehr schmerzhaft. Ich hatte das Gefühl, anästhetisiert zu sein.

Yin-mi musterte mich schweigend. Gelegentlich trafen sich zufällig unsere Blicke; dann bemühte ich mich zu lächeln, sah aber, wenn ich die Besorgnis auf ihrem Gesicht entdeckte, schnell wieder weg. Schließlich sagte sie: »Du benimmst dich heute sehr sonderbar. Irgend etwas ist passiert, nicht wahr?«

»Ja«, gab ich ruhig zu. »Irgend etwas.«

»Hast du deinen Vater gefunden?« In ihrer Stimme lag ein scheues Beben.

Ich nickte, kaum überrascht von ihrer Hellsichtigkeit. »Ja. Gefunden... und wieder verloren.«

»Er ist doch nicht...«

»Genau«, unterbrach ich sie, um das Wort nicht hören zu müssen. »Er ist.«

Ihr Blick drückte so viel Rührung und Kummer aus, daß ich auf einmal Mitgefühl mit ihr hatte. »Ach, Sun I, es tut mir ja so leid«, sagte sie beinahe flehend. Und dann begann sie zu weinen.

Ich war zutiefst gerührt. »Ich weiß.« Ich drückte ihre Hand. »Danke.«

Eine Zeitlang blieben wir stumm; ich starrte aus dem Fenster, und sie saß schweigend neben mir. Dann berichtete ich ihr kurz und sachlich, was ich in Erfahrung gebracht hatte.

»Was wirst du nun tun?« fragte sie, als ich endete.

»Keine Ahnung. Vielleicht kehre ich heim. Scheint doch ziemlich sinnlos zu sein, jetzt noch zu bleiben.« Ich suchte ihren Blick. »Oder?«

Sie antwortete nicht.

»Wenn ich bleibe, muß ich das Gewand meiner Mutter versetzen«, fuhr ich fort.

»Aber warum denn? Brauchst du Geld?«

»Nein, nicht dringend. Aber ich sitze fest, weiß nicht, wohin.«

»Ich finde, das solltest du nicht tun.«

Abrupt wandte ich mich zu ihr. »Dann meinst du also, ich soll fort?«

Sie schüttelte den Kopf. »Nein, das finde ich auch nicht. Aber das Gewand deiner Mutter darfst du auf gar keinen Fall versetzen.« Ihre Miene war fest entschlossen. Genau diese moralische Festigkeit, genau diesen Freimut hatte ich von ihr erwartet.

»Aber eine andere Möglichkeit gibt es nicht. Wenn ich es nicht tue, muß ich fort. So einfach ist das«, stellte ich fest und forderte auf einmal eine Diskussion heraus, obwohl ihre Worte meine eigenen Gefühle spiegelten.

»Aber warum sich auf so extreme Alternativen festlegen?«

»Weil ich, um meine verlängerte Abwesenheit vom Kloster zu rechtfertigen, fortfahren muß, den Dow zu erforschen, und das kann ich nicht, ohne zu investieren. Davon hat Kahn mich überzeugt. Um investieren zu können, brauche ich Kapital. Das Gewand ist der einzige Wertgegenstand, den ich besitze.«

»Ich dachte, Investieren ist gegen dein Gelübde.« Sie sagte es sehr feierlich.

»Ist es auch.« Damit wandte ich mich ab. Und schwieg, bis der Zug in Coney Island, der Endstation, hielt.

Vom Bahnhof aus stiegen wir in das Gewirr der Fruchtsaftbars und Souvenirläden unter den Stützpfeilern hinab, dann schlenderten wir langsam den Strip entlang, an den Buden der Wahrsagerinnen vorbei, wo die Namen der Besitzerinnen in Schreibschrift auf leuchtenden Neonhandflächen standen, an Pizzerias, Muschelbars und Schießbuden. In der Ferne sah ich das riesige, weiße Skelett der Achterbahn, und etwas näher, haushoch über allem anderen, das Riesenrad. Es schien in der Luft zu schweben wie ein gigantischer Feuerreifen und kam mir in meiner Verzweiflung wie ein passendes Symbol für das Lebensrad vor, das, angeschlossen an eine Maschine, mit Leere im Herzen riesige Nullen an den Himmel zeichnete. Diese Nullen schienen mich und die Armseligkeit meiner unglaubwürdigen Weltanschauung zu verspotten. Kein magischer Tiger wird durch diesen flammenden Reifen springen, sagte ich mir. Jetzt nicht mehr. Es war zu spät. Es war vorbei.

Wir bogen in den Vergnügungspark ein und schlenderten an den Spielbuden vorbei. Die Reihen kuscheliger Stofftiere in Rosa und Blau deuteten mit ihren Glubschaugen und ihrem bemüht fröhlichen Grinsen beschämende Mitschuld an einem kompromittierenden Geheimnis an, ein Verhalten, das die Anpreiser kopierten, so gut sie konnten, nur sozusagen etwas gedämpfter, da sie zu solch anhaltend verkrampfter Fröhlichkeit nicht fähig waren. Sie hatten nur menschliche Herzen, schienen abgespannt zu sein und jeden Moment aufgeben zu wollen – genau wonach mir gerade zumute war. Von der Geisterbahn, wo schlaffgliedrige Skelette an Drähten und Federn kreischende Kinder in den vorbeikommenden Wagen ansprangen, tönte immer wieder höhnisches Gelächter herüber – freudlos und hektisch, keineswegs gruselig. Wir kamen an der Höhle des Wolfsmenschen vorüber und an der Dame mit Bart. Ein Ausrufer schrie: »Kommen Sie herein, meine Herrschaften, und sehen Sie Me-*thu*-salem, den ältesten Säugling oder den jüngsten Altbürger der Welt. Seinem Geburtsschein zufolge (den Sie drinnen kontrollieren können) fünf Jahre alt, jedoch mit einer unheilbaren Krankheit geschlagen – der Pro-*ge*-rie –, besitzt er die knorrigen, welken Züge eines Hundertjährigen. Sehen Sie ihn in seiner Wiege sabbeln, in seiner *ju*-gend-li-chen Seneszenz...« Seine Stimme ging im allgemeinen Lärm unter.

Wir ließen die Strapazen dieser flitterbunten Spießrutengasse hinter uns und gelangten schließlich auf die Strandpromenade. In unserem Rücken verklang der Vergnügungsrummel, der Geruch nach Chili und Maschinenöl wurde von einer ablandigen Brise davongeweht. Hier war der Atlantik so glatt wie ein Mühlteich und außerdem erstaunlich sauber. Der Strand war fast menschenleer. Er wurde nur von Reihen ordentlich aufgestellter Mülltonnen bewacht und von großen Schildern mit aufgelisteten Verboten, die in ihrer Vollständigkeit auf höchste forensische Weisheit schließen ließen: AUSSPUCKEN, UNZUCHT TREIBEN, NACKTBADEN, DARMENTLEERUNG, URINIEREN, FLUCHEN, ALKOHOLISCHE GETRÄNKE, GLÜCKSSPIEL, BETRUG, REMPELEIEN UND UNANGEBRACHTE SCHERZE JEGLICHER ART VERBOTEN! Das Wort ›Scherze‹ war ausgestrichen und durch ›Freude‹ ersetzt worden. In gleichmäßigen Abständen ragten senkrecht zum Strand Steinbuhnen ins tiefe Wasser. Ein paar Strandläufer balancierten mit ausgestreckten Armen wie Hochseilartisten vorsichtig auf ihnen hinaus und wieder zurück.

Yin-mi ging zum Badehaus, wo sie sich umziehen wollte, und ich stieg die steilen Betonstufen zum Strand hinab. Mit aufgekrempelten Hemdsärmeln schlenderte ich an der Flutgrenze in Richtung der Felsen entlang. Beim Dahinwandern überkam mich eine elegische Stimmung. Aus einer bedrückten, phantastischen Laune heraus begann ich, nach verkohlten Wrackteilen vom Flugzeug meines Vaters zu suchen, die möglicherweise an den Strand gespült worden waren oder unversehrt im flachen Wasser neben den Buhnen schimmerten wie vom Sand blankgescheuerte, auf dem Meeresboden verstreute Golddublonen. Als ich den letzten Wellenbrecher erreicht hatte, wo der Lärm des Vergnügungsparks völlig verstummt und nur das geduldige Plätschern des Wassers auf den Steinen und das Wispern der Flut in meinen Ohren zu hören war, setzte ich mich, umschlang die Knie mit den Armen und betrachtete den ungebrochenen Horizont und den so unendlich weiten, so leeren Himmel. Von Zeit zu Zeit wanderten meine Gedanken aus keinem besonderen Grund zu Rileys Satz von »der subtileren Alchimie, die im Herzen des Gläubigen durch den Glauben bewirkt wird« zurück. Was hatte mich so gepackt daran? War es einzig die zufällige Ähnlichkeit mit Chung Fus Bemerkung? Auf der Leeseite des Steindamms war das Wasser still wie Glas, und als ich hineinspähte, wurde ich wieder einmal mit meinem Bild samt Sonnenbrille konfrontiert. Während ich, das Kinn auf die Knie gestützt, darüber nachgrübelte, erschien ein zweites Gesicht im Wasser, und ich spürte eine leichte Berührung an der Schulter.

»Hallo, Narziß!« Aus dem Wasser lächelte mir Yin-mi zu.

»Wer ist Narziß?« fragte ich erstaunt.

»Der Grieche, der sich in sein eigenes Spiegelbild im Wasser verliebte. Als er sich hineinstürzte, um es zu umarmen, ertrank er.«

Ohne den Blick von meinem Bild zu wenden, dachte ich darüber nach. »Vielleicht war er weniger verliebt in es als bekümmert darüber«, meinte ich versonnen. »Vielleicht stürzte er sich nicht hinein, um es zu umarmen, sondern um das Gesicht zu zerschmettern, das ihn aus der Tiefe verhöhnte.«

Sie beugte sich über meine Schulter und sah mit mir hinein. »Ist es das, was du siehst – etwas, das dich verspottet und bedroht?«

»Ich weiß es nicht«, gab ich zurück. »Was siehst *du* denn?«

»Jemanden, der kämpft, um sich seine Unschuld zu bewahren.«

»Ist es möglich, unschuldig zu sein und trotzdem zu leben?«

»Ja«, antwortete sie flüsternd, »ich denke schon. Man muß glauben.«

»Da bin ich aber nicht so sicher«, wich ich aus und zerstörte damit mein Gefühl der Vertrautheit mit ihr. Dann stand ich auf. »Überhaupt, was ist eigentlich Glaube?«

Wieder wanderten wir am Strand entlang und sahen in der Ferne zwei Kinder, einen Jungen und ein Mädchen, ungefähr vier bis fünf Jahre alt, fleißig mit Plastikeimer und -schaufel ein tiefes Loch graben. In hohem Bogen flog der Sand von ihren Schaufeln. Ein Stück weiter oben am Strand saß ihre Mutter in Strohhut, Sonnenbrille und Badeanzug mit Röckchen unter einem gestreiften Sonnenschirm in einem Liegestuhl und las. Von Zeit zu Zeit spähte sie besorgt über den Rand ihrer Zeitschrift hinweg, um sich zu vergewissern, daß alles in Ordnung war. Auf einmal lief eine außergewöhnlich vorwitzige Welle den Strand hinauf und überraschte die beiden. Ihre Rufe und Schreie, die vor allem Überraschung verrieten und reichlich mit Gelächter durchmischt waren, veranlaßten die Mutter, sich wie ein Koloß aus ihrem Liegestuhl zu erheben und ihnen mit schweren, schwabbelnden Schenkeln zu Hilfe zu eilen. Kichernd und prustend brachen sie aus dem ausgebuddelten Loch hervor und liefen in hektischer Eile davon, wobei sie prompt in uns hineinrannten. Lachend fingen wir die beiden auf, um sie festzuhalten und abzuwehren, doch sie erstarrten zu unserer Überraschung plötzlich und sahen einander mit großen erstaunten Augen an.

»Kitty!« stieß der kleine Junge in lautem Geflüster hervor, das Bände sprach.

Sie sah uns an und biß sich auf die Unterlippe.

In diesem Augenblick hatte uns die Mutter erreicht und ließ sich atemlos auf die Knie fallen. Das kleine Mädchen flüchtete sich sofort in ihre schützenden Arme. »Alles in Ordnung?« fragte die Mutter aufgeregt und schob die Kleine auf Armeslänge von sich weg, um sie zu begutachten. »Mein Gott im Himmel, wie könnt ihr mir nur so einen Schrecken einjagen!« Sie legte die Hand auf ihren Busen und seufzte.

Das kleine Mädchen nickte ernst, während es mit schüchternem Blick unsere Gesichter fixierte.

»*Mommy! Mommy!*« rief der Bruder und attackierte die Mutter vehement von der anderen Seite. »Es stimmt! Es stimmt! Sieh doch!« Freudig erregt deutete er auf uns.

»Man zeigt nicht mit dem Finger, Johnny«, schalt sie und legte den Arm um ihn, um seinen eigenen, unbotmäßigen festzuhalten. »Das ist unhöflich.«

»Aber es stimmt doch!« wehrte er sich laut protestierend und zappelte ungeduldig in ihrem Griff.

»Beruhige dich, Liebling!« verlangte sie in einem Ton, der halbwegs zwischen gutem Zureden und Kommandostimme lag. »Was soll stimmen?«

»Wir haben's geschafft! Das sind Chinesen.«

Jetzt ging ihr auf, welchem Irrtum sie unterlegen waren, und sie errötete tief. »Psst, Johnny!« schalt sie. »Das sind genauso Amerikaner wie wir.« Sie schüttelte ihn ein wenig und wandte sich entschuldigend an uns. »Es tut mir leid. Ich hatte ihm gesagt, wenn er nur tief genug gräbt, kommt er schließlich in China heraus. Ich konnte nicht ahnen, daß er tatsächlich daran glaubt.«

Yin-mi lachte laut heraus.

Die Mutter lächelte ihr dankbar zu. »Ehrlich, was für eine Phantasie!« Sie musterte ihn mit erschöpftem Stolz. Dann nahm sie die Kinder bei der Hand und ging davon. »Komm jetzt!« flüsterte sie streng dem kleinen Jungen zu, der uns immer noch bestaunte.

»Aber es stimmt!« rief er aufbegehrend. Und während sie den Strand entlanggingen, versuchte er sich mit unverminderter Überzeugung im Blick immer wieder nach uns umzudrehen.

»*Das* ist Glaube«, sagte Yin-mi fröhlich, als wir weitergingen.

Ich starrte sie verständnislos an, von ihrer Bemerkung und dem vorangegangenen Vorfall total verwirrt. Das seismische Rumpeln, das sie heute vormittag mit der Passage aus dem *»Book of Common Prayer«* ausgelöst hatte, war auf der Richterskala meines Unterbewußtseins inzwischen mächtig gestiegen.

Am nächstliegenden Strand kauften wir uns Cokes, setzten uns auf eine Holzbank im Schatten des verrosteten Turms einer Fallschirmspringanlage, die Jahre zuvor nach einer Reihe von Unfällen geschlossen worden war, und packten, vor uns das Meer, unsere Picknicktasche aus.

»Du ißt ja gar nichts«, stellte sie nach einer Weile fest. »Was ist? Du wirkst so nachdenklich.«

»Ich weiß nicht recht«, antwortete ich. »Den ganzen Vormittag hatte ich so ein seltsames Gefühl, daß sich die Dinge verschworen haben, mit mir zu sprechen.«

Sie ließ ihr Sandwich sinken. »Wie meinst du das?«

»Als warte ein unsichtbares Wesen unmittelbar hinter dem Schleier der Oberflächenwelt und flüstere mir etwas ins Ohr, aber zu leise, als daß ich die Worte erkennen könnte, oder in einer Sprache, die ich wie ein Orakel nicht verstehe.«

»Was ist es denn?« erkundigte sie sich. »Hast du eine bestimmte Vorstellung?«

»Hier ist er gestorben«, überlegte ich laut und blickte über das dunkle Meer zum leeren Horizont. »Da draußen.«

»Du glaubst, daß er es ist – dein Vater?«

»Wie könnte er? Schließlich ist er tot.«

Sie überlegte. »Vielleicht kann das Orakel helfen«, meinte sie dann.

Ich zuckte mit den Achseln.

»Warum versuchst du's nicht wenigstens mal?«

»Ich habe schon daran gedacht«, gestand ich.

»Und warum hast du's nicht getan? Fürchtest du dich etwa vor dem, was herauskommen könnte?«

Ich schüttelte den Kopf. »Was immer es sein würde, es könnte nur eine Erleichterung sein.«

Wie zur Herausforderung griff sie in ihre Tasche und holte das *»I Ging«* heraus. »Da.« Mit einem kleinen, entschlossenen Stirnrunzeln streckte sie mir das Buch entgegen.

»Aber wir haben die Schafgarbenstengel vergessen«, wich ich aus.

»Aber wir haben Münzen, nicht wahr?«

»Ich habe dir doch schon gesagt, daß Münzen nicht so gut sind!«

»Das ist eine Ausrede, stimmt's?« fragte sie leise, aber energisch. »Es spielt keine Rolle, solange du es aufrichtig meinst.« Sie entnahm ihrem Portemonnaie drei Pennies und drückte sie mir in die Hand. Mit einem tiefen Seufzer gehorchte ich ihr.

Ich führte ihr die verschiedenen Stadien der Befragung vor, indem ich ihr alles ausführlich erklärte. Mit den Münzen ging es viel schneller; trotzdem konnte ich das Gefühl nicht loswerden, daß sie das Ritual beeinträchtigten. Das Ergebnis, das herauskam, war *sui*, das siebzehnte Hexagramm, die »Nachfolge«. »Bewegte« Striche gab es am zweiten und dritten Platz, jeweils eine Sechs: Yin, oder die Dunkelheit, im Begriff, sich in Yang oder Licht zu verwandeln. Das Urteil lautete:

Die Nachfolge hat erhabenes Gelingen.
Fördernd ist Beharrlichkeit. Kein Makel.

Die »Nachfolge«, sinnierte ich in Gedanken. Welche Nachfolge? Oder wessen? Wie ich es sah, gab es zwei Wege, einen, der zurückführte, und einen, der tiefer hineinführte. Welcher war hier gemeint?

Im Hauptteil des Textes suchte ich nach einem Hinweis:

Um Nachfolge zu erreichen, muß man selbst
erst sich anzupassen verstehen.

Das vergrößerte nur meine Verwirrung. Ich blätterte weiter, bis zur Beschreibung der einzelnen Linien, und fand dort folgendes:

Sechs auf zweitem Platz bedeutet:
Hängt man sich an den kleinen Knaben,
so verliert man den starken Mann.

Mein Magen flatterte. Ich las den nächsten Text:

Sechs auf drittem Platz bedeutet:
Hängt man dem starken Mann an,
so verliert man den kleinen Knaben.
Durch Nachfolge findet man, was man sucht.
Fördernd ist es, beharrlich zu bleiben.

»›Hängt man sich an den kleinen Knaben, so verliert man den starken Mann‹«, wiederholte Yin-mi nachdenklich.

»›Hängt man dem starken Mann an, so verliert man den kleinen Knaben‹«, konterte ich unbewußt.

»Was meinst du, was das bedeutet?« wollte sie wissen.

»Keine Ahnung. Es rät zu zwei verschiedenen Möglichkeiten.«

»Oder präzisiert ganz einfach die Folgen beider und überläßt dir die Wahl.«

»Oho, mir braucht man die Wahl nicht noch genauer zu erklären«, bemerkte ich mit bitterem Lachen.

»Wenn du die Alternativen und ihre Folgen kennst«, fragte sie mich, »was hält dich zurück?«

»Ich will beide.«

Sie lachte; offenbar glaubte sie, ich scherze.

»Nein, im Ernst«, betonte ich, und als sie meine Miene sah, erstarb ihr Lachen. »Es ist doch schließlich nicht zuviel verlangt«, behauptete ich, »daß das Kind im Mann erhalten, gehegt und so bewahrt bleibt, daß sie beide zusammen in einem einzigen Menschenherzen existieren können – oder?«

»Ich weiß es nicht«, gestand sie mit sanftem Lächeln. »Mir kommt es schon viel vor. Vielleicht erlaubt das Leben keinen Kompromiß.«

Ich erwog schweigend die Bedeutungsschwere ihrer Worte.

»Weißt du, letztes Jahr haben wir in Englisch einen Essay gelesen«, fuhr sie fort. »An den Titel und den Autor erinnere ich mich nicht, aber es ging um Amerika. Dieses Land, hieß es da, gleicht einer sich häutenden Schlange; es wirft die tote Haut der europäischen Vergangenheit ab. Nichts sei natürlicher für ein Lebewesen, hieß es, als die alte Haut abzustreifen und ins nächste Stadium überzugehen – nichts natürlicher und nichts schwerer. Denn das Überschreiten der Schwelle ist äußerst schmerzhaft, fast wie der Tod. Und in der Tat ist es eine Art Tod. Und manchmal verliebt sich die Schlange zu sehr in das wunderschöne Muster ihrer früheren Haut und weigert sich, sie abzulegen. Dann wird sie krank und verrottet in der alten Haut. Die wird ihr Grab.«

»Was sagst du da?«

Sie schüttelte den Kopf. »Ich sage gar nichts. Das sind die Worte eines anderen; ich kann die Wahl nicht für dich treffen. Sie sind mir nur eben eingefallen, und ich habe sie ausgesprochen.«

»Vielleicht ist das Gewand die alte Haut, die ich ablegen muß«, überlegte ich.

»Mag sein«, erwiderte sie. »Aber vielleicht ist es auch etwas Tiefergehendes.«

Schweigend sahen wir einander an.

»Sag mal, Sun I«, fragte sie schließlich, »welcher von beiden ist... war er, dein Vater, meine ich: der starke Mann oder der kleine Knabe?«

»Das ist es ja«, gab ich zurück. »Ich glaube, daß er beides war. Er brauchte sich nicht die Unschuld nehmen zu lassen, um Mann zu werden. Er brauchte nicht zu wählen.«

»Oder er wollte nicht.«

»Oder er weigerte sich bewußt«, widersprach ich hitzig. »Er verweigerte sich dem Dilemma mit seiner bestechenden Wahl zwischen dem einen Horn und dem anderen. Aber er ist tot«, seufzte ich enttäuscht auf.

»Ich frage mich...« begann sie rätselhaft und sah in die Ferne.

Ich musterte sie durchdringend. »Was fragst du dich? Ob er tot ist? Ich sagte dir doch, die Maschine ist fast zehn Meilen weit draußen abgestürzt.«

»Das meine ich nicht«, wehrte sie ab. »Physisch, ja, natürlich, da ist er tot. In einem anderen Sinn aber ist er vielleicht doch noch am Leben.«

»Wie denn?«

»In dir«, antwortete sie. »Du hast immer gesagt, daß er die Unsterblichkeit suchte. Vielleicht hat er sie ja gefunden: in deiner Erinnerung, in deinem Herzen.«

Dieser Gedanke rührte mich, eher jedoch vor Dankbarkeit für ihre Besorgnis als durch sein spezifisches Gewicht, seine Anwendbarkeit. »Mein Herz fühlt sich so schwach und sterblich«, gab ich mit müdem Lächeln zurück. »Das scheint mir kaum genug zu sein.«

Sie streckte die Hand aus und streichelte mir wie ihre Mutter die Wange.

»Vielleicht ist das überhaupt alles, um was es bei der Unsterblichkeit geht«, überlegte ich laut, halbherzig nach einem Schluß suchend, wo es, wie ich wußte, keinen Schluß geben konnte. »Den kleinen Jungen im Manne am Leben zu erhalten. Vielleicht hat er sie in diesem Sinn tatsächlich erlangt.«

Voll trauriger Zuneigung lächelten wir einander zu. Yin-mi begann die Reste des Picknicks, die wir nicht gegessen hatten, zusammenzuräumen.

»Ich weiß was!« Unvermittelt blühte sie auf. »Ich fahre mit dir Riesenrad! Das wird dich ganz bestimmt aufheitern.«

Ich sah sie nur apathisch an.

»Jawohl!« betonte sie nachdrücklich, sprang auf und zog an meiner Hand. »Du kommst mit! Dies ist meine Party, und du mußt tun, was ich befehle. Also, komm schon!«

Schwerfällig erhob ich mich und ließ mich widerwillig von ihr führen – rückwärts strebend, während sie vorwärts wollte.

Am Kassenhäuschen erstanden wir unsere Fahrkarten, die wir dem gleichgültigen Kontrolleur mit seinem roten, zusammengerollten Halstuch und dem ölverschmierten T-Shirt reichten. Er legte den Hebel um, und das Riesenrad blieb stehen, während die Gondeln wie nervöser Christbaumschmuck hin und her pendelten. Er hob den Querbügel, ließ uns einsteigen und befestigte ihn dann wieder. Ich legte den Kopf in den Nacken, blickte hinauf in das geometrisch verzahnte Gestänge, das einem gigantischen Metallnetz ähnelte, und mir wurde ein bißchen übel, so viel Respekt hatte ich vor seinen Dimensionen. Unser Start kam so unvermittelt, daß ich aufkeuchte und mich mit beiden Händen am Querbügel festhielt. Gleich darauf hielten wir wieder, um ein weiteres Paar einsteigen zu lassen, und unsere Gondel schaukelte mit quietschender Achse heftig vor und zurück.

»Keine Angst«, tröstete mich Yin-mi, die mir fürsorglich die Hand tätschelte.

Ich starrte sie mit aufgerissenen Augen an, den ganzen Körper in Erwartung der nächsten Bewegung verkrampft. Und dann ging's hinauf. Wir wurden wie von den Klauen eines überdimensionalen Raubvogels emporgehoben, eine Bewegung, die an sich zwar schnell war, aufgrund der riesigen Kreisbahn, die wir zurücklegten, jedoch eher langsam wirkte, und diese Langsamkeit war eine ausgeklügelte Folter, da sie die Qual noch verlängerte. Wir erreichten den Zenit des großen Kreises und fuhren wieder abwärts; mein Magen hörte nicht auf zu protestieren. Ich wagte nicht hinunterzusehen, sondern hielt den Blick starr geradeaus gerichtet. Der Himmel gewährte einen gewissen Trost, denn seine überall gleichbleibende Bläue bot keinen Anhaltspunkt für eine Höhenveränderung.

»Mach den Mund zu«, flüsterte Yin-mi, zur mir herübergeneigt, »sonst fliegt dir noch eine Taube hinein.«

»Eine Taube?« protestierte ich, wagte sie aber nicht anzusehen. »Seit wann fliegen Tauben so hoch? Versuch's doch lieber mal mit 'nem Adler.«

Ihr Lachen schlug einen Purzelbaum, als wir dem Boden entgegenstürzten. »Huch!« kreischte sie. »Sieh mal nach unten!«

Wie ein Idiot gehorchte ich ihr, ohne nachzudenken. »O mein Gott!« stieß ich mit dünner Stimme hervor. »Wir werden umkommen.« Ein unangenehmes Schwindelgefühl überfiel mich, begleitet von Übelkeit und Kurzatmigkeit – mit einem Wort: Panik.

»Du siehst gar nicht gut aus«, stellte sie fest, als wir zur zweiten Runde wieder nach oben stiegen.

Unfähig, auch nur einen winzigen Teil meiner psychischen Streitkräfte von der vordersten Schlachtreihe abzuziehen, gab ich ihr weder eine Antwort noch wandte ich den Kopf.

»Versuch's mal so«, schlug sie vor. »Mach die Augen zu, atme tief durch und zähl bis zehn! Bei mir hilft das immer.«

Ich gehorchte sofort, ergänzte das Zählen jedoch durch flehende Gebete. Die Methode versprach tatsächlich Erfolg zu verheißen, denn als ich die Augen wieder öffnete, schienen wir uns nicht mehr zu bewegen, obwohl der Wind noch an meinem Gesicht vorbeipfiff. Zu meinem abgrundtiefen Erstaunen sah ich eine Möwe zum Greifen nahe neben uns; ihre Flügel schlugen mit langsamen, rudernden Bewegungen, und sie flog scheinbar völlig synchron mit uns, so daß es aussah, als stehe sie still. Für mich war das einfach wunderbar! Ich stieß Yin-mi an, deutete auf den Vogel und grinste sie mit idiotischer Freude an, denn mein Unbehagen war mit einem Schlag verschwunden und total vergessen. Als Antwort zeigte sie nach unten, wo mir die Tiefe meiner Einfalt entgegengähnte. Wir bewegten uns tatsächlich nicht! Die Maschine hatte gestoppt, zweifellos eine Art Panne, und wir saßen hier oben wie Gestrandete am Scheitelpunkt des Riesenrades. Plötzlich war meine Kurzatmigkeit wieder da, und mein Herz begann zu rasen. Meine Panik drohte zurückzukehren. Wir werden tatsächlich umkommen! dachte ich.

Auf einmal jedoch begann ich brüllend zu lachen: Meine Angst war auf wunderbare Weise in Übermut umgeschlagen. Ich verspürte den Kitzel, mich vollkommen gehenzulassen, ein etwas unbehagliches, doch köstliches Schwindelgefühl. Ich sah die Badenden wie winzige Mikroben im gelben Sand und weiter draußen das Wasser, das seine Farbe von Smaragdgrün zu Blau und schließlich zu Schwarz veränderte. Die weißen Schaumkronen wirkten wie über eine schwarze Marmortischplatte verstreute Fingernagelabschnitte. Und ganz weit in der Ferne war die große Krümmung der Erde wahrnehmbar ausgebreitet mit träger, überwältigender Großartigkeit. Ich glich einem unerfahrenen Astronauten, der im Weltraum spazierengeht, der vom Gefühl der Schwerelosigkeit so begeistert und in die unbeschreibliche Schönheit des leeren

Raums so vertieft ist, daß er dessen Tödlichkeit vergißt und sich weigert, wieder in die sichere Kabine zu gehen, sondern sich ganz einer Orgie ekstatischen Schauens hingibt.

Und da geschah es. Als wir da hockten, in unserem beweglichen Pavillon auf dem Scheitelpunkt der Welt, wurde plötzlich ein dumpfes Grollen vernehmbar, wie ferner Donner, doch ohne Unterbrechung. Es wurde immer lauter und kam aus keiner bestimmbaren Richtung, sondern wie aus allen Himmelsrichtungen zugleich.

»Was ist das?« frage ich Yin-mi.

Sie zuckte die Achseln und spähte zwischen ihren gespreizten Knien hindurch nach unten.

»Was siehst du da?«

Unter uns war alles zum Stillstand gekommen. Der ganze Vergnügungspark war erstarrt, alle Leute standen wie angewurzelt auf ihren Plätzen und blickten zu uns herauf.

Das Grollen nahm zu.

Eine einzelne Hand aus der Menge flog empor, dann eine zweite und eine dritte; sie lösten eine Kettenreaktion aus wie beim Popcorn-Backen, Stakkato-Explosionen von Händen überall, jetzt auf der einen Seite, dann auf der anderen, bis die ganze Masse der Menschen einheitlich zum Himmel zeigte.

»Sun I«, sagte sie und schluckte, wohl aus archetypischem, sozialen Gefühlen entspringendem Entsetzen, »ich glaube, sie zeigen auf uns.«

Doch ich war mir der Menschen unten und auch meiner Begleiterin kaum bewußt, sondern beobachtete, während das Dröhnen näher kam, mit grimmiger Vorahnung den leeren Himmel wie ein Soldat, der auf den Wällen den Tagesanbruch und den Beginn der Schlacht erwartet. Das Donnern wurde noch lauter.

Dann schließlich entdeckte ich es. »Sieh doch!« rief ich aufgeregt, deutete in den Himmel und stieß bei einem spontanen Versuch, aufzuspringen, gegen den Querbügel.

»Setz dich!« schrie sie, packte mich am Gürtel und riß mich zurück.

Die Gondel schwankte wild wie ein Schiff, das mit dem Bug in schwere See taucht.

»Sieh doch!« rief ich abermals, noch aufgeregter. »Kannst du's nicht sehen?«

»Was denn?« Sie beschattete die Augen mit der Hand und blinzelte ins Sonnenlicht. »Ich sehe nichts.«

Im Unterschied zu mir trug sie keine Sonnenbrille. Vor dem grellen Licht geschützt, sah ich es deutlich, wie es aus der strahlenden Sonnenscheibe auftauchte: das Flugzeug, eine silbrige Piper, wie man sie im Sommer mit einem Reklamespruch im Schlepp oft über den überfüllten Stränden fliegen sieht. Anfangs konnte ich nicht ausmachen, wie der Text lautete. Dann donnerte die Maschine so dicht über uns hinweg, daß wir das Transparent im Luftstrom knattern hörten. Ich entzifferte es Buchstabe für Buchstabe, in der Reihenfolge, in der sie vorbeizogen, blutrote Lettern, zehn Fuß hoch:

L-O-V-E N-E-V-E-R F-A-I-L-E-T-H.

Es folgten die Initialen CCC – Community of Christian Churches, wie ich später erfuhr.

Nein, es war überhaupt nichts Unheimliches daran. Das kann ich heute mit absoluter Gewißheit versichern. Damals jedoch war ich heftig versucht, etwas anderes zu vermuten. Ich weiß nicht, ob ich es Ihnen erklären kann, lieber Leser, doch irgend etwas geschah mit mir, als ich dieses Flugzeug sah. Nennen Sie es Synchronität, mystische Verbindung oder wie immer, aber sofort löste sich der Knoten in meinem Kopf. Mir fiel die Passage aus der Epistel ein: »Sie verträgt alles, sie glaubet alles, sie hoffet alles, sie duldet alles. Die Liebe höret nimmer auf.« Jetzt schwemmte der Text in mir eine Woge von Assoziationen hoch, die er krönte und vervollständigte. Rileys Satz stand mir wieder vor Augen: ... die »subtilere Alchimie, die im Herzen des Gläubigen durch den Glauben bewirkt wird«, und ich begriff, warum er eine Saite in mir berührt hatte. Und dann tauchte das Bild des kleinen Jungen auf, wie er im Sand grub und mit der naiven Zuversicht jedes amerikanischen Kindes, das je mit Schaufel und Eimer am Strand gespielt hat, glaubte, wenn er nur tief genug im Boden seiner Erfahrung durch den gewachsenen Granitfelsen der Realität hindurch grabe, werde er schließlich in einer entrückten Zauberwelt namens China herauskommen, in Wolkenkuckucksheim, in einem Königreich beispiellos und exotisch, gefährlich und wohltuend, bevölkert von Mandarinen und Dämonen, wo Wünsche Befehle sind und alle Träume wahr werden. In diesem Jungen sah ich mich selbst – oder vielmehr, wie ich gewesen war und was ich verloren hatte. Auch ich hatte einst daran geglaubt, ich könne mich irgendwo an der Wall Street hinknien und einen Stein herausstemmen, ein Stück Pflaster, ja, sogar den Grundstein der New Yorker Börse, um die erstickte, lichthungrige Erde mit bloßen Händen herauszuwühlen, mich schließlich wie ein Maulwurf bis in den Garten von Ken Kuan durchzugraben und unter den breiten Ästen des Pfirsichbaums herauszukommen; hatte daran geglaubt, daß ich, wenn ich mit dem juwelenbesetzten Instrument meines Glaubens nur fleißig an der schwierigen, unnachgiebigen Substanz des Dow kratzte wie ein Verbrecher mit seinem Löffel oder einem Eispick an den Wänden seiner Zelle, letztlich frei unter dem blauen, weiten Himmel Chinas, unter dem makellosen Himmel des Tao auftauchen würde. Aber der Glaube hatte als erster versagt, zu Staub zermalmt von der diamantharten Existenz meines Vaters. Er hatte ihn erschüttert, und sein Tod, der mich vielleicht von dem Zwang, ihn in das Mysterium verfolgen zu müssen, hätte befreien können, hatte diesem Glauben statt dessen den Todesstoß versetzt (als könne der schlüssige Beweis dafür, daß die Hölle nicht existiert und der Satan eine Schimäre ist, den Glauben an Gott erschüttern). Ach, lieber Leser, ich gebe nicht vor, dies zu verstehen, aber als Zeuge bekunde ich, daß es wahr ist, und ich bitte Sie, es mir zu glauben. »Das Herz ist eine Wildnis.«

Etwas jedoch geschah, als ich das Transparent betrachtete. Ich fand, was ich suchte: das Zeichen. Das letzte Stück des Puzzles fügte sich an seinen Platz, und ich erkannte, daß Yin-mi recht hatte. *Love lebte noch* – möglicherweise nicht in dem Sinn, in dem sie es gemeint hatte, sondern in einem höheren Sinn. Das war die Botschaft dieses Flugzeugs: »Love never faileth.« Er hatte tatsächlich die

Unsterblichkeit gefunden – nicht körperlich (doch das wäre, um Rileys Worte zu gebrauchen, ohnehin eine vulgäre Transsubstantiation gewesen) und nicht in meinem Herzen, aber in einer anderen, echteren Bedeutung, und ich hatte es die ganze Zeit gewußt. Nur daß das Wissen sich aus meinem Bewußtsein zurückgezogen hatte und scheinbar verloren war. Love lebte in *ihm*, im Dow, und durch den Dow konnte ich im mystischen Sinne immer noch mit ihm in Kontakt treten, wie ich durch das Gewand mit meiner Mutter verbunden war. Rileys Anmerkung zu der Passage aus dem »*Book of Common Prayer*« war der Schlüssel: »Das eigentliche Wunder, die eigentliche Wirksamkeit des Sakraments besteht nicht in einer magischen, buchstäblichen Verwandlung der Elemente in Blut und Fleisch, sondern in der subtileren Alchimie, die im Herzen des Gläubigen durch den Glauben bewirkt wird.«

Nun begriff ich das Wesen seiner Unsterblichkeit. Er war auf mystische Weise im Dow verkörpert, und das Medium, durch das ich an ihm teilhaben konnte, war der Glaube. Und diese Erkenntnis wurde noch von einer anderen gekrönt: Wenn er der Dow gewesen war, irgendwie seine schöpferische Energie und Essenz verkörpert hatte, dann mußte aufgrund des Gesetzes der Entsprechung der Dow auch er sein. Dies war das Wunder, wurde mir plötzlich klar, das ich mit meiner ständigen Suche wie mit einem Sakrament feiern mußte. In diesem Augenblick kehrten mein Glaube und mit ihm die Hoffnung zurück. In meinem Herzen erlebte ich eine Auferstehung. Meine lang anhaltenden, qualvollen Wehen kamen zum Höhepunkt und gebaren dieses geistige Kind, den kleinen Jungen meines von neuem konsekrierten Glaubens: meinen Vater. Und genau dieser Glaube war es, den mein Herz brauchte, um auszuharren. »Sie verträgt alles, sie glaubet alles, sie hoffet alles, sie duldet alles... *Love never faileth.*«

Als ich diese Worte am mittäglichen Himmel las, explodierte eine Offenbarung in meinem Kopf und füllte die Welt mit ihrem Licht. Wie den Blitz aus dem Gewehrlauf des Feindes, den der Soldat sieht, bevor die Kugel ihn trifft, sah ich mein Schicksal und wußte, daß es sinnlos war, sich dagegen zu sträuben. Ein Angstschauer fuhr mir durchs Herz und gleich darauf ein Gefühl tiefster Erleichterung, als wäre mir eine schwere Last von den Schultern genommen, und ich triebe schwerelos im Weltraum. Eine unbekümmerte Fröhlichkeit stieg in mir auf wie kaltes, frisches Wasser aus einem artesischen Brunnen, dessen Quelle verborgen bleibt, und ich mußte lachen – ein ganz anderes Lachen, als ich es zuvor gekannt hatte, ein Lachen, bei dem mich der Klang der eigenen Stimme überraschte: kühn und tief, als komme er aus einer unerforschten Region tief unten auf dem Grund meines Herzens. In diesem Augenblick wußte ich, daß dies alles war, was ich von Anfang an gewollt hatte.

Dritter Teil

DAS TAO IM DOW

ERSTES KAPITEL

Gleich nach unserer Rückkehr holte ich das Gewand heraus, wickelte es in Seidenpapier und ging zu Mme. Qin. Jetzt, da ich meinen Entschluß gefaßt hatte, mußte ich ihn sofort in die Tat umsetzen. Denn wenn ich zögerte oder das Gewand auch nur noch einmal betrachtete, würde mich meine Willenskraft im Stich lassen, das wußte ich. Im Hinterkopf war ich mir durchaus im klaren darüber, daß ich damit Rileys und Yin-mis Pläne durchkreuzte, psychologisch gesehen durfte ich mir den Luxus, auf ihre Belange Rücksicht zu nehmen, jedoch nicht leisten. Die gesamte Entschlußkraft, die ich aufbringen konnte, benötigte ich allein, um das zu tun, was notwendig war. Seltsamerweise handelte ich, obschon eine gewisse Verzweiflung in meiner Entschlossenheit lag, beinahe wie in Trance, wie ein Somnambule, und beobachtete meine eigene, fieberhafte Aktivität mit fatalistischer Gelassenheit.

Draußen, vor Mme. Qins Wohnung, schlug mir, durch die Tür gedämpft, unbeherrschtes Lachen entgegen: das Gelächter der reichen Witwe.

»Laß das sein! Wenn du das noch einmal machst, werde ich sofort aufhören«, vernahm ich sie – unverständlicherweise in keineswegs drohendem Ton. »Du bist ein ungezogener Junge, Fanku!«

»Gib mir ein bißchen Geld, Tantchen, und ich werde sogar noch ungezogener«, versprach er ihr.

Wieder ertönte dieses Lachen.

Ich nahm meinen ganzen Mut zusammen und klopfte.

»*Psst!*« zischte sie. Ein unheilschwangeres Schweigen entstand. »Geh nachsehen, wer da ist.«

Die Tür öffnete sich. Fanku musterte mich durch den Spalt. »Was wollen Sie?«

»Ich möchte Mme. Qin sprechen.«

»Es ist der Priester«, meldete er über seine Schulter.

»Sag ihm, wir haben keine Zeit. Gehen Sie!« rief sie laut.

»Es ist wegen dem Gewand«, erklärte ich und überging ebenfalls unseren Zwischenträger.

Abermals Schweigen.

»Laß ihn rein!« befahl sie Fanku.

»*A-yi!*« protestierte er.

Die Tür wurde geschlossen, und es folgte in scharfem, giftigem Flüsterton eine hitzige Debatte, deren Inhalt ich nicht verstehen konnte. Dann wurde die Sicherheitskette gelöst und die Tür ganz geöffnet.

»Kommen Sie rein!« zischte er und spie mir die Worte fast ins Gesicht. Er stand da, in Socken, mit reichlich glasigen Augen. Sein pomadisiertes Haar war zerzaust, sein Hemd hing über der Hose und stand offen bis zum Bauchnabel. Auf einer Wange prangte unmittelbar unter dem Ohr ein rotes Lippenstiftmal.

Die eine Vorhanghälfte war mit einer quastenbesetzten Kordel gerafft und am Türrahmen befestigt. Im Zimmer dahinter sah ich einen Teil der Causeuse und den schwarzen achteckigen Tisch. Auf der Platte stand eine Brandyflasche sowie ein halb gefülltes Glas, über dessen Rand Mme. Qins graziöse Hand mit den gepflegten Fingern und den langen, heimtückischen Nägeln gedankenverloren strich, ehe sie dem Glas einen abschließenden Schubs versetzte.

»Kommen Sie herein!« forderte sie mich von ihrer unsichtbaren Angriffsstellung her auf.

Es kostete mich einige Anstrengung, mein Mienenspiel zu kontrollieren.

Die reiche Witwe saß nur halb angezogen auf der Causeuse, den kostbaren, seidenen *pao* von Zu Xis Zofe – den Phönix mit den traurigen Augen – lose um die nackten Schultern drapiert, darunter einen schäbigen, gelben Unterrock. Er war auf der Brust maschinell mit einem undefinierbaren Blumenmuster bestickt, das unangenehm an Würmer erinnerte, die sich munter im Brustkorb eines verfaulenden Leichnams tummeln. Ihr Chignon hatte sich halb aufgelöst und hing wie eine schlaffe, schlampige Girlande auf einer Seite. Ihr Lippenstift war verschmiert, ihre Augen wirkten glasig und verengt wie zwei Toilettenbekken, deren Spülung gezogen wurde und die sich nicht mit Wasser, sondern mit Tränenflüssigkeit füllen. In den Schlitzen brannten wie fiebrige Streichhölzer zwei Funken.

»Starren Sie mich nicht so an!« schalt sie mich verächtlich, ein wenig gekränkt und belustigt zugleich. »Mit genauso einem Gesicht hab' ich in Shanghai mal einen Bauern von einem Karren mit Mist klettern sehen.«

Fanku lachte heiser.

»Halt den Mund!« befahl sie ihm. »Komm her!«

Er gehorchte.

»Bück dich!« Sie nahm ein Taschentuch, drehte es zusammen, steckte es sich in den Mund und durchtränkte es mit ihrem Speichel. Dann rieb sie ihm resolut den Lippenstift von der Wange. »Und jetzt verschwinde, und schließ den Vorhang!«

»So«, sagte sie dann, den Blick auf das Paket in meiner Hand gerichtet. Sie musterte mich impertinent und nickte langsam, zynisch mit dem Kopf. »Ich hab's Ihnen ja gleich gesagt, nicht wahr?« Hämisch grinsend schenkte sie sich einen Brandy ein und kippte ihn runter, wobei sie die Augen schloß und sich fast unmerklich schüttelte. »Alles hat seine Zeit und seinen Preis.«

Ich sah sie mit stummem Vorwurf an und forderte, da ich keine Waffen hatte, mit denen ich mich verteidigen konnte, schweigend ihre Geringschätzung heraus.

»Zeigen Sie her!«

Ich legte das Paket auf den Tisch, sie wickelte das Gewand aus und hielt es empor. Die bösartige, gallige Feuchtigkeit in ihren Augen versickerte, und Mme. Qin wurde ernst, beinahe würdevoll. »Ja«, seufzte sie, »es ist wunderschön. Ich mache Ihnen ein faires Angebot.«

»Ich möchte es aber nicht verkaufen, Mme. Qin.«

Unvorsichtigerweise verriet ihr Blick Überraschung und Enttäuschung.

»Ich möchte mir lediglich etwas von Ihnen leihen und das Gewand als Sicherheit hinterlegen.«

»Sie meinen, Sie wollen es versetzen«, gab sie höhnisch zurück und ergänzte schneidend: »Sie lernen eine Menge hochgestochene Ausdrücke von Ihren Freunden an der Wall Street.«

»Also von mir aus ›versetzen‹«, gab ich nach, »wenn Ihnen das lieber ist.«

Sie schenkte sich noch einmal ein und starrte brütend in ihr Glas. »Irgendwie gefällt mir das nicht. Sie haben mich schon einmal beleidigt und meine Ehrlichkeit angezweifelt. Warum sollten Sie mir jetzt auf einmal vertrauen?«

»Es ist nicht so, daß ich Ihnen mißtraut...«

»Ach, lassen Sie nur«, fiel sie mir ins Wort. »Ich werde Ihnen sagen, warum. Sie sind knapp bei Kasse.«

»Ja«, räumte ich ein, »ich brauche Geld.«

Sie kicherte hämisch. »Das Blättchen hat sich gewendet, nicht wahr, Sun I? Jetzt kommen Sie zu mir. Aber erklären Sie mir doch eins: Warum sollte ich Ihnen helfen?«

»Ich bitte Sie nicht, mir zu helfen, Mme. Qin. Ich unterbreite Ihnen ein geschäftliches Angebot. Ich bin durchaus bereit, dafür zu bezahlen.«

»Bezahlen«, höhnte sie. »Was nützt mir das? Ich brauche Ihre paar Kröten nicht, Sun I. Ich bin reich, eine reiche Witwe. Alles, was ich will, ist das da.« Mit dem Kinn deutete sie auf das Gewand.

»Außerdem«, fuhr sie fort, ohne mir eine Gelegenheit zum Protest oder zum Rückzug zu geben, »ist mir ein Leihgeschäft zu schmutzig. So etwas tätige ich heute kaum noch. Ständig kamen Leute mit ihren kostbaren ›Erbstücken‹ zu mir, einem Brocken Jade oder einem Fetzen Seide. Und ich lieh ihnen dafür Bargeld auf Zinsen. Auf hohe Zinsen, das kann ich ruhig zugeben. Ich habe niemals etwas nach den allgemeinen Regeln verliehen. Warum sollte ich auch? Es war eine persönliche Gefälligkeit. Und ich setzte feste Termine. Bei mir gibt es kein Pfandauslösungsrecht. Meine Geduld hat Grenzen, Sun I. Ich bin eine alte Frau, ich kann nicht ewig warten. Aber es war alles völlig legal, ohne Tricks, ein ›geschäftliches Angebot‹, wie Sie es so charmant ausgedrückt haben. Und alle waren einverstanden. Da kommt dann am letzten Tag weinend und händeringend eine Frau und bittet mich auf den Knien ›der Familie zuliebe‹ um etwas mehr Zeit. ›Wie kann ich meiner Tochter in die Augen sehen, wenn ich ihre Aussteuer verkaufe?‹ fragt sie jammernd. Woher soll ich das wissen? Ich frage Sie, Sun I, was hat das mit mir zu tun, eh? Geschäft ist Geschäft. *Ssss*«, zischte sie angewidert. »Ich hab' das ertragen, als Geld für mich noch eine Rolle spielte. Aber jetzt – warum sollte ich? Ich kann auch ohne den Ärger auskommen.«

Listig beobachtete sie mich, um zu sehen, wie ihr Vortrag bei mir ankam. »Aber ich werde Ihnen was sagen«, fuhr sie dann fort, »trotz Ihrer Beleidigung mag ich Sie immer noch. Vielleicht kann ich in Ihrem Fall eine Ausnahme machen.« Sie lächelte übertrieben. »Hier mein Vorschlag. Ich bin bereit, Ihnen Geld zu leihen, eine beträchtliche Summe sogar. Nur müssen Sie garantieren, daß es sich für mich auch lohnt.«

»Wie stellen Sie sich das vor?« wollte ich wissen.

»Sie müssen mir eine faire Chance geben, das zu bekommen, was ich will. Wir werden einen äußersten Termin festsetzen.«

»Wie lange?«

Sie zuckte mit den Achseln. »Zwei Monate vielleicht, zehn Wochen?«

Hastig rechnete ich nach. Ein Monat... Kahn hatte einen Monat gesagt, nicht wahr? »Also gut«, stimmte ich zu und wählte die größere Zeitspanne, »zehn Wochen. Aber... zu welchem Zinssatz?«

»Ach, wie üblich.«

»Und das wäre?«

»Zehn Prozent.«

»Zehn Prozent per annum oder vierteljährlich?« Ich versuchte, gerissen zu sein.

Sie lachte. »Zehn Prozent pro Woche, mein Kleiner.«

»Zehn Prozent pro Woche!« protestierte ich. »Das ist unverschämt!«

Stirnrunzelnd hob sie die Schultern. »Die üblichen Bedingungen. Wenn sie Ihnen nicht passen, gehen Sie doch woandershin! Gehen Sie zu den Juden und sehen Sie zu, was die Ihnen für das Gewand geben.« Sie kicherte. »Es ist etwas ganz Besonderes, nicht jedermann weiß es zu schätzen. Außerdem biete ich Ihnen gutes Geld.«

»Wieviel?«

»Sagen wir, fünfhundert?«

»Fünfhundert? Es ist Tausende wert!«

»Hmm... eintausend, vielleicht«, räumte sie zähneknirschend ein. »Vergessen Sie nicht, es gereicht Ihnen nur zum Vorteil, nicht allzuviel zu nehmen. Je mehr ich Ihnen leihe, desto höher werden Ihre Zahlungen sein.«

»Machen Sie anderthalbtausend draus!«

»Na schön. Lassen Sie mir bis nächste Woche Zeit.«

»Ich brauche das Geld jetzt, sofort.«

»Was glauben Sie, was ich bin – eine Bank?« gab sie nörgelnd zurück. »Das kann ich unmöglich, nicht so kurzfristig. So viel Geld habe ich nicht im Haus.«

»Gut«, lenkte ich verzweifelt ein, »dann eintausend.«

»Abgemacht!« rief sie sofort und rieb sich wie ein Geizhals, nein, wie eine Stubenfliege die Hände. »Zehn Prozent pro Woche auf zehn Wochen, zahlbar jeweils freitags zusammen mit Ihrer Miete.«

»Könnten wir uns nicht auf eine einmalige Zahlung einigen, zu leisten bei Rückerstattung der Summe?«

Sie zog die Stirn kraus. »Sie sind nicht in der Position, mir Bedingungen zu stellen.«

Ich schluckte. »Dann wird nichts draus.«

Sie funkelte mich durchdringend an; dann lachte sie auf einmal laut auf. »Sie haben also doch ein bißchen Feuer im Kopf. Das freut mich. Ich hatte mir schon Gedanken gemacht.« Unvermittelt zog sie wieder die Stirn in Falten und fügte warnend hinzu: »Sie geben sich hart; das werde ich auch tun, wenn Sie den Termin überschreiten...«

Ich schüttelte den Kopf. »Werde ich nicht.«

»Aber *wenn* Sie es tun«, fuhr sie beharrlich fort, »dann bitte kein Heulen und Winseln, das müssen Sie mir versprechen, ja?«

Ich nickte.

»Dann bin ich einverstanden.«

»Einverstanden.« (Wenn auch zähneknirschend.)

»Warten Sie hier, ich werde es Ihnen holen. Fanku!« rief sie laut und zog ihre Schlüssel heraus, die sie über dem Herzen trug.

Fanku erschien auf der Türschwelle.

»Du leistest Sun I Gesellschaft, während ich fort bin.« Sie warf ihm einen bedeutsamen Blick zu.

Er setzte sich auf die Ottomane und sah mich mit mürrischer, trotziger Herausforderung an. Ich lächelte höflich, erntete damit jedoch nur einen noch böseren Blick. Verlegen errötend starrte ich auf den Fußboden.

Nach einigen Minuten fiel mir auf, daß mein Freund und Leidensgenosse, der kleine Welpe, nirgends zu sehen war, denn in dieser düsteren, strengen Umgebung fehlte er mit seiner munteren Lebhaftigkeit spürbar.

»Fanku«, versuchte ich das Eis zu brechen, »wo ist der Hund?«

Mit großen Augen erwiderte er meinen Blick, eindeutig ein wenig überrascht, daß ich so kühn war, ihn anzusprechen. »Der Hund?« Seine verständnislose Miene hellte sich jedoch plötzlich auf. »Ach so, den weißen meinen Sie, den mit diesen Ohren!« Er hob die Hände und ließ sie – eine kurze, geschickte, die Schlappohren darstellende Pantomime – rechts und links vom Gesicht herabhängen.

»Ja«, antwortete ich mit anerkennendem Lachen, »den.«

»Der ist weg«, erklärte er kurz angebunden und wurde sofort wieder unzugänglich.

»Weg?« fragte ich. »Und wo ist er jetzt?«

Schweigend mied er meinen Blick. Dann schien ihm ein hübscher Einfall zu kommen, und er kicherte vor sich hin. »In einer besseren Welt«, antwortete er.

»Einer besseren Welt?«

Jetzt lachte er offen. »Keine Sorge. Wir haben bereits Ersatz. Wollen Sie ihn mal sehen?« Er erhob sich und ging zur Tür, blieb auf der Schwelle jedoch noch mal stehen. »Aber nichts anfassen!« mahnte er mich mit argwöhnischem Blick.

Als er wiederkam, hielt er im Arm ein zitterndes, mausähnliches Bündel mit dichtem, schwarzem, weichem Fell und einem Gesicht, das aus zwei spitzen Ohren, einer spitzen Nase und zwei riesigen, traurigen Augen bestand, die ängstlich flehend dreinblickten.

Fanku, der den Hund tätschelte, musterte mich mit einer unerklärlichen

Frechheit und zeigte breit grinsend die Zähne. »Na?« fragte er. »Was meinen Sie?«

»Sehr niedlich«, antwortete ich.

»Ja, nicht wahr?« bestätigte er. »Viel niedlicher als der andere.«

Ich erstickte beinahe an meiner Loyalität und versagte ihm störrisch die Zustimmung.

»Und sehr intelligent«, ergänzte er.

Mit einer Mischung aus Mitleid und Skepsis betrachtete ich das zitternde Fellknäuel.

»Er kann gute Tricks«, prahlte er.

»Tricks? Was für Tricks?«

Er schürzte die Lippen und zuckte mit den Achseln. »Ach, wahrsagen zum Beispiel.«

Ich warf ihm einen unverhohlen spöttischen Blick zu.

»Sie glauben mir nicht?«

In diesem Moment kam Mme. Qin aus dem hinteren Zimmer.

»*A-yi*«, wandte er sich schmollend an sie. »Der Priester glaubt nicht, daß unsere Hunde wahrsagen können.«

Sie lächelte ihm ironisch, mit zusammengekniffenen Augen zu, dann bestätigte sie mir: »Es stimmt, Sun I, obwohl sie es im allgemeinen nur einmal schaffen.«

Wieder kicherte Fanku, woraufhin sie ihn mit einer Kopfbewegung und einem erbosten Stirnrunzeln hinausschickte.

»So, mein Lieber«, sagte sie dann geschäftsmäßig, »hier ist es.« Sie reichte mir eine braune, gefaltete, mit einem roten Gummiband zusammengehaltene Papiertüte. »Mehr Geld zweifellos, als Sie jemals auf einem Haufen gesehen haben, vielleicht sogar mehr, als Sie jemals wieder zu sehen bekommen.«

Ich nahm die Tüte zerstreut entgegen, registrierte unterschwellig den großen Unterschied zwischen der Fühllosigkeit, die sie hervorrief, und den tiefen Emotionen, die mich an jenem anderen Tag bewegt hatten, als ich das Päckchen mit dem Gewand meiner Mutter in den Händen hielt, dem Knistern des Papiers lauschte und den traurigen, zwiespältigen Duft einsog – ein Unterschied, den die Tatsache noch vergrößerte, daß dies in gewissem Sinne, in der Währung der realen Welt wenigstens, sein Äquivalent sein sollte, oder jedenfalls ›genauso gut‹. Ich fragte mich, ob sich das als zutreffend herausstellen würde.

»Wollen Sie es nicht nachzählen?« erkundigte sie sich.

»Was?« fragte ich geistesabwesend. Ich zögerte, dann wich ich aus. »Ich vertraue Ihnen, Mme. Qin.«

Sie schnaufte ungläubig. »Sie sind ein seltsamer junger Mann, Sun I«, erklärte sie, »so furchtbar weltfremd und verträumt. Wie ein Schlafwandler sind Sie hierhergekommen. Darf ich Ihnen einen Rat geben? Sie sollten jetzt lieber aufwachen. Dies ist eine andere Welt als Ihr kostbares Kloster in den Bergen von Sichuan. Bisher ist es Ihnen noch relativ gut ergangen, aber gewonnen haben Sie auch nichts dabei. Bisher waren Sie mager. Jetzt haben Sie Fleisch auf den Knochen. Nicht viel, möglicherweise, aber genug. Die Wölfe werden es wittern und Sie verfolgen. Seien Sie vorsichtig! Sie sollten wirklich schnell zu sich kommen, sonst werden Sie bald die Beute anderer.«

»Vielen Dank für den guten Rat«, antwortete ich und wollte gehen.

»Einen Moment!«

Als ich mich umdrehte, sah ich, daß sie mir etwas reichte, einen Zettel.

»Was ist das?« fragte ich erstaunt.

»Ihre Quittung.«

Kaum war ich in meine Wohnung zurückgekehrt, überfielen mich Zweifel, und ich wand mich innerlich, wenn ich mir vor Augen hielt, was ich getan hatte. Heiße, körperliche Scham durchpochte mich mit der Regelmäßigkeit eines Pulsschlags. Unfähig, meine Einsamkeit zu ertragen, machte ich mich auf zu den Ha-pis, fest entschlossen, Yin-mi meinen Fehler zu gestehen, und willens, ihre Schelte hinzunehmen – vielleicht sogar zu begrüßen –, insgeheim jedoch in der Hoffnung, in ihrem Blick trotz allem Absolution zu finden.

Rückblickend wirkt das, was dann geschah, so unheimlich richtig oder falsch – was, das weiß ich heute noch nicht genau – wie eine Schlußfolgerung, die sich mit unbarmherziger Logik aus der Prämisse meines Handelns ergab. Yin-mi war nicht da. Ja, es öffnete überhaupt niemand. Die Tür jedoch, die nicht ganz geschlossen gewesen war, sprang beim Anklopfen mit leichtem Klicken auf, und ich hörte jemanden sprechen, eine Stimme, die ich nicht sofort erkannte, von der ich aber sicher war, sie schon einmal gehört zu haben. Ich überprüfte die Wohnungsnummer, um sicherzugehen, daß ich mich nicht in der Tür geirrt hatte, dann stieß ich die Tür behutsam auf und spähte hindurch. In der Küche war niemand. Am anderen Ende des Flurs jedoch sah ich eine junge Frau im Halbprofil stehen, die sich den Telefonhörer zwischen Wange und Schulter geklemmt hatte und mit leiser, sanfter Stimme hineinsprach. Von ihrem geneigten Kopf fiel das glänzende Haar in einer dichten, dunklen Woge beinahe bis zur Taille hinab: Li.

Unerklärlicherweise beschleunigte sich mein Puls.

Sie hatte den linken Unterarm quer über ihren Bauch gelegt, den Ellbogen des anderen Arms in die Handfläche gestützt, und wickelte beim Sprechen eine feine Halskette aus gehämmertem Gold gedankenverloren um ihren ausgestreckten Zeigefinger, nur um sie gleich wieder loszuwickeln.

Während ich sie aus meinem Hinterhalt beobachtete (den zu verlassen ich mir immer wieder vornahm, ohne es jedoch zu tun), überlief mich ein Schauer verbotenen Prickelns, eine Woge von Adrenalin.

»Ich verurteile dich keineswegs«, erklärte sie. »Nur weil ich es theoretisch akzeptiere, muß ich mich doch nicht gleich damit identifizieren, oder? Was? ›Ethnozentrisch‹?« Sie lachte. »Das ist überaus witzig, Peter. Ich glaube, dein Charme steigert sich proportional zur Unhaltbarkeit deiner Position. Deswegen bist du ja so gefährlich. ›Unwiderstehlich‹? Mach dir doch nichts vor – das verstärkt nur die Beleidigung. Und das kannst du dir definitiv nicht leisten. Eine Drohung? Wenn du so willst. Was? Verdammt noch mal, Peter! Tu mir so was nie wieder an!« Damit knallte sie den Hörer auf die Gabel und starrte vor sich hin. »Bastard!« stieß sie plötzlich in einem durchdringenden, eiskalten Flüsterton hervor. Dann knickte sie in der Taille ein wie eine von den Fäden gelöste Marionette und umkrampfte ihre Ellbogen, als leide sie Schmerzen. Als sie sich umwandte, sah ich Tränen der Erbitterung in ihren Augenwinkeln. Dieser Ausdruck unausgesprochener Qual ließ mir das Herz bis zum Halse schlagen.

Ich hatte fast vergessen gehabt, wie schön sie war: die hohen Wangenknochen, die glänzende Woge ihrer Haare, ihre gleichmäßigen, schneeweißen Zähne und vor allem ihre schimmernden Augen, die, honigfarben wie die des Bären, in diesem Moment vor heftiger Gemütsbewegung genauso schwammen wie die seinen. Ich kam mir wie ein Verräter vor, mußte mir aber eingestehen, daß sie ganz eindeutig schöner war als Yin-mi, daß ihre Schönheit allerdings auch irgendwie weniger rührend war, möglicherweise als Folge der Reife. Ich wußte nur, daß mich der Anblick ihrer unbehindert unter der Seide schwingenden Brüste (so anders als die Yin-mis, deren Zartheit und mädchenhafte Winzigkeit die Gier schamrot werden ließ, wie eine geschlossene Knospe den Pflücker schamrot werden läßt) mich seltsam berührte. Ein Schauer ängstlicher, physischer Erregung, wie ich ihn noch niemals erlebt hatte, ließ meinen Körper erbeben, ein Geysir unterdrückter Sexualität, der die Kruste meines keuschen Lebens sprengte. Ich erinnere mich noch sehr deutlich an diese Atemlosigkeit, diese leichte Schwäche in den Knien, diese erste, reinste Regung des Eros im Blut, ein Gefühl, das ich sofort heftig verleugnete, doch nur aus intellektueller Überzeugung, ohne den Stich innerer Gewissensbisse, die mich gequält hatten, als mir mein Sehnen nach Yin-mi bewußt wurde.

Als Li mich entdeckte, ließ sie weder Überraschung noch Ärger erkennen. Sie musterte mich mit klinischem Interesse und lächelte dann zu meinem größten Erstaunen ganz plötzlich – es war kaum mehr als ein winziges Aufwärtsziehen der Mundwinkel, ein Lächeln, in das ich an Stelle dessen, was ihm fehlte und was eigentlich zu erwarten gewesen wäre, eine Andeutung von unterdrückter Provokation hineininterpretierte. Ich war verblüfft über den schnellen Wechsel von Kummer zur Selbstbeherrschung. Er war fast unheimlich.

Nachdem sie mich eine Zeitlang so betrachtet hatte, machte sie kehrt und ging ins Wohnzimmer. Die kalte Unverschämtheit dieses Abgangs (über den ich mich nicht empören konnte, denn ich war ja der Eindringling), ihr absoluter Mangel an Neugier darüber, was ich eigentlich wollte, schockte mich mit der Gewalt eines Faustschlags. Gleichzeitig aber war ich pikiert. Wieder durchpulste mich dieses köstliche, qualvolle, somatische Kribbeln. Instinktiv, ohne eine Sekunde zu überlegen, folgte ich ihr ins Zimmer.

Sie stand an dem Fenster, an dem ich an dem Abend, als die Lichter ausgingen, gestanden und von dem aus ich auf die Feuertreppen hinausgeschaut hatte. Genau wie vorhin hielt sie den rechten Ellbogen in der linken Handfläche und spielte mit ihrer Kette. Eine ganze Zeitlang blieb sie stumm. Ich wußte nicht recht, ob sie sich meiner Anwesenheit bewußt war. Dann brach sie das Schweigen.

»Lieben Sie sie?« wollte sie wissen.

Heiß schoß mir das Blut ins Gesicht; da sie sich jedoch nicht einmal umwandte, konnte sie meine Verlegenheit auch nicht bemerken.

»Wen?« fragte ich, indem ich mich zu einer unaufrichtigen Vorsicht zwang.

Vorwurfsvoll lächelnd, warf sie mir einen flüchtigen Blick zu. »Meine kleine Schwester natürlich. Sind Sie denn nicht gekommen, sie abzuholen?«

»Wir sind Freunde.«

»Danach habe ich nicht gefragt.«

»Ich mag sie sehr«, räumte ich ein.

»Aber lieben Sie sie auch?«

»Ich bin Priester«, entgegnete ich. »Ich bin an gewisse Gelübde ge...« Ich verstummte mitten im Satz. Jedesmal, wenn mir einfiel, wo ich gerade gewesen war und was ich getan hatte, empfand ich eine vorübergehende Leere, und gleich darauf ein Aufwallen von Kummer, so stark, daß es mich fast in Schluchzen ausbrechen ließ.

Sie sah mich, eine Spur Belustigung auf den Zügen, sonderbar lächelnd an. »Gelübde? Helfen die?« Sie lachte. »Vielleicht sollte ich's auch mal damit probieren.« Sie kam vom Fenster zu mir herüber, setzte sich zu mir aufs Sofa und wandte mir zum erstenmal ihre volle Aufmerksamkeit zu. »Ich hatte Sie schon aufsuchen wollen. Weil mir so war, als gingen Sie mir aus dem Weg.« Ihre Augen funkelten mutwillig.

»Ich – Ihnen aus dem Weg?« wiederholte ich bestürzt und wich, geblendet von ihrer Nähe und ihrer plötzlichen Vertraulichkeit, nachdem sie zuvor so zurückhaltend gewesen war, unwillkürlich ein Stück zurück. Ihr Verhalten schmeichelte mir und machte mich zugleich nervös.

»Aber ja«, behauptete sie. »Wollten wir uns nicht längst schon mal eingehend unterhalten?« Ihr Blick löste sich von meinem Gesicht; ihr Lächeln wurde ein bißchen strahlender. »Peter hätte Sie beinahe angerufen, aber das habe ich ihm verboten. Er fand Sie schrecklich attraktiv – auf eine exotische Art und Weise. Er liebt die fernöstliche Mystik.« Sie studierte meine Züge. »Doch Ihre Augen sind gar nicht chinesisch... Immerhin hat er in einem Punkt recht: Sie sehen wirklich nicht übel aus.«

Ihre Erklärung erregte und erschreckte mich, vor allem, da sie mit einer so klinischen Beiläufigkeit geäußert wurde, als begutachte sie ein Versuchstier, dessen Bemühungen und Qualen sie mitleiderregend, doch jenseits der Grenzen ihrer Sympathien fand. Diese Einstellung teilte sich mir durch einen ganz leicht mitschwingenden Ton in ihrer Stimme mit, durch eine kaum wahrnehmbare Modulation, in der ich mich nur allzu leicht täuschen konnte. In diesem Augenblick jedoch, da sich zwischen uns eine unermeßlich große, ja nahezu kosmische Distanz auftat, verspürte ich wieder einen Schauer schmerzlicher Verzweiflung, fühlte ich mich verletzt von der Distanziertheit eines Menschen, der keinen Grund hatte, sich anders zu verhalten, so wie ich keinen Grund hatte, mir etwas daraus zu machen.

»Ich möchte mehr über Ihr Leben erfahren«, sagte sie.

»Über mein Leben?« Ich rekapitulierte unser damaliges Gespräch. »Für Ihr Studium der Ethno... Wie war das noch?«

»Der Ethnologie«, ergänzte sie. »Wissen Sie, was das ist?«

»Nicht genau.«

»Das Studium primitiver Völker und Kulturen«, erläuterte sie, »untergehender oder untergegangener Systeme und Werte, toter Sprachen, verlorener Religionen« – ihre Augen glitzerten mit chirurgischer Präzision – »wie der Ihren.«

»Meine Religion ist nicht verloren«, widersprach ich hitzig.

Sie lächelte ein bißchen milder. »Für Sie nicht. Deswegen interessieren Sie mich ja.«

»Haben Sie vor, mich zu studieren?« erkundigte ich mich mit nervösem Lachen.

Sie lächelte stumm.

»Warum interessieren Sie sich für derartige Dinge?« stieß ich nach.

Sie zuckte die Achseln. »Warum nicht? Wer weiß, was für Geheimnisse dahinterstecken? Ein Fragment semantischer Möglichkeiten, gefangen in der Grammatik einer toten Sprache wie eine schillernde Luftblase im Eis. Zielt man mit dem Eispick auf sie, platzt sie und erfüllt die Luft mit Duft, mit einem Hauch dessen, wie die Welt vor eintausend oder vor einhunderttausend Jahren aussah, als sie noch jung war.«

»Solche Entdeckungen müssen sehr selten sein.«

»Sehr selten«, stimmte sie zu. »Aber so kostbar ist meine Zeit auch wieder nicht.« Ihre Miene wurde ein bißchen wehmütig, fand ich.

»Sie scheinen sich sehr zu engagieren«, bemerkte ich.

Sie zuckte die Achseln. »Oder zu langweilen. Vielleicht brauche ich nur extrem ausgefallene Anregungen.« Als sie dies sagte, wurde ihr wehmütiger Ausdruck stärker, und dennoch lächelte sie weiterhin mit einer Andeutung distanzierter Belustigung, als fordere sie mich heraus, den genauen Grad ihrer Unaufrichtigkeit einzuschätzen.

»Es war nicht sehr galant von Ihnen, mein Telefongespräch zu belauschen«, schalt sie im Spaß, um das Thema zu wechseln. »Wieviel haben Sie mitgehört?«

»Nur sehr wenig«, versicherte ich.

»Sie hätten wohl ohnehin nicht viel davon verstanden«, meinte sie stirnrunzelnd. Ich verspürte einen Stich, merkte aber, daß sie ihn unbewußt angebracht hatte. »Oder doch?« fragte sie, den Kampfplatz umkreisend und mich von der anderen Seite her angreifend.

Ich schüttelte den Kopf.

»Sind Sie daran interessiert?« erkundigte sie sich plötzlich mutwillig.

Ich errötete.

»Es war Peter – das haben Sie sich bestimmt schon gedacht. Und daß wir ein Liebespaar sind – manchmal –, haben Sie sich wohl auch schon gedacht. Ich wollte mich heute abend mit ihm hier treffen. Wir wollten im Village ins Theater gehen. Vor ein paar Minuten rief ich ihn an, um festzustellen, ob er schon weg ist, und mußte erfahren, daß er nicht hingehen wollte, oder vielmehr, schon, nur nicht mit mir. Es sei ihm etwas dazwischengekommen, behauptete er. Und ich weiß genau, was. Dieser Bastard! Etwas zwischen seinen

Beinen. Eins von seinen kleinen Verhältnissen aus Yale ist in letzter Minute nach New York gekommen, und dafür hat er mich ausgebootet.«

In Erinnerung an den aufzuckenden Schmerz, den ich zuvor an ihr bemerkt hatte, wagte ich einen kurzen Blick auf sie. »Das tut mir leid.«

»Warum denn? Außerdem kennen Sie noch nicht die ganze Geschichte.« Sie musterte mich mit einem seltsamen Ausdruck. »Es ist ein Mann.«

»Sein Verhältnis?«

Deprimiert lächelnd nickte sie. »Ganz recht. Peter ist bi. Wissen Sie, was das heißt? Er macht's mit kleinen Jungen *und* mit kleinen Mädchen. Hübsch, nicht wahr?« Sie wollte unbedingt eine Antwort von mir. »Also? Sie könnten wenigstens schockiert sein. Ich bin enttäuscht. Ist dergleichen in den taoistischen Klöstern so verbreitet, daß es nicht einmal mehr Empörung auslöst?«

»Ich weiß nicht, was ich sagen soll.«

Sie schwieg.

»Er scheint sehr töricht zu sein«, antwortete ich mit unsicherer Stimme.

Mit schief gelegtem Kopf musterte sie mich nachdenklich und spöttisch. »Wieso?«

Ich schluckte. »Weil er das Risiko eingeht, Ihr Mißfallen zu erregen«, stieß ich hervor.

»Bin ich denn so etwas Besonderes?« Mit neu erwachter Koketterie versuchte sie mich zu einem Kompliment zu provozieren.

»Sie sind schön«, erklärte ich mit ernster Miene, bestrebt, absolut aufrichtig und dennoch unbeteiligt zu sein.

Was ich ausdrücken wollte, entging ihr aber. Sie errötete und machte große Augen. »Finden Sie das wirklich?«

Ich spürte das heiße Blut in meinen Wangen und wandte den Blick ab.

Sie strich ganz leicht über meine Hand. Ein Funke magischer, sexueller Elektrizität sprang über, eiskalt und doch zugleich glühheiß. Unwillkürlich erschauerte ich.

»Ich weiß nicht, was ich machen soll«, setzte sie ihre Klage in einem etwas sanfteren, gleichmütigeren Ton fort. »Auf einen konkurrierenden Mann kann ich sexuell einfach nicht eifersüchtig sein. Das wäre Penisneid im Extrem.« Sie erhob sich von ihrem Stuhl, wanderte zum Fenster und schloß mich dann ebenso plötzlich aus, wie sie mich zuvor einbezogen hatte. »Aber was kann ich tun? Er schafft es, daß ich mir vorkomme wie eine blutgierige Freudsche Furie, die darauf aus ist, ihn zu kastrieren, die Hälfte seiner natürlichen Sinnlichkeit zu amputieren. Eifersucht sei unlogisch, behauptet er, denn seine Affären seien keine Bedrohung für mich. Und das stimmt, er ist monogam – bis auf diese anderen Männer. Ich will nicht etwa die Sexpolizei spielen oder seine Libido-Palette zensieren. Aber ich kann sie einfach nicht akzeptieren, diese Hälfte seines Lebens, zu der mir für immer der Zugang versperrt sein soll, ein gewaltiges Nichts, in das er immer wieder mal tagelang eintaucht, in das ich ihm nicht folgen kann und er mich nicht mitnehmen würde. Die dunkle Seite des Mondes. Manchmal habe ich das Gefühl, ihn kaum zu kennen.«

»Aber...«

»Was ›aber‹?« fragte sie mit einem schnellen, gefährlichen Blick auf mich, als sei sie gezwungenermaßen auf meine Gegenwart aufmerksam gemacht worden. »Warum ich mich weiterhin mit ihm treffe?« Sie hielt inne, um sich durch meine Miene die Richtigkeit ihrer Vermutung bestätigen zu lassen. Als sie die Zustimmung in meinen Augen las, lächelte sie und zog sich wieder in größere Entfernung zurück. »*Sie* legen Gelübde ab«, sagte sie voll Grausamkeit. »Sie würden das niemals verstehen.«

»Vielleicht doch«, protestierte ich, unfähig, das gekränkte Aufbegehren in meinem Ton zu unterdrücken.

Sie musterte mich schweigend, als wolle sie meine Aufrichtigkeit testen. »Also gut«, lenkte sie schließlich ein. »Ich liebe die Zwiespältigkeit in ihm. Obwohl sie mich abstößt, zieht sie mich an, weil sie einer so tiefen Selbstsicherheit entspringt. Ich habe noch nie einen Menschen gesehen, der in so hohem Maße selbstsicher war. Er ist der einzige Mann, den ich kenne, der ein Geheimnis hat, das er nicht mal um der Liebe willen verrät. Darin liegt eine wunderbare Integrität, falls Sie das erkennen können, etwas wahrhaft Schönes und Reines. Die meisten Männer sind wild darauf, sich zu verraten. Sie suchen in der Frau den Meister, jemanden, der ihnen ihre Sünden vergibt.«

Blitzartig zuckte mir der Grund durch den Kopf, warum ich Yin-mi besuchen wollte.

»Peter dagegen hütet das seine gut. Es ist bei ihm auch nicht ein Dogma, sondern etwas absolut Unschuldiges und Unbewußtes, eine Art herrliche, animalische Freiheit. Er weigert sich, dem Gesetz zu gehorchen – meinem Gesetz, jedem Gesetz. Er ist der freieste Mensch, den ich je kennengelernt habe, denn er hat die Kraft, den Schmerz seiner eigenen Zwiespältigkeit zu akzeptieren, ohne die eine Hälfte zugunsten eines falschen Friedens zu morden.«

»Er ist Ihrem Herzen sehr nahe«, stellte ich bekümmert fest.

Ein Ausdruck schmerzlicher Zärtlichkeit trat auf ihr Gesicht, und sie lächelte voll unbestimmter Resignation und Dankbarkeit. »Vielleicht habe ich mich geirrt«, gab sie zu. »Vielleicht können Sie's wirklich ... verstehen, meine ich. Vielleicht verstehen Sie es tatsächlich.«

Sie setzte sich und legte ihre Hand wieder auf die meine – diesmal ohne sie wegzunehmen. Ein Schatten ihrer ursprünglichen Verzweiflung huschte über ihre Züge. »Ich bin sehr traurig heute abend, Sun I. Aber ich möchte nicht allein sein. Kommen Sie mit mir ins Theater!«

Die Aufführung in einem schäbigen Theater irgendwo in Greenwich Village zog als ein Wirrwarr von Tönen und Farben an mir vorbei. Ich saß benommen da, versuchte meine Stimmungen und Gefühle zu ordnen, sah von Zeit zu Zeit die Frau neben mir an und fragte mich, wer sie war, welch seltsame Gravitation des Schicksals uns für einen Abend in seine Umlaufbahn gezogen hatte und wo dies letztlich hinführen würde. Sobald ich wegschaute, wurde ihre Realität, die so lebendig war, wenn ich direkt hinsah, wieder vage. Immer wieder kehrte mein Blick zurück; ich wollte mich vergewissern, daß es den Augenschmaus wirklich gab. Ich hatte keine Ahnung, wer sie war, und es war mir gleichgültig. Der Zauberkreis des Theaters breitete sich von der Bühne her aus und umschloß uns mit seiner Irrealität wie ein Brutbeutel voll lauwarmem Fruchtwasser. Ich schien in einer traumhaft-zähflüssigen Atmosphäre zu atmen, einer Dämmerwelt unter dem Meer, erfüllt vom Sternenglanz gebrochener Sonnenstrahlen, die durch die unendlich kleinen Prismen schwebender Salze herabfunkelten. Ich überließ mich ganz und gar dem Gefühl des Dahintreibens und Staunens. Die Vergangenheit versank in Bedeutungslosigkeit. Es war, als hätte ich in mir eine Tür geöffnet und ein anderes Universum betreten – oder dasselbe, nur mit anderen Augen gesehen, Augen, die für eine andere Wellenlänge empfänglich waren, ein schwächeres Licht außerhalb des sichtbaren Spektrums, das all die alten Gegenstände verwandelte und viele, bisher ungeahnte neue offenbarte. Ich fühlte mich verzaubert und berauscht wie in einem Opiumtraum, doch dieser Zustand dämpfte die Gewissensbisse, die mich nach meinem Erlebnis bei Mme. Qin quälten, und befreite mich zum Glück endlich von jedem Schmerz. Das Zwielicht in ihren Augen sprach von dem Zwielicht in ihrem Leben – einem moralischen Zwielicht. In ihrer Gegenwart gab es nichts als das Unmittelbare, ein sinnliches Prickeln wie das plötzliche Zurückfließen des Blutes in eingeschlafene Gliedmaßen oder ein kurzes Schwindelgefühl, atemlos, beunruhigend, jedoch nicht ganz und gar unangenehm; dazu kam eine Unterströmung von Hoffnungslosigkeit, das Fehlen jeglicher Hoffnung darauf, jemals an ihr innerstes Leben herankommen zu können. Doch sogar dies besaß eine sinnliche Magie, deren Bitterkeit gerade durch die Aussichtslosigkeit versüßt wurde.

Ich weiß nicht, was mit mir geschah (oder vielmehr, geschehen war, denn sogar in diesem frühen Stadium stellte es sich mir als vollendete Tatsache dar, etwas, das vergangen und unwiderruflich war), doch von dem Augenblick an, da sich die Tür öffnete und ich sie sah, hatte ich das Gefühl, mich selbst nicht mehr zu kennen, nicht mehr zu wissen, wessen ich fähig war. Und noch viel wichtiger: Ich vermeinte nicht mehr zu wissen, wessen ich *nicht* fähig war. Eine essentielle Haut meiner Persönlichkeit schien durchstoßen worden zu sein, und nun sickerte ein dickflüssiger, zweifelhafter Schleim unerwarteter Dunkelheit heraus. Ich frage mich oft, welche Rolle die Umstände – mein Besuch bei Mme. Qin – bei dieser merkwürdigen und zweifellos übertriebenen Reaktion gespielt haben. War unser Zusammentreffen zu jenem bestimmten Zeitpunkt ein Zufall, oder war es Schicksal, ein Ergebnis jenes tiefsten psychologischen Gesetzes, das bestimmt, daß alles, was wir nicht innerlich verarbeiten, was wir nicht bis in die letzte, höchste Folgerung hinein tun oder erdulden können, sich nach außen hin als Schicksal darstellen muß? Auf diese Fragen habe ich auch heute noch keine Antwort. Wenn ich daran zurückdenke, überläuft mich ein Schauer des damaligen Erschreckens und der damaligen Glückseligkeit, alles andere ist plötzlich versunken. Das Ankertau meiner tiefsten Gewißheit riß, ich driftete in einem unbekannten Meer, das sich von einem Horizont zum anderen erstreckte, so daß ich beinahe glaubte, mein früheres Leben an Land sei ein Traum gewesen, es gebe kein Land, überhaupt keinen festen Boden, nur das Meer, dieses weite, alles umschließende Meer: Li.

Dies erschien um so seltsamer im Lichte dessen, was auf Coney Island geschehen war, der spontanen Rückkehr zu meinem zerstörten Glauben und der Wiederhinwendung zu den ursprünglichen Zielen meiner Pilgerreise, der Suche nach dem Delta, dem *dao* im Dow. Daß ich das Gewand versetzt hatte, war diesem Glauben scheinbar nicht abträglich gewesen; im Gegenteil: Welche anderen Möglichkeiten hatte ich denn, ihn intakt zu halten? Und dennoch war es im günstigsten Fall ein zweifelhafter Handel gewesen. Kein Philosophieren konnte die Tat als moralisch hinstellen. Im günstigsten Fall war sie zweckmäßig, ein Zugeständnis an die Notwendigkeit. Doch gerade auf einen solchen zweifelhaften Handel gründeten sich all meine Hoffnungen, die Suche fortführen zu können. Chung Fus Bild der Lotosblume, die aus dem Schlamm wächst, fiel mir ein, und wohl zum erstenmal begriff ich wirklich die Bedeutung des Paradoxons: »Um ganz zu bleiben, laß dich biegen.« Und zum erstenmal empfand ich die dunkle Freude des Schwimmers, der sich in Gefahr befindet und dennoch zuversichtlich bleibt, auch wenn er hoffnungslos im Leben dahintreibt.

An das Theaterstück »Das Wintermärchen« erinnere ich mich fast überhaupt nicht mehr: ein junges Mädchen, das Blumen pflückt, eine Statue, die zum Leben erwacht. Die Sprache war viel zu dicht und komplex, ich selbst viel zu sehr abgelenkt. Nur eine Szene nahm mich ganz gefangen, und zwar nicht so sehr, weil ich mich für die Inszenierung interessierte, sondern wegen der persönlichen Assoziationen, die sie hervorrief. Ein Mann ging von Bord eines Schiffes, wie ich es vor gar nicht so langer Zeit selbst getan hatte. Ein warm eingehülltes Kind im Arm, wanderte er durch eine Landschaft, die offenbar eine Wüste war. Als sei er in Bedrängnis oder von schlechtem Gewissen geplagt, blickte er sich verstohlen um, dann legte er das Kind mit deutlich erkennbarem, großem Zögern auf den Boden, seufzte tief auf und bekreuzigte erst das Kind und dann sich selbst. Das Kind begann zu weinen. Während er davonging, sah er sich, von dem jämmerlichen Geschrei verfolgt, immer wieder nach ihm um. Da er nicht darauf achtete, wohin er ging, bemerkte er auch nicht, was für einen Zuschauer er hatte: einen riesigen Bären, der stehengeblieben war und beobachtete, wie er immer näher kam. Als der Mann bei ihm war, hob er sich schwerfällig auf die Hinterbeine, und der Mann stolperte ihm rücklings direkt in die Arme. Mit vor Überraschung weit aufgerissenen Augen tastete er hinter seinem Rücken umher und zwickte den Bären zufällig in die Nase. Der stieß ein leises, gereiztes Brummen aus. Der Mann fuhr herum und sah endlich, wer da stand. Das Tier erwiderte seinen Blick. Die dramatische Illusion zerstörend, zwinkerte der Mann dem Publikum fröhlich zu, das zu meiner Verwirrung in Lachen ausbrach (während ich mich in einem Zustand nervösen Entsetzens befand). Dann zerrte er den Bären zu allem Überfluß noch zu einem kleinen Walzer über die Bühne. Dabei trat er ihm ungeschickt auf die Zehen. Der Bär stieß ein ohrenbetäubendes Brüllen aus, fiel auf alle viere und jagte ihn in die Kulissen. Ein grauenhafter Schrei deutete das Ende dieser Begegnung an.

Dies alles erinnerte mich natürlich an meine eigene Begegnung mit dem Riesenpanda frühmorgens nach jenem schicksalhaften Nachmittag und Abend am Goldsandfluß, nur daß die Assoziation bereichert (oder verwirrt) wurde durch die Verbindung mit Bildern aus der jüngeren Vergangenheit: jene des starken Mannes und des kleinen Knaben aus dem »*I Ging*«. Da mir die eigentliche Bedeutung des Stückes weitgehend verborgen blieb, sah ich in einem sehr persönlichen Symbolismus den starken Mann das Kind seiner eigenen Unschuld durch die Wüste der Welt tragen und voll tiefem Kummer aussetzen, inmitten der Elemente seinem Schicksal überlassen. In diesem Szenario, das ich aus Naivität und innerem Bedürfnis erfand, war das Auftauchen des Bären die unmittelbare Folge der Apostasie des Mannes, sein Leid ein klares, eindeutiges Ergebnis kosmischer Gerechtigkeit. Da ich mich mit dem Mann identifizierte, den ich später Antigonus nennen lernte, und das Versetzen des Gewandes mit dem Verlassen des Kindes verglich, fragte ich mich, ob der Rest ebenfalls zutreffen würde und mir ein Wiedersehen mit dem Bären bevorstand, nur mit einem anderen Ausgang – diesmal nicht mit einem Riesenpanda, der eine Vorliebe für seltene Wildblumen hatte, sondern einem amerikanischen Grizzly mit der Vorliebe für Blut.

ZWEITES KAPITEL

Als wir aus dem Theater kamen, empfing uns die Luft draußen kühl und schwer. Obwohl es schon lange dunkel war, schimmerte über uns eine helle Wolke in bleichem Weiß, die die Lichter der Stadt reflektierte. Und der Himmel zeigte sich in ihrer Umgebung noch in einem Blau, als wäre der Nachmittag weit über seine Zeit hinaus und vielleicht sogar gegen seinen Willen festgehalten worden.

»Es ist wunderschön heute abend.« Li breitete beide Arme aus. Sie atmete tief durch und schritt einmal langsam im Kreis. »Viele solche Abende werden wir nicht mehr haben.« Zögernd, als müsse sie noch überlegen, wandte sie sich zu mir um. »Was halten Sie von einer kleinen Expedition?«

»Eine Expedition?«

»Natürlich«, gab sie zurück. »Eine Art ethnologische Studienfahrt.« Sie lächelte.

»Und wohin?«

»Zur Upper West Side, wohin sonst? Heute ist Freitagabend. Auf den Straßen müßte allerhand los sein. Und ich eigne mich ganz besonders gut zum Cicerone: Schließlich handelt es sich um mein eigenes Viertel.«

Das Theaterstück schien ihre Stimmung verbessert zu haben. Bezaubert von ihrer plötzlichen Mitteilsamkeit, stimmte ich bereitwillig zu.

»Wir nehmen die Bahn«, erklärte sie. »Wieviel Geld haben Sie bei sich?«

Mein Erlös ruhte zu Hause unter der Matratze, daher förderten auch die größten Anstrengungen nur zwei zerknitterte Scheine und ein bißchen Kleingeld zutage.

»*Tz - tz!*«, schalt sie in gespielter Mißbilligung. »Sie armer Junge, haben Sie's noch immer nicht gelernt? Gutes Aussehen ist nicht alles. Oder haben Sie nur keine Erfahrung mit Mädchen? Wie dem auch sei, Sie werden feststellen, daß Sie bei mir nicht so billig wegkommen wie bei meiner kleinen Schwester.« Sie lachte, obwohl ihre Schelte, die scherzhaft gemeint war, eine Andeutung von Ernst verriet. »Doch heute abend spielt das keine Rolle. Im Einklang mit dem Zeitgeist werden wir tun, als wären jetzt Saturnalien, und alles sei auf den Kopf gestellt: Kinderbischöfe ziehen kahlköpfigen Erwachsenen die Hosen stramm« (ihr Blick löste sich vorübergehend von dem meinen und wurde kalt) »... und tauschen liebevolle Zärtlichkeiten mit Meßgehilfen desselben Geschlechts, während Hofdamen hohe Prämien für das Privileg bezahlen, Bettler verführen zu dürfen.« Ihr Blick traf wieder den meinen, der, ein wenig gekränkt, Ausdruck dafür gewesen sein muß, daß ich das letzte Beispiel als persönliche Anspielung aufgefaßt hatte, wie ihr es im Hinblick auf ihre eigene Person ganz zweifellos unbeabsichtigt beim ersten passiert war. »Nein, Sun I«, beteuerte sie, schüttelte den Kopf und hakte mich unter, »ich meine nicht Sie und mich. Es war nur so eine Redewendung.« Wir zogen los.

Plötzlich hielt sie wieder an und drehte mich zu sich um. »Aber ich muß Sie jetzt schon warnen: Punkt zwölf Uhr ist alles zu Ende.« Ihr Ton war rätselhaft, scherzhaft hochmütig, aber so, als müsse der Scherz ihren Ernst kaschieren. »Dann verwandle ich mich in eine häßliche Hexe, und Sie müssen auf den Grund Ihres Brunnens zurückkehren. Der Zauber ist dann gebrochen, und ich kehre zum echten Prinzen zurück, dem Märchenprinzen.« Sie lächelte unglücklich. »Und er kann niemals wiederholt werden. Das müssen Sie verstehen. Tun Sie das?«

Ich nickte.

Sie musterte mich zweifelnd. »Ich bin mir nicht sicher, ob Sie das können.« Mit ihren honigfarbenen Augen schaute sie mich an, dann seufzte sie leise und wandte den Blick ab. »Aber es spielt keine Rolle. Kommen Sie, ich glaube, ich höre einen Zug.«

Die Upper West Side. Anscheinend hatten Kahn und ich dort nicht genügend Zeit verbracht, oder wir waren nicht weit genug *uptown* gefahren, um sie wirklich zu erleben. Li war ein besserer Fremdenführer als er. Als wir den Seventh Avenue Express an der Ecke Broadway/96th Street verließen, schlug uns laute lateinamerikanische Tanzmusik entgegen, die aus dem »Casino Havana« kam, wo dunkle Silhouetten Wange an Wange an einem der oberen Fenster vorbeiglitten. Unmittelbar darunter waren in einem Schaufenster des Erdgeschosses Devotionalien ausgestellt, bemalte Heilige aus Porzellan, mit makellosen kastilischen Zügen, wolkenblasser Haut und fromm, wenn auch mit einer Spur stolzer Verachtung gen Himmel gerichtetem Blick. Einer von ihnen machte ein finster drohendes Gesicht und hatte die Stirn gerunzelt, als erleide er einen Zornanfall. Wie bei der Glasfensterdarstellung Christi in der Trinity Church hatte er den Arm am Ellbogen rechtwinklig abgeknickt, und sein Zeigefinger wies senkrecht zum Himmel. Über diesen emporgerichteten Arm hatte jedoch jemand ein Paar Kastagnetten drapiert, die mit stummer Ironie untätig an ihrer Kordel hingen. Ein bärtiger Schwarzer, im Widerspruch zur Jahreszeit mit einem zwei Nummern zu großen Mantel bekleidet, lehnte am Eisengitter der Subway-Station, trank in tiefen Zügen aus einer Liter-Papiertüte und spie den Passanten finsteren Blicks vor die Füße. Ein junger Chicano mit elastischem Gang und modischer Kleidung, jedoch mit dunklen Ringen unter den Augen, rempelte mich an – zufällig, wie ich vermutete, bis er mir, in seine Hand hustend, um meinem Blick auszuweichen, heiser zuflüsterte: »Koks, Koka, Ko-ka-iiin.« Als er keine Antwort bekam, machte er kehrt und verschwand in der Menge.

Diese ersten Begegnungen waren bezeichnend für den gesamten Weg. Denn in allem, was wir sahen, lag etwas Flüchtiges, Substanzloses. Als wir an einer Pizzeria vorbeikamen, bemerkte ich, daß ein junger Schwarzer an seinem Zeigefinger zwei Armbanduhren über der fettig glänzenden Theke baumeln ließ und offenbar gegen ein Stück Pizza eintauschen wollte, während der Besitzer, der am Fenster zur Straße stand, nicht einmal hinsah, sondern gelassen eine dünne, rote Sauce in einer immer größer werdenden Spirale auf dem rohen Teig verteilte. Seine dicht mit schwarzen Haaren bewachsenen Arme, die bis zu den Hemdsärmeln mit einer dünnen Schicht Mehl bestäubt waren, wirkten bläulich, irgendwie tot. Als er das Angebot mit grimmigem Kopfschütteln ausschlug, erinnerte er an Rhadamanthys in der Unterwelt, der ein Gnadengesuch ablehnt. Draußen vor einem Spirituosengeschäft schüttelte ein riesiger Schwarzer die Fäuste und schrie wie ein in die Enge getriebener Bär seinen unartikulierten Zorn gen Himmel, während mißtrauische Anglos mit glattweißen, angstvollen Gesichtern vorbeihuschten wie gepflegte Gespenster. Und dazu, alles übertönend – bezaubernd zuerst, durch ständiges Wiederholen jedoch schon bald nur noch störend und schließlich entnervend wie eine psychologische Folter – das Angelus des Eiskremverkäufers von »Rico Freeze«, der unaufhörlich »Jack und Jill« plärrte wie eine steckengebliebene Schallplatte, die Worte wie in einer Tretmühle erst hinaufschickte, um sie sodann wieder hinabfallen zu lassen.

»Hier oben ist immer Mardi Gras«, sagte Li, die vor sich hin lächelte, als sei das, was sie in Wirklichkeit sah, ein Anblick, den sie von alters her im Herzen trug. »Und morgen ist stets Aschermittwoch. Ebenfalls zu Erpresserpreisen.« Sie warf mir einen kurzen, kühlen Blick zu, als wolle sie prüfen, ob ihr Epigramm auf fruchtbaren Boden gefallen sei, ohne sich jedoch allzusehr dafür zu interessieren. »Salo«, fuhr sie fort, »die tausend Tage von Sodom.« Und auch ohne zu wissen, was sie meinte, erkannte ich das Gefühl des Gefangenseins und der Verzweiflung in ihr, den Protest, den unterminierten Mut, die noch nicht erstarrte Resignation, etwas Verlorenes, Exquisites. »Aber ich werde nicht ewig hier wohnen«, flüsterte sie beinahe heftig, als gebe sie sich selbst ein Versprechen. Dann lächelte sie mir zu. In ihren Augen stand eine Spur jenes Kummers, den ich auch in Yin-mis Augen gesehen hatte: an jenem Abend, nach unserer wilden Jagd durch den Regen, als sie mich so heftig angegriffen hatte; nur war er in Lis Blick weit ausgeprägter.

»Kommen Sie«, drängte sie mich. »Ich hab's mir anders überlegt. Mir ist es hier viel zu deprimierend. Ich möchte keinen Spaziergang machen. Gehen wir doch lieber zu mir.«

Als wir den Hof des Hauses betraten, in dem sie wohnte, schlug uns eine Kakophonie dissonanter Musik entgegen: Geiger, die Tonleitern übten, Saxophonisten, die Riffs spielten, und ein Sopran, der aus einem der oberen Fenster schrillte, sich wie eine wütende Katze an die oberen Stufen der Stimmlage klammerte, die zu erreichen ihm doch nicht bestimmt war.

»Sphärenmusik«, stellte Li ironisch fest, »Musik von Homos und Heteros, von Cheerleadern und Spöttern – ein Chor sich selbst mißbrauchender Musen:

Juden, Druiden, Rosenkreuzlern –, die manifestierte kosmische Disharmonie, eine Sinfonie von Virtuosen ohne Dirigent. Willkommen auf der Upper West Side, dem Purgatorium der darstellenden Künste!

Buenas noches, Ramón«, begrüßte sie den Türsteher, der in der Halle in hitzigem Spanisch in ein Münztelefon sprach, sich dabei mit einem Kamm durch das glatt zurückgebürstete Haar fuhr und die Seiten vorsichtig mit dem Handteller andrückte. Er lächelte ihr als Antwort säuerlich zu. »Ich hab' Ihr Motorrad ja gar nicht gesehen, draußen«, bemerkte sie. »Was machen Sie heute abend hier?«

Grinsend zuckte Ramón die Achseln und widmete sich wieder seinem Gespräch.

»Sonst übernimmt er immer die Tagschicht«, erklärte sie mir, als wir zum Lift gingen. »Ramón besitzt eine Harley Twelve-fifty, die er bei uns im Hof abstellt. Jeden Tag versammeln sich um etwa halb vier alle seine arbeitslosen Freunde und Kumpels für den großen Moment, da er hinausgeht, sie ankickt und während der letzten halben Stunde vor Dienstschluß laufen läßt, um ›den Motor von der Kohle zu säubern‹, wie er behauptet, worauf er dann mit unbekanntem Ziel davonbraust.«

»Sie scheinen sich hier nicht besonders wohl zu fühlen«, stellte ich fest.

Ihr Lachen war beinahe ein Wiehern. »Woran haben Sie das gemerkt?«

»Wenn es Ihnen so wenig gefällt – warum bleiben Sie dann?«

»Armer Junge«, gab sie zurück. »Wie wenig Sie doch begriffen haben.«

»Das behaupten Sie immer wieder. Warum geben Sie mir nicht mal 'ne Chance?«

Sie zuckte die Achseln. »Was für eine Wahl habe ich denn? Die Lower East Side? Chinatown? Das sind für mich wahrhaftig keine Alternativen. In die Mulberry Street werde ich niemals zurückkehren, darauf können Sie sich verlassen. Eher sterbe ich – oder ziehe nach Kansas. Nein, lieber sterbe ich.«

»Kansas?«

»Symbolisch für die reale Welt«, erklärte sie. »New York, das ist die smaragdene Stadt. Oder haben Sie das nicht gewußt?« Sie hielt inne, um das Thema zu wechseln. »In einer Hinsicht haben Sie aber doch nicht recht. Nur weil ich mich beschwere, muß das noch nicht heißen, daß ich mich hier nicht wohl fühle. Ich glaube, Sie sind noch nicht lange genug in New York, um das zu erkennen. Die New Yorker schwelgen gern in ihrem Elend. Das ist eine Art gemeinschaftliches Ritual, geheiligt durch endlose Observanz – genauso wie gewisse primitive Stämme streng darauf achten, niemals zuviel Genugtuung über das zu zeigen, was sie erreicht haben, weil sie den Neid der Götter fürchten. Es gibt da ethnische Variationen – jüdische und italienische, chinesische, pakistanische –, rituelle Formeln und Schnörkel wie beim Fluchen, eine Kunst, die man durch Osmose von der Umgebung übernimmt, die aber auch Hingabe und Phantasie erfordert und dem geschickten Fachmann große Haufen Muschelgeld einträgt. Eine ethnologische Expedition, sagte ich doch, nicht war? *Me sabee?*« Sie lächelte, blieb vor einer Tür stehen und zog ihren Wohnungsschlüssel heraus. »Aber kommen Sie doch herein!« forderte sie mich auf. »Ich verspreche Ihnen, daß ich aufhöre zu meckern und furchtbar liebenswürdig sein werde, wenigstens bis Mitternacht.«

Ein dumpfer Plumps ertönte im Dunkeln, als sie die Tür öffnete. Li machte in der Küche Licht, und wir sahen uns einer total verrückten Katze gegenüber, die auf dem Küchentisch stand und uns mit gesträubtem, grauem Fell, gekrümmtem Buckel und wilden, glasigen Augen anstarrte. Sie fauchte und zischte, als werde sie uns jeden Moment anspringen, schien sich dann aber eines Besseren zu besinnen und segelte, alle viere von sich gestreckt, ins Nebenzimmer, als stürze sie sich ins absolute Nichts.

»Was war denn das?« fragte ich und löste mich von der Wand, an der ich wie gekreuzigt geklebt hatte.

»Das?« gab Li beiläufig zurück. »Das war nur Jo. Schenken Sie ihr einfach keine Beachtung. Die ist nämlich ein bißchen plemplem.«

»Das kann man wohl sagen«, murmelte ich und atmete tief durch, bis mein Puls wieder in normalem Tempo schlug.

»Ein Glas Wein?« erkundigte sie sich und öffnete den Kühlschrank. »Oder verstößt das gegen Ihr Gelübde?«

»Aha, schon wieder ein Connaisseur!« neckte ich sie wohlwollend. »Also gut, aber nur, wenn Sie mich von der Pflicht befreien, mit Ihnen über die Qualität zu diskutieren. Ihr Vater hat mich schon mehrfach beschämt.«

»Es ist bloß Gallo«, erklärte sie, ironisch lächelnd, »und ich befreie Sie unter der Bedingung, daß Sie sich weiteren Galgenhumors enthalten. Gehen Sie schon hinein, ich komme gleich nach.«

Das zentrale Zimmer ihrer Wohnung, sehr einfach, sehr dürftig, vermittelte den Eindruck eines japanischen Steingartens. Der Hartholzfußboden war auf Hochglanz gebohnert, eine schwarzemaillierte Leselampe auf einem Zeichentisch warf ihr Bild auf das Ahornholz wie eine dunstige, von einem hellen, hölzernen See gespiegelte Sonne. Mehrere Pflanzen waren im Raum verteilt, darunter ein Asparagus im Hängetopf, dessen Ranken bis fast auf den Boden herabhingen, und ein riesiger, elefantenohriger Philodendron in einer braunen Tonurne, in deren Glasur schlanke, goldene Drachen eingebrannt waren. Viel mehr gab es hier nicht zu sehen. Es war ein seltsam inhaltsloses Zimmer, vor allem für eine Chinesin. Und dennoch wirkte es weder ausdruckslos noch unpersönlich, vielmehr strahlte es ein lebhaftes Gefühl der Präsenz aus, nur einer Präsenz, die sich durch Nullität und Glanz ausdrückte, einen ungreifbaren Glanz. Diese extreme Schlichtheit sowie der gebohnerte Boden und seine Nacktheit, die jeden Schritt nachhallen ließ, verlieh dem Raum eine wohltuende Klarheit, einem Herbsttag gleich, den man auf Flaschen gezogen und hereingebracht hat und dessen Milde den ersten Frost des Winters kaschiert.

Irgendwo ertönte leise Musik, klagende unzusammenhängende Klänge, die mühelos von der Kakophonie draußen zu unterscheiden waren, wenn sie auch anscheinend ebenso ziellos wie sie schienen. Aber es war eine andere Ziellosigkeit: beruhigend, zufrieden in der eigenen Regellosigkeit ruhend, ohne sich um Bedeutung zu bemühen.

»Gefällt Ihnen das?« fragte Li, als sie hereinkam und mir ein Glas reichte.

»Was ist das?«

»Eine Äolsharfe.«

»Eine was?«

»Eine Windharfe. Kommen Sie, da!« Sie trank einen Schluck, stellte ihr Glas ab und öffnete das Fenster. Die Musik wurde lauter.

»Äolus war der Gott der Winde in der griechischen Mythologie.«

Als ich neben sie trat, sah ich ein merkwürdiges Instrument, das auf dem Sims befestigt war: ein offener Holzkasten, über den Drähte gespannt waren.

»›Angelehnt an die Efeuwand...‹« deklamierte sie und legte ihre Hand, Aufmerksamkeit heischend, ganz leicht auf meinen Arm, während ihr Blick ein wenig abwesend wurde, als richte er sich auf eine imaginäre Buchseite:

»›...dieser alten Terrasse,
Du, einer luftgeborenen Muse
Geheimnisvolles Saitenspiel.
Fang an,
Fange wieder an
Deine melodische Klage!‹«

Sie lachte und entspannte sich wieder. »Peter hat sie mir geschenkt. Sie erinnere ihn an mich, meinte er.«

»Inwiefern?« wollte ich wissen. »Weil sie so sanft ist?«

Ihr Blick wurde glanzlos und unbestimmt fern. »Nein«, antwortete sie. »Weil sie seelenlos ist.«

Unvermittelt wandte sie sich ab und machte sich auf den Weg in die Küche. »Ich werde jetzt kochen«, verkündete sie, ohne sich zu mir umzudrehen. »Sie werden sich doch sicher selbst beschäftigen können, nicht wahr? Sich betrinken, in meiner Privatsphäre herumschnüffeln und so? Aber gehen Sie bitte nicht ins Schlafzimmer! Da ist noch nicht aufgeräumt, und es sieht fürchterlich aus.«

Ein zweiter Rundblick zeigte mir etwas, das mir bisher entgangen war. Auf einem schwarzen, lackierten Holzklotz, der als Piedestal diente, stand eine sechs Zoll hohe Elfenbeinfigur, unverkennbar weiblich, wenn auch seltsamerweise nicht, wie ein Schaustück, ins Zimmer hereingewandt, sondern nach draußen, als spähe sie durch die Fensterscheibe ins Dunkel. Ihre Figur zeichnete ein schmales, umgekehrtes S: die linke Hüfte zur Seite geschoben, bildete der Oberkörper graziös einen bequemen, konkaven Bogen. Die Fingernägel der einen langen, schmalen Hand, die an der Seite ruhte, waren mit exquisiter Präzision geschnitzt. Die andere hatte sie anscheinend an den Hals gehoben, um den Schal zusammenzuhalten, den sie schützend über das Haar drapiert hatte. Ich konnte der Verlockung nicht widerstehen und drehte sie um, ohne sie hochzuheben. Und mir enthüllte sich das Profil eines Fuchses, der in seiner Kapuze grinste. Die Lippen waren zu einem ironischen, bösartigen Lächeln geteilt, die Zähne ebenso detailliert herausgearbeitet wie die Fingernägel.

Im selben Moment ließ mich das Geräusch eiliger, weicher Pfoten auf dem Boden herumfahren: Aus dem dunklen Rechteck der Schlafzimmertür kam Jo so schnell wie ein Blitz quer durchs Zimmer geschossen, daß sie gegen die Wände krachte. Verfolgt wurde sie von einem anderen Tier, das zwar ebenfalls eine Katze, ihr jedoch überhaupt nicht ähnlich war: Es handelte sich um einen glänzend schwarzen, muskulösen Kater mit dichtem, glänzendem Fell, riesengroß und wunderschön. Das einzige nicht hundertprozentig Perfekte an ihm war seine rechte Vorderpfote, die nicht etwa direkt deformiert, aber bei weitem zu groß für ihn war, fast so, als stamme sie von einem viel größeren Cousin der Gattung Panthera und sei ihm künstlich aufgepfropft worden. Auch seine Augen wirkten befremdend, allerdings eher im positiven Sinne, denn sie waren blau wie bei einer Siamkatze, nur um eine Schattierung dunkler, funkelten wie Edelsteine und erinnerten vage an den Glanz im Auge eines Blinden.

Anfangs dachte ich, die beiden spielten miteinander, bis er sich mit einem Riesensatz auf sie stürzte und sie so hart gegen die Wand schleuderte, daß sie ihm praktisch als Puffer diente. Unerschrocken fauchend und kämpfend, kreischte sie ihn tapfer an, bis er sie durch eine doppelte Ohrfeige seines eingebauten Schmiedehammers halbwegs bewußtlos schlug und sie, die unter seinen Vorderpfoten keuchte, nun doch ein bißchen gefügiger wurde. Von den Schultern bis zu den Hinterläufen stand er über ihr und hielt inne, um das Gleichgewicht wiederzufinden; dann leckte er sich die Schnauze und senkte den Kopf, als wolle er sie bei lebendigem Leib verschlingen. Statt dessen jedoch begann er zu meiner größten Erleichterung an einer ihrer verkümmerten Zitzen zu saugen. Der Ausdruck ihres Gesichts, als sie da völlig preisgegeben dalag, war grauenvoll: seitlich auf den Boden gepreßt wie ein menschliches Antlitz an eine Fensterscheibe, mit vorquellenden Augen, während das Herz deutlich sichtbar gegen den mit zottigem Fell bedeckten Brustkorb hämmerte. Nach ein paar oberflächlichen Zügen an der trockenen Zitze lösten sich die beiden Gegner voneinander, und schon lenkte ein lautes Brutzeln aus der Küche, das von einer Duftwolke begleitet wurde, meine Aufmerksamkeit in die andere Richtung.

Li stand vor einer schwarzen Eisenpfanne, in der sie mit einem Holzlöffel rührte. Eine glasierte Steingutschüssel auf dem Tisch enthielt einen in Röschen zerteilten, mit kleinen, frischen Erbsen und einer Handvoll Mandarinenscheiben vermischten Blumenkohl. »Kommen Sie!« forderte sie mich auf. »Mögen Sie die indische Küche?«

»Ich weiß es nicht«, mußte ich gestehen. »Ich weiß nicht mal, ob ich je etwas Indisches gegessen habe.«

»Das hier ist *ghee*«, erklärte sie, während sie in der siedenden Flüssigkeit rührte, »geklärte Butter.«

Sie holte einen kleinen, KURKUMA beschrifteten Glasbehälter von einem Holzregal über dem Herd und löffelte ein feines, rostrotes Pulver in die kochende, durchsichtige Brühe. Eine Explosion in Technicolor füllte die Küche mit beißender Schärfe. Während ich zusah, streute sie nacheinander Prisen von ockergelben, rötlichbraunen und ziegelroten Gewürzen dazu, von denen jedes den Duft auf seine Weise veränderte, bis er immer komplexer wurde. Sie glich einem Alchimisten, der über einer blaßblauen Flamme seltene Erden zusammenrührt; und ich schnupperte an den offenen Gläsern wie ein Seemann, der in Luv an den Gewürzinseln vorübersegelt und von den Gärten der Seligen träumt: Koriander, Kreuzkümmel, Senfkörner, weißer Pfeffer, Kardamom, Griechisch Heu und Nelken. Als ich den Finger hineinstippte, um zu probieren, mußte ich feststellen, daß schon die allerwinzigsten Mengen mir den Schweiß auf die Stirn trieben und sich mir unter die Fingernägel setzten wie Schmutz beim Umgraben des Bodens: roter Lehm, Löß, unauslöschliche Erden. Irgendwie schien mir die Zubereitung dieses Currys, voll Leidenschaft und Bitterkeit, ein passender kulinarischer Ausdruck von Lis Persönlichkeit zu sein, etwas, das einen so starken Durst auslöst, daß es das Mark in den Knochen zu Staub verwandelt und die Vernunft ausmerzt. Sie aber löschte den Durst, den sie künstlich erzeugt hatte, indem sie mir mildes, sanftes *lassis* servierte: Joghurt, Rosenwasser, Honig und zerstoßenes Eis, im Mixer püriert.

Zum Dessert gab es eine mit Zimt und Sherry gegrillte Grapefruit. Aber das Ganze war wohl doch ein bißchen zuviel für meinen einfachen Geschmack: Mühselig stocherte ich in der Frucht herum, damit es wenigstens so aussah, als hätte ich sie zum größten Teil, wenn nicht sogar ganz gegessen.

»Schmeckt's Ihnen?« erkundigte sich Li.

»O ja!« schwindelte ich. »Es schmeckt großartig.«

Aber sie ließ sich von mir nicht täuschen und musterte mich von oben herab. »Ich weiß, was Ihnen schmeckt«, behauptete sie halb ärgerlich, halb belustigt. »Eine Schale Reis mit ein bißchen Sauce aus schwarzen Bohnen.«

Ich senkte beschämt den Kopf. Sie hatte ins Schwarze getroffen.

»Oder in Austernsauce getunkte Rübenpfannkuchen.«

»Das ist meine Lieblingsspeise!« rief ich erstaunt.

Sie zwinkerte mir zu. »Ich kann Gedanken lesen.«

»Das scheinen alle Frauen in Ihrer Familie zu können.«

»Aber natürlich! Wir sind alle Hexen. Meine Mutter ist die ›Gute Hexe des Südens‹, die wirklich mächtige, die nicht viel von sich hermacht und über die Quadlings herrscht. Und Yin-mi ist Glinda, die Hexe mit der Eichhörnchenstimme, die in der Seifenblase kommt. Die macht sich nicht die Finger schmutzig. Und ich? Ich bin die ›Böse Hexe des Westens‹ – oder werde es sein in...« (sie sah auf ihre Armbanduhr) »... anderthalb Stunden. Wenn Sie nicht vorher gehen, werden Sie zu einem Winkie.« Sie lachte. »Aber im Ernst, haben Sie nicht langsam genug von *soul food?* Wenn ich auch nur bis auf fünfzehn Blocks an die Mott Street rankomme, kriege ich richtig Schüttelfrost und Fieber, einen echten Pawlowschen MSG-Summer. Schon allein bei dem Gedanken an chinesische Küche wird mir übel.«

»Aber Ihr Vater... Ihre Eltern kochen so hervorragend!« protestierte ich.

»Gewiß«, stimmte sie zu. »Sie haben in ihrem ganzen Leben und in meinem ganzen Leben nie etwas anderes gegessen, nie von etwas anderem gesprochen, nie an etwas anderes gedacht. Jetzt wird mir schon schlecht, wenn ich nur daran denke. Lieber hungere ich, als *dim sum* oder dergleichen zu essen. O nein, vielen Dank! Kleines Chinesenmädchen läßt sich nicht mehr so abspeisen, endgül-tig!« Die aneinandergelegten Hände über dem Kopf, verneigte sie sich. »Entschuldigung, bitte – aber nein danke!«

Obwohl mich diese respektlose Parodie auf ihren Vater ein bißchen schokkierte, mußte ich dennoch darüber lächeln. Ich merkte, daß sie einen Schwips hatte. Aber den hatte ich auch.

»Kommen Sie, Sun I, einen Toast.« Sie füllte ihr Glas und klopfte mit dem Löffel daran.

»Worauf sollen wir denn anstoßen?«

»Sie können nicht von mir erwarten, daß ich Sie ausführe, für Sie koche und mir auch noch den Toast einfallen lasse«, schalt sie, während sie weiter mit ihrem Löffel klapperte. »Irgendwann einmal müssen Sie die Initiative ergreifen, und je früher, desto besser. Denn ehe Sie sich's versehen, wird es Mitternacht sein.« Ihr Gesicht war vom Alkohol gerötet, die Augen glänzten, und sie blickte mich mit einem Ausdruck, in dem sich Belustigung und Herausforderung mischten, direkt an.

»Na schön«, lenkte ich ein. »Auf Sie!« Ich hob das Glas.

Aber das wollte sie nicht akzeptieren. Sie senkte den Kopf, schüttelte ihn auf gespielt kindische Weise und bestand, indem sie weiterhin an ihr Glas klopfte, auf einer Erläuterung. »Auf mich – und weiter?«

»Auf Ihre Kochkunst!« verkündete ich, bezaubert von ihrem koketten Mutwillen.

»Buh! Zisch! Das mag ich nicht. Versuchen Sie's noch mal!«

»Na schön«, antwortete ich leise, weil mir das Kompliment fast den Atem nahm: »Auf Ihre Schönheit.«

»Hurra!« jubelte sie. »Ich wußte ja, daß Sie's können!« Als sie jedoch meine ernste, gekränkte Miene sah, brach ihr fröhliches Lärmen auf einmal ab. Meine Stimmung schien die ihre bis zu einem gewissen Grad zu beeinflussen. Zaghaft lächelnd hob sie das Glas, dann zögerte sie und stellte es wieder hin. »Finden Sie wirklich, daß ich... na ja, schön bin?«

Gerührt nickte ich.

»Kommen Sie her«, forderte sie mich, nun selber ein wenig atemlos, auf. »Wir wollen anstoßen.«

Als ich vor ihr stand, blickte sie beinahe flehend zu mir empor. »Er ist dumm, nicht wahr?«

Ein scharfer Schmerz durchzuckte mich, als mir klar wurde, daß sie sogar jetzt noch an Peter dachte. Aber ich nickte. »Ja.«

Als sie aufstehen wollte, schwankte sie ein bißchen und hielt sich unversehens an mir fest. In dieser ungewollten Pose – eine Hand auf meiner Schulter, die andere mit dem Weinglas gegen meine Brust gestützt – betrachtete sie mich neugierig, als sehe sie mich zum erstenmal. Nachdenklich strich sie mir mit den Fingern durchs Haar. »Danke«, sagte sie dann mit feuchten Augen.

Gleich darauf wechselte sie schon wieder die Gangart und stieß trunkenleichtsinnig ihr Glas an das meine, schloß die Augen und trank einen großen Schluck. Die Arme lässig über meine Schultern gehängt, das Glas noch in der einen Hand, lachte sie lautlos vor sich hin. Dann entspannte sich ihr Gesicht, und sie küßte mich auf die Lippen – flach, aber warm, feucht und lange. Ich betrachtete sie eindringlich, ohne zu reagieren, aber auch ohne mich zu wehren.

Als sie den engen Kontakt mit mir löste, blieb sie, ohne die Augen zu öffnen, trotzdem noch an mir hängen, noch immer dasselbe ferne, nach innen gerichtete Lächeln auf den Lippen, das ihre weißen Zähne zeigte. »Das hätte ich schon viel früher tun sollen«, erklärte sie. Und sah mich an.

Wir standen da und sahen einander an; ihre Hände lagen noch immer auf meinen Schultern. Und keiner von uns machte einen Versuch, den anderen loszulassen. Ich zitterte ein wenig, schwach vor Nervosität. Dennoch war dies etwas rein Körperliches, irgend etwas in meinen Gelenken. In meinem Zentrum war ich seltsamerweise ganz ruhig. Nach einem Moment beugte sie sich vor und küßte mich abermals, diesmal inniger und mit der Zunge. Gleich unter dem Aroma des Weins entdeckte ich einen schwachen, köstlichen Nachgeschmack von saurer Milch: ihre persönliche metabolische Note.

»Reicht es, um dein Gelübde zu brechen?« flüsterte sie mir mit beinahe spürbaren, zärtlichen Silben ins Ohr.

Mein Zittern wurde ausgeprägter, fast ein Erschauern.

Sie lachte über meine Schulter hinweg und schmiegte sich an mich. »Oder haben sie im Kloster gegen derartige Vorkommnisse Vorsorge getroffen?«

Ich wußte nicht, was sie meinte, bis ich spürte, daß sie die Hand zwischen meine Beine schob.

Unvermittelt wurde ich hart und zuckte heftig zurück.

»Hoppla!« sagte sie und tat erstaunt. »Es gibt ihn ja doch!«

Zutiefst verletzt, ja richtig schockiert, sah ich sie verärgert an.

Sie riß die Augen auf und formte, wohl um verspielt meinen Zorn zu imitieren, mit den Lippen ein O. Als sie jedoch begriff, daß mein Schmerz echt war, wurde sie sehr sanft. »Nicht«, bat sie mich liebevoll und streichelte mir mit dem Handrücken die Wange.

Mein Zorn legte sich sofort, und die Schwäche kam wieder, aber im Bewußtsein der Kränkung, einer unter großen Opfern verziehenen Kränkung, empfindsamer, verletzlicher.

»Armer Junge«, sagte sie mit traurig und mitfühlend geschürzten Lippen, »komm mit!« Dann ergriff sie meine Hand und führte mich ins Schlafzimmer.

»Bist du wirklich noch unberührt?« erkundigte sie sich und blickte über die Schulter, während sie den Reißverschluß ihres Kleides öffnete, ohne sich jedoch ganz zu mir, der auf dem Bett hockte, umzudrehen. Sie ließ das Kleid um ihre Füße herum zu Boden fallen, trat hinaus, kreuzte die Arme vor ihrem Körper und zog sich den Unterrock über den Kopf. Dann fuhr sie herum, daß ihre weißen, vollen Brüste schwangen wie zwei Boote am Ankerplatz – es war das erste Mal, daß ich eine Frau in ihrer Blöße sah. Ihr Körper war geschmeidig und straff wie der eines Tieres. Ihr gerötetes Gesicht glühte – teils vor einer physischen Scheu, die sie jedoch völlig im Griff hatte, teils vor bewußtem Stolz auf ihre Schönheit. »Du hast ja Angst!« stellte sie mit überraschtem Lachen fest, das aber keineswegs gefühllos war, sondern einen Unterton von Zärtlichkeit erkennen ließ, der nahezu mütterlich klang und ganz und gar neu war in ihrer Stimme. Mitfühlend schürzte sie die Lippen, fiel vor mir auf die Knie und ergriff meine beiden Hände. »Ist ja schon gut«, beruhigte sie mich unendlich liebevoll, und doch unfähig, ein unterschwelliges Aufwallen von Belustigung angesichts dessen zu unterdrücken, das für sie eine völlig neue Situation sein mußte. »Hab nur Vertrauen zu mir – du hast alles, was man braucht. Ich hab's doch geprüft.« Sie lächelte; doch als sie merkte, daß ich keineswegs beruhigt war, wurde sie wieder ernst. »Alles ist gut«, sagte sie tröstend. »Wir haben's nicht eilig. Wir haben viel Zeit. Wir werden reden. *Okay?* Erzähl mir eine Geschichte.«

»Li...« Ich wandte ihr mein zerquältes Gesicht zu. »Ich kenne keine...«

»*Psst.*« Sie legte mir den Finger auf die Lippen. »Ganz ruhig. Erzähl mir eine Geschichte!«

»Ich kenne keine Geschichten«, antwortete ich mit niedergeschlagenen Augen leise und bedrückt.

»Dann erzähl mir was von dir«, schlug sie vor. »Das ist die Geschichte, die ich wirklich hören möchte.«

Ich musterte sie unsicher.

Sie nickte. »Nur zu«, ermunterte sie mich. Sie lehnte ihre Kissen an die Wand und streckte sich bequem hinter mir aus; so ersparte sie mir die Folter ihres nackten Körpers, ließ aber den Stromkreis noch geschlossen, indem sie mir eine Hand leicht auf die Schulter legte, um sie sodann über meinen Rücken hinabgleiten zu lassen und beiläufig einen Finger in den Gürtel meiner Hose zu haken. Gleichzeitig stützte sie eins ihrer langen Beine auf die Bettkante, preßte es an meinen Arm und meine Schulter und schob ihren nackten Fuß unter meinen Oberschenkel, als wolle sie ihn wärmen. Diese kleinen Berührungen stellten, obwohl durchaus spontan und unberechnend, eine naive, taktile Intimität zwischen uns her, die die Angst, die mich bedrückte, ein wenig minderte.

Nach ein paar Fehlstarts, die sich in einem Gewirr von Selbstherabsetzungen und Entschuldigungen festfuhren, fand ich den richtigen Beginn. Meine Erzählung hatte inzwischen eine fast ritualisierte Form angenommen und wurde vom eigenen Schwung getragen. Ich kam auf buchstäblich alles zu sprechen, zeichnete die ferne Vergangenheit mit ein paar breiten Strichen – Ken Kuan, den Besuch meines Onkels, meinen Aufbruch, das Dem-Fluß-Folgen – und schilderte dann die jüngeren Ereignisse, Kahns Ultimatum und das Versetzen des Gewandes. Als ich ihre Frage nach dem eigentlichen Grund für das Verlassen meiner Heimat beantwortete, landete ich schließlich bei dem Schlüsselwort »Delta«. Ein leichter, kaum spürbarer Schauer, ein Gefühl des Verrats und des Kummers ließ mein Herz klopfen, als ich mir Yin-mis Bild vor Augen rief – ihr erstes Geschenk für mich –, das ich nun preisgab wie etwas ganz Gewöhnliches, und auch noch an Li, ihre ältere Schwester. Der Gedanke an Yin-mi brannte wie Feuer. Doch während ihr Bild noch Stunden zuvor so lebendig gewesen war, sah ich sie jetzt durch einen Schleier der Entfernung wie ein Gesicht, das mich von einer sepiafarbenen Fotografie in einem schweren, antiken Silberrahmen ansah, der blind war von Alter. Welcher Brand hatte es dunkeln lassen? Ich wußte nur, daß das Gefühl in meinem Herzen einem Requiem glich und daß es mit Li zu tun hatte. Zuletzt jedoch wurde ich beinahe geschwätzig. Ich war erhitzt und inspiriert, und die Begeisterung betäubte mein Gefühl für Gefahr und Unschicklichkeit.

Li dagegen, die immer noch nackt dalag, war wortkarg und nachdenklich geworden. Konzentriert an ihrem Daumennagel nagend, ließ sie ihren Fuß über die Bettkante baumeln.

Als sie meinen forschenden Blick bemerkte, hielt sie inne und schüttelte ihre Trance ab wie ein Tier Wasser aus seinem Fell.

»Woran hast du gerade gedacht?« wollte ich wissen.

»Wie? Ach so, an das Delta, und an das Theaterstück vorhin. Erinnerst du dich an die Zeilen? ›So, ob der Kunst/ Die wie du sagst, Natur bestreitet, gibt es/ Noch eine Kunst, von der Natur erschaffen.‹ Während du eben sprachst, schossen sie mir im Zusammenhang mit Peter und dir durch den Kopf. Ich glaube, es besteht eine Ähnlichkeit zwischen eurer jeweiligen Situation. Ihr fühlt euch beide angezogen, ja seid in gewissem Sinne sogar besessen von einem Impuls, der unvereinbar ist mit eurer Vorstellung davon, wie die Welt ist oder sein sollte – bei ihm unvereinbar mit dem, was die Welt von sich selbst preiszugeben bereit ist. Bei dir ist es der Dow, bei ihm die sexuelle Ambivalenz (›Kunst, die wie du sagst, Natur bestreitet‹). Nur hat er fast ganz in Übereinstimmung mit Shakespeares Erkenntnis, daß die Kunst selbst Natur *ist*, die Dualität in sich akzeptiert. Du dagegen versuchst immer noch deine Widersprüche miteinander in Einklang zu bringen, die Ambivalenz in deinem Herzen auszumerzen, eines deiner potentiellen Ichs zu morden, es als trügerisch abzuschreiben. Das Delta...« wiederholte sie, leise vor sich hin lachend. »Armer Junge, komm mal her!« Lächelnd reichte sie mir die Hand. Mit einem Arm stemmte sie sich aus den Kissen hoch, zog eines davon für mich heraus und legte es neben das ihre. »Komm, leg dich zu mir!«

Ich überließ mich dem Druck ihrer Hände, ihres Willens.

»So ist's gut«, flüsterte sie. »Und jetzt mach die Augen zu! Ganz entspannen. Ich hab' eine Idee.« Sie rollte sich zu mir herum und legte träge ein Bein über das meine – eine Geste, die zwar provokativ, doch keineswegs schamlos anmutete, ja, fast schüchtern war, denn Li enthielt sich jeder intimeren Gebärde und wandte keinen Muskeldruck an, ließ ausschließlich ihr Gewicht wirken. Von oben nach unten öffnete sie der Reihe nach meine Hemdknöpfe. »Warum müssen die bloß umgekehrt geknöpft werden?« protestierte sie scherzhaft, als einer nicht gleich so wollte wie sie. »Ich werde mich nie daran gewöhnen.«

Als sie's geschafft hatte, schlug sie das Hemd nach beiden Seiten zurück und beugte sich dann herab, um mir mit Wange und Haaren sanft über den Körper zu streichen wie eine Katze, die um Aufmerksamkeit bettelt. Sie umkreiste mit ihrer Zunge eine meiner Brustwarzen und leckte daran, bis sie sich aufrichtete. Ihre Zunge wirkte rauh wie Sandpapier, so übernatürlich geschärft waren meine Sinne. Dieses Gefühl bereitete mir eine ganz exquisite, nahezu unerträgliche Lust, die nicht weit von Folter entfernt war. Ich ballte immer wieder die Fäuste und reckte mich ihr im Bogen entgegen.

Unvermittelt wich sie zurück und blieb mit angewinkelten Beinen, die Hände flach auf die Bettdecke gestützt, über mir hocken. »Das gefällt dir«, stellte sie belustigt fest.

Ich fiel keuchend in die Kissen zurück und starrte zu ihr hinauf, ein wenig verstimmt über ihre Macht und darüber, daß sie deren Ausübung so abrupt unterbrochen hatte.

»Du sollst doch nicht zusehen.«

»Warum denn nicht? Ich sehe gern zu«, gab ich, immer mehr mitgerissen, zurück.

»Mach die Augen zu!« befahl sie mit koketter Strenge. »Gut. Und nun...« Sie streckte sich neben mir aus. »... werde ich dir etwas zeigen. – Nein, nicht die Augen aufmachen!« Mit zwei kühlen Fingerspitzen auf meinen Lidern kam sie meiner Absicht zuvor. »Ich werde dich etwas fühlen lassen. Gib mir deine Hand.« Sie ergriff sie und drückte sie mit der Handfläche nach unten unter der ihren flach. Dann führte sie sie sanft über ihr Gesicht, ihren Hals, ihr Schlüsselbein bis zu ihrer Brust, wo sie sie kurz verweilen ließ. Ihre Brustwarzen waren aufgerichtet. Nun schob sie die Hand weiter, an ihrer glatten Flanke hinab, über die Erhebung ihres Hüftknochens und schließlich bis zum Venushügel mit seiner so überraschend veränderten Oberfläche.

»Fühlst du das?« gurrte sie mir, den Kopf auf dem Kissen mir zugewandt, ins Ohr. »Wie ein bewaldeter Hügel, wie rauhes Fell.« Ihre Hand immer noch über der meinen, Finger auf Finger, übte sie einen ganz leichten Druck aus und beugte den mittleren, drückte ihn in sich hinein. »Wie ein ausgetrocknetes Flußbett«, erklärte sie, »das sich zwischen bewaldeten Hügeln dahinzieht: dem Fluß folgen.«

Als ich ihr süßes, leises Lachen hörte, öffnete ich die Augen. Sie hatte den Kopf zurückgebogen, die Kehle gewölbt wie ein Opfer, das sich dem Messer des Priesters darbietet. Ihre Augen waren geschlossen, nur ein schmaler Streifen Weiß glänzte unter ihren Lidern hervor. Ihr Gesicht strahlte von einem überirdischen Licht, anders als alles, was ich jemals gesehen hatte, und während ich sie fasziniert betrachtete, wuchs in mir eine spontane Zärtlichkeit für sie, die kaum eine Berührung wagte, und doch mit einer verzehrenden Gier vermischt war.

»Jetzt werde ich mit dir schürfen gehen«, flüsterte sie lächelnd, »nach Wasser suchen – dein Finger ist die Wünschelrute, die Alraune. Du schreitest die Schlucht ab und suchst behutsam, aber gründlich.« Ihre Hand führte und lehrte mich. »Stop! Da. Fühlst du's? Die feuchte Erde unter dem Gestrüpp und Geröll? Hier gräbst du tiefer, und auf einmal... ah!« schrie sie leise auf, verlor den Faden und runzelte vor Schmerz oder intensiver Konzentration die Stirn. Ich dachte schon, ich hätte ihr weh getan, als sie wieder auflachte. »Aus einer tiefen Ader quillt es empor – Wasser! Du hast es gefunden.« Sie öffnete die Augen und sah mir ohne Übergang lächelnd, mit geröteten Wangen, in die meinen. »Hier ist das Delta, mein lieber Junge.« Damit drückte sie meine

Hand fest hinab. »Das einzige, das von Bedeutung ist. Hier trifft es zusammen, treffen wir zusammen, du und ich... treffen wir... zusammen.«

Ihre Augen glänzten vor Staunen über die Gewalt dieses Erlebnisses, seine unendliche Köstlichkeit.

»Also«, fragte sie mich dann, »wirst du für mich dein Gelübde brechen?«

Ich ließ meinen Blick noch ein wenig länger in dem ihren verweilen – nicht, weil ich zögerte, sondern weil ich den Augenblick verlängern, trunken vor Schicksalhaftigkeit und Glück ihre Schönheit genießen wollte. »Es ist bereits gebrochen«, antwortete ich.

Und so war es.

DRITTES KAPITEL

»Ich glaube, so etwas nennt man ein bitteres Lächeln«, bemerkte Li belustigt. »Nur besteht es zu neun Zehnteln aus Zucker. Wenn ich jetzt einen Eimer Wasser hätte, würde ich ihn über dir ausgießen, nur um zu sehen, wie du dich in der Pfütze auflöst.« Sie schüttelte den Kopf. »Das ist nicht gut, Sun I. Wirklich nicht. *Ich* müßte diejenige sein, die so empfindet.«

»Ich bin durchaus glücklich«, behauptete ich und strahlte sie voll Stolz und Verletzlichkeit an.

Sie lachte. »Und *ich* brauche jetzt eine Zigarette.« Sie drehte sich auf ihrem Hinterteil herum, schwang die Beine über die Bettkante und griff nach dem Knauf der Nachttischschublade.

»Ich wußte gar nicht, daß du rauchst«, sagte ich, ein wenig enttäuscht über diese Entdeckung.

»Tu ich auch nicht«, antwortete sie, während sie in der Schublade kramte. »Normalerweise.« Als sie gefunden hatte, was sie suchte, warf sie die Schublade zu und drehte sich auf dem Bett wieder zu mir um, wobei sie sich das Haar mit einer Bewegung aus dem Gesicht schüttelte, die mich unangenehm an ihren Bruder Wo erinnerte. Sie hängte sich die Zigarette lässig in einen Mundwinkel und riß ein Streichholz an. »Nur nach Sex«, ergänzte sie mit einem herausfordernden Blick, als sie die Zigarette in Brand setzte.

Sie atmete tief den Rauch ein, hielt die Luft an und stieß ihn mit einem Seufzer wieder aus. Dann deutete sie mit dem Kopf auf die Schublade. »Da drin hab' ich noch mehrere Packungen.« Ihre Miene war völlig ausdruckslos, doch dann sprudelte ihr Lachen über.

Als ich den Witz endlich verstand, lachte ich nicht.

»Ach, du liebe Zeit!« klagte sie. »Du willst doch hoffentlich nicht so grämlich und schwermütig bleiben, oder? Hoffentlich nicht, weil die Saturnalien vorüber sind.«

»Wie meinst du das?«

»Auch eine Zigarette?« fragte sie ausweichend.

»Ich rauche nicht.«

»Na komm schon, versuch's mal. Gefallen bist du ohnehin, also kannst du gleich Nägel mit Köpfen machen. Sonst ist die Erfahrung nicht vollständig. Glaube mir. Ich muß es schließlich wissen, nicht wahr?«

Ich war beunruhigt über die jähe Veränderung ihres Tones – eine brüske, aggressive Fröhlichkeit – und merkte, als ich den Mund voll Unbehagen zu einem bestätigenden Lächeln verzog, wie tief ich schon in der Sache steckte. Auf einmal erschreckte sie mich. Sie schien so mächtig zu sein und zugleich ihre Macht nicht in der Gewalt zu haben, was meine Position doppelt riskant machte, da ich mich an *sie* klammerte.

»Na schön«, sagte ich mit nervösem Grinsen, zuckte die Achseln und nahm die Zigarette so, wie sie mir dargeboten wurde, zwischen Zeige- und Mittelfinger. Innerlich wunderte ich mich über die bewußte Ungeschicklichkeit der Geste, die den Daumen ignorierte: die ritualisierte Sprachlosigkeit des Rauchergriffs.

Belustigt sah Li meinem unsicheren Gefummel zu. »Es ist wirklich einfacher, weißt du.«

Wieder diese Hellsichtigkeit. Ich blickte auf, aber sie hatte sich in sich selbst zurückgezogen und lehnte, die Arme über der Brust verschränkt, in den Kissen.

Vorsichtig, um nicht zu stark zu ziehen, inhalierte ich und hob dann, wie ich es bei ihr gesehen hatte, das Kinn, um den Rauch durch die gespitzten Lippen entweichen zu lassen.

»Gut, nicht wahr?« Ihre Stimme klang träge, verschlafen.

»Milder als Opium«, sprach ich meine Gedanken aus.

»*Du* hast Opium geraucht?« fragte sie verwundert.

»Zweimal.« Ich inhalierte noch einmal.

Sie schnalzte mit der Zunge. »Du bist ein seltsamer Mensch, Sun I. Voll Überraschungen.«

Sie streckte die Hand aus und öffnete und schloß die Finger wie eine Schere, um wortlos die Zigarette zu fordern.

»Das ist meine Affennatur«, erklärte ich, als ich sie ihr übergab.

Sie machte einen tiefen Zug. »Es ist schön so«, sagte sie und reichte sie mir zurück.

Auf einmal fühlte ich mich wieder sicher. Jetzt lag eine Intimität in unserer Distanz, die, wie ich ahnte, von Gesprächen nur beeinträchtigt worden wäre.

Als die Zigarette bis kurz vor den Filter heruntergebrannt war, beugte ich mich über Li hinweg und drückte sie im Aschenbecher auf dem Nachttischchen aus. Jetzt erst entdeckte ich, daß schon mehrere Kippen drin lagen. Der Stich, den mir diese Entdeckung versetzte, hatte sich kaum gelegt, als Li sich bewegte.

»Horch!« Sie hob den Finger und blickte hoch, als wolle sie etwas betrachten, das sich über ihrer Schulter befand.

»Ich höre nichts«, stellte ich mit einer Spur Verdrossenheit fest, auf die sie nicht einging, und kehrte auf meine Betthälfte zurück.

»Das ist es ja gerade«, flüsterte sie im Ton seliger Erleichterung. »Es ist still. Herrlich, wunderbar still.«

Wir lauschten beide.

Dann seufzte Li. »So ist es am schönsten. Manchmal, spät in der Nacht, wenn sonst nichts los ist, dringt ein Echo des Straßenverkehrs vom Hof herauf, ein langgezogenes, sonores Rauschen, fast wie Wellen in einer großen Muschel.« Sie lächelte. »Ein Tiefseeseufzen, ein Geräusch, das fast der Stille gleicht.«

Und wie auf ein Stichwort hin erhob sich der Wind, so daß ich das stete Rollen von Brechern hörte, wie ich sie zum erstenmal vor der chinesischen Küste gehört hatte, als wir in den Hafen von Shanghai dampften. Die Harfe erwachte zu entsprechendem Leben.

»›Ihr kommet, Winde, fern herüber...‹«, deklamierte Li und lag da wie zuvor, die Arme über der Brust verschränkt, den Kopf in den tiefen Kissen:

»Ach! von des Knaben,
Der mir so lieb war,
Frisch grünendem Hügel.
Und Frühlingsblumen unterwegs streifend,
Übersättigt mit Wohlgerüchen,
Wie süß bedrängt ihr dies Herz!

In ein Land der Wohlgerüche, ins Märchenland«, flüsterte sie, »dahin möchte ich gehen. Dahin werde ich gehen. Ich vergehe, Sun I... vergehe. Bring mich dorthin!«

»Das werde ich«, versprach ich eifrig mit unrealistischer Großzügigkeit.

Da lächelte sie und wandte sich auf dem Kissen zur Seite, um mich anzusehen. »Wirst du das, Sun I? Wie willst du das anfangen? Auf einem fliegenden Teppich, der aus guten Absichten geknüpft ist? Oder hast du ein Paar rubinrote Zauberschuhe?«

»O ja!« versicherte ich, ohne zu wissen, was sie meinte. »Jedenfalls könnte ich sie besorgen.«

Sie lachte. »Ich weiß schon, wohin du mich bringen würdest. In einer kleinen Schachtel in dein Kloster zu Hause.« Ein Anflug von Mitleid zeigte sich auf ihrem Gesicht, und sie senkte die Stimme. »Aber so stell' ich mir das Märchenland nicht vor, Sun I. Ich fürchte, ich würde keinen sehr guten Mönch abgeben. Dafür liebe ich die Sünde zu sehr.« Ihr Lächeln strafte die Worte Lügen, dennoch glaubte ich ihr irgendwie, aber es war mir gleichgültig.

»Außerdem«, fuhr sie fort, »kannst du nicht zurückkehren. Du hast dein Gelübde gebrochen. ›Nimmermehr!‹« deklamierte sie dramatisch. »Und meinetwegen hast du es gebrochen. Deswegen mußt du mich doch hassen.«

»Ich hasse dich nicht«, widersprach ich voll Liebe.

»Eines Tages wirst du es tun.«

Ich schüttelte den Kopf. »Ich könnte dich niemals hassen, Li. Niemals. Ich...«

»*Psst*«, machte sie und legte mir sanft den Finger auf die Lippen. »Sag's nicht. Wenn du es sagst, könnte es sein, daß *ich* dich hasse.«

Seufzend lehnte sie sich in die Kissen zurück. »Nein«, beteuerte sie, »dahin kann mich nur *ein* Mann bringen – mein Märchenprinz.« Sie lächelte unglücklich.

»Warum kann ich nicht dein Märchenprinz sein?« fragte ich sehnsüchtig.

Sie lachte laut heraus, beinahe spöttisch. »Weil du nicht in mein Märchen paßt.«

Obwohl ich es herausgefordert hatte, war ich gekränkt über die unfaire Leichtfertigkeit, mit der sie sich über meinen Schmerz und mein Sehnen hinwegzusetzen schien.

»Aber ein Prinz könnte ich doch wenigstens sein«, bohrte ich ein bißchen kläglich nach.

»Ja«, stimmte sie zu, »das könntest du. Das wirst du auch sein. Aber der Prinz einer anderen, Sun I. Nicht meiner.«

Irgendwo in der Nacht ertönte eine Sirene, aber Li reagierte nicht darauf. Ich ertrug den Lärm stumm, doch dann wurde er zu ungeheuerlich in dieser Stille. Er usurpierte alles, bis er zu einem Schrei in mir selbst wurde, bis die Qual der ganzen Welt in diesem einen hysterischen, aufdringlichen Ton kondensiert zu sein schien.

»Was ist das?«

»Ich kann's hier nicht mehr lange aushalten«, erwiderte sie mit leiser, tonloser Stimme, als halte sie ein Selbstgespräch. In der partiellen Dunkelheit des Zimmers konnte ich sehen, daß sich Tränen an ihren Wimpern bildeten und ihre Augenwinkel füllten. »Gottverdammt noch mal! Gottverdammt noch mal!« fluchte sie genauso ausdruckslos. »Ich halt's nicht mehr aus!« Erschöpft und erbittert wandte sie sich zu mir um. »Manchmal heulen die zwei Tage lang so.«

»Was ist das denn?« fragte ich etwas freundlicher.

»Eine Autosicherung.«

»Gegen Diebstahl?«

Sie nickte. »Einmal, im letzten Winter, ging im nächsten Häuserblock auch eine los. Um vier Uhr nachts wurde ich davon wach. Als ich den Bus zur Uni bestieg, heulte sie immer noch. Und sogar noch nachmittags, als ich nach Hause kam. Das sind diese Superbatterien«, erklärte sie mit einem kleinen, albernen Lachen. »Die müßten einen Werbespot machen: ›Unsere wartungsfreien Superbatterien haben in Wohngebieten mehr Selbstmorde bewirkt als die der Konkurrenz zusammen. Geben Sie sich nicht mit weniger zufrieden. Kaufen Sie nur das Beste. Kaufen Sie Superbatterien.‹ Auch als die Sirene aufgehört hatte – inzwischen war das Auto komplett geplündert worden, die Leute hatten die Fenster mit Steinen eingeschlagen, die Kotflügel mit Tritten verbeult und die Radkappen geklaut –, hörte ich noch tagelang das Geheul im Kopf. Es wurde buchstäblich ein Teil von mir. Meine Gehirnzellen hatten es sich eingeprägt und wiederholten es immer wieder wie ein Mantra, nur sinnlos, wie das kosmische Summen, die Rückseite der taoistischen Urharmonie.« Abermals lachte sie. »Schrecklich daran ist, daß man es nach einer Weile braucht, wie einen Schuß, eine Art Versicherung.«

Unvermittelt riß der Heulton ab.

»Gott sei Dank!« seufzte sie. »Dem lieben Jesulein sei Dank! Vielen, vielen Dank!«

In diesem Moment sah ich den schwarzen Kater in der Ecke des Bettes stehen und gerade noch seinen Sprung ausbalancieren – reglos, als habe er sich aus dem Nichts materialisiert. Mit perfekter Selbstsicherheit starrte er uns aus seinen kaltglänzenden Augen an. Jetzt wandte er seinen Kopf und leckte sich eifrig das Fell auf der Schulter; dann streckte er träge die Vorderpfoten, gähnte verschlafen und fuhr sich mit der Zunge über die Lippen. Wie ein Tänzer aus dem Spagat richtete er sich wieder auf, schloß die gespreizten Beine wie eine Schere und schüttelte sich kurz, aber kräftig mit steilaufgerichtetem Schwanz.

»Haben wir dich aufgeweckt?« erkundigte sich Li mitfühlend; ihre erste Regung seit mehreren Minuten.

Der Kater miaute vorwurfsvoll, dann trat er graziös über meinen Fuß hinweg und schritt über die Decke zu ihr hinüber.

»Armer Junge«, gurrte sie und streckte die Hand aus.

Der Kater schob sich mit mächtigem Buckel unter ihrer Handfläche durch und reckte ihr genußvoll den Kopf entgegen.

»Er ist wunderschön«, bemerkte ich. »Komm her, Kätzchen.« Ich schnalzte mit der Zunge und rieb vor seiner Nase meine Fingerspitzen mit dem Daumen. »Kätzchen, Kätzchen!«

»Auf sentimentalen Kitsch reagiert er nicht«, sagte sie lachend. »Er ist ein Aristokrat von königlicher Abstammung.« Sie rollte das schnurrende Tier auf den Rücken und begann es zu streicheln. Ihr Handgelenk mit beiden Pfoten packend, aber die Krallen eingezogen, reckte es das Kinn und schnurrte selig.

»Hört sich an wie ein kleiner Motor.« Ich lachte.

Sie beugte sich über den Kater, hüllte ihn ganz in ihre Haare ein und begann ebenfalls zu schnurren: ein leises, gutturales, heiseres Seufzen, und zwar so unheimlich präzise nachgemacht, daß ich erschauerte.

»Was machst du da?« fragte ich, ein bißchen nervös über die Intensität, mit der sie sich in das Ritual vertiefte.

Sie warf ihre Haare zurück. »Wir unterhalten uns.«

»Du verstehst seine Sprache?«

»Selbstverständlich. Ich bin Siamesin, ganz zu schweigen davon, daß ich auch Ethnologin bin.« Lachend beugte sie sich wieder hinab.

»Wie heißt er?«

»Eddie«, antwortete sie, ohne in ihrem Spiel innezuhalten.

»Eddie?« wiederholte ich unangenehm berührt. »Warum Eddie?«

»Eddie-Puss«, erklärte sie. »Eddi-Puss und Jo. Die beiden sind ein Paar.«

»Ist Jo denn nicht ein Männername? Wie kommst du ausgerechnet auf diese Namen?«

»Es ist die Abkürzung für Jokaste. Jokaste und Eddie-Puss.« Sie warf mir jenes belustigte, aufreizende Lächeln zu. »Kapierst du nicht?«

»Was soll ich kapieren?«

»Ödipus und Jokaste.«

Ihre Antwort half mir nicht weiter. Ich starrte sie verständnislos an.

»Die beiden sind Mutter und Sohn. Kennst du denn nicht die Geschichte von Ödipus?«

Ich schüttelte den Kopf. »Erzähl sie mir!«

»Du magst Geschichten, nicht wahr?«

Ich nickte mit einem beseligten, einfältigen Lächeln, glaubte zu wissen, daß sie drauf und dran war, eine Konzession zu machen.

Sie seufzte. »Nun gut, diese eine werde ich dir erzählen. Aber unter einer Bedingung.«

»*Okay*.«

»Willst du mich denn nicht mal fragen, unter was für einer?«

»Na schön, was für eine ist es?«

Sie lachte. »Das weiß ich noch nicht. Ich werd's dir sagen, wenn mir eine einfällt.«

»Das ist ein ziemlich riskanter Handel«, stellte ich fest.

Sie hob die Schultern. »Du kannst ja auf die Geschichte verzichten. Eine andere Wahl bleibt dir nicht.«

»Na schön«, gab ich nach. »Ich bin einverstanden.«

»*Okay*, es war in Griechenland, vor sehr langer Zeit«, begann sie. »In einer Stadt namens Theben in der Provinz Böotien, einer Region, die hauptsächlich für die troglodytische Natur ihrer Einwohner bekannt ist – zumeist Schweinehirten – und deren Neigung zu Katastrophen. Ödipus brachte den Ball ins Rollen und gab ihn weiter an seine Söhne Eteokles und Polyneikes, die beinahe ebensosehr vom Unglück verfolgt waren wie er und ihr Bestes taten, die Stadt zu zerstören. Das bißchen, was sie übrigließen, wurde schließlich einige Zeit später von Alexander bei dessen Griechenland-Feldzug vernichtet. Aber das nur nebenbei... Ödipus. Laß mich zunächst ein Wort über seinen Vater sagen, denn sonst bleibt das Ganze unverständlich. Er hieß Laios und war König von Theben. Anläßlich der Geburt seines Sohnes befragte Laios gläubig das Orakel von Delphi nach seinem Schicksal – eine Art griechische Version des Zigarrenverteilens –, nur um zu seinem Entsetzen zu hören, daß es dem Knaben bestimmt sei, ihm Thron und Leben zu nehmen, falls er zum Manne heranwachse.«

Unwillkürlich klang in mir ein Echo aus meinem eigenen Orakel: »Hängt man sich an den kleinen Knaben, so verliert man den starken Mann.« Ich hatte jedoch keine Muße, die Implikationen dieser Assoziation zu erwägen, da Li ohne Pause weitererzählte.

»Unfähig, die Tat selbst zu vollbringen, übergab Laios den Knaben einem der erwähnten Schweinehirten mit dem Befehl, ihn ›mit äußerster Sorgfalt zu beseitigen‹.«

»Wie in dem Stück?«

Sie nickte. »Ganz recht, wie in dem Stück. Und ebenfalls wie in dem Stück hatte Laios das für ihn charakteristische Pech, den einzigen Mann der ganzen Gegend zu wählen, der noch einen verkümmerten Rest von Herzensgüte besaß. Zu einem richtigen Mord war er nicht fähig, nach langem Kampf mit seinem Gewissen jedoch, unterstützt von Pflicht- und Ehrgefühl, war er in der Lage, sich zu einer Art Babyfolter aufzuschwingen und das schreiende Kind kopfüber an einem Fuß an einen Baum zu hängen, bevor er sich davonmachte. Bis sie den

Knaben fanden, war dieser Fuß so angeschwollen, daß sie ihn Schwellfuß nannten – *oidipus.* Das war die ursprüngliche Assoziation, nicht wahr, Eddie?«

Liebevoll kraulte sie ihrem Kater den Kopf.

»Das ist Teil eins. Hier folgt ein Schnitt. Die Kamera schwenkt, der Text auf dem Bildschirm lautet: ›Viele Jahre später...‹ Die Szene spielt auf der Straße nach Delphi. Ödipus ist erwachsen. Er und Laios begegnen sich zufällig, ohne einander zu kennen. Die Straße ist schmal. Laios ist in Eile. Er hat sich zu einer Verabredung mit der Pythia verspätet. Da er ein König und daran gewöhnt ist, Befehle zu erteilen, befiehlt er Ödipus, den Weg frei zu machen. Ödipus jedoch, der etwas von dem königlichen Feuer geerbt hat und es trotz seiner Umgebung in Brand gehalten hat, weigert sich. Klassische Konfrontation. Laios geht natürlich in die Luft, zieht sein Schwert und erschlägt aus irgendeinem Grund, den ich nie ganz begriffen habe, das Pferd des Ödipus. Was hatte das Pferd damit zu tun? Vielleicht hat er nach Ödipus geschlagen und ganz einfach danebengetroffen. Jedenfalls ging mit Ödipus nun ebenfalls der Gaul durch, und er tötete ihn, tötete Laios, den eigenen Vater – ohne natürlich zu ahnen, daß er zum Vatermörder geworden war. Zweiter Schnitt. Auftritt Sphinx. Jemals davon gehört? Nun, die war ein besonders diabolisches Ungeheuer im klassischen, das heißt weiberfeindlichen Sinn, mit dem Körper eines Löwen und dem Gesicht einer Frau. Sie lauerte entlang der Straßen in der Umgebung von Theben und terrorisierte die Passanten mit einem Rätsel. Nicht allzu beeindruckend, am Standard des heutigen Terrorismus gemessen? Nun, wer das Rätsel nicht lösen konnte, den verschlang sie – wodurch ja doch ein bißchen Pfeffer in die Geschichte kommt. Jedenfalls lautete das Rätsel: ›Welches Tier geht morgens auf vier, mittags auf zwei, abends auf drei Beinen?‹«

»Der Mensch!« antwortete ich.

»Ich dachte, du kennst die Geschichte nicht.«

»Tu ich auch nicht«, gab ich zurück. »Aber das ist ein altes chinesisches Rätsel.«

»Was du nicht sagst!« Sie machte große Augen. »Nun, Ödipus kannte jedenfalls die Lösung auch. Darüber kränkte die Sphinx sich so sehr, daß sie sich auf der Stelle umbrachte, indem sie sich von einem Felsen stürzte. Aus Dankbarkeit machten die Thebaner Ödipus zu ihrem König und offerierten ihm als zusätzliche Belohnung die ehemalige Königin, die Witwe des Laios. Ganz recht, Jokaste, die eigene Mutter. Ziemlich pikant, findest du nicht? Zu beider Gunsten spricht natürlich, daß sie keine Ahnung hatten, was für eine Ungeheuerlichkeit sie da begingen. Aber die Götter wußten es. Und die wollten so was nicht zulassen. Jedenfalls nicht unter Sterblichen. Das hätte doch geheißen, ihr Vorrecht zu beanspruchen. Also schlugen sie Theben mit Pestilenz und Hungersnot, der üblichen Katastrophenpalette. Ödipus wandte sich in einem atavistischen Anfall väterlichen Aberglaubens an das Orakel, um festzustellen, wer dafür verantwortlich war, und bekam prompt den eigenen Namen genannt. Da kam dann schließlich alles heraus, der doppelte Bruch eines Tabus – Vatermord und Inzest, Mutterficker und Parricida. Jokaste wurde darüber wahnsinnig und erhängte sich. Ödipus wurde ganz wild vor Gram und riß sich beide Augen aus.«

»Er riß sich die Augen aus?«

Sie nickte. »Die Augen.« Dann gähnte sie und bedeckte zierlich den Mund mit dem Handrücken. »Na? Hat dir meine Geschichte gefallen?«

»Gefallen?« rief ich. »Sie war grauenhaft, grauenhaft!« Ich verstummte. »Aber ja, doch, in gewisser Weise schon.«

Sie lachte. »Du bist ein seltsamer Bursche, Sun I. Woran denkst du? Du hast so einen merkwürdigen Blick in den Augen, in deinen sonderbar unasiatischen Augen.«

»Ich mußte an meinen Vater denken.«

Sie musterte mich stumm, dann lächelte sie. »Er heißt doch nicht etwa Laios, oder?«

Ich schüttelte den Kopf. »Nein«, antwortete ich. »Eddie.«

»Du bist seltsam«, wiederholte sie. »Vielleicht magst du Geschichten zu sehr.«

»Das war immer schon mein Fehler«, gab ich zu. »Ich kann nichts dafür.«

»Schon gut. Das ist auch einer von meinen Fehlern. Aber sei vorsichtig. Geschichten neigen dazu, Wirklichkeit zu werden.«

Betrübt schüttelte ich den Kopf. »Das kann mich nicht mehr beunruhigen. Mein Vater ist tot.«

»Ach so. Tut mir leid.«

»Mir auch«, sagte ich mit traurigem Lächeln.

»Aber erinnerst du dich an das, was ich gesagt habe?« fragte sie, atmete tief durch und kam auf ein neues Thema. »In diesem Land muß jeder für alles bezahlen, was er bekommt. Ich habe dir etwas gegeben, jetzt mußt du dafür bezahlen. Jetzt ist es an dir, deinen Teil zu unserem Handel beizutragen.«

»Na schön. Also, was willst du?«

»Mein Wunsch ist dir Befehl, nicht wahr?«

Ich nickte.

»*Okay*, du hast so zufrieden und behaglich ausgesehen, als ich meine Geschichte erzählte, daß ich richtig neidisch geworden bin. Ich will ebenfalls eine Geschichte. Nur eine ganz kurze«, fügte sie hinzu, »bevor du gehst.«

»Aber ich habe dir schon eine erzählt«, protestierte ich.

»Das weiß ich«, räumte sie ein, »aber die zählt nicht. Die war Wirklichkeit. Ich will eine andere.«

»Was für eine? Die Geschichten, die ich kenne, stammen alle aus dem richtigen Leben.«

»Eine Gutenachtgeschichte«, erklärte sie, ohne meinen Einwand zu beachten. »Eine richtig phantastische, chinesische Geschichte.«

»Ein Märchen?« schlug ich vor.

Sie lächelte über die Anspielung. »Genau. Ich habe dir eine westliche Sage erzählt; nun erzählst du mir ein chinesisches Märchen. Das ist auch eine Art Kulturaustausch.« Seufzend lehnte sie sich in die Kissen zurück. »Vielleicht könnten wir das zum Präzedenzfall für unseren weiteren Verkehr machen – den kulturellen Verkehr, meine ich. Eine Art Du-zeigst-mir-deins-ich-zeig'-dir-meins-Arrangement.« Sie lachte, dann gähnte sie wieder. »Entschuldige. Ich werde müde. Mach lieber schnell, sonst schlafe ich dir noch ein beim Erzählen.«

Auf einmal fiel mir die Elfenbeinfigur im Wohnzimmer ein und mit ihr der Fuchsschrein der Hu Li. Und ich erzählte ihr die Geschichte, die mir Wu einst erzählt hatte: von der schönen Einsiedlerin, ihrer langen, einsamen Wache bei der Suche nach Erleuchtung, der Störung, als sie auf der Schwelle der Erleuchtung stand, und ihrer ungeheuerlichen Rache an dem Mann, der für die Unterbrechung verantwortlich war, nämlich dem Kaiser ein »Himmlisches Festmahl« mit dem eigenen Sohn als Hauptgericht zu servieren: wie ein Spanferkel mit einem Apfel im Mund.

»Wenigstens blieb ihm so die Qual eines Ödipuskomplexes erspart«, bemerkte Li, zog sich die Decke bis ans Kinn und lächelte mit halb geschlossenen Augen. »Laios hätte sie für seine Schmutzarbeit anheuern sollen. Dann wäre das Ganze nie passiert, und uns allen wäre eine Menge Kummer erspart geblieben.«

»Aber der Kaiser liebte seinen Sohn«, wandte ich ein.

»Stimmt«, gab sie zu. »Diesen Punkt kehrt die westliche Version um, nicht wahr?«

Ich nickte.

»Und was wurde aus der schönen Einsiedlerin?«

»Ihre Seele wurde in den Körper eines Fuchses verbannt«, berichtete ich.

»Eines Fuchses?« Ihre Aufmerksamkeit war erwacht.

Ich nickte. »Auf ewig. Es heißt, daß sie des Nachts, als schöne Frau verkleidet, auf den Straßen umherirrt und nichtsahnende junge Männer verführt, die sie anschließend verschlingt – ganz ähnlich wie die Sphinx.«

»Du hast die Figur im Wohnzimmer gesehen?«

»Ja. Woher hast du sie?«

»Sie ist ein Geschenk«, antwortete sie kurz.

Ich musterte forschend ihr Gesicht. »Von Peter?«

Sie lächelte nur und schloß die Augen.

»Ich nehme an, sie erinnerte ihn an dich wie die Windharfe?«

Sie zuckte die Achseln. »Vielleicht bin ich auch eine von euren Fuchs-Feen, Sun I. Hast du daran schon gedacht?«

Ich schüttelte den Kopf. »Wenn du das wärst, würdest du's mir nicht sagen.«

»Wirklich nicht?« Sie sah mich belustigt und herausfordernd an. »Vielleicht wäre das die gerissenste Art, deinen Argwohn zu zerstreuen.«

»Ich glaube, ich hätte nichts dagegen, von dir verschlungen zu werden.«

Sie lachte. »Sei vorsichtig, sonst nehme ich dich beim Wort.«

Hin und wieder stieß Li im Schlaf einen kleinen, klagenden Schrei aus, fern, hoch und schmerzlich wie die oberen Töne der Windharfe. Ich streichelte ihr Haar, um sie zu trösten, sie aber schüttelte den Kopf und wandte sich ab, als hätte ihr meine Hand das Fleisch versengt. Es war seltsam, sie allein in einer Traumlandschaft umherirren zu sehen, in der all ihre Schönheit, all ihre Listen machtlos waren gegen die Schatten der Dunkelheit, die sich vor ihr zusammenballten.

Schlaflos hörte ich dreimal Glockengeläut, den Stundenschlag einer entfernten Turmuhr. Immer wieder erhob sich der Wind und brachte die murmelnden Harfensaiten in so heftige Bewegung, daß die Musik irgendwie herzzerreißend klang wie ein Klagelied, wie der mitleiderregende Kummer eines Wesens, dem es nicht gegeben ist, seinen Jammer zu artikulieren, oder vielleicht eines Gottes, dessen Sprache meinen Horizont überstieg. Mir kam der Gedanke, daß die Windharfe eine gewisse Ähnlichkeit mit dem »Buch der Wandlungen« aufwies. Ihre Saiten glichen den Schafgarbenstengeln, diesem vom menschlichen Erfindungsgeist erdachten Instrument, das empfindsam genug war, um die subtilen, galvanischen Vibrationen des Tao aufzufangen. Ihre Musik mit dem ewig wechselnden Motiv war die unbegreifliche Melodie des Lebens selbst – unbegreiflich vielleicht, aber letztlich nicht ohne Sinn –, die mich heute abend mit diesem seltsamen Wind hierhergetragen hatte.

Li hatte gesagt, sie sei wie die Harfe seelenlos. Doch war es wirklich etwas Seelenloses, das ich da hörte, etwas ganz und gar Zufälliges, oder vibrierte die Harfe lediglich aufgrund eines Impulses, der zu fein war, um mit dem grobmaschigen Sieb der Sinne aufgefangen zu werden?

Noch während ich in dieser süßen, überirdischen Trägheit lag, stieß Li auf einmal einen Schrei aus und fuhr keuchend senkrecht empor.

»Wer ist da?« fragte sie angsterfüllt. »Peter?«

»Ich bin's nur«, gab ich zurück. »Sun I. Du brauchst doch keine Angst zu haben!«

Ohne mich zu beachten, sprang sie unvermittelt aus dem Bett und ging ins Bad. Sie knipste das Licht an und zog die Tür hinter sich zu. Ich hörte, wie das Wasser zu laufen begann.

Ich lag da und lauschte auf das Rauschen der Dusche. Und da sie lange nicht wieder herauskam, nickte ich nach und nach endlich ein. In diesem angenehmen Zustand des Halbbewußtseins spürte ich, wie sich das Bett, als sie zurückkehrte, unter ihrem Gewicht senkte und wieder hob. Zufrieden lächelnd schlief ich ein, ohne noch einmal die Augen zu öffnen.

Ich hatte keine Ahnung, wie lange ich geschlafen hatte und wovon ich wach geworden war, doch als ich die Augen aufschlug, war es fast vollkommen dunkel im Zimmer. Einen Augenblick lang wußte ich nicht so recht, wo ich war, glaubte, im eigenen Bett in der Mulberry Street zu liegen. Dann erinnerte ich mich mit einem stechenden Schmerz beseligender Panik an Li. Ich drehte den Kopf zu ihr hinüber. Mit weit geöffneten Augen lag sie neben mir in den Kissen und sah mich im Dunkeln an. Im Widerschein des Straßenlichts glänzten ihre Augen unheimlich wie die eines Tieres. Dann hörte ich die Toilettenspülung und keuchte erschrocken auf, während mit sanftem Geräusch auf dem Fußboden Katzenpfoten auftrafen. Wie ich feststellte, schimmerte immer noch Licht unter der Badezimmertür hervor. Im selben Moment ging die Tür auf und kam Li heraus, in ein Badetuch gewickelt, die Haare zu einem losen Chignon aufgesteckt.

»Weißt du nicht, wieviel Uhr es ist?« fragte sie barsch. »Nach drei«, beantwortete sie die eigene Frage, ohne mir Zeit zu einer Erwiderung zu lassen. »Du hast deine Zeit weit überzogen. Du mußt jetzt gehen.«

»Aber warum?« Ich setzte mich auf. »Was macht es schon...«

»Bitte, mach's mir nicht noch schwerer, als es schon ist. Ich will wirklich nicht die böse Fee spielen. Ich habe dich gewarnt, und du hast behauptet, daß du mich verstehst.«

»Aber das war vorher! Ich dachte, du hast nur Spaß gemacht.«

»Hab' ich aber nicht.« Eine Spur Mitleid sprach aus ihrem Blick, doch gleich darunter, kalt und starr, lauerte eine eisige Masse aus Entschlossenheit und unnachgiebiger Härte.

Betäubt von der kolossalen Ungerechtigkeit, die ich darin sah, aufbrechen zu müssen, und mit dem Gefühl, daß mein Herz zu tausend messerscharfen Splittern zersprang wie ein Herz aus Glas, erhob ich mich langsam und zog mich an. Als wir die Küchentür erreichten und sie mich in den Flur hinausschob, weinte ich bitterlich.

»Armer Junge«, flüsterte sie, »weine nicht um mich! Ich bin's wirklich nicht wert.«

»Aber ich liebe dich!« Haltlos schluchzte ich in meine Hände.

»Du darfst mich nicht lieben«, warnte sie mich traurig, doch beruhigend. »Ich bin nicht gut genug für dich. Bewahre deine Liebe für meine Schwester. Ihr seid euch ähnlich. *Sie* ist eine gute Fee.«

»Aber ich liebe nicht sie, ich liebe dich!« protestierte ich zwischen den Schluchzern trotzig.

»*Pssst!*« Sie legte mir ihren Finger auf die Lippen. »Ich wäre nicht gut für dich, Sun I. Du bist zu köstlich. Ich würde dich nur aufessen und dir deine rubinroten Schuhe wegnehmen.«

»Du kannst sie haben!« bot ich ihr an. »Und alles andere dazu.«

Sie lächelte voll wehmütiger Herablassung. »Aber du weißt ja weder, was sie bedeuten, noch, was sie vermögen.«

»Was bedeuten sie denn?«

Sie legte mir ihre Hand aufs Herz. »Sie sind das, was dich hierhergeführt hat; und wenn du sie nicht verlierst, werden sie das sein, was dich nach Hause bringt, nach Kansas, in die reale Welt. Verlier sie bitte nicht, Sun I! Es geht so schnell. Und verschenk sie nicht! Nicht mir, nicht einer anderen, höchstens ihr. Yin-mi kannst du rückhaltlos vertrauen.«

»Aber die will ich nicht!« wiederholte ich. »Dich will ich. Und ich will, daß *du* sie bekommst.«

»Ach, mein lieber Sun I«, flüsterte sie, »das, siehst du, ist mein Geheimnis. Im Grunde will ich sie nämlich gar nicht. Rubinrote Schuhe sind nur für *eine*

Reise gut: heim nach Kansas. Ich aber will ins Land der Wohlgerüche, ins Märchenland, und dort kannst du mich nicht hinbringen.«

Ich wollte etwas sagen, doch wieder legte sie mir den Finger auf die Lippen. Einen Moment noch hielt sie mich mit ihrem Blick fest, dann zog sie den Arm durch die halb offene Tür zurück und schlug sie mir vor der Nase zu.

VIERTES KAPITEL

Am nächsten Morgen, einem Samstag, wurde ich von einem Klopfen an meiner Tür geweckt.

»Sun I?« fragte eine süße, schüchterne Stimme.

Stöhnend wälzte ich mich herum. Mein Herz begann zu hämmern. Yin-mi.

»Ich wollte dich nicht aufwecken«, entschuldigte sie sich, als sie den Kopf zur Tür hereinsteckte. »Ich wußte nicht, daß du noch schläfst. Ich wollte nur fragen, ob wir heute abend zusammen zum Vortrag gehen. Ich könnte dich gegen halb sieben abholen. Vielleicht brauchst du jemanden, der dir hilft, all deine Sachen zu tragen oder so.«

Obwohl ich unter der Decke hellwach war, vor eiskaltem Schrecken beinahe übernatürlich wach, murmelte ich etwas Unverständliches, Unverbindliches.

»Gut«, sagte sie und interpretierte meine Antwort offensichtlich als Zustimmung, »dann schlaf nur weiter! Wahrscheinlich brauchst du deinen Schlaf. Bis später, also.« Die Tür wurde geschlossen, und ich konnte mich ein bißchen entspannen. Unvermittelt wurde die Tür aber noch einmal geöffnet. »Ich freue mich schon schrecklich darauf!« zwitscherte sie aufgeregt als eine Art Postskriptum. »Und alle anderen ebenfalls!« Dann war sie fort.

Ich war vom Wein verkatert, doch das war nichts im Vergleich zu dem moralischen Kater, der mich peinigte. Irgendwie erschien mir die vergangene Nacht unwirklich wie ein Traum, ein Alptraum, ein entsetzlicher und dennoch köstlicher Alptraum. Nur, da war Li. Der Gedanke an sie glich einem von der Bahn abgekommenen Stern, dem großen, schwarzen Loch einer implodierten Sonne, die in mein emotionales Sonnensystem eingedrungen war und mich zu einer heftigen Abrechnung in ihre Tiefen hineinzog. So immens war Lis Gegenwart, so schwer wog sie in meinem Herzen, daß es für fast gar nichts anderes mehr Platz gab.

Mein erster, bester Impuls war, Yin-mi nachzulaufen und alles abzusagen, solange noch Zeit dazu war. Wäre ich von der Liebeskrankheit und den Depressionen nicht so entkräftet gewesen, hätte ich vielleicht den Mut aufgebracht, ihr und Riley gegenüber das Richtige zu tun. Aber ich konnte ihr nicht in die Augen sehen. Ich fürchtete mich vor dieser Hellsichtigkeit ihrer Seele, fürchtete, sie würde erkennen, daß mein Treubruch tiefer ging als das Versetzen des Gewandes, unüberbrückbar tief.

Also schlich ich mich, nachdem ich mich angezogen und die Sonnenbrille aufgesetzt hatte, auf Zehenspitzen an der Wohnungstür der Ha-pis vorbei und suchte Zuflucht in der Anonymität der Straße.

Den ganzen Tag lief ich umher, ohne genau zu wissen, wohin, seelisch und körperlich gefangen in einer Starre, die der Schmerz meines Liebeskummers gelegentlich durchstieß wie eine Trompetenfanfare. Nachdem ich meilenweit gelaufen war, schien gegen Mittag die Wolkendecke in meinem Gehirn aufzureißen, und es zog mich wie durch eine unerklärliche, doch unentrinnbare Schwerkraft zur Upper West Side, die ich durchstreifte wie der Geist einer toten Seele ein verlassenes Haus, den Ort eines niemals vergessenen Glücks, dessen Verlust sie noch nicht akzeptiert oder überwunden hat.

Gegen halb sieben, zum für die Verabredung mit Yin-mi vorgesehenen Zeitpunkt, betrat ich eine Bar, schlug Lis Nummer im Telefonbuch nach und rief sie vom Münzfernsprecher aus an. Während ich dem Rufzeichen lauschte, begannen meine Hände zu schwitzen. Als ich nach dem fünften Läuten aufgeben wollte, meldete sie sich. Ihre Stimme klang verschwommen, ein bißchen unsicher. Im Hintergrund hörte ich Musik und Gelächter.

»Li?«

»Wer ist denn da?« fragte sie kurz.

»Ich bin's«, antwortete ich. »Sun I.«

»*Wer?*« wollte sie wissen. »Sprechen Sie lauter, die Verbindung ist schlecht.«

Ich zögerte eine Sekunde zu lang. »Irgendein Witzbold«, hörte ich sie noch sagen, ehe sie auflegte.

Als ich zum zweitenmal anzurufen versuchte, war der Anschluß besetzt.

Bis es dunkel wurde, ungefähr eine Stunde lang, wanderte ich in immer enger werdenden konzentrischen Kreisen um das Haus herum, in dem sie wohnte. An der Ausführung meines verzweifelten und erbärmlichen Entschlusses hinderte mich nicht so sehr Mannhaftigkeit als vielmehr Kleinmut. Im Schutz der zunehmenden Dunkelheit jedoch siegten meine niederen Instinkte. Von der anderen Straßenseite aus beobachtete ich das Haus wie ein Einbrecher. Durch die Glasscheiben der Eingangstür konnte ich Ramón an seinem üblichen Platz vor dem Münztelefon lehnen und heftig mit einem unsichtbaren Gesprächspartner diskutieren sehen, wobei er sich immer wieder mit dem Kamm durch die Haare fuhr. Kühner geworden, schlich ich bis zur Ecke des Hauses und schließlich in den Hof hinein, wo ich stehenblieb und die erleuchteten Fenster zählte, um herauszubekommen, welches das ihre war. Gelegentlich tauchte in dem hellen Geviert die Silhouette einer Gestalt auf, und sofort beschleunigte sich mein Puls.

Als ich so dastand und darauf wartete, wenigstens einen Blick auf sie werfen zu können, schloß sich dicht über dem Ellbogen eine kraftvolle Hand um meinen Arm. Ramón musterte mich mit strahlendem, wenn auch nicht hundertprozentig freundlichem Grinsen. »Was'n los, Mann?«

»Ich wollte nur...«

Er schloß die Augen und nickte weise. »Na klar, weiß schon Bescheid. Aber sie will dich nu' mal nich' sehen, Mann. Kapiert? Mach 'ne Fliege, sons' hol' ich die Cops. *Comprende?*«

Ich nickte und wandte mich zum Gehen.

»Vielleicht is' ihr dein Dings nich' groß genug«, höhnte er noch, während ich mich beschämt davonmachte.

Ich betrat das erste Spirituosengeschäft, das ich sah, erstand eine Flasche Portwein und schlenderte dann quer über die Avenues – Amsterdam, Columbus, Central Park West – bis in den Park, wo ich mich auf einer grünen Lattenbank niederließ, den Hals der Flasche aus der Papiertüte schälte und sie öffnete. Gedankenverloren hatte ich schon mehrmals einen Schluck getrunken, als ein älterer Wermutbruder, der am Stock den Asphaltweg entlanghumpelte, still vor mir stehenblieb und mich anstarrte. Ich ignorierte ihn und kippte einen weiteren Schluck hinunter.

»Mach lieber 'n bißchen langsam, Bruder«, warnte er mich. »Wird noch 'ne laaange Nacht wer'n, heute.« Er wartete auf eine Reaktion von mir und fragte dann, als keine kam: »Kann ich mich setzen?«

Meine Indifferenz als Zustimmung deutend, machte er es sich neben mir bequem und legte sich den Stock quer über die Beine. Ich warf einen flüchtigen Blick zu ihm hinüber. Ein recht typisches Exemplar dieser Spezies, dachte ich: Strickmütze, grauer Bart, blutunterlaufene Augen, zerlumptes, ausgebeultes Jackett.

»Du machs' ja 'n mächtig mieses Gesicht«, stellte er fest. »Muß irgendwie wohl 'ne Frau dahinterstecken.« Pessimistisch schüttelte er den Kopf. »Ja, ja. Is' doch immer wieder dasselbe, nich'? Honky, Chinaman, Injun, Nigga – ganz egal, wer –, sie alle leiden an derselben Krankheit. Diese Krankheit heißt Liebeskummer, un' verantwortlich dafür is' 'ne Frau. Ich weiß nich', wie das in Hongkong is', Bruder, aber wie sie den Blues in Santee, South Carolina, singen, das kann ich dir vormachen.« Er hielt inne, räusperte sich, spie aus und streckte, ohne mich anzusehen, die Hand nach mir aus. »Aber gib mir ers' ma'n kräftigen Schluck, wenn's dir nichts ausmacht.«

Ich gab ihm die Flasche. Er setzte sie an, trank einen großen Schluck und wischte sich anschließend mit dem Jackenärmel über den Mund. Dann streckte er die Flasche auf Armeslänge von sich und kniff die Augen zusammen, als wolle er durch die Papiertüte das Etikett lesen. »Is'n das?«

»Port«, antwortete ich.

»Hm-hm. Is' kein Thunderbud, is' aber in Ordnung.« Als er sie mir zurückreichte, begann er mit einem zittrigen, rauhen, aber nicht unangenehmen Bariton zu singen:

»I ax de Good Lawd, sen' me an angel down,
Say I ax de Good Lawd, sen' me an angel down.
Lawd say, cain' spah you no angel, Murphy,
But I sen' you Thelma Brown.«

Lachend klatschte er sich auf den Schenkel. »*Yeah,* ich weiß nich', wie das in Hongkong is', aber so sing' wir das unten in Santee.« Er musterte mich abermals. »Ich glaub', dich hat's ganz schön erwischt, mein Freund. Aber mach dir nichts draus. Verdammt! Was machs' du dir Sorgen? Du bis' jung. Du bis' gesund. Du finns' 'ne annere. Verflixt, Junge, ich hab' das auch schon erlebt, un' noch mehr. Jetzt bin ich drüben auf der annern Seite.« Er schüttelte den Kopf. »Bei mir is' Hopfen un' Malz verloren. Was ich hab', kann kein Doktor inner Welt heilen. Un' auch das ham die Weiber auf'm Gewissen. Kuck mal.« Er beugte sich auf der Bank nach vorn. »Weiß' du, was das is'? Reißmatismus nennt man das. Komm überhaupt nich' mehr nach unten. Kommt vom Schlafen draußen, inne Kälte. Das Weib hat mich aus'm Haus geschmissen. Siehste mein' Schnürsenkel, Bruder? Manchmal kann ich den wochenlang nich' zubinn'. Muß warten, bisses Frühling wird, dann isses 'n bißchen besser. Komm, zeig mal 'n bißchen chris'liche Nächstenliebe. Gib mir noch'n Schluck von deiner Tüte, un' dann bind mir die Schnürsenkel, ja? Bitte, Bruder, hilf mir 'n bißchen!«

Gerührt von seiner scheinbaren Aufrichtigkeit und der Demut seiner Bitte, bückte ich mich, um ihm den Gefallen zu tun.

Und dann schlug er mich nieder – als Krönung des Abends, sozusagen. Vermutlich hätte ich schon bei seinem gefühlsduseligen Gerede Verdacht schöpfen sollen, aber ich war noch immer zu grün und überdies tief gerührt vom Anblick eines Leidensgenossen, der mich um Beistand bat. Sein Stock muß wohl mit Blei ausgegossen gewesen sein, denn als ich aufwachte, hatte ich außer entsetzlichen Kopfschmerzen eine Beule am Schädel, so groß wie ein kleiner Apfel. Eine Blutkruste verfilzte meine Haare. Anscheinend waren Stunden vergangen. Ich lag auf dem Bauch im Gras neben der Bank. Kalter Tau war auf mich gefallen; im Schein einer Straßenlaterne sah ich ihn im Gras glitzern.

Er hatte mir das wenige Geld gestohlen, das ich besaß, und mir die leere Brieftasche gelassen. Auch die Flasche war natürlich verschwunden, was im Augenblick die schwererwiegende Tragödie für mich war. Tröstlich war nur, daß ich den Großteil meines neuen Vermögens zu Hause unter der Matratze versteckt hatte. Was dessen Sicherheit dort betraf, empfand ich auf einmal einen Stich Angst, der aber angesichts des Bergs meiner übrigen Sorgen und Leiden kaum ins Gewicht fiel. Mit Knien, die wacklig wie Pudding waren, humpelte ich nicht zur beleuchteten Straße, die Sicherheit geboten hätte, sondern tiefer in den Park hinein, zuerst quer über die Autostraße, dann über den Reitweg und schließlich zum erhöhten Kiespfad rings um das Staubecken. Ich fühlte mich ein wenig berauscht und hatte wohl auch ein bißchen Fieber. Meine Zähne klapperten, als ich, die Finger in den Maschendrahtzaun gekrallt, da hing und über das Wasser hinweg zum steinernen Pumpenhaus und den dahinterliegenden Häusern von Midtown blickte. Die Nacht war beinahe übernatürlich klar und lebendig. Hoch über mir sah ich die Milchstraße wie eine von einer glitzernden Sichel ins Feld der Dunkelheit geschnittene Schneise. Das Wasser ruhte so still, daß ich die darin gespiegelten Sterne funkeln sah wie Eiswürfel in einem dunklen Punsch; und drüben hinter dem Pumpenhaus ragten hoch und schwarz vor dem nächtlichen Himmel die Wolkenkratzer von Midtown auf – Chrysler, PanAm, die schlanke Nadel des Empire State Building

– wie gigantische, mit Sternen besetzte Karzinome. In diesem Augenblick, glaube ich, berührte mich zum erstenmal der atemberaubende Zauber der City, berührte mich mit seinem tödlichen Zauberstab so nachhaltig, daß ich mich fragte, ob ich es je wieder bis nach Hause schaffen würde.

Ich kehrte in jene Richtung zurück, aus der ich gekommen war, und legte mich in eine Bodenvertiefung, wo mich ein Wall dicker Felsbrocken vor den Blicken aller Passanten schützte, die zu dieser Nachtstunde noch vorbeikommen mochten. Dort schlief ich, von eisig kaltem Tau bedeckt, kurz darauf wieder ein. Doch diesmal aus völlig natürlichen Gründen.

Am Sonntag schob ich die unvermeidliche Rückkehr zu Verantwortlichkeit und Vorwürfen abermals auf, legte jedoch, da mein Vorrat an nervöser Energie erschöpft war, völlig apathisch und deprimiert eine weitaus geringere Meilenzahl zurück als am Tag zuvor. Von Zeit zu Zeit beunruhigte mich der Gedanke an mein unbeaufsichtigtes Geldversteck. Erst spät in der Nacht fand ich schließlich den Weg zur Mulberry Street, und als letzte und letztlich fruchtlose Vorsichtsmaßnahme gegen einen moralischen Hinterhalt erklomm ich die Feuerleiter.

An meiner Wohnungstür klebte ein Briefumschlag, den ich erst öffnete, nachdem ich eingetreten war und mich vergewissert hatte, daß sich niemand an meinem Geld zu schaffen gemacht hatte. Mit einem Seufzer der Erleichterung riß ich den Umschlag auf. Die Nachricht stammte von Yin-mi:

> Lieber Sun I,
>
> sollte ich Dich verpassen, melde Dich bitte bei mir, sobald Du wieder zu Hause bist. Ich mache mir die größten Sorgen. Pater Riley und ich, wir sind gestern die ganze Nacht aufgeblieben und haben auf eine Nachricht von Dir gewartet. Wir haben bei der Polizei angerufen, in den Krankenhäusern – überall. Ich weiß, daß etwas ganz Schreckliches passiert sein muß, denn sonst hätten wir von Dir gehört. Ich bete, daß es nicht so ist. Es war ein Fiasko in der Kirche. Es gab beinahe einen Aufstand. Aber das alles ist nicht so schlimm, solange Dir nur nichts passiert ist. Solltest Du verletzt sein oder irgendwie in Schwierigkeiten stecken, laß es mich wissen, damit ich versuchen kann, Dir zu helfen. Ganz gleich, was es ist. Und laß bitte auf jeden Fall von Dir hören, sobald Du diesen Brief bekommen hast. Ganz gleich, wie spät es ist. *Bitte!*
>
> In Liebe,
> Yin-mi

Ein qualvolles Schluchzen unterdrückend, zerknüllte ich den Brief, sobald ich ihn gelesen hatte, und warf ihn in den Mülleimer. In dem Zustand, in dem ich mich augenblicklich befand, konnte ich mich nicht mit ihm herumschlagen. Nachdem ich schon durch einen Haarriß angeknackst war, der von den beiden Hälften meines Gehirns und mitten durch die Kammern meines geteilten

Herzens bis zu den Genitalien hinab lief, hätten mich diese Verwicklungen zerbrochen.

Verfolgt von paranoiden Träumen, schreckte ich während der Nacht mehrmals schweißüberströmt auf und lauschte mit angehaltenem Atem auf das knirschende Geräusch von Schritten auf dem Kiesbelag des Dachs. Jedesmal kontrollierte ich hastig, ob sich das Geld noch an seinem Platz befand, stand auf und vergewisserte mich, ob die Tür auch verschlossen war. Immer wieder zählte ich die Scheine, um endlich Ruhe zu finden, und ich nahm mir fest vor, den ersten Dollar meines neu erworbenen Reichtums für eine Sicherheitskette auszugeben. Jedesmal, wenn ich nach diesen Alpträumen die Hand unters Kopfkissen schob und nach der Papiertüte tastete, fühlte ich Erleichterung, ja sogar fast ein Glücksempfinden. Daß sie dort lag, beruhigte mich wie ein Talisman. Dann kehrte jedoch mein Denkvermögen zurück, und ich sagte mir, daß das Geld ja der einzig denkbare Grund war, den ein Dieb haben konnte, um bei mir einzubrechen. Zutiefst bekümmert erinnerte ich mich an ein Zitat: »Gehortete Reichtümer sind eine Einladung für den Dieb.« Woraus war das? Ach ja, natürlich, Laozi. Hatte ich das tatsächlich vergessen?

Erst bei Tagesanbruch wichen die Träume und Phantasievorstellungen. Zum erstenmal begriff ich die primitive Angst der Tiere, und ich verstand, warum die Vögel das Heraufdämmern des Morgens so hingebungsvoll besingen. Obwohl ich erschöpfter war als beim Zubettgehen, erhob ich mich voll Dankbarkeit. In der Hoffnung, das Haus ungesehen verlassen zu können, begann ich schnell, Hemd und Hose anzuziehen und mir vor dem Spiegel die Krawatte zu binden.

Kaum hellte sich der Himmel über den Dächern auf und verwandelte die Gebäude in Silhouetten, da kam Yin-mi. Ohne lange anzuklopfen, öffnete sie einfach die Tür. Im Spiegel sah ich ihre Miene. »Gott sei Dank!« stieß sie im Ton erschöpfter Erleichterung hervor. Dann sank sie auf einen Stuhl, barg das Gesicht in den Händen und fing an zu weinen.

Überrascht von der Intensität ihrer Gefühle, gerührt und auch beschämt, wandte ich mich um.

Mit tränenüberströmtem Gesicht blickte sie glücklich strahlend zu mir auf. »Ich hatte so furchtbare Angst um dich! Hast du denn meinen Brief nicht gekriegt?«

»Doch«, gab ich zurück.

»Du hättest mich wecken sollen. Ich hatte dich darum gebeten.«

»Tut mir leid«, sagte ich schlicht.

»Ist schon *okay*. Du wolltest vermutlich nur rücksichtsvoll sein.«

Errötend drehte ich mich zum Spiegel um und fuhr fort, meine Krawatte zu knoten.

»Also?« fragte sie schließlich mit einem ungewohnt ungeduldigen Unterton.

Bevor ich etwas antworten konnte, war sie schon aufgesprungen und stand neben mir. »Was ist passiert?« erkundigte sie sich besorgt und strich mir behutsam über den Kopf. »O Gott!« Sie zuckte zusammen und sog die Luft durch ihre Zähne. »Du bist ja verletzt!«

»Ach, das ist nichts«, behauptete ich.

»Was ist passiert?«

»Ich bin überfallen worden.«

»Das wußte ich! Ich wußte genau, daß was passiert ist.« Eine Andeutung triumphierender Genugtuung lag in ihrem Ton. »Wo warst du?«

»Auf der Upper West Side«, gestand ich. »Im Park.«

»Bist du sonst ganz in Ordnung?«

»Ja, ganz.«

»Bist du sicher?«

»Hundertprozentig.«

»Gott sei Dank! Ich hab' Pater Riley ja gesagt, du würdest uns nicht ohne Grund sitzenlassen, du müßtest irgendwie verletzt sein, sonst hättest du uns Bescheid gegeben. Warst du beim Arzt?«

»So schlimm ist es nun wirklich nicht.«

»Es ist eine Platzwunde.« Sie berührte sie ganz leicht. »Tut das weh? Komm, ich mach' sie dir sauber. Sie ist völlig verdreckt.« Sie ging zum Wasserhahn und befeuchtete einen Handtuchzipfel. Auf den Zehenspitzen stehend, begann sie die Wunde vorsichtig abzutupfen. »Erzähl doch mal, wie das passiert ist«, bat sie leise, ganz in ihre Aufgabe vertieft. »Du mußt mir alles genau erzählen... Vielleicht können wir den Vortrag nächste Woche nachholen«, sinnierte sie, in Gedanken weit vorauseilend.

»Es wird keinen Vortrag geben«, erklärte ich und fing ihre geschickte Hand ein.

»Was soll das heißen?« fragte sie erstaunt und entzog mir behutsam die Hand. »Wieso nicht?«

»Weil es kein Gewand mehr gibt.«

Ein Anflug von Kummer erschien auf ihrem Gesicht; dann zog sie, allmählich verstehend, die Brauen empor. »O nein!« stöhnte sie verzweifelt. »Es ist dir doch nicht etwa gestohlen worden!«

Ganz kurz schoß mir der Gedanke durch den Kopf, sie zu belügen, doch irgend etwas in ihrem Ausdruck machte mir das wie immer unmöglich. Ich schüttelte den Kopf. »Nein.«

»Aber was ist denn dann passiert?« Ihre Erregung stieg. »Ich verstehe das nicht. Was ist mit dem Gewand geschehen? Was hattest du auf der Upper West Side zu suchen?«

»Da bin ich erst hingegangen, nachdem ich es versetzt hatte.« Abermals drehte ich mich zum Spiegel um, schloß meinen Kragenknopf und schob den Krawattenknoten hoch.

»Versetzt?«

Ich nickte. »Am Freitag nachmittag, nachdem wir wieder zu Hause waren.«

»Aber du hast mir nichts davon gesagt. Und als ich am Samstag bei dir vorbeikam, sagtest du...« Sie hielt inne, ahnte die Wahrheit. Mein Gesicht im Spiegel wirkte ernst, blaß, düster, fast wie das Antlitz eines Toten. Sie starrte mich stumm und verwundert an. Dann wurde ihr Blick tief (so tief wie mein Verrat, unüberbrückbar tief). Ich ergriff meine kleine Last – die Papiertüte –, schob Yin-mi sanft zur Seite und flüsterte ihr im Vorbeigehen leise ins Ohr:

»Tut mir leid.« Als ich die Treppe zur Straße hinabeilte, wußte ich, daß ich diesen feierlichen Ernst in ihren Augen nie wieder ertragen, geschweige denn vergessen können würde.

Unterwegs vermied ich, unser Gespräch zu rekapitulieren, auch dachte ich nicht weiter darüber nach. Eine dumpfe Verzweiflung hatte Besitz von mir ergriffen. Meine Gedanken verfolgten denselben Weg wie am Abend zuvor, als hätte es keine Unterbrechung gegeben. Die Vorstellung, allein und ohne jede Begleitung durch die Straßen zu gehen, bereitete mir ein wenig Unbehagen. Nach meinem Erlebnis erschien es mir als der Gipfel der Torheit, einen weiteren Überfall, vielleicht sogar den brutalen Tod zu riskieren – und alles nur wegen... ja, weswegen eigentlich? Wegen einer Tüte voll Papier? Ich tröstete mich mit dem Gedanken, daß unmöglich jemand bemerken konnte, wieviel Geld ich heute bei mir trug. Außer einer leichten Wölbung meiner Tasche, die sorgfältig unter dem Kittel verborgen war, gab es keine auffallende Veränderung an meinem Aussehen. Oder doch? Ich bekam Hemmungen. Lag da vielleicht eine neue Scheu, eine kaum wahrnehmbare Nervosität in meinem Gang, die es am Tag zuvor noch nicht gegeben hatte, einen Hinweis, den ein erfahrener Dieb benutzen konnte, um mich aus der Menge herauszufischen? War es möglich, daß mir mein Reichtum im Gesicht geschrieben stand?

Lächerlich! redete ich mir ein, während ich unruhig umherspähte. Reine Paranoia. Aber konnte nicht doch ein bißchen Wahrheit darin liegen? Denn ich hatte das Gefühl, daß mit mir eine Veränderung vorgegangen war, wenn auch nur eine winzige. Und hatte man mich nicht gelehrt, daß Veränderungen eines Teils, und seien sie auch noch so subtil, sich letztlich doch dem Ganzen mitteilen? War es nicht schlechthin unumgänglich, daß das Gesicht eines Menschen seinen seelischen Zustand spiegelte? Bei dieser Überlegung wurde mir eine mehr oder weniger geringfügige Erleuchtung zuteil. Ich begann plötzlich zu begreifen, warum die Gesichter, die von der Trinity Church bis zum Fluß hinab durch die Wall Street zirkulierten, einen so stumpfen, undurchdringlichen Ausdruck zur Schau trugen. Es war dies der Verteidigungswall der Seele, eine Methode, sich gegen den entnervenden Druck des Lebens unter Belagerung immun zu machen. So besessen waren diese Männer und Frauen von der Sorge, sie könnten verlieren, was sie ihr Leben lang angehäuft hatten, und so wild entschlossen hüteten sie ihren Schatz, daß die Lust an einfachen Freuden aus ihren Augen gewichen war und ihr Gesicht, einem Chamäleon gleich, allmählich die Farbe der Klippen annahm, von denen der Finanz-Canyon, der sich Wall Street nennt, auf beiden Seiten gesäumt wird.

Ich beschloß, einen Tag lang ihr Verhalten zu kopieren, und legte die Angstmaske der Wall Street an: den glasigen, stumpfen, wäßrigen Blick und die hängenden, gebeugten Schultern. Meinen Schritt beschleunigend, starrte ich abwechselnd stur geradeaus oder auf meine Füße, wich den Blicken der Vorübergehenden aus und folgte dem ausgetretenen Pfad mit einer bald gehetzten, bald wieder ausdruckslosen Miene, wie die Tausende von anderen Menschen, die sich Tag für Tag als homogenisierte Produkte eines Fließbandes durch die Drehkreuze der Subway zwängen. Der einzige Unterschied war, daß dies für mich nur eine vorübergehende Tarnung war, eine für einen Tag angelegte Maske, um Diebe und Räuber irrezuführen. Meine Wertvorstellungen, meine Verachtung für das ganze Theater und mein Mitgefühl für die anderen blieben darunter durchaus intakt.

Und doch... und doch... ist auch dies irgendwie das Tao, sagte ich mir und gab die Hoffnung auf, jemals den unvorstellbaren Kern dieses erhabensten aller Paradoxa bloßlegen zu können.

Wie dem auch sei, es fiel mir gefährlich leicht, diese Rolle perfekt zu spielen. Hatte ich nicht den wichtigsten Teil des ganzen Kostüms bereits angelegt? Ich meine natürlich die Sonnenbrille: »Doch wenn du keine Brille trügest, so würde der strahlende Glanz der smaragdenen Stadt dich blenden. Selbst jene, die in der Stadt wohnen, müssen Tag und Nacht eine Brille tragen.« Diese Sätze aus dem »Zauberer von Oz«, den ich mir nach der Rückkehr aus Sands Point gekauft hatte, gingen mir immer wieder durch den Kopf und bestärkten mich in meiner Überzeugung.

Als ich die Trinity Church erreichte, war die Elastizität aus meinen Schritten gewichen. Schon jetzt fühlte ich mich ausgepumpt und fürchtete mich vor dem vor mir liegenden Tag. Als ich die Börse betrat, begegnete ich in der Halle Wo, den ich schon eine ganze Zeitlang nicht mehr gesehen hatte.

»Scheint ja, als macht's dich allmählich auch fertig«, stellte er fest. »Du läufst nicht mehr mit derselben Begeisterung rum wie früher.«

Seine Bemerkung weckte in mir eine unerwartete Feindseligkeit. Es war mir ausgesprochen unangenehm, daß er mich ohne meine Zustimmung anmaßend mit dieser unglückseligen, zynischen Bruderschaft der Auf-der-Stelle-Tretenden und Taugenichtse, deren Präsident und Hauptförderer er war, in einen Topf warf. Ich glaube, ich wurde vor Bitterkeit hochrot, ehe ich mich in der Gewalt hatte. Dann ging ich achselzuckend mit hochmütig-gleichgültiger Miene wortlos davon.

Als ich allein war, weidete ich mich insgeheim an dem Bewußtsein, daß ich mich mittels dessen, was ich in meiner Tasche trug, auf ewig aus der Reichweite seiner niedrigen, gemeinen Verdächtigungen begeben hatte. Gleich darauf meldete sich ein hundertprozentig gegenteiliger Impuls, und plötzlich schämte ich mich, daß ich solchen Gedanken nachhing und mich mit diesem Besitz brüstete, dessen Zustandekommen ich fünf Minuten zuvor noch beklagt hatte. Feierlich gelobte ich mir, nie zu vergessen, daß alles, was ich getan hatte, der Erlangung von Kenntnissen und nicht von Reichtum gedient hatte, und diesen rettenden Unterschied auch in Zukunft nicht mal für einen winzigen Moment aus den Augen zu verlieren.

Trotz dieses festen Vorsatzes empfand ich jedoch, als ich durch die Gänge der Börse schritt und meine Botenjungenkollegen beobachtete, Trost in einer neuen und noch niemals erlebten Genugtuung. Ich konnte mir nicht helfen: Eine Ahnung beschlich mich, daß ich irgendwie über sie hinausgewachsen war, daß wir nicht mehr zur selben Klasse gehörten. In diesem Gefühl lag keinerlei

Aversion, ja, ich empfand sogar noch mehr Mitleid mit ihnen, und ich begrüßte ihre Bemühungen, die eigene Lage zu verbessern. Insgeheim jedoch fragte ich mich, wie viele von ihnen wirklich über das verfügten, was erforderlich war, um aus ihrer Position aufzusteigen, einer Position, deren Würdelosigkeit mir noch niemals zuvor in diesem Licht erschienen war. Nun jedoch hatte ich mich über sie erhoben, war in eine höhere Liga befördert worden. Und was war der ganze Unterschied? Ich konnte Aktien kaufen. Jetzt hatte auch ich ein Stück vom großen Kuchen, einen Anteil an der Zukunft Amerikas. Oder würde ihn wenigstens sehr bald haben.

Als ich Kahn fand, entledigte ich mich all meiner Sorgen, all meiner Ängste und Hoffnungen, die der Besitz von so viel Bargeld schon in dieser einen, einzigen Nacht in mir geweckt hatte. Kahn legte mir väterlich den Arm um die Schultern und führte mich beiseite, in eine Ecke, weit entfernt von der lärmenden Aktivität des Börsensaals, und versuchte mich zu trösten: »Siehst du, Kleiner? Es hat bereits angefangen.« Er nickte bedeutsam, voller Genugtuung, als sei er irgendwie gerechtfertigt worden.

»Was hat bereits angefangen?« fragte ich verständnislos.

»Du hast in einer schlaflosen Nacht mehr über den Dow gelernt als in den ganzen Wochen hier, in denen du beobachtet, Vorträge besucht und Fragen gestellt hast. Dies sind die berühmten ›Sorgen und Leiden der Verantwortung‹.«

Sein männlich-hartes Mitgefühl erinnerte mich an den Ausdruck in Jins Augen, als er mir zusah, wie ich den Pfeifenstiel in den Mund nahm und zog. Es war eine ganz neue Nähe zwischen uns entstanden, ein viel tieferes Gefühl der Gemeinschaft als zuvor. So zufrieden ich auch war, fühlte ich mich dennoch ein wenig beunruhigt, denn diese Gemeinschaft trug Merkmale der verzweifelten, zynischen Kameradschaft, die zwischen Gesetzlosen und Gestrauchelten entsteht.

»Dies ist die Realität, Sonny«, erklärte er mir, »und du bist dabei, dir ein Stück davon zu kaufen.«

»Die Realität?« fragte ich. »Da bin ich mir aber nicht so sicher. Vergessen Sie nicht, daß das Ganze nur etwas Vorübergehendes ist.«

Lächelnd schüttelte er den Kopf. »Du wirst sehen, es ist viel einfacher hineinzukommen als hinaus.«

»Ich will mein Geld investieren, Kahn«, widersprach ich, »nicht mein Herz.«

»*Facilis descensus Averno*«, gab er zurück und sah eher durch mich hindurch als mich richtig an.

»Ist das Jiddisch?«

Er lächelte. »Beinahe. Es ist Latein.«

»Und was heißt das?«

»›Der Abstieg in die Hölle ist leicht‹«, übersetzte er. »›Die Tore des Totenreichs stehen Tag und Nacht offen; doch unsere Schritte zu wenden und wieder an die Luft oben emporzusteigen, das ist Schwerarbeit, das ist das Problem.‹«

Unsere Blicke trafen sich.

»So!« sagte er schließlich mit einem Ausbruch von Fröhlichkeit, der einen Wechsel sowohl des Themas als auch der Stimmung ankündigte. »Ich finde, wir sollten jetzt zum *Geschäftlichen* übergehen, wie?« Vertraulich ergriff er meinen Arm und führte mich davon. »Ich glaube, ich habe genau das Richtige.«

FÜNFTES KAPITEL

»*Okay*, Kleiner, jetzt werd' ich dir mal die Scheiße verklaren«, begann Kahn, als wir unseren Lunch in Angriff nahmen. Dabei wurde er so unvermittelt von einem Lachanfall geschüttelt, daß er in alle Himmelsrichtungen Stücke seines halb zerkauten Eclairs versprühte. »'tschuldige, Sonny, das wollte ich nicht.« Er reichte mir eine Papierserviette. »›Die Scheiße verklaren, das ist gut! Das muß ich unbedingt Norm erzählen.«

»Wovon reden Sie überhaupt?« wollte ich ärgerlich wissen und schnipste mir Sahnespritzer vom Kittel.

»Das wirst du schon sehen«, behauptete er. »Es geht um etwas, woran ich schon seit über einem Jahr bastele. Ich hab's bloß noch nie erwähnt, weil sich das Ganze noch in einem höchst sensiblen Stadium befindet, streng geheim. Ich hab' da doch diesen Freund vom Mount Abarim, Norman Murdfeld. Der ist Warenterminhändler beim Chicago Board of Trade. Mais hauptsächlich. Aufgrund seiner Verbindung bekam er die Chance, sich an einer netten, kleinen Transaktion zu beteiligen, die ein Mann namens Hiram Cox da oben ausbaldowert hat. Hiram ist 'n Bauerntölpel, aber was soll's. Da er anfangs 'n bißchen klamm mit Barem war, bot er Norm eine Beteiligung an, und Norm sprach mit mir. Ich griff gleich zu, obwohl ich mich bis über die Ohren verschulden mußte. Mein Börsensitz und das Haus, das mir jetzt gehört, sind hoch belastet, aber wir stehen kurz vor dem Erfolg. Und wenn ich recht habe, würde der große Pepsi-Cola-Schnitt daneben aussehen wie 'n Penny-Einsatz. Im Ernst, Kleiner, es kann das Glanzstück meiner Karriere werden. Wenn dies gut ausgeht, kann ich mich zur Ruhe setzen und auf ganz großem Fuß leben, in Palm Beach oder Boca Raton sogar ein Gestüt aufbauen. Und weil ich dich mag, Kleiner, werde ich dich beteiligen.«

»Und was ist es nun?«

»Kommt schon noch, kommt schon noch! Nur nicht so ungeduldig«, schalt er. »Alles zu seiner Zeit.« Weit in seinen Drehsessel zurückgelehnt, genoß er seine Überlegenheit und stopfte sich die Backen voll. Dann leckte er sich langsam die Finger sauber und zog einen nach dem anderen mit einer ironischen Bewegung und einem Geräusch, das wie ein kleiner Kuß klang, durch die gespitzten Lippen. »Möchtest du auch eins?« erkundigte er sich mit gespielter Höflichkeit.

»Kahn!« sagte ich drohend.

»*Okay*«, lenkte er ein, beugte sich unvermittelt vor und pflanzte seine Ellbogen auf die Schreibtischplatte.

»Hör zu: Langzeit-Leasing von schweren Landmaschinen.« Beifallheischend hielt er inne.

Ich starrte ihn verständnislos an.

»Du weißt schon, Trekker, Mähdrescher, Erntemaschinen und so weiter«, erklärte er. »Verstehst du nicht? Das ist wirklich ein wunderhübsches, kleines Arrangement – das Leasing, meine ich. Da ist noch niemand drauf gekommen. Es hieß immer nur, kaufst du sie, gehört sie dir – mitsamt den Kopfschmerzen. Unsere Idee ist für beide Seiten besser: für den Farmer, weil er keine hohe Anfangsbelastung hat, die Raten wesentlich niedriger sind als die, die er bezahlen müßte, wenn er die Maschine kauft, und weil er sich vor allem nicht um die Instandhaltung zu kümmern braucht; für unsere Firma, weil wir entdeckt haben, daß wir, wenn wir eine effektive Service-Flotte schaffen, den Farmer dazu bringen können, uns den Laden zu finanzieren, indem wir am Ende einer sechs- bis achtjährigen Leasingzeit über Trekker verfügen, die erst die Hälfte ihrer Lebenserwartung hinter sich haben und sofort weiterverleast werden können. Jeder Dollar, den sie dann einbringen, ist Reinverdienst. Mit anderen Worten: kostenlose Traktoren.«

»Und wie heißt die Firma?«

Er kicherte. »Das ist das Allerschönste daran. Halt dich fest! Jane Doe.«

Wieder sah ich ihn verständnislos an.

»Jesus, Kleiner! Wach endlich auf! John Deere, kapierst du? Die führende Firma dieser Branche! Also ist das nun gerissen oder nicht? Denk doch bloß an die Werbemöglichkeiten! ›Die attraktivere Alternative.‹ – ›Die bessere Hälfte der Branche.‹ Stell dir das doch bloß mal vor!« Mit den Handflächen strich er durch die Luft wie ein Zauberkünstler, der für die Zuschauer einen Vorhang öffnet. »Da erscheint dieses süße, kleine, apfelbäckige Ding auf deinem Bildschirm: Latzhöschen, Zöpfe, Baseballkappe und alles. Sie malt verlegen mit der Schuhspitze im Dreck, hält die Hände auf dem Rücken und wirkt irgendwie ein bißchen linkisch. Die Kamera fährt auf sie zu, und sie sagt: ›Ich schreibe ihm einen Abschiedsbrief, Amerika. Von nun an gibt's nur noch dich und mich.‹ Plötzlich hebt sie den Kopf und grinst, halb Milchmädchen, halb *femme fatale*. ›Und es braucht nicht mal für immer zu sein‹, sagt sie. Dann wirft sie ihre Kappe fort, schüttelt ihr Haar aus und legt einen Strip hin, bis sie in einem mit Pailletten besetzten Badeanzug dasteht. ›Ich bin emanzipiert, Baby!‹ verkündet sie. ›Von nun an heißt es nur noch zahlen, was du auch wirklich kriegst!‹« Erwartungsvoll hielt er inne. »Also, was meinst du? Ist das Lyrik, oder was ist das?«

»Ich weiß nicht, Kahn«, antwortete ich zögernd. »Klingt ja ganz interessant, aber...«

»*Okay, okay*«, sagte er gereizt und ein bißchen pikiert, weil ich den Flug seiner Phantasie behinderte, »das Beste hast du ja noch gar nicht gehört. Bis zu diesem Punkt hat Doe ganz und gar fair gehandelt. Und ist sogar gut dabei gefahren. Aber wir sind alle der Meinung – und damit meine ich Norm, Hiram und mich sowie ein paar andere, kurz: unser kleines Insider-Kartell –, daß wir einen größeren Markt für unsere Aktien brauchen. Also bemühen wir uns um eine Börsenzulassung.«

»Zulassung?«

»Na klar. Zulassung, daß Doe an der New Yorker Börse gehandelt wird. Mit anderen Worten, in die Oberliga aufsteigt.«

»Ist das denn aber nicht sehr schwierig?«

Er wiegte die Hand hin und her. »So-so.«

»Und wie stehen die Chancen?«

»Für uns, ein Kinderspiel«, behauptete er. »Die Vorarbeiten sind alle erledigt. Dazu bin ich ja ins Spiel gekommen. Norm und ich, wir haben viel Zeit darauf verwandt, das Finanzielle ins Lot zu bringen – du weißt schon, Bilanzpolitik und was weiß ich –, damit wir den Burschen drunten vom Stock List Department eine saubere Sache präsentieren konnten. Es war überhaupt nicht schwer für Doe, die von der Börse verlangten Nettovermögens- und Nettogewinnkriterien zu erfüllen. Was wir nicht hatten, das waren ausreichend gefächerte Holdings, das heißt genügend Aktien in Publikumsbesitz. Was taten wir also? Wir schlugen den Boys vom Stock List Department einen Handel vor: simultane Börseneinführung und eine große, öffentliche Emission von Stammaktien, eine halbe Million Anteile zu zehn Dollar pro Stück. Mit Haut und Haaren haben die das geschluckt. Der Rest ist nichts als Formalität. Der Antrag muß lediglich dem Verwaltungsdirektorium vorgelegt werden. Einer dieser Burschen sagte mir, daß unser Fall kommenden Donnerstag behandelt wird. Spätestens nächste Woche müßte unser Name in Leuchtschrift zusammen mit allen anderen Big Boys (und Girls) auf dem Band erscheinen: die neueste, heißeste Emission von Amerika! Jeder, der noch nichts von uns gehört hat, sollte ganz schnell die Ohren spitzen. Wenn es uns noch gelingt, unserem Angebot 'n bißchen Schwung zu verleihen, haben wir eine Goldmine angebohrt. Ein wachsender Run ist dann so gut wie sicher.«

»Und wenn es euch nicht gelingt, dem Angebot 'n bißchen Schwung zu verleihen?«

»Ah!« Mit erhobenem Zeigefinger lehnte er sich im Sessel zurück. »Das ist eine gute Frage, an die haben wir auch schon gedacht. Aber es gibt eine Antwort darauf!« Er beugte sich wieder vor und fixierte mich mit durchdringendem Blick. »Und jetzt paß mal gut auf, Kleiner, denn dies ist der schönste Teil der ganzen Abmachung, und der geheimste. Als Mitglied des Kartells kann ich dir nämlich mitteilen, daß Doe ein Auge auf eine kleine Firma namens Sui Generis geworfen hat, nicht sehr groß, aber ein echtes Juwel. Die besitzt eine Reihe von Fabrikanlagen, die Kraftfutter und Düngemittel herstellen, beide unter dem Sui-Namen. Im Vertrauen gesagt, verhandeln wir schon seit drei Wochen streng geheim mit dem Gründer und Eigner besagter Firma, einem gewissen Olaf Tryggvesson. Nun ist Olaf zwar ein widerborstiger alter Bock, auf seine Art aber doch ein Genie. Er hatte eine Idee und hat es geschafft, daß sie sich hübsch ergiebig auszahlt. Nur ist er viel zu schwerfällig und phantasielos, um zu erkennen, daß sie Möglichkeiten in sich birgt, die weit über den begrenzten Horizont des mittelständischen Unternehmens hinausgehen, das er aufgebaut hat. Dazu ist er zu geizig und zu konservativ. Wie Norm mir erzählte, kam er zu der Besprechung mit seinem Lieferwagen, in Overall und Dreitagebart. Er saß die ganze Zeit da, bohrte in seinen Zähnen, kaute Tabak und spuckte den Saft in einen Plastikkaffeebecher. Sogar Mist hatte er an den Stiefeln, den zu entfernen er sich ›aus moralischen Gründen‹ weigerte, da diese ›Scheiße ihn zu dem gemacht hat, was er heute ist‹. Eigentlich rührend, findest du nicht? Aber laß mich erst erzählen, was er eigentlich macht da draußen, und was wir unbedingt haben wollen. Er kauft also den Farmern Mais ab, verarbeitet ihn zu Kraftfutter und verkauft das wiederum an die Farmer, die damit ihre Schweine füttern. Nachdem der Mais dann sozusagen zum zweitenmal verarbeitet worden ist, kauft er ihn praktisch für 'n Appel und 'n Ei als Mist zurück, den er nach einem patentierten Verfahren, das die Konkurrenz ihm schon seit Jahren zu klauen versucht, zu Dünger verarbeitet. Dieses Verfahren hat Olaf selbst entwickelt. Ich will nicht behaupten, sämtliche Details zu verstehen, aber ich weiß, daß die Hauptsache aus einer Maschine besteht, die er konstruiert hat, um den Umwandlungsprozeß des Mistes zu beschleunigen. Sie führt die Bezeichnung Fecal Dynamo oder, etwas familiärer, Scheißpumpe. Deswegen hab' ich vorhin so gelacht. Denn siehst du, der alte Olaf hat da draußen eine Methode gefunden, wie man buchstäblich aus Scheiße Geld machen kann. Kapierst du jetzt, was das bedeutet?«

»Ich weiß nicht recht«, antwortete ich verwirrt. »Vielleicht sollten Sie's mir ein bißchen eingehender erklären.«

»Er verkauft den Farmern dies teure Viehfutter und kauft es ihnen dann als Mist für 'n Butterbrot wieder ab. Chemisch gesehen, ist es praktisch noch immer dasselbe, nur preismäßig ist es dank einer kleinen Wertminderung des Produkts in den Keller gefallen. Verstehst du? Er verdient an beiden Enden.« Kahn taute beim Sprechen richtig auf. »Das ist der klassische Terminverkauf, verstehst du, nur mit Garantie! Olaf verkauft Viehfutter, weil er erwartet, daß der Preis fällt, und kauft es dann als Mist billig zurück. ›Billig kaufen, teuer verkaufen‹, könnte sein Motto lauten. Nur ist man bei einem Terminverkauf an der Börse nie ganz sicher, ob der Dow sich den Berechnungen entsprechend verhält. Manchmal steigen die Aktien, von denen man erwartet hat, daß sie fallen, und man geht kaputt. Nicht so bei Olaf. Der hat Garantie drauf. Seine Informationen sind unfehlbar. Sie kommen unmittelbar von Gott, sind in den Kreislauf der Natur eingebunden. Als Taoist solltest du dich wirklich damit befassen, Kleiner! Was immer sonst schiefgehen mag bei diesem unzuverlässigen, boshaften Stand der Dinge, den wir das Leben auf der Erde nennen: daß das Futter immer, ganz gleich, was geschieht, im Wert abnimmt, nachdem es durch den Verdauungstrakt eines Schweines gewandert ist, dessen kann er hundertprozentig sicher sein. Dieses Konzept ist klassisch. In größerem Umfang könnte es die Landwirtschaft der ganzen Maisanbauregion revolutionieren. Nur beginnt Olafs Schädel zu brummen, sobald er an Summen denkt, die größer als fünfstellig sind, und Entfernungen, die über die Grenze seines Bundesstaats hinausgehen. Außerdem ist er alt. Er ist bereit, die Firma zu verkaufen, sich mit einer auskömmlichen Rente zur Ruhe zu setzen und in seiner Freizeit erstklassige Milchkühe und Superschweine – oder wie man sie nennt – zu züchten. Im Prinzip hat er bereits zugestimmt, dem Kartell eine Mehrheitsbeteiligung an Sui zu verkaufen. Aber er ist ein gerissener Kerl. Weißt du, wie eine seiner Bedingungen lautet? Daß er einen Teil seiner Zahlung in Form von Doe-Aktien bekommt. Der weiß, wann er etwas Gutes vor der Nase hat. Inzwischen ist so ziemlich alles festgelegt. Er will ›nichts von den Geschäften der jungen Leute wissen‹, sagt er. Ich glaube jedoch, daß er, sobald er einen gedeckten Scheck in der Hand hält, bereit sein wird, mit der Sprache herauszurücken. Jetzt stell dir mal das Szenario vor, Kleiner: Eine billige, neue Emission mit einer topheißen Idee wird an der Börse zugelassen. Die Öffentlichkeit ist skeptisch, die Leute schnüffeln nur so 'n bißchen herum. Ganz allmählich beginnt die Nachfrage zu steigen. Ein paar große Pakete werden verkauft.«

Kahn lächelte. (Ich erinnere mich noch gut an jenes Lächeln.)

»Doe kommt ein bißchen mehr in Bewegung – wenn du weißt, was ich meine. Dann wird eine bevorstehende Fusion angekündigt. ›Mit wem?‹ wollen die Leute wissen. ›Mit Sui Generis‹, antwortet jemand (ich) nonchalant. ›Was für 'n Name ist denn das?‹ fragen sie. ›Die Konkurrenz versucht schon seit Jahren, sie aufzukaufen. Die haben nämlich so ein geheimes Verfahren...‹ – ›Die Konkurrenz? Geheimes Verfahren?‹ Nun kommt die Psychologie zum Tragen. Doe taucht in der Prozentgewinnerkolumne des ›Wall Street Journal‹ auf und dann auf der Liste der Aktivsten. Die breite Öffentlichkeit beginnt von Doe Notiz zu nehmen. Die Burschen aus der Heimatstadt knabbern ein bißchen am Rand herum, und die Techniker entdecken ein paar seismische Ausschläge auf ihren Oszillatoren für nicht offiziell gehandelte Abschnitte. Wenn sie auf fünfzehn gestiegen sind, erhebt sogar Merrill Lynch das schwere, schlaftrunkene Haupt, um die Luft zu schnuppern, die einen kräftigen Duft von Stallmist mitbringt. Die hohen Tiere beauftragen einen Spezialisten, die Firma auszuleuchten und einen Bericht zu veröffentlichen. Höchstwahrscheinlich Melvin Piper. Und zu wem kommt der? Ganz recht, zu meiner Wenigkeit. ›He, Aaron, je was von dieser Firma Jane Doe gehört?‹ – ›Wer – ich?‹ frage ich. Und dann schmier' ich ihm den ganzen Kram oder die ganze Scheiße hin, trag' so richtig schön dick auf. ›Sie werden auf vierzig steigen‹, behaupte ich, ›vielleicht sogar auf fünfzig.‹ – ›Heiliges Kanonenrohr!‹ sagt er und saust wie der Blitz zur Tür hinaus. In der folgenden Woche steht alles im ›Merrill Lynch Market Newsletter‹. Erstklassige Bewertung. ›Eine ausgezeichnete Wachstumsprognose. Wenig oder gar kein Verlustrisiko.‹ Zwanzig Millionen Investoren von Moose Lake in Maine bis zu San Luis Obispo finden das Blatt in ihren Briefkästen, und die Telefone beginnen zu schrillen. Die Boys von den Maklerfirmen kommen gar nicht nach mit dem Erledigen der Aufträge. ›He, Aaron, könntest du mir wohl ein bißchen aushelfen?‹ – ›Na klar‹, sage ich. ›Einem guten Freund tu ich immer gern einen Gefallen.‹ Und fange an, Provision für die Erledigung von Kaufaufträgen für meine eigenen Aktien einzustreichen! Und das wär's dann, Kleiner. Wir haben's geschafft. Es ist phänomenal, einfach prachtvoll! Deine tausend –

das wären einhundert Anteile. Wenn alles klappt, müßtest du mühelos drei Riesen verdienen, möglicherweise auch vier oder fünf. Nicht schlecht für'n Anfänger, eh? Also, was meinst du? Machst du mit?«

Ich jedoch hörte die Frage kaum, so vertieft beobachtete ich sein Gesicht: gerötet, strahlend, energisch. Während er seinen Schlachtplan erläuterte, war er so glücklich, wie ich ihn noch niemals erlebt hatte. Und ich dachte nur noch an seine Worte, als er die Wall Street vor ein paar Tagen als Testgelände für den menschlichen Charakter bezeichnet hatte.

»Kahn«, antwortete ich, »Sie wissen, daß ich Ihnen blind vertraue. Ohne Sie – ja, wo wär' ich da jetzt?«

»Danke, Kleiner, das ist sehr lieb von dir.«

»Aber sagen Sie mir eins: Ist dies wirklich völlig einwandfrei?«

Seufzend lehnte er sich zurück. »*Okay*, Kleiner, da du mich fragst, werde ich jetzt ganz offen sein. Natürlich sind ein paar Kleinigkeiten an dieser Sache nicht ganz koscher. Aber verdammt, wer hat schon jemals von koscherem Schweinefleisch gehört? Stimmt's? Ich meine, ich kann doch nicht zulassen, daß du ein Opfer deiner fernöstlichen Höflichkeit wirst. Manchmal muß man als Soldat im Feld – sogar im Maisfeld – die Befehle ein bißchen variieren, die Initiative selbst in die Hand nehmen. Wir haben nichts vor, was nicht schon andere gemacht haben, und zwar die Besten. Und wer wird schon groß was davon erfahren? Um jedoch deine Frage zu beantworten: Jawohl, wir werden aufgrund von Insider-Informationen agieren, das heißt aus Kenntnis der bevorstehenden Doe-Sui-Fusion, aber so was geschieht andauernd. Man kann sich die wirklich großen Chancen doch nicht von moralischen Spitzfindigkeiten verderben lassen! In großen Maßstäben denken, Kleiner! Denk an Napoleon, Cäsar, Mayer Rothschild! Verdammt, wenn dies funktioniert, wie ich es mir vorstelle, könnte ich sogar allem, was Ahasver hier abgezogen hat, das Wasser reichen. Ich könnte mir meine Sporen als echter, neuzeitlicher e. J. verdienen, als ewiger Jude. Und du auch, Kleiner. Es wäre töricht, jetzt zu zögern. Du bist schon ins kalte Wasser gesprungen, warum also nicht ganz eintauchen? Dieses Geschäft ist meiner Meinung nach deine beste Chance. Es verspricht lukrativ zu werden, und zwar schnell. Ich versichere dir, daß wir nichts planen, was nicht schon von langer Wall-Street-Tradition sanktioniert worden wäre. Und vergiß nicht, mir liegt nur dein Wohl am Herzen. Verdammt, ich werde dir nicht mal Provision berechnen. Und außerdem – was sind einhundert Aktien? Es ist schließlich nicht so, daß deine Beteiligung das Unternehmen über Wasser halten müßte. Ich versuche dir einen Gefallen zu tun, Sonny. Muß ich mich dafür rechtfertigen?«

»Schon gut, Kahn.« Ich gab nach. »Wenn Sie sagen, es ist *okay*, dann glaube ich es Ihnen.«

Er wischte sich die Stirn. »Jesus, Kleiner! Das war der schwerste Verkauf, den ich jemals getätigt habe. Aber danke! Ich weiß dein Vertrauen zu schätzen.« Er musterte mich aufmerksam. »Was ist denn, Sonny?«

»Mir ist gerade etwas eingefallen.«

»Was denn?« wollte er wissen.

»Diese Firma Sui Generis.«

Er nickte. »Was ist damit?«

»Na ja, als ich vor ein paar Tagen das Orakel befragte, was ich tun soll, ergab sich das Hexagramm Nummer siebzehn, ›Die Nachfolge‹.«

Ja, und?«

»Also, die chinesische Bezeichnung lautet *sui*.«

»Was du nicht sagst!« Er schien beeindruckt zu sein, und ich bemerkte, daß er an seinem Armreif herumfingerte. »Weißt du noch, was ich dir gesagt habe, Kleiner? Ich meine, wir sollten dieses Ding, das ›*I Ging*‹, benutzen. Es wäre eine Sünde, es nicht zu tun.«

Die Zulassung erfolgte, wie Kahn es vorausgesagt hatte, völlig problemlos. Was er jedoch nicht vorausgesagt hatte und normalerweise auch nicht hätte vorhersehen können, war, daß die Emission der halben Million Jane-Doe-Stammaktien fast genau mit den letzten Ausläufern eines Sommer-Aufschwungs zusammenfiel, der sich inzwischen totgelaufen hatte. Wie ein ausgepumpter Lastesel lag er verendend im Staub, nur um von der Regierung noch einmal zusätzlich totgetreten zu werden, die die Stirn hatte, von einer unerwarteten Wirtschaftsflaute zu sprechen, vor allem auf dem landwirtschaftlichen Sektor, wo Rekordernten Überschüsse geschaffen hatten und die Preise unter das geschätzte Niveau drückten. Dieser unglückliche Zufall erwies sich jedoch quasi als Wasser auf Olafs Mühle, da er nun seine Rohstoffe noch billiger als sonst einkaufen konnte. Und so war er unter dem Eindruck dieses unbeabsichtigten Coups gar nicht mehr so sicher, ob er sich in den Ruhestand zurückziehen sollte.

»Keine Sorge«, beruhigte mich Kahn. »Wir müssen lediglich die Verhandlungen wiederaufnehmen und ihm ein paar zusätzliche Bonbons offerieren. Wir brauchen einfach ein bißchen mehr Zeit.«

Zeit. Wie der Leser weiß, war das der einzige Luxus, den ich mir – jedenfalls vorerst – nicht leisten konnte. Dennoch aber ging es nicht anders. Ich mußte warten.

Tagsüber war es nicht so schlimm. Ich war beschäftigt mit meinen relativ geistlosen, jedoch aufreibenden Pflichten als Botenjunge. Aber selbst dabei schlichen sich subtile, doch heimtückische Veränderungen in mein Verhalten. Nach der von meiner f.H. bestimmten Katatonie während der ersten Tage im Börsensaal hatte ich mich zu dem entfaltet, was Kahn einen »vorbildlichen Treppenterrier« bezeichnete. Ich war immer munter und zuvorkommend und schimpfte nie über ausgefallene Wünsche (wie zum Beispiel die eines Kursmaklers, der mich bat, ihm ein paar Blatt Toilettenpapier zu holen, damit er sich schneuzen konnte, und mir hinterher das Privileg gewährte, das ziemlich feuchte Ergebnis zu entsorgen). Nun jedoch nahm ich allmählich einige Vorurteile und Manierismen der Broker an, bei einem Kuli meines Ranges eine gefährliche und untragbare Anmaßung. Manchmal fiel ich mitten im Saal in Trance, gebannt vom Anblick des Informationsbandes hoch oben an der Saalwand, das der Welt seine Nachrichten in leuchtenden Hieroglyphen verkündete, die keiner außer den Eingeweihten entziffern konnte. Das Wort, das ich zu sehen hoffte, war natürlich DOE. Wenn ich anfangs auch nur selten mit diesem Anblick belohnt wurde, so gestaltete sich das Warten darauf trotzdem zu einer Art abstraktem Vergnügen. Würde Steel beim nächsten Verkauf um ein Achtel steigen oder fallen? Obwohl ich selbst nicht im entferntesten beteiligt war, jedenfalls nicht im materiellen Sinne, konnte ich der Verlockung nicht widerstehen, einmal den Versuch zu machen und zu raten. Hatte ich mich geirrt, zuckte ich fatalistisch die Achseln und tröstete mich mit der zeitlosen Weisheit: »Niemand weiß, wie der Markt sich verhalten wird; niemand hat es je gewußt, niemand wird es je wissen.« Hatte ich recht, zuckte ich ebenfalls die Achseln. »Glück gehabt«, sagte ich dann, jedoch mit einem Anflug von Farbe auf den Wangen, einem Glühen der inneren Genugtuung, weil ich tief im Herzen halbwegs überzeugt war, daß mir durch eine ganz spezielle Schicksalsfügung, deren Mechanismus auch mir selbst verborgen blieb, die Gabe verliehen worden war, die Zukunft vorauszusehen, eine Gabe, die mich von den anderen unterschied und die mich von den ehernen Gesetzen der Schwerkraft befreite. Der springende Punkt war, glaube ich, daß ich das Gefühl hatte, mit dem Dow jetzt auf vertrauterem Fuß zu stehen, ein Gefühl, das überhaupt nicht vergleichbar war mit dem, was ich zuvor erlebt hatte, als ich noch weit abseits stand und »beobachtete, ohne teilzunehmen«.

Kahn ertrug diese Entgleisungen mit Toleranz. Wenn ich in der Lunchpause in seinem Büro hockte und mit gefurchter Stirn immer wieder das Symbol DOE in den Quotron tippte, schlich er auf Zehenspitzen herum wie eine alte Matrone um eine junge, schwangere Frau, deren Ehemann an der Front im Schützengraben liegt. Ich fragte mich, ob ich nicht vielleicht den Seelenzustand meiner Mutter während der Monate ihrer Schwangerschaft nachempfand. Auf einmal verstand ich Xiaos Vermutung, daß der hektische Wechsel zwischen Hoffnung und Furcht oder was immer es gewesen sein mochte, das sie zu der rätselhaften Parabel auf dem Gewand geführt hatte, mit Sicherheit durch eine Art spiritueller Osmose auf das Wesen des Kindes abgefärbt haben mußte, das in ihrem Leib schlummerte. Falls dem so war, hatte die Kenntnis davon all diese Jahre lang im verborgenen gelegen. Denn erst als ich etwas Eigenes investierte, erst als ich etwas zu verlieren hatte, konnte ich die zuweilen furchtbaren, zuweilen nur still-kummervollen Leiden begreifen, die im Kern sehnsüchtiger Erwartung liegen, ganz gleich, wie sie beschaffen ist, ob sie der Hoffnung oder der Angst entspringt.

Meine sehnsüchtige Erwartung jedoch war mit etwas ganz anderem verknüpft als mit dem Gewand, vielleicht sogar mehr als nur verknüpft: mit Li. Von dieser Sehnsucht nicht zu trennen und nicht weniger stark als sie waren Gewissensbisse und Schuldbewußtsein im Hinblick auf Yin-mi. Aus diesem Grund waren die Nächte für mich noch schwerer als die Tage, nachdem die Glocke geläutet und die Wall Street ihre Menschenmassen ausgespien hatte. In gewisser Hinsicht beneidete ich die Pendler, obwohl sie sich am heftigsten und mit der größten Berechtigung über die Härten ihres Tagesablaufs beklagten: die langen, trostlosen Stunden, die sie Tag für Tag in beiden Richtungen im Zug absitzen mußten, die Ankunft zu Hause nach Einbruch der Dunkelheit, todmüde, um dort ein aufgewärmtes Essen vorgesetzt zu bekommen, einen Bericht durchzugehen, die Nachrichten zu hören, einzuschlafen und dann wieder aufstehen zu müssen, während alle anderen noch schliefen, zu duschen und sich abzuhetzen, damit sie nur ja nicht den Zug verpaßten. Sie führten ein einsames, deprimierendes, leeres Leben, aber für sie, so sagte ich mir, hielt die Nacht nicht solche Schrecken bereit wie für mich. Sie waren durch Reglementierung vor jenem Schwindelgefühl geschützt, unter dem man leidet, wenn man im ungewissen schwebt, verschont von der arbeitsfreien Zeit, in der die Seele freiwillig oder unfreiwillig den gewohnten Bahnen entflieht und doch, wenn sie nach innen blickt, keinen Ort hat, an den sie sich zurückziehen kann, weil sie ihre ehemalige Zuflucht zerstört hat oder den Rückweg dorthin nicht mehr finden kann. Genau das war mein Dilemma. Der Ort in mir, an den ich mich einst zurückgezogen hatte, um zu singen – ich suchte ihn, doch er war verschwunden. Denn so ein Ort existiert nicht in den Seelen von Finanziers und Effektenhändlern (und das war ich auf meine bescheidene Art und Weise aus freiem Willen geworden), und sollte er doch in einem von ihnen existieren, dann ist jener Mann so selten wie der Gerechte, den Abraham in Sodom suchte. Denn so ein Ort wird aus stiller Dankbarkeit für das Leben erbaut, und die ist von allen Gefühlen, die der Dow auslöst, vielleicht das seltenste.

Ich jedenfalls wußte, daß ich nicht dankbar war, sondern bekümmert und unzufrieden. Ich bedauerte mich selbst. Ich hätte Li so gern wiedergesehen, wußte aber, daß sie das ihrerseits nicht wünschte. Außerdem stieg jedesmal, wenn ich an sie dachte, Yin-mis Bild wie ein strafender Engel vor meinen Augen auf. Und wenn ich mir wie in den alten Zeiten den Trost ihrer Gesellschaft wünschte, lähmte der Gedanke an Li meinen Tatendrang – er und die Erinnerung daran, wie grausam ich Yin-mi im Stich gelassen hatte. Während der ersten Phase dieses Wartezustands, nicht lange nach unserem Gespräch, hinterließ Yin-mi mir sogar eine Nachricht an der Wohnungstür. »Wie kann ich Verständnis haben, wenn du nicht mal den Versuch zu einer Erklärung machst?« lautete sie. Doch welche Erklärung konnte ich ihr geben? Das war der springende Punkt: Es gab einfach keine. Und unter diesen Bedingungen – hundertprozentig schuldig, hundertprozentig bloßgestellt – konnte ich ihr nicht unter die Augen treten.

Ich versuchte es noch einmal mit Meditation. Doch als ich dasaß, war mein Kopf alles andere als leer. Ich konnte die wirbelnde Wolke verschwommener Bilder nicht unter Kontrolle bringen, die aufgrund einer merkwürdigen Umkehrung emotionaler Hoch- und Tiefdrucksysteme vom ausgedörrten Boden meiner Seele aufstieg wie die Wirbelstürme in Kansas, von denen ich gelesen hatte, daß sie die Häuser von ihren Fundamenten losrissen und sie, wenn sie sie fallen ließen, zu Kleinholz zertrümmerten. Diese wirbelnde Wolke aus Kummer und Frustrationen schleuderte zerschmetterte Möbeltrümmer und dröhnende Mülltonnendeckel gegen die Wände meines Hirns, bis ich den eigenen Atem nicht mehr vernahm.

Jeden Morgen bei der Ankunft in der Wall Street machte ich mich in der

Hoffnung auf gute Nachrichten sofort auf die Suche nach Kahn. Doch jedesmal hatte er lediglich ein mitfühlendes Lächeln für mich und hob mitfühlend die Schultern. »*Noch* nicht, Kleiner.«

Obwohl wir uns rasch der herbstlichen Tagundnachtgleiche näherten, schienen die Tage länger zu werden. Der Dow schmachtete im finanziellen Kalmengürtel nahe dem Äquator. Tag um Tag prophezeiten die Marktweisen, der Wind werde bald auffrischen und den Aktienindex wieder kraftvoll durch die Breitengrade der Charts in gastlichere und belebendere Gegenden pflügen lassen. Die Investoren jedoch reagierten mit verdoppelter Apathie.

»Wann, Kahn? Wann?« fragte ich ständig.

»Aber was soll ich denn tun, Kleiner?« gab er mit geschürzten Lippen achselzuckend zurück. »Vergiß nicht, daß ich viel tiefer drinstecke als du. Du mußt begreifen, daß eine neue Emission auf einem Markt wie diesem niemals sofort nach oben schießt. Doch sterben wird sie ebensowenig. Sie schläft nur, Kleiner. Du kannst es mir glauben. Hab nur Geduld! Sui wird's schon für uns bringen. Und der Lohn wird generös sein. Oder sollte ich Generis sagen?« Er grinste. »Es gibt eben hin und wieder mal einen Markt wie diesen, der weder Bulle noch Bär ist, sondern etwas mitten dazwischen: eine Monstrosität mit sämtlichen schlechten Eigenschaften von beiden.«

»*Okay*, Kahn«, antwortete ich ergeben. »Ich hoffe nur, daß bald etwas passiert.«

Wie sich herausstellen sollte, wurde mir dieser Wunsch erfüllt. Aber vielleicht hätte ich mich, als ich meinen Auftrag erteilte, ein bißchen detaillierter ausdrücken sollen. Es passierte tatsächlich etwas. Der Markt erwachte aus seiner Lethargie und zeigte ein Verhalten, das weder bullenhaft noch übertrieben bärenhaft war, sondern eher wie das eines Erdschweins, das gegen Winterende aus seinem Bau hervorkommt, beim Anblick des eigenen Schattens auf dem Schnee erschrickt, quiekend vor Angst in seinen Bau zurückkriecht und dort ein paar Wochen länger verharrt. Genauso machte es der Dow. Ganz vorsichtig schob er den häßlichen, kleinen Kopf aus dem Loch und blickte zurück über die endlose, langweilige Ebene seiner kürzlichen Schlafsucht, retirierte prompt um fünfzehn Punkte und schlief wieder ein. Darüber war niemand besonders erfreut, außer den Chartisten, die diese Gelegenheit nutzten, um eine Konferenz einzuberufen und eine neue Formation aus der Taufe zu heben, die sie mit uncharakteristischem Humor »Der widerspenstige Präriehund« nannten (im Gegensatz zu einer gefügigeren Art, nehme ich an).

In allen wichtigen Journalen erschienen Artikel mit Titeln wie etwa: »Ist der Dow tot (oder liegt er nur im Koma)?« Und: »Wieviel Common Security ist zuviel?« Kommissionsbroker wurden in der Warteschlange vor den Wohlfahrtsbüros gesichtet. Und in ganz Amerika kehrten Tausende von Hausfrauen aus der Junior League ihres Stadtviertels an den heimischen Herd zurück, duckten sich beschämt vor dem nachsichtigen, väterlichen Lächeln ihrer Ehemänner und der Genugtuung in deren einstimmigem »Ich hab's ja gleich gesagt«. Kursmakler begannen Backgammon-Bretter in den Börsensaal zu schmuggeln, und zuweilen herrschte mehrere Sekunden lang unheildrohende

Stille zwischen dem Eintippen des einen Abschlusses in die Fernschreiber und dem Tickern des nächsten. Flüge auf die Bahamas waren ausgebucht, und die Hausmeister schienen am Ende des Tages die Reste von weit mehr Lunchtüten hinauszukehren als sonst.

Und immer noch war Olaf störrisch. So ging es den ganzen September hindurch bis in den Oktober hinein weiter. Die Zeit tickte dahin, dem Stichtag zu, und noch immer war Jane Doe nicht auf den doppelten Wert gestiegen, was sie ja unbedingt tun mußte, wenn ich mein Grundkapital zurückbekommen und die fälligen Zinsen zahlen wollte. Tatsächlich hatte sich die »heißeste neue Emission Amerikas« von zehn auf achtdreiviertel abgeschwächt. Sogar Kahn wurde allmählich nervös. Ich selber stand am Rand der Hysterie.

Als ich nur noch zwei Wochen Zeit hatte, suchte ich Zuflucht bei dem verzweifelten Mittel, Mme. Qin einen Besuch abzustatten und sie um Verlängerung der Frist zu bitten. Ich hätte es besser wissen müssen, nein, ich wußte es besser. Es war kein rationaler Entschluß.

Als ich mich nach der Arbeit rasierte, mir etwas Florida Water auf die Wangen tupfte und ein frisches Hemd anzog, tat ich mein ziemlich schwächliches Bestes, um die für mich vorteilhaften Punkte in Erwartung einer heftigen Auseinandersetzung zu maximieren.

Ich fing sie und Fanku auf dem Treppenabsatz ab, als sie gerade die Wohnung abschlossen, um für den Abend auszugehen. Als sie mich sah, glitzerte ein verräterisches Licht – etwas Altes, Listiges, Sphinxhaftes in ihren Augen auf. »So, so, Sun I«, sagte sie, »ich nehme an, Sie bringen mir das Geld.« Sie brachte die Worte mit einer Formalität und einer Reserviertheit vor, die jede scherzhafte Bemerkung von vornherein ausschlossen, ja, in Anbetracht unserer geschäftlichen Verbindung als Impertinenz hätten erscheinen lassen.

»Genau darüber wollte ich mit Ihnen sprechen«, erklärte ich so zuversichtlich und überschwenglich, wie ich nur konnte, weil ich hoffte, sie damit anzustecken.

Sie musterte mich mit würdevoller Miene (offenbar war sie gegen dergleichen längst immun). »Was gibt es da noch zu besprechen? Haben wir eine Abmachung oder nicht? Die Zeit für Besprechungen ist vorbei, jetzt ist es an der Zeit zu handeln. Bringen Sie mir das Geld, dann können wir sprechen, so lange Sie wollen. Bis dahin aber sind wir Widersacher. Versuchen Sie mich nicht zu überreden, bei Ihnen eine Ausnahme zu machen. Ich bin hart, Sun I. Wenn Sie das nicht gewußt haben, wissen Sie es jetzt. Mein Wort ist wie Eisen; es läßt sich nicht biegen. Ich mache keine Ausnahmen. Niemals. Wo käme ich hin, wenn ich jeden Kunden, der mit einem ›unbezahlbaren‹ Erbstück zu mir kommt, aus der Abmachung entließe? Ich werde Ihnen sagen, wohin ich käme: Wieder nach Shanghai zurück, wo ich für Geld in der Hand lesen und mich auf der Straße an die Matrosen verkaufen müßte. So aber trage ich, wie Sie sehen, Seide wie eine Dame von Stand.« Sie zog die Brauen hoch und fuhr mit der Hand, stolz den Beweis dafür präsentierend, an ihrem Körper hinab. »Nun bin ich es, die es sich leisten kann zu kaufen.« Lächelnd warf sie einen kurzen Blick zu Fanku hinüber. »Das ist es, was letzten Endes zählt, Sun I. Und ich habe mir diese

Position überaus schwer erarbeitet. Das ist eine Lektion, die Sie noch zu lernen haben werden. Also bitten Sie mich nicht, unsere Abmachung zu ändern. Sie verschwenden nur Ihren Atem. Und nun müssen Sie mich entschuldigen. Wir sind verabredet und haben es eilig. Kommen Sie erst wieder, wenn die Zeit um ist. Sie haben immer noch zwei Wochen. Vielleicht ergibt sich bis dahin etwas. Sonst müssen Sie Ihr Gewand als unabänderlich verloren betrachten. Danach können wir, wenn Sie wollen, wieder Freunde werden oder, wenn Sie sich von Ihrem Besitz innerlich nicht trennen können, frostige, zurückhaltende Nachbarn. Oder Sie reisen ab. Mir ist das völlig gleichgültig.« Sie schob ihren Arm durch den ihres Begleiters, und sie rauschten davon, die reiche Witwe und ihr seltsamer, hübscher Bubi. Dieses grausame, makabre Paar ließ mich zurück, gedemütigt, niedergeschlagen und so frustriert, daß die Enttäuschung in Wut umschlug, die einen Hauch von Schwefel verströmte, bevor sie sich in Verzweiflung auflöste.

Als ich Kahn am folgenden Tag von dem Zwischenfall erzählte, tätschelte er mir den Rücken und sagte: »Ich glaube, das ist es, was man ›den Kodex des Marktplatzes‹ nennt.«

SECHSTES KAPITEL

Wie es das Schicksal – oder das Glück – wollte, begannen ausgerechnet zu diesem Zeitpunkt ein paar kleine Brisen durch die Takelung hoch oben zwischen den Wanten zu blasen, die gerefften Bramsegel der Wall Street begannen zu flattern, und ganz langsam, zögernd zunächst, dann aber immer schneller setzte sich der Dow in Bewegung. Mit anderen Worten: Der Markt zeigte einen vorsichtigen Aufwärtstrend. Freie Broker hoben genauso wie große, institutionelle Anleger ihre feuchte Nase in den Wind und schnupperten umher. Einige wurden vom unschuldigen Duft sich öffnender Knospen der Hoffnung angezogen, andere vom Blutgeruch, wenige, wie Kahn und ich, waren bereit und willens, sich mit einer Nasevoll ländlichen Illinois-Pastetendufts zufriedenzugeben. Zehn Tage vor dem Fälligkeitstag, als ich bereits mit dem schmerzlichen und letztlich vielleicht fruchtlosen Versuch begonnen hatte, mich innerlich von dem Gewand zu trennen, gab sich Jane Doe einen uncharakteristischen Ruck und stand bei Börseneröffnung um einen halben Punkt höher als bei Börsenschluß am Tag zuvor. War dies eine dreiste Zurschaustellung von Chuzpe, die Größeres verhieß, oder offenbarten sich hier nur die letzten, krampfhaften Fibrillationen eines versagenden Herzens? Leider hatte ich keine professionellen Kardiologen, die mir die Bedeutung dieser Fluktuation auf ihrem EKG erklären, das heißt keine Chartisten, die mir das Diagramm auslegen konnten. Um jedoch die Bedeutung der Ziffer zu erraten, die oben auf dem Band an mir vorbeizog, brauchte ich keine Fachleute:

DOE

10000s 9 1/4

Zehntausend Anteile zu neuneinviertel! Jane hatte soeben einen gewissen Bekanntheitsgrad erreicht, ihr Name leuchtete in Blinklichtern auf dem Big Board auf wie der eines berühmten Stars auf der Werbefläche über dem Eingang eines großen Hotels von Vegas. Während Broker im ganzen Land bei der Lektüre des »Wall Street Journal« ihre zweite Tasse Kaffee tranken und in Muße zwischen den Spalten Kurse notierten, erreichte Jane Doe, daß Amerika erwachte und Notiz von ihr nahm. Sie präsentierte sich mutig dem Auge der Öffentlichkeit und mischte sich furchtlos unter die Aristokraten der Finanzwelt (wo Ma Bell persönlich die würdige Gastgeberin des Festes war), indem sie sich ungeladen in deren persönliche Party auf dem Big Board drängte. Fünf gloriose Minuten im Rampenlicht der Liste der Aktivsten, bevor der Türsteher sie wieder unauffällig in die Kälte hinausbeförderte.

»Kahn! Kahn!« schrie ich und rannte wie ein Wilder zwischen den verdutzten Büroangestellten und Brokern hindurch, die mich alle anstarrten, als sei ich verrückt, zu den Fahrstühlen hinüber. »Haben Sie das gesehen?« rief ich, als ich in sein Büro hineinplatzte. Keuchend stand ich auf der Schwelle.

Er saß am Schreibtisch, doch nicht, wie ich es erwartet hatte, bequem in seinen Drehsessel zurückgelehnt und mit triumphierendem Grinsen eine Zigarre paffend, sondern vornübergebeugt wie ein schuldbewußtes Tier, das jeden Moment einen Schlag von der Hand seines Herrn erwartet. Besorgt starrte er auf den Bildschirm seines Quotrons und murmelte geistesabwesend vor sich hin. Vor ihm auf der Schreibtischplatte lag ein Haufen zerrissener Papiere, leere Händlerzettel, die er wie für ein Freudenfest zu Konfetti zerrissen hatte. Nach seiner finsteren Miene zu urteilen hätte es jedoch eher ein Haufen Abfall sein können, den die Putzfrauen zusammenkehren, wenn die Party vorüber ist.

»Haben Sie das Tickerband nicht gesehen?« fragte ich ihn. »Eben ist ein Paket Doe zu neuneinviertel durchgekommen, drei Viertel höher als bei Börsenschluß.«

Mit belustigtem Ausdruck, in dem jedoch keine Freude stand, sondern so etwas wie geronnene Melancholie, wie saure Milch, blickte er auf. »Was du nicht sagst!« erwiderte er ironisch.

»Was ist los, Kahn?« fragte ich, plötzlich ernüchtert und voller Besorgnis wegen seines seltsamen Verhaltens. »Darauf hatten wir doch gewartet, nicht wahr? Ich meine, gewiß, es ist erst der Anfang, und wir sind noch in den roten Zahlen. Aber irgendwo muß man schließlich doch anfangen, oder?«

Er hörte nicht auf, mich mit durchbohrendem Blick stumm zu mustern.

»Was ist los? Begreifen Sie nicht, was das heißt?«

Er lachte bitter. »Doch«, antwortete er. »Das heißt, daß ich mehr oder weniger um weitere sechstausend Dollar im Minus bin.«

»Sechstausend Dollar? Wovon reden Sie?«

»Ursprünglich hatte ich diese Aktien für unter drei gekauft. Als ich sie gestern verkaufte, standen sie auf achtfünfachtel. Und als ich sie heute morgen zurückkaufte, hatten sie noch einmal fünf Achtel zugelegt. Multipliziert mit zehntausend, macht sechs Riesen, stimmt's?«

»Sie haben...« flüsterte ich heiser, halb fragend, halb vorwurfsvoll, und zeigte unwillkürlich mit dem Finger auf ihn.

»Man zeigt nicht mit dem Finger«, schalt er. »Das ist unhöflich. Ich dachte, das hätte ich dir beigebracht.«

Ich starrte meinen Finger an und nahm ihn herunter.

»Also, wenn die Börsenaufsicht sich auch so an die Regeln der Etikette hält...« witzelte er mit ironischem Kichern.

»Ist das nicht verboten?«

»Was? Die eigenen Aktien zu verkaufen und wieder zurückzukaufen?« Er lachte. »Bona-fide-Manipulation. Verboten im Rahmen des Securities Exchange Act von neunzehnhundertvierunddreißig. Das Tickerband frisieren, nennt man das – eigentlich ein Scheinverkauf. Seit Tagen schon habe ich kleinere Mengen umgesetzt, doch diesmal bin ich aufs Ganze gegangen, sozusagen.« Er grinste dünn.

»Aber warum?« fragte ich flehend.

»Warum? *Warum?* Das fragst *du* mich? Hast du mich nicht in den letzten paar Wochen zehn-, zwanzigmal am Tag gefragt: ›Wann, Kahn? Wann?‹ Was willst du? Ich konnte es schließlich nicht mehr hören!«

»Das ist nicht Ihr Ernst!«

»Das *ist* mein Ernst, Kleiner!«

Meine Lippen begannen zu zittern. Mir war, als müßte ich gleich weinen.

»*Okay, okay* – es war nicht nur deinetwegen Jesus, Kleiner! Sei nicht so 'n Nebbich! Meine Hypotheken werden fällig. Meine Gläubiger drohen schon. Wenn dieses Sui-Geschäft nicht bald klappt, kann es sein, daß ich mein Haus verliere und dazu mein ganzes übriges Vermögen, das heißt das, wo mein Arsch draufsitzt. Na ja, da ich mehr oder weniger in der Klemme stecke, kann ich auch Nägel mit Köpfen machen, stimmt's? Ich meine, kein Mumm, kein Ruhm. Jemand muß den alten Ball doch ins Rollen bringen, nicht wahr? Mit ein bißchen Glück und ohne irgendwelche Köpfe in eine ähnliche Bewegung zu versetzen.« Er grinste und fingerte an seinem Kupferarmreif herum. »Aber du weißt schon, was ich meine.«

»Und wenn Sie erwischt werden?«

»Keine Angst«, beruhigte er mich. »Ich habe die Aktien über ein Nummernkonto bei der Second Jersey Hi-Fidelity gekauft. Vergiß nicht, Kleiner, ich mag ein Schlemihl sein, aber ich bin kein *schlimaselnik*. Ich weiß, wie man seine Spuren verwischt. Niemand wird davon erfahren.«

»Aber...«

»Kein Wenn und Aber mehr!« Er machte eine endgültige Handbewegung, die an einen Dirigenten erinnerte. »Ein bißchen Vertrauen, wenn ich bitten darf! Du willst doch, daß wir Profit machen, wie? Du willst das Hochzeitsgewand deiner Mutter oder was immer das noch war wiederauslösen, nicht wahr?«

Ich nickte unsicher.

»Nun, dies ist die einzige Möglichkeit. Das ist so sicher, wie mir die Nase im Gesicht steht.«

Einfältig starrte ich auf seinen zugegebenermaßen eindrucksvollen Zinken, als läge die Antwort irgendwo in seinen Tiefen wie das kostbare Walrat in den Kopfhöhlen des Pottwals und warte darauf, zutage gefördert zu werden.

»Ich weiß, meine Methoden sind ein bißchen unorthodox«, gab er zu, »aber sie werden Resultate bringen. Hab nur Vertrauen zu mir, Kleiner!«

In diesem Augenblick wurde aufgeregt an die Tür geklopft. Kahn lehnte sich wieder zurück und setzte seine Geschäftsmiene auf. »Herein«, dröhnte er laut.

»Tut mir leid, Sie stören zu müssen, Aaron«, sagte ein kleiner, kahlköpfiger Mann. Seine Stirn war beinahe so breit und leuchtend wie eine Glühbirne. Auf seiner winzigen, platten Nase rutschte eine dicke Hornbrille allmählich tiefer, so daß er uns über ihren Rand hinweg mit einfältiger Koketterie ansah: einfältig, da unbeabsichtigt und daher verräterisch. »Ich überlegte gerade, ob Sie etwas über diese Aktien wissen, äh... wie heißen sie noch?« Er warf einen Blick auf sein Klemmbrett. »Ach ja.« Er kicherte. »Jane Doe. Mike Burnside unten bei der Morgan Guaranty rief mich gerade an und fragte danach. Ich sagte, ich würde ihn zurückrufen.«

»Jane Doe?« fragte Kahn, der sich gelassen eine Zigarre anzündete. »Was für ein Name ist denn das?« Er sah mich an, während er konzentriert paffte, um die Zigarre zum Brennen zu bringen, mit Wangen, die zusammenfielen und sich wieder aufblähten wie bei einem küssenden Fisch, und Augen, die entsprechend stumpf und ausdruckslos waren, zumindest für den oberflächlichen Betrachter. Ich dagegen entdeckte ein gewisses wohlbekanntes Glitzern darin.

Unser Besucher lachte zustimmend. »Ich finde ihn auch recht originell«, behauptete er mit dümmlichem Grinsen.

»Ist er möglicherweise auch«, bestätigte Kahn zuvorkommend und löschte schüttelnd das Streichholz. Bedächtig musterte er die Zigarrenasche. »Wissen Sie, Piper, ich habe das Gefühl, tatsächlich schon mal von dem Papier gehört zu haben.«

»Wunderbar!« rief sein Gesprächspartner und kam nun endgültig herein.

»Du kennst doch Mr. Piper, nicht wahr? Von Merrill Lynch?« Er legte eine leichte Betonung auf die letzten Worte und warf mir einen warnenden Blick zu.

»Freut mich«, begrüßte ich ihn und bot ihm die Hand.

»Sicher, sicher«, gab Piper mit einem angedeuteten Nicken in meine Richtung ungeduldig zurück.

»Du wolltest doch gerade gehen, nicht wahr?« drängte Kahn. »Besorg uns doch noch schnell zwei Kaffee!«

Piper holte seinen Kugelschreiber heraus und hockte sich eifrig auf die Kante des Sessels vor Kahns Schreibtisch.

Ich spielte Kahns kleine Farce mit. »Milch und Zucker, Mr. Piper?« erkundigte ich mich zuvorkommend.

»Ja, *bitte*«, knurrte er drohend.

»Ich hätte meinen gerne schwarz wie gewöhnlich«, erklärte Kahn. »Ach ja, Sonny«, rief er mir nach, »mach bitte die Tür hinter dir zu!«

Ich warf ihm einen zynischen Blick zu, während er mir geradezu umwerfend unverschämt zuzwinkerte.

»*Okay*, Aaron«, hörte ich Piper eifrig sagen, »wie sieht's aus?«

»Alles Mist, mein Lieber, alles Mist.« Kahn ließ sich im Sessel zurücksinken und blies einen Rauchring in die Luft. »Mist ist das Millionen-Dollar-Wort.«

Ich muß schamrot eingestehen, daß ich mich draußen auf dem Korridor einem Anfall ausgelassener Heiterkeit überließ. Gekrümmt vor Lachen, klatschte ich mir bei dem Gedanken an Kahns lässigen Schwindel auf die Knie. Welch eine Chuzpe! Welch ein Profi! Welch ein Kahn! setzte ich bewundernd hinzu. Und welch ein Glück für mich, daß ich mich ausgerechnet einem so erfahrenen Meister angeschlossen hatte! Als ich mich jedoch an den mir erteilten Auftrag erinnerte, riß ich mich zusammen, und meine Begeisterung erfuhr eine alchimistische Verwandlung in ihr Gegenteil, sozusagen von Gold in Blei. Was hatte er da getan? Was tat er da? Was tat *ich*? Ich schalt mich selbst für meine vorübergehende Ausgelassenheit, sagte mich los von jeglicher Freude, zog eine bedrückte Miene und ging Kaffee holen.

Als ich zurückkam, war Geld auf fünf Achtel gestiegen, und Brief stand auf sieben Achtel. Der Kursmakler im kleinen Börsensaal bekam Blitzunterricht in Sachen Jane Doe.

»Wie steht Doe?« hörte ich einen Broker rufen, der sich, seine Order schwenkend, eilig herandrängte.

Bevor der Kursmakler antworten konnte, unterbrach ihn ein anderer Broker mit dem Angebot: »Einhundert Doe zu sieben Achteln!«

»Verkauft!« rief der erste.

Es dauerte nicht lange, und auch die größeren Fische begannen am Köder zu knabbern. Über das Band lief leuchtend ein weiteres dickes Paket:

DOE

1000s 10

Et voilà! Jane Doe war in den schwarzen Zahlen! Am Ende des Tages war sie bis auf zwölf hinaufgeschossen, ja, hatte ganz kurz auf zwölfeinhalb gestanden, bevor sie wieder um einen halben Punkt nachließ. Ich war selig – und stolz. Eine so überwältigende Woge von Stolz stieg in mir auf, daß ich, vorübergehend all meiner Sinne beraubt, auf der Stelle schwor, zu unserem rehäugigen Liebling zu halten, bis daß der Tod uns scheide. Dies war mein erstes Erlebnis als »Gewinner«, und allmählich begann ich den überwältigenden Zauber, die überwältigende Befriedigung zu begreifen, die in einem solchen Triumph lag. Ein solcher Run! Jetzt begriff ich, warum so viele Männer sich weggeworfen, alle Brücken hinter sich verbrannt, alle geringeren Hoffnungen und Erfüllungen aufgegeben hatten, um ihr nachzujagen, der großen Schwarzen Witwe, und das mit ebenso unbegründeter Erfolgserwartung wie jene Waschlappen von Spinnenmännchen, die erwarteten, daß sie sie in den ewigen Sonnenschein ihrer Gunst aufnehmen, für sie aus Liebe eine Ausnahme machen würde, nachdem sie Jahr um Jahr ihre Gier an den Vorgängern gestillt hatte. In diesem plötzlichen Sturm der Gefühle durchlebte ich eine Ekstase, die anders war als alles, was ich bisher erlebt hatte. Ich wurde emporgetragen von einem Gefühl der Macht, das an Omnipotenz grenzte. Seltsamerweise minderte dies weder die zerknirschte Qual angesichts meiner Konzessionen, die mich bei Kahns Eingeständnis seiner Kriegslist überfallen hatte, noch den Druck der zunehmenden Verwirrungen in meinem Privatleben. All diese Elemente brannten gemeinsam wie ein loderndes Freudenfeuer unter freiem Himmel, das mit den verschiedensten Brennstoffen genährt wird.

Dieses Gefühl überfiel mich häufiger und währte länger, je mehr Jane Doe während der folgenden Tage zulegte, bis sie gegen Ende der Woche auf sechzehn gestiegen war. Vom Kursanstieg offensichtlich stimuliert, kapitulierte an jenem Wochenende auch endlich Olaf und gab Kahn sowie dem Rest des Kartells seine Zustimmung. Am Montagmorgen der letzten Woche vor meinem Fälligkeitstag wurde die Fusion bekanntgegeben.

Die Eröffnungsnotierung von Doe verzögerte sich an jenem Morgen wegen des vom Durchsickern der Nachricht ausgelösten Orderüberhangs um mehr als eine Stunde. Als der Kursmakler seine Geld- und Briefgebote schließlich kollationiert hatte, fixierte er den Preis auf achtzehn Dollar. Kahn und ich waren überglücklich. Wir vergaßen unsere jeweiligen Pflichten im Börsensaal, tranken in seinem Büro Champagner, rauchten dicke Zigarren und führten aus gegenseitiger Bewunderung Freudentänze auf. Die ganze Woche war ein einziger Aufruhr. Wir lebten von einer Stunde zur anderen. Es gab Augenblicke manischer Hochstimmung, da alles möglich zu sein schien, aber auch solche der Verzweiflung, als Gewinnsicherung unserer Jane den Lebenssaft auszusaugen schien, bis sie matt und apathisch am Rand eines Zusammenbruchs dahinvegetierte. Immer jedoch erholte sie sich im Handumdrehen, sprang auf und brach durch eine Verteidigungslinie nach der anderen, so daß der Kurs am Donnerstag, dem Tag vor dem Ablauf meiner Frist, zum erstenmal ganz kurz auf zwanzig kletterte, bevor er bei Börsenschluß wieder auf neunzehndreiviertel zurücksank.

»Was meinen Sie, Kahn, werden wir's morgen schaffen?« fragt ich ihn auf dem Heimweg neugierig.

»Ich glaube schon.« Mit väterlicher Gelassenheit zog er die Silben selbstgefällig in die Länge. »Ich glaube kaum, daß uns an diesem Punkt noch jemand aufhalten kann.« Er musterte mich aufmerksam. »Aber das ist nicht unbedingt das, was du von mir wissen wolltest, nicht wahr, Kleiner?«

Ich sah ihn verständnislos an.

»Was wirst du tun?« erkundigte er sich.

»Natürlich löse ich das Gewand aus!« erwiderte ich erstaunt. »Was sollte ich sonst tun? Das war doch der Sinn der Sache.«

Er nickte bedächtig, immer noch auf diese väterliche Art. »Gewiß, gewiß, was sonst«, sinnierte er.

»Kahn?«

»Hmmm?«

»Sie haben doch irgendwas im Sinn. Also was?«

Achselzuckend schürzte er die Lippen. »Ach, ich weiß nicht.«

»Kahn!«

»Na schön, Kleiner.« Unvermittelt wurde er lebendig. »Ich habe mich gerade gefragt, wenn du nun verkaufst und das Gewand auslöst – was dann?«

»Was soll dann sein?«

»Wo stehst du dann? Wieder genau dort, wo du angefangen hast, nicht wahr?« beantwortete er seine Frage selbst. »Ich meine, gewiß, du hast ein bißchen mit dem Dow gespielt, so eine Art einmaliges Gastspiel. Aber du kannst doch nicht so naiv sein zu glauben, daß du ihn jetzt wirklich gemeistert hast.«

»Natürlich nicht«, mußte ich zugeben.

»Nun ja, korrigiere mich, wenn ich mich irre, aber war nicht das überhaupt der ganze Zweck des Experiments, den Dow verstehen zu lernen – all das Zeug mit dem Delta und so?«

Ich musterte ihn stumm.

»Ich meine – versteh mich nicht falsch, Kleiner –, du hast Fortschritte gemacht. Ich habe dir ja schon gesagt, daß diese letzten Wochen dich mehr über den Dow gelehrt haben als die gesamte Zeit, die du bis dahin darauf verwendet hast. Aber das Delta – glaubst du wirklich, daß du schon *dort* bist?«

Einen Augenblick suchte ich in mir nach der Wahrheit. Ich brauchte nicht sehr lange dazu. Dann schüttelte ich den Kopf. »Nein«, gestand ich. »Falls überhaupt, dann glaube ich, daß ich jetzt weiter von ihm entfernt bin als zuvor.«

Wir sahen einander aufmerksam an.

»Ich bewundere deine Aufrichtigkeit, Kleiner«, sagte er leise. »Ich will bestimmt kein Spielverderber sein, aber als Freund fühlte ich mich verpflichtet, dich darauf hinzuweisen.«

»Sie konnten einfach nicht zulassen, daß ich wieder in meiner f. H. schwelge«, bemerkte ich mit widerwilligem Lächeln.

Er hob die Schultern. »Außerdem ist dies, nach rein spezifischen Faktoren zu urteilen, der allerungünstigste Zeitpunkt zum Verkaufen. Doe wird jetzt gerade so richtig warm, läßt sich vom eigenen Schwung tragen. Aber der richtige Profit, der fängt nun erst an. Denk immer an das alte Motto: ›Die Verluste zügeln, die Profite laufen lassen!‹ Wenn du jetzt verkaufst, wirst du von letzteren nichts zu sehen bekommen. Zugegeben, du wirst das Gewand wiederhaben, aber du bist auch wieder total pleite, bist nicht mehr als jeder andere Schmo. Ich glaube, die Frage ist letztlich, was dir wirklich wichtiger ist: das Gewand oder deine Karriere als Investor.« Er tätschelte mir den Rücken. »Aber ich will dich zu nichts überreden. Sag mir nur morgen Bescheid. Wenn du verkaufen willst, führe ich deinen Auftrag aus. Wenn nicht...« Er winkte mir zu und verschwand die Treppe zur Subway hinab.

Während ich in Richtung Chinatown weiterging, dachte ich über die Frage nach, die er aufgeworfen hatte. Was war mir wichtiger? Bis spät in die Nacht hinein saß ich allein in meinem Zimmer und grübelte. Irgendwie hatte ich in all der Aufregung den wesentlichen Punkt aus den Augen verloren. Doch nun, da diese Frage wiederauftauchte, schien mir die Antwort nicht mehr so klar und eindeutig wie zuvor. Anfangs neigte ich dazu, sie schlicht als Wahl zwischen einem menschlichen Artefakt auf der einen Seite zu sehen, einem Gegenstand, der mit Tradition und Bedeutung befrachtet war, dem einzigen Relikt, das meine Mutter mir hinterlassen hatte, und schnödem Mammon, klingender Münze, gebündeltem Barem auf der anderen Seite. Ganz eindeutig waren diese beiden überhaupt nicht miteinander zu vergleichen. Doch Kahn hatte das Problem in einem anderen Licht dargestellt: »das Gewand oder deine Karriere als Investor«. Ganz so einfach war es allerdings nicht. Denn es ging hier nicht nur um meine Karriere als Investor, sondern um die größere Karriere, die weiterzuverfolgen ich nach Amerika gekommen war, ja, der ich mich mein Leben lang gewidmet hatte. Damit meine ich natürlich den Glaubensbeweis, die Suche nach dem Delta, nach dem *dao* im Dow, die sich auf Coney Island unauflöslich mit der Suche nach meinem Vater verbunden hatte, meinem Vater, der für mich jetzt aufgrund des Kommutativgesetzes zum Dow geworden war. Wie viele Meilen hatte ich im Zuge dieser Suche schon zurückgelegt! Nun hieß es abermals: aufhören oder weitergehen, weiter und tiefer ins Netz, tiefer in die Verwirrung hinein. Aber war die Entscheidung nicht in gewissem Sinne bereits gefallen? Hatte ich sie nicht an jenem Nachmittag auf Coney Island getroffen? Vielleicht. Doch das Gewand versetzen und es endgültig aufgeben – und zwar mit voller, bewußter Zustimmung –, das waren zwei Paar Schuhe.

Während ich mich mit diesen Problemen herumschlug, ging mir immer wieder Kahns Ultimatum durch den Kopf: »Um den Dow verstehen zu lernen, mußt du investieren, Kleiner – etwas von dir selbst investieren!« War es also nicht angemessen, furchtbar angemessen, daß das Schicksal freundlich auf diesen meinen kostbarsten Besitz als das erforderliche Opfer, die ersehnte Hekatombe hinwies? Kahn hatte schon einmal recht gehabt. Ich hatte noch nicht alles gegeben. Und was war wichtiger: beharrlich mit meiner Suche fortzufahren, bis ich das Delta erreicht hatte, oder mich an ein Relikt aus der Vergangenheit zu klammern? Die Frage hatte eindeutig an Problematik zugenommen.

Oder diente diese schwerfällige Konstruktion lediglich dazu, Habgier und beginnende Sucht wegzuerklären? Ich konnte nicht rational über die Frage nachdenken. Einmal befand ich, der rechte Weg sei es, mich nicht an so etwas Materielles wie das Gewand zu klammern und meine Studien weiterzuverfolgen. Doch die darin liegende Ironie überwältigte mich. Mich nicht »an so etwas Materielles« zu klammern – und dann dazusitzen und Däumchen zu drehen, während meine Gewinne aus der Jane-Doe-Emission sich verdoppelten und verdreifachten? Welch eine Heuchelei! Aber, so machte ich mir klar, jeder Profit, den ich unter Umständen einstrich, war ja an und für sich nicht beabsichtigt gewesen, diente lediglich als Mittel zu dem Zweck, den Dow besser verstehen zu lernen. Solange mein Gewissen rein war, redete ich mir ein, konnte ich nichts falsch machen. Doch war mein Gewissen wirklich rein? Selbstverständlich war es das! Und dennoch...

Letztlich lief es dann leider auf folgende recht weltliche, methodologische Überlegung hinaus: das Timing. Wie Kahn gesagt hatte, würde ich, wenn ich jetzt, am Vorabend des Fälligkeitstags, verkaufte, damit unwiderruflich alle zukünftigen Vorteile wissenschaftlicher und religiöser Art, die sich durch Profitmaximierung ergeben würden, opfern. Und wann würde sich wieder eine so günstige Gelegenheit bieten? Wieviel Zeit, hatte Kahn gesagt, war seit seinem letzten großen Treffer verstrichen? Sieben Jahre Pech. So lange konnte ich nicht warten. Ich mußte zugreifen, solange die Glückssträhne anhielt. Und zwar *jetzt*.

Als ich nach einer schlaflosen Nacht, in der ich mich im Bett herumgewälzt hatte, erwachte und mich aus den zerwühlten Laken befreite, die sich um mich gewickelt hatten wie die Ranken eines parasitären Klettergewächses, war mir klar, daß ich mich auf Gedeih und Verderb entschlossen hatte, weiterzumachen und das Gewand meiner Mutter aufzugeben. Falls ich wirklich schwerreich werden sollte, tröstete ich mich ohne große Begeisterung und mit einer

Spur selbsterkennender Ironie, konnte ich es Mme. Qin vielleicht zu einem exorbitanten Preis wieder abkaufen. (Nein, lieber Leser, das glaubte ich selber nicht.)

Den ganzen Vormittag war mir das Herz schwer, lief ich teilnahmslos und geschäftig zugleich im Börsensaal herum, mir selbst eine Last und allen anderen kaum eine Hilfe. Zuweilen wünschte ich sogar fast, Jane Doe würde einen plötzlichen Kurssturz erleben, damit ich die Verantwortung für meinen Entschluß dem Schicksal anlasten könnte. Doch dieses Glück war mir nicht vergönnt.

Bis zum Nachmittag war sie um einen weiteren Punkt gestiegen, und ich konnte niemandem die Schuld geben als ausschließlich mir selbst. Ich war nicht glücklich über meinen Entschluß, tröstete mich aber immer wieder mit dem Gedanken, daß ich mich noch elender fühlen würde, wenn ich verkauft hätte und mein Studium der »höheren Investierungskunst« aufgeben müßte. Von der Ironie mal abgesehen: War das wirklich vollkommen ehrlich? Ich weiß es immer noch nicht ganz genau. Wäre mir, hätte ich die Aktien wirklich verkauft und mich freiwillig wieder auf die Zuschauerbänke verbannt, wo ich keine Gefahr lief, religiöse Übertretungen zu begehen (also keine Möglichkeit, mich mit der Sünde des Besitzes zu beflecken), wäre mir dann vielleicht eine schwere Last ermüdender, entnervender Sorgen vom Herzen genommen worden? Die Frage ließ auf eine weitere Wendung in dem moralischen Labyrinth schließen, in das ich mich begeben hatte. Ich debattierte mit mir selbst, ob *wu-wei* oder aktionslose Aktivität in diesem Fall darin bestand, den Blick klar, ruhig, leidenschaftslos in die Ferne zu richten, während die Hand zugriff und alles nahm, was sie zu fassen bekam, oder ob die Hand unbeteiligt bleiben sollte, während Auge und Geist zu verstehen, intellektuell zu besitzen versuchten. War ein solcher Besitz weniger sündhaft als konkreter, physischer Besitz? Irgendwie hatte ich das Gefühl, daß es besser sei, sich die Hände schmutzig zu machen als den Geist, und doch fragte ich mich, ob es nicht naiv sei, zu glauben, man könne das eine ohne das andere tun.

Bei der Lösung meines Dilemmas war Kahn mir trotz seines Scharfsinns keine Hilfe. Denn seine Geduld bei derartigen Fragen war ohnehin nicht sehr groß und wurde durch seine Jagdleidenschaft sogar noch vermindert. Noch nie hatte ich ihn in so guter Stimmung erlebt. Ich entdeckte eine neue Präzision an ihm, sowohl in der äußeren Erscheinung als auch bei seinen sprachlichen Formulierungen, eine wachere Konzentration. Ganze Pfunde schien er verloren und zugleich sämtliche Grillen, sämtliche intellektuellen Extravaganzen und Überflüssigkeiten wie Ballast abgeworfen zu haben. Sein fahles Gesicht hatte einen rosigen Schimmer angenommen. Er wirkte größer, weil er sich aufrechter hielt.

Gelegentlich sah ich ihn mitten im Börsensaal stillstehen, den Blick zum Lichtband emporgehoben, ein feines, nach innen gerichtetes Lächeln um den Mund, leichte Röte auf den Wangen, Glanz in den Augen, die Nüstern vor Lust geweitet wie ein ungeschlachtes Raubtier, das beim Jagen innehält, um Witterung aufzunehmen. Doch was erwartete ich von ihm? Weil er der Mensch war, der er war, und weil er herkam, wo er herkam, konnte er mich nur so führen, wie er es tat. Ich kannte seine ultraamerikanische Einstellung des »Kein Mumm, kein Ruhm« und wußte, daß sie ihn für die Welt der Werte, die ich suchte, blind machte. Dennoch hatte ich mich entschieden, ihm zu folgen. Warum? Aus Bequemlichkeit? Aus Kleingläubigkeit? Folgte ich einfach dem Weg des geringsten Widerstands?

Ich stehe nicht an, mir diese – und schlimmere – Motive selbst zuzuschreiben, weil ich weiß, daß ich auf einer höheren Ebene im Glauben weiterlebte, dem Glauben, der an jenem Nachmittag auf Coney Island neu geheiligt wurde. Es war der Glauben, daß der Unterschied zwischen Kahns Lebensweise und der meinen, zwischen Ken Kuan und der Wall Street, nur ein scheinbarer war, daß dieser turbulente, ungestüme Nebenfluß, in dem ich schwamm – der Dow –, mich letztlich ins Tao tragen würde. Ich war überzeugt, daß das Salzwasser des Meeres ein Lösungsmittel war, in dem alle Unterschiede aufgingen und von der Lösung aufgenommen wurden.

Das war mein Glaube, jener Glaube, den auf die Probe zu stellen ich China verlassen hatte, wobei ich hoffte, den Beweis dafür zu finden, daß die Realität Eins ist, und das Tao die Realität.

Hatte ich nicht mit eigenen Augen gesehen, daß der Chang Jiang* im Chinesischen Meer aufging, das sich seinerseits mit dem großen östlichen Ozean vereinigte; und daß der Hudson wiederum in den Atlantik floß? Außerdem wußte ich, daß diese beiden großen Ozeane irgendwo unterhalb des gefährlichen, stürmischen Kaps am Ende der Welt ineinanderflossen, wie es Yin und Yang tun. Nachdem ich das Kap der Guten Hoffnung in der äußeren Welt umrundet hatte, fiel mir nunmehr das Los zu, es in mir zu umrunden, den Winden und Gezeiten des Lebens zu folgen, bis sie mich an den verheißenen Ort brachten, wo der amerikanische Dow, jener Strom extremen Eigennutzes, das eigene Vorgebirge umfloß und in den großen Pazifik des Tao mündete.

Ich mußte sehen, ob das, was ich wußte und liebte, den Test bestand, den Amerikas ungebändigte Realität darstellte; ob sich die allgemeine Verfahrensregel, das Tao, auf den Spezialfall Dow anwenden ließ. War das nicht möglich – wie konnte ich dann im Eifer meiner frühen Jahre fortfahren, nachdem ich dessen immense, grausame Torheit erkannt hatte? Ich glich einem Naturwissenschaftler, der rund um die Welt gereist ist, um die Sonnenfinsternis zu sehen, die einzige, flüchtige Ausnahme, von der das Schicksal der Regel abhängt. Der Dow war die Sonnenfinsternis des Tao, und wenn ich bei der Untersuchung der dunklen, verdeckten Scheibe nicht feststellen konnte, daß die Sonne dahinter genauso hell schien wie zuvor, dann war mein religiöser Glaube Illusion, nichts weiter als eine falsche Hoffnung. Wenn das zutraf, war ich in der Lage jenes einfältigen Hirten, von dem ich im Kloster gehört hatte, der, als er die verdunkelte Sonne am Himmel sah, glaubte, die Welt gehe unter. Da er die

---

*Yangtse

endlose Ungewißheit des Todes einer Welt vorzog, die er nicht mehr erkennen, der er nicht mehr trauen konnte, beging er Selbstmord. Er erhängte sich an einem Obstbaum, während seine Herde, um seine baumelnden Füße versammelt, vor Entsetzen blökte.

SIEBENTES KAPITEL

Trotz alledem war ich an jenem Nachmittag erleichtert, als endlich die Glocke läutete. Jetzt war mir die Entscheidung aus den Händen genommen, jetzt konnte ich nichts mehr daran ändern. Nach der Arbeit kam mir die Idee, zu Mme. Qin zu gehen, doch ich verwarf den Einfall mit einer harten Entschlossenheit, die mich überraschte, einer Gefühllosigkeit, die neu war in meinem emotionalen Repertoire. Jetzt verstand ich bis zu einem gewissen Grad die Aversion gegen »Schmalz«, die ich Kahn schon mindestens hundertmal hatte äußern hören. Nicht etwa, daß ich das Gewand in meinem Herzen so leichtfertig aufgab, doch ein Gefühl ungeheurer Erschöpfung, verbunden mit der totalen Sinnlosigkeit der Geste des Die-letzte-Ehre-Gebens, machte die Vorstellung unerfreulich, wenn nicht sogar abstoßend. An jenem Nachmittag sagte Kahn etwas Merkwürdiges, als wir uns verabschiedeten.

»Nun, Kleiner, ich glaube, du kannst dich jetzt als blutgeweiht betrachten.« Er lächelte grimmig. »Ist doch sehr passend, findest du nicht? Blutgeweiht mit Doe.«

Ich begriff nicht genau, was er damit meinte, bis ich das Wort im Lexikon nachschlug: ›Blutweihe: einen Anfänger, der die Beute vom Aufstöbern bis zum Erlegen, bis zum Tod verfolgt hat, in den Kreis der Erfahrenen aufnehmen, indem man sein Gesicht mit dem Blut der Beute beschmiert.‹ Und unvermittelt dämmerte es mir: Das Versetzen war das Aufstöbern. Und dies war Tod.

Auf dem Heimweg nach Chinatown blieb ich vor der Trinity Church stehen. Auf den Gräbern hinter dem Staketenzaun lagen goldene Blätter verstreut, einige fielen gerade in diesem Moment von den Bäumen herab, schwebten in lautloser Ekstase in den vereinzelten Sonnenstrahlen, die die frische, blaue Herbstluft durchschnitten. Die rußverschwärzte, geduckte Fassade der Kirche vermittelte mir etwas Altes und sehr Trauriges, aber auch Weises wie ein Mensch, der sehr lange mit einer Wunde gelebt und durch die Schmerzen die Kunst der Geduld gelernt hat.

Während der Gedanke an den Wohlstand – oder den zu erwartenden Wohlstand – mir allmählich zur Gewohnheit wurde, beschäftigte ich mich immer eingehender mit der Frage, was wohl sein würde, wenn alles vorbei war. Schließlich konnte ich nicht ewig der Jagdleidenschaft frönen. Eines Tages, wenn wir Jane Doe, die Beute, so lang und so schnell gejagt hatten, wie sie laufen konnte oder wir ihr folgen konnten, würden wir den schweren Entschluß fassen müssen, uns von nun an die Freuden genießerischer Erwartung zu versagen und den Pfeil abzuschießen, solange sie noch in Reichweite war. Dann würde Jane Doe zu einer Trophäe an der Wand werden, zu etwas, woran man sich erinnert, worüber man nur noch spricht. Was würde dann kommen? Nehmen wir an, das Szenario entwickelte sich genau nach Plan, und ich ginge daraus hervor bis zum Platzen vollgestopft mit aus unserem ursprünglichen Teig gebackenen, sich auf wunderbare Weise vermehrenden Broten. Wo würde ich dann stehen? Was würde ich dann sein? Reicher, gewiß. Aber klüger? Was würde ich gelernt haben? Nun, eines mit Sicherheit: daß Kahn recht gehabt hatte. Um den Dow verstehen zu lernen, mußte man investieren. Das gab ich jetzt zu. Wie dubios mir diese Einstellung doch einst vorgekommen war, wie widerwärtig – und wie rudimentär sie mir jetzt erschien!

Als die Tage dahingingen und der Jackpot immer größer wurde, machte sich ein seltsames Ergebnis jenes Gesetzes bemerkbar. Aufgrund der Prämisse, daß Kontakt zuträglich sei, folgte daraus der Satz: Je mehr Kontakt ich mit dem Dow hatte, desto größer wurde die Chance, daß ich ihn verstehen lernte, und je tiefer mein Einblick in ihn war, desto näher kam ich dem Ziel, nach dem ich suchte: dem Delta, dem Zusammenfluß von *dao* und Dow. Schön und gut. Das war der nächste Schritt in dem Syllogismus, der mich erschreckte und beunruhigte. Was genau bedeutete mehr Kontakt mit dem Dow, und wie stellte man es an, ihn zu bekommen? Nun, um es rundheraus zu sagen: mit Geld. Als ich die Frage näher untersuchte, sprang mir die Selbstverständlichkeit der Vorteile, die meinem seelischen Wohlbefinden und meiner geistigen Gesundheit aus dem Aufbau einer großen Kapitalreserve erwachsen würden, ins Auge wie ein Blitz am dunklen Nachthimmel. Natürlich zuckte ich vor Abscheu zurück. Absurd! sagte ich mir und lachte verächtlich, wenn auch mit einer Andeutung von Hysterie. Beim zweiten Blick gefror mir das Lächeln auf den Lippen. Wo lag der Fehler in der Beweisführung? Akzeptierte man die Prämisse, folgte dann dieser Schluß nicht mit unbarmherziger Logik? Vielleicht verliere ich allmählich die Perspektive, sagte ich mir. Andererseits mußte ich die erschreckende Möglichkeit in Betracht ziehen, daß diese Wahrheit sich eines Tages als ebenso elementar erweisen würde wie jene, die sich in Kahns Ultimatum ausdrückte.

Eines Nachmittags (nach einem ruhigen Vormittag, an dem ich das Lichtband beobachtet und mein seelisches Gleichgewicht der Zunahme von Achteln und Vierteln angepaßt hatte), war ich mit unserem Lunch auf dem Weg zu Kahns Büro. Der Fahrstuhl hielt im Besucherzentrum, und ich beschloß spontan, rein um der Erinnerung an die guten alten Zeiten willen, einen Blick von der Galerie zu werfen. Gelassen betrachtete ich die Szene unten, seufzte vor halb widerwilliger Genugtuung über die Schönheit und Monumentalität des Schauspiels und genoß dabei den vollen Duft der Landwirtschaft. Nach kurzer Zeit fiel mir auf, daß an einem der Stände im kleinen Börsensaal eine Art Aufruhr im Gange zu sein schien. Mein Gott, es war der Doe-Stand (das »Nudelholz« geheiligter Erinnerung, wie Kahn ihn getauft hatte)! Der Handel lief hektisch, hektischer, als ich es jemals gesehen hatte, nicht einmal nach der Ankündigung der Fusion mit Sui. Der Tumult erinnerte an die Unruhe in einem Ameisenhügel, der von einem wütenden Wanderer platt getreten wird. Broker schwenkten ihre Händlerzettel über dem Kopf und schrien sich die Lunge aus dem Hals. Der Kursmakler, der beide Hände hob, als wolle er sich der Broker erwehren, schüttelte in mitfühlender, doch sturer Verweigerung den gesenkten Kopf. Doch was verweigerte er ihnen? Wollten sie kaufen oder verkaufen? Und wo war Kahn? Mein großer Freund glänzte demonstrativ durch Abwesenheit, demonstrativ deswegen, weil es aussah, als habe das auserwählte Opfer die Stirn gehabt, sein lärmendes, ungeduldiges Publikum am Schauplatz eines Lynchmordes ganz einfach zu versetzen. Und tatsächlich schien die Vollstreckung eines Vigilante-Urteils unmittelbar bevorzustehen. Als getreuer Komplize des anstößigen *hombre* war ich keineswegs darauf erpicht, zum Stellvertreter meines Meisters ernannt zu werden, also trat ich eiligst und so unauffällig wie möglich den Rückzug an und begab mich zu seinem Büro, wo ich beunruhigt an die Tür klopfte.

»Verschwinde!« knurrte er von drinnen.

»Ich bin's, Kahn!« rief ich laut. »Machen Sie auf! Ich bringe unseren Lunch!«

Als er daraufhin nichts erwiderte, zog ich meinen Schlüssel heraus und öffnete selbst.

Als halte er sich an meine Metapher aus dem Wilden Westen, saß Kahn am Schreibtisch und betrachtete mit wildem, glasig starrem Blick etwas, das mir ein Colt vierundvierzig zu sein schien. Rasch ließ er ihn in der Schreibtischschublade verschwinden und sah mit geweiteten Pupillen, einem verängstigten, hilflosen Blick, der nicht zu seinem irren Grinsen paßte, zu mir empor.

Ich spürte, wie mir eine Gänsehaut über die Arme lief. Eine schreckliche Vorahnung stieg in mir auf. »Kahn?« keuchte ich kaum lauter als im Flüsterton.

»Alles vorbei, Kleiner«, sagte er und sah mir fest in die Augen. »Der Kuchen ist nicht aufgegangen.«

»Sie meinen ...?«

Er nickte mit geschlossenen Augen. »Sie haben den Handel im Börsensaal eingestellt.«

Da es mir die Sprache verschlug, starrte ich ihn offenen Mundes an.

»Sie sind mir draufgekommen, Kleiner. Ich bin erledigt.«

»Draufgekommen?«

Er nickte. »Auf alles – das Kartell, die Käufe, die Insider-Information, das Bandfälschen – alles. Den ganzen, verdammten, dämlichen Dreck.«

Ich war wie vom Donner gerührt.

»*Okay*, ich bin also doch 'n *schlimaselnik*«, sagte er achselzuckend und fing an zu weinen.

Nach einigen Minuten zog er, offenbar wieder etwas ruhiger, sein Taschentuch heraus und schneuzte sich geräuschvoll die Nase. »Verzeih mir bitte das Schmalz«, entschuldigte er sich mit ziemlich dünner Ironie und einem noch dünneren Grinsen.

»Aber wieso?« wollte ich wissen.

Seufzend schüttelte er den Kopf. »Verdammt noch mal, ich weiß es nicht! Piper muß mich verraten haben. Nach allem, was ich mir so zusammenreime, hat es als mehr oder weniger normale Routineuntersuchung begonnen. Sie waren durch die plötzliche Aufwärtsbewegung mißtrauisch geworden und wollten sich vergewissern, daß alles mit rechten Dingen zugeht. Und dann erschien Pipers Bericht, der eine weitere Kaufwelle auslöste. Sie stellten ihn, und er warf mich ihnen zum Fraße vor, der Schuft.«

»Wer, sie?«

»Die SEC, die Börsenaufsicht, Kleiner, die Big Boys. Dies ist ein blutiger Sport. Wir spielen um echtes Geld.«

»Und was passiert nun?«

Er hob die Schultern. »Kommt alles drauf an, wie weit der Aufsichtsrat gehen will. Ich werde natürlich rausgeschmissen.«

»Aus der Börse? Für immer?« rief ich entsetzt.

Er nickte. »Aber der Verlust meines Börsensitzes ist das geringste Problem. Du kennst die Vorstellung der Öffentlichkeit vom ›gewissenlosen Börsenmakler‹ genausogut wie ich. Und um sich die reformistischen Horden vom Hals zu halten, reiben sie ihnen ständig unter die Nase, daß sie in der Lage seien, ihre Mitglieder selbst zu überwachen.« Er warf mir einen bedeutungsschweren Blick zu.

»Und?« fragte ich.

»Und nun könnten sie auf die Idee kommen, mich zu ihrem Sündenbock zu machen.«

»Was heißt das?«

»Sie könnten die Polizei einschalten. Daß mein mosaischer Glaube sie in diesem Fall nachsichtig stimmt, glaube ich kaum – du vielleicht? Sie versuchen mich schon seit Jahren loszuwerden. Gibt es einen besseren Vorwand?«

Am folgenden Tag wurden Kahns Unterlagen beschlagnahmt. Er kaufte Munition für seinen Colt und lud ihn. In den Korridoren ließ er ihn ostentativ in der Hand wirbeln wie ein Revolverheld. Die Leute bemerkten es und machten ihm bereitwillig Platz, während ich entsetzt und hilflos zusah. An dem Nachmittag, an dem sie dann kamen, war ich bei ihm. Es klopfte: »SEC, Sicherheitsabteilung.« Mir wurden vor Angst die Knie weich. Nur unter größten Schwierigkeiten gelang es mir, meinen Darm unter Kontrolle zu halten. Nicht nur die unmittelbare Gefahr, die Gefahr für Kahn (in die ich zweifellos auch einbezogen war, doch in einem Grad, den ich unmöglich einschätzen konnte), sondern auch meine eigene Schuldhaftigkeit als illegaler Ausländer schossen mir durch den Kopf.

Zu meinem Erstaunen lächelte Kahn nur schief, als sei er erleichtert, streckte in einer ironisch-präsentierenden Geste die Hand zur Tür aus und sah mich mit hochgezogenen Brauen an, als wolle er sagen: Na bitte!

Was er dagegen wirklich sagte, während er die Waffe aus der Schreibtischschublade holte, war: »Also, Kleiner, in diesem Revolver stecken sechs Kugeln. Was meinst du? Verwenden wir sie für uns selbst oder für eine Schießerei?«

»Kahn!« protestierte ich aufgeregt. »Dies ist nicht die richtige Zeit für Witze!«

Er zuckte die Achseln und lächelte grimmig. »Wer macht hier Witze, Kleiner?«

»Aufmachen!« Fordernde Fäuste hämmerten an die Tür.

Ein trockenes Lächeln spielte um Kahns Mundwinkel. Er sah mir offen in die Augen und setzte sich den Lauf des Revolvers an die rechte Schläfe.

»Aaron, was machen Sie?« rief ich flehend.

»Ida könnte die Schande nicht ertragen«, erklärte er mit nihilistischem, in dieser Situation besonders grausigem Humor.

»Kahn!« schrie ich.

Ganz langsam bewegte er den Abzug; der Hammer hob sich vom Verschlußstück.

Plötzlich sprang die Bürotür auf, und ein halbes Dutzend Beamte stürzten herein. Zwei gingen sofort in die Knie und richteten ihre Achtunddreißiger auf uns; die anderen schwärmten hinter ihnen aus und stützten das Handgelenk ihrer Schußhand dramatisch mit der freien Hand. »Keine Bewegung!« riefen sie.

»Nur herein, Boys!« forderte Kahn sie mit sarkastischem Lächeln auf.

»Keine Bewegung, oder wir schießen!«

»Bitte sehr.« Mit der freien Hand deutete Kahn auf die eigene Waffe, als wolle er die genaue Situation für Begriffsstutzige präzisieren. »Nur laßt mir den Kleinen laufen«, verlangte er. »Der hat mit allem nichts zu tun. Ich habe ihn nur Lunch holen geschickt.«

Der nächststehende Beamte begegnete meinem Blick. »Verschwinde!« befahl er mir und deutete mit dem Kopf zur Tür.

Ich warf Kahn einen hilflosen Blick zu.

Er schürzte die Lippen, schloß die Augen und nickte beruhigend. »Ist schon *okay*, Kleiner«, sagte er. »Lauf nur zu!«

Da ich nicht wußte, was ich sonst tun sollte, wandte ich mich zur Tür.

»Ach, Sonny, bevor du gehst...« rief er mir nach. »Steck mir doch bitte eine Zigarre an, ja? Ich möchte meine letzten Minuten genießen.« Er bat die Beamten um Erlaubnis. »Ein letzter Wunsch, meine Freunde?« Derselbe, der mich hinausgewinkt hatte, bedeutete mir jetzt, Kahns Bitte zu erfüllen. »Na los!« kommandierte er barsch.

Kahn setzte den Revolver an die linke Schläfe, um die Zigarre in der Streichholzflamme drehen und sie mit den vertrauten Blasebalgbewegungen seiner Wangen zum Brennen bringen zu können. Auf meinem Platz vor dem Schreibtisch wirkte ich wie ein Wandschirm zwischen ihm und den Beamten. Während ich fast in Tränen ausbrach, als ich ihm das erwies, was sich wahrscheinlich als letzter Dienst herausstellen würde, sah Kahn mir plötzlich in die Augen und formte mit den Lippen lautlos die Worte: »Keine – Angst. – Der – Revolver – ist – aus – Plastik.«

Ich starrte ihn offenen Mundes an, bis mir das Streichholz die Finger verbrannte und ich zusammenzuckte.

»Und nun mach, daß du rauskommst, sonst schieß' ich!« knurrte er laut. »Allmählich machst du mich nervös.«

»Nun aber schnell! Verschwinde!« riefen die Beamten und wedelten unruhig mit ihren Waffen.

Ich nahm mir nicht einmal mehr die Zeit zu protestieren oder Fragen zu stellen.

Als ich ihn später an jenem Nachmittag im Gefängnis wiedersah, erklärte er mir, er habe diese Mätzchen nur gemacht, um die Begründung für ein Plädoyer auf Unzurechnungsfähigkeit zu liefern. »Schließlich, wenn Dritte-Welt-Typen und die verwöhnten Bälger der Bourgeoisie mit Mord, Vergewaltigung, Brandstiftung, politischen Attentaten und was weiß ich durchkommen – warum nicht auch ein Gentleman-Verbrecher, der im Sinne legitimer Geschäfte über die Pflicht hinaus gehandelt hat? Das ist Diskriminierung!«

Armer Kahn! Er scherzte immer noch, obwohl sie ihm die Schlinge um den Hals legten. Ich glaube, er hatte noch gar nicht richtig begriffen, was geschehen war. Beinahe übermütig war er: frech, kampflustig, immer einen Witz auf den Lippen – nur alles ein bißchen überdreht. Nach einer Woche jedoch hätte ich selbst so zweifelhafte Inspirationen begrüßt wie die Unzurechnungsfähigkeitsbehauptung, nur um ihn aus der Depression zu reißen, die sich wie kalter, grauer Nebel auf sein Leben gelegt hatte und ihm das Herz zu brechen drohte.

Ich glaube, die Demütigung, die darin lag, daß er in der Verwahrzelle auf seinen Anwalt warten mußte, um dann wie ein Exemplar aus einer Monstrositätenschau schimpflich auf die Anklagebank geführt zu werden, ernüchterte ihn. Nachdem sein Verteidiger und der Staatsanwalt kurz mit dem Richter konferiert hatten, forderte ihn letzterer auf, an den Richtertisch zu treten.

Von dort aus, wo ich im Gerichtssaal saß, konnte ich die Worte des Richters verstehen. »Ich bin auch in Börsengeschäften tätig, Mr. Kahn«, sagte er. »Mein Broker hat mir vor zwei Wochen sogar Doe-Aktien empfohlen.«

»Ein kluger Broker, Euer Ehren«, bemerkte Kahn grinsend mit deplacierter Chuzpe. »Seien Sie nett zu ihm. Ein guter Mann ist schwer zu finden.«

Der Richter runzelte die Stirn und funkelte ihn über den Rand seiner Brille hinweg aufgebracht an. »In Ihrem Fall, würde ich sagen, ist das besonders zutreffend. Sie haben Glück, daß ich seinem Rat nicht gefolgt bin. So, wie die Dinge liegen, entlasse ich Sie wegen der Art Ihres Vergehens und da keine Vorstrafen registriert sind, ohne Kaution nur auf Ihre schriftliche Verpflichtung hin. In den Akten jedoch werde ich vermerken, daß ich Sie für einen perfekten Lumpen halte.«

»Ich war schon immer ein Perfektionist«, gab Kahn zurück. »Ich kann nicht anders. Wenn ich was tue, dann wenigstens so gut wie möglich.«

Als wir uns dann durch eine Menge drängelnder, aufdringlicher Reporter den Weg aus dem Gerichtssaal bahnten, war das Grinsen vom Gesicht meines Freundes verschwunden und hatte einer gespenstischen, gehetzten Geistesabwesenheit Platz gemacht.

Mechanisch blieben wir an einer Ecke stehen, um eine Spätausgabe zu kaufen, und fanden in der »Daily News« folgende Schlagzeile:

SUI-ZID-PAKT STOPPT HANDEL AN DER WALL STREET
KAHN WEGEN MANIPULATION ANGEKLAGT

Und darunter in kleineren Lettern:

Loves Sohn in den Skandal verwickelt

Es ist seltsam, wissen Sie, wie schnell sich alles gegen einen Menschen wenden kann, wie schnell eine Situation unrettbar verfahren ist. Sehr seltsam. Ich nehme an, das ist eine jener Lektionen über das wirkliche Leben, die der Dow seinen Schülern am unmittelbarsten erteilt, eine Lektion, die ich als bloßer Beobachter nicht gelernt hätte. An der Wall Street heißt es verlieren und lernen, um das alte Sprichwort vom Fehlermachen und daraus Lernen abzuändern. Und die unverzeihlichste Sünde beim Handeln? Der schlimmste Fauxpas des Dowisten? Wenn man Eier mit Hühnern gleichsetzt, lieber Leser. Das ist es, was ich getan habe. Es ist fast komisch. Vermutlich hätte ich verzweifelter sein sollen. Das vorherrschende Gefühl bei mir war jedoch Erleichterung – und Befreiung, als wäre alles plötzlich wieder gut geworden: Als wären all meine Fehler, meine Übertretungen von der Schiefertafel gelöscht. Ein ungeheuer schwerer Stein fiel mir vom Herzen, eine Last, die ich kaum bemerkt hatte, bis sie verschwunden war und der alte Muskel wieder Auftrieb bekam. Wäre da nicht Kahn gewesen, ich hätte die ganze Sache beschämend leichtgenommen.

Dieses wäre jedoch war ein sehr großes. Mein Freund wäre beinahe zugrunde gegangen. Ich fühlte mich so verantwortlich, als hätte ich, indem ich ihn ständig drängte, zu dem Druck beigetragen, der ihn schließlich über die Grenze zum Betrug zwang. Wie sich herausstellte, war der gerichtliche Teil, abgesehen von seinen finanziellen Verbindlichkeiten, die beträchtlich waren (er mußte gemäß Paragraph dreizehn Bankrott erklären), nicht allzu schwerwiegend. Kahns Anwalt erreichte, daß er mit einer Wochenendstrafe über die Zeit von sechs Monaten davonkam. Dabei sollte er in einer Haftanstalt im Staat New York unverbesserlichen Kriminellen, die sowohl Befähigung als auch Interesse zeigten, die Feinheiten des moralisch vertretbaren Investierens beibringen, wobei der Richter auf die Worte »moralisch vertretbar« Wert legte. Nein, ich glaube, mehr als alles andere quälte ihn die Schande – nicht nur die, offiziell vor Gericht verurteilt worden zu sein, sondern vor allem auch von seinen Kollegen und, was vielleicht noch wichtiger war, von der Börsenaufsicht. Kahn wurde tatsächlich von der Börse ausgeschlossen, sein Sitz sollte versteigert werden, um zur Begleichung seiner Schulden beizutragen. Am schlimmsten war jedoch: Er durfte nie wieder Börsenmitglied werden. Kahn schluckte diese Brocken wie ein Mann – alle, bis auf den letzten. Bis auf die Tatsache, daß man ihm unbarmherzig und summarisch verbot, jene Tätigkeit auszuüben, die für ihn gleichbedeutend war mit dem Leben. Das war für ihn der härteste Schlag. Das war es, was seinen Willen brach. Armer Kahn! Wie ich ihn bedauerte! Unvermittelt war er in die Kulissen verbannt und dazu verurteilt worden, zu beobachten, ohne teilzunehmen.

Ich will wirklich nicht ironisch sein, aber für ihn bedeutete das buchstäblich die Hölle auf Erden. Wenn dies keine grausame und ungewöhnliche Strafe war – was dann? Es war teuflisch! Es war sadistisch! Untätig an der Peripherie zu stehen, hechelnd und zerrend wie ein angeleinter Hund, während der Fuchs vorbeijagte und ihm ins Gesicht lachte – das war es, was ihn schließlich fertigmachte, bis nur noch der Kern seines früheren Ichs übrigblieb. (Bildlich gesprochen. Körperlich wirkte er eher aufgedunsen. Er brachte jetzt fast einhundertfünfzehn Kilo auf die Waage.) Natürlich blieb es ihm unbenommen, wie alle anderen Schlucker der glanzlosen Bruderschaft, die breite Öffentlichkeit heißt, den Lehnsesselstürmer zu spielen. Er konnte bei einem Schmalspur-Broker einer kleinen Maklerfirma ein Konto eröffnen und seine Aufträge durchtelefonieren, damit diese über mehrere Relaisstationen bis in den Börsensaal gelangten. Doch schon der Gedanke an eine derartige Degradierung war ihm, das wird der Leser sicher verstehen, ganz einfach unerträglich. Nicht in der Lage zu sein, die Aufträge selbst, persönlich, auszuführen – das war demütigend, unvorstellbar! Wenn er nur einen Job bekommen hätte, bei dem er als schlichter Broker für eine der großen Maklerfirmen im Börsensaal hätte arbeiten können! Obwohl das weit unter seiner Würde war, hätte er es doch wenigstens mit einer gewissen Würde tun können wie ein Aristokrat aus uralter Familie, der schwere Zeiten durchmacht, arm, aber zumindest reich an Selbstachtung und – am wichtigsten – noch immer dicht an der Quelle, dicht am Dow. Aber o nein, nichts davon! Sie übergingen ihn – sie, die nicht gut genug waren, ihm die Füße zu küssen. Sein Ruf war ein Stigma, das er nicht verbergen konnte. Bürovorsteher scheuten vor dem gräßlichen Brandmal zurück. Der arme Kahn! Wie mein Herz für ihn blutete!

Aber trotz allem – wissen Sie, welche Einstellung er hatte, was er durch alle Fährnisse hindurch behielt? »Ach, wenn es nur ewig gedauert hätte«, sagte er zu mir, während er mit einem sehnsüchtigen, rauchigen Licht in den Augen in die weite Ferne blickte. Seine Stimme klang leise und rauh, ein bißchen atemlos vor dem verräterischen Fast-Beben der Leidenschaft, als sage er der Liebe seines Lebens oder dem Leben selbst Lebewohl. »Es hat sich gelohnt, Kleiner. Selbst das.« Sogar durch seinen Schmerz schimmerte diese traurige, erhabene Würde. »Es war so schön. So wunderschön!« Er schüttelte den Kopf. »Jetzt aber ist alles aus für mich, Kleiner. Ich weiß genau, daß ich nie wieder eine so tiefe Freude empfinden werde. Ich hatte es geschafft, Kleiner. *Geschafft*. Verstehst du?« Er warf mir einen traurigen Blick zu.

»Seien Sie nicht melodramatisch, Kahn«, ermahnte ich ihn streng. »Ich meine, es bedeutet ja schließlich nicht, daß Ihr Leben vorüber ist.«

Er musterte mich nachdenklich mit zusammengekniffenen Augen; dann seufzte er und schüttelte wieder den Kopf. »Du verstehst es immer noch nicht, oder?«

»Was soll ich verstehen?«

»Daß es eben genau das bedeutet: Mein Leben *ist* vorüber.«

»Aber es gibt doch noch so viele andere Dinge, die Sie tun könnten«, protestierte ich.

Er schürzte grimmig die Lippen. »Ich habe schon viel zu viele Dinge getan. Ich hab' mir die Wanderschuhe abgelaufen, Kleiner, meine Ewiger-Jude-Schuhe.« Er lächelte in sich hinein. »Meine Ewiger-Jude-Wildlederschuhe.« Diese Pointe nahm seinen Worten nicht die Schwermut. »Für mich ist es vorbei. Ich habe kein anderes Ziel mehr im Leben.«

Es fiel mir schwer, es zuzugeben, vor allem mir selbst gegenüber, aber ich sprach aus, was ich im tiefsten Herzen empfand. »Vielleicht verstehe ich es doch, Aaron. Jetzt.«

In seinen Augen stand eine traurige Brüderlichkeit, die mich irgendwie an Jin erinnerte. »Blutgeweiht«, mehr sagte er nicht.

»Wenn ein Mensch den Geschmack des Blutes gekostet hat, fällt es ihm schwer, ihn zu vergessen.« Die Worte des Soldaten schossen mir durch den Kopf. Ich sah Kahn mit ernster Miene an, er aber lächelte vor sich hin und folgte wieder dem Orbit seiner fixen Idee. »Mit ein bißchen mehr Glück, weißt du, ein bißchen mehr Bargeld, hätten wir das dickste Ding durchziehen können seit dem großen Schweinemonopol von einundzwanzig. Unsere Namen stünden in den Geschichtsbüchern.« Er starrte ins Leere; dann lachte er plötzlich laut heraus. »Und beide Male ging's um Schweinefleisch!« Er schüttelte den Kopf. »Dabei fällt mir ein Sprichwort ein: ›Ein Bulle kann an der Wall Street Geld machen; ein Bär kann an der Wall Street Geld machen; aber ein Schwein rennt immer ins Messer.‹ Ich bin hineingerannt, Kleiner, hinten und vorne.« Er machte eine obszöne Geste. »Vorn und hinten!« Nun lachte er so heftig, daß ihm die Tränen über die Wangen strömten.

Ich gab mir die größte Mühe, meine Bestürzung zu verbergen, denn ich begann, um seine geistige Gesundheit zu fürchten. In der Hoffnung, wenigstens die finanzielle Belastung ein wenig erleichtern zu können, rief ich die Mitglieder des ehemaligen Kartells an, um zu sehen, ob sie nicht eine kleine Sammlung für den Sündenbock veranstalten könnten, der für die gemeinsamen Sünden geopfert worden war, doch ich erreichte nichts. Die Sekretärinnen ließen sich meine Nummer geben, aber meine Anrufe wurden niemals erwidert.

Nein, es war eindeutig. Niemand sonst wollte ihm helfen. Diese Bürde fiel mir zu. Und es machte mir nicht sehr viel aus. Ich fühlte mich verantwortlich, wie ich schon sagte, weil ich die Rolle des Anstifters gespielt hatte. Und selbst wenn ich ohne Schuld gewesen wäre, hätte ich meinen alten Freund nicht einfach im Stich lassen können. Denn für mich war er inzwischen ein alter Freund, obwohl es im Grunde noch gar nicht so lange her war, daß ich ihn, Bonbons lutschend, um die Ecke eines Börsenstandes hatte kommen sehen. Und das nie wieder? Irgendwie konnte ich ihn mir gar nicht in einer anderen Umgebung vorstellen. Denn was ist schließlich ein Elefant ohne Savanne, ein Krokodil ohne ein schlammreiches Flußdelta, ein Stier ohne Weide oder Arena? Jawohl, auch ich ertappte mich dabei, daß ich dem Schmalz erlag. Bei dem

Gedanken an meine Pflicht, seine Not ein wenig zu lindern, riß ich mich aber wieder zusammen.

Als die Börsenaufsicht Anklage erhoben hatte und der Handel eingestellt worden war, stand Jane Doe auf zweiunddreißig. Als der Handel wiederaufgenommen wurde, stand sie auf dreisiebenachtel. Olaf, der aus der Ferne alles aufmerksam beobachtete, leugnete in aller Öffentlichkeit sofort jeden Kontakt mit Jane Doe, ihren Eigentümern und Vertretern. Ja, er deutete sogar an, die Fusionsgerüchte seien ohne sein Wissen und ohne sein Einverständnis von den Doe-Managern in Umlauf gesetzt worden, womit er das Gespenst einer weiteren Strafverfolgung wegen Aktienschwindels heraufbeschwor. Zum Glück war seine Beteiligung zu eindeutig dokumentiert, um dieser Behauptung Glaubwürdigkeit zu verleihen, und so wurde die Anklage in diesem Punkt fallengelassen. Aber das half Jane Doe auch nicht mehr. Sie verlor abermals zwei Punkte und fiel von da an ständig weiter. Die Firma konnte das nicht überstehen. Innerhalb von zwei Wochen erschien Doe auf dem Band mit einem schimpflichen Q vor ihrem Namen, dem scharlachroten Buchstaben der Wall Street, dem Kainsmal – dem Kahnsmal. Bankrott. Konkursverwaltung. Paragraph elf.

QDoe
2s 13.16

Zweihundert Anteile zu dreizehn/sechzehn. Von nun an sah ich nicht mehr hin. Nicht etwa aus Apathie, sondern weil mir bei dem Anblick übel wurde.

Wenn die Geschehnisse schon auf *mich* so wirkten, dann können Sie sich vorstellen, wie Kahn reagierte. Er verkam immer mehr. Ich mußte mit ansehen, wie er nach und nach zu einer Art elegantem Landstreicher degenerierte. Irgendeine fatale Schwerkraft (die Schwerkraft des Blutes?) zog ihn Tag um Tag wieder zur Börse, wo er behandelt wurde wie ein Paria. Obwohl er sich nicht mehr täglich rasierte, unterzog er sich dennoch der Mühe, sich anzukleiden, Anzug und Krawatte anzulegen. Wenigstens anfangs. Doch seine teuren Kleider wirkten allmählich noch zerknautschter als zuvor, als hätte er in ihnen geschlafen, und sie strömten einen höchst unangenehmen Geruch aus, der nicht mehr so sehr dem Duft gekochter, als dem verdorbener *piregess* glich. Als ich feststellte, daß er in seinen Schnürstiefeln keine Socken mehr trug, wußte ich, daß es schon sehr weit bergab mit ihm gegangen war.

Stunde um Stunde sah ich ihn oben in der Galerie des Besucherzentrums stehen wie ein anklagendes Gespenst, wie die in der Luft schwebende Geistererscheinung einer erschlagenen, ungerächten Seele, mit vortretenden, leeren Augen auf die im Leben angesiedelte Szene hinabstarren und sie stumm verfluchen. Wie sehr mein Herz doch für ihn blutete! So oft wie möglich ging ich hinauf und brachte ihm kleine Trostpflästerchen, Bonbons und dergleichen, Gesten des Mitgefühls und der Beschwichtigung. Er jedoch lehnte voll Grimm alles ab und ließ nur allzu unmißverständlich durchblicken, wonach ihm wirklich der Sinn stand. Aufgrund eines übermächtigen Impulses der Selbstkasteiung nahm er nur Brot und Wasser zu sich. Ich weiß nicht, wie er es durchhalten konnte, Stunde um Stunde der Bandaufnahme zuzuhören, die munter ihren endlosen Text abspulte und den Besuchern erklärte, wie die Börse funktionierte. »Sagen wir, Sie, der Kunde John Q. Public, in Anytown, USA, wollen einhundert Anteile der Firma XY verkaufen ...« Wie fröhlich der kleine Gnom doch klang, wenn er die einzelnen Glieder der Transaktion aufzählte: vom Kunden zum Broker, vom Broker zum Telefonisten, vom Telefonisten via Nachrichtentafel zum Börsenmakler, und weiter über den Kursmakler, den Protokollführer, den bescheidenen Botenjungen und auf demselben komplizierten Weg wieder zum Kunden zurück. Welch eine Folter für den Armen! Als hätte man Einstein an einen Stuhl gefesselt und gezwungen, sich immer wieder eine Aufnahme von Newtons Gesetzen anzuhören! Aber er schien sich geradezu nach Selbstbestrafung zu sehnen. Jedenfalls war seine Gier darauf unersättlich. Ich fürchtete, wie ich schon angedeutet habe, daß es nur eine Speise gab, die diesen Hunger ein für allemal stillen konnte: Selbstmord. Und zwar diesmal nicht als Generalprobe, sondern als echte Tat. Irgend etwas mußte geschehen.

Aber was? Sosehr ich auch nachdachte, mir fiel nichts ein, das eine berechtigte Hoffnung auf die Lösung des Problems geboten hätte. Und da ich keine andere Quelle kannte, tat ich, was ich schon unzählige Male in Situationen, in denen der Intellekt keine Lösung fand, getan hatte: Ich konsultierte die »Wandlungen«.

Ich holte mein Buch heraus (auf dem sich wieder einmal eine leichte Staubschicht angesammelt hatte), um mich wie der Fischer im Märchen, der den Butt ruft, in meiner Not an das »*I Ging*« zu wenden, und hoffte, es würde mir aus den unergründlichen Tiefen seines großen Herzens Antwort geben. Der einzige Grund, warum ich ein wenig zögerte, die Befragung zu beginnen, war die nagende Furcht, es könne meinen Verdacht bestätigen, daß mir durch Dinge, die ich getan hatte, Orte, an denen ich gewesen war, Dinge, die ich akzeptiert und zugelassen hatte, möglicherweise die Reinheit des Herzens verlorengegangen war, die zu einer erfolgreichen Konsultation gehörte.

Das Ergebnis der Auszählung war das Zeichen Nummer neunundfünfzig, *huan*, die »Auflösung« mit bewegten Strichen auf den obersten vier Plätzen. Dieses Hexagramm besteht aus den Trigrammen *sun* ☴ (Wind) über *kan* ☵ (Wasser). Als sich die Striche ordneten, fiel mir etwas auf, das ich mir nicht sofort erklären konnte. Wind über Wasser. Was war das? *Sun* über *kan?* Sun über Kahn! Das Homonym für meinen eigenen Namen war natürlich ein alter Hut, aber das für seinen! Es war unheimlich. Und das Unheimlichste daran war wohl, daß mir das bisher noch nicht aufgegangen war.

Als sich meine erste Aufregung, mein erster Schock gelegt hatte, suchte ich im Shuo-Kua-Teil des »*I Ging*«, der die Bedeutung des Trigramms in allen Einzelheiten erklärt, sofort nach *kan*:

Das Abgründige ist Wasser, Gräben, Hinterhalt, Bücken
und Aufrichten, Bogen und Rad.
Bei den Menschen bedeutet es Melancholie, solche mit
krankem Herzen, solche mit Ohrenschmerzen.
Es ist das Blutszeichen; es ist rot.

Bei den Pferden bedeutet es solche mit schönem Rücken,
solche mit Mut, solche, die den Kopf hängen lassen,
solche mit schmalen Hufen, solche, die stolpern.
Bei den Streitwagen bedeutet es solche mit vielen Defekten.
Es ist Durchdringung, der Mond.
Es bedeutet Diebe.
Bei den Hölzern bedeutet es solche, die fest sind und viel Mark haben.

Ich begann zu weinen. Es war wie eine Offenbarung für mich. So vieles lag in diesem Zeichen! So vieles. War dies nicht genau der Mann selbst? Das Abgründige! Auf seinen augenblicklichen Zustand schien es jedenfalls perfekt zu passen.

Auf einmal war mir alles klar. *Sun* über *kan:* Bestätigte das nicht mein Gefühl der Verantwortlichkeit? Plötzlich begriff ich, was das Orakel auf Coney Island bedeutet hatte. *Sui,* die »Nachfolge«: »Um Nachfolge zu erreichen, muß man selbst erst sich anzupassen verstehen.« Also hatte »Nachfolge« bedeutet, Kahns Rat zu befolgen, sein Ultimatum. Ich hatte ihm zu Doe, zum Dow folgen müssen, um ihn jetzt aus seinen Depressionen herausführen zu können. Aber wie? Das Hexagramm hatte eine Antwort parat.

> Die gemeinsame Begehung der großen Opfermahle und religiösen Riten... war das Mittel, das die großen Herrscher anwandten, um die Menschen zu einen. Die religiöse Musik und die Pracht der Zeremonien weckte starke Emotionen, die allen Herzen gemeinsam waren... Ein weiteres Mittel, das demselben Zweck diente, ist die Zusammenarbeit bei großen, allgemeinen Unternehmungen, die dem Willen des Volkes ein hohes Ziel setzen; bei der gemeinsamen Konzentration auf dieses Ziel lösen sich alle Barrieren auf, genau wie alle Hände gemeinsam zugreifen müssen, wenn ein Boot einen breiten Strom überquert.
> Doch nur ein Mensch, der selbst frei ist von allen Hintergedanken und der gerecht und standfest handelt, kann so die Härte des Egoismus lösen.

»Opfermahle und religiöse Riten... Musik und die Pracht der Zeremonien.« Interessant. Doch wo genau lag die Verbindung mit meiner Aufgabe? Das war mir nicht klar. Schließlich waren die Riten und Rituale, von denen hier die Rede war, solche, die der chinesische Hof vor Jahrhunderten im Zusammenhang mit dem Ahnenkult gefeiert hatte. Welche zeitgemäße Anwendung konnte es für sie geben? Und doch beschrieb das Orakel dieses was immer es sein mochte – irgendein »großes, allgemeines Unternehmen« – als die richtige Therapie für meinen Freund mit dem gebrochenen Herzen. In der Hoffnung, ein wenig mehr Licht in die Sache bringen zu können, wandte ich mich den Strichen zu:

> Sechs auf drittem Platz bedeutet:
> Er löst sein Ich auf. Keine Reue.
> Die Arbeit kann unter Umständen so schwer werden, daß man nicht mehr an sich selbst denken kann. Man muß die eigene Person vollkommen auf die Seite setzen, alles zerstreuen, was das Ich trennend um sich sammeln

möchte. Nur auf der Grundlage eines großen Verzichtes gewinnt man die Kraft zu großen Leistungen. Dadurch, daß man sein Ziel außer sich hat in einer großen Sache, kann man diesen Standpunkt gewinnen.

Nun, gewisse Dinge wenigstens waren klar. Ich war derjenige, dem es bestimmt war, »nicht mehr an sich selbst zu denken«, um eine »große Sache... außer sich« zu vollbringen, das heißt, Kahns Rehabilitation. Aber was war der »große Verzicht«? Ich las weiter.

Sechs auf viertem Platz bedeutet:
Er löst sich von seiner Schar. Erhabenes Heil!
Durch Auflösung folgt Anhäufung.
Das ist etwas, an das Gewöhnliche nicht denken.

»Auflösung... Anhäufung... ein großer Verzicht?« Der Nebel wurde dichter.

Neun auf fünftem Platz bedeutet:
Auflösend wie Schweiß sind seine lauten Rufe.
Auflösung! Ein König weilt ohne Makel.
In Zeiten allgemeiner Auflösung und Trennung ist ein großer Gedanke der Organisationspunkt der Genesung. Wie eine Krankheit durch lösenden Schweiß ihre Krise findet, so ist in Zeiten allgemeiner Stockung ein großer, suggestiver Gedanke eine wahre Erlösung. Die Menschen haben etwas, um das sie sich sammeln können, einen herrschenden Mann, der die Mißverständnisse zerstreuen kann.

»So ist in Zeiten allgemeiner Stockung ein großer, suggestiver Gedanke eine wahre Erlösung.« Allerdings! Aber *was für ein Gedanke?* Könnte er etwas mit den zuvor erwähnten Riten und Zeremonien zu tun haben, fragte ich mich.

Oben eine Neun bedeutet:
Er löst sein Blut auf.
Weggehen, Sichfernhalten, Hinausgehen ist ohne Makel.
Das Auflösen des Blutes bedeutet auflösen, was Blut und Wunden bringen könnte, die Gefahr vermeiden. Es ist hier aber nicht der Gedanke ausgesprochen, daß man nur für sich selbst Schwierigkeiten umgeht, sondern der, daß man die Seinen rettet, ihnen hilft wegzugehen, noch ehe die Gefahr da ist, sich fernzuhalten von einer schon vorhandenen Gefahr und den Ausweg zu finden aus einer Gefahr, die sie schon ergriffen hat. Auf diese Weise tut man das Rechte.

Hier schien sich meine Vorahnung eines möglichen Selbstmords auf schreckliche Art zu bestätigen. Doch die Verbindung mit dem Ergreifen präventiver Maßnahmen war konstruktiv.

Nachdem ich ans Ende des Textes gelangt war, fing ich noch einmal von vorne an und machte mich daran, jeden Satz gewissenhaft zu prüfen, um seine Bedeutung klarer werden zu lassen. Ohne Erfolg. Ich verhedderte mich immer mehr. Immer wieder kam ich auf diese Riten und Zeremonien zurück, deren

Identität mir so dunkel war. Alles schien von ihnen abzuhängen. Ging es um die Kirche, die Synagoge? Keins von beiden schien mir etwas zu versprechen. Schließlich gab ich die Suche auf und beschloß, den Rat des Orakels zu befolgen, der da lautete: »Weggehen, Sichfernhalten, Hinausgehen.« Deprimiert und beunruhigt schlug ich mich weiter mit dem Problem herum, während ich durch die Straßen wanderte.

Wie immer, ließ ich mich vom Zufall oder meinem Unterbewußtsein leiten und stellte fest, daß es mich unwiderstehlich ins Finanzzentrum zurückzog. Am oberen Ende der Wall Street jedoch spürte ich, wie meine Zielpeilung schwächer wurde und mich nichts mehr zum Eintreten drängte. Als ich mich statt dessen umdrehte, erkannte ich sofort die Trinity Church als das unbewußte Ziel meiner unterbewußten Suche. Wiederum hatte mich ihre Anziehungskraft hergelockt. Doch welche Anziehungskraft? Was suchte ich hier?

Die Nachmittagsmesse hatte bereits begonnen. Ein paar Nachzügler eilten durchs Tor, trauerkreppschwarze, raschelnde Frauen, stumm und hastig. So unauffällig wie möglich mischte ich mich unter sie. In der Vorhalle blieb ich stehen und blickte mißtrauisch das Schiff entlang. Auf der Empore stand ein unbekannter Priester in Albe und Stola vor dem Altar und weihte gerade Brot und Wein. Das bestimmte meinen Entschluß. Verstohlen durchquerte ich die Kirche bis zum Mittelgang und drückte mich in eine Bank im Schatten einer der großen, kannellierten Säulen, die bis hoch ins Gewölbe aufragten und sich zu Blüten entfalteten, steinernen Wachstumszellen in diesem weiten, atmenden Raum mit seinem Rauschen, das an den langgezogenen Seufzer der Tiefseemuscheln erinnerte. Das Gefühl, ein Eindringling zu sein, mir unbefugt Zugang zu verbotenen Riten verschafft zu haben, stachelte die unerklärliche Erregung, die mich überfiel, nur an. Ich sah mich um, sog gierig Empfindungen auf, an die ich mich nur allzu lebhaft erinnerte und die im Laufe der Zeit und durch das Ansammeln einer bescheidenen persönlichen Geschichte in meinem Gedächtnis einen noch größeren Glanz angenommen hatten. Was war es, was hatte mich hierher zurückgezogen? Es gab hier irgend etwas, nach dem mich verlangte.

Der Priester wandte sich der Gemeinde zu und hob die Hände flach ausgestreckt in Schulterhöhe: eine Geste der Einladung, ruhevoll, selbstsicher, allumschließend, eine Umarmung, unsichtbar durch den Raum verlängert wie eine Kußhand.

»Kommet zu mir«, lud der Priester die Gemeinde mit einer ähnlich tiefen, volltönenden Stimme wie der Rileys ein, einer Stimme, die zum Ritual gehörte, nicht zur Person. »Kommet zu mir alle, die ihr mühselig und beladen seid, so will ich euch Ruhe geben.«

Die Stimme wirkte auf mich wie eine Droge oder wie die Beschwörungen eines Hypnotiseurs. Eine große, schwere Last, weniger körperlich als seelisch, senkte sich auf mich herab. Ich wurde mir eines inneren Schmerzes bewußt, eines Aufschreis unterhalb der Bewußtseinsschwelle, ganz ähnlich der Sirene vor Lis Wohnung, ein Heulen, das sich sogar den Genen eingeprägt hatte. Niemals zuvor hatte ich etwas davon gemerkt, und ich konnte nun nicht einmal sagen, wann es begonnen hatte. Rings um mich erhoben sich die anderen von den Knien und gingen auf Zehenspitzen durch den Mittelgang zum Altar.

»Ein gefundenes Fressen für einen Dowisten.« Als mir diese Worte einfielen, wußte ich auf einmal alles. Das war sie. Das war die Anziehungskraft, die Anziehungskraft des Blutes. Ich kann es Ihnen nicht erklären, lieber Leser, aber ich wurde von einem Sehnen gepackt, so mächtig, daß ich beinahe zusammengebrochen wäre und in tiefem Schmerz geweint hätte. Mein Speichel begann zu fließen. Ich biß mir auf die Zunge, um nicht laut aufzuschreien, biß so fest zu, daß sie blutete. Ich schmeckte das bittere, an den Geschmack von Kupfer erinnernde Rinnsal, als hätte ich Pennystücke im Mund. Es erleichterte mich, doch nur für einen Moment. Dann packte mich der Impuls mit doppelter Macht. Es war wie eine Besessenheit, wie ein Delirium tremens, der Zwang des Süchtigen, stärker als sein Lebenswille. Nur einen Schluck, mehr wollte ich nicht: nur meine Lippen mit dem brennenden, mystischen Blut netzen. Damit wäre ich zufrieden gewesen. Das hätte mir genügt. Aber genug war eben zuviel. War unmöglich viel. Der Preis war höher, als ich es mir leisten konnte, höher, als ich es selbst zu ermessen wagte. Ein zu hoher Preis.

Wie lange dies währte, kann ich nicht genau sagen. Als ich mich endlich wieder unter Kontrolle hatte, schoß ich von meiner Bank empor. In der Vorhalle lief ich dann schon so schnell, daß ich mit jemandem zusammenstieß und ihn fast über den Haufen gerannt hätte. »Entschuldigen Sie«, murmelte ich, im Schatten einen Arm ergreifend. »Verzeihen...« Zwei blaßblaue Augen lähmten mich mit einem so durchdringenden Blick, daß sie im Dämmerlicht fast phosphoreszierten.

»Pater Riley!«

»Sun I«, gab er kopfnickend zurück. »Das ist wahrhaftig eine Überraschung.«

Wir musterten einander stumm.

»Ich muß mich entschuldigen«, stieß ich schließlich mit unsicherer Stimme und hängendem Kopf hervor.

»Wegen des Vortrags?« Er war mir zuvorgekommen. »Seien Sie nicht albern! Ich habe vollstes Verständnis für Sie. Ich hoffe nur, meine Aufdringlichkeit hat nicht zu der Tragödie beigetragen. Wie dem auch sei, ich trauere mit Ihnen um Ihren Verlust. Ich bedaure, daß ich keine Gelegenheit hatte, das Gewand zu sehen. Es tut mir leid, daß es so kommen mußte, doch da nichts mehr daran zu ändern ist, ist es ein Segen, daß Ihnen kein tieferer Schmerz zugefügt wurde.«

Bis er es unmißverständlich beim Namen nannte, war ich mir nicht ganz sicher gewesen, wovon er sprach. Welche »Tragödie« meinte er? Doe? Als ich jedoch meinen Verstand zusammennahm, wurde mir klar, daß er sich auf mein Rencontre mit dem Stadtstreicher bezog. Beinahe hätte ich gelacht. Ich überlegte weiter und vermutete, daß Yin-mi mich gedeckt hatte. Jawohl, sie hatte ihn schamlos belogen, diesen Mann, der ihr so sehr am Herzen lag, den sie sogar verehrte, hatte behauptet, das Gewand sei bei dem Überfall geraubt worden.

Dieser Gedanke löste einen wirren, schmerzhaften Stich in mir aus, der teils der Dankbarkeit, teils der Scham entsprang, unterspült jedoch von einem warmen Strom des Geschmeicheltseins. Unwillkürlich errötete ich. Als ich aber daran dachte, wie wir zueinander standen, was sich zwischen uns gedrängt hatte, überkam mich das Gefühl, einen unwiederbringlichen Verlust erlitten zu haben.

»Ist alles in Ordnung mit Ihnen, Sun I?« erkundigte sich Riley.

»Natürlich. Wieso?«

»Sie haben doch wohl kein Fieber, oder?«

»Nein. Warum?«

»Ihr Gesicht ist so gerötet«, erklärte er, »und Ihre Augen glänzen.« Er legte mir seine kühle Hand auf die Stirn. »Sie scheinen tatsächlich ein wenig erhitzt zu sein.«

»Wirklich?«

Er nickte. »Kommen Sie mit in mein Büro. Ich werde Ihnen eine Tasse heißen, starken Tee aufgießen. Das ist das beste Mittel gegen eine Erkältung, das es auf der ganzen Welt gibt.« Er schritt voraus, bevor ich protestieren konnte, so daß mir keine andere Wahl blieb: Ich mußte ihm folgen.

»Was hat Sie denn heute hierhergeführt?« fragte er, während er die Tassen ausspülte und in jede einen Teebeutel hängte. Dabei musterte er mich über seine Schulter hinweg mit einer Spur Überheblichkeit. »Konvertiert haben Sie vermutlich nicht, nehme ich an.«

Bei der Erinnerung an den Scherz und seine Beharrlichkeit lachte ich laut auf. »Nein, Pater, ich glaube nicht.«

»Noch nicht?«

Ich schüttelte den Kopf. »Noch nicht.«

Während das Wasser in der Kaffeemaschine heiß wurde, wandte er sich zu mir um, verschränkte die Arme vor der Brust und musterte mich forschend. Das Wasser, das hinter ihm in die Glaskanne tropfte, weckte meine Aufmerksamkeit. Ich mußte an die Wasseruhr von Ken Kuan denken und an die »Tränen der Zeit«. Ein wehmütiger Friede überkam mich, und ich seufzte.

»Wissen Sie, daß Sie sich verändert haben?« bemerkte Riley.

Ich fuhr aus meinen Tagträumen hoch.» Was?«

»Ich sagte, Sie haben sich verändert.«

Ich sah ihn an. »Inwiefern?«

»Das versuche ich ja gerade herauszufinden. Ich kann noch immer nicht den Finger drauflegen.«

Ich lächelte. »Wenn Sie nicht wissen, inwiefern – wie kommen Sie darauf, daß ich mich überhaupt verändert habe?«

»Man sieht es Ihnen sofort an: am Gesicht, an den Augen, an Ihrem ganzen Verhalten. Als ich Ihnen zum Beispiel letztes Mal die Frage nach dem Konvertieren stellte, wurden Sie widerborstig und ablehnend. Heute haben Sie einfach gelacht. Wie kommt das? Was ist in der Zwischenzeit geschehen?«

Ich zuckte die Achseln. »Keine Ahnung. Vielleicht ist das nur in Ihrer Einbildung so. Wunschdenken.«

Energisch schüttelte er den Kopf. »Nein, das glaube ich nicht. Es ist, als hätte irgend etwas Hartes in Ihnen angefangen zu brechen wie ein Eisberg, der von wärmeren, vom Äquator heraufkommenden Strömungen umspült wird.«

Er sah mich immer noch forschend an. »Es geht fast eine Art Strahlen von Ihnen aus. Haben Sie vielleicht Ihr Delta gefunden?«

Ich lachte traurig über die Ironie. »Weit gefehlt, Pater.«

Er warf mir einen durchdringenden Blick zu. »Wie meinen Sie das?«

»Ich habe es, glaube ich, sogar verloren.« Dieser Gedanke war mir beim Sprechen gekommen.

»Ach!« sagte er verwundert. »Dann ist es nicht das Strahlen der Erleuchtung, sondern schlicht und einfach sterblicher Mattglanz.«

Sein Blick, wissend, sehnsüchtig-weise, begegnete dem meinen.

Aber das Wasser war durchgelaufen. Er drehte sich um und goß den Tee auf. Wir tranken langsam und sprachen in schweigendem Einverständnis von anderen Dingen. Und so bestand unsere Konversation zum größten Teil aus Unausgesprochenem. Laut behandelten wir triviale, alltägliche Themen. Ich erzählte von dem Überfall. Er hörte zu und äußerte sein Mitgefühl. Er drängte mich nicht. Unerklärlicherweise war nach den früheren Spannungen und dem Mißtrauen eine angenehme Vertrautheit zwischen uns entstanden. Ich glaube, wir wunderten uns beide insgeheim darüber und verhielten uns vorsichtig, um sie nicht wieder zu verscheuchen. Sie ähnelte der Vertrautheit, die ich bei den Brüdern in Ken Kuan in jenen seltenen Stunden erlebt hatte, da sie ihre Meditationen unterbrachen, ruhig beisammensaßen und Tee tranken oder die Landschaft betrachteten. Es war das gemeinsame, achtungsvolle Schweigen von Männern, die ein kongruentes geistiges Leben führen, die Vertrautheit von Priestern.

Als ich ihn verließ, war ich getröstet und von Frieden erfüllt. In gewissen Momenten erreichte mein Glücksgefühl beinahe den Punkt der Glückseligkeit; es war nur sehr still und ganz tief innen, so, als wäre etwas, das unrecht war, zurechtgerückt worden. Ich spürte genau, daß es nicht früher hätte geschehen können, daß nur das ganze Debakel – der Verlust des Gewandes, Doe, alles zusammen – dies ermöglicht hatte. Auf dem Rückweg nach Chinatown dachte ich lachend an die alte Redensart: Scheiße läßt immerhin den Mais wachsen! Wenigstens stellenweise. Und wenn ich mit Riley Frieden geschlossen hatte, konnte ich das mit den anderen vielleicht auch tun. Meine Hoffnung und meine Zuversicht stiegen. Nach und nach wurde meine sanftmütige Stimmung offener, fröhlicher. Als ich vor dem Schaufenster eines Spirituosengeschäfts stehenblieb, wanderte mein Blick über den Portwein hinweg zu dem Etikett einer anderen Flasche, dem Brandy, den ich Mme. Qin an dem Nachmittag hatte trinken sehen, an dem ich das Gewand versetzte. »Ach, was soll's!« dachte ich, zog die Brieftasche heraus und zählte nach, ob mein Geld reichte. »Nur um ihr zu beweisen, daß ich ihr nicht böse bin.«

Die reiche Witwe öffnete persönlich. Hinter ihr lag die Wohnung in tiefem Dunkel.

»Verzeihung. Hoffentlich habe ich Sie nicht geweckt.«

»*Psst!*« warnte sie mich in durchdringendem Flüsterton. »Ich habe einen Klienten.«

»Ach so.« Innerlich fragte ich mich: Einen Mieter? Einen, der spirituellen Rat sucht? Einen armen Toren wie mich, der einen unwiederbringlichen Teil seiner Vergangenheit oder seiner selbst versetzt, um seine Rechnungen oder vielleicht sogar Laster bezahlen zu können?

»Was wollen Sie?« fragte sie barsch und argwöhnisch. Wie ich sah, trug sie ihre Pfauenfedern-Tiara und dazu einen schwarzen Spitzenschal. Die Ringe an ihren Fingern spiegelten das Licht im Korridor und schleuderten weiche Glitzerpunkte aus dem Dunkel heraus.

»Ich kann ein anderes Mal wiederkommen.«

»Sollte es sich um das Gewand handeln, so schlagen Sie sich das lieber aus dem Kopf«, sagte sie warnend. »Es ist fort.«

»Fort?« wiederholte ich mit einem unwillkürlichen Beben in der Stimme.

»Ich hab's verkauft.«

Ich wartete, hoffte auf eine Abmilderung des Urteils. Es kam keine. Ich seufzte tief. »Nun, wenn es verkauft ist, dann ist es verkauft«, philosophierte ich in dem Versuch, gute Miene zum bösen Spiel zu machen. »Da kann man nichts machen.«

»Genau das«, stimmte sie beinahe genußvoll zu. »Ich erwähnte es einem oder mehreren meiner Kontakte gegenüber, und innerhalb einer Woche tauchte ein Herr auf, der bereit war, den von mir geforderten Preis zu bezahlen. Nicht mal einen Versuch zum Handeln hat er gemacht. Vermutlich hätte ich noch weit mehr aus ihm rausholen können.«

Wir sahen uns an mit Blicken, die die Endgültigkeit des Verlustes bestätigten.

»Nun denn...« Ich griff in meine Tasche.

Sie zuckte zusammen und beobachtete mißtrauisch meine Hand, die in den Tiefen meines Kittels verschwand, als erwarte sie, daß ich eine Schußwaffe, ein Messer oder einen stumpfen Gegenstand hervorziehen werde.

Ich gab mich großmütig, weigerte mich, ihren Argwohn zur Kenntnis zu nehmen, höchstens durch eine Spur gekränkter Selbstgerechtigkeit im Ton. »Ich habe Ihnen ein kleines Präsent mitgebracht.« Damit überreichte ich ihr die Flasche in der braunen Papiertüte. »Nur um Ihnen zu zeigen, daß ich Ihnen nicht böse bin.«

Sie riß sich zusammen, lächelte breit und nahm die Flasche gnädig entgegen. Nachdem sie sie am Hals herausgezogen hatte, kontrollierte sie rasch das Etikett. »Und sogar meine Marke!« stellte sie dankbar überrascht fest. Sie warf mir ein strahlendes, kokettes Lächeln zu, überladen von künstlicher Mädchenhaftigkeit, die bei ihrem runzligen Gesicht besonders grotesk wirkte. »Sie lernen schnell«, lobte sie mich. »Ich muß gestehen, daß ich so meine Bedenken bei Ihnen hatte, Sun I. Aber vielleicht habe ich mich getäuscht. Sie haben verborgene Talente. Sie können es doch noch schaffen. Eine Flasche Schnaps ist ein nützlicheres Geschenk für eine alte Frau als eine Phiole Ihrer kostbaren Tränen«, witzelte sie und konnte ein Kichern kaum unterdrücken, »wie Sie sie mir bei unserem letzten Zusammentreffen anbieten zu wollen schienen. Dafür kann ich Ihnen versichern, daß sich das Gewand in allerbesten Händen befindet. Der Käufer war unverkennbar ein Connaisseur. Er behandelte es mit so großer Ehrfurcht – es hätte Ihr Herz erfreut, das zu beobachten –, als sei es ein menschliches Wesen.« Sie sann offensichtlich nach.

»Wie heißt er?«

Sie krauste die Stirn. »Ich habe ihn nicht gefragt. Er hat bar bezahlt.«

»Na schön, wie sah er aus?« drängte ich voll Ungestüm.

Sie zuckte die Achseln. »Er war ein Weißer wie alle anderen, nehme ich an.«

»Mehr können Sie mir nicht erzählen?« protestierte ich.

»Was soll's denn? Ein Geschäftsmann, gut gekleidet, distinguiert, hochgewachsen. Ein Bankier vielleicht, oder ein Manager. Woher soll ich das wissen?«

»Und sein Gesicht?«

»Was soll damit sein?« gab sie zurück, und ihr Ton wurde gereizter.

»Können Sie es beschreiben? Welche Farbe hatten seine Augen?«

Sie zuckte die Achseln. »Seine Augen konnte ich nicht sehen.«

»Warum nicht?«

»Weil er eine Sonnenbrille trug.«

»Eine Sonnenbrille?« wiederholte ich. »Sagten Sie, eine Sonnenbrille?«

»Jawohl, eine Sonnenbrille«, bestätigte sie schmollend. »Was ist los – drücke ich mich undeutlich aus?«

»Nein, nein, tut mir leid«, entschuldigte ich mich. »Es ist nur ...«

»Nur – was?«

Ich schüttelte den Kopf. »Gar nichts. Spielt keine Rolle.«

»Was ist mit Ihnen?« erkundigte sie sich. »Sie sind ja ganz blaß.«

»Mit mir ist nichts«, behauptete ich.

Sie musterte mich aufmerksam. »Ach ja, fast hätte ich es doch vergessen. Er bat mich, Ihnen etwas auszuhändigen. Es steckte in der Tasche des Gewandes. ›Sagen Sie dem Eigentümer, er hat etwas vergessen‹, sagte er.«

Als sie mir das Päckchen in die Hand drückte, war mir, als hörte ich ein geisterhaftes Gelächter, das der Wind aus unermeßlicher Ferne herbeitrug. Jawohl, lieber Leser, es war der Schlüssel; die Schlüsselkette mit dem Talisman, der Hasenpfote. Sie weckte denselben Ekel in mir wie an jenem ersten Tag in der Zelle des Meisters, nur jetzt noch verstärkt durch den Kitzel eindeutigen Entsetzens. Nachdem ich den Schlüssel während der Schiffsreise gut versteckt aufbewahrt hatte, war er in der Hast und dem Durcheinander meines Lebens völlig in Vergessenheit geraten.

Als ich ihn betrachtete, gingen mir die Zeilen meines Vaters wieder durch den Kopf:

Von einem Dowisten zum anderen,
Einen Schlüssel, eine Kette, ein Talisman:
Die Hasenpfote soll Dir Glück bringen;

Die Kette ist eine Notwendigkeit;
Der Schlüssel, ein Passepartout
(Möge er Dir gute Dienste leisten),
Ein Schlüssel, der die tiefen
Geheimnisse des Herzens erschließt.
(Was gibt es, das dieser Schlüssel nicht öffnet?)
Und für die Gemeinschaft der Gläubigen
(Denn wir gehören beide demselben Glauben an, nicht wahr?)
Ein Kirchenschlüssel, der Dich trunken
Machen kann vor Ekstase oder Dir
Die große Kathedrale des Dow erschließt.
Dein Vater
Love

Das Bellen der Jagdhunde, das fast nicht mehr zu hören, das klagend und ziellos gewesen war, so daß ich glaubte, sie hätten die Fährte verloren und alles sei vorbei, setzte von neuem ein: hektisch, eifrig, näher denn je. Ist es denn möglich? fragte ich mich. Kann es denn möglich sein? Wie seltsam, daß er jetzt plötzlich auftauchen sollte, nachdem ich jede Hoffnung, ihn zu finden, endgültig aufgegeben hatte! Die Folgerungen, die das mit sich brachte, vertieften sich und weiteten sich wie Ringe um einen Stein in einem stillen Teich, bis sie die Proportionen einer allgemeingültigen Wahrheit über das Leben annahmen. Mir fielen die Worte des Meisters ein: »Manchmal können wir etwas nur halten, indem wir es aufgeben.« Ich dachte an den Bären an jenem todbringenden Morgen am Goldsandfluß, der sich erst, als ich meinen Tod akzeptiert hatte, abwandte und mich am Leben ließ; dachte auch an das Abraham-und-Isaak-Fenster der Trinity Church und daran, wie Yin-mi mir erklärt hatte, daß Vater Abraham im innersten Herzen auf das verzichten mußte, was ihm auf der Welt am liebsten war, um diesen Besitz von Sünden zu reinigen und sich selbst als würdig zu erweisen.

Unwirsch riß ich mich selbst aus den Träumen. Ich wagte es nicht, meine Phantasie in jene Richtung galoppieren zu lassen. Es ist ein Zufall, aufregend, verlockend, aber nichts mehr, sagte ich mir. Im Hinblick auf das, was ich inzwischen wußte – die absolute Gewißheit über Loves Tod –, hielt es nicht stand. Konnte ich denn Kahns Geschichte logisch widerlegen aufgrund von ...? Ja, was für Beweise hatte ich denn? Mme. Qins Beschreibung hätte praktisch auf jeden Mann passen können, den ich an der Wall Street kannte, und zudem auf zahllose andere in der ganzen Stadt. Als gebe es keinen anderen Connaisseur chinesischer Kunst in Amerika! Und dennoch war da die Sonnenbrille. Bei näherer Überlegung schien jedoch auch sie kaum ins Gewicht zu fallen. Nein, wenn man alles nüchtern auf die Waagschale legte, blieb mir nichts anderes übrig, als an meiner ursprünglichen Position festzuhalten, an jener Position, die unwiderruflich Kahns Bericht von der späteren Geschichte und dem Hinscheiden Eddie Loves prägte. Alles andere und somit jegliche Theorie von einem geheimnisvollen Käufer war, nun ja, schlicht und einfach Eitelkeit und Illusion.

Aber der Schlüssel! Ich betrachtete ihn von neuem. Was war das überhaupt für ein Schlüssel?

Mme. Qin, die meine nachdenkliche Miene sah, schürzte die Lippen, zog die Brauen hoch und stellte beinahe beiläufig fest: »Zu einer Kassette, nicht wahr?«

Ich starrte sie dümmlich an.

»Sie wissen es nicht einmal, stimmt's?« fragte sie verächtlich und doch mitleidig.

Ich antwortete nicht.

»Gehn Sie damit zu einem Schlosser«, schlug sie mir vor. Dann machte sie mir die Tür vor der Nase zu und ließ mich sprachlos draußen stehen.

ACHTES KAPITEL

Ich war häufig an der Werkstatt eines Schlossers nahe der Nordgrenze von Chinatown vorübergekommen, zu der vor einer vielfrequentierten chinesischen Wäscherei zu ebener Erde eine Treppe hinunterging. Der Name des Besitzers war mit vergoldeten Lettern ans Fenster geschrieben und lautete: Mr. Har. Oft hatte ich ihn gesehen, wie er sich im weißen Lichtschein seiner Lampe mit ruhiger, konzentrierter Aufmerksamkeit über irgendeinen komplizierten Mechanismus beugte, dessen Innenleben er wie ein Chirurg mit einer Reihe spitzer Instrumente untersuchte. Nicht weniger als seine äußere Erscheinung faszinierte mich die Schrift auf seinem Fenster: ANFERTIGUNG VON SCHLÜSSELN / ÖFFNEN VON SCHLÖSSERN. Die chinesischen Schriftzeichen jedoch konnten genauso als VORSCHLAG VON LÖSUNGEN / LÖSUNG VON PROBLEMEN gedeutet werden.

Es war ein feuchter, kühler Tag; vom grauen Himmel voll tiefhängender Wolken fiel immer wieder ein leichter Herbstregen. Auf der Straße glänzten Pfützen in silbrigem Licht. Inmitten dieser trüben Farbtöne wirkten die weißen, munteren Dampfwolken aus der Abzugsöffnung der Wäscherei wie ungestüme, magische Erscheinungen. Diesen Eindruck verstärkte noch der Geruch nach heißer Stärke, der dick und zähklebrig in der feuchten Luft hing. Als ich die schmutzigen Betonstufen zur Domäne des Schlossers hinunterstieg, drang mir dieser süßliche, ein wenig beißende Duft tief in die Nase.

Mr. Har hatte gerade eine Kundin, eine junge italienisch aussehende Mutter, etwa Ende Zwanzig, mit einem kleinen, drei- bis vierjährigen Jungen, der daumenlutschend hinter ihr stand, sich an den Zipfel ihres Herrenmantels klammerte und die Vorgänge ängstlich und stumm beobachtete.

Mr. Har, die Ärmel hoch aufgekrempelt, so daß seine unbehaarten Arme zu sehen waren, deren Muskeln wie dünne, elastische Kabel wirkten, wie Klavierdrähte, mit den Hämmern der Finger verbunden, studierte im Licht einer starken Lampe auf dem Tresen durch seine dicke, schwarze Brille ein Holzkästchen. Das Kästchen bestand aus dunklem, starkem Obstholz, möglicherweise Kirsche; durch das wolkige, gilbende Wachs war das schwer auszumachen. In der Mitte des Deckels befand sich eine helle Intarsie, eine Chrysantheme in Einlegearbeit, aus der eine Biene Nektar sog. Ihr Stachel und die schwarz-gelbe Musterung waren durch Streifen aus verschiedenfarbigen Hölzern bewundernswert plastisch dargestellt. Mr. Har untersuchte das Kästchen von oben, von unten, von allen Seiten. Der Boden war mit grünem Filz bezogen. Nirgends war ein Schlüsselloch zu sehen. Anscheinend wollten sie es öffnen. Mr. Har lächelte die Frau übertrieben höflich an und neigte das Ohr auf das Kästchen hinab, während er es abklopfte wie ein Arzt die Brust eines Patienten. »Sehl alt«, verkündete er.

»Sehl alt?« fragte sie verwundert.

Er nickte strahlend. »Viel Jaahl.«

»Ach so, *sehr alt*!« übersetzte sie. »Ich hab' es neulich mit ein paar anderen Sachen von Mama – Briefen, Kleidern und so – auf dem Dachboden gefunden. Über den größten Teil waren die Motten schon hergefallen, die mußte ich wegwerfen. Aber das hier hatte ich noch nie gesehen, und es war verschlossen. Deshalb dachte ich, es ist vielleicht was Wertvolles drin. Können Sie's aufmachen?«

Mr. Har stellte das Kästchen auf den Tresen, schob seine langen, pinzettenartigen Finger unter den Boden und tastete ihn ab, der Deckel sprang auf, und ein Glockenspiel hämmerte einen zarten, ätherischen Walzer auf dem im Mechanismus versteckten Miniatur-Carillon. Im Innern des Kästchens drehten sich zwei Tänzer, Braut und Bräutigam, mit ausdruckslosem, jedoch in robusten, gesunden Rottönen bemaltem Holzgesicht mechanisch und ohne speziellen Zusammenhang mit der Musik auf einer Kreisbahn.

Sekundenlang leuchte die Miene der Frau auf. Der kleine Junge klatschte laut krähend in die Hände. Sie hob ihn hoch, damit er auch etwas sehen konnte. Ihre Gesichter, Wange an Wange, verrieten Entzücken und Verzauberung wie die zweier Kinder, die durch Geländerstäbe die strahlende, wunderbare Welt der Erwachsenen im Ballsaal unten beobachten.

Auch Mr. Har nickte lächelnd und trommelte mit den Fingern auf dem Tresen den Takt zur Musik.

Dann streckte die Frau mit unvermittelter Heftigkeit, die alle erschreckte, die Hand aus und klappte den Deckel zu. »Mama war immer eine Törin«, verkündete sie voll mitleidiger Verachtung. »Wieviel ist das Ding wert?«

»Ich nicht will. Walum Sie nicht behalten?« fragte Mr. Har sie vorwurfsvoll, beinahe flehend. Wehmütig sah er sie an. »Familienelbstück. Gefühlswelt.«

»Sie können's haben«, erklärte sie, nahm ihren Sohn bei der Hand und wandte sich abrupt zum Gehen.

»Walten!« rief er.

Sie drehte sich zu ihm zurück.

Er öffnete die Registrierkasse, nahm einen Fünf-Dollar-Schein heraus und legte ihn flach auf den Tresen.

»Danke«, sagte sie, vielleicht mit einer Spur Ironie, als sie ihn in die Manteltasche steckte. Sie nahm den Jungen auf den Arm. »Komm, Joey. Wir müssen das Essen fertig haben, wenn dein Vater nach Hause kommt!«

Beim Hinausgehen starrte das Kind über ihre Schulter hinweg sehnsüchtig das Kästchen an: es war der gleiche Ausdruck, den ich in den Augen des kleinen Jungen auf Coney Island entdeckt hatte.

Mr. Har begutachtete hinter dem Tresen seine Neuerwerbung, ohne sich meiner Anwesenheit bewußt zu sein.

»Das ist sehr hübsch«, bemerkte ich, als ich mich dem Tresen näherte.

Er hob den Kopf. »Familienelbstück«, erklärte er und hielt mir das Kästchen zum Ansehen hin. Er schüttelte den Kopf. »Zu schade. Flau nicht sollten velkaufen.«

»Wie bitte?« Ich konnte nicht verstehen, was er sagte.

»Sollten nicht velkaufen fül Dollal«, erläuterte er.

»Ach so!«

Er schien eine Bestätigung seiner Gefühle zu suchen.

Ich tat ihm den Gefallen und nickte nachdrücklich.

»Kann ich dem Helln helfen?«

Ich legte den Schlüssel auf den Tresen. »Können Sie mir sagen, was das ist?«

»Das Schlüssel«, erwiderte er und verneigte sich lächelnd.

Ich erwiderte sein Lächeln höflich. »Ja, aber wozu gehört er?«

»Schließfach, Banktlesol«, antwortete er ohne Zögern. »Flaches Blatt«, führte er aus. »Das hiel Fachnummel.« Er deutete auf die auf dem Griff eingestanzte Nummer.

»Kann man erkennen, von welcher Bank?«

Er musterte mich argwöhnisch. »Wohel Sie haben diesen Schlüssel?«

Ich zögerte; eine gewisse Festigkeit in seinem Ausdruck warnte mich jedoch, daß Ausreden mir nichts einbringen würden. »Mein Vater hat ihn mir hinterlassen.«

Er sah mir einen Moment durchdringend in die Augen, als wolle er eine innere Zahlenkombination ablesen, dann nahm er den Schlüssel und untersuchte ihn unter der Lampe ein wenig genauer. Abermals blickte er mit einem zusammengekniffenen Auge zu mir empor. »Ganz sichel, ja?«

Ich nickte.

»Ich nicht dülfen, Sie wissen.« Er holte einen schweren, schwarzen, in Kunststoff gebundenen Folianten unter dem Tresen hervor und blätterte darin herum. Als er gefunden hatte, was er suchte, griff er zum Telefon und sprach, mit dem Rücken zu mir, im Flüsterton. Anschließend schrieb er die folgenden Informationen auf einen Zettel:

»Box Nr. 1127, Chemical Bank, Main Office.«

Ich war so glücklich, daß ich ihn fast umarmt hätte. Statt dessen griff ich nach meiner Brieftasche. »Was bin ich Ihnen schuldig?«

Mit geschlossenen Augen schüttelte er den Kopf. »Nichts. Familienelbstück.«

In meiner freudigen Erregung kam mir ein Einfall. »Darf ich Ihnen zehn Dollar für den Kasten geben? Das sind einhundert Prozent Profit in fünf Minuten.«

Achselzuckend schob er ihn zu mir herüber.

Ich eilte hinaus, hielt oben an der Treppe inne, um in beide Richtungen zu blicken, und sprintete zwei Gestalten nach, die weit in der Ferne in Richtung Little Italy verschwanden.

Als ich sie eingeholt hatte, keuchte ich schwer. »Da«, sagte ich und hielt dem kleinen Jungen, der immer noch auf dem Arm seiner Mutter saß, das Kästchen hin. Als er das wunderschöne Geschenk sah, drückte seine Miene ungläubige Glückseligkeit aus. »Mama!« rief er.

Bei seinem Ruf fuhr sie herum. Als sie mich hinter sich entdeckte, zuckte ein Schatten von Angst über ihr Gesicht. »Was wollen Sie?« fragte sie mit leiser, vorsichtiger Stimme.

Ich lächelte sie vor Freude so dümmlich an, daß der Junge ihr das Kästchen unter die Nase halten mußte, bevor sie begriff. Sie nahm es und sah dann wieder mich an. Zu meinem Erstaunen war ihr Ausdruck jetzt sogar noch unfreundlicher als zuvor. In hilflosem Entsetzen sah ich zu, wie sie das Kästchen – das Gesicht zu einer Grimasse verzerrt und die Augen geschlossen, während das Kind weinte und nach ihr schlug, weil es den Schatz wiederhaben wollte – mit einer Hand hoch über den Kopf hob, um es mit aller Gewalt aufs Pflaster zu schmettern. Mit zornig gerötetem Gesicht funkelte sie mich wütend an, dann stürmte sie, das schreiende, untröstliche Kind im Arm, hastig davon.

Ich stand da und betrachtete mit stiller Wehmut die Trümmer, die Braut und den Bräutigam, die auf dem Rücken im Wasser des Rinnsteins lagen, das dem Abfluß entgegenströmte. Dann machte ich mich auf den abenteuerlichen Weg zur Bank in Richtung Subway davon.

Ein Sternenschauer sprühte aus der Öffnung hervor, als sich die riesige Tür aus Chrom und Stahl in ihren Angeln drehte und sekundenlang einen Blick in das märchenhaft glänzende, verbotene Reich des Geldes gewährte, ehe sie, nachdem der Beamte herausgekommen war, mit ehernem Widerhall wieder zufiel. Als er mit der langen, hohen und schmalen Metallkassette aus diesem Meer von blendendem Licht heraus auf mich zukam, konnte ich nur noch an das Fenster der Trinity Church denken, das den Engel des Herrn darstellte, wie er, nachdem er den Stein zurückgerollt hatte, triumphierend, in den Händen die Grabtücher als Zeichen für die Gläubigen, daß Christus wahrhaftig auferstanden war, aus dem Grab hervortrat. Die Szene glich fast einem transzendentalen Erlebnis, einem Blick ins Paradies.

»Kommen Sie mit«, forderte mich der Beamte auf. Und ich wäre ihm überallhin gefolgt. Aber es ging nur in eine kleine Kabine mit eingebautem Schreibtisch samt Stuhl, wo man in Ruhe und ungestört den Inhalt seines Schatzkästleins durchstöbern und sichten konnte.

Als er die Tür geschlossen hatte, setzte ich mich, atmete tief durch und starrte in der Hoffnung, durch eine Art geistigen Röntgenblick den Inhalt erkennen zu können, die Kassette an wie ein Kind zu Weihnachten ein hübsch verpacktes Geschenk. Strittig ist natürlich die Frage, ob meine Aufregung dem galt, was die Kassette wirklich enthielt, oder dem, was ich mir dort zu finden wünschte. Ich war erregt, so freudig erregt, wie ich es im ganzen Leben noch nicht gewesen war, und die Erregung war hoffnungsvoll. Allerdings muß ich auch zugeben, daß meine Vorfreude durch eine ganz leichte, unbehagliche Unterströmung böser Ahnungen gedämpft wurde.

Was hätte ich mir tatsächlich gewünscht? Ganz genau kann ich es nicht sagen, auf jeden Fall aber etwas Kleines, relativ leicht Verdauliches (geistig und seelisch, meine ich), etwas, das mein Leben nicht noch mehr aus der Bahn warf, als es bisher schon geschehen war. Sie wissen schon, was ich meine: eine Taschenuhr, einen Siegelring, eine Tapferkeitsmedaille aus dem Krieg, irgendein ausdrückliches Zeichen der Anerkennung, einen Beweis dafür, daß er an mich gedacht hatte und den Schaden, den er meinem Leben und unserer Verbindung zugefügt – unbewußt zugefügt – hatte, so weit wie möglich wiedergutmachen wollte.

Vielleicht können Sie sich daher meine Überraschung vorstellen, als ich den Deckel hob und... Ach, lieber Leser, ich möchte Ihnen dies völlig nüchtern mitteilen, aber selbst jetzt, nach all dieser Zeit, fällt es mir schwer, meine Gefühle angesichts einer Ungeheuerlichkeit zu bändigen, einer so, na ja, so ungeheuren Ungeheuerlichkeit! Ich fand... ich fand... Verdammt noch mal! Ich will nicht melodramatisch werden. Auf gar keinen Fall! Ich fand also: erstens, um es kurz zu sagen, Bargeld. Und zwar nicht nur ein paar dicke Scheine, wie sie vielleicht sogar eine Sparbüchse unbescheidenen Ausmaßes enthalten mochte, sondern Berge von Scheinen! Fruchtbare, grüne Ebenen wie die Salatfelder von Salinas, ja die elysischen Gefilde selbst, die sich mit wilder, unnatürlicher Fruchtbarkeit vermehrten.

Ich war vorübergehend meines Verstandes beraubt und begann hysterisch zu lachen und die Scheine in der Kabine herumzustreuen wie Konfetti.

Nachdem ich mich dann halbwegs erholt hatte, versenkte ich mich in eine ausgedehnte, tranceähnliche Meditation über die Scheine selbst. Obwohl sie tatsächlich alt waren, schienen diese hier so frisch und neu wie am Ausgabetag, von der reinen, unsterblichen Luft des Tresors konserviert. In sprachloser Ehrfurcht betrachtete ich, von meiner Aufgabe ganz und gar gefesselt, ja, beinahe hypnotisiert, die verschiedenen Werte. Niemals zuvor war mir die künstlerisch vollendete Gestaltung eines Dollarscheins aufgefallen, auch nicht das Gewicht und die Qualität des Papiers, auf das er gedruckt war. Nach eingehender und objektiver Untersuchung jedoch fühlte ich mich zu dem Eingeständnis bemüßigt, daß dem Dollar allein schon aus ästhetischen Gründen eine Vorrangstellung unter den Währungen der Welt zukam. Immer wieder befeuchtete ich die Fingerspitzen und zählte die glatten, ganz leicht gewellten Scheine so, wie ich es bei den Schalterbeamten der Banken entlang der Wall Street gesehen hatte. Geld, Kies, Pinke, Penunzen, Zaster, Piepen: die Gattungsnamen reihten sich vor mir auf, wie Kahn sie mir einst aufgezählt hatte, sofort gefolgt von den Artenbezeichnungen *buck, smacker, eight-bit, greenback, frog skin, lettuce leaf, shinplaster, George, Simoleon, boffo:* all die verschiedenen amerikanischen Nuancen, die in dem einen, feinen Ton, dem universellen, dem Grundakkord des Geldes aufgehen: DOLLAR! Ich betrachtete die Gesichter der verschiedenen Schutzheiligen des Bargelds: George Washington, Vater der Nation; Abe Lincoln, Befreier der Sklaven. Wie passend war es, daß sie auf einer frei konvertierbaren Währung verewigt worden waren, von Hand zu Hand weitergegeben wurden und die Schulden ihrer Nachwelt begleichen halfen. Wie sehr muß es das Herz eines jeden Landeskindes mit Stolz erfüllen, dachte ich, einen derartigen symbolischen Handel abzuschließen und Lincoln gegen ein Pfund Hackfleisch oder Innereien in die freiwillige Sklaverei der Registrierkasse eines Schlachters zu verkaufen!

Erst während ich mich langsam durcharbeitete, sorgsam die Stapel ordnete und schichtete, ging es mir so richtig auf: Welch ein bildungspolitischer Coup! Das Konterfei der Präsidenten auf den Geldscheinen diente nicht nur als Vorbild, als noble Ermahnung an die Adresse von Finanziers und Kriminellen, bei ihren Transaktionen nicht von den höchsten Prinzipien abzuweichen, sondern erzog gleichzeitig die Jugend, stellte die praktische Beschäftigung des Geldzählens mit dem Studium der amerikanischen Geschichte gleich! Wieder einmal empfand ich Ehrfurcht und Staunen angesichts der amerikanischen Genialität; und genoß überdies, zum erstenmal vielleicht, das befriedigende und erhebende Gefühl patriotischer Inbrunst – das Privileg, hier sein zu dürfen –, als sich mir zwischen meinen Geldstapeln das Bild Amerikas als Land der unbegrenzten Möglichkeiten, als Heimat der Freien und Unerschrockenen darbot. Plötzlich liebte ich meine neue Heimat. Tränen der Dankbarkeit stiegen mir in die Augen. Amerika! Meine Euphorie wurde nur andeutungsweise beeinträchtigt durch das Bewußtsein, daß ich ein illegaler Einwanderer war und kein einziges der Rechte und Privilegien besaß, deren sich die Bürger des Landes erfreuten, und daß mir, im Gegenteil, falls ich geschnappt wurde, die sofortige, grausame Deportation drohte, gegen die es keinen Einspruch gab.

Aber ich hatte keine Zeit, über dergleichen nachzudenken. Es gab nämlich noch mehr zu sehen. Unter dem gebündelten Baren fand ich andere geheimnisvolle Papiere, die sich bei näherer Untersuchung als Kriegsanleihen entpuppten – und zwar in einer beträchtlichen Menge!

Ganz zuletzt kamen dann Aktienzertifikate. Sie waren, was kaum möglich erschien, sogar noch wunderbarer gestaltet als das Geld: mit graviertem Rand und dem Firmenzeichen der American Power and Light Corporation, einem Lebensbaum (oder war es der Baum der Erkenntnis?), der im Urchaos schwebte und an dessen Ästen eine riesige, erdballförmige Frucht hing, grün und unbestimmt, während ich wie Newton in seinem Schatten ruhte, um bald von ihrem Fall geweckt zu werden, und zwar nicht mit einer neuen Idee, sondern mit einer Gehirnerschütterung. Einhunderttausend auf mich überschriebene Aktien! Um nicht um den heißen Brei herumzureden, lieber Leser, ich war Millionär! Sogar mehrfacher! Und dabei hatte dieser Schatz die ganze Zeit hier gelegen! Vor wildem, pathologischem Zorn lachte und weinte ich zugleich. Das widerfuhr mir gerade, als alles wieder gut und mein Leben wieder schlicht und einfach geworden war. Diese Ironie war wirklich zu grausam. Ich konnte es nicht ertragen, ihr ins Gesicht zu sehen. Ich war geblendet. Zum Glück hatte die Kabine schalldichte Wände, denn ich glaube, ich habe ein paar recht grobe Kraftausdrücke gebrüllt.

Jetzt endlich verstand ich auch die Nachricht. Doch während sie bisher in ihrer Vieldeutigkeit faszinierend gewesen war, entdeckte ich nun zum erstenmal eine Andeutung von Bosheit in ihr: »Denn wir gehören beide demselben Glauben an, nicht wahr?« Wieder kehrten meine Gedanken zu den bunten Glasfenstern der Trinity Church zurück. Diesmal zu dem Mann mit den frostig-glitzernden Augen, zu den Weizenfeldern, den marschierenden Armeen, den Schiffen mit den weißen Segeln auf dem blauen Meer, die er seinem jungen Begleiter mit einer weitausholenden Gebärde zeigte, als wolle er sagen: »Das könnte dein sein.« Aber gehörten wir wirklich demselben Glauben an, er und ich? War ich ebenfalls ein Dowist? Spontan antwortete ich tief im Herzen mit einem lautlosen, aber endgültigen Nein! Ich will nicht. Ich werde es nicht annehmen. Ich werde sofort aufstehen, die Kabine verlassen, die Tür hinter mir schließen und mich davonmachen, ohne mich noch einmal umzusehen. Dieser Vorsatz brachte mir inneren Frieden. Genau das würde ich tun. Bestimmt.

Dann kam eine neue Batterie von Assoziationen aus einer anderen Richtung auf mich zu. Was könnte Kahn nicht alles anfangen mit diesem Reichtum! Nun könnte alles anders werden. Ich schüttelte den Kopf. Es war nicht zu ändern. Ich kannte ihn zu gut, um zu glauben, er werde seinen Stolz schlucken und milde Gaben von mir annehmen.

Aber vielleicht brauchte es keine milde Gabe zu sein... Ein Echo hallte durch meinen Kopf, zu undeutlich beim erstenmal, um es zu verstehen. Aber es kam wieder zurück und wurde jedesmal verständlicher, bis ich schließlich begriff: »...Opfermahle und religiöse Riten... Musik und die Pracht der Zeremonien.« Das Orakel. »Die Arbeit kann unter Umständen so schwer werden, daß man nicht mehr an sich selbst denken kann.« Könnte es sein, daß dies mit dem »großen Verzicht« gemeint war? Angesichts dieser Bestätigung, der Voraussicht des Orakels überlief mich ein elektrisierender Schauer, ein richtiges Zittern. Immer wieder dachte ich über den Spruch nach, untersuchte ihn von allen Seiten. Es mußte so sein. Was sonst könnte es bedeuten? »Opfermahle und religiöse Riten... Musik und die Pracht der Zeremonien«, was war das anderes als der Markt, die Rituale des Investierens, wie sie von den Priestern der Hochfinanz zelebriert wurden? Was war die »religiöse Musik« anderes als das rhythmische Ticken des Fernschreibers, das Summen des Bandes, das Dröhnen und der Tumult Tausender von Stimmen im Börsensaal, die ihre hypnotische Hymne intonierten, die rituelle Anrufung einer höheren Macht: Dow! Jawohl, das war's. Das mußte es sein! Was er genommen hatte, würde er zurückgeben! Und mein moralischer Auftrag, meine Mission, die »große Aufgabe außer mir selbst« war Kahns Rehabilitierung, die ich betreiben mußte, auch wenn das hieß, daß mein Wunsch, auf den Reichtum zu verzichten, dabei zu kurz kam. Ja, ich mußte diese Aufgabe sogar *mit* meinem Reichtum angehen, indem ich Kahn (und mich dazu) in sein Element zurückstieß, den Marktplatz!

Mit anderen Worten, wir mußten unsere Ressourcen – sein Know-how und meine Geldmittel – zusammenlegen und uns ins Geschäft stürzen! Konnten wir denn einem einzigen, melancholischen ewigen Juden nicht mit Hilfe meines »Erbes« neue Lebenszuversicht und, zum Teufel noch mal, überhaupt alles kaufen, was wir wollten? Ach, lieber Leser, konnten wir das nicht?

»Also dann, auf und los – für Kahn!« sagte ich mir, als sei es ein Trinkspruch.

Als nächstes mußte ich an der richtigen Stelle – bei Kahn – ein bißchen Begeisterung für das Projekt zu wecken suchen. Ich hoffte nur, es war nicht zu spät. Am folgenden Tag setzte ich mich in der Mittagspause auf seine Spur, der zu folgen dank einer Reihe leerer Portweinflaschen und kleiner, ausgetrunkener, wachsbeschichteter Milchtüten (rührend, wie vom Pausentablett eines Schulkinds) nicht weiter schwer war. Er war gesichtet worden, wie er sich in den hintersten Winkeln des Bezirks herumdrückte: in seinem ungebügelten Anzug, ohne Socken, unrasiert, mit Augen, die glasig, vom Weinen gerötet und von tiefen Ringen umgeben waren, so dunkel wie Blutergüsse. Mit seinem Aktenkoffer, den er, nachdem er keine Verwendung mehr für ihn hatte, mit sich herumschleppte wie eine mitleiderregende Erinnerung an vergangenen Glanz, wirkte er wie eine kahl werdende, überdimensionale jüdische Wermutschwester. Ich fand ihn in einer kleinen Bar unweit der Börse, deren Stammkunden wir in den alten Zeiten gewesen waren, bevor sich die Dinge zum Schlechten gewendet hatten: im »Buttonwood Café«.

Dieses Etablissement lag angeblich an der Stelle, wo der legendäre Baum selbigen Namens gestanden haben soll, unter dessen ausladenden Ästen die inzwischen seliggesprochene Gruppe holländischer Finanziers ihre Erleuchtung à l'Hollandaise zuteil geworden war. Die Meerschaumpfeife paffenden Männer mit dem runden, rotwangigen, bierseligen Gesicht über dem Stiernacken konzipierten daraufhin ihr finanzielles Utopia, die New Yorker Börse, wie Gautama Buddha lange zuvor unter dem Bodhi-Baum in Indien ins Nirwana eingegangen war. Wenn man's genau überlegte, hatte Newton seine Eingebung auf eine ganz ähnliche Weise erhalten. Vielleicht geschah dergleichen stets unter einem Baum. Doch mir war auferlegt worden, nicht an mich selbst zu denken. Ausschließlich wegen Kahn war ich hier.

Die traurige, zusammengesunkene Gestalt, die ich in einer Ecke der Bar unter einer großen Topfpflanze entdeckte, die auch aussah wie ein ewiger Jude, betrieb ihre Seligwerdung auf eine ganz andere Art. Alles sprach dafür, daß Kahn versuchte, sich ins Nirwana zu trinken, obwohl das Vergessen für seinen Zweck durchaus gereicht hätte. Auf dem Tisch waren Highball-Gläser vorsichtig zu einer Pyramide, gleichsam zu einem der eigenen Verlorenheit errichteten Denkmal gestapelt. Als ich eintrat, zog mich die Cocktailkellnerin, die uns früher schon zusammen gesehen hatte, besorgt beiseite.

»Ich weiß nicht, was ich mit Mr. Kahn machen soll«, beklagte sie sich. »Er sitzt schon den ganzen Vormittag hier, und gestern den ganzen Tag, und vorgestern auch. Ich möchte nicht gern die Polizei rufen. Er war immer ein guter Gast. Aber wenn er nicht bald geht, werde ich es wohl leider doch tun müssen.« Sie senkte die Stimme. »Ich glaube, er hat'n Knacks. Er läßt mich nicht mal den Tisch abräumen und behauptet, er versucht die Babylonische Gefangenschaft zu rekapitulieren und eigenhändig die Pyramiden wieder aufzubauen, nur diesmal mit Cocktailgläsern.«

Daraufhin konnte ich mich trotz der ernsten Situation eines Lächelns nicht erwehren. Ich versuchte sie zu beruhigen, doch noch prompter wirkte ein glatter Fünfer, den ich ihr in die keineswegs widerstrebende Hand drückte.

»*Okay*, Kahn«, begann ich mit betont fröhlicher, gutmütiger Ironie, »die Diaspora ist vorbei.«

Er hob den Kopf von den Armen und starrte mich mit dem Ausdruck eines verdrießlichen Fisches an. »Verschwinde und laß mich leiden!« knurrte er. »Das ist das einzige, was mich glücklich macht.«

»Seien Sie nicht eigensinnig«, tadelte ich ihn.

»Wenn es eines gibt, was ich nicht leiden kann, dann ist das ein Missionar«, erklärte er mir und ließ den Kopf wieder auf die Arme sinken. »Ich dachte immer, solche Typen gibt's bei den Chinesen nicht.«

Als ich nicht antwortete, blickte er wieder auf. »Du bist wohl gekommen, um mich zu retten, wie?«

»Was möchten Sie trinken?« erkundigte ich mich ausweichend. »Ach, laß nur. Hallo, Miss! Bitte noch eine Runde für uns. Port on the rocks.«

»Mit Milch«, ergänzte Kahn rülpsend.

»Als wüßte ich das nicht genau«, erwiderte sie mit einem drohenden Blick in meine Richtung.

»Also, was soll dieses Gerede, die Diaspora sei vorbei? Was glaubst du eigentlich, wer du bist, Kleiner – Moses?« Er kicherte vor sich hin. »Kleiner Moses, Moses Zedong.«

»Diaspora heißt Zerstreuung, Auflösung, nicht wahr?«

»*Yeah*. Na und?«

Ich grinste, konnte der Versuchung, mit meinem Geheimnis, wie er es so oft getan hatte, noch etwas länger hinterm Berg zu halten, nicht widerstehen.

»Na schön. Und?« Gereizt wedelte er mit den Armen, als müsse er eine widerspenstige Flamme anfachen.

»Ich habe das Orakel für Sie befragt, und es antwortete mit der Nummer neunundfünfzig, der ›Auflösung‹. ›Das Begehen der großen Opfermahle und religiösen Riten... Die religiöse Musik und die Pracht der Zeremonien.‹ Erinnert Sie das an irgend etwas?« Ich warf ihm einen verschmitzten Blick zu.

»Die *ssejder* vielleicht?«

Ich schüttelte den Kopf.

»Nein? *Okay*, ich gebe auf. Spar dir die Masche mit dem fernöstlichen Mysterium, dem ostasiatischen Rätsel, ja, Kleiner? Ich bin am Verzweifeln. Wenn du mir irgendwas zu sagen hast, raus damit!«

»*Okay*, Kahn, um 's kurz zu machen: Wir sind reich!«

»Na, wunderbar«, gab er mit unbewegter Miene zurück. »Und wer ist ›wir‹?«

»Wir! Sie und ich.« Gespannt wartete ich auf ein Zeichen von Begeisterung.

»Versteh mich nicht falsch, Kleiner. Nicht etwa, daß ich undankbar wäre. Aber würdest du mir bitte erklären, wovon zum Teufel du eigentlich sprichst?«

»Ich habe eine Million Dollar geerbt, Kahn! Zwei Millionen!«

»Laß mich raten«, sagte er ironisch. »Deine reiche, unverheiratete Tante in Cleveland hat das Zeitliche gesegnet, und...«

»Nein, Kahn«, fiel ich ihm ins Wort. »Eddie Love!«

»Eddie Love?« Er spitzte die Ohren und ließ zum erstenmal erkennen, daß er mich ernst nahm.

Ich nickte.

»Na schön, also, schieß los!«

Und ich erzählte ihm mit Rücksicht auf seine Trunkenheit alles ganz langsam und ausführlich. Er schien mir folgen zu können, doch als ich mich dem Ende meiner Geschichte näherte, zeigte er noch immer keine Spur Freude. »Was ist – glauben Sie mir nicht?« fragte ich schließlich.

»O ja, gewiß«, antwortete er. »Warum auch nicht? Wenn ich im Leben etwas gelernt habe, dann die Lektion, daß alles passieren kann und vermutlich auch wird, vor allem, wenn es unangenehm ist. Es gibt da einen statistischen Zusammenhang, den die Mathematiker mal untersuchen sollten.«

»Ist das alles, was Sie dazu zu sagen haben?« erkundigte ich mich erzürnt.

»Ich weiß, ich weiß, wenn man nichts Nettes zu sagen hat, sollte man lieber gar nichts sagen, stimmt's? Bitte, versteh mich nicht falsch, Kleiner! Ich freue mich für dich. Ehrlich. Nur angesichts der Anforderungen an mein eigenes Selbstmitleid habe ich nicht mehr viel Zeit und Energie übrig für großartiges Schulterklopfen und allgemeine Verbrüderung. Das sollte für einen so smarten Jungen wie dich, Kleiner, doch nicht allzu schwer zu begreifen sein.«

»Aber das ist es ja gerade!« rief ich erregt, ohne auf seine Ironie einzugehen. »Sie brauchen sich nicht mehr selbst zu bedauern.«

»Und warum nicht?« fragte er grob. »Du wirst mich doch nicht meines einzigen Trostes in der Not berauben wollen!« Ein Funke von Spott, eine Warnung blitzte in seinen Augen auf. »Du bist doch bestimmt nicht gekommen, um mir den ganzen Krempel anzubieten.«

Zum Glück hatte ich, wie der Leser weiß, diese Sackgasse mit einkalkuliert und eine clevere Möglichkeit gefunden, sie zu umgehen. »Ganz und gar nicht«, erwiderte ich. »Im Gegenteil, ich möchte, Sie um einen Gefallen bitten.«

Er stieß ein lautes, forciertes Lachen aus, unvermittelt unterbrochen von einem weiteren Rülpser. »*Mich* um einen Gefallen bitten? Das ist köstlich! Was willst du denn von mir? Du hast Bargeld. Du kennst dich aus. Wozu brauchst du mich noch? Schon vergessen? Ich bin doch der, dem du den Verlust des Gewandes zu verdanken hast.«

»Nein, Kahn«, widersprach ich. »Das hab' ich aufgrund meiner ganz persönlichen Entscheidung verloren. Dafür sind Sie nicht verantwortlich.«

Aber er hatte sich bereits in eine Jeremiade des Selbstmitleids und der Selbsterniedrigung gestürzt. »Hast du's denn immer noch nicht kapiert, Kleiner? Ich bin der, der's auf anständige Art nicht geschafft hat. Es war zu schwer. Sieben Jahre Pech, da hab' ich die Panik gekriegt. Ich wollte mogeln und wurde erwischt. Schade. Verdammtes Pech. Aber du! Du hast das überstanden wie 'n richtiger Glückspilz.«

»Warum lassen Sie sich nicht ein bißchen davon anstecken?« warf ich ein.

Er schüttelte den Kopf. »Wenn ich dir sonst nichts eingebleut habe, Kleiner – das habe ich dir doch hoffentlich klargemacht. ›Verluste zügeln, Profite laufen lassen.‹ Weißt du nicht mehr? Ich bin ein Verlust, Kleiner. Ein Totalverlust. Und nun tu dir selbst einen Gefallen, und spann dich nicht mit 'nem Verlierer zusammen.«

»Sie haben mir aber auch den Wert einer gegenteiligen Meinung eingetrichtert«, gab ich zurück. »Wenn alle anderen verkaufen, dann ist der richtige Zeitpunkt zum Kaufen. Mir scheint, daß jetzt alle anderen verkaufen.«

Er erwog diesen Punkt mit einem flüchtigen, unglücklichen Lächeln. Seufzend schüttelte er den Kopf. »Siehst du, ich weiß immer noch nicht ganz genau, wie es passiert ist. Das Ganze ist wie ein Traum. Irre ich mich, oder hab' ich dir erst vor ein paar Wochen höchst selbstgerecht vom Marktplatz als ›Testgelände für den Charakter‹ gepredigt? ›Die Feuerprobe‹ glaube ich, lautete der von mir so passend dafür gewählte Ausdruck.«

Ich errötete vor Verlegenheit – über ihn und auch über mich selbst.

»Bin ich wirklich ein so großer Heuchler?« Er zuckte die Achseln. »Muß ich wohl sein. Ich hätte aber niemals gedacht, daß ich es wahrhaftig tun würde, wenn's drauf ankommt – ich meine, das Geld allem anderen vorzuziehen, der Redlichkeit, der Selbstachtung, und alldem. Aber ich hab's getan. Es stellte sich überhaupt niemals die Frage. Ich hab' mich einfach tief gebückt und mich selbst in den Arsch gefickt. Ich weiß nicht, was passiert ist. Es ist schwer auszumachen. Eines Tages wachte ich ganz einfach auf, und da war's. Ich hab' nicht mal richtig drüber nachgedacht. Das ist es, was mich so krank macht. Es war wie ein Instinkt, verstehst du? Ich hab' mal von diesem jungen Mädchen gelesen, einer Hippie-Type aus New York, die einem Indianerreservat draußen im Westen als Sozialarbeiterin zugeteilt worden war. Die hatte ein Wolfsjunges, nahm den Kleinen mit nach Hause, erzog ihn stubenrein, versuchte ihn zu domestizieren, die ganze Hundeschulemasche. Und dann, eines Nachts, sah der Wolf durchs Fenster den Vollmond über den Bergen aufgehen und stieß ein verzweifeltes, unheimliches Geheul aus, wie sie es noch nie von ihm gehört hatte. Und am nächsten Tag war er verschwunden. Mitten durchs Fenster. Direkt durch diese verdammte Wand aus Glas. Das ist es, Kleiner. Aus einem Wolf kann man keinen Pazifisten oder Vegetarier machen, so prinzipientreu man selbst auch sein mag. Es ist ihm einfach nicht gegeben. Ich glaube, es gibt da in uns allen so eine Wand aus Glas – wie die in der Galerie, durch die man in den Börsensaal hinuntersieht. Manchen Menschen gelingt es, ihr Leben lang dahinter in Sicherheit zu bleiben, niemals die Galerie zu verlassen; irgend etwas veranlaßt andere jedoch, sich durch das Glas in den Börsensaal zu stürzen. Mich zum Beispiel. Irgend etwas...« Er lächelte voll bitterer Weisheit. »Die Schwerkraft des Blutes, das war es bei mir, Kleiner. All meine Väter und Großväter, die Aschkenasim-Krieger mit ihren Pfandleihen in Prag und Warschau, ihrem lebenslangen Hunger, ihrem gekrümmten Rücken, ihrer vertrockneten Seele und ihrem eingeschrumpften Herzen, diese ungeheure Habgier, die ihnen wie ein Mühlstein um den Hals hing, das alles rief mir auf einmal über die

Jahrhunderte hinweg zu: ›Es gehört dir, du kleiner Fresser; es steht dir zu; nimm's dir, solange du kannst.‹ Und all meine guten Vorsätze, alle Zurückhaltung, Umsicht und Ehrlichkeit, das alles verwehte im Wind wie Spreu. Ach Sonny!« seufzte er und rieb sich energisch die Hände. »Findest du's hier auch so kalt? Meine Schleimbeutelentzündung!«

»Genug, Kahn!« schalt ich ihn. »Jetzt aber Schluß mit dem Selbstmitleid!«

»Aha!« rief er empört. »Ich wußte es ja! Ich wußte, daß du nur hergekommen bist, um mir zu predigen. Warum sollte ich damit aufhören? Ich fühle mich viel wohler dabei. Soll ich dir ein Geheimnis der Juden verraten? Meine Mutter hat es mir anvertraut, und ich habe es niemals vergessen. (Hab' ich's dir vielleicht schon erzählt? Ich weiß es nicht mehr. *Okay*, ich bin ein bißchen beschickert. Ist das so schlimm?) Wir sind am besten, wenn wir leiden. Das fördert die latenten Talente der Juden zutage. Es ist eine Folge unserer langen Geschichte. Man hat uns so lange beschissen, daß wir ein ganzes Repertoire an kompensierenden Techniken entwickelt haben. Gib's doch zu: Kein anderes Volk kann uns, was das Leiden – die Seele übrigens auch – betrifft, das Wasser reichen, ausgenommen höchstens die ehrfurchtgebietenden ›Du weißt schon wer‹. Das Problem bei uns ist nur, wenn es uns gutgeht, gehn wir kaputt, kriegen Entzugserscheinungen. Sieh dir Israel an. Das ist der Grund, warum so viele Juden so ungehobelte Manieren haben, wie du vielleicht schon festgestellt hast. Das kommt daher, daß jeder Jude in irgendeiner Bewußtseinsschicht, dem Unterbewußtsein vermutlich, genau weiß, daß Leben Leiden heißt. Er sehnt sich nach einer Beleidigung oder Demütigung, provoziert dich, wenn's sein muß, sogar dazu, nur um seelischen Nutzen daraus zu ziehen. Das ist der einzige Weg zur Erleuchtung, den er kennt. Wenn jemand anders als ich so etwas sagen würde, würde ich ihm wildesten Antisemitismus vorwerfen. Das einzige Problem dabei ist nur, daß es stimmt.«

»Nun«, entgegnete ich, »so, wie es jetzt aussieht, würde ich sagen, Sie haben den Bogen noch nicht raus. Ihr Leiden scheint Ihnen weder Erleuchtung geschenkt noch bislang unentdeckte Talente geweckt zu haben, höchstens vielleicht das Talent zur Ausschweifung. Wollen Sie dies als eine der ›Kompensationstechniken‹ bezeichnen, die die Juden, speziell Aaron Kahn, erlernt haben, um sich durch Leiden zu erhöhen?«

Kahn zog ein finsteres Gesicht und stieß einen zischenden Laut aus, als wäre er ein lautlos schleichendes Nachtwesen, das von den Strahlen des Tageslichtes versengt wird. »Weißt du, Sonny«, sagte er, »du warst so ein süßer Bengel, als du damals hierherkamst, unbekümmert, schüchtern, von religiöser Neugier befeuert. Das war es, was mich so angezogen hat an dir, dein Mangel an Zynismus gegenüber der Welt. Das war erfrischend.« Er machte eine Pause. »Was ist passiert?«

»Sie meinen doch nicht etwa die fernöstliche Höflichkeit, oder?« erkundigte ich mich ein wenig gekränkt und ironisch.

»Siehst du, genau das meine ich!« erwiderte er. »Genau das ist es. Du bist jetzt abgebrüht, Kleiner, zynisch. Immer stärker sehe ich den Wasp in dir hervortreten. Ich will dir ja nichts Böses nachsagen, aber es ist ganz eindeutig.

Du hast dich verändert. Diese Geschichte, die du mir da aufgetischt hast, daß Eddie Love dein Vater sei und so – ich muß zugeben, ich hatte da anfangs meine Zweifel. Doch jetzt nicht mehr. Die Ähnlichkeit ist zu auffallend.« Seufzend schüttelte er den Kopf. »Du bist anders geworden, Kleiner. Das ist die Schwerkraft des Blutes. Früher oder später beherrscht sie uns alle. Daran kommt man nicht vorbei. Wir werden rückfällig. Nimm mich, zum Beispiel. Ich wollte nie Jude sein. Doch nach und nach wurde ich wie ein winziges Steinchen, wie ein Körnchen Sand, das von einem vordringenden Gletscher mitgenommen wird, ohne Rücksicht auf meine eigenen Wünsche von abstammungsmäßigen und historischen Kräften mitgerissen. Und dich, Kleiner, bemitleide ich mehr als mich selbst. Bei mir liefen diese Kräfte wenigstens alle in dieselbe Richtung, auch wenn die jener, die ich selbst gewählt hätte, entgegengesetzt war. Aber du? Gott stehe dir bei! Halb Wasp, halb Chinese: wie so ein mythisches Untier, ein Satyr oder ein Meermensch, oben Mann, unten Tier, halb Osten, halb Westen, halb Drache, halb Tiger wie auf dem Gewand deiner Mutter, gefangen zwischen den Gegensätzen – wie nennt ihr sie noch? Mein Gedächtnis läßt nach. Yin und Yang –, *yeah*, das ist es, gefangen zwischen eurem Yin und eurem Yang.«

Kahn und ich tauschten einen langen Blick, dann wandten wir uns voneinander ab; er konzentrierte sich auf die Eiswürfel, die im milchigen Rest seines Drinks schwammen, und ich blickte zum Fenster hinaus. Auf der Straße eilten zahlreiche junge Männer mit energischen Bewegungen und unverkennbar angelsächsischen Zügen, den Aktenkoffer in der Hand, den Trenchcoat über dem Arm, den Gehsteig entlang. Würde ich mit einem von ihnen nicht besser fahren, fragte ich mich, mit einem dieser ausdauernden jungen Männer, energiegeladen, gesund, sicher Jogger, die gut aßen, auf ihre Figur achteten und Geschäft und Privatleben strikt trennten? Wäre es nicht vernünftiger, mir meinen Partner aus ihren Reihen zu wählen? Vielleicht. Vielleicht. Doch sie interessierten mich nicht. Wie Marionetten und Schaufensterpuppen wirkten sie alle im Vergleich zu diesem alternden Juden mit den melancholischen, von Tränensäcken umgebenen Augen. Es bestand eine elementare Anziehungskraft zwischen mir und Kahn, zum Teil, glaube ich, weil wir beide einer alten Rasse angehörten, die gelitten und überlebt und sich selbst erkannt hatte. Nicht wie diese Amerikaner, die, wie mein Onkel Hsiao gesagt hatte, noch immer nigelnagelneu waren, noch warm von der Gußform, unerprobt, unbewährt. Und doch war ich, wie Kahn mir vorgehalten hatte, selbst zur Hälfte ein Wasp, eine Legierung, ein neues Metall, ein neuer Charakter, zur Hälfte grenzenlose Hoffnung, Energie und Unerfahrenheit, zur Hälfte uraltes Leiden, Stoizismus und Resignation.

Gewiß, dachte ich, es wäre viel einfacher für mich, den neuen Reichtum ohne einen weiteren Blick auf Kahn zu investieren. Das erschien mir vor allem jetzt besonders verlockend, da er sich so schwierig gab. Meine Pflicht war es jedoch, »die eigene Person vollkommen auf die Seite zu setzen« und »mein Ziel außer mir selbst in einer großen Sache zu sehen«. Wofür war denn das Geld schließlich da, wenn nicht für Kahn? Diese Tatsache hämmerte ich durch ständige Wiederholung meinem Gedächtnis ein, denn mir war klar, daß ich erledigt war, wenn ich sie aus den Augen verlor. Überdies wußte ich, daß Kahn trotz seines Jammerns und Nörgelns im Hinblick auf mich auf eine fundamentale Wahrheit gestoßen war und sie ohne Furcht vor den Folgen ausgesprochen hatte. Obwohl sie ein wenig schmerzte und ich ihn darob wohl auch ein bißchen haßte, so wußte ich andererseits seine Offenheit zu schätzen. Nach einem Augenblick des Schmerzes – der Liebe und des Hasses – erwies sich die Liebe als stärker. Sanft legte ich meine Hand auf die seine. »Sind Sie jetzt bereit, mir zuzuhören?«

»Laß mich doch, Sonny – bitte, ja? Siehst du denn nicht, daß mir alles egal ist?« klagte er.

Seine Miene sagte jedoch etwas ganz anderes. »Nein«, antwortete ich, »das sehe ich nicht.«

Er legte den Kopf auf den Tisch und fing an zu weinen.

»Komm, wir gehen! Wir müssen hier raus«, sagte er, als er sich schließlich wieder in der Gewalt hatte. Sein schweres Gesicht war rot vor Scham, sein Blick wanderte hierhin und dorthin und wich mir aus.

Ich zahlte die Rechnung, während er vor der grausamen Neugier des Personals und der anderen Gäste in die Anonymität der Straße hinausfloh.

Wieder einmal wanderten wir zum Fluß hinunter. Unser Tempo war zügig, und wir sprachen kein Wort. Schließlich kamen wir an die Brooklyn Bridge. Nachdem wir ein Stück am Flußufer entlanggeschlendert waren, blieben wir stehen und blickten zu dem gigantischen Brückenbogen empor, der das Wasser mehrere hundert Fuß über unseren Köpfen überspannte. Beim langsamen Zusammenstückeln meiner Lebensgeschichte war sie so etwas wie ein Symbol geworden, eigenartig amerikanisch, mit ihren zwei dicken Pfeilern, die sich schwer in den Flußboden senkten, in den Schlamm und Schleim des verschmutzten Stromes, und den Kabeln hoch oben, silbrig glänzend im Sonnenschein wie die glitzernden Fäden eines Spinnennetzes, Harfensaiten vielleicht, eine Äolsharfe, die in luftigen Höhen summte, oder waren es die kaum wahrnehmbaren Drähte des Puppenspielers, die alles zusammenhielten? Daß diese so dünnen, zarten, so wunderschönen Stränge es tatsächlich schafften, eine so große, unbeseelte, häßliche Masse und Kraft zusammenzuhalten, verblüffte mich immer wieder von neuem und schien mir, wie schon gesagt, ein passendes Symbol für Amerika zu sein, für seine gigantische Macht und die nahezu unsichtbaren Fäden, die es lenkten.

»Weißt du was?« sagte Kahn, und seine Stimme klang jetzt entspannter, nicht mehr so dicht an der Grenze zum Brechen. »Während meines ersten Jahrs am Mount Abarim bin ich Tag um Tag zu Fuß über diese Brücke gegangen, hin und zurück. Es war eine Art Pakt zwischen meinem Vater und mir. Er hatte mir nämlich nichts von Ahasver gesagt, sondern ließ mich in dem Glauben, das Ganze sei abhängig davon, daß ich meine Entschlossenheit beweise, indem ich tagein, tagaus bei jedem Wetter diesen Weg zurücklege. ›Jedes Privileg verlangt ein Opfer‹, erklärte er mir. ›Du mußt lernen, Verantwortung zu übernehmen.‹ Ich nahm es mir zu Herzen. Es war ein aufregendes Erlebnis, selbst an den kältesten Tagen da oben mitten auf der Brücke zu stehen und in die wirbelnde Strömung hinabzublicken. Es verlieh mir ein schwindelndes Gefühl von… ich weiß nicht, was: Macht, Schicksal – als sei ich für eine große Aufgabe auserwählt worden und müsse durch ein Opfer beweisen, daß ich ihrer würdig war. Natürlich spielte da auch die Einfalt der Kindheit mit, doch manchmal weinte ich sogar, wenn ich an meine Mission im Leben dachte. Das waren die süßesten Tränen, die ich jemals vergossen habe. Aber ich fand sie nie, meine Mission, den Platz, der von Anbeginn der Zeit für mich bestimmt war. Ich suchte herum. Ich versuchte, ein Gelehrter zu werden. Das kam der Mission sehr nahe. Vielleicht hätte ich dabeibleiben sollen, aber ein ganz bestimmter Teil von mir blieb unbefriedigt, ein minderwertiger Teil vielleicht, doch ein realer. Ich sehnte mich danach, da draußen zu sein, mitten im dicksten Trubel, und mitzumischen, Risiken und Gefahren auf mich zu nehmen, irgend etwas Abenteuerliches zu tun. Die Universität, weißt du, die habe ich, seit ich an der Wall Street war, sehr oft vermißt, aber die Wahrheit ist – und ich sage dies selbst jetzt, nach allem, was geschehen ist –, daß ich mich zwar der Dinge schäme, die ich dort getan habe, und daß ich manchmal sogar die Grundprinzipien in Frage stelle, auf denen das Ganze beruht, daß ich jedoch, soweit ich mich erinnere, solange ich an der Börse tätig war, kein einziges Mal unter dieser Unruhe und Beklemmung gelitten habe, diesem ewig nagenden Hunger. Dort gab es nämlich, so übel es dort auch zugehen mag, etwas, das meinen Lebenshunger stillte.« Kahn blickte übers Wasser hinaus. »Ich könnte es allerdings noch immer nicht beim Namen nennen, und wenn du mich dafür bezahlen würdest.« Als ihm die unbeabsichtigte Ironie seiner Bemerkung klar wurde, lachte er bitter auf. »Nein, nicht einmal, wenn du mich dafür bezahlen würdest.« Mit gezwungenem Lächeln wandte er sich zu mir um. »Gut gesagt, Kleiner, nicht wahr?« Seine Stimmung schien wieder zu sinken. »Ich glaube, ich sollte lieber gar nicht daran denken. Es ist vorbei, und damit ist alles zu Ende. Jetzt muß ich mir eben was Neues suchen. Möchte wissen, wo ich diesmal lande. Willst du vielleicht wetten?«

»Ich werde Ihnen sagen, was Sie tun werden«, gab ich zurück.

Verdutzt zog er die Brauen hoch.

Ich nickte entschlossen. »Sie werden wieder in den Sattel steigen und reiten.«

Er lachte. »Dem steht nur ein Problem im Weg, Kleiner: Sie haben mir den Sattel genommen.«

»Eine Redensart, Kahn«, erwiderte ich bissig.

»Weißt du, Kleiner, bis heute ist mir noch nie aufgefallen, daß du Sinn für Humor besitzt. Aber das ist wirklich komisch: ›wieder in den Sattel steigen und reiten.‹ Ehrlich! Kannst du ruhig als Kompliment nehmen. Du magst deine Menschlichkeit verlieren, das Gute daran aber ist, daß dadurch dein bisher ungenutztes Talent zur Komödie zum Vorschein kommt.« Mit dramatischer Übertreibung zog er eine finstere Miene. »Ich steig' jetzt gleich in meine Chaps, steck' mir 'n Priem in die Backe und reite mal rüber. ›Boys‹, werd' ich zu denen sagen, ›ihr solltet lieber nachgeben, denn ich werd' nich' aufhörn, bis ich gekriegt habe, was ich will.‹ Nein, Sonny, ehrlich – das ist wirklich gut! Was macht es schon, daß ich keinen Penny mehr in der Hosentasche habe, daß mich die Börsenaufsicht rausgeschmissen hat, daß ich meinen guten Ruf und meine Freunde verloren habe!«

»Sie haben immer noch mich«, warf ich ein.

Ich sah, daß er eine scharfe Replik auf der Zunge hatte, aber er hielt sich zurück. Mit einem tiefen Seufzer tätschelte er mir den Arm. »Nein, Kleiner, du hast recht. Und ich weiß es zu schätzen.«

»Wissen Sie, Aaron«, entgegnete ich, »es gibt da ein altes taoistisches Paradoxon, das das Streben nach Erleuchtung mit der Suche nach einem Bullen vergleicht, während man auf seinem Rücken sitzt. Manchmal befindet sich das, was wir suchen, an den unwahrscheinlichsten Orten, nämlich direkt vor unserer Nase.«

»Das ist eine profunde Weisheit«, bemerkte er mit halbherziger Ironie.

»Profund oder nicht, Sie sagten, Sie müßten sich entscheiden, was Sie mit Ihrem Leben anfangen wollen, müßten eine Möglichkeit finden, die Scherben aufzusammeln. Und ich glaube – anmaßend oder nicht –, eine Möglichkeit gefunden zu haben. Zwar habe ich vom ersten Tag unserer Bekanntschaft an von Ihnen nichts anderes gehört als Klagen über Ihren Beruf, ich bin aber trotz alledem – und das, was Sie gerade gesagt haben, bestärkt mich darin – fest überzeugt, daß der Markt Ihr Tao ist, Ihr ganz persönlicher Weg zur Quelle zurück. Er ist Ihre letzte Chance, Kahn. Zugegeben, Sie haben einen schweren Rückschlag erlitten, aber ist das ein Grund, die ganze Reise aufzugeben? In meinen Augen wäre das viel weniger zu entschuldigen als Ihr ursprünglicher Irrtum. Alles andere kann vergeben werden – das nicht.«

»Du hast leicht reden«, protestierte Kahn hitzig, »doch an den Tatsachen ändert das nichts. Wie soll ich denn wieder in den Sattel steigen, wie du es ausdrückst? Ich bin pleite, Kleiner, das habe ich dir doch schon gesagt. Mein Name ist zu einem Schimpfwort geworden, das sich bei allen Investoren im Moment größter Beliebtheit erfreut. Ich habe meinen Einfluß verloren.«

»Ich habe gründlich darüber nachgedacht, Kahn«, fiel ich ihm ins Wort, »und möchte Ihnen vorschlagen, daß wir uns geschäftlich zusammentun.«

»Geschäftlich?« fragte er mißtrauisch. »Zu was für einem Geschäft?«

»Das weiß ich nicht. Ich hatte gehofft, das könnten Sie mir sagen. Irgendein Finanzservice vielleicht? Was das Geschäftliche betrifft, so kenne ich mich da überhaupt nicht aus. Das überlasse ich ganz und gar Ihnen. Dafür brauche ich Sie ja. Und keineswegs aus Barmherzigkeit. Mein Kapital, Ihr Know-how – eine Fifty-fifty-Beteiligung. Was meinen Sie?«

Er sah mich liebevoll an, fast sentimental. »Das ist sehr lieb von dir, Kleiner, daß du deinem alten Mentor eine Chance geben willst. Aber sei nicht dumm. Ich hab' dich einmal ruiniert – wie kommst du darauf, daß ich es nicht noch mal tun würde?«

»Ich hab' Ihnen schon einmal gesagt, Kahn, daß ich die Verantwortung für mein Handeln selbst übernehme. Und außerdem habe ich Ihnen ein größeres Unrecht zugefügt.«

»Was?« Ungläubig starrte er mich an. »Du bist zwar clever, Sonny, aber nun möchte ich doch wirklich sehen, wie du diese Behauptung begründen willst. Wie willst ausgerechnet du *mir* Unrecht angetan haben?«

»Mit meinem ewigen Drängen«, antwortete ich. »Indem ich Ihnen nicht geglaubt habe. Im ›*Dao De Jing*‹ steht geschrieben: ›Indem wir den Menschen keinen Glauben schenken, machen wir sie zu Lügnern.‹ Mit meinen übertriebenen Erwartungen, die ich in Sie gesetzt hatte, und meinen Zweifeln daran, daß Sie sie erfüllen könnten, habe ich Sie auf unfaire Art unter so großen Druck gesetzt, daß Sie von Ihren ursprünglichen Absichten abgewichen sind, die – und davon bin ich jetzt überzeugt – im Grunde gut waren.«

Kahn mußte ein Schluchzen unterdrücken und wandte sich ab. »Das waren sie, Kleiner. Das kannst du mir glauben!«

»Also dann?« fragte ich ihn. »Abgemacht?«

Noch einmal musterte er mich zweifelnd, dann stieß er einen abgrundtiefen, doch zustimmenden Seufzer aus. *»Okay«*, sagte er und fuhr warnend fort: »Ich hoffe nur, daß du's nicht eines Tages bereuen wirst.« Er hielt inne. »Oder ich.«

Wir lachten beide; dann machten wir uns auf den Weg.

NEUNTES KAPITEL

Welch ein Wohlgefühl diese kleine gute Tat nach sich zog! Während ich durch die Straßen heimwärts wanderte, spürte ich, wie mir bei dem Gedanken an das, was ich getan hatte, mehrmals das Blut in die Wangen stieg. Stolz und glücklich fragte ich mich, ob Riley nicht letztlich doch recht hatte. Vielleicht taute wirklich in mir etwas auf, löste sich, begann zu brechen und wärmeren Meeren entgegenzutreiben. War dies vielleicht das Tao der Liebe?

Nachdem ich dieses Problem so erfolgreich gelöst hatte, betrachtete ich meinen neuen Reichtum mit einem etwas weniger getrübten Blick. Eines ließ sich wahrhaftig nicht abstreiten: Er hatte mir gute Dienste geleistet. Begeistert von meinem kleinen Coup, dachte ich flüchtig und oberflächlich daran, wie unvereinbar dieser Reichtum mit der Demut, dem letzten meiner »drei Schätze«, war. Wenn ich mich aktiv an Kahns Geschäften beteiligte, geschah das doch ausschließlich aus selbstlosen Gründen – oder? Und war denn der Gebrauch von Macht nicht ausdrücklich vom »*I Ging*« sanktioniert worden? O nein, eine pedantisch-kleinliche Wortklauberei würde mich nicht von meinen guten Taten abhalten! Denn ganz genauso präsentierte sich mir das Dogma des Nichteingreifens in diesem Moment. Was ist denn wichtiger, fragte ich mich, ein Menschenleben oder dogmatische Reinheit? Ganz kurz flammte ein Fünkchen Groll auf meine Erziehung in mir auf. Was sollte man von einer Lebensweise halten, bei der eine solche Frage, eine derartige Gegenüberstellung, eine derartige Wahl überhaupt möglich war? Lag darin nicht eine gewisse fundamentale Unmenschlichkeit? Aber was sagte ich denn da! Das war Blasphemie. Meine emotionale Wetterfahne drehte sich um einhundertachtzig Grad von West nach Ost.

Dennoch erwog ich in Gedanken nicht etwa, der Macht zu entsagen, mit der mich mein neuer Reichtum ausgestattet hatte, sondern ich suchte vielmehr nach neuen Anwendungsmöglichkeiten für sie. Eine vor allem faszinierte mich mit der ganzen Kraft der Inspiration. Jawohl, diese Möglichkeit konnte es an Genialität durchaus mit meinen Plänen für Kahns Rehabilitierung aufnehmen, obwohl sie vielleicht nicht ganz so makellos uneigennützig war. In dieser Hinsicht war ich jedoch überhaupt nicht geneigt, Haarspalterei zu betreiben. Ich meinte natürlich Li. Dabei mußte ich an einen Begriff denken, der in den Gesprächen mit ihr immer wieder aufgetaucht war: das Land der Wohlgerüche, das Märchenland. Voll zappeliger Glückseligkeit, erfüllt von einer aufkeimenden Hoffnung, die sich kaum gegen die gewohnte Schüchternheit zu behaupten wagte, erkannte ich, daß es jetzt im Bereich meiner Möglichkeiten lag, sie dorthin zu bringen. Und zwar nicht auf einem aus guten Vorsätzen gewebten, sondern auf einem Zauberteppich, mein lieber Leser, einem Zauberteppich, geknüpft mit Fäden aus purem Gold.

Die Frage war nur: Ließ sie mich überhaupt ein? Ich hatte keine Ahnung, ob mein Plan funktionieren würde. Doch Ahasvers Motto »Kein Mumm, kein Ruhm« schien mir in diesem Zusammenhang ebensogut anwendbar zu sein wie im ursprünglichen Sinn, vielleicht sogar besser. Eventuell ließ er sich sogar auf das gesamte amerikanische Leben anwenden.

Nachdem ich meinen Entschluß gefaßt hatte, ließ ich mich von einer vorübergehenden Woge der Zuversicht tragen. Eifrig machte ich mich daran, sämtliche Vorbereitungen für das Wiedersehen zu treffen. Zunächst kaufte ich mir in der Canal Street einen Anzug aus erstklassiger *doubleknit*-Ware, wie ich ihn bei den chinesischen Stutzern im »Tea Joy Palace« von Luck Fat gesehen hatte, die immer die Mädchen mitbrachten. Ich ergänzte ihn mit Hemd, Krawatte und (zu Ehren meiner Rebellion) neuen Boxer Shorts. Gekrönt wurde das Ganze von einem Paar geschmackvoller Mokassins aus rotem Naugahyde, die mir schon seit meinen ersten Tagen in New York ins Auge gestochen hatten. Im Rausch der Verschwendung erstand ich gleich ein ganzes Dutzend.

Von einer weiteren Chance zur Wiedergutmachung meiner Sünden der Vergangenheit – es waren eher Unterlassungssünden als aktive – beflügelt, betrat ich auf dem Heimweg ein Spirituosengeschäft, kaufte die Flasche Portwein, die ich Lo bei unserer letzten Saufsitzung versprochen hatte, und bog dann in die Gasse an der Rückseite des »Tea Joy Palace« ein:

Als Lo mich durch die Hintertür hereinspähen sah, verrieten seine Züge Überraschung und Kummer. Doch er beherrschte sich augenblicklich. »Der junge Drache! Endlich kehrt er von seinen Wanderungen zurück!« verkündete er mit der für ihn charakteristischen freundlichen Herablassung, als er mich beim Eintreten lächelnd und unter zahlreichen Verbeugungen begrüßte.

»Ich kam gerade vorbei«, begann ich, »und dachte, daß schon vielzuviel Zeit vergangen ist, seit ich dir das hier versprochen habe.« Lächelnd überreichte ich ihm die Flasche.

Er zog sie ein Stück aus der Tüte heraus und studierte sie aufmerksam. »Der ehrenwerte Tropfen, von dem wir bei unserer letzten Sitzung sprachen?«

Ich nickte strahlend.

»Ich bin überwältigt.« Er verneigte sich tief.

»Das Vergnügen ist ganz auf meiner Seite«, behauptete ich.

»Nein, nein«, widersprach er.

»Doch, doch«, beharrte ich.

Wir brachen beide in Lachen aus.

»Ich weiß, daß du zuviel zu tun hast, um ihn jetzt gleich zu probieren«, fuhr ich dann fort, »aber wenn du Muße genug hast, könntest du vielleicht so freundlich sein, ihn zu kosten, und dann könnten wir eine angenehme Stunde damit verbringen, ihn zu beurteilen, wie wir es früher zu tun pflegten.«

»Ach ja, früher!« seufzte er. »Meine Frau läßt mir keine Ruhe, weißt du. ›Wo ist Sun I?‹ fragt sie dauernd. ›Warum besucht er uns nicht mehr? Riechen wir unter den Armen nach Schweiß? Sind wir ihm zu langweilig?‹ – ›Nur wegen deinem ewigen Nörgeln, Frau!‹ schelte ich sie. ›Das kann jeden in die Flucht jagen! Und wenn du damit weitermachst, sehe sogar ich mich gezwungen, den Kaiser um die Scheidung zu bitten.‹« Er lachte. »›Aber im Ernst, woher soll ich das wissen? Der Drache unternimmt viele Fernflüge bei seiner Umrundung der Erde, Flüge, die für einfache Leute wie uns unvorstellbar sind. Das einzige, dessen wir sicher sein können, ist, daß er eines Tages, wenn er erschöpft ist, zurückkommen wird, um sich auszuruhen und zu stärken. Und wenn er kommt, werden wir dasein.‹«

»Danke, Lo«, antwortete ich, gerührt von dem ernstgemeinten Friedensangebot, das aus seinen jovialen Worten sprach.

Er verneigte sich lächelnd.

»Tja, also...« Unschlüssig wandte ich mich zum Gehen.

Er legte mir die Hand auf den Arm. »Warte ein wenig! Bevor du gehst, wollen wir noch einen Schluck trinken.« Ich wollte abwehren, aber er kam mir zuvor. »Nein, nein, ich bestehe darauf. Heute abend ist nicht viel los. Und was kann es schaden? Wenn du ablehnst, bringst du mich in die unangenehme Lage, unhöflich zu sein. Nur einen einzigen Schluck!«

»Na schön«, lenkte ich zögernd ein. »Wenn du meinst, es ist *okay*.«

»Absolut *okay*. Sogar eins a.«

Während er den Wein erhitzte, wandte er sich zu mir um. »Weißt du, Sun I, sie spricht zwar nicht darüber, aber ich glaube, am meisten von uns haben Yinmi deine Besuche gefehlt. Es steht mir natürlich nicht zu, danach zu fragen, aber ich hoffe, es hat keinen Ärger gegeben zwischen euch beiden. Ich weiß, daß sie dich gern hat, und ich glaube, wir nahmen alle allmählich an, daß du sie ebenfalls sehr gern hast.«

»O doch, das habe ich! Es ist nur, weil... Ich bin vor gar nicht langer Zeit bei euch gewesen, weißt du«, begann ich noch einmal von vorn, weil ich meinte, es sei wohl besser, dem Thema ein bißchen auszuweichen. »Sie war nicht zu Hause. Es war überhaupt niemand da. Nur deine Tochter Li.«

»Aha, du hast Li kennengelernt!«

Ich nickte.

»Und wie findest du sie?«

»Ich hatte sie vorher schon einmal gesehen, erinnerst du dich? Bei einem Familientreffen.«

»Ach ja, natürlich.«

»Sie ist sehr schön«, stellte ich mit unbeabsichtigter Sehnsucht im Ton fest.

Er musterte mich durchdringend und mit gerunzelter Stirn. »Ja, sehr schön«, bestätigte er.

»Im Grunde hatte ich keine Gelegenheit, sie wirklich kennenzulernen«, flunkerte ich, um seinen ersten Eindruck möglichst zu widerlegen und ihn vielleicht ein bißchen ausholen zu können. »Sie scheint ganz anders zu sein als Yin-mi.«

Er lachte. »Die beiden sind so verschieden wie Tag und Nacht.«

»Wieso?« wollte ich wissen.

»Ein jedes Kind hat natürlich andere Vorzüge.«

»Ja, natürlich.«

»Li wußte schon als kleines Mädchen genau, was sie wollte und wie sie es sich verschaffen konnte. Sie brauchte kaum unsere Hilfe, um ihren Weg zu finden. In dieser Beziehung gleicht sie einer Katze. Die hat ihre ganz eigene Intelligenz und handelt nach Prinzipien, die uns völlig fremd erscheinen. Und eine Katze kann man nicht dressieren. Die weiß, was sie weiß. Greift man ein in ihre Natur, wird sie unter Umständen verrückt, stirbt sogar daran, aber verändern kann man sie nie. Ihre Haupteigenschaft ist die Unabhängigkeit, wie die Haupteigenschaft eines Hundes die Treue ist. In dieser Hinsicht gleicht Yin-mi einem Hund. Sie ist ein nobler, großzügiger Mensch und denkt immer auch an andere Menschen. Sie ist weniger schlau und viel verletzlicher als ihre Schwester. Sie liebt das Klare, das Hohe, das Starke, während Li sich vom Paradoxen und Zweideutigen angezogen fühlt.« Er unterbrach sich, um den Wein einzuschenken. *»Gan-bei!«* sagte er und stieß mit mir an.

»Gan-bei!« antwortete ich.

»Du mußt mir verzeihen, wenn ich zuviel von meinen Töchtern rede.«

»Nein, nein«, widersprach ich. »Ganz und gar nicht. Das interessiert mich sehr. Bitte, sprich weiter!«

»Bist du nicht nur höflich?«

Ich schüttelte den Kopf.

»Nun ja, wenn es dich interessiert, möchte ich dir von einem Symbol erzählen, das den Unterschied zwischen den beiden in meinen Augen genau beschreibt. Darf ich?«

Ich nickte heftig.

»Kennst du die ›Gespräche‹ des Konfuzius?«

»Nicht sehr gut«, mußte ich zugeben.

»Nun, auch ich kann nicht behaupten, ganz und gar vertraut zu sein mit den Aussprüchen des Meisters, aber als junger Mann und auch noch gelegentlich später habe ich mich damit befaßt. Du hast doch sicher schon mal von den ›heiligen Tänzen‹ gehört, dem Erbfolgetanz und dem Kriegstanz.«

»Ich habe davon gehört.«

»Nun, wie du vermutlich weißt, imitiert der Erbfolgetanz die friedliche Thronbesteigung des Kaisers Shun. Alles im Himmel und auf der Erde befand sich in perfekter Harmonie. Der Kriegstanz andererseits schildert die Erbfolge des kriegerischen Kaisers Wu, der auf den Thron kam, indem er die Yin-Dynastie stürzte.« Er hielt inne und trank einen Schluck Wein. »Im dritten Buch gibt es da einen Abschnitt...« Er räusperte sich. »›Konfuzius sagte, der Erbfolgetanz sei das perfekte Schöne und zugleich das perfekte Gute; der Kriegstanz dagegen sei das perfekte Schöne, nicht aber das perfekte Gute.‹« Er warf mir einen vielsagenden Blick zu. »Es ist natürlich der Gipfel der Anmaßung, wenn ich im Zusammenhang mit den ›heiligen Tänzen‹ von meinen unwürdigen Kindern spreche, davon abgesehen jedoch fand ich den Vergleich eigentlich immer recht treffend. Meinst du nicht auch?«

»Das weiß ich wirklich nicht«, redete ich mich heraus, weil ich nicht wagte, das Thema weiterzuverfolgen. »Wie war das noch mal, welche Dynastie stürzte Wu?«

»Die Yin-Dynastie«, erwiderte er.

So kam es, daß ich mich so wackeren Schrittes, wie es in meinen neuen Mokassins möglich war, auf den Weg machte. Ich nahm die Subway nach Uptown, den Bummelzug, um etwas mehr Zeit zum Nachdenken zu haben, und erstand bei einem Blumenhändler in der Nähe einen Chrysanthemenstrauß. Dann hielt ich ein Taxi an und ließ mich das letzte Wegstück fahren, um einen eindrucksvolleren Auftritt zu haben. Leider hielt sich niemand im Hof auf, der mich hätte bewundern können, nicht einmal Ramón, den ich durch die Glastüren mit dem Rücken zur Straße telefonieren sah. Die äußere Tür war nicht verschlossen, die innere mit Hilfe eines Stuhls offengehalten, damit er sich nicht bemühen mußte, wenn Mieter nach Hause kamen. Ich dachte, ich würde es bis zum Lift schaffen, bevor er mich entdeckte, doch so viel Glück war mir nicht beschieden: Er drehte sich um. »*Momento*«, sagte er und legte die Hand über den Hörer. »He, Mann, wo zum Teufel willste hin?«

Ich zog einen Geldschein aus der Tasche und ließ ihn verlockend zwischen Daumen und Zeigefinger baumeln wie die Muleta vor einem Bullen, nur mit der entgegengesetzten Absicht, ihn nämlich friedfertig zu stimmen.

Er starrte den Schein an, dann mich. Plötzlich zerbrachen seine Züge zu dem bekannten Bandito-Grinsen. »Aber klar doch, Mann, kein *problema*. Soll ich für dich raufklingeln?«

Ich schüttelte den Kopf und überreichte ihm gleichzeitig das Bestechungsgeld; dann nahm ich hastig Kurs auf den Fahrstuhl, während er sein endloses Telefonat fortsetzte. Als ich vor ihrer Tür stand, starrte ich die gesichtslose Holzfüllung einen Moment an, seufzte und machte kehrt. Ich konnte nicht.

Dann jedoch drehte ich mich wieder um. Ich mußte! Ganz tief holte ich Luft. Es ist ein törichter Plan, sagte ich mir. Ich hätte vorher anrufen sollen. Sie würde mich durch den Spion sehen und die Polizei rufen. Es *konnte* nicht klappen. Ich machte mich auf das Schlimmste gefaßt, wappnete mich mit stoischer Resignation und klopfte.

Niemand öffnete. Ich war erleichtert, fuhr herum und begab mich fast im Laufschritt zum Aufzug. Doch gerade als die Lifttür aufglitt, hörte ich die Sicherheitskette klappern. Die Wohnungstür wurde einen Spaltbreit geöffnet, Li beugte sich heraus, sah zunächst in die entgegengesetzte Richtung und dann erst in meine. Unsere Blicke trafen sich.

Sie trug einen Morgenrock, den sie am Hals fest zusammenraffte. Als sie sich herausbeugte, fiel ihr Haar nach vorn und hing wie ein glatter, schwarzer Vorhang herab. Die Lifttüren glitten wieder zu.

»Willst du etwa davonlaufen?« fragte sie mich mit dem bekannten Anflug koketter Belustigung im Ton.

Ich schluckte schmerzhaft und schüttelte den Kopf.

»Das ist gut«, fuhr sie fort, »denn ich glaube, du hast gerade den Zug verpaßt.« Lachend kam sie auf den Korridor heraus, lehnte sich lässig an den Türrahmen und musterte mich verstohlen, wobei ihr mein neuer Anzug auf- und, wie ich mir einbildete, auch gefiel. »Also, was führt dich zu mir? Nicht, daß ich mich nicht geschmeichelt fühlte, aber du weißt ja, was ich damals gesagt habe, und worauf wir uns geeinigt haben.«

»Ich komme, um dich mitzunehmen ins...« Auch noch den Rest meines so klug ausgedachten Satzes vorzubringen, dazu fehlte mir nun doch der Mut.

Fragend legte sie den Kopf ein wenig schief. »Mich mitzunehmen – wohin?«

»Ins Märchenland«, hauchte ich so zittrig, daß das nervöse Vibrato mein Losungswort regelrecht zerhackte.

Verdutzt starrte sie mich an; dann lachte sie plötzlich so laut auf, daß ihre ebenmäßigen, weißen Zähne blitzten und ihr langer, glatter Hals sich bog. Als sie mich wieder ansah, war ihre Belustigung von Mitgefühl gedämpft. »Armer Junge«, sagte sie tröstend. Und streckte mir die Hand entgegen.

Als wir in der Wohnung waren, bemerkte sie: »So, so, du kannst es dir also leisten, mich eine Nacht lang chic auszuführen.«

»Ich kann mir tausendundeine Nacht leisten«, entgegnete ich stolz.

»Irgend etwas ist also passiert – nein, warte! Laß mich raten... Du hast einen neuen Job?«

Ich schüttelte den Kopf.

»Du arbeitest immer noch im Börsensaal?«

Ich nickte und ergänzte hastig: »Schon, aber ich könnte jederzeit aufhören.«

Sie zog die Brauen hoch.

»Ich kann jetzt alles tun, was ich will.«

»Ach, wirklich?« Sie musterte mich von Kopf bis Fuß. »Dann würde ich mir an deiner Stelle zunächst mal etwas anderes zum Anziehen kaufen.«

»Gefällt dir mein Anzug nicht?« fragte ich tief gekränkt.

»Ist der etwa neu?«

Ich nickte.

Sie biß sich auf die Lippe. »Entschuldige«, sagte sie. »So schlimm ist er eigentlich gar nicht. Aber sei vorsichtig und rauch nicht, wenn du ihn trägst; du würdest sofort in Flammen aufgehen.« Sie kicherte und ergänzte noch: »Aber die Schuhe, die müssen verschwinden.«

»Ich gehe bereits in Flammen auf«, erklärte ich kühn, ohne auf ihre Schmähungen einzugehen.

Erwartungsvoll, herausfordernd und kokett zog sie die Brauen empor.

»Wegen dir.«

Sie lachte. »Hmm... nicht schlecht«, gab sie zu. »Du hast dir anscheinend eine gewisse Gewandtheit zugelegt, seit wir uns das letzte Mal gesehen haben. Willst du mir erzählen, was passiert ist, oder soll ich weiterhin vor Spannung vergehen?«

Trunken starrte ich sie, ohne zu antworten, an.

»Na schön, dann sagst du's mir eben nicht. Laß mich raten... Du hast in der Lotterie gewonnen.«

Ich schüttelte den Kopf. »Ich hab' eine... na ja... sagen wir, eine Erbschaft gemacht.«

»Aha.«

»Aber darüber wollte ich nicht mit dir sprechen«, fuhr ich fort. »Das Geld spielt keine Rolle. Im Gegenteil, es widert mich an. Alles, was mir wirklich wichtig ist, bist du. Ich möchte dich glücklich machen. Ich möchte, daß du mich liebst. Sag mir, was ich für dich tun kann.«

»Gütiger Himmel! Du mußt tatsächlich reich geworden sein! Wieviel hast du gekriegt?«

»Spielt das eine Rolle?« fragte ich flehend.

»Ich weiß nicht«, gab sie zurück. »Vielleicht.«

»Eine ganze Menge.«

»Das sagt mir nicht viel«, wandte sie ein. »Tausend Dollar sind viel Geld, eine Million ebenfalls. Kommt ganz drauf an. Welche Zahl kommt der Wahrheit näher?«

»Eine Million«, antwortete ich, »obwohl das immer noch ein bißchen tief gegriffen ist.«

Sie riß die Augen auf. »Das kann tatsächlich eine Rolle spielen.«

»Eine wie große?«

»Kommt drauf an.«

»Reicht es, um mich zu heiraten?« erkundigte ich mich, verrückt vor Liebe, ohne zu überlegen, was ich da tat.

»Sei nicht albern! Du weißt genau, daß ich das nicht kann.« Eine Spur Abscheu lag in ihrem Ton. Sie betrachtete mich sinnend. »Sagst du mir auch wirklich die Wahrheit?«

Ich nickte.

»Vielleicht könnten wir einen Kompromiß schließen«, schlug sie vor.

»Ich will keinen Kompromiß.«

»Ich weiß«, sagte sie, »aber mehr kann ich dir nicht bieten. Manchmal muß man nehmen, was man kriegen kann.« Sie zuckte die Achseln. »Das gehört zu den Dingen des Lebens.«

Ich nahm tatsächlich, was ich kriegen konnte – nur zu gern. Und es war gut.

Unglaublich gut. Im Ergebnis besser noch als in der Erwartung. In dieser Nacht stellte sich die Frage, ob ich nach Hause gehen müsse, erst gar nicht. Die ganze Nacht lag ich neben ihr, beobachtete sie beim Schlafen und Atmen, belauschte die kleinen Schreie, die sie im Traum ausstieß. Sie schlief relativ schnell ein, nachdem wir uns geliebt hatten, nachdem wir gefickt hatten – das war ihr Ausdruck, den sie völlig natürlich gebrauchte, ohne Ekel und ohne Hemmungen. Ich hatte ihn bisher gefürchtet. Nun aber ging von ihm dieselbe aufreizende Sinnlichkeit aus wie vom Liebesakt selbst: ficken... Ich war viel zu glücklich, viel zu ekstatisch, um die Augen schließen zu können. Ich wollte jede Sekunde auskosten, auch noch den letzten Tropfen Glück aus dem Augenblick herauswringen und ihn genießen, mein Leben genießen. Zum erstenmal fühlte ich mich reich, unsäglich reich, reich an Leben, an Möglichkeiten, trunken vor Reichtum, berauscht, herrlich, schwindelerregend *high*. Wieder einmal flammte in mir der Groll auf meine alte Lebensweise auf, die mir dieses Vergnügen vorenthalten hatte. Daß ich dies nicht früher kennengelernt hatte, schien mir ein Verbrechen zu sein, eine Sünde! Denn diese Ekstase überstieg alles, was ich mir je hätte träumen lassen. Die Worte aus dem *»Dao De Jing«* kamen mir in den Sinn, jedoch voll unbeabsichtigter Ironie: »Der Duft, den das Tao ausströmt... wie dünn, wie geruchlos.« Allerdings! Verglichen womit? Verglichen mit *dem* hier! Und es war so schnell gekommen, beinahe sofort. In meinem Kopf wirbelte es so stark, daß ich mich kaum an die Reihenfolge der Ereignisse erinnern konnte. So vieles war geschehen, seit ich das letzte Mal hier bei ihr gelegen hatte. Doch was genau? Wo lag der entscheidende Unterschied zwischen damals und heute? Was ermöglichte dieses unsägliche Glück?

Geld. Das war es doch, oder? War es nicht das, worauf alles hinauslief? Als ich diese Frage erwog, verebbte meine Glückseligkeit allmählich zu beklommener, wehmütiger Nachdenklichkeit. War es nicht hier genau wie beim Dow ebenfalls das »Passepartout«, wie es mein Vater so treffend ausgedrückt hatte, die Voraussetzung, das Sine qua non, das die Teilnahme lustvoll und auf der untersten Ebene überhaupt erst möglich machte? Konnte dies jedoch wirklich alles sein, worauf es unter dem Strich hinauslief? Eine Grundlage? Konnte die Kenntnis des Dow und mehr noch, konnte die Liebe gekauft und verkauft werden wie eine Ware? Vielleicht konnte sie das auf diesem Markt, dem Marktplatz der schmutzigen Welt.

Lag es also nur daran, deckte sich mein Anteil an ihrer Gunst genau mit der Höhe meines Bankkontos? Eine andere Schlußfolgerung gab es doch nicht. Ich selbst hatte mich nicht wesentlich verändert, und sie auch nicht. Trotzdem aber saß ich jetzt fest und sicher hier, während das vorher nicht so gewesen war. »Das gehört zu den Dingen des Lebens«, hatte sie gesagt. Dieser Ausdruck ärgerte mich. Inwiefern Dinge, also Tatsachen? Inwiefern Leben? Das Leben in der Welt so, wie sie ist – vielleicht war das die Bedeutung des Ausdrucks. War das genug: leben in der Welt so, wie sie ist? Vielleicht nicht, aber was, wenn es gar nicht mehr gab? Konnte ich diese Tatsache, dieses Leben akzeptieren, konnte ich damit *leben*? Ich war mir nicht sicher. Die Erinnerung an Lis Ton, als sie den Ausdruck gebrauchte – ich kam über die extreme Amoralität, die darin lag, nicht hinweg. Die Dinge des Lebens! Es lag etwas merkwürdig Reines darin, etwas Bestimmtes, Klares, gewiß nichts Rechtfertigendes. Es war ein Tonfall, der mich an das Lachen meines Vaters erinnerte, wie ich es mir vorstellte. Lo hatte den Nagel auf den Kopf getroffen: Sie war wie eine Katze. Sie wußte, was sie wollte, und holte es sich mit derselben Lauterkeit, die in der Freßgier von Raubtieren lag. Kein Schuldbewußtsein, kein Jammern, keine Reue, keine Krokodilstränen. Und was für mich einen unerträglichen Gewissenskonflikt bedeutet hätte, bedeutete für sie überhaupt kein Dilemma. Sie war wie das Wasser, scheute vor keinem Sprung in die Tiefe zurück, blieb sich selbst immer treu, folgte dem Weg des geringsten Widerstandes und suchte sich ihr eigenes

Niveau. Sie war mehr Taoist als ich! Staunend dachte ich darüber nach. Ich glaube, die Fremdartigkeit, die Reinheit – so zweideutig sie auch sein mochte –, die Hemmungslosigkeit und Intensität ihres Innenlebens reizte meine Neugier mehr als alles andere an ihr, mehr als ihre Schönheit, sogar mehr als ihr Sex, jawohl, mehr als das Ficken. Denn mich an diesen »Dingen« teilhaben zu lassen, dazu war sie bereit, doch an dieses andere würde sie mich niemals heranlassen, ganz gleich, wie reich ich war oder was ich ihr bot, das war mir klar. Und darum wußte ich, daß ich sie, auch wenn es so aussah, niemals kaufen konnte. Nein, auf ihre Art war sie genauso rein wie Yin-mi. Nur, wie anders diese Reinheit doch war! Ich mußte an Los Vergleich denken: den Kriegstanz – das perfekte Schöne ohne das perfekte Gute: an den Kaiser Wu, der die Yin-Dynastie stürzte.

Meine Gedanken wanderten zu Yin-mi, verweilten voller Wehmut bei ihr. Der Erbfolgetanz: das perfekte Schöne und das perfekte Gute. Und schmerzlich überrascht mußte ich feststellen, daß ich das nicht mehr wollte. Es wirkte so farblos im Vergleich zu dem, was ihre Schwester mir bot. Wenn ihre Reize auch weniger reif, weniger raffiniert, weniger verlockend waren als die ihrer Schwester, mußte ich fairerweise zugeben, daß Yin-mi noch immer eine Reinheit und Frische besaß, eine köstlich unausgefeilte Eigenart, die bei Li durch Verschleiß, Übung, Promiskuität – wie immer man es bezeichnen wollte – abgenutzt und so abpoliert war, daß sie fast kaum noch existierte. Li verdankte ihre Schönheit der Kunst, nicht der Natur, oder vielmehr: Die Kunst hatte bei ihr der Natur nachgeholfen. Eine Kunst, von der Natur gemacht – hieß es nicht so? Im Vergleich dazu waren Yin-mis Reize sanft, war ihr Licht so prosaisch und unverfeinert wie die Sonne für die schwachen Augen eines Menschen, der eine Vorliebe für hohe Räume mit dunkler Täfelung und schweren Samtportieren hat, in denen das ewige Dämmerlicht des Herrenhauses nur vom Glanz des Kerzenschimmers auf Kristall und Tafelsilber aufgehellt wird. Dieses Bild ist wahrhaft zutreffend, denn mehr als alles andere sehnte ich mich, glaube ich, jetzt nach dem vorwurfsfreien Dämmerlicht von Lis moralischem Empfinden, das so ganz anders war als das forschende, kompromißlose Licht in Yin-mis Augen. Ich kannte die unbarmherzige Helligkeit, mit der sie meine Widersprüche ausleuchten würde. Zu oft hatte ich die Kraft ihres tiefen Ernstes zu spüren bekommen, jener ungeheuren, passiven Macht, die sie ihrem Vater gegenüber ausübte, gegenüber Wo und schließlich auch mir gegenüber. Und das wollte ich jetzt nicht.

Yin-mi war das einzig noch verbliebene Hindernis im Wasserlauf meines neuen Glücks. Kahn, Riley, Mme. Qin, Li – all die rastlosen, anklagenden Geister waren besänftigt und zur Ruhe gebracht worden; nur sie war noch da und ließ die Wasser meiner Seele wild aufschäumen. Oder war sie der Fluß und ich der Felsblock? Ihr klarer Verstand, ihr Blick für die Dinge schienen weit über ihre Jahre hinaus entwickelt zu sein, fast so, als existierten sie schon seit Jahrhunderten und höhlten langsam die harte, unnachgiebige Kraft aus, die ihnen entgegenstand. Sie gehörte zu den wenigen Menschen, denen man im Leben begegnet, die die summierte Kraft vieler Zeitalter, vieler Leben zu besitzen scheinen.

Bis zu einem gewissen Grad glich auch Li einem Wesen, das alt an Leben, doch nicht an Jahren ist. Ihr Weg durch die Karma-Reinkarnationen jedoch schien planlos zu sein, ließ jene Zielstrebigkeit vermissen, die Yin-mi beseelte – Yin-mi, die wie eine Welle war, die sich durch die Meere von Zeit und Schicksal bewegte, die Herz, Auge und Verstand einzig auf das Ziel richtete, den Augenblick der Konzentration, in dem sie ihre stolze, weiße Schaumkrone aufrichtet, um dann über das Riff in die Ruhe dahinter zu stürzen, ins klare, tiefe Wasser der Ewigkeit. Als ein Genie der Verzögerung hatte Li bei der Erfüllung ihres Schicksals getrödelt, weil sie die sinnlichen, flüchtigen Freuden der Erde liebte, möglicherweise zu sehr liebte. Sie erinnerte mich an eine jüngere Ausgabe von Mme. Qin, eine Frau voller Gier, voll wilder Sucht nach der Liebe. Sie, die gelernt hatte, ihre Gefühle so zu trainieren, daß sie ihr die exquisitesten Koloraturen ihrer Stimmlagen lieferten, das feinste Timbre und Sinnenbouquet, hatte ihr Ziel aus den Augen verloren, dafür aber sich selbst gefunden.

In dieser Nacht träumte ich, daß ich im Dunkeln dahinwanderte – nicht im Leeren, sondern in einem lokalisierbaren Raum, an den ich mich erinnerte, den ich aber nicht sofort identifizieren konnte. Auf beiden Seiten war ich von Wänden eingeschlossen. Ich tastete mich vorwärts, schob mich, Schritt um Schritt, einen spiralförmigen Korridor entlang wie in ein Labyrinth. Wo war ich? War es der Irrgarten hinter dem Haus in der Mulberry Street, in den hinein ich Yin-mi an jenem Abend im Regen verfolgt hatte? Er hätte es sein können, nur besaßen die Wände nicht diese rußige, hautglatte Oberfläche, sondern waren rauh und uneben wie unbehandeltes Holz. In der Ferne flackerte ein rötliches Licht, und ein seltsamer Geruch hing in der Luft, dick, süßlich, ein bißchen ekelerregend, wie der Geruch nach Opium, aber mit einer zusätzlichen Komponente. Instinktiv wußte ich, was es war: Blut und Scheiße. »Blut und Scheiße«, wo hatte ich diesen Satz schon einmal gehört? Doch ehe ich mich erinnern konnte, wichen die Wände auf beiden Seiten zurück, und ich trat auf einen freien Platz hinaus, dessen Boden wie eine Arena mit feinem, weißem Sand bedeckt war. Plötzlich wußte ich, wo ich war: im Laderaum der »Telemachos«! Nur daß Scottie nicht da war und die Figur, die ich im rötlichen Dämmerlicht tief in der Ecke ausmachen konnte, nicht Manjusri darstellte, sondern die Freiheitsstatue. Im selben Licht tauchten nun auch die Konturen der geborstenen Kiste auf, nur daß sie jetzt eine erkennbare Ähnlichkeit mit einem Sarg aufwies. Ich streckte die Hand aus, um den Deckel zu heben. Er gab nach. Zu meiner tiefen Enttäuschung jedoch erschreckte mich etwas genau in dem Moment, als ich meine Neugier hinsichtlich der Frage befriedigen wollte, wen oder was der Sarg enthielt, und ich wachte auf.

Eddie. Der Kater war zwischen uns auf die Matratze gesprungen und schlich behutsam über die Steppdecke zu Li hinüber, die tief und fest schlief. Ärgerlich scheuchte ich ihn vom Bett und versuchte mich in den Traum zurückzutasten. Ohne Erfolg. Am nächsten Morgen erwachte ich mit der Frage: Was war in der Kiste? Eine vergebliche Frage, das wußte ich, denn es bestand keine Hoffnung, sie jemals beantworten zu können.

An jenem Morgen unter der Dusche begann ich jedoch ganz unbewußt eine

Melodie zu pfeifen. Ohne das Wasser abzustellen, hielt ich inne, um sie zu identifizieren. Als mir das nicht gelang, zuckte ich die Achseln und seifte mich weiter ein. Zur Mittagszeit hatte ich sie schon vergessen. Doch tagelang noch tauchte sie unverhofft wieder auf und schlich sich verstohlen auf meine Lippen, bis ich schließlich wütend wurde und mich sogar ein bißchen verfolgt fühlte.

Bevor ich am folgenden Tag *downtown* fuhr, veranstalteten Li und ich an der Ecke West End Avenue ein übermütiges, trotziges Autodafé, indem wir ein Freudenfeuer aus meinem neuen Polyester-Anzug und meinen Mokassins entzündeten. Wehmütig sah ich die Sachen verbrennen. Dann gab ich ihr einen Abschiedskuß, woraufhin sie nordwärts zur Columbia University und ich (in einer schwarzen Lederhose und passenden Accessoires, alles aus Peters Schrank stibitzt) südwärts zu meinem neuen Avatara an die Wall Street fuhr.

Kahn ging mit mir zu seinem Schneider und ließ mir ein halbes Dutzend Nadelstreifenanzüge aus dem anthrazitgrauen Kammgarnstoff der Banker anmessen. Und da wir nun schon dabei waren, erstand ich, wehmütig meiner zwölf Paar Mokassins aus rotem Naugahyde und ihrer vorzeitigen, nicht vorgesehenen Vernichtung gedenkend, ebenso viele handgenähte, kalbslederne Halbschuhe im Oxford-Stil. Ebenfalls erworben wurden die obligatorischen gerippten, kniehohen Socken mit Sockenhaltern sowie das gesamte unabdingbare Zubehör, als da sind Hemden, Krawatten, Manschettenknöpfe und so weiter. Während unserer ganzen Expedition war Kahn sehr ruhig, sehr zuvorkommend und trug den übersteigerten Ernst eines Mannes zur Schau, der einen neuen Job hat und einen guten Eindruck machen will, eher wohl wie ein Gentleman's Gentleman als wie der Kahn, den ich kannte und liebte. Unnötig zu erwähnen, daß dies alles extrem nervtötend war – ganz und gar nicht, was ich mir vorgestellt hatte.

Der nächste Punkt der Tagesordnung war die Teilnahme an der Versteigerung seines Börsensitzes, der an jenem Morgen verkauft werden sollte, um einen Teil seiner Schulden zu decken. Der drohte sogar noch deprimierender zu werden als unser Bekleidungsunternehmen. Als das Bieten bereits in vollem Gang war, kam mir auf einmal eine Idee. Ich beugte mich zu ihm hinüber und flüsterte ihm eine Anweisung ins Ohr. Kahn sah mich verwundert an; dann drückte seine Miene jedoch reine Freude aus, und er machte prompt eine Bewegung, die einiges Aufsehen bei den versammelten Aspiranten auslöste – eine Tatsache, die ihm größte Genugtuung bereitete. Denn während die anderen zwinkerten, sich ans Ohrläppchen griffen, energisch über den Rand ihrer Brille hinwegblickten oder andere esoterische Zeichen machten, signalisierte Kahn dem Auktionator seine – unsere – Absicht mit einer munteren »langen Nase«, mit der er sodann die gesamte Versammlung bedachte. Danach schien sich seine Laune spürbar gehoben zu haben. Und als wir uns in der Börse ein Büro gemietet hatten – Nummer 2101 (auch mein Einfall) –, begann er allmählich wieder der alte zu werden.

Doch das Vergnügen, auf extravagante, verschwenderische Art und Weise Geld auszugeben, war nur ein recht schwacher Balsam auf seine Wunde. Es wirkte wie eine Lokalanästhesie, die zwar den Schmerz erträglich macht, aber doch nur begrenzt lange vorhält. Sobald sie nachläßt, ist eine radikalere Heilung vonnöten. Was Kahn brauchte, war ein Sieg, irgend etwas, das ihm das Selbstvertrauen zurückgab. Wir brauchten einen geschäftlichen Coup.

Zu diesem Zweck jedoch brauchten wir zunächst mal ein Geschäft. Jawohl, es stellte sich die Frage, was wir zu tun gedachten. Was sollten wir mit unseren neuen Ressourcen anfangen? Damit hoffte ich ihn aus der Reserve herauszulokken und ihn gleichzeitig in etwas hineinzuziehen. Es war der erste, offizielle »Befehl von oben«, mein ganz eigener, persönlicher Auftrag. Nur bedurfte dieser Aspekt des Orakelspruchs noch weiterer Erläuterung. Was *war* denn nun diese »große Idee«?

»Kahn«, sagte ich, »liefern Sie mir eine Idee!«

Und das tat er. Ich war aufrichtig überrascht darüber, wie schnell das ging. Ich glaube, durch die Tragik der Geschehnisse und seiner Ächtung hatten sich seine Energien so lange aufgestaut, daß der Sturzbach, als ich ihm eine neue Chance bot, ganz von selbst als eine Art Springflut der Inspiration aus ihm herausbrach. Es war fast so, als hätte ich Pandoras Büchse geöffnet.

Eines Vormittags, nicht lange danach, kam er keuchend, hochrot und mit wildem Blick in unser Büro gestürzt. »Kleiner, ich glaube, ich hab' sie!« rief er und zitterte vor freudiger Erregung.

»Was haben Sie?«

»*Sie,* Kleiner, *sie!* Die große Idee.«

Ich erwartete, er werde fortfahren. Aber wie üblich tat er es nicht. »Na schön, also raus damit«, drängte ich ihn mit einer irritierten Handbewegung.

»Ich frage mich, wieso ich nicht früher schon darauf gekommen bin. Es ist so einleuchtend!« Er schüttelte den Kopf und schien unausgesprochenen Überlegungen nachzuhängen.

»*Was* ist einleuchtend?« drängte ich ihn ungeduldig.

»Seit Jahren schon denke ich darüber nach. Nur hatte ich nie genug Kapital, es zu realisieren.«

»Kahn!« rief ich erbittert. »Nun sagen Sie schon!«

»Ja, ja, schon gut«, erwiderte er gereizt. »Mach dir nicht die Hosen voll. Ich rede von einem Anlageberatungsbüro, Kleiner.«

»Einem Anlageberatungsbüro?« Verständnislos sah ich ihn an.

»Na sicher! Du weißt schon, so eine Art Braintrust für Finanzfragen, wo die Leute dir dicke Honorare dafür zahlen, daß du für sie Geld investierst.«

»Warum sollten sie das wohl tun?« fragte ich ihn.

»Wegen deines guten Rufs, deiner nachweislichen Erfolge.«

Bei dem Ausdruck ›guter Ruf‹ wurde ich, glaube ich, leichenblaß.

»Ich weiß, ich weiß«, kam er mir zuvor. »Du fragst dich, wer denn wohl so ein Gimpel sein würde, mir nach der Sache mit Doe noch sein Geld anzuvertrauen. Aber ich rede nicht von meinem Ruf, Kleiner. Ich rede von deinem.« Ein mutwilliger Funke blitzte in seinen Augen auf.

»Von meinem?« rief ich verblüfft. »Aber das ist doch absurd, Kahn! Ich habe überhaupt keinen Ruf.«

»He, he, Kleiner«, suchte er mich zu besänftigen, »nur nicht so bescheiden! Dies ist nicht der richtige Zeitpunkt für f. H. Ich behaupte, wer dich kennt, der liebt dich auch, und wer könnte dich besser kennen als ich? Wenn du bisher noch keinen Ruf hast, werden wir dir eben einen fabrizieren, nicht wahr?«

»Fabrizieren?«

»Na sicher! Was nicht etwa fälschen bedeutet«, ergänzte er.

»Aber wie?«

»Auf diese Frage hab' ich gewartet. Hier kommt nämlich die ›große Idee‹ ins Spiel. Bist du bereit?«

»Ich glaube schon.«

»Du solltest aber ganz sicher sein, Kleiner, denn dies wird dich glatt umhauen. Setz dich lieber hin!« Er zog einen Stuhl herbei und hielt mich, als sei ich ein Rekonvaleszent oder altersschwach, fürsorglich am Ellbogen, als ich mich darauf niederließ. »Warte, ich hole dir einen Schluck Wasser.« Er beugte sich über den Wasserhahn und füllte einen Pappbecher. »So«, sagte er dann. »Du fragst dich jetzt sicher, was für ein As ich wohl im Ärmel habe. Warum ein Anlageberatungsbüro? Gibt es denn nicht schon viel zu viele davon, die sich gegenseitig die Klienten wegnehmen, gewitzte Burschen, einige sogar brillant, mit exzellenter, makelloser Berufslaufbahn? Wie können wir beide da mithalten? Warum sollte sich jemand an einen abgehalfterten ewigen Juden mit zweifelhaften moralischen Referenzen und einen Taoistenmönch wenden, der an der falschen Station aus dem Shanghai-Expreß gestiegen und an der Wall Street gelandet ist? Wie können wir da mithalten? Was haben wir, das die nicht haben? Geld? Das reicht nicht. Köpfchen? Nein, da gibt es jede Menge weitaus flinkerer Wunderknaben. Integrität? Diesen Punkt überspringen wir lieber. Also stehen wir nicht allzu gut da, nicht wahr, Kleiner? Aber denk nach! Was unterscheidet uns von den anderen?«

»Herz?« schlug ich vor.

Er ließ die Hände in der Luft flattern.

»Dann vielleicht Mut?«

Er zuckte die Achseln und schürzte die Lippen.

»*Okay*, Kahn. Ich gebe auf. Was also?«

»Na ja, Kleiner, nach dem Doe-Krach hatte ich eine Menge Zeit zum Nachdenken. Wohl hunderttausendmal hab' ich mir das Ganze durch den Kopf gehen lassen. Ich hab's aus der Vogelperspektive betrachtet und aus der Wurmperspektive – vor allem das, Kleiner. Ich hab's von allen Seiten in jedem Licht und in jedem Maßstab betrachtet, und weißt du, was ich schließlich am bemerkenswertesten fand an der ganzen Sache?«

»Nein. Was denn?«

»Sui«, sagte er.

»Sui Generis?«

Er schüttelte den Kopf. »Nein, *sui*, die Nummer siebzehn, Kleiner. Im ›Buch der Wandlungen‹.«

Ein Schauer unangenehmer Ahnungen lief mir über den Rücken.

»Das ist es, was ich nicht fassen kann. Das ›*I Ging*‹ hat uns auf die Aktie hingewiesen, bevor wir überhaupt wußten, daß es sie gibt. Gewiß, du hast es auf deine Art ausgelegt. Aber wenn *ich* es gewesen wäre...«

»Aber Kahn!« unterbrach ich ihn. »Sie vergessen, was passiert ist! Doe war eine einzige Katastrophe! Angenommen, das Orakel hat es gar nicht als Tip gemeint – ich denke nicht im entferntesten dran, das zuzugeben –, aber nur mal angenommen, dann müßte es doch zu den schlimmsten Fehlinformationen in der Wall Street zählen. Das müssen Sie doch zugeben.«

»Einen Moment mal«, protestierte er. »Nicht so schnell! Gewiß, das Orakel hat uns – hat *dir*, um genau zu sein – Sui genannt, und es hat nicht geklappt. Andererseits hat das Orakel auch nicht von uns verlangt, daß wir uns wie gierige Säue benehmen, oder? Um das alte Sprichwort ein bißchen abzuwandeln: Man kann ein Schwein zu Sui führen, aber man kann es nicht am Fressen hindern. Nein, Kleiner, dafür kannst du das Orakel nicht verantwortlich machen. Wir hatten da einen schönen Profit laufen, und den haben wir uns vermasselt, weil wir zu gierig wurden.«

»›Wir‹?« protestierte ich empört.

Finster zog er die Brauen zusammen, ging aber nicht weiter darauf ein. »Was passiert ist, war nicht die Schuld des Orakels. Es war schlicht und einfach menschliche Schwäche. Wir konnten nicht anders. Oder, wenn dir das lieber ist, *ich* konnte nicht anders oder war ein bißchen zu geschickt, falls du es so ansehen möchtest. Das Wichtigste ist, das Orakel hat seine Fähigkeit beim Auswählen von Wertpapieren bewiesen, womit ich wieder zum Anfang zurückkomme. Weißt du noch? Was haben wir, das die anderen nicht haben?«

»Aber Kahn!« rief ich. »Das Orakel zum Erwerb persönlicher Reichtümer zu benutzen, wäre ein Sakrileg! Außerdem – wieso sind Sie so sicher, daß es nicht reiner Zufall war?«

Sofort wurde er überheblich, als habe er meine Einwände erwartet und wisse genau, wie er sie entkräften könne. »Erstens«, begann er und inspizierte stirnrunzelnd seine Fingernägel, »würde das Orakel überhaupt freiwillig an seinem eigenen Mißbrauch mitarbeiten? Würde das heilige Instrument deiner Religion der eigenen Entweihung zustimmen?« dozierte er. »Ich finde, schon der Gedanke daran verrät einen erschreckenden Mangel an Glauben deinerseits, Sonny«, behauptete er gekränkt. »Wenn das Orakel vorschlägt, ja sogar auffordert, es als eine Methode zum Wahrsagen zu benutzen, dann finde ich, daß es verdammt unsportlich von uns wäre, dieser Aufforderung nicht Folge zu leisten. Zweitens«, fuhr er unmittelbar darauf fort, ohne mir Gelegenheit zur Erwiderung zu geben, »wäre ein Zufall meiner Ansicht nach höchst unwahrscheinlich. Immerhin, ich gebe zu, daß man ihn nicht mit absoluter Sicherheit ausschließen kann.«

»Gott sei Dank!« warf ich ein. »Allmählich scheinen Sie wieder Vernunft anzunehmen.«

Großzügig überging er meinen Einwurf. »Es gibt nur eine Möglichkeit, uns wirklich Gewißheit zu verschaffen.«

Aha, dachte ich, und nun? »Ja?« fragte ich laut.

»Befrag es noch einmal«, sagte er. »Bitte das ›*I Ging*‹ um einen weiteren Tip. Wenn es klappt, sind wir gemachte Männer. Jeder Anleger im ganzen Land wird an unsere Tür hämmern und uns anflehen, uns seinen Kapitalüberschuß anvertrauen zu dürfen.« Er lächelte.

Ich zog die Stirn kraus. »Und wenn's nicht klappt?«

Er zwinkerte mir zu. »Das ist ja der Witz an der Sache, Kleiner.« Er senkte die Stimme zu einer Lautstärke, die sowohl Vertraulichkeit als auch Begeisterung andeutete. »Selbst wenn es nicht klappen sollte – solange die b.Ö. – das ist die breite Öffentlichkeit – *glaubt*, daß es klappt, haben wir sie am Schlafittchen. Du weißt, wie es hier zugeht, Kleiner. Du hast gesehen, wie der Herdentrieb funktioniert. Und wenn die Wall Street noch so sehr Sachlichkeit vorzutäuschen versucht, trotz allen Geredes von ›herzlosen Schuldsprüchen‹, dem ›gelassenen, objektiven Auge‹, sie ist wohl der abergläubischste Platz der Welt. Nicht einen einzigen Broker gibt es im Börsensaal, der nicht eine bestimmte Krawatte, einen Schlüsselring, ein Paar Manschettenknöpfe oder Hosenträger, irgendeinen kleinen Fetisch hat, mit dem er gewohnheitsmäßig die ehernen Gesetze der Schwerkraft und der Statistik aufzuheben und den großen Gott Erfolg zu beschwören versucht. Lieber ließe er sich bei lebendigem Leib das Fell über die Ohren ziehen, als ohne den Talisman aus dem Haus zu gehen. Alle lachen natürlich über dieses Phänomen, aber alle *glauben* daran. Mehr brauchen wir nicht, Kleiner. Weißt du noch, was ich vorhin gesagt habe? Eine Magie, die das Leben beherrscht: Danach suchen sie alle. Nach der unfehlbaren Methode, dem Talisman, dem direkten Draht nach oben, nach ganz oben. Reißt man uns die Fassade der Vernunft herunter, sind wir allesamt Wilde, die animistische Gottheiten beschwören. Reißt man den Nadelstreifenanzug herunter, kommen darunter ein verfilztes Fell, Klauen und Zähne zum Vorschein. Dies ist noch immer eine Welt der Blutopfer, der rituellen, despotischen, allmächtigen Göttern geweihten Sühneopfer. Noch nie hatte ich dieses Gefühl so stark wie in der letzten Phase von Doe. Es war, als sei die Luft erfüllt von dem dicken, ekelerregenden Gestank beim Trinken von Blut aus Menschenschädeln vor der Jagd, damit man für den Tod unverwundbar ist. Du kannst ruhig lachen, Kleiner, aber so weit entfernt davon sind wir wirklich nicht. Die Brücke, die in die Wildnis zurückführt, existiert immer noch. Deswegen brauchen wir uns gar nicht so sehr anzustrengen, um die b.Ö. zu überzeugen. Sie wollen nämlich daran glauben. Die ersten fünf Minuten oder die ersten fünf Monate lang werden sie lachen, zum Schluß aber werden die dunklen Geister aus dem Abgrund heraufsteigen, und sie werden uns nachlaufen und um unseren Zauber bitten. Wie die Wölfe, Kleiner, wenn das Rudel heult, werden sie gar nicht anders können.« Seine Begeisterung wuchs, während er sprach.

»Aber Kahn«, wandte ich ein, »wenn es nicht zutrifft, wäre das unredlich. Genau wie damals bei Doe.«

Er schüttelte den Kopf. »Ich umreiße nur den Notfall, Kleiner, das denkbar schlimmste Szenario. Denn siehst du, Kleiner, *ich* glaube daran.« Automatisch drehte er an seinem Kupferarmreif. »Irgendwie komisch, findest du nicht?« Er lachte kurz auf.

»Was?«

»Daß du derjenige bist, den ich von der Gültigkeit deiner Religion überzeugen muß.«

Die Ironie dieser Tatsache, auch wenn sie nicht zutraf, ließ mich innehalten und mit traurigem Staunen nachdenken.

»Na?« fragte er dann. »Was hältst du davon?«

Sie mögen es glauben oder nicht, lieber Leser, aber ich schwöre Ihnen, wenn die Entscheidung nur mich allein betroffen hätte, ich hätte den Vorschlag, die Versuchung rundweg zurückgewiesen, mich ganz und gar und auf immer davon distanziert. Aber der Fall lag anders. Das war der springende Punkt. Es ging um ihn. ›Es ist hier aber nicht der Gedanke ausgesprochen, daß man nur für sich selbst Schwierigkeiten umgeht, sondern der, daß man die Seinen rettet, ihnen hilft... den Ausweg zu finden aus einer Gefahr, die sie schon ergriffen hat.‹

»Na schön«, stimmte ich ihm widerstrebend zu. »Ich fühle mich zwar nicht ganz wohl dabei, aber ich werde mitmachen. Für Sie, Kahn.«

»Du wirst es nicht bereuen, Kleiner«, versicherte er und berührte meine Hand, während seine Augen vor Dankbarkeit wie vom Wind angefachte Kohlen glühten. »Wo fangen wir an?«

Mit grimmiger, unheilverkündender Miene schob ich ihm das Buch über den Schreibtisch zu.

Er setzte sich zurecht, betrachtete es und rieb sich in erwartungsvoller Vorfreude die Hände. »Was brauchen wir sonst noch?«

»Schafgarbenstengel«, antwortete ich bewußt kurz und bündig.

»Schafgarbenstengel?«

»Oder Münzen.«

»Münzen, natürlich!« entschied er beglückt. »Weitaus passender für unseren Zweck, findest du nicht? Sonst noch was?«

Ich zögerte ein wenig. »Nun ja, da wäre noch *ling*.«

»*Ling?*«

»Wissen Sie nicht mehr?« fragte ich ihn. »Die Reinheit des Herzens.«

Kahn zuckte zusammen und schob das Zubehör zu mir zurück. »Mach du das, Kleiner – *okay?*« bat er verlegen. »Ich weiß nicht, ob ich mir selbst trauen kann.«

Diese rührende Geste ließ mich seine Bitte, wenn auch mit wenig Begeisterung, erfüllen. Obwohl ich ihm nichts davon verriet, ging mir immer wieder die bekannte Warnung durch den Kopf: ›Für jene, die nicht im Kontakt mit dem Tao sind, hat das Orakel keine verständliche Antwort, da es von keinem Nutzen ist.‹

In diesem Fall jedoch waren meine Zweifel offenbar unbegründet. Denn die Antwort, die das Orakel gab, war durchaus und äußerst verständlich, wenigstens nach meiner Auslegung. Es war das Hexagramm Nummer vier, *mong*, die »Jugendtorheit« mit einer Neun auf dem zweiten und einer Sechs auf dem vierten Platz. Dies Hexagramm setzt sich zusammen aus dem Trigramm *ken* (das Stillehalten, der Berg) über *kan* (das Abgründige, das Wasser):

> Die Eigenschaft des oberen Zeichens ist das Stillehalten, die des unteren der Abgrund, die Gefahr. Das Stillehalten vor einem gefährlichen Abgrund ist ebenfalls ein Symbol der ratlosen Torheit der Jugend.

Sofort, schon auf dieser elementarsten Stufe, erkannte ich ein unzweideutiges Zeichen: *Ken* erinnerte an Ken Kuan, Symbol der alten Lebensweise, des Stillehaltens, und es stand über *kan,* also Kahn, dessen Charakter als Wasser rastlose Bewegung versinnbildlichte. Ziehe die alte Lebensweise der neuen vor, schien mir das Orakel zu raten, sonst läufst du Gefahr, eine Jugendtorheit zu begehen. Das Urteil lautete:

> Jugendtorheit hat Gelingen.
> Nicht ich suche den jungen Toren,
> der junge Tor sucht mich.
> Beim ersten Orakel gebe ich Auskunft.
> Fragt er zwei-, dreimal, so ist das Belästigung.
> Wenn er belästigt, so gebe ich keine Auskunft.

Nach meiner Ansicht gab es gar keine Frage mehr. Dies war das »erste Orakel«. Eine unverständliche Antwort war zu erwarten. Wenn ich mit meiner Belästigung jedoch fortfuhr, würde die Konsequenz, die ich fürchtete, mit Sicherheit folgen. Ich würde ignoriert werden, da eine Antwort, nachdem ich keinen Kontakt mit dem Tao mehr hatte, »von keinem Nutzen« wäre.

Schließlich konzentrierte ich mich auf die einzelnen Striche:

> Neun auf zweitem Platz bedeutet:
> Die Toren ertragen in Milde bringt Heil.
> Hier ist ein Mann gezeichnet, der . . . die nötige Geisteskraft hat, um die auf ihm lastende Verantwortung zu tragen. Er besitzt die innere Überlegenheit und Stärke, die die Unzulänglichkeiten der menschlichen Torheit in Milde zu tragen versteht.

Bis zu diesem Punkt schien mir das Orakel im Hinblick auf das Projekt, das Kahn vorgeschlagen und dem ich widerstrebend zugestimmt hatte, unzweideutig zu sein. Ab hier jedoch tauchte ein gewisser Zweifel auf. Bei der Erwähnung einer »lastenden Verantwortung« dachte ich sofort an die Pflicht, Kahn bei seiner Rehabilitierung zu helfen, die mir das Orakel früher auferlegt hatte. Bedeutete in diesem Fall »die Toren in Milde zu ertragen« nicht, ihn bei seinem zugegebenermaßen überspannten Plan, die »Wandlungen« als Wahrsagemethode zu gebrauchen, zu unterstützen? In der Hoffnung, diesen Punkt klären zu können, ging ich weiter zum letzten bewegten Strich:

> Sechs auf viertem Platz bedeutet:
> Beschränkte Torheit bringt Beschämung.
> Für die Jugendtorheit ist es das hoffnungsloseste, sich in leere Einbildun-

> gen zu verstricken. Je eigensinniger sie auf solchen wirklichkeitsfremden Einbildungen beharrt, desto gewisser zieht sie sich Beschämungen zu.
>
> Für den Erzieher wird beschränkter Torheit gegenüber oft nichts übrigbleiben, als sie eine Zeitlang sich selbst zu überlassen und die ihr aus ihrem Gebaren entspringende Beschämung nicht zu ersparen. Das ist oft der einzige Weg zur Rettung.

Diese Aussage jedoch steigerte meine Unsicherheit noch. War ich der hier erwähnte Erzieher, dem »beschränkter Torheit gegenüber oft nichts übrigbleibt«, als den Toren (das heißt Kahn) in der Hoffnung auf schließliche Rettung »sich selbst zu überlassen«? Oder war das »Buch der Wandlungen« der Erzieher und ich der junge Tor, der gewarnt wurde, das Festhalten an einem schlecht überlegten Projekt werde letzten Endes dazu führen, daß ich die quälenden Prozesse meiner eigenen Torheit aufgab? Die Antwort auf diese Frage war zweifellos wesentlich, da mir das Orakel im ersten Fall riet weiterzumachen, im zweiten Fall mir aber genau das verbot.

All dies überlegte ich mir im stillen. Erst nach einigen Minuten wandte ich meine Aufmerksamkeit wieder Kahn zu. Er saß da in einer Haltung, die auf eine ebenso starke Konzentration wie die meine schließen ließ. Den Ellbogen auf den Schreibtisch gestützt, hatte er den Kopf in die Handfläche gelegt und formte lautlos mit den Lippen den Ausdruck »Jugendtorheit«, den er immer von neuem wiederholte. Ich beobachtete ihn mit unheilschwangerer Faszination.

Unvermittelt erstarrte er. »Das ist es!« flüsterte er vor sich hin. Er ließ den Arm sinken und blickte auf. »Kleiner, ich hab's!«

»Ja?« fragte ich ihn.

»Woran denkst du, wenn du an Jugendtorheit denkst?«

Ganz kurz berichtete ich ihm von den Assoziationen, die das Hexagramm heraufbeschworen hatte, und von der Verwirrung, in die mich das Orakel letztlich gestürzt hatte.

»Nein, nein, Kleiner«, erwiderte er im Ton toleranter Herablassung, »du siehst das alles ganz falsch. Du betrachtest das Ganze aus dem falschen Blickwinkel. Es ist kein persönliches Urteil, mit dem wir es hier zu tun haben, sondern ein Börsentip. Begreifst du denn nicht? Jugendtorheit... Erst neulich abends hab' ich im ›Forbes‹ einen Artikel darüber gelesen. ›Die sexuelle Revolution und was sie für die Firmengewinne bedeutet‹. Das hat mich so in Erregung versetzt, daß die Seiten schließlich alle zusammenklebten.« Er grinste.

»Kahn!« protestierte ich. »Das ist doch absurd!«

»Augenblick! Ich bin noch nicht fertig. Ich glaube, dir ist nicht klar, wie viele neue Märkte sich durch die zunehmende Promiskuität in diesem Land eröffnen. Wußtest du, daß es in Washington sogar eine Lobby gibt, die unter dem Deckmantel des gemeinnützigen Liberalismus aktiv den Sexualkundeunterricht an den Schulen befürwortet? Kleiner! Wir stehen am Anfang einer neuen Ära! Und es ist die Aufgabe der Geschäftswelt, an der Spitze des Fortschritts zu stehen und immer wieder neue Vorstöße zu machen. Ich will dir ein Beispiel nennen. Bist du jemals auf dem Herrenklo einer Tankstelle gewesen? Gut. Da hast du doch diese Gummiautomaten gesehen, nicht wahr? Du hast die Auswahl: gerippt, mit Reservoirspitze, gleitfähig gemacht mit Sensitol, aufgerauht, ganz zu schweigen von den aparteren Versionen wie dem French Tickler und dem mehrfarbigen Parfait-Wirbler, und alles zu einem Quarter pro Schuß. (Ein Schuß, hi-hi – tut mir leid, Kleiner, sollte kein Witz sein.) Ein Quarter! Jesus, Kleiner! Ich meine, wie hoch können, verdammt noch mal, die Produktionskosten eines Spezialkondoms pro Stück sein? Ungefähr so hoch wie bei einem Kinderluftballon, nicht wahr? Das ist ein Profit von zweitausendfünfhundert Prozent, Kleiner! Also, *das* nenne ich ein Geschäft. Und denk an den Umsatz, den die Dinger bringen!« Kahn legte seine Hand hinters Ohr. »Ich höre jetzt schon all die netten Quarters in ganz Amerika in die Automaten fallen, ein ununterbrochener Strom Silbermünzen genau wie bei den einarmigen Banditen. Nein, verdammt – besser! Die Leute mögen hungern, aber ganz gleich, was passiert, Kleiner, Rezession, Depression, Naturkatastrophen oder Atomkrieg, du kannst sicher sein, daß der Mann seinen Aufhupfer kriegt. Die Drüse muß gemolken werden!« Er rollte die Augen, drohte mit dem Finger und schüttelte seine Hängebacken wie Jimmy Durante. »Und das sind bloß die Gummis, Kleiner! Von Pessaren, Spiralen, empfängnisverhütendem Schaum und Gel haben wir noch gar nicht gesprochen, ganz zu schweigen von der Pille! In ihr liegt die Hoffnung der Zukunft! Sieh auf die brodelnden Retorten unserer Pharmalabors, junger Mann! Verdammt, wir haben mehr Möglichkeiten zum Sabotieren der natürlichen Körperfunktionen erfunden, als ich an meinem Schwanz Haare zählen kann! Es ist phantastisch! Und dann werden die Geschlechtskrankheiten natürlich direkt proportional zum Anstieg des vorehelichen (verdammt, des voradoleszenten, des *jugendlichen)* Geschlechtsverkehrs zunehmen. Stell dir die Unmengen von Penicillin und verwandten Antibiotika vor, die pro Woche allein in den Krankenhäusern von New York City verabreicht oder intravenös in die Pobacken injiziert werden! Da schlackerst du mit den Ohren! Das Brot kann gar nicht schnell genug schimmeln! Im Ernst, Kleiner! Ich könnte noch endlos weiterreden, aber ich glaube, ich hab' mich verständlich gemacht.«

»Nun ja, Sie haben mir etwas verständlich gemacht«, gab ich zu, »nur weiß ich nicht so ganz genau, was.«

»Jugendtorheit, Kleiner! Du weißt doch: Ficky-ficky. Ich wäre nicht überrascht, wenn du dich selbst ein bißchen darin geübt hättest.«

Ich wurde blutrot.

»A-ha! Ich habe recht. Na, also!« rief er voller Genugtuung. »Schluß mit dem Gerede von der taoistischen Prüderie. Begreifst du denn nicht, Kleiner? Es ist ein eindeutiger Hinweis, daß wir Pharmaaktien kaufen sollen! Ich spüre es in meinem« – er grinste mich spitzbübisch an und machte eine obszöne Geste – »Knochen.«

Nun war ich zwar wirklich beeindruckt von seiner Show, schaffte es aber doch, ihn darauf hinzuweisen, daß er meine ursprünglichen Einwände ignorierte.

»Wenn deine Auslegung richtig wäre, warum heißt es dann: ›Jugendtorheit hat Gelingen‹?« gab er triumphierend zurück. »Und selbst wenn du recht hättest – sieh dir doch die Striche an! ›Neun auf zweitem Platz bedeutet: Die Toren ertragen in Milde bringt Heil.‹« Er grinste verlegen und kehrte dann einen gewinnenden jungenhaften Charme hervor. »Mach doch mit, Kleiner! Gib mir ein bißchen Leine, um mich dran aufzuhängen. Wenn ich mich irre, wird sich das ja bald herausstellen. Tu mir nur diesen einen Gefallen, und ich schwöre dir auf das Blut meiner eigenen, gemarterten Vorhaut, daß ich dich nie wieder um etwas bitten werde, solange ich lebe oder ihn hochkriege. Wenn du willst, gebe ich's dir sogar schriftlich, fünf Jahre oder fünfzigtausend Meilen.«

Ich betrachtete ihn mit trauriger, erbitterter Zuneigung. Vielleicht war ich ja zu weich, aber konnte ich ihm diese Bitte abschlagen? Seine Begeisterung, sein Charme und Elan – er war eben unwiderstehlich. Außerdem, sagte ich mir, ist es nicht meine Pflicht, alle persönlichen Wünsche zurückzustellen und mein Ziel in einer großen Aufgabe außerhalb meiner selbst zu suchen? Tief aufseufzend gab ich nach. Wenn ich einen Fehler machte, würde ich wenigstens persönlich keine Federn lassen... Na ja, was konnte es mich kosten, außer ein bißchen Bares? Davon gab es doch jede Menge. Ruhig stellte ich einen Scheck über fünfzigtausend Dollar auf Kahns Namen aus und überreichte ihn ihm. Und löste damit einen solchen Anfall von Freude, ja fast einen Krampf der Aufregung aus, daß ich schon fürchtete, er werde mich auf die Wange küssen. Wieder im Spiel, endlich wieder ein Teilnehmer! Trotz all meiner Vorbehalte mußte ich lächeln. Wenigstens war es doch deutlich, daß ich mit meinen Bemühungen, ihn zu rehabilitieren, Erfolg hatte.

Einer Eingebung folgend, setzte Kahn unser Kapital auf eine kleine, aggressive Firma, die, da sie noch neu und relativ unbekannt an der Wall Street war, praktisch gegen Kleingeld verkaufte. Zwei Tage später kündigte sie die Einführung eines neuen Sortiments an, eines auf Ginseng basierenden Kräuteraphrodisiakums, »zusammengestellt nach einem alten chinesischen Rezept«, das, wie »neutrale Versuche an mehreren großen Universitäten« ergeben hätten, bei Mäusen nachweislich eine akute Satyriasis ausgelöst hätte. Die Versuchstiere hätten sich anscheinend mit lemmingartiger Hingabe geopfert und sich dem Akt mit so großer Begeisterung gewidmet, daß sie nicht mal zum Essen oder Trinken innehielten und wortwörtlich »im Sattel« starben. Dies löste einen Ansturm auf die Drugstores aus, wie man ihn seit der Ankündigung nicht mehr erlebt hatte, die Gesundheitsbehörde werde die illegale Abgabe von unter den Schedule III fallenden Substanzen – Quaaludes und Demerol – unterbinden und den Ärzten Drogennummern zuteilen. Fast über Nacht wurden aus unseren fünfzigtausend Dollar einhundertundfünfzigtausend. Ich mußte unwillkürlich an die Passage im Shuo-Kua-Teil des *»I Ging«* denken, die sich auf das Trigramm *sun* bezog. Unmittelbar nach der Stelle über »jene mit viel Weiß in den Augen« werden die Kennzeichen der entsprechenden Personen so erläutert: »Jene, die dicht am Gewinn sind, so daß sie auf dem Markt dreifachen Wert erzielen.« Ich gebe zu, ich verspürte eine ganz leichte, angenehme Erregung bei diesem Erfolg. Ich meine, falls Kahn recht behielt, hatten wir es dann hier nicht genau mit der Situation zu tun, die Julius Everstat in seinen Ausführungen über den Random Walk beschrieben hatte – was er hätte sein können, was sich andere von ihm erhofft hatten, bevor er seine bittere Antiklimax enthüllte –, eine finanzielle Atombombe, ein hundertprozentig berechenbarer Markt? Jawohl, ich gestehe, es war aufregend. Und vielleicht wäre ich gar nicht so furchtbar bekümmert darüber gewesen, wenn sich meine bösen Vorahnungen als Irrtum erwiesen hätten. Wie dem auch sei, von da an bedrückten sie mich ein bißchen weniger beharrlich.

Ich sollte noch darauf hinweisen, daß uns dies Exempel als Schema für alle zukünftigen geschäftsorientierten Befragungen der »Wandlungen« diente. Ich war wie der Hermaphrodit im »Satyricon«, so etwas wie ein Halbgott der Monstrositätenshow, sakrosankt aufgrund der eher dubiosen Ehre, Organe beider Geschlechter zu besitzen, und von seinen Betreuern, den Hohepriestern (sprich Kahn) umhergetragen, während sie den Massen sein zusammenhangloses Gequassel interpretieren. Die fruchtbare Kombination meiner »Begabung« (geheiligt aufgrund meines mutmaßlichen *ling)* mit Kahns der intimen Kenntnis von Fortune 500 entsprungenem Interpretationstalent war eine äußerst gewinnbringende Symbiose. Aber ich muß verhindern, daß meine Bitterkeit die Entwicklung der Geschehnisse vorwegnimmt, so herzzerreißend sie auch sein mochten und so verloren sie mich auch machten.

Als ich wieder einmal Zweifel an der Legitimität unserer Methode anmeldete, musterte Kahn mich aufgebracht und antwortete zynisch: »Schon gut, Kleiner, ausheulen kannst du dich auf dem Weg zur Bank.«

ZEHNTES KAPITEL

Freudig erregt von seinem Erfolg übernahm Kahn den Befehl, erteilte Anweisungen und Arbeitsdirektiven wie ein General oder ein Spitzenmanager. Die Memos ergossen sich in Strömen wie Wein, und ich beobachtete seine wunderbare Wiederherstellung mit dankbarer Ehrfurcht.

»*Okay*, Kahn, und was nun?« erkundigte ich mich schüchtern.

»Tja also, Kleiner«, antwortete er, »nach meiner Ansicht sieht die Situation so aus: Wir haben unsere Idee: Anlageberatung; wir haben unsere persönliche Methode: das ›*I Ging*‹. Ich bin meiner Sache sicher; du bist deiner Sache sicher. Nun brauchen wir nur noch die breite Öffentlichkeit zu überzeugen. Und das bedeutet: Verkaufsförderung. Wir müssen uns einen wirklich brillanten Werbefeldzug ausdenken. Und den würde ich als ehemaliger Werbetexter am liebsten persönlich managen.«

Ich bestärkte ihn natürlich mit größter Hochachtung.

»Bevor wir an die Verkaufsförderung jedoch auch nur denken, brauchen wir ein Programm, mit dem wir werben können. Wie du vermutlich weißt, ist es das, wovon die ganze Werbung lebt, ein großes, universelles Symbol, sozusagen ein Platonisches Modell oder ein KgN.«

»KgN?«

»Kleinster gemeinsamer Nenner«, erläuterte er. »Der Werbefachmann muß über einen klaren Blick verfügen, um die Eidola der Verbrauchsartikel in jenem speziellen Himmel des Begehrens erkennen zu können.«

»Meinen Sie das Id?« erkundigte ich mich.

»Sei nicht vorwitzig«, schimpfte er. »Dieses Symbol muß eingängig sein, es muß phantastisch sein, es muß das Herz befriedigen und den Verstand ansprechen. Ich weiß, daß viele Leute so was von oben herab betrachten, nach meiner Meinung hat die Werbung jedoch einen legitimen Anspruch darauf, in den Hauptstrom der amerikanischen Lyrik aufgenommen zu werden. Gibt es etwas anderes, das dem Volk so aus dem Herzen und aus der Seele spricht? Wenn eine Werbung wirklich erstklassig ist, geht sie dir unter die Haut wie kaum etwas anderes, wie eine Melodie, die dir nicht aus dem Kopf gehen will, die du im Geist immer wieder abspulst, eine Art wohltuender *tic douloureux*. Es gibt einige Werbesprüche, die mich so stark berühren, wie es selbst ausgefeilteste Passagen der Lyrik nicht können, Dinge, die Bilder aus meiner Jugend heraufbeschwören und bewirken, daß ich der Vergangenheit und meiner verlorenen Unschuld nachweine.«

»Ach kommen Sie, Kahn, hören Sie auf!« warf ich skeptisch ein.

»Im Ernst, Kleiner! Nehmen wir mal, na ja, nehmen wir Burma-Shave. Du hast es vermutlich nie gehört, aber früher sang ganz Amerika diese Jingles, fünf- und sechszeilige, ungereimte Verschen, die auf Reklametafeln am Straßenrand standen, pro Tafel eine Zeile, und die immer mit dem Wort Burma-Shave endeten.

IT'S NOT TOASTED
IT'S NOT DATED
BUT LOOK OUT
IT'S IMITATED
BURMA-SHAVE

Und jedesmal, wenn ich an diese Sprüche denke, fällt mir Pops ein.« Kahn zog sein Taschentuch heraus und putzte sich die Nase. »Nie werde ich vergessen, wie ich zum erstenmal einen sah. Pops fuhr mit uns übers Wochenende in die Adirondacks.

HE PLAYED
A SAX
HAD NO B.O.*
BUT HIS WHISKERS SCRATCHED
SO SHE LET HIM GO
BURMA-SHAVE

Was haben wir gelacht!« Kahn tupfte sich die Augen. »Die begeisternd schöne Szenerie – Wasserfälle, buntes Herbstlaub, kleine Tiere mit weichem Fell, die sich die Pausbacken voll Nüsse und Beeren stopften –, all das ist verblaßt, aber der Werbespruch ist hängengeblieben. Burma-Shave ...« Er schüttelte den Kopf. »Meiner Meinung nach sollte er als typisch nationale Versform unter Glas aufbewahrt werden, so durch und durch amerikanisch, wie das Haiku japanisch ist. Einen dahingehenden Vorschlag hab' ich mal in einer Arbeit für einen amerikanischen Literaturkurs gemacht, doch der Professor war furchtbar hochnäsig; er wollte nicht mal einen Blick drauf werfen. Du kannst ruhig lachen, Kleiner, aber ich will dir mal was sagen. Ein Werbetexter ist kein gewöhnlicher Mann auf der Straße, der nur auf Profit aus ist. O nein! Andere mögen am Geld interessiert sein, er aber ist an der Wahrheit interessiert, oder an etwas noch Höherem. Und das wird von allen, die wirklich zählen, auch anerkannt. Es wird zwar im allgemeinen geheimgehalten, doch ob du's glaubst oder nicht, man findet unter den Großen und Mächtigen der Finanzwelt ebenso viele heimliche Werbetexter wie Möchtegerndichter unter den Akademikern. Nein, Kleiner, glaube mir: Ein Werbetexter ist kein Mensch wie du und ich. Überleg doch mal: Waren Dichter wie Homer oder Dante oder Shakespeare –

---

* body odor

jawohl, sogar der große Barde selbst! – etwa besser befähigt, den Werten ihres Zeitalters Ausdruck zu verleihen, den Sitten sozusagen den Spiegel vorzuhalten, als es der Werbefachmann in unserer Epoche ist? Seine Kunst ist eine Gemeinschaftskunst wie die Kathedralen des Mittelalters, unbeeinträchtigt vom anmaßenden Stolz des Künstlers in Anführungsstrichen, der auf persönlicher Anerkennung für sein Werk besteht. Nein, diese anonymen Kunstschaffenden arbeiten aus Freude an der Sache und für ihr tägliches Brot, nicht aber, um Ruhm einzuheimsen, und darin liegt das Geheimnis der Lauterkeit ihrer Kunst. Ich meine, wie könnte man sonst auf so großartige Slogans kommen wie... na ja, zum Beispiel: ›*It's the Pepsi generation!*‹, um einen anderen Spruch zu nehmen, der mir besonders am Herzen liegt? Begreifst du, wie großartig der ist? Er umschließt eine ganze Ära, verleiht ihrer Lebensfreude Ausdruck, zeichnet ein Bild, in dem wir uns selbst sehen und erkennen. Wenn ich das höre, Kleiner, ist es auf einmal Sommer, die Lichter des Yankee Stadium brennen, und das zweite Spiel einer Doppelveranstaltung läuft. Micky Mantle hat gerade einen Ball in die billigen Plätze am Center Field geschlagen und trabt am dritten Mal, grinsend und die Mütze schwenkend, um den Sandsack herum. Die Zuschauer sind aufgesprungen. Als er die Heimmarke erreicht, drücken ihm seine Teamkameraden ein Pepsi in die Hand. Weit nach hinten gebeugt, setzt er die Flasche an, daß ihm das kalte Kondenswasser auf den verschwitzten Arm tropft, übers Kinn und den Schlaghandschuh läuft, während die Zuschauer jubeln, trampeln und tausend Flaschen zu einem zuckersüßen, kohlengesäuerten Toast auf die Schönheit des Lebens heben: Amerika auf dem Höhepunkt seines Nachkriegsbooms, bevor der liberale Rücklauf einsetzte. Die größte Nation der Welt auf dem Gipfel ihres Wohlstandes, ein Augenblick, wie er in tausend Jahren nur einmal vorkommt... Und das alles, Kleiner, in Bernstein kristallisiert dank eines unbekannten Genies: eines Werbefachmanns.«

Während er sprach, sah ich trotz meiner Zweifel sekundenlang das, was der junge Kahn gewesen sein mußte, aus dem Gefängnis der hängenden Fleischfalten begeistert zu mir herausspähen. Und obwohl mir alles, was er erzählte, ganz und gar unbekannt war, glaubte ich ihm aufs Wort. Was denn anderes als die Wahrheit hätte ihn so verändern können, fragte ich mich. Und wie als Antwort stand unheildrohend Jins Bild vor mir, unmittelbar gefolgt von einem zweiten Bild: dem Lächeln meines Vaters, das im Raum hing wie das Lächeln der Cheshire-Katze.

»Kleiner?... Kleiner!« Kahns Stimme kam wie aus weiter Ferne.

»Hmm?« Ich tauchte aus meinen Tagträumen auf, und Kahns Gestalt erschien wieder vor meinen Augen.

»Ist alles in Ordnung?«

»Selbstverständlich«, gab ich zurück. »Wieso?«

»Eine Minute lang hast du so ausgesehen, als wärst du in Trance.«

Wir musterten einander stumm.

»Na?« fragte er schließlich. »Bist du bereit?«

»Bereit – wozu?«

»Dir meine Idee anzuhören.«

»Aaron Kahn«, sagte ich ernst, »ich glaube, ich bin jetzt zu allem bereit.«

Er warf mir einen seltsamen Blick zu und begann. Aus seinem Aktenkoffer brachte er einen Schnellhefter voll Papierbogen zum Vorschein, die mit grob gezeichneten Diagrammen, flüchtig hingeworfenen Anmerkungen, eng gekritzelten Kommentaren, kurz: Dokumenten begeisterten Nachdenkens bedeckt waren.

»Siehst du, Kleiner, was wir brauchen, das ist ein Name, einer, der alles in sich einschließt. Ich habe mir endlos den Kopf zerbrochen nach einer Bezeichnung, die unsere einzigartige Orientierung auf dem Markt reflektiert und dennoch auch der b.Ö. etwas sagt. Wir müssen auf das ›*I Ging*‹ hinweisen, die gesamte Konstellation fernöstlicher Vorstellungen, und uns zugleich gewissenhaft ans innere Klima des Marktes selbst halten, irgend etwas aus dem natürlichen Symbolgehalt des Dow – teils Tao, teils Dow, genau das, wovon du immer sprichst, oder vielmehr, gesprochen hast.«

Bei seinen Worten runzelte ich die Stirn.

»Und während ich nachdachte«, fuhr er fort, »gingen mir immer wieder zwei Dinge durch den Kopf: deine Bemerkung, ich müsse wieder in den Sattel steigen und reiten...«

Ich errötete.

»Nein, nein, Kleiner, ehrlich! Das war genial«, versicherte er mir.

»Und was war das zweite?« wollte ich wissen.

»Der taoistische Ausspruch, die Suche nach der Erleuchtung gleiche der Suche nach einem verlorenen Bullen, während man auf seinem Rücken sitzt.« Er grinste erwartungsfroh.

»Ja und?« fragte ich.

»Verstehst du nicht, Kleiner? Das ist es!«

»Was ist was?«

»Der Bulle!«

»Der Bulle?«

»Das perfekte Symbol der Verbundenheit unserer Ziele: auf der einen Seite der Bulle des Wohlstands, der Bulle des Dow; auf der anderen der Bulle der Erleuchtung, der Bulle des Tao und des ›*I Ging*‹. Begreifst du? Es ist ideal!« Er hielt inne. »Was ist denn, Kleiner? Du machst ja so ein komisches Gesicht. Gefällt's dir nicht?«

Aber ich dachte an die Melodie, die mir seit Tagen nicht aus dem Kopf ging, seit meinem Traum vom Frachtraum der »Telemachos«. Auf einmal wußte ich wieder, woher ich sie kannte:

Ich halte den Strick, klammere mich fest!
Der Bulle ist gefährlich und ungebärdig.
Er rast davon, zu den wolkenbekränzten Bergrücken,
Oder stellt sich mir unten im Tal, schnaubend und
hufescharrend, zum Angriff bereit.

Er entkam mir in den wilden Regionen der Erde,
Doch heute fing ich ihn endlich ein.

Lange Disziplinlosigkeit erzeugte schlechte Gewohnheiten:
Der Bulle hat sich an eine Kost aus süßem Gras und berauschenden Wiesenblumen gewöhnt;
Heu und der Zügel entsprechen nicht seinem Geschmack.
Um ihn zu zähmen, muß ich ihm die Peitsche zeigen.

Es war der vierte Gesang: »Den Bullen einfangen«.

»Was ist, Kleiner?«

»Ach nichts«, antwortete ich. »Sprechen Sie weiter!«

»Also, so weit bin ich in etwa gekommen«, fuhr er fort. »Ich hatte auf eine Reaktion von dir gehofft, bevor ich mich mit den Details herumplage. Was hältst du davon, wenn wir die Firma, sagen wir, Pure Bull nennen? Nein, nein, lieber True Bull. Oder noch besser: Trubull – das ist zeitgemäßer. Wir könnten so was ähnliches sagen wie: ›Wählen Sie nur das Beste: Wählen Sie den reinen, unverfälschten, den Trubull!‹«

Ich glaube, er las mir die Antwort vom Gesicht ab.

»*Okay, okay*«, suchte er mich leicht gereizt zu besänftigen. »Es gefällt dir nicht. Brauchst du doch bloß zu sagen. Wie wär's denn mit Bull Incorporated? Also, ist das nun was, oder nicht? Schlicht und sachlich. Klassische Linie. Irgendwie nobel, findest du nicht? He, Moment mal! Warte mal! ›Nobel‹, das ist es! Nobull. ›Entscheide dich für das Noble, entscheide dich für Nobull Inc.‹«

»Kahn«, unterbrach ich ihn, da mich das verräterische Glitzern in seinen Augen warnte, die Dinge könnten gleich außer Kontrolle geraten, »vielleicht sollten wir ganz einfach bei Bull Inc. bleiben. Was meinen Sie?«

»Es ist dein Baby«, erwiderte er in leicht gekränktem Ton und zuckte die Achseln, als wolle er jede Verantwortung für eventuelle Katastrophen ablehnen, die sich aus meinem saft- und kraftlosen Konservatismus und meiner eindeutigen f. H. ergeben könnten. »Dann bist du also einverstanden?«

Ich nickte. »Einverstanden.«

»Ausgezeichnet!« Er rieb sich die Hände. »Also. Wir haben hier, wenn ich so sagen darf, ein unwahrscheinlich gut propagierbares Paket. Wie propagieren wir es nun?« Genußvoll seinen Vorteil auskostend, hielt er einen Augenblick inne.

»Kahn!«

»Mit einem Ordal«, verkündete er.

Ich starrte ihn verständnislos an.

»Einem Medien-Ordal, um genau zu sein«, erklärte er grinsend.

»Das verstehe ich nicht. Was ist ein Ordal?«

»Die Bezeichnung für einen rituellen Test, den ein Mensch früher bestehen mußte, um seinen Charakter oder seine Integrität zu beweisen, indem man ihn einer bestimmten Belastung oder Gefahr aussetzte. Bei den primitiven Völkern gibt es so etwas heute noch, und selbst in so progressiven Zusammenhängen wie, sagen wir mal der Börse, zum Beispiel, taucht es als geheimnisvoller Atavismus hin und wieder auf.«

»Da komme ich nicht mehr mit, Kahn.«

»Mit anderen Worten, Kleiner es ist eine Art Legitimierungszeremonie, ein Aufnahmeritus wie die *bar mizwe*, den ein junger Mann über sich ergehen lassen muß, um zu beweisen, daß er der Teilnahme an der Jagd und des Privilegs, mit den Älteren am Feuer sitzen zu dürfen, würdig ist – mit anderen Worten, eine Art öffentlicher Bewährung, in diesem Fall allerdings eher für eine Firma als für eine Person. Begreifst du, worauf ich hinauswill?«

»Offen gestanden, nein«, antwortete ich.

»*Okay*, Kleiner, ich will's dir erklären. Das ›Wall Street Journal‹, ja? Eine ganzseitige Anzeige.« Er fuhr mit dem Arm durch die Luft, als setze er selbst die Zeilen mit fettgedruckten Großbuchstaben:

»Kahn and Sun Enterprises freuen sich, die große Eröffnung eines ganz besonderen Anlageberatungsbüros anzukündigen, der
BULL INCORPORATED
(›Jederzeit bereit, Ihre Wünsche zu erfüllen‹)
zur Anlage Ihres Kapitalüberschusses an der New Yorker Börse, an AMEX, NASDAQ und anderen Regional-Aktienmärkten unseres Landes, und zwar gestützt auf eine faszinierende neue
GEHEIMWAFFE:
›I GING‹,
das uralte chinesische Weissagungsbuch, erprobt und erwiesenermaßen 100%ig zuverlässig bei der Auswahl von Anlagewerten,
falls von der richtigen Person gehandhabt.
Wir haben diese Person:
SONNY, Sohn von EDDIE LOVE
im Amerika von heute die hervorragendste Kapazität auf dem Gebiet der ›*I-Ging*‹-Prognose.
SKEPTISCH?
Gut. Wir werden es Ihnen mit Geld beweisen:
EINE MILLION DOLLAR IN BAR!!!
werden wir aufgrund einer Befragung des Orakels durch Sonny, interpretiert von seinem Partner Aaron Kahn, aufs Spiel setzen.
INTERESSIERT, AMERIKA?
Sie alle sind eingeladen, dabeizusein.
Wenn Sie wollen, bringen Sie faule Äpfel und Tomaten mit,
aber vergessen Sie auch Ihr Scheckbuch nicht!
Sie werden sehen, es gibt einen
MASSENANSTURM!!!

So ähnlich«, schloß er. »Also, was meinst du?«

»Eine Million Dollar?« fragte ich ungläubig.

Er zuckte die Achseln. »Knickrig sein bringt nichts, Kleiner. Wir versuchen schließlich ein Image aufzubauen. Ich meine, was ist die magische Zahl, die den Amerikanern am süßesten in den Ohren klingt? Jawohl, ganz recht, Kleiner. Eine glatte Million, einhunderttausend Hamiltons. Ganz ohne Zweifel. Wenn wir was erreichen wollen, sollten wir Nägel mit Köpfen machen, stimmt's? Kein

Mumm, kein Ruhm, wie Ahasver zu sagen pflegte. Moment mal! Ich hab's! Das ist es! Unser Motto!«

»Kein Mumm, kein Ruhm?«

»Kein Bull, kein Ruhm, Kleiner.« Er grinste mit beinahe widerwärtiger Genugtuung. »Gib's ruhig zu, es ist brillant!«

»Fabelhaft«, räumte ich ein.

»Fa-bull-haft«, korrigierte er mich.

Wie Kahn es vorausgesehen hatte, zeitigte die Ankündigung des Ordals eine spürbare Reaktion an der Wall Street. Wenn man sie nicht als Aufsehen bezeichnen kann, so nur, weil die Mehrheit dazu neigte, die Anzeige als einen Scherz zu betrachten oder als einen Fall geistiger Verirrung. Schließlich stand Kahn ja in diesem Ruf, der sich ihm mit liebevoller Grausamkeit an den Hals hängte wie ein Albatros, auch nachdem er mit Zustimmung der Öffentlichkeit seelisch garrottiert worden war. Wie dem auch sei, unser Unternehmen stellte eine der seltenen Gelegenheiten für Spaß und Spiel dar, eine Gelegenheit, die wahrzunehmen die sonst tiefernste und trübsinnige Masse fest entschlossen war. Wann immer man uns auf dem Weg ins Büro von Kahn and Sun Enterprises auf dem Gehsteig oder in den Aufzügen entdeckte, wurden ganze Salven von nur vorgeblich verstohlenen Signalen in Gestalt von Augenzwinkern und Rippenstößen, unterdrücktem Hüsteln, Augenrollen und Tippen an die alte Birne weitergegeben. Hinter dieser Heiterkeit jedoch spürte ich einen Rest von Zuneigung und Dankbarkeit dafür, daß wir an diesem so nüchternen Ort eine so seltene und dringend benötigte Unterhaltung boten.

Die Spötter bekamen den ersten Vorgeschmack dessen, was ihnen blühte, um acht Uhr früh an jenem schicksalhaften Morgen, als Kahn und ich mit dem gemieteten Lautsprechersystem und den fahrbaren TV-Kameras auf der Chase Manhattan Plaza erschienen, begleitet von einem finster dreinblickenden Vertreter der Bank mit dem Kassenscheck über eine Million Dollar, vollständig ausgefüllt bis auf die oberste Zeile, in der es hieß: *»Pay to the Order of.«* Während die Menschen ihren Büros zuströmten, unterhielt Kahn sie mit einem Nonstop-PR-Programm wie ein Reporter vor Ort, der eine große Eröffnungsgala anpreist, und genau das war es auch, nur in einem gewaltigeren Maßstab. Und dem Protokoll des großen amerikanischen Werberituals entsprechend, wurde die Ziehung des Hauptpreises für zwölf Uhr mittags angesagt, mit anderen Worten die Zeit der Lunchpause, um eine möglichst große Beteiligung zu gewährleisten und auch, um die Spannung zu steigern. Es war unsere Hoffnung und feste Absicht, daß dieses kleine Happening während der nächsten vier Stunden in allen Büros des Finanzdistrikts zum Hauptgesprächsthema wurde. *»Bzz. Bzz.«* – »Hast du schon gehört?« – »Nein! Im Ernst?« – »Würde ich dir'n Bären aufbinden?« – »Kann das denn wahr sein?« – »Wer weiß?« – »Das will ich sehen!« – »Genau, ich auch! Wir treffen uns dort!«

Unser Einfall war so erfolgreich, daß die Stadt eine Abteilung berittene Polizei schicken mußte, um die Massen unter Kontrolle zu halten. Es war wie bei einem Festival. Und Kahn hatte das alles vorausgesehen – bis ins kleinste Detail! Sogar Ballons hatte er mit dem Namen der Firma und unserem neuen Motto ›Kein Bull, kein Ruhm‹ bedrucken lassen. Und mich bestimmte er in seiner Funktion als Conférencier dazu, sie unter die Neugierigen zu verteilen. Darüber war ich keineswegs böse. Im Gegenteil, es stimmte mich froh, geschäftlich mit ihm verbunden zu sein. Ich betete nur darum, daß uns das »Buch der Wandlungen« nicht im Stich lassen und eine der seinen entsprechende Hellsichtigkeit an den Tag legen würde. Ich hatte da allerdings meine Zweifel. Kahn dagegen war trunken vor Zuversicht. Angesichts seines Glaubens fühlte ich mich fast beschämt. Was hatte ich zu verlieren? Höchstens eine Million Dollar. Ich sah dem Verlust mit tapferer Resignation entgegen: meine taoistischste Handlung seit Monaten.

Punkt zwölf Uhr fünfzehn rief Kahn mich feierlich nach vorn. Der Klang meines Namens über die Lautsprecher versetzte mir einen so großen Schreck, daß ich die Schnüre der Ballons losließ. Federleicht stiegen sie zwischen den hohen Gebäuden ins Blau empor. Ich blickte ihnen sehnsüchtig nach und wünschte, ich könnte wie sie entfliehen. Mein Weg durch die Zuschauermenge wurde vom Wirbel einer Schnarrtrommel begleitet, die Kahn – vielleicht in Erinnerung an seine *Bar-mizwe*-Party – für diese Gelegenheit besorgt hatte.

Als ich das Podium erreichte, bat er über das Mikro um Ruhe und half mir feierlich in das neue Gewand, das ich, darauf hatte er bestanden, zu dieser Gelegenheit tragen sollte, um dem Schauspiel einen authentischen Anstrich zu verleihen. Ich kam mir vor wie ein Monstrum aus einer anderen Kultur und einem anderen Zeitalter, das einer nach Sensationen gierenden, staunenden Menge vorgeführt wird. Es wurde still. Und alle Blicke waren auf mich gerichtet. Kahn, der hinter mir auf dem Podium saß, versuchte sich gemessen am Lotossitz, begnügte sich aber nach mehreren fehlgeschlagenen Bemühungen damit, die Beine wie ein Indianer zu kreuzen. Er schloß die Augen und setzte eine feierliche Miene auf. Ich betrachtete ihn, betrachtete die erwartungsvollen Gesichter der Zuschauer und erkannte auf einmal, wie lächerlich, wie billig diese Imitation war, wie häßlich das Prinzip kompromittiert wurde, und zwar so einfältig, daß es eher bedauerns- als verdammenswert wirkte. Fast hätte ich laut aufgelacht. Hilflos spürte ich Kicheranfälle in meiner Kehle aufsteigen. Vielleicht war ich sogar hysterisch. Ich hielt den Atem an, um sie zu unterdrücken. Mein Gesicht wurde blutrot. Zum Glück entschlüpfte mir nur ein vieldeutiger Atemzug, der durchaus als meditativer Seufzer oder Atemübung ausgelegt werden konnte. Nachdem ich den Anfall überwunden hatte, war mir plötzlich, als würde ich langsam aus einem Traum erwachen. Was ging hier vor? Was tat ich hier?

Der Druck jedoch, den einhunderttausend auf mich gerichtete Augenpaare ausübten, ließ mir keine Muße, mich lange mit moralischen Spitzfindigkeiten aufzuhalten. Nun hieß es funktionieren oder die Folgen tragen. Meine Hysterie verstärkte sich noch, als ich mir überlegte, daß mich die Anwesenden, falls ich sie in ihrer ungeduldigen Gier nach einer Sensation enttäuschte, höchstwahrscheinlich in Stücke reißen und den Tauben zum Fraß vorwerfen würden. So kam es, daß ich die Orakelbefragung mit heftigstem Widerstreben begann. Ich hatte das

Empfinden, mich selbst zu kompromittieren, ein tiefes Gefühl der Schande, der Verlegenheit, des Kummers, des Grolls, der Scham und der Selbstverachtung. Als ich die Münzen in meinen schweißfeuchten Händen schüttelte wie ein Würfelspieler, schoß mir eine Assoziation durch den Kopf, die in mir den Wunsch erweckte, hier in aller Öffentlichkeit zu weinen und mein Fleisch zu kasteien, um all das gutzumachen, was ich verbrochen hatte. Es war das Bild des tanzenden Tigers aus Xiaos Erzählung! »Tiger und Dompteur – vielleicht war von beidem ein wenig in Love.« War ich denn nicht sein Sohn? Ich zuckte zusammen und setzte die Sonnenbrille auf. Anschließend blies ich, das Glück anflehend, in meine gewölbten Hände, schüttelte die Silberdollars und warf sie hin.

Das Ergebnis war die Nummer achtundvierzig, *dsing*, der Brunnen, mit einem bewegten Strich auf zweitem Platz. Ich sah sofort, daß die Antwort genauso treffend war wie die letzte, denn der »Brunnen« besteht aus dem Trigramm *kan* (das Abgründige) über *sun*. Da war es wieder! Nur umgekehrt, das heißt Kahn in der aufsteigenden Position.

Ich seufzte erleichtert. Ließ das nicht darauf schließen, daß ich recht daran tat, seiner Führung zu folgen? Oder war das Ergebnis lediglich deskriptiv? Das Urteil lautete:

Man mag die Stadt wechseln,
aber kann nicht den Brunnen wechseln.
Er nimmt nicht ab und nimmt nicht zu.
Sie kommen und gehen und schöpfen aus dem Brunnen.
Wenn man beinahe das Brunnenwasser erreicht hat,
aber noch nicht mit dem Seil drunten ist
oder seinen Krug zerbricht, so bringt das Unheil.

Sofort kam mir eine alte Assoziation in den Sinn: Chung Fus Beschreibung der »Wandlungen« selbst als Brunnen, dessen Steine von menschlichen Arbeitern gelegt wurden, den aber das kalte, durchsichtige Wasser des Tao füllt, heraufgestiegen aus dem reinen Reservoir des Seins, dessen Grund der Mensch nicht ausloten kann. In diesem Zusammenhang erinnerten die ersten beiden Zeilen des Urteils an meinen Wechsel von China nach Amerika, von Ken Kuan nach New York. O ja, die Stadt hatte ich gewechselt, aber der Brunnen – das heißt die Quelle, das Tao, die »Mutter der vielfältigen Existenzen, die wir um uns sehen, dieser kaleidoskopischen Fülle der Erscheinungen« – blieb derselbe: ewig. Im Lichte der Ereignisse konnte ich dies nur als Vorwurf auslegen.

Der Kommentar zum Urteil lautete:

> Und jeder Mensch kann bei seiner Bildung aus dem unerschöpflichen Born der göttlichen Natur des Menschenwesens schöpfen. Aber auch hier drohen zwei Gefahren: einmal, daß man in seiner Bildung nicht durchdringt bis zu den eigentlichen Wurzeln des Menschentums, ... oder daß man plötzlich zusammenbricht und die Bildung seines Wesens vernachlässigt.

Das Gefühl, daß hier eine Warnung ausgesprochen wurde, verstärkte noch das, was ich in den einzelnen Linien fand.

> Neun auf zweitem Platz bedeutet:
> Am Brunnenloch sticht man Fische.
> Der Krug ist zerbrochen und rinnt.
> Das Wasser ist an sich klar. Aber man gebraucht es nicht. So halten sich nur Fische im Brunnen auf, und wer kommt, kommt nur, um Fische zu fangen...
> Es wird eine Lage geschildert, da jemand an sich gute Gaben hätte; aber sie werden vernachlässigt... Dadurch kommt er innerlich herunter.

Das Bild eines verschmutzten oder vernachlässigten Brunnens war der nur allzu deutliche Hinweis auf die Art, wie wir im Augenblick das Orakel gebrauchten oder mißbrauchten. Auch der Ausdruck des Fischstechens schien eine bitterböse Anspielung darauf zu sein, daß wir, um uns persönlich zu bereichern, eine Quelle benutzten, deren einzig legitime Benutzung darin bestand, »in langen, kühlen, erquickenden Zügen aus dem Eimer der Weisheit zu trinken, der schwer überlaufend aus der Dunkelheit des menschlichen Herzens heraufgezogen wird«. Mit anderen Worten, Fischstechen bedeutete, Wertpapiere auswählen – ein weiteres Beispiel für die berühmte Ironie des Orakels, die für jene, die mit seinem Wirken vertraut sind, keineswegs zum Lachen war.

Kurz gesagt, die »Wandlungen« hatten sich, meiner Auslegung zufolge, herabgelassen, mich zum zweitenmal vor einer Verwirklichung unseres Plans zu warnen. Daß Kahn den Text ganz anders interpretierte, war jedoch keine Überraschung für mich. Während er mit der Hand das Mikro abdeckte, diskutierten wir heftigst auf unserem Podium.

»Pah! Unsinn!« erwiderte er auf meine Vorbehalte. »Du bist paranoid, Kleiner, das ist alles. Es sind Ölquellen. So eindeutig wie die Nase in deinem... na ja, in meinem Gesicht.« Er grinste. »Diesen Sektor habe ich schon seit langem ins Auge gefaßt. Ich glaube, da liegen enorme Möglichkeiten, vor allem in der inländischen Industrie: Ölservice, Exploration und Entwicklung, die ganze Palette. Ich habe vor allem zwei Firmen beobachtet, beide in etwa gleich vielversprechend: Gewinne und veranschlagte Gewinne ungefähr gleich, wenn man sie als einen Prozentsatz der Aktienkosten nimmt.« Diesmal grinste er vielsagend.

»Welche Firmen?« fragte ich ihn.

»Sun Oil und Conoco«, antwortete er. »Und jetzt rate mal, welche wir kaufen werden.«

Kahn dehnte die Spannung so lange wie möglich aus, griff zum Mikrofon und verkündete wie Bert Parks die Siegerin der Miss-America-Wahl den Namen der von uns erkorenen Gesellschaft. Dann wurde der Scheck in Gegenwart von Zeugen mit der entsprechenden Feierlichkeit fertig ausgestellt. Hände wurden geschüttelt, Glückwünsche getauscht. Der Auftrag wurde ausgeführt, das Aktienpaket gekauft. Es gab Zigarren, und statt Champagner, der nicht nur zu teuer, sondern auch von der Polizei abgelehnt worden war, wurden Tausende von Flaschen Selters entkorkt. Anschließend zerstreute sich die Zuschauermenge. Von da an wartete die ganze Wall Street ungeduldig darauf, daß der Dow ein Zeichen gab wie ein großer römischer Kaiser, der gelassen im Colosseum sitzt und die Gladiatoren bei ihrem Kampf auf Leben und Tod beobachtet: Daumen hoch oder Daumen runter – was würde es sein?

Die Ungeduldigen brauchten nicht lange zu warten. Am selben Nachmittag, keine Viertelstunde nach Börsenschluß (das Timing war sorgfältig geplant worden, um den Handel im Börsensaal nicht mehr als absolut notwendig zu behindern), meldete die Conoco (oder sollte ich Kahnoco sagen?), daß man in der Beaufort-See bei Kanada auf Naturgaslager gestoßen sei, größer als alle bis dahin in der westlichen Hemisphäre entdeckten. Diese Nachricht traf die Wall Street wie ein Donnerschlag. Statt wie üblich schnell Taxis zu ergattern, um die Frühzüge nach Long Island oder Connecticut noch zu erreichen, hielten sich die Broker im Börsensaal auf, drängten sich um die Ticker, starrten in stummem Staunen auf den jeweils neuesten Stand, schüttelten den Kopf, seufzten und tauschten fragende, vielsagende Blicke.

Kahn wurde ganz verrückt vor Freude, sank mitten im Büro auf die Knie, hob das Gesicht gen Himmel und schrie immer wieder seinen Dank zu Gott hinauf, während ihm die Tränen über die Wangen strömten. Zunächst empfand auch ich eine gewisse Begeisterung. Als ich ihn jedoch dort beobachtete, kehrte dasselbe Gefühl des Entsetzens zurück, das mich schon auf dem Podium überfallen hatte, und ich war nach der anfänglichen Glückseligkeit von einer dumpfen Vorahnung erfüllt. Ein anderer Teil meines Selbst aber seufzte und gab endlich nach. Diese zweite Bestätigung von Kahns Initiative ließ mir keine andere Möglichkeit, als zuzustimmen und abzuwarten, wohin uns das alles führen würde.

Als wir an jenem Nachmittag die Börse verließen, war die törichte Überlegenheit, mit der wir sonst begrüßt wurden, beunruhigten Blicken gewichen, die Abgründe von Befürchtungen und Zweifeln ahnen ließen, als seien die alten Gewißheiten in sich zusammengefallen, und es etabliere sich eine neue Ordnung. Die Makler musterten uns, als strahlten unsere Gesichter ein überirdisches Licht gleich der Aura aus, die angeblich den Körper der Unsterblichen umgibt.

Die SEC begann sofort wieder mit ihren Ermittlungen. Standen wir in geheimer Verbindung mit der Leitung der Conoco? Wieder ein Fall von Insider-Information? Wie der Leser jedoch weiß, gab es diesmal nichts aufzudecken. Falls wir aufgrund von Insider-Informationen handelten, waren das Informationen von ganz hoch oben, etwas, das zu machtvoll und zu unbestimmt war, um von der Börsenaufsicht verboten zu werden. Wieder einmal hatte Kahn die Situation klug durchdacht und seine Menschenkenntnis unter Beweis gestellt. Das Ordal erwies sich als Meisterstreich. Über Nacht waren wir zu einem gewissen Ruhm, zu einer gewissen Bekanntheit gelangt. Wir hatten die »Street« und ganz Amerika am Lebensnerv getroffen, die uralte Sehnsucht nach »einem Zauber, mit dem man das Leben meistern kann« angesprochen. Wenn ich wirklich das Damoklesschwert der Warnung durch das Orakel an einem hauchdünnen Faden über meinem Kopf schweben fühlte, so dachte ich nicht weiter daran. Denn schließlich hatte uns das Orakel selbst zweimal bestätigt. Nein, lieber Leser, der Massenansturm hatte tatsächlich begonnen. Bull, der Bulle mitsamt seinen freundlichen Cowboys Kahn und Sun, war los und fühlte sich frei.

ELFTES KAPITEL

UNSICHER?

Wandern Sie vierzig Tage und Nächte (vierzig Jahre)
ziellos auf diesem unproduktiven,
ungastlichen Markt umher?
VERWIRRT?
vom sinnlosen Geplapper und
den widersprüchlichen Prognosen
der Pharisäer und Schriftgelehrten,
den ununterscheidbaren (weißen) Horden der falschen Marktpropheten?
NUR NICHT VERZWEIFELN!!!
RETTUNG NAHT!!!
DIE KAVALLERIE IST UNTERWEGS!!!
(hört ihr das Donnern ferner Hufe?)
BULL INCORPORATED EILT IHNEN ZU HILFE!!!
Steig in den Sattel, Amerika,
und reite mit uns!!!
Für weitere Informationen – Anruf genügt! Unsere Nummer ist
BUL-LISH
Unser Telefon ist ständig besetzt! (Mit zauberhaften Damen!)

Diese ganzseitige Anzeige erschien im »Wall Street Journal«, in der »New York Times«, in der »Chicago Tribune«, in der »Los Angeles Times«, in der »Washington Post« und in Dutzenden von anderen Zeitungen im ganzen Land. Die breite Öffentlichkeit, die b.Ö. verschlang sie. Unnötig zu betonen, daß das Aufsehen, das wir mit unserer ersten Anzeige wegen des deutlichen Mangels an Ernsthaftigkeit nicht hatten erregen können, nunmehr mit doppelter Stärke einsetzte. Sofort wurde von unserer empörten Konkurrenz eine Gegenkampagne gestartet.

DON'T TAKE THIS BULL S-ITTING DOWN!!!

riet eine besonders bissige Reklame. In der ganzen »Street« wurden beim Vormittagskaffee flüsternd Wortspiele weitergegeben. Beleidigend wurden wir als »Con and Son« oder, noch schlimmer, als »Kahn and Abull« bezeichnet.

Die pathologische Schärfe dieser PR-Vergeltungsmaßnahmen erschreckte mich. Gleichzeitig jedoch erwachte mein Wettbewerbsinstinkt.

Kahn dagegen war eindeutig begeistert. Nie wurde er müde, mich darauf hinzuweisen, daß jedes bißchen Publicity, und sei es von der übelsten Sorte, Wasser auf unsere Mühle sei. Sein Zustand besserte sich täglich, stündlich. Sein Selbstvertrauen kehrte zurück. Ein Abglanz jenes göttlichen Auserwähltseins, an dem teilzuhaben er einstmals sicher gewesen war, strahlte jetzt in seinem Antlitz und war zweifellos verantwortlich für seinen ständigen Gebrauch von Analogien aus dem Repertoire des Alten Testaments, das ihm von Kindesbeinen an vertraut war. Beflügelt vom Erfolg des ersten Teils unserer Kampagne, machte er sich daran, ein Logo für unser Unternehmen zu suchen. »Wir müssen dieses Logo haben«, versicherte er mir mit ernsthaftem Stirnrunzeln.

Ich hatte ihm die Abbildung eines alten Taoisten-Weisen gezeigt, der mit krummem Rücken und zerlumptem Gewand auf dem Höcker eines Zebubullen reitet. Diesen beschloß er als Grundlage für unser »Brandzeichen« zu benutzen. Nur veränderte er den Weisen ein wenig, verpaßte ihm einen Zehn-Gallonen-Stetson, Lederchaps und Sporen aus vierzehnkarätigem Gold. Auch der Bulle wurde gründlich verwandelt: aus dem sanften, passiven Ackertier, das sich brav dem Willen des Meisters fügt, wurde ein wilder, schnaubender Rodeo-Stier, der mit ausgelassener Freude kraftstrotzend nach allen Seiten auskeilt. Dadurch, so versicherte Kahn, werde die grundlegende Bedeutung des Symboles gewahrt, während es sich gleichzeitig dem amerikanischen Geschmack angepaßt präsentiere. Unsere Konkurrenz bezeichnete das Tier als »Brooklyn Bronco«, was zur Folge hatte, daß wir in zunehmendem Maße mit den kleineren, weniger wohlhabenden Anlegern identifiziert wurden – stigmatisiert, möchte ich sagen – statt mit den Königen der Hochfinanz. Kahn verwandelte allerdings auch dies in einen Vorteil für uns, indem er Bull als »das größere Vehikel der Arbeiterklasse« anpries. Um diesen Teil unserer Klientel anzusprechen, gründeten wir einen weiteren, parallel laufenden Zweig unseres Unternehmens, eine mit unserer Managementfirma verbundene Kapitalanlagegesellschaft, alles zusammen unter der sich ausweitenden Ägide von Kahn and Sun Enterprises: Mutual Bull, eine Unterabteilung von Bull Incorporated.

Das war den *big boys* an der Börse zuviel. Obwohl sie die populäre Grunddünung, die wir geschaffen hatten und auf der wir schwammen, von oben herab betrachteten, obwohl sie moralische Bedenken gehabt haben könnten, ihre Reserven einem Unternehmer mit einer so zwielichtigen Vergangenheit wie Kahn anzuvertrauen, demütigten sie sich für den Profit und schluckten ihre Medizin wie brave, kleine (gute, alte) Boys.

Eines der wichtigsten »revolutionären« Konzepte, vor allem bei der Mutual Bull, das Kahn persönlich einführte, war unsere neue Investmentstrategie, die er zu Ehren seiner verlorenen Jugend, da er in den Bücherregalen der Columbia University dem schwer zu fassenden Geist Mark Twains nachgejagt war, den Pudd'nhead Approach nannte. Der bestand ganz einfach darin, daß wir alle Eier in einen Korb legten und den Korb hüteten. Mit anderen Worten, Kahn setzte, indem er aus meinem Spiel mit den Münzen eine Marktanwendung ableitete, prompt alles, was wir hatten, auf die jeweils ermittelten Papiere. Obwohl er damit praktisch jedem Prinzip gesunder Investitionsstrategie zuwiderhandelte, ganz zu schweigen von den Gesetzen des gesunden Menschenverstands und der Logik, hatte er damit Erfolg. Wenn uns auch die Abkehr von der Risikostreuung bei jedem Schritt der Gefahr totaler Vernichtung aussetzte, waren unsere Gewinne ebenso ungestreut, das heißt unverwässert durch anfallende Verpflichtungen. Und das Orakel funktionierte wider alle Vermutungen weiter. *Schi,* das »Heer«, zum Beispiel erwies sich als besonders zeitgemäßer Tip für eine Aktion auf dem Sektor der Rüstungsaktien. Ich könnte noch zahlreiche Exempel anführen, fürchte aber, daß eine derartige Wiederholung von Erfolgsmeldungen allmählich abstoßend wirkt.

Wir hatten unsere Firma inzwischen natürlich expandiert, hatten eine Schar jüngerer »Viehtreiber« mitsamt der unvermeidlichen Vielzahl von Sekretärinnen und Telefonistinnen zur Bearbeitung der Aufträge eingestellt. Ganz bewußt im Gegensatz zum Wall-Street-Stil erschienen unsere Leute in Cowboyhüten und -stiefeln zur Arbeit und trugen Texas-Schnüre anstatt der konventionelleren Krawattenversionen.

Allmählich zeichnete sich eine merkwürdige Folge des Pudd'nhead Approach ab. Als unsere Rücklagen größer wurden, fanden wir uns zuweilen in der unbeabsichtigten, jedoch keineswegs unbefriedigenden Lage, mit unserer Liquidität den Markt zu beeinflussen. Dies traf vor allem zu, wenn wir uns auf die kleineren, »heißeren« Firmen stürzten, die wir – das heißt das »*I Ging*« – zu bevorzugen schienen. Oft wurde der Vorrat an im Publikumsbesitz befindlichen Aktien durch unseren Bedarf stark beschnitten, wenn er nicht sogar schon vorher zu gering war, um diesen Bedarf zu decken. In den ersten Fällen, da dies eintrat, hielten wir uns barmherzigerweise zurück. Immerhin aber führte uns dies die verlockende Möglichkeit einer Expansion durch Übernahme von Aktienmajoritäten vor Augen. Kahn war, wie vorauszusehen, hundertprozentig für diesen Weg. Ich erhob Einwände, da sich mir angesichts unseres überraschenden und überwältigenden Erfolgs schon jetzt der Kopf drehte. Wenn wir schon diversifizieren mußten, dann wollte ich, daß es vorsichtig und vernünftig geschah, in Form einer synergistischen Expansion in verwandte Branchen, und nicht in einer wahllosen, auf ein wildes Konglomerat hinauslaufenden Raserei. Es war etwa zu diesem Zeitpunkt, daß wir uns um die Registrierung an der New Yorker Börse bewarben.

Stückchen um Stückchen, mit bewundernswerter Beharrlichkeit demontierte Kahn meine Abneigung gegen eine Expansion. Geblendet von unseren Erfolgen, begann er im Gefühl wahrhaftiger Omnipotenz unter der Begrenztheit unserer ursprünglichen Idee zu leiden. Warum sollten wir uns auf die Effektenverwaltung beschränken oder sogar auf einen Investmentfonds? Warum nicht im Schutz von Kahn and Sun einen Allgemeinen Finanzservice gründen: Maklergeschäfte, Investitionen, Arbitrage, Termingeschäfte, vielleicht auch eine Kreditkartenabteilung (Charging Bull?).

Obwohl ich anfangs durchaus festblieb, ärgerte ich mich über seine ständigen Anspielungen auf meine f.H. Und ich hätte durchgehalten, wäre er dank seines

Einfallsreichtums nicht mit einem Argument gekommen, das mir vielleicht nicht unbedingt originell, immerhin aber einleuchtend erschien. Es handelte sich um eine modifizierte Version der sozial-darwinistischen Apologie des Wettbewerbs auf dem Markt, speziell zugeschnitten auf den Begriff Gesellschaftsfusionen und gewürzt mit ein paar Beispielen in Kahns persönlichem, unnachahmlichem Stil. Geduldig erläuterte er mir, daß wir, indem wir aktiv auf Mehrheitsübernahmen hinarbeiteten, keineswegs unmoralische oder amoralische Ziele verfolgten, sondern im Gegenteil einen Beitrag zur Verbesserung der Firmenökologie des amerikanischen Marktes leisten würden. Indem wir wie die »Firmenräuber« handelten, würden wir in Wirklichkeit nur »die Firmen-Gen-Pools säubern« und damit das Überleben der Tüchtigsten garantieren. Nein, beteuerte er vehement, Wettbewerb und Raub seien durchaus nicht eigennützig, sondern begründeten im Gegenteil eine große, im Innersten zutiefst altruistische Geistesdisziplin. Durch einen Prozeß ähnlich der natürlichen Auslese in der Wildnis, wo die Anpassungsfähigkeit an die wechselnden Anforderungen und Belastungen der Natur (»des Tao«, schob er ein) das eine Individuum überleben und sich fortpflanzen lasse, während schwächere Angehörige der Spezies ohne Nachkommen zugrunde gehen müßten, garantiere die Anpassungsfähigkeit an die Erfordernisse des Wettbewerbs auf dem freien Markt in der wirtschaftlichen Wildnis das Überleben gesünderer Firmengenerationen und unterstütze so die Wirtschaft in ihrem langsamen, doch unaufhaltsamen Aufstieg zur Perfektion.

Ich war verblüfft über die Erhabenheit dieser Vision, deren Folgerungen weit über die Geschäftswelt hinausgingen. Ich mußte an meine erste Diskussion mit Riley denken und fragte mich, ob hier nicht die Antwort auf jene Frage lag, die er damals mit mir erörtert hatte: Wie nämlich der Christ die Existenz des Bösen mit der bedingungslosen Güte Gottes vereinbaren solle. Oder auch, wie der Taoist die Existenz dessen, was nicht Tao war – und was einen Affront für seine innewohnende Natur darstellte, ja, ihr sogar widersprach –, mit der ursprünglichen Einheit aller Dinge im Tao vereinbaren solle. Konnte es sein, daß dies die Antwort darauf war? Falls ja, dann gründeten sich in beiden Fällen die Einwände auf schlichte Kurzsichtigkeit. Sobald man das große Ganze sah, wurden die Einwände davongeblasen wie Spreu. Dann war das Böse einfach das Ordal, bei dem das Gute getestet wurde und sich beweisen mußte. Anlagenstreuung war nötig, um die größtmögliche Perfektion zu garantieren, und wenn sie darüber hinaus ein paar Monstrositäten kreierte, dann sorgte sie auch für ihre Vernichtung durch natürliche Auslese. Das war das Wunder! Alles diente nur dem Guten!

Dies also war unsere Funktion bei Bull: die natürliche Auslese zu fördern, die schwächeren Mitglieder unserer Industrie auszusondern, sie zu einfacheren Elementen umzuformen, zu Konzernfutter, das dann von den stärkeren Überlebenden aufgenommen und benutzt werden konnte – von uns. Ich kann den Eindruck, den dieses Argument auf mich machte, kaum beschreiben. Es traf mich mit der Gewalt einer Offenbarung, war die Artikulation genau jenes Gedankens, den ich bereits seit einiger Zeit hegte. Nur hatte es mir an der

Fähigkeit gemangelt, ihn in eine zusammenhängende Form zu destillieren. Immer wieder rekapitulierte ich ihn im Kopf, bis ich ihn vollständig beherrschte. Zum erstenmal seit dem Entschluß, in Bull Inc. zu investieren, engagierte ich mich aufgrund dieser sich mir eröffnenden moralischen Perspektiven über den schlichten Wunsch, meinen Freund zu rehabilitieren, hinaus auf einer ganz intimen, persönlichen Ebene mit diesem Projekt. Von diesem Zeitpunkt an stürzte ich mich, nun keineswegs mehr ein Bremsklotz für Kahns Initiative, mit einer Intensität in das Unternehmen, die an die seine heranreichte, ja, sie vielleicht sogar übertraf. Was wir brauchten, um uns zu stützen und eine Basis für eventuelle weitere Diversifikation zu schaffen, war eine Bank. Darin waren wir beiden uns einig.

Unter strengster Geheimhaltung begannen wir, Übernahmekandidaten auszuwählen. Ich muß gestehen, daß mir die Suche Spaß machte. Es war etwas Sündig-Wollüstiges an unserem Interesse – wie bei zwei alten Roués, die Tänzerinnen einer Revuetruppe begutachten –, das mich hätte abstoßen können, hätte ich mich nicht mit Kahns Versicherung getröstet, wie zutiefst altruistisch unser Unternehmen doch sei. Und wenn man bei der Ausübung einer moralischen Funktion wollüstige Freude empfinden konnte – warum nicht? Der Taoismus hat den asketischen Lebensregeln ohnehin nie besonders positiv gegenübergestanden, sagte ich mir, sondern war immer im wesentlichen auf eine Philosophie konzentriert, die die Dinge nahm, wie sie kamen, Ebbe *und* Flut, Yin *und* Yang.

Unter dem Schutz dieser Gedankengänge lastete mein neu erworbener Reichtum doch etwas weniger schwer auf mir. Ich nahm mir vor, mit der Selbstgeißelung aufzuhören, mich von den Gewissensbissen zu befreien und ihn in Ruhe zu genießen. Rat und Hilfe bei der Durchführung dieses Vorhabens gab mir – wie Kahn im Beruflichen – in meinem Privatleben Li. Wir trafen uns nun häufiger, gingen zusammen essen, besuchten Theateraufführungen, Museen, Parties und gelegentlich sogar eine Diskothek. Die Einführung in die Mysterien der persönlichen Freuden war für mich im Privatleben ebenso unbezahlbar wie die durch Kahn im Berufsleben. Es dauerte nicht lange, und wir mieteten uns ein Stadthaus in der Washington Mews, der mit Kopfsteinen gepflasterten, von Efeu umrankten kleinen Straße zwischen der Fifth Avenue und dem University Place unmittelbar nördlich vom Washington Square Park. Ich bat Li, zu mir in die Wohnung zu ziehen, und das tat sie dann auch wirklich, obwohl sie ihr eigenes Apartment behielt.

Ich glaube, sie beobachtete den Aufstieg von Bull Inc. mit ebenso großem Staunen wie alle anderen. Doch in ihrer Einschätzung des Phänomens war eine gewisse Belustigung enthalten. Nicht etwa, daß sie unser Vorhaben mißbilligte; weit gefehlt. Li urteilte niemals. Das moralische Zwielicht, das sie umgab, blieb konstant und invariabel. Dies beruhigte und beschwichtigte mein Gewissen, während Yin-mi es, wie ich argwöhnte, geschärft hätte. Die Tatsache, daß Li die verschiedensten Kulturen mit sehr unterschiedlichen Einstellungen und Wertvorstellungen eingehend kennengelernt hatte, machte sie, wie ich vermutete, zu einer moralischen Relativistin, obwohl es vielleicht im Gegenteil ihr

Naturell gewesen sein mochte, das sie überhaupt erst zu diesem Studienfach geführt hatte.

Selbst die Besessenheit im Zusammenhang mit unserer kurzen Beschäftigung mit Doe verblaßte im Vergleich zu der Erregung dieser ersten Übernahme. Denn hier war, im Gegensatz zu der Jane-Doe-Episode, ein anderes Leben zu spüren, etwas, das im dichten Dschungel des gesetzlichen Blattwerks verborgen lag, schwer atmend, warm und voll Furcht, aber auch zum Sprung gespannt, aufmerksam lauschend, um unserem Hinterhalt Widerstand zu leisten. Diese andere Existenz, die ich erspürte, wurde so greifbar für mich wie ein anderes menschliches Leben, nur wirkte sie wie ein feiner Reizstoff, ein Körnchen antagonistischer Absichten, absolut unassimilierbar. Als dieses Gefühl mir allmählich vertrauter wurde, wuchs in mir eine kalte, beherrschte Wut, ein seelisches Bedürfnis, diesem Widerstand das Rückgrat zu brechen, das warme Blut und Knochenmark zu schmecken, zu spüren, daß diese Existenz meinem Willen untertan war. Wenn die Assimilierung nur um den Preis ihres Lebens durchführbar war, dann mußte sie sterben.

Und das alles überlegte ich bei unbarmherzig klarem Bewußtsein. Als ich es analysierte, meine eigenen, bewußten Handlungen betrachtete, empfand ich nicht so sehr Entsetzen über das, was ich tat, als eine erschreckende Ehrfurcht. Die alten Gebote und Verbote des moralischen Lebens erschienen mir wie verkratzte Schallplattenaufnahmen sinnloser Diskussionen von Schuljungen, die mechanisch leere Katechismen nachplappern. Sie galten nicht in dieser Welt, in der wir gejagt wurden und jagten. Diese Reaktion wurde, glaube ich, zum Teil durch meinen festen Glauben an Kahns Gerede von einem »höheren Altruismus« ermöglicht, darüber hinaus jedoch war die Aufhebung der Selbstkritik ein Reflex meiner Überzeugung, daß dies richtig war, daß ich Fortschritte machte auf dem Weg zum Begreifen des Dow. Jawohl, als Bull Inc. die erste Übernahme in Angriff nahm, hatte ich zum erstenmal das Gefühl, die Gegenwart der Sache an sich zu spüren, auf der Schwelle zum Allerheiligsten des Dow zu stehen. Meine Augen hatten sich noch nicht ganz an das Dunkel des inneren Raums gewöhnt, aber ich spürte, daß ich dort war.

In unserem ersten Anfall von Begeisterung erschien uns nichts als zu groß oder zu mächtig auf der Liste: Chase, Chemical, Morgan Guaranty – nichts entging unserem prüfenden Auge. Unser in die Höhe kletternder Kurswert und die hervorragenden Aussichten auf zukünftiges Wachstum und Einkommen versetzten uns in die Lage, uns an die Übernahme von Bankinstituten zu wagen, die um ein Vielfaches größer waren als wir selbst, denn wir hatten vor, unser Ziel, falls notwendig – d. h., falls das Management Widerstand leisten sollte –, auf dem blutigen Weg eines Ausschreibungsangebots zu erreichen, uns direkt an die Aktionäre zu wenden mit der Bitte, uns ihre Anteile zu einem wesentlich höheren Preis als dem gegenwärtigen Kurs zu verkaufen, wobei wir in Bezugsrechten und Obligationen zu zahlen beabsichtigten, in Firmenschuldscheinen verschiedenster Art, einige von ihnen konvertierbar, was sie für die Investoren äußerst verlockend machte, da an sie das Vorrecht gebunden war, Anteile von Kahn and Sun zu beträchtlichen Preisnachlässen zu erwerben. Schließlich einigten wir uns auf ein bescheideneres Objekt, die Second Jersey Hi-Fidelity, die zwar kleiner, doch immer noch um ein Vielfaches größer war als wir.

Wie sich herausstellte, waren unsere Befürchtungen (oder war es unser Wunsch?) berechtigt. Die Herren der Geschäftsleitung leisteten Widerstand. Bei einem kurzen Tête-à-tête informierten wir sie von unseren Absichten und nannten ihnen unsere Übergabebedingungen. Sie lehnten ab. Nie werde ich den Gesichtsausdruck der Vorstandsmitglieder bei diesen Verhandlungen vergessen. Unter anderen Umständen waren dies Männer, die ich in einem Lift oder auf der Straße vielleicht nicht einmal bemerkt hätte. Auch was Schönheit und Distinktion betraf, waren ihre Gesichter unauffällig. An jenem Vormittag jedoch glühten unter der kühlen Oberfläche ihr Zorn, ihre Angst, ihre verletzte Würde, ihre Courage und ihre Widerstandskraft und verliehen ihren Augen eine ungewöhnliche Leuchtkraft und Tiefe. So unhöflich es auch sein mochte, ich konnte nicht aufhören, sie anzustarren. Doch Höflichkeit war unter den gegebenen Umständen unwesentlich. Sie starrten mich genauso beharrlich an. Nachdem wir ihnen in aller Heimlichkeit mit eiskalter, bewußter Arglist diese Falle gestellt und zugesehen hatten, wie sie blindlings hineinmarschierten und dabei bewußt ihre Karriere, das heißt also ihr Leben aufs Spiel setzten, entdeckte ich in mir auf einmal eine gewisse Zuneigung zu ihnen, ein gewisses Mitleid; verschonen wollte ich sie jedoch nicht.

Während wir dasaßen und einander über den Konferenztisch hinweg zornig anfunkelten, wanderten meine Gedanken in die Ferne. Ich dachte an den Nachmittag am Gold Sand River in China, als ich Jin gegenübersaß und mit fasziniertem Grauen zuhörte, wie er die Schlacht als »höchsten Ausdruck menschlichen Strebens« bezeichnete, als »letzte Wahrheit und Konsequenz des menschlichen Lebens, die uns über unsere Grenzen hinaus ins Göttliche trägt«. Daß »wir nicht aus schrecklicher, unwillkommener Notwendigkeit töten«, hatte er mir damals erklärt, »sondern weil es uns erfrischt und belebt, weil der Geist danach dürstet und weil wir nur in dem Augenblick, da wir ein Leben nehmen, wirklich und wahrhaftig selber lebendig sind.« Jetzt verstand ich, was er gemeint, und mehr noch, wußte ich, daß er recht gehabt hatte. Diese Erkenntnis traf mich so mächtig, daß ich beinahe laut aufgekeucht hätte; statt dessen jedoch lachte ich, ein bißchen zusammenhanglos vielleicht, wie über einen ganz privaten Witz, den niemand anders als ich verstand oder verstehen konnte. Die anderen starrten mich an, als hätte ich den Verstand verloren, was vielleicht sogar zutraf. Doch bin ich eigentlich der Ansicht, daß sie mich tief im Herzen verstanden, aufgrund jenes intimsten Wissens verstanden, das es auf der Welt gibt, des Wissens der Beute um den Jäger, des Opfers, das ihn besser versteht als er sich selbst. Ich erkannte es an ihrem Ausdruck, und er war bei allen derselbe: Leiden ohne Selbstmitleid, Ergebung ohne Kapitulation, Fatalismus ohne Resignation oder Verzweiflung, ein Blick, der nahezu ausdruckslos und doch wieder das Gegenteil von Ausdruckslosigkeit war, keine Andeutung von Verstehen, von Wissen, sondern die Sache an sich.

Trotz der Intensität solcher Gefühle kommt mir diese Zeit rückblickend irgendwie traumhaft vor. Die Dinge ereigneten sich so schnell. Zuweilen frage ich mich, ob sie sich überhaupt ereigneten. Ich erinnere mich, daß ich manchmal morgens mit dem sonderbaren Gefühl aufwachte, nicht zu wissen, wo ich war. Eine Welt der Naturwunder breitete sich vor mir aus: prähistorische Sümpfe und Binnenmeere, feuerspeiende Vulkane, dampfende Moore und Marschen, in denen unbekannte Kreaturen schwerfällig tief im Schlamm wühlten.

Deutlich war für mich auch eine seltsame Veränderung des Lichts. Farben wirkten satter und tiefer, das Sonnenlicht besaß einen ungewohnten Glanz, Schatten zeichneten sich schärfer auf den Steinen ab. Dann wieder machte sich ein entgegengesetzter Effekt bemerkbar, ein Dunst, ein hauchfeines Sfumato, das die Umrisse der Dinge auflöste. Voll kindlichem Vergnügen fuhr ich mit der Hand durch die Luft, um zu sehen, ob der Dunst vielleicht wirbelte. Zuweilen tat er es.

Etwas greifbarer, wenn auch weniger vergnüglich war das, was ich als Animalcula bezeichnen lernte, ein Wort, das Li mir beigebracht hatte. So nannten die Magier des Westens jene sich windenden Formen, die sie unter dem Mikroskop in den Wassertropfen entdeckt hatten. Bei mir glitten die Animalcula wie winzige Mikroben durch die Luft. Ja, einige ähnelten tatsächlich den Bakterien – Kokken, Spirillen, Bazillen –, viele jedoch wirkten unbestimmt und amorph, ein paar waren eindeutig wie Tiere geformt, aber wie Tiere, von denen ich in der Welt weder etwas gesehen noch gehört hatte, und alle waren sie nicht größer als ein Stecknadelkopf. Als ich Li davon erzählte, sagte sie mir zunächst, sie erlebe manchmal etwas ganz ähnliches, wenn sie zu lange in den schlecht beleuchteten Lesenischen der Bibliothek über den endlosen Zeilen aus Druckbuchstaben gehockt habe; wenn sie dann anschließend ins Sonnenlicht hinaustrete, sehe sie winzige Alphabete vor den Augen, als seien ihr die Buchstaben in die Netzhaut geätzt worden. Ich solle vielleicht mal zum Augenarzt gehen, meinte sie. Anfangs lehnte ich das ab, als dieses Symptom jedoch nicht wieder verschwand, befolgte ich schließlich ihren Rat.

Es war an einem Sonnabend. Vielleicht, weil Li mich empfohlen hatte und weil ich zwanglose Kleidung trug, hielt mich der Arzt für einen Studenten oder auch einen Arbeiter, denn seine Höflichkeit war auffallend mechanisch. Während ich meine Beschwerden beschrieb, konnte er seine Ungeduld kaum bezähmen. Er machte sich ohne Kommentar direkt an die Untersuchung. Auch als er meine Lider spreizte und sich mit der winzigen Stablampe tief über mich beugte, verhielt er sich stumm und, wie ich fand, ein bißchen brüsk. Beim Ausstellen eines Rezepts für Augentropfen teilte er mir seine Diagnose mit.

»Was haben Sie gemacht – sich was in die Augen gespritzt?« Er hielt beim Schreiben inne und sah mich mit flüchtigem Interesse an.

Ich erwiderte seinen Blick erstaunt. »Nicht daß ich wüßte.«

»Der Zustand Ihrer Augen erinnert an gewisse Verbrennungen durch Chemikalien, die ich gesehen habe, oder auch an die Beschwerden, die Schweißer sich zuziehen, wenn sie ohne Schutzbrille direkt in die Flamme sehen. Sie sind aber wohl kein Schweißer, oder?«

Innerlich lächelnd dachte ich: Nur in konzernpolitischer Hinsicht. Dann schüttelte ich wortlos den Kopf.

»Nun, was immer die Ursache sein mag, es ist zweifellos eine Schädigung der Cornea vorhanden – eindeutig, aber ungefährlich für die Sehfähigkeit, glaube ich. Doch der Schaden ist nun mal da. Wir werden abwarten müssen.« Er riß das Blatt von seinem Rezeptblock und reichte es mir. »Diese Tropfen sollten zumindest das Brennen lindern. Sagten Sie nicht, daß es brennt?«

»Nein«, entgegnete ich, »das sagte ich nicht.«

»Nehmen Sie sie trotzdem«, riet er mir. »Schaden können sie nicht. Und sie dürften wenigstens die Anemonenkühe verschwinden lassen.«

»Animalcula«, korrigierte ich ihn.

»Was auch immer.«

Er ließ mich merken, daß ich die mir zustehende Zeit überschritten hatte. Erbost vor mich hin murmelnd, verließ ich das Sprechzimmer.

Später fiel mir ein, daß möglicherweise meine »Taufe« im East River die Ursache der Beschwerden war. Auf jeden Fall erklärte mein Besuch beim Augenarzt die Lichtempfindlichkeit, die ich seit einiger Zeit an mir feststellte, und meine steigende Abhängigkeit von der Sonnenbrille. Trotz seiner Versprechungen verschwanden die Animalcula nicht. Die Augentropfen halfen nicht. Ich hatte ohnehin so meine Zweifel an seiner Diagnose. »Eine Schädigung der Cornea.« Wieso war er da so sicher? Vielleicht sah ich ganz einfach Dinge, die andere Leute nicht sahen, nicht sehen konnten. Vielleicht waren die Animalcula das Ergebnis einer verbesserten Sehfähigkeit, nicht einer verschlechterten. Ich erwog die Möglichkeit, daß die dunklen Formen, die ich durch die Luft gleiten sah, die Moleküle, ja die Atome waren, die im leeren Raum umherschossen, zusammenprallten und sich gegenseitig abstießen.

Daß meine Visionen auf eine Verbesserung meiner Wahrnehmungsfähigkeiten zurückzuführen waren, statt auf eine Verschlechterung, erschien sogar noch logischer im Licht eines Geschehnisses am Morgen vor unserer Besprechung mit den Bankchefs. Als ich im Schlafzimmer unseres neuen Stadthauses vor dem Schrankspiegel meine Krawatte knotete, kam mir plötzlich ein seltsamer Einfall. Ich ließ die Hände sinken und starrte, die Stirn vor Konzentration gefurcht, mit gesammelter Kraft auf meine Krawatte hinab. Zunächst rührte sich nichts, obwohl sie ganz leicht zu beben schien. Schon wollte ich aufgeben, als ich auf einmal mein Spiegelbild sah. Die Krawatte hatte sich von selbst aufgerichtet! Sie stand horizontal in der Luft und zitterte wie ein Pfeil in einem Stück Holz. Ich war so überrascht, so glücklich, daß ich unwillkürlich einen Jubelschrei ausstieß.

Li steckte den Kopf durch die Badezimmertür. »Hast du was gesagt?« Spitzbübisch lächelnd deutete ich stolz auf die Krawatte. Sie warf mir einen ratlosen Blick zu.

Ich blickte hinab und sah, daß die Krawatte wieder schlaff herabhing. Ich überlegte, ob ich ihr erzählen sollte, was passiert war, entschied dann aber, es sei wohl besser, wenn ich es bleiben ließ. Und das war vielleicht auch ganz gut so, denn nachdem Li wieder fort war, konnte ich die Krawatte durch keine noch so intensive Konzentration dazu bewegen, sich noch einmal aufzurichten.

Und doch hatte ich es einmal geschafft. Zum Teufel mit dem Augenarzt – dies war etwas ganz anderes! Und damit Sie, lieber Leser, nicht glauben, ich hätte mir etwas eingebildet, möchte ich Ihnen erzählen, daß das Phänomen durch ein zweites Vorkommnis untermauert wurde. Als wir an jenem Vormittag im Büro saßen und auf die festgesetzte Stunde warteten, waren Kahn und ich zu nervös und aufgeregt, um ernsthaft zu arbeiten; deshalb beschlossen wir, uns die Zeit, wie wir es oft taten, mit dem Werfen von Münzen zu vertreiben. Während wir sie abwechselnd an die Wand schleuderten, merkte ich, daß ich ihre Flugbahn beeinflussen konnte, indem ich mich besonders stark konzentrierte. Zwar war meine Kontrolle über die Münzen nur grob und unvollständig, aber sie funktionierte trotzdem. Ja, ich konnte die Flugbahn so manipulieren, daß die gewünschte Seite der Münze oben lag – wenigstens bei der Hälfte der Würfe. Daß Kahn davon keine Ahnung hatte, war eindeutig: Die Veränderung der Flugbahn war zu gering und erfolgte zu schnell, um sie mit dem Auge wahrnehmen zu können – wie bei der Fingerfertigkeit eines Zauberkünstlers. Und verraten wollte ich's ihm auch nicht, jedenfalls nicht, solange ich damit Geld verdiente. Der Triumph jedoch, den ich empfand, war gerade, weil er heimlich blieb, nur um so köstlicher.

ZWÖLFTES KAPITEL

Unser Sieg ließ nicht lange auf sich warten. Die Aktionäre der Second Jersey liefen in Scharen zu uns über. Am Abend, nachdem wir die Einundfünfzig-Prozent-Marke überschritten hatten, feierten Kahn und ich unseren Sieg. In unserer Euphorie gingen wir liebevoll und scheu miteinander um. Dutzende von Malen wiederholten wir dieselben abgedroschenen Gratulationsformeln, in die wir, je betrunkener wir waren, immer mehr Emotionen packten. Der Eifer, den wir beide an den Tag legten, um die Zurückhaltung des anderen zu überwinden und ihn zum Drink einzuladen, erinnerte mich an mein Beisammensein mit Lo, wenn wir durch übereifrige Anwendung der Etikette unsere niedrige Absicht und unser Hauptziel verbargen, das natürlich schlicht und ergreifend darin bestand, uns hemmungslos und wunderbar zu besaufen. Kahn und ich waren, glaube ich, bestrebt, anläßlich dieser Gelegenheit etwas Tiefschürfendes und Erhabenes von uns zu geben, aber was gab es dazu zu sagen? Statt dessen grinsten wir uns einfach an und schlugen uns gegenseitig auf den Rücken. Nachdem wir damit einige Stunden zugebracht hatten, nahm ich beschwipst und beseligt ein Taxi zur Washington Mews.

Dort wartete bereits Li auf mich. Als ich die Wohnung betrat, fand ich sie auf Zehenspitzen in der Diele, wo sie mit der Milchflasche aus dem Ökoladen, aus dem die Katzen ihre tägliche Ration von Quark und Molke erhielten, einen Farn goß, den sie aus ihrem alten Apartment mitgebracht hatte. Sie stellte die Flasche ab, kam lächelnd auf mich zu, legte mir ihren schlanken Arm um die Taille und küßte mich mit ihrem weichen, warmen Mund.

Unerklärlicherweise veränderte sich meine Stimmung mit einem Schlag. Meine freudige Erregung erlosch und machte einer seltsamen Melancholie Platz, als erahne ich bittersüß die Zukunft. Mir wurde klar, wieviel sich seit jener ersten Nacht verändert hatte, und wie wenig auf einer anderen Ebene. Daß Li mich damals ins Theater mitgenommen hatte, war so etwas wie noble Herablassung gewesen, oder war ›slummig‹ die passendere Bezeichnung? Auf jeden Fall hatte ich mich unwürdig gefühlt. Ich war so verlegen gewesen wie ein Vetter vom Land oder, schlimmer noch, ein Liebhaber vom Land, wie der Kürbis, der in die Prinzessin verliebt ist. Was hatte sie doch gesagt? Daß »Hofdamen hohe Prämien für das Privileg bezahlen, Bettler verführen zu dürfen«. Jetzt war davon nicht mehr die Rede, ja, nicht mal eine Andeutung dieser Einstellung war mehr zu spüren. Sie war sanft, freundlich und ging auf mich ein. Und doch, wie kann ich es erklären? Noch immer hatte ich in ihrer Gegenwart Gewissensbisse, fast so, als mißbrauche ich ihre Gefälligkeit. Ich glaube, es lag ganz einfach in meinem Wesen, dieses Gefühl, daß ich in ihrer Zuneigung sehr schwach verankert war und jeden Moment durch ein Umspringen des Windes wie eine Feder wieder davongeblasen werden konnte. Ich fragte mich, ob es nicht einfach die Erfahrungen mit den Tücken des Marktes waren, die in mir dieses Gefühl auslösten und zur Erkenntnis der Zweifelhaftigkeit und Flüchtigkeit auch unserer scheinbar sichersten Unternehmungen führten.

Ich erwog diesen Gedanken mit schmerzlicher Trauer. Dann sagte ich mir jedoch, daß derartige Vergleiche des Berufs- mit dem Privatleben unzulässig seien. Denn der Dow war ein Index des materiellen Schicksals der Welt, in der alles dem abwärtsführenden Pfad zum Ruin folgen muß. Im Reich des Geistes jedoch, so sagte ich mir, wurde das Unmögliche möglich, würde die Fülle der Liebe nicht rosten oder durch Zeit und Wechselfälle des Lebens blind werden, würde die Überzeugung des Herzens der Erosion der Zeit standhalten. Diese Hoffnung war es, die mich lehrte, gegen meine Minderwertigkeitsgefühle anzukämpfen und zu versuchen, mich als einen Menschen zu sehen, der Lis Liebe würdig war. Denn daß ich sie liebte, ganz und gar und für immer liebte, das stand inzwischen nicht mehr in Frage.

»Hallo, Goldjunge«, sagte sie in ihrer charakteristischen Art, langsam, zwielichtig, mit langgezogenen Vokalen. »Du hast mir heute gefehlt. Es war wie ein Schmerz in der Magengrube. Hier.« Sie nahm meine Hände und legte sie auf ihren Magen wie eine schwangere Frau, die ihren Ehemann in die warmen Bereiche des Mysteriums einlädt, ihres Geheimnisses, ihres Schatzes. »Den ganzen Tag hab' ich in meinem Kleid deinen Duft mit mir herumgetragen«, flüsterte sie mir lächelnd ins Ohr und schmiegte sich an mich. »Er war wie ein Geist, der in einem verlassenen Haus spukt, am Schauplatz einer alten Liebe umgeht...« Sie lachte leise. »Oder eines alten Verbrechens. Ich muß ständig an dich denken. Wirklich.« Sie küßte mich abermals, diesmal auf die Stirn. Dann sah sie mich an, und ihre Augen glichen schmalen Fenstern, die sich auf eine Welt inneren Reichtums öffneten: das dunkle, klare Schimmern von Ankerlichtern im ruhigen Hafen, das Aneinanderstoßen der Schiffsleiber, das sanfte Schlagen der Wellen, alles so still, daß das gespiegelte Licht der Sterne auf der blanken, schwarzen Fläche funkelte. Sie stand ganz leicht vornübergebeugt, so daß sich ihre Bluse öffnete und ich ihre Brust sehen konnte, die im Spitzenkörbchen ihres Seiden-BHs wogte wie die vom Mond angezogene Flut. Dann lächelte sie, gähnte und zeigte dabei ihre schönen, weißen Zähne. Beim Anblick dieser weichen Fülle lösten sich meine Schüchternheit und meine Hemmungen auf wie Rauch. Sie wichen einer so intensiven Süße, daß mir beinahe die Knie weich wurden. O Gott, wie sie doch lieben konnte! Sie überschüttete mich mit ihrem Reichtum. Sie war dafür geschaffen, der erlesenste Tropfen, den ich jemals gekostet hatte, so fein und wundersam für den Gaumen, daß der Verstand das Ausmaß des Genusses erst erfassen konnte, nachdem der Geschmack schon von den Lippen gewichen war. Mein wunderschöner Engel des Sex.

»Wenn ich dich ansehe«, sagte ich, von der Stimmung getragen, »habe ich das Gefühl, daß alles vorbei ist.« Ich blickte ihr ins Gesicht, trank tief die Dämmerung ihrer Seele, das persönliche, ihr innewohnende Zwielicht. »Du bist so sehr mein einziges Sehnen, daß neben dir nichts mehr real erscheint. Vor fünf Minuten war ich freudig erregt über etwas, das ich heute bei der Arbeit erlebt habe. Nun erinnere ich mich kaum noch daran, was es war. Dow, Tao – wenn ich bei dir bin, vergesse ich die Bedeutung dieser Worte, und sie ist mir auch gleichgültig.« Ich sprach mit entrückter Begeisterung, wollte mich ihr unbedingt verständlich machen, damit sie die gewaltige Dimension dieser Tatsache begriff. »*Sie ist mir gleichgültig*, Li, verstehst du, was das bedeutet? Ich...«

»*Psst*«, hauchte sie und hob den langen, schlanken Finger mit dem perfekten Fingernagel an ihre Lippen. »Nicht! Du mußt achtgeben, damit du es nicht verscheuchst.«

»Was?« fragte ich.

Sie lächelte, ohne zu antworten.

Ich mußte fast in meine Hände beißen, um nicht unter dem Schmerz der Süße aufzuschreien, die sie in mir weckte.

»Setz dich!« Sie half mir aus dem Jackett. Ich ließ mich von ihr zum Sofa führen. Ihre Söckchen glitten mit einem weich-wispernden Geräusch über den Teppich. Sie holte eine Flasche mit weißem Burgunder aus dem Nest aus aufgeschlagenen Büchern und Papieren auf dem Sekretär, füllte ihr Glas auf und schenkte auch mir eins ein. »Mir ist heute etwas Merkwürdiges passiert.« Sie konzentrierte sich auf das Glas und kam vorsichtig herüber, damit sie nichts von dem Wein verschüttete. Sie reichte es mir, ließ sich am anderen Ende des Sofas in die Kissen sinken, zog einen Fuß unter sich und trank einen Schluck. Während sie meine Frage erwartete, schürzte sie ganz leicht die Lippen.

»Was denn?«

»Ich habe Yin-mi gesehen.«

»Wo?« fragte ich hastig.

»Im Park.« Wir tauschten einen Blick. »Fast wäre ich in Panik geraten. Ich war fest überzeugt, daß sie unser Haus beobachtet.« Sie lachte mit falscher Selbstsicherheit.

»Ja, und?«

Sie trank abermals und schüttelte dann den Kopf. »Ich bin ziemlich sicher, daß es reiner Zufall war.«

»Was wollte sie denn?«

Li zuckte die Achseln. »Woher soll ich das wissen? Vielleicht Dope kaufen.«

»Yin-mi?« gab ich skeptisch zurück. »Das glaubst du doch selbst nicht!«

Sie musterte mich aufmerksam. »War nur ein Scherz. Was ist los? Du denkst wohl, sie ist zu rein für so was.«

Dies ignorierte ich bewußt. »Erzähl weiter!«

»Tja, eigentlich war's das schon. Ich weiß nicht, was sie hier wollte. Ich hatte nur das Gefühl, daß es sich um etwas Harmloses handelte.«

»Woran willst du das erkannt haben?« wollte ich wissen.

»An ihrem Verhalten. Sie freute sich, mich zu treffen. Wir unterhielten uns eine Weile. Und ich fand meine Selbstsicherheit wieder.« Li lachte nervös. »Aber fast hätte ich alles verraten, als sie mich fragte, was ich hier mache. Ich errötete und verlor die Fassung. Mein Kopf war plötzlich leer. Ich stotterte ein bißchen herum und brachte schließlich heraus, ich wolle eine Freundin besuchen. Als sie dann auch noch fragte, wen, wollte mir nur Jane Doe einfallen. Ich weiß nicht mehr, was ich gesagt habe. Jane irgendwas, vielleicht Jane Dour. Sie sah mich merkwürdig an. Einen Augenblick hatte ich immerhin richtig Angst. Beinahe komisch, findest du nicht, daß ich Angst vor ihr habe?«

Ich verhielt mich neutral und hob leicht mürrisch die Schultern.

Sie lächelte spitzbübisch. »Ich weiß, es war vermutlich grausam, aber ich konnte nicht anders, ich mußte sie fragen, ob sie dich gesehen habe.«

»Aber warum denn?« fragte ich scharf. »Du weißt doch, daß das nicht der Fall ist.«

Beinahe fröhlich zuckte sie die Achseln. »Keine Ahnung. Ich konnte einfach nicht anders. Yin-mi schüttelte nur den Kopf, blieb stumm und starrte traurig ins Leere.« Li warf einen scharfen, taxierenden Blick in meine Richtung, der mich ein bißchen störte, weil er mir das Gefühl gab, unter Beobachtung zu stehen. »Sie liebt dich«, stellte sie dann gelassen fest.

»Und ich liebe *dich*«, gab ich zurück, denn auf einmal begriff ich, daß sie eifersüchtig war, und war gerührt über ihre Ernsthaftigkeit.

»*Psst!*« machte sie wieder, nahm meine Hand mit beiden Händen und legte sie an ihre Wange. »Bitte, sag das nicht, Sun I! Es macht mir Angst, wenn du das tust.«

»Wieso?« In meine Neugier mischte sich eine unbehagliche Ahnung. »Liebst *du* mich denn nicht?«

Da sah Li mich an – nicht unfreundlich, aber mit jener alten Distanz, die ich so gut kannte und so sehr fürchtete. Umfangen und doch ferngehalten von diesem Blick, glaubte ich eine Ähnlichkeit zu erkennen zwischen Li und einem übernatürlichen Wesen, einer Göttin, die vom Himmel herabblickt, zu Tränen gerührt vom Anblick eines frommen, von den Gewissensbissen seiner Sterblichkeit zerrissenen Bittstellers, Gewissensbissen, die sie nicht nachempfinden kann, obwohl sie am Rande echten Mitgefühls schwankt, bis sie schließlich von der unwiderstehlichen Fliehkraft ihrer privilegierten Position wieder emporgezogen wird. Dieser Blick war furchtbarer als jede bewußte Grausamkeit, erfüllt von jener radikalen Amoral, die der Kern von Lis Wesen war, der Zug an ihr, den ich mehr liebte als alles andere, an dem ich jedoch auch verzweifelte, da ich wußte, daß er der unversöhnliche Feind meiner Suche war. Es machte mich traurig, einsehen zu müssen, daß wir sie nie gemeinsam fortführen würden. Und dann dachte ich an Yin-mis Augen, an den tiefen Ernst, mit dem sie alles aufgenommen und auch alles verstanden hatte, nur zu gut verstanden. Vielleicht war das überhaupt das Problem.

»Früher oder später wird sie's erfahren«, sagte Li und holte mich mit ihren Worten von dort zurück, wo ich gewesen war. »So oder so. Vielleicht wäre es besser, ihr's ganz einfach zu erzählen.«

Dieser Vorschlag erstaunte mich. Ich zog die Stirn kraus.

»Willst du's lieber tun, oder soll ich?« fragte sie.

Ich wandte den Blick ab und starrte nachdenklich ins Leere.

»He, melde dich nicht so schnell freiwillig!« spöttelte sie und lachte gereizt auf.

»Hältst du das für unbedingt notwendig?« erkundigte ich mich.

Sie zuckte die Achseln. »Anständiger wär's auf jeden Fall.«

Ich nickte zustimmend. »Dann ist's vielleicht besser, wenn ich's ihr sage.«

Zu meinem Erstaunen zuckte sie ein wenig zusammen. »Ich bin nicht ganz sicher. Vielleicht wär's doch besser, wenn ich das übernehme.«

»Warum hast du mich dann erst gefragt?« Ich versuchte meinen Ärger zu kaschieren.

»Weil ich wissen wollte, wie du reagierst.« Sie hielt inne. »Fehlt sie dir manchmal?«

Ich überlegte, ob ich lügen sollte, entschied mich dann aber, es nicht zu tun. Es war nicht nötig. »Manchmal«, gestand ich. »Ein bißchen.«

Abermals runzelte sie die Stirn, diesmal stärker. »Mir wäre es lieber, du würdest sie nicht treffen.« Ihr Ton war kurz, beinahe befehlend.

»Du weißt, daß ich sie nicht getroffen habe«, gab ich zurück. »Aber warum? Was kann dir das ausmachen?«

»Du willst sie also treffen«, behauptete sie vorwurfsvoll, wie um einen Verdacht zu bestätigen.

»Darum geht es nicht«, widersprach ich sofort. »Ich habe mich nur gefragt, warum du dagegen bist.«

»Na ja, wenn ich mich nicht mehr mit Peter treffe, sehe ich nicht ein, warum du dich noch mit ihr treffen solltest«, erklärte sie mit leichtem Schmollen, das ich abstoßend und ärgerlich fand.

»Also wollen wir auf jeden Fall dafür sorgen, daß keiner von uns ins Hintertreffen gerät, daß wir beide bekommen, was uns zusteht«, entgegnete ich. »Verdammt noch mal, Li, wir sprechen doch darüber, daß wir sie besuchen wollen, um ihr von uns zu erzählen, oder? Wir wollen uns doch nicht zu einer fröhlichen, gesellschaftlichen Verabredung treffen! Außerdem«, ergänzte ich, nachdem ich mich in eine gerechte Empörung hineingeredet hatte, »hab' ich von dir nie ein Versprechen im Hinblick auf Peter verlangt.«

Ihre Miene verriet, wie verletzt sie war; dann wurde ihr Ausdruck hart und kalt. »Also gut«, sagte sie knapp, bewußt geheimnisvoll, bewußt grausam. Sie verschränkte die Arme und weigerte sich, mich anzusehen.

Schließlich gab ich nach. »*Okay*, tut mir leid. Es ist nicht wichtig. Mach du's! Mir ist es gleichgültig.«

Sie akzeptierte meine Kapitulation, wenn auch nicht eben gnädig. Das alles hinterließ einen bitteren Nachgeschmack.

»Also gut«, begann sie mit aufgesetzter Munterkeit von neuem, »erzähl mir, was du heute erlebt hast! Als du hereinkamst, sagtest du, du seist glücklich. Was ist passiert? Erzähl mir, wie viele Millionen du gemacht hast, wie euer Bulle den Staub aufgewirbelt und die anderen niesend und brüllend vor Wut hinter sich gelassen hat.« Sie lachte, wurde redselig, doch lag ein Anflug von Spott in ihrem Ton. »Oder wie ihr die schöne Europa der Finanzen geraubt habt, mit ihr auf dem Rücken nach Asien geschwommen seid, mit ihr, der Barbusigen, Mannbaren, die voll freundlicher Vergeßlichkeit lächelte, während sie die Blumengirlande für eure Hörner wand.«

»Du machst dich lustig über mich«, stellte ich resigniert fest.

»Aber nein!« protestierte sie mit belustigtem Auflachen.

»Bin ich so lächerlich?«

Die scharfe Klinge wanderte vorübergehend in die Scheide, und Li wurde gemäßigter, blieb aber immer noch verspielt. »Lächerlich?« wiederholte sie. »Ich weiß nicht genau. Ein bißchen vielleicht. Aber weit eher verblüffend. Euer Erfolg ist unvorstellbar, ein Wunder! Ein Baby unter hungrigen Wölfen – oder Bären –, und sie lecken ihm die Hand. Wer hätte das gedacht! Sun I«, sie nahm mein Gesicht zwischen ihre Hände, »du bist erstaunlich. Wirklich. Mein schöner chinesischer Kamikaze-Flieger, der aus den Steppen Tibets, von seinem luftigen Horst auf dem Dach der Welt hierherkommt, um wie ein Adler auf die Wall Street hinabzustoßen – wer hätte sich so etwas wie dich vorstellen können? Wärst du eine Romanfigur, man würde dich als viel zu weit hergeholt ablehnen. Und doch bist du real und echt. Das weiß ich. Wenn schon nichts anderes, dann dies.« Sie küßte mich kurz voll auf die Lippen, ein schmatzendes Siegel ihrer Zustimmung.

Mein ganzer Kummer, all meine Befürchtungen vergingen vor ihrer Großmütigkeit, auch wenn sie übertrieben sein mochte, wie Tau in der Sonne. So war Li eben. Ich konnte ihr nicht widerstehen.

»Aber komm«, forderte sie mich auf, »der Tisch ist gedeckt! Ich habe mit dem Dinner auf dich gewartet.« Sie lockerte meine Krawatte und begann mir die Weste aufzuknöpfen.

Beim Abendessen ließ sie mich reden. Ich informierte sie über das Neueste von unserer Übernahme, den letzten Akt des Dramas, dem sie die ganze Zeit so interessiert zugesehen hatte. Während ich sprach und dabei trank, erwachten meine Lebensgeister wieder. Die freudige Erregung kehrte zurück, der schließlich und unausweichlich Geschwätzigkeit folgte. Ich redete noch, als wir zu Bett gingen, als wir uns liebten und als wir schließlich unsere Zigarette rauchten. In meiner Begeisterung wurde ich zweifellos ein bißchen großspurig, stürzte mich in lange, pedantische Auslassungen über den »höheren Altruismus«. Erst da unterbrach sie mich endlich einmal, aber auch nur, um laut zu lachen. Mit offenem Mund, den Finger noch demonstrierend erhoben, wandte ich mich zu ihr um und zwinkerte verwirrt mit den Augen. »Was?«

Aber sie lächelte nur stumm, mit dem vertrauten Ausdruck von Belustigung und Provokation.

»Was ist?« drängte ich sie beinahe empört.

»Gar nichts.« Mit einer spöttisch bittenden Geste hob sie die Hände. »Aber... du glaubst das doch nicht wirklich, oder?«

»Warum nicht?« entgegnete ich herausfordernd.

Sie zuckte die Achseln. »Ach, ich weiß nicht... Höchstens natürlich, weil es pompöser Quatsch ist – einfältig, heuchlerisch und eigennützig.«

In benommenem Schweigen starrte ich sie an. Es war das erste Mal, daß sie auch nur annähernd ein Urteil über unsere Geschäfte äußerte.

»Versteh mich nicht falsch«, fuhr sie fort. »Es ist ja nicht so, daß ich die Übernahme der Bank mißbillige. Ich finde es großartig, daß ihr so was schafft. Aber wenigstens hinsichtlich eurer Beweggründe wollen wir doch ehrlich sein, ja? Ich meine, wenn ihr irgend jemanden schluckt, dann solltet ihr wenigstens so viel intellektuellen Anstand besitzen, nicht zu behaupten, es geschehe zu seinem Besten.«

»Na ja, dann aber zum Wohl des Systems als Ganzen«, erwiderte ich.

»O nein!« Sie schüttelte den Kopf. »Selbst wenn die Evolutionsanalogie zuträfe (und ich bin nicht sicher, daß sie es tut; schließlich töten Tiere instinktiv, unschuldig, Menschen dagegen aus freiem Willen), würde euch das nicht persönlich entlasten. Wenn ihr einem anderen Menschen seine Firma gegen seinen Willen wegnehmt, dann ist das größere Wohl, dem dies dient, euer eigenes Bankkonto.« Sie lachte. »Wobei mir einfällt: Glaubst du, daß mir die Scheckgebühren erlassen werden?«

In ungläubigem Schmerz starrte ich sie an. »Du willst also sagen, daß du nach allem, was ich dir über die Gründe für mein Hiersein und meine Teilnahme am Markt erzählt habe, immer noch glaubst, daß mein Motiv im Grunde bloßer Eigennutz ist?«

»Na schön, dann nenn es eben höheren Eigennutz, wenn du willst.««

»Ich meine es ernst, Li! Es ist wirklich nicht komisch. Glaubst du wirklich, ich könnte meinen Grundsätzen so untreu werden, daß ich Profit um meiner selbst willen erstrebe, ohne ein erhabenes Ziel dahinter?«

Die Augen schmal zusammengezogen, schenkte sie mir ihr vertrautes, aufreizendes Lächeln und zuckte die Achseln. »Warum nicht? Das tun doch alle, ich auch. Wieso glaubst du, etwas so Besonderes zu sein? Hör auf damit, Sun I, du lebst jetzt in der realen Welt. Du bist ein großer Junge, richtig erwachsen. Und sollten Bull Inc. und das Ordal nicht wirklich ein Übergangsritus, das Hintersichlassen der Kindheit sein?«

»Aber es war doch Kahns Idee«, protestierte ich hastig. »Ich habe das alles nur für ihn getan.«

Ein hartes Licht glänzte in ihren Augen. Sie lächelte freudlos. »Aber du hast im Herzen allem zugestimmt.«

Ich war so niedergeschlagen, so zerknirscht, daß ich nicht mal versuchte, mich zu verteidigen.

»Ich will dir nicht weh tun, Sun I«, fuhr sie fort, »aber in mir sträubt sich alles, wenn du mit diesen selbstgerechten Behauptungen kommst über das, was im Grunde reine, unverfälschte kapitalistische Raubgier ist. Nicht etwa, daß ich etwas gegen reine, unverfälschte kapitalistische Raubgier habe, gewiß nicht; im Gegenteil, ich finde sie super. Nur hör auf, ihr – oder dir selbst – einen Schafspelz umzuhängen! Was ihr getan habt, was ihr tut, ist unglaublich, aber versuch es nicht als selbstlose, moralische Tat hinzustellen, wenigstens nicht mir gegenüber. Ich bin der Meinung, du tust das, weil du Spaß daran hast und es dir eine Menge einbringt, und nichts von dem, was du hier vorbringst, wird etwas an meiner Meinung ändern. Mehr habe ich dazu nicht zu sagen. Nur damit du's weißt.«

»Und was bringt mir das ein?« fragte ich zynisch, mutlos.

Sie hob die Hände genauso, wie es der Priester getan hatte, um die Gemeinde zur Kommunion einzuladen. »Das hier«, antwortete sie und deutete mit einer Kopfbewegung auf das Schlafzimmer und die ganze Umgebung.

Ich ging einen Schritt weiter. »Und dich?«

Sie wurde tiefrot. »Vielleicht«, sagte sie in jenem altbekannten Ton, der mich herauszufordern schien, ihre Glaubwürdigkeit in Zweifel zu ziehen. »Wenn du so willst.«

Schweigend schüttelte ich den Kopf, versuchte alles zu verarbeiten.

»Es gehört ganz einfach zu den Dingen des Lebens, Sun I.«

Schon wieder einmal dieser Ausdruck. »Wie das Sterben?« fragte ich.

Sie lächelte müde. »Ja. Wie das Sterben. Und wie das Sterben sollte man auch dies mit Anstand hinnehmen.«

»Die ganze Zeit hast du zugesehen und nichts gesagt, während wir unseren Plan verwirklichten, und hast doch von Anfang an nichts anderes für uns empfunden als Verachtung.« Ich versuchte es zu begreifen.

»Ganz und gar nicht«, widersprach sie. »Ich war tief beeindruckt. Ich bewundere das, was ihr erreicht habt. Ehrlich. Ich kann nur nicht glauben, daß ihr uneigennützig gehandelt habt.«

»Aber das ist doch gerade der springende Punkt!« rief ich aufgebracht. »Wenn du daran nicht glaubst, glaubst du überhaupt nicht an mich – nicht richtig, nicht in den Punkten, die zählen.«

Sie zuckte nicht mit der Wimper. Seufzend wandte ich mich ab.

»Du irrst dich, weißt du«, begann sie dann abermals. »Ich glaube an dich. Als ich dich kennenlernte, hätte ich nicht gedacht, daß ich das einmal tun würde. Jetzt aber beginne ich wirklich an dich zu glauben. Nur nicht so, wie du selbst an dich glaubst. Ich glaube nicht an deine Priesterrolle, dieses glorifizierte Bild von dir als Pilger auf einer frommen Suche nach dem Heiligen Gral. Das ist nichts weiter als eine jugendliche Phantasie. Vielleicht hast du sie einmal gebraucht, damit sie dich stark machte und anspornte. Jetzt aber bist du darüber hinausgewachsen. Es wird langsam Zeit, daß du sie hinter dir läßt.« Sie streckte die Hand nach mir aus, der ich abgewandt auf der Bettkante saß, und legte sie mir sanft auf die Schulter. »Ich glaube, daß du in Wirklichkeit um einiges stärker bist. Und besser.«

Ich drehte mich um und funkelte sie ironisch an. »Besser?«

»Besser für mich.«

Beide Ellbogen auf die Knie gestützt, faltete ich die Hände und starrte auf meine Füße hinab, ohne an etwas Besonderes zu denken. Nur einen dumpfen, fernen Schmerz verspürte ich. Der Anblick meiner nackten Zehen erinnerte mich an die Sommernächte, in denen ich neben Yin-mi mit baumelnden Beinen auf der Dachkante gesessen und ihr, während die Sonne langsam in die Wildnis hinter dem Hudson sank, von meiner Vergangenheit und meinen Hoffnungen erzählt hatte. *Sie* hatte an mich geglaubt. Ein stechender Schmerz um ihren

Verlust erfüllte mich. Niemals zuvor hatte ich ihn bedauert, jedenfalls nicht, seit ich Li gefunden hatte. Jetzt hätte ich am liebsten geweint.

»Du siehst traurig aus«, stellte Li liebevoll fest. »Komm her!« Sie zog mich an sich und barg mein Gesicht an ihrer Brust. »Was kann ich tun?«

Ich schloß die Augen, ohne zu antworten, wünschte mir nur, mich in nichts auflösen zu können.

»Soll ich dir eine Geschichte erzählen?« schlug sie vor und streichelte mir das Haar. »Laß sehen, welche?« Sie hielt einen Moment inne. »Ach ja, ich weiß: Phaëton. Hast du von dem schon mal gehört?«

Ich schüttelte den Kopf wie ein Kind und sehnte mich nach ihrem Trost.

»Eine Gestalt aus der griechischen Mythologie«, erklärte sie mir.

»Wie Ödipus?«

»Wie Ödipus«, bestätigte sie. »Klymene, seine Mutter, war eine Sterbliche, sein Vater aber war Helios, der Sonnengott. Es heißt, daß Phaëton vom zweiten Monat an von innen gegen den Uterus seiner Mutter getrommelt und geschrien hat, weil er in die Welt hinaus wollte, ›schicksalsgetrieben‹ wie Äneas, wie sie alle. Seine Neugier und sein Begehren waren unstillbar. Er habe ›Träumeraugen‹, hieß es.« Li musterte mich mit seltsamem Blick, bevor sie fortfuhr. »Seine Mutter zog ihn groß, aber er wurde unbezähmbar. Da er seine Ehelichkeit anzweifelte und ganz verrückt war nach Beweisen, besuchte er seinen Vater im Palast der Götter auf dem Olymp und bat Helios, ihn als Anerkennung ihrer Verbindung – eine Art selbstauferlegten Ordals – einen Tag lang den Sonnenwagen durch den Himmel fahren zu lassen. Helios versuchte ihm dies auszureden. Er beschrieb die Ungeheuer, denen er begegnen würde: den Skorpion, den Löwen, den Großen Bären, Taurus... Aber Phaëton blieb fest. Und weißt du, was passierte?«

Ich schüttelte den Kopf.

»Die Pferde waren natürlich viel zu stark. Das Licht von Tausenden von Sonnen, von tausend Galaxien von Sonnen blendete ihn. Seine Hände bluteten von den Zügeln der Macht, er geriet in Panik und verlor die Kontrolle. Brennend schoß der Wagen durch den Himmel und schuf dabei die versengte Spur der Milchstraße, bis das ganze Universum vom Feuer bedroht wurde. Zeus mußte eingreifen. Er schleuderte einen Blitzstrahl auf ihn und schlug ihn nieder. Phaëton stürzte vom Himmel in den Fluß Eridanos und ward von keinem Menschen mehr gesehen.«

»Seine Sünde war der Stolz«, bemerkte ich mehr zu mir selbst als zu Li.

»Jawohl, Stolz, Arroganz und Anmaßung. Die Griechen hatten ein Wort, in dem all diese Charakterzüge zusammengefaßt wurden: Hybris.«

»Hybris«, wiederholte ich bedächtig.

Sie nahm mein Gesicht zwischen ihre Hände. »Du hast ebenfalls Träumeraugen«, stellte sie fest.

»Dann meinst du also, daß ich stolz bin – neben all meinen anderen Fehlern?« fragte ich sie.

Sie nickte lächelnd. »Ja, das meine ich. Stolz, und vielleicht ein winziges bißchen unaufrichtig.«

»Unaufrichtig?«

»Unaufrichtig?« wiederholte sie spöttisch. »Ich glaube, du weißt genau, was ich meine.«

Ich zwinkerte verwundert.

»Gib's doch zu!« verlangte sie. »Du magst schöne Dinge, alles, was dir dein neues Leben beschert hat.«

»Aber ich kann ohne sie leben«, widersprach ich ihr heftig. »Früher konnte ich's ja auch.«

»Bevor du mich kennengelernt hast«, folgerte sie.

Ich antwortete nicht.

»Meinetwegen kannst du jederzeit wieder so leben«, konstatierte sie mit schroffem Fatalismus, aber ein wenig warnend. »Dafür könntest du dir die Beihilfe meiner kleinen Schwester sichern.«

»Bitte, hör auf!« Ich spürte, wie die Anziehungskraft des Wirbels wieder einsetzte. »Ich dachte, diesen Punkt hätten wir erledigt.«

»Aber du mußt eines begreifen, Sun I«, fuhr sie fort, ohne mich zu beachten. »Dies ist nicht gratis. *Ich* bin nicht gratis.« Sie öffnete die Augen herausfordernd weit. »Ganz recht. Du brauchst mich gar nicht so erstaunt anzusehen. Du hast es selbst gesagt. Und wenn dir das bis jetzt noch nicht klargeworden ist, solltest du's endlich einsehen. Es ist so. Du behauptest, dein eigentliches Ziel sei irgendein Wissen, du seist als Pilger auf der Suche nach Reinheit und Wahrheit hergekommen. Und gleichzeitig sagst du, ich sei dein ganzes Begehren. Begreifst du denn nicht? Darin liegt ein Widerspruch. Du kannst nicht zwei große Ziele gleichzeitig haben.«

»Was sagst du da?« stöhnte ich voll Angst und Kummer.

»Ich frage mich nur, wenn du wählen müßtest – und irgendwann, früher oder später, kommt dieser Zeitpunkt immer, Sun I, nicht wahr? –, was würdest du eher opfern?«

»Warum mußt du mir so schreckliche Fragen stellen?« Es kam mir vor, als würde ich innerlich zerrissen. »Warum mußt du unbedingt auf diesem Punkt herumreiten? Deinetwegen hab' ich doch schon mein Gelübde gebrochen, oder? Was willst du sonst noch?«

»Ganz einfach, Sun I«, antwortete sie. »Du sollst nicht vergessen, daß du dies alles trotz deiner Behauptung, es handele sich um höheren Altruismus und einen religiösen Zweck, ohne *es,* ohne Geld nicht haben könntest... Und ohne dies alles könntest du mich nicht haben.«

Ich zog mich wieder in mein früheres Exil an der Bettkante zurück, klammerte mich mit Gewalt an Yin-mis Bild, als könne es mich vor dieser häßlichen Vorstellung schützen.

Li rutschte nach und hob mein Kinn an. Ihre Miene verriet Zärtlichkeit und tiefe Reue. Daß ich selbst so indifferent war, erstaunte mich.

»Sei nicht traurig, Sun I«, flüsterte sie. »Es ist nicht nur das. Es ist nicht nur Geld. Ich meine einfach, ganz gleich, was ich für dich empfinde, ich könnte nie glücklich sein ohne bestimmte... Dinge. Ist das so schlimm? Geld ist lediglich eine Voraussetzung, nicht das Ein und Alles. Denk an das Stück, das wir damals gesehen haben. So schön und inhaltsschwer auch das Drama sein mag, um es möglichst vorteilhaft auf die Bühne zu bringen, braucht man ganz einfach Geld. Das gehört zu den Dingen des Lebens.«

Hier zuckte ich ein wenig zusammen, obwohl ich allmählich weich wurde.

»Du willst, daß der Geist alles schafft, daß er Berge versetzt. Wie schön, wenn das ginge! Aber das ist eine Traumwelt, Sun I. Die Realität ist besser. Sie mag zwar nicht dafür sorgen, daß du ständig dastehst und vor Staunen, Ehrfurcht und Verwunderung die Augen aufreißt«, bewußt übertreibend hielt sie nach jedem Wort den Atem an, »aber es gibt stets etwas Gutes zu essen und Wein zu trinken.« Sie nahm ihr Glas und trank mir zu. »Es gibt immer die Liebe, bis unsere Körper zutiefst erschöpft zusammenbrechen.« Ihre Augen wirkten verletzlich und sinnlich zugleich. »Das ist doch besser, findest du nicht?«

In meinen Augen brannten jetzt Tränen. Ich suchte sie nicht zu verbergen. »Dann laß mich das als meinen Gott annehmen«, bat ich, »wenn du es brauchst.«

Sie lächelte zärtlich-traurig, als atme sie innerlich tief auf; dann streichelte sie mir mit dem Handrücken die Wange. »Du bist ein guter Mensch, Sun I«, stellte sie fest. »Viel zu gut.«

Da brach ich in Tränen aus.

Seufzend zog sie sich zurück und ließ mich mit meinem Schmerz allein. Als ich mich wieder umwandte, saß sie, in die Kissen gelehnt, mit einem Ausdruck verträumter Selbstvergessenheit im Bett. Sie spielte mit einer Haarlocke, die sie strähnte wie einen Strang Wolle. Die Bewegung ihres Handgelenks war dabei die gleiche, mit der sie ihre Kette aus gehämmertem Gold zu verdrehen pflegte. Ich kann es nicht erklären, doch diese Geste erschreckte mich in ihrer tiefen Versunkenheit mehr als alles, was sie gesagt hatte. In dieser dämmrigen Beleuchtung war sie von einer seltsamen Aura umgeben, die so kalt war wie der Glanz von Marmorstein. Gleich darauf wurde sie sich meines forschenden Blickes bewußt und ließ die Haarlocke fallen. Von einer Vorahnung gequält, konnte ich den Blick nicht davon abwenden. Tiefschwarz auf ihrer weißen Haut, schmiegte sie sich an die Wölbung ihres Busens. Plötzlich jedoch zuckte sie und wedelte heftig hin und her wie ein Hundeschwanz. Als ich aufblickte, lächelte Li mir aus einem Fuchsgesicht zu.

»Was willst du?« fragte ich sie auf chinesisch, übervorsichtig vor Angst, als spreche ich mit einem Geist.

»Dies«, antwortete sie. »Dich. Alles an dir, auch deine Widersprüche, vor allem die. Ich will deine Ambivalenz, deine Paradoxien.« Abermals lächelte sie, und sie war fort, die Illusion, der Einblick, was immer es war.

Ich stieß den Atem aus, seufzte resigniert und verzweifelt. »Li, Li.« Ich schüttelte den Kopf. »Manchmal weiß ich nicht, ob du mich je wirklich liebst. ›Ambivalenz‹, ›Paradoxien‹ – was habe ich damit zu tun? Ich weiß nichts über solche Dinge.«

»Da bin ich aber nicht so sicher«, widersprach sie. »Vielleicht unterschätzt oder überschätzt du dich. Manchmal habe ich das Gefühl, daß du kaum eine

Ahnung hast, wer du wirklich bist. Vielleicht habe ich mich vorhin geirrt. Es ist weder Unaufrichtigkeit noch Heuchelei. Du bist so ehrlich, wie du es vermagst. Es ist nur, daß du dich selbst nicht kennst. Wenn du Dow sagst oder *dao*, sind das dann nicht nur Kürzel für die unentdeckten Ichs, die dich zusammen zu dem machen, der du bist, zu deinem ›wirklichen Ich‹? Oder vielmehr zu deinen Ichs, denn trotz allem, was du sagen oder denken magst, sind diese Ichs mannigfaltig und widersprüchlich. *Das* ist deine Ambivalenz. Das ist deine Paradoxie. Das ist es, was mich immer stärker zu dir hinzieht. In dir scheinen zwei Seelen einen einzigen Körper zu bewohnen, einander diametral entgegengesetzt, und doch jede voll kindlicher, unschuldiger Sehnsucht, sich mit der anderen zu vereinen. Was sind sie? Deine Mutter und dein Vater, Glaube und Zweifel, ein Instinkt, der zum Leben, und einer, der zum Tode führt? Darauf habe ich keine Antwort. Ich sehe dich in dieser Wildnis umherstreifen und lautstark auf der Reinheit deines Beweggrunds beharren, während deine Hände naß von Blut sind. Wenn es Reinheit ist, was du wolltest, hättest du China niemals verlassen dürfen. Warum hast du es getan? Hier gibt es keine Reinheit. Wenn sie überhaupt existiert, gibt es sie nur dort, an Orten wie Ken Kuan, die einzig existieren, um sie am Leben zu erhalten. Denn Reinheit, wenn auch nur ein Fragment des Ganzen, ist wichtig. Männer wie jene, die du dort kanntest, haben einen legitimen Auftrag als ihre Hüter. Ich habe Respekt vor dem, was sie tun. Aber du gehörst nicht zu ihnen, Sun I. Du hast viele Jahre bei ihnen verbracht, das weiß ich; es fällt schwer, das aufzugeben. Aber du bist für dies hier geschaffen. Und ich glaube auch, das ist der Grund, daß dein Meister dich gehen ließ: Weil er wußte, daß dein Schicksal hier in der Welt liegt, im Dow. Vielleicht hat auch dein Freund Kahn recht, wenn er sagt, daß der Dow in der breiten Extrapolation die Welt ist. Du kannst mit dem Kopf gegen die Wand rennen und dir das Herz brechen, aber hier gehörst du her, und deswegen kamst du nach Amerika. Weil dieses Land die Apotheose des Dow ist wie China vielleicht jene des *dao*. Und was das übrige angeht – das *dao* im Dow –, gib's auf! Du wirst es niemals finden. Es ist nicht hier. Es ist nirgendwo, höchstens vielleicht irgendwo hinter dem Regenbogen in deinen Träumen und in deinem Herzen, aber das ist kein realer Ort.«

»Wirklich nicht?«

Mit hundertprozentiger Überzeugung schüttelte sie den Kopf. »Diese beiden sind unvereinbar, Sun I, auf immer und ewig.

Das Delta, das *dao* im Dow – das ist deine priesterliche Formel für deine eigene Absolution, für die Auflösung jener Spannung, die in dir zwischen Gut und Böse besteht. Die Vereinigung, die du suchst, ist Sophisterei, Magie. Falls sie überhaupt geschieht, geschieht sie irgendwo hinter dem Fluchtpunkt dieser Welt. Sie ist Illusion, Aberglaube. Selbst wenn du fändest, wonach du suchst, würde es dir schaden. Du würdest erschlaffen vor lauter Glück.» Mit einem entschuldigenden Lächeln griff sie hinab und schloß ihre Faust um meinen schlaffen Penis. »Du würdest aufhören, ein Mann zu sein, und zum Heiligen werden. Du würdest nicht mehr wichtig sein, Sun I, wenigstens nicht mehr für mich.«

Sie hielt inne, um die Wirkung ihrer Worte abzuwarten. »Armer Junge«, tröstete sie mich und berührte mit ihren kühlen Fingerspitzen mein Gesicht. »Du glaubst, daß sich die Parallelen deiner beiden unvereinbaren Schicksalslinien, deiner beiden unvereinbaren Ambitionen irgendwo in einer mathematischen Unendlichkeit treffen, die du für real hältst, und daß dann alle Verheerungen deiner Persönlichkeit geheilt werden.« Und flüsternd: »So ist es nicht, Sun I. So ist es nicht.«

Als sie schwieg, merkte ich, daß ich seit einiger Zeit schon auf etwas ganz anderes lauschte, auf etwas draußen auf dem Fensterbrett: auf das klagende, zusammenhanglose Singen der Harfe, die sie in die neue Wohnung mitgebracht hatte. »Vielleicht hast du recht«, kapitulierte ich mit müder, tonloser Stimme. »Ich weiß es nicht mehr.«

Sie kam ums Bett herum, kniete sich neben mich, legte den Kopf auf meinen Schenkel und wiegte sich langsam hin und her. »Keine Angst«, beruhigte sie mich leise, »es wird alles gut.«

Als ich auf ihren dunklen Kopf hinabblickte, empfand ich einen unendlichen Schmerz. Sie hatte mich an einer tiefinneren Stelle getroffen, die nie wieder heilen würde; sie hatte irgend etwas in meinem Herzen unheilbar verwundet, und zwar mit Absicht, wenn auch nicht aus Bösartigkeit. Und doch empfand ich keine Bitterkeit, keinen Groll. Ja, die Zärtlichkeit, die ich für sie empfand, war tiefer jetzt als jemals zuvor, tiefer, als ich es je erlebt hatte. Die Augen wurden mir feucht. Sinnend strich ich ihr übers Haar. Nach einer Weile wurde ich mir einer großen, wohltuenden Leere in mir bewußt, eines Gefühls der Erleichterung. Nach dem Ausbruch der Leidenschaft und der Heftigkeit fühlte ich mich jetzt, nach der Schlacht, geläutert und heil. Ich lebte in Frieden mit mir selbst.

In jener Nacht im Bett dachte ich an Yin-mi. Wehmütig wanderten meine Gedanken zurück, rekapitulierten tausend Erlebnisse, unsere unschuldige Freude aneinander, die Sanftmut, mit der wir sie hingenommen hatten. Im Licht des Rückblicks wurden all diese Dinge bitter, fast quälend. Ich dachte an den Blick, den sie mir an jenem ersten Abend in der Küche ihres Vaters zugeworfen hatte, denselben Blick wie an jenem letzten Morgen, als ich sie von mir gestoßen hatte und durch die Tür hinausgegangen war. Dieser Blick verband Anfang und Ende, schloß den Kreis unserer Vertrautheit. Und auch an ihre Lebhaftigkeit erinnerte ich mich, an das Funkeln des Interesses in ihren Augen, an das behutsam ermutigende Nicken, das sie mir schenkte, als ich Wo (in Wirklichkeit aber ihr) bei den Ha-pis von meinen höheren Zielen erzählte. Jawohl, sie hatte an mich geglaubt, geglaubt und so tief mit mir gefühlt, daß sie das kristallklare Bild meiner wahren Herzensabsichten entdeckte, es wie ein Juwel aus dem hell dahineilenden Sturzbach meiner Rede hob und es mir mit zitternden Händen darbot. Das Delta – sie hatte es mir gegeben; Li hatte es mir genommen.

Li lag schlafend neben mir in den Kissen. Sie war so schön! Mein schöner Engel des Sex... Ja, das hatte sie mir gegeben: meine Sexualität. Das war ihr Geschenk. Das war ihr Delta. (»Das ist das Delta, mein lieber Junge, das einzige, das von Bedeutung ist.«) Und ich hatte es gewollt. Aber das andere, das *dao* im Dow? »Du würdest erschlaffen vor lauter Glück.« Unter der Decke griff ich hinab und umfing meinen Penis. In einer trauernd-friedvollen Stimmung schloß ich die Augen.

Dann brach auf einmal ein hartes Lachen aus den Tiefen in mir hervor, ein einziges, kurzes, heftiges *Ha!* Ich dachte an das, was Kahn an jenem Tag im »Buttonwood Café« zu mir gesagt hatte: »Gefangen zwischen eurem Yin und eurem Yang.« Yin-mi, Yang... Ich drückte fester zu. So hatte er es natürlich nicht gemeint, aber darauf kam es nicht an. Es war perfekt. Doch ebenso plötzlich stieg eine Woge von Reue und Schmerz in mir auf, als ich an jenen Abend im Regen, an die wilde Jagd durch das Gassenlabyrinth dachte. Hätte ich damals nur von der eigenen Sexualität gewußt! Hätte nur Yin-mi davon gewußt! Hat sie es wirklich nicht? fragte ich mich. Vielleicht, vielleicht. Für mich jedoch hatte sich das Begehren im alchimistischen Schmelztiegel meines Unbewußten in Aversion und Mißtrauen verwandelt. Das und nicht das Debakel in der Trinity Church war der Anfang unserer Trennung gewesen, ihre echte Wurzel. Ich stellte mir Yin-mi vor, wie sie im Vestibül stand, die Hände auf dem Rücken, die Brüste durch die nasse Bluse schimmernd. Die Kehle wurde mir eng, und ich wurde wieder hart, als ich mich erinnerte, wie sie auf mich herabgeblickt hatte, als ich sie hochhob, und wie sie mich auf den Mund geküßt hatte; ich glaubte ihren Geschmack zu spüren. Todunglücklich schloß ich wieder die Augen, und dann, weil ich wußte, daß es mir einen winzigen Augenblick der Erleichterung gewähren würde, onanierte ich. Jins Gesicht, das Gesicht meines Vaters, das unbekannte Ding mit den Hörnern im Laderaum der »Telemachos« – all diese Bilder zogen durch meine Träume, dazu ein perlendes, spöttisches, körperloses Gelächter, das mit der Musik der Harfe herübergeweht wurde.

DREIZEHNTES KAPITEL

Das also war unser erster Streit. Und so war unser letzter. Und alle anderen dazwischen. Es lief immer auf dasselbe hinaus: ihren exemplarischen ethnologischen Relativismus und mein Bedürfnis nach Absolutem. Am Morgen nach jenem ersten Streit fühlte ich mich, als wäre ich bei lebendigem Leibe geschunden und mit Gummischläuchen geschlagen worden – eine so schwere Demütigung, daß sie mir körperlichen Schmerz bereitete. Und zwar nicht nur wegen unseres Streites, sondern auch wegen der Übernahme, und wegen meiner »Selbstbefleckung«. Ich fühlte mich zutiefst unrein, empfand Abscheu vor mir selbst und vor meinem Leben. Hat Jin dies mit dem »Katzenjammer nach der Schlacht« gemeint? fragte ich mich.

Kahn, der noch immer von der Begeisterung des Vortags erfüllt war, prahlte herum, erteilte lautstark Befehle. Ich mied ihn wie einen stinkenden Fisch, drückte mich davon, versteckte mich in den hintersten Winkeln und verließ das Büro relativ früh. Auf der Heimfahrt im Taxi spielte ich rachsüchtig mit dem Gedanken, mit Li zu brechen, sie rauszuschmeißen, und wußte doch, daß ich es nicht tun würde. Ich konnte einfach nicht ohne sie leben. Komisch nur, daß dieses Faktum nicht mehr von den üblichen romantischen Assoziationen begleitet war. Meine Abhängigkeit glich eher einer Droge. Ein anderes Bild aus der Vergangenheit tauchte auf: »... eine heimtückische und letztlich schwächende Parodie der berauschenden Wonne der Erleuchtung« – die Worte, die der Meister zu Xiao gesprochen hatte. Er hatte damals das Opium gemeint, aber ich fragte mich, ob sie nicht ebensogut auch auf Li paßten, auf ihre Liebe im Vergleich zu der Yin-mis. »Gefangen zwischen eurem Yin und eurem Yang.« Ich lachte bitter. Also war ich ein Abhängiger.

Als ich nach Hause kam, wurde mein Edelmut reichlich belohnt. Li saß mitten im Wohnzimmer auf dem Boden und blätterte lustlos in einem Stoß Zeitschriften. Da sie noch immer Nachthemd und Morgenrock trug, war sie anscheinend nicht zur Vorlesung gegangen. Ich merkte, daß sie geweint hatte, denn ihre Augen schimmerten im Glanz erschöpfter Tränen. Als sie mich sah, erhellte sich ihre Miene jedoch im Licht neuer Hoffnung.

»Du bist wieder da!« Sie sprang auf, warf mir die Arme um den Hals und hielt mich ganz fest. Mein Gesicht in beide Hände nehmend, lehnte sie sich zurück, um mich zu begutachten. Sie wirkte reumütig, ernst und zärtlich.

»Ich habe den ganzen Tag an dich gedacht«, gestand sie mit einem winzigen Zittern in der Stimme. Abermals umarmte sie mich und legte ihr Gesicht an meine Brust. »Es tut mir ja so leid, wegen heute nacht. Ich entschuldige mich für alles, was ich gesagt habe. Ich weiß nicht, was in mich gefahren war.« Wieder löste sie sich von mir und musterte mich ernst. »Ich möchte es wiedergutmachen.«

»Bist du nicht in die Uni gefahren?« Es lag etwas Sentimental-Rührseliges und Übertriebenes in dieser unerwarteten Sturmflut von Zärtlichkeit, das mich mit einer unbestimmten Abneigung erfüllte. Ich fragte mich, ob sie nicht schlicht und einfach fürchtete, ihren neuen Wohlstand zu verlieren, »dies alles«. Aber ich haßte mich selbst wegen dieses Gedankens.

»Doch, für kurze Zeit schon«, antwortete sie. »Aber es war zu unerträglich. Dein Erguß sickerte ständig in meine Unterwäsche – kalt, kalt –, und ich wollte immer nur weinen. Ich fuhr nach Hause, und dann weinte ich. Und schlief. Und dann weinte ich wieder.«

»Was soll das alles?« Ich deutete auf die auf dem Fußboden verstreuten Zeitschriften.

»Ach, ich bin bei meinem Apartment vorbeigefahren und hab' mir ein paar Kartons geholt.« Sie löste sich von mir, ging zu den Zeitschriften hinüber und ließ sich auf die Knie nieder. Mit nachdenklich geschürzten Lippen begann sie zu blättern. »Ich hab' da was gesehen... Ich weiß nicht, ob ich's jetzt wiederfinde... Ein Bild, das mich an dich erinnerte.« Sie suchte eine Minute und klappte die Zeitschrift dann seufzend zu. »Na ja, ich kann's dir ja auch erzählen. Es war ein Artikel über Südamerika, Chile, glaube ich, mit vielen großen Farbfotos: Schweißer, die blauweißes Feuer sprühen lassen, daß die Funken durch die Luft stieben; ein anderes von einem riesigen Krater in der Wüste, dem Atacama, mit spielzeugkleinen, gelben Kippwagen und Bulldozern, die auf ihren breiten Reifen dahinrollen; Fischtrawler, die auf dem dunkelblauen Wasser des Ozeans, von einer wirbelnden Wolke Möwen begleitet, in den Hafen dampfen; die Skyline von Santiago vor der Silhouette der fernen Berge bei aufgehendem Vollmond, der teilweise von einem Glaswolkenkratzer verdeckt wird. Und unter all diesen Bildern des Fortschritts und der Modernisierung das merkwürdige Foto eines kleinen Jungen, der im Schnee sitzt, das Kinn auf den emporgezogenen Knien« – sie machte es mir vor – »das winzige Gesicht zur Seite gewandt, während er schläft. Die dunkle Haut, die Form des Gesichts, das lange, schwarze, zu vielen Zöpfen geflochtene Haar – das alles verrät seine Rasse: Er ist Indianer. Weil mich irgend etwas an ihm berührte, saß ich sehr lange vor diesem Bild. Er war in Felle und Federn gekleidet; rings um ihn im Schnee lagen die Spielsachen, mit denen er gespielt hatte, bevor er einschlief: eine Hündin mit Welpen, ein Llama aus gehämmertem Gold, ein Kokainlöffel.«

Bei jedem Wort berührte sie ganz leicht den Teppich, als reihe sie die Sachen um sich her auf.

»Er trug ein mit einer Lederschnur befestigtes Stirnband. Mitten auf seiner Stirn lag wie ein drittes Auge im Perlstickmuster die Sonne, die ihre Strahlen bis an die Peripherie schickte – nur daß sie schwarz war. Der Ausdruck auf seinem Gesicht vor allem war es, der mich berührte, eine Art Schmollen, die Unterlippe geschürzt, das Schmollen zum Teil vom Schlaf gemildert. Seine Stirn war gefurcht, die untere Hälfte seines Gesichts jedoch war völlig entspannt, der Mund ganz leicht geöffnet. Er sah aus, als sei er eingeschlummert, während er grollte, als könne er seinen Entschluß, denjenigen zu hassen, der ihn dort allein gelassen hatte, nicht durchführen. Als ich näher hinsah, entdeckte ich, daß seine Arme mit seltsamen, braunen Striemen bedeckt waren. Stellenweise schälte sich die Haut buchstäblich ab: Man konnte die Knochen darunter sehen. Da erst las ich die Überschrift: DER INKA-JUNGE. Ich konnte es kaum fassen – ein Inka! Weißt du, was das bedeutet? Er wurde genauso, wie er auf dem Foto aussieht, von einem Meteorologenteam hoch oben in den Cordilleren auf einem Berg names El Plomo in über siebzehntausend Fuß Höhe gefunden. Sie sahen seinen Arm aus einer Schneewehe ragen, ein starker Sturm hatte ihn freigelegt. Dieser Junge hatte *vierhundert Jahre* dort begraben gelegen.«

Sie hielt inne, um ihren Worten Bedeutung zu verleihen.

»Aufgrund seiner Frisur, der Darstellungen auf dem Stirnband und der zeremoniellen Gegenstände neben der Leiche schätzten die Wissenschaftler, daß er als Opfer auserwählt worden war. Die schwarze Sonne, sagten sie, weise auf eine Sonnenfinsternis hin. Und ungefähr zu jener Zeit gab es eine, die in Europa beobachtet wurde. Offenbar hatte der Stamm sie als Zeichen für das Mißfallen der Sonne ausgelegt und das Kind als Menschenopfer dargebracht, um seinen Gott gnädig zu stimmen. Als ich das las, mußte ich weinen und an dich denken.«

»Wieso?« wollte ich wissen.

»Weil du mich an diesen kleinen Inka-Jungen erinnerst, Sun I: du, ein unschuldiges Opfer, zurückgelassen von einer untergegangenen Kultur, das aufschreckt inmitten einer modernen Landschaft und versucht, die Prinzipien, die man es gelehrt hat, auf die Neue Welt anzuwenden, die es umgibt, das immer noch an die wilden, rachsüchtigen, primitiven Götter glaubt, die wir verloren haben (die ich verloren habe, Sun I), die Augen noch strahlend von einer schrecklichen Gewißheit, die wir mit unseren Instrumenten nicht entdekken können und die wir daher als Aberglauben abtun. Ich stellte mir vor, wie du in deinen zeremoniellen Gewändern einem Gott geopfert wirst, den der Fortschritt und die Wissenschaft abgesetzt haben. Erstarrt in deinem Leiden, wirst du hinter Glas in einem Museum zur Schau gestellt, damit neugierige Touristen dich anstarren und entehren können, und so zwingt man dich, das Ritual deiner Agonie immer und immer wieder zu durchleben, ohne Hoffnung auf Erlösung.« Flehend und ängstlich sah sie mich an.

Mir fehlten die Worte, so bewegt, so verletzt war ich. Es löschte das, was sie in der letzten Nacht gesagt hatte, nicht aus, doch es berührte die Wunde mit einem Zauberstab, bis Schneeflocken auf die schmerzende Stelle fielen. Sie hatte so unendlich viel in sich, so viel Poesie! Sie begriff meine Finsternis und meinen Schmerz besser als alle anderen, sogar besser als Yin-mi mein Licht und meine Ganzheit. Die Vergangenheit wurde hinweggefegt. Wir waren versöhnt. Und ich liebte sie wieder.

Auch sie liebte mich, glaube ich, zum erstenmal. Vielleicht war das die einzige Nacht, in der sie mich wirklich liebte, mich liebte an jenem tiefsten Platz, wo es keine Aufrechnung gibt. Am nächsten Morgen würden die Kontobücher wieder hervorgeholt, abgestaubt und an der alten Stelle wieder aufgeschlagen werden.

»Dann ist es in Ordnung?« fragte sie freudig, als sie meine Reaktion erkannte.

Ich erwiderte stumm ihren Blick.

»Mehr hatte ich letzte Nacht gar nicht sagen wollen«, sprudelte sie hervor. »Aber irgendwie kam es falsch heraus, völlig verdreht und wirklich gemein.«

Ich wußte, daß das nicht stimmte, doch ich widersprach ihr nicht. Es war nicht wichtig. Ich war immer noch glücklich. Und sie auch. Wir waren zusammen, es war ein Augenblick perfektester Kongruenz, der perfekteste, den wir jemals erreichten. (Was immer du warst, was immer ich war, Li, du warst meine erste Liebe. Wenn ich später etwas Sichereres, Vernünftigeres, Gesunderes fand, brannte in dessen Kern jedoch nie jene heiße, weiße Glut.)

Daraufhin liebten wir uns, wild, klagend und schluchzend. Anschließend aßen wir, von sanft strahlendem Glanz erfüllt, in einem kleinen Bistro des Viertels bei Kerzenlicht zu Abend. »Paß auf, wir machen uns fein«, hatte sie vorgeschlagen, und wir taten es. Als wir fertig waren, schlenderten wir die Sullivan Street entlang in Richtung der Bars von Soho. Als wir an der Bleecker Street vorbeikamen, lasen wir über dem Eingang des Public Cinema: HEUTE: DER ZAUBERER VON OZ. Wir sahen einander an und kehrten wortlos ans Ende der Schlange zurück, die sich vor der Kasse gebildet hatte. Und dort geschah es, während wir warteten, daß wir Yin-mi sahen.

Sie war mit zwei Freundinnen zusammen, Chinesinnen, wahrscheinlich aus der Schule. Yin-mi wirkte zwischen den beiden still und aufmerksam, unterhielt sich bald mit der einen, bald mit der anderen und lachte auch hin und wieder: schön, graziös, würdevoll und jung.

Sie entdeckte uns von der anderen Straßenseite aus und blieb stehen; ihre Freundinnen gingen zunächst nichtsahnend weiter. Genau wie in einem Alptraum war es zu spät, um irgend etwas zu unternehmen. Unser Geheimnis stand uns auf der Stirn geschrieben. Wie zwei aus demselben Steinbruch stammende Marmorfiguren umgab uns eine gemeinsame Aura, ein Schein – ebenso kalt –, als seien wir von einer Kugel aus überirdischem Licht umgeben. In unserer eleganten Aufmachung mußten wir wie zwei verzauberte Wesen wirken, die nach einer durchfeierten Nacht in ihre eigene Welt zurückkehrten – ins Land der Wohlgerüche, ins Märchenland oder in die smaragdene Stadt – und auf der Schwelle von einem Paar sterblicher Augen überrascht, gebannt werden. Wir sahen beide nur sie an. Unbehagen und Scham muß unsere Züge alt haben wirken lassen; doch das war nichts im Vergleich zu dem nackten, zeitlosen Schmerz, der in Yin-mis Gesicht geschrieben stand. Er hätte Steine erweichen, sich in Glas einritzen können. Einen Augenblick lang, eine Ewigkeit, musterte sie uns, prägte sich uns ein. Ich dachte an den Ochsen am Fluß, an seine blauschwarzen Augen, als er vom Trinken aufblickte, wie das Wasser, die

Bäume, die ganze Welt für einen Moment in ihnen verschwunden waren, aufgesogen von der Macht jener großen Passivität. So wirkten Yin-mis Augen jetzt – und wir wie zwei winzige Schaumflocken, die am Rand des Wirbels ihrer Qual trieben, der uns auf ewig in die Dunkelheit zu ziehen drohte.

Sie schickte sich an, zu uns herüberzukommen. Als sie die Straße überquerte, achtete sie nicht auf den Verkehr, sondern wandte keine Sekunde den Blick von uns.

Keiner von uns beiden rührte sich. Li schob nur trotzig ihren Arm unter den meinen und zog mich näher. Auch ich spannte die Muskeln an, wie um mich auf einen Schlag vorzubereiten. Was glaubte ich? Daß sie uns angreifen würde, uns ins Gesicht spucken?

Unmittelbar vor uns blieb Yin-mi stehen. An Li gewandt, legte sie der Schwester beide Hände auf die Schultern und drückte ihr stumm die Lippen zu einem lautlosen Kuß auf die Stirn. Mich fixierte sie ein wenig länger, bevor sie sich auf die Zehenspitzen hob, um mich auf den Mund zu küssen. Als sie sich löste, berührte sie meine Hand (sie drückte sie nicht, sondern berührte sie nur) und flüsterte etwas: »Ich verstehe« oder »Jetzt verstehe ich«. Genau konnte ich es nicht hören, obwohl der Unterschied so wichtig war. Dann kehrte sie zu ihren Freundinnen zurück.

Während des ganzen Films brach mir das Herz, selbst wenn ich lachte; dann vor allem. Und wie ich lachte! Ich mußte mir die Tränen mit dem Taschentuch abwischen. (Es hätte das Taschentuch eines Zauberkünstlers sein müssen, um meinen Schmerz wegzuwischen.) Besonders über den Ängstlichen Löwen, wie er durch Bert Lahrs Gummimaske lispelte und stotterte, brummte und zitterte, wie er herumstolzierte und prahlte: »Wenn ich König des Wa-a-ldes wär'!« Inzwischen hatte ich das Buch zwei- bis dreimal gelesen, hielt aber in fast jeder Hinsicht den Film für besser. Vor allem bewunderte ich den Regisseur, der der Geschichte Resonanz und Hintergrund gegeben hatte, indem er das Land Oz als eine wundersame Verwandlung von Kansas darstellte (eine Reflexion in jenem Zauberspiegel, in dem Cinderella ihr Traum-Ich in Ballkleid und Glaspantoffeln sieht und der nackte Kaiser neue Kleider trägt), mit denselben Personen, nur alle ein wenig verändert, so daß die ganze Reise zum Traum wird – was im Buch überhaupt nicht ausgesprochen wird. Auch wie sie in den Mohnfeldern einschliefen und von Glindas Schnee geweckt wurden, gefiel mir. Wie ich mich erinnerte, hatte Li gesagt, Yin-mi sei wie Glinda, und das gefiel mir, die Kälte und Reinheit des Schnees, der die Sinne klärte, das war richtig. Die Königin der Feldmäuse vermißte ich überhaupt nicht, nur daß dadurch, daß sie dem Löwen nicht zu Hilfe kam, der Blechmann auch nicht sagen konnte: »Wir müssen ihn hierlassen, wo er auf ewig weiterschlafen und vielleicht sogar träumen wird, daß er doch noch Mut gefunden hat.« Denn das war für mich die schönste Stelle. Trotzdem retteten ihn die anderen jedoch zum Schluß. Und darüber war ich froh, selbst wenn das irgendwie einen Widerspruch darstellte. (Einen Widerspruch wozu, das weiß ich nicht so ganz genau: zur Wahrheit, zu allem.)

Nach dem Kino schlenderten wir angeregt und leicht entrückt durch das Gewirr der Straßen südlich der Houston Street fast bis nach Chinatown hinunter (und machten in schweigender Übereinkunft kehrt, bevor wir das Viertel erreichten): es war ein ruhiger, ein wenig trauriger Spaziergang. Oft und oft habe ich versucht, in Gedanken den Weg zu rekapitulieren, den wir einschlugen, doch jedesmal reißt irgendwo der Faden, und das Labyrinth verschlingt uns.

Ganz speziell suchte ich mir die genaue Lage eines kleinen Ladens zurückzurufen, den wir besuchten. Doch ich erinnere mich nur noch an ein freundliches, gelbes Licht, das den Gehsteig einer dunklen, verlassenen Straße beleuchtete, wo sich zu beiden Seiten der Abfall türmte und die einzigen Geräusche das harte, klanglose Echo unserer Schritte und die Schreie zweier Katzen waren, die sich in einer Seitengasse paarten oder stritten, eine Reihe unheimlicher, klagender Laute, die hin und wieder in Wutausbrüchen und heftigem Fauchen gipfelten. Es muß inzwischen Mitternacht oder etwas später gewesen sein; daher war es sonderbar, in einer so leeren Straße einen geöffneten Laden zu finden. Aber wir waren froh, daß wir ihn entdeckten, da wir nach unserer Wanderung ein bißchen froren und nicht ganz sicher waren, wo wir uns befanden. Der Besitzer war ein Vietnamese chinesischer Abstammung, der vor einer senkrecht aufgestellten Kiste stand und mit einem Abakus rechnete. Er musterte uns, als wir eintraten, wandte sich dann aber wieder seinen Kalkulationen zu und ließ uns stöbern.

Der Laden, der eher einem Lagerraum glich als einem Geschäft, war erfüllt von dem Duft nach Hanf und Rattan, den die Stapel von Körben, Fächern und Korbstühlen ausströmten. Zumeist recht billig und schlecht gearbeitet, türmten sie sich entlang der schmalen Gänge, durch die wir schlenderten. Ganz hinten jedoch veränderte sich der Charakter des Ladens, und er entpuppte sich als Raritätengeschäft mit seltenen, sorgfältig in Vitrinen ausgestellten Kostbarkeiten. Es gab exquisite Sammlungen von handbemaltem, feinem Porzellan, so dünn und durchscheinend wie Hartriegelblütenblätter vor hellem Licht; wunderschöne Puppen und Marionetten; kunstvoll bemalte Papierfächer; und von der Decke hingen Laternen herab, die eine festliche Atmosphäre verbreiteten. Was unsere Blicke jedoch sofort auf sich zog, das waren die ausgestellten Netsukes. Es waren höchstens ein Dutzend, alle wunderschön, darunter ein ganz merkwürdig zusammengesetztes Wesen aus der japanischen Mythologie, das ich nicht kannte, mit dem Kopf eines Drachen und dem Körper eines Löwen; aber auch naturalistische Stücke: eine Sau, die ihre Ferkel säugte, und eine Zikade, bei der Fühler, Facettenaugen, Hörmembrane, die gefurchten Tracheen auf dem Bauch, die Legeröhre, überhaupt alles gewissenhaft beobachtet und geschnitzt war. Nachdem wir uns die Netsukes angesehen hatten, konzentrierten wir uns fasziniert auf die Figur eines Mönchs, das heißt, es war nur von der einen Seite ein Mönch. Das andere Profil enthüllte etwas ganz anderes. Anstatt der Kutte trug die Figur ein zottiges, verfilztes Fell, in dem Blätter und Strohhalme hingen, und der Fuß war im Gegensatz zu seinem Pendant – einem nackten Menschenbein mit Strohsandale – eine pelzige, ballenbesetzte Pfote mit vier Klauenzehen und einer Afterklaue, die drohend und rudimentär oberhalb des Knöchels hing. Auch das Gesicht ging nahtlos in das eines Tieres über, eines Dachses vielleicht, oder eines Bären, man konnte es wirklich nicht genau sagen.

»Ah, der Wechselbalg«, ertönte hinter uns eine Stimme auf kantonesisch. »Bei dem bleiben sie alle hängen. Ich weiß nicht, was er eigentlich an sich hat.« Der Ladenbesitzer kam um den Tresen herum, holte ein Schlüsselbund heraus und öffnete die Vitrine. Er stellte die kleine Figur auf den Glasdeckel. »Sie soll einen verdammten Bonzen darstellen, der den Feen seine Seele verkauft hat, um übermenschliche Kräfte zu erlangen. Solche Wechselbälger wurden für das Verschwinden von Vieh verantwortlich gemacht, für die Schwangerschaften junger Mädchen und so weiter.« Er merkte, daß ich errötete, als Li mir einen Blick zuwarf. »O ja, sie galten als unwiderstehliche Verführer; kein junges Mädchen war sicher vor ihnen.«

»Sind Sie sicher, daß er ein Buddhist war?« erkundigte sich Li spitzbübisch. »Sein Kopf ist nicht rasiert. Könnte er nicht Taoist gewesen sein?«

Der Ladenbesitzer hob gleichgültig die Schultern. »Ich hätte nichts dagegen, ihn loszuwerden. Es ist eine ausgezeichnete Arbeit, aber... Ich weiß nicht. Ich hab' ihn im Grunde nie gemocht.« Er schloß die Faust um die Figur und musterte sie mit kaum wahrnehmbarem Lächeln. »Wären Sie daran interessiert?«

»Ich weiß auch nicht recht, ob ich ihn mag«, antwortete ich.

»Oh, aber ich mag ihn!« protestierte Li.

Ihre Augen funkelten so vor Freude und Sehnsucht, daß ich weich wurde. Ich zückte die Brieftasche und erkundigte mich mit hochgezogenen Brauen nach dem Preis.

Schließlich fanden wir den Weg zur Hauptverkehrsstraße zurück und nahmen ein Taxi. Auf der Rückfahrt hockten wir eng zusammengeschmiegt im Fond und betrachteten unsere Neuerwerbung mit fasziniertem Staunen.

»Duplizität der Ereignisse«, sagte Li einmal ganz leise, mehr zu sich selbst als zu mir, »daß wir ihn jetzt gerade gefunden haben.«

Meine Gedanken wanderten immer wieder zum Film zurück. Der Tierfuß konnte genauso der eines Löwen sein wie der eines anderen Tiers. Ich sah den Landarbeiter Hank vor mir, dargestellt während der Verwandlung vom Menschen zum Tier, halb vor, halb hinter dem Zauberspiegel zwischen Kansas und Oz. »Merkwürdig«, sinnierte ich, »daß Hank in jener reineren Traumwelt ein Tier, in Kansas aber ein Mensch sein soll. Ich weiß nicht, ich habe das Gefühl, daß es umgekehrt sein müßte.«

»Vielleicht ist das der springende Punkt«, meinte Li.

Während der restlichen Fahrt nach Hause schwiegen wir beide.

Um uns ein bißchen aufzuwärmen, beschlossen wir, gemeinsam zu duschen. Li kniete nieder, um mir die Beine mit duftender Seife zu waschen, und massierte tief, lindernd die wärmer werdenden Muskeln, während der verchromte Brausekopf seine wärmenden Strahlen über meinen Rücken ergoß. Der heiße

Sprühregen umhüllte meine Schultern, näßte Lis dicke, schwere Haarsträhnen, die sie zu einem losen Chignon aufgesteckt hatte. Ein paar feine Löckchen ringelten sich in ihrem Nacken. Ihre Wirbel glichen einer Reihe von Trittsteinen zwischen einem sich gabelnden Rinnsal silbrigen Wassers, das als parallele Bäche über ihren Rücken floß und sich in der tiefen Schlucht zwischen ihren Gesäßbacken wieder vereinigte. Sie arbeitete mit geschickten Händen wie eine Masseuse, und als sie fertig war, griff sie empor, nahm meinen Penis in ihre seifenglatten Finger und ließ die hohlen Hände abwechselnd an ihm herabgleiten wie eine Katze, die sich an einem Möbelstück die Krallen schärft.

Nach dem heißen Duschbad rieb sie mich mit Öl ein, bis der Schweiß auf meiner Haut Perlen bildete, und gestattete mir dann, sie genauso einzuölen. Ihr Körper war weich und gerötet von der feuchten, tropischen Wärme: unter der Haut sanft, aber fest und muskulös, geschmeidig, straff, wunderschön. Ich massierte ihre Brüste mit kaum verhohlener Gier, zwei kleine und doch volle Halbkugeln in der Öde ihrer katzenhaften Schlankheit. Als sie sich mit dem Rücken zu mir bückte, um ihre Füße zu trocknen, entdeckte ich die schmale, kräftige Gabelung ihres Beckens und die leichte Einwärtsbewegung ihrer Schenkel über dem Knie. Durch den freien Raum schimmerte die Spiegelung von den Kacheln silbrigweiß wie das Blitzen einer Klinge hinter dem Hügel voll dichtem Unterholz zwischen ihren Beinen. Meine alten Vorstellungen von Keuschheit kamen mir jetzt irgendwie lächerlich vor, wie Konventionen aus mittelalterlichen Gedichten. Was hatte eigentlich der Sinn all dessen sein sollen? Ich erinnerte mich an vieles, doch nicht daran.

Und doch fürchtete ich mich manchmal davor, sie zu umarmen. Zum Teil schüchterte mich ihre Erfahrung ein, mehr jedoch das Gefühl des Verlassenseins, das ihre Sättigung begleitete, eine gewisse Boshaftigkeit, die ihrem Rückzug in einen ganz persönlichen untröstlichen Schmerz vorausging. Auch in dieser Nacht war es nicht anders. An das Kopfteil des Bettes gelehnt, saß sie da, ein Knie emporgezogen. Sie kaute auf ihrem Daumennagel und nahm die Zigarette, die ich ihr reichte, geistesabwesend entgegen. Ich beobachtete sie mit zärtlicher Besorgnis, da ich diesen Stimmungen störrischer Introspektive noch immer nicht besser zu begegnen wußte als in jener ersten Nacht.

»Was ist los, Li?« erkundigte ich mich liebevoll nach einer Weile. »Es erschreckt mich und bricht mir das Herz, wenn du dich in dich selbst zurückziehst wie jetzt. Bitte sprich mit mir! Sag mir, was ich tun kann, um dich glücklich zu machen!«

»Ich denke gerade über etwas nach«, murmelte sie und nahm, um meinem Blick auszuweichen, den Daumennagel aus dem Mund, um ihn eingehend zu mustern.

»Worüber?«

»Wie sie dich ansah, wie sie dich auf den Mund küßte«, antwortete sie voll Bitterkeit.

»Bitte, hör auf damit«, flehte ich müde.

Sie kaute wieder auf dem Nagel und zuckte die Achseln. »Wie du willst.«

»Reden wir von etwas anderem«, schlug ich vor.

Sie lächelte vor sich hin. »Na schön, wir können ein Fragespiel machen.« Sie legte die Hände in den Schoß und setzte ihre wohlbekannte provokative Miene auf. »Die Vogelscheuche wünscht sich einen Verstand«, begann sie. »Der Blechmann wünscht sich ein Herz. Der Löwe wünscht sich Mut. Wer gefällt dir am besten?«

Fast hätte ich gesagt, der Löwe, nach kurzem Überlegen jedoch entschied ich mich anders. »Dorothy vielleicht«, antwortete ich.

»Die nach Kansas zurückkehren will?« zog sie stirnrunzelnd ihren eigenen Schluß.

»Das habe ich nicht gemeint.«

»Oder nach Oz«, folgte sie weiterhin ihrem Gedankengang. »Die jedenfalls alles will.« Sie fixierte mich. »Oz ist in gewissen Sinne ebenfalls ein Wechselbalg, nicht wahr? Erinnerst du dich an ›den Großen Humbug‹ in dem Buch?«

»Ich weiß nicht, was du meinst«, sagte ich.

»Wirklich nicht?« spöttelte sie. »Ich meine nur, daß der Wechselbalg ein besseres Bild ist, zutreffender auf jeden Fall.«

»Zutreffender als was?«

»Als der Inka-Junge zum Beispiel.« Etwas Boshaftes, Gehässiges erschien auf ihrem Gesicht, auf dem sich sehr schnell ernsthafte Wut zeigte. »Verführer junger Mädchen. Du solltest dich lieber von ihr fernhalten« (ihre Stimme senkte sich zu eiskaltem Flüstern), »du *Bastard!*«

Bastard! Das Wort durchbohrte mein Herz wie die kalte Spitze eines Eispicks. Die Intensität ihres Hasses war fast pathologisch und ließ mein Blut erstarren. Die gesamte Poesie, die gesamte Großzügigkeit der Beweggründe, die ganze wortlose Intimität eines langen Nachmittags und einer langen Nacht... zerschmettert mit einem einzigen Schlag.

Ohne zu reagieren, rollte ich mich zusammen und schlief, träumte von einer grünen Sonne, die über Oz aufging, vom Löwen, der inmitten scharlachroter Mohnblumen, den blutroten Blüten, einschlief und niemals wieder aufzuwachen brauchte.

VIERZEHNTES KAPITEL

Wenn auch mein Privatleben in Unzufriedenheit und Enttäuschung versandete, so waren meine geschäftlichen Unternehmungen noch nie besser gelaufen. Unsere Macht an der Wall Street festigte sich allmählich. Im ersten Viertel unserer Aktion zeitigte Mutual Bull Ergebnisse, die jene des übrigen Fonds um mehr als einhundert Prozent übertrafen. Unsere etwas exklusivere persönliche Managementberatung erzielte ähnliche Erfolge. Kahn and Sun Enterprises waren der heißeste Tip an der Wall Street. Zum Teil war das natürlich Kahn zu verdanken, dessen Werbekampagne sich nach wie vor als brillant erwies. Unsere allwöchentlichen, ganzseitigen Anzeigen wurden von der Finanzwelt mit derselben Neugier erwartet wie die, mit der die Hausfrauen die jüngsten Entwicklungen der Soap Operas erwarteten. Die Begabung meines dicken Freundes als Werbefachmann und kapitalistischer Poet hatte sich hundertprozentig bewährt. Hauptsächlich jedoch gründete sich unser Ruf auf die Bilanz unserer Firma, die letztlich den überzeugendsten Fürsprecher jedes kapitalistischen Unternehmens darstellt.

Allwöchentlich ergossen sich Millionen in unsere Schatztruhen. In unseren Büros herrschte Euphorie. Wir hatten expandiert und den gesamten zwanzigsten Stock übernommen, neue Buchhalter, Sekretärinnen und Telefonistinnen eingestellt, die schichtweise rund um die Uhr arbeiteten. Die letzte Maßnahme hatte sich nicht nur aufgrund der Vielzahl der eingehenden Anrufe als notwendig erwiesen, sondern auch, weil sich der Kreis unserer Klienten von der East Coast aus nach Westen erweiterte. Wir mußten uns an Investoren anpassen, die nach der Rocky-Mountains- und der Pacific-Zeit lebten. Diese Ausweitung unseres Services wurde sofort werbemäßig verarbeitet:

JETZT KÖNNEN SIE BULL 24 STUNDEN AM TAG BEIM (POST-)HORN PACKEN:
IHR ANRUF WIRD JEDERZEIT ENTGEGENGENOMMEN!!!

Aufgrund unserer ungeheuren Popularität mußten wir sogar Zweigstellen in Los Angeles eröffnen. Falls das überhaupt möglich war, schlug der Wahnsinn dort noch größere Wellen als in New York. An den verchromten Achtersteven aller Mercedes-Benz-Wagen der Stadt brach eine Seuche aus, ein Ausschlag von Aufklebern: BULLEN HABEN DIE GRÖSSEREN HÖRNER! ICH MÖCHTE DICH AUFS HORN NEHMEN – WIE WÄR'S? (JA, EINMAL HUPEN; BORDSTEINSERVICE, ZWEIMAL) –

HOL DIR EIN STÜCK... VOM HORN! Die Phantasie lief Amok; Kahns Tick war ansteckend.

Die großen Wochenmagazine – »Time«, »Life«, »U.S. News and World Report« – brachten Artikel über Kahn und mich natürlich auch. (Die Fachpresse – »Fortune«, »Forbes«, »Business Week« – hatte längst zuvor über uns berichtet.) Eines Tages erschien ein Reporter in unserem Büro, ein hochgewachsener, hagerer, älterer Herr mit hohlen Wangen und Nickelbrille in zerknittertem Madras-Jackett und Tupfenkrawatte. Er behauchte die Gläser und putzte sie mit dem Taschentuch, während er sich mit tränenden Augen und einem Ausdruck mürrischen Staunens umschaute. Kahn, der zu mir ins Büro gekommen war, um mit mir über ein paar Berichte zu sprechen, entdeckte ihn durch den Trickspiegel, stieß mich mit seinem Dokumentenstapel an und senkte unwillkürlich die Stimme. »Siehst du den da?«

Ich nickte.

»Präg dir das Gesicht gut ein! Das ist Ernest ›Bones‹ Hackless, die graue Eminenz der Boulevardpresse.«

»Hackless«, wiederholte ich nachdenklich. »Das ist der Kerl, der die Artikel über meinen Großvater und meinen Vater geschrieben hat.«

Kahn nickte grimmig. »Der hat die Geschichte der Loves von Anfang an aufgezeichnet, Kleiner, immer um eine Winzigkeit voraus wie ein Pilotfisch – oder unmittelbar hinterdrein wie ein Aasgeier. Sieht aus, als wolle er sich jetzt auf dich stürzen.«

Ich schluckte schwer. »Vielleicht weiß er gar nichts von der Familienverbindung.«

»Ja, vielleicht«, antwortete Kahn, aber es klang wenig ermutigend.

»Was meinen Sie, was er von mir will?« fragte ich ihn.

»Was wohl?« erwiderte Kahn dunkel und wollte gehen.

»Nein, warten Sie, Kahn!« rief ich hastig. »Lassen Sie mich nicht mit ihm allein!«

Kahn zuckte die Achseln. »Wenn du mich brauchst, Kleiner... Aber ich weiß nicht, ob dir das was helfen wird.«

Unruhig hockte ich in meinem Sessel, während Kahn hinausging, um Hackless hereinzuholen. »Sagen Sie ihm nichts!« war meine letzte Bitte, als er verschwand.

»Ich hab' ja schon 'ne Menge erlebt«, sagte Hackless gerade, als sie eintraten, »aber so was wie das hier ist wirklich selten.« Das letzte Wort betonte er ironisch, während er seinen Blick auf mich richtete.

Ich spürte, wie mir das Blut in die Wangen stieg.

Durch den Raum kam er auf mich zu. »Sie sind also der kleine Prinz«, begrüßte er mich, »Loves rechtmäßiger Erbe, der Thronfolger.« Er bot mir seine knochige Hand und grinste mich an wie ein Totenkopf. »Ich habe immer schon gesagt, daß Eddie Love da drüben in China nur Dummheiten trieb. Sie müssen in ziemlich große Fußstapfen treten, mein Kleiner.«

Während ich ihm die Hand schüttelte, warf ich Kahn hilfeflehende Blicke zu.

Als sei er bekümmert, mich meinem Schicksal überlassen zu müssen, hob

Kahn reumütig die Schultern. »Tut mir leid, Kleiner – ich hab's ihm gesagt. Ich konnte nicht anders.«

Hackless setzte sich in den Sessel neben meinem Schreibtisch, zog ein Federmesser aus der Tasche und begann einen Bleistift zu spitzen. Dann sagte er über die Schulter zu Kahn: »Wenn's Ihnen nichts ausmacht – Ihr Chef und ich, wir müssen uns unter vier Augen unterhalten.«

Obwohl er bei dem Wort »Chef« errötete, war Kahn drauf und dran, ohne Widerrede zu gehorchen, bis ich ihn hektisch beim Handgelenk packte. »Wir sind gleichberechtigte Partner, Mr. Hackless«, erklärte ich. »Wir haben keine Geheimnisse voreinander.«

»Bitte, ich wollte damit nichts Herabsetzendes sagen«, gab Hackless mit hochgezogenen Brauen zurück.

»Außerdem«, fuhr ich etwas versöhnlicher fort, »dürfen Sie nicht vergessen, daß ich praktisch noch Einwanderer bin. Kahn muß mir manchmal als Dolmetscher aushelfen.«

»Ich finde, Sie sprechen schon recht fließend«, stellte Hackless fest. Inzwischen hatte er seinen chirurgischen Eingriff am Bleistift beendet, und er prüfte die Spitze mit einem kräftigen Strich auf den Notizblock. »Also dann, Gentlemen«, sagte er, »welche Rechtfertigung können Sie der breiten Masse anbieten?«

Das Interview deckte ein weites Gebiet mit höchst unterschiedlichem Gelände ab (von meinem Standpunkt aus gesehen alles entschieden viel zu rauh). Am traumatischsten waren vielleicht außer seinen Anspielungen auf meinen Vater, bei denen der Makel jenes häßlichen, verhaßten Wortes »Bankert« unmittelbar unter der Oberfläche lauerte, seine wiederholten, spitzen Fragen nach der Methode, die wir bei unserer Arbeit mit dem *»I Ging«* anwandten, wohl weil er spürte, daß das bei mir ein wunder Punkt war.

»Sie behaupten, im *›I Ging‹* das gefunden zu haben, wovon seit den Babyloniern jeder Spekulant träumt«, sagte er, und diese Formulierungen wurden später unverändert in seinem fertigen Artikel zitiert. »Eine unfehlbare Methode, ein Perpetuum mobile des Spekulierens, ein Stein der Weisen für Dowisten, *eine Methode zum Auswählen der Aktien, die niemals versagt*. Nun, Gentlemen, können Sie mir erklären, warum nicht jeder x-beliebige sie ebenfalls anwenden kann? Warum bezahlen Ihnen die Leute dicke Honorare für Ihre Dienste, während sie doch ganz einfach hingehen, sich ein Buch kaufen und zu Hause dasselbe erreichen könnten, nur sehr viel billiger? Wie lautet Ihr Geheimnis?«

Ich schüttelte feierlich den Kopf. »Wir haben kein Geheimnis.«

Er lächelte nachsichtig. »Sie wollen behaupten, daß jeder, der drei Cent und eine Ausgabe des *›I Ging‹* besitzt, an der Wall Street genauso über Nacht zum Millionär werden kann wie Sie? Na, hören Sie!«

»Theoretisch, ja«, erwiderte ich. »Vorausgesetzt, man hat einen kleinen Kapitalgrundstock, mit dem man einsteigen kann.« Ich hielt seinem Blick stand und gelobte stumm, trotz seiner angeekelten Miene bei meiner Offenheit zu bleiben.

Kahn, der unmittelbar hinter mir stand, entschied, die Zeit zum Eingreifen sei gekommen. »Die Grundlagen sehen Sie völlig richtig, Mr. Hackless«, sagte er, »doch es gibt ein sehr wichtiges Detail, das Ihnen entgangen ist, und das ist es, worauf es ankommt. Denn sehen Sie, das erfolgreiche Heranziehen des *›I Ging‹* beim Vorhersagen für Aktien beruht nicht so sehr auf einem Geheimnis als auf einer einfachen Bedingung, die man erfüllen muß, wenn man das Orakel befragen will. Deswegen ist Sonny hier so einmalig gut dafür qualifiziert.« Stolz legte er mir die Hand auf die Schulter.

»Und was für eine ›Bedingung‹ ist das?« erkundigte sich Hackless, der dabei nicht Kahn ansah, sondern mich.

»Die Reinheit des Herzens«, antwortete mein Dolmetscher ohne die geringste Andeutung von Ironie und ohne jedes Zögern.

Ich spürte, wie mir das Blut aus dem Gesicht wich.

»Sonny?« fragte Hackless, dem es irgendwie gelang, einen Stich Ironie selbst in die Betonung meines Namens zu legen.

Wäre es jemand anders gewesen, ich hätte vielleicht die Kraft gefunden, zu leugnen, abzulenken oder mich sonst irgendwie vor der Antwort zu drücken, doch dieser grinsende Totenkopf von einem Mann erfüllte mich mit einem so überwältigenden, irrationalen Haß, daß ich knapp nickte, mich dann entschuldigte und ins Bad ging, wo ich mein Frühstück von mir gab.

Zu meinem Ärger saß er, als ich zurückkam, immer noch da. Weit in den Sessel zurückgelehnt, blies er Rauchringe zur Decke und lächelte geheimnisvoll vor sich hin. Kahn war verschwunden.

»Entschuldigen Sie, Mr. Hackless, aber ich kann Ihnen jetzt leider keine Zeit mehr widmen«, sagte ich kalt.

»Oh, das macht nichts«, erwiderte er munter und sammelte seine Siebensachen ein. »Ich habe so ungefähr alles erfahren, was ich wissen wollte.« Er hielt inne. »Nur eine einzige Frage noch.« Unsere Blicke trafen sich. »Was geschieht nun?«

»Für eine weitere Expansion in absehbarer Zukunft haben wir keine Pläne, falls Sie das wissen wollten«, antwortete ich. »Wir von Kahn and Sun sind durchaus zufrieden mit dem, was wir bisher erreicht haben.«

»Also, hören Sie! Das klingt überhaupt nicht nach Eddie Loves Sohn«, spöttelte er mit einem Lächeln, das trotz seiner Feindseligkeit beinahe gütig war.

Ich weiß zwar nicht, warum, aber ich erwiderte sein Lächeln – ganz knapp. »Guten Tag, Mr. Hackless«, verabschiedete ich ihn. Und er ging.

In der Woche darauf erschien mein Foto auf der Titelseite von »Your Money and Your Life« mit der Schlagzeile:

ÜBER DER WALL STREET GEHT EINE NEUE SONNE AUF:
SUN, EDDIE LOVES SOHN

In einem Stil, den Kahn als »Klatschspaltenbarock« apostrophierte, warf Hackless dem skandalgierigen Amerika die Einzelheiten meiner Herkunft wie blutige Fleischfetzen in den gefräßigen Rachen. Trotzdem entdeckte ich letzten Endes, daß der Artikel mich weniger mit Scham als mit einem trotzigen Stolz erfüllte. Sollten sie reden! Mich konnte das nicht berühren. Ich war weit über die Reichweite von Ernest Hackless' schwülstiger Prosa hinaus. Deswegen war die breite Masse so scharf auf die neuesten Nachrichten, die Bulletins von der Front, von des Messers Schneide. Dort nämlich standen Kahn und ich, und deswegen konnten Hackless' Verleumdungen unserer Macht nicht schaden, sondern sie höchstens noch verstärken. Wir fanden uns nämlich als Magier dargestellt, als anders als die anderen, als außerhalb des Gesetzes stehend.

Die einzige Passage, die mich wirklich traf, war seine Schlußsalve: »Wird dieser Sun, diese Sonne, das Licht seines Vaters überstrahlen, oder wird auch er sich nur als Abglanz erweisen?« Es war ein hinterhältiges, widerwärtiges Flüstern, das nur für meine Ohren bestimmt war, das wußte ich. »Warten Sie ab!« schrieb er. »Wir hier bei M&L wetten auf *Ihr* Geld und *Ihr* Leben, da wird sicher noch etwas folgen. Bleiben Sie auf Empfang!«

»Wird dieser Sun, diese Sonne, das Licht seines Vaters überstrahlen?« Aus einem Grund, den ich nicht zufriedenstellend erklären kann, nistete sich diese Frage in meinem Kopf ein, anfangs nur als schwaches Echo, das hin und wieder in einer unmöblierten Kammer meines Gehirns ertönte, mit der Zeit jedoch mehr und mehr als eine Art wütender, unbewußter Tic, wie eine verkratzte Schallplatte, die immer wieder in der einen, sich endlos wiederholenden Rille steckenbleibt. Zunächst glaubte ich noch, es sei die darin enthaltene Frage nach der Aufrichtigkeit meiner kindlichen Pietät, die mich störte, und obwohl diese Antwort zum Teil zutraf, blieb außerdem noch ein Rest, ein unverarbeiteter Rest zurück.

Aber ich hatte keine Zeit, länger darüber nachzudenken, damals. Wir waren viel zu beschäftigt. Unser Unternehmen war inzwischen so groß geworden, daß unsere Investmentvoraussagen bis zu einem gewissen Grad sich selbst erfüllende Prophezeiungen waren. Denn wir waren nicht nur in der Lage, unsere Wahl auf dem Markt finanziell zu stützen, indem wir das ungeheure Gewicht unseres Anlagekapitals in die Waagschale warfen (es gibt stets Grenzen dessen, wie weit man in dieser Richtung gehen kann), nein, psychologisch war unser Einfluß praktisch schrankenlos geworden, denn er erstreckte sich bis zu den Grenzen der Phantasie, bis zu den Urgründen menschlicher Angst und Gier. Die Gegner, die es wagten, unserem Trend Widerstand zu leisten, waren dünn gesät. Denn dank der magischen Kraft unseres Fetischs hatten wir uns noch nie geirrt. Wir waren weltentrückt, und wenn wir einem Opfer oder Favoriten zunickten, gehorchte die Wall Street und brachte Axt oder Lorbeer. Als ein merkwürdiger Nebeneffekt dieses Vorgangs wurde das »*I Ging*«, das uns ja zunächst unsere Macht verliehen hatte, praktisch überflüssig, wie es ja auch im siebten Lied der »Zehn Bullen« hieß:

Nur auf dem Bullen konnte er heimkehren.
Doch siehe, der Bulle ist nun verschwunden;
Der Ochsenhirt sitzt allein, taucht in die lange Mühe des Vergessens.
Die Sonne berührt den Zenit eines windigen Himmels.
Im Nachglanz einer erfüllten Pflicht träumt der Ochsenhirt einen wolkenlosen Traum.

Peitsche und Zügel liegen verlassen in der leeren Hütte.

Eine Falle wird überflüssig, wenn der Hase gefangen ist.
Der Lachs liegt in einem goldenen Dunst auf der Platte.
Was nützt also das Netz?
Das Gold ist rein aus dem Schmelzschaum geflossen;
Der Mond ist durch die Wolken gebrochen;
Ein Strahl jungfräulichen Lichts beleuchtet die Welt.

Ja, das »Buch der Wandlungen« war das Werkzeug, das dunkle Netz, mit dem wir den zappelnden Silberglanz der Wall Street heraufgeholt hatten, und nun war das Werkzeug nutzlos geworden; wir waren im Besitz der Sache selbst. Darin lag eine feine Ironie, die Kahn zu sehen sich weigerte. Als ich vorschlug, wir sollten uns die Mühe der Befragung ersparen, wurde er tiefernst und unnachgiebig, wirkte völlig anders als sonst. Während er ständig an seinem Armreif drehte, bestand er darauf, daß wir uns gewissenhaft an das bewährte Ritual hielten. Amüsiert stellte ich fest, daß er ein strengerer Taoist geworden war als ich. Von nun an befolgte ich die alte Methode seinetwegen zwar noch mehr oder weniger oberflächlich, war aber nicht mehr mit dem Herzen dabei. Denn das spielte nun keine Rolle mehr.

Neben unserem psychologischen Einfluß gab es noch einen anderen Grund, warum das Werfen der Münzen überflüssig geworden war. Seit jenem Tag in Kahns Büro, als ich zum erstenmal entdeckt hatte, daß ich unerklärlicherweise die Macht besaß, den Wurf der Pennies zu steuern, hatte sich meine Kontrolle über die Flugbahn gefestigt. Die letzten Befragungen, die wir gemeinsam gemacht hatten, waren für mich daher eine Banalität gewesen. Denn ich sah schon, als ich den Samen legte, die Ernte voraus, ja, mehr noch, ich führte sie durch reine Willenskraft herbei. Kahn wußte natürlich nichts von dieser Schwelle, die ich im Innern überschritten hatte, und aus ganz persönlichen Gründen wollte ich ihm auch nichts davon erzählen.

Ich kultivierte diese Macht nicht nur im Zusammenhang mit der Auswahl von Aktien, sondern versuchte sie auch auf dem Markt als Ganzem auszuüben. Zwar gelang es mir nur sehr, sehr selten, und dann auch nur ganz kurz, die notwendige Konzentration aufzubringen, aber ah! Diese wenigen Augenblicke des Erfolgs!

Wenn ich von diesen wilden, ungestümen Höhen wieder herunterkam, kehrte schwärzer und schwärzer das Gefühl der Erniedrigung zurück. Unter Schwüren und Tränen entsagte ich all meinen ruchlosen Freuden. Immer häufiger wurde ich das Opfer seltsamer Visionen. Eines Tages, als ich auf dem Weg zur Arbeit im Park in den Brunnen blickte, sah ich sogar Pennies, die arrangiert waren wie die kupferfarbene Konstellation des Großen Bären, und sekundenlang durchbohrte dieser Wunschbrunnen das Herz der Erde, um in Chinas Nacht hervorzukommen, das Auge der Dunkelheit in Amerikas Licht, Amerika, das Yang der Welt! Als ich die Augen schloß, hatte ich das Gefühl, wie von einem Wirbelsturm von der Erdoberfläche gehoben, durch pfeifende Ewigkeiten von Zeit und Raum getragen zu werden, während mir wegen der

Geschwindigkeit eiskalte Tränen aus den Augenwinkeln strömten. Ich hörte die Geräusche, roch die Düfte, war einen Augenblick tatsächlich dort: in China. Aber die Sache hatte einen Haken. Als ich die Augen wieder öffnete, war alles verschwunden – bis auf die Tränen. Eines Tages, das schwor ich mir, würde ich die Augen nicht mehr öffnen, sondern wie der Ängstliche Löwe in alle Ewigkeit weiterschlafen.

Sogar der Kitzel des Spekulierens währte nicht ewig. Nichts währt ewig. Bald schon waren wir wieder dabei, weitere Diversifikationen auf andere Märkte der Finanzservices zu planen. Zunächst stellten wir Gelder für eine Forschungsabteilung bereit, die einen zweimonatlichen Newsletter namens »The Hornbook Primer« herausgeben sollte, um die Marktstrategie im Licht traditioneller Tao-Weisheit zu untersuchen. Dann stiegen wir in Arbitrage ein und nannten unsere Devisenabteilung auf Kahns Drängen hin John Bull. Schließlich drangen wir auf den Goldmarkt vor und importierten ein Team von Heinzelmännchen aus Zürich, um die Arbeit der Gold Bull-ion, Unlimited zu leiten. Und jede dieser Expansionen erforderte die Übernahme neuer kleiner oder großer Unternehmen, die von Männern geführt wurden, die über schlechte, mittelmäßige oder eindeutig außergewöhnliche Fähigkeiten und Entschlußkraft verfügten und die besten Jahre ihres Lebens damit verbracht hatten, den Unternehmen, die wir rücksichtslos und ungestraft plünderten, von der Pike auf zu dienen oder sie aus dem Nichts aufzubauen.

Ich glich dabei einem lüsternen Bären, der in einen Bienenstock einfällt und das Wachssiegel der Schatztruhen aufbricht, so daß ihm der dunkle, goldene Honig über die Pranken rinnt. Sosehr ich sie auch alle reizte, diese eifrigen Honigbienen, sie konnten mir nichts anhaben, auch wenn sie mich, wenn sie es wollten, stechen konnten und zuweilen auch taten, bis sie mich zu einer überwältigenden Wut aufstachelten, die sich letzten Endes zu ihrem eigenen Nachteil auswirkte. Nein, wenn diese Zerstörungswut über mich kam, gab es nichts, was diese Leute noch retten konnte, nicht einmal die Kapitulation. Mit einem einzigen Hieb meiner mächtigen Pranke zerschmetterte ich ihr winziges Leben in tausend Scherben.

Und trotzdem sonnte ich mich zu gewissen Zeiten freudig in der glücklichen Überzeugung meiner sicheren Erlösung. Ich erinnere mich an den Morgen, als mir dies zum erstenmal und absolut unerwartet klar wurde. An Kahn hatte ich Anzeichen einer nicht wirklichen Regression, aber zumindest einer neuen Unruhe und Reizbarkeit bemerkt, die ich mir nicht erklären konnte. An jenem Tag war er in mein Büro gekommen, um sich über eine unserer neuen Tochtergesellschaften zu beschweren, als mir plötzlich klar wurde, daß ich ihn in letzter Zeit vernachlässigt hatte, daß das einzige, was er wirklich wollte, vielleicht meine Aufmerksamkeit war.

»Ach, kommen Sie, Kahn«, schlug ich vor, »wir machen jetzt ein paar Minuten Pause und gehen irgendwo spazieren wie früher!«

Die Bereitwilligkeit, mit der er meinen Vorschlag annahm, ließ mich argwöhnen, daß ich richtig geraten hatte.

»Das ist es ja gerade«, klagte er, als sich die Lifttüren öffneten und wir von der Menge in die Halle des zweiten Stockwerks hinausgeschwemmt wurden, »wir sind so überlastet mit dringender Arbeit, all diesem Konzernkram, daß wir keine Zeit mehr für etwas anderes haben. Ich meine, wenn ich Kinder wollte, hätte ich geheiratet, oder? Genauso ist das nämlich: wie Kinder großziehen. Ewig muß man hinter ihnen her sein und ihre schmutzige Wäsche einsammeln. Glaub nicht, daß ich mich beschweren will oder so; es ist wirklich fabelhaft, all diese Übernahmen und so weiter. Aber hast du nicht auch manchmal das Gefühl, daß du ein bißchen zu ameisenemsig wirst?«

Ich nickte väterlich, während wir auf die Galerie hinaustraten.

»Weißt du, was ich wirklich gern möchte, ein einziges Mal nur?« fragte er mich aufgeregt wie ein Kind. »Wieder da unten im Börsensaal sein, wie früher, und ein dickes Paket im Aufwärtstrend abstoßen.« Sehnsüchtig starrte er hinab; dann wandte er sich plötzlich mit einem Ruck zu mir um. »Verdammt, Kleiner, ich bin kein Geschäftsmann, ich bin Makler! Das weißt du. Und einem alten Hund kann man keine neuen Tricks beibringen, einem alten Wolf ebensowenig, obwohl wir ganz schön erfolgreich darin sind, einem alten Gauner neue Kniffe beizubringen.« Er grinste; dann runzelte er die Stirn. »Mit anderen Worten, man kann eine alte Zecke zu neuen Hunden führen, aber du kannst sie nicht zum Trinken zwingen, stimmt's? Und genau das sind einige von diesen Transaktionen, Hunde. So ähnlich ist das für mich: essen, obwohl man nicht hungrig ist. Begreifst du nicht, Kleiner? Ich habe keinen Appetit mehr darauf, nicht auf dies. Ich bin satt. Bis obenhin. Und was mir wirklich nicht bekommt, das ist die ständige Wachsamkeit. Es ist genauso wie in einer Ehe: ›Bis daß der Tod uns scheidet.‹ Ich habe bei meinen Verträgen immer gern ein Schlupfloch gehabt. Das ist die Hauptanziehungskraft, wenn man auf eigene Rechnung spekuliert. So, wie es jetzt ist, ficken wir einmal und bezahlen anschließend dafür, bis wir tot umfallen. Fünf Minuten Spaß in der Sonne gegen eine Ewigkeit von Schlafröcken, Lockenwicklern und Nudelhölzern (Nudelhölzer... Ach, wie sehne ich mich nach Doe und den guten, alten Zeiten!).« Verzeihung heischend zuckte er die Achseln. »Ich glaube, ich bin ein unverbesserlicher ewiger Jude, Kleiner. Ich kann mir nicht helfen. Kleiner? He, Kleiner! Hörst du mir zu?«

»Hmmm?« Nur langsam tauchte ich aus dem trance-ähnlichen Zustand auf, in den mich die Vorgänge im Börsensaal versetzt hatten. »Ach so, ja, Kahn. Natürlich höre ich Ihnen zu!«

In Wahrheit aber tat ich es doch nicht, hörte jedenfalls nicht, was er wirklich sagte, obwohl ich es hätte hören müssen. Denn als ich da stand und auf das hektische Gewühl hinabstarrte, überkam mich ein merkwürdiges Gefühl. Vielleicht waren es nur meine Augen, doch mir wurde bewußt, daß ich nicht mehr die vertrauten Bilder sah, die ich im Laufe meiner Wall-Street-Erfahrungen katalogisiert hatte, daß ich nicht mehr die wimmelnde Prärie des Westens sah oder gesellige Insekten oder eine Pantomime des menschlichen Lebens, sondern etwas unendlich viel Eigentlicheres – jawohl, die Sache an sich. Nach einer unvermittelten Auflösung wie unter einem Mikroskop – eine Scharfeinstellung, die zugleich ein Verschwimmen war – verschmolzen die Gesichter miteinander, lösten die Körper sich zu einem einzigen, dahinströmenden Fluß auf. Die Aktivität glich dem Kontrahieren und Expandieren eines mystischen Herzens – äußerst mystisch, äußerst materiell –, der Zirkulation des Blutes vom Atrium zum Ventrikel im großen Herzen Amerikas. Und dann verschwanden selbst diese konkreten Attribute, und ich stand da und blickte wie Gott auf Ebbe und Flut der unermeßlichen metaphysischen Gezeiten des Tao hinab, und der »Marktplatz« wurde zur reinen, spirituellen Essenz. Da fragte ich mich zum erstenmal, ob es denn möglich sei, daß ich endlich angekommen war, daß es dies war, das Delta, daß ich tatsächlich *da* war.

Bestimmte Zeichen deuteten darauf hin. Mir fielen die Worte aus dem »*Dao De Jing*« ein:

Ohne das Haus zu verlassen,
Kennt er alles unter dem Himmel.
Ohne zum Fenster hinauszusehen,
Kennt er alle Wege des Himmels.
Denn je weiter man reist,
Desto weniger weiß man.
Darum kommt der Weise an, ohne zu gehen,
Sieht er alles, ohne hinzublicken,
Tut nichts, und erreicht doch alles.

»Tut nichts, und erreicht doch alles« – beschrieb das nicht haargenau die Macht, die ich über den Markt gewonnen hatte? Und was anderes war das schließlich als schlichtes, taoistisches *wuwei*, die passive Aktivität des Weisen, *wuwei*, das in seiner höchsten Vollendung sich letztlich mit dem *De* selbst vereint, dem *De* des *Dao De Jing*, des Weges und seiner Macht, als Beweis und Rechtfertigung für die lange Kasteiung des Taoisten, als Lohn der Erleuchtung, als äußeres und sichtbares Zeichen einer inneren und geistigen Gnade, als Triumph über den Tod selbst?

Und dennoch fehlte etwas. Irgendwie war die Verwandlung nicht so vollständig, wie ich es erwartet hatte, nicht vollständig genug. In einer Kampfpause blickte ich mich um, und die Welt erschien mir genauso wie vorher, genauso, wie sie immer gewesen war. Wieder nagte der Zweifel an mir, und ich stellte meine Errungenschaft in Frage. Denn ich erstrebte eine stärkere Gewißheit über allen Zweifel hinaus, einen Platz, wo alles sich verändert hatte, auf ewig verändert, irgendwo hinter dem Regenbogen, zu dem meine Seele wie ein dunkler Pfeil hingezogen wurde.

Nach den vielen Übernahmen empfand ich allmählich eine ganz ähnliche Ungeduld wie Kahn. Nur war es nicht das Maklergeschäft, nach dem ich mich sehnte. Ein instinktiver Zorn wehrte sich in mir gegen die Selbstzufriedenheit, fahndete wütend nach Möglichkeiten zu stärkerer Stimulation, nach einer weiteren Steigerung des Lebensgefühls.

Allmählich stellte sich derselbe wiederkehrende Traum ein wie in China vor meinem Entschluß, Ken Kuan zu verlassen. Nur war es jetzt ein echter Alptraum, und die Landschaft war urban: New York. Jetzt bekam ich auch jenes

Untier zuweilen ganz kurz zu sehen, wenn es durch den Rost eines Gullys zu mir emporstarrte oder mich durch die helle Spiegelung eines Schaufensters fixierte. Eine proteische Kreatur, die manchmal einem Tiger ähnelte, manchmal einem Bären, manchmal einem Bären mit einem Tigerkopf. Und manchmal – am entsetzlichsten – besaß diese Bestie das Gesicht eines Menschen. Einmal, als ich mitten in der Nacht aus diesem Traum hochschreckte, beschrieb ich ihn Li.

Zu meinem Erstaunen lachte sie. »Ein Kalida«, sagte sie.

»Ein was?«

»Ein Kalida, aus dem ›Zauberer von Oz‹ – dem Buch, nicht dem Film –, weißt du nicht mehr?« Sie langte zum Nachttisch hinüber und schlug das Buch auf, das ich dort liegen hatte, um mich in den Schlaf zu lesen. »Die Kalidas jagten sie über einen gestürzten Baumstamm, der eine Schlucht überbrückte, wo der gelbe Ziegelweg im Wald plötzlich aufhört«, rekapitulierte sie. »Erinnerst du dich? Der Blechmann rettete sie, indem er den Stamm mit seiner Axt durchhackte, nachdem sie die Baumbrücke überquert hatten. Hier ist es: ›riesige Tiere mit Körpern wie Bären und Köpfen wie Tiger.‹« Mit einem endgültig klingenden Knall schlug sie das Buch zu. »Du solltest dir eine andere Bettlektüre besorgen.« Sie lächelte. »Dies ist was für Erwachsene.«

Aber er verschwand nicht, mein Kalida. Nach mehreren Tagen war ich so verschreckt, daß ich überhaupt nicht mehr schlafen konnte. Da wurde Li ernsthafter. Eines Tages erzählte sie mir eine Geschichte.

»Ein Professor hat uns darüber in der Vorlesung berichtet«, begann sie. »Ich hatte sie bis jetzt völlig vergessen, aber ich habe meine Notizen durchgesehen und den Zusammenhang gefunden. Er beschrieb einen Stamm in Malaysia – die Senoi hießen sie, glaube ich –, der einen Kult um das Träumen und die Traumdeutung entwickelt hatte. Bei einem der Beispiele – einem offenbar dokumentarisch belegten Fall, was die Sache in diesem Zusammenhang besonders bemerkenswert macht – ging es um einen kleinen Jungen, der träumte, daß er von einem Tiger gejagt wurde, und laut schreiend aufwachte. Am nächsten Morgen ging die Mutter mit ihm zum Schamanen, und der Alte erklärte dem Jungen, es sei ein schwerer Fehler gewesen, nicht gegen den Tiger zu kämpfen, denn das Tier spüre seine Angst und werde jede Nacht wiederkommen und ihm etwas von seiner Energie rauben – so lange, bis der Junge seine Angst bezwungen habe und sich ihm stelle. Der Alte riet dem Jungen, all seine Freunde zu Hilfe zu rufen, falls sich der Tiger als zu stark erweise, auf gar keinen Fall aber aufzuhören, ihn zu bekämpfen, denn jedes Nachlassen der Konzentration könne sich als tödlich erweisen. Wenn er seinen Traumfeind besiegt habe, erklärte der Schamane dem Jungen, müsse er einen Preis verlangen. Das könne praktisch alles sein – ein Gedicht, ein Tanz, die Lösung eines Rätsels –, nur müsse es im wirklichen Leben nachweislich nützlich für ihn sein, sonst würde ihm niemand glauben. – Warum versuchst du's nicht auch mal?« schlug sie mir vor. »Du hast doch schließlich nichts zu verlieren.« Sie lächelte. »Und vergiß nicht, von dem Kalida einen Preis zu verlangen.«

Also versuchte ich es. Zwei Nächte hindurch kämpfte ich mit ihm in anstrengenden, von kaltem Schweiß begleiteten Träumen, die bei Morgengrauen jeweils in einem quälenden Patt endeten, wenn wir uns voneinander lösten und er im Wald verschwand, um seine Wunden zu lecken. Meine Traumfreunde lösten mich ab: Wu kam mit seinem großen Bambusstecken, Scottie trat das Biest mit seinen Tennisschuhen, goß ihm Rum über den Kopf und versuchte es mit einem Streichholz in Brand zu stecken; der Ängstliche Löwe kam, überwachte den Kampf aber zumeist aus sicherer Entfernung. Auch nach meinem Vater rief ich, aber die Toten können uns vielleicht nicht hören. In der dritten Nacht, irgendwann gegen Morgen, obsiegte ich endlich. Der Kalida sah mich mit zahmem, unterwürfigem Blick an. »Was willst du?« fragte er mich, und ich antwortete: »Glück und Wahrheit.« Er gestand, daß er mir nur eines bringen könne, und nach einigem Zögern wählte ich die Wahrheit. Sofort kehrte der Kalida für eine ziemlich lange Zeit in den Wald zurück, und als er wiederkam, trug er einen Apfel im Maul, den er mir demütig zu Füßen legte. Dann verschwand er wie die Cheshire-Katze, einzig sein Lächeln blieb zurück, und das auch nur für eine Sekunde, wobei ich sah, daß seine Zähne, wie jene, die damals auf die Schnauze der Curtiss P-40 gemalt waren, genau in die Bißstelle des Apfels paßten, in dem ich nun, da ich näher hinschaute, Würmer sich winden und Fliegen summen sah, die sich hinhockten, um ihren Darm zu entleeren und Eier zu legen.

Und so geschah es, daß mir der Einfall kam, die American Power and Light zu übernehmen, *»the APL of Americas eye«*. Die Schönheit dieses Einfalls riß mich hin. »Wird dieser Sun, diese Sonne, das Licht seines Vaters überstrahlen?« Das wäre der endgültige Test, der Sturm zum Gipfel.

Als ich Kahn davon erzählte, lachte er nur. »APL? Machst du Witze? Wofür hältst du dich eigentlich? Für den Sonnenkönig, Louis Quatorze, oder was?« Er grinste. »Oder vielmehr für das Sonnenkind. Sonny Squat-tor-ze, Mafioso-Killer, auch bekannt als The Sun Kid, bewaffnet und für Konzerne gefährlich. Ha, genau das ist er – dein neuer Spitzname: The Sun Kid.«

»Ich meine es ernst, Kahn«, gab ich ihm in ruhigem, doch gefährlichem Ton zu bedenken.

»›Ich meine es ernst‹!« höhnte er. »Gönn mir eine Pause, ja? Ich krieg' ja'n Bruch vor lauter Lachen. Bald wirst du noch in deinem Geburtstagsanzug rumrennen und allen erklären, du seist der Kaiser.«

Seine Respektlosigkeit brachte mein Blut in Wallung. Kahn hörte mir nun auch nicht mehr zu, nicht richtig. Mir wurde bewußt, daß ich ihn tatsächlich verabscheute. Aber ich bezähmte meine Wut und legte ihm ruhig meinen Standpunkt dar, woraufhin er endlich so ernst wurde, wie es der Situation entsprach.

»Kleiner, ich bitte dich, überleg's dir noch mal! Ich meine, hast du eine Ahnung, wovon hier die Rede ist? Von der *APL*. Weißt du überhaupt, wie *groß* die ist? Und ich spreche hier nicht von dem Wort groß, wie man es jeden Tag benutzt. Ich meine gewaltig, riesig – gro-oß! Ich meine, Bull ist groß, aber dies ist etwas ganz anderes.«

»Na sicher ist die APL groß, ›gewaltig‹, wenn Sie so wollen«, antwortete ich. »Aber wir haben schon öfter Konzerne übernommen, die größer waren als wir.

Die Bank zum Beispiel, das ist überhaupt ein gutes Beispiel. Genau wie die Bank ist auch die APL groß, langsam, schwerfällig, ein Elefant. Der Aktienkurs fluktuiert nie über einen recht engen Rahmen hinaus. Die Effekten bringen gute Dividende, gewiß, aber es ist ein Papier für Großmütter, vergleichbar mit T-Bills und Sparbüchern. Sagen wir mal, wir gehen da rein und bieten den doppelten Tagesmarktwert, zahlbar in Bezugsrechten und Obligationen mit einiger Konvertierbarkeit. So, wie unser Tagesmarktwert augenblicklich steigt, würde jeder, der seinen Verstand beisammenhat, sofort zugreifen. Sogar die Großmütter. Es hat schon öfter geklappt. Warum nicht noch einmal?«

Wieder schüttelte er den Kopf. »Wir haben es hier mit anderen Größenordnungen zu tun, Kleiner. Nicht einmal Bull könnte eine Übernahme von diesen Ausmaßen bewältigen.«

»Wir müssen«, sagte ich.

»Wir können es nicht«, gab er zurück.

»Wir werden es können«, behauptete ich.

»Ich bitte dich, Sonny!« flehte er. »Ich bitte dich auf den Knien: Schlag dir das aus dem Kopf! Bis jetzt ist alles gutgegangen, aber wir sind nicht unüberwindlich. Die APL ist der größte Konzern Amerikas...«

»... und damit natürlich der ganzen Welt«, ergänzte ich ironisch.

»Es ist... Es ist... Es ist Wahnsinn, das ist es! Und wenn du darauf bestehst, werde ich...«

»Was werden Sie?« frage ich gelassen.

»Dann werde ich...«

Aufgebracht funkelte ich ihn an.

»... werde ich aufhören!«

»Das würden Sie nie tun.«

Er grinste höhnisch. »Wirklich nicht?«

»Kahn«, sagte ich warnend und eindringlich, »tun Sie mir das bitte nicht an! Ich habe Sie nie um etwas gebeten. Jetzt bitte ich Sie.«

»Warum?« fragte er flüsternd.

»Weil ich muß.«

Ein noch selten gesehener Ausdruck von Zärtlichkeit trat auf seine Züge. »Bist du so unglücklich?«

Total verblüfft fuhr ich zurück. »Was hat Unglücklichsein damit zu tun? Es ist ein Geschäft.«

Er schüttelte den Kopf. »Diesmal geht's nicht ums Geschäft, Kleiner«, erklärte er. »Diesmal geht's um etwas anderes – um was, das weiß ich auch nicht so genau. Aber du darfst mich nicht darum bitten.«

Ich starrte ihn ungläubig an. »Ich darf nicht bitten? *Darf nicht?* Nach allem, was ich für Sie getan habe?«

Er wurde rot, dann wurde er blaß. Als er dann sprach, zitterten seine Lippen. »Du bist gut zu mir gewesen, Kleiner, das gebe ich zu. Ich schulde dir einiges. Du kannst mich um alles bitten, nur nicht um das. Ich flehe dich an. Alles andere werde ich für dich tun, aber ich werde nicht auf deinen Scheiterhaufen klettern und ihn höchstpersönlich in Brand setzen. So mögt ihr die Dinge in

China handhaben, doch wie ich dir schon einmal erklärt habe, gilt in Manhattan ein anderes Protokoll.«

»Aber warum müssen wir es so betrachten, als selbstmörderisches Autodafé?« protestierte ich. »Es könnte genausogut ein Triumph werden.«

Auf einmal wurde Kahns Miene schmerzlich. Unwillkürlich berührte er seinen Kupferarmreif. »Was soll ich dir sagen, Kleiner? Meine innere Stimme sagt nein.«

«Ihre innere Stimme ist ein Piepsen, Kahn«, höhnte ich, »sie stammt eindeutig von einer Maus. Sie verlieren die Nerven. Wo bleibt Ihre Chuzpe? Was ist aus Ihrem ›Kein Mumm, kein Ruhm‹ geworden – dem Schlachtruf der Aschkenasim-Krieger? Was soll das sein, chassidische Höflichkeit, c. H.?«

»Lach nur, wenn du willst, Kleiner«, entgegnete er traurig. »Aber ich bin ehrlich. Wenn du darauf bestehst, diesen Plan auszuführen, werde ich aufhören. Im Ernst.«

»Nach allem ...?«

Er nickte feierlich. »Du kannst mich beim Wort nehmen.«

»Und wenn ich tatsächlich unglücklich wäre?« fragte ich ihn. »Wenn ich Ihnen sagen würde, daß für mich alles von diesem Plan abhängt? Was dann?«

»Ach Kleiner, Kleiner«, seufzte er kopfschüttelnd, »laß mich bitte nicht dafür büßen. Tu mir das nicht an! Tu *dir* das nicht an!«

»Ich bin unglücklich, Kahn«, behauptete ich.

Er lächelte mit wehmütigem Mitgefühl. »Dieses Unglück ist ein exquisites Gefühl, das nicht mal ein halbes Dutzend Menschen, die in unserer heutigen Welt leben, zu schätzen wissen. Wirf es nicht weg, dieses Gefühl. Es ist noch neu für dich, aber du wirst damit umzugehen lernen. Es ist ein erworbener Geschmack.«

»Kahn ...«

»Nein.«

»Das werde ich Ihnen nie verzeihen.«

»Mag sein«, gab er zurück, »doch eines Tages wirst du mir dafür dankbar sein.«

Also verzichtete ich – vorläufig. Aber sein Widerstand bestätigte mich nur in meinem Entschluß. Insgeheim kochte ich und schmiedete Pläne. In aller Heimlichkeit beauftragte ich ein paar vertrauenswürdige Verbündete, mit den Erkundungen im Hinblick auf eine umfassende Kampfstrategie zu beginnen. Als erstes erstellten sie ein streng geheimes Dossier über die APL, dem wir den Codenamen »Die reiche Witwe« gaben.

Völlig auf meine ehrgeizigen Pläne versteift, übertrug sich meine Unruhe und Frustration auch auf mein Privatleben oder fand vielmehr darin ein perfektes Spiegelbild. Li legte in letzter Zeit ein merkwürdiges Verhalten an den Tag. Während der Übernahmephase entdeckte ich Anzeichen von Unzufriedenheit; da ich jedoch keine Zeit hatte, mich näher damit zu befassen, tat ich sie als unwichtig ab. In der gegenwärtigen Windstille jedoch fielen sie mir immer häufiger auf. Manchmal war sie tagelang wortkarg und introvertiert. Dann schlug ihre Stimmung um, und sie ging mit einer Heftigkeit auf mich los, die eine richtige emotionale Schockwelle erzeugte, warf mir völlig zusammenhanglos Vergehen vor, beschuldigte mich erst, sie zu vernachlässigen, und beschwerte sich gleich darauf, meine umklammernde, klaustrophobische Nähe wirke erstickend auf sie. Eines Morgens, als ich an den Frühstückstisch kam, saß sie da, hielt ihre Kaffeetasse mit beiden Händen und blies vorsichtig hinein, während sie mir durch den aufsteigenden Dampf entgegenblickte. Sie wirkte ruhig und gelassen wie schon seit langem nicht mehr. »Ich komme heute später nach Hause«, verkündete sie. »Bitte warte nicht auf mich.«

Ich musterte sie ernst und fragend.

»Der Termin zum Einreichen der Diplomarbeit steht bevor«, sagte sie in ihre Tasse hinein. »Und ich hab' in den letzten Wochen kaum etwas daran getan.«

»Gehst du in die Bibliothek?«

Sie nickte und blies wieder in ihren Kaffee.

Als sie kam, lag ich hellwach im Bett. Sie gab sich Mühe, möglichst leise zu sein, um mich nicht zu wecken, kam auf Zehenspitzen zum Bett geschlichen und beugte sich über mich. »Bist du wach?« fragte sie flüsternd.

Ich rührte mich nicht.

Sie blieb eine ganze Weile stehen und beobachtete mich; dann hörte ich sie auf dem Teppich davonschleichen. Die Badezimmertür wurde geschlossen. An ihrem unteren Rand sah ich den gelben Lichtstreifen aufleuchten. Die Toilette rauschte. Sie stellte die Dusche an. Krank vor Argwohn drehte ich mich zur Wand.

Am nächsten Morgen ging sie früh fort, und sogleich wühlte ich mit besessener Gier, mit deprimierender Neugier wie ein Dieb im Papierkorb. Ich fand den leeren Karton einer Vaginaldusche mit dem Bild einer superschlanken Frau, die glücklich und froh im Sonnenschein tanzt. »Essig und Wasser«, las ich, »immer häufiger von Ärzten empfohlen.« In meinem Magen verknotete sich etwas wie ein ekliges Sekret: Essig und Wasser, dachte ich bitter, Galle! Unter der Panik lag jedoch eine Unterströmung von Resignation, als hätte ich mich bereits mit einem Verlust abgefunden. Dennoch aber zwang ich mich, dem Unwiederbringlichen auszuweichen, die notwendige Schlußfolgerung nicht zu ziehen.

Am nächsten Abend konnte ich nicht schlafen. Wütend stelzte ich wie ein Tiger im Käfig im Zimmer auf und ab und wartete auf sie. Dann warf ich mir plötzlich den Mantel über und verließ das Haus. Am Bordstein winkte ich ein Taxi heran und nannte dem Fahrer die Adresse ihres Apartments. Ich kontrollierte meine Schlüssel. Ja, den Zweitschlüssel, den sie mir hatte anfertigen lassen, besaß ich noch.

Als Ramón vom Telefon herüberblickte und mich an der Tür sah, huschte ein Anflug von Ernst über sein Gesicht. Er beherrschte sich sofort wieder, aber ich hatte es trotzdem gesehen. Ich war mir ganz sicher. Er ließ den Hörer herabhängen, kam und schloß mir auf.

»He, Mann, lange her«, sagte er mit seiner üblichen aufreizenden Kameraderie. »Was is' passiert?«

»Ist sie hier?« fragte ich und durchbohrte ihn mit Blicken.

»He, Mann.« Mit erhobenen Händen trat er zurück. »Ich weiß *nichts*, kapiert? Gar nichts.«

Ich ging an ihm vorbei zum Lift.

Mit gesenktem Kopf, als verfolge ich eine Spur, schlich ich leise den Gang entlang und lauschte auf Stimmen oder Geräusche. Nichts. Still, kaum atmend, stand ich vor ihrer Tür. Mein Herz raste. Ganz leise schob ich den Schlüssel ins Schloß und drehte den Knauf. Die Tür ging auf, dann hing sie fest. Die Sicherheitskette. Sie war also da. Sie mußte da sein. Vielleicht arbeitete sie nur.

»Li«, rief ich.

Keine Antwort.

Vielleicht schläft sie, dachte ich. »Li!« rief ich abermals, diesmal lauter.

Immer noch keine Antwort.

Plötzlich packte mich der Zorn. *»Li!«* schrie ich »Mach sofort auf! Ich weiß, daß du da bist.« Keuchend, wütend, hielt ich inne, um zu lauschen. Überall am Korridor hörte ich zurückschnappende Riegel. Ringsumher wurden spaltbreit die Türen geöffnet.

»Wer ist da?« fragte eine Frau flüsternd.

»Was starren Sie mich so an!« schrie ich und stürzte mich auf sie. »Kümmern Sie sich um Ihre eigenen Angelegenheiten!« Wie rasend rammte ich Lis Tür gegen die Kette, versetzte ihr heftige Fußtritte, knallte sie, ohne abzuschließen, ins Schloß und stürmte zum Lift zurück. Dann fuhr ich nach Hause und wartete auf Li.

Als sie hereinkam, musterte ich sie finster und aufgebracht unter den zusammengezogenen Brauen hervor. »Hure!« zischte ich wütend.

»Hast du was gesagt?« Sie blickte von ihrer Tasche auf, in der sie etwas gesucht hatte.

»Hure, hab' ich gesagt«, gab ich zurück.

Sie drehte sich um, als wolle sie sehen, ob ich mit jemandem, der hinter ihr stand, gesprochen hatte, dann sah sie mich voll Verwunderung an. »Meinst du mich?« Sie zeigte auf sich.

»›Meinst du mich?‹« äffte ich sie höhnisch nach. »Glaubst du wirklich, du kannst mich so verscheißern? Ich weiß genau, daß du dort warst.«

»Wovon redest du?« Sie wurde allmählich ärgerlich und ließ ihre Tasche auf dem Fußboden liegen. »Wo soll ich gewesen sein?«

Ihre List war so leicht durchschaubar, daß es mich anwiderte; sie setzte auf die Beleidigung noch eine Kränkung. Kochend vor Wut, wandte ich den Blick ab, weigerte mich, mit ihr zu sprechen, von ihrer Gegenwart Notiz zu nehmen.

»Junge, mußt du einen schlimmen Tag gehabt haben«, bemerkte sie feindselig.

»Bitter wie Galle«, gab ich mit einem triumphierenden, rachsüchtigen Blick zurück. »Wie Essig und Wasser, immer häufiger von Ärzten empfohlen.«

Sie kniff ein wenig die Augen zusammen und musterte mich mit einem seltsamen Ausdruck. »Hast du den Verstand verloren?«

»Mir scheint, ich habe viel mehr verloren.«

»*Wovon redest du?*« Jetzt begann sie zu schreien.
Ich kicherte. »Von einem Pappkarton. Für eine Vaginaldusche.«
»Eine was?«
»Eine Vaginaldusche – ich hab' den Karton heute morgen im Papierkorb gefunden.«
»Na und?«
»Dann war es also nicht nur Einbildung?«
»Nein«, gab sie zu. »Ich hab' ihn gestern abend fortgeworfen. Weil ich gestern meine Tage gekriegt habe.«
Stumm funkelte ich sie an.
»Und?« fragte sie. »Hab' ich da irgendwas falsch gemacht? Gilt die Menstruation jetzt vielleicht als Kapitalverbrechen?« Sie hielt inne. »Zu bestrafen durch Abreißen des Kopfes unter vier Augen?«
»Zeig's mir«, verlangte ich.
»Zeigen – was?«
»Das Blut.«
Sie starrte mich ungläubig an; dann verzog sich ihr Gesicht zu einer Grimasse des Abscheus. »Du bist ja krank!« zischte sie.
»Na schön«, gab ich zähneknirschend nach. »Aber selbst wenn du die Wahrheit sagst – wie willst du das mit der Sicherheitskette erklären?«
»Was für eine Sicherheitskette?«
»Hör auf, Li! Du weißt genau, was ich meine. Die Sicherheitskette an deiner Apartmenttür.«
»Was ist damit?«
»Wieso war sie von innen vorgelegt?«
Sie zuckte die Achseln. »Woher soll ich das wissen?«
»Meinst du das ernst?«
»Natürlich meine ich das ernst«, antwortete sie. »Woher soll ich das wissen?«
»Du solltest es verdammt genau wissen!« sagte ich. »Du hast sie vorgelegt.«
Sie schüttelte den Kopf. »Ich glaube, ich fange an zu begreifen.«
»Was zu begreifen?«
Sie errötete, und ihre Augen funkelten erbost. »Dir ist hoffentlich klar, daß dort seit zwei Wochen eine Freundin von mir wohnt.«
»Wer?«
»Kay Ellis, aus meinem Doktorandenseminar. Willst du sie anrufen? Nur zu! Du kennst ja die Nummer.«
Ich spürte, wie sich in meinem Magen etwas zusammenzog. Die Versuchung plagte mich, und ich sah zum Telefon hinüber.
»Du bist hingefahren, stimmt's?« fragte sie zornig. »Was hast du gemacht – die Tür eingetreten?«
Stumpf und mürrisch starrte ich sie an; antworten konnte ich nicht.
Sie lachte bitter. »Du willst wissen, warum die Sicherheitskette vorgelegt war? Ich werd's dir sagen. Kay ist wahrscheinlich über die Feuertreppe geflohen, deswegen! Weil sie glaubte, von einem Wahnsinnigen überfallen zu

werden – was ja auch stimmt. Du Schwein! Verdammt noch mal!« Hektisch nach einer Möglichkeit suchend, ihrer Wut Luft zu machen, spie sie zornig auf den Boden; dann brach sie in Tränen aus, griff sich ihren Mantel, lief an mir vorbei und knallte die Tür hinter sich ins Schloß.

Ich war niedergeschmettert. Aber vielleicht log sie. Nein, so gut konnte niemand schauspielern. Oder doch? Nein! Nein! Nein! dachte ich. Nein! Was ist mit mir los?

Als sie zurückkehrte, zerzaust und blaß, dämmerte schon fast der Morgen. Sie betrachtete mich ernst.

»Es tut mir ja so leid«, sagte ich mit unsicherer Stimme. Dann brach ich zusammen, barg das Gesicht in den Händen und weinte.

Sie zog eine Hand aus der Manteltasche und legte sie mir auf den Kopf – streichelte mich nicht, spielte nicht mit meinem Haar, tat gar nichts. Lächelnd sah sie auf mich herab, sehr distanziert, sehr in sich gekehrt, sehr sanft, sehr kalt.

Tagelang überschüttete ich sie mit Zärtlichkeit. Ich hofierte sie, bediente sie. Ich kaufte ihr Geschenke. Sie akzeptierte alles mit diesem distanzierten, kalten Lächeln.

Dann fragte sie mich eines Tages zu meiner Überraschung und unaussprechlichen Freude, als sie am Küchentisch saß und in ihren Kaffee blies, ganz beiläufig und ohne mich anzusehen: »Erinnerst du dich an die Nacht, als du mir sagtest, du wolltest mich ins Land der Wohlgerüche, ins Märchenland bringen?«

Ich nickte.

»Damals hast du mich noch etwas anderes gefragt.« Verstohlen musterte sie mich über den Tassenrand hinweg, dann trank sie vorsichtig einen Schluck.

»Ich habe gefragt, ob du mich heiraten würdest.» Meine Stimme bebte vor nervöser Erregung.

Jetzt hob sie den Kopf und sah mich an. »Empfindest du noch immer so?«

»Ja«, flüsterte ich überglücklich. »Ja, ja, ja!«

Sie trank einen großen Schluck Kaffee. »Na schön«, stimmte sie ruhig zu.

»Meinst du das ernst?«

»Ich meine es ernst.«

Tagelang lebte ich in Ekstase. Nur der Gedanke an Yin-mi, der wie eine klagende Melodie aus einem anderen Zimmer herüberwehte, holte mich zuweilen ein. Es war mir unbegreiflich. Ich hatte gespürt, wie sich die Lage allmählich verschlechterte. Ich hatte geglaubt, Li zu verlieren, und nun auf einmal... Dabei war ihr Verhalten so merkwürdig, so distanziert und so beherrscht. Aber was hatte ich denn erwartet? Es war nicht wichtig. Gar nichts war wichtig.

Ich wollte Pläne machen, allen von meinem Glück erzählen, aber sie bat mich, noch ein wenig zu warten. Es gebe da gewisse Dinge, die sie erledigen, gewisse Dinge, die sie noch ordnen müsse. Näher erklärte sie sich nicht, und ich stellte ihr keine Fragen, weil ich ihr mein Vertrauen beweisen wollte. Ich hatte tatsächlich Vertrauen zu ihr. Das einzige, was sie noch dazu sagte, war: »Ich glaube, hinterher würde ich gerne umziehen.«

»Wohin?« wollte ich wissen.

Sie zuckte die Achseln. »Keine Ahnung. Aufs Land, vielleicht. Können wir uns das leisten?« Sie fragte es mit sanfter Zurückhaltung, fast schüchtern.

»Selbstverständlich!« Ich nahm ihre Hände und sah ihr tief in die Augen, die beinahe schmerzlich dreinblickten, als hätte ich ihr etwas vorenthalten. »Selbstverständlich!«

»Vielleicht in die Hamptons«, sinnierte sie.

Erst einige Zeit später kam mir der Gedanke an den Besitz in Sands Point. Das würde zwar eine Menge Arbeit bedeuten, aber... Nun ja, es war nur so eine Idee. Vielleicht mochte sie das Haus gar nicht. Aber es konnte nicht schaden, wenn ich mit ihr hinfuhr, damit sie es besichtigen konnte. Sie sollte es auf alle Fälle sehen.

FÜNFZEHNTES KAPITEL

Diesmal herrschte Parallelität: Der Aufschwung in meinem Privatleben kündigte eine Intensivierung des Interesses an der Arbeit an, während die »Hörner des Bullen« – der Codename für meine Zelle getreuer, innerhalb der größeren Corporate Intelligence Agency von Kahn and Sun heimlich wirkender Mannen – Stück um Stück ein klares Bild der Geschichte und der Infrastruktur von American Power and Light zusammenzusetzen begannen. Obwohl die Ursprünge des größten Konzerns Amerikas – und damit natürlich der ganzen Welt – in grauen Nebeln verborgen lagen wie die Ursprünge der Nation selbst mit ihrer mythischen Axt und dem Kirschbaum sowie ihrem Silberdollar, der über den Potomac hüpfte, schob ich alle Bedenken energisch beiseite. Ich war hingerissen von der Aussicht, die mir die Recherchen eröffneten, der Aussicht auf ein veritables Märchenland der Finanzwirtschaft, ein Oz in Konzerngestalt.

Ich weiß nicht, was mich mehr faszinierte: der Gedanke an meine bevorstehende Hochzeit mit Li oder der bisher noch unerfüllte Traum eines aktienbedingten Ehestands. Hier spielte ich ebenfalls den eifersüchtigen Liebhaber und telefonierte alle fünfzehn Minuten, um den Aufenthaltsort der vielversprechenden »reichen Witwe« auf dem Big Board zu kontrollieren. Wahre Liebe, das wußte ich, war mehr, als ich erwarten konnte, denn die APL war eine Sphinx, so alt und besonnen-weise wie die Zeit selbst – zweihundert Jahre mindestens –, und sie stellte ihren verliebten, törichten Bewerbern eine Rätselfrage, die nur wenige bisher beantwortet hatten. Infolgedessen war sie mehrfach zur Witwe geworden, so häufig sogar, daß man sie die »große Schwarze Witwe des Dow« getauft hatte. Mein Vater war eins ihrer vorläufig letzten Opfer gewesen. Doch welch herrliche Freuden mußte er bei ihr ganz zweifellos in vollen, durstigen Zügen genossen haben!

Als eine der wenigen heute noch existierenden Aktiengesellschaften, die schon in der Frühzeit der Republik tätig gewesen waren – geboren zugleich mit Amerika als Zwillingsschwester und Ebenbild –, schien die APL nicht durch schlichte sterbliche Zeugung entstanden zu sein, sondern dank einer unbefleckten Empfängnis. Manche behaupteten auch, die »reiche Witwe« sei voll ausgewachsen der zerfurchten Stirn Alexander Hamiltons persönlich entsprungen wie Pallas Athene dem Kopf des Zeus. Hamilton, so hieß es in dieser Version, habe die Eingebung in einer Mußestunde empfangen und sei im Laufe der Jahre immer häufiger auf sie zurückgekommen, bis die APL zu seiner alles in den Schatten stellenden Leidenschaft geworden war. Weit mehr als Projekte wie etwa die National Bank, der »Report on Public Credit« oder die Zuverlässigkeit und Zahlungsfähigkeit der neuen Republik profitierte die APL von Hamiltons Energie während seiner späteren Jahre, die er in größter Zurückgezogenheit verbrachte, während deren er aber wie ein Mann in einem Wachtraum oder ein wahnsinniger Naturwissenschaftler die Satzungen und Subskriptionsanzeigen der APL entwarf. Doch die junge Aktiengesellschaft war keineswegs mit Hamilton gestorben – o nein! Sie lebte weiter wie alle echten und schönen Ideen, und zwar unter dem Schutz von Hamiltons großem Freund und Gönner George Washington, dem Vater der Nation (und Onkel der APL), der, wenn auch zugegebenermaßen unter anderem Namen, für ihre Eintragung sorgte. Als Herz und Leber der Nation konnte die Aktiengesellschaft niemals sterben oder bankrott gehen, solange Amerika selbst bestand.

Auf diese Weise hatte sie schließlich nach vielen Reinkarnationen in den Händen der Loves die körperschaftliche Perfektion erreicht. American Power and Light: Welch herrlichen Klang diese Worte doch hatten! Wahrhaftig »einer der schönsten lyrischen Verse, die in der Neuen Welt je geschrieben wurden«, wie Hackless es einmal ausgedrückt hatte. Der Grundpfeiler der Industrie! Dort und nirgendwo sonst hatte sich der größte Genius Amerikas manifestiert. Xiao hatte recht. Im Vergleich zu dieser fabelhaften, unvergleichlichen Technologie nahmen sich die schönen Künste aus wie krude neolithische, von Wilden mit Stöcken eingekratzte Höhlenzeichnungen.

Aber genug der Elogen! Bei diesen Erinnerungen an die Ekstase, die mein Traum, meine fixe Idee damals weckte, habe ich mich selbst ganz vergessen. Seltsam, welchen Einfluß jene Vision nach all dem, was geschehen ist, noch heute auf meine Seele hat. Lebte ich in einem Wahn, oder war ich von Inspiration befeuert?

Aber vielleicht, lieber Leser, wurden Sie noch nicht in die Geheimriten der amerikanischen Hochfinanz eingeführt? Vielleicht halten Sie daher kurz inne, um eine präzis umrissene Skizze der glanzvollen Aktiengesellschaft, die mich so blendete, zu erlangen. Kurz gesagt lautete die Frage: Wie stand es mit den Aktiva und Passiva des Unternehmens (letztere allerdings eine Quantité negligeable), wie mit seinen Einnahmequellen, seinen bisherigen und zu erwartenden Gewinnen und seiner zukünftigen Entwicklung? Eine faire, ja, eine fundamentale Frage, und eine, die wohl leichter in einen umfangreichen Band amerikanischer Geschichte passen würde als in den kargen Rahmen meiner bescheidenen Auslassungen. Als Ihr stets und immer ergebener Diener werde ich mich jedoch bemühen, Ihre Neugier zu befriedigen.

Die American Power and Light ist mehr als ein Versorgungsbetrieb, obwohl sie extrem utilitaristisch ist. Sie bereitete den Weg für das Konzept der Konzernbildung, den ursprünglichen korporativen Allesfresser. Für einen Versorgungsbetrieb jedoch ist sie nicht ohne. Ja, was die Energie betrifft, da ist sie wirklich unvergleichlich, ist sie die Quelle jenes göttlichen Funkens, der die Nation von innen erleuchtet und Amerika zu einem Leuchtturm, einem Signalfeuer für die ganze Welt macht. Und nicht nur Licht liefert sie, sondern auch Wärme, jene Wärme, die das Lebensblut des Landes wärmt. Heutzutage stehen überall im ganzen Land die Generatoren der APL, manche mit Kohle befeuert, manche mit Öl, manche mit Kernkraft; denn ob es uns paßt oder nicht, der Versorgungsbetrieb ist zwar offen für die öffentliche Meinung, ist auch ein Hort demokratischer Tugenden, gleichzeitig aber ist er auch geschäftstüchtig und pragmatisch und hält sich streng an das, was funktioniert.

Doch ihre Beteiligungen gehen weit über den Bereich des traditionellen Versorgungsbetriebes hinaus. Lange bevor die Elektrizität erfunden wurde, als Amerika noch von Walratkerzen beleuchtet wurde, begann sie mit dem Prozeß der Diversifikation und investierte in großem Umfang in die Walfangindustrien von New Bedford und Nantucket, dazu expandierte sie synergistisch in Schiffsbaukonzerne. Um ihren Bedarf an Rohmaterialien an Land zu sichern, kaufte sie Kohlenbergwerke in Pennsylvania und West Virginia sowie die erforderlichen Eisenbahnen, um den Zugang zu den Bergwerken zu garantieren. Der Erwerb von Bahngelände machte den Versorgungsbetrieb zum Besitzer endloser Flächen von Waldland, von Ölquellen und Minen: Gold und Silber, Wolfram, Kupfer, Eisen. In jüngerer Zeit hat die APL riesige Summen in inländische Ölversuchsbohrungen gesteckt. Ihre Bohrinseln vor der Küste erschließen den Meeresboden in so weit auseinanderliegenden Regionen wie der Beaufort See nördlich von Kanada und den warmen Gewässern des Golfs von Mexico. Auf ihren Werften laufen die Supertanker für den Transport unserer Quote mittelöstlichen Öls aus den Hochseehäfen des Persischen Golfs vom Stapel. Da die inländische Stahlproduktion eine lebenswichtige Komponente ihrer Schiffsbauaktivitäten ist, schimmern die öligen Wasser der Großen Seen trübe im Licht höllischer Meteore aus den Hochöfen von Buffalo und Gary, wo die Tochtergesellschaften der APL, falls sie nicht von Streiks betroffen sind, rund um die Uhr arbeiten, um den Bedarf an Stahl zu decken.

Angesichts ihrer Ausbeutung der Naturschätze, ihrer riesigen Produktionsstätten, ihrer Stahl- und Schiffsbaukapazitäten war es dann nur natürlich, daß die American Power and Light auch in die Rüstungsproduktion einstieg und nicht nur Schiffe baute, sondern Flugzeuge, Panzer und die verschiedensten gepanzerten Fahrzeuge, ganz zu schweigen von Geschützen, hochexplosiven Sprengstoffen, Schußwaffen samt Munition sowie andersartigen Waffen für Genozid und Massenvernichtung, die im Zweiten Weltkrieg das Bruttovermögen in eine bisher unerreichte Höhe drückten und den Konzern zum größten der Welt machten.

Die Produktion von Fahrzeugen für das Militär brachte die APL nach dem Krieg zur Herstellung von Autos und LKWs, die zur Konkurrenz der Eisenbahn wurden und diese schließlich beim Transport der Waren zu den Märkten verdrängten, das Ganze auf dem neuen System der Interstate Highways, erstellt von Baufirmen, die ebenfalls Tochtergesellschaften des Konzerns waren. Mit dem Verwandeln von Wildnis in Farmland stieg die American Power and Light ins Agro-Geschäft ein und transportierte das Nutzholz zu ihren eigenen Sägemühlen, wo Amerikas Wälder zu Brettern verarbeitet wurden. Dies verschaffte ihr Eingang in die Bauwirtschaft. Bald expandierte sie ihre Produktionskapazität abermals und begann mit der Herstellung einer verwirrenden Vielfalt von Werkzeugen, wie sie der Tischler und Zimmermann braucht. Ihre Auto-Töchter fabrizierten Lieferwagen und Fahrzeuge mit Vierradantrieb, um Holz und Werkzeug zu den entlegenen Stätten zu schaffen, die zuvor von konzerneigenem Nutzholz befreit worden waren, das nun zu konzerneigenen, an Ort und Stelle errichteten Wohneinheiten verbaut wurde: Man holzte Wälder ab, um sie als Häuser wieder aufzubauen. Die American Power and Light produzierte Trucks, mit denen die von ihr hergestellten Werkzeuge und das von ihr geschlagene und verarbeitete Holz transportiert wurden, und fütterte sie mit Benzin, das sie importierte oder produzierte. Anschließend ging sie dann sogar noch weiter, erwarb Textilfabriken, um den Arbeiter zu kleiden, der ihr ebenfalls weitgehend gehörte, Verkaufsstellen, in denen sie ihm die Kleider verkaufte, Handelsbanken und Spar- und Darlehnskassen, wo er sich Geld leihen konnte, um es in eben jene Trucks, Werkzeuge, Hölzer, Wohneinheiten und Kleidungsstücke zu investieren. Sie steckte seinen schwer verdienten Lohn ein und ernährte ihn von ihren eigenen Farmen, und dann kreierte sie die Freizeit, um ihm Erholung von seiner Arbeit zu bieten und ihn mit neuen Kräften wieder an die Arbeit zu schicken.

Doch die Freizeit – die Begabung der Amerikaner für Freizeit manifestierte sich in der Erfindung des Weekends, wie der verehrte Leser ganz zweifellos weiß – eröffnete den visionär veranlagten Unternehmern und Impresarios im Vorstand dieses Musterbeispiels eines Konzerns nur neue Panoramen freien Unternehmertums. Sie zapften Märkte an, von denen sich bisher kaum jemand etwas hätte träumen lassen.

Am Anfang gab es in Amerika zunächst einmal Bücher, gewichtige Bibeln und wissenschaftliche Abhandlungen über den Kommerz, oder Erbauungstraktate, ernst, schwer verständlich und dennoch mit ausreichendem Unterhaltungswert, um ein schmallippiges Lächeln auf das Gesicht eines gestrengen puritanischen Vaters zu zaubern, wenn er an einem Winterabend in Boston in seinem Lehnsessel saß und im Licht einer einzigen, dürftigen Walratkerze (natürlich von APL) seine Außenstände ebenso wie Aktiva und Passiva ins große Buch der doppelten Buchhaltung seines Seelenheils eintrug. Doch bald schon folgte die liebliche Blüte der Lyrik, eine Treibhauspflanze, frisch aus Europa importiert, deren goldfarbene Pollen suchend durch die Lüfte segelten und sich, da sie keine Artgenossen zum Befruchten fanden, mit derberem Material mischten, mit Kiefern und melancholischen Zedern, um eine kraftvolle, resistente Art von Heimatlied hervorzubringen: die Novelle und die Liebesgeschichte. Dieser wilde Bastard wurde von den nachfolgenden Generationen ständig verbessert, bis er die saftige, köstliche Frucht des »amerikanischen Romans« trug, dick und prall von Fleisch, durchaus fähig, den diversen Geschmacksrichtungen demokratischer Massen Rechnung zu tragen, eine Form, die nicht mehr verbessert werden konnte – wie der Apfel (oder die APL!) –, sondern an der man nur noch herumspielen, sie zu einem Monstrum verformen, aus der Natur ins Treibhaus der kranken urbanen Phantasie zurückholen konnte, wo sie die Festigkeit ihres Fleisches sowie die jungfräuliche, herbe und bittersüße Wildheit aus den Tagen verlor, da sie noch in den Wäldern wuchs.

Von diesem Augenblick an vermehrten sich die Arten sehr schnell. Irgendwann zwischendurch kam dann die Institution der Presse, ein ebenso unveräußerliches Recht wie Leben, Freiheit und Streben nach Glück, zu dem sie ihr demokratisches Teil beitrug. Das Wort wurde Fleisch – sehr viel Fleisch –, und die Zeitungen wurden geboren (gemacht, nicht gezeugt). Diese teilten sich alsbald in zwölf Stämme und wurden an alle Enden der Welt verstreut (einige von ihnen irren noch heute in der Wüste umher), unter ihnen die »Timeses« und die »Tribunes«, die »Suns« und »Globes«, die »Dispatches«, »Gazettes«, »Couriers«, »Journals«, »Sentinels«, »Observers«, »Posts«, »Constitutions« und »Constitutionals« mit all ihren verschiedenen Erscheinungsformen, täglich, abendlich, vierzehntäglich, wöchentlich, monatlich, halbjährlich, jährlich, perennierend, immergrün, tausendjährig und – zum Glück – gelegentlich. An diesen wetzte sich die unmündige Bevölkerung die Zähne, durch sie lernte sie lesen, was überdies zu einer weiteren sehr wichtigen Entwicklung führte.

In jenen Tagen fehlte den Damen ein angemessenes Forum für ihre Meinungen, daher waren sie gezwungen, auf einen Notbehelf zurückzugreifen und den Klatsch von Mund zu Mund weiterzugeben, ein langsamer, mühseliger, primitiver, unwissenschaftlicher, volkstümlicher Prozeß, der Würde moderner Damen keineswegs angemessen (und schwierig in Stöckelschuhen zu bewältigen). So wurde die Zeitschrift geboren, die sich an die ursprüngliche, weibliche Zielgruppe wandte, deren unübertroffenen Lobby-Methoden von allen Nachfolgern mit unterschiedlichem Erfolg (und Mißerfolg) kopiert wurden. Die Women's Liberation tat die ersten, zögernden Schritte. Und waren die Männer ratlos? Allerdings! Grollend und schmollend stärkten sie ihre Eckenkragen selbst, bügelten schiefe Falten in ihre knielangen Unterhosen, schlurften zur Arbeit und plagiierten die Idee ihrer Frauen, indem sie eigene Publikationen über berufliche Themen und Sport sowie Zeitschriften herausbrachten, in denen »die Frau« in einer nostalgischeren, idealeren, begehrenswerteren Inkarnation dargestellt wurde, das heißt liebreizend, zuvorkommend und weitgehend unbekleidet. Ein Schritt weiter in der Zeit führte zur Forty-second Street, lieber Leser, mit ihren Fünfundzwanzig-Cent-Filmen, den mit Vorhängen verschlossenen Kabinen, in denen es rumste und stöhnte, nach Schweiß und etwas widerlich Süßem stank, mit den langen Reihen der Bücherregale voll exotischer Genitalien, so unterschiedlich wie die Pflanzen in einem Blumengeschäft. Und dann wollten die Kinder natürlich auch dabeisein, und aus dem Braintrust der American Power and Light kamen Comic Books und »Boy's Life« für die gesundheitsbewußteren Typen, »Mad Magazine« für die Skurrilen und Spleenigen und »Popular Mechanics« für kleine Einsteins und aufstrebende Schmiermaxe, ganz zu schweigen von »Teen Luv« für alle unglücklich Verliebten beider Geschlechter.

Allein das gedruckte Wort konnte den durch die ständig sich mehrende Freizeit ständig zunehmenden Hunger nach Unterhaltung nicht stillen. Bücher waren zu intellektuell, erforderten zuviel Konzentration, Denkvermögen und

Mühe. Das Wochenende war schließlich zum Vergnügen da! Warum gab es keine leichtverständliche Unterhaltungsform, die den ganzen Menschen zufriedenstellte, ohne den Geist zu überanstrengen? Wie gewöhnlich hatte American Power and Light auch jetzt eine Lösung. Rundfunk, Stummfilme und schließlich, als sich die Technologie weiterentwickelte, den Tonfilm: Hollywood! The Little Tramp und Captain Blood, Fred und Ginger, Marlene Dietrich, Garbo, Bette Davis, Citizen Kane und Capra, Cukor, Griffith, Garland, Cary Grant, Gary Cooper und Tausende von anderen, die man unmöglich alle aufzählen kann, ohne einen schweren, unverzeihlichen Auslassungsfehler zu begehen.

Und aus der Asche von RKO und MGM, nicht zu vergessen auch der Sozialstruktur, erhob sich schließlich wie ein Phönix das Großartigste, das Nonplusultra amerikanischer Unterhaltung, vielleicht das beste Zeugnis für die Kreativität und Erfindungsgabe der Nation: das Fernsehen. Die Glotze. TV.

Man steht zögernd und in tiefer Demut vor einem so unermeßlich großen Thema. Was gibt es dazu zu sagen? Man ist sprachlos vor Staunen. Begnügen wir uns damit, festzustellen, daß wir Stunde um Stunde, Abend um Abend mit bleiernen Gesichtern (aber voll Freude) vor dem Kasten sitzen und uns wie monströses Hydrokultur-Gemüse im Licht unserer überbreiten Bildschirme sonnen, ohne der Strahlen zu achten, denen wir uns aussetzen und die unsere Hoden und Eierstöcke mit allen naturgetreuen Farben des radioaktiven Regenbogens bombardieren, Strahlen, die die Lebensfähigkeit zukünftiger Generationen garantieren, indem sie dafür sorgen, daß der Genpool nicht stagniert, sondern weiterhin seltsame und wunderbare Mutationen hervorbringt, die der Darwinschen Lehre zufolge entweder im harten Konkurrenzkampf versagen oder eine bessere Spezies produzieren, einen Übermenschen, der, unbehindert von der Schwäche, die die Moral ererbt hat, auf Adlerschwingen (Schwingen des weißköpfigen Seeadlers Amerika!) in den klaren Lichthimmel aufsteigt, um sich dort – welch glorreicher Abgang! – mit einem Grinsen, einem Achselzukken, einem Okay-Zeichen für die Leute daheim augenblicklich selbst zu überwinden und von neuem geschaffen zu werden als etwas, das wir noch nicht einmal andeutungsweise erahnen können und überdies auch gar nicht wollen. O glorreicher Tag! Werden wir das Glück haben, ihn noch zu erleben? Der Homo sapiens wird, nachdem er es endlich begriffen hat, über sich selbst und all die banalen, peinlichen Ereignisse seiner bornierten Geschichte hinausgelangen. Wieder einmal der alte griechische Trick, lieber Leser, der Deus ex machina, wobei TV die Maschine ist. Ist es nicht immer so, daß der Mensch, der arme, törichte Mensch, sich selbst in eine Klemme manövriert, aus der ihn mittels magischer Aufhebung der Schwerkraft die Götter herausholen müssen, die, Kronen und Heiligenscheine zum Teil verrutscht, an Flaschenzügen hängend, knarrend und stolpernd aus den ächzenden Balken dieses Theaters, unserer Welt, herabsteigen?

Das Fernsehen war natürlich der größte Meisterstreich in den jahrhundertealten Bemühungen der APL, neue Pfade des Vergnügens durch die unkultivierte Wildnis des amerikanischen Bewußtseins zu sprengen, nachdem Billigmotels und Familienrestaurants gebaut waren, Bedarfsartikelgeschäfte, Fast-Food-

Ketten, Werksverkaufsstellen, Spirituosengeschäfte und, natürlich, die Mall, die alles oben Erwähnte enthält und mehr noch dazu, eine hermetisch abgeriegelte, unterirdische Kirmes, nur umgekehrt, daß nämlich alle normalen Menschen in Glaskäfigen eingeschlossen sind und die Monstrositäten draußen herumlaufen und hineinstarren, ein Saturnalienzirkus für Höhlenforscher, schön groß, mit fünfzig Manegen, bunten Springbrunnen und riesigen, von der Decke hängenden Cellophanskulpturen, die sich zu Musak-Klängen drehen.

Aber die Glotze wurde von anderen Quellen, insbesondere dem Radio, ergänzt. Welcher Amerikaner hat sich nicht schon mal die lähmenden Sommerstunden untätiger Langeweile an den Stränden von Malibu bis Coney Island mit Hilfe eines getreuen Transistorradios in einer schwarzen, von der Hitze leicht verbeulten Kunstledertasche vertrieben? Doch während ich dies schreibe, hat jene große amerikanische Institution den Weg aller guten Dinge genommen und ist vorzeitig zum technologischen Dinosaurier geworden. Das Transistorradio hat den Kampf um seine technologische Nische verloren. Sieger blieb das digitale, push-button-ausgerüstete, Dolby-compatible-Hi-Tech-Radio-Kassetten-Deck, bekannter vielleicht als Aktenkoffer der Dritten Welt, das man heutzutage in den Straßen und Subways von New York sehen kann, wie es an Schulterriemen (oder, bequemer, in kleinen Wägelchen) geschleppt wird, ein absolutes Muß für jeden, dem die Vorstellung, einen ganzen Häuserblock weit gehen zu müssen ohne Musik, die ihn ablenkt und jegliche Introspektion, die zu bedrückenden Gedanken führen könnte, verhindert – dem diese Vorstellung unerträglich ist. Das Denken, so scheint es, ist als eine Art intellektueller Imperialismus enttarnt worden, erfunden von den oberen Klassen, um die Armen, die Unterprivilegierten und Minderheiten zu versklaven. Indem sie auf jede rationale Aktivität genau wie auf die anderen Werte verzichten, die die sträfliche, imperialistische Mentalität des Westens stützen, haben sich die radikaleren Mitglieder dieser Gruppen endgültig an die Buchsen ihres Walkman angeschlossen, bis ihre Großhirnrinde verkümmert und sie befreit.

Die Fortschritte in der Elektronik, die zu diesen aufregenden Möglichkeiten führten, haben aber auch Früchte für das Heimstereogerät getragen, das sich aus seinen primitiven Anfängen, der Victrola, weiterentwickelt hat und zu einem ebenso unverzichtbaren Teil der häuslichen Szene Amerikas geworden ist wie das Wasserklosett im Haus oder ein Grillgerät von G.E. (Tochterfirma von APL). Denn, das muß man zu ihrem Lob sagen, die Amerikaner lieben Musik. Zähmte Orpheus nicht die wilden Tiere mit seiner Lyra (obwohl nirgends geschrieben steht, ob er sie benutzte, um zu ihrer Begleitung zu singen, oder um die Bestien zu erschlagen)? Die American Power and Light ermuntert die amerikanischen Künstler, zu spielen, was ihnen die Muse eingibt, Moog Synthesizer, Hammer-Dulcimer, Fender Bass oder Stratocaster, Tuba, Pedal-Steel, Wurlitzer oder Flentrop, Banjo, Geige, Klavier und – natürlich – das Nationalinstrument, das Sousaphon in allen nur möglichen Kombinationen: ein Händedruck, und schon könnt ihr loslegen. Der Konzern steckt viel Geld ins Plattengeschäft, bezahlt Produzenten, Toningenieure und natürlich – ratet mal, wen? – die Hyänen der Marktwirtschaft, die Werbefachleute.

Und für kommerziell weniger geeignete Genres bezahlt sie, um ihr Gewissen zu beruhigen (und eine Abschreibung zu erzielen), von ihren Gewinnen Archivare, die die reiche Wald- und Wiesenblumenernte von Amerikas ethnischer Musik einfahren und auf Platten pressen: Bluegrass aus den steinigen Tälern der Appalachen, mit dem Aroma uralter irischer Gigues und schottischer Reels, einem Schluck scharfem, altem Zider gleichend, und den schwärzeren Blues tiefer aus dem Süden, gespielt in Texas mit einem Schlagblättchen, in North Carolina mit den Fingern, eine Musik, von blinden Musikern wie Will McTell kreiert, der die staubige Tour von Kirche zu Kirche und Kirmes zu Kirmes wanderte, anspruchslos, doch präsentabel in seinem glänzenden, fadenscheinigen Anzug, mit der Mütze, den Schuhen ohne Socken und Senkel, wenn er ganz vorn auf der Stuhlkante saß und mit seinen unheimlichen Marmoraugen vor sich hin starrte, während er spielte und sang, versunken in eine entrückte Parabel von Sünde und dunkler Erlösung hier auf Erden. Und als der Blues den Blick gen Himmel richtete und das Licht des amerikanischen Protestantismus sah, war das Resultat der Gospelsong, der, wie auch die Country-Western-Musik, seine Heimat in Nashville fand. Aus New Orleans kam via Chicago, New York und San Juan auf Puerto Rico der Jazz, der sich mit Elementen alles übrigen zur allgemeinen Synthese des Rock 'n' Roll zusammenfand. In den sechziger Jahren, nicht lange nach meinem Eintreffen auf diesem Erdteil, erfreute er sich einer kurzen Hochrenaissance (kurzlebig wie eine Generation Laborfruchtfliegen), bevor er sehr schnell zu Manierismen wie Punk und New Wave degenerierte sowie dem gedankenlosen, exhibitionistischen Geglitzer der Disco-Musik, mit ihrem stampfenden, bumsenden, metronomischen Rammler-Musik-Rhythmus. Und all dies konnte und kann man dank APL per Knopfdruck im eigenen Heim genießen.

Und um uns dann wieder aus den uns isolierenden häuslichen Vergnügungspalästen herauszuhelfen, die sie zu unserer Ergötzung geschaffen hatte, kreierte die American Power and Light das sogenannte Nachtleben: Clubs und Kaffeehäuser, Diskotheken und Konzerthallen, Orte, wo wir unserem glücklichen Heim entfliehen, Erleichterung und Ablenkung von unseren anstrengenden Freizeitbeschäftigungen finden, unsere Lieblingsmusik live hören, tanzen, saufen, miteinander schlafen – und uns Geschlechtskrankheiten holen konnten, die einen weiteren Markt auf dem Gebiet der Pharmazie eröffneten, der ja von Eddie Love schon rechtzeitig angezapft worden war, indem er die Streitkräfte während des Ordals des Zweiten Weltkriegs anästhesierte.

Das Feld der Pharmazeutik war natürlich unbegrenzt. Der Konzern begann Wunderdrogen wie Penicillin und alle möglichen Mittel zur Geburtenkontrolle zu produzieren. Bei seinem regen Nachtleben brauchte Amerika dringend Medikamente, vor allem Amphetamine zum Abspecken (Amerika muß schön bleiben!) und für jene, denen es einfach zu schwer fiel, nach den allnächtlichen Parties wach zu bleiben. Barbiturate folgten als logische Konsequenz, um dem Speed entgegenzuwirken und uns beim Einschlafen zu helfen. Dann mußten in den Krankenhäusern Entwöhnungs-Zentren eingerichtet werden, und die APL baute Drogen-Rehabilitationskliniken mit Sozialarbeitern, Psychiatern, Psychologen, Krankenschwestern und Drogenberatern, wohlmeinenden Menschen und Verteilern von guten Ratschlägen, die ihren Patienten als leuchtendes Beispiel dienten, damit sie ihr Leben wieder in die Hand nahmen und lernten, ihre Zeit konstruktiv zu verwenden.

Ähnlich wurde aufgrund des unstillbaren Verlangens der Amerikaner nach gutem, sauberem Spaß der Sport in den Gettos geboren. Die APL sorgte dafür, daß jedes Viertel in Harlem einen Korb und eine Holzwand aus Sequoia, Douglasfichte oder Rotholz bekam und so symbolisch in Verbindung stand mit dem Land draußen, dem Wald, der Wildnis, den Repräsentanten der unbegrenzten Möglichkeiten sozialer und geographischer Mobilität in Amerika, womit darauf hingewiesen wurde, daß jeder Junge mit ein bißchen Training zwar nicht unbedingt Präsident, doch immerhin ein Wilt the Stilt oder Havlicek werden konnte. Die Nachfrage nach Sportartikeln setzte ein, die heutzutage so überwältigend groß ist: Joggingschuhe und Elefantenbüchsen, Backpacks, Bogen und Pfeile, Angeln, Eispickel, Karabinerhaken, Kletterhaken und Seile, um von Bergwänden abstürzen zu können (und von allem, was man, verdammt noch mal, wollte!), Golfschläger, Stollen, Tennisschläger, Tauchausrüstungen, Bälle für den Footballplatz, Pucks, Schläger und Schlittschuhe für Eishockey, Kleinkalibergewehre für Pelz- und Federtiere, Zielfernrohre für Weitschüsse (Wolkenkratzerspaß!) und noch vieles mehr, lieber Leser, sehr, sehr vieles mehr, da die Amerikaner ihrem Vergnügen an Land, auf See und in der Luft nachgehen, beim Querfeldein-Radfahren, Schlammringen, Surfen, Skifahren, Segeln, Untergehen, Trinken, Saufen, Segelfliegen, Drachenfliegen, Hand-Jiving, Drachensteigen, B-52- und Hubschrauber-Kanonenbootefliegen und dabei von hoch oben Brandbomben und Maschinengewehrfeuer hinabschicken, mit Fallschirmen abspringen, um alles, was sich regt, auszurotten und zu terrorisieren, das Land mit Tod, Holocaust und Vernichtung zu überziehen. *Juhu!*

Damit Sie nun aber nicht denken, die American Power and Light verschwende ihr Kapital in ungerechtfertigtem Ausmaß auf die Jagd nach frivolen Vergnügungen, möchte ich schnell hinzusetzen, daß die größten vom Business noch zu erobernden Grenzen nach Meinung zahlreicher leitender Finanzbosse (die es ja wissen müssen) im menschlichen Geist selbst liegen. Hier steckt der letzte neue Markt, der noch angezapft werden kann. In den Eskapismus werden mehr amerikanische Dollar hineingesteckt als in alle anderen Güter und Dienstleistungen zusammen. Die APL schwimmt nur mit dem Strom, wirft allen Ballast ab und segelt in den Sonnenaufgang neuer Industrien und ein besseres Morgen hinein.

So sah der von mir für den Leser auf den neuesten Stand gebrachte Bericht aus, den mir die »Hörner« nach und nach lieferten. Und immer wieder stand ich, naiv wie ich war, überwältigt vor dem, was ich sah. Je mehr ich las, desto attraktiver wurde für mich die Vorstellung, ein solches Prachtstück an mich zu bringen und zu besitzen – für mich, der einstmals zufrieden gewesen war (übertölpelt, lieber Leser, übertölpelt – Gott verdamme auf ewig Genügsamkeit und Mystik, die mich versklavt und mein natürliches Streben nach einem höheren Lebensstandard unterminiert hatten!) mit »grobem Reis zum Essen, kaltem Wasser aus dem Brunnen und dem gebeugten Ellbogen als Kopfkissen«. Doch schließlich hatte ich zu fünfzig Prozent amerikanisches Blut in den Adern, und das ergab, kombiniert mit meinem chinesischen, rassenbedingten Instinkt für das Glücksspiel, eine leicht flüchtige und explosive Mischung, wie etwa der Treibstoff, der die Apollo-Astronauten zum Mond beförderte. Auch ich träumte insgeheim davon, aus dem Bereich sublunarer Existenz geschossen zu werden und auf dem leuchtenden Gestirn der größten Erwerbung zu landen, endlich frei und erleuchtet im Navigatorsessel zu sitzen, dem Drehsessel des Aufsichtsratsvorsitzenden und Vorstandsmitglieds der American Power and Light, das ganze Universum vor mir und das Fahrzeug, das diese immense Weite zu bewältigen vermochte, leise brummend zwischen meinen Knien, bereit, jederzeit zu starten, mit Gedankenschnelle dahinzusausen, um *ihm*, meinem Vater, zu einer erbitterten Abrechnung in das schwarze Loch zu folgen, in dem er spurlos verschwunden war.

Erst da, glaube ich, dämmerte es mir schließlich, daß ich mich die ganze Zeit, ohne es recht zu wissen, meinem Ziel näherte, meinem ursprünglichen und letzten Ziel. Denn plötzlich erkannte ich, daß diese letzte finanzielle Eroberung, die Übernahme der American Power and Light, der letzte Schritt zur Erleuchtung war. Hinter jenem Schleier, dem siebten Siegel meiner Investmentkarriere, lag das Delta, von dem ich geträumt hatte, wo der Dow sich endlich in den weiten Pazifik des Tao ergoß und seine wilden Wasser mit jenem stillen, endlosen Blau vermischte. Dort endete der Weg, und ich war daheim. Es mußte so sein, es *mußte*.

Die Freuden der Meditation und sogar der Sex waren nichts gegen die Gefühle, die ich damals empfand, den exquisiten Kitzel einer ruhelosen, weitblickenden Ekstase, die mich befähigte, alles zu überdenken und Märkte zu bewegen, die so riesig waren, daß ganze Welten auf ihnen gekauft und verkauft werden konnten. Wie Columbus sich einst gefühlt haben mußte, als er zum erstenmal den Fuß auf den Boden der Neuen Welt setzte und sich der unberührte Kontinent vor ihm erstreckte wie ein Neubeginn für die Menschheit, so fühlte ich mich jetzt auch. Nur einen kurzen Schritt vor der Verwirklichung meines Traums, stand ich schon jetzt da und blickte staunend wie Moses vom Gipfel des Berges Abarim nach einer so langen und verzweifelten Reise über die letzte öde Meile Wüste und Wildnis hinweg ins Paradies, ins Gelobte Land.

Aber es gab noch immer ein Hindernis auf meinem Weg, und der Gedanke an Moses und den Mount Abarim rief es mir schmerzlich ins Gedächtnis: Kahn. Was sollte ich mit ihm machen? Würde ich es wirklich übers Herz bringen, ihn auszubooten? Vielleicht mußte ich es tun, wenn er nicht nachgab. Das kann jetzt kaum noch als Verrat bezeichnet werden, sagte ich mir beschwichtigend. Seine Rehabilitation war gelungen – und wie! Und der emotionale Preis, den ich dafür bezahlen mußte? Der zählte nicht, redete ich mir ein. Nicht hier. Hier ging es ums Geschäft.

SECHZEHNTES KAPITEL

Nachdem meine Sekretärin Kahn ausgerichtet hatte, ich müsse ihn in einer dringenden Angelegenheit sprechen, kam er hereingeschlendert, musterte mich mit einem kurzen Blick und blieb ruckartig stehen. Er schüttelte den Kopf, stieß einen zischenden Laut irgendwo zwischen einem Seufzer und einem Auflachen aus und lächelte dann strahlend – viel zu strahlend.

»Also«, sagte er.

»Also was?« fragte ich irritiert, als mir klar wurde, daß er nicht weitersprechen würde. »Ich nehme an, Sie wissen, warum ich Sie hergebeten habe.«

»Liegt das nicht auf der Hand?« gab er zurück. »All dieses ernsthafte, geheimnisvolle Getue – das merkt doch ein Blinder! Sieh dich doch an! Wie ein zum Tode Verurteilter siehst du aus.«

Über die Ironie, die in seiner Bemerkung lag, konnte ich in Anbetracht meines Planes nur grimmig in mich hineinlächeln. »Was sind Sie eigentlich – ein Prophet?«

Er zuckte die Achseln. »Ich gehöre einem prophetisch begabten Volk an, Sonny. Aber man braucht kein Hellseher zu sein, um zu erkennen, womit du dich in den letzten Wochen beschäftigt hast. Du warst wie ein Kind an Weihnachten, das ein neues Spielzeug bekommen hat.«

»Sprechen Sie bitte nicht so herablassend mit mir, Kahn«, warnte ich ihn.

Er lächelte wehmütig. »Wir wollen dies doch nicht unangenehmer machen als unbedingt nötig, Kleiner. Ich will mich nicht mit dir streiten.« In seinem Ton lag bittende Resignation.

»Ich auch nicht«, gab ich seufzend zurück. Und dachte über das nach, was er gesagt hatte. »Vermutlich haben Sie recht; es muß wirklich nicht zu übersehen gewesen sein.«

Er hob die Schultern, als wolle er sagen: Was kann ich dafür, daß ich ein verdammtes Genie bin?

Ich lächelte. »Also.«

Wir maßen einander mit fester Entschlossenheit, jeder wollte unerschütterlich seinen Weg verfolgen. Doch als ich ihn ansah, die melancholischen Säcke unter den Augen, die Hängebacken, spürte ich plötzlich, wie sich die schleichende Gereiztheit, die unser Verhältnis in letzter Zeit vergiftet hatte, allmählich auflöste; die Strömung unserer alten Zuneigung trug sie davon wie Treibsand.

»*Yeah,* Kleiner«, sagte er (mit echter Anteilnahme, das merkte ich), »die Schrift steht schon seit längerer Zeit an der Wand, nicht wahr? Wir haben uns nur nicht die Zeit genommen, sie auch zu lesen. Es ist ja nicht nur diese APL-Sache. Was immer ich auch gesagt haben mag, natürlich habe ich zugehört, als du sie mir vortrugst. Ich stimme deinen Argumenten nicht zu, aber das ist nur eine persönliche Meinung. Das bedeutet nicht, daß du nicht recht hast. Ich glaube, du hast recht gute Aussichten auf Erfolg. Wenn es überhaupt einer schafft, dann du. Es ist eben nur nichts für mich, dieser ganze Kram. Übernahme, Management, Verwaltung – ich habe dir schon einmal gesagt, ich bin Börsenmakler, nicht Geschäftsmann. Ich sehne mich nach dem Börsensaal, Kleiner, begreifst du das nicht? An dem Tag neulich, als wir auf der Galerie standen, konnte ich es beinahe hören, weißt du. Wie der Wolf es in den Bergen hört. Ich will zurück, Kleiner. Und jetzt werden sie mich auch nehmen – wenn nicht mit offenen Armen, so doch mit offenem Portemonnaie. Du weißt genausogut wie ich, daß man mit Geld alles kaufen kann. Ich hab's dir schon seit einiger Zeit mit kleinen Andeutungen beibringen wollen, aber du warst viel zu sehr in deine eigenen Pläne vertieft, um etwas zu merken. Ich kann's dir nicht übelnehmen. Mir ging's ja genauso. Ich weiß nicht, wie ich's dir noch besser erklären kann. Du brauchst mich nicht mehr. Vielleicht hast du mich nie gebraucht, höchstens vielleicht am Anfang für einen kleinen Stups. Inzwischen hab' ich dir alles beigebracht, was ich kann. Hoffentlich reicht es.«

Er schüttelte den Kopf.

»Nein, Sonny, du hast mich weit überflügelt. Jetzt kann dir kein Mensch mehr helfen oder dir richtig weh tun, außer du selbst. Von nun an wäre ich nur ein Mühlstein um deinen Hals, der dich hinunterzieht. Ich weiß, daß du das Gefühl hast, dies tun zu müssen. Dein Mentor ist so weit mitgegangen, wie er gehen kann, die letzte Strecke aber mußt du allein bewältigen. Und so ist es auch richtig. Weißt du was?«

Ich schüttelte den Kopf.

»Ich brauche dich auch nicht mehr. Versteh mich nicht falsch! Ich will nicht, daß du mich für undankbar hältst. Ich weiß genau, was du für mich getan hast. Ich meine, wenn du nicht gewesen wärst...« Der Ton blieb ihm in der Kehle stecken, und in seinen Augen glänzte eine fast wilde Zärtlichkeit. »Na ja, du weißt schon. Ich habe dir alles zu verdanken. Du hast mich wieder auf die Beine gestellt. Das werde ich dir nie vergessen. Ich bin dir sehr dankbar.« Jetzt wurde sein Ton auf einmal hart. »Aber ich werde auf gar keinen Fall Kotau vor dir machen oder mich aus lauter Schuldgefühl versklaven lassen. Ich weiß nämlich, was du möglicherweise nicht weißt.« Er zog die Augen ein wenig zusammen, als versuche er schärfer zu sehen. »Aber ich glaube, ganz tief innen weißt du's doch: daß du's auch für dich selbst getan hast, sogar hauptsächlich für dich selbst. Es war deine Eintrittskarte für das Spiel, für die Mysterien.« Er lächelte. »Und nun hast du's erreicht. Es war nicht einmal besonders schwer, oder? *Facilis descensus Averno,* weißt du noch? Ich sagte damals, eines Tages würdest du's verstehen. Vielleicht ist dieser Tag gekommen.«

»Vielleicht«, antwortete ich. »Nur ist das hier nicht die Hölle.«

»Nein«, räumte er mit nachdenklich geschürzten Lippen ein, »das ist es nicht.« Dann zeigte er sein sarkastisches Raubtiergrinsen. »Aber vielleicht etwas ebenso Gutes.«

Unsere Blicke begegneten sich für einen ausgedehnten Moment. »Also«, sagte ich.

»Also.« Er zuckte die Achseln. »Das wär's dann wohl, eh?«

»Ich glaube schon.«

Er lachte. »Irgendwie bin ich enttäuscht.«

»Es tut mir leid.«

»O nein, nicht deswegen«, entgegnete er. »Schließlich war ich es, der ausgestiegen ist, nicht wahr? Selbst wenn du vorhattest, mich rauszuschmeißen oder mich ins Hinterzimmer zu verbannen oder was immer du dir sonst ausgedacht hattest. Ich glaube, ich hatte nur erwartet, daß du ein bißchen mehr protestierst, das ist alles. Ich meine schließlich, bin ich denn wirklich so entbehrlich? Wer wird dir nun die Orakelsprüche auslegen?«

»Das Orakel brauche ich nicht mehr«, antwortete ich.

Er zog die Brauen hoch.

Mit geschlossenen Augen schüttelte ich den Kopf. »Schon lange nicht mehr. Das war alles nur für Sie.«

»Ach ja?«

Ich nahm den Becher vom Schreibtisch, in dem ich die Münzen verwahrte, und schüttete sie mir in die Hand. Mit geschlossenen Augen machte ich eine Faust. »Ich kann das Ergebnis des Wurfes voraussehen.« Ich wappnete mich gegen den Ausdruck des Unglaubens, mit dem er mich, wie ich wußte, ansehen würde, und öffnete die Augen.

»Du meinst...?«

Ich nickte. »Bevor sie fallen.«

Es lag ganz deutlich Besorgnis in seiner ungläubigen Miene. »Das ist doch ein Scherz, oder?«

Ich schüttelte den Kopf. »Kein Scherz, Kahn.«

Er lächelte nicht.

»Ich hatte auch gar nicht erwartet, daß Sie mir glauben.«

»Tja also, da hast du recht: Ich glaube dir nicht.«

»Wozu also soll ich protestieren? Wir haben unsere Synergie verloren, Kahn. Sie glauben nicht mehr an mich, und ich...« Rasch hielt ich inne.

»Nur weiter«, verlangte er mit einem Lächeln, in dem eine Spur Bitterkeit lag. »Du glaubst nicht mehr an mich. Was ist los, hältst du mich für zu alt für so was? Oder glaubst du vielleicht, die ganze Sache mit Doe hätte mich zuviel gekostet, und ich hätte vielleicht den Nerv verloren?«

Ich sah ihn ausdruckslos, mit grausamer Gefühllosigkeit an. »Das haben Sie gesagt, nicht ich.«

»*Yeah*, das habe ich allerdings gesagt.« In einem Anfall von Ärger stand er auf.

»Vielleicht ist es besser so, Kahn«, bemerkte ich. »So brauchen wir uns beide nur um die eigene Person Sorgen zu machen. Wenn ich untergehe, möchte ich Sie nicht mitziehen. Sie sollen nicht die Schuld mit mir teilen müssen.«

»Oder den Profit«, ergänzte er zynisch.

»Oder den Profit.«

»Na schön«, lenkte er ein. »Wenigstens gibst du das zu. Jetzt ist es heraus. Jetzt gibt es nichts mehr zu diskutieren.«

»Bitte gehen Sie nicht im Zorn«, sagte ich.

»Was ist los?« fragte er und drehte sich noch einmal kurz um. »Hast du Angst, daß ich dir auf dem Weg hinaus noch eins verpasse?« Sein Blick funkelte, dann bereute er seine Worte. »Tut mir leid, Kleiner. Das hattest du nicht verdient. Und du brauchst dir keine Gedanken zu machen. Ich werde mich meiner Anteile an Kahn and Sun äußerst diskret entledigen – ich vermute, von nun an wird die Firma Sun Enterprises heißen, eh? –, um möglichst keinen Kursrutsch auszulösen. Das ist das Letzte, was du dir jetzt leisten kannst, einen fallenden Kurs.«

»Das finde ich sehr anständig von Ihnen.«

»Du möchtest meine Anteile wohl nicht selbst übernehmen?«

Ich schüttelte den Kopf. »Ich kann nicht. Wenn ich auch nur einen Fuß in die Tür kriegen will, muß ich alles, was ich habe, in die APL schaufeln. Aber ich würde doch gern wissen, wer sie bekommt.«

»Na sicher«, versprach er mir. »Keine Sorge. Und ich werde sogar noch mehr tun. Ich werde sie in kleinen Mengen abstoßen. Das bin ich dir mindestens schuldig.«

»Danke, Kahn.«

Weil wir einander nichts mehr zu sagen hatten, doch keiner den anderen gehen lassen wollte, standen wir in verlegenem Schweigen da.

»Was wollen Sie jetzt anfangen?«

Er zuckte die Achseln. »Wer weiß? Mir ein bißchen freie Zeit nehmen. Lesen. Vielleicht nach Israel reisen, Herschel Liebowics besuchen. Der sitzt vermutlich irgendwo da drüben auf der West Bank, ein kleiner, alter, langbärtiger Ben Thora mit gestricktem Käppchen, und führt mit einer Talmud-Exegese unterm Arm einen Haufen Mini-Herschels, ebenfalls mit Bärten und Schläfenlocken, zur Schule. Vielleicht trete ich sogar einem Kibbuz bei. Kannst du dir das vorstellen? Der neue, der naturliebende Kahn. Zurück zur Natur. Verdammt, Kleiner, wenn ich schon mal dabei bin, trete ich vielleicht sogar in ein Tao-Kloster ein und studiere ein paar Jahre lang das *›I Ging‹*.« Er bemerkte meine skeptische Belustigung. »*Okay*, das ist weit hergeholt. Aber was ist, glaubst du vielleicht, ich schaff' das nicht? Hör mal, Kleiner«, versicherte er voll Selbstvertrauen, »wenn du ein Dowist werden kannst, kann ich ebensogut ein Taoist werden.«

»Einmal ein Taoist, immer ein Dowist«, spöttelte ich vieldeutig.

»Genau«, sagte er. »Und umgekehrt.«

Ich lachte.

»Eines werde ich aber, glaube ich, mit Sicherheit tun«, sinnierte er weiter.

»Und das ist?«

Er strich sich über den Schädel. »Mir eine Haartransplantation machen lassen.« Er sah aus, als werde er sich bei dem geringsten Anzeichen von Kritik auf mich stürzen.

»Eine Haarverpflanzung?« fragte ich so neutral wie möglich.

»*Yeah*, du weißt schon. Für meinen Kopf.«

»Ach so.« Obwohl ich innerlich zusammenzuckte, lächelte ich.

»Was ist los, ist dir das zu unnatürlich?«

»Na ja...« Ich zögerte.

»Nur keine Hemmungen! Solange wir noch Gelegenheit haben, sollten wir uns ruhig ganz aussprechen. Also, was wolltest du sagen? Ich will es hören.«

»Na ja, nachdem Sie mich fragen«, begann ich, »im Grunde habe ich immer das Gefühl, als sähen Sie viel... distinguierter aus, wenn Sie endlich aufhören, Ihre Glatze zu verstecken. Die ist doch was ganz Natürliches. Ich begreife nicht, wieso sie Sie so furchtbar stört.«

Er nickte; dann wiederholte er meine Worte: »›Wieso sie mich so furchtbar stört.‹ Du willst wissen, wieso sie mich stört?« fragte er auf einmal zornig. »Soll ich dir sagen, warum? Weil sie ein Teil von mir ist, der stirbt. Darum.« Mit dem Daumen deutete er auf seine Brust. »Von mir, Kleiner. Nicht von dir. Von mir. Es ist die Sterblichkeit, das ist es. Und sie ist vorzeitig auf der Szene erschienen. Ich bin noch nicht zum Sterben bereit.«

»Aber das gehört doch zum Leben, nicht wahr?« fragte ich ihn leise.

»Oh, aber das ist scharfsinnig!« bemerkte er ironisch. »Das ist eindeutig prophetisch. Ist das ein Körnchen Tao-Weisheit? Hier!« Er streckte die Hand nach meinem Schreibtisch aus. »Gib mir schnell Papier und Bleistift. Ich will mir das aufschreiben, damit ich's bloß nicht vergesse. ›Das Sterben gehört zum Leben.‹ Hm-hm. Wirklich hübsch.«

»Es tut mir leid, Kahn«, entschuldigte ich mich. »Ich ahnte nicht, daß Sie in dieser Hinsicht so empfindlich sind.«

»Empfindlich? Ich bin nicht empfindlich. Wie kommst du darauf, daß ich empfindlich bin?« Er konnte ein leichtes Lächeln nicht unterdrücken.

»Das hab' ich gemerkt«, neckte ich ihn.

»Was glaubst du denn, was wir tun sollen?« fuhr er fort, ohne mich zu beachten. »Uns einfach hinlegen, die Beine breit machen und uns von der Entropie bumsen lassen? Soll das vielleicht die Erleuchtung sein? He? Das ist sie, oder? Gib's ruhig zu. Schließlich und letztlich ist es doch das, was das Tao überhaupt ist – Entropie. Und das Taoisten-Motto lautet: ›Gewinnen kannst du nicht, ergo versuch's gar nicht erst.‹ Und mehr noch: ›Du mußt es lieben.‹ Und: ›Glück, das heißt, die eigene Demütigung genießen, thermodynamische Vergewaltigung.‹« Er kicherte. »Versuchst du mir immer noch das alte Programm zu verkaufen, Kleiner? *Du? Jetzt?* Wovon reden wir hier eigentlich? Ich dachte, von *dem* Dampfer wärst du schon längst runter. Aber du glaubst immer noch daran, nicht wahr, wenigstens ein Teil von dir, daß dies alles für ein höheres Ziel geschieht, stimmt's?«

»Ich weiß, daß Sie mir das nicht glauben, Kahn«, gab ich zurück, »also reden wir nicht mehr davon. Ja?«

»Da hast du verdammt noch mal recht, ich glaube dir nicht. Es ist ein Witz. Ein schlechter Witz.«

»Und Haartransplantationen sind immer noch unnatürlich«, schoß ich zurück, Boshaftigkeit mit Boshaftigkeit vergeltend.

»Unnatürlich?« Er lächelte strahlend. »Das sind falsche Zähne auch und Nierenverpflanzungen und Insulinspritzen und« – er beugte sich über den Schreibtisch und strich mit dem Daumen über mein Revers – »Achthundert-Dollar-Anzüge. Warum laufen wir, verdammt noch mal, nicht einfach im Adamskostüm rum? *Das* wäre natürlich. Und wenn ich's mir recht überlegte, Kleiner, dann tust du vermutlich ganz genau das. Der einzige Haken dabei ist, du bist überzeugt, der Kaiser zu sein.« Mißbilligend schüttelte er den Kopf. »Ich will mich nicht mit dir streiten, Kleiner. Ich hoffe, es geht alles gut mit dir. Das hoffe ich aufrichtig.«

»Danke, Kahn«, antwortete ich mürrisch.

»Na ja, das wär's dann wohl, nicht?« Er erhob sich aus dem Sessel und wandte sich abrupt zur Tür. »Bis irgendwann einmal, Kleiner«, sagte er, ohne sich noch einmal umzusehen.

»Aaron...«

Er machte halt und fuhr herum.

Mit übermenschlicher Anstrengung streckte ich ihm die Hand entgegen. »Wünschen Sie mir Glück«, bat ich ihn mit verletzlichem, flehendem Lächeln.

Er kam zurück, packte meine Hand und sah mir tief in die Augen. »Wie wär's statt dessen mit *masel tow?*« meinte er. »Das ist billiger und hält auch länger... Du Scheißer.« Damit machte er kehrt, ging zur Tür, öffnete sie und verschwand.

Fast war es eine Erleichterung zu sehen, wie er ins Vorzimmer und dann in die Außenwelt hinausging. Mit einem Seufzer wälzte ich mir den schweren Stein vom Herzen und verdrängte den ganzen Zwischenfall.

Erst jetzt, da ich meine Entscheidung getroffen und ausgeführt hatte, erst jetzt, da für mich der Weg frei war und ich mit der Übernahme beginnen konnte, erst jetzt kehrte ein Gefühl des Friedens in mich zurück, zum erstenmal seit... Ich konnte mich kaum noch erinnern, seit wann. Seit China vermutlich. Ja, ich stürzte mich sogar frohgemut und leichten Herzens wieder in die tosenden Strudel des Dow und überließ mich der unwiderstehlichen Anziehungskraft des Schicksals.

Und es war wirklich ein Gefühl der Schicksalhaftigkeit in mir, als hätte ich auf meiner Reise die endgültig letzte Schwelle zur Wildnis überschritten. Ich war der Spur meines Vaters, jener Spur aus Brotkrumen, so tief in den Dow hinein gefolgt, daß an Umkehr nicht mehr zu denken war. Und ich dachte auch nicht daran. Stets hatte ich fest an den logischen Schluß geglaubt, daß meine Reise mich letztlich zur Quelle, zu dem ruhig wartenden Meer des Tao zurückführen werde. Hier verschwand der Fluß um eine Biegung, weil er das größte Hindernis auf meinem Weg, die American Power and Light, umfließen mußte. Würde er sich hinter dieser Biegung endlich in die schimmernde See meiner Wünsche ergießen, oder würde er wie der westliche Katarakt vom Rand der Welt ins Leere stürzen?

Ich blieb fest in meinem Glauben. Und doch spielte es in Wahrheit gar keine Rolle mehr, wohin der angeschwollene Fluß mich führte. Denn ich hatte gar keine Wahl, hatte die Wahl schon vor langer Zeit, vor sehr, sehr langer Zeit getroffen, vielleicht schon ganz am Anfang. Die Wahrheit war, es kümmerte mich nicht mehr. Ich steckte jetzt endgültig mittendrin, und nun war es nicht mehr das Ziel, das mich interessierte, sondern nur noch der Weg, nur noch er. Das Tempo und der Trubel, die Vorwärtsbewegung hatten Besitz von meiner Seele ergriffen. Ich war berauscht von der Geschwindigkeit, fasziniert von der vorüberfliegenden Landschaft, während der Fluß dahinströmte, von den Bergen über die unsichtbare Schwelle der Fallinie hinab, hinter der es keine Umkehr mehr gab. Ich konnte nicht anders, ich mußte vorwärts! Alle Dinge verschworen sich, mich dorthin zu bringen. Und ich war verrückt danach, dorthin zu gelangen, war geschaffen, dorthin zu gelangen, verrückt auf den Kampf. Das Ziel, das mich dazu gebracht hatte, China zu verlassen – was so unendlich lange her zu sein schien –, hatte ich nicht vergessen. Wie konnte ich auch. Aber mir schien es inzwischen ein Traum zu sein, ein kostbares Relikt aus einer anderen Zeit, dessen Nutzanwendung vergesssen, das aber durch Alter und Erinnerungen geheiligt ist. Ich konnte nur hoffen, daß mich der Lauf meines Sehnens, wenn ich ihm nur getreu folgte, wieder zurückführen würde, zurück zum Weg. Aber das war ein Wunsch; über die Entscheidung zu urteilen überließ ich dem Leben, dem wirklichen Leben, dem Leben in der Welt, wie sie ist. Weil ich keine andere Wahl hatte.

Nachdem ich mit Kahn den letzten Ballast abgeworfen hatte, rief ich zunächst einmal alle »Hörner« zu einer Vorbesprechung zusammen, um unsere Übernahmestrategie festzulegen. Bei dieser Sitzung kam viel ans Licht. Ich wurde noch tiefer in die Mysterien der American Power and Light eingeweiht, vor allem in die der innerbetrieblichen Organisation. Und es waren Mysterien oder zumindest Eigentümlichkeiten, allen voran die Tatsache, daß der Aufsichtsrat nach dem Verschwinden meines Vaters radikal umorganisiert worden war, indem er nämlich radikal derselbe blieb. Das heißt, niemand war Love auf den Sessel des Aufsichtsratsvorsitzenden gefolgt, ein Schritt, der, wie teilweise vermutet wurde, dazu dienen sollte, allen Mitgliedern gemeinsam die Ausübung der höchsten Macht zu ermöglichen, ohne daß sie persönlich dafür – genauer gesagt für ihren Mißbrauch – verantwortlich waren, wie es mein Vater gewesen war, was ja auch schließlich seinen Untergang herbeigeführt hatte. Dies war natürlich reine Spekulation, genauso wie ein großer Teil der Informationen über die Motive, Methoden und Manipulationen der Aufsichtsratsmitglieder, die, soweit praktikabel und legal, durch ein engmaschiges Netz strenger, selbst nach Wall-Street-Standard höchst komplizierter Sicherheitsvorkehrungen geschützt waren. Für die breite Öffentlichkeit wurde die interne Machtverteilung als revolutionärer Versuch dargestellt, die Gesellschaftsstatuten durch etwas, das als »treuhänderischer Republikanismus« verkauft wurde, zu »demokratisieren«, um, so hieß es, einen Machtmißbrauch, wie ihn Love verübt hatte, fürderhin zu erschweren. »Nie wieder werden derartige Ungeheuerlichkeiten vorkommen.« Jawohl, der Aufsichtsrat hatte meinen Vater bewußt verleumdet, und das, obwohl ihm die meisten, wenn nicht alle Mitglieder ihren Posten verdankten, und obwohl sie seine Satzung letztlich institutionalisiert hatten, indem sie die Dinge genauso beließen, wie sie bei seinem Tod standen, nur daß der Sessel des Vorsitzenden jetzt leer blieb. Auf diese Tatsache stürzte ich mich begierig. Die bewußte Verleumdung meines Vaters, die einen starken Beigeschmack von Undankbarkeit hatte, bestärkte mich nur in meinem Eifer, mit meinem Plan fortzufahren, und würzte ihn noch mit einer kräftigen Prise Rachsucht. Dies ist deine Chance, sein Andenken zu schützen, sagte ich mir, die Familienehre wiederherzustellen. In diesem Sinne wollte ich in seine Fußstapfen treten.

Wie dem auch sei, die APL wurde, aus welchem Grund auch immer, von einer Art korporativem Politbüro geleitet, das seine Entscheidungen durch Mehrheitsbeschluß traf, ein Arrangement, das in der amerikanischen Geschäftswelt beispiellos war. Diese Junta, wie sie in der Presse zuweilen genannt wurde, bestand gegenwärtig aus elf Mitgliedern, von denen die meisten, wie ich schon sagte, während der Amtszeit meines Vaters als Vorsitzender ernannt worden waren. Es muß für die Wall Street, wie ich erfuhr, eine recht große Überraschung gewesen sein, daß diese Männer, die an den Rockschößen meines Vaters zur Macht gelangt waren, überwiegend jung und mit wenig oder gar keiner Erfahrung im Geschäftsleben, daß diese Männer es geschafft hatten, sich an der Macht zu halten, obwohl sie doch weithin als Haufen willenloser Werkzeuge, als Marionetten galten, deren Fäden er in der Hand gehalten hatte.

Der geschäftsführende Vorstand der APL, der für die laufenden Geschäfte des Konzerns verantwortlich war, bestand aus drei Herren, alle drei Mitglieder des Aufsichtsrats. Von diesem Triumvirat stand jeder einer bestimmten Domäne der weiten Bereiche des Konzerns vor, doch war er den beiden anderen für seine Entscheidungen verantwortlich. Trotz der Unparteilichkeit dieses internen Systems der Gewaltenteilung war es nach einhelliger Meinung der Analytiker der »Street« einem einzigen Mann, David Bateson, gelungen, sich in eine Position der zwar nicht De-jure-, immerhin aber der De-facto-Überlegenheit hinaufzuarbeiten. Beim öffentlichen Auftreten der APL war er der Sprecher und Vermittler. Diese Tatsache war für mich besonders interessant, da Bateson doch schon mit meinem Vater unter General Chennault in China gedient hatte, wie übrigens einige andere Mitglieder des Aufsichtsrats. Bateson freilich war meines Vaters Flügelmann gewesen. Die beiden hatten als Team zusammen gekämpft. Infolgedessen besaß dieser Mann für mich eine gewisse Aura, und zwar eine eindeutig negative. In so enger Freundschaft mit meinem Vater gelebt, an seiner Seite die Feinde bekämpft zu haben, ihm darüber hinaus auch noch seine hohe Stellung in der Geschäftswelt zu verdanken – und dann das Andenken meines Vaters, auch wenn es gerechtfertigt sein mochte, öffentlich zu verunglimpfen – das war für mich der Gipfel des Verrats. Nach den Informationen, die ich über ihn erhielt, schien Bateson als Mensch recht unauffällig zu sein, ohne ein spezielles persönliches Flair oder Charisma. »Ein guter Teamarbeiter«, »ein Verwaltungsmann«, so beschrieb ihn das Profil, das ich von den »Hörnern« bekommen hatte, so eine Art gutmütiger Angeber. Und gerade diese Unauffälligkeit war es, die meinen Haß auf ihn noch schürte.

Fast analog zu der Geschäftsleitung hatte sich der Konzern seit der Zeit meines Vaters entwickelt: Er war buchstäblich statisch geblieben. Bei näherem Hinsehen stellte es sich heraus, daß die APL gar nicht so innovativ und dynamisch war, wie sie auf den ersten Blick wirkte und wie sie es früher auch tatsächlich gewesen war. Mit Sicherheit war das Bild nicht ganz so rosig, wie die Bilanz es erscheinen ließ. Die im Laufe der Jahre anhaltende Steigerung der Gewinne war in letzter Zeit weniger auf eine zunehmende, auf inspirierten Investmententscheidungen beruhende Produktivität zurückzuführen gewesen als auf die kreativen Höhenflüge der APL-Bilanzbuchhalter. Unerwartete Steuereinsparungen aus einer großen Anzahl ihrer Übernahme- und Fusionsofferten gingen aus den undurchsichtigen Alchimieretorten der Buchhaltergehirne in »Gewinne« verwandelt hervor. Eine ähnlich Schwarze Magie übten sie aus, wenn sie diese Fusionen mit Firmen mit geringeren Kursertragsmultiplikatoren förderten, ein Prozeß, der der APL aufgrund einer obskuren Zauberlogik automatisch einen Zuwachs an Einkommen pro Aktie sicherte, und zwar, obwohl weder sie noch die übernommene Firma die Produktivität oder die Investierung erhöhte oder im eigentlichen Sinne eine stärkere Geschäftstätigkeit entfaltete, als sie beide es einzeln getan hätten. Die reine Tatsache der Kombination übte eine sakrale Wirkung auf die Bilanz aus: Sie transsubstantiierte Profite und Einnahmen aus der leeren Luft wie Manna – wahrhaft echtes Himmelsbrot!

Diese Beweise »kreativer« Buchführung lagen wie ein schleimiger Film über der allgemeinen Stagnation der Initiativen, die durch eine latente Unaufrichtigkeit verborgen oder entschuldigt wurde. Allmählich begann sich abzuzeichnen, daß der Konzern immer wieder vor dem Investieren in die Langzeitgesundheit seiner Hauptindustriezweige, wie etwa der Neuausrüstung von Fabriken, zurückscheute, und sich für den notwendigen Lebensunterhalt den neueren, unproduktiven Dienstleistungsindustrien und der Unterhaltung zuwandte. Anstelle des erfrischenden, wenn auch zuweilen häßlichen Risikoverteilungs-Kapitalismus, den ich im Börsensaal in Aktion gesehen hatte, eines Kapitalismus, der unerschrocken nach dem Gesetz des Dschungels, dem Überleben der Tüchtigsten, handelte, fanden wir hier einen bürokratischen Morast voll furchtsamer, passiver Kreaturen, die jeden Schritt und jede Geste umständlich aufgrund eines der Vermeidung von Risiken dienenden Kalküls berechneten. Hier gab es weder Cowboys noch Revolvermänner; hier war die Wildnis ein Sumpf. Und die Konzernpolitik war nicht nur ängstlich und verachtenswert, ohne Charakter und Grandeur, sondern sie manövrierte das Unternehmen in eine weinerliche Position der Abhängigkeit von der Regierung. Die Regierung hielt die Preise auf zahlreichen Sektoren künstlich hoch. Es gab Regierungsgarantien auf Kredite. Sobald die ersten Risiken, die der Konzern einging, fehlschlugen, wurden die Verluste von der Regierung durch Steuerabschreibungen gedeckt, obwohl die Steuern, die sie bezahlten, von vornherein so niedrig waren, daß sie praktisch eine Regierungssubvention darstellten. Und dann waren da natürlich die Regierungsaufträge, vor allem auf dem Gebiet der Landesverteidigung. Alles in allem fand ich das Bild zutiefst deprimierend.

Nicht etwa, daß ich naiv gewesen wäre in solchen Dingen. Kahn and Sun hatten bei ihren eigenen Übernahmen ebenfalls einige dieser Buchhaltungstricks benutzt, doch nur für mühelosen, zusätzlichen Gewinn. Der unserer erfolgreichen Geschäftspolitik zugrundeliegende Leitsatz solider Expansion stand in krassem Gegensatz zum Programm der APL. Und was das Schlimmste war: Die »reiche Witwe« versuchte ihren Zustand unter Make-up und Korsettstangen zu verbergen wie eine alt gewordene Hure. Auch hier war eine Unaufrichtigkeit am Werk, ein unterschwelliger Zynismus, der beinahe abschreckend wirkte. Ich war sogar versucht, mir die Sache noch einmal zu überlegen. Letztlich jedoch wirkte die strukturelle Malaise der APL als zusätzlicher Ansporn für mich. Denn ich erkannte, daß eine Fusion mit den Rising Sun Enterprises (der neue Firmenname – ich hatte Kahn noch übertrumpft) für beide Teile wirklich von Nutzen sein konnte: für uns, weil uns dadurch einmalige Kapitalreserven zur Verfügung standen; und für die Aktionäre der APL, weil Geschäftsführungsstil und Unternehmenspolitik, die Bull Inc. so erfolgreich gemacht hatten, hier wie eine Aufmunterungsspritze in den Arm der trägen »Witwe« wirken würden. Was sie mehr als alles andere brauchte, war frisches Blut, und genau das hatte ich ihr zu bieten.

So nahm die Übernahme unabhängig von meinen persönlichen Beweggründen die Wesenszüge eines Kreuzzugs an, ein Aspekt, den die »Hörner« und ich zur gegebenen Zeit bei einer Werbekampagne zu unserem Vorteil zu nutzen gedachten, wobei wir den APL-Aktionären die Vorstellung verkaufen wollten, die Fusion liege in ihrem ureigensten Interesse. Im Hinblick auf die Geschäftsleitung lagen die Dinge allerdings anders. Diese Manager hatten die Niederlage verdient, indem sie den Beweis für das alte Sprichwort lieferten, daß an der Wall Street der sicherste Weg zur Veränderung der Stillstand ist – der sicherste und der schlimmste. Und trotzdem war ich nicht so naiv anzunehmen, die Manager der APL würden die Macht sang- und klanglos abgeben, selbst wenn dies im Interesse der Aktionäre geschehen sollte. Dieses und ihr eigenes standen im Konflikt zueinander, und ich wußte, daß Kapitalisten, selbst jene der eingefleischtesten und konservativsten Art (vor allem die), mit Nägeln und Zähnen um ihre Rechte kämpfen und sich lieber im eigenen Haus in einem selbstmörderischen Autodafé verbrennen als sich freiwillig einem Gegner ergeben.

All diese Dinge sowie der Verrat am Andenken meines Vaters erfüllten mich mit einem fast pathologischen Haß auf diese Männer, die ich doch überhaupt nicht kannte. Ich war beflügelt von einer selbstgerechten Empörung über ihre Verbrechen und endlich wieder fest überzeugt von jener moralischen Zielsetzung, die ich verloren geglaubt hatte. Teils fahrender Ritter, teils pflichttreuer chinesischer Sohn im konfuzianischen Sinn, sah ich sowohl in meiner Mission als auch in meiner Person Elemente von Ost und West unauflöslich miteinander verbunden, während ich meinen ganz persönlichen Landsturm zusammenstellte, ihm meine Befehle erteilte und zu einem Rachefeldzug aufbrach, der der

»Ehre« beider Teile gerecht wurde, indem ich einerseits mein Gesicht wahrte, andererseits Gott und Vaterland diente.

Wie aber sah der Plan denn nun aus? Nachdem ich früher schon so verblüffende Erfolge mit Ausschreibungsangeboten gehabt hatte, beschloß ich mit Zustimmung der »Hörner«, daß es töricht sei, die Gewinnformel zu ändern, es sei denn natürlich, die APL kapituliere kampflos, in welchem Fall wir gezwungen sein würden, Gnade walten zu lassen – eine Möglichkeit, die ich als äußerst unwahrscheinlich abtat. Die Tatsache, daß die Second Jersey Hi, die Bank, die wir übernommen hatten, bereits beträchtliche Anteile an der American Power and Light besaß, sowie mein eigenes Paket an Aktien (das ich an Rising Sun verkaufte, um die Konten zusammenzulegen), brachte uns ein ganzes Stück weiter auf dem »gelben Ziegelweg« zur Ausführung unseres Plans.

Der nächste Schritt war sodann, insgeheim mit dem Ankauf einer großen Anzahl zusätzlicher APL-Aktien in relativ kleinen Paketen auf dem offenen Markt zu beginnen und dabei Kahns Beispiel zu folgen und sie, um eine Entdeckung diesmal nicht durch die Börsenaufsicht, sondern durch die APL zu verhindern, über Nummernkonten zu erwerben. Unter allen Umständen wollten wir die Überraschung so lange wie möglich hinauszögern, damit die schwerfällige »Witwe« sich nicht zu Abwehrmaßnahmen aufraffen konnte. Die »Hörner« schätzten, daß eine Position von vier Prozent in der APL uns das erforderliche Druckmittel an die Hand geben könnte, um unser Angebot anzubringen. Eine Position von vier Prozent in der APL jedoch war wirklich kein Pappenstiel, zumal das Geld im voraus bar auf den Tisch des Hauses gelegt werden mußte. Um die entsprechenden Summen aufbringen zu können, mußten sich die Rising Sun Enterprises hoch verschulden, ein zweiter, wichtiger Grund, nach Geheimhaltung zu streben, da wir anfällig für Attacken von außen wurden. Sobald wir jedoch unseren Fuß (oder Huf) in der Tür hatten und mit der eigentlichen Ausschreibung beginnen konnten, würde unsere Situation günstiger sein, denn wie schon früher beabsichtigten wir den APL-Aktionären statt Barem, was undurchführbar gewesen wäre, Forderungssicherheiten anzubieten.

Der Plan sah vor, daß wir ein Angebot für einundfünfzig Prozent aller Aktien in Publikumsbesitz zum doppelten Kurs, das heißt hundert Prozent über dem Tageskurs der American Power and Light, machten. Die Kaufhysterie, der wir uns gegenwärtig erfreuten, und unser hoher Kursertragsmultiplikator im Vergleich zu dem der APL sollten es uns ermöglichen, die größere Firma zu übernehmen. Und als wäre ein Gewinn von einhundert Prozent nicht Anreiz genug, beschlossen wir das Angebot noch reizvoller zu gestalten, indem wir einen gewissen Prozentsatz von Bezugsberechtigungsscheinen und Wandelschuldverschreibungen hinzufügten und so den APL-Aktionären die Möglichkeit gaben, unsere rapide steigenden Aktien zu einem beträchtlichen Disagio zu erwerben.

Alles in allem war das Angebot, das wir zusammenstellten, praktisch unwiderstehlich, ein echter Glücksfall für die Aktionäre der American Power and Light. Diese Großzügigkeit, fanden wir, würde die Tatsache, daß die Zahlung in nicht sichergestellten Papieren erfolgte statt in bar, mehr als wettmachen. Die überwältigende Gesundheit der Rising Sun Enterprises jedoch machte unsere Schuldscheine buchstäblich so gut wie Bargeld, ja, sogar besser, da sie genauso im Wert steigen konnten wie unsere Aktien. Die letzte Feinheit unseres Plans und damit die Krönung war eine von den »Hörnern« ersonnene Methode, die es uns ermöglichte, die Kosten nach der Übernahme auf die Bücher der American Power and Light zu übertragen. Dies war wahrhaftig eine delikate Eingebung, denn sie bedeutete, daß die »Witwe« ihre eigene Unterwerfung finanzierte.

Der Plan lief fast mit der Präzision eines Uhrwerks ab. Während wir unsere anonymen Ankäufe auf dem offenen Markt tätigten, wies ich meine Leute an, so still und unauffällig wie möglich damit zu beginnen, die Reserven der Mutual Bull und unserer Privatkonten bei der Bull Inc. in die APL zu stecken.

Wir hatten bereits eine Position von etwas über zwei Prozent erreicht, als sich das erste Problem ergab. Ob nun durch ein Leck in unseren Sicherheitsmaßnahmen oder durch Infiltration von der anderen Seite, sollte ich nie erfahren, doch irgendwie roch die APL den Braten. Die »Hörner«, deren Einstellung noch genauso parteiisch war wie in der vorangegangenen Ära der gemeinsamen Führung, während der sie heimlich gegen Kahns Truppen kämpfen mußten, brachten Kahns Namen aufs Tapet. Ich wies die Möglichkeit eines Verrats jedoch zurück, da ohnehin nichts mehr daran zu ändern war. Nachdem wir unsere Position analysiert hatten, sah es so aus, als sei dieser Schlag wohl eher eine Unannehmlichkeit als ein unüberwindliches Hindernis auf unserem Weg. Er bedeutete schlicht und einfach, daß die APL vermutlich versuchen würde, als Gegenmaßnahme ihre eigenen Aktien aufzukaufen, uns also zwingen würde, unsere Anteile teurer zu bezahlen. Dies brachte unser Timing ein bißchen durcheinander und machte die Übernahme ein bißchen kostspieliger, aber wir konnten es verkraften. Wir hatten ja ursprünglich die gesamten vier Prozent zusammenkaufen wollen, bevor wir mit der Eintragungsbekanntmachung unseres Übernahmeangebots an die Öffentlichkeit gingen. Doch obwohl wir versucht waren, sofort zu handeln, kamen wir nach weiteren Diskussionen überein, daß es klüger wäre, so lange wie möglich damit zu warten, während wir weiterhin fortfuhren, unsere Position in der APL durch gesteigerten Ankauf zu stärken.

Einen Tag, nachdem wir entdeckt hatten, daß sie uns entdeckt hatten, spitzte sich die Lage zu: Bateson rief mich an.

»Spricht dort Sun I? Hier David Bateson von der APL.«

»Ja?« antwortete ich so unbeteiligt wie möglich. »Was kann ich für Sie tun?«

Er lachte. »Die Frage ist doch wohl eher, was Sie mir *antun*, nicht wahr?« Es klang, als amüsiere ihn das Ganze ungeheuer.

»Ich wußte nicht, daß ich *Ihnen* etwas antue.« Ich lächelte über meine Klugheit, seine Frage abzuwehren, ohne ihm eine glatte Lüge vorzusetzen.

»Dann eben *uns*«, lenkte er ein, und sein munterer Tonfall wurde ernst. »Natürlich, ich bin ja nur ein winziges Rädchen hier bei uns. Selbstverständlich muß es ›uns‹ heißen. Nicht etwa, daß mir – uns, entschuldigen Sie bitte! – das etwas ausmachen würde, verstehen Sie?« Er kehrte zu seiner Glattzüngigkeit zurück. »Ich möchte Ihnen sagen, wie sehr wir Ihr Vertrauen in die Gesundheit des Konzerns schätzen.« Jetzt lachte er über die eigene ironische Mißdeutung meiner Motive. »Jawohl, es bedeutet für uns sehr viel, den Respekt und das Vertrauen der aufstrebenden Generation zu gewinnen, insbesondere eines so hervorragenden Menschen wie Sie. Wissen Sie, wir haben Ihren, na ja, ich glaube, die einzig richtige Bezeichnung dafür ist Aufstieg, mit größtem Interesse verfolgt. Und Ihnen immer die Daumen gedrückt, wenn ich das mal so sagen darf, als wären Sie einer von uns. Nun ja, im Grunde sind Sie das ja auch, wenn man Ihre Familienverbindung berücksichtigt. Es ist fast, als seien unsere Firmen verwandt, blutsverwandt. Es wäre schade, sollten sich Unannehmlichkeiten ergeben. Warum kommen Sie nicht mal rüber zu uns – halt, ich hab' ja vergessen, daß es heißen muß, *rauf* zu uns. Ich will Sie um Himmels willen nicht herabsetzen, aber wir sind direkt über Ihnen. Sie können sogar das Taxigeld sparen. Wir würden uns nett beim Lunch unterhalten und sehen, ob wir die Dinge freundschaftlich regeln können. Was meinen Sie? Wie wär's mit morgen?«

»Sehr gern, Mr. Bateson.«

»David, nennen Sie mich ruhig David! Also, dann morgen!«

Ich legte auf und rief dann meine Sekretärin an. »Habe ich morgen irgendwelche Lunch-Termine?«

»Das Treffen mit den Kuratoren des Metropolitan Museum wegen des neuen China-Flügels«, antwortete sie mit vorwurfsvollem Unterton.

»Verdammt! Das müssen wir wieder absagen. Fragen Sie, ob's nächste Woche irgendwann paßt.«

Höchst zufrieden mit dem, was ich erreicht hatte, lehnte ich mich zurück. Sie hatten sich genötigt gesehen, den ersten Schritt zu tun. Das hieß, sie schäumten vor Wut. Sie hatten sich versöhnlich gegeben. Das hieß, sie hatten Angst. Jawohl, ich war überaus zufrieden. Ich hatte nichts ausgeplaudert, nichts zugegeben, mich in keiner Weise festgelegt. Das war unter den gegebenen Umständen die perfekte Taktik. Beobachten und lauschen. Je weniger gesagt wurde, desto besser, desto geringer war die Chance, einen Fehler zu machen. Ich beschloß, bei der Besprechung am folgenden Tag dieselbe Taktik anzuwenden.

SIEBZEHNTES KAPITEL

Als ich die Geschäftsräume der American Power and Light betrat, empfand ich trotz meiner Nervosität eine unerwartete Freude. Es war, als betrete ich eine andere Welt. Im Gegensatz zu unseren erst jüngst eingerichteten Büros, wo alles in einer einheitlich-strengen, minimalistischen Eleganz gestaltet war, herrschte hier eine warme, üppig-eklektische Atmosphäre, ein liebenswertes Durcheinander, hätte man vielleicht sagen können, wären die einzelnen Stücke nicht so kostbar gewesen. Und es waren in der Tat »Stücke«. Der Schreibtisch von Batesons Privatsekretärin, wuchtig und schön, war aus walnußfarbenem Honduras-Mahagoni gefertigt, das das Alter gedunkelt hatte, bis es nahezu schwarz wirkte. Mir fielen die geschnitzte, umlaufende Zierleiste und die Löwenklauenfüße auf. Mit seiner massiven Schwere war er Ausdruck einer Zeit vornehmen Überflusses und wesentlich größerer Selbstsicherheit. Auf der Glasplatte standen eine Tiffany-Lampe und eine chinesische Famille-Noire-Vase, gefüllt mit hellgelben Chrysanthemen, die explodierenden Sonnen glichen. Als ich, während ich angemeldet wurde, die Blumen betrachtete, versank ich in einen traumähnlichen Zustand. Ich hatte das beinahe ebenso intensive Gefühl wie damals in Sands Point, die Vergangenheit sei zum Leben erwacht.

»Lieben Sie Blumen?«

Lächelnd stand Bateson auf der Schwelle seines Büros und musterte mich aufmerksam.

Ich war erstaunt über seine äußere Erscheinung. Obwohl sein Haar silberweiß und schütter war, wirkte er jünger, als ich es mir vorgestellt hatte. Dabei kam mir der Gedanke, daß mein Vater, wäre er noch am Leben, noch immer ein relativ junger Mann gewesen wäre, etwa in den Fünfzigern. Bateson hatte kalte, hellblaue Augen, aus denen eine Munterkeit leuchtete, die nicht unbedingt freundlich anmutete. Durch die »Hörner« hatte ich bereits erfahren, daß er in einem Ohr eine Hörhilfe trug: ein Andenken an den Krieg. Von Zeit zu Zeit drückte er den Apparat mit dem Zeigefinger tiefer ins Ohr, als müsse er die Wirkung verstärken. Vielleicht aber war es auch nur ein Juckreiz.

Als er auf mich zukam, schnitt er, bevor er mir die Hand reichte, mit einem Federmesser eine der gelben Chrysanthemen ab. »Haben Sie eine Nadel, Anne?« fragte er seine Sekretärin. Konzentriert runzelte er die Stirn, als er mein Revers anhob und den Stengel durchs Knopfloch steckte. Anne öffnete ihre

Schublade und überreichte ihm eine Nadel, mit der er den Stengel hinten befestigte. Dann hielt er inne, um sein Werk zu begutachten, tätschelte zweimal mein Revers und sagte lächelnd: »So. Sieht hübsch aus.« Anschließend wandte er sich an die Sekretärin. »Finden Sie nicht auch?«

Sie lächelte mir ebenfalls zu.

»Blumen sind etwas Hübsches, nicht wahr? Sie verschönern alles ganz ungemein.« Höflich führte er mich in sein Büro, dann drehte er sich noch einmal zu seiner Sekretärin um. »Sorgen Sie dafür, daß wir nicht gestört werden.« Er schloß die Tür.

»Nehmen Sie Platz, nehmen Sie Platz«, forderte er mich auf und zeigte auf einen Sessel. »Doch, wir haben hier immer Blumen. Eine Tradition, die, wie ich hörte, von Arthur Love begründet wurde. Ihr Vater hat sie beibehalten. Er hatte ebenfalls eine Schwäche für Blumen; wußten Sie das? Und wir versuchen, das Dekorum hier nun auf unsere bescheidene Art aufrechtzuerhalten. Wir nehmen die Familientradition überaus wichtig.« Er setzte sich und lehnte sich bequem zurück. »Jawohl, Sie werden feststellen, daß viele der Loves im Geiste bei uns sind, vor allem Ihr Vater. Sie haben die Firma zu dem gemacht, was sie ist. Ganz ohne Zweifel. In gewissem Sinne bin ich – ach, entschuldigen Sie! –, sind *wir* nur ihre Nachlaßverwalter: Bevollmächtigte, die das Werk fortführen, das die Loves begonnen haben.«

Auf den ersten Blick war Bateson charmanter, als ich erwartet hatte, beinahe entwaffnend. Hätte ich nicht gewußt, daß seine Behauptung, sie führten die Tradition weiter, nicht stimmte, hätte ich ihn vielleicht gern haben können. So jedoch fragte ich mich, ob nicht etwas Monströses an diesem Mann sei, der so unverschämt lügen konnte. Da ich meine Autorität etablieren wollte, bevor er meine rechtmäßige Ebenbürtigkeit als Geschäftsfeind mit gesellschaftlichen Phrasen überrannte, entschloß ich mich, meine bisherige Strategie aufzugeben und ihn sofort herauszufordern.

»Ich begreife nicht, wie Sie es fertigbringen, den Namen meines Vaters in den Mund zu nehmen«, warf ich ihm voll Bitterkeit vor.

Er sah mich erstaunt an. »Aber Sun I! Ihr Vater und ich, wir waren die besten Freunde. Wir waren beide mit Chennault in China. Wußten Sie das nicht? Ich war...«

»Ja, ja«, unterbrach ich ihn barsch, »ich weiß. Sie waren sein Flügelmann. Das ist ja gerade so unentschuldbar. Ich begreife nicht, woher Sie die Stirn nehmen, das zu erwähnen, nachdem Sie ihn so hintergangen haben.«

Er gab sich aufrichtig besorgt. »Wieso habe ich ihn hintergangen?«

»›Treuhänderischer Republikanismus‹«, gab ich schneidend zurück. »Er nahm die Schuld auf sich, und dann haben Sie ihn verleumdet, ja, sogar eine PR-Masche daraus gemacht.«

»Ist es das, was Sie stört?« Er lehnte sich wieder im Sessel zurück. »Seien Sie nicht naiv, Sun I! Was hätten wir denn anderes tun sollen? Der Konzern mußte sich von dem Skandal distanzieren. Es war eine rein geschäftliche Entscheidung. Basta. Das ist alles. Sie haben es selbst gesagt: eine PR-Masche. Ihr Vater hätte es genauso gemacht. Das weiß ich. Im Grunde aber sind wir ihm hinter verschlossenen Türen immer noch treu ergeben, wie Sie, glaube ich, feststellen werden. Sehen Sie sich doch um! Nichts ist verändert worden seit seiner Amtszeit. Die Blumen sind nur *ein* Beispiel dafür. Es gibt zahlreiche andere. Das werden Sie gleich sehen.« Er stand auf. »Im Sitzungszimmer zum Beispiel, wo uns übrigens die anderen Aufsichtsratsmitglieder erwarten.« Höflich half er mir aus dem Sessel. »Wußten Sie, daß der Vorstand nach dem... nun ja, nachdem wir Ihren Vater verloren, einstimmig beschloß, als eine Geste des Respekts seinen Sessel in der Mitte der Tischseite für immer unbesetzt zu lassen?« Er nickte nachdrücklich, als sei ihm sehr viel daran gelegen, das Mißverständnis zu klären. »Das ist auch einer der Gründe dafür, daß wir den Posten des Vorsitzenden nicht wieder besetzt haben. Wer könnte wohl in seine Fußstapfen treten oder seinen Sitz einnehmen?« Er lachte entschuldigend.

Ich schwieg zwar, war aber nicht sonderlich beeindruckt von diesem Zeichen der Ehrerbietung, das mir so etwas zu sein schien wie das Herausnehmen der Nummer eines Sportlers. Ich konnte mir nicht so recht vorstellen, welches Spiel Bateson betrieb. Er wirkte überzogen ernsthaft, so sehr, daß ich fast geneigt gewesen wäre, ihn zu bemitleiden, hätte ich nicht gewußt, daß er heuchelte. Er war ein sehr guter Schauspieler – oder er glaubte tatsächlich an sein eigenes Gerede, in welchem Fall er mein Mitleid wahrhaftig verdiente.

Als wir eintraten, kam Bewegung in die restlichen zehn Mitglieder des Aufsichtsrats, die hinter einem schweren, langen Konferenztisch mit einer Platte aus schwarzem, geädertem Marmor saßen. Sie erhoben sich, um uns zu begrüßen. Es folgte das übliche Ritual des Händeschüttelns und Lächelns, teils grimmig, teils ernst, teils prüfend, teils nahezu mitfühlend, und immer wieder die Aufforderung zur Vertraulichkeit: »Nein, nein, bitte nennen Sie mich...« mitsamt allen entsprechenden Vornamen. Ich war erstaunt, nirgends auf Feindseligkeit zu stoßen. Aber es lag natürlich in ihrem Interesse, ihre wahren Gefühle zu verbergen.

Bateson hatte hinsichtlich des Sessels nicht gescherzt. Tatsächlich gab es jedoch zwei freie Sitze, von denen der eine, wie ich vermutete, ihm gehörte. Die anderen nahmen wieder Platz, zu jeder Seite der leeren Sessel fünf. Der Tisch war riesig; wenn sie saßen, befanden sich die Aufsichtsratsmitglieder nur knapp in Reichweite voneinander. Bateson führte mich an meinen Platz – ich saß ganz allein den anderen gegenüber – und ging sodann um den Tisch herum. »Gentlemen, ich habe Sun I gerade erzählt, wie sehr wir das Andenken seines Vaters, nun ja, hochhalten.« Er lächelte, weil ihm offenbar etwas einfiel. »Man könnte fast sagen, daß wir ein Muster an konfuzianischer Sohnesergebenheit sind.« Nachdem er seinen Platz eingenommen hatte, lehnte er sich hinüber und tätschelte die Lehne des mittleren Sessels mit selbstgerechter Genugtuung. Sofort jedoch erstarrte seine Miene in unangenehmer Überraschung, und als ich seinem Blick folgte, entdeckte ich in einem Aschenbecher vor dem verehrten Platz, zu weit von allen entfernt, um von ihnen bequem erreicht werden zu können, eine brennende Zigarette mit einer etwa einen Zentimeter langen Asche.

Ich lachte aufrichtig belustigt. »Ja, stimmt. Sieht wirklich aus, als stehe der

Sessel seit mindestens fünf Minuten leer.« Ich musterte ihn zynisch. »Hören Sie, ich weiß zwar nicht, was Sie mit dieser kleinen Szene beweisen oder erreichen wollen, doch meinetwegen brauchen Sie sich wirklich keine Mühe zu machen. Sie werden doch wohl nicht erwarten, daß ich von Ihrer Pietät so gerührt bin, daß ich meine Absichten aufgebe, oder? Machen wir Schluß mit dieser kleinen Maskerade! Ich versichere Ihnen, daß ich nicht im geringsten gekränkt sein werde, wenn einer von Ihnen auf diesem mystischen Sitz der Macht Platz nimmt, oder wie immer Sie ihn nennen.«

Die Aufsichtsratsmitglieder tauschten finstere Blicke.

»Nein, nein, Sie mißverstehen uns völlig!« behauptete Bateson. »Als ich Sie begrüßen ging, kam ich direkt aus diesem Zimmer. Ich habe lediglich beim Hinausgehen meine Zigarette hier liegenlassen. Sie sehen ja – es steht kein einziger anderer Aschenbecher auf dem Tisch.« Mit weit ausholender Geste forderte er mich auf, mich davon zu überzeugen. Dann tat er eher widerwillig einen Zug, hustete, errötete heftig, drückte die Zigarette im Aschenbecher aus und nahm eiligst Platz.

Es lag etwas außerordentlich Befremdliches in diesem kleinen Zwischenfall. Ich hätte schwören können, daß Bateson in seinem ganzen Leben noch keine Zigarette geraucht hatte. Während ich jetzt den weißgrauen Rauchfaden ansah, der von der gelöschten Zigarette aufstieg, überfiel mich das gleiche Gefühl der Irrealität wie kurz zuvor im Vorzimmer, als ich die Chrysanthemen betrachtete. Irgend etwas daran hinterließ ein gewisses Unbehagen bei mir. Der ganze Raum trug zu diesem Gefühl bei, ich kam mir ein wenig berauscht und hilflos vor. Die warme, gemütliche Bonhomie, die mir im Vorzimmer so angenehm aufgefallen war, fehlte hier völlig. Ja, mit seiner strengen, abweisenden Klarheit ähnelte der Raum weit eher den Rising Sun Enterprises. Er war extrem sparsam möbliert: mit nichts anderem als dem riesigen, quer gestellten Tisch. Die beiden Seitenwände waren, genau wie die Wand mit der Tür, vom Boden bis zur Decke verspiegelt und produzierten so ein verwirrendes Gefühl endloser Tiefe, das bewirkte, daß ich mich gehemmt und exponiert fühlte wie ein Ausstellungsstück, denn ich wußte, daß die Direktoren mich auch von hinten sehen konnten, während mir ein gleicher Vorteil nicht vergönnt war; die Rückwand, nur wenige Fuß hinter ihren Stuhllehnen, bestand aus einem großen, dunkelgrünen Samtvorhang.

»Wie ich sehe, mustern Sie diesen Raum«, sagte Bateson, der seine Selbstsicherheit wiedergewonnen hatte. »Auch ein Einfall Ihres Vaters.«

Überrascht sah ich ihn an.

Er nickte. »Der Entwurf war seine Idee. Aber so kommt er nicht recht zur Geltung.« Er griff unter den Tisch, und ich hörte einen Schalter klicken. Der Vorhang begann sich in der Mitte zu teilen. Eine Lichtexplosion schoß blendend durch den Spalt herein, glitzerte auf dem Marmor, traf die Spiegel mit strahlenden Reflexionen und wirbelte mit dämonischer Ekstase im Raum umher wie ein aus seiner Flasche entlassener Dschinn. Und zwischen den zurückweichenden, sich faltenden Stoffbahnen erschien das überwältigende Panorama der Skyline von New York mit dem East River. Auf einmal verstand ich die Absicht meines

Vaters und begriff, wie brillant sie war. Die Wirkung war überwältigend, atemberaubend. Alles andere war rücksichtslos dieser Aussicht geopfert worden. Die unverhüllten Spiegel verliehen einem das Gefühl, am Rand eines Abgrunds zu stehen und hinunterzuspähen, oder vielmehr, tatsächlich darin zu schweben. Es war ein schwindelnder Nervenkitzel. So hoch oben waren wir, daß sich die Turmspitzen der Brooklyn Bridge unter uns im Mittelgrund befanden. Der Fluß sah aus wie eine dunkle Lapislazuli-Ader, nicht dicker als mein Arm, auf der die grauen Schatten hoher Wolken dahintrieben. Ein Schleppdampfer, der stromaufwärts tuckerte, ähnelte der feinen Spitze eines Bildhauermeißels, der eine weiße Spur auf der Steinfläche hinterläßt. An der Südspitze von Roosevelt Island war offenbar eine Wasserleitung geplatzt und spie eine phantastische Fontäne aus Gischt Hunderte von Metern hoch in die Luft, die wie ein klarer, blanker Kristallvorhang wieder herabkam und von der tief über Brooklyn am Winterhimmel stehenden Sonne mit einem Regenbogen veredelt wurde. Und weit im Süden, in der äußersten Ecke des Fensterrahmens, stand mit dem Rücken zu uns die Freiheitsstatue, jener schreckliche Engel mit der Namensliste des Jüngsten Gerichts in der einen und der Brandfackel in der anderen Hand. Ich mußte daran denken, wie ich im Riesenrad die Augen geöffnet und von oben herab die weite, flache Kurve des Horizonts betrachtet hatte. Nur war meine Begeisterung jetzt auch nicht von der geringsten Furcht getrübt. Jawohl, dies war es, was ich begehrte. Dies war es, was es zu erobern galt.

»Na, was sagen Sie dazu?« fragte Bateson.

»Es ist ganz anders, als ich es erwartet hatte.«

Er lachte. »Hatten Sie vielleicht Zigarrenqualm und aufgekrempelte Hemdsärmel erwartet?« Er schüttelte den Kopf. »Nein, Sun I, die Luft ist frisch auf dem Dach der Welt. Es ist eine Hochgebirgsluft, eine dünne, unsterbliche Hochgebirgsluft.« Er sprach mit gebändigter Leidenschaft, ernst, wissend, ein bißchen wehmütig. »Ihr Vater liebte diesen Raum. Hier sei es wie beim Fliegen, meinte er, oder bei etwas ebenso Schönem.«

Ich lachte, denn genauso war es. Was mich jedoch am meisten erstaunte, war die Tatsache, daß die Sonne mich nicht mehr in den Augen schmerzte. Ich dachte an den Augenarzt und lächelte vor mich hin. Jawohl, irgend etwas war mit mir geschehen, aber es war keine Verschlechterung. Im Gegenteil, meine Sehkraft besserte sich. Batesons Gesicht mir gegenüber war eingerahmt von einer strahlenden Korona, und während ich tief staunend zusah, begann seine Haut zu glühen und durchsichtig zu werden. Unvermittelt schimmerte wie auf einem Röntgenbild sein nackter Schädel durch das Fleisch, überzogen von einem Netz vibrierender Venen und Arterien, in dessen Mitte wie ein dunkler Pudding das Gehirn lag. Mein Entzücken verwandelte sich in jähes Entsetzen. Aufkeuchend spürte ich das Prickeln einer Million Poren, die sich weiteten. Doch die Vision dauerte nur einen Augenblick: Als ich blinzelte, war sie wieder verschwunden, und ich saß da, völlig verwirrt, und litt unter leichter Übelkeit. Ich kniff die Augen zu und legte schützend die Hand darüber.

»Ist es zu hell für Sie?« erkundigte sich Bateson besorgt. »Warten Sie, ich mache wieder zu.«

Während der Motor leise surrte, der die Vorhänge zusammenzog, begann eines der Aufsichtsratsmitglieder ganz am Ende des Tisches mit der Debatte. »Wir haben Ihre Entwicklung mit großer Bewunderung verfolgt«, erklärte der Mann.

Ich lächelte höflich, während ich zusah, wie sich der Fensterausschnitt immer weiter verengte, je mehr die Vorhanghälften sich einander von den Seiten her näherten wie ein Kameraverschluß, der sich um die Öffnung zusammenzieht, oder eine Iris um die Pupille des Auges.

»Und sogar einen bescheidenen Beitrag dazu geleistet«, ergänzte ein anderer.

Die Vorhangsäume trafen sich und schwangen ein wenig hin und her, wobei die eine Seite an einer Heizungslamelle hängenblieb. Dadurch blieb eine ganz schmale Öffnung erhalten, durch die sich unsicher ein Lichtfinger stahl.

»Ich hoffe doch, es gibt keine Klagen«, witzelte ich und zwang mich, den Blick von dem Lichtstrahl fort auf meinen Gesprächspartner zu richten. »Wir sind bemüht, die Öffentlichkeit zufriedenzustellen.«

»Die Öffentlichkeit!« protestierte ein dritter gutmütig. »Ich will doch hoffen, Sun I, daß wir ein bißchen mehr für Sie sind! In Anbetracht Ihrer Familienzugehörigkeit, meine ich.«

»Das ist es ja gerade, Ted«, antwortete ihm Bateson, »Sun I will unbedingt Außenseiter in uns sehen. Trotz aller Beweise hält er die Bekundungen unseres guten Willens für unaufrichtig.«

Rings um den Tisch wurde Protestgemurmel laut.

»Nein, nein«, versuchte mich ein Mitglied über den Traditionalismus zu belehren, »wir hoffen, Ihnen gegenüber eine väterliche« – er sah, wie ich zusammenzuckte – »nun ja, eine Onkelrolle, jawohl, nennen wir es eine Onkelrolle, spielen zu dürfen.«

»Das heißt«, erläuterte Bateson, »daß wir auf eine freundschaftliche Lösung hoffen.«

Der Lichtstrahl zwischen den Vorhangteilen tanzte über meine Augen. Blinzelnd starrte ich hinein. »Ich wüßte nicht, was mir lieber wäre.« Spitzbübisch lächelte ich. »Meine Bedingungen sind sehr einfach.«

Zustimmende und erleichterte Ausrufe ertönten rings um den Tisch.

»Und wie lauten sie?« fragte Bateson, der nicht ganz so optimistisch zu sein schien wie die anderen.

»Ich verlange die Unternehmensleitung.«

»Was?« platzte einer heraus.

»Unmöglich!« erklärte ein anderer.

Im ganzen Raum summte es vor erregtem Geflüster, als sie die Köpfe zusammensteckten und eifrig konferierten. Ich dagegen saß gelassen und kühl da, genoß die Sensation, die ich ausgelöst hatte, und sah Bateson, dessen Miene zum erstenmal ernst geworden war, direkt in die Augen. Die Farbe war aus seinem Gesicht gewichen. Er wirkte beinahe grau.

»Bedenken Sie doch, was das bedeuten würde«, versuchte einer an meine Vernunft zu appellieren. »Der Konzern ist heute noch, wie Sie doch sicher selbst sehen, buchstäblich derselbe wie zu Ihres Vaters Zeiten.«

»Und genau da liegt das Problem«, warf ich ein. »Er stagniert. Er braucht neue Initiativen. Der Konzern ist ein Sumpf.«

»Ein Sumpf?« echote er empört. »Die American Power and Light ist eine historische wirtschaftliche Einheit, junger Mann«, belehrte er mich, »und darüber hinaus ein lebendes Monument zum Andenken an Ihren Vater. Wollen Sie das zerstören?«

»Ich will die APL nicht zerstören«, gab ich zurück, »ich will ihr lediglich neues Leben einimpfen.«

»Indem Sie sie in die Rising Sun Enterprises integrieren, nehme ich an«, entgegnete er scharf.

Ich nickte. »Genau.«

»Aber begreifen Sie denn nicht, daß Sie sie genau damit zerstören würden?« mischte sich ein anderer ein. »Der Konzern als solcher würde aufhören zu existieren. Die American Power and Light als Tochter der Rising Sun Enterprises?« Er lachte verächtlich. »Absurd!«

»Unvorstellbar!« tönte ein anderer.

»Indiskuta-bull!« sagte ein dritter etwas überheblich.

»Genau das habe ich ihm klarzumachen versucht«, warf Bateson ein. »Wenn er die APL übernimmt, fügt er nicht nur einer ehrwürdigen öffentlichen Institution großen Schaden zu, sondern stiftet auf dem Markt unbeschreibliche Unruhe und begeht auch noch buchstäblich korporativen Vatermord.«

Ich lächelte über seine Sophisterei. »Vatermord?« wiederholte ich. »Bitte, verzeihen Sie, wenn ich ein bißchen einfältig bin, aber wie tötet man einen Mann, der bereits tot ist?«

Bateson kniff ein wenig die Augen zusammen. »Sie würden sein Andenken ermorden, Sun I.«

»Sein Andenken! Mir scheint, von dem ist nicht allzuviel zum Morden übriggeblieben, nachdem Sie sich so gründlich damit befaßt haben.«

Stirnrunzelnd lehnte Bateson sich im Sessel zurück. »Ich habe Ihnen bereits erklärt, daß wir uns aus rein geschäftlichen Gründen von ihm distanziert haben. Privat verehren wir ihn nach wie vor. Wenn Sie das nicht begreifen können ...« Er hob beide Hände. »Nein, Sun I, Eddie Loves Andenken ist noch immer in uns lebendig und mehr noch sein Vermächtnis. Denn das ist es, was dieser Konzern für uns ist. Und wenn Sie ihn demontieren, zerstören Sie seinen Geist. Deswegen nenne ich es Vatermord.«

Ich zuckte ungerührt die Achseln. »Das sehe ich anders. Ich sehe in der Übernahme eine Rechtfertigung seines Andenkens und die Wiederherstellung der Familienehre.«

Bateson schüttelte den Kopf und funkelte mich aufgebracht an. »In dieser Hinsicht irren Sie sich gefährlich, und wenn Sie an dieser falschen Auslegung festhalten, fürchte ich, daß es zum Streit zwischen uns kommen wird, zu einem sehr häßlichen Streit. In dem Fall fürchte ich für uns beide. Wir sind durchaus nicht blind Ihrer Macht gegenüber, wie Sie der unseren gegenüber nicht blind sein sollten. Ich verhehle nicht, daß wir uns von Ihrer Machtdemonstration, Ihrer Militanz bedroht fühlen. Die Rücksichtslosigkeit Ihrer Haltung beunruhigt mich persönlich, und ich glaube, ich spreche damit auch für die anderen. Sie bringen uns in eine schwierige Lage. Wir sind nicht mehr so agil, wie wir früher waren, und wie Sie es möglicherweise heute sind. Aber was uns an Beweglichkeit fehlt, ersetzen wir durch Gewicht. Die Macht dieses Konzerns ist fürchterlich, wenn wir sie einsetzen – müssen. Wenn Sie uns zum Handeln zwingen, sind wir ganz ohne Zweifel in der Lage, einen gewaltigen Feldzug zu führen. Schon jetzt sind Leute für uns am Werk, denn es gibt Mittel und Wege, und sie werden gefunden werden. Es gibt immer Mittel und Wege«, wiederholte er grimmig.

»Was für Mittel und Wege?« fragte ich verächtlich. »Auch für mich sind Leute am Werk, und ich glaube kaum, daß Sie sehr viele Möglichkeiten haben.«

»Hören Sie«, höhnte der Mann am Ende des Tisches, »Sie erwarten doch wohl nicht im Ernst, daß wir unsere Möglichkeiten aufzählen und Ihnen unsere Strategie verraten, oder?«

»Genausowenig, wie wir das von Ihnen erwarten«, ergänzte ein anderer.

»Überraschung ist der springende Punkt«, bestätigte Bateson. »Das war auch immer die Stärke Ihres Vaters – Überraschung.«

Der Sonnenstrahl strich mir wie eine Feder über Gesicht und Augen und kitzelte mich mit sadistischer Verspieltheit, bis ich blinzelte und mich abwenden mußte.

»Eines aber werde ich Ihnen sagen«, fuhr Bateson fort. »Wir wissen, daß Sie unsere Aktionäre wenigstens teilweise mit konvertierbaren Schuldverschreibungen abfinden wollen.« Er musterte mich, als hoffe er eine Bestätigung oder ein Dementi an meiner Miene ablesen zu können.

Ich wand mich immer noch, um dem Lichtstrahl zu entgehen.

Ein wenig drohender fuhr er fort: »Sie sind sich natürlich darüber im klaren, daß Sie damit den Nettoanteil Ihrer eigenen Aktionäre an den Rising Sun Enterprises verwässern.«

»Und ich glaube kaum, daß sie darüber sehr erfreut wären«, meinte ein anderer.

»Ich werde ihnen den Umstand nicht vorenthalten«, antwortete ich verdrossen.

»Ja, aber ich glaube auch nicht, daß Sie's an die große Glocke hängen werden«, konterte Bateson.

»Womit Sie sagen wollen, Sie würden...?«

Er lächelte schweigend.

»Wie denn? Mit einem Rundschreiben an meine Aktionäre etwa?« höhnte ich. »Was meinen Sie wohl, wieviel Glauben die Ihren Behauptungen schenken?«

»Es wird aber die Wahrheit sein«, entgegnete er.

Ich krauste die Stirn. »Also, ich glaube, die Langzeitvorteile, die den Aktionären der Rising Sun daraus erwachsen, werden die vorübergehenden Nachteile mehr als ausgleichen.«

Blasiert, abfällig zuckte er die Achseln. »Dann gibt es da noch das kleine

Problem des kürzlich erfolgten, recht massiven Eindringens der Mutual Bull in die APL.«

»Das ist öffentlich bekannt«, gab ich zurück. »Was ist damit?«

Mit gespielter Beiläufigkeit schürzte er die Lippen. »Oh, gar nichts. Es ist nur äußerst interessant.«

»Nicht daß wir etwas dagegen hätten«, warf einer ein.

»Oder auch nur daran dächten, unsere eigenen Aktien herabzusetzen«, sekundierte ihm ein anderer.

»Es ist nur so, daß Ihr Fonds bisher den Ankauf vitalerer, wachstumsorientierter Aktien bevorzugt, ja, sich dadurch überhaupt erst seinen Ruf erworben hat. Die APL dagegen ist eine dividendenorientierte Einkommensaktie. Was würden die Aktionäre Ihres Fonds wohl denken, wenn Ihre Gelder in das investiert würden, was Sie als ›Kapitalsumpf‹ der American Power and Light bezeichnen? Würde so etwas das Geschäftsgebaren beeinflussen?«

Diesmal hatte ich sofort eine Antwort bereit. »Haben Sie sich überlegt, daß die APL, wenn die Übernahme erfolgt ist...«

»Falls«, korrigierte mich einer warnend.

»*Wenn*«, wiederholte ich nachdrücklich. »Daß die APL dann eine« – ich wollte eine Zahl nennen, beschloß dann aber, sie als Überraschung vorerst zurückzuhalten – »beträchtliche Wertsteigerung erfahren wird. Und zwar sofort. Ich bin diesmal noch nicht bereit, eine konkrete Zahl zu nennen, aber ich glaube, ich kann Sie beruhigen, wenn ich Ihnen erkläre, daß sie das ist, was wir in der Branche als einen ›beachtlichen Zuwachs‹ bezeichnen.«

Alle tauschten stirnrunzelnd Blicke.

»Ist doch sehr hübsch, nicht wahr?« spöttelte ich. »Die Ressourcen der Mutual Bull und der Bull Inc. helfen, die Übernahme zu vollziehen, und diese Firmen erleben dann ihrerseits eine beträchtliche Steigerung des Nettoinventarwerts pro Aktie, wenn die APL durch die Übernahme, die sie finanzieren, eine Wertsteigerung erfährt.«

Jetzt lächelte außer mir niemand mehr.

Ich lachte. »Sie sehen, Gentlemen, in diesem Fall haben Sie trotz Ihres Geredes von ›Mitteln und Wegen‹, glaube ich, wirklich kein Loch, durch das Sie schlüpfen können. Und wir haben noch nicht einmal das erwähnt, was für Sie, aus Ihrer Sicht, die wichtigste Überlegung sein sollte: den immensen Vorteil, der für Ihre Aktionäre dabei herausspringt. Beachten Sie, daß ich ›sein sollte‹ gesagt habe. Mir ist natürlich klar, daß dieser Punkt aus Ihrer Sicht unter den gegebenen Umständen mehr oder weniger irrelevant ist.«

»Irrelevant keineswegs«, widersprach Bateson, »mit Sicherheit aber ein Werturteil. Wir finden, daß wir weit besser in der Lage sind, das Wohl unserer Aktionäre zu beurteilen, als Sie. Schließlich tun wir das schon ein Leben lang.«

»Das mögen *Sie* glauben«, gab ich zurück, »aber ich bin anderer Meinung. Und ich werde Ihnen noch etwas sagen«, fuhr ich hitzig fort. »Eine sofortige Wertsteigerung ihres Anlagekapitals um einhundert Prozent liegt unzweifelhaft im Interesse Ihrer Aktionäre. Und wenn Sie glauben, Sie könnten ihnen das ausreden – dann versuchen Sie's doch, bitte sehr!«

»Einhundert Prozent!« stieß jemand hervor.

Bateson musterte mich grimmig.

»Ganz recht.« Ich wandte mich an den Mann, der eben gesprochen hatte. »Wir beabsichtigen den doppelten Tageskurs für Ihre Aktien zu bezahlen.«

»In Monopoly-Geld«, warf einer verächtlich ein.

»Schuldverschreibungen«, höhnte ein anderer.

»Korporative Leimruten, etwas anderes ist das doch nicht!«

Ich lächelte nur; auf gar keinen Fall wollte ich mich über ihre Schmähungen ärgern. »Nennen Sie's, wie Sie wollen, Gentlemen. Sollten Sie irgendwelche Gründe haben, an der finanziellen Gesundheit von Rising Sun Enterprises zu zweifeln oder daran, daß unsere Schuldscheine ebenso gut sind wie gesetzliche Zahlungsmittel, dann würde ich die wirklich gern kennenlernen.«

»Bestehen da nicht einige Zweifel an der Bedeutung Ihrer Aktien?« wollte einer gehässig wissen.

Bateson warf ihm einen finsteren Blick zu.

»Ich wüßte nicht«, antwortete ich selbstsicher. »Schwach, Gentlemen, sehr schwach. Sie bluffen.«

Auf einmal beugte sich Bateson im Stuhl vor. »Nun gut«, sagte er, »hören wir auf mit diesem Herumgezanke, bevor es ausartet! Muß es unbedingt Feindschaft und Kampf bis aufs Blut geben? Gibt es gar keine andere Möglichkeit?«

»Ihre bedingungslose Kapitulation«, antwortete ich, vom eigenen Schwung fortgerissen.

»Impertinenter Kerl!« schimpfte ein Aufsichtsratsmitglied zornig. »Glauben Sie, ein chinesischer Ziergoldfisch könnte einen Leviathan verschlucken? Wir werden Sie zertreten!«

»Jetzt reicht's!« befahl Bateson mit erhobener Stimme. »Lassen Sie mich um Himmels willen ausreden!« Er wandte sich an mich. »Nun gut, Sun I, Sie wissen so gut wie ich, daß das nicht in Frage kommt. Aber wir werden Ihre Forderung als Verhandlungsgrundlage betrachten. Ist das fair?«

Ich schürzte hochmütig die Lippen.

»Antworten Sie mir jetzt lieber noch nicht! Überlegen Sie sich's ein paar Minuten. Es ist gleich Lunchzeit. Machen wir eine Pause, damit sich die Atmosphäre um einige Grade abkühlt.«

Im selben Moment erschienen Kellner, die rasch den Tisch deckten, gefolgt von anderen mit Servierwagen, die unter ihrer Last ächzten.

»Wir essen hin und wieder recht gern hier oben«, erklärte Bateson. »Bei besonderen Gelegenheiten. Und trotz allem, was Sie denken mögen, ist dies für uns eine besondere Gelegenheit.« Er lächelte liebenswürdig. »Um die zu feiern«, fuhr er fort, »haben wir uns etwas ganz Besonderes für Sie ausgedacht, Sun I. Ich hoffe, daß es Ihnen gefallen wird. Aber bevor serviert wird, probieren Sie doch bitte mal das Brot.« Er reichte mir den Korb. Ich hob die Serviette an, und eine würzige, nach Weizen duftende Dampfwolke stieg auf. »Knusprige Baguettes, frisch und warm aus dem Ofen«, erklärte er. »Pierre ist ein großartiger Bäcker. Und der Wein...« Er stand auf, nahm dem Kellermeister die Flasche ab, zeigte mir das Etikett und bediente mich höchstpersönlich. »Château Lafite-Rothschild, zwoundvierzig«, verkündete er. »Der Lieblingswein Ihres Vaters. Ihr Vater liebte ihn nicht nur wegen der exquisiten Qualität dieses Jahrgangs, sondern, glaube ich, auch, weil er ihn an unsere Zeit in China erinnerte. Einmal erwarb er auf einer Auktion mehrere Kisten davon. Diese Flasche ist eine von den allerletzten.« Bateson seufzte bei der Erinnerung. »Eddie nannte ihn gern ›Kind des Zorns‹ und imitierte damit das anmaßende Wesen eines neureichen Texas-Ölmillionärs. Das wurde zu einem ganz privaten Witz zwischen uns.« Er lachte leise und schüttelte den Kopf. »Er hat ihn immer bei besonderen Gelegenheiten bestellt. Diesen Wein haben wir beim Vorstandslunch getrunken, als er den Vorsitz übernahm. Seit damals habe ich ihn, ich weiß nicht wie oft, immer wieder getrunken, aber er hört nie auf, mich zu überraschen, er wird niemals alt.« Die Leidenschaft des Connaisseurs ließ Feuchtigkeit in seine Augen steigen, einen Glanz, den ich nur allzugut kannte, weil ich ihn oft genug in Los Augen gesehen hatte, wenn er über die Feinheiten des Weins dozierte. »Deshalb finde ich es sogar doppelt passend, daß wir ihn heute zu Ehren unserer Zusammenkunft, oder sagen wir lieber, unserer Versöhnung, gemeinsam trinken.« Er hob mir sein Glas entgegen. »*Gan-bei*«, sagte er mit ganz leichtem Augenzwinkern.

»*Cheers*«, antwortete ich, als ich stirnrunzelnd mit ihm anstieß.

Nie zuvor hatte ich einen solchen Wein getrunken. Er besaß die Komplexität, die Dichte einer Persönlichkeit, eines ganz außerordentlichen, wenn auch möglicherweise leicht exzentrischen Menschen, der, wenn er ein Zimmer betritt, sofort zum Mittelpunkt der Aufmerksamkeit wird – nicht aus Berechnung, sondern ganz einfach aufgrund einer gesteigerten Vitalität –, während die anderen ihn ehrfürchtig bestaunen. Ich war schon nach dem ersten Schluck berauscht oder vielmehr nicht so sehr berauscht wie völlig verändert – verändert durch die Tiefe und Art der Konzentration, die notwendig war, um den Wein angemessen zu genießen. Ich fühlte mich zu einem Diskurs über seine Feinheiten à la Lo gedrängt, angesichts des ruhigen, selbstzufriedenen, versunkenen Ausdrucks auf den Gesichtern meiner Gastgeber jedoch gelang es mir, diesen Impuls zu unterdrücken.

Bald darauf wurde das Entrée serviert: kurz durchgebratenes Prime Rib *au jus*. Der Anblick des roten Rindfleischs im eigenen Blut, auf dem winzige, perlmuttschimmernde Fettaugen schwammen, drehte mir fast den Magen um. Trotzdem konnte ich den Blick nicht abwenden, so grausig schön war dieses Bild.

Während das Essen weiterging und schließlich beendet wurde, verstärkte sich ganz eindeutig das Gefühl einer traumhaften, körperlosen Irrealität, das ich empfand, seit ich den Raum betreten hatte. Nachdem er mir sozusagen Butter ums Maul geschmiert hatte, betupfte sich Bateson, während das Geschirr abgeräumt wurde, mit seiner Serviette die Lippen und machte sich bereit, zur Tagesordnung zurückzukehren. »Und nun, da wir uns alle besser fühlen, möchte ich Ihnen unseren Vorschlag unterbreiten, Sun I«, begann er. »Wir haben die Frage zuvor bereits durchgesprochen und uns auf eine Lösung geeinigt, von der ich überzeugt bin, daß auch Sie sie als akzeptablen Kompromiß ansehen werden. Bisher haben Sie unsere guten Absichten offenbar stark bezweifelt. Dies wird Sie vielleicht überzeugen. Wie uns bekannt ist, besitzen Sie bereits einen gewissen Prozentsatz an der APL, ungefähr anderthalb, nicht wahr?«

»Über zwei«, korrigierte ich ihn fröhlich.

Er zog die Brauen hoch. Einige von den anderen tauschten vielsagende Blicke.

»Nun gut, dann zwei«, räumte er ein. »Wir haben darüber diskutiert und sind der Ansicht, daß Ihnen dadurch das Recht auf einen Platz im Aufsichtsrat zusteht. Und es handelt sich dabei wirklich nicht nur um ein Recht: Wir *möchten*, daß Sie zu diesem Kreis gehören. Das war schon seit längerem unser Plan. Vielleicht sind einige Ihrer Vorwürfe berechtigt. Vielleicht sind wir ein bißchen zu selbstzufrieden geworden, haben uns einen kleinen Bauch zugelegt. Eine Frischblutinjektion wäre möglicherweise genau das richtige. Und was uns betrifft, so haben wir eventuell immer noch einen oder zwei Tricks im Ärmel, die zu lernen sich für Sie lohnt. Auch Sie könnten von der Einweihung in die Mysterien die Konzerns profitieren.« Er lächelte mich vielsagend an, dann runzelte er auf einmal die Stirn. »Den Gedanken an die alleinige Firmenleitung müssen Sie sich jedoch aus dem Kopf schlagen.« Er legte die gefalteten Hände auf den Tisch. »Also, Sun I, was meinen Sie? Ein Sitz im Aufsichtsrat – ich glaube, Sie können nicht bestreiten, daß dies ein großzügiges Angebot ist.«

»Ich nehme an, das ist nun *Ihre* Verhandlungsbasis«, spöttelte ich.

Sein Gesicht wurde aschgrau. »Nein, Sun I«, erwiderte er ruhig und fest. »Es ist zwar unser erstes, aber zugleich auch unser letztes Angebot. Entweder Sie akzeptieren es, oder Sie müssen die Folgen tragen.«

»Mit anderen Worten, ein Ultimatum«, zog ich die logische Schlußfolgerung.

Ungerührt zuckte er die Achseln. »Wie Sie wollen.«

Ich zögerte. Es war ein Angebot, das nicht von der Hand zu weisen war, im Grunde recht attraktiv, und außerdem eine schmerzlose Lösung. Wieder drang der Lichtstrahl durch die Öffnung im Vorhang und tanzte über meine Augen. Ich brauchte nicht lange zu überlegen.

»Nun, Gentlemen«, antwortete ich und schob meinen Sessel zurück, »damit wäre unsere Diskussion wohl beendet. Verzeihen Sie mir, wenn ich sofort nach dem Essen aufbreche, aber ich nehme an, das liegt in der Natur eines Konzernknackers, nicht wahr?« Ich schenkte allen zugleich ein strahlendes Lächeln. »Guten Tag!«

Triumphgeschwellt, munter und fiebrig verließ ich die Sitzung, ganz zu schweigen davon, daß mir der Wein ein bißchen zu Kopf gestiegen war. »Aufschneider sind das, lauter Aufschneider«, sagte ich mir immer wieder und kicherte dabei boshaft und vergnügt. »Sie haben kein Bein, auf dem sie stehen, keinen Trumpf, den sie ausspielen können. ›Es gibt Mittel und Wege‹«, wiederholte ich verächtlich. Es war Humbug. »Humbug!« Dieses Wort wirkte beruhigend auf mich wie ein Talisman.

Und doch hatte mich etwas ein bißchen verunsichert. Nicht so sehr das, was sie gesagt hatten; in dieser Hinsicht war die Diskussion eigentlich weitgehend nach Plan verlaufen. Ich hatte meine ursprünglichen Absichten verwirklicht. Was mich beunruhigte, war die Häufung verwirrender Details: die Blumen, das Essen, die Geschichte mit der Zigarette, der ganze Sitzungsraum mit seiner nahezu surrealen Schönheit, das Gefühl der Gewichtslosigkeit, das ich erlebt hatte, als sei ich auf einmal von der Schwerkraft befreit worden »wie beim Fliegen«, überhaupt die ganze Sitzordnung! Und dann dieses stupide Beharren auf den Loyalitätsbekundungen, die so einfach zu durchschauen waren, und dieses unbarmherzige Spiel des Lichtstrahls, der durch den Vorhang eingedrungen war. Was hatte das zu bedeuten? Bestand das alles nur in meiner Einbildung? Oder war es vielleicht inszeniert worden? Versuchten sie mein Selbstvertrauen zu unterminieren und durch subtile psychologische Einschüchterung, unterschwellige, terroristische Einflüsterungen zu vernichten? Wie dem auch sei, die Wirkung auf mich war teuflisch. Aber was brachte ihnen das alles? Nichts. Rein gar nichts. Vielleicht war im Wein eine Droge gewesen.

Humbug! entschied ich mit mehr Bravour, als ich tatsächlich empfand. Ich beschloß, in die Offensive zu gehen und das Übernahmeangebot so bald wie möglich registrieren und veröffentlichen zu lassen. Die wollten mir ein Ultimatum stellen? Denen würd' ich's schon zeigen! Mit mir konnte man nicht so umspringen. Von denen ließ ich mich nicht einschüchtern!

Leider aber war Freitag. Die »Hörner« überzeugten mich davon, daß es besser sei, statt einfach blindlings zuzuschlagen, während alle ungeduldig auf den Börsenschluß warteten, damit sie die Heimreise in die Vororte oder in die Hamptons antreten konnten – daß es viel besser sei, erst einmal abzuwarten und den dicken Fleischbrocken, den unser erster Schritt darstellte, am Montag einem vollbesetzten Zirkus von hungrigen, gierigen Löwen vorzuwerfen. Nur zögernd stimmte ich ihnen zu, denn die Aussicht auf zwei untätige Tage, in denen ich nichts anderes tun konnte, als meine fixe Idee zu nähren, erschien mir keineswegs verlockend.

ACHTZEHNTES KAPITEL

In dieser Nacht konnte ich fast gar nicht schlafen. Ich warf mich so lange im Bett herum und störte dabei Li, bis sie mir vorschlug, ich solle heiß duschen oder einen Spaziergang um den Block machen. Beides versuchte ich – ohne Erfolg. Ich goß mir eine Kanne Tee auf und hockte mich, die Hände um die Tasse gelegt, finster brütend und Pläne schmiedend an den Küchentisch. Am nächsten Morgen kämpfte sich Li, als die Sonne schon lange zu unseren Fenstern hereinschien, in ihren Morgenrock und reckte auf der Schwelle genüßlich die Arme über den Kopf. Obwohl es noch vom Schlaf gezeichnet war, wirkte ihr Gesicht entspannt und glatt und strahlte eine ruhige Zufriedenheit aus.

»Guten Morgen«, begrüßte sie mich.

Ich funkelte sie drohend an.

»Hmmm«, machte sie, mich bewußt ignorierend, rollte die Schultern und reckte sich dann mit in die Hüfte gestemmten Händen noch einmal ausgiebig. »Du siehst aus, als hättest du Nägel gekaut.«

»Hab' ich auch«, gestand ich und zeigte sie ihr.

Sie musterte mich neugierig. »Was ist passiert? Du hast mich die ganze Nacht lang nicht schlafen lassen.«

Ich lächelte ironisch. »Das sehe ich.«

Ungeduldig schnalzte sie mit der Zunge. »Was sollte ich tun? Wach bleiben und dein Händchen halten?« Sie stellte den Wasserkessel aufs Gas. »Es geht um die APL, nicht wahr?«

»Ich hatte gestern die erste Sitzung mit dem Aufsichtsrat«, griff ich schnell das Thema auf.

»Du solltest mal auf andere Gedanken kommen, dich ein bißchen ablenken«, wehrte sie meine Einleitung ab.

Nach dieser kalten Dusche für meinen Enthusiasmus zog ich mich wieder mürrisch in mich selbst zurück.

»Ich müßte heute eigentlich arbeiten«, sagte sie dann zu sich selbst, als wäge sie Alternativen ab, »aber ich könnte mir morgen frei nehmen...« Sie wandte sich um. »Wollen wir auf eine Expedition gehen?«

»Eine Expedition?«

Sie lächelte. »Ja, sicher. Wie damals, auf einen ethnologischen Ausflug. Nur mußt diesmal du den Fremdenführer spielen.«

»Wohin denn?« fragte ich desinteressiert.

»Wir könnten uns einen Wagen mieten und nach Long Island rausfahren«, schlug sie vor. »Du könntest mir das Haus zeigen.«

Ich spitzte die Ohren. »Sands Point?«

Sie nickte, ein bißchen gerötet und erregt über ihren glücklichen Einfall.

»Na schön«, gab ich nach und verbarg meine Begeisterung. »Warum eigentlich nicht?«

Unterwegs nach Long Island nutzte ich die Tatsache, daß sie mir nicht entkommen konnte, und redete mir meine Last vom Herzen. Obwohl Li wußte, was ich plante, hatten wir noch nie eingehend über die Übernahme gesprochen. Jetzt brach alles aus mir heraus. Ich beschrieb die Sitzung, schilderte sie in allen Einzelheiten und suchte in ihrem Gesicht nach einer Reaktion, weil ich sie nicht direkt fragen wollte. Sie schien nicht darauf eingehen zu wollen. Ich dachte über ihr unbeteiligtes Schweigen nach und erwog abermals die Möglichkeit, daß ich mir alles nur eingebildet hatte. Bei einem Detail aber entlockte ich ihr dann doch eine Stellungnahme, allerdings eine, die mir nicht sonderlich behagte.

Verachtungsvoll hatte ich ihr von Batesons Bemerkung über den »korporativen Vatermord« erzählt und davon, wie geschickt ich sie pariert, seine Sophisterei entlarvt hatte. Jetzt erwartete ich von ihr Bestätigung oder Anerkennung. Aber es kam nichts.

»Na?« fragte ich sie gereizt. »Du meinst doch wohl auch, daß es Sophisterei war, oder?«

Sie musterte mich und wandte den Blick ab. »Eigentlich finde ich, daß es recht clever von ihm war«, erklärte sie nahezu sanft.

»Wie meinst du das?« Am liebsten hätte ich den Fuß auf der Stelle auf die Bremse gerammt und die Sache an Ort und Stelle mit ihr ausgefochten, damit sie die volle Wucht meines Zorns zu spüren bekam.

Sie zuckte die Achseln. »Das ist doch nichts, worüber man sich aufregen müßte. Eine ziemlich normale Reaktion.«

»Was – den eigenen Vater umbringen?«

»Sein Andenken«, korrigierte sie mich gelassen. »War es nicht das, was er gesagt hat?«

»Ich möchte mal wissen, woher du diese Weisheit hast«, gab ich zurück, ohne auf ihre Berichtigung einzugehen.

Sie drehte sich zu mir um. Sie lächelte nicht, in ihren Augen stand jedoch ein ganz leichtes, belustigtes Funkeln. »Erinnerst du dich an Ödipus?«

Das saß. »Aber Ödipus hat nicht mit Absicht ...«

»So was geschieht selten mit Absicht«, unterbrach sie mich. »Weit häufiger im Unbewußten. Und es ist nichts, dessen man sich schämen müßte, Sun I. Es gibt sie schon seit geraumer Zeit, diese Feindschaft zwischen Vätern und Söhnen. Spätestens seit Zeus und Kronos. Erinnerst du dich an Kronos? Der versuchte in einem berauschten Wutanfall seine Kinder zu fressen, doch Zeus, von seiner Mutter Rheia beschützt, konnte entfliehen. Rheia überlistete ihren

Ehemann, indem sie ihm statt eines Sohnes einen Stein zu verschlingen gab. Er muß ganz schön betrunken gewesen sein, um diesen Unterschied nicht zu bemerken. Eine scheußliche Geschichte, vor allem für Zeus. Für mich ist dies eins der grauenhaftesten Bilder der griechischen Mythologie, und die steckt wahrhaftig voll grausamer Geschichten.«

Jetzt begann sie, in ihrer charakteristischen, anschaulichen Art zu erzählen. »Ich kann mir den Jungen richtig vorstellen, wie er im tiefen Schatten hockt, während ihm der eiskalte Schweiß übers Gesicht läuft. Er wagt kaum zu atmen, hält mit beiden Händen die glatte Sichel und lauscht auf seinen Vater, der im Nebenzimmer wie ein wildes Untier rast. Und dann die Schreie seiner Geschwister, das dumpfe Geräusch, wenn ihre Schädel an der Wand zerschmettert werden, und das Krachen ihrer Knochen zwischen den Zähnen des Ungeheuers. Zeus wartet also im Dunkeln darauf, daß die Raserei des Vaters nachläßt, daß der endlich einschläft, damit er ihn mit einem einzigen, sauberen Schnitt der Sichel entmannen, ihm das Organ seiner furchtbaren Kraft abschneiden kann, um ihn zu entthronen.« Sie sah mich an, ob ich eine Reaktion zeigte.

»Ziemlich schlimm, wie du sicher zugeben wirst, aber so alt wie die Sünde, und genauso naturgegeben. Der Vater haßt den Sohn wegen der Gefahr, die der Sohn für die Fortdauer seiner Dominanz darstellt; der Sohn haßt den Vater, weil er ihm den Weg zu Macht und vollgültiger Selbstverwirklichung versperrt. Im allgemeinen dreht sich der Kampf um die Gestalt der Mutter, den ersten und ältesten Zankapfel der Welt. Darüber kannst du alles bei Freud nachlesen. Wenn ich mich recht erinnere, erklärt er irgendwo, der unbewußte Wunsch nach Unsterblichkeit, der unserer natürlichen Angst vor dem Tod entspringt, ziehe stets einen Todeswunsch für den Vater nach sich, der als vorhergehendes Glied in der Sterblichkeitskette die Kette selbst, die Sterblichkeit also, repräsentiert. Mit anderen Worten: Der Vater ist ein Memento mori, das den Sohn an das eigene, unausweichliche Hinscheiden erinnert, so daß dieser gar nicht anders kann, als den Vater symbolisch zu ermorden, um dadurch den gesamten Zyklus des sterblichen Kausalprinzips auszulöschen, zugleich den Tod zu überwinden und Unsterblichkeit zu erlangen, indem er sein eigener Vater wird; eine ewige Selbstregenerierung.« Vor Begeisterung über den Vortrag hatte ihr Gesicht einen rosigen Schimmer angenommen.

»Davon bin ich überzeugt«, sagte ich mit einem Anflug von Groll. »Aber was hat das mit mir zu tun? Ich hasse meinen Vater nicht. Warum sollte ich auch?«

»Ach komm, Sun I!« tadelte sie mich. »Ein jeder Mensch hegt einen legitimen Groll gegen seine Eltern. Aber *du* – dein Fall ist klassisch. Ich meine, wo soll ich anfangen? Unehelichkeit, im Stich gelassen, abgeschoben in ein Kloster...«

»Er wollte nicht, daß es so kam«, wiederholte ich die rituelle Lossprechung. »Es waren die Umstände.«

Sie lächelte grimmig, sah starr geradeaus. »Die sind es immer.«

Auch ich starrte grimmig auf die Landschaft; meine Augen brannten vor Tränen, die ich sie nicht sehen lassen wollte. »Vielleicht wollte er mir was ersparen.«

Sie fixierte mich mit fragendem Blick. »Was denn?«

Ich lächelte boshaft. »Dies hier.«

Sie stieß ein kurzes, scharfes Lachen aus, das klang wie ein heftiger Schlag. »Du machst deiner Verlobten ja hübsche Komplimente!«

Ich antwortete nicht.

»Versteh mich nicht falsch, Sun I«, fuhr sie fort. »Ich urteile nicht – weder über ihn noch über dich.««

»Das tust du nie«, stellte ich bitter fest.

»Ich würde vermutlich genauso empfinden«, sagte sie und ignorierte meine Zwischenbemerkung, die sie vielleicht auch nicht gehört hatte. »Das würde jeder – jeder normale Mensch.«

»Ich liebe meinen Vater.« Dabei blickte ich in die Ferne, dorthin, wo sich die Linien des Highway schnitten, und er verschwand. Und ich dachte, daß weder sie noch ich, noch irgendein anderer jene Stelle sehen oder kennen könne, und daß sie durch ihre Unbekanntheit geheiligt wäre. Ich wollte sie auch gar nicht kennen.

»Natürlich«, erwiderte sie. »Aber es gibt immer eine Kehrseite der Medaille. Selbst wenn man sich dessen nicht bewußt ist.«

»Wie kommst du darauf, daß du meine unbewußten Motive kennst?« fragte ich sie plötzlich heftig. »Wenn du sie so verabscheuenswert findest, warum willst du mich dann überhaupt heiraten?«

»Ich finde deine Motive nicht verabscheuenswert«, protestierte sie mit gelassenem Gleichmut. »Das wollte ich mit all dem nicht sagen. Ich finde sie normal und gesund.«

»Mit einem anderen Wort: ambivalent«, warf ich zynisch ein.

»Nun gut«, räumte sie ein, »wenn du so willst, ambivalent.«

Eine Zeitlang saßen wir schweigend da; dann fragte ich sie eindringlich: »Warum mußt du immer für die andere Seite Partei ergreifen?« Es war fast eine flehende Bitte.

Ein zärtlicher Ausdruck glättete ihre Züge. »Das wollte ich nicht«, antwortete sie sanft. »Ich wollte keine Partei ergreifen.«

»Stimmt, ja«, gab ich bitter zurück, »das tust du nie. Du hältst nie zu einer bestimmten Seite, du ergreifst niemals Partei, du nimmst ganz einfach die Mitte und das Ganze und den Kern von allem und wirfst den Rest auf den Müll. Was willst du überhaupt von mir, Li – mein Geld?«

»Das ist unfair!« sagte sie kalt, jedoch mit zornig funkelnden Augen. »Wenn du nicht den Mut zu einer eigenen Überzeugung findest, wenn du nicht fest genug an dich selber glaubst, kannst du von mir nicht erwarten, daß ich für dich einspringe.«

»Na schön, zugegeben.« Ich gab nach. »Aber ist es zuviel verlangt, daß du zuweilen auch mal die Dinge von meiner Seite betrachtest, mir ein bißchen hilfst, indem du an mich glaubst? Warum mußt du immer nur das Schlechte in mir sehen?«

»Ich wußte nicht, daß ich das tue«, gestand sie überrascht und reuig. »Es tut mir leid, daß du das glaubst. Nichts von allem, was ich gesagt habe, war böse gemeint. Du hast mich um meine Meinung gebeten, und ich habe sie dir gesagt. Ich habe nichts als die Wahrheit gesagt.« Sie lächelte bitter. »Vielleicht liegt gerade darin das Problem.«

Ich hielt den Blick starr geradeaus gerichtet.

»Wenn du das glaubst«, sagte sie schließlich sehr leise, »machen wir vielleicht einen Fehler.«

»Ja, vielleicht«, stimmte ich ihr zu und schlug damit alles in den Wind.

Nach ein paar Meilen herzzerreißenden Schweigens konnte ich es nicht länger ertragen. »Li«, sagte ich flehend und forschte angstvoll in ihrem Gesicht, »es tut mir leid. Vergiß, was ich gesagt habe! Diese APL-Sache macht mich ganz verrückt. Ich bin heute nicht ich selbst.«

Sie sah mich an, nicht fragend oder bestätigend oder sonst etwas, sah mich nur an; dann wandte sie den Blick wieder ab und betrachtete, die Arme resolut über dem Magen verschränkt, die Landschaft.

Die Schweigsamkeit nach unserem Streit hing wie ein Bahrtuch über uns, als wir das Haus erreichten und mit unserer Erkundung des Grundstücks begannen. Die Freude an der Expedition, die ich erwartet hatte, war wie weggeblasen. In dieser Stimmung wirkte die Neugier hohl und erbärmlich. Innerlich beklagte ich den Verlust. Und als würde er unsere Stimmung widerspiegeln, war der Himmel über uns stahlgrau, ein bleierner, winterlicher Holzrauchtag ohne Wind, still, aber kalt. Als wir aus dem Wagen stiegen, zog Li ihr Sweatshirt mit der Kapuze an und reichte mir stillschweigend einen Pullover.

Auf unser Klopfen öffnete niemand. Jiang Bo war nirgends zu sehen, weder im Haus noch im Garten. Vermutlich hätte ich das als Vorteil empfinden sollen, da ich nicht die geringste Ahnung hatte, was ich ihm nach dem katastrophalen Ausgang unserer ersten Begegnung sagen sollte, als er mir das Haus verbot. Ich hätte ihn höchstens auf mein Interesse als potentieller Käufer hinweisen können, mit anderen Worten, auf das durch mein Geld erworbene Recht, hier zu sein. Irgendwie bezweifelte ich, daß ihn das Argument beeindrucken würde; genausowenig war ich, als ich da stand, den Türklopfer aus Bronze in der Hand, ganz sicher, ob ich selbst besonders viel davon halten sollte.

»Sehr gepflegt ist das aber nicht, oder?« bemerkte Li.

»Nein, das wohl nicht«, räumte ich traurig ein.

Da niemand an die Tür kam, schlenderten wir durch die langgestreckte Rasensenke zur Mauer am Meer und dann den schmalen Streifen Strand entlang. In auffallendem Kontrast zur sommerlichen Üppigkeit war das Gras jetzt zerzaust, braun und welk. Die abgestorbenen Stengel vereinzelter Löwenzahnpflanzen standen hier und da Wache wie die Fäden ausgebrannter Glühlampen. Ich erkletterte die rauhen, schwarzgrauen Bruchsteine, suchte mir einen festen Stand auf der Mauer und half Li herauf.

Eine Art Trance befiel mich, als wir den Strand entlangwanderten, eine entrückte, mystische Ekstase des Sehens, bei der der Blick von den alltäglichen Gegenständen an unserem Weg zugleich angezogen und abgestoßen wurde. Es herrschte Ebbe, so daß riesige, dunkle Felsbrocken aus dem Wasser ragten, zerfurchte Haufen grotesker, sandiger Schlacke, die unter der ölfleckigen Wasserlinie dicht mit Muscheln bewachsen waren. Überall um die Felsen herum griffen »Totenfinger« – Blasentang – mit Gasblasen in den Fingerspitzen aus ihrer dunklen, trüben Welt nach der Sonne und winkten uns, bar jeder Hoffnung und Dringlichkeit, in ziellosem, geisterhaftem Flehen. Über dem ganzen Strand hing der Gestank ozeanischer Fäulnis und drang süßlich, schwer und widerlich in die Lunge. Das Wasser war glatt wie Glas, wie ein Ölfilm, und schob sich in kleinen Wellen, die sich in der reglosen Luft mit der Lautstärke eines Peitschenknalls brachen, aufs Land hinauf. In grünlichen, mit dem irisierenden Schimmer von Benzin überzogenen Tidepfützen glitzerten rosa und silbrig, luxuriös wie Juwelen, Muschel- und Quarzfragmente. Der Strand war übersät mit angeschwemmtem Unrat: Treibholz, glatt und in graziösen Windungen erstarrt; wirre Knäuel verhaspelter Angelschnur; Wellhornschnecken, gewunden und spitz zulaufend wie menschliche Miniatur-Wirbelsäulen, in denen perfekt geformte Muscheln steckten, kaum größer als ein Stecknadelkopf.

Ich bückte mich, um die Eiertasche eines Rochens aufzuheben; sie ähnelte der schwarzen Seidentasche, die mir mein Vater geschenkt hatte, und ich fragte mich flüchtig, ob sie vielleicht einen Passepartout-Schlüssel enthalte, der mir das Mysterium des Strandes erschloß. Denn hier gab es in der Tat ein Geheimnis zu enträtseln, mystische, mit Detritus geschriebene Zeichen und dürre, hohle Schilfrohre, die wie Stoppeln auf abgeernteten Feldern aussahen, nur kleiner, wie Bambus gegliedert, abgebrochen und von Fäulnis geschwärzt. Überall lagen sie herum – in merkwürdigen Mustern, die auf etwas schließen ließen, das mehr war als Zufall. In der Art, wie sie die magnetischen Felder des ablaufenden Wassers nachzeichneten, glichen sie Eisenspänen, die von der Präsenz einer unsichtbaren und ungeahnten Energie zeugen. Woher kamen sie? Hier gab es weder Schilf noch Marschen. Welchem Gesetz folgten sie in ihrer Anordnung? Was bedeuteten sie? Ich wußte es nicht. Ich konnte nur die Gegenwart dieses Gesetzes ahnen. Die Schilfrohre glichen den Schafgarbenstengeln, ja, den Orakelstrichen selbst, durchgehende und unterbrochene Linien, Sechsen und Neunen. Mir blieb nichts als dieser Satz, der mir immer wieder im Kopf herumging: »mystische, mit Detritus geschriebene Zeichen«. Nach mehreren Minuten bemerkte ich, daß Li ganz ähnlich geistesabwesend, ganz ähnlich nachdenklich war. »Wie geht es dir?« fragte ich sie, ein Code für eine andere, tiefergehende Frage.

Und sie verstand. Unbestimmt lächelnd richtete sie ihren Blick aufs leere Wasser. »Dies erinnert mich an Stephen Dedalus am Dublin Beach«, sagte sie, weniger zu mir als zu sich selbst. »›Unentrinnbare Modalität des Sichtbaren, Signaturen aller Dinge, die zu lesen ich hier bin.‹« Abwartend, mit einem kleinen, zweifelnden Stirnrunzeln, sah sie mich an.

»Was heißt das?«

»›Unentrinnbar‹«, wiederholte sie und wandte sich wieder ab, »etwas, dem man nicht entkommen kann. ›Modalität‹...« Sie schürzte die Lippen. »Das ist schon schwieriger. Vielleicht ist es ganz einfach ein ausgefallener Ausdruck für Fähigkeit, Vermögen. In welchem Fall es bedeuten würde, daß wir unserem Sehvermögen nicht entkommen können. Aber ›Signaturen aller Dinge, die zu lesen ich hier bin‹ – Signaturen, lesen, das deutet auf etwas Komplexeres hin. Ein ›Modus‹ ist in der Philosophie die Art und Weise, wie sich eine unsichtbare Substanz konkret manifestiert.«

Ihre Worte lösten eine Assoziation bei mir aus. »›Ein äußeres und sichtbares Zeichen einer inneren und spirituellen Gnade‹«, zitierte ich.

»Ja, genauso; wie ein Sakrament. Das Sehvermögen gleicht einem Sakrament, das wir zelebrieren als eine Möglichkeit, an dem tieferen, stets unsichtbaren Mysterium teilzuhaben. Deswegen liegt ein gewisses Pathos in Joyces Satz, weil das Sakrament, das wir zelebrieren, auch ein Urteil ist, das wir abbüßen müssen. Wir sind verurteilt, ununterbrochen die Welt zu lesen wie einen verlockenden, letztlich aber vielleicht doch nicht zu entziffernden Code, verurteilt zum Versuch, über alle Codes hinweg zum Ursprung selbst zu gelangen, wo der Sinn einfach im Dasein liegt. Leben: das ist der Richterspruch, den Unterzeichner durch die Signatur erkennen, ununterbrochen lesen zu müssen...«

»Aber wer ist der Unterzeichner?« wollte ich wissen.

Sie zuckte die Achseln und schürzte wieder die Lippen. »Gott, nehme ich an. Ist das nicht die logischste Antwort? Er ist in diesem Kriminalroman der Killer« – sie lächelte, als sie zu dieser Parodie überging –, »der seine Spuren auf den Seiten unseres Lebens hinterläßt, die wir umblättern müssen, um ihn zu finden.« Sie lachte leise. »*Yeah*, bis zur allerletzten Seite, zum allerletzten Satz müssen wir lesen, immer lesen.«

»Mystische, mit Detritus geschriebene Zeichen«, dachte ich und wiederholte meinen fast talismanischen Satz, der erstaunlich gut zu ihren Grübeleien paßte. Synchronität. Mystische Verbindung.

Ein Stückchen weiter fanden wir eine tote Seeschwalbe und knieten neben ihr nieder. Ein paar Fliegen ließen, so spät im Jahr, angstvoll und nervös von ihr ab. Energisch krabbelten sie ein Stück, machten dann wieder unvermittelt halt und krabbelten zögernd in einer anderen Richtung weiter wie unsichere Menschen, die am Schauplatz einer Katastrophe nicht recht wissen, was sie tun sollen. Der Vogel wirkte dagegen sehr selbstsicher: selbstsicher im Verlust seiner selbst. Durch die gelichteten, gesträubten Federn am Hals schimmerte die Haut so schwarz wie Teerpappe. Seine Flügel lagen in einer makabren Parodie des Fliegens auf dem Sand ausgebreitet, während er schon vom langsamen, bakteriologischen Verbrennungsprozeß der Fäulnis zersetzt wurde. Seine Pose besaß eine kalligraphische Eleganz: bereit zum Flug in die dunkleren Mysterien des Verfalls, zurück zum Staub – eine weitere Hieroglyphe zum Lesen. Sein Ausdruck war unbestimmt, ohne leer zu sein; er sprach von einem gewissen Frieden, wie ich fand, wirkte beinahe wie ein Lächeln, selbst als sich eine Fliege auf sein Auge setzte, um es auszusaugen.

Ein Knall wie ein Donnerschlag durchbrach die Stille. Die Landschaft bebte.

»Was war das?« rief ich erschrocken mit klopfendem Herzen.

»Ein Überschallknall«, erwiderte Li gelassen. Wie eine Kuh, die sich schwerfällig aufrappelt, kam sie von den Knien hoch, klopfte sich den Sand von der Hose und zog sich die Kapuze ihres Sweatshirts über den Kopf. Es wurde kühler. »Da! Siehst du den Kondensstreifen?« Sie beschattete mit der einen Hand ihre Augen und zeigte zum Himmel hinauf. Dabei fiel mir ihr langer Fingernagel auf, der sich, elegant und gefährlich, zu einer scharfen Rundung formte wie eine Klinge. Vielleicht war es die Maschine, die hoch oben kreischte, doch als sie den Finger ausstreckte, glaubte ich ein Quietschen zu hören wie von Kreide auf einer Wandtafel, nur um ein Tausendfaches verstärkt, als ritze sie eine Rune in eine Tafel, so groß wie der gesamte Himmel. »Signaturen aller Dinge, die zu lesen ich hier bin.« Ich dachte an das Land Oz und die Botschaft, die die böse Hexe an den smaragdenen Himmel geschrieben hatte.

Irgend etwas geschah. Der Himmel begann zu schmelzen wie Eis, wirbelte und verwandelte sich. Seltsame Dinge, die im Herzen des Eisbergs erstarrt waren, kamen zum Vorschein, Dinge, die sich wanden und unablässig verformten. An einem entfernteren Teil des Himmels entdeckte ich etwas, das aussah wie ein Schwarm gereizter Bienen. Spontan dachte ich an einen Tornado, dann aber sah ich deutlicher, was es war. »Sieh mal!« sagte ich und zeigte nun selbst hinauf.

Immer noch ihre Augen beschattend, spähte Li nach oben. »Was denn?«

»Dahinten!« Heftig stieß ich mit dem Finger zu.

Mit leicht zusammengekniffenen Augen spähte sie angestrengt in die entsprechende Richtung.

»Siehst du sie nicht?«

Sie ließ die Hand sinken und musterte mich mit merkwürdigem Ausdruck. »Ich sehe nichts.« Ihre Stimme war deutlich ruhiger geworden.

Ich sah noch einmal hin, um mich zu vergewissern.

»Was siehst du denn bloß?«

»Die Animalcula!« schrie ich und deutete immer wieder mit dem Finger. »Da oben! Ganz deutlich!«

Dunkel und halb transparent begann der Schwarm jetzt gleich einem Heißluftballon zu steigen – immer weiter der Sonne entgegen, wo er sich auflöste und Strahlen um die Sonnenscheibe bildete wie eine Dornenkrone oder wie die Strahlen, die vom schwarzen Ball der Inkasonne ausgingen. Wieder hörte ich den Überschallknall. Die Ufer des Sunds zitterten wie Gelatine. Ein Gesicht erschien in der Sonne, dessen Züge sich aus den wabernden Hitzewellen verdichteten. Dieses Gesicht glich dem Großen Oz: ein riesiger Kopf und zugleich ein glühender Feuerball. Seine Lippen bewegten sich, sprachen, aber ich konnte nicht verstehen, was er sagte. Ich nahm die Sonnenbrille ab, um besser zu sehen.

»Was machst du da?« fragte mich Li.

»Ich lese«, antwortete ich, ohne sie anzusehen, und lächelte vor mich hin. »Ich lese Lippen.«

»Hör auf damit!« befahl sie scharf und rang mit mir, um meine Augen zu bedecken. »Du wirst ja blind!«

Ich hielt ihre Handgelenke umklammert und starrte weiter hinauf. »Mir kann nichts geschehen«, erklärte ich ihr beruhigend wie einem Kind, von dem man nicht erwarten kann, daß es versteht. »Die Sonne blendet nur jene, die bereits sehen können, den Blinden aber gibt sie das Sehvermögen zurück.«

»Du brauchst keinen Augenarzt«, stellte sie fest, während sie sich heftig gegen meinen festen Griff wehrte, »du brauchst einen, der deinen Kopf untersucht.«

Ich wandte meinen konzentrierten Blick vom Himmel, sah sie stirnrunzelnd an und schleuderte brüsk ihre Handgelenke von mir. Sie stolperte und fiel im Sand auf die Knie. Als ich wieder emporblickte, war das Gesicht verschwunden.

Ich fuhr zu ihr herum. »Verdammt noch mal!« schrie ich sie an. »Deinetwegen habe ich's jetzt verloren!«

Mit hängendem Kopf hockte sie auf allen vieren im Sand. Dann blickte sie ganz langsam auf: Aus der spitzen Kapuze ihres Sweatshirts lugte das Gesicht eines Fuchses hervor, mit langer Nase, kleinen, weißen Spitzzähnen und bösartig glühenden Augen. In der Schnauze hielt er den toten Vogel, den er, von stummem Gelächter geschüttelt, ein paarmal kräftig beutelte. Ich spürte, wie sich in mir eine Tür öffnete und aus unendlicher Ferne ein kalter Wind zu blasen begann. Der dunkle Schatten der Schwinge des Wahnsinns glitt vor mir über den Boden, hüllte mich in seine Schwärze und bedeckte die ganze Erde.

An den Heimweg erinnere ich mich nicht. Ich erwachte im Bett mit rasenden Kopfschmerzen und einem Brennen in den Augen. Im Badezimmer rauschte die Dusche. Plötzlich empfand ich das dringende Bedürfnis, mir ins Gedächtnis zu rufen, was Oz zu Dorothy gesagt hatte, als er ihr zum erstenmal als das gewaltige Haupt auf dem grünen Marmorthron erschien. Wie lautete doch die Bedingung, die er für ihre Heimkehr nach Kansas gestellt hatte? Ich konnte mich nicht erinnern, dabei schien es mir überaus wichtig zu sein. Ich nahm das Buch vom Nachttisch und schlug es auf, um die Stelle zu suchen; aber die Buchstaben auf der Seite wurden lebendig, wanden und verschlangen sich wie schwarze Maden – die Animalcula! Ich schlug das Buch zu, bevor sie auf die Kissen herauskriechen konnten. Stunden und Sekunden vergingen. Als ich einschlief, lief das Wasser immer noch.

Im Traum blickte ich in eine grüne, samtene Dunkelheit, in der nichts zu erkennen war. Ein weißglühender Lichtfinger erschien, erforschte ungeduldig einen Spalt. Ein blendendes Licht drang explosionsartig ein, nur war es nicht, wie ich erwartet hatte, die Sonne, sondern ein Scheinwerfer, und die sich teilende Dunkelheit war ein Vorhang, der eine Bühne freigab: das Sitzungszimmer der American Power and Light. Hinter dem schwarzen Marmortisch saßen, um einen leeren Sessel gruppiert, elf Gestalten, fünf auf der einen Seite, sechs auf der anderen, während ich, der zwölfte Mann, ihnen gegenübersaß und an dem Schauspiel teilnahm, obwohl ich mich selbst als Zuschauer beobachtete. Eine lackgelbe Sonne, deren Strahlen unrealistisch von ihrer

Peripherie ausgingen, hing am Himmel über der Kulisse von Manhattan auf einer bemalten Leinwand und rahmte meinen Kopf wie eine fahle Aureole.

Die Gestalten auf der Bühne schienen auf etwas zu warten. Gelegentlich kratzte sich jemand mit einer ruckartigen, unnatürlichen Bewegung den Kopf und blickte mechanisch von einer Seite zur anderen, oder Bateson stand hölzern auf und machte sich an den Chrysanthemen in der Vase zu schaffen, versuchte, sie aufzuplustern wie eine Frau ihre Haare, zerzauste sie dadurch aber nur noch mehr. So ging es eine unzumutbar lange Zeit weiter. Ich hörte, wie die Zuschauer gähnten und auf ihren Sitzen herumrutschten. Plötzlich ertönte hinter der Bühne ein grauenhaftes Geheul wie das eines Wolfs. Mir sträubten sich die Nackenhaare. Dann wurde das Geheul um eine Oktave höher und verwandelte sich in ein Bellen, das Jap-jap, Jap-jap-jap eines tollwütigen, widerwärtigen Köters. Von rechts kam ein Drahthaarterrier auf die Bühne gejagt, bremste wie eine Trickfigur mit allen vieren gleichzeitig und blickte in Erwartung des Beifalls fröhlich hechelnd ins Publikum. »Toto!« riefen die Zuschauer jubelnd, und tatsächlich, er war es. Der kleine Star stellte sich auf die Hinterbeine und drehte sich im Kreis; dann sprang er auf den schwarzen Marmortisch. Nun war Toto nicht mehr klein, sondern so groß wie die Herren in ihren Sesseln, fast so groß wie der ganze Tisch, und daher auch ziemlich tolpatschig. Bei seinem Kunststück warf er die Vase um, die in tausend Scherben zersprang, wobei sich eine rote, dickliche Flüssigkeit über den schwarzen Marmor ergoß. Bateson sprang auf, warf die Hände empor und vollführte einen apoplektischen Tanz. Toto wandte sich zu ihm um, legte fragend den Kopf schief und biß, den Hals gereckt, damit er den dicken Brokken besser schlucken konnte, dem Vorstandsmitglied den Kopf ab. Die Zuschauer verlangten trampelnd nach mehr. Nun senkte Toto den Kopf und begann mit zufriedenem Schwanzwedeln die geheimnisvolle Flüssigkeit aufzulecken. Dabei streifte er mit der Rute der Reihe nach die Gesichter des gesamten Aufsichtsrats der American Power and Light so schwungvoll, daß die Köpfe mit dem hölzernen Klang von Kegeln gegeneinanderstießen. Das Publikum tobte. Weitgehend unberührt von seinem Mißgeschick, produzierte Batesons verstümmelter Körper aus der leeren Luft ein knuspriges französisches Brot, »frisch aus dem Ofen«, mit dem er die Flüssigkeit aufstippte, um es mir sodann zu reichen. Ich preßte die Flüssigkeit in eine grüne Flasche mit der Aufschrift: CHÂTEAU SCHLANGENÖL. Anstelle des Jahrgangs stand auf dem Etikett nur: EWIGES LEBEN.

Fasziniert von diesem Detail, bemerkte ich kaum, welch eine unheimliche Veränderung mit Toto vorgegangen war. Während er leckte, begann sich sein Körper an einigen Stellen zu wölben, an anderen zusammenzuziehen. Er schwoll und schrumpfte gleichzeitig. Die Trommel wirbelte, die Zimbeln klangen, und als ich wieder aufblickte, stand dort nicht mehr Toto, sondern Jins Hund. Sein Glasauge glitzerte so kalt wie Sirius am Winterhimmel. Die Zuschauer keuchten erschrocken auf und hielten den Atem an, als das riesige Vieh sich auf die Hinterbeine erhob und sich mit noch weniger Grazie als Toto einmal im Kreis drehte. Kaum war die schwerfällige Umdrehung vollendet, verwandelte sich das Tier abermals und war wie auf einer mystischen Drehbank zu einem grinsenden Fuchs mit weiblicher Kleidung und Pose geworden.

Abermals erklangen die Zimbeln, und er wurde wieder zu Toto. Die Seufzer entfuhren den Zuschauern wie Gase. Erschöpft vor Spannung, aber glücklich klatschten sie und jubelten immer lauter, als der kleine Toto, immer noch auf den Hinterbeinen, erst rechts auf der Bühne und gleich darauf links, um den Applaus bettelte und sich bedankte. Dann sprang er plötzlich zum Ausklang mit einem todesverachtenden doppelten Salto direkt ins Fenster! O nein! Die Zuschauer machten die Augen zu und sogen zischend die Luft durch die Zähne. O ja! Die Leinwand riß mit einem ungeheuer lauten, reißenden Geräusch, und Toto verschwand in der Sonne.

Krank vor Spannung und schweißgebadet warteten wir. Nichts geschah. Er war fort! Irgendwo ganz hinten begann ein kleiner Junge zu weinen. Dann jedoch, wie in einem rückwärts laufenden Film, kam der kleine Hund durch die zerrissene, flatternde Leinwand zurückgeschossen und verlangte kläffend, von uns gefeiert zu werden! Die Zuschauer rasten! Mütter pfiffen auf den Fingern, Väter weinten. Die Kinder hopsten wie verrückt in ihren Sesseln auf und ab, bis die Federn der Sitze summten wie ein ekstatischer Chor von Maultrommeln, bis es sich anhörte, als sei das Reich des Himmels gekommen.

Dann zeigte eine kleine Hand hinauf, und die Zuschauer verstummten einer nach dem anderen. Hinter der zerfetzten Leinwand stand zwischen Drähten und Flaschenzügen ein Mann, der sich die größte Mühe gab, sich so unauffällig wie möglich zu machen. Ein Riese. Und nun wußten wir alle, daß wir bis auf Toto nur Marionetten gesehen hatten, daß die ganze Bühne und der Vorhang nichts waren als ein Marionettentheater. Auch ich war eine Marionette, die marionetteste der marionettesten. Der Riese suchte seine Siebensachen zusammen, zog das Gerüst heraus, das unsere gemalte, magische Welt aufrecht gehalten hatte, und alle Schauspieler, auch ich, fielen in sich zusammen wie Punch und Judy, die Gesichter flach auf dem Tisch, die Körper zusammengeklappt zwischen den noch aufrechten Knien. Aus dem Geflüster wurde empörtes Zischen. Der Puppenspieler lächelte nervös, verlegen und Entschuldigung heischend und schwenkte den schwarzen Seidenzylinder, während er seine Sachen packte. Seine schwarze Tricktasche quoll über wie ein Vulkan, und seine Utensilien ergossen sich auf den Fußboden wie eine Spur von Brotkrumen, die ins Nichts führen.

Das Publikum war kampflustig und aufsässig geworden und buhte ihn aus, warf Papierflieger auf die Bühne und rief: »Humbug! Humbug!« Nun tat er mir beinahe leid. Aber ich hätte es besser wissen müssen: es gehörte alles zur Show. Die Trommeln wirbelten, der Riese schwenkte wieder den Zylinder und wurde zum Tiger mit senkrecht stehenden grünen Pupillen, die wie Smaragde aussahen, und einem schwarz-orange gestreiften Schwanz, der zwischen seinen Frackschößen heraushing. Er brüllte, und die Erdkugel erbebte unter hohem Kreischen wie dem einer Kreissäge oder einer P-40 im Sturzflug. Die Frauen fielen in Ohnmacht, und die Kinder fingen sie auf. Die Männer strömten zu den Ausgängen. Die Zimbeln erklangen, der Tiger schwenkte wieder den Zylinder und verwandelte sich in einen Bären, einen Riesenpanda mit weißer, totenschädelähnlicher Maske und kohlschwarzen Ringen der Überanstrengung um die feuchten, honigfarbenen Augen. Unter dem Schwenken seines Zylinders verschwand er mit einem weiten Satz von der Bühne und eilte ins Nirgendwo, kam aber immer wieder zurück, um sich weiter bejubeln zu lassen.

Als das Publikum sich fast heiser geschrien hatte, kam er noch einmal. Er verneigte sich zum Abschied, und als er sich aus der letzten Verneigung aufrichtete, war er – natürlich – mein Vater Eddie Love, trug eine Fliegerbrille mit schwarzgrünen, tropfenförmigen Gläsern und lächelte jenes rätselhafte Lächeln, das ich auf einmal ohne alle Codes verstand. Darauf verschwand er mit einer blendenden Lichtexplosion in einer Wolke aus regenbogenfarbenem Rauch und hinterließ einen ausgeprägten Geruch in der Luft, der an Wildblumen und Dung erinnerte oder an den Gestank der Fäulnis am Strand, mit einem Hauch Schwefel gewürzt. Die Bühnenarbeiter löschten die Scheinwerfer, das Haus wurde dunkel, und ich erwachte, in eiskaltem Schweiß gebadet.

Im Bad rauschte noch immer das Wasser. Mechanisch griff ich nach einer Zigarette. Meine Hände zitterten, aber mein Kopf war, wie mir schien, zum erstenmal seit Monaten klar, klarer denn jemals zuvor. Jetzt begriff ich. Der Traumcode ließ alles zusammenbrechen. Der Schlüssel, der Passepartout-Schlüssel, drehte sich im Schloß; die Tür ging auf; und dahinter entdeckte ich schließlich alles: der leere Fallschirm, Mme. Qins geheimnisvoller Käufer, die unvereinbaren Details bei der APL-Sitzung (die Zigarette, die Blumen) – alles nur eine Farce! Er war noch da! Er lebte! Er war die ganze Zeit dagewesen, steckte überhaupt hinter allem. Wie der Puppenspieler, der die Fäden hält, wie der unechte Oz, der Große Humbug, manipulierte er die Schalter seines grandiosen stereoskopischen Projektionsapparates, seiner Laterna magica. *Hun in the Sun on Wall Street* – allerdings! Das Ganze war ein monströser Witz, und ich war die Zielscheibe gewesen – von Anfang an, schon vor dem Anfang sogar, worüber der Samen bereits lachte, als er sich kopfüber in das Ei bohrte, berauscht wie ein König im selbstzufriedenen Rigor mortis des Vergnügens.

Jawohl, ich war der Gimpel gewesen, selbst als ich ihn wie einen Gott verehrte, mein eigenes Heil fortwarf, um ihm in sein verderbtes Mysterium zu folgen. Jawohl, ich war verloren. Auf immer und ewig. Eine Hölle ohne Ende. Er hatte mich auf seinen »descensus Averno« mitgenommen. Wer weiß, warum? Vielleicht einfach nur so. Zum Teufel damit. Sohn tritt in die Fußstapfen des Vaters! Nicht aus dem Zauberwald hinaus, sondern tiefer hinein, immer tiefer in das lockende Mysterium. Und was war das Mysterium? Die Sünde, lieber Leser, die Sünde; dazu Kompromiß, Apostasie und Opferung der Unschuld, der Grundsätze und der Hoffnung – all jene Dinge, die unserer Seele hier beim Leben in der Welt, wie sie ist, den Makel der Sterblichkeit verleihen. Und ich war ihm bereitwillig gefolgt, hatte jeden Brotkrumen aufgehoben, jeden Brosamen, jeden verdammten Brosamen, hatte mir den Rückweg hinaus ergessen – den Rückweg hinein – und auch noch die Finger geleckt. Ha! Was für ein Tor ich gewesen war! Wie ich mich jetzt verabscheute! Wie ich *ihn* verabscheute. Jawohl, *ihn*. Li hatte recht gehabt, das wußte ich jetzt. Mein Haß, aufgestaut hinter dem Deich meines Widerstands, zurückgehalten durch den Finger als Stöpsel im Loch, den ich jetzt kurz entschlossen herauszog, brach mit dem Tosen von Wassermassen wie beim Brechen des Grand Coulee Dam über mein Bewußtsein herein und drohte die Welt in einer neuen Sintflut zu ertränken. Der Haß kochte in mir wie ein Feuerofen.

Und dennoch war auch Freude in meinem Herzen, denn er lebte ja noch, war immer noch da, hinter dem Spiegel. Diese Spiegel im Sitzungszimmer – waren es Trickspiegel? Aber natürlich! Und er hatte alles beobachtet und seinen verborgenen Beobachtungsposten genossen! Eines jedoch hatte er nicht gesehen, konnte er nicht gesehen haben: Er ahnte nicht, daß ich Bescheid wußte. »Überraschung war auch immer die Stärke Ihres Vaters.« Nun, ich war bisher in seine Fußstapfen getreten wie ein pflichtbewußter Sohn, also würde ich es, beim Bock, auch in diesem Punkt tun! Ich würde mich rächen. Ich würde meine Rache bekommen. Die Genugtuung brannte so grell vor Schmerz, daß Kälteschauer und Fieber mich schüttelten. Wieder fühlte ich den eiskalten Wind aus jener unermeßlichen Ferne blasen, sah ich den Schatten sich unglaublich schnell auf dem Boden nähern. Ich schloß die Augen, kämpfte gegen ihn an, knirschte mit den Zähnen und ballte die Fäuste – und er glitt weiter. Als ich die Augen wieder aufschlug, zitterte ich wie ein Hund, der aus dem eiskalten Wasser kommt.

Die Badezimmertür ging auf, und Li kam im Bademantel heraus, während sie sich mit einem Handtuch die Haare trocknete. »Du bist ja wach!« Besorgt musterte sie mein Gesicht. »Wie fühlst du dich?«

»Großartig«, antwortete ich mit betonter Ironie.

»Hmm«, machte sie. »Hört sich an, als wärst du wieder du selbst. Eine Zeitlang da draußen hab' ich mir Sorgen um dich gemacht. Du hast dich sehr merkwürdig verhalten.«

»Nur ein kleiner psychischer Zusammenbruch«, wehrte ich ab. »Nichts, worüber man sich Sorgen zu machen braucht. Kommt ständig vor.«

Sie lachte und kam ans Bett. Sie beugte sich zu mir herunter und hob mein Kinn. »Deine Farbe ist auch besser geworden«, stellte sie fest. »Fühlst du dich wirklich wieder ganz wohl?«

»Alles in Ordnung««, versicherte ich und machte eine ungeduldige Kopfbewegung.

»Vielleicht solltest du wirklich jemanden aufsuchen«, riet sie mir leise. »Das heißt, ich bestehe sogar darauf.«

»O ja, das werde ich auf jeden Fall tun!« spöttelte ich bissig und dachte dabei an eine ganz bestimmte Begegnung.

»Was soll das heißen?«

»Gar nichts«, gab ich zurück. »Vergiß es!«

»Ich werde es nicht vergessen, Sun I. Was da draußen passiert ist, war kein Spaß. Und es war nicht normal. Du hattest irgendwie einen Anfall. Du bist in Ohnmacht gefallen und warst mehrere Minuten bewußtlos. Erinnerst du dich?«

»Wie sind wir denn nach Hause gekommen?«

»Du bist gefahren«, erklärte sie beinahe ungläubig. »O mein Gott! Wir haben Glück, daß wir noch leben! Du bist hier reingekommen, hast dich aufs Bett geworfen und warst innerhalb von fünfzehn Sekunden eingeschlafen.« Sie sah auf ihre Armbanduhr. »Das war vor drei Stunden.«

»Na schön«, gab ich nach. »Ich werde jemanden aufsuchen. *Okay?*«

»*Okay.*« Stirnrunzelnd und voller Zweifel sah sie mich an. »Weißt du, was da draußen passiert ist, hat mich an irgend etwas erinnert. Und auf dem Rückweg ist es mir eingefallen. Während du schliefst, hab' ich es rausgesucht.« Sie ging ins Nebenzimmer und kam mit einem Buch zurück. »Ich möchte, daß du etwas liest.« Sie schlug das Buch an einer markierten Stelle auf.

»Lies du's mir vor«, bat ich ein bißchen ängstlich vor dem Anblick gedruckter Buchstaben.

»Erinnerst du dich, daß wir über Freud gesprochen haben? Dies ist aus einer seiner Fallstudien; es geht um einen Mann namens Schreber. Freud spricht von der Sonne als sublimiertes Vatersymbol. Hier ist es:

> Die Sonne spricht mit ihm in menschlichen Worten und gibt sich ihm so als ein belebtes Wesen zu erkennen. Er pflegt sie zu beschimpfen, mit Drohworten anzuschreien; er versichert auch, daß ihre Strahlen vor ihm erbleichen, wenn er gegen sie gewendet laut spricht. Nach seiner ›Genesung‹ rühmt er sich, daß er ruhig in die Sonne sehen kann und davon nur in sehr bescheidenem Maße geblendet wird, was natürlich früher nicht möglich gewesen wäre.
>
> An dieses wahnhafte Vorrecht, ungeblendet in die Sonne schauen zu können, knüpft nun das mythologische Interesse an. Man liest bei S. Reinach, daß die alten Naturforscher dieses Vermögen allein den Adlern zugestanden, die als Bewohner der höchsten Luftschichten zum Himmel, zur Sonne und zum Blitze in besonders innige Beziehung gebracht wurden. Dieselben Quellen berichten aber auch, daß der Adler seine Jungen einer Probe unterzieht, ehe er sie als legitim anerkennt. Wenn sie es nicht zustande bringen, in die Sonne zu schauen, ohne zu blinzeln, werden sie aus dem Nest geworfen...
>
> Was der Adler mit seinen Jungen anstellt, ist ein *Ordal* [Li warf mir einen vielsagenden Blick zu], eine Abkunftsprobe, wie sie von den verschiedensten Völkern aus alten Zeiten berichtet wird.

Faszinierend, nicht wahr?« Sie klappte das Buch zu. »Na?« fragte sie dann tiefernst.

Ich antwortete nicht. Ich war zu stark mit ihren Händen beschäftigt. Sie waren um den Rücken des geschlossenen Buches gelegt und umklammerten es wie richtige Krallen. Ihre perfekten Nägel leuchteten weiß, und ich sah, daß ihre Fingerspitzen unmittelbar darunter gerillt und geschwollen, vom Wasser verschrumpelt waren. Auf einmal erinnerte ich mich an das, was mir zuvor nicht hatte einfallen wollen: Oz' Forderung an die Reisenden. »Tötet die Hexe«, hatte er gesagt. »Tötet die böse Hexe des Westens!« Und dann ihre Schreie, als sie unter dem kalten Wasser, mit dem Dorothy sie überschüttet hatte, zerschmolz und zu einer rauchenden Pfütze auf dem Fußboden wurde. Von bösartigem Haß erfüllt funkelte ich Li wütend an. »Für dich ist das alles nur ein Spiel, nicht wahr?«

»Wie meinst du das?« fragte sie bestürzt. »Warum siehst du mich so an?« Sie wich einen Schritt zurück und hob das Buch mit einer unbewußt abwehrenden Geste an ihre Brust.

Es war nicht das Fuchsgesicht, das ich nun sah, aber wahrhaftig etwas ebenso Schlimmes. Sie erinnerte mich an Mme. Qin, wie sie die Welt, wie sie mich mit dem ungesunden und unstillbaren Hunger eines Gourmands (oder Gourmets, das spielte letztlich keine Rolle) ansah. Ich war noch immer eine Fallstudie für sie, war es von Anfang an gewesen. Sie war so distanziert und kalt wie damals in der ersten Nacht, kalt und distanziert wie eine Statue, wie die Venus von Milo, nur eine restaurierte Version, mit einem Totenkopf, der zynisch grinsend dazu einlädt, das perfekte Fleisch zu genießen. »Erinnerst du dich an die erste Nacht, in der wir uns geliebt haben?« fragte ich sie heiser. »Weißt du noch, wie du gesagt hast, ich würde dich dafür hassen?«

Verwirrt und zutiefst beunruhigt starrte sie mich an.

»Nun, du hattest recht«, fuhr ich fort. »Ich tue es jetzt.«

»Was sagst du da?« rief sie entsetzt. »Was in aller Welt geht nur in dir vor?«

Doch ich verriet ihr mein Geheimnis nicht. Ich antwortete nicht und folgte ihr auch nicht, als sie ins andere Zimmer floh. Ich wußte, daß sie etwas gegen mich im Schilde führte, einen Anschlag auf mein Leben plante. Aber das spielte keine Rolle. Sie war nicht die echte Hexe. Das war die American Power and Light, die »reiche Witwe«. Und es war auch im Grunde gar nicht die Hexe, die ich wollte. Es war Oz.

Eine Zeitlang blieb ich finster brütend auf der Bettkante sitzen. Nach der ersten Pause hektischer Manie in der Folge des Traums hatte sich meine Wut ein wenig gelegt oder war vielmehr wie durch die Berührung mit einem Zauberstab in etwas Verzweifeltes und Festsitzendes verwandelt worden, kalt und bösartig wie die Stadt, in der ich mich befand – in der ich mich selbst verloren hatte. Ich hatte keine Illusionen mehr, jedenfalls nicht in dieser Beziehung. Ich war verloren. Auf immer und ewig. Eine Hölle ohne Ende. Ich lächelte. Der Strom, mit dem ich die ganze Zeit geschwommen war, war im Innern der Erde verschwunden und floß durch tropfende Kalksteinhöhlen, wo riesige Stalaktiten abbrachen und, mit unterirdischem Echo dröhnend, in das grünlich-phosphoreszierende Wasser klatschten. Daß dieser Strom dereinst wieder ans Sonnenlicht hinaustreten und von neuem im Strahlen des Tages funkelnd dahineilen werde, daran hatte ich einmal fest geglaubt. Jetzt nicht mehr. Jetzt wußte ich jenseits jeden Zweifels, über alle Hoffnungen hinaus, daß ich einen schrecklichen Fehler begangen hatte. Jetzt wußte ich, daß der Strom, mit dem ich schwamm, Phlegethon hieß, daß er erst wieder im brennenden Zentrum der Hölle hervortreten und sich schwarz und smaragdgrün und rot in ein schankerverseuchtes Becken ergießen würde, in dem die Seelen für eine Ewigkeit der

Qual getauft wurden. Jawohl, ich hatte einen schrecklichen Fehler begangen, so schrecklich wie die Hölle, das wußte ich jetzt. Ich hatte gespielt, und hatte verloren. Und der Preis dafür war, daß ich meine Seele verwirkt hatte. Auf immer und ewig.

Ich lachte, weil ich an eine Geschichte denken mußte, die ich kürzlich in der Zeitung gelesen, wenn auch nicht ganz verstanden hatte, eine Geschichte über Alf Landon, einen Präsidentschaftskandidaten aus Kansas, der immer verlor. »Der Kansas-Tornado ist eine uralte Geschichte«, soll er nach einer seiner Niederlagen gesagt haben, »aber ich möchte Ihnen trotzdem von einem solchen Tornado erzählen. Er fegte zunächst die Scheune davon, dann sämtliche Nebengebäude. Dann packte er das Wohnhaus und verstreute es über die ganze Umgebung. Als die trichterförmige Wolke endlich davonjagte und nichts als Trümmer hinterließ, kam die Ehefrau zu sich und entdeckte, daß ihr Ehemann lachte. Wütend fuhr sie ihn an: ›Worüber lachst du, du alter Esel?‹ Und der Ehemann antwortete: ›Über die Vollkommenheit, die darin liegt.‹«

Auch ich lachte, denn auf einmal verstand ich den Sinn. »Die Vollkommenheit darin.« Die Vollkommenheit meines Sturzes und meiner Verurteilung. Ich hatte Blut geschmeckt, für einen Dowisten vielleicht ein gefundenes Fressen, für einen Taoisten jedoch keine Erlösung. Jawohl, ich war verloren.

Die Freude jedoch, zu wissen, daß er noch lebte, war mir ein satanischer Trost. Wieder erinnerte ich mich an die Textstelle aus den Korinthern: »Da ich ein Kind war, da redete ich wie ein Kind und war klug wie ein Kind und hatte kindische Anschläge; da ich aber ein Mann ward, tat ich ab, was kindisch war.« Jawohl, es wurde Zeit, abzutun, was kindisch war. Das Kind in meinem Herzen war tot. Das war der Preis, den ich zu zahlen hatte, die Höhe des Preises, die Vollkommenheit, die darin lag. Doch jetzt würde ich *ihn* kennenlernen, so wie er mich kannte: mit jener letzten Intimität, die Jin allein erlebte, die er allein zu kennen gewagt hatte, mit jener Intimität, »tiefer als jede andere, die zwischen dem Jäger und seiner Beute besteht«. Jetzt begriff ich. *Ich* war der Gegner, *ich* war der Jäger in Chung Fus Metapher, der ihn rund um die Erde verfolgt hatte, seiner Blutspur nachgegangen war bis in die Sackgasse seiner letzten Zuflucht, der American Power and Light. Dort würden wir uns auf der Walstatt treffen und die einzige Gabe teilen, die uns noch geblieben war, die einzige Gabe, die wir jemals miteinander zu teilen hatten: die Ekstase der Schlacht. Mir kam der Gedanke, daß ich die ganze Zeit im Namen der Versöhnung unbewußt eine subtile, jedoch verheerende Rache an ihm geplant hatte, eine posthume Rache an seinem Namen und seinem Andenken. Bateson hatte recht. Und er hatte es gewußt, weil mein Vater es wußte. Die Perspektive öffnete sich weiter, und ich sah, daß ich ihn auf irgendeiner Bewußtseinsebene sogar als Kind schon immer gehaßt und ihn wie eine Rachefurie rings um die Welt verfolgt hatte, um den rechten Zeitpunkt zur Vergeltung für meine Bastardgeburt abzuwarten. Erst jetzt begriff ich, daß hinter allen bestechenden Verheißungen von Transzendenz, die trotz allem meine Seele entzückt und meinen Glauben gestützt hatten, das quälende Bohren jener hinterhältigen Frage geblieben war: Wird dieser Sun, diese Sonne, das Licht seines Vaters überstrahlen? Ich sagte mir, daß ich ihn überstrahlen würde, ich gelobte es, selbst um den Preis einer Ewigkeit an Schmerz; und auch nicht als »Ordal«, um mich seiner würdig zu erweisen, nicht um sein Andenken oder die Familienehre wiederherzustellen, sondern aus reiner Lust am Mord. Jawohl, es war Oz, den ich wollte, und in meinem Herzen wohnte Mord.

»Korporativer Vatermord.« Ich lachte, wenn ich daran dachte, mit welch heftiger Selbstgerechtigkeit ich eine derartige Absicht von mir gewiesen hatte. Jetzt erschien mir dieser Gedanke merkwürdig zahm. Nein, »korporativer« Vatermord war nicht genug. Ich wollte die Sache an sich. Ich wollte Blut. Ich wollte meine Hände in ihn tauchen, ihn der Länge nach spalten, sein bebendes Herz, seine Organe herausreißen und roh verschlingen. Ich wollte...Doch wieder sah ich die dunkle Schwinge kreisend näher kommen, und ich hielt inne. Daher sei jetzt nur noch gesagt, daß mein Herz von Freude erfüllt war.

NEUNZEHNTES KAPITEL

Früh am nächsten Morgen verkündete Li, die nervös und gereizt wirkte, daß sie zur Bibliothek gehe. »Es wäre mir lieber, ich könnte hierbleiben, aber ich muß einfach an meiner Diplomarbeit weiterarbeiten«, erklärte sie mit leicht abgewandtem Gesicht, während sie einen Ohrring befestigte. Ich bemerkte, daß sie Make-up trug.

»Glaubst du, du kannst allein bleiben?« erkundigte sie sich besorgt.

Ich lächelte vieldeutig, nickte und beobachtete sie aus den Augenwinkeln. Ich wußte, wohin sie wollte. Mir war jetzt überhaupt alles klar. Alles. Sie hatte mich einmal getäuscht. Es war töricht von mir gewesen, ihr zu glauben. Aber noch einmal würde ich mich nicht zum Narren halten lassen. Ich wußte, daß sie sich wieder mit ihm traf. Mit diesem Schwulen. Peter. Sie führten etwas im Schilde, und es war nicht schwer zu erraten, was. Heirat. Der heilige Stand der Ehe. Die Worte erschienen mir wie ein vergiftetes Sakrament. Was dann kam, wußte ich, und es hieß nicht, »bis daß der Tod euch scheidet«. Oder vielleicht doch. Aber ich glaubte nicht, daß sie *so* weit gehen würden. Dazu hatten sie nicht den Mumm. *Ich* schon – der Gedanke war mir eine Genugtuung. Außerdem war das gar nicht nötig. Es gab andere Möglichkeiten. Ich konnte mir vorstellen, was sie planten. Das Szenario war begrenzt. Scheidung. Abfindung. Dann standen sie recht gut da. Oder sie könnte versuchen, mich einweisen zu lassen. Die Sache mit diesem Schreber... Die Rädchen in ihrem Gehirn hatten sich schon in Bewegung gesetzt; die Maschinerie lief. Aber zuerst mußte ich in die Falle gehen.

Bei dem Gedanken an die Genugtuung, die mir die Vereitelung ihres Plans bereiten würde, lächelte ich grimmig. Vielleicht würde sich sogar eine Gelegenheit ergeben, sie ohne Risiko für mich selbst zu beseitigen. Auch hier hatte ich die Überraschung auf meiner Seite. Mein Hauptziel aber würde ich nicht dafür aufgeben, ihretwegen bestimmt nicht. Die beiden waren nebensächlich.

Als sie gegangen war, fuhr ich fort, voll Ungestüm den Hochofen zu beschicken, die schwarzen Kohlen meines Grolls in die Flammen zu schaufeln und die Maschine meines Hasses zu schüren, bis das Metall zu rauchen begann und glutrot wurde. Lange konnte ich diese Feindschaft jedoch nicht aufrechterhalten; allzu verzehrend war der Blutdurst. Es gab einen plötzlichen Temperaturabfall. Ganz allmählich kroch von außen her bis zum Kern, von den Extremitäten zum Herz, eine schleichende, kalte Entschlossenheit, kalt wie der Tod. Sie war begleitet von einer zunehmenden Panik, in der ich ganz schwach wie ferne Musik das schrille, sinnlose Kreischen der Hysterie vernahm.

Ich suchte im Apothekenschrank und nahm eine Schlaftablette. Aber die machte mich nur benommen. Ich schlief unruhig und wachte immer wieder völlig verwirrt und in zunehmend stärkeren Angstzuständen auf. Vom Bett starrte ich zum indifferenten Verputz der Decke empor, verlor mich in seinem weißen Meer. Ich fühlte mich unendlich allein, so allein wie ein winziges, einsames Segel zwischen den Horizonten auf einer Wasserwüste ohne Küsten, das immer wieder seinen Kurs ändert. Voll Verlangen, eingehüllt, umschlungen zu werden, machte ich klägliche Versuche, mein Sehnen mit dem Bettzeug zu stillen. Ich hockte mich auf die Knie, zog das Laken ganz über mich, barg mein Gesicht in den Kissen, wiegte mich hin und her und stieß dabei leise, unartikulierte Klagelaute aus.

Wie kann es nur so weit mit mir gekommen sein? fragte ich mich. Wie nur? Waren die Beweggründe meiner Suche unrein gewesen? Konnte das sein? Nein, ich hatte aufrichtig geglaubt. In dieser Hinsicht konnte ich, wollte ich mich nicht schuldig bekennen. Meine Suche war legitim gewesen. Nicht wahr? Das Delta? Das *dao* im Dow – lag da ein verborgener Keim des Bösen verborgen? Zu tief... zu tief. Und wenn nicht, wie war ich hierhergekommen? Wie konnte ein Mann – ein Kind – ganz und gar reinen Herzens aufbrechen und in einer Welt unter den Gesetzen des Tao, einer Welt unter überhaupt einem Gesetz in ein solches Stadium der Erniedrigung geraten?

Darauf gab es keine Antwort. Nur das Segel irrte hin und her, hin und her. Doch nun war das Segel schwarz und fuhr auf einem roten Meer. Denn der Strom des Dow war ein Blutstrom, und hier endlich, am Delta, ergoß er sich in ein Blutmeer.

Mein ganzes Denken war von Blut erfüllt. In einem Wachtraum machte ich Bestandsaufnahme, verzeichnete Kübel und Fässer davon, Oxhofte und Tonnen, Flüsse und Seen, eine endlose Meereswüste von Blut, in der ich schwamm: ohne Hoffnung, verzweifelt müde und mit schwindenden Kräften. Es war so dickflüssig (so viel dickflüssiger als Wasser), daß ich fühlte, wie ich zu ertrinken begann. Mein Kinn sank hinein, wurde benetzt. Ich spürte die Wärme, die von dem Blut aufstieg wie eine Brise, ich roch den widerlicheren Gestank. Ich kämpfte, doch immer tiefer sank mein Kopf, bis sich an meinen Lippen eklige Blasen bildeten, bis das Blut meine Augen bedeckte und mit sanftem Auftrieb meine Haare anhob, daß sie wie »Totenfinger« auf der Oberfläche schwammen.

Schreiend schreckte ich hoch – ein Traum. Ich hatte entsetzliche Angst. Dies war es nicht, was ich gewollt hatte. Dies war es ganz und gar nicht, was ich gewollt hatte. Dies nicht.

Während ich mich wiegte und wehklagte, wurde ich mir einer flüsternden Stimme bewußt, die ganz leise in meinem Innenohr sprach, eine Stimme des Erinnerns, die aus dem Unterbewußtsein kam. Ich verstummte und lauschte angestrengt. Undeutlich zuerst, wurde sie allmählich lauter, bis sie schließlich die Schwelle zum Bewußtsein überschritt und ich sie erkannte. Es war Rileys Stimme, die zu mir sagte: »Das ist mein Blut des Bundes, das für viele vergossen wird zur Vergebung der Sünden.« Immer wieder, wie eine Schallplatte. Ich wurde ganz still, wagte nicht einmal mehr zu atmen, hörte mit wild klopfendem Herzen nur auf diese Stimme.

»Zur Vergebung der Sünden«, wiederholte ich staunend mit behutsamer Stimme, als seien die Worte sehr empfindlich und könnten auf meiner Zunge zerbrechen wie die Oblate, wie der Leib und mit ihnen die Verheißung. Eine schreckliche Erregung ergriff mich, schrecklich, weil sie von der Furcht durchsetzt war, daß die Verheißung bei der geringsten Berührung, dem kleinsten Druck verschwinden, wie eine Seifenblase platzen würde.

Und dann kam mir plötzlich die wunderbare Idee, eine Woge von Licht. Wenn ich verloren und verdammt war, könnte das Blut vielleicht auch mich erlösen. »Ein gefundenes Fressen für einen Dowisten« – diese Phrase, aus einer tiefen, unbewußten Ironie entstanden, erfüllte mich nun mit gigantischer Hoffnung. Es war nicht nur gefunden, es war das einzige Fressen, meine einzige Hoffnung. Eine Erlösung durch den Taoismus gab es für mich nicht mehr. Ich hatte all meine Schätze verschleudert. Vielleicht aber konnte das Christentum mich retten. Vielleicht war es doch noch nicht zu spät. Vielleicht hatte ich noch eine Chance. Was hatte ich zu verlieren? Da ich all die anderen Attribute eines Dowisten angenommen hatte, konnte ich diesen Glauben nun auch noch annehmen. Anbetung des Blutes an einem Altar aus Blut. Die Konversion selbst schien nur noch eine reine Formsache zu sein. Hatte ich nicht bereits vom Sakrament gekostet? »Die Vergebung der Sünden.«

Ich holte das *»Prayer Book«* heraus, das Riley mir gegeben hatte, und suchte die Stelle, auf die er mich aufmerksam gemacht hatte: »Gewähre uns daher, barmherziger Gott, daß wir das Fleisch deines lieben Sohnes Jesus Christus essen und sein Blut trinken, auf daß unser sündenbeladener Leib durch seinen Leib reingewaschen werde und unsere Seelen durch sein kostbares Blut, und auf daß wir auf ewig in ihm wohnen mögen und er in uns.«

Jawohl, *reingewaschen* durch sein kostbares Blut. Das war's. Das war genau, was ich wollte. Nicht in seinem Schmutz ertrinken, sondern gereinigt werden vom Blut des heiligen Opfers. Geheiligter Mord. Diese Vorstellung gab mir Frieden. Eßt von ihm in eurem Herzen und seid dankbar! O ja. Jawohl. Das würde ich sein.

Hastig kleidete ich mich an und nahm ein Taxi. Die Avenue of the Americas war nahezu menschenleer. Ich steckte den Kopf zum Fenster hinaus und ließ mir, ohne der Tränen zu achten, die mir über die Wangen strömten, vom kalten Fahrtwind das Haar an den Kopf pressen. Ich sah zu dem blauen Ausschnitt hinauf, der sich zwischen den Gebäuden auftat, sah die Pfütze aus gelbem Sonnenlicht auf dem Pflaster zwischen den schwarzen und weißen Morgenschatten und war glücklich, glücklich. Der Anblick wirkte erfrischend und gab mir mein Ich wieder zurück.

Vor der Kirche jedoch verlor ich den Mut. Die stärkende, innere Logik meines Entschlusses ließ mich im Stich, und mein Plan erschien mir verzweifelt und, schlimmer noch, wahnwitzig. Aber ich kehrte nicht um. Ich schämte mich, aber ich schlich mich genauso hinein wie damals und versteckte mich in der hintersten Bank. Und als der Kirchendiener kam und mir ernst und einladend zunickte, erhob ich mich mit den anderen und schritt in der feierlichen Reihe nach vorn zum Altar. Riley amtierte gemeinsam mit einem zweiten Priester, jeder an einer Hälfte des Geländers, und immer vom Rand zur Mitte hin. Da ich mich ziemlich weit hinten befand, gehörte ich ganz eindeutig zu Rileys Hälfte. Also mißachtete ich Würde und Vorsicht, schritt rascher aus und schob mich unter Entschuldigungen an den anderen vorbei, so daß ich es, bis wir den Chor erreichten, geschafft hatte, meine Chancen beträchtlich zu verbessern. Inmitten der anderen Kommunikanten kniend, hob ich die Hände mit frommer Gebärde, neigte den Kopf tief über das Geländer und betrachtete schwitzend das rauhe Gewebe des weinroten Teppichs. Ich hörte, wie die beiden näher kamen, ihre Stimmen drangen mal synchron, mal asynchron zu mir herüber und riefen so den halluzinatorischen Eindruck hervor, als werde eine einzige Stimme in höherer Tonlage von ihrem eigenen, im Rhythmus verschobenen Echo imitiert.

Die Oblate kitzelte meine Handfläche. Es war der andere Priester. Riley stand ganz in der Nähe, so nah, daß ich den Saum seines Talars hätte berühren können, aber er wandte sich ab, und ich war gerettet. Das Herz hämmerte mir in der Brust, als ich erleichtert den Atem ausstieß. Langsam ließ ich die Oblate auf der Zunge zergehen, drehte und wendete sie in meinem Speichel. Wie dünn! Wie fade! dachte ich und hätte fast aufgelacht, als ich an Laozis ganz ähnliches Wort über den Geschmack des Tao dachte. Aber schon kam der Wein. Der war es, den ich wollte. Ich hörte, wie die beiden Priester sich wieder der Mitte näherten und dabei die geheime Antiphonie flüsterten, die mein Herz mit Freude erfüllte: »Das ist mein Blut *(Blut)* des Bundes *(undes)*, das für viele vergossen wird *(ird)* zur Vergebung *(ebung)* der Sünden *(s-n)*.« Es verzischte wie eine Welle. Ich schloß die Augen und wiederholte im stillen mit ihnen zusammen die Silben, schloß mich Rileys Rhythmus an und lauschte erfreut dem zweiten Priester, wenn er die Worte ein wenig verändert, höher, mehr zu schneeweißer Reinheit destilliert, wiederholte. Plötzlich jedoch waren da nur noch meine Stimme und das Echo. Riley war verstummt. Diesmal hatte er den Rhythmus ganz leicht verändert und war daher etwas schneller bei mir angelangt. Als ich die Augen öffnete, sah ich ihn regungslos vor mir stehen. Er hielt den Kelch in Höhe meiner Augen – glänzendes Gold vor den schneeigen Furchen seines Gewandes – in den Händen, die nie schwere Arbeit kennengelernt hatten. Er neigte ihn ein wenig, daß der Wein in trägem Wirbel gegen die hintere Wand des Kelches schwappte und mir im matten Kerzenschein so dunkelrot entgegenblinkte, daß er fast schwarz wirkte. Als Riley sich nicht rührte, hob ich ihm mein Gesicht und all meine Qual entgegen. Auf seinen Zügen kämpfte eine beunruhigende Güte gegen tiefen Kummer. Er reichte den Kelch dem anderen Priester (der nun ebenfalls innegehalten hatte, neben ihm stand und abwechselnd mein und Rileys Gesicht beobachtete), öffnete das Messinggitter, zog mich behutsam am Arm empor und führte mich in die Sakristei.

Im ersten Moment hatte ich noch geglaubt, eine Chance zu haben. Nun aber sah ich, daß ich mich irrte. Seine Güte blieb, aber sie glich einer süße Würze auf einem Tablett bitterer Speisen. Er war hochrot vor schmerzlicher Verlegenheit und vor Zorn. Seine Augen funkelten wie die scharfen Kanten von Glasscherben. Sehr behutsam schloß er die Tür, und dann explodierte er, gab einen heftigen Atemstoß von sich, zu vehement, um noch Seufzer genannt zu werden. Mit ärgerlicher Bedächtigkeit ging er auf und ab.

»Das also wollten Sie hier«, stellte er fest, als sei er gerade erst darauf gekommen, »an jenem Nachmittag, als Sie mich im Vestibül beinahe umgerannt hätten.« Er marschierte in die andere Richtung und schüttelte den Kopf, als sei er verwundert über die eigene Gutgläubigkeit. »Es ist nicht zu fassen! Es ist unglaublich! Wie können Sie es nur wagen!« Kochend vor selbstgerechtem Zorn fuhr er zu mir herum. »*Wie können Sie es wagen?* Dabei war es so gemütlich, nicht wahr? Tee trinken, das Liebesmahl, Ost trifft West.«

»Verzeihen Sie mir, Pater«, bat ich mit gesenktem Kopf.

»›Pater‹?« wiederholte er lächelnd, als belustige ihn die Vorstellung. »Vater? Wagen Sie nicht, mich ›Vater‹ zu nennen, Sun I. Wagen Sie es ja nicht, den demütigen Bittsteller vor mir zu spielen! Diese Nummer zieht nicht, mein Junge. Ich bin nicht Ihr Vater. Und dies ist nicht Ihre Kirche. Was sind Sie eigentlich – so eine Art religiöser Pervertierter? Tragen Sie unter Ihrem Anzug schwarze Höschen, ein härenes Hemd und einen Gürtel aus Stacheldraht? Oder was sind Sie? Was? Sie, gerade Sie sollten die Schwere dieses Verstoßes kennen. Hab' ich Sie nicht einen ganzen Abend darüber belehrt? Sind Sie dumm? Sind Sie ein Idiot? Hmm?« Er tippte sich an die Stirn. »Wieso kommen Sie wieder her? Ist es die Sache mit der Motte und dem Licht? Sind Sie ein Wermutbruder? Delirium tremens? Kriegen Sie Schüttelfrost vom Wein? Oder haben Sie vergessen, was ich Ihnen damals gesagt habe? ›Denn so groß der Gewinn ist für jene, die mit aufrichtig reuigem Herzen und lebendigem Glauben das heilige Sakrament empfangen, so groß ist die Gefahr, wenn sie es unwürdig empfangen.‹ Erinnern Sie sich? ›So *gefährlich* für jene, die sich erdreisten, es unwürdig zu empfangen; meine Pflicht ist es, euch zu ermahnen, euch der Erhabenheit dieses Mysteriums bewußt zu sein und der großen Gefahr, daß Unwürdige daran teilhaben; und so euer eigenes Gewissen zu erforschen und zu untersuchen, und zwar nicht leichtherzig und nach Art der Heuchler vor Gott; sondern so, daß ihr tugendhaft und rein zu diesem himmlischen Festmahl kommt, in dem Hochzeitsgewand, das Gott in der Heiligen Schrift fordert, und als würdiger Teilnehmer an dieser heiligen Tafel empfangen werdet.‹ Eh? Erinnern Sie sich jetzt? Dämmert's? Fällt es Ihnen wieder ein?«

»Ich erinnere mich, Pater«, antwortete ich ernst, ohne unter seinem zornigen Blick zusammenzuzucken. »Und weil ich mich daran erinnere, bin ich wieder zu Ihnen gekommen. Ich weiß nicht, ob ich den Text so wörtlich behalten habe, wie Sie ihn zitiert haben, aber das ist unwichtig. Es stimmt. ›Daß ihr tugendhaft und rein zu diesem himmlischen Festmahl kommt, in dem Hochzeitsgewand, das

Gott in der Heiligen Schrift fordert.‹ Jawohl, es stimmt. Ich bin bereit. Ich möchte dieses Gewand anlegen und darum bitten.«

Er schien wie vor den Kopf gestoßen zu sein. »Was um Himmels willen sagen Sie da? Sind Sie wahnsinnig?«

»Ich bin bereit, zu Ihrem Glauben überzutreten, Pater«, erklärte ich. Und als er immer noch nicht reagierte, faltete ich flehend die Hände, neigte den Kopf und begann inbrünstig zu beten. »Gewähre uns daher, barmherziger Gott...« bis zum Ende.

Als ich wieder aufblickte, liefen Tränen über Rileys Wangen, obwohl seine Augen noch immer vor Verwunderung weit aufgerissen waren. Mit der einen Hand bedeckte er sein Gesicht und wandte sich ab. Eindringlich bat er mich: »Verzeihen Sie mir, Sun I. Ich habe einen schrecklichen Fehler begangen.«

Ich lächelte ernst. »Ich auch, Pater. Ich auch.«

»Ich bin tief bewegt.« Er starrte in die Luft über meinem Kopf, als sähe er dort eine Erscheinung. »Tief bewegt.« Und wieder begann er zu weinen.

»Sind Sie so unglücklich?«

»Nein, nein.« Schniefend trocknete er sich mit dem Ärmel seines Gewandes die Tränen. »Das nicht. Mir geht nur das Herz über vor großer Freude über Sie. Wissen Sie, daß mir so etwas noch nie passiert ist? Und dennoch« – er musterte mich mit verengten Augen, als addiere er Zahlen, die nicht ganz stimmen konnten – »hätte ich es niemals erwartet. Nicht bei Ihnen. Sie schienen so fest in Ihrem Glauben zu sein, so feurig.« Seufzend schüttelte er den Kopf. »Aber lassen wir das. In dieser Kirche herrscht heute Freude.« Jetzt wurde er vertraulich-erregt. »Aber du meine Güte, ich muß ja meine Predigt halten! Ich muß jetzt gehen, Sun I. Pater Davis ist sicher schon ganz nervös. Kommen Sie nach dem Gottesdienst hierher zu mir, dann werde ich persönlich mit Ihnen zum Inquirer gehen und Sie ihm vorstellen.« Strahlend vor Glück ergriff er meine Hände. »Ich bin so tief bewegt, Sun I. So tief bewegt. Wirklich.«

»Und die Kommunion, Pater?« rief ich ihm nach, als er gehen wollte. »Der Kelch?«

Er fuhr herum. »Zuerst müssen Sie getauft werden, Sun I«, erklärte er sanft, als wiederhole er einem eigensinnigen, aber geliebten Kind zuliebe eine Lektion.

»Das ist mir klar, Pater«, antwortete ich. »Aber können wir die Formalitäten nicht ein einziges Mal, nur ausnahmsweise heute umgehen oder aufschieben?«

»Warum haben Sie es denn so eilig?« erkundigte er sich. »Gibt es etwas, das Sie beunruhigt?«

Als stumme Bestätigung neigte ich den Kopf.

»Dann muß ich Sie abermals auf die ›Ermahnungen‹ hinweisen, Sun I.« Und in autoritativem, aber nicht unfreundlichem Ton fuhr er fort: »›Es ist erforderlich, daß niemand zur heiligen Kommunion komme ohne gänzliches Vertrauen auf Gottes Gnade und ein ruhiges Gewissen; sollte daher einer unter euch sein, der sein Gewissen in diesem Sinne nicht beruhigen kann, sondern fürderen Rat und Trost benötigt, so lasset ihn zu mir oder zu einem anderen Prediger von Gottes Wort kommen und ihm seinen Kummer offenbaren; auf daß er solch göttlichen Rat und Beistand erhalte, als nötig ist zur Beruhigung seines Gewissens und zur Beseitigung aller Skrupel und Zweifel.‹ Dies aber bedeutet, Sun I, daß Sie vorbereitet werden müssen. Was immer Sie heute hergeführt hat, was immer Sie jedesmal hergeführt hat, was immer Sie beunruhigt und quält, muß herausgearbeitet werden« – er lächelte –, »damit Sie ›tugendhaft und rein‹ zum Tisch des Herrn kommen. Außerdem ist dies ein Schritt, den man nicht voreilig tun sollte. Zuvor müssen Sie sich ein bißchen in die Idee vertiefen, ein bißchen mehr über die Kirche lernen. Zu Ostern, wenn der Bischof tauft und neue Gläubige aufnimmt, müßten Sie dann soweit sein. Ich bewundere Ihre Begeisterung, aber bis dahin müssen Sie warten. Glauben Sie mir, es wird Ihnen dann nur um so mehr bedeuten.«

»Gar nichts wird es mir bedeuten«, widersprach ich rauh. »Ostern ist es zu spät. Morgen ist es zu spät. Es muß jetzt sein, Pater. Es muß heute noch sein.«

»Aber warum?« Wieder war er verwundert und fassungslos wie anfangs.

Ich schüttelte den Kopf. »Das weiß ich nicht, Pater. Wirklich nicht. Es muß einfach sein.« Ich hielt den Kopf weiterhin gesenkt. Als er nicht antwortete, fuhr ich flehend fort: »Es hat einen Durst in mir gelöscht«, gestand ich, heiser vor Inbrunst. »Es hat mir Frieden geschenkt.«

»Aber es war eine Todsünde«, wandte er ein. »Und wenn nicht damals, so doch mit Sicherheit heute.«

Ich sah ihm unerschütterlich in die Augen, legte das volle Gewicht meiner Aufrichtigkeit in die Worte, verschonte weder ihn noch mich: »Ich weiß.«

Er zuckte zurück; ein Schauer heftigen Abscheus zog über sein Gesicht. Eine Zeitlang musterte er mich forschend, dann sagte er: »Das wußten Sie, nicht wahr, als Sie heute herkamen? Sie wußten, daß es eine Todsünde ist, am Abendmahl teilzunehmen. Und dennoch taten Sie es – oder versuchten es wenigstens.«

Ich antwortete nicht.

Von seinem Hals aus stieg dunkle Röte in sein Gesicht, so daß es mit seinen Haaren zusammen aussah, als stehe er in Flammen. »Ich glaube, allmählich verstehe ich.« Ein böses Lächeln verzerrte seine Züge. »Was dachten Sie sich dabei – daß Sie sich retten können, indem Sie Ihre Verdammnis verdoppeln? Oder war Ihnen das gleichgültig. War es das? Sie wollten nur Trost, ohne darüber hinauszudenken, nicht wahr? Sie wollten bewußt Ihre Verdammnis herbeiführen, als Sie herkamen; die Konversion war nur ein Vorwand. O mein Gott...« Er lachte. »Ich habe allerdings einen schrecklichen Fehler begangen.« Er sah aus, als wolle er mir ins Gesicht spucken. »Sie widern mich an. Sie sind wie ein Hund, der nach einem Stück Fleisch hechelt, oder ein alter Wüstling, der nach einem schönen, keuschen Mädchen lechzt und es mit einem Eheversprechen, das er nicht zu halten gedenkt, zu sich ins Bett locken will. Haben Sie es so mit Yin-mi gemacht?« ergänzte er boshaft.

Jetzt war es an mir, tief zu erröten; doch ich beachtete es nicht und schluckte den Zorn, den sein Hohn auslöste. »Ich weiß nur, daß meine Seele stirbt«, antwortete ich mit bebender Stimme, »und bitte Sie um Ihre Hilfe.« Unwillkürlich schluchzte ich auf; dann barg ich mein Gesicht in den Händen und weinte hemmungslos. »Und mein Versprechen werde ich auch halten«, bekräftigte ich trotzig unter Tränen.

Er beruhigte sich. »Meine Hilfe habe ich Ihnen bereits angeboten, Sun I – zu den einzig möglichen Bedingungen.«

»Heute?« fragte ich, immer noch weinend.

Er kniff die Lippen zusammen und schüttelte grimmig den Kopf.

»Das ist nicht genug.«

»Dann verschwinden Sie!« befahl er mir. »Wenn alles keine Hilfe für Sie ist, verschwinden Sie! Los, los!« Mit hektischen Gesten kam er näher, als wolle er mich wahrhaftig schlagen.

Eine eisige Ruhe ergriff mein Herz so plötzlich wie ein Schock, als wäre ich in einen Teich mit eiskaltem Wasser gefallen. Ich machte kehrt und ging hinaus.

»Und kommen Sie niemals wieder!« fauchte er wütend.

Auf der Schwelle blieb ich stehen. »Keine Angst, bestimmt nicht«, stieß ich haßerfüllt hervor.

»Und wenn Ihr Bedürfnis, Ihre Phantasie – was immer es ist – nicht nachläßt, gehen Sie zu einem anderen Priester, in eine andere Gemeinde. Aber kommen Sie nicht hierher. Was immer Sie getan haben mögen, was immer Sie sein mögen, ich hoffe, Sie finden Vergebung dafür. Aber kommen Sie nicht hierher! Ich kann Ihnen guten Gewissens nicht helfen. Jetzt nicht mehr. Nicht, nachdem ich in Ihr Herz gesehen habe.« Er kniff ganz leicht die Augen zusammen. »Sie sind verloren, Sun I«, flüsterte er heiser. »Verloren.«

»Ich weiß«, antwortete ich mit boshaftem Grinsen, »und das verdanke ich alles Ihnen.« Damit zwinkerte ich ihm zu und ging hinaus.

Draußen blieb ich auf dem Bürgersteig stehen und spähte in den Kirchhof hinein. Die schmiedeeisernen Gitterstäbe bissen eiskalt in meine Hände. Ich umklammerte sie fester, um noch mehr Schmerz zu spüren. Dieser Schmerz war real. Alles andere nicht. Er pulste wie elektrischer Strom durch meine Adern, pumpte mich auf, brannte. Ich begann zu lächeln, als mir klar wurde, daß ich auf eine bizarre, zweifelhafte Weise nun doch am Ziel meiner Reise angelangt war. Die Gefahr war vorüber. Ich hatte keine Angst mehr. Mein Haß war wiederhergestellt. War unversöhnlich. Auf immer und ewig.

ZWANZIGSTES KAPITEL

An diesem Montag war Rising Sun bei Börsenbeginn um einen Punkt gefallen: reichlich merkwürdig angesichts unserer jüngsten Erfolge, doch kaum ein Grund zur Beunruhigung. Die »Hörner« vermuteten – und ich teilte ihre Meinung –, daß Kahn ganz einfach ungeduldig geworden war und ein bißchen zuviel von seinen Anteilen gleichzeitig abgestoßen hatte. Nur keine Sorge. Wir wollten die Ankündigung unseres Übernahmeangebots zur Mittagszeit anmelden, da wir annahmen, daß diese Registrierung ein enormes Anziehen der Kurse bewirken würde, nicht nur bei den Aktien der American Power and Light, die ja vor allem betroffen sein würde, sondern in bescheidenerem Maße auch bei den unseren. In gespannter Erwartung des Aufsehens und der Verwirrung, die unser Handstreich mit Sicherheit auslösen würde, gab es an jenem Morgen viel fröhliches Händereiben, Augenzwinkern und generelle Vorfreude bei uns. Ich hatte vor, mich unauffällig auf die Besuchergalerie zu schleichen, um die Szene zu beobachten und mich in meinem Triumph zu sonnen.

Während der ersten zehn Minuten, nachdem ich meinen Posten bezogen hatte, liefen die Geschäfte völlig normal. Dann kam ein Mann mit einer brennenden Zigarette in der Hand aus dem Rauchsalon für Mitglieder hereingestürzt. Er lief noch mehrere Schritte weiter, bevor er sich der Zigarette bewußt wurde, blieb dann plötzlich stehen, musterte sie verblüfft, fuhr hastig herum, als wolle er wieder hinauslaufen, musterte sie abermals, machte kehrt, tat einen Zug, um sie sodann auf den Boden zu werfen und mit der Schuhspitze auszutreten. Anschließend ging er weiter in Richtung auf den ersten Börsenstand. Bevor er dort ankam, traf er jemanden, den er offenbar kannte, und folgte ihm, heftig gestikulierend, in eine andere Richtung. Offensichtlich in Eile, ohne recht hinzuhören, nickte der zweite Mann flüchtig und beschleunigte seine Schritte, um dem ersten zu entkommen. Der erste Mann wirbelte herum und packte den nächstbesten Broker, den er sah, beim Arm. Blutrot im Gesicht wedelte er mit den Armen. Der angehaltene Broker starrte ihn an, als sei er verrückt. Doch irgend etwas Folgenschweres mußte zwischen ihnen vorgegangen sein, denn auf einmal wurde der Zuhörer aufmerksam und schüttelte energisch den Kopf, während er die Lippen zu einem »Sind Sie sicher?« bewegte.

Der erste Mann nickte nachdrücklich. Ein dritter mischte sich ins Gespräch. Und dann begannen vor meinen Augen die Dominosteine umzufallen. Die Bewegung pflanzte sich um die Börsenstände herum mit einiger Regelmäßigkeit in Schnörkeln, Arabesken und Wirbeln fort, drang über die Schwelle bis in den kleinen Börsensaal, in die Mitgliederlobby sowie die öffentliche Lobby und dann durch die Türen auf die »Street« hinaus, und ließ eine abgrundtiefe Stille zurück. Jene, die es gehört hatten, waren in der Pose glotzäugigen Staunens erstarrt. Die Buchhalter legten ihre Kugelschreiber hin und vergaßen, neue Aufträge in den Büchern zu verzeichnen, die Telefonisten fielen in einen Zustand bestürzter Katatonie, und die Lämpchen der Telefone blinkten vergeblich um Aufmerksamkeit. Selbst die pneumatische Röhre der Rohrpost zischte vor Hunger, und das große Herz des Organismus, seiner lebenswichtigen Nahrung beraubt, flatterte, zuckte und verschied schließlich an einem Infarkt. Der Gehirntod folgte, und einen Moment später sirrte das elektronische Leuchtband auf der Mattscheibe vorbei – leer! Zum vielleicht ersten und einzigen Mal in der Geschichte der Wall Street war es still im Börsensaal – so still, daß man das Kratzen der Feder eines Angestellten gehört hätte, der einen Auftrag notierte; nur gab es keine Aufträge. Kursmakler, Broker, Buchhalter, Angestellte, Protokollführer und Botenjungen – sie alle standen wie erstarrt, als seien sie angesichts des Urschreckens vor Angst versteinert. Und dann erhob sich ein ohrenbetäubender Lärm. Er hätte sowohl den Start der Raketen aus ihren Basen als auch den Aufstieg Tausender und Abertausender von kunterbunten Ballons auf einem großen, weltweiten Festival des Friedens und der Brüderlichkeit begleiten können, denn zunächst wußte niemand, ob nun das Ende der Welt oder das neue Jahrtausend angebrochen war. Nur daß etwas Großes, etwas in diesem Ausmaß noch nie Dagewesenes geschah, das stand fest.

Dann stürmte die Menge plötzlich los wie eine vom Donner gejagte Rinderherde, die, führerlos, wild hin und her prescht, bis sie an einen Abgrund gerät. Rotgesichtige Broker brachen sich mit Fäusten und Ellbogen Bahn zu den Einwurfschlitzen der Rohrpost, um ihre Aufträge möglichst als erste zu plazieren. Sie trampelten dabei Kursmakler und alle Börsenangestellten nieder, die sich ihnen, um das Protokoll zu wahren, in den Weg zu stellen versuchten. Einige besonders Schlaue versteigerten Plätze vor dem Börsentelegrafen des Dow Jones, wo die Verwirrten und Verzweifelten standen und die Sintflut der Pressemeldungen zu verarbeiten suchten, die über die Leitungen hereinkamen. Und ich war es gewesen, ich ganz allein, der wie mit einem winzigen Flip des Zeigefingers den ersten Anstoß gegeben hatte, mit dem die Dominosteine zu Fall gebracht wurden.

»Sir... Sir...« unterbrach eine zaghafte Stimme meine Meditation.

Unter finster zusammengezogenen Brauen hervor funkelte ich ein ängstliches, nervöses junges Mädchen an, das mich offenbar seit geraumer Zeit unbemerkt am Ellbogen gezupft hatte. Ich erkannte die Empfangsdame des Besucherzentrums. »Ja?« fragte ich sie würdevoll.

»Es tut mir leid, Sir«, entschuldigte sie sich schüchtern, »aber die Galerie wird für die Öffentlichkeit jetzt für eine Weile geschlossen. Sie müssen gehen.«

»Die Öffentlichkeit? Junge Dame«, warnte ich sie im Ton strenger Autorität, »wissen Sie, wen Sie vor sich haben?«

Sie schenkte mir einen merkwürdigen Blick, erklärte jedoch, da sie weder sich selbst noch mir Schwierigkeiten machen wollte, einfach nur: »Es tut mir leid, Sir, ich arbeite hier nur, ich habe die Vorschriften nicht gemacht. Wir schließen immer, wenn es eine Panik gibt. Der Befehl kommt vom oberen Stock oder vom unteren – jedenfalls von ganz hoch oben.«

»Eine Panik, eh?« Ein wenig getröstet vom Klang dieses Wortes spähte ich, ein Auge zusammengekniffen, in den Börsensaal hinab. »Panik.« Jawohl, darin lag Wirkung und Größe. »Nun gut«, räumte ich ein, »Sie tun ja wohl auch nur Ihre Pflicht. Ich werde Ihnen keine Schwierigkeiten machen. Ich erinnere mich nur allzu gut daran, wie es ist, für einen Stundenlohn zu arbeiten.« Damit ging ich zu ihrer größten Erleichterung friedlich, ja sogar eilig hinaus, denn mir war die hervorragende Idee gekommen, die Panik, *meine* Panik, vom besten Aussichtspunkt, den es gab, aus zu beobachten, vom Börsensaal selbst, im Licht zerplatzender Leucht-, Brand- und Sprengbomben.

Und so schritt ich inmitten von wachsenden Papierbergen – sie glichen der Asche, die in Herculaneum und Pompeji eine ganze Kultur unter sich begrub, nur waren es hier rosa, gelbe und dunkelblaue Blütenblätter, auf den Weg eines Eroberers gestreut – in den Aufruhr, in die von mir selbst geschaffene Panik des Börsensaals hinaus. Unter den rasenden Männern und Frauen, die schrien, weinten, jammerten und mit den Zähnen knirschten, bewegte ich mich wie ein Unsichtbarer, ein Luftgeist, mitten im dichtesten Gewühl, im Geiste jedoch hoch oben über ihnen wie ein Beobachter von einem anderen Stern oder ein Gott, auf ewig losgelöst von Lust und Leid der Menschheit.

Ich dachte an das Glücksgefühl, das mich an jenem ersten Tag und an so vielen Tagen danach jedesmal bewegt hatte, wenn ich das wunderbare Schauspiel des Börsensaals beobachtete, einer der erregendsten Anblicke, die es gibt, ein Bild, das an die Herzen aller rührt, die es sehen, ob sie es nun verstehen oder nicht. Doch dieses Glücksgefühl hatte sich jetzt gelegt, verflüchtigt, und nur das schwache Bouquet des Erlebten zurückgelassen. Und mehr als dieses Bouquet wollte ich, ehrlich gesagt, auch gar nicht; den Wein hatte ich bewußt als zu herb, zu derb, zu irdisch für den Gaumen eines so hochentwickelten Connaisseurs abgelehnt. Während mir diese Gedanken durch den Kopf gingen, wandte ich mich um, betrachtete wehmütig die Galerie hoch oben über dem Börsensaal, auf der ich an jenem ersten Morgen gestanden hatte, und seufzte schwer, weil ich erkannte, daß der Markt nie wieder einen so tiefen Eindruck auf mich machen würde wie damals in der ursprünglichen Begeisterung meiner Unschuld. Es schien mir selbstverständlich, daß jener dämmrige, schmale Gang, in dem man beobachten konnte, ohne teilzunehmen, möglicherweise fasziniert, letztlich jedoch von der Leidenschaft unberührt, daß dieser Gang verlassen war, wenn *ich* nicht dort stehen konnte, und ebenso schien es mir selbstverständlich, daß alle hier unten im Saal versammelt waren und sich stritten wie blinde, von Futterneid getriebene Haie. Alle, und natürlich auch ich: Denn wenn sich der Kreis geschlossen hatte und ich jetzt wieder beobachtete, ohne teilzunehmen, so nur, weil ich die Teilnahme auf die höchste Spitze getrieben, weil ich so ausgiebig gefressen hatte, daß ich jetzt satt war.

Doch als ich abermals zur Galerie hinaufsah, erkannte ich, daß ich mich geirrt hatte. Es *war* jemand dort! In der Spiegelung der Deckenbeleuchtung – wie Scheinwerfer, die in der Wand aus Plexiglas ein Dutzend Sonnen in einer Reihe aufblitzen ließen – erschien ein Gesicht, verdichtete sich. War es vielleicht die Empfangsdame? Anfangs konnte ich es nicht erkennen, da es sich näherte und wieder entfernte, schrumpfte und sich ausdehnte im Zentrum des Lichts; aber es schien ein Mann zu sein. Wie ein Museumsbesucher, der den genau passenden Blickwinkel vor einem Ölbild sucht, wo ihn die Lichtspiegelung auf der glänzenden Farbfläche nicht blendet, trat ich ein paar Schritte hin, ein paar Schritte her und suchte den richtigen Standpunkt zu finden. Als mir das schließlich gelungen war, blieb ich auf einmal reglos stehen, und ein kalter Schauer lief mir über den Rücken.

Der Mann war *er*. Endlich einmal von Angesicht zu Angesicht, lieber Leser, stand ich vor meinem Vater und Gegner, vor Eddie Love. Ein Irrtum war ausgeschlossen. Aus den schwereren Zügen des fortgeschrittenen Alters, auf denen die Schwerkraft nun fast ein Vierteljahrhundert länger gelastet hatte, blickte mir wie aus einem Fleisch gewordenen Gefängnis das Gesicht des jungen Mannes auf dem Foto entgegen. Ich erkannte es so unfehlbar, wie ich mein eigenes erkannt hätte, wäre es in rätselhafter Gestalt in einem Spiegelkabinett aufgetaucht. Und als könne es noch einen Zweifel geben, trug er genau wie ich die Sonnenbrille mit den tropfenförmigen, grünen Gläsern und lächelte das geheimnisvolle Lächeln, das ich nie richtig deuten konnte. Erst jetzt verstand ich es, verstand ich dieses Lächeln ganz, und dadurch auch ihn. Denn dieses Lächeln drückte die distanzierte Übersättigung eines Mannes aus, der den Lebenshunger verloren, der alles in ein Spiel verwandelt hat, der die Stunden bis zu seinem Tod überlistet und nur zu seinem Vergnügen spielt, um die Verzweiflung, die unter der Oberfläche lauert und heraus will, nicht an sich heranzulassen, diese bohrende Ratlosigkeit, die vollkommenes Wissen und vollkommene, unrechtmäßig gekostete Macht mitbringt. Ich verstand dieses Lächeln, weil es das Spiegelbild meines eigenen war und wir beide den letzten Spielern im letzten Spiel glichen, von denen einer den anderen kennt wie sich selbst; ein solcher Spieler, der hellsichtig die Gedanken des Gegners liest, jeden seiner Züge voraussieht, ein solcher Spieler muß, um zu gewinnen, auf etwas Tieferliegendes zurückgreifen, auf das Tiefstliegende überhaupt. Und das müssen wir auch, bestätigten wir uns stumm über die Entfernung hinweg, einander liebend, einander hassend, und beide mit jenem letzten, geheimnisvollen Lächeln. Wie auf Verabredung nahmen wir gleichzeitig die Sonnenbrille ab und musterten einander in wortloser Intimität, die Liebe und Haß weit hinter sich ließ, einer Intimität, in der das unaussprechliche Mysterium, die unaussprechliche Schönheit der Welt ein für allemal zum Ausdruck kam, das Mysterium des Lebens und des Andersseins, auf ewig frei, keinem Zwang unterworfen, nicht einmal dem Tod. Und wie zwei Fischer warfen wir unsere magischen Fische – jeder Fischer seinen Fisch – in den Ozean der Welt zurück und warteten auf einen anderen Tag, an dem aus Sport, das wußten wir, Ernst wurde.

Allmählich drang das Gewisper ringsum in mein Bewußtsein. »Das ist er, das ist er«, zischelten sie, ein Echo meiner eigenen Entdeckung.

Ich nickte angesichts des Offensichtlichen voll Ungeduld, dann wandte ich mich um und hielt auf ein Opfer in der nächstbesten Gruppe zu. »Haben Sie eine Ahnung, wer der Mann ist?« Dabei deutete ich hinter mich.

»Welcher Mann?« fragte er unschuldig.

»Da oben!« Ich schüttelte meine Hand. »Auf der Galerie!«

Der Mann und sein Begleiter warfen sich einen Blick zu.

»Das ist mein Vater!« schrie ich und fuhr herum, um meine Behauptung zu belegen. »Sehen...?« Die Frage erstarb mir auf den Lippen.

»Da oben ist niemand«, stellte der Mann ruhig fest. Und tatsächlich, Eddie Love war verschwunden. Natürlich, dachte ich. Natürlich.

Immer mehr Stimmen griffen die Worte auf, flüsterten vielsagend: »Das ist er! Das ist er!« Und als ich mich mit einem letzten Blick über die Schulter vergewissert hatte, wandte ich mich hastig wieder ab, denn nun wußte ich, daß sie mich meinten.

Ich war von dem Zwischenfall zutiefst erschüttert und machte Anstalten, den Saal zu verlassen. Als ich mir einen Weg bahnen wollte, teilte die Menge sich vor mir wie das Wasser des Roten Meeres, als Moses die Hand hob, und in allen Gesichtern stand Furcht und Staunen. Denn in dieser kurzen Zeitspanne, einer halben Stunde, war ich in den Augen der gewöhnlichen Jurestoren der »Street« unter die Götter versetzt, zu etwas Übermenschlichem geworden, zu einem Gott, der besänftigt, beschwichtigt und verehrt werden mußte, wie die Bauern in China den Chang Jiang* verehren und die launische Gottheit anflehen, ihre Reisfelder zur richtigen Zeit zu bewässern und ihnen ihren Zorn zu ersparen. Ich war jetzt nicht mehr nur einfach ein Wunderkind, der neueste Renner, ein saisonbedingtes Phänomen. Ich war versetzt worden in jene Konstellation großer Spekulanten, die, leugne es, wer wolle, das einzige Pantheon ist, das die Wall Street jemals anerkennen wird. Ich hatte getan, was Gould und Harriman und Jessie Livermore persönlich, der Große Bär, was Diamond Jim und Fisk und all die Loves von A.E. senior an getan hatten: Ich hatte eine Panik ausgelöst. Das war das höchste Kompliment, das die alte Hexe einem Mann jemals machen konnte: bei einer unerwarteten Aktion von seiner Seite nervös und hysterisch zu reagieren, alle Würde in den Wind zu schlagen und Hals über Kopf die Flucht vor ihm zu ergreifen. »Wird dieser Sun, diese Sonne, das Licht seines Vaters überstrahlen?« Das blieb vorerst noch abzuwarten. Doch immerhin hatte ich schon mit ihm gleichgezogen.

---

*Yangtse

Und was für eine Panik! Die erste Dow-Reaktion auf die Nachricht, daß seine gewichtigste Komponente, das Herz und die Seele des Average, angegriffen wurde, verursachte Todesangst. Innerhalb der ersten zwei Stunden war er um fünfzig Punkte zurückgewichen. Das Leuchtband hinkte bereits um vierzig Minuten hinter der Zeit her. Es schien festzustehen, daß bis zum Ende des Tages über einhundert Millionen Aktien den Besitzer wechseln würden. Und dann erhielt der Kurssturz noch zusätzliche Dynamik durch die tödliche Voraussage Joseph Pettyvilles, eines führenden Analytikers der Wall Street, daß eine Übernahme der American Power and Light Corporation durch die Rising Sun Enterprises »das Ende des amerikanischen Kapitalismus und der freien Marktwirtschaft« bedeuten würde, eine Voraussage, der bei der Sendung ein Spruch von Yeats vorausging: »Die Dinge fallen auseinander; die Mitte kann nicht halten.«

Genau zu dieser dunkelsten Stunde jedoch gab ein anderer Guru mit einer ebenso glühenden, ebenso fanatischen Anhängerschaft wie Pettyville bekannt, die vorgeschlagene Fusion sei seiner Ansicht nach das Beste, was der amerikanischen Volkswirtschaft seit dem Louisiana-Kauf passieren könne; sie würde Amerikas korporativer Mutter frisches Blut in die Adern pumpen, sie aus ihrer Erstarrung und Selbstzufriedenheit reißen, sie zwingen, ein bißchen von dem alten Feuer und Pulver zu zeigen, das sie zum größten Konzern Amerikas gemacht hatte – eine Ehe, mit anderen Worten, von Sonnenaufgang (Rising Sun) und Sonnenuntergang (oder »Licht aus«, wie die APL zuweilen in New York City genannt wurde, wo ihr, über eine Tochtergesellschaft, das kommerzielle Stromnetz gehörte; weniger respektvoll manchmal auch: »Mutter Stromausfall«). Nun baute der Dow seine Widerstandslinie auf und begann zu steigen. Gegen Ende des Nachmittags hatte der Markt die fünfzig Punkte, die er zuvor verloren hatte, wieder aufgeholt und obendrein dreißig weitere zugelegt. Dieser Umstand verlieh dem Ruf des zweiten Analytikers großen Auftrieb und war eine Ohrfeige für Pettyville, der in vielen Großstädten der ganzen Welt angeblich alsStrohpuppe verbrannt wurde.

Denn die akute Belastung beschränkte sich nicht auf die Wall Street, ja, nicht einmal auf die Küsten der Neuen Welt. In London fiel der Financial Times Index um über vierzig Punkte, die Börse schloß zu früh, um noch von dem Umschwung zu profitieren, und erlebte bei der nächsten Öffnung eine Kurserholung, wie seit dem Ende des Zweiten Weltkriegs nicht mehr. Der Hang Seng Index in Hongkong hängte mit noch verwegenerer Selbstsicherheit als sonst weitere zehn an die aufwogende finanzielle Tsunami. Eine etwas konservativere Raserei spiegelte die Bewegungen der Crédit Suisse in Zürich, der Commerzbank in Frankfurt, der ANPCBS in Amsterdam und der Bourse in Paris. In Singapur und Sydney, Oslo, Mailand und Toronto starteten die Averages zu ähnlichen Höhenflügen, ganz zu schweigen vom Nikkei-Dow in Tokio, wo Ahnenschwerter aus der Scheide gezogen wurden und *Banzai*-Rufe die Luft erfüllten.

Und innerhalb dieser wahnsinnigen Fluktuationen der Märkte als Ganzes schienen auch einzelne Aktien vom Tarantismus oder Veitstanz angesteckt worden zu sein. Daheim in der Wall Street fiel die APL wie ein altes Mütterchen auf der Achterbahn, halb indigniert, halb völlig verängstigt, gleich einem Stein, um sodann mit wogendem Busen und im Wind flatterndem Korsett wiederaufzutauchen, mit der einen Hand ihre Haube, mit der anderen sich selbst am Sicherheitsriegel festhaltend, und am Tagesende um dreieinhalb Punkte höher dazustehen, ein Aufstieg, der einem, vielleicht sogar auch zwei Geschäftsquartalen normaler Aktivitäten entsprach. Die Rising Sun Enterprises mit ihrem höchst instabilen Stall von Bull-Stamm-, Nichtstamm- und Vorzugsaktien bockte und buckelte wie eines ihrer Rodeo-Gegenstücke. Seltsamerweise jedoch schloß Rising Sun mit minus zwei ab, beträchtlich mehr, als man unter den Umständen erwartet hätte. Es wurde immer merkwürdiger. Doch diese Entwicklung wurde leichthin als zufällige Folge des vorübergehenden Chaos abgetan, das auf unser öffentliches Angebot hin ausgebrochen war; das Absinken des Kurses bildete nur einen geringfügigen, neutralisierenden Blip in der aufsteigenden Trendlinie des größeren Langzeit-Bullen-, das heißt Haussemarktes, der mich und die »Hörner« glücklich machte. Sie meinten, und ich stimmte ihnen zu, daß es besser sei, sich nicht in Sorgen über Einzelheiten zu verrennen, wo unsere Kampagne im großen und ganzen doch ein so überwältigender, eindeutiger Erfolg war.

Denn als der Staub und das Papier auf dem Fußboden zur Ruhe gekommen und von den Hausmeistern zusammengefegt worden waren, um in die Verbrennungsanlage gebracht zu werden, hatte sich aus der Asche eine neue Ordnung erhoben, etwas in diesem Umfang noch nie Dagewesenes, so gigantisch, so grandios, größer als das Unternehmen, größer als der Konzern, größer als die Multis: *Novus ordo seculorum,* die Neue Ordnung der Zeitalter, von den Gründervätern prophezeit! Ein Konzept, so ungeheuer, daß es einem genauso den Atem verschlug wie die Idee der Unendlichkeit. Dieser Unternehmensmonolith, den American Sun – oder besser noch, All-American Sun – zu nennen ich vorschlug, würde für die Wirtschaftswissenschaften das sein, was der Ur-Feuerball für Astronomen und Physiker war: der ursprüngliche, undifferenzierte Zustand, Einheit, Einssein und jawohl – kein Grund, jetzt aus falscher Bescheidenheit zu zögern – Tao! Das Tao, das, wie von Riley und mir einst diskutiert, zu irgendeinem Zeitpunkt der Vergangenheit aus einem unbekannten Grund zur Vielfalt explodiert war, den »Zehntausend Dingen«, die immer weiter auseinandertrieben wie die vom Feuerball davongeschleuderten Galaxien, rotglühend im Weltraum. Diese Explosion war das zentrale Mysterium, das zur Entwicklung aller Religionen geführt hatte; und nun endlich erkannte ich, daß es mir, mir allein oblag, die Risse zu heilen und alles wieder zu einem Ganzen zusammenzufügen. Verloren? Ha! Welch ein Tor ich doch gewesen war! Gefunden war ich! Gerettet! Erlöst! Geleitet von Glauben und taoistischer Intuition, hatte ich die ganze Zeit daran geglaubt, daß irgendwo aus dem Labyrinth des Dow das Tao auftauchen würde. Und das Leben hatte mich richtig geführt. Es war, obwohl ich ein Bankert war, mein ausdrücklicher Auftrag von Gott, nun endlich nach so vielen Zeitaltern die wimmelnde Vielfalt wieder in die ursprüngliche Einheit zu integrieren, die »Zehntausend Dinge« in die nährende, verzeihende, mütterliche Umarmung des Tao zurückzuführen; und das Werkzeug, mit dem ich das erreichen konnte, war die Fusion der Rising Sun Enterprises, des dynamischen Yang der Konzerne, mit dem trägen, doch immer noch fruchtbaren Yin der American Power and Light. Dieser Zweck heiligte all meine Handlungen. Durch ihn würden all die niedrigeren Beweggründe – Macht, Mammon, und selbst die Rache – gerechtfertigt werden. So argumentierte ich, und die »Hörner« stimmten mir zu. Ich war so zufrieden mit ihnen, daß ich ihnen einen dicken Bonus für die gute Arbeit gab, die sie geleistet hatten, und sie zu Drinks und Dinner ins »Lutèce« einlud.

Ich kam relativ spät und relativ voll nach Hause, von Herzen bereit, Li all ihre Unbotmäßigkeiten zu verzeihen und bei ihr gleich so richtig schön zur Sache zu kommen. Leider sollten sich meine Vorstellungen von gegenseitiger Eroberung und Kapitulation nicht in die Tat umsetzen lassen. Als ich mit von Alkohol und Leidenschaft verschwommenem Blick ins Schlafzimmer kam, fand ich hingelegt auf der doppelt breiten Matratze nicht etwa das Objekt, das ich erwartet und heftigst begehrt hatte, sondern einen großen Koffer, in den meine einzige, wahre Liebe achtlos ihren gesamten Besitz an irdischen Gütern schleuderte.

»Was machst du denn da?« fragte ich sie, als ich hinter Eddie, den Kater, trat und ihn nachmachte, wie er den Kopf von einer Seite zur anderen drehte, um der Flugbahn von Nachthemden, Unterwäsche und anderen Dingen zu folgen, die kurz zuvor noch in meinen Phantasievorstellungen eine Rolle gespielt hatten, hin und her, wie der Federball bei einem Badminton-Turnier.

»Als ob du das nicht wüßtest!« höhnte sie bissig.

Irgend etwas traf mich in den Magen. Als ich hinabblickte, sah ich, daß ich einen Stoff-Panda in den Händen hielt, den sie mir zugeworfen hatte.

»Was sollte das?« fragte sie. »War das vielleicht ein Versöhnungsangebot? Eine Bestechung, damit ich bei dir bleibe?«

»Wovon redest du eigentlich?« Ich wurde immer deprimierter. »Ich hab' das Ding noch nie gesehen.« Abermals betrachtete ich das Spielzeugtier. Hm... Oder doch?

»Hast du mir den nicht geschickt?«

Unschuldig schüttelte ich den Kopf.

»Na ja, freut mich, daß du noch nicht ganz so weit hinüber bist.« Sie fing wieder an zu packen. »Der ist heute morgen gekommen. Vielleicht war es ein dummer Scherz.«

Ich ließ ihn fallen und ging auf sie zu.

»Bleib, wo du bist!« warnte sie mich und wich zurück. »Rühr mich nicht an! Ich lasse mich nicht durch physische Gewalt einschüchtern.«

»Was redest du da? Was soll das bedeuten?« fragte ich kläglich.

»Das bedeutet, daß ich dich verlasse«, erwiderte sie energisch und sah mich herausfordernd an, bevor sie weiterpackte.

»Aber warum?«

»Warum?« wiederholte sie ungläubig. »Nach allem, was du da in der Nacht zu mir gesagt hast? Wie du mich angesehen hast?« Sie erschauerte bei der Erinnerung. »Ich hatte Angst vor dir, Sun I. Angst um mein Leben.«

»Angst um dein *Leben*?« Ich lachte auf. »Vor *mir*?«

Sie antwortete nicht, erwiderte nur stumm meinen Blick.

»Das ist doch lächerlich!« behauptete ich. »Hast du jetzt auch Angst?«

Sie schüttelte den Kopf, doch nicht, alls wolle sie meine Frage beantworten, sondern als wolle sie die ganze Idee abtun. »Jetzt ist jetzt, heute nacht war heute nacht«, sagte sie. »Das ist es ja gerade. Du veränderst dich von einem Tag zum anderen, von einer Minute zur anderen. Du bist ein ganz anderer Mensch geworden. Irgend etwas ist in dich gefahren. Du brauchst Hilfe.«

»Wenn ich Hilfe brauche – wer könnte mir bessere geben als du?« gab ich zurück. »Du bist meine Verlobte, oder?«

Sie hob den Kopf und sah mich scharf an. »Ärztliche Hilfe«, erklärte sie betont. »Du bist nicht gesund, Sun I. Du solltest zum Arzt gehen. Ich würde dir ja wirklich gern helfen, aber« – sie schüttelte den Kopf – »ich werde mich diesem Risiko nicht aussetzen, nicht dem Risiko körperlicher Gewalt.« Stumm, mit furchtbarer Endgültigkeit, brütete sie vor sich hin.

»Sprich mit mir«, flehte ich. »Können wir uns nicht wenigstens darüber unterhalten?«

Während sie einen Pullover faltete, schüttelte sie den Kopf. »Es gibt nichts mehr zu besprechen. Mein Entschluß ist gefaßt. Du kannst mich nicht mehr davon abbringen. Geh du zum Arzt! Anschließend können wir uns dann vielleicht noch einmal unterhalten.« Energisch klappte sie den Koffer zu und sicherte ihn mit dem Riemen. Dann hob sie ihn mühsam vom Bett, schob den freien Arm unter ihren Mantel, der gefaltet über einer Stuhllehne hing, und blieb im Türrahmen vor mir stehen. »Geh mir aus dem Weg!« verlangte sie drohend. »Ich scherze nicht. Bitte, mach uns dies nicht noch schwerer, als es ohnehin schon ist.«

Zitternd vor Wut und Verzweiflung sah ich sie an. Nun, da sich der Boden unter meinen Füßen auftat und mein Selbstvertrauen dahin war, hatte ich nichts mehr, worauf ich zurückgreifen konnte, keine inneren Reserven, um der Festigkeit ihres Entschlusses und ihrer Haltung etwas entgegenzustellen. Eingeschüchtert trat ich beiseite und ließ sie gehen.

»Ich weiß, wo du hin willst«, rief ich ihr in weinerlichem Trotz nach.

Sie blieb stehen.

»Wieder zu ihm«, ergänzte ich.

Sie sah mich an. »Glaubst du das wirklich?«

Ich hielt ihrem Blick stand, ohne mit der Wimper zu zucken. »Du kriegst keinen Cent«, schwor ich verzweifelt.

»Du bist krank, Sun I. *Wirklich* krank.« Sie warf mir ihre Schlüssel zu, stürmte hinaus und knallte die Tür hinter sich ins Schloß. Ich interpretierte ihre Reaktion als endgültigen, unanfechtbaren Beweis ihrer Schuld.

Es ist besser so, sagte ich mir. Es spielt keine Rolle. Ich streckte mich auf dem Bett aus, schloß die Augen und onanierte, während ich mir ihr Bild ins Gedächtnis rief. Schluchzend kam ich, rollte mich auf ihre Bettseite, die noch nach ihr duftete – nach Parfüm und Schweiß, unseren vermischten Ausscheidungen –, und weinte mich in einen trunkenen Schlaf. Mein wunderschöner Engel des Sex.

Hassen ist wirklich wesentlich leichter als trauern, und nach diesem sehr vernünftigen Prinzip plante mein Unterbewußtsein seine Strategie. Doch obwohl ich Li und ihre Treulosigkeit haßte, hielt ich mich weiterhin an eine hoffnungsvolle Prognose und sagte mir, zuletzt werde schon alles in Ordnung kommen, ich werde einen Arzt aufsuchen, sie werde zufrieden sein, Peter aufgeben und zu mir zurückkehren. Schließlich und letztlich war dann die Arbeit meine Rettung und mein Ausweg. Denn mein Haß auf Li glich, um eine alte, aber gute Redensart zu verwenden, einer Kerze im Licht der Sonne meines weit größeren Hasses auf *ihn*, auf Love.

Und als wäre das nicht genug, versorgte mich eine gerechte Gottheit zur Abwechslung mit kleineren Kümmernissen. Die graue Eminenz der Boulevardpresse hatte ganz in der Nähe gelauert und die Entwicklungen mit seinem widerlichen Schakalgrinsen beobachtet. Etwas später in derselben Woche spottete Hackless, der irgendwie von meinem letzten Besuch in der Trinity Church Wind gekriegt haben mußte, in einer Sonderausgabe von »Your Money and Your Life«:

> Nachdem Sonny, bekannt als der Mandarin-Papst, am vergangenen Wochenende sein Übernahmeangebot an die Aktionäre der American Power and Light veröffentlichte, ging er zum zweiten Teil seines umfangreichen Plans zur Erlangung der finanziellen und religiösen Weltherrschaft über und versuchte sich an einer friedlichen Übernahme der Episkopalkirche. Sonny, der sich offensichtlich auf eine gewisse Ähnlichkeit der Interessen und Doktrinen verlassen hatte, die die Fusion dem anglikanischen Verwaltungsrat schmackhaft machen sollte, war höchst überrascht, als er vom Most Rev. and Rt. Hon. Archbishop of Canterbury ein höfliches, doch energisches »Nein, danke« zu hören bekam, der die Einladung »mit Bedauern« ablehnte.

Anschließend begann Hackless damit, Zweifel an den Ertragsaussichten der Rising Sun Enterprises im kommenden Quartal zu säen.

> Wie werden die gläubigen Aktionäre der Rising Sun auf das »Verwässern ihres Weins« durch das vorgesehene Angebot konvertierbarer Schuldverschreibungen an die Ungläubigen von der APL als Anreiz zum Konvertieren und damit zur Seelenrettung (oder -verdammnis) reagieren? Werden sie ihr Kreuz mit christlicher Demut tragen? Oder dräut am Horizont der Sun Church eine Wolke der Reformation?
>
> Was ist überhaupt los mit Bull Inc. und Mutual Bull? In einem heute veröffentlichten Bericht waren die Gewinne im Vergleich zu den 290 und 360 Prozent in den drei Monaten zuvor im vergangenen Quartal nur um 28

beziehungsweise 32 Prozent gestiegen. Hoffentlich hat man sich dort nicht allzu festgefahren, in Sachen APL!

Angesichts dieser bissigen Verdächtigungen sowie der ausgesprochenen Feindseligkeit seines Spottes fragten wir uns, ob Hackless nicht durch eine Bestechung ins Lager der Gegner gelockt worden war. Jedenfalls wurden seine Andeutungen den Leuten durch eine Telefon- und Postkampagne der APL noch einmal zusätzlich klargemacht, bei der sowohl deren als auch unsere Aktionäre kontaktiert und einerseits vor der angeblichen Fragwürdigkeit von Schuldverschreibungen und andererseits vor der Verwässerung des Eigenkapitals gewarnt wurden. Dies war aber nur eine von den vielen aus »Beunruhigungen und Warnungen« bestehenden Verteidigungsstrategien, die Bateson und seine Mannen anwandten, um unsere Flanken aufzureißen. Sie versuchten sozusagen unsere Verbindungsleitungen zu kappen, indem sie alle großen Akquisitionsfirmen für Stimmrechtsvollmachten der »Street« mit einem Eigentumsvorbehalt blockierten, ein Komplott, von dem wir Wind bekamen und das wir durchkreuzten, ehe es ausgeführt werden konnte. Doch all das war nichts als Aufschneiderei, unwirksames Säbelrasseln. Bei ihrem Ränkeschmieden versteiften sie sich auf das verzweifelte »Jetzt erst recht!« von Männern, die am Ende ihrer Weisheit angelangt sind und den Horizont nach einem Schiff oder der Kavallerie absuchen. Und letztlich trugen ihre Bemühungen mehr zur Stärkung unserer Zuversicht bei, als daß sie der unserer Aktionäre schadeten.

Weitaus beunruhigender jedoch als alles, was sie mit solchen schwächlichen Versuchen erreichten, war der fortgesetzte, unerklärliche Kursrückgang unserer Aktien auf dem freien Markt. Wie ein geheimnisvolles Leck in einem Brunnentrog oder eine innere Blutung im Konzernkörper, die man nicht stillen kann, weil ihr Ursprung nicht lokalisierbar ist, hörten die Aktien der Rising Sun nicht auf, das Blut ihres Kurswertes zu verströmen, aber nicht etwa in jähem Sturz, sondern um einen Viertel- oder Achtelpunkt pro Tag, dann vielleicht wieder um einen halben, gefolgt von einer leichten Erholung, durch die aber das verlorene Terrain nicht zurückgewonnen wurde. Trotzdem waren wir als Gesamtheit oder im Hinblick auf unser Ziel, die Übernahme der APL, durchaus nicht unmittelbar bedroht. Denn als wir mit unserem Plan begannen, befanden wir uns in einem so überwältigenden Vorteil, daß wir uns ausrechneten (die »Hörner« rechneten, ich stimmte zu), daß unser Angebot selbst bei einem schlimmen Kurssturz unserer Aktien um fünfundzwanzig oder sogar dreißig Prozent für die Aktionäre der American Power and Light Corporation immer noch attraktiv sein würde. Tatsächlich war eine Anzahl von ihnen bereits zu uns übergelaufen, so daß wir uns schon nach Ablauf der ersten Woche im Besitz von fünfzehn Prozent der im Publikumsbesitz befindlichen Aktien sahen: ein guter Start. Und bis jetzt hatte der Rückgang nur knapp fünf Prozent unserer Substanz verschlungen. Immerhin, man konnte nicht vorsichtig genug sein, denn auf lange Sicht stützte sich unsere ganze Überlegenheit bei der Übernahme auf drei Faktoren: unseren gegenwärtig gerade im Verhältnis zur APL hohen Kurswert, die Aussicht auf fortgesetzten Wertzuwachs und, am wichtigsten, die

Aura magischer Unfehlbarkeit, die unseren phänomenalen Erfolg umgab. Unsere Anziehungskraft auf die Anleger wurzelte in einem Substrat, das viel tiefer lag als vernünftiges, rationales Denken, und darin bestand unsere größte Stärke.

Nach langem Überlegen waren wir uns darin einig, daß die beste Möglichkeit, all unsere Ziele zu erreichen – unseren eigenen rutschenden Kurs aufzuhalten, unsere Aktionäre zu beruhigen und den Appetit der APL auf einiges von dem, was wir zu bieten hatten, noch stärker anzuregen –, ein spektakulärer Investierungscoup war, wie wir ihn so oft in der Zeit vor Kahns Ausscheiden gelandet hatten. Mit anderen Worten, eine in den Medien entsprechend bekanntgemachte Befragung des *»I Ging«* wie bei dem ursprünglichen Ordal. Ein durchschlagender Erfolg konnte uns ein für allemal einen festen, unerschütterlichen Stand verschaffen und unser Angebot zur Übernahme der APL unwiderstehlich machen. Eine möglichst breitgefächerte Ankündigung würde natürlich auch einem zusätzlichen Zweck dienen, denn bei der psychologischen Macht, die wir noch immer auf dem Markt ausübten, mußte ein Kaufsignal unsererseits die Investoren veranlassen, sich auf die von uns bezeichnete Firma zu stürzen, und dadurch einen Kursanstieg ihrer Aktien garantieren. Dies wiederum würde unserem Anteil an der neuen Firma einen Wertzuwachs sichern und die Summe, die bei der Rising Sun unterm Strich stand, aufbessern.

Freilich war diesmal, wie ich wohl wußte, eine echte Konsultation überflüssig, da ich mir längst schon selbst bewiesen hatte – und die Ereignisse hatten mich darin bestätigt –, daß ich das Orakel inzwischen so vollständig beherrschte, daß die Münzen und sogar die Schafgarbenstengel nicht mehr vonnöten, ja, in ihrer kruden Körperlichkeit sogar hinderlich waren. Nein, dies mußte eine rein geistige Handlung sein. Sie würde die Version des höheren Zwecks bestätigen und heiligen, eines Zwecks über den »höheren Altruismus« hinaus, einen höchsten Altruismus, der sich durch mich enthüllte, sich immer durch mich enthüllt hatte.

Die »Hörner«, allesamt überzeugt von der Wirksamkeit des *»I Ging«*, erhoben Einwände gegen diesen Alleingang, diese *consultation sans culottes*, wie einer es bezeichnete, die ich jedoch, in diesem Punkt eisern, sofort abschmetterte. Ein Erfolg, hielt ich ihnen vor, werde die Getreuen mehr als beruhigen, werde die Gläubigen zu Fanatikern machen, eine Woge der Massenhysterie auslösen, die alle Hindernisse auf unserem Weg hinwegfegen werde.

So wurde denn ohne weitere Umstände ein Tag festgesetzt – der folgende Montag –, und sämtliche Vorbereitungen wurden getroffen. Ich fühlte mich den ganzen Vormittag über und selbst während der entscheidenden Augenblikke der Konsultation unsicher und merkwürdig bedrückt. Das war, wie ich mir später sagte, der Grund dafür, daß es diesmal wider alle Erwartungen und wider alle Überzeugungen nicht klappte. O doch, als ich die Augen schloß, erschienen einer nach dem anderen die Striche und prägten sich ein in die Retina meines inneren Auges (mystische, mit Detritus geschriebene Zeichen). Das Ergebnis war das Hexagramm Nummer achtzehn, *gu*, »die Arbeit am Verdorbenen« oder einfach das »Verderben«. Das Zeichen *gu* ist ein Piktogramm, das eine Schale mit verdorbener Nahrung darstellt, in die Würmer und Maden ihre Eier gelegt haben. Der einzige bewegte Strich wurde folgendermaßen kommentiert:

> Dulden des vom Vater Verdorbenen.
> Beim Fortmachen sieht man Beschämung.
> Es wird die Lage gezeigt, daß jemand aus Schwachheit dem Verderben, das aus der Vergangenheit stammt und sich jetzt zu zeigen beginnt, nicht entgegentritt, sondern ihm seinen Lauf läßt. Wenn das so weitergeht, wird Beschämung die Folge sein.

Nachdem ich dies gelesen hatte, schien ich aus einem Traum zu erwachen. Ich blickte mich um, sah die Blitzlichter der Kameras und die Reporter, die mit gezücktem Kugelschreiber meine Gesichtszüge nach einem Hinweis absuchten, und konnte mich nicht mehr erinnern, was ich hier tat, wozu das gut war. Ganz kurz wurde ich wieder zu dem idealistischen kleinen Jungen, dem unbehauenen Block, der ich bei meiner Ankunft aus China am ersten Tag an dieser Küste gewesen war. Konnte es sein, daß dieser kleine Junge doch noch nicht ganz in mir gestorben war?

Mich überfiel eine schreckliche Angst, denn im selben Moment, als ich sah, daß er noch lebte, begann dieser Teil von mir zu schrumpfen, bis er nur noch ein winziger Punkt war und der Schreibtisch, an dem ich saß, das Büro, die Lichter und Kameras, ja, die Rising Sun Enterprises selbst einer scheußlichen Geschwulst glichen, einem Krebs, der sich um die eine gesunde Zelle dessen gebildet hatte, was ich einstmals gewesen war. Nein, es war zu spät, sich daraus zu lösen. Die Dinge waren zu weit gediehen. Die Zelle verschwand mit einem leisen Schrei wie eine Schneeflocke, die sich in Matsch auflöst.

Als ich mich langsam von diesem Anfall erholt hatte, atmete ich einmal tief durch, spannte die Kinnmuskeln und machte weiter. Nach reiflicher Überlegung stießen wir auf eine bestimmte Pharmafirma, die eine äußerst kosteneffektive Technik zur Produktion bakteriologischer Kulturen für Penicillin und verwandte Antibiotika entwickelt hatte, obwohl sie noch weit von der Produktion entfernt war, und Pharmaaktien unter einer langen Periode größter Ungnade auf dem Markt zu leiden hatten.

Unsere erste Kapitalinfusion trieb den Kurs anfangs ermutigend weit in die Höhe, am Ende der Woche jedoch kam es zum Eklat, weil mehrere Forscher bei den Experimenten erwiesenermaßen schwere, irreversible Chromosomenschäden erlitten hatten. Die kosteneffektive Methode wurde von der FDA verboten. Der Kurs fiel wie ein Stein. Eine absolute Katastrophe. Als wir ausstiegen, hatten die Mutual Bull und die Bull Inc. Papierverluste von über fünfzehn Prozent ihres gemeinsamen Reinvermögens – des gemeinsamen Reinvermögens unserer Klienten – erlitten. Über Nacht fielen die Rising Sun Enterprises um mehrere Punkte.

Ich war niedergeschmettert. Unter den »Hörnern« herrschte offene Rebellion. Sie beklagten die Unvorsichtigkeit, mit der ich die bewährte und einzig wahre Befragungsmethode aufgegeben hatte. Ich wurde teilnahmslos und weinerlich, bemitleidete mich selbst und war zu allen Zugeständnissen bereit.

Jawohl, ich war zu überheblich vorgegangen. Jawohl, alles wäre in Ordnung gewesen, hätte ich nur nicht die alte Methode aufgegeben. Jawohl, ich war bereit, mich zu bessern. Aber was sollten wir tun? Die Lage war kritisch. Die Aktionäre verließen uns in Scharen. Der Zustrom der APL-Aktionäre, die von unserem Angebot Gebrauch machten, kam abrupt zum Stillstand, und wir lagen noch immer knapp unter zwanzig Prozent. Der Rückgang unseres Aktienkurses war jetzt kein Geheimnis mehr. Es mußten drastische Maßnahmen ergriffen werden. Doch welche?

Das war der Moment, da wir einen außergewöhnlichen Einfall hatten, der die Wall Street in Aufruhr versetzte, den aber Hackless mitsamt den Ereignissen, die dazu geführt hatten, unbarmherzig ins Lächerliche zog:

MYTHOS DER UNFEHLBARKEIT ALS HUMBUG ENTLARVT!
Sun Is Peking-Ente stark angesengt
und doch noch im Begriff, sich auf die APL zu stürzen.

Der Mandarin-Papst – von seinen ehemaligen Kollegen im Börsensaal, den Botenjungen, höhnisch als Mandarin-Schlaps bezeichnet – hat heute nach einem kolossalen Urteilsirrtum, der zu Papierverlusten von bis zu fünfundzwanzig Prozent des Reinvermögens seiner Holdings in den Rising Sun Enterprises führte (der Mutter-Holding-Gesellschaft der Bull-Gruppe), die traditionelle Beziehung des Pastors zu seinen Schäfchen umgekehrt und seine Gemeinde um Nachsicht und Vergebung seiner Sünden gebeten, die, wie er eingesteht, erschütternde Ausmaße angenommen haben.

Offenbar vorübergehend von einem epischen und epileptischen Anfall von Größenwahn mitgerissen, erbietet er sich nunmehr, sein gesamtes persönliches Vermögen, darunter sämtliche Anteile an den Rising Sun Enterprises (die das größte Aktienpaket darstellen sollen), zur Entschädigung der Aktionäre zur Verfügung zu stellen, sollte eine zweite, in nächster Zukunft unternommene Befragung sich als ebenso unselig erweisen.

Diesmal verspricht er, anstelle seines letzten, beklagenswerten Abrakadabra-Versuchs wieder die bewährte und einzig wahre Methode anzuwenden. Der M.-P. hat sich sogar erboten, seinen ehemaligen Partner, den Großen Vorsitzenden Kahn, zu »rehabilitieren«, von seinem eingemotteten Dasein im Börsensaal zu erlösen, damit er ihm bei der Interpretation des Ergebnisses hilft: eine Gewaltenteilung wie bei der ursprünglichen Konstellation.

Kurz gesagt, ein zweites Ordal! Wird der Papst die Selektion passieren oder ins Gas gehen? Werden die Getreuen sich um sein Kreuz versammeln? Und wenn ja – mit finanziellen Mitteln oder etwa mit stumpfen und spitzen Gegenständen? Bleiben Sie auf Empfang! Das Orakel mag es ans Licht bringen oder nicht – der Markt wird es auf jeden Fall tun. Er tut es immer. Unfehlbar!

In dem Zustand der Selbsterniedrigung, in den ich gefallen war, hieß ich seinen Hohn beinahe willkommen. Hinsichtlich der bevorstehenden Befragung, die er in ausgefallenen Formulierungen, immerhin aber mehr oder weniger zutreffend beschrieb, hatte ich nur wenig Hoffnung. Von dem fiebrigen Höhenflug, der erst ein paar Tage zurück lag, war meine Entschlossenheit und Zuversicht nach den persönlichen und öffentlichen Rückschlägen, die ich erlitten hatte, praktisch auf Null gesunken. Falls es überhaupt einen Zeitpunkt, eine Gelegenheit zum Insichgehen gab, zum Überlegen, ob ich aussteigen sollte oder nicht, dann war er jetzt da. Das kurze Auftauchen eines winzigen Zipfels meiner Seele, der von dem allgemeinen Ruin noch nicht berührt war, der noch aus den Trümmern meines Lebens gerettet werden konnte, jene Vision, die während der vorhergehenden Befragung ganz kurz vor meinen Augen erschienen war, stellte meine letzte Hoffnung dar und begleitete mich während jener Zeit fast ständig. Es war, als habe das Schicksal oder der Himmel mir eine kurze Erholungspause von der großen Feuersbrunst gegönnt, die in mir tobte, und meinen zerstörten Geist mit der Brise einer wehmütigen Erinnerung gekühlt, die sanft aus einer vergessenen Sommerdämmerung, aus einer anderen, besseren Zeit herüberwehte. Und in dieser Erholungspause, mit dieser Brise kam überraschend Yin-mi zu mir.

EINUNDZWANZIGSTES KAPITEL

Zwar war ich erstaunt, doch irgendwie nicht überrascht, als meine Sekretärin mir über die Sprechanlage Yin-mi meldete. Dennoch starrte ich bei dieser Nachricht, den Finger auf dem Sprechknopf, selbstvergessen in die Luft.

»Sir?« Mary hatte die Tür einen Spaltbreit geöffnet und beobachtete mich verwirrt und besorgt. »Was soll ich ihr sagen?« fragte sie flüsternd, als hätte sie Angst, daß jemand mithörte. »Soll ich sie reinschicken?«

Panik ergriff mich; ich erstarrte.

»Sir?« stieß sie voller Nervosität nach.

»Na schön«, antwortete ich leise.

»Na schön – *was?*« wollte sie energischen Tones wissen.

Ich atmete tief durch. »Führen Sie sie bitte herein!«

»Miss...« sagte Mary erleichtert und sah über ihre Schulter zurück. Sie hielt die Tür hinter ihrem Rücken offen, wandte sich zur Seite und lächelte flüchtig, als Yin-mi an ihr vorbeiging. Mary zog die Brauen hoch, als sei sie erstaunt, vielleicht aber auch ein wenig mißbilligend; dann verschwand sie und zog die Tür hinter sich ins Schloß.

»Hallo«, begrüßte mich Yin-mi.

Sie stand da, und ich hatte es fertiggebracht, sie nicht einmal zu bemerken, nicht richtig jedenfalls, bis ihre Stimme mich in die Wirklichkeit zurückholte.

Ihre Miene verblüffte mich, so anders war sie als das, was ich mir vorgestellt hatte. Sie lächelte und strahlte mich an, als wären wir zwei alte Freunde, die sich nach langer Trennung wiedersehen und zwischen denen nie eine Wolke die Atmosphäre verdüstert hat. Keine Spur von Groll, nichts von diesem niemals Vergessenen, niemals Vergebenen glühte in ihren Augen wie damals in denen von Li, als sie mich verließ. Statt dessen öffnete sich mir sozusagen eine weite, geruhsame Landschaft und forderte mich zum Eintreten auf.

»Hat die Katze deine Zunge geholt?« fragte sie leicht kokett.

Bei dieser Anspielung auf Katzen zuckte ich schmerzhaft zusammen; das brach den Bann. »Entschuldige bitte. Möchtest du nicht Platz nehmen?« sagte ich mit einer mechanischen Höflichkeit, deren Unangemessenheit mir sofort klar wurde.

Sie lachte mit glücklicher, klarer Stimme. »Du liebe Zeit, sind wir aber formell!« Sie nahm im Sessel Platz (so dicht bei mir!) und faltete die Hände im

Schoß; ihre Züge schimmerten freudig erregt. »Aber vorzustellen brauchen wir uns nicht noch mal – oder?« spöttelte sie mit spitzbübischem Schmollmund.

Ich antwortete nicht.

»Erinnerst du dich noch, wer ich bin?«

»Yin-mi«, antwortete ich in törichtem, benommenem Ernst.

»Gut!« Sie kicherte. »Und du bist Sun I.« Sie streckte die Hand aus und legte mir die kühle Spitze ihres Zeigefingers auf die Lippen. Bei dieser Berührung schloß ich die Augen und wand mich in einem lautlosen Anfall von Schluchzen.

Als ich wieder aufblickte, musterte sie mich mit ihrem vertrauten, feierlichen Ernst. Ich wischte mir mit dem Jackenärmel übers Gesicht, und plötzlich kam eine merkwürdige Leichtigkeit über mich. »Na, wie geht's denn?« erkundigte ich mich fröhlich, sprang auf und ging zu den Fenstern hinüber.

»Wie geht es *dir*?« gab sie in wesentlich ernsterem Ton zurück.

Ich schniefte, holte energisch Luft und wandte mich, ihre Frage ignorierend, wieder zu ihr um. »Laß dich mal ansehen!«

Es lag etwas wundervoll Rührendes in der leichten Scheu, mit der sie mir das gestattete; ihr Gesicht verfärbte sich, als sie die Augen niederschlug, wenn sie auch nicht richtig errötete; dann blickte sie mit einem leicht gequält wirkenden Lächeln wieder auf.

Ich betrachtete sie, nicht hungrig – ich verspürte nicht die geringste Spur Appetit auf irgend etwas –, sondern mit einer tiefen und dennoch köstlichen Freude, wie man sich, wenn man an einem frühen Morgen an einem Tuff Blumen vorbeikommt, wohl niedergebeugt, um ihren Duft und die kühle, feuchte Frische des Taus einzuatmen.

Wunderbarerweise hob sie, als könne sie hellsehen, in völliger Übereinstimmung mit meiner Vorstellung die Hand vom Schoß. »Ich habe dir etwas mitgebracht«, erklärte sie mit wunderschönem Lächeln und zeigte mir eine Chrysantheme, deren Stengel sie zwischen Daumen und Zeigefinger drehte wie den Griff eines winzigen Sonnenschirms.

Mich durchfuhr eine schmerzliche Dissonanz, zutiefst bittersüß. Ich nahm die Blume von ihr entgegen, betrachtete wehmütig stirnrunzelnd die Blütenblätter und legte sie vorsichtig auf die Schreibtischkante. Sie nahm sie und begann sie wieder nervös zu drehen.

Ich konnte nicht aufhören, über Yin-mi zu staunen – physisch, über ihre Präsenz. Sie trug einen schwarzen, enganliegenden Rock aus Wildleder, Strümpfe und modische Lederpumps, die ihr unheimlich gut standen. Sie wirkte vollkommen erwachsen, eine züchtigere, klassischere Version der eleganten jungen Frauen, die man an der »Street« zu Gesicht bekam. Allerdings trug sie kein Make-up, und ihr Cardigan hing offen über einer schlichten weißen Bluse mit rundem Kragen, die – ein liebenswerter, empfindsamer Zug – bis obenhin zugeknöpft war. Sie saß ganz vorn auf der Stuhlkante, steif aufgerichtet, die Knie schüchtern zusammengepreßt, die mit der Chrysantheme spielenden Hände im Schoß. Mir fiel eine angespannte, zerbrechliche

Grazie an ihrer Haltung auf, die mich an einen schußbereiten Bogen erinnerte, und ich entsann mich, daß ich sie damals, beim ersten Familientreffen im Haus ihrer Eltern, genauso gesehen hatte.

Ich studierte ihr Gesicht, verglich jeden Zug mit dem Bild, das ich mir von ihr bewahrt hatte. Ihre Haare waren länger geworden. Das stand ihr gut, veränderte ihr Gesicht, vervollständigte den Eindruck gewachsener Reife. Ihre Augen waren dieselben geblieben und würden es immer bleiben. Und der winzige, goldene Einschluß in ihrer Iris sowie der ganz leicht schiefstehende Zahn bewirkten, daß ich innerlich vor Freude auflachte, als hätte ich zufällig etwas Kostbares entdeckt, das ich einst verloren und im Streß des Alltagslebens vergessen glaubte. Aber *sie* war niemals verlorengegangen. Sie wiederzusehen war vielmehr, als nehme man ein hochgeschätztes Andenken aus der Schachtel, in der man es sorgfältig aufbewahrt hatte, möglicherweise jahrelang, und betrachte es nun mit frischen, neu erwachten Sinnen. Ich erkannte jeden Zug, und doch waren sie alle irgendwie neu; und hinter diesen Zügen, hinter diesem Gesicht, lag eine neue, ganz neue Eigenschaft, neu und unbekannt, etwas, auf das ich nicht mit dem Finger deuten, etwas, das ich nicht verstehen konnte.

»Du hast dich verändert«, stellte ich fest.

»Findest du?« Sie hob die Hand, berührte ihr Haar, strich es sich mit dem Finger hinters Ohr.

Ich nickte, bei der Erinnerung lächelnd.

Sie errötete. »Du aber auch.« Ihre Bemerkung war vollkommen durchsichtig; als sie sie aussprach, erwiderte sie mein Lächeln. Ich aber wandte mich den Fenstern zu und starrte finster auf die gegenüberliegende Gebäudereihe.

»Ich dachte, du hättest vielleicht Hunger«, sagte sie nach einer Weile. »Ich hab' dir einen Lunch mitgebracht.« Vom Fußboden neben ihrer Handtasche nahm sie eine weiße Papiertüte und hielt sie mir zur Inspektion entgegen. »Eigentlich ist er aber von Vater.«

»Von Lo?« erkundigte ich mich erstaunt.

Sie nickte.

»Wie geht's ihm denn?«

»Gut, wie immer«, antwortete sie. »Er sagte, ich soll den jungen Drachen grüßen.« Sie lachte.

Ich musterte sie forschend. »Du hast ihm gesagt, daß du zu mir willst?«

Sie nickte. »Er meinte, das soll ich ruhig tun.«

»Hast du mit ihm gesprochen, wegen ...?« Ich ließ den Satz unbeendet.

Sie antwortete mit einem offenen Blick.

»Mit deiner Mutter auch?«

Ihre Miene wurde ernst, und sie schüttelte den Kopf.

Ich blickte weg; irgend etwas stimmte da nicht. Blumen, Lunch... Ich war sprachlos über ihre Großherzigkeit und ihren Takt, war ihr dankbar dafür, auch wenn beides, wie ich wohl wußte, ganz natürlich bei ihr war. Sie erwähnte nichts, gar nichts, als hätten wir unser Gespräch dort wiederaufgenommen, wo wir es nach einer unbedeutenden Störung abgebrochen hatten. Und möglicherweise traf das auch zu: Ich jedenfalls konnte die Versöhnung nicht akzeptieren.

Sie war sie mir nicht schuldig. Sie gewährte sie mir. Ich spürte ein geheimnisvolles Ziehen im Herzen, als formten sich Eiskristalle an einer Fensterscheibe. Genau das war's: Yin-mi gab immer nur. Immer kam sie mir voll Nachsicht entgegen. Dabei wollte ich Gerechtigkeit. Wollte Gerechtigkeit gegen mich – und würde sie auch bekommen. Ich hatte etwas gegen die Vergebung, die in jeder Regung ihres Gesichts, in jedem Blick ihrer Augen geschrieben stand. Nicht, daß ich nicht eine ungeheure Zärtlichkeit für sie empfunden hätte, und mehr noch als Zärtlichkeit: einen starken Beschützerinstinkt. Ich wünschte mir sehnlichst, sie zu beschützen – vor mir selbst. Nicht vor einem Schaden, den ich ihr zuzufügen beabsichtigte, sondern vor der Vergangenheit. Ich wollte schlicht und einfach in ihrem Namen gegen mich gewalttätig werden, und zwar aufgrund vergangener Dinge, obwohl die Vergangenheit vorbei und unwiederbringlich dahin war. Das wußte ich, und doch wollte ich es immer noch, weil es eine Schuld abzuzahlen galt. Weil ich ihr das schuldig war. Und ich würde bezahlen. Ingrimmig und verbissen.

»Warum bist du gekommen?« fragte ich barsch.

»Brauche ich einen Grund?«

Ich stieß ein kurzes, häßliches Lachen aus. »Du vielleicht nicht«, antwortete ich, »aber ich.«

»Es ist lange her«, sagte sie.

»Wie lange?«

»Zu lange.«

»Lange, lange«, gab ich boshaft und rätselhaft zurück.

»Was ist los mit dir, Sun I?« In ihrem Ton entdeckte ich eine Andeutung unbestimmter Verzweiflung, die mich erschreckte, mehr erschreckte als alles andere. »Wenn ich dir irgendwie weh getan habe... das wollte ich nicht. Aber wenn ich dir weh tue – dann gehe ich.«

»Nicht!« sagte ich hastig und mit mehr Flehen im Ton, als ich ihr hatte zeigen wollen. »Geh nicht, Yin-mi!«

Sie zwinkerte mit den Augen. »Ich habe mit Pater Riley gesprochen.«

»Aha.« Ich lehnte mich im Sessel zurück und baute einen Kirchturm mit meinen Fingern, den ich beim Sprechen betrachtete. »Er hat dir von unserem kleinen Rencontre erzählt.«

»Er sagte, du hättest versucht, das Abendmahl zu nehmen.«

Ein Luftstrom schoß explosionsartig aus meiner Nase: lachen, kichern, seufzen. »Der Einschleichdieb«, höhnte ich und drückte die Zähne in Nägel und Fleisch meiner beiden Zeigefinger, dem ersten Bogen des Kirchturms. »Der Einschleichdieb des Sakraments.« Ich grinste unverschämt.

»Das ist nicht komisch«, schalt sie mich ruhig und ernst. »Er sagte, du hättest konvertieren wollen.«

Stirnrunzelnd wandte ich wieder den Blick ab. »Es war ein Scherz«, behauptete ich mürrisch, ohne mich darum zu scheren, ob sie mir glaubte, »ein alberner Scherz.«

»Ich wußte gar nicht, daß du albern bist«, erklärte sie und ging damit weiter, als sie es hätte tun dürfen.

Ich schenkte ihr ein spöttisches Lächeln. »Es gibt eine Menge, was du noch nicht von mir weißt.«

»Das weiß ich«, gab sie errötend zu und blickte auf die Chrysantheme hinab, die sie spontan mit der gewölbten Hand zu schützen versuchte wie mit einem Schild.

Abermals verspürte ich das Ziehen im Herzen. »Dies alles hier...« begann ich, in meinem Sessel wippend, und fing noch einmal von vorn an. Ich breitete die Hände mit den Handflächen nach oben aus: Rileys Geste, wenn er die Gemeinde zum Altar einlädt. »Bist du nicht beeindruckt?«

Sie ließ den Blick keinen Zoll in diese oder jene Richtung wandern, sondern hielt ihn fest auf mich gerichtet. »Es ist wunderschön«, räumte sie ein.

Ich schnaufte mißmutig und wandte den Blick ab. »Ach, das ist nichts«, behauptete ich säuerlich.

»Wenn du das weißt...« Sie ließ den Satz in der Luft hängen.

Ich schüttelte den Kopf. »Spielt keine Rolle. Wissen hilft auch nichts. Außerdem ist es mir nie darum gegangen.« Heftig, vorwurfsvoll wandte ich mich zu ihr um. »Du solltest das wissen!«

Errötend schlug sie die Augen nieder.

»Ich bin verloren, Yin-mi«, sagte ich ernst, doch ohne mich selbst zu bemitleiden.

Sie sah zu mir auf; ihr Blick war eindringlich, voll Widerspruch, tränenverschleiert.

Mit überzeugter Endgültigkeit schüttelte ich den Kopf. »Es stimmt. Ich weiß es. Ich gebe es zu.« Mit leerem Blick starrte ich zum Fenster hinaus. »Das einzige, was mich jetzt noch interessiert, ist er.«

»Wer?« wollte sie wissen.

»Mein Vater«, antwortete ich, erstaunt, daß sie noch fragen mußte. »Erinnerst du dich an Coney Island?«

»Wie könnte ich das je vergessen?« gab sie liebevoll zurück.

»Damals habe ich dir gesagt, er sei tot, nicht wahr?«

Sie nickte.

Ich fixierte sie mit einem Blick, der meine nächsten Worte bereits verriet. »Ich habe ihn gesehen.«

»Deinen Vater?«

Ich nickte mit geschlossenen Augen.

»Wo denn?«

»Auf der Galerie.«

»Hast du mit ihm gesprochen?«

»Ich war unten im Börsensaal.«

»Wann?«

»Während der Panik«, berichtete ich. »Nachdem wir unser Übernahmeangebot veröffentlicht hatten.«

Sie zwinkerte verständnislos bei diesem unbekannten Jargon. »Bist du sicher, daß du dir das nicht nur eingebildet hast?«

Ich funkelte sie böse an. »Du glaubst wohl auch, ich bin verrückt, oder?«

fragte ich schrill. »Genau wie Li. Findest du auch, ich müßte einen Arzt aufsuchen?« Haßerfüllt lächelnd, spie ich ihr die Worte entgegen. »Du bist gekommen, um mich zu retten«, behauptete ich schneidend.

»Ich wünschte, ich könnte es«, sagte sie schmerzlich ernst. »Ich würde alles tun. Alles.« Sie atmete tief ein und schüttelte dann seufzend den Kopf. »Nein. Ich glaube nur, daß du dich quälst«, fuhr sie ruhig fort und sah mir forschend ins Gesicht, als sei es ein Buch, in dem sie las. »Furchtbar quälst. Und ich möchte dir helfen.«

Ein Schluchzen blieb mir in der Kehle stecken wie ein unterdrücktes Niesen, und ich wandte mich ab, bis ich mich wieder gefangen hatte. »Ich brauche deine Hilfe nicht«, erklärte ich mit kalter, tonloser Stimme, »und will sie auch nicht.«

Der Kummer in ihrem Blick wurde ganz fern. Wie ein Stich durchfuhren mich Panik und Verzweiflung.

»Warum solltest du mir helfen wollen?« fragte ich sie mit abgewandtem Blick. Ich wollte sie zurückholen, ohne das zurücknehmen zu müssen, was ich bereits getan hatte. »Das verdiene ich nicht.« Sekundenlang hatte ich sie bei meiner aufrichtigen Selbstanklage völlig vergessen.

»Was soll das heißen, du verdienst es nicht?« fragte sie sanft. Sie war zurückgekommen.

»Nach dem, was... Nach allem«, erklärte ich, »wie ich dich behandelt habe.«

»Ich glaube nicht, daß du mir ein einziges Mal weh tun wolltest, Sun I«, behauptete sie energisch, als sei das ein Punkt, von dem sie sich nichts abhandeln lassen wolle. Und plötzlich erkannte ich, wo sie blind und schwach war, und daß genau das sie so unerhört stark machte. Das war der Heizfaden ihres innersten Lebens.

»Du warst gefangen in Umständen, über die du keine Kontrolle hattest«, sagte sie, und es klang wie das Echo von etwas Vergessenem.

»Dann hältst du mich für unschuldig?« fragte ich ungläubig und vorwurfsvoll.

»Nicht ganz. Aber auch nicht für ganz und gar schuldig.«

Mich überkam ein Gefühl des Déjà vu. »Und auf wen fällt der Rest der Schuld?« wollte ich wissen, wiederholte die nächste Zeile schon im voraus wie ein alter Schauspieler, der die Rolle auswendig kennt, zu genau, um sie je zu vergessen, obwohl das Stück aus seinem Gedächtnis geschwunden ist.

Sie schloß die Augen und schüttelte mit unglücklichem Lächeln den Kopf.

»Auf die Welt«, formte ich lautlos mit den Lippen, ihre Worte vorwegnehmend.

»Ich weiß nicht...« Damit überraschte sie mich. »Auf alle.«

Wieder zuckte das Echo durch meinen Kopf. Unfähig, es festzuhalten, ließ ich es seiner Wege gehen – durch die finsteren Korridore der Erinnerung bis in die Dunkelheit, aus der es aufgetaucht war.

»Vom ersten Augenblick an, als ich dich sah...« fuhr sie mit einer Stimme fort, die ein wenig zitterte, einer Stimme, die ich kannte.

»Nicht!« bat ich leise, die Augen noch immer geschlossen, weil ich dem Echo nachhorchte, das sich entfernte.

»Sonnengebräunt, gesund«, schilderte sie mich, ohne meinen Einwurf zu beachten, »die Hände voll Schwielen von der Arbeit auf dem Schiff, die Augen klar, das Gesicht, wie ich es in Erinnerung habe, wie ich es am besten kenne, ernsthaft und gespannt, und dennoch still und gelassen, nicht wie es jetzt ist, nervös, bitter, verzweifelt, angstvoll, mit blauen Schatten unter den Augen...« Sie beugte sich vor, legte die Hand an meine Wange und strich mit dem Daumen unter meinen Augen hin, kühl, sanft, lindernd. »Ich könnte weinen, wenn ich dich so sehe«, flüsterte sie mit zuckenden Lippen.

»›Vom ersten Augenblick an...‹« erinnerte ich sie.

Sie ließ die Hand sinken und lehnte sich wieder zurück. »Du warst fest entschlossen, irgendeine unvorstellbare Wahrheit vom Grund der Welt heraufzubaggern, wohin sie gesunken und wo sie dann vergessen worden war. Ich begriff kaum, um was es ging, wußte nur, daß diese Wahrheit irgendwie der Schlüssel dazu war, daß du dich selbst verstehen konntest, und daß du alles auf dich genommen hättest, um sie zu finden.«

»›Vom ersten Augenblick an...‹«, soufflierte ich müde.

»Vom ersten Augenblick an«, griff sie den Faden auf, »wußte ich, daß mir bestimmt war, dich zu lieben und dir zu helfen. Und daß dir bestimmt war, mich auch zu lieben. Eines Tages. Erlaube es mir.«

Ich sah sie an, wie ich einst vom Waldrand zu dem kleinen Mädchen zurückgeschaut hatte: in dem Bewußtsein, daß sie meine einzige Hoffnung auf etwas Glück im Leben war und daß ich sie niemals haben würde. Das Leben würde es mir nicht erlauben, ich würde es mir selbst nicht erlauben. Und in einem einzigen Augenblick sah ich meine Zukunft voraus, wie ich Yin-mi immer wieder, auf ewig suchte, fand, verließ, sie gehen ließ und mich schließlich voll Kummer nach ihr sehnte, zuletzt immer das, zuletzt wurde der Zyklus immer zurückgeführt auf diesen einen schrecklichen Kummer. Auf immer und ewig.

»Gib's auf, Yin-mi!« riet ich ihr, im Herzen ein schmerzliches Mitleid mit uns beiden.

»Ich kann nicht«, antwortete sie mit tränenverschleierten Augen.

Ich lächelte bedrückt. »Du konntest es nie.«

Sie bedeckte ihr Gesicht mit dem Handrücken und weinte.

»Und du sagst das immer noch, sogar nach Li?« Ich kam wieder darauf zurück, wog es in Gedanken ab, konnte es nicht verarbeiten. Ich lächelte. »Du hast mich einmal beschuldigt, weltfremd zu sein. Ich sei ein Träumer, hast du gesagt.« Ich lachte. »Der Träumer bist du, Yin-mi. Nicht ich.«

Sie wischte sich mit dem Ärmel die Nase. »Meine Träume gelten der Realität«, antwortete sie. »Die deinen einer Illusion.«

»Du würdest mir nie verzeihen können«, gab ich unaufrichtig zurück. »Und was mehr ist« – ich wandte mich ab –, »ich könnte mir selbst niemals verzeihen.«

»Was immer da zu verzeihen war«, erklärte sie mit tränenerstickter Stimme, »falls überhaupt etwas zu verzeihen war, verzeihe ich dir jetzt. Ich habe es dir damals verziehen. An jenem ersten Abend. Auf immer und ewig.«

»Eine Hölle ohne Ende«, bemerkte ich voll verzweifelter Ironie.

Dann plötzlich schlug meine Stimmung um, und ich fühlte mich seltsam heiter und fröhlich. »Hör auf zu weinen!« schalt ich sie mit törichter Zuneigung wie ein alter Freund. »Warum weinst du?«

Den Blick zu Boden gerichtet, immer noch weinend, schüttelte sie den Kopf, als sei sie zu keiner Antwort fähig. »Ich weiß es nicht«, antwortete sie schließlich mit Mühe. Unsere Blicke trafen sich. Auf ihrem Gesicht lag ein wundervolles Leuchten, das durch die Tränen hindurchschimmerte. »Irgend etwas in meinem Herzen.«

Von der Erinnerung eingeholt, lächelte ich schmerzlich.

»Sun I, hör zu!«

»Nicht, Yin-mi!« flehte ich sie an. »Wenn du so weitermachst, fange ich auch noch an zu weinen. Und ich kann nicht weinen. Ich kann einfach nicht.«

Sie erwiderte meinen Blick voll Kummer und Mitgefühl.

»Ich habe keine Tränen mehr.«

»Was kann ich für dich tun?« fragte sie. »Sag mir, was du brauchst.«

Ich schüttelte den Kopf. »Ich will nur noch bezahlen«, erklärte ich und nahm dieses Thema wieder auf. »Sonst nichts. Dich nicht. Gar nichts. Nur das. Bezahlen, damit ich's hinter mir habe, was immer es ist, was immer ich schuldig bin. Den Preis. Um damit fertig zu sein. Aus.«

»Du bist sehr müde«, stellte sie fest. »Müde auf eine Art und Weise, wie ich es noch niemals bei einem Menschen gesehen habe.«

»Ja«, stimmte ich ihr schlicht und einfach zu.

»Eines Tages wirst du wieder anders empfinden«, meinte sie: eine schöne, von Hoffnung erfüllte Verheißung. »Irgend etwas wird dich wiederaufrichten. Das Leben. Du wirst dich erfrischt fühlen. Du wirst dich ganz neu fühlen.«

»Es gibt nichts wiederaufzurichten«, widersprach ich ohne die geringste Spur Selbstmitleid. »Nur Asche und das, was noch glüht.« Ich schüttelte den Kopf. »Und weißt du was? Ich möchte gar nicht wiederaufgerichtet werden.« Das wurde mir selbst erst eben klar, als ich es aussprach. »Ich will nur noch bezahlen. Den Preis bezahlen.«

»Und was ist der Preis, Sun I?« fragte sie mit schief gelegtem Kopf und aufmerksam zusammengekniffenen Augen.

»Wer weiß?« erwiderte ich achselzuckend. »Alles.« Unvermittelt erschien mir das komisch, und ich lachte.

»Ich glaube dir nicht«, begehrte sie auf.

»Danke.« Ich blickte fort. »Aber du irrst dich.«

»Was ist mit dir geschehen?« wollte sie wissen. »Hat *sie* dir das angetan?«

»Li?« Ich lachte. »Glaubst du wirklich, daß sie das könnte?«

»An jenem Abend, als ich euch sah«, sie starrte angestrengt an mir vorbei, »da hat es mir fast das Herz gebrochen. Du sahst aus wie ein wildes Pferd, das man eingefangen, gezähmt, an einen Zirkus verkauft und dann gezwungen hat, mit einem Hut, durch den die Ohren schauen, Tricks vorzuführen.«

Ich zog die Stirn kraus. »Das ist äußerst unliebenswürdig. Und sehr häßlich. Es paßt nicht zu dir.«

»Tut mir leid«, entschuldigte sie sich mit niedergeschlagenen Augen. »Entschuldigung bitte!«

»Du weißt doch, daß ich sie geliebt habe.« Ich ließ zu, daß sich mein Zorn selbst schürte, machte keinen Versuch, die Ofentür zu schließen. Voll Grausamkeit betonte ich das ›sie‹.

»Hat sie dich auch geliebt?« fragte sie tief errötend.

Ich lachte. »Jetzt kommen wir zum Kern der Sache, nicht wahr? Zum wahren Kern. Sie hat mir's gegeben«, fuhr ich sie mit wütender Bosheit an, »und ich hab's ihr auch gegeben. Vorwärts und rückwärts«, ergänzte ich und genoß meine Gemeinheit.

»Was?« fragte sie und bat mich mit Blicken und mit der Stimme, meine Lautstärke zu reduzieren, mich zu beruhigen. »Das Juwel im Schatzkästlein deines Lebens?«

Dieser Hieb saß, und ein Tropfen klares Blut floß aus der schwärenden Wunde. »Ich hab's, glaube ich, versucht«, antwortete ich gequält, jedoch dankbar für die Erleichterung. »Aber Li wollte es nicht. Sie hat niemals an mich geglaubt, Yin-mi. Nicht so, wie du es getan hast.«

»Ich tue es immer noch«, flüsterte sie.

Voll Bitterkeit schüttelte ich den Kopf. »Das spielt keine Rolle mehr. Es ist zu spät.«

»Warum?« fragte sie. »Warum ist es zu spät?«

»Weil ich jetzt selbst nicht mehr an mich glaube.«

Darauf schien sie keine Antwort zu haben, sie sah mich nur an. Es gab nichts zu sagen.

Das Feuer flammte wieder auf. »Sie hat mir Sex gegeben«, sagte ich. »Das hast du nie getan.«

»Du hast mich nie darum gebeten«, antwortete sie sofort, als habe ihr die Antwort schon auf den Lippen gelegen. Sie lächelte mich an, zärtlich, ein bißchen verletzt, fast mit Humor, sehr direkt. Ihr Freimut erschreckte mich, jawohl, erschreckte mich tatsächlich. Ich staunte, daß ich noch erschrecken konnte. Sie war erschreckend schön in ihrer Jugend, ihrer Unschuld, ihrer Unerschrockenheit. Genau: erschreckend schön.

»Und wenn ich dich jetzt darum bäte?« stieß ich aus einem Impuls heraus hervor, während das Ziehen im Herzen wieder begann.

»Bitte nicht, Sun I!« flehte sie.

»Nein«, hakte ich hartnäckig nach, »was wäre dann? Du hast vorhin gesagt, du wolltest mich retten, du würdest alles für mich tun. Was aber, wenn das der Preis wäre? *Dein* Preis?«

Sie schüttelte den Kopf. »»Es würde nichts helfen.«

»Woher willst du das wissen? Und wenn ich glaube, daß es helfen wird? Was, wenn ich jetzt sagen würde, es hilft?«

Sie blinzelte mit den Augen, weder zustimmend noch ablehnend.

Ich drückte auf den Knopf der Sprechanlage, ohne den Blick von ihr zu lassen, und lächelte mit verblendeter Selbstsicherheit. »Mary, vorläufig keine Anrufe. Sorgen Sie dafür, daß wir...« ich streifte meine Manschette zurück, sah erst auf die Uhr und dann, grausam offen, Yin-mi in die Augen »... sagen wir, fünfzehn Minuten nicht gestört werden. Oder nein, machen wir eine halbe Stunde draus.« In diesem Augenblick wußte ich, daß etwas Monströses in meinem Herzen lauerte, daß ich ohne Aussicht auf Rettung verloren war. Bei allem, was geschehen war, hatte ich doch niemals die Gegenwart von etwas tatsächlich aktiv Bösem gespürt, das in mir lebte und sich regte, jetzt aber spürte ich es und genoß dieses Gefühl sogar. Es war beglückend, obwohl es mir davor graute – wie bei einer Karussellfahrt, wie beim Riesenrad.

»Was ist?« höhnte ich grausam. »Hast du etwa Angst?«

»Ja«, gestand sie mit einer Stimme, die mich durch ihre Ruhe bestürzte, »um dich.«

Ich schürzte geringschätzig die Lippen. Ich musterte sie über den Kirchturm meiner Finger hinweg, kaute voll kühler, nervöser Energie am ersten Bogen und wartete.

Eine mit Abscheu vermischte Resignation zeichnete sich auf ihrem Gesicht ab. Dicke Tränen rollten ihr über die Wangen. Dann hob sie, den Blick gesenkt, langsam die Hand mit dem so schlanken, so weißen, so zierlichen Handgelenk, betrachtete sie fast so, als gehöre sie jemand anders, und öffnete den obersten Knopf ihrer Bluse. Was ich niemals vergessen werde, ist, daß sie lächelte. Dieses Lächeln kann ich nicht vergessen. Was hatte es zu bedeuten? Ich war von Staunen erfüllt, und plötzlich schluchzte ich auf, barg das Gesicht in beiden Händen. »Verschwinde!« schrie ich, sank mit dem Oberkörper auf die Schreibunterlage und weinte hemmungslos. »Es war nur ein Scherz, ein schlechter Scherz!« Ich hatte jegliche Selbstbeherrschung verloren, war völlig hysterisch, lachte und weinte zugleich, während ich mich das sagen hörte.

Als ich dann aufblickte, war sie fort. Auf ihrem Sessel lag der grüne Stengel der Chrysantheme, die sie auf ihrem Schoß kahlgezupft hatte; die zerrissenen Blütenblätter lagen über den Sitz und auf den dunklen Flor des Teppichs verstreut.

Ich war merkwürdig ruhig. Die weiße Tüte fiel mir ins Auge; ich öffnete sie und spähte hinein. In weißen Schachteln mit Drahthenkeln ruhten in einem Nest von Servietten zwei Glücksplätzchen. Ich nahm sie heraus und brach sie entzwei. Auf dem Zettel des ersten hieß es: SELBST GLÜCKLICHE SCHICKSALSWENDUNGEN KOMMEN OFT IN EINER FORM, DIE UNS ZUNÄCHST SELTSAM ERSCHEINT. Ich erkannte eine Stelle aus dem *»I Ging«*. Auf dem zweiten stand: HÜTE DICH VOR DEM, WAS DU DIR WÜNSCHST; DU KÖNNTEST ES BEKOMMEN. Darüber mußte ich lächeln, und ich fragte mich, welches Plätzchen für mich, welches für sie bestimmt gewesen war. Ich glaubte es zu wissen.

Geistesabwesend steckte ich eines der Bruchstücke in den Mund, wischte die restlichen Krümel von der Schreibtischkante in den Papierkorb und richtete meine Aufmerksamkeit auf etwas anderes. Gleich darauf hatte ich vergessen, daß sie bei mir gewesen war.

ZWEIUNDZWANZIGSTES KAPITEL

An die zweite Befragung ging ich beinahe fröhlich heran. Ihre möglichen Konsequenzen für das Schicksal der Übernahme, für die Zukunft der Rising Sun Enterprises selbst, ganz zu schweigen von meiner persönlichen Zukunft, kümmerten mich kaum. Nicht, daß ich die Hoffnung oder das Interesse verloren oder nicht erkannt hätte, wie gefährlich die Lage war: Als die »Hörner«, die über meine Einstellung und mein Verhalten begreiflicherweise verzweifelt waren, mich einzeln und gemeinsam in diesem Sinne belehrten, nickte ich feierlich, verstand sie genau, stimmte ihren Maßnahmen zu und versprach, mich zu bessern. In Wahrheit aber hatte ich bei der straffen Organisation meines Innenlebens keine Zeit für derartige Banalitäten, denn ich war ganz erfüllt von einer weit wichtigeren Verpflichtung: dem Dasein gegenüber, dem Dasein selbst, das ich unerbeten als Eigentum von einem unbekannten Geber geerbt hatte, ein Geschenk, eine Last, die nun plötzlich einhundert Prozent meiner Zeit, meiner Aufmerksamkeit und verfügbaren Reserven erforderte. Nicht etwa, daß ich mich gehetzt oder bekümmert gefühlt hätte, auch nicht, daß mir besonders schwere, geschweige denn unüberwindliche Hindernisse im Weg lagen oder daß ich bewußt Schmerzen oder Qualen litt, es war nur ganz einfach so, daß das Leben in seinen elementarsten Anwendungsformen – einen Türknauf zu drehen, durch einen Raum zu meinem Schreibtisch zu gehen, mich hinzusetzen, einen gespitzten Bleistift zur Hand zu nehmen, Aufgaben, auf deren Erledigung ich minutenlange Konzentration verwendete und dabei höchste Befriedigung und Genugtuung empfand – mich vollständig in Anspruch nahm, daß Vergangenheit und Zukunft so fern wurden wie die Metaphysik oder der Mond.

Doch das war nur eine vorübergehende Phase. Ich glaube, meine Psyche ruhte sich instinktiv aus, um auf das Auflodern des Ruhms vorbereitet zu sein, der unter dem Gewicht der Asche dessen, was bereits von einer spontanen, durch die Schwere des Ruins entzündeten Flamme verzehrt worden war, noch immer heiß glühte.

Aber es tat gut, Kahn wiederzusehen.

Seine Gegenwart beruhigte mich, schien die alte Sicherheit, die relative Sicherheit mitzubringen, mit Fug und Recht nach sich zu ziehen, die in den ersten, hoffnungsfrohen Tagen existiert hatte, als es uns gelungen war, unsere

Idee zu entwickeln und in der Bull Inc. zu verwirklichen. Es tat gut, ihn wiederzusehen, obgleich er mich mit demselben Licht in den Augen betrachtete wie während der schweren Wochen nach seinem Ultimatum und dem Bericht von Eddie Loves späterem Schicksal. Ich tat mein Bestes, ihn hinsichtlich meines persönlichen und geschäftlichen Wohlergehens zu beruhigen, jedoch mit geringem Erfolg. Er war sogar noch ängstlicher darauf bedacht, daß wir mit unserer Initiative Erfolg hatten, als ich.

Obwohl es kaum möglich schien, war diese zweite Befragung eine noch gewaltigere Inszenierung als die erste, als das Ordal selbst, und überdies weitaus bedeutungsschwerer, weil für uns viel mehr auf dem Spiel stand. Das Ordal war weitgehend als Witz konzipiert worden, und die Neugierigen waren mit Eiern und faulem Obst herbeigeströmt, um uns auspfeifen zu können. Die Befragung mit dem Ergebnis *gu* hatte so ausgesehen, als sei sie einfach ein weiterer Erfolg in der langen Reihe der Erfolge, die inzwischen monoton und banal geworden waren – wenigstens bis zu ihrem katastrophalen Ende. Nun aber war die Reihe unterbrochen worden, und diesmal versammelten sich die Horden der Wall Street mit rotglühenden, gierigen Augen wie Aasgeier um ein verwundetes Tier, das noch schwächlich um sich schlägt.

Nein, diesmal war überhaupt nichts witzig daran. Der Gestank heißen Blutes füllte die Luft, und sie lauerten mit widerlicher Ungeduld an der Peripherie, warteten auf irgendein Zeichen, den verräterischen Klang eines Stöhnens, eine bezeichnende Stille, um sich sodann auf das Opfer zu stürzen und es zu zerreißen. Das weckte den Zorn in meinem Herzen und ließ mich zum Teil wieder ich selbst werden. Ich dachte an die Gesichter all der Männer, die wir zerschmettert hatten, an jenen ungeheuren, finsteren, militanten Haß, an die Verzweiflung; und obwohl ich den gleichen Ausdruck zu unterdrücken, obwohl ich sogar zu lächeln versuchte, wußte ich, daß er sich auch auf meinem Gesicht eingegraben hatte. Auch sie hatten gelächelt, wie ich mich erinnerte, mich mit demselben todgeweihten, gequälten Fluch niedergelächelt, mit dem ich jetzt die anderen niederlächelte. Aber es zündete wieder meinen Elan. Ich dachte an das, was Yin-mi gesagt hatte – »Irgend etwas wird dich wiederaufrichten«, und lächelte voll morbider Ironie. »Das Leben«, hatte sie mir verheißen. Der Haß hatte es getan. Möglich, daß Haß Leben war. Und je mehr ich über diese Auslegung nachdachte, desto profunder wurde die Vorstellung des Lebens als kalte Raserei gegen Schwunglosigkeit, gegen Entropie. Zum Verlieren bestimmt.

Auf meine Befragung – diesmal genau nach Vorschrift, nicht mit Münzen, sondern sogar mit Schafgarbenstengeln – antwortete das Orakel mit dem Hexagramm *ming i, kun* über *li*, Erde über Feuer, die »Verfinsterung des Lichts«.

> Die Sonne ist hier unter die Erde gesunken, daher verdunkelt. Der Name des Zeichens bedeutet eigentlich Verwundung des Hellen, daher die einzelnen Linien auch vielfach von Verwundung reden.

Bewegte Striche gab es am vierten und am sechsten Platz:

Sechs auf viertem Platz bedeutet:
Es dringt in die linke Bauchhöhle ein. Man erhält das Herz der Verfinsterung des Lichts und verläßt Tor und Hof.
Man befindet sich in der Nähe des Hauptes der Finsternis und erfährt so seine geheimsten Gedanken. Auf diese Weise erkennt man, daß Besserung nicht mehr zu erhoffen ist.

Oben eine Sechs bedeutet:
Nicht Licht, sondern Dunkel. Erst stieg er zum Himmel empor, dann stürzte er in die Tiefen der Erde hinunter.
Hier ist der Höhepunkt der Finsternis erreicht. Die finstere Macht war erst so hochgestellt, daß sie alle Guten und Lichten verletzen konnte. Zum Schluß jedoch geht sie an ihrer eigenen Finsternis zugrunde, denn das Böse muß in dem Augenblick stürzen, da es das Gute vollkommen überwunden und damit die Kraft aufgezehrt hat, der es bisher seinen Bestand verdankte.

Der vierte Strich war weiß Gott nicht vielversprechend (oder vielleicht zu sehr), doch nach dem anfänglichen Vorzeichen für ein Desaster gab mir der Kommentar zum letzten Strich – »oben eine Sechs« – neue Hoffnung. Denn wer anders war diese »finstere Macht« als Eddie Love, mein Vater, der »erst so hochgestellt« war, der aber nun aufgrund meines eigenen Aufstiegs endlich in Schlagweite war? Tatsächlich hatte ich »in der Nähe des Hauptes der Finsternis seine geheimsten Gedanken« erfahren – ich, der ich die ganze Zeit auf der Seite des »Guten und Lichten« gewesen war. »Zum Schluß jedoch geht sie an ihrer eigenen Finsternis zugrunde, denn das Böse muß in dem Augenblick stürzen, da es das Gute vollkommen überwunden und damit die Kraft aufgezehrt hat, der es bisher seinen Bestand verdankte.« Diese Prophezeiung war mir eine unsagbare köstliche Genugtuung, und ich freute mich jetzt schon auf ihre Erfüllung.

Kahn jedoch, dessen Aufgabe es war, ihre Anwendung auf den Markt abzuleiten, war nicht ganz so optimistisch. Und so entließen wir nach einer halben Stunde ergebnislosen Bemühens die Presse und vertagten die Sitzung, um ihm Zeit zu weiteren Überlegungen zu schaffen.

»Ich kann einfach nicht denken, Kleiner«, sagte er und schüttelte verlegen den Kopf. »Es klingelt nicht bei mir.« Er blickte auf. »Es sei denn, es ist ein Zeichen, Verkaufsoptionen auf die American Power and Light selbst zu erwerben.« Er grinste. »Kapiert? ›Die Verfinsterung des Lichts‹?«

»Kapiert, Kahn«, antwortete ich. »Es ist natürlich Ihr Baby, aber halten Sie es wirklich für klug, Verkaufsoptionen auf eine Aktie zu kaufen, die unser eigenes Übernahmeangebot in die Höhe treibt?«

»War nur ein Witz, Kleiner, Beruhige dich! Keine Angst, mir wird schon etwas einfallen. Es gibt da ein paar Möglichkeiten, die ich noch näher untersuchen will, bevor ich mich festlege. Ich sag' dir Bescheid, wahrscheinlich bis acht oder neun Uhr heute abend.«

Aber es war schon nach neun am nächsten Morgen, als ich endlich von ihm hörte, nur wenige Minuten vor Börsenbeginn. Die »Hörner« waren außer sich. Ich hatte die ganze Nacht versucht, ihn zu erreichen.

Ich dachte, er käme von einer Sauftour, als er mein Büro betrat. Das Jackett hatte er sich an einem Finger über die Schulter gehängt, die Hemdsärmel hochgekrempelt und den schief hängenden Krawattenknoten tief heruntergezogen. Bläuliche Bartstoppeln bedeckten seine Wangen fast bis zu den Jochbeinen, und unter den geröteten Augen hingen dicke Säcke. Trotzdem grinste er wie ein Spitzbube.

»Aber Kahn, Sie sind ja betrunken!« protestierte ich entrüstet.

Ein Ausdruck der Empörung trat auf sein Gesicht. »Keineswegs, Don José«, spöttelte er und warf sein Jackett wie eine Capa vor mir auf den Schreibtisch.

»Wo waren Sie?« wollte ich wissen. »Ich hab' Sie die ganze Nacht zu erreichen versucht.«

»In der Columbia University.« Wieder einmal gab er so wenig wie möglich preis und genoß wie immer seinen Vorteil.

»Columbia?«

Er nickte gähnend und hielt sich mit gespieltem Gleichmut den Handrücken vor den Mund. »In der Bibliothek. Wollte mal nachsehen, ob meine alte Lesenische noch existiert.«

»Kahn!« drohte ich ihm.

Er nahm sein Jackett wieder auf und zog eine gefaltete Zeitung aus der Seitentasche; dabei fischte er auch ein paar Bonbons mit heraus und bot sie uns an. Alle lehnten dankend ab. »Bestimmt nicht? Das ist gut«, kommentierte er. Dann warf er mir die Zeitung mit einer geschickten Drehung so auf die Schreibunterlage, daß sie richtig herum vor mir landete, beugte sich vor und las, während er auf seinem Bonbon herumkaute, von der anderen Schreibtischseite her den auf dem Kopf stehenden Text mit.

Es war der Wirtschaftsteil der Londoner »Times«.

»London?« fragte ich erstaunt.

Er nickte. »Du stehst in meiner Schuld, Kleiner«, behauptete er. »Oder vielmehr«, er hob die Brauen – »wir sind quitt.«

Ich fand die von schwarzem Filzstift umzirkelte Bezeichnung »TTOAK«.

»T-toak?« fragte ich.

»Nein, Kleiner«, berichtigte er mich herablassend, »T-T-O-A-K.«

»Ach so.«

Nun zog er noch etwas anderes aus der Tasche, anscheinend eine Werbebroschüre, vielleicht war es auch ein Jahresbericht, und warf es mir hin. Auf dem Deckblatt stand über einem Foto von Dutzenden Araberinnen im Tschador, die nebeneinander an langen Reihen von Nähmaschinen saßen, der gedruckte Titel: 2001: ARABIAN KNIGHTS. SHEIK-ABENDBEKLEIDUNG FÜR DEN HERRN.

»Was soll das, Kahn? Ist das ein Witz?« erkundigte ich mich empört.

»Ist dies der richtige Zeitpunkt für Witze?« gab er zurück. »Ich mache keine Witze, Kleiner. Dieser Bursche ist der heißeste Tip in der englischen Geschäftswelt seit Cecil Rhodes – wenn nicht überhaupt.«

»Wer?«

»Yassuh Gamal Hassan Abdullah Tinbad Mohammed Fahd Ali el-Ararat de-Sadat«, erklärte Kahn, »auch bekannt als Licht der Wüste, Schneider des Suez,

Bekleidungsroß des Koran, Häßliches Entlein des Aswan, Wattierter Fuß und Gepolsterte Schulter des Ostens, Ellbogenflicken des Imam, Ärmelloch des Universums, Kämmer des Kammgarns, Hefter der Heftnähte, Aufschlager der Aufschläge, Doppelkreuzstich des verdammten Gelächters, Yes-sager der Yassuhs, Dreifalter der Hosentüren sowie Vorstandsmitglied und Verwaltungsratsvorsitzender von zwotausendundeins: Arabian Knights, dem Schneiderkartell der Zukunft. Er hat den Besitz eines Baronet in Sussex gekauft und zu einer Fabrik umgebaut, wo er zu schärfst kalkulierten Preisen mit billigen Einwandererarbeitskräften hochkarätige Abendkleidung herstellt – kapiert? ›Verfinsterung des Lichts‹? Er ist mit seinen zwölf Schwestern, die jetzt als Vorarbeiterinnen in seiner Fabrik arbeiten, aus dem Südjemen abgehauen. Als der Laden richtig lief, fingen sie an, immer mehr Frauen herüberzulocken, indem sie ihnen versprachen, Eheschließungen mit ausländischen, in England lebenden Arbeitern zu arrangieren. Nach etwa sieben Jahren Zwangsarbeit – darauf läuft es jedenfalls hinaus – gelingt es ihm im allgemeinen, sie irgendwie unterzubringen, obwohl Yassuh außerdem in dem Ruf steht, einen islamischen Prostitutionsring zu leiten.«

»Aber Kahn«, protestierte ich, »ist diese Firma wirklich in Ordnung? Ich meine, ist sie groß?«

Er legte den Kopf schief und hob eine Braue. »Groß?« antwortete er gewichtig. »Sie könnte die größte seit Rolls-Royce werden. Im Ernst, Kleiner. Dieser Bursche ist der wahre Jakob, ein echter Dritte-Welt-Unternehmer, aus dem richtigen Stoff und in der Wolle gefärbt«, er grinste, »sozusagen. Er sieht vielleicht ein bißchen abstoßend aus, doch er verkauft nur an die Besten. Warst du kürzlich mal bei Macy's? Da kannst du jetzt Fräcke kaufen mit Kummerbund und dem ganzen Klimbim, alles hergestellt von du weißt schon wem.«

»Und Sie meinen wirklich, dies ist unsere Chance?«

»Die ›Verfinsterung des Lichts‹«, antwortete er achselzuckend.

»Zweitausendundeins: Arabian Knights.« Ich probierte mal, wie das klang. »Sheik-Abendkleidung für den Herrn.«

»Es gibt auch einen Witz darüber, Kleiner«, sagte Kahn. »Er ist Spezialist für lange (Schwalben)-Schwänze und kugelsichere Fräcke für arabische Ölmagnaten im Ausland.«

Ich funkelte ihn drohend an.

»Kapierst du? *Arabian Knights*, Tausendundeine Nacht: *Tall tails* oder *tales* – lange Schwänze oder auch lange Erzählungen. *Knights*, Gerüstete, das heißt kugelsichere Fräcke.«

»Ich hab's kapiert, Kahn«, bemerkte ich ironisch. »Wenn Sie mich fragen, das Ganze klingt wie ein Witz. Ein schlechter.«

»Oh, bitte entschuldige!« fuhr er voll gekränkter Würde auf. »Ich versuche die ganze Nacht, deinen mageren, kleinen, ostasiatischen Arsch aus dem Feuer zu holen, und das ist nun der Dank dafür! Erinnere mich, daß ich in Zukunft nur noch Selbstbefriedigung betreibe. Das ist sicherer und macht mehr Spaß.«

»Schon gut, Kahn«, lenkte ich versöhnlich ein, »seien Sie nicht beleidigt. Ich weiß zu schätzen, was Sie für mich tun. Ehrlich.«

Zum Zeichen des Einverständnisses nickte er, wenn auch ein wenig schmollend.

Ich wandte mich an die »Hörner«: »*Okay*, Boys, ihr habt gehört, was er gesagt hat. Ran an die Telefone!«

Und diesmal klappte es wider Erwarten. Innerhalb einer halben Stunde erhielt ich einen Anruf von dem aufgeregten Yassuh, der mir schwor, seine Nachkommen würden mich »einhundertundsie-ben-*zieech*« Generationen lang anbeten, und er selbst werde trotz seines »körperlichen Handikaps«, dessen Natur er mir nicht verriet (und ich fragte auch nicht danach), täglich zehnmal vor und zehnmal nach der Verneigung gen Mekka in Richtung Wall Street das Haupt beugen. Aber viel wichtiger war: Etwas später am selben Vormittag verkündete er, daß er aufgrund dieser neuen Kapitalspritze umgehend mit dem Import und der Zwangsansiedlung zweier ganzer Nomadendörfer beginnen werde und eine weitere Kette von Bett-und-Frühstücks-Schlössern an der Themse erworben habe. Bevor sich der Nachmittag dem Ende zuneigte, war die TTOAK – und mit ihr unsere Anteile – um verblüffende zweiundzwanzig Prozent im Wert gestiegen. Bis zum Ende der Woche hatten die Rising Sun Enterprises, unterstützt von einem zeitlich günstigen Kursrückgang des Pfundes gegenüber dem Dollar, fast den gesamten verlorenen Boden zurückgewonnen. Die Zahl der APL-Aktionäre, die unser Übernahmeangebot akzeptierten, war beträchtlich gestiegen und mein persönliches Eigentum gerade noch rechtzeitig dem Rachen des Untergangs entrissen worden. Am folgenden Montag lud ich Kahn und die »Hörner« zu einem islamischen Festtagslunch ein. Doch unserer fröhlichen Geselligkeit wurde ein Dämpfer aufgesetzt, als die im Fort zurückgelassene Truppe anrief und berichtete, die Rising Sun Enterprises hätten den Tag mit dem Verlust von einem Punkt abgeschlossen und damit ihren Abstieg fortgesetzt. Wir nahmen unsere geliehenen Turbane ab und saßen eine Weile bedrückt am Tisch, bis endlich Kahn das Wort ergriff.

»Hört zu«, begann er, »vielleicht geht's mich ja nichts an, aber ihr Burschen seid alle noch jung, Nach-Reformer. Ihr erinnert euch nicht an die Zeit vor dem Erlaß der Securities Exchance Act neunzehn-vierunddreißig, die große Zeit des Börsenhandels. Ich eigentlich auch nicht, jedenfalls nicht so richtig. Doch ich erlebte sie sozusagen indirekt, aus zweiter Hand durch meinen Onkel Ahasver.« Er hielt inne – des Nachdrucks wegen, und um Luft zu holen.

»Na und? Was wollen Sie damit sagen?«

»Nur folgendes, Kleiner«, erwiderte er. »Dieses Leck, das du da hast. Das sieht mir ganz nach einem klassischen Baissemanöver aus, einem *bear raid*.«

»Ein Baissemanöver?« sinnierte einer von den »Hörnern«. »Ich weiß, was das ist. Ich hab' mal davon gelesen in einem Kursus über Börsengeschichte.«

»Das ist doch längst überholt!« meinte ein zweiter.

»Und illegal«, warf ein dritter ein.

»Er meint, *multiple flogging*«, bemerkte ein vierter, »ein ›Mehrfach-Auspeitschen‹ oder ›Vielfach-Verkloppen‹, also ein Auf-den-Markt-Werfen in großem Stil.«

Ich mußte an den Stoffpanda denken, der am Abend nach der Sitzung mit den

APL-Leuten gekommen war, und ein eiskalter, ahnungsvoller Schauer lief über meinen Rücken. »Was ist ein *bear raid*, Kahn?« wollte ich wissen.

»Eine Attacke auf den Kurs durch Verkäufe und Schnellverkäufe über einen längeren Zeitraum hinweg«, erklärte er mir.

»*Multiple flogging*«, wiederholte dasselbe »Horn«. »Dadurch entsteht ein künstliches Überangebot, das zu einem harten Käufermarkt führt. Zu viel Angebot für die existierende Nachfrage.«

»Ist das illegal?« fragte ich.

»So illegal wie der Teufel!« antwortete einer der »Hörner« zornig.

»Börsenmanipulation!« sagte ein zweiter.

»Nicht, wenn man nicht erwischt wird«, entgegnete Kahn mit weisem, wehmütigem Weltschmerzlächeln.

»Genau das ist es!« bestätigte ich, unvermittelt stocknüchtern, weil ein eiskalter Zorn in meinem Herzen erwachte. »Diese Schweine!« Ich sah Kahn an. »Na schön. Und wie verteidigen wir uns dagegen?«

Er schürzte die Lippen und schüttelte den Kopf. »Das einzige, was ich dir raten könnte, wäre noch, die Nachfrage zu stimulieren, indem du zum Schutz deine eigenen Aktien aufkaufst.«

»Das Problem ist nur«, fuhr ich mehr zu mir selbst fort als an ihn gewandt, »daß wir im Augenblick so hoch verschuldet sind, beinahe zu einhundert Prozent.«

»Dann müßt ihr mehr Kredite aufnehmen«, gab er zurück. »Dir gehört doch eine Bank – oder?«

»Wieviel?«

»Lieber zuviel als zuwenig«, meinte er. »Und an deiner Stelle würde ich auch mit meinen persönlichen Reserven nicht hinterm Berg halten.«

Ich sah ihn fragend an.

»Biete sie als Darlehenssicherung an«, erläuterte er. »Das wird ein bißchen Druck von der Firma nehmen. Du willst die Rising Sun doch nicht überschulden. Das wäre das Schlimmste, was du tun könntest.«

»Wie meinen Sie das?«

»Sei auf der Hut!« antwortete er gewichtig. »Sieh zu, daß sie nicht zur Hintertür reinschlüpfen!«

»Du meinst, daß *sie* uns übernehmen?«

Er nickte.

»Wenn sie ein Baissemanöver anzetteln, wie können sie uns dann auch noch übernehmen?« fragte einer von den »Hörnern«. »Ich meine, wenn sie unsere Aktien Hals über Kopf abstoßen, wie sollen sie sie dann zugleich horten?«

»Hmmm.« Kahn überlegte. »Da haben Sie eigentlich recht. Freut mich, daß Sie selbständig denken.« Er wandte sich an mich und deutete mit dem Kinn auf den Mann. »Cleveres Bürschchen, der da drüben. Ich wollte mich nur vergewissern, ob ihr auf dem Quivive seid.«

Mein Protegé errötete vor Stolz.

»*Okay*, ich hab' meinen Senf dazugegeben. Jetzt ziehe ich mich zurück.

Haltet ihr Boys ihn nur immer schön auf dem richtigen Weg.« Er wandte sich an mich. »Bis bald, Kleiner. Und noch einmal: *masel-tow, et a fortiori!*«

Am nächsten Morgen brachte mir einer der »Hörner« einen dicken Folianten mit antiker Verschlußspange, in schwarzes, angeschimmeltes Leder gebunden, das einen modrigen Geruch verströmte. Dieser Wälzer, angefüllt mit brüchigen, vergilbten Seiten im Folioformat, gedruckt in Frakturschrift mit großen Bunzen und schweren Schmuckserifen – alle s wie f geschrieben – hieß: *»Wall Street before the Fall: Usque ad annum Domini MCMXXXIV«*. Als ich ihn aufschlug, knackte der Rücken, und das Leder schrie wie eine gequälte Seele. Und tatsächlich ähnelte das, was wir auf diesen Seiten fanden, einer mittelalterlichen Folterkammer, komplett mit Eisernen Jungfrauen, Neunschwänzigen Katzen, Daumenschrauben, Streckbett und anderen genial erdachten Instrumenten, alle vor 1934 gegen die Unwissenden und Uninformierten in Anwendung gebracht (und, falls Kahn recht hatte, in diesem Augenblick auch gegen uns). Wir lasen von Scheinverkäufen und Pool-Operationen. Wir lasen von Corners, der ersten und der zweiten Harlem-Railroad-Corner, und so weiter. Gut versteckt unter diesen Schätzen fanden wir eine kurz zusammengefaßte, eindrucksvolle Analyse der als *bear raid* bekannten Manipulation und waren nunmehr noch fester überzeugt, daß dies genau die Streckbank war, auf die man uns gespannt, genau das Rad, auf das man uns gebunden hatte, nur in einer verbesserten, modernisierten Form, dem *multiple flogging*, sozusagen mit Zahnstangengetriebe zum leichteren und geräuschloseren Kurbeln.

Wir machten auf der Stelle mobil und ergriffen Gegenmaßnahmen. Zunächst stellte ich die gerissensten »Hörner« zu einem Team zusammen, dessen einzige Aufgabe es war, alle nur möglichen Beweise für irgendwelche Missetaten seitens des Aufsichtsrats der APL zu sammeln, inklusive außerehelichen Seitensprüngen und sexuellen Verirrungen, die ich bei ihnen sehr stark vermutete. Dann ließ ich, was weitaus wichtiger war, den Vorstandsvorsitzenden der Bull Group Bank (ehemals Second Jersey Hi-Fi) zu mir kommen, einen Mann, den wir aufgrund seines Rufs, in vertraulichen Angelegenheiten aufrichtig und redlich zu sein, aus der früheren Verwaltung vor unserer Übernahme behalten hatten, und zwar trotz seiner wohlbekannten Bärbeißigkeit und seiner eindeutigen und offen gezeigten Feindseligkeit Kahn gegenüber, einer Feindseligkeit, in deren Genuß seit dessen Abgang einzig und allein ich kam. Ich erklärte ihm kurz die Situation und sah, wie seine Züge sich zu einem rachsüchtigen Grinsen verzogen. Vor räuberischer Genugtuung knirschte er mit den Zähnen. Ich erklärte ihm, daß die Rising Sun weitere Kredite brauche, um als Schutzmaßnahme die eigenen Aktien aufkaufen zu können, und daß ich persönlich für denselben Zweck ebenfalls Geld aufnehmen müsse. Daraufhin erwiderte er, die Bank sei seiner Ansicht nach schon jetzt viel zu tief in die Übernahme verwikkelt, und weitere Engagements würden eine unvernünftige Ressourcen-Konzentration darstellen, die wiederum im Fall einer unglücklichen Entwicklung zur Katastrophe, ja sogar zu einem Bankzusammenbruch führen könne. Schon jetzt, so beschwerte er sich, hätten die Kreditinstitute der APL begonnen, die Bank unter Druck zu setzen, ihn buchstäblich zum Paria zu machen und aus der Finanzgemeinschaft auszuschließen. Immer erregter stellte er sodann die eindeutige Tatsache fest, daß es mir als Aufsichtsratsvorsitzendem der Muttergesellschaft natürlich freistehe, ihn zu feuern und einen Mann an seine Stelle zu setzen, der meinen Plänen mehr Verständnis entgegenbringe, daß ich ihn aber nicht zwingen könne, von dem abzuweichen, was er für das A und O der Finanzwirtschaft halte. Nachdem er so sein Credo losgeworden war, räumte er widerwillig ein, daß wohl doch ein paar weitere Kredite für den Konzern arrangiert werden könnten und daß er, soweit es mich betraf, mit Freuden Kredite zu denselben Bedingungen arrangieren würde, die die Bank ihren besten kommerziellen Kunden einräume, daß ich aber völlig falsch liege, wenn ich erwarte, daß er sich selbst oder seinen Ruf durch illegale Praktiken in Gefahr bringen werde, und überdies...

Hier stoppte ich ihn und versicherte ihm, daß ich nur eine minimale Vorzugsbehandlung erwarte, und als er sich beruhigt hatte, erkundigte ich mich, wieviel ich gegen die Sicherheit meiner Aktien erwarten könne, woraufhin er prompt und unzweideutig antwortete, sechzig Cent pro Dollar. Als ich meinem Schrecken und meiner Bestürzung über diese Summe Ausdruck verlieh, erwiderte er, das seien die Standardbedingungen, die Bank müsse sich gegen alle riskanten Investierungen schützen. Hitzig fragte ich ihn, ob er Investitionen in die Rising Enterprises für riskant halte, und er antwortete, es sei nicht seine Aufgabe, die Kreditwürdigkeit oder -unwürdigkeit irgendwelcher Aktien zu beurteilen, er sei Bankier und kein Spekulant. Daraufhin fragte ich ihn, ob ihm nicht klar sei, daß die Zukunft jener Bank, die er so großartig leite und, wie ich hoffe, auch weiterhin leiten werde, mit der Kreditwürdigkeit dieser Rising-Sun-Aktien verbunden sei, eng und unauflöslich verbunden, daß sein Job als Vorstandsvorsitzender besagter Bank ganz ähnlich mit der Kreditwürdigkeit der Rising-Sun-Aktien stehe und falle und daß er, verdammt noch mal, Vertrauen in sie haben oder sich um ein solches bemühen solle, woraufhin er schließlich einlenkte und meinte, da nicht ganz sicher sei, ob die kürzlich festgestellte Schwäche des Rising-Sun-Aktienkurses spezifisch oder künstlich herbeigeführt sei durch einen mutmaßlichen und tadelnswerten *bear raid*, auch *multiple flogging* genannt, wolle er einen Kompromiß schließen und mir die großzügigen und beispiellosen Kreditbedingungen von fünfundsechzig Cent pro Dollar gewähren – unter der Voraussetzung natürlich, daß es äußerst kurzfristige Geldaufnahmen seien, für einen Zeitraum von nicht mehr als einer Woche, und zu beträchtlichen Zinssätzen als Ausgleich für das eingegangene Risiko. Ich erklärte mich einverstanden unter der als *gentlemen's agreement* bezeichneten Voraussetzung, daß es mir für den Fall, daß die Schutzmaßnahmen den Aktienkurs der Rising Sun innerhalb besagten Zeitraums nicht stabilisieren und kräftigen konnten, außerdem für den unwahrscheinlichen Fall, daß die Rising Sun ihren (vorübergehenden) Abstieg fortsetzen sollte, daß es mir dann gestattet sein sollte, die Schulden statt durch Barzahlungen durch Wiederverpfändung sämtlicher neuerworbener Rising-Sun-Aktien zu tilgen, und weiterhin, daß die Rückzahlung der Hauptsumme nach meinem Belieben praktisch endlos umschuldbar sei, bis es mir beliebe, nach den Bedingungen der ursprünglichen Vereinbarung den Anspruch voll und ganz zu befriedigen, unterzeichnet und notariell beglaubigt unter dem entsprechenden Datum im ... etc. etc.

DREIUNDZWANZIGSTES KAPITEL

Das ganze Ausmaß der Attacke, die die APL gegen uns ritt, kam erst ans Licht, nachdem wir uns eingegraben hatten und das Feuer zu erwidern begannen. Trotz der beträchtlichen Reserven, die wir für diesen Gegenangriff mobilisierten, war die Erholung jedoch nur eine vorübergehende. Das Leck in unserem Aktienkurs rann weiter, verstärkte sich zum Rinnsal, sodann zum Bach und ließ sich durch keine unserer Maßnahmen stopfen. Die Zahl der zu uns überlaufenden APL-Aktionäre verebbte wieder, und noch immer hatten wir nicht mehr als achtundzwanzig Prozent der in fremder Hand befindlichen APL-Aktien zusammenkaufen können. Außerdem fielen die Rising-Sun-Aktien weiter. Nachdem die ursprüngliche Laufzeit meines Kredits verstrichen war und ich die Zinsen nicht aus der Wertsteigerung der Rising-Sun-Aktien zahlen konnte, war ich gezwungen, statt bar zu zahlen, einen Teil der neu hinzugekauften Aktien wiederzuverpfänden.

Abermals befand ich mich in Gefahr – nicht nur in meiner Rolle als Konzernherr, sondern überdies persönlich, und zwar aufgrund der Werterosion meines Aktienbesitzes. Gewiß, die Gefahr, daß ich meine Aktien verlor, indem ich für zahlungsunfähig erklärt wurde, bestand nicht, da die Bank letztlich, wenn auch nur indirekt, unter meine Gerichtsbarkeit fiel und ich wußte, jawohl, wußte, daß die Erosion unseres Aktienkurses nicht das Ergebnis eines Urteils des Marktes, sondern von der APL und letztlich von *ihm* künstlich geschaffen worden war und nicht endlos weitergehen konnte. Nein, sobald wir den verborgenen Druckpunkt entdeckt hatten, an dem sie ihre verderbliche Macht ansetzten, mußte die Rising Sun naturgemäß die künstliche Widerstandslinie auf den Charts durchbrechen wie ein Geysir, der, durch irgendein Hindernis künstlich eingedämmt, allmählich Druck aufbaut, bis er schließlich zu einer riesigen Fontäne explodiert. Ein anderes Endergebnis war unwahrscheinlich, ja unvorstellbar.

Doch das »letztlich« und das Jetzt lagen noch immer weit auseinander. Im Augenblick standen wir mitten in einer großen Offensive, bei der beide Seiten schwere Verluste einstecken mußten, beide gezwungen waren, wütend und unerbittlich Vergeltung zu üben. Jetzt hatte die große Jagd richtig begonnen, und beide Parteien trafen ihr Ziel und vergossen Ströme von Blut.

Doch es lag Freude in der Schlacht, denn zum erstenmal bei all unseren

Unternehmungen waren wir selbst als Ganzes bedroht, zum erstenmal standen wir in der Hitze der Schlacht, wie Jin gesagt hatte, einem ebenbürtigen Gegner gegenüber und gelangten in die tieferen Schichten des Mysteriums. Denn die Leute von der APL waren uns ebenbürtig. *Er* war mir ebenbürtig. Die Überlegenheit und Kühnheit, mit der er seinen Feldzug lenkte, seine undurchdringlichen Linien, waren ehrfurchtgebietend, so wie die angewandten Taktiken deutlich von seiner klassischen Handschrift gekennzeichnet waren, dem Überraschungsangriff aus der Sonne heraus.

Seine Handschrift. Wie sehnte ich mich danach, sie im offenen Schuldbuch unmittelbar neben der meinen zu sehen. Ebenbürtige Gegner. Ich sehnte mich nach unserer Abrechnung, sehnte sie mit jeder Faser meines Seins herbei. Um den Preis zu bezahlen. Zu bezahlen und auszuzahlen. Um eine schreckliche, letzte Bilanz zu ziehen und die Bücher für immer zu schließen. Und dieses Bewußtsein – die Höhe des Preises, die Vollkommenheit, die darin lag – machte es süß, süßer als alles, was ich jemals gekostet hatte, so süß wie das Blut eines Kindes, des Kindes in meinem Herzen, das ich nun mit vollem Einverständnis meines Willens opferte, und des Kindes in *ihm*. Diese beiden Kinder waren eines, und bei unserer harten Abrechnung würden wir sie nun auf furchtbare Weise zerstückeln. Dabei würde es kein Erbarmen geben, keine Reue, keinen Unterschied zwischen Freude und Grausamkeit, Grausamkeit und Religion, all das blieb weit zurück, als Halbwahrheit, die einer eigennützigen Welt das Funktionieren gestattete, einer Welt, deren Selbstgerechtigkeit hohl klingt in der klaren Luft des Gipfels, dem ich mich nun näherte und auf dem er immer auf mich gewartet hatte, seit Anbeginn der Welt. Und das ist ein Geheimnis, lieber Leser, das ich Ihnen, die Sie mir in die dunklen Bereiche dieses Mysteriums gefolgt sind, als kleine Liebesgabe anvertraue: daß die Hölle ein Gipfel ist und nicht ein Abgrund.

Jin stand mir in jenen Tagen sehr deutlich vor Augen. In Gedanken rekapitulierte ich alles, was er gesagt hatte, immer wieder wie eine Schallplatte, die niemals aufhört, sich zu drehen. Er war dort gewesen, wohin ich ging, und nun wählte ich ihn mir zum Mentor und Führer ins Herz des Mysteriums, ins Sanctum sanctorum. »Man hat das Empfinden, etwas völlig Reales, Gegenwärtiges zu erleben, das das Verlangen nach Göttern überflüssig macht. Es stillt und befriedigt die Gefühle mit der Überzeugung, absolut und unmißverständlich zu existieren. Der Trost der Religion, der Sinn des Lebens, das Aussehen der Zukunft – all diese Probleme entdecken uns ihre trügerische Natur und verschwinden. Auch das Nagen, diese Unzufriedenheit im Bauch, verschwindet endlich. Wir hören auf, innerlich gespalten zu sein. Dies ist die Vollendung der Realität, und sie ist am intensivsten, wenn man in der Hitze der Schlacht einem einzelnen Gegner Auge in Auge gegenübersteht.« Auge in Auge, von Angesicht zu Angesicht. »Denn unser Wissen ist Stückwerk, und unser Weissagen ist Stückwerk. Wenn aber kommen wird das Vollkommene, so wird das Stückwerk aufhören... Wir sehen jetzt durch einen Spiegel in einem dunkeln Wort; dann aber von Angesicht zu Angesicht. Jetzt erkenne ich's stückweise; dann aber werde ich erkennen, gleich wie ich erkannt bin.«

Und ich erkannte. Jetzt wußte ich, Jin hatte recht. Die Verdammnis war ein geringer Preis für die Süße einer derartigen Ekstase, eines derartigen Wissens. Stündlich kostete ich die dunklen Früchte des Verderbens, die Qual und die Leiden zusammen mit dem fast unerträglichen Glücksgefühl. Ich erkannte deutlich, über jeden Zweifel hinaus, über jede Hoffnung hinaus, wie real meine Verdammnis, mein ewiger Verlust war; und dennoch spielte es keine Rolle. Es war mir gleichgültig. Ich war verliebt in meinen eigenen moralischen Tod, verliebt in die grausame Schönheit der Flammen. Ich brannte. Und da ich dies wußte, akzeptierte ich es auch im Herzen ohne Bitterkeit oder Bedauern darüber, daß meine Suche umsonst gewesen war, ein Metzgergang, daß es kein Delta gab, daß der schäumende Sturzbach des Dow nie jenes Ziel erreichte, von dem ich geträumt und von dem ich einst aus tiefstem Herzen geglaubt hatte, daß er es erreichen könne und müsse. Denn es gab keinen Raum für »die Ekstase der Schlacht«, keinen Raum dafür im Tao. Ich öffnete also, wie gesagt, ohne Bitterkeit oder Bedauern die Hand, blies den zerbrechlichen, scheuen Schmetterling der letzten Illusion, der letzten Hoffnung von meinen Fingerspitzen und fühlte mich auf einmal unaussprechlich sauber und frei, entblößt bis zur animalischen Nacktheit, entblößt bis auf den brutalen, menschlichen Kern. Aber mächtig.

Und die Aktien fielen weiter, schneller und immer schneller. Meine Erleichterung schien in ein Loch zu fallen, einen Hunger zu stillen, der den Rachen immer weiter aufriß, der vom Füttern und Sättigen nur immer gefräßiger wurde. Innerhalb von Wochen, nein, von Tagen war der Kurs der Rising Sun Enterprises unter jene fünfundzwanzig Prozent des Wertes vor der Baissemanipulation gefallen, welche die »Hörner« als rote Linie markiert hatten, unterhalb der unsere Übernahme in Gefahr geriet. Der Kurs fiel auch unter die dreißig Prozent, die sie als letzte Widerstandslinie bezeichnet hatten, ganz kurz sogar unter die Fünfundzwanzig-Prozent-Marke, so daß ich mich nach einer unheilschwangeren Tirade meines Bankiers gezwungen sah, nun auch die letzten der neuen Rising-Sun-Aktien wiederzuverpfänden, die ich mit dem Bankkredit gekauft hatte, um den schweren Substanzverlust meiner ursprünglichen Sicherheiten auszugleichen. Es ging nicht weiter. Nun war Schluß. Die Schutzkäufe hatten sich als Fehlschlag erwiesen. Wären wir nicht so hoch verschuldet gewesen, als wir begannen, hätte es vielleicht geklappt. Doch auf Möglichkeiten herumzukauen, die längst nicht mehr existierten, war kein rechter Trost.

Und da, in höchster Not, stieß ich plötzlich auf die Lösung. Während die »Hörner« versuchten, über Schweizer Nummernkonten Kapital aufzuspüren, hatte ich auf einmal die Lösung. Und die lag tatsächlich so auf der Hand, daß ich vor Freude und Ärger zugleich lachte. So offensichtlich war sie. Sie war die ganze Zeit dagewesen, unsichtbar, weil sie in ihrer Banalität so auffällig war; wie die Ray-Ban-Sonnenbrille auf dem Drehständer. Die APL-Direktoren selbst hatten sie vorgeschlagen. Der Sitz im Aufsichtsrat. *Mein* Sitz. Natürlich! Und damals, als sie ihn mir anboten, hatte ich nur zwei Prozent besessen. Jetzt aber besaß ich nahezu achtundzwanzig. Drei Sitze in ihrem gemütlichen, kleinen Politbüro konnte ich damit sogar beanspruchen, mit Sicherheit zwei, mindestens zwei und eine Stimme bei der Wahl eines dritten, eines Kompromißkandidaten, einer neutralen dritten Partei, die meinen Zielen ebenso dienlich war. Ich konnte sie von innen heraus unterwandern – wenn nicht durch Abstimmung und Mehrheitsregel, so doch, indem ich Mitwisser ihrer Beratungen wurde. Jawohl! Bei dieser Vorstellung lachte ich vor Freude. So offensichtlich! Und dennoch war, wenn es klappte, nichts verloren.

Nach dieser Eingebung wußte ich sofort, was ich zu tun hatte. Ich ließ mich mit Bateson verbinden.

»Ah, Sun I«, sagte er mit seiner unangenehm-angenehmen Stimme, »das ist wirklich eine Überraschung!«

»Ich glaube, wir sollten uns noch mal zusammensetzen«, erklärte ich kurz, vorsichtig, gereizt.

»Ach, wirklich?« Mehr sagte er nicht.

»Nun?« drängte ich ungeduldig.

»Verzeihung«, antwortete er, als sei er zerstreut und habe nicht achtgegeben. »Ich habe gerade überlegt. Das letzte Mal, glaube ich, habe ich Sie angerufen, nicht wahr?« Ich hörte eine winzige, jedoch unverkennbare Andeutung von Schadenfreude in seinen Worten. »Nett von Ihnen, meinen Anruf zu erwidern«, fuhr er fort, und man merkte, daß er ein lautes Lachen kaum noch zurückhielt. »Verdammt aufmerksam. Lunch?«

Ich erstickte fast an der Wut, die seine zungenfertigen Anspielungen in mir schürten, beherrschte mich aber und fand köstliche Genugtuung bei dem Gedanken an die Vergeltung, die ich an ihm üben würde. »Ich verstehe genau, was Sie meinen, Bateson«, gab ich gedämpften Tones zurück. »Sie wollen sagen, daß sich das Blättchen gewendet hat.«

Er antwortete nicht, aber ich konnte ihn beinahe grinsen hören.

»Was ist – es ist doch so, oder?« fragte ich ärgerlich.

»Sie sagen es«, erwiderte er, plötzlich ganz ruhig und gewichtig.

»Ich hab' eine große Überraschung für Sie, mein Freund«, warnte ich ihn.

»Wirklich? Ich liebe Geschenke«, antwortete er, indem er zu seiner impertinenten Glattzüngigkeit zurückkehrte. »Und ist das nicht ein komischer Zufall? Ich – *ups!* wir haben auch eine für Sie.«

»Über Ihr kleines Geheimnis weiß ich inzwischen alles, Bateson. Sie sind so ungeheuer raffiniert, mit dem Panda und allem. Was soll das – wie die Sizilianer mit einem Fisch oder so? Aber schließlich war das ja gar nicht Ihre Idee, nicht wahr? Es war *seine.*«

»Panda? Fisch? *Seine?* Tut mir leid, da komme ich nicht mit. Wovon und von wem reden Sie eigentlich?«

»Schon gut, Bateson, ich habe gar nicht erwartet, daß Sie sich selbst verraten. Es reicht, wenn ich sage, daß ich Bescheid weiß, und zwar schon seit geraumer Zeit.«

»Entschuldigen Sie bitte. *Was* wissen Sie?«

»Alles über Ihre Überraschung, Ihre Schachzüge.«

»Ach so, das! Ich dachte schon, wir sprächen auf verschiedenen Wellenlängen. Na schön, wenn Sie schon alles wissen, Sun I, wozu dann diese Zusammenkunft?«

»Sie sollten auch von mir nicht erwarten, daß ich meine Karten auf den Tisch lege, Bateson«, sagte ich. »Das werden Sie bei unserem Treffen erfahren.«

»Also dann, ich freue mich schon darauf. Ich zähle die Sekunden, wie man so sagt.«

»Morgen?« schlug ich vor.

»Ja, gern. Morgen. Ein Uhr?«

»Um eins.« Ich wollte auflegen, aber er mußte noch einen letzten Stich anbringen.

»Ach, Sun I, bevor Sie auflegen, noch eine letzte Frage. Ich liebe Geschenke, aber ich hasse Überraschungen. Wenn Sie alles über das wissen, was Sie als unsere Schachzüge bezeichnen, und zwar schon seit geraumer Zeit, nun ja, dann hat Ihr Wissen die Lage anscheinend nicht durchgreifend verändert, oder?« Er hielt inne. »Wie stehen denn Ihre Aktien jetzt?« In der folgenden Pause hörte ich ihn auf der Tastatur des Quotron tippen, den ich in seinem Büro gesehen hatte. »*Tz, tz*, schon wieder weiter gefallen. Wirklich *zu* dumm, Sun I.«

»Einen letzten Schuß auf den Weg konnten Sie sich wohl nicht verkneifen, wie, Bateson?«

»Hab' ich noch nie gekonnt«, gab er zurück.

»Es ist Ihnen natürlich klar, daß Sie gerade die Karten auf den Tisch gelegt, Ihre Manipulation praktisch zugegeben haben.«

»Manipulation?« Er lachte. »Ist es das, was wir Ihrer Ansicht nach hier unten – *ups!* – hier oben tun?«

»Sie haben es soeben gestanden, Bateson«, behauptete ich hämisch, und dann kam mir eine boshafte Idee. »Und dieses Gespräch wird aufgezeichnet«, log ich.

Unvermittelt wurde sein Ton grimmig. »Gar nichts habe ich zugegeben«, widersprach er. »Und zu Ihrer Information: Abhören ist strafbar.«

Jetzt war ich es, der lachen mußte. »So empfindlich auf einmal, was die Gesetze betrifft, Bateson? Bisher waren Sie weniger pingelig.«

»Nun gut, Sun I«, sagte er abschließend, »dieses Gespräch ist jetzt nicht mehr sinnvoll. Ich erwarte Sie also morgen. Um eins.«

»Und zählen die Sekunden!« spöttelte ich. »Ach ja, und Bateson, eins noch, bevor Sie auflegen.« Der besseren Wirkung wegen machte ich eine Pause.

»Ja?«

»Ich werde Sie nicht nur übernehmen, ich werde Sie und Ihr Marionettenregime nicht nur rausschmeißen, ich werde Sie auch ins Kittchen bringen.«

Damit hatte ich ihn so sehr aus der Fassung gebracht, daß er kein Wort herausbrachte. »Ins Kittchen!« wiederholte er schließlich und nahm Zuflucht bei einer hohlen Überheblichkeit, einer Karikatur seiner vormaligen Selbstsicherheit. »Du meine Güte! Damit übernehmen Sie sich aber ein bißchen, nicht wahr? Ist das nicht etwas übertrieben?«

»Nicht ein Jota.«

»Nun gut«, sagte er. »Etwas so Schwerwiegendes sollten wir lieber aufschieben, bis wir Messer und Gabel gezückt haben, nicht wahr? Morgen.«

»Bateson!« Ich hielt ihn zurück, wollte meine Genugtuung noch länger auskosten. »Sorgen Sie doch bitte dafür, daß wir ein paar von diesen knusprigen Broten ›frisch aus dem Ofen‹ bekommen, ja? Und diesen Wein – wie hieß er noch? ›Kind des Zorns‹, oder? Sie werden sich sicher noch erinnern. Unter den gegebenen Umständen halte ich das für angebracht.«

»Sie wollten es so, Sie werden's bekommen«, antwortete er knapp und legte auf.

Ich klingelte zu meiner Sekretärin durch. »Mary? Morgen um eins Lunch bei der APL.«

»Tut mir leid, Sir«, gab sie zurück, »Sie sind schon für den Luncheon mit den Kuratoriumsmitgliedern des Met gebucht. Es wurde bereits zum drittenmal angesetzt.«

»Verdammt!« zischte ich. »Na schön, aber legen Sie's zeitig. Auf zwölf, wenn's geht, lieber noch eher. Ich bin ein vielbeschäftigter Mann. Meine Zeit ist kostbar.«

»Ja, Sir«, stimmte sie zu. »Das weiß ich.«

Verdammter Bateson, dachte ich, als ich auflegte. Ich wollte eigentlich gar nicht mit ihm essen.

Den Luncheon im Metropolitan Museum erlebte ich in einem Zustand weitgehender Geistesabwesenheit, ausgelöst natürlich durch die Erwartung. Allerdings begriff ich schon relativ früh, daß man mich als Spender, sagen wir, als Wohltäter für einen ins Auge gefaßten Chinaflügel ausersehen hatte, der sich noch im Planungsstadium befand und irgendwann in der Zukunft an das Museum angebaut werden sollte, was natürlich von der großzügigen Unterstützung durch Freunde und Gönner abhing. Natürlich. Ich lauschte den Vorstößen nur mit halbem Ohr, zwang mich aber, dem Sprecher aus Formgründen gelegentlich ins Auge zu blicken, und versuchte, nicht allzuoft die Manschette hochzustreifen und auf meine Armbanduhr zu sehen. Es waren wirklich äußerst behutsame, äußerst gebildete, charmante Herren. Und ihre Hausaufgaben hatten sie auch gemacht. Sie wußten, wer ich war, woher ich kam, was ich getan hatte. Es kam sogar zu einer spontanen, scherzhaften Anspielung auf die Fusion, zu der ich ziemlich eisig lächelte, woraufhin das Thema rasch und diskret fallengelassen wurde wie eine heiße Kartoffel. Sie verstanden es, Kränkungen zu vermeiden und den Ton wieder auf jene vertrauliche Zurückhaltung umzuschalten, bei der ich mich wohler fühlte. Wirklich charmant, diese Herren. Menschen wie sie hatte ich noch nicht kennengelernt. Nicht an der Wall Street, obwohl ich dort auch kultivierte Menschen kennengelernt hatte. Aber sie waren schließlich Menschen, und so machten sie einen Fehler, verwechselten sie ein Detail.

»Es ist Ihnen natürlich bekannt«, sagte einer der jüngeren Teilnehmer des

Essens, ein Mann mit schütterem Haar und Wangen so rot wie die eines jungen Mädchens, »daß eine beträchtliche Anzahl religiöser Artefakte in dem Flügel ausgestellt werden soll, vorausgesetzt natürlich, er wird gebaut.« Alle lachten leise oder lächelten wenigstens. »Nehmen Sie zum Beispiel unsere gegenwärtige Ausstellung. Haben Sie sie gesehen?«

Er erwischte mich mit hochgeschobener Manschette. Ich blickte auf, lächelte säuerlich und schüttelte den Kopf.

»Vielleicht könnten wir einen Rundgang machen«, schlug er vor. »Ich würde gern...«

»Ein anderes Mal«, wehrte ich ab. »Heute habe ich's furchtbar eilig.«

»Selbstverständlich«, stimmte er zu und zog sich zurück wie ein Dschinn, der seinem Meister einen Wunsch erfüllen oder vielmehr in die Flasche zurückkehren will, nachdem er von ihm entlassen wurde. »Was ich jedoch sagen wollte: Ich hatte, das heißt, wir hatten« – er wurde ein bißchen nervös und errötete daher noch heftiger – »das Gefühl, daß Sie sich dafür besonders interessieren würden. Für die religiösen Artefakte, meine ich.« Er hielt inne, und ich ließ ihn, grausam in meiner Verärgerung, einfach hängen. Seine Kollegen tauschten diskret verzweifelte Blicke.

»Da Sie doch«, fuhr er mit einer Spur Ungestüm fort, »wenn ich mich nicht irre, ehemals Buddhist waren, nicht wahr?« Sein Blick, der Blick eines Mannes, der daran gewöhnt ist, stolz zu sein und recht zu haben, war ungehalten und flehend zugleich.

Sein Irrtum zwang mir zum erstenmal während des Essens konzentrierte Aufmerksamkeit ab – dieser Irrtum, und daß er die Vergangenheitsform verwendet hatte, »ehemals«, als sei meine Mitgliedskarte abgelaufen, wie sie es in gewissem Sinne wohl auch war, und zwar schon lange.

»Taoist«, korrigierte ich ihn kurz und sah betont auf meine Uhr. »Gentlemen«, ich erhob mich mit kühlem Lächeln, »Sie müssen mich bitte entschuldigen. Ich habe um eins einen sehr wichtigen Termin. Es hat mir ausgezeichnet gefallen bei Ihnen. Sie werden von mir hören.«

Statt die chauffeurgesteuerte Limousine zu nehmen, mit der sie mich hatten abholen lassen, winkte ich auf der Fifth Avenue einem Taxi. »Wall Street«, sagte ich, während ich einstieg. Gerade jedoch, als ich mich niederließ, fiel mein Blick plötzlich auf die riesige Fahne, die vom Hauptgesims des Museums über die Säulen herabflatterte. Obwohl in Abständen Löcher hineingeschnitten waren, um ihren Windwiderstand zu reduzieren, blähte sie sich wie ein Spinnaker in einer Bö. »Einen Moment mal! Halt!« befahl ich. Dann sah ich hinauf und wartete, bis der Wind nachließ.

Ich hatte recht. Ich hatte richtig gesehen. »Da!« Damit stopfte ich ihm mehr Geld, als notwendig gewesen wäre, ungezählt in die Glasschublade und stieg wieder aus.

Ich habe gesagt, die Welt ist voller Zeichen, so voller Zeichen wie der nächtliche Himmel über der dunklen Küste Sumatras oder Borneos. Ich erinnerte mich kaum noch an jenen längst vergangenen Sommer voll Sterne, an jene Nächte, da Scottie mir Vorträge über die Sternzeichen hielt, und an die ersten englischen Wörter, die ich jemals gelernt hatte. Damals war es mir vorgekommen, als sähe ich mein Schicksal in riesigen Runen aus glitzernder Kreide quer über die schwarze Schiefertafel des Universums geschrieben, in einem mystischen Alphabet, das so kalt und so klar brannte wie Diamanten. Aber vom ersten Augenblick an, da ich ihn sah, war ich überzeugt, daß dieser Manjusri derselbe war, den ich, den Scottie und ich im Laderaum der »Telemachos« gesehen hatten. Denn sie unterscheiden sich alle ein wenig, wegen jener feinen, unkalkulierbaren Differenz der gestaltenden Hand, mit der jeder einzelne Künstler an seine Aufgabe geht, und an diesem Manjusri war etwas – trotz der nur annähernden Ähnlichkeit der Applikationen, die wirkten wie auf ein Segel genähte Regattafarben, und trotz der riesigen Größe der Fahne, die die Größenverhältnisse verzerrte –, etwas an den Augen, glaube ich, den beiden menschlichen Augen, die zusammengekniffen lächelten, und dem dritten Auge der transzendentalen Weisheit in der Mitte der Stirn, etwas, das mich überzeugte, daß dies genau die Figur war, die wir damals entdeckt hatten. DIE VERLORENE RELIGION TIBETS, lautete die Aufschrift, und neben Manjusri ergänzte eine Figur, eine große, gehörnte Gestalt, die Komposition.

Ich eilte die Treppe hinauf und folgte dem Strom der übrigen Besucher, kaufte mir einen Katalog und blätterte noch im Gehen darin. Doch kaum hatte ich ihn aufgeschlagen, da stand ich schon auf der Schwelle zur Ausstellung, wo ich ihn nicht mehr brauchte, die Beschreibung nicht mehr brauchte. Die Worte waren überflüssig wie eine Unterschrift in Gegenwart des Unterzeichners, da die Figur selbst vor mir stand. Von Angesicht zu Angesicht.

Neben Manjusri, dem übersensiblen Jungen, dem Bodhisattwa der transzendenten Weisheit mit dem Lotos in der Linken und dem Buch, das auf der Narbe ruhte (ah, das sagte doch alles, das Buch des Wissens auf der Narbe!), sowie einem von der Kunst des Restaurators frisch geschärften Schwert, neben ihm dräute, die Anordnung vervollständigend, fünfzehn Fuß hoch und mindestens mehrere Tonnen schwer, furchteinflößend selbst hier in der Ausstellung, eine schwarze Gestalt mit zwei großen Bronzehörnern, die sich, an der Wurzel so dick wie der Taillenumfang eines Mannes, zu einer Spitze verjüngten, die so scharf war wie die Spitze eines Speers. (Im dämmrigen Licht schien ich beinahe den Stoffetzen von meiner alten Matrosenjacke an einem, dem linken, hängen zu sehen.) Und diese Hörner waren nicht mit Blumengirlanden geschmückt wie jene, die Europa um die Hörner des Zeus wand, sondern mit Menschenschädeln, echten. Eine gigantische, schwarze Erektion mit kordeldicken Venen wie auf dem Unterarm eines Rauschgiftsüchtigen ragte, in Stein gehauen und dick wie mein Oberschenkel, fast bis zum Solarplexus empor. Und diese Figur hielt das Stundenglas, an das ich mich erinnerte und das einst mit einem so seltsamen, weißen Sand gefüllt gewesen war (magischem Sand für magischen Schlaf und magische Träume), hielt sie in einer von vielen, ja buchstäblich Dutzenden von Händen, jede in einer anderen Mudra, jede ein Sakrileg, Mudras der Macht und Obszönität, wie ich sie noch niemals gesehen hatte. Und in den mittleren beiden Händen, der vierzehigen Klaue des Mang-Drachen, hielt er das Rad des Lebens selbst, das »Ei des Chaos«, den »großen, grundlegenden Gegensatz«, das *taiji*,

Yin und Yang, das Symbol des Tao selbst. In den äußeren Rand eingeprägt war das universelle Mantra: »Om mani padme hum«, das Juwel in der Mitte des Lotos. Aber vor allem war es das Gesicht, das mich so anzog, denn es war das Gesicht eines wütenden Bullen mit vorquellenden Augen, die voll boshafter Überraschung und Schadenfreude dreinblickten – alle drei – wie bei einem Kerl in einem schlechten Comic-Heft, der sich beim Anblick einer leckeren, achtjährigen Jungfrau die Hände reibt und die Lippen leckt, mit herabhängendem Kinn und einer Zunge, die die obere Zahnreihe berührte, beinahe kokett, beinahe vergnügt, eine blutrote Zunge, während das Ungeheuer mit vertrauter, einladender Geste die Arme ausbreitete, die vielen Arme. Es war Rileys Geste der Einladung, jedoch zu einer dunkleren Kommunion, als der sie jemals gefeiert hatte, zu einem schwärzeren Mysterium, als der sich je hätte träumen lassen.

Yama, der Schwarze Herr des Todes, das tibetanische Gegenstück zu Lo Wang, mit einem Unterschied allerdings, einem Unterschied, der ausschlaggebend war. Yama, der die Komposition vervollständigte, hatte den schwarzen Kopf eines Bullen. Jawohl, hier endlich war ich unwissentlich um die letzte Ecke gebogen, in das innerste Herz des Labyrinths vorgedrungen. Hier fand ich meinen grinsenden Minotaurus, der darauf wartete, mich wie ein Liebhaber zu umarmen. Yama, der Herr des Todes. Yama, der Herr. Yama, der Bulle. Letzte Erleuchtung. Totale Finsternis. »Samsara ist gleich Nirwana.« Dieser Ausdruck fiel mir ein, und ich lächelte grimmig. Nun gut, dann ist Nirwana gleich Samsara. Das Kommutativgesetz, wissen Sie noch? Nirwana ist Samsara. Mystische Zeichen, mit Detritus geschrieben.

Die Tafel an der Wand rundete und schloß alles ab:

> Der »Weg der Weißen Wolken« von Lama Anagarika Govinda: »Der Gott des Todes (Yama) ist hier in seiner schrecklichen Gestalt als bullenköpfiger Gott dargestellt...«

»Bullenköpfig« – ich lachte laut auf. Einige Besucher starrten mich verwundert an.

> Einer verbreiteten Legende zufolge stand ein frommer Eremit, der sein Leben lang in einer abgelegenen Höhle meditiert hatte, kurz vor der endgültigen Befreiung, als ein paar Räuber mit einem gestohlenen Bullen in die Höhle eindrangen und das Tier töteten, indem sie ihm den Kopf abschlugen, ohne von der Gegenwart des Eremiten etwas zu ahnen. Als sie entdeckten, daß dieser ihre Tat mit angesehen hatte, schlugen sie ihm ebenfalls den Kopf ab. Doch sie hatten nicht mit seinen übernatürlichen Kräften gerechnet, die er im Verlauf seiner lebenslangen Kasteiung erworben hatte. Kaum hatten sie dem Eremiten den Kopf abgeschlagen, als dieser sich erhob, sich den Kopf des Bullen auf die Schultern setzte und sich so in die grausame Gestalt des Yama verwandelte. Daran gehindert, das höchste Ziel seiner Kasteiung zu erreichen, und von einer unbezähmbaren Wut gepackt, schlug er den Räubern die Köpfe ab, hängte sie sich

als Girlande um den Hals und streifte als todbringender Dämon durch die Wälder, bis...

Ich las nicht weiter. Leichter als eine Feder, tausend Fuß über dem Erdboden schwebend, brauchte ich kaum ein Taxi, um mich in die Wall Street zurückzubringen. Denn ich kam aus dem Museum als Yama, »von einer unbezähmbaren Wut gepackt«, und mein Auge, das glitzernde dritte Auge in der Mitte meiner Stirn, war auf elf Männer gerichtet – auf zwölf Männer, jawohl, zwölf, ich durfte den leeren Sessel nicht vergessen, er war ja der wichtigste. Sie hatten mir die Frucht meiner Kasteiung geraubt, zwölf Sterne, die bald in meiner Krone glitzern würden als eine neue Konstellation. Yama, der Tod. Denn ich war gut gewesen, so unwahrscheinlich gut, und würde nun der Schrecklichste von allen sein.

VIERUNDZWANZIGSTES KAPITEL

Obwohl es mich keineswegs überraschte (nichts hätte mich überraschen können), war Batesons Ton anders, als ich es erwartet hatte. Es lag etwas Ernstes, beinahe Wehmütiges in der Art, wie er mich begrüßte, ja, in der Tiefe seiner kalten Augen schimmerte vielleicht sogar eine gewisse Güte. Es war seltsam, so als hätte das Telefongespräch vom Tag zuvor nie stattgefunden, und seltsamer noch, weil auch ich dieses Gefühl hatte. Wir unterhielten uns ein paar Minuten in seinem Büro. Worüber, daran erinnere ich mich kaum, über gar nichts, wie es scheint, über den Schnee draußen. Er zog die Jalousetten hoch, und wir standen beide da, vertieft in das Mysterium des lautlosen, weichen Schneefalls. Anschließend setzten wir uns, er bot mir eine Zigarette an und nahm sich zu meinem Erstaunen selber auch eine. Jawohl, er rauchte. Vielleicht war er das letzte Mal einfach nervös gewesen. Diesmal war er nicht nervös. Und ich auch nicht. Nun waren wir Feinde, er und ich, und hatten eine Schlacht zu schlagen. Den Kopf in den Nacken gelegt, um den Rauch einzuatmen, dachte ich wieder an die Zigarette, die bei unserer ersten Diskussion im Aschenbecher vor dem leeren Sessel am Konferenztisch gebrannt hatte. Dabei überfiel mich eine unerklärliche Heiterkeit, und ich lachte laut auf. Bateson schien sofort zu begreifen, um was es ging, und stimmte in mein Lachen ein. Als ich ihn so lachen sah, während ich immer mehr lachen mußte, hatte ich das seltsame Gefühl, mein eigenes Bild in einem Spiegel zu sehen. Unvermittelt stand ich, immer noch lachend, auf und strich ihm, wie um ihn zu segnen oder mich an der Zunge einer Pfingstflamme zu wärmen, die im Zentrum seines Gehirns brannte, mit der Hand über den Kopf.

Er zuckte ein wenig zurück, als fürchte er, ich werde ihn schlagen. »Was in aller Welt...?« stieß er verblüfft, doch immer noch lächelnd, hervor.

»Ich wollte mich nur überzeugen.« Dabei lachte ich vor mich hin und genoß diesen ganz persönlichen Scherz.

»Wovon?« fragte er und lächelte, als habe er verstanden.

»Ob da irgendwelche Drähte sind«, antwortete ich und platzte wieder laut heraus. Und er lachte ebenfalls, verdammt noch mal, er lachte ebenfalls.

Ich erinnere mich an diesen unbedeutenden Zwischenfall deutlicher als an alles andere während der Besprechung. Ich komme nicht davon los. Warum lachte er? Er hatte nicht wissen können, woran ich dachte, er kannte meinen

Traum vom Puppenspieler nicht. Es ging auch nicht um etwas, das ich gesagt hatte. Nein, es war irgend etwas hinter den Worten. Das mußte es sein.

Obwohl ich nicht sagen kann, daß ich ihn als Mensch sympathischer fand als beim ersten Treffen, bestand diesmal eine tiefere Vertrautheit zwischen uns, als wären wir schon unser Leben lang miteinander bekannt, fast eine gewisse Zärtlichkeit, deren Quelle, glaube ich, nur der Haß selbst gewesen sein kann. Seine Gegenwart war für mich von einer fast ebenso intensiven Lebendigkeit wie jene, über die ich vor so langer Zeit auf dem Dach mit Yin-mi gestaunt hatte, als sich der feine Haarriß öffnete und ich ihre Seele sehen konnte, die Sache an sich, sie flüchtig sehen konnte, die schüchtern aus dem Wald in ihrem Innern hervortrat wie ein Reh, das bei jedem Schritt mit einem zierlichen Huf in der Luft zögert, bevor es ihn aufsetzt. Bei Bateson jedoch war ich der Jäger, der an einem dunklen Teich wartete, um ihn zu töten, und das Wesen, das aus der Wildnis hervortrat und mich anstarrte, war kein Reh, sondern ein Raubtier wie ich selbst, mit Augen, ruhig und tief, von Wissen und dem Verlangen nach Tod erfüllt. Es wollte mich ebenfalls umbringen. Das war uns beiden durchaus klar, und es bewirkte, daß unser Vorhaben beinahe unschuldig zu sein schien, als sei es möglich, aus dem letzten Ritus der Dunkelheit ein Licht hervorscheinen, aus der letzten Profanierung eine neue Unschuld hervorgehen zu lassen.

Wir begaben uns ins Konferenzzimmer, wo etwas Festliches in der Luft lag, das so unerklärlich war wie unser Lachanfall vorhin. Es lag ein Unterton von Hektik in dieser Stimmung, der vage an Hysterie denken ließ, doch an eine Hysterie, die nicht der Hilflosigkeit entsprang, sondern dem Selbstbewußtsein und der Macht, die sich als nervöse Energie, als Hitze bemerkbar machten.

Es freute mich, die Mitglieder des Aufsichtsrates so anzutreffen, so strahlend vor Zuversicht, ebenso auf der Höhe wie ich. Das nahm dem Akt des Todes den Gestank der Verwesung, spülte den schlechten Geschmack in meinem Mund fort, den die finsteren, verzweifelten Blicke bei all den anderen Übernahmen bei mir hinterlassen hatten. Finstere Blicke gab es hier nicht. Alles war klar und präzise, alle Konsequenzen waren bekannt, akzeptiert und, in der Vorfreude auf das Spiel, im voraus verziehen. O ja, wir waren eine fröhliche Gesellschaft. Einem unbeteiligten Beobachter mußte unser Treffen auf den ersten Blick vorkommen wie eine Weihnachtsfeier im Büro, kurz bevor das Weihnachtsgeld verteilt wird. Nur lag eine gewisse Schärfe in der Luft, eine Schärfe wie der Knall einer Peitsche. Sie lag in jedem Blick, in jedem Lächeln. Unter der beiläufigsten Bemerkung öffneten sich Abgründe, und wir hielten inne, um sie zu betrachten, *es* zu betrachten, wie Bateson und ich den lautlosen Schneefall betrachtet hatten, gemeinsam, ein jeder bewegt, jeder respektvoll, obwohl *es* letztlich nichts anderes war als der unvermeidliche Schicksalsschlag, den wir einer dem anderen zufügen mußten, die Vernichtung, die wir gemeinsam anrichten würden wie Liebende, der eine gebend, der andere nehmend im letzten Koitus des Krieges, wo Erfüllung nicht Ruhe bringt, sondern Tod.

»Nun, Gentlemen«, begann Bateson schließlich und faltete die Hände, so daß er aussah wie ein Mann, der viel Zeit und Mühe darauf verwandt hat, ein Festmahl vorzubereiten, und der sich, während er die Gäste zu Tisch bittet, mit einer gewissen Trauer und Resignation bewußt wird, daß das Essen, so gut es auch sein mag, niemals so köstlich sein kann wie die Mühen der Zubereitung. »Ich denke, wir sollten zur Sache kommen – obwohl ich zugeben muß, daß ich nicht ganz sicher bin, was unsere Sache ist.« Alle lachten. »Irgendwie kommt es mir eher wie eine Gelegenheit zum Feiern vor als wie eine geschäftliche Besprechung, nicht wahr? Und alle warten mit Überraschungen auf! Sun I hat eine Überraschung für uns. Wir haben Überraschungen für ihn. Er hat uns eine große versprochen. Und wir hoffen uns dafür auf unsere bescheidene Art revanchieren zu können, nicht wahr, Gentlemen?« Er nickte der Runde zu. Die anderen sammelten sich nach und nach um ihn, bildeten auf der einen Seite des Tisches eine Reihe, ich nahm auf der anderen Platz, wie gehabt. »Jawohl, wir haben auch ein paar Überraschungen in petto.« Er lächelte und wurde auf einmal kindisch. »Wenn wir sie alle zusammenlegen, unsere Überraschungen, Ihre Überraschung, ja, dann haben wir so viele Überraschungen, daß man gar nicht mehr weiß, wo man anfangen soll!« Mit ausgebreiteten Händen hob er die Schultern und riß unter Stirnrunzeln die Augen zu einer Clownsparodie des Staunens weit auf. Jawohl, genau. Wie im Zirkus. Fast konnte ich das dröhnende Gelächter und den Beifall hören. Aber wo war der Zirkusdirektor, der Conférencier, der Mann in Frack und schwarzem Zylinder? Die Spiegel narrten mich mit meinem eigenen Bild, ins Unendliche vervielfacht, immer kleiner, bis es in sich selbst verschwand. Und dort, am Fluchtpunkt, hinter dem Trickspiegel, wartete *er*. Ich konnte seine Gegenwart spüren, beinahe seinen Atem hören.

»Da ich Ihre Überraschungen bereits kenne«, kam ich Bateson zuvor, sah dabei aber in den Spiegel, mir selbst in die Augen, und in die *seinen* dahinter, »bin wohl jetzt ich an der Reihe.«

Er nickte mit einer zugleich bewilligenden und nachgebenden Geste.

»Ich habe mich sehr gefreut, als ich Ihr Geschenk mit der Post erhielt«, begann ich so, wie ich es geplant hatte. »Der Pandabär. Er hat mich in letzter Zeit häufig begleitet, Tag und Nacht sogar. Man könnte fast sagen, ich habe mit ihm geschlafen«, ich lächelte in ein Vakuum hinein, »und er hat mich in vieler Hinsicht umdenken gelehrt, hat mich gezwungen, einzusehen, daß ich Sie bei unserer ersten Begegnung in mancher Hinsicht falsch beurteilt habe. Ich neigte ja dazu, in gewissen Punkten an Ihrer Aufrichtigkeit zu zweifeln, vor allem, was Ihre Treuebekundungen ihm gegenüber«, ich lächelte dem Spiegel zu, »Eddie Love, meinem Vater, gegenüber betrifft. Dafür möchte ich mich bei Ihnen entschuldigen, denn es ist mir klargeworden, wie sehr ich mich darin getäuscht habe. Was nun aber das Geschenk betrifft«, fuhr ich fort, »um darauf zurückzukommen, möchte ich sagen, daß ich die Genugtuung zu schätzen weiß, die Ihnen Ihr kleiner Scherz bereitet haben muß! Andererseits jedoch fühle ich mich verpflichtet, hinzuzufügen, daß mir auch der Mangel an Disziplin wohlgetan hat, der dazu geführt hat – Pech für Sie, Glück für mich, denn er führte letzten Endes dazu, daß ich Ihre Verschwörung entdeckte, Ihre kleine ›Überraschung‹, wie Sie sie nennen. Mit einem Wort, Gentlemen«, ich zog die Stirn kraus und wurde unvermittelt ernst, »ich meine den *bear raid*, den Sie augenblicklich gegen den Aktienkurs meiner Firma führen. Und ich bin hier, um Ihnen zu sagen, daß Sie damit aufhören müssen. *Sofort.*«

Auf der anderen Tischseite wurde Gemurmel laut. Die Herren steckten die Köpfe zusammen und diskutierten im Flüsterton. ›*Bear raid*‹ hörte ich immer wieder in einem Ton, der Überraschung oder Affront verriet.

Bateson atmete heftig aus – es klang beinahe wie ein erleichterter Seufzer – und beugte sich vor. »Daß wir uns richtig verstehen, Sun I«, begann er. »Ist dies Ihre ›Überraschung‹?« Er blickte von einer Seite zur anderen, sah seine Kollegen an. »Sind Sie hier, um uns ›zu sagen‹, daß wir aufhören ›müssen‹?« Er schnaufte verächtlich und sah seine Kohorten wieder ungläubig an; dann fixierte er mich durchdringend. »Angenommen, der Rückgang Ihres Aktienkurses wäre wirklich auf eine Manipulation zurückzuführen – wie nannten Sie das doch, einen *bear raid?* Bißchen altmodisch, finden Sie nicht? – und nicht einfach auf das freie Kräftespiel des Markts, wie ich es vermute, und weiterhin angenommen, daß wir hinter dieser angeblichen Manipulation stehen – was könnte uns veranlassen, damit aufzuhören? Die Tatsache, daß Sie es uns befehlen? Sie sind doch bestimmt nicht gekommen, uns um Erbarmen zu bitten!« Er sagte es fast höhnisch.

»Genau. Ich bin nicht gekommen, Sie um irgend etwas zu ›bitten‹.« Ich beugte mich, auf die Ellbogen gestützt, weit vor und sah ihn an. »Ich bin gekommen, mir etwas zu nehmen, Bateson« – ich spie seinen Namen beinahe heraus –, »mir zu nehmen, was mir gehört.«

»Und was wäre das?« fragte er und funkelte mich so haßerfüllt an, daß sein Lächeln wie eine Grimasse wirkte.

Ich musterte ihn einen Moment, dann lehnte ich mich kühl zurück und spannte den Bogen. »Das, was Sie mir bei der ersten Besprechung angeboten haben«, antwortete ich gelassen und betrachtete mit hochgezogenen Brauen meine Fingernägel. »Erinnern Sie sich?« Ich lächelte. »Meinen Sitz.« Um dem dunklen Pfeil nachzusehen, der die Entfernung durchmaß, hielt ich inne. Fast konnte ich ihn fröhlich pfeifen hören, vor dem brutalen, scharfen Auftreffen, dem Knirschen splitternder Knochen, als er tief in den Körper eindrang. »Es war sehr großzügig von Ihnen, ihn mir seinerzeit anzubieten«, fuhr ich fort und genoß jede Veränderung des Ausdrucks in seinen Augen, »vor allem in Anbetracht der Tatsache, daß ich höchstens zwei Prozent besaß.« Ich lächelte, diesmal nur flüchtig. »Heute jedoch besitze ich, wie Ihnen zweifellos bekannt sein wird, über achtundzwanzig Prozent. Das ist natürlich erst der Anfang. Doch ich hab's mir überlegt. Warum warten? Ich will das, was mir gehört, nutzen. Ich glaube nicht, daß Sie daran etwas auszusetzen haben werden. Schließlich ist das die amerikanische Art, nicht wahr? Achtundzwanzig Prozent, das wären, warten Sie mal...« Ich richtete meinen Blick zur Decke und schürzte die Lippen, als rechnete ich. »Das berechtigt mich nach meinen Berechnungen zu drei Sitzen. Nein, Gentlemen, um das, was mir bereits gehört, brauche ich nicht zu bitten.« Im vollen Bewußtsein meines Triumphs strahlte ich meine Gegner an.

»Und warum liegt Ihnen auf einmal so viel daran, sich uns anzuschließen,

Sun I?« fragte Bateson. »Bei der ersten Begegnung haben Sie doch unser Angebot ausgeschlagen, ohne eine Sekunde zu überlegen.« Er sah seine Kollegen an, als wolle er sagen: ›Als ob ich das nicht genau wüßte!‹

»Sagen wir einfach, ich möchte innerhalb des Systems mitarbeiten«, erklärte ich munter. »Ich möchte in den Genuß Ihrer ausgezeichneten Ideen gelangen.«

»Mit anderen Worten, um in Erfahrung zu bringen, wie wir arbeiten«, stellte er fest.

»Genau. Und selbstverständlich, um mein Stimmrecht auszuüben.«

»Es ist Ihnen natürlich klar, daß derartige Privilegien auch Verantwortung mit sich bringen.«

Ich nickte.

»Wir haben uns hier immer einer gewissen Einheitlichkeit der Perspektive erfreut, das heißt, wir konnten uns ihrer erfreuen, weil wir sie uns erarbeitet haben und weil wir alle dasselbe Ziel hatten: das Wohl des Konzerns und die Interessen der Aktionäre.«

»Zweifellos«, gab ich zurück. »Ich habe meiner Meinung darüber, glaube ich, bei unserem ersten Treffen Ausdruck verliehen.«

»Wir müßten natürlich gewisse Beweise der Aufrichtigkeit verlangen.«

Ich zog die Stirn in Falten. »Ich glaube kaum, daß Sie in der Position sind, etwas zu ›verlangen‹.«

Er sah mich an; dann schüttelte er den Kopf, als sei er zu einem Entschluß gelangt. »Ich fürchte, es würde nicht funktionieren, Sun I. Es sei denn, Sie wären bereit, Ihren Plan einer Übernahme aufzugeben. In diesem Fall könnte man dergleichen arrangieren. Andererseits fürchte ich, es würde sich da ein zu großer Interessenkonflikt für Sie ergeben. Ein Sitz im Aufsichtsrat hier – womöglich sogar zwei – wäre Ihrer Sache nicht förderlich. Wir arbeiten, wie Sie wissen, demokratisch...«

»Ich weiß«, warf ich schneidend ein, »ich kenne Ihren ›treuhänderischen Republikanismus‹.«

»... und Sie kämen mit Ihren Ansichten gegen die einheitliche Meinung der Mehrheit, das sind wir hier«, er nickte nach rechts und nach links, »daß eine solche Übernahme gegen die Interessen des Konzerns verstieße, nicht an.«

»Wenn ich Sie nicht überstimmen kann, werde ich herausfinden, wie Sie das machen mit Ihrem kleinen Trick, und wenn Sie damit nicht aufhören...«

». . . stoßen Sie ins Horn«, ergänzte er meinen Gedankengang. »Das ist es, Sun I, was ich mit Interessenkonflikt meine. Bei einem Aufsichtsratsmitglied wäre es Verrat, die eigene Firma zu sabotieren. Ich fürchte, das könnten wir nicht dulden.«

»Ihr Pech, Bateson«, entgegnete ich. »Dann werden Sie es wohl lernen müssen, nicht wahr? Ich meine, nachdem Ihnen gar keine andere Wahl bleibt.« Ich grinste strahlend.

»Wie meinen Sie das?«

»Kommen Sie, Bateson, tun Sie nicht so beschränkt!« sagte ich tadelnd.

»Sie verderben mir den Spaß. Sie wissen genausogut wie ich, daß Sie mich nicht fernhalten können. Tragen Sie's mit Anstand! Das gehört zu den Dingen des Lebens, wie der Tod: zu verlieren.« Ich lachte.

»Ist mir da etwas entgangen?« Suchend blickte er in die Runde. Als er meinem Blick begegnete, hielt er ihn fest. »Da ist ein ziemlich dicker Haken an Ihrer Argumentation, Sun I. Sie sind kein Mitglied des Aufsichtsrats.«

»Kommen Sie mir nicht damit, Bateson!« fuhr ich ihn an. »Sie wissen, daß das eine reine Formalität ist. Sie können mich nicht draußen halten. Ich kontrolliere achtundzwanzig Prozent Ihrer Aktien, verdammt noch mal! Ich *werde* Aufsichtsratsmitglied, und überdies werde ich die beiden anderen Sitze mit zwei weiteren Herren meiner Wahl besetzen und, verdammt noch mal, tun, was mir paßt!«

»Sie sagen immer ›ich‹, Sun I. ›Ich besitze‹, ›ich kontrolliere‹, ›ich werde besetzen‹. Korrigieren Sie mich, wenn ich mich irre, aber ich hatte den Eindruck, daß Rising Sun der Besitzer dieser Aktien ist.«

»Ich bin Rising Sun!« schrie ich ihn an und schlug zum Nachdruck mit der Hand auf den Tisch.

»Bitte, werden Sie nicht heftig!« Seufzend schüttelte er den Kopf. »Und es hat so angenehm begonnen. Vielleicht sollten wir lieber eine Lunchpause einlegen, damit sich die Wogen ein wenig glätten. Das hat letztesmal so gut geklappt, vielleicht tut es das heute auch wieder.«

»Verdammt, Bateson!« Ich war wütend. »Ich will keinen Lunch. Ich will, daß das alles jetzt geregelt wird.«

»Gönnen Sie mir – uns – doch das Vergnügen, Sun I«, erwiderte er, die Lippen ein wenig schmollend geschürzt. »Wenn Sie sich wirklich nicht umstimmen lassen, können wir unsere Diskussion ja vielleicht beim Essen fortsetzen; nur, wäre es nicht sehr viel angenehmer, wenn wir eine kleine Pause einlegten, um uns zu stärken? Tun Sie mir den Gefallen! Wir haben etwas ganz Besonderes für Sie vorbereitet.«

»O ja!« schäumte ich und warf mich in meinen Sessel zurück. »Ihre Luncheons sind immer etwas ganz Besonderes, nicht wahr? Das muß man Ihnen wirklich lassen. Was gibt's denn heute zum Dessert – Feigen in Arsen?«

Er lachte. »Warten wir doch lieber noch, bevor wir ans Dessert denken, ja? Es soll eine Überraschung werden.« Er hielt inne. »Wollen wir wieder hier drinnen essen, was meinen Sie? Den Vorhang aufziehen und dem Schnee zusehen?« Er drückte auf den Knopf: Der grüne Samtvorhang begann sich unter dem leisen Surren des Motors zu teilen und in Falten zu legen. Draußen fiel der Schnee nicht mehr so dicht wie vorhin. Über dem Fluß waren die Wolken aufgerissen und gaben ein Stück blauen Himmels frei. Die Wintersonne hing wie eine riesige, weiße Papierlaterne über Brooklyn, umkränzt von Nebeln, die sie wegbrennen zu wollen schien: ein weißes, unruhiges Brodeln am eiskalten Himmel.

Auch ich war unruhig und wurde allmählich verärgert. Ich erkannte, daß meine Vorstellungen unrealistisch gewesen waren, hatte ich doch irgendwie erwartet, daß sie sofort umfallen würden, nachdem ich meine Karten aufgedeckt hatte. Bateson blieb natürlich nichts anderes übrig; er mußte weiterbluffen. Das konnte ich ihm wirklich nicht übelnehmen. Trotzdem, ich wollte es hinter mich bringen, wollte mit dem Spielchen aufhören. Ich wollte meinen Sitz.

Bateson entschuldigte sich – vorgeblich, um die Küche von unserer Pause zu unterrichten. Vielleicht aber ging er auch, um zu konferieren. Vielleicht war das das Spiel. Er brauchte Zeit, erwartete neue Anweisungen. Aber wo lag der Sinn? Die Schlacht war geschlagen. Ich hatte gesiegt. Ich betrachtete die Spiegel, musterte sie von oben bis unten, als suchte ich einen Spalt zu finden, einen Fleck abgeblätterten Silberbelags, durch den ich etwas sehen konnte, wie man den Kondensationsbeschlag im Bad oder den vom eigenen Atem auf einem Spiegel fortwischt, um das Gesicht dahinter sehen zu können. Und während ich so suchte, fragte ich mich plötzlich, nur einen winzigen Augenblick lang, ob er tatsächlich da war. Was, wenn dies nicht zutraf? Es geschah zum erstenmal seit dem Traum, seit Coney Island, daß ich mir diese Frage stellte. Der Gedanke, er könne nicht da sein, erschreckte mich mehr als die Vorstellung, daß er da war. Sekundenlang wurde mir schwindlig. Coney Island, nur umgekehrt, eine kleine Glaubenskrise. Mir wurde klar: Sosehr ich damals seine Gegenwart gebraucht hatte, um ihn zu lieben, auch wenn er nur »mystisch anwesend« war, durch »die subtilere Alchimie, die der Glaube im Herzen des Gläubigen bewirkt«, so brauchte ich seine Gegenwart jetzt auch hier, um ihn zu hassen. Dieser Gedanke machte mich beinahe traurig, und ich fragte mich, ob ich im Herzen wirklich alles aufgegeben hatte, alles, und ob ich es jemals aufgeben würde, ob man es jemals aufgeben konnte. Dann jedoch, als mir die Zigarette einfiel, lachte ich wieder so, wie Bateson und ich vorhin gelacht hatten, nur diesmal allein, vor mich hin. Ich dachte an Yama, und der Wille in mir wurde wieder unerbittlich.

Jetzt wurde der Lunch serviert, und zwar wie das letzte Mal in zugedeckten Schüsseln unter riesigen Silberglocken, die beim Hereinfahren klirrten und klapperten. Kellner in weißen Jacken, für jede Tischhälfte zwei, für meine Seite einer allein, hantierten flink und behende. Als alle Gedecke aufgelegt waren, nickte Bateson, und mein Kellner nahm im Gleichklang mit seinen Kollegen mit einer weißen Serviette den heißen Deckel ab.

Eine dichte, wirbelnde Dampfwolke stieg auf, und von dem Teller starrten mich zwei pochierte Augen an.

»O mein Gott!« stöhnte ich, zuckte vor Abscheu zusammen, beugte mich aber voll Neugier vor. »Was ist das?«

Als wundere er sich über meine Reaktion, sah Bateson mich mit leicht gekränkter Miene an. »Tête de veau au beurre noir«, säuselte er mit dünner, gequälter Stimme. »Mit winzigen, neuen Kartöffelchen, jungen Möhren und Sellerieherzen.« Sein Kinn bebte ein wenig vor schmerzlicher Enttäuschung und ließ ihn vorübergehend wie ein Greis aussehen. »Sagen Sie nicht, daß Sie das nicht mögen!«

»Es ist eine... nicht wahr?« Ich starrte fasziniert auf meinen Teller.

»Was?«

»Eine Kuh!«

»Ein Kalb«, korrigierte er pikiert. »Was glauben Sie denn, was das ist? Natürlich ist es, so gesehen, eine Kuh, tête de veau.«

Ich sah ihn fassungslos an und mochte nicht glauben, daß dies kein Scherz war. Aber dieser Ausdruck! Er mußte ihn vor dem Spiegel einstudiert haben. Nach kurzer Überlegung beschloß ich jedoch, ihm keinen Glauben zu schenken. »Ersparen Sie mir das, Bateson«, grollte ich und steigerte mich angeekelt in selbstgerechte Empörung. »Was soll das sein – vielleicht symbolisch? Wieder ein Beispiel gastronomischen Terrors?« Ich konnte den Blick nicht abwenden, starrte in fasziniertem Abscheu auf den Teller.

»›Gastronomischer Terror‹ – ist das nicht ein bißchen stark, Sun I?« fragte er leicht verdrossen, nachdem er sich wieder erholt hatte. »Ich will nicht bestreiten, daß ich dieses Gericht wie seinerzeit das Prime Rib Ihnen zu Ehren bestellt habe, als eine Art Tribut: Bull Inc....«

»O ja, Bateson«, erwiderte ich bissig, »ich hab's kapiert.«

»Andererseits«, fuhr er fort, »ist dies eine Spezialität unseres Kochs, eines seiner köstlichsten Gerichte.« Er suchte Bestätigung bei seinen Freunden. »So etwas essen wir nicht alle Tage«, erklärte er indigniert, als tadle er ein Kind, das seinen Teller nicht leer gegessen hat, »das kann ich Ihnen versichern.«

»Kann ich Ihnen nicht verdenken«, gab ich zurück. »Wenn ich's mir aussuchen könnte, würde ich so was auch nicht jeden Tag essen.«

Er wirkte verärgert. Die anderen ebenfalls.

Auf einmal erschien mir das alles fast komisch. Mit angewiderter Miene stocherte ich mit der Gabel vorsichtig in dem gekochten Auge herum. »Glauben Sie vielleicht, Sie könnten mich durch Hunger zu Konzessionen zwingen, die Sie mir sonst nicht abringen können?« Das Auge platzte, und die gallertartige Flüssigkeit rann heraus wie eine schnelle Gelatineträne. Ich warf den Kopf in den Nacken und lachte: ein hohes, unsicheres Lachen, das in Abscheu endete. »Nehmen Sie das fort!« befahl ich dem Kellner und schob den Teller mit geschlossenen Augen und abgewandtem Kopf von mir. »Gut, daß ich schon gegessen habe, bevor ich herkam.« Bateson schien mich nicht zu hören, sondern prüfte mit der Gabel, ob seine Portion die richtige Konsistenz hatte. »Also gut, Bateson, Sie haben Ihren kleinen Scherz angebracht, obwohl ich nicht weiß, wozu das gut sein soll. Kommen wir jetzt aufs Geschäft zurück!«

»Hmmm.« Er nickte mit vollem Mund. Dann schluckte er mühsam. »Sie haben doch nichts dagegen – oder?« Mit der Messerspitze deutete er auf seinen Teller. »Fangen Sie nur an! Sie wollten sagen?« Dann wandte er sich an seinen Nachbarn. »Köstlich.« Die beiden nickten einander zu, als wollten sie den Druck ihrer inneren Maschinen hochpumpen, bis es für eine Ansprache reichte.

»O ja, wunderbar«, antwortete der andere schließlich, offenbar unfähig, weitere Lobesworte zu finden.

»Wir mögen unser Rindfleisch«, versicherte Bateson. »Das hält uns schlank und« – er gestattete sich eine Andeutung eines Lächelns – »sozusagen karnivor. Tut mir leid, daß es Ihnen nicht schmeckt. Aus Ihrer Reaktion könnte man fast schließen, wir hätten Ihnen einen Totenkopf serviert statt eines Kalbskopfs.« Mit den anderen lachte er voller Genugtuung über die eigenen Worte.

Ich beobachtete sie beim Essen, lauschte dem Klirren der Silberbestecke auf dem Porzellan, dem Klappern des Geschirrs, dem leisen, unverständlichen Gemurmel, das verfeinerten Verdauungsgeräuschen glich. Ihr Appetit faszinierte mich und stieß mich gleichzeitig ab. Vor allem Bateson schien seine Mahlzeit zu genießen. Mit einem Gefühl, das an Entsetzen grenzte, sah ich zu, wie er sich über die beiden zartgekochten, jungen Hornhöcker hermachte, die aus dem zerfallenen Fleisch der Stirn ragten. Er hebelte sie mit dem Messer heraus, brach sie auf dem Teller auf, nahm einen sodann in die Hand, setzte ihn an die Lippen und sog das Mark heraus. Als er meinen Blick bemerkte, bot er mir, mit offensichtlichem Wohlbehagen lächelnd und nickend, den anderen an.

»Wir sprachen über meine achtundzwanzig Prozent«, nahm ich mit kleiner Stimme und abgewandtem Kopf den Diskussionsfaden wieder auf.

»Richtig!« bestätigte er und hob erst das Kinn, um zu schlucken, dann das Messer, um mich zu unterbrechen. »Rising Suns, achtundzwanzig.« Er lächelte.

»Meine Aktien, Rising-Sun-Aktien – was ist der Unterschied, Bateson? Das haben wir doch schon durchgekaut, und ich habe Ihnen gesagt, ich *bin* Rising Sun!«

»Ganz recht«, gab er nickend und kauend zu. »Das haben Sie gesagt.« Mit der Serviette tupfte er sich die Lippen und winkte dem Kellner, abzuräumen. »Bringen Sie den zweiten Gang!« ordnete er leise an.

»Wissen Sie, Sun I«, ohne mich anzusehen, faltete er seine Serviette zusammen, »ich muß sagen, Sie legen da eine ziemlich anmaßende Haltung hinsichtlich Ihrer Position in Ihrer Firma, hinsichtlich Ihrer Aktionäre an den Tag.« Er sah mich bedeutungsvoll an. »Vielleicht ist das bei Bull Incorporated, bei Rising Sun zulässig, aber ich bin – oder vielmehr wir sind, offen gesagt, doch ein bißchen entsetzt darüber. Das ist ein weiterer Grund, warum es damit nie klappen würde, mit einer Zusammenarbeit, meine ich, einer Vereinigung der Streitkräfte, Ihrer und unserer. Nicht mal im Traum würden wir daran denken, so anmaßend zu sein und ›unsere‹ Reserven mit denen des Konzerns in einen Topf zu werfen.« Stirnrunzelnd schüttelte er den Kopf. »Nein, ich muß sagen, das kommt mir ein bißchen verantwortungslos vor, ein bißchen arg überheblich.«

»Lassen wir doch endlich die Rising Sun aus dem Spiel, ja?« bat ich mit bissiger Höflichkeit. »Wie ich meine Firma führe, geht Sie nichts an. Das steht hier nicht zur Debatte. Was hier zur Debatte steht, sind Sie.«

Seine Stirn lag noch immer in Falten, als er seine Serviette zusammenlegte und den Kopf schüttelte. »Nein, Sun I, Sie irren sich. Das steht schon zur Debatte. – Stellen Sie's ab«, wies er den Kellner an, der neben mir mit einem Tablett aufgetaucht war.

»Danke, ich möchte nichts«, lehnte ich in etwas freundlicherem Ton ab, indem ich den Kopf schüttelte.

»Aber Sie haben's ja noch gar nicht gesehen!« protestierte Bateson.

»Egal, was es ist.«

»Aber ich muß darauf bestehen«, erklärte er grimmig. »Bitte sehr!« Bevor ich etwas einwenden konnte, winkte er dem Kellner mit einer herrischen Bewegung. Der Mann lüpfte den Deckel, und auf der Platte entdeckte ich, umkränzt von frischer Petersilie, einen dicken Packen Aktien. Das Firmenzeichen zeigte die zur Hälfte aufgegangene Sonne am Horizont – ein Motiv, das ich mir vom Gewand meiner Mutter ausgeborgt hatte: Rising Sun.

Mein Herz hämmerte. »Was ist das?« fragte ich ganz ruhig.

»Das Dessert«, antwortete er lächelnd. »Nichts weiter. Nur das Dessert.«

»Sehr hübsch, Bateson«, bemerkte ich mit gespielter Geringschätzung. »Was soll das heißen?«

Mit spitzen Lippen zuckte er die Achseln. »Nur, daß wir auch Aktionäre sind, Sun I. In *Ihrem* Konzern. Und daß wir als solche gewisse Rechte und Interessen haben, unter anderem daran, wie die Firma geführt wird, vor allem, was die Einstellung und Fähigkeit ihrer Direktoren und Manager betrifft, was *Ihre* Einstellung und *Ihre* Fähigkeit betrifft, Sun I, genauso, wie man es im umgekehrten Fall von Ihnen erwarten würde.«

War das alles? Ich fühlte den Pfeil an meinem Gesicht vorbeisausen und weiterfliegen, immer weiter – wohin, das spielte keine Rolle. Er hatte mich verfehlt. Ich fühlte eine Woge wilder Freude in mir aufsteigen, und als ich wieder zum Fenster hinaussah, war der Himmel auf einmal blau, und die Sonne schien.

»Das war sie also, die Überraschung?« fragte ich.

Er nickte. »Genau. Sie wußten bisher nur die Hälfte.«

Ich lachte ihm ins Gesicht.

»Ich glaube kaum, daß Ihr Lachen unter den gegebenen Umständen angebracht ist, Sun I«, tadelte er mich.

»Ja, ja, Sie haben ja recht«, räumte ich ein, während ich mir mit dem Handrücken die Tränen aus den Augenwinkeln wischte. »Es ist ja nur, weil ich so erleichtert bin. Sie hatten mir richtig Angst gemacht. Einen Moment lang...« Ich schüttelte den Kopf. »Nein, Gentlemen, selbstverständlich haben Sie das Recht, bei Rising Sun mitzureden. Schließlich führe ich meine Firma auch demokratisch. Das ist der Preis, wenn man eine öffentliche Rechtsform annimmt, nicht wahr?« Niemand reagierte auf meinen Versuch in korporativem Weltschmerz. »Selbstverständlich haben Sie dieselben Rechte wie die anderen Aktionäre«, erklärte ich. Damit zog ich mich nach dem Vorbild des Kuratoriums des Met auf eine vertrauliche Distanz zurück.

Bateson hob einen Finger, um mich zu unterbrechen. »Nicht ganz dieselben, Sun I«, präzisierte er. »Ich glaube, Sie verstehen mich noch immer nicht ganz.«

»Wie meinen Sie das?«

»Vielleicht sollten Sie sie lieber durchzählen.«

Zack. Aus dem Nichts kam der Pfeil zurück. Ich spürte, wie mir die Welt unter den Füßen weggezogen wurde und wie ich fiel, unendlich schnell fiel. »Warum sagen Sie es mir nicht einfach?« Ich versuchte krampfhaft, nicht in Panik zu geraten.

»Dreiundfünfzig«, sagte er.

»Tausend?«

Er lächelte mitleidig. »Prozent.«

Der Pfeil traf. Ich schloß die Augen. Aufwachen! dachte ich. »Unmöglich«, sagte ich laut. »So viel«, ich deutete mit dem Kinn auf die Zertifikate, »kann man unmöglich anhäufen und zugleich mit vollen Händen verkaufen, so viel verkaufen, daß dadurch jener Schaden entsteht, den Sie angerichtet haben.« Energisch schüttelte ich den Kopf. »Was soll das sein – schon wieder ein Scherz? Sind das vielleicht Fälschungen? Wieder einmal Psychoterror?«

»Lassen Sie sie untersuchen«, schlug er vor. »Untersuchen Sie sie selbst.«

Ich nahm das glatte, oberste Blatt, zehntausend Aktien, und hielt es ans Licht. Ich sah das Wasserzeichen. Ich starrte daran vorbei zum Fenster hinaus, über die Skyline von Manhattan hinweg. Im Fallen hörte ich den Wind in meinen Ohren pfeifen. Eiskalte Tränen sickerten mir aus den Augenwinkeln und wurden emporgerissen. Schwindlig vor Panik, fing ich an zu lachen, warf den Kopf in den Nacken und grölte los. Und durch mein Gelächter, durch das Pfeifen des Windes hörte ich ein anderes Lachen, höher, fremdartiger als das meine, wie der Schrei eines Fischadlers, dünn, schrill, nicht ganz menschlich, und dazu das Dröhnen einer Maschine. Durch meine flatternden Augenlider sah ich in der Mitte der Sonne einen winzigen schwarzen Punkt auftauchen, der allmählich größer wurde. Doch als ich ihn erkannte, war es zu spät. Ich war bereits tot.

»Ist Ihnen jemals aufgefallen, Sun I«, fragte mich Bateson und deutete mit einem Kopfnicken auf das Blatt in meiner Hand, »wie die Sonne dargestellt ist? Man kann nicht sagen, ob sie auf- oder untergeht. Ein mehrdeutiges Motiv.«

»Es ist eine aufgehende Sonne«, belehrte ich ihn mechanisch, bevor mir klar wurde, wie er mich reingelegt hatte.

»Eine untergehende«, widersprach er, »wenigstens für Sie.«

Jetzt senkte sich die Nadel wieder in die Rille, die richtige Rille, und wiederholte das letzte Stück. Ich schüttelte den Kopf. »Unmöglich«, sagte ich. »Sie können unsere Aktien nicht zusammengekauft haben. Sie haben verkauft, Sie haben auf Baisse spekuliert. Wie konnten Sie da noch Aktien horten?«

»Das ist die Vierundsechzigtausend-Dollar-Frage, nicht wahr, Sun I? Obwohl vierundsechzig Millionen den Sachverhalt eher träfen, und sogar das wäre noch nicht genug.«

»Das ist ein Trick, ein Taschenspielertrick!« Ich zischte meine Anschuldigung in Richtung Spiegel. »Wie konnten Sie so viel in die Finger kriegen? Nur das will ich wissen. Dreiundfünfzig Prozent!« Wütend starrte ich auf die Zertifikate.

Er hob die Schultern. »Die Frage ist nicht schwer zu beantworten. Da war zunächst Ihr ursprüngliches Übernahmeangebot. Darin haben wir stark investiert. Und zwar aus rein freundschaftlichen Gründen, möchte ich hinzufügen. Damals. Was immer Sie glauben mögen, wozu immer Sie uns inzwischen gezwungen haben – am Anfang waren wir Ihnen wohlgesonnen. Aufrichtig.« Er wölbte die Lippen und sah mich ernst, entschuldigungheischend und tadelnd zugleich an.

»Lügner!« schrie ich erbost.

»Wie Sie wollen«, gab er zurück. »Dazu kamen natürlich Käufe auf dem freien Markt. Die haben wir in letzter Zeit beträchtlich verstärkt. Und dann war da noch Ihr Freund Kahn.«

»Kahn?« Ich war perplex. »Das glaube ich Ihnen nicht.«

Er nickte. »Ich fürchte doch. Natürlich ahnte er nicht, an wen er verkaufte. Wir kauften über freie Broker, über Nummernkonten, in relativ kleinen Paketen und so weiter. Er hat nicht aktiv mit uns zusammengearbeitet, obwohl er im Hinblick auf die Frage, an wen er verkaufte, nicht besonders wählerisch war. Zuletzt gelang es uns, so ziemlich alles, was er anzubieten hatte, an uns zu bringen. Ja, und das wär's dann wohl auch, glaube ich.« Er lächelte. »Ach ja, warten Sie! Den besten Teil hätte ich fast vergessen. Den letzten Rest, jene letzten paar Prozent – was sagt man doch über die letzte Meile?«

»Was ist damit?«

»Die haben wir von Ihnen, Sun I.« Er strahlte.

Unbewußt legte ich die Hand auf meine Brust. »Von mir?«

Er nickte. »Ihr äußerst reizvolles Angebot der Konvertierbarkeit, erinnern Sie sich? Wir beschlossen, es selbst in Anspruch zu nehmen.«

Völlig entgeistert starrte ich ihn an. »Sie haben mir Ihre eigenen Aktien verkauft, während ich versuchte, Sie zu übernehmen?«

»Genau. Damit wir Sie in die Hand bekamen. Ich brauche wohl kaum darauf hinzuweisen, daß das unser allerschönster Erfolg war. Aber das wär's denn nun endgültig.«

Ich schüttelte den Kopf. »Nicht ganz. Der Hauptpunkt ist noch immer nicht geklärt. Angenommen, das, was Sie sagen, trifft zu – wie konnten Sie Aktien kaufen, in einem derartigen Umfang kaufen, und trotzdem den Kurs drücken?«

»Eine schwierige Frage, nicht wahr, Sun I? Also, der springende Punkt ist, daß wir die Rising Sun Enterprises kontrollieren, und das heißt, daß wir außerdem indirekt jene achtundzwanzig Prozent unserer eigenen Aktien kontrollieren, die zu erwerben Sie sich so überaus große, doch überflüssige Mühe gegeben haben, nur um sie uns wieder zurückzugeben – Aktien, von denen Sie soeben und ziemlich voreilig, wie ich sagen muß, behauptet haben, daß Sie sie ›besitzen‹, was wiederum bedeutet, daß Sie Anspruch auf gar nichts haben, auf wirklich gar nichts – auf keinen Sitz in unserem Aufsichtsrat, auf kein Stimmrecht, auf keine Geheiminformationen – kurz gesagt, auf null. Haben Sie mich verstanden? Und außerdem entlassen wir Sie hiermit aus Ihren Pflichten als Aufsichtsratsvorsitzender der Rising Sun Enterprises, und zwar fristlos.«

»Aber das können Sie nicht!« protestierte ich matt und streckte in dem schwächlichen Versuch, die Lawine aufzuhalten, die Hand aus. »Ich besitze immer noch meine ursprünglichen Anteile an dem Konzern. Ich bin Rising Sun. Ich habe den Konzern geschaffen.«

»Schon wieder falsch«, erklärte er. »Zu Ihrer ersten Behauptung, wir könnten nicht: Bei einem Besitzanteil von dreiundfünfzig Prozent können wir, wie Sie es vorhin so schön ausgedrückt haben, verdammt noch mal tun, was wir wollen.« Rings um den Tisch wurde gelacht, manche klatschten mit der Hand auf die Marmorplatte. »Hört, hört!«

»Und zur zweiten«, fuhr er fort, »Ihren ursprünglichen Anteilen: Obwohl diese angesichts unserer Aktienmehrheit nicht ins Gewicht fallen würden, sollte ich Sie wohl daran erinnern, daß Sie selbst diese Anteile als Kreditsicherung eingesetzt haben, um ein weiteres Paket Rising Sun aufkaufen zu können. Da der Kurs weiter fiel, wissen wir, daß Sie den Kredit nicht bedienen konnten und daher gezwungen waren, die neuen Aktien anstelle der Zinszahlungen wiederzuverpfänden und die Hauptsumme mehrmals umzuschulden.«

»Das sind vertrauliche Informationen«, fuhr ich wütend auf. »Woher haben Sie die?«

Er lächelte. »Wir haben unsere Quellen. Es gibt immer Mittel und Wege.«

»Als ob ich das nicht wüßte!« erwiderte ich. »Aber das ist unwichtig. Kreditsicherung oder nicht, verpfändet oder nicht, die Aktien gehören immer noch mir. Und Sie können sie nicht auf immer und ewig niedrig halten. Letztlich werde ich doch zurückzahlen können.« Ich lächelte bissig. »Oder planen Sie jetzt, da Sie sich selbst zu Direktoren ernannt haben, die Rising Sun Enterprises zu sabotieren? Das wäre Verrat, muß ich Ihnen sagen.« Ich schleuderte ihm diese Platitude förmlich ins Gesicht.

Bateson schüttelte den Kopf. »Immer noch falsch, Sun I. In beiden Punkten. Wir brauchen Rising Sun nicht zu sabotieren, um unsere Pläne durchzuführen. Im Gegenteil, was wir im Sinn haben – ein bißchen durchforsten, ist ja längst überfällig –, müßte bewirken, daß der Konzern nur um so voller und dichter nachwächst. Und was dann noch das ›letztlich‹ betrifft, das wäre in Ihrem Fall, fürchte ich, leider zu spät. Denn *jetzt*, in dieser Minute, erklären wir Sie kraft der Tatsache, daß wir zusammen mit den anderen Aktiva der Rising Sun Enterprises die Bull Group Bank kontrollieren, als in Verzug befindlich und konfiszieren Ihre ursprüngliche Kreditsicherung sowie sämtliche übrigen als Schuldentilgung wiederverpfändeten Aktien, und außerdem weitere, als zweite Kreditsicherung verpfändete Aktien, das macht zusammen...« Er zog eine Lesebrille aus seiner Brusttasche, klappte sie, mit einer Hand schüttelnd, auf und blickte stirnrunzelnd durch die Gläser auf ein Blatt Papier, das auf dem Tisch lag. Nachdem er die Brille ebenso energisch wieder eingesteckt hatte, musterte er mich mit einem kalten Glitzern in den Augen. »Das macht zusammen... Nanu, das scheint ja auf einen Bankrott hinauszulaufen, Sun I!« Obwohl er so tat, als sei er erstaunt, grinste er hämisch. Hier war keine Gnade zu erwarten. »Tatsächlich, genau – bankrott. Da steht zwar noch eine kleine Schuld auf Ihrem Konto, aber die kann bequem von Ihrer Entlassungsabfindung bezahlt werden, dabei bleibt Ihnen, glaube ich, sogar noch etwas übrig.« Er lächelte. »Sehen Sie? Nun haben Sie doch noch Geld in der Tasche. Schließlich und letztlich. Natürlich bleibt Ihnen nicht viel, vielleicht nicht soviel, wie Sie es sich erhofft hatten. Und von einer hohen Position bei den Rising Sun Enterprises kann nun natürlich auch keine Rede mehr sein, das heißt von überhaupt keiner Position. Von diesem Augenblick an sind Sie weder an unserem Konzern beteiligt, noch sind Sie ihm verpflichtet. Nackt wie ein neugeborenes Kind, so sagt man doch, glaube ich.«

»Nichts?« wiederholte ich, überwältigt von der Vollkommenheit, die in dieser Tatsache lag, unfähig, das alles zu begreifen. »Nichts?« Ich sah zu ihm auf. »Gar nichts?«

»Eine geringe Summe, Sun I. Aber wir sprechen hier natürlich nur über den Konzern und seine Aktiva. Ein Mann in Ihrer Position hat selbstverständlich noch andere persönliche Beteiligungen, irgend etwas, das ihn über Wasser hält. Sie brauchen sich keine Sorgen zu machen. An etwas Derartigem sind wir nicht interessiert, darauf haben wir es nicht abgesehen. Wie gesagt, mir scheint, das Konto ist ausgeglichen.«

»Aber ich habe alles als Kreditsicherung eingesetzt«, erläuterte ich, »alles – sogar meine persönlichen Ersparnisse.«

Bateson schüttelte den Kopf; in seinen Augen zuckte für einen Moment, einen winzigen Moment, sogar ehrliches Mitgefühl auf. »Äußerst unklug, mein Junge«, tadelte er mich leise. »Sie hätten es besser wissen müssen. Lassen Sie sich das eine Lehre sein. Für die Zukunft!«

Ich lachte. »Die Zukunft!« Ich saß da und dachte offenen Mundes darüber nach. Die Zukunft. Nichts. Ungeheuerlich. Plötzlich tönte ein Echo in meinem inneren Ohr. »Was haben Sie gesagt?« vergewisserte ich mich. »Ihnen *scheint*, das Konto ist ausgeglichen? Das sagten Sie doch, oder?«

Er runzelte die Stirn. »Ja, stimmt. Ich glaube, das sagte ich. Na und? Eine Redensart.«

»Das ist es!« erklärte ich und versank in Gedanken. »So haben Sie's gemacht, so haben Sie bei uns Ihre Position aufgebaut und unsere Aktien zugleich verkauft. *Schein*verkäufe!« Die Entdeckung war mir inmitten des totalen Ruins ein vorübergehender Trost. Ich konnte fast hören, wie der alte Ledereinband knirschte, während sich der Foliant öffnete. »Scheinverkäufe. Sie haben unsere Aktien im Grunde gar nicht verkauft, nicht wahr? Wie haben Sie das arrangiert?« Ich nickte. »Sagen Sie nichts. Ich kann's mir denken. Hin und her zwischen den Tochterfirmen, nicht wahr? Alles innerhalb des Konzerns. Alles innerhalb der APL. Alles innerhalb der Familie. Die Pensionskasse einer Ihrer Produktionsbetriebe verkauft Rising Sun mit Verlust an eine Ihrer anderen Tochterfirmen. Der Kurs sinkt, aber die Aktien bleiben in APL-Besitz. Sie verlieren am Kurswert Ihrer Anteile an Rising Sun, aber das war es Ihnen wert. Wenn Sie sich schützen wollten, mußten Sie den Verlust einstecken. Das war der Preis. *Ihr* Preis. Das ist es, nicht wahr? Scheinverkäufe zwischen Tochterfirmen innerhalb der APL-Familiengruppe, hin und her, Sie verkaufen uns kaputt, ohne eine einzige Aktie zu verlieren. *Bear raid* und Scheinverkauf zugleich. Genial!«

»Allerdings genial«, antwortete Bateson mit vor Stolz leicht gerötetem Gesicht. »Aber unrealistisch. Ihre Phantasie geht mit Ihnen durch. Vielleicht sollten Sie in die Werbung gehen oder sogar einen Roman schreiben.«

Ich lachte laut auf. »Das ist illegal, Bateson«, sagte ich. »Damit kommen Sie nicht durch. Das lasse ich nicht zu.«

»Die Last der Beweise liegt bei Ihnen, Sun I«, mahnte er mich, »und mir scheint, Sie haben Ihre Ressourcen fast ganz erschöpft. Ihre und unsere. Die der Rising Sun Enterprises, meine ich. Sie haben da eine gute Mannschaft. Wie nennen Sie sie – die ›Hörner‹? Alle weiteren Nachforschungen müssen Sie nun wohl allerdings ohne deren Dienste anstellen, als Privatmann, *membrum emeritus*. Mit anderen Worten, Sie sind allein, Sun I. Wenn Sie Ihre ganz persönliche Vendetta gegen uns führen wollen, so ist das Ihre Sache. Aber lohnt sich das wirklich? Glauben Sie in der Tat, wenn die es alle zusammen nicht in Erfahrung gebracht haben, dann könnten Sie's ganz allein? Fallls es irgend etwas ans Licht zu bringen gegeben hätte, hätten die es dann nicht geschafft?« Er schüttelte den Kopf. »Geben Sie's auf, mein Junge! Befassen Sie sich mit etwas anderem. Es gibt nichts Jämmerlicheres als einen Mann, der fest entschlossen ist, am Kreuz seines persönlichen Grolls zum Märtyrer zu werden. Vor allem, wenn er sich dies Kreuz selber zuzuschreiben hat, was bei Ihnen, verzeihen Sie, mehr als eindeutig der Fall ist.«

»Es ist trotzdem illegal, Bateson«, wiederholte ich, ohne seine Lehrhaftigkeit zu beachten. »Sie mögen Ihre Spuren verwischt und Ihren Hintern geschützt haben – theoretisch ist alles möglich, das weiß ich –, aber es ist trotzdem illegal.«

Er seufzte wie über eine verlorene gute Sache. »Das war immer Ihre Schwäche als unser Gegner, Sun I – Ihre Schwäche und unser Vorteil. Sie spielten in einem De-facto-Spiel in einer De-facto-Welt immer de jure. Es gibt kein Gesetz. Nicht an diesem Ort. Nicht *hier*.«

»Hat *er* Ihnen das gesagt?« fragte ich verächtlich.

Aber er hörte es nicht oder wollte es nicht hören, sondern fuhr mit dem alten Thema fort. »Haben Sie wirklich geglaubt, wir würden zulassen, daß Sie hier hereintanzen wie ein Mephisto, ein taoistischer Mephisto in neuen Lackschuhen, und uns übernehmen, das Mädchen nehmen, die Torten und alles. Haben Sie wirklich geglaubt, daß wir nicht eine Möglichkeit finden würden, auf Biegen ...« Er hielt inne.

»Oder Brechen?«

Er zwinkerte ein wenig, dann seufzte er durch die Nase. »Ich glaube, Sie hatten ihn wirklich nicht, mein Junge.«

»Wen oder was?«

»Den Killerinstinkt.«

Ich antwortete nicht. Ich lachte.

»Sie tun mir fast leid.«

»Dann geben Sie mir zurück, was mir gehört!« verlangte ich bitter. »Ich habe Rising Sun groß gemacht. Geben Sie mir meine Aktien zurück.«

»Ach!« Mit kummervollem Lächeln zog er die Brauen hoch. »Sie tun mir leid, aber *so* weit geht mein Mitleid nicht.«

Wir schwiegen.

»Erlauben Sie, daß ich ihn sehe.« Ich sagte es, ohne ihn anzusehen.

Er legte den Kopf schief. »Wen denn?«

»Sie wissen schon, wen«, erwiderte ich. »*Ihn*. Wozu die Fassade noch immer aufrechterhalten? Ich weiß, wer dahintersteckt. Ich hab' ihn gesehen, damals, auf der Galerie. Sie können's ruhig zugeben.«

Bateson schüttelte den Kopf. »Tut mir leid, Sun I, ich fürchte, da komme ich nicht mit. Ich weiß nicht, wovon Sie sprechen. Wen meinen Sie?«

»Love.« Ich deutete auf den Spiegel. Als ich mein Spiegelbild auf mich zeigen sah, ließ ich die Hand rasch wieder sinken. »Bitte, Bateson«, flehte ich, auf einmal sehr müde, gebrochen vom Gewicht des Ruins. »Das ist das einzige, worum ich Sie bitte.«

»Sie meinen Ihren Vater, nicht wahr? *Eddie* Love.« Er tauschte vielsagende Blicke mit den Kollegen.

Ich nickte, total erschöpft.

»Wollen Sie sagen, Sie glauben, daß er noch lebt?«

Ich starrte ihm stumm ins Gesicht.

Er schnaufte höhnisch. »Lächerlich! Sie sind ja verrückt! Wie kommen Sie auf diese Idee?«

Bedrückt suchte ich meine Sachen zusammen.

»Eddie Love!« wiederholte Bateson erstaunt im vertraulichen Flüsterton, an den Mann neben sich gewandt. Dann brachen beide in Lachen aus. Alle lachten.

Ich nahm meinen Mantel über den Arm, griff nach dem Ausstellungskatalog und wandte mich wortlos zur Tür.

»Sie werden Ihre Entlassungsabfindung für zwei Wochen erhalten, Sun I«, rief Bateson, der vor Lachen fast erstickte, hinter mir her, »das heißt, den Rest. Ach ja, und Sun I, falls Sie keine passende Arbeit finden...«

Ich fuhr herum und sah ihn an.

»Meine Frau plagt mich schon seit einiger Zeit mit der Bitte, ihr einen chinesischen Hausboy zu suchen. Sie hält das für ›aristokratisch‹.« Er kicherte. »Ich weiß, Sie haben einige Erfahrung als Koch. Vielleicht würden Sie *das* schaffen.«

Alle brüllten vor höhnischem Gelächter.

»Bastard!« sagte ich bedrückt in apathischem Ton und ohne jeden Haß.

Er grinste breit. »Man muß wohl einer sein, um einen zu erkennen, nicht wahr, Sun I?«

FÜNFUNDZWANZIGSTES KAPITEL

Das war es also, das Ende. Der Ausdruck auf ihren Gesichtern verriet mir alles, die ganze schreckliche Wahrheit. Und es war nicht mal Wahrheit, sondern schlicht und einfach Befreiung von der letzten Illusion. Trotz allen Hohnes, trotz allen Spottes konnte kein Zweifel mehr daran bestehen. Nicht in diesem Punkt. Sie hatten wirklich nicht gewußt, wovon ich sprach. Er war nie dortgewesen. Niemals. Ich konnte es nicht fassen. Alles offen und ehrlich. Wie ihre offenen, ehrlichen Gesichter. Von Angesicht zu Angesicht. Zu schrecklich, um dieser Tatsache ins Auge zu sehen. Kein Gott in der Maschine, der die Fäden hält. Niemand hinter dem Vorhang. Kein Geheimnis. Kein Sakrament, nur die äußeren, sichtbaren Zeichen. Kein Deus, nur das unbarmherzige Mahlen der Maschine. Die Banalität des Ganzen, die Mittelmäßigkeit, war unendlich viel schrecklicher als der Traum vom weltentrückten, schönen Töten, den ich gehabt hatte, als der Traum, den ich vom tiefen Mysterium der Sünde geträumt hatte. Kein Mysterium. Nicht mal eine Sünde. Nicht mal das. Bateson hatte im Herzen des Labyrinths gesteckt. Bateson, der Minotaurus. Es war fast lächerlich. Es war lächerlich. Es war furchtbar lächerlich. Lächerlich furchtbar. Ich konnte es nicht fassen. Ich konnte es nicht begreifen. Love war nicht dort. War niemals dortgewesen. Nicht »mystisch gegenwärtig«. Nicht gegenwärtig durch die »subtilere Alchimie, die der Glaube im Herzen des Gläubigen bewirkt«, dieser Hokuspokus. Weder so noch so gegenwärtig. Bateson hatte recht. Ich war verrückt. War es die ganze Zeit gewesen. Seit jenem ersten Augenblick in der Zelle des Meisters, als ich törichterweise den Mund aufgemacht und mein Schicksal besiegelt hatte, indem ich Xiao bat, mit seiner Erzählung fortzufahren. Damals schon verrückt. Verrückt, daran zu glauben, verrückt, etwas zu erhoffen. Verrückt, lieben zu wollen.

»Die Vollkommenheit, die darin liegt.« Immer wieder ging mir dieser Satz durch den Kopf wie eine Schallplatte mit Sprung, wie ein Tic. Fast hätte ich aufgelacht. Aber das wagte ich nicht, weil ich mich fürchtete vor der Stille auf der anderen Seite des Lachens, wenn das Lachen verstummt war, und vor dem, was sich dann zeigen würde.

Und so wurde mir nach und nach die Vollkommenheit klar, die in dem lag, was ich verloren hatte. Alles. Jawohl, nun endlich alles. Und jetzt erst auch ihn. Damit war das Konto gelöscht. Der Preis bezahlt. Ich war wahrhaftig tiefer entblößt als bis auf die Haut, viel, viel tiefer jetzt. Und es lag auch keine Würde in diesem Verlust, es lag nichts Edles in Leiden und Opfern. Nur ein trostloser, häßlicher Weg, der sich nach vorn und nach hinten erstreckte, ohne Erhabenheit, ja sogar ohne Aussicht. Es gab nur diesen Augenblick, diesen Ort. Hier, jetzt. Wo ich mich befand. Und ich konnte mich kaum dazu überwinden, mich umzusehen und die Welt zu betrachten. Die »neue« Welt. Was davon übrig war. Was immer dagewesen war. Die Welt, wie sie ist, von Angesicht zu Angesicht. Zu schrecklich, um ihr ins Auge zu sehen.

Ich zwang mich jedoch dazu wie zu einer bitteren Medizin und sah mich um, schwindlig bei diesem Anblick, und als ich mich umgesehen hatte, wollte ich es nie wieder tun. Niemals. Ich hatte genug gesehen. Zu viel. Mehr als ich ertragen konnte.

Das war es also. Nirwana, Samsara, die Welt, wie sie ist, in einem einzigen Ganzen zusammengefaßt. Und durch das Kommutativgesetz auf die Hörner der letzten Gleichung gespießt, des letzten Dilemmas, fand ich mich selbst: Sun I. »Dann aber werde ich erkennen, gleich wie ich erkannt bin.« Und das tat ich. Ich erkannte mich jetzt endlich selbst. Und durch mich selbst erkannte ich alles übrige, die Welt, wie sie ist. Sie ist weder ein Gipfel noch ein Abgrund, weder ein Schrei nach Herrschaft noch ein Schrei danach, überwunden zu werden, weder Singen noch Lachen, noch Tränen. Es gab nur erbärmliche, zerlumpte Wesen wie mich, Labortiere, zitternd im aseptischen Licht einer fluoreszierenden Sonne, bleichsüchtig, unerschaffen, Steine, die so lebendig waren wie die Augen der Menschen, also nicht sehr.

Ich dachte an den Ausdruck der toten Seeschwalbe am Strand von Sands Point, den Ausdruck ihrer Augen, die beinahe lächelten. Lächelten, sogar als die Fliege ihre Flügel ausbreitete und sich niederließ, um sie auszusaugen. Dieses Lächeln. Ich konnte es nicht fassen. Das also war Erkenntnis. Endgültige Erkenntnis. Einzige Erkenntnis. Das war Erleuchtung. Und jeder konnte sie erlangen. Keine Kasteiung war notwendig. Jeder würde sie erlangen. Mit Sicherheit jeder.

Nun fiel alles auf einmal über mich her, brach alles innerhalb einer Sekunde über mich herein, ein für allemal, die Vollkommenheit des Ganzen, die Ungeheuerlichkeit dessen, was ich getan und was ich verloren hatte. Meinen Stolz, meinen Frieden, meine Hoffnung und mein Glück, meine Jugend, meine Unschuld, meine Seele – alles hatte ich hingegeben, alles bezahlt für eine verlorene Sache. Alles. Und nie wieder würde ich jenen glorreichen Ort betreten, das magische Reich der Freuden, das zu finden ich geträumt und für das ich mich verausgabt hatte, niemals den Ort sehen, wo die stets parallel laufenden Linien meiner beiden nicht zu vereinbarenden Ambitionen, meiner beiden nicht zu vereinbarenden Bestimmungen sich vereinigten und die Stahlschienen sich liebten. Ich würde ihn niemals sehen. Denn hier hörten die Schienen auf. Alles aussteigen.

Das war's also. Da war man nun. Da war ich. Endstation. Das Ziel. Weiter ging's nicht. Ich war angekommen. Und wie! Ich war da. Hier. In der Welt, wie sie ist.

Ich sah mich um, und das Hier war in Wirklichkeit ein Lift. Er war mir genauso willkommen wie irgendein anderer Ort. Alles einsteigen! Die Fahrt geht abwärts. Ich stand ganz vorn, wie der Kondukteur, und als wir hielten, wurde ich von der Menge, dem Herdenvieh, der b. Ö. in die rote Prachtlounge des Besucherzentrums im zweiten Stock hinausgedrängt, hinausgeschoben. Mitgeschwemmt von einer Gruppe, die eine Führung mitmachte, leistete ich keinen Widerstand, denn ich hatte keinen zu bieten, überhaupt nichts zu bieten oder zu geben. Ich hatte bereits alles gegeben. Ich hatte den Preis bezahlt. Warum nicht den Rundgang mitmachen?

Und seltsamerweise tat es gut, mit der Herde zusammenzusein und sich berühren zu lassen. Die Körperlichkeit, die darin lag, wirkte auf mich. Erinnerung um Erinnerung, Sprosse um Sprosse kletterte ich die Leiter aus dem strahlenden Himmel der Verzweiflung wieder hinab, und eine ganz gewöhnliche, menschliche Traurigkeit erfüllte mich, einen ganz gewöhnlichen Mann, der in der Welt lebte, wie sie ist, nachdem er, genau wie die anderen, den Eintrittspreis – alles – bezahlt hat, einen Mann, der genau wie sie, Mitläufer eines Rundgangs ohne Führung war.

Auf der Galerie weinte ich dann. Anfangs vor Erleichterung und Befreiung, dann ohne diese Gefühle, ein trockenes Schluchzen, weil ich keine Tränen mehr hatte und es überhaupt keine Befreiung mehr war. Nur nackte Qual. Hemmungslosigkeit des Weinens. Meine Gruppe verließ die Galerie ohne mich,und schon kam die nächste. Ich weinte weiter dort, wo ich stand, ganz am Ende, ohne mich zu schämen, während die Gruppen eine nach der anderen vorbeizogen wie Generationen. Und ich weinte um sie alle und um mich, weinte ohne Erleichterung, ohne Süße. Ich weinte angesichts des Schauspiels des Lebens, des Lebens hinter der Glaswand, des Lebens in der Welt, wie sie ist, des vom Mysterium nicht erlösten Lebens. Weinte, weil ich mich zum erstenmal darin verlor, im Leben verlor, ganz gewöhnlich und voll Angst wie alle anderen. Weinte, weil ich einst geglaubt hatte, anders zu sein, geglaubt hatte, daß mich eine andere Bestimmung erwarte, eine ganz besondere Bestimmung, daß ich nie sterben würde. Weinte, weil ich die Hoffnung verloren hatte, den Glauben, meine Liebe, alles. Die Höhe des Preises. Die Vollkommenheit, die darin lag.

Eine Hand berührte ganz leicht meine Schulter, eine menschliche Hand. Ich blickte auf, durch meine Tränen, nickte dankbar, ohne wirklich etwas zu sehen, ohne etwas sehen zu müssen, denn ich wußte, wer es war, ein Mann wie ich, ganz gewöhnlich und voll Angst, der sich einen Augenblick darüber erhob, um freundlich zu mir zu sein. Behutsam legte er mir meinen Mantel wieder über den Arm und tätschelte ihn.

»Weinen Sie nicht, mein Sohn«, tröstete er mich mit leiser, unglücklicher Stimme. »Es lohnt sich nicht.«

Ich nickte, versuchte aufzuhören. Ich konnte nicht. »Ja«, stimmte ich ihm zu, »Sie haben recht. Es lohnt sich nicht.«

»Und dennoch lohnt es sich manchmal doch.«

Ich hörte das Lächeln in seiner Stimme, und ich lächelte auch, obwohl ich weiter weinte. »Ja«, gab ich zu, »manchmal schon.«

»Ich glaube, wir sind nicht hier, um glücklich zu sein«, sagte er.

Ich nickte zustimmend.

»Früher habe ich geglaubt, daß uns dies zusteht wie ein Grundrecht, daß uns das Glück garantiert wird. Heute nicht mehr.«

»Früher hab' ich das auch geglaubt«, antwortete ich.

»Und dennoch sind wir zuweilen glücklich.«

Diesmal antwortete ich nicht, weil ich nicht wußte, ob ich ihm glauben sollte.

»Auch Sie werden wieder glücklich sein«, versicherte er mir mit demselben Lächeln hinter den Worten.

»Ich habe alles verloren«, erklärte ich ihm. Es war die einzige Wahrheit, die ich kannte.

»Ich weiß«, antwortete er. »Man sieht es. Es tut mir leid.« Dann schwieg er lange: aus Respekt vor der Tatsache, der Vollkommenheit, die in ihr lag.

»Hat es Ihnen so viel bedeutet?« fragte er schließlich.

Diese Frage erschreckte mich fast, aber ich dachte über sie nach. Fast hätte ich aus tiefstem Herzen nein gesagt – nein, möglicherweise nicht. Doch ich überlegte es mir anders und sagte: »Ja.«

»Natürlich«, räumte er ein. »Natürlich hat es Ihnen viel bedeutet.« Diesmal wirkte sein Schweigen ein bißchen beunruhigt. »Aber Verlieren gehört dazu, nicht wahr?« sagte er wie zu sich selbst.

»Ja«, antwortete ich, »es gehört dazu.«

»Es ist der wichtigere Teil, denke ich manchmal«, fuhr er fort. »Vielleicht ist es sogar das ganze Spiel.« Das Lächeln war wieder aus seinem Ton zu hören. »Und das ist ein Geheimnis, nicht wahr, daß das Gewinnen klein und schäbig ist, wenn man es daneben betrachtet, beinahe trivial; das Glücksgefühl selbst ist trivial im Vergleich zu Leid und Verlust, im Vergleich zum Schmerz. Ein Mysterium«, erklärte er mit einer anderen Art Lächeln in der Stimme, jetzt kälter, heller und distanzierter. »Und Gott ist letztlich doch barmherzig. Leben Sie wohl, junger Mann! Viel Glück!« Wieder legte er mir sanft die Hand auf die Schulter, und als er das tat, durchzuckte mich ein Frösteln, ein Kribbeln, ein schwacher Stromschlag – dasselbe Gefühl wie damals, als Chung Fu mir die Hand auf die Brust gelegt, durch irgendeinen Taschenspielertrick die Zikade im Tempel des Herzens hervorgeholt und sie lachend von seinen Fingerspitzen gepustet hatte; und wie später noch einmal, als er mich am Tor des Klosters berührt hatte, beim Abschied, als ich in die Welt hinauszog, diese Welt, die Welt, wie sie ist.

Nachdem ich meine Augen getrocknet hatte und aufblickte, endlich richtig aufblickte, hatte er schon die Hälfte des Korridors durchmessen. Die gerade abziehende Gruppe drängte sich um ihn und schwemmte ihn mit sich wie ein Stück Treibgut.

»Leben Sie wohl!« rief ich und hob unwillkürlich die Hand, als wolle ich ihn festhalten, zurückholen. Ich schaute ihm, durch irgend etwas beunruhigt, nach, kniff die Augen zusammen, um ihn besser sehen zu können. »Vielen Dank!« rief ich abermals und wünschte, er würde sich noch einmal umdrehen.

Er tat es nicht, sondern hob nur die Hand und beschleunigte seinen Schritt.

Dabei entdeckte ich, daß er hinkte. Beinahe stockte mir das Herz, um dann mit einemmal zu rasen. Ich war schwach und elend vor Aufregung, elend von der Macht einer unmöglichen Hoffnung.

An der Schwelle blieb er stehen, wandte sich um und hob nochmals die Hand.

Ein leiser Schrei entfuhr meinen Lippen, ein Schrei der Verzweiflung und des Glücks. Der Mann war *er*. War Love. Er trug die Fliegerbrille mit den schwarzgrünen, tropfenförmigen Gläsern.

Dann war er fort, durch die Tür gedrängt wie ein Hindernis durch einen Trichter, geschoben von der Menge, die sich hinter ihm aufstaute wie Wasser.

»Warte!« schrie ich und eilte ihm nach. Aber die nächste Gruppe strömte herein. Stoßend und schiebend bahnte ich mir meinen Weg. Als ich die Tür erreichte und endlich frei war, sprintete ich hinter ihm her zu den Lifts.

Er stand ganz vorn in der sonst völlig leeren Kabine. Die Hände vor dem Körper gefaltet, beobachtete er die Anzeige über der Tür.

Fast hätte ich ihn erreicht, ihn fast berührt. Im letzten Moment senkte er den Blick und sah mir direkt ins Gesicht, während die Türen sich bereits schlossen, der Vorhang zuging, und lächelte mir zu. Dieses Lächeln kann ich niemals vergessen. Ich komme nie darüber hinweg.

Ich beobachtete, wie das Licht der Anzeige bis ganz nach oben wanderte. Es hielt nicht im obersten Stock, im Penthouse, nicht bei der APL. Irgendwie wußte ich, daß es nicht halten würde. Ganz nach oben. Aufs Dach hinauf. So hoch, wie man nur kommen konnte. Und ich folgte ihm dorthin. Folgte ihm in die letzte Wildnis, in die Welt, wie sie ist.

Ein Strom kalter Luft und explodierender Sonnenschein begrüßten mich, als ich durch die Tür aufs Dach hinaustrat. Ich war von einer fast unerträglichen Erregung erfüllt, und auch von Traurigkeit. Die letzte Jagd. Auf immer und ewig. Der Schnee schmolz bereits, bildete Flecken und Pfützen auf dem Kies. Keine Spuren. Ich konnte ihn nirgends entdecken. Und doch spürte ich seine Gegenwart, hörte ihn beinahe keuchen. Mit raschen Schritten ging ich zur Mitte des Dachs und spähte in die Runde. Rund um die Welt. Rund um die Erde. Von Horizont zu Horizont. Nur gab es keinen Horizont. Und es gab keine Erde. Nur den Himmel. Endloses Blau erstreckte sich nach allen Seiten. Es gab nur Wind und Licht und Himmel, klar wie ein Block Eis, und bläuliche Schatten auf dem Kies wie Rauch, wie die Schatten auf einem Block Eis. Ich spürte seine Gegenwart, aber er war nicht da. Ich wußte, daß er nicht da war, obwohl ich ihn suchte, ohne Hoffnung suchte – und ohne Verzweiflung.

Ich hörte das Summen der Aufzugsmaschinerie, ihr unerbittliches Drehen, ein Zischen, als spule sich eine Angelleine ab, dann ein Quietschen wie von dem Bremsen einer Lokomotive. Geräusche eines Rangierbahnhofs. Zahnräder und Rollen in Funktion. Räder. Ich suchte ihn dort. Im Maschinenhaus. Die Tür stand offen. Hier war es wärmer. Der Betonboden war blitzsauber gefegt. Die dicken Kabel glänzten, die Rollen drehten sich, stoppten, zitterten, setzten sich wieder in Bewegung wie Angeln im Brunnen der Seufzer. Das Herz der Maschine. Oz' Kabinett. Oz' Lazarett. Es hätte so gut gepaßt. In allen Ecken suchte ich nach ihm, obwohl ich wußte, daß er nicht da war, obwohl ich es wußte, die ganze Zeit gewußt hatte, daß er nicht dort sein würde, nicht dort sein konnte. Und als ich mich hinüberbeugte, über den Brunnen, über den Schacht, da fragte ich mich, ob er dorthin gegangen war, wieder zurück ins Herz der Maschine. Und einen Augenblick lang, nur einen Augenblick fühlte ich, daß die tödliche Leere zurückkehrte, in mich einsickerte, Tropfen um Tropfen wie ein Gift, das intravenös gespritzt wird. Ich fühlte die Anziehungskraft, die Anziehungskraft des Ruins, die Vollkommenheit, die darin lag, spürte, wie es mich drängte, ihm ins Herz der Maschine zu folgen. Ich spielte mit dem Gedanken, mich fallen zu lassen; der Schacht war tief und weit. Statt dessen jedoch griff ich in die Tasche, holte einen Penny heraus, warf ihn hinab und wünschte, ich könnte sterben. Weil er nicht dort war. Weil er nicht war. Und weil ich war. Mein Hiersein. Sein Nichthiersein. Mehr gab es nicht. Das war alles. Alles. Auf einmal sah ich den Eimer heraufkommen, ans Licht steigen, zurückkommen aus dem Brunnen der Seufzer und überflossen vom Martyrium. Der Welt, wie sie ist. Und ich lachte, weil ich begriff. So vieles. Und mich an noch mehr erinnerte. An die Antwort meiner Mutter, als Xiao ihr erklärte, daß Love fort müsse. »Ich weiß«, hatte sie gesagt. »Ich weiß es eben. Ich habe es immer gewußt.« Er hatte es nicht verstanden, aber ich verstand es – jetzt. Und ich erkannte, daß sie im Herzen glücklich gewesen war, selbst am Ende. Und ich war es auch – glücklich, weil ich es wußte, weil ich es immer gewußt hatte, wie sie. Natürlich war er nicht hier. Natürlich nicht. Ich warf den Kopf zurück und lachte. Dann wischte ich mir die Tränen aus den Augen, wandte mich um und verließ das Maschinenhaus.

Draußen unter dem kalten Himmel, in Wind und Licht, in den bläulichen Schatten sah ich die Zigarette. Verloschen in einer Pfütze. Nur eine Zigarette. Aber mein Herz begann wieder zu rasen. Und dahinter, näher am Dachrand, in einem Schneefleck, sah ich den Fußabdruck, einen einzigen Fußabdruck. Nur einen Fußabdruck, der zur Dachkante führte. Ins grenzenlose Blau hinter dem Rand der Welt. Ich folgte der Fährte und blickte hinaus. Hinaus und hinab, weit über die City. Und wieder hinauf in den Himmel. Und dann sah ich ihn, den Kondensstreifen, wie einen langsam fliegenden Pfeil in die Sonne hochschießen, und ich beobachtete ihn voll Freude, bis er erkaltete. Und als ich meinen Mantel anziehen wollte, der immer noch über meinem Arm lag, sah ich, daß etwas aus seinen Falten flatterte, ein Stück Papier, der Abriß einer Eintrittskarte, irgend etwas, das flatterte, sich drehte, wirbelte wie ein abgestorbenes Blatt, ein herbstliches Blatt. Detritus. Nur flog es empor. Und plötzlich erkannte ich, daß es ein Falter war. Sein mußte. Was sonst? Voll Staunen und Freude beobachtete ich seine Kapriolen. Und als er noch höher flatterte, berührte das Sonnenlicht seine Flügel; sie leuchteten auf wie bunte Glasfenster, und die Motte wurde zum Schmetterling. Als ich dann in die Falten meines Mantels sah, fand ich dort, hineinpraktiziert durch einen Taschenspielertrick, das Gewand meiner Mutter. Und Gott war letztlich doch barmherzig.

Wieder unten auf der Straße, schritt ich in glücklicher Trance dahin wie ein Schlafwandler. Ich ging zum Fluß hinunter, zum East River, angezogen von der alten Anziehungskraft, derselben, die das Wasser des schmelzenden Schnees gurgelnd in den Abfluß zieht, das Wasser aller Flüsse, das Wasser in den Zellen, die Ströme des Blutes, den Blutstrom, alle Nebenflüsse, alle, zum Mutterstrom hin, zum Meer, zum mystischen Ozean. Ich wurde angezogen von der alten Anziehungskraft des Ruins und der Hoffnung, der Anziehungskraft des Verlustes.

Ich sah das Wasser hinab, das um meine Füße wirbelte, und es war Blut darin, eine hellrosa Färbung von Blut, das vom Fischmarkt kam. Auf der Oberfläche trieb gleich Flößen Abfall, dem sich vor einem Blumenladen auf die Straße geworfene Blumen zugesellten. Eine Flottille, ein Festzug folgte dem Schmelzwasser in den Abfluß, ins Nichts. Alles eilte demselben Ort entgegen wie ich, angezogen von der Anziehungskraft des Verlustes. Stöckchen und Schilfstengel trieben und tanzten in der Strömung, Äste und Zweige wie jene am Strand von Sands Point. Mystische Zeichen, mit Detritus geschrieben, die Kraftfelder des abfließenden Wassers. Jetzt verstand ich. Die Flut verzehrte sich selbst, löschte die Spuren, die in die Wildnis der Ekstase führten, wo sie verschwunden war, wo er verschwunden war, und alles, was blieb, waren diese mystischen Zeichen, geschrieben mit Detritus, diese Brotkrumen auf dem Weg hinaus. Dann öffnete sich das Mysterium noch tiefer, und ich sah das Juwel im Zentrum des Lotos, und abermals weinte ich, weil ich erkannte, daß ich angekommen war, daß dies das Delta war – der Verlust –, und daß alles, jeder einzelne, selbst der tosende Sturzbach des Dow, ja sogar der Blutstrom letztlich dahin zurückkehrte, zum Delta, dem großen Zusammenfluß, zurück zum Verlust, zum Muttermeer, zum Tao. Zurück zur Quelle. Zurück zur Welt, wie sie ist.

Auf einmal drängten sich mir die Worte des neunten Gesangs auf die Lippen, der »Rückkehr zur Quelle«, und ich sang:

Zu lang der Weg, der mich herführte
zur Quelle des Alles zurück.
Blind und taub von Anfang an,
hätte ich besser niemals den ersten Schritt getan.
Mit gekreuzten Beinen in der Zelle meiner ursprünglichen
Natur, gleichgültig gegenüber der Außenwelt,
Strömt der Fluß ruhig dort, wo er soll – und es immer tat;
Und die Blumen sind rot im neuen Tag.

Und das sind sie, lieber Leser. Auch die Blumen sind blutig.

完